PAOLO TONINI - CARLOTTA CONTI

Lineamenti di
Diritto Processuale Penale

ventesima edizione

GIUFFRÈ
GIUFFRÈ FRANCIS LEFEBVRE

PRIMA
CHE IL LIBRO SCIENTIFICO MUOIA

Il libro scientifico è un organismo che si basa su un equilibrio delicato.
Gli elevati costi iniziali (le ore di lavoro necessarie all'autore, ai redattori, ai compositori, agli illustratori) sono recuperati se le vendite raggiungono un certo volume.

La fotocopia in un primo tempo riduce le vendite e perciò contribuisce alla crescita del prezzo. In un secondo tempo elimina alla radice la possibilità economica di produrre nuovi libri, soprattutto scientifici.

Per la legge italiana la fotocopia di un libro (o parte di esso) coperto da diritto d'autore (Copyright) è illecita. Quindi ogni fotocopia che eviti l'acquisto di un libro è reato.

Fotocopie per uso personale del lettore possono essere effettuate nei limiti del 15% di ciascun volume dietro pagamento alla SIAE del compenso previsto dall'art. 68, comma 4, della legge 22 aprile 1941 n. 633 ovvero dall'accordo stipulato tra SIAE, AIE, SNS e CNA, CONFARTIGIANATO, CASA, CLAAI, CONFCOMMERCIO, CONFESERCENTI il 18 dicembre 2000.

Le riproduzioni ad uso differente da quello personale potranno avvenire, per un numero di pagine non superiore al 15% del presente volume, solo a seguito di specifica autorizzazione rilasciata da AIDRO, via delle Erbe n. 2, 20121 Milano, telefax 02 809506, e-mail: aidro@iol.it.

ISBN 9788828840206

Via Busto Arsizio, 40 - 20151 MILANO - www.giuffrefrancislefebvre.it

---

Stampato da Galli Edizioni S.r.l. - Varese

INDICE-SOMMARIO

Parte Prima
EVOLUZIONE STORICA DEL PROCESSO PENALE

Capitolo I
I SISTEMI PROCESSUALI

Capitolo II
DALLA COSTITUZIONE AL CODICE DI PROCEDURA PENALE

Parte Seconda
PROFILI GENERALI DEL PROCEDIMENTO PENALE

Capitolo I
I SOGGETTI DEL PROCEDIMENTO PENALE

Capitolo II
GLI ATTI

Capitolo III
PRINCÌPI GENERALI SULLA PROVA

Capitolo IV
I MEZZI DI PROVA

Capitolo V

I MEZZI DI RICERCA DELLA PROVA

Capitolo VI
LE MISURE CAUTELARI

Parte Terza
IL PROCEDIMENTO ORDINARIO

Capitolo I
LE INDAGINI PRELIMINARI

Capitolo II
LA CONCLUSIONE DELLE INDAGINI PRELIMINARI

Capitolo III
L'INVESTIGAZIONE DIFENSIVA

Capitolo IV
L'UDIENZA PRELIMINARE

Capitolo V
IL GIUDIZIO DI PRIMO GRADO

Parte Quarta
I PROCEDIMENTI PENALI DIFFERENZIATI E SPECIALI

Capitolo I
I PROCEDIMENTI SPECIALI

Capitolo II
IL PROCEDIMENTO DAVANTI AL TRIBUNALE MONOCRATICO

Capitolo III

IL PROCEDIMENTO DAVANTI AL GIUDICE DI PACE

Capitolo IV

IL PROCEDIMENTO DAVANTI AL TRIBUNALE PER I MINORENNI

Capitolo V

IL PROCEDIMENTO NEI CONFRONTI DEGLI ENTI
PER ILLECITI AMMINISTRATIVI DIPENDENTI DA REATO

Parte Quinta

LE IMPUGNAZIONI

Capitolo I

PRINCÌPI GENERALI SULLE IMPUGNAZIONI PENALI

Capitolo II
L'APPELLO

Capitolo III
IL RICORSO PER CASSAZIONE

Capitolo IV
LE IMPUGNAZIONI STRAORDINARIE

Parte Sesta
IL GIUDICATO E L'ESECUZIONE PENALE

Capitolo I
GLI EFFETTI DEL GIUDICATO PENALE

Capitolo II
L'ESECUZIONE PENALE

Parte Settima
I RAPPORTI GIURISDIZIONALI CON AUTORITÀ STRANIERE

Capitolo I
LA COLLABORAZIONE GIUDIZIARIA INTERNAZIONALE REGOLATA DAL CODICE DI PROCEDURA PENALE

Capitolo II
CENNI SULLA COLLABORAZIONE GIUDIZIARIA NELL'AMBITO DEL CONSIGLIO D'EUROPA E DELL'UNIONE EUROPEA

Appendice
CENNI SULLA PSICOLOGIA DELLA TESTIMONIANZA

PREMESSA

La legislazione in tema di processo penale promulgata nel 2021 e nei primi mesi del 2022 ha risentito dell'avvento del Governo di unità nazionale e delle scelte conseguenti all'adozione del Piano di ripresa e resilienza. Di seguito sono evidenziate in sintesi le leggi più importanti che hanno mutato la configurazione del processo penale e vengono indicati i rinvii alle parti del volume nelle quali sono esaminate le relative tematiche.

1. Il processo penale telematico nel periodo emergenziale. *Decreto-legge n. 105 del 2021 (c.d. decreto green pass), conv. nella legge n. 126 del 2021; decreto-legge n. 228 del 2021 (c.d. milleproroghe), conv. nella legge n. 15 del 2022.*

Con i decreti legge in oggetto è stata prorogata più volte con modificazioni fino al 31 dicembre 2022 la normativa emergenziale del "decreto Ristori" sul processo penale telematico (d.l. n. 137 del 2020, conv. in l. n. 176 del 2020). La proroga della normativa è apparsa al Governo funzionale all'esigenza di sperimentare gli istituti operanti nel periodo della pandemia allo scopo di una loro possibile stabilizzazione nell'adempimento della delega contenuta nella riforma Cartabia (legge n. 134 del 2021).

La normativa sul processo penale telematico è esposta nella Parte II, cap. 2, § 3, lett. *c*, con rinvio ai singoli punti trattati nel volume.

2. I tabulati telefonici. *Decreto-legge 30 settembre 2021, n. 132, conv. in legge 23 novembre 2021, n. 178, recante « Misure urgenti in materia di giustizia e di difesa, nonché proroghe in tema di referendum, assegno temporaneo e IRAP ».*

Con il d.l. in oggetto il Governo ha regolamentato l'acquisizione dei ***tabulati*** poiché ha ritenuto esistente la « straordinaria necessità ed urgenza di garantire la possibilità di acquisire dati relativi al traffico telefonico e telematico per fini di indagine penale nel rispetto dei principi enunciati dalla Grande sezione della Corte di giustizia dell'Unione europea nella sentenza del 2 marzo 2021, causa C-746/18 ».

In particolare, il Governo ha inteso « circoscrivere le attività di acquisizione ai procedimenti penali aventi ad oggetto forme gravi di criminalità » e ha voluto « garantire che dette attività siano soggette al controllo di un'autorità giurisdizionale » (preambolo del provvedimento).

In estrema sintesi, il decreto-legge n. 132 in buona parte ha equiparato alle intercettazioni la disciplina dei tabulati ottenendo un *mixtum compositum* che ha appesantito le attività di indagine. La descrizione dettagliata della nuova normativa è contenuta nella Parte II, cap. 5, § 6, lett. *c*.

3. La presunzione di innocenza. *D.lgs. 8 novembre 2021, n. 188, recante « Disposizioni per il compiuto adeguamento della normativa nazionale alle disposizioni della Direttiva (UE) 2016/343 del Parlamento europeo e del Consiglio, del 9 marzo 2016, sul rafforzamento di alcuni aspetti della presunzione di innocenza e del diritto di presenziare al processo nei procedimenti penali ».*

La manovra legislativa che ha portato a dare attuazione alla menzionata Direttiva europea con un ritardo di molti anni è esaminata nella Parte I, cap. 2, § 13. La materia è regolamentata in modo complesso ed è illustrata principalmente nella parte III, cap. 1, § 4, lett. *e*, oltre che nella parte II, cap. 4, § 5, lett. *e*.

4. La riforma Cartabia. *Legge 27 settembre 2021, n. 134, recante la « Delega al Governo per l'efficienza del processo penale nonché in materia di giustizia riparativa e disposizioni per la celere definizione dei procedimenti giudiziari ».*

La legge ha un duplice oggetto, e cioè contiene, da un lato, una normativa immediatamente precettiva e, da un altro lato, i princìpi direttivi di una legge-delega.

L'art. 2 della legge n. 134 contiene le ***disposizioni immediatamente precettive***, che sono entrate in vigore il 19 ottobre 2021; gli istituti che risultano modificati o introdotti *ex novo* sono indicati nella Parte I, cap. 2, § 7.2, con rinvio alla sede della materia all'interno del volume.

L'art. 1 espone i ***princìpi direttivi della legge-delega***. La descrizione sintetica dei predetti princìpi è tratteggiata nella Parte I, cap. 2, § 7.1. Nel corso del presente volume si citerà più volte la riforma Cartabia: in tal modo si farà riferimento al testo della legge-delega. Quando la decretazione delegata sarà promulgata, si provvederà a darne notizia via internet in un'apposita addenda.

Firenze, 18 luglio 2022

AVVERTENZE E ABBREVIAZIONI

1. Gli articoli citati senza alcuna ulteriore indicazione appartengono, di regola, al codice di procedura penale; tuttavia nel capitolo sul procedimento davanti al giudice di pace gli articoli citati senza ulteriore indicazione appartengono al d.lgs. 28 agosto 2000 n. 274.

2. Con il termine "tav." seguito dal numero, si fa riferimento alle tavole sinottiche collocate nel volume Guida allo studio del processo penale, del medesimo autore, ed. Giuffrè.

3. Con il termine "atto" seguito dal numero, si fa riferimento all'esempio di atto processuale contenuto nel testo appena citato.

4. La conversione in euro delle sanzioni pecuniarie avviene in base all'art. 51 comma 3 d.lgs. 24 giugno 1998 n. 213: « se l'operazione di conversione (...) produce un risultato espresso anche con decimali, la cifra è arrotondata eliminando i decimali ».

Abbreviazioni

c.p.	codice penale
c.p.p.	codice di procedura penale
c.p.p.m.	d.p.r. 22 settembre 1988 n. 448: disposizioni sul processo penale a carico di imputati minorenni
C.E.D.U.	Convenzione europea per la salvaguardia dei diritti dell'uomo e delle libertà fondamentali
C. EDU	Corte europea dei diritti dell'uomo
CGUE	Corte di giustizia dell'Unione europea
DGSIA	Direttore generale dei sistemi informativi e automatizzati presso il ministero della giustizia
DDL	disegno di legge
disp. att.	norme di attuazione, di coordinamento e transitorie del codice di procedura penale: d.lgs. 28 luglio 1989 n. 271
d.p.r.	decreto del Presidente della Repubblica
d.lgs.	decreto legislativo
g.d.p.	procedimento penale davanti al giudice di pace: d.lgs. 28 agosto 2000 n. 274
l. r. Budapest	legge 18 marzo 2008, n. 48, recante la « Ratifica ed esecuzione della Convenzione del Consiglio d'Europa sulla criminalità informatica, fatta a Budapest il 23 novembre 2001, e norme di adeguamento dell'ordinamento interno »
m.	disposizioni sul processo penale a carico di imputati minorenni: d.p.r. 22 settembre 1988 n. 448
nt.	nota
r.d.l.	regio decreto legge
T.U.E.	Trattato sull'Unione europea
T.F.U.E.	Trattato sul funzionamento dell'Unione europea
T.U.L.S.	testo unico in materia di disciplina degli stupefacenti: d.p.r. 9 ottobre 1990 n. 309

T.U.L.P.S.	testo unico delle leggi di pubblica sicurezza: r.d. 18 giugno 1931 n. 773
T.U.S.G.	testo unico delle spese di giustizia: d.p.r. 30 maggio 2002 n. 115
T.U.C.G.	testo unico in materia di casellario giudiziale: d.p.r. 14 novembre 2002 n. 313
U.E.P.E.	uffici locali di esecuzione penale esterna

Parte Prima
EVOLUZIONE STORICA DEL PROCESSO PENALE

Capitolo I
I SISTEMI PROCESSUALI

SOMMARIO: 1. Diritto penale e diritto processuale penale. — 2. Il sistema inquisitorio. — 3. Il sistema accusatorio. — 4. Il sistema misto.

1. Diritto penale e diritto processuale penale.

La legge penale definisce i "tipi di fatto" che costituiscono reato e le sanzioni previste per coloro che li commettono. La legge processuale penale regola il procedimento mediante il quale si accerta se è stato commesso un fatto di reato, se l'imputato ne è l'autore e, in caso positivo, quale pena debba essergli applicata.

Una volta che è stato commesso un reato, occorre accertare le modalità del fatto, scoprirne il responsabile (o i responsabili) e applicare le sanzioni. Questo compito in una società ordinata spetta allo Stato in base al diritto; non si può lasciare che i cittadini, le persone offese o i loro familiari si facciano Giustizia da soli. L'uso della coercizione e della forza deve restare monopolio dello Stato. Il compito di accertare se un imputato è responsabile di un reato è demandato al giudice. Le modalità di svolgimento del processo penale non devono essere lasciate alla discrezione di quest'ultimo, bensì devono essere regolate dalla legge (si veda la riserva di legge contenuta nell'art. 111 Cost., nuovo comma 1 introdotto con la riforma del 1999, della quale si tratterà nel prossimo capitolo).

Il diritto processuale penale è il complesso delle norme di legge che disciplinano le attività dirette all'attuazione del diritto penale nel caso concreto. In questo senso comunemente si afferma che il diritto processuale ha una *funzione strumentale* rispetto al diritto penale sostanziale. Il giudice accerta se il fatto commesso dall'imputato rientra nella fattispecie (tipo di fatto) prevista dalla legge penale incriminatrice; in caso positivo, l'imputato deve essere condannato; in caso negativo, l'imputato deve essere assolto.

2. Il sistema inquisitorio.

Con i termini *sistema accusatorio* e *sistema inquisitorio* ci riferiamo a "tipi" ideali di processo che sono niente altro che "modelli": essi sono stati ricavati mediante astrazione a partire da alcuni caratteri reali che sono riscontrabili nei singoli ordinamenti processuali in determinati momenti della storia.

Il sistema inquisitorio si basa sul *principio di autorità*, secondo il quale la verità è tanto meglio accertata quanto più potere è dato al soggetto inquirente. In lui si cumulano tutte le funzioni processuali: egli opera al tempo stesso come giudice, come accusatore e come difensore dell'imputato. Da questo postulato deriva che ad un unico soggetto devono essere concessi pieni poteri in ordine sia all'iniziativa del processo, sia alla formazione della prova. Tale soggetto nella storia assume varie denominazioni, delle quali la più nota è quella di "giudice inquisitore". Non importa se si tratta di un giudice singolo o collegiale (anche se è un organo eletto democraticamente); quello che conta è il "tipo" di potere che gli è concesso. Si pensa che, se l'autorità facilita l'accertamento del vero e del giusto, tanto maggiore sarà quella, tanto migliore sarà questo. In definitiva, si crede nel "cumulo" delle funzioni processuali in un unico organo.

Correlativamente, si tende a non riconoscere alcun potere alle parti; l'offeso e l'imputato sono meri "oggetti" del giudizio, poiché tutti i poteri risiedono nel giudice.

Dal principio del cumulo dei poteri processuali derivano le principali caratteristiche del sistema inquisitorio.

a) *Iniziativa d'ufficio.* L'iniziativa del processo penale deve spettare al giudice. Poiché è il depositario del vero e del giusto, egli non deve essere ostacolato dalla inattività delle parti.

b) *Iniziativa probatoria d'ufficio.* La ricerca delle prove non deve spettare alle parti, bensì al giudice stesso, perché egli ha più poteri e, quindi, meglio può conoscere il vero e il giusto.

c) *Segreto.* L'inquisitore è una persona (o un organo) che ricerca la verità senza utilizzare la contrapposizione dialettica tra le parti. Assume le deposizioni in segreto e non ha necessità di confrontare la sua ricostruzione della verità con le posizioni dell'accusa e della difesa dell'imputato. Costoro, limitando i suoi poteri, potrebbero soltanto ostacolare la ricerca del vero.

d) *Scrittura.* Delle deposizioni raccolte dall'inquisitore è redatto un verbale. Questo riporta l'interpretazione che l'inquisitore dà alle frasi pronunciate. Si ritiene accettabile che non vengano riportate le parole effettive, bensì la versione data dall'inquirente, perché soltanto lui è in grado di comprendere il vero significato di quanto è stato detto.

e) *Nessun limite all'ammissibilità delle prove.* Quello che conta è il *risultato* da raggiungere, e cioè l'asserita verità, e non il *metodo* con cui la si persegue. Pertanto ogni modalità di ricerca è ammessa, compresa la tortura dell'imputato. E se l'inquisitore ritiene che il testimone dica il falso, anche quest'ultimo può essere sottoposto a tormenti.

f) *La presunzione di reità.* È sufficiente aver raccolto alcuni indizi contro un imputato, o anche soltanto una denuncia anonima, perché l'imputato sia chiamato a "discolparsi". In questo sistema deve essere l'imputato a dimostrare la sua innocenza mediante prove; se fallisce in tale compito, deve essere condannato.

g) *Carcerazione preventiva.* Poiché l'imputato è presunto colpevole, in mancanza di prove di innocenza può essere sottoposto a custodia preventiva in carcere. Il sistema inquisitorio fa ampio uso di tale strumento; è denominato carcerazione "preventiva" perché costituisce l'anticipazione di quella sanzione, che poi viene irrogata a seguito della decisione. In attesa della sentenza, l'imputato languisce in carcere senza che gli siano rese note né l'accusa formulata, né le prove raccolte.

h) *Molteplicità delle impugnazioni.* Il regime totalitario dà ampi poteri al giudice inquisitore; nel momento in cui egli li esercita, non può essere controllato dalle parti, pena la sconfessione del postulato che fonda il sistema. Una volta che è stata pronunciata la sentenza, il sistema si ricorda che anche il giudice è un uomo e può sbagliare. Ed allora il regime permette che le parti possano presentare impugnazione, sulla quale deve decidere un giudice superiore che è dotato dei medesimi poteri inquisitori che sono concessi al primo giudice.

3. Il sistema accusatorio.

Il sistema accusatorio è costruito come modello contrapposto a quello inquisitorio. Esso si basa su di un principio opposto a quello di autorità, e cioè sul *principio dialettico*. Si prende atto dei limiti della natura umana e si ritiene che nessuna persona sia depositaria del vero e del giusto; la verità si può accertare tanto meglio quanto più le funzioni processuali sono ripartite tra soggetti che hanno interessi antagonisti. Al giudice, che deve essere indipendente ed imparziale, spetta di decidere sulla base di prove prodotte dall'accusa e dalla difesa. La scelta operata dal giudice tra le diverse ricostruzioni del fatto storico è stimolata dalla dialettica che si svolge tra soggetti spinti da interessi contrapposti. Lo scontro tra le tesi sostenute da ciascun interlocutore è una tecnica che consente di valutare la fondatezza degli argomenti che le sorreggono e costituisce il metodo meno imperfetto per avvicinarsi alla verità.

Accettato tale principio, occorre che nel processo penale i poteri di un soggetto siano bilanciati da quelli riconosciuti ad un altro soggetto. È necessario che un giudice imparziale sia in grado di dirimere i momenti di contrasto inevitabile tra i due antagonisti del processo penale, restando in una posizione di assoluta neutralità psichica. Il sistema delineato, che può essere definito "separazione delle funzioni processuali", vuole evitare che l'uso di un potere degeneri in abuso.

Dal principio di separazione delle funzioni processuali derivano le caratteristiche essenziali del sistema accusatorio, che vengono a delinearsi in contrapposizione logica con quelle che connotano il sistema inquisitorio (v. tav. 1.1.1).

a) *Iniziativa di parte*. Il giudice non può procedere d'ufficio nel determinare l'oggetto della controversia, perché altrimenti si dimostrerebbe parziale. L'iniziativa del processo penale deve spettare soltanto alle parti. La presenza di un "accusatore" dà nome a questo sistema processuale. In origine il potere di azione (e cioè di chiedere una decisione al giudice) spettava ad un accusatore privato, e cioè alla persona offesa dal reato o a qualunque cittadino. Successivamente il potere è stato attribuito ad un organo pubblico: il pubblico ministero.

b) *Iniziativa probatoria di parte*. Una volta che sia accolto il principio dialettico, ne derivano alcune conseguenze in tema di prova. I poteri di ricerca, ammissione e valutazione della prova non possono essere attribuiti ad un unico soggetto (né al giudice, né all'accusatore), bensì devono essere divisi e ripartiti tra il giudice, l'accusa e la difesa in modo che nessuno di essi possa abusarne. In questo sistema è indispensabile una dettagliata regolamentazione della prova.

Colui che accusa ha l'onere di ricercare le prove e di convincere il giudice della reità dell'imputato. La difesa deve avere il potere di ricercare le prove in base alle quali possa convincere il giudice che l'imputato non è colpevole, o che le modalità di svolgimento del fatto addebitato devono essere ricostruite in modo diverso da quanto ha fatto l'accusa. Il giudice deve soltanto decidere se ammettere, o meno, il mezzo di prova che viene richiesto; nel corso dell'esame deve di regola limitarsi a valutare l'ammissibilità delle domande formulate da una parte. L'istituto che esprime nel modo più limpido la filosofia del sistema accusatorio è l'esame incrociato, nel quale sono distribuiti in modo dettagliato i poteri di iniziativa spettanti alle parti ed i poteri di controllo attribuiti al giudice.

c) *Contraddittorio*. La separazione delle funzioni processuali si attua mediante il principio del contraddittorio. Questo assicura che, prima della decisione, il giudice permetta alla parte interessata di sostenere le proprie ragioni (*audiatur et altera pars*); riferito alla materia della prova, il principio acquista un significato ancora più forte e specifico e tende a far sì che ciascuna delle parti possa contribuire alla formazione della prova ponendo le domande al testimone (o altro dichiarante). Il contraddittorio adempie a due funzioni essenziali: tutela i diritti di ciascuna parte e costituisce una tecnica di accertamento dei fatti. Quanto maggiore è il contraddittorio, tanto meglio potrà essere accertata la verità. Ad ogni parte deve essere data la possibilità di mettere in dubbio l'esistenza del fatto affermato dalla controparte.

d) *Oralità*. Si ha oralità in senso pieno soltanto quando coloro che ascoltano possono porre domande ed ottenere risposte da colui che ha reso una dichiarazione. L'oralità permette di valutare in modo pieno la credibilità e l'attendibilità di un testimone (o di altro dichiarante). Da ciò deriva la regola di esclusione secondo cui, in linea di principio, ai fini della decisione non sono utilizzabili le dichiarazioni scritte.

e) *Limiti di ammissibilità delle prove*. Nel sistema accusatorio si ritiene che sia molto importante il *metodo* attraverso il quale si giunge a formare una prova; soltanto se questo è rispettato, l'elemento conoscitivo che se ne trae può essere valutato nella sua attendibilità e, quindi, essere utile allo scopo di ricostruire l'esistenza di un fatto storico.

f) *Presunzione di innocenza*. Chiunque accusa una persona deve convincere il giudice, mediante prove, che costei è colpevole; fino a che il giudice non ha accertato la reità mediante un processo regolato dalla legge e rispettoso del diritto di difesa, l'imputato è presunto innocente. Non gli può essere chiesto di "discolparsi", bensì spetta a colui che accusa portare prove che dimostrino la reità. Il giudice può condannare l'imputato soltanto quando l'accusa ha provato la reità "al di fuori di ogni ragionevole dubbio".

g) *Limiti alla custodia cautelare*. Se l'imputato è presunto innocente fino alla condanna definitiva, non può essere trattato come un colpevole; pertanto la sanzione penale non può essere anticipata in via provvisoria. Quella che può essere applicata è soltanto una *misura cautelare* se ed in quanto vi siano prove che dimostrino che in concreto esistono esigenze cautelari.

h) *Limiti alle impugnazioni*. Nel sistema accusatorio i controlli funzionano nel momento stesso in cui si forma la prova davanti al giudice. L'esame incrociato sfrutta "l'effetto sorpresa"; se l'esame viene compiuto una seconda volta sulle medesime domande, ha scarse possibilità di essere utile. Le impugnazioni, che pure esistono nel sistema accusatorio, hanno soprattutto lo scopo di controllare se in primo grado sono stati rispettati i diritti delle parti e, segnatamente, il diritto alla prova; ove si accerti una violazione, il dibattimento deve essere svolto nuovamente davanti ad un altro giudice.

4. Il sistema misto.

Come abbiamo anticipato, la contrapposizione tra sistema inquisitorio e accusatorio ha un valore meramente astratto; in concreto nella storia sono stati addottati ordinamenti che presentano caratteristiche dell'uno o dell'altro sistema. Soltanto raramente si è verificato che un determinato ordinamento abbia condensato in sé tutte le caratteristiche di un unico sistema. La maggior parte degli ordinamenti sono misti; grazie alla distinzione menzionata si può valutare se prevalgono gli elementi inquisitori o accusatori.

Dobbiamo dare atto che nel corso della storia vi è stato un momento nel quale si è voluto combinare le caratteristiche dei due sistemi al fine di cumularne i vantaggi. Ciò è avvenuto in seguito alla Rivoluzione francese ed al tentativo, effettuato nel 1790, di accogliere il sistema accusatorio puro così come esso si era manifestato in Inghilterra. Il tentativo ha avuto un esito negativo per svariati motivi, che non è possibile in questa sede approfondire. Nel corso dei successivi venti anni in Francia sono state sperimentate le più varie soluzioni di compromesso finché, grazie alle elaborazioni dei giuristi presenti nel Consiglio di Stato, tra il 1804 ed il 1808 è stato formulato un codice che teneva conto della esperienza legislativa rivoluzionaria.

Il *Code d'instruction criminelle*, promulgato nel 1808 ma entrato in vigore nel 1811, ha accolto quello che, da allora, è stato definito il sistema processuale "misto". La fase anteriore al dibattimento, denominata istruzione, era prevalentemente inquisitoria, ma era temperata in aspetti fondamentali da istituti del sistema accusatorio. La fase del dibattimento era prevalentemente accusatoria, salvo alcuni temperamenti in senso inquisitorio. Il sistema misto era caratterizzato anche da un principio, sia pure non perfezionato, di "separazione delle funzioni" tra accusa e giudizio (v. tav. 1.1.2).

La fase della raccolta delle prove (istruzione) era segreta e veniva svolta dal giudice istruttore. Non si trattava della inquisizione tipica dello Stato assoluto perché vi erano i seguenti temperamenti: 1) l'istruzione iniziava dopo che il pubblico ministero aveva fatto formale richiesta al giudice istruttore; 2) essa terminava dopo che il pubblico ministero medesimo aveva chiesto il rinvio a giudizio o il proscioglimento; 3) il giudice non poteva rifiutarsi di compiere l'istruzione; 4) era garantito all'imputato il controllo giurisdizionale sulla richiesta di rinvio a giudizio.

Nella fase istruttoria il sistema misto si caratterizzava per il fatto che l'assunzione delle prove era affidata al giudice, e cioè ad un organo comunque separato dal potere esecutivo; tale organo era sotto il controllo della corte d'appello, dalla quale ricavava al tempo stesso la "forza" di opporsi all'ufficio del pubblico ministero. Soltanto il giudice istruttore aveva poteri coercitivi sulla libertà delle persone. Al pubblico ministero non si è voluto attribuire poteri coercitivi poiché egli dipendeva dal potere esecutivo. Soltanto in presenza della flagranza di reato il principio veniva meno: il pubblico ministero e la polizia giudiziaria potevano arrestare l'imputato e potevano disporre la perquisizione.

A sua volta, la fase del dibattimento era prevalentemente accusatoria; tuttavia essa era temperata dai seguenti princìpi: 1) le domande ai testimoni erano rivolte dal presidente (giudice togato); 2) gli atti compiuti prima del dibattimento potevano essere letti e su di essi la giuria popolare poteva fondare la sua decisione (v. tav. 1.1.4).

Il sistema misto, "inventato" dal codice del 1808 ed esportato in tutta l'Europa continentale dalle armate napoleoniche, mirava a fondere in un'unica struttura processuale i caratteri del sistema inquisitorio e di quello accusatorio, cercando (almeno nei propositi) di sommarne gli aspetti positivi e, al tempo stesso, di contemperare la difesa della società e la tutela dell'imputato. L'istruzione era una "assunzione" della prova, mentre il dibattimento costituiva una "critica" ed un "controllo" sulla medesima.

Dopo il 1815 negli Stati europei tornarono al potere i sovrani assoluti, i quali immediatamente ripristinarono il processo inquisitorio con tutte le caratteristiche che abbiamo esposto. Con fatica il movimento liberale nel corso dell'800 è riuscito ottenere che fosse accolto il sistema misto. Attualmente la maggior parte degli Stati dell'Europa continentale adottano sistemi misti riferibili all'originario modello francese.

In Italia il sistema misto è stato accolto con il codice di procedura penale del 1865, in aderenza all'originario modello napoleonico. Successivamente, del sistema misto è stata attuata una versione prevalentemente accusatoria con il codice del 1913 ed una versione prevalentemente inquisitoria con il codice del 1930 (v. tav. 1.1.4).

Riepilogo: il sistema misto. Occorre premettere che quasi tutte le forme di processo penale, che si sono manifestate nel corso della storia, sono di carattere misto, e cioè accolgono elementi del sistema inquisitorio e di quello accusatorio. Tuttavia, da parte di molti studiosi si denomina "sistema misto" quello che caratterizza il codice francese del 1808. Esso tende a contemperare le esigenze che ispirano i due sistemi: da un lato, la tutela della società dal crimine; da un altro lato, la difesa dell'imputato.

Nel sistema misto l'istruzione è prevalentemente inquisitoria, perché è segreta e condotta da un giudice, anche se accoglie alcuni caratteri del sistema accusatorio; il dibattimento è prevalentemente accusatorio perché è fondato sul contraddittorio tra le parti, ma accoglie alcuni caratteri del sistema inquisitorio.

In particolare, l'istruzione è svolta dal "giudice istruttore"; è diversa dall'inquisizione in quanto sono presenti i seguenti temperamenti: l'istruzione inizia dopo che il pubblico ministero ha fatto formale richiesta al giudice istruttore; l'istruzione termina dopo che il pubblico ministero ha chiesto il proscioglimento o il rinvio a giudizio; è garantito all'imputato il controllo giurisdizionale sulla richiesta di rinvio a giudizio.

La fase del dibattimento è prevalentemente accusatoria, ma è temperata dai seguenti principi: le domande ai testimoni sono rivolte dal presidente della corte; gli atti compiuti in segreto prima del dibattimento possono, sia pure eccezionalmente, essere letti e su di essi può essere fondata la decisione (v. tav. 1.1.2).

Capitolo II

DALLA COSTITUZIONE AL CODICE DI PROCEDURA PENALE

1. I princìpi del processo penale nella Costituzione del 1948.

La Costituzione, entrata in vigore il 1° gennaio 1948, ha introdotto molte novità rispetto allo Statuto albertino, che trascurava quasi completamente i princìpi attinenti al processo penale. L'Assemblea costituente ha voluto intervenire in questa materia seguendo una precisa strategia. A causa del tempo limitato a loro disposizione, i costituenti hanno posto soltanto le garanzie fondamentali che riguardavano i punti nevralgici del processo penale. Nel fare ciò, hanno dato per scontato che alcuni princìpi fondamentali (quali, ad esempio, la pubblicità del dibattimento penale) costituissero ormai una conquista consolidata e, pertanto, non necessitassero di espressa previsione nella Costituzione.

È importante porre una premessa ulteriore. Nella Costituzione si esprimono i differenti orientamenti ideologici che hanno contribuito ad elaborare la Carta fondamentale. Infatti, nel corso dei lavori preparatori della Assemblea costituente (1946-1947) hanno portato un contributo sinergico partiti di matrice ideologica profondamente differente, e cioè liberali, personalistiche e solidaristiche.

All'*orientamento liberale* si devono le norme costituzionali che introducono la separazione dei poteri dello Stato, riaffermata con particolare enfasi a garanzia dell'ordine giudiziario: fra tutti i princìpi costituzionali, sono state congegnate con maggiore attenzione le disposizioni del titolo IV della parte II sulla magistratura (v. *infra*, parte II, cap. 1, § 2). Sempre all'*orientamento liberale* si possono ricondurre quelle disposizioni che stabiliscono la separazione delle funzioni nel processo penale: il diritto di difesa, proclamato « inviolabile in ogni stato e grado del procedimento » (art. 24, comma 2; v. *infra*, parte II, cap. 1, § 6); l'azione penale spettante al pubblico ministero (art. 112; v. *infra*, parte III, cap. 2, § 2); il principio del "giudice naturale" precostituito per legge (art. 25, comma 1; v. *infra*, parte II, cap. 1, § 2, lett. *f*). L'insieme di queste norme dimostra in modo netto che il costituente ha ritenuto che le attività relative al processo penale dovessero spettare ad organi distinti.

All'*orientamento personalistico* si ricollegano le norme che riconoscono i diritti inviolabili della persona umana (art. 2). L'elenco è dettagliato anche nelle garanzie di riserva di legge e di giurisdizione, che vengono precisate in singoli articoli a tutela della libertà personale (art. 13; v. *infra*, parte II, cap. 4, § 2); della libertà di domicilio (art. 14), di corrispondenza (art. 15; v. *infra*, parte II, cap. 5, § 5) e di circolazione (art.

16). Il quadro è completato dalla presunzione di innocenza, affermata nell'art. 27 comma 2 (v. *infra*, parte II, cap. 3, § 5) sia pure con una formula non limpida, che voleva salvare la legittimità della custodia cautelare applicabile in pendenza del processo penale (art. 13, comma 2).

Infine, l'*orientamento solidaristico* trova la sua consacrazione negli articoli 2 e 3 della Costituzione. A tale orientamento si possono ricondurre tutte le norme che tendono a rimuovere gli ostacoli di carattere economico che impediscono l'eguaglianza sostanziale: l'art. 24, comma 3 (« sono assicurati ai non abbienti, con appositi istituti, i mezzi per agire e difendersi davanti ad ogni giurisdizione »; v. *infra*, parte II, cap. 1, § 6); l'art. 24, comma 4 (« la legge determina le condizioni e i modi per la riparazione degli errori giudiziari »; v. *infra*, parte VI, cap. 4, § 2); l'art. 112, che nel porre come « obbligatoria » l'azione penale vuole garantire che l'iniziativa del processo prescinda dalle condizioni economiche svantaggiate della persona offesa dal reato. Fanno ancora capo all'orientamento solidaristico quegli obblighi che la legge processuale impone al testimone, al denunciante ed al cittadino chiamato a svolgere le funzioni di giudice popolare; sotto quest'ultimo profilo, l'art. 102, comma 3 dispone che « la legge regola i casi e le forme della partecipazione diretta del popolo all'amministrazione della giustizia » ([1]).

2. Dalla legge-delega al codice di procedura penale.

Con la legge-delega 16 febbraio 1987 n. 81 il Parlamento italiano ha precisato i criteri direttivi che il Governo doveva seguire nell'elaborare il codice di procedura penale. I criteri sono riconducibili a tre direttive fondamentali. In primo luogo, attuare i princìpi della Costituzione; quindi, adeguare le norme processuali alle Convenzioni internazionali ratificate dall'Italia e relative ai diritti della persona; infine, « attuare i caratteri del sistema accusatorio » secondo i centocinque princìpi direttivi enunciati nella legge-delega. Da quest'ultima notazione si può ricavare che è stato accolto un sistema accusatorio non di tipo "puro", bensì parzialmente attenuato sulla base dei princìpi direttivi voluti da Parlamento italiano.

Una Commissione, nominata dal Ministro della Giustizia Giuliano Vassalli e presieduta dal Prof. Gian Domenico Pisapia, ha redatto il progetto preliminare. Il 22 settembre 1988 il Governo ha approvato il testo del nuovo codice, pubblicato sulla Gazzetta ufficiale del 24 ottobre 1988 ed è entrato in vigore il 24 ottobre 1989.

([1]) Anticipiamo che altri princìpi sono stati introdotti successivamente nella Carta fondamentale con la legge costituzionale n. 2 del 1999 sul "giusto processo", sulla quale si veda *infra*, § 4. Nel presente volume l'illustrazione dei singoli princìpi sarà effettuata nel momento nel quale verrà trattata la materia alla quale essi ineriscono. Poiché, secondo l'insegnamento della sentenza della Consulta n. 85 del 2013, "nessun diritto è tiranno", ormai si ritiene che in presenza di esigenze contrastanti di rilievo costituzionale sia sempre necessario operare un bilanciamento tra i princìpi.

3. Le linee generali del processo penale.

Il nuovo processo penale delineato nel codice del 1988 è fondato su tre princìpi generali: 1) il principio della separazione delle funzioni; 2) il principio della separazione delle fasi processuali; 3) il principio della semplificazione del procedimento.

a) ***Il principio della separazione delle funzioni processuali.*** Il principio della separazione delle funzioni processuali adempie ad un ruolo di garanzia; esso impone che il giudice abbia soltanto il compito di decidere sull'ammissione delle prove, di controllarne l'assunzione e di valutarne i risultati, senza cumulare in sé poteri di iniziativa d'ufficio nella ricerca e nell'introduzione delle stesse. Al tempo stesso, il principio di separazione delle funzioni impone che il pubblico ministero si limiti a ricercare le prove e non cumuli in sé il potere di assumerle. In tal modo viene assicurata una maggiore dialettica tra accusa e difesa, che espongono le proprie ragioni nel corso del dibattimento in una situazione di tendenziale equilibrio sotto il controllo del giudice. Questi è in una posizione di imparzialità perché il suo compito non è quello di indagare, bensì di decidere sulla base delle richieste formulate dalle parti; in particolare, al termine della fase del giudizio egli deve valutare se l'accusa ha eliminato ogni ragionevole dubbio sulla reità dell'imputato.

b) Il principio della separazione delle fasi processuali. In base al principio della netta ripartizione in fasi, il procedimento penale vede susseguirsi le *indagini preliminari* svolte dal pubblico ministero, l'*udienza preliminare* ed il *dibattimento*. Questa struttura, che costituisce lo svolgimento ordinario del procedimento, tende a tutelare alcuni valori che sono propri del sistema accusatorio (v. tav. 1.2.4).

In primo luogo, si vuole che le dichiarazioni utilizzabili nella decisione in dibattimento siano quelle che vengono formate nel pieno contraddittorio delle parti, e cioè con l'esame incrociato sulla base di domande formulate dal pubblico ministero e dal difensore. Pertanto, almeno come regola, non sono utilizzabili le dichiarazioni rese prima prima del dibattimento.

In secondo luogo, si vuole tutelare il diritto dell'imputato a che un giudice controlli la necessità del rinvio a giudizio e, quindi, la fondatezza dell'accusa formulata dal pubblico ministero quando questa ha ad oggetto un reato grave. Infatti, il rinvio a giudizio, già in forza della pubblicità che caratterizza tale fase, costituisce una sofferenza per l'imputato innocente; pertanto costituisce un danno da evitare. A tal fine è predisposta una udienza preliminare, nella quale il giudice esamina gli atti raccolti dal pubblico ministero e decide se rinviare a dibattimento l'imputato o pronunciare una sentenza di non luogo a procedere (v. tav. 1.2.3).

c) I procedimenti semplificati. Il terzo principio, che sta alla base del nuovo codice, consiste nella semplificazione del procedimento. Lo svolgimento ordinario del processo penale impone ampie garanzie e richiede tempi lunghi, specialmente nella fase dibattimentale. Non è pensabile che si possano avere uomini, mezzi e risorse così abbondanti da far svolgere tutti i processi per tutti i reati secondo lo schema ordinario appena delineato. Ed infatti è noto che gli ordinamenti, che adottano un sistema processuale accusatorio, prevedono altresì meccanismi di semplificazione che riservano la procedura più garantita soltanto ai casi veramente controversi o ai reati gravi

(v. tav. 4.1.1). Così, sono stati previsti riti semplificati che, a determinate condizioni, omettono il dibattimento e permettono di decidere sulla base degli atti assunti nel corso delle indagini preliminari o dell'udienza preliminare (patteggiamento, giudizio abbreviato, procedimento per decreto, cui si è aggiunta nel tempo la sospensione del procedimento con messa alla prova dell'imputato) e riti semplificati che, al ricorrere di determinati presupposti, omettono l'udienza preliminare passando subito al dibattimento (giudizio immediato e giudizio direttissimo).

4. I princìpi del "giusto processo".

La situazione di emergenza provocata dagli omicidi dei magistrati Livatino (1991) Falcone e Borsellino (1992), causati dalla recrudescenza della criminalità mafiosa, ha indotto a modificare alcuni punti fondamentali della disciplina del processo penale. Occorre ricordare che nel testo originario del codice il principio di oralità era affermato in modo assoluto. Le dichiarazioni rese dal possibile testimone alla polizia giudiziaria non erano utilizzabili in dibattimento come prova del fatto narrato. Se, ad esempio, il teste sentito dalla polizia giudiziaria decedeva in conseguenza del reato del quale era stato vittima, le sue dichiarazioni erano inutilizzabili. Lo stesso avveniva quando il testimone — sentito dalla stessa polizia oppure dal pubblico ministero — era minacciato ed in aula si chiudeva nel silenzio. Simili eventualità — pur esiziali per l'accertamento del fatto — erano accettate come un sacrificio necessario in nome dell'oralità. Tuttavia, non si teneva conto del fatto che gli ordinamenti giuridici, storicamente ispirati a tale principio, prevedevano eccezioni nelle situazioni menzionate.

La Corte costituzionale nel 1992 ha risposto alle scelte del nuovo codice con un massimalismo di segno inverso. All'oralità, affermata in senso assoluto, il Giudice delle leggi ha contrapposto il principio di « non dispersione della prova » raccolta prima del dibattimento e ne ha sostenuto la rilevanza costituzionale in ragione della sua correlazione con il fine del processo penale che consiste nella ricerca della verità. Con le sentenze n. 24, 254 e 255 è stato dato ampio spazio alla utilizzabilità delle dichiarazioni rese prima del dibattimento alla polizia ed al pubblico ministero. Si trattava sempre di posizioni assolute, sia pure su un versante opposto rispetto a quanto affermato nell'impianto originario del codice del 1988.

Da parte sua, il Governo con il decreto legge n. 306 dell'8 giugno 1992, conv. in legge n. 356 del 1992, ha esteso la utilizzabilità di tutti i verbali delle dichiarazioni rese in segreto prima del dibattimento; di conseguenza, risultava leso il principio del contraddittorio, che costituiva il fulcro del sistema accusatorio.

Negli anni successivi si sono alternate prese di posizione di segno opposto da parte del Legislatore e della Corte costituzionale, fino a rasentare un conflitto tra poteri dello Stato. Lo sfondo era quello delle dichiarazioni rese dagli imputati connessi. Il Parlamento con la legge n. 267 del 1997 ha ritenuto di dover affermare il principio del contraddittorio "nella formazione della prova", con conseguente inutilizzabilità delle dichiarazioni raccolte in segreto. La Corte costituzionale, viceversa, ha ritenuto sufficiente garantire il contraddittorio "sulla prova" già formata unilateralmente nel corso delle indagini (sentenza n. 361 del 1998). Ad avviso del Giudice delle leggi, il contraddittorio era da ritenersi assicurato quando l'imputato poteva fare contestazioni alla persona che lo aveva accusato: in virtù di tale meccanismo, le precedenti dichiarazioni, rese in segreto, diventavano utilizzabili in dibattimento se vi erano riscontri che ne confermavano l'attendibilità.

Palese era la frizione tra l'interpretazione prospettata dalla Corte costituzionale e quella accolta dal Parlamento con la legge n. 267 del 1997, secondo cui doveva essere assicurato il contraddittorio "nella formazione" della prova. La sentenza n. 361 del 1998 ha suscitato la reazione del Legislatore, che ha addebitato alla Corte di aver manipolato una materia la cui disciplina doveva ritenersi rimessa alla discrezionalità del potere legislativo e, soprattutto, di averlo fatto attraverso un'interpretazione distorta dei princìpi costituzionali.

Il Parlamento ha preso in esame quella parte del progetto redatto da una Commissione parlamentare bicamerale (istituita con la legge costituzionale 24 gennaio 1997), che aveva cercato di rendere effettive le norme della Convenzione europea sui diritti dell'uomo. Poiché la nostra giurisprudenza si rifiutava di riconoscere valore costituzionale a tali norme, la Bicamerale aveva proposto di inserire direttamente nella Carta fondamentale il nucleo centrale delle garanzie, e cioè i princìpi del "giusto processo".

A seguito di complesse vicende istituzionali, l'attività della Commissione era naufragata. Tuttavia, sull'onda di siffatte riflessioni, il Parlamento ha elaborato un disegno di legge che si proponeva di introdurre espressamente nella Costituzione detti princìpi; in particolare, ha voluto affermare una concezione "forte" del contraddittorio, da attuarsi "nella formazione della prova". Sta di fatto che il 10 novembre 1999 è stata definitivamente approvata la legge di revisione costituzionale dell'art. 111 con una maggioranza superiore ai due terzi ([2]); ciò ha impedito di sottoporre a referendum la riforma.

Così inquadrato dal punto di vista delle "origini", il nuovo testo dell'art. 111 mostra la sua vera natura di interpretazione "autentica" della Costituzione: sono stati resi espliciti quei princìpi che, a giudizio di molti studiosi, erano già ricavabili dalla Carta fondamentale.

5. I princìpi inerenti ad ogni processo.

Il legislatore ha introdotto nell'art. 111 Cost. due nuovi commi che consacrano i princìpi-cardine ai quali deve informarsi ogni processo (civile, amministrativo, tributario, ecc.) ed, in particolare, quello penale. Tali princìpi sono incisivamente sintetizzati nell'espressione "giusto processo" e consistono nella riserva di legge in materia processuale, nel principio del contraddittorio, nell'imparzialità del giudice, nella parità delle parti e nella ragionevole durata dei processi.

([2]) Si tratta della legge cost. 23 novembre 1999, n. 2, recante l'« inserimento dei principi del giusto processo nell'art. 111 della Costituzione ».

La riserva di legge. Il primo comma dell'art. 111 sancisce che « la giurisdizione si attua mediante il giusto processo regolato dalla legge ». Anzitutto occorre sottolineare che la disposizione prevede una riserva di legge: soltanto il legislatore può regolare lo svolgimento del processo; tale compito non può essere svolto da organi amministrativi né giurisdizionali.

Il "giusto processo". Viene da chiedersi a che cosa alluda l'espressione "giusto processo". Alcuni ritengono che la locuzione sintetizzi i princìpi sanciti nei commi successivi. A nostro avviso, il "giusto processo" si riferisce ad un concetto ideale di Giustizia, che preesiste rispetto alla legge e che è direttamente collegato a quei diritti inviolabili di tutte le persone coinvolte nel processo, che lo Stato, in base all'art. 2 Cost., si impegna a riconoscere. Il contenuto dei diritti può essere ricavato dai patti internazionali ai quali l'Italia ha aderito (A. Giarda).

Il contraddittorio "debole". Nel secondo comma sono enunciati princìpi che si riferiscono a tutti i tipi di processo (sia civile, sia penale). In particolare viene menzionato il principio del contraddittorio nella sua accezione classica, comportante la necessità che la decisione del giudice sia emanata *audita altera parte*. Si tratta di quel significato "debole" del principio secondo cui il soggetto, che subirà gli effetti di un provvedimento giurisdizionale, deve essere messo in grado di esporre le sue difese prima che il provvedimento stesso sia emanato. Il significato "debole" è attuato quando la parte e il suo difensore conoscono i presupposti di fatto e di diritto sui quali il giudice baserà la decisione. Applicato alla prova penale, il contraddittorio debole si definisce anche contradditorio "sulla prova": è il semplice diritto di argomentare su di una prova che si è già formata. Si tratta di una garanzia di valore costituzionale e « postulato indefettibile di ogni pronuncia terminativa del processo » (Corte cost., n. 111 del 2022).

Il contraddittorio è menzionato anche dal comma 4 della norma in esame, del quale tratteremo tra poco; si tratta in tal caso del significato "forte" del principio in oggetto, che allude al metodo dialettico nella formazione della prova.

La parità delle parti. Successivamente, il comma 2 dell'art. 111 Cost. sancisce quel canone di "parità tra le parti" che, ovviamente, ha una potenzialità diversa nel processo civile e in quello penale. Nel processo civile, infatti, è possibile attuare la piena "eguaglianza delle armi" tra attore e convenuto. Nel processo penale, viceversa, parità significa non identità, bensì equilibrio di poteri. La sentenza della Corte cost. n. 26 del 2007 ha affermato che il principio di ragionevolezza può giustificare una qualche asimmetria tra le parti quando questa è dovuta alla posizione istituzionale del pubblico ministero e alle esigenze di una corretta amministrazione della giustizia.

Il giudice imparziale. Ancora, il processo deve svolgersi « davanti a giudice terzo e imparziale ». Non si tratta di un'espressione sovrabbondante: « l'imparzialità concerne la funzione esercitata nel processo ed impone che non vi siano legami tra il giudice e le parti. La terzietà concerne lo *status* ossia il piano ordinamentale » (P. Ferrua). Si vuole, cioè, che il giudice non cumuli altre funzioni processuali. In definitiva, la Carta fondamentale accoglie il principio della separazione delle funzioni processuali tra giudice, accusa e difesa.

La ragionevole durata. L'ultimo principio sancito al comma 2 è quello della « ragionevole durata » del processo, la cui attuazione è rimessa al legislatore. Si tratta, è noto, del recepimento di un precetto della Convenzione europea dei diritti dell'uomo, il cui mancato rispetto in Italia ha comportato molteplici condanne del nostro Paese da parte della Corte europea. La ragionevole durata non può in modo alcuno compromettere le garanzie dell'imputato e la qualità dell'accertamento processuale. Del resto, il bilanciamento tra le due opposte istanze è già implicito nel termine « ragionevole », che si riferisce alla durata del processo. In definitiva, « un processo non "giusto", perché carente sotto il profilo delle garanzie, non è conforme al modello costituzionale, quale che sia la sua durata » (Corte cost., n. 111 del 2022).

6. I princìpi attinenti al processo penale.

I diritti dell'accusato. I commi successivi dell'art. 111 enunciano princìpi che si riferiscono esclusivamente al processo penale. Il comma 3 è dichiaratamente modellato sull'art. 6, comma 3, lett. *d* della Convenzione europea e contiene il catalogo dei diritti spettanti « nel processo penale » alla « persona accusata di un reato ».

Occorre premettere un rilievo di natura metodologica. Da un lato, la parola "accusato" non ha un preciso significato tecnico e sembra potersi riferire sia alla persona sottoposta alle indagini, sia all'imputato. Da un altro lato, e per contro, la parola "processo", se intesa in senso stretto, pare non ricomprendere la fase delle indagini preliminari. Una interpretazione razionale, a nostro avviso, deve attribuire di volta in volta ai due termini il significato che li rende coerenti con il tipo di diritto che viene riconosciuto.

Passiamo adesso all'esame analitico dei singoli diritti. Anzitutto la persona sottoposta alle indagini deve essere « informata riservatamente della natura e dei motivi » dell'accusa « nel più breve tempo possibile ». Quest'ultimo inciso (« nel più breve tempo possibile ») significa non "immediatamente", bensì "non appena l'avviso all'indagato è compatibile con l'esigenza di genuinità e di efficacia delle indagini".

Merita infine ricordare come l'art. 111 imponga che l'accusato sia informato « riservatamente ». La precisazione è funzionale a prevenire inammissibili divulgazioni di notizie che possano aprire processi paralleli in televisione o sui giornali.

La norma prosegue riconoscendo all'accusato il diritto di disporre « del tempo e delle condizioni necessarie per preparare la sua difesa ». Una siffatta disposizione sembra dare impulso alle indagini difensive ed agli istituti del patrocinio per i non abbienti e dei termini a difesa dell'imputato.

Il diritto a confrontarsi con l'accusatore. Veniamo finalmente all'enunciato più importante della norma in esame. L'imputato ha il diritto, « davanti al giudice, di interrogare o di far interrogare le persone che rendono dichiarazioni a suo carico ». Siamo dinanzi all'espresso riconoscimento costituzionale del diritto a confrontarsi con l'accusatore (si vedano le sentenze della Corte cost. n. 361 del 1998 e n. 440 del 2000). Il disposto è modellato sulla Convenzione europea, salvo due aspetti puntuali. Anzitutto si prevede che il diritto a confrontarsi debba trovare attuazione « davanti al giudice »: la precisazione costituisce una importante garanzia per l'imputato. In secondo luogo, la norma parla di « persone » che rendono accuse a carico e non di testimoni, come fa la Convenzione. La variazione terminologica è stata necessaria per ricomprendere anche quel dichiarante che ha la qualità di imputato connesso o collegato. Infine è opportuno sottolineare che la norma utilizza la locuzione « far interrogare », senza precisare chi sia il soggetto che, in tal caso, svolge l'esame. Così formulata, la disposizione è idonea a ricomprendere anche le ipotesi in cui l'esame sia condotto dal giudice, a mezzo del quale le parti possono porre domande al dichiarante.

Proseguendo nell'esegesi del comma 3, all'imputato è riconosciuto altresì il diritto di « ottenere la convocazione e l'interrogatorio di persone a sua difesa nelle stesse condizioni dell'accusa e l'acquisizione di ogni altro mezzo di prova a suo favore ». La disposizione riconosce nitidamente il diritto alla prova in capo all'imputato.

L'ultima facoltà attribuita all'accusato consiste nel farsi assistere da un interprete « se non comprende o non parla la lingua impiegata nel processo ». A differenza di quanto previsto dalla Convenzione europea, la norma non reca l'espressione « gratuitamente »; inoltre, la parola « processo », se strettamente interpretata, sembrerebbe negare, nella fase delle indagini, riconoscimento costituzionale all'assistenza dell'indagato che non conosce l'italiano. Anche in questo caso la norma deve essere intesa come se si riferisse genericamente al "procedimento".

Il principio del contraddittorio. Nei commi 3 e 4 dell'art. 111 Cost. è affermato il principio del contraddittorio *in senso forte*, e cioè in relazione alla materia della prova. Il principio è utilizzato non in uno, bensì in due significati differenti. La norma costituzionale ne coglie a volte l'aspetto oggettivo, altre volte l'aspetto soggettivo.

Il contraddittorio in senso oggettivo. Il contraddittorio in senso "*oggettivo*" è sancito all'inizio del comma 4. Si tratta del contraddittorio « nella formazione della prova ». È un'espressione lapidaria ma completa nella sua semplicità, che consacra il contraddittorio, questa volta inteso in senso forte, come metodo di conoscenza; la dottrina lo definisce con la locuzione "per la prova", poiché il contraddittorio opera nel momento in cui la prova si forma (D. Siracusano). Una prova che sia attendibile non si ottiene in segreto con pressioni unilaterali, bensì in modo dialettico; lo strumento al quale si fa implicito riferimento è l'esame incrociato.

Il contraddittorio in senso soggettivo. Altri commi, viceversa, accolgono un concetto differente di contraddittorio, nella sua accezione "soggettiva". Due sono i suoi significati: il primo, già menzionato in precedenza, è il diritto dell'imputato di confrontarsi con l'accusatore, ovverosia di « interrogare o di far interrogare le persone che rendono dichiarazioni a suo carico » (comma 3). Il secondo significato è quello enunciato nell'art. 111, comma 4, secondo periodo, a mente del quale « la colpevolezza dell'imputato non può essere provata sulla base di dichiarazioni rese da chi, per libera scelta, si è sempre volontariamente sottratto all'interrogatorio da parte dell'imputato o del suo difensore ». In quest'ultimo caso, il diritto a confrontarsi trova la sua sanzione attraverso l'inutilizzabilità delle dichiarazioni rese da chi ha eluso il contraddittorio. A tale disposizione faremo comunque cenno nel capitolo sul giudizio a proposito della utilizzabilità delle precedenti dichiarazioni (parte III, cap. 5, § 9).

Le eccezioni al contraddittorio. Al principio del contraddittorio il comma 5 dell'art. 111 Cost. pone tre eccezioni: la prova è utilizzabile anche se si è formata fuori del contraddittorio « per consenso dell'imputato o per accertata impossibilità di natura oggettiva o per effetto di provata condotta illecita ». Con le norme menzionate il Parlamento è riuscito ad abbandonare scelte di tipo massimalistico, che cioè si limitavano ad enunciare princìpi in modo assoluto, e ha operato già nel testo della Costituzione un bilanciamento tra regola ed eccezioni. La formula utilizzata ha posto la fine a diatribe infinite che si erano manifestate a partire dall'entrata in vigore del codice del 1988.

1) Il consenso dell'imputato. Anzitutto è prevista una eccezione in ragione del consenso dell'imputato. La Corte cost. ne ha dato un' interpretazione con la sentenza n. 184 del 2009. Ad avviso del Giudice delle leggi, la deroga al contraddittorio per consenso dell'imputato non implica che il legislatore ordinario sia tenuto a rendere sistematicamente disponibile il contraddittorio nella formazione della prova, prevedendone la caduta ogniqualvolta l'imputato manifesti una volontà in tal senso. Il quinto comma dell'art. 111 Cost. legittima il legislatore ordinario a prevedere ipotesi nelle quali il consenso dell'imputato, unitamente ad altri presupposti, determina una più o meno ampia acquisizione di elementi di prova formati unilateralmente; ciò, in particolare, tenuto conto delle esigenze di economia processuale. Resta peraltro implicito che le norme devono essere configurate in maniera tale da assicurare uno svolgimento equilibrato del processo, evitando che la rinuncia al contraddittorio da parte dell'imputato pregiudichi a priori la correttezza della decisione. Di ciò il codice tiene conto in vari istituti.

Infatti, il consenso dell'accusato opera nel corso dei procedimenti che non prevedono la fase del dibattimento. Nel giudizio abbreviato, nel patteggiamento e nel decreto penale di condanna l'imputato rinuncia al contraddittorio e permette al giudice di utilizzare le prove acquisite in modo unilaterale nel corso delle indagini. I diritti dell'imputato e le esigenze di giustizia sono soddisfatti in quanto il principio di ragionevole durata del processo è un valore espressamente riconosciuto dall'art. 111, comma 2 Cost.

Occorre sottolineare che il consenso dell'imputato ha il solo effetto di rendere utilizzabili le prove raccolte in modo unilaterale; non costituisce l'esercizio di un potere assoluto di impedire la valutazione delle prove da parte del giudice. Infatti, questi può rigettare la richiesta del singolo procedimento semplificato perché ritiene che non esista la base probatoria necessaria e, nel rito abbreviato, può disporre d'ufficio che siano assunte nuove prove (art. 441, comma 5).

Inoltre, mediante l'istituto dell'acquisizione concordata (artt. 431, comma 2 e 493, comma 3) le parti concordano che i verbali di determinati atti, contenuti nel fascicolo del pubblico ministero, sono acquisiti al fascicolo per il dibattimento e diventano utilizzabili mediante lettura. L'accordo non costituisce un vincolo per il giudice, che può disporre anche d'ufficio l'escussione dibattimentale della prova introdotta in modo consensuale (art. 507, comma 1-*bis*). Pertanto, un eventuale patto per frodare l'accertamento dei fatti è controllabile e superabile da parte del giudice.

2) L'accertata impossibilità di natura oggettiva. La seconda deroga al principio del contraddittorio nella formazione della prova è consentita in caso di *accertata impossibilità di natura oggettiva*. La formulazione è estremamente generica; in particolare, non specifica se debba trattarsi di una ipotesi di non ripetibilità dovuta a cause *imprevedibili*.

Il termine « oggettiva », utilizzato nella norma in esame, allude a quelle cause indipendenti dalla volontà di taluno, che ci sembrano assimilabili a situazioni di *forza maggiore*. In altre parole, ci pare che l'ambito applicativo della disposizione sia limitato alle situazioni di non ripetibilità originaria o sopravvenuta; fra queste ultime rientrano le ipotesi "classiche" di cose soggette a modificazioni non evitabili (es. macchia di sangue esposta alla pioggia), oppure morte o grave infermità del dichiarante, e non quelle di semplice deterioramento delle sue facoltà psichiche. Occorre che in natura non sia più possibile assumere in contraddittorio quell'elemento di prova.

La impossibilità di natura oggettiva non deve apparire "a sorpresa" per la prima volta nella motivazione della sentenza, bensì deve essere oggetto di prova e di discussione tra le parti. Sul punto vi deve essere un apposito provvedimento incidentale del giudice. In definitiva, il contraddittorio viene recuperato nello specifico dibattito sull'esistenza in concreto del requisito dell'impossibilità oggettiva e nella valutazione sull'attendibilità dell'elemento di prova raccolto in modo unilaterale.

3) La provata condotta illecita. L'ultima eccezione è consentita nell'ipotesi in cui la mancata attuazione del contraddittorio costituisca effetto di *provata condotta illecita*. È importante sottolineare che il comma 5 si riferisce a comportamenti contrari al diritto (*contra ius*) finalizzati ad indurre il dichiarante a sottrarsi al contraddittorio.

Il legislatore costituzionale si è mostrato consapevole del fatto che, quando il metodo del contraddittorio è inquinato, il processo deve fare ricorso al metodo alternativo che consiste nella utilizzabilità delle precedenti dichiarazioni. L'esigenza di accertamento dei fatti ha un indubbio rilievo costituzionale. Come la legge n. 63 del 2001 abbia tradotto i princìpi, finora menzionati, nelle disposizioni del codice sarà esaminato nella parte III, cap. 5, § 9.

L'attuazione dei nuovi princìpi costituzionali. L'entrata in vigore dei princìpi del "giusto processo" nel gennaio del 2000 ha imposto al legislatore ordinario di predisporre in tempi brevi una modifica del sistema probatorio. Infatti, come si desume dalle considerazioni svolte nelle pagine che precedono, la disciplina previgente recava profili di frizione con i nuovi canoni costituzionali.

Con la legge n. 63 del 2001 il Parlamento ha cercato di dare attuazione all'art. 111 Cost. operando essenzialmente su due fronti. Per un verso, è intervenuto sulla disciplina delle qualifiche dei dichiaranti ed ha previsto una riduzione dell'area del diritto al silenzio. Per un altro verso, ha modificato la normativa in materia di dichiarazioni raccolte unilateralmente nel corso delle indagini ed ha affermato che esse sono di regola inutilizzabili in dibattimento come prova dei fatti in esse affermati. Il nuovo assetto del sistema probatorio sarà oggetto di dettagliato esame nei capitoli sui mezzi di prova e sul dibattimento.

La riforma del sistema probatorio, apportata con la legge n. 63 del 2001, appare soltanto una tappa intermedia nel percorso che conduce verso una piena attuazione del "giusto processo". I nuovi princìpi costituzionali sono pieni di potenzialità applicative che ancora attendono una concretizzazione a livello di legge ordinaria. Dunque, la normativa costituzionale deve restare al centro dell'attenzione dell'interprete. Soltanto in tal modo sarà possibile pervenire ad una soluzione legislativa che possa dirsi equilibrata nel bilanciamento dei princìpi e lineare nella calibratura degli istituti.

7. La riforma Cartabia: il nuovo bilanciamento tra princìpi fondamentali ed efficienza.

L'Italia con il Piano nazionale di ripresa e resilienza (PNRR) si è impegnata a ridurre del 25% i tempi del processo penale nei prossimi cinque anni per far fronte alle criticità della giurisdizione penale italiana, affetta da una crisi di tipo sistemico dovuta sia alla durata dei processi, sia alla debolezza dell'apparato organizzativo e delle risorse che hanno minato la fiducia della collettività. La Ministra della giustizia Marta Cartabia, attraverso una Commissione di docenti, magistrati e avvocati presieduta dal Presidente emerito della Corte costituzionale Giorgio Lattanzi, ha proposto una razionalizzazione del sistema processuale unita ad una risistemazione del diritto penale. Alcuni partiti della maggioranza hanno imposto modifiche all'impianto formulato dalla Commissione; si è persa la coerenza iniziale, ma si è raggiunto l'accordo politico che era necessario per approvare la riforma, che è stata promulgata con la legge n. 134 del 2021. Segnaliamo che, a differenza delle previsioni dell'art. 1 (che dovranno essere attuate in via delegata), l'art. 2 del testo normativo in oggetto è entrato in vigore il 19 ottobre 2021.

La novità della riforma sta nel fatto che, per la prima volta, la modifica delle norme processuali si accompagna ad un intervento organizzativo per il quale sono state stanziate imponenti risorse finanziarie, ad un potenziamento della formazione professionale degli operatori ed alla previsione di un comitato per il monitoraggio del buon funzionamento della riforma in modo che sia possibile intervenire immediatamente sulle eventuali criticità emerse dopo l'entrata in vigore della decretazione delegata (3).

7.1. La legge delega al Governo per l'efficienza del processo penale.

I princìpi direttivi della legge delega sono contenuti nell'art. 1 della medesima, che dovrà essere attuata con uno o più decreti delegati da emanare nel termine di un anno dall'entrata in vigore della legge-delega (4). La finalità di semplificazione, speditezza e razionalizzazione del processo « nel rispetto delle garanzie difensive » è

---

(3) L'art. 1, comma 4 prevede che il Governo, entro due anni dalla data di entrata in vigore dell'ultimo dei decreti legislativi adottati in attuazione della delega possa promulgare disposizioni integrative e correttive dei decreti legislativi medesimi. Inoltre, l'art. 2, comma 16 prevede l'istituzione presso il Ministero della giustizia di un Comitato tecnico-scientifico per il monitoraggio sull'efficienza della giustizia penale, sulla ragionevole durata del procedimento e sulla statistica giudiziaria, quale organismo di consulenza e di supporto nella valutazione periodica del raggiungimento degli obiettivi di accelerazione e semplificazione del procedimento penale.

(4) La legge Cartabia è entrata in vigore il 19 ottobre 2021. È la stessa legge a prevedere che, una volta adottati dal Consiglio dei ministri, gli schemi di decreti legislativi debbano essere trasmessi alle Camere che dovranno esprimere il parere entro sessanta giorni. Tuttavia, qualora detto termine venga a scadere nei trenta giorni antecedenti

stata perseguita agendo su più fronti. Rispetto ad analoghe iniziative del passato, per la prima volta alla riforma delle norme processuali si è unita una inedita riforma del diritto penale sostanziale che ha voluto abbandonare l'ottica carcero-centrica e immaginare scenari alternativi rispetto alla pena detentiva, richiedendo, tra l'altro, una disciplina organica della giustizia riparativa.

Dal punto di vista del diritto processuale penale, letta così come è stata concepita, l'architettura complessiva deve essere colta nell'idea di intervenire sul bacino della domanda che risulta sproporzionata rispetto alla capacità di risposta dell'apparato giurisdizionale. Nel nostro Paese quasi la metà dei giudizi si conclude con il proscioglimento. Una simile *conviction rate* ci colloca in una posizione isolata nel panorama internazionale.

L'idea di fondo è dunque quella di ridurre il numero dei processi inutili, ottimizzando le risorse anche al fine di tutelare la presunzione di innocenza, gravemente compromessa qualora dopo anni il processo si chiuda con un epilogo liberatorio. I capisaldi della riforma consistono, dunque, nel rafforzamento del filtro dell'udienza preliminare, nel potenziamento dei riti semplificati che eliminano il dibattimento, nella cartolarizzazione delle impugnazioni. Se collocata su tale sfondo, la previsione dell'istituto della improcedibilità, da molti eletta a cifra esegetica della novella normativa, dovrebbe riguardare soltanto ipotesi patologiche.

Delega alla mano, vari sono i fronti sui quali si è operato in materia di diritto processuale penale.

1) Si è deciso di disciplinare a regime il processo penale telematico. Si è prevista la digitalizzazione degli atti del procedimento informata ai principi di autenticità, integrità, leggibilità, reperibilità, segretezza. Si è disciplinato il deposito telematico degli atti e l'effettuazione delle notificazioni con modalità telematiche imponendo il rispetto dei princìpi di idoneità del mezzo e della certezza del compimento dell'atto. Si è richiesta l'individuazione dei casi in cui, con il consenso delle parti, l'intervento al compimento dell'atto del procedimento o all'udienza possa avvenire a distanza. *Ratione materiae* può darsi conto qui anche della condivisibile previsione della video-registrazione degli interrogatori che non si svolgano in udienza e delle prove dichiarative, salvo disciplinare i casi in cui debba essere prevista almeno la audio-registrazione dell'assunzione delle dichiarazioni di persone informate sui fatti senza obbligo di trascrizione.

2) Si sono disciplinati in modo organico le notificazioni e il processo in assenza valorizzando il principio della effettiva conoscenza degli atti e del processo ma anche cercando di rendere più celere ed efficiente il meccanismo delle notificazioni attraverso la consegna al difensore. Il tutto al fine di evitare processi a fantasmi, ma anche la rescissione del giudicato in caso di assenza inconsapevole.

3) Si è puntato a scandire i tempi e le modalità di svolgimento delle indagini preliminari. L'intento di velocizzare le indagini è stato perseguito agendo su più istituti. Si è richiesta una disciplina uniforme dei criteri per le iscrizioni nel registro

---

alla scadenza del termine previsto per l'esercizio della delega (e cioè il 19 ottobre 2022) o successivamente, quest'ultimo è prorogato di sessanta giorni.

delle notizie di reato (art. 335) prevedendo anche un controllo giurisdizionale sulla tempestività dell'iscrizione. È stato previsto che, nell'ambito di criteri generali indicati dal Parlamento con legge al fine di garantire l'efficace ed uniforme esercizio dell'azione penale, gli uffici del pubblico ministero individuino criteri di priorità trasparenti e predeterminati da indicare nei progetti organizzativi. Tali criteri hanno la funzione di selezionare le notizie di reato da trattare con precedenza rispetto alle altre, tenendo conto anche del numero di procedimenti in carico. Si sono rimodulati i termini massimi per le indagini e si è mantenuta la previsione del c.d. termine per l'azione; sono stati aumentati i controlli del giudice per le indagini preliminari sulle stasi del procedimento anche prevedendo una discovery degli atti in favore dell'indagato e della persona offesa.

È stata modificata la regola di giudizio in base alla quale il pubblico ministero deve chiedere l'archiviazione: egli deve esercitare l'azione penale soltanto quando gli elementi acquisiti nel corso delle indagini preliminari consentono una « ragionevole previsione di condanna ». Un simile criterio dovrebbe consentire di ridurre i casi nei quali viene esercitata l'azione penale. Sono state ridotte le ipotesi nelle quali è obbligatoria l'udienza preliminare e in detti casi si è lasciato al pubblico ministero il potere di citare direttamente l'imputato al dibattimento qualora non vi siano rilevanti difficoltà di accertamento. Tuttavia, nei procedimenti con citazione diretta di fronte al tribunale monocratico si è prevista una udienza filtro di fronte ad un giudice diverso da quello del dibattimento per bloccare imputazioni azzardate.

4) Si è perseguita la deflazione del dibattimento. Si è mirato a raggiungere tale finalità agendo in vari modi. Anzitutto, è stato esteso anche all'udienza preliminare il criterio della « ragionevole previsione di condanna »: il giudice disporrà il rinvio a giudizio soltanto se gli elementi raccolti nell'udienza preliminare consentiranno di formulare tale valutazione. Si è prevista una sentenza inappellabile di non doversi procedere quando non vi è la certezza che sia volontaria la mancata partecipazione dell'imputato al procedimento. Si sono resi più appetibili i riti deflattivi del dibattimento e si è esteso l'ambito operativo della sospensione con messa alla prova. Ma soprattutto si è consentito al giudice della cognizione, nel pronunciare la sentenza di condanna o la sentenza di patteggiamento, di applicare immediatamente le misure alternative alla pena detentiva breve senza dover passare attraverso la valutazione del magistrato di sorveglianza. È stata prevista una disciplina organica dei meccanismi di giustizia riparativa in modo da consentire all'imputato di uscire dal processo accettando misure riparatorie in favore della vittima. Ancora, si è valorizzato il principio di concentrazione del dibattimento, prevedendo, peraltro, una specifica disciplina della rinnovazione dell'istruzione in caso di mutamento del giudice. La rinnovazione è disposta a richiesta di parte; essa è rimessa ad una valutazione del giudice sulle specifiche esigenze soltanto qualora vi sia stata videoregistrazione della prova dichiarativa.

5) Si è cercato di velocizzare le impugnazioni. In particolare, si sono aumentati i casi di inappellabilità delle sentenze (sono inappellabili le sentenze di proscioglimento relative a reati puniti con la sola pena pecuniaria o con pena alternativa e la sentenza di condanna alla pena sostitutiva del lavoro di pubblica utilità); si è prevista la celebrazione del giudizio di appello con rito camerale non partecipato, salvo che la parte appellante o, in ogni caso, l'imputato o il suo difensore richiedano di partecipare all'udienza; si è ampliato l'ambito applicativo del concordato in appello; si è circoscritta la rinnovazione, in caso di ribaltamento della sentenza di proscioglimento in condanna, alle sole prove dichiarative assunte in udienza nel giudizio di primo grado; si è valorizzata l'inammissibilità dell'appello per carenza di specificità dei motivi.

Quanto al procedimento in cassazione, la trattazione dei ricorsi dovrà avvenire con contraddittorio scritto, salva la richiesta delle parti di discussione in udienza e salvo che la cassazione intenda dare al fatto una definizione giuridica diversa. È stato inoltre previsto un mezzo di impugnazione straordinario dinanzi alla Corte di cassazione per dare esecuzione alle sentenze della Corte europea dei diritti umani.

6) Si è voluta perseguire l'efficienza in senso strutturale. In passato le riforme si erano poste più volte la finalità di migliorare l'efficienza del meccanismo processuale nel senso di perseguire gli scopi del processo penale con mezzi meno dispendiosi e con una maggiore rapidità. Ma si trattava di quella che è stata definita "efficienza normativa", e cioè basata su nuove norme ritenute idonee ad assicurare un rapporto positivo tra il costo degli strumenti ed i risultati del processo.

Come si è accennato, la novità della riforma Cartabia sta nell'aver, al tempo stesso, puntato su una efficienza di tipo « strutturale », e cioè sulla predisposizione di mezzi e risorse umane che assicurassero una migliore organizzazione del servizio giustizia. Si è voluto stanziare risorse e prevedere gli strumenti necessari a programmare razionalmente l'attività processuale ed amministrativa degli operatori. Ormai si è affermata una nuova sensibilità culturale che ritiene indispensabile una « pianificazione più capillare dell'organizzazione della giustizia ». In questo quadro devono essere considerate le innovazioni che hanno previsto una compiuta disciplina dell'ufficio per il processo penale sia dal punto di vista normativo (art. 1, comma 26, legge n. 134 del 2021), sia dal punto di vista dell'incremento dei relativi addetti dei quali è stata autorizzata l'assunzione (decreto-legge n. 80 del 2021). Si tratta di una struttura tecnica in grado di affiancare il giudice nei suoi compiti istituendo uno staff al servizio del magistrato e degli uffici amministrativi.

Sempre sotto il profilo dell'efficienza strutturale è stata prevista l'istituzione di due comitati tecnico-scientifici. In primo luogo, il *Comitato per il monitoraggio sull'efficienza della giustizia penale, sulla durata del procedimento e sulla statistica giudiziaria* (art. 2, commi 16 e 17 legge n. 134) a cui è demandata l'attività di consulenza e supporto nella valutazione periodica del raggiungimento degli obiettivi di accelerazione e semplificazione del procedimento penale. In secondo luogo, il *Comitato tecnico scientifico per la digitalizzazione del processo penale* (art. 2, commi 20 e 21 legge n. 134) a cui è demandata l'introduzione di nuove tecnologie con finalità di velocizzazione e risparmio degli strumenti dell'amministrazione della giustizia.

Questioni culturali. Se è da apprezzare il cambio di passo rispetto al passato, da un altro punto di vista riteniamo necessario che alle riforme normative e strutturali si accompagni un ripensamento culturale da parte degli studiosi del processo penale. Il vero problema è soprattutto un altro, più recondito e più preoccupante, visibile, a dire il vero, non con gli occhiali dell'esperto di informatica o di organizzazione del lavoro, bensì con quelli del processualista. Ci si chiede, anzitutto, come si possa affrontare l'evoluzione in tema di processo penale digitale con le vecchie categorie concettuali della prova, quelle che risalgono a più di cento anni fa e che valevano quando gli atti scritti a mano erano gli unici documenti utilizzati nel processo. La vecchia teoria della prova documentale non appare più adeguata per inquadrare correttamente il problema della riforma del processo penale e richiede un nuovo approfondimento culturale (5).

7.2. Le norme che sono entrate in vigore dal 19 ottobre 2021.

Le premesse per il superamento della prescrizione nella fase delle impugnazioni. La legge n. 3 del 2019 aveva eliminato, per i reati commessi dal 1° gennaio 2020 in poi, la prescrizione del reato a decorrere dalla sentenza di primo grado, fosse essa di condanna o di assoluzione. Una scelta del genere molto probabilmente sarebbe stata dichiarata illegittima dalla Corte costituzionale.

Nel momento in cui la Ministra Marta Cartabia aveva nominato una Commissione, presieduta dal presidente emerito della Corte cost. Giorgio Lattanzi, al fine di trovare una soluzione che onorasse gli impegni assunti con il Piano nazionale di ripresa e resilienza, le proposte di superamento della legge del 2020 si sono scontrate con la resistenza di alcune forze politiche che si opponevano a ripristinare, dopo la sentenza di primo grado, un istituto denominato "prescrizione". Di conseguenza, la Commissione Lattanzi ha dovuto prevedere, in alternativa alla tradizionale prescrizione con termini allungati rispetto al passato, una nuova prescrizione processuale, che aveva denominato "improcedibilità". Questo nuovo vocabolo avrebbe superato le resistenze politiche e, al tempo stesso, avrebbe dovuto permettere al processo penale italiano di conseguire quella ragionevole durata che è imposta dalla Costituzione.

In verità, la nuova improcedibilità è un istituto che non permette di ottenere direttamente la ragionevole durata del processo, bensì interrompe il medesimo in grado di appello o di ricorso per cassazione quando siano stati superati alcuni termini massimi senza che sia stata pronunciata una sentenza che definisca il relativo giudizio di impugnazione. In questa prospettiva, nondimeno, l'improcedibilità ottiene l'effetto di ridurre in modo perentorio i tempi di celebrazione dei giudizi di impugnazione, costringendoli entro un massimo temporale. È attraverso tale limitazione che, idealmente, è possibile garantire in via indiretta la ragionevole durata del processo.

Si tratta di una soluzione di compromesso che ha consentito alla Camera dei deputati di approvare la riforma del processo penale; e ciò è avvenuto il 3 agosto 2021.

Occorre ricordare che la necessità di troncare il procedimento è stata, fino ad oggi, un istituto legato alla dichiarazione di una causa di estinzione del reato, qual è la prescrizione. Il decorso del tempo massimo attribuito allo svolgersi del processo

---

(5) P. Tonini, *Processo penale telematico e prova informatica. Le nuove tecnologie e la riforma Cartabia*, in *Dir. pen. proc.*, 2022, 293.

impone al giudice di dichiarare immediatamente l'estinzione del reato, nel senso che sono estinti gli effetti "penali" del medesimo, e cioè la possibilità di applicare una sanzione; di tale situazione è un naturale portato anche l'arrestarsi del procedimento. Ovviamente, non sono estinti gli altri effetti del reato, quali l'obbligo imposto al colpevole di risarcire il danno (che generalmente darà luogo a un successivo procedimento civile).

La nuova improcedibilità. Ed invece, per sbloccare la situazione di stallo, nel testo del disegno di legge Cartabia, così come licenziato nel luglio 2021, l'istituto dell'improcedibilità è stato svincolato dalla prescrizione del reato e ha subìto una regolamentazione inedita in relazione ai reati commessi dal 1° gennaio 2020 in poi. Infatti, anche se il reato non viene dichiarato estinto (e quindi esiste ancora un interesse dell'ordinamento a punire), quando accade che venga superato il termine massimo per il giudizio di appello o di cassazione senza che l'impugnazione sia stata definita, il processo penale deve essere troncato ed il giudice è obbligato, una volta ritenuta ammissibile l'impugnazione, a dichiarare la improcedibilità dell'azione penale.

La soluzione è stata criticata da molti studiosi del processo penale perché ritenuta irragionevole, ma è stata approvata dalla Camera dei deputati e, in seguito, dal Senato ed è servita a placare quanti non volevano più sentir parlare di prescrizione del reato.

Ebbene, questa parte della riforma Cartabia è entrata in vigore il 19 ottobre 2021 e concerne soltanto i reati commessi dal 1° gennaio 2020, e cioè dopo l'entrata in vigore della legge n. 3 del 2019 che ha eliminato la prescrizione in appello e in cassazione. Fino alla sentenza di primo grado il tradizionale istituto della prescrizione resta in vigore. Una volta pronunciata tale decisione, i tempi del processo saranno scanditi dal diverso istituto della improcedibilità dell'azione (art. 344-*bis* c.p.p.): l'istituto in oggetto, dal punto di vista sistematico, è stato collocato nel codice di procedura tra le condizioni di procedibilità.

La novità legislativa ha comportato in definitiva la previsione di termini massimi per il processo in appello e in cassazione. Dal meccanismo dell'improcedibilità, tuttavia, sono esclusi i reati imprescrittibili, e cioè quelli puniti con l'ergastolo anche come effetto dell'applicazione di circostanze aggravanti (art. 344-*bis*, comma 9 c.p.p., introdotto dall'art. 2, comma 2). Sono previste cause di sospensione dei termini e proroghe da pronunciarsi con ordinanza motivata se il processo è « particolarmente complesso ».

Veniamo quindi a descrivere la regolamentazione che il legislatore ha introdotto *ex novo*, e cioè secondo uno schema mai sperimentato in precedenza (art. 344-*bis* c.p.p.).

I termini massimi per i giudizi di appello e di cassazione (art. 344-*bis*, comma 3 c.p.p., introdotto dall'art. 2, comma 2, legge n. 134) decorrono dal novantesimo giorno successivo al termine per il deposito della motivazione della sentenza impugnata o dal termine eventualmente prorogato (artt. 544 c.p.p.; 154 disp. att.). La improcedibilità scatta in caso di mancata definizione del giudizio di appello entro il termine di due anni (comma 1), estesi a tre se l'impugnazione sarà proposta entro il 31 dicembre 2024. Parimenti, la improcedibilità scatta in caso di mancata definizione del giudizio di cassazione entro il termine di un anno (comma 2), esteso ad un anno e sei mesi se l'impugnazione sarà proposta entro il 31 dicembre 2024. Occorre segnalare che l'improcedibilità non può essere dichiarata quando l'imputato chiede la prosecuzione del processo (art. 344-*bis*, comma 7) (6).

Le proroghe dei termini massimi. È ammessa una prima proroga con ordinanza motivata da parte del giudice che procede, quando il giudizio di impugnazione è particolarmente complesso in ragione del numero delle parti o delle imputazioni o del numero o della complessità delle questioni di fatto o di diritto (comma 4). La proroga concessa non può essere superiore ai seguenti termini: un anno nel giudizio di appello e sei mesi in quello di cassazione. Il totale, quindi, è di 4 anni per il giudizio di appello proposto fino a tutto il 2024 (che diventeranno 3 anni a regime) e di 2 anni per il giudizio di cassazione proposto fino a tutto il 2024 (che diventerà 1 anno e 6 mesi a regime).

Contro l'ordinanza che dispone la proroga del termine l'imputato e il suo difensore possono proporre ricorso per cassazione, a pena di inammissibilità, entro cinque giorni dalla lettura dell'ordinanza o, in mancanza, dalla sua notificazione. Il ricorso non ha effetto sospensivo (comma 5).

Ulteriori proroghe per reati gravi. Ulteriori proroghe (senza numero massimo, quindi senza un limite prefissato) possono essere disposte, per le ragioni e per la durata indicate sopra, quando si procede per i seguenti delitti:

— delitti commessi per finalità di terrorismo o di eversione dell'ordinamento costituzionale, per i quali la legge stabilisce la pena della reclusione non inferiore nel minimo a cinque anni o nel massimo a dieci anni;

— delitti di cui ai seguenti articoli del c.p.: 270, co. 3 (ass. sovversive disciolte); 306, co. 2 (partecipazione a banda armata); 416-*bis* (associazione mafiosa); 416-*ter* (scambio elettorale politico-mafioso); 609-*bis* (violenza sessuale aggravata nelle ipotesi di cui all'art. 609-*ter*), 609-*quater* (atti sessuali con minorenne) e 609-*octies* (violenza sessuale di gruppo);

— delitto di cui all'art. 74 dpr n. 309 del 1990 (associazione per traffico di stupefacenti);

— delitti aggravati ai sensi dell'art. 416-*bis*.1, co. 1 c.p. (e cioè i delitti commessi avvalendosi del metodo mafioso o agevolando l'associazione mafiosa); ma per questi delitti le proroghe possono essere disposte in un numero limitato (7).

---

(6) Analogamente a quanto avviene per l'istituto della prescrizione del reato, l'imputato assolto in primo grado o in appello può rinunciare all'improcedibilità sperando di ottenere una pronuncia che confermi l'assoluzione, e quindi una decisione di merito; l'imputato condannato può rinunciare all'improcedibilità sperando di ribaltare la condanna con un'assoluzione.

(7) In base all'art. 344-*bis*, comma 8 c.p.p., introdotto dall'art. 2, comma 8, della legge n. 134, « fermo restando quanto previsto dall'articolo 624, le disposizioni di cui ai commi 1, 4, 5, 6 e 7 del presente articolo si applicano anche nel giudizio conseguente all'annullamento della sentenza con rinvio al giudice competente per l'appello. In questo caso, il termine di durata massima del processo decorre dal novantesimo giorno successivo alla scadenza del termine previsto dall'articolo 617 ». Ciò significa che, se la sentenza impugnata viene annullata da parte della cassazione con rinvio e il procedimento torna al grado precedente, il corso del termine di durata massima riprende *ab initio* dal novantesimo giorno successivo alla scadenza del termine per il deposito della motivazione della sentenza di annullamento.

Cause di sospensione. I termini di cui ai commi 1 e 2 (e cioè relativi all'appello e alla cassazione) sono sospesi, con effetto per tutti gli imputati nei cui confronti si sta procedendo, nei casi previsti dall'art. 159, comma 1 c.p. (impedimento di parti e difensori) e, nel giudizio di appello, anche per il tempo occorrente per la rinnovazione della istruzione dibattimentale (con un massimo di 60 gg.; comma 6). Quando è necessario procedere a nuove ricerche dell'imputato, ai sensi dell'art. 159 c.p.p. per la notificazione del decreto di citazione per il giudizio di appello o degli avvisi che devono precedere il giudizio di cassazione (di cui all'art. 613, comma 4), i termini di durata del giudizio di appello e di cassazione (di cui ai commi 1 e 2 dell'art. 2) sono altresì sospesi, con effetto per tutti gli imputati nei cui confronti si sta procedendo, tra la data in cui l'autorità giudiziaria dispone le nuove ricerche e la data in cui la notificazione è effettuata (art. 344-*bis*, comma 6 c.p.p., come introdotto *ex* art. 2, comma 2, lett. a, legge n. 134 del 2021).

7.3. La decretazione delegata da emanarsi in adempimento della legge-delega.

La legge Cartabia, entrata in vigore il 19 ottobre 2021, prevede che, una volta adottati dal Consiglio dei ministri, gli schemi di decreti legislativi debbano essere trasmessi alle Camere che dovranno esprimere il parere entro sessanta giorni. Tuttavia, qualora detto termine venga a scadere nei trenta giorni antecedenti alla scadenza del termine previsto per l'esercizio della delega (e cioè il 19 ottobre 2022) o successivamente, quest'ultimo è prorogato di sessanta giorni.

Nel corso del presente volume si citerà più volte la *riforma Cartabia*: in tal modo si farà riferimento al testo della legge-delega. Al momento della promulgazione della decretazione delegata si provvederà a darne notizia via internet in un'apposita addenda.

8. L'attuazione della Direttiva europea sulla presunzione di innocenza.

a) Oggetto e finalità della Direttiva europea. La Direttiva 2016/343/UE del 9 marzo 2016 è stata adottata dal Parlamento europeo e dal Consiglio allo scopo di rafforzare la fiducia degli Stati membri nei reciproci sistemi di giustizia penale e, quindi, di facilitare il riconoscimento reciproco delle decisioni in materia penale. Il Considerando n. 16 afferma che « la presunzione di innocenza sarebbe violata se dichiarazioni pubbliche rilasciate da autorità pubbliche o decisioni giudiziarie diverse da quelle sulla colpevolezza presentassero l'indagato o imputato come colpevole fino a quando la sua colpevolezza non sia stata legalmente provata ».

La delega per l'attuazione della direttiva, pur essendo stata inserita nella legge n. 163 del 2017, non è stata attuata dal Governo italiano, poiché, a seguito di una ricognizione effettuata dal Ministero della giustizia, era risultato che l'ordinamento interno fosse già conforme ai contenuti dell'atto europeo. Il Governo aveva deciso di non attuare la Direttiva e di tale scelta aveva informato la Commissione europea.

Quest'ultima il 31 marzo 2021 ha presentato una prima relazione sullo stato di attuazione della Direttiva e ha rilevato (pur non citandone espressamente alcuno) che in molti Stati membri la tutela della presunzione di innocenza presentava criticità soprattutto con riferimento all'attuazione degli artt. 4 e 5 della direttiva volti a garantire la persona sottoposta al procedimento penale da giudizi anticipati di colpevolezza e dalla sottoposizione a mezzi di coercizione fisica anche in aula di udienza, salvo specifiche necessità. Per quel che più interessa nella presente sede, sono stati stigmatizzati incauti giudizi anticipati di colpevolezza delle pubbliche autorità, disinvolte forme di comunicazioni di alcuni uffici del pubblico ministero e provvedimenti cautelari che davano per scontata una reità ancora da accertare in dibattimento. Di conseguenza, la Commissione aveva adombrato la possibilità di una procedura di infrazione.

Cambiata la maggioranza di governo e mutato il Ministro della giustizia, il Parlamento con la legge n. 53 del 2021 ha delegato il potere esecutivo a recepire la Direttiva in questione, cosa che è avvenuta con la promulgazione del d.lgs. 8 novembre 2021, n. 188 (8).

Il decreto legislativo ha attuato in modo parziale la Direttiva, e cioè si è occupato delle modalità di comunicazione delle pubbliche autorità verso i mass media (artt. 2 e 3 d.lgs.) e del lessico da adottare in alcuni atti del procedimento penale, oltre che del diritto al silenzio dell'imputato (art. 4 d.lgs.). Viceversa, il decreto legislativo non ha previsto norme volte ad attuare quella parte della Direttiva che concerne l'onere della prova nel processo penale perché il Governo ha ritenuto che l'ordinamento interno fosse già conforme alle disposizioni europee. Parimenti, il decreto legislativo non contiene disposizioni sul diritto dell'imputato a presenziare al processo penale; tuttavia, la materia costituisce uno dei punti della legge n. 134 del 2021, che ha delegato il Governo a riformare la giustizia penale.

b) Oggetto e finalità del decreto legislativo. L'art. 1 del decreto legislativo definisce l'oggetto dell'attuazione della Direttiva europea, che è quello di prevedere « disposizioni integrative per il rafforzamento di alcuni aspetti della presunzione di innocenza delle persone fisiche sottoposte a indagini o imputate in un procedimento penale ». Pertanto, restano fuori del raggio applicativo le persone giuridiche, nei confronti delle quali l'ordinamento italiano prevede la sottoposizione a processo penale per accertare la responsabilità amministrativa di reati loro addebitati.

Ciò premesso, il decreto legislativo ha distinto due materie regolamentate differentemente nella tutela della presunzione di innocenza. Da un lato, i comunicati e le conferenze stampa effettuate dalle pubbliche autorità; da un altro lato, gli atti del procedimento penale diversi da quelli volti alla decisione in merito alla responsabilità penale dell'imputato.

Il divieto di indicare « come colpevole » l'indagato o l'imputato prematuramente, e cioè prima dell'accertamento con sentenza definitiva, va incontro a due rimedi

---

(8) Fra i primi commenti, si veda G.M. Baccari, *In Gazzetta il D.Lgs. 188/2021 sulla presunzione di innocenza*, in *www.quotidianogiuridico*.it, 30 nov. 2021; G. Caneschi, *Processo penale mediatico e presunzione di innocenza: verso un'estensione della garanzia?*, in *Arch. pen.*, 2021, n. 3; F. Porcu, *L'adeguamento della normativa nazionale alla direttiva sul rafforzamento di alcuni aspetti della presunzione di innocenza*, in *Il penalista*, 9 dicembre 2021.

differenti se viene violato mediante comunicati e conferenze stampa effettuate dalle pubbliche autorità o se viene violato all'interno di determinati atti del procedimento penale, a loro volta distinti in due categorie. Come si può notare, la materia è regolamentata in modo complesso ed è illustrata principalmente nella parte III, cap. 1, § 4, lett. *e*, oltre che nella parte II, cap. 4, § 5, lett. *e*.

9. Cenni sulla successione delle norme processuali nel tempo.

Considerazioni preliminari. Come emerge dalle considerazioni svolte fino a questo momento, in più occasioni il Parlamento è intervenuto con nuove leggi apportando modifiche alle norme del codice di procedura penale. In tutte queste situazioni si pone il problema inerente alla disciplina da applicare ai procedimenti pendenti nel momento in cui si verifica la successione tra norme.

All'evidenza, il principio di certezza del diritto richiede che gli operatori (giudici, avvocati e pubblici ministeri) conoscano quale è la norma che debbono osservare nella situazione concreta. Pur dando atto che la problematica è assai complessa e oggetto di un vivace dibattito in dottrina, nella presente sede ci proponiamo di tratteggiare i cenni indispensabili per avere un quadro generale della materia.

Anzitutto è opportuno chiarire che, in caso di successione nel tempo di norme processuali penali, possono darsi due situazioni differenti. Può accadere che la nuova legge rechi una disciplina apposita. Ma può altresì accadere che la nuova legge taccia in proposito, e allora occorrerà fare riferimento ai princìpi generali.

Nell'ipotesi che la legge predisponga una apposita disciplina per i rapporti giuridici pendenti al momento della sua entrata in vigore, è possibile prospettare una ulteriore distinzione (O. Mazza). La nuova legge può dettare norme *intertemporali* o norme *transitorie*.

Le norme intertemporali hanno una natura strumentale. Esse non regolano direttamente la materia interessata dalle norme che si sono succedute, bensì indicano il *criterio* in base al quale si individua la disciplina per il caso concreto. Detto altrimenti, si tratta di norme che disciplinano l'applicazione di altre norme. Una norma intertemporale si limita ad individuare, nell'ambito dei rapporti pendenti, quali tra di essi saranno regolati dalla nuova disciplina e quali, invece, resteranno sotto il regime della disciplina previgente [9].

Le disposizioni transitorie sono « norme materiali di diretta applicazione » (O. Mazza) che regolano le situazioni giuridiche coinvolte nella successione di leggi e recano una disciplina speciale per il caso concreto, di solito intermedia tra quella contenuta nella nuova legge e quella dettata dalla normativa abrogata. Così, se una disposizione stabilisce che ai procedimenti in corso alla data di entrata in vigore della legge si applichi una disciplina *intermedia* tra quella abrogata e quella nuova, si tratta di una norma *transitoria*.

***Il principio* tempus regit actum.** Più delicata è la diversa situazione nella quale la nuova legge non rechi alcuna previsione circa i rapporti giuridici pendenti al

---

[9] Così, è una norma intertemporale quella che stabilisce che la nuova disciplina delle intercettazioni (d.l. n. 161, conv. in legge n. 7 del 2020) si applichi soltanto ai procedimenti iscritti dopo il 31 agosto 2020.

momento della sua entrata in vigore. Ebbene, in tali ipotesi non è dato riscontrare una lacuna del diritto, poiché vale il principio di irretroattività sancito dall'art. 11 disp. prel. c.c., che viene considerato uno dei princìpi generali, validi in tutte le branche dell'ordinamento giuridico.

Ai sensi dell'art. 11 disp. prel. c.c. « la legge non dispone che per l'avvenire: essa non ha effetto retroattivo ». Si tratta di una disposizione di tipo intertemporale, alla luce della partizione sopra prospettata. Essa può essere letta sotto due profili simmetrici: da un lato, sancisce l'efficacia immediata della nuova disciplina; da un altro lato, ne prevede la irretroattività.

La norma appena esposta, riportata alla materia processuale, è condensata nel brocardo latino *tempus regit actum*. Tuttavia, si tratta di una formula eccessivamente sintetica, che è stata da sempre oggetto di accese discussioni circa la corretta definizione dei concetti di *tempus* e di *actus*.

A nostro avviso, con *actus* può correttamente intendersi ciascun atto o fatto processuale, nonché i relativi effetti. Per *tempus*, conseguentemente, dovrà intendersi il momento nel quale l'atto si è perfezionato.

Pertanto, ponendo come punto di riferimento il momento di entrata in vigore della nuova normativa, deve ritenersi che gli atti processuali ancora da compiere saranno regolati dalla nuova disciplina; gli atti processuali *istantanei* già compiuti (e cioè con *effetti esauriti*) restano regolati dalla vecchia normativa; gli atti processuali già compiuti, i cui effetti devono essere sottoposti a controllo in tempi successivi, vedranno tali effetti regolati dalla nuova disciplina ([10]).

10. Le fonti internazionali del diritto processuale penale.

Nonostante la particolare rilevanza che il diritto internazionale ha da sempre assunto tra le fonti del diritto processuale penale, per molto tempo è rimasta aperta la questione, di carattere generale, della collocazione che deve essere attribuita al diritto internazionale pattizio nel sistema delle fonti. Soltanto nel 2007 la problematica ha trovato un punto fermo nella soluzione che è stata offerta dalle sentenze costituzionali nn. 348 e 349. Dalle motivazioni esposte in queste sentenze traiamo le nostre considerazioni al fine di tracciare un quadro sintetico dell'efficacia del diritto internazionale sulla regolamentazione del processo penale (v. tav. 1.2.3).

a) ***Il diritto internazionale consuetudinario.*** L'art. 10, comma 1 Cost. sancisce che « l'ordinamento giuridico italiano si conforma alle norme del diritto internazionale generalmente riconosciute ». Tale disposizione è denominata "trasformatore permanente" poiché ha la funzione di adattare automaticamente il diritto interno al diritto internazionale consuetudinario, ad esempio, in materia di immunità degli

([10]) Per quanto concerne le misure cautelari, poiché gli effetti del singolo atto si estendono nel tempo e durante questo la norma regolatrice può mutare, come è avvenuto con la legge n. 47 del 2015, occorre distinguere tra la fase genetica della misura cautelare, che rimane regolata dalla legge del tempo, e la continua verifica circa il permanere delle condizioni che la giustificano (es. revoca e sostituzione delle misure cautelari in relazione al mutare della situazione di fatto nel corso del procedimento; art. 299), verifica per la quale è applicabile la nuova normativa. Così Cass., sez. IV, 3-6 luglio 2015, n. 28640, Casini, in *Guida dir.*, 2016, 1, 82-85.

agenti diplomatici. Da ciò deriva che dal suo ambito di applicazione sono escluse le Convenzioni tra gli Stati; sono ricomprese soltanto quelle che si limitano a codificare consuetudini internazionali. In una successiva sentenza (n. 238 del 2014), la Corte Costituzionale ha precisato che è fatto salvo, in ogni caso, il rispetto dei principi fondamentali dell'ordinamento costituzionale.

b) Le organizzazioni volte al mantenimento della pace e della giustizia tra gli Stati. Ad una parte del diritto internazionale pattizio si applica l'art. 11 Cost., secondo cui « l'Italia consente (...) alle limitazioni di sovranità necessarie ad un ordinamento che assicuri la pace e la giustizia tra le nazioni ». Questa disposizione offre una apprezzabile garanzia ai Trattati internazionali che istituiscono organizzazioni volte al mantenimento della pace e della giustizia tra gli Stati (es. ONU), facendo sì che una legge interna che si ponga in conflitto con tale tipo di convenzione sia passibile di una dichiarazione di incostituzionalità.

In particolare, il diritto dell'Unione europea. L'art. 11 Cost. ha provocato l'effetto che le norme comunitarie hanno efficacia obbligatoria nel nostro ordinamento (C. cost. n. 284 del 2007; n. 170 del 1984).

La situazione può essere così sintetizzata.

1) Se una fattispecie è regolata dal diritto dell'Unione, il giudice deve operare la seguente distinzione.

— se la norma europea è dotata di *efficacia diretta* (ad es. Regolamenti e Direttive *self executing*), il giudice italiano deve disapplicare la norma interna confliggente con la norma comunitaria, fatti salvi i "contro-limiti" (Corte cost. n. 170 del 1984 e n. 80 del 2011);

— se la norma europea è *priva di effetti diretti* (es. Direttive non *self executing*, il giudice italiano deve sollevare giudizio incidentale di costituzionalità per violazione degli artt. 11 e 117, comma 1 Cost.

2) Se la fattispecie è regolata dalla sola norma italiana, il giudice non deve disapplicare la norma nazionale (Corte cost. n. 80 del 2011).

La Corte costituzionale ha precisato che l'Italia ha ceduto una parte della propria sovranità, ma con il limite dei princìpi e diritti fondamentali che sono garantiti dalla nostra Costituzione e sui quali è competente il Giudice delle leggi; si tratta dei princìpi supremi del nostro ordinamento e dei diritti inviolabili (C. cost. n. 348 e 349 del 2007) ([11]).

3) Le sentenze della Corte di giustizia dell'Unione europea. La Corte costituzionale (n. 227 del 2010) ha affermato che « le sentenze della Corte di giustizia vincolano il giudice nazionale all'interpretazione da essa fornita, sia in sede di rinvio pregiudiziale, che in sede di procedura d'infrazione ».

c) Le norme internazionali pattizie comuni. Al di fuori delle materie contemplate dagli artt. 10 e 11 Cost., vale la regola generale secondo la quale il rango delle

---

([11]) A questo proposito, vengono in rilievo le *Decisioni quadro*, adottate per ravvicinare le legislazioni degli Stati membri in materia di cooperazione di polizia e giudiziaria nel settore penale. Tali atti sono molto simili alle *Direttive*, poiché vincolano gli Stati quanto al "risultato" da ottenere e non in punto di "forme e mezzi". Le *Decisioni quadro* non hanno efficacia diretta; tuttavia la Corte di giustizia, con la pronuncia nel caso Pupino, ha affermato che il giudice nazionale è obbligato ad interpretare le norme interne in modo conforme alla *Decisione quadro*, anche se a questa non è stata data attuazione dal potere legislativo dello Stato membro.

norme dei Trattati introdotte nel nostro ordinamento è quello proprio della legge contenente l'ordine di esecuzione del Trattato stesso (T. Treves).

Tuttavia, anche in questa materia la modifica della nostra Costituzione, attuata con la legge costituzionale n. 131 del 2003, ha introdotto alcune novità. Infatti, l'art. 117, comma 1 Cost. impone al legislatore italiano il « rispetto (...) dei vincoli derivanti dagli obblighi internazionali ». Da ciò, ad avviso della Corte costituzionale (n. 349 del 2007), deriva che le norme contenute nei Trattati assumono la denominazione e la natura di "norme interposte", con un rango inferiore alla Costituzione e superiore alla legge ordinaria. Le norme contenute nei Trattati non sono automaticamente recepite nella Costituzione, ed anzi occorre verificare che esse siano conformi alla Carta fondamentale sotto ogni profilo. Tale è la situazione che concerne, ad esempio, il Patto internazionale sui diritti civili e politici, reso esecutivo con la legge 25 ottobre 1977, n. 881, che è stato oggetto di ulteriori protocolli e che contiene importanti disposizioni sulle garanzie nel processo penale.

D'altra parte, il dovere incombente sul legislatore italiano di rispettare i « vincoli derivanti dagli obblighi internazionali » comporta varie conseguenze. In primo luogo, il giudice italiano deve interpretare la legge nazionale in modo conforme alla norma internazionale nel limite massimo consentito dal testo della legge interna (C. cost. n. 348 e 349 del 2007). In secondo luogo, se la legge nazionale contrasta con la norma internazionale, il giudice italiano non può disapplicare la legge interna, bensì deve investire della questione la Corte cost., invocando come parametro l'art. 117, comma 1 Cost. (v. tav. 1.2.5). A questo punto, la Consulta deve valutare la compatibilità della legge nazionale con il Trattato (norma interposta) e, successivamente, deve verificare la compatibilità del Trattato stesso con la nostra Carta fondamentale (C. cost. n. 348 e 349 del 2007).

d) La Convenzione europea dei diritti dell'uomo. Esiste, tuttavia, una norma pattizia che, in virtù del suo particolare contenuto e della peculiarità dei meccanismi di tutela da essa istituiti, assume una posizione speciale nel nostro sistema. È il caso della Convenzione europea per la salvaguardia dei diritti dell'uomo e delle libertà fondamentali (d'ora in avanti denominata sinteticamente CEDU), la quale non si limita a stabilire obbligazioni tra gli Stati contraenti, come avviene per gli altri Trattati internazionali di tipo classico, bensì si rende responsabile della costruzione di un vero e proprio "ordine pubblico europeo", in cui gli obblighi hanno natura oggettiva e i diritti sono tutelati da una garanzia collettiva (V. Zagrebelsky).

Si tratta di un punto sul quale conviene soffermarci. La protezione dei diritti umani, all'interno di ciascuno Stato membro della Convenzione, non è riflessa, bensì "diretta", visto che la Convenzione riconosce formalmente la loro titolarità in capo alle singole persone (art. 1 CEDU) e attribuisce alle medesime la legittimazione attiva al ricorso alla Corte europea dei diritti dell'uomo, una volta esaurite le vie di ricorso interno (art. 13 CEDU). Questa è la caratteristica che differenzia notevolmente la Convenzione europea dei diritti dell'uomo (intergrata da vari Protocolli di attuazione) rispetto ad altre Convenzioni, che si limitano a regolare i rapporti tra gli Stati.

Al tempo stesso, la Corte europea ha competenza sulle questioni concernenti l'interpretazione e applicazione della Convenzione (art. 32 comma 1) al fine di garantire una interpretazione uniforme negli Stati membri. Di ciò è importante tenere conto al momento di ricostruire il sistema delle fonti, così come hanno fatto le sentenze n. 348 e 349 pronunciate dalla Corte Costituzionale nel 2007.

In entrambe le sentenze (denominate "gemelle") si precisa, infatti, che la caratteristica peculiare della Convenzione europea deriva proprio dalla istituzione di un organo giurisdizionale, la Corte europea, al quale è affidata la funzione di interpretare le norme della Convenzione stessa. La naturale conseguenza dell'art. 32, comma 1, della Convenzione è che tra gli obblighi internazionali assunti dall'Italia con la ratifica della CEDU « vi è quello di adeguare la propria legislazione alle norme di tale trattato, *nel significato attribuito dalla Corte specificamente istituita per dare ad esse interpretazione ed applicazione* » (sent. 348).

Giudice italiano e Convenzione europea dei diritti dell'uomo. Da tutto quello che abbiamo accennato deriva il seguente quadro generale. Il giudice italiano deve interpretare la norma nazionale in modo conforme alla CEDU (così come interpretata dalla Corte europea) nel limite del "testo" della legge interna. Se, nonostante tale attività ermeneutica, la norma nazionale contrasta con la CEDU, il giudice italiano non può disapplicarla, bensì deve investire della questione la nostra Corte costituzionale, che ha un duplice compito (C. cost. n. 348 e 349 del 2007).

Da un lato, la Consulta deve valutare la compatibilità della legge nazionale con la CEDU (norma interposta) come interpretata dalla Corte europea. Con l'effetto che la legge nazionale, che sia in contrasto con la norma CEDU, deve essere dichiarata costituzionalmente illegittima con riferimento all'art. 117, comma 1 della Carta fondamentale, purché ovviamente la norma CEDU sia compatibile con quest'ultima.

Da un altro lato, la Consulta deve valutare se le norme CEDU, interpretate dalla Corte europea, siano compatibili con i valori espressi dalla Costituzione italiana, nel senso che il bilanciamento tra princìpi è operato dalla Corte costituzionale. Con la conseguenza che, ove la norma CEDU risulti in contrasto con nostra Carta fondamentale, la Corte costituzionale provvede « ad espungerla dall'ordinamento giuridico italiano » considerando la norma pattizia non idonea « a integrare il parametro » di legittimità ai sensi dell'art. 117, comma 1 Cost. (Corte cost. n. 80 del 2011).

I margini interpretativi del giudice italiano di fronte ai princìpi espressi dalle sentenze CEDU. Fino ad oggi la Corte non aveva approfondito quale approccio dovessero adottare i giudici interni nell'interpretazione dei princìpi affermati dalle sentenze della Corte europea dei diritti dell'uomo. Ebbene, con la sentenza n. 49 del 2015 la Consulta ha affermato che anche le sentenze della Corte EDU *debbono essere assoggettate alla interpretazione costituzionalmente e convenzionalmente conforme*, se di tali decisioni « non si è in grado di cogliere con immediatezza l'effettivo principio di diritto che il giudice di Strasburgo ha inteso affermare per risolvere il caso concreto » (v. anche C. cost. n. 236 del 2011).

Solo quando si trovi in presenza di un "diritto consolidato" o di una "sentenza pilota" (12) il giudice italiano sarà vincolato a recepire la norma individuata a

---

(12) È "sentenza pilota" quella che accerta una situazione interna di carattere generale in contrasto con la Convenzione e che mette in evidenza un problema di carattere strutturale nell'ordinamento dello Stato convenuto. In

Strasburgo, adeguando ad essa il suo criterio di giudizio per superare eventuali contrasti rispetto ad una legge interna, anzitutto per mezzo di « ogni strumento ermeneutico a sua disposizione »; oppure, se ciò non fosse possibile, ricorrendo all'incidente di legittimità costituzionale (v. tav. 1.2.5).

Il trattato di Lisbona. Dal 1° dicembre 2009 è entrato in vigore il Trattato di Lisbona (ratificato dall'Italia con la legge 2 agosto 2008, n. 130), con il quale l'Unione europea ha acquisito la competenza ad aderire alla CEDU (art. 6, § 2 TUE). Vi è anche stato un esplicito riconoscimento della Carta dei diritti fondamentali dell'Unione europea, proclamata a Nizza il 7 dicembre 2000, che ha acquisito « lo stesso valore giuridico dei Trattati » (art. 6, § 1 TUE), divenendo vincolante per le Istituzioni europee e per gli Stati membri.

Sul valore da attribuire ai princìpi contenuti nella Convenzione europea sotto il profilo delle fonti del diritto e, in particolare, con riguardo agli effetti che sortiscono sui giudici nazionali, la Corte costituzionale ha offerto indicazioni inequivoche. Quando la fattispecie da decidere è regolata da una norma nazionale (e non dal diritto dell'Unione) restano fermi quegli stessi limiti, ricordati sopra, che sono validi per le norme pattizie. In particolare, in caso di contrasto tra la norma nazionale ed i princìpi contenuti nella Convenzione europea, il giudice italiano non può disapplicare la legge nazionale, bensì deve rimettere la questione alla Corte costituzionale al fine di risolvere l'eventuale contrasto (in tal senso, Corte cost. 11 marzo 2011, n. 80 e 4 aprile 2011 n. 113).

Nel nuovo sistema instaurato dal Trattato di Lisbona la struttura a Pilastri è stata completamente superata, grazie alla personalità giuridica unica dell'Unione; pertanto, anche in materia penale (artt. 82-86 TFUE) gli atti normativi consistono in Direttive adottate con la procedura legislativa ordinaria, e cioè attraverso la codecisione del Parlamento e del Consiglio (artt. 288-289 TFUE).

Il protocollo n. 36 sulle disposizioni transitorie del Trattato di Lisbona ha precisato quale è la sorte degli strumenti dell'ex Terzo Pilastro. Per un periodo di cinque anni tali atti rimangono in vigore mantenendo le loro tipiche caratteristiche (art. 9), e cioè la mancanza di effetti diretti e la limitata competenza della Corte di Giustizia dell'Unione. Nel frattempo sono state promulgate in materia penale Direttive (e non Regolamenti e Decisioni) che possono sostituire gli atti precedentemente adottati ai sensi del Terzo Pilastro.

---

queste sentenze la Corte EDU non si limita a individuare il problema che il caso presenta, ma si spinge sino a indicare le misure più idonee per risolverlo. Come esempio di sentenza pilota si ricorda la sentenza Torreggiani ed altri contro Italia, dell'8 gennaio 2013. Il caso trae origine da sette ricorsi, nei quali si denunciava la violazione dell'art. 3 CEDU da parte dell'Italia. Nell'adottare la sentenza pilota, la Corte di Strasburgo ha riconosciuto che il problema del sovraffollamento carcerario aveva un carattere strutturale e sistemico in Italia; ciò era confermato dalla presenza di analoghi ricorsi pendenti. Per tale motivo la Corte ha congelato tutti gli altri ricorsi ed ha dato all'Italia un anno di tempo (dal giorno del deposito della motivazione della sentenza, in data 28 maggio 2013) per adottare soluzioni di carattere strutturale, volte a riformare il sistema di giustizia penale interno. L'Italia ha provveduto parzialmente con la legge n. 47 del 2015.

11. Effetti delle sentenze di condanna pronunciate dalla Corte europea dei diritti dell'uomo.

L'obbligo di conformarsi alle sentenze della Corte europea. L'art. 46 della CEDU impegna gli Stati parte della Convenzione a conformarsi alle sentenze definitive della Corte europea dei diritti dell'uomo emesse nei loro confronti (par. 1); a tal fine, « la sentenza definitiva della Corte è trasmessa al Comitato dei ministri che ne controlla l'esecuzione » (art. 46, par. 2).

I contenuti dell'obbligo di adeguamento sono tratteggiati dall'art. 41 della CEDU, a mente del quale, se la Corte dichiara che vi è stata violazione della Convenzione o dei suoi Protocolli e se il diritto interno dello Stato non consente di rimuovere del tutto le conseguenze di tale violazione, « la Corte accorda, se del caso, un'equa soddisfazione alla parte lesa » ([13]).

La riapertura del processo come "restituzione in pristino". In particolare, la finalità delle misure individuali che lo Stato convenuto è tenuto a porre in essere è stata individuata dalla Corte europea nella "restituzione in pristino" (*restitutio in integrum*) in favore dell'interessato. In altre parole, tali misure devono porre « il ricorrente, per quanto possibile, in una situazione equivalente a quella in cui si troverebbe se non vi fosse stata una inosservanza [...] della Convenzione ».

Con particolare riguardo alle violazioni della Convenzione commesse dalle autorità statali nel corso di un processo penale, la Corte europea ritiene che il rimedio più idoneo ad assicurare la restituzione in pristino consiste nella riapertura del processo in condizioni che consentano il recupero delle garanzie in precedenza negate. Ciò accade in particolar modo (ma non solo) nei casi in cui si accerti la violazione delle regole relative al "giusto processo" stabilite dall'art. 6 della Convenzione (*sentenza 11 dicembre 2007, Cat Berro contro Italia*, punto 46) ([14]).

La sentenza costituzionale n. 113 del 2011. Per far fronte all'inadeguatezza della situazione rispetto agli obblighi derivanti dalla Convenzione, la Corte costituzionale è stata chiamata a pronunciarsi in relazione alla disciplina della revisione (art. 630) nella parte in cui non prevede una ipotesi specificamente finalizzata a consentire l'adeguamento del nostro Stato alle pronunce della Corte europea. Il Giudice delle leggi ha ritenuto che in Italia mancava un rimedio generale che consentisse la

---

([13]) Nella giurisprudenza della Corte di Strasburgo è ricorrente l'affermazione in forza della quale la riparazione pecuniaria è uno strumento di ristoro che non esaurisce gli obblighi gravanti sullo Stato a seguito della violazione. Ad avviso della Corte, lo Stato condannato « ha l'obbligo giuridico, non solo di versare agli interessati le somme attribuite a titolo di equa soddisfazione, ma anche di adottare le misure generali e, se del caso, individuali necessarie » (*sentenza 1° marzo 2006, Sejdovic contro Italia*, punto 119). Infatti, le somme assegnate a titolo di equo indennizzo mirano unicamente ad « accordare un risarcimento per i danni subiti dagli interessati nella misura in cui questi costituiscano una conseguenza della violazione che non può in ogni caso essere cancellata » (*sentenza 13 luglio 2000, Scozzari e Giunta contro Italia*, punto 250).

([14]) Occorre, peraltro, tenere presente che, in base all'art. 35, par. 1 della Convenzione, la condizione imprescindibile per poter presentare ricorso alla Corte europea consiste nell'avvenuto esaurimento dei rimedi interni. Di conseguenza, i giudici di Strasburgo si pronunciano, di regola, su vicende già chiuse, nell'ordinamento interno, con decisione irrevocabile. Pertanto, assicurare la *restitutio in integrum* della vittima della violazione attraverso la riapertura del processo significa rimettere in discussione il giudicato già formatosi sulla vicenda giudiziaria sanzionata. Ed è proprio questo aspetto che ha creato una serie di problemi per l'Italia.

restituzione in pristino nel caso di violazione delle garanzie di diritto sostanziale e processuale riconosciute dalla Convenzione (art. 6 CEDU).

Ad avviso della Consulta, l'assenza di un siffatto strumento nel nostro sistema processuale è apparsa in contrasto con la Costituzione, integrata dalle norme della Convenzione europea così come interpretata dalla Corte di Strasburgo.

Un nuovo caso di revisione. Per questi motivi, la Corte costituzionale ha dichiarato l'illegittimità dell'art. 630 nella parte in cui non contempla un caso di revisione ulteriore rispetto a quelli già previsti, volto specificamente a consentire la riapertura del processo quando la stessa risulti necessaria per conformarsi a una sentenza definitiva della Corte europea dei diritti dell'uomo (C. cost. n. 113 del 2011). La revisione, infatti, comporta la riapertura del processo con una ripresa delle attività processuali. Pertanto, essa costituisce l'unico istituto oggi esistente al fine di garantire la conformità dell'ordinamento nazionale alla Convenzione europea; si veda *infra*, parte V, cap. 4, par. 3. In questa prospettiva, la legge-delega n. 134 del 2021 (***riforma Cartabia***) all'art. 1, comma 13, lett. *o*, ha previsto che la decretazione delegata introduca un mezzo di impugnazione straordinario davanti alla corte di cassazione al fine di dare esecuzione alle sentenze definitive della Corte europea dei diritti dell'uomo.

Parte Seconda
PROFILI GENERALI DEL PROCEDIMENTO PENALE

Capitolo I
I SOGGETTI DEL PROCEDIMENTO PENALE

SOMMARIO: 1. Procedimento e processo. — 2. Il giudice. — 3. Il pubblico ministero. — 4. La polizia giudiziaria. — 5. L'imputato. — 6. Il difensore. — 7. La persona offesa dal reato e la parte civile. — 8. Altri soggetti del procedimento penale.

1. Procedimento e processo.

a. *Il processo penale sul fatto, sull'autore e sulle conseguenze.* Il processo penale ha lo scopo di accertare: *a*) se una determinata persona ha commesso un reato; *b*) quale è la personalità dell'autore del reato; *c*) quali sono le sanzioni che devono essergli applicate.

Il processo penale ha una funzione "strumentale" rispetto al diritto penale sostanziale, nel senso che è veicolo necessario per applicare la legge penale. Quest'ultima indica i fatti che costituiscono reato e le sanzioni previste per coloro che li commettono. Il processo penale si propone il fine di accertare i fatti storici che costituiscono il reato, di identificarne gli autori e di conoscere la personalità di questi ultimi.

a) Il processo penale non ha lo scopo meramente teorico di ricostruire la verità su di un fatto commesso, bensì un fine più limitato, che consiste nell'accertare se tale fatto costituisce reato e, nel caso positivo, nell'applicare una sanzione a chi lo ha commesso. L'accertamento del fatto e l'individuazione del suo autore non perseguono finalità astratte o "storiche", ma servono soltanto per valutare se e quali sanzioni penali devono essere irrogate.

b) L'accertamento della personalità dell'autore del reato è reso necessario dalla caratteristica che distingue la sanzione "penale". Questa si differenzia da quella civile e da quella amministrativa per il fatto di essere proporzionata alla "personalità" dell'autore del fatto illecito, oltre che alla gravità dell'offesa arrecata al bene tutelato dalla norma incriminatrice (art. 133 c.p.).

Da ciò consegue che il processo penale ha la funzione di accertare la personalità dell'autore del reato al fine di commisurare ad essa la sanzione che deve essere irrogata.

c) Se la sanzione penale ha unicamente una funzione "retributiva", l'esecuzione della stessa può essere affidata alla pubblica amministrazione; il processo si disinteressa di questo momento. Viceversa, se la pena ha, fra le sue molteplici funzioni, anche quella "rieducativa" (tendente a favorire il reinserimento sociale del condannato), è indispensabile che un giudice accerti l'evoluzione della personalità del reo in sede esecutiva. Tale accertamento serve al fine di valutare se e quali misure alternative alla sanzione detentiva siano applicabili; più in generale, ha lo scopo di modificare il contenuto della pena in relazione al grado di risocializzazione manifestato dal condannato.

b. *L'azione penale.* "Procedimento" e "processo" non sono sinonimi; nel codice di procedura penale ciascuno dei due termini assume un preciso significato (v. tav. 2.1.5).

Procedimento penale. Con l'espressione "procedimento penale" si indica una serie cronologicamente ordinata di atti diretti alla pronuncia di una decisione penale, ciascuno dei quali, in quanto validamente compiuto, fa sorgere il dovere di porre in essere il successivo ed, al contempo, è esso stesso realizzato in adempimento di un dovere posto dal suo antecedente (G. Conso).

Dalla definizione riportata si ricava che nel concetto di **procedimento** penale sono ricompresi almeno tre elementi fondamentali. In primo luogo, la legge prevede una "serie cronologicamente ordinata" di atti, nel senso che gli stessi devono essere compiuti rispettando una *determinata sequenza temporale*.

In secondo luogo, tutti gli atti del procedimento hanno la *finalità* di accertare l'esistenza di un fatto penalmente illecito e la sua attribuibilità ad una persona.

In terzo luogo, il compimento di un atto del procedimento fa sorgere in un altro soggetto il "*dovere*" di compiere un atto successivo, fino alla decisione definitiva. Quest'ultima potrà essere una sentenza di condanna o di proscioglimento, se viene percorsa l'estensione massima del procedimento; oppure, sarà un decreto (o un'ordinanza) di archiviazione, se il procedimento si arresta prima che venga formulata una imputazione.

Il procedimento penale ordinario è diviso in tre fasi: le indagini preliminari, l'udienza preliminare ed il giudizio.

Processo penale. L'espressione **processo** penale indica una porzione del procedimento penale. Fanno parte del "processo" le fasi dell'udienza preliminare e del giudizio. Il momento iniziale del processo corrisponde all'esercizio dell'azione penale; il momento finale si ha quando la sentenza diventa irrevocabile, e cioè, in sintesi, non più impugnabile perché nessuna parte ha presentato ricorso nei termini o perché tutte le impugnazioni ordinarie sono state esperite.

Occorre far attenzione nella lettura del codice, perché i due termini sono usati, di regola, nel loro significato tecnico. Con l'espressione "in ogni stato e grado del **processo**" si intende escludere un periodo meramente procedimentale, e cioè la fase delle indagini preliminari. Con l'espressione "in ogni stato e grado del procedimento" si intende ricomprendere sia le indagini sia il processo.

Col termine "grado" si vuole indicare se il giudice prende cognizione dell'oggetto, sul quale deve decidere, in primo esame ovvero in appello o, infine, in sede di ricorso per cassazione. Col termine "stato" si vuole indicare una fase del procedimento; nel procedimento ordinario si susseguono nell'ordine le seguenti fasi: indagini preliminari, udienza preliminare, giudizio (v., tav. 2.1.1).

L'azione penale. La nozione di "azione penale" è correlata a quella di processo penale. Come abbiamo visto, con l'espressione "processo penale" si fa riferimento a quella serie cronologicamente ordinata e necessitata di atti che ha come atto iniziale l'azione penale. Ciò premesso, possiamo dare una definizione di azione penale. Essa è la richiesta, diretta al giudice, di decidere sull'imputazione.

Il codice precisa con quale atto si esercita l'azione penale. Ai sensi dell'art. 405, comma 1 c.p.p., nel procedimento ordinario il pubblico ministero esercita l'azione penale quando chiede il rinvio a giudizio dell'imputato. La richiesta è rivolta al giudice e contiene la formulazione dell'imputazione.

L'imputazione consiste nell'addebito della responsabilità di un fatto storico di reato; nel procedimento ordinario l'imputazione è formulata dal pubblico ministero al termine delle indagini preliminari. Elementi dell'imputazione sono: 1) l'enunciazione, in forma chiara e precisa, del fatto storico di reato addebitato all'imputato; 2) l'indicazione degli articoli di legge che si ritiene siano stati violati; 3) le generalità della persona alla quale è addebitato il reato (art. 417, comma 1).

L'esercizio dell'azione penale determina due effetti. In primo luogo, pone al giudice l'obbligo di decidere su di un determinato fatto storico. In secondo luogo, fissa in modo tendenzialmente immutabile l'oggetto del processo, e cioè impone al giudice il divieto di decidere su di un fatto storico differente da quello precisato nell'imputazione (salve le eccezioni descritte negli artt. 516-521).

Possiamo riepilogare quanto abbiamo esposto. Nel processo ordinario, l'azione penale è esercitata quando il giudice è chiamato a decidere nell'udienza preliminare sulla richiesta di rinvio a giudizio. Nei procedimenti speciali che omettono l'udienza preliminare, l'azione penale è esercitata con quell'atto introduttivo del singolo procedimento, con il quale è precisata l'imputazione; ad esempio, nel giudizio direttissimo il pubblico ministero contesta l'imputazione all'imputato che sia stato condotto direttamente in udienza (art. 451, comma 4).

c. I soggetti e le parti. Il libro primo del codice ricomprende tra i soggetti del procedimento penale il giudice, il pubblico ministero, la polizia giudiziaria, l'imputato, la parte civile, il responsabile civile, il civilmente obbligato per la pena pecuniaria, la persona offesa ed il difensore (v. tav. 2.1.2). Il codice è preciso nell'attribuire la qualifica di "soggetto" a determinate persone, anche se della stessa non offre una definizione.

I soggetti. Si ritiene che possano essere definiti "soggetti" coloro che sono titolari di poteri di iniziativa nel procedimento (M. CHIAVARIO). Tale potere comporta che il compimento di un atto del procedimento da parte di un soggetto fa sorgere in un altro soggetto il potere (e cioè, il diritto-dovere) di compiere un atto successivo.

Dall'elenco contenuto nel libro primo del codice si può ricavare che non sono considerati "soggetti", ad esempio, i testimoni ed i periti, probabilmente perché costoro non hanno poteri di iniziativa in relazione al procedimento. Essi rientrano nella più ampia categoria delle "persone" che partecipano al procedimento (menzionate, ad esempio, dall'art. 45 in tema di rimessione). Occorre sottolineare che i "soggetti" vengono definiti in relazione alla nozione di "procedimento penale", e cioè in relazione anche alla fase delle indagini preliminari, quando ancora non è stata esercitata l'azione penale (v. tav. 2.1.4).

Le parti. Differente è il concetto di "parte", che tradizionalmente è correlato a quello di "azione". Ne consegue che, in un primo approccio, sono parti il soggetto attivo e quello passivo dell'azione penale che consiste, ricordiamo, nella formulazione dell'imputazione unitamente alla richiesta di rinvio a giudizio o al compimento di un altro atto che instaura un procedimento speciale. Pertanto, si può definire parte colui che ha chiesto al giudice una decisione in relazione all'imputazione e colui contro il quale tale decisione è chiesta. Con riferimento all'esercizio dell'azione penale, sono parti necessarie il pubblico ministero e l'imputato (1).

Il quadro è reso più complesso dal fatto che entro il processo penale il danneggiato dal reato può esercitare l'azione civile tendente ad ottenere la condanna dell'imputato al risarcimento del danno derivante dal reato (art. 185 c.p.; art. 76 c.p.p.). Il danneggiato esercita l'azione civile costituendosi parte civile in un momento successivo a quello in cui il pubblico ministero ha esercitato l'azione penale (art. 79). L'esercizio dell'azione civile in sede penale è eventuale, nel senso che è subordinato ad una scelta facoltativa del danneggiato. In tal senso la parte civile è una "parte" poiché chiede al giudice una decisione in relazione all'imputazione; ed è una parte "eventuale" perché la sua presenza deriva da una scelta facoltativa del danneggiato: in sua assenza il processo ha comunque giuridica esistenza (v. tav. 2.1.3) (2).

Riepilogando, deve essere accolta una definizione ampia di parte: tale è colui che ha chiesto al giudice una decisione in relazione all'imputazione e colui contro il quale tale decisione è chiesta.

2. Il giudice.

a. Giudici ordinari e speciali. La giurisdizione non è impersonata da un organo unitario; al contrario, il potere giurisdizionale è "diffuso" e cioè è frazionato in più organi ciascuno dei quali ha una competenza limitata.

La prima distinzione da tracciare è quella tra giudici ordinari e speciali.

Sono organi giudiziari "ordinari" quelli che hanno una competenza generale a giudicare tutte le persone e che, inoltre, sono composti da magistrati ordinari. Questi ultimi sono magistrati che fanno parte dell'ordinamento giudiziario nel senso che la loro indipendenza è garantita dal consiglio superiore della magistratura (art. 104 Cost.); i magistrati ordinari godono delle garanzie di inamovibilità assicurate dalla Carta fondamentale (art. 107 Cost.).

Sono organi giudiziari "speciali" quelli che sono competenti a giudicare soltanto alcune persone e che inoltre sono composti da magistrati speciali, cioè non appartenenti all'ordinamento giudiziario. Le garanzie di indipendenza di questi ultimi non

---

(1) Sempre in relazione all'esercizio dell'azione penale può essere parte, anche se eventuale, il civilmente obbligato per la pena pecuniaria. Si tratta della persona che è tenuta al pagamento della pena pecuniaria in caso di insolvibilità dell'imputato. Ai sensi dell'art. 197 c.p. è civilmente obbligato l'ente giuridico (es. società per azioni) qualora venga condannato colui che ne ha l'amministrazione (es. amministratore delegato) se nel compiere il reato quest'ultimo ha violato gli obblighi inerenti alla sua qualità. Qualora il condannato risulti insolvibile, l'ente è obbligato al pagamento della pena pecuniaria.

(2) Inoltre, la parte civile può chiedere il risarcimento dei danni, oltre che contro l'imputato, anche contro il responsabile civile. Costui è il soggetto responsabile civilmente per il fatto dell'imputato (art. 185 c.p.); ad esempio, il datore di lavoro è responsabile civilmente per il danno che è stato arrecato dal proprio dipendente « nell'esercizio delle incombenze » a cui quest'ultimo è adibito (art. 2049 c.c.). Qualora il responsabile civile sia citato o intervenga nel processo penale, costui diventa parte. Anche in questo caso si tratta di una parte eventuale.

sono previste direttamente dalla Costituzione, che rinvia la regolamentazione della materia alla legge ordinaria (art. 108, comma 2) (3).

Giudici penali ordinari. Sono giudici penali ordinari di primo grado il tribunale (in composizione collegiale o monocratica), la corte di assise, il giudice di pace ed il tribunale per i minorenni; in particolare, il tribunale per i minorenni è un giudice ordinario specializzato con competenza sui reati commessi dai minori degli anni diciotto (v. tav. 2.1.6).

Giudici ordinari d'appello sono la corte d'appello, la corte d'assise d'appello e la sezione della corte d'appello per i minorenni. Il tribunale monocratico è giudice di appello per le sentenze pronunciate dal giudice di pace.

Vi è poi la corte di cassazione. Essa ha sede in Roma, è unica per tutto il territorio nazionale e davanti ad essa possono essere impugnate tutte le sentenze per motivi di sola legittimità. Il suo giudizio ha, di regola, un oggetto limitato: la corte può controllare se vi è stata inosservanza della legge e se il giudice inferiore ha motivato in modo corretto (art. 606). Viceversa non può condurre un esame di merito, e cioè ad esempio non può valutare l'attendibilità delle dichiarazioni di un testimone.

Approfondimento. Autorità giudiziaria; magistrato. È indispensabile una ulteriore precisazione terminologica. Quando la Costituzione o la legge ordinaria utilizzano l'espressione "autorità giudiziaria" si riferiscono insieme sia al giudice, sia al pubblico ministero come *organi*.

Parimenti, a livello di *persone fisiche*, il termine "magistrato" è utilizzato per indicare indifferentemente il magistrato giudicante o quello requirente o entrambi. Poi la singola disposizione, se e quando vuole essere precisa, usa l'espressione "magistrato giudicante" per indicare colui che svolge una funzione giurisdizionale e usa l'espressione "magistrato del pubblico ministero" per indicare colui che svolge una funzione requirente, che consiste nel chiedere una decisione al giudice.

L'ordine giudiziario. La Costituzione nell'art. 104 comma 1 utilizza il termine "ordine" giudiziario e non "potere" giudiziario riferendolo alla magistratura. La Carta fondamentale vuole far comprendere che la magistratura non partecipa alla funzione di indirizzo politico, che caratterizza il potere legislativo e quello esecutivo. Ed infatti l'attività della magistratura ha una prevalente funzione di garanzia.

Resta il fatto che la Costituzione, quando afferma che la magistratura è autonoma e indipendente « da ogni altro potere », riconosce implicitamente che la stessa è un "potere" dello Stato. Infatti è pacifico che possano sorgere conflitti tra un organo giurisdizionale ed uno dei poteri dello Stato, esecutivo o legislativo. Tali conflitti sono risolti dalla corte costituzionale ai sensi dell'art. 134 della Carta fondamentale. In questa sede usiamo l'espressione "potere giudiziario" nel senso appena menzionato e per soli fini di sintesi.

L'indipendenza di tutti i magistrati (sia giudicanti, sia requirenti) è garantita dalla Costituzione attraverso un apposito organo, e cioè il consiglio superiore della

---

(3) Sono giudici speciali i tribunali militari in tempo di pace, che sono competenti soltanto per i reati militari commessi da appartenenti alle forze armate. È giudice speciale la corte costituzionale, che è competente a giudicare i delitti di alto tradimento e di attentato alla Costituzione commessi dal presidente della repubblica (art. 90 Cost.).

magistratura (art. 104 Cost.) che ha il compito di provvedere alle assunzioni, trasferimenti, promozioni e provvedimenti disciplinari nei riguardi dei magistrati (art. 105 Cost.). Il consiglio superiore della magistratura è eletto per due terzi dai magistrati ordinari e per un terzo dal parlamento in seduta comune tra professori ordinari in materie giuridiche e avvocati con quindici anni di servizio.

La caratteristica dell'indipendenza distingue il potere giudiziario dagli altri poteri dello Stato.

b. *Giurisdizione e giusto processo.* Il termine "giurisdizione" può avere un duplice significato; può riferirsi alla funzione oppure all'organo che la svolge. Nel primo senso può essere definita "giurisdizione" quella funzione dello Stato che consiste nell'applicare la legge al caso concreto con forza cogente. Nel secondo senso "giurisdizione" è quel potere dello Stato che è impersonato da organi che hanno la caratteristica della indipendenza e della imparzialità ([4]).

L'imparzialità del giudice è stabilita dal nuovo comma 2 dell'art. 111 Cost., in base al quale « ogni processo si svolge (...) davanti a giudice terzo e imparziale » ([5]). In determinate situazioni nelle quali il giudice è (o può apparire) "parziale", egli ha il dovere di astenersi; se non lo fa, le parti possono ricusarlo (artt. 36 e 37 c.p.p.). Quando una grave situazione locale può pregiudicare la libertà di determinazione delle persone che partecipano al processo o l'imparzialità dell'intero ufficio giudicante territorialmente competente, il processo stesso è rimesso ad un altro ufficio giudicante predeterminato dalla legge (art. 45).

Non esistono controlli esterni al potere giurisdizionale per l'ovvio motivo che, altrimenti, questo non sarebbe più indipendente. I controlli sono previsti all'interno dello stesso potere giurisdizionale: vi sono giudici che esaminano il processo in primo grado, in secondo grado e, infine, vi è un unico organo (corte di cassazione) che svolge un controllo di legittimità (art. 111, comma 7 Cost.).

Giusto processo. Nel testo della Costituzione, così come è stato modificato dalla legge n. 2 del 1999, le norme sulla "giurisdizione" contengono al loro interno quelle sul "giusto processo": ciò ha un profondo significato. Vogliono far intendere che non può esservi giurisdizione senza "giusto processo". Non è sufficiente che la Costituzione garantisca un giudice indipendente da altri poteri dello Stato. Occorre anche che sia garantito lo svolgimento della sua funzione.

Come abbiamo già accennato nel capitolo sulla storia del processo penale, elementi indefettibili del "giusto processo" sono il contraddittorio, la parità delle parti, l'imparzialità del giudice e la ragionevole durata (art. 111 Cost.). Il "giusto processo" è un metodo oggettivo di esercizio della funzione giurisdizionale. Tale funzione non consiste nell'accertare i fatti in segreto; l'accertamento necessita degli

---

([4]) Il termine "giurisdizione" può essere utilizzato anche con un ulteriore significato. "Giurisdizione" può indicare l'insieme delle regole che permettono di distinguere i procedimenti di competenza della magistratura ordinaria dai procedimenti di competenza della magistratura speciale; in tal senso, ad esempio, l'art. 28, lett. *a*, tratta del conflitto di *giurisdizione* tra giudice ordinario e giudice speciale.

([5]) Ricordiamo che la legge costituzionale n. 2 del 1999 ha introdotto cinque nuovi commi nell'art. 111 Cost.

apporti delle parti. Senza un processo giusto non vi può essere giurisdizione così come la intende la Costituzione.

c. La competenza per materia e per funzione. Si può definire "competenza" quella *parte della funzione giurisdizionale* che è svolta dal singolo organo. Essa è individuata per approssimazioni successive che tengono conto della materia (il titolo di reato), del territorio (il luogo in cui si è commesso il reato), della funzione che deve essere svolta in una determinata fase o grado del procedimento e della eventuale connessione con altri procedimenti. In tal senso, la competenza è distribuita in base ai criteri della materia, del territorio, della funzione e della connessione.

La competenza per *materia* è, a sua volta, ripartita in base a due criteri: uno qualitativo (con riferimento al tipo di reato), l'altro quantitativo (relativo alla pena edittale). Quando la legge utilizza quest'ultimo criterio, occorre tenere presenti le regole generali dettate dall'art. 4. In base ad esse, per determinare la competenza si ha riguardo alla pena massima stabilita dalla legge per ciascun reato consumato o tentato. Non si tiene conto della continuazione e della recidiva. Non si tiene conto delle circostanze, fatta eccezione delle aggravanti per le quali la legge stabilisce una pena di specie diversa da quella ordinaria del reato (ad es. ergastolo rispetto a reclusione) e di quelle circostanze che il codice penale denomina « ad effetto speciale » (art. 63 c.p.) in quanto comportano un aumento della pena superiore ad un terzo.

La competenza per materia in primo grado si ripartisce tra la corte d'assise, il tribunale per i minorenni, il giudice di pace ed il tribunale (v. tav. 2.1.11).

Il tribunale per i minorenni (composto da due giudici togati e da due esperti in psicologia, pedagogia e materie analoghe, nominati con decreto del capo dello Stato su proposta del ministro della giustizia, previa deliberazione del consiglio superiore della magistratura) è competente per i reati commessi dai minori degli anni diciotto (art. 3 d.p.r. 22 settembre 1988, n. 448). Per stabilire la competenza del tribunale per i minorenni si deve prendere in considerazione l'età che aveva l'imputato all'epoca dei fatti addebitati. Questa competenza è "esclusiva": la cognizione resta attribuita al tribunale per i minorenni anche se il minore ha commesso un reato che sarebbe di competenza della corte d'assise, del tribunale o del giudice di pace. Inoltre, se il minore ha commesso un reato insieme ad adulti, per lui la competenza resta radicata nel tribunale per i minorenni.

Per quanto concerne i reati commessi da persone adulte, la competenza per materia è ripartita, in prima battuta, tra la corte di assise ed il giudice di pace; *il tribunale ha una competenza, di regola, residuale*, salvo determinati reati espressamente indicati dalla legge.

Alla ***corte d'assise*** (giudice collegiale composto da due giudici di carriera e sei giudici popolari) è attribuita, in estrema sintesi, la competenza a giudicare i più gravi fatti di sangue e i più gravi delitti politici (v. tav. 2.1.13). Come linea di tendenza, il legislatore ha evitato di far giudicare dalla corte d'assise quei delitti che richiedono conoscenze tecnico-giuridiche, che i giudici popolari non hanno. Al contempo, il legislatore ha attribuito alla corte d'assise quelle materie in relazione alle quali ha ritenuto che si possa esprimere al meglio la valutazione di un cittadino, che non sia un giudice di carriera. Qualche anno fa la competenza per materia della corte d'assise è stata lievemente ampliata dal decreto-legge 12 febbraio 2010, n. 10, convertito nella legge 6 aprile 2010, n. 52 (6).

Il giudice di pace opera come giudice monocratico (e cioè, come giudice singolo); la persona che svolge le funzioni di giudice di pace è nominata a tempo determinato. Per accedere all'ufficio occorre avere conseguito la laurea in giurisprudenza e aver superato l'esame di abilitazione alla professione di avvocato.

Il giudice di pace è competente a conoscere una serie di fattispecie attribuite qualitativamente. L'elenco dei reati è riportato nell'art. 4 d.lgs. n. 274 del 2000, al quale rinviamo. Come conferma la *Relazione ministeriale*, si tratta, per la maggior parte, di reati che costituiscono espressione di situazioni di microconflittualità individuale. In generale, il criterio per la determinazione della competenza di tale organo è costituito dalla tenuità della sanzione e dalla semplicità dell'accertamento. È opportuno dar conto del fatto che le fattispecie attribuite, dal citato art. 4, alla competenza del giudice di pace si distinguono tra reati procedibili a querela e reati procedibili d'ufficio.

a) Tra quelli procedibili a querela merita annoverare, a titolo esemplificativo, le percosse, le lesioni volontarie procedibili a querela, la diffamazione;

b) Tra quelli procedibili d'ufficio ricordiamo alcune fattispecie contravvenzionali previste dal codice penale quali la somministrazione di bevande alcoliche a minori e infermi di mente (art. 689 c.p.).

La partizione, come vedremo *infra*, ha notevoli ripercussioni in ordine all'iniziativa ed alla struttura del procedimento dinanzi al predetto giudice (parte IV, cap. 3).

Il tribunale, organo composto da magistrati di carriera, è competente a giudicare quei reati, che non appartengono alla competenza della corte d'assise né del giudice di pace (art. 6). Oltre a questa competenza, che si può definire "residuale", il tribunale ha una competenza qualitativa a giudicare reati che sono previsti in modo

---

(6) Art. 5 c.p.p.: *a*) La corte d'assise è competente per i delitti per i quali la legge stabilisce la pena dell'ergastolo o della reclusione di ventiquattro anni o più, nel massimo edittale (ad es., omicidio volontario e strage: artt. 575 e 422 c.p.). *Sono poste alcune eccezioni: non è competente la corte d'assise, bensì il tribunale, per i delitti, comunque aggravati, di tentato omicidio, di rapina, di estorsione e di associazioni di tipo mafioso anche straniere, e per i delitti, comunque aggravati, previsti dal T.U. sugli stupefacenti (D.P.R. 9 ottobre 1990, n. 309).*

b) La corte d'assise è competente per i delitti consumati di omicidio del consenziente, di istigazione al suicidio e di omicidio preterintenzionale (artt. 579, 580, 584 c.p.).

c) La corte d'assise è competente per ogni delitto doloso se dal fatto è derivata la morte di una o più persone, *escluse le seguenti fattispecie, di competenza del tribunale: morte o lesioni come conseguenza di altro delitto, rissa, omissione di soccorso (artt. 586, 588, 593 c.p.).*

d) La corte d'assise è competente per i delitti di ricostituzione del partito fascista (legge n. 645 del 1952); per i delitti di genocidio (legge n. 962 del 1967); per i delitti che concernono la personalità dello Stato (titolo primo del libro secondo del c.p.), sempre che per tali delitti sia stabilita la pena della reclusione non inferiore nel massimo a dieci anni.

d-bis) La corte d'assise è diventata competente (in base alla riforma del 2010) per i seguenti delitti:

— delitti consumati o tentati di associazione per delinquere non mafiosa, finalizzata a commettere i delitti di riduzione in schiavitù (art. 600 c.p.), tratta di persone (art. 601 c.p.), acquisto e alienazione di schiavi (art. 602 c.p.), di favoreggiamento pluriaggravato dell'immigrazione clandestina (art. 12, comma 3-*bis* del testo unico in materia di immigrazione) (art. 416, comma 6 c.p.);

— delitti consumati o tentati di riduzione in schiavitù (art. 600 c.p.), di tratta di persone (art. 601 c.p.), di acquisto e alienazione di schiavi (art. 602 c.p.);

— delitti con finalità di terrorismo, sempre che per tali delitti sia stabilita la pena della reclusione non inferiore nel massimo a dieci anni.

specifico da singole norme di legge e che presuppongono che il magistrato giudicante conosca materie tecniche o di una qualche complessità. Quale esempio di competenza qualitativa, si può citare varie leggi speciali che attribuiscono al tribunale la competenza a giudicare i reati commessi a mezzo cinema, stampa, radio e televisione.

A seguito della legge n. 479 del 1999 e di alcuni adeguamenti apportati con la legge n. 144 del 2000, le attribuzioni del tribunale in composizione collegiale e monocratica risultano ripartite nel modo seguente (v. tav. 2.1.12).

Il tribunale in composizione collegiale (e cioè, formato da tre giudici) conosce i reati puniti, anche nelle ipotesi di tentativo, con una pena detentiva superiore nel massimo a dieci anni, ma inferiore a ventiquattro anni, purché non siano di competenza della corte d'assise (criterio quantitativo; art. 33-*bis*, comma 2); inoltre conosce una serie di fattispecie nominativamente indicate all'art. 33-*bis*, comma 1 (criterio qualitativo). In applicazione di detti criteri, appartengono alla cognizione del tribunale collegiale quasi tutti i reati riconducibili all'associazione per delinquere (sia comune, con l'unica eccezione dell'art. 416 comma 6, sia di stampo mafioso di cui all'art. 416-*bis* c.p.), lo scambio elettorale politico mafioso (art. 416-*ter* c.p.), i delitti concernenti le armi (art. 407, comma 2, lett. *a*, n. 5 c.p.p.), i reati in materia di aborto (legge n. 194 del 1978) e l'usura (art. 644 c.p.).

Al tribunale in composizione monocratica (e cioè, composto da un solo giudice) è attribuita la cognizione dei reati puniti con pena detentiva fino a dieci anni nel massimo (art. 33-*ter*, comma 2), purché non siano di competenza del giudice di pace. È chiaro come al giudice monocratico siano attribuiti molti reati che presentano un notevole tasso di pericolosità sociale ([7]). Si pensi ad esempio a varie ipotesi di delitti contro l'incolumità pubblica, alla rimozione dolosa di cautele contro gli infortuni sul lavoro (art. 437 c.p.) e all'adulterazione o contraffazione di cose in danno della salute pubblica (art. 441 c.p.) altri delitti per i quali la pena irrogabile in concreto può essere molto elevata, come ad esempio le lesioni personali stradali (art. 590-*bis* c.p.). Inoltre il giudice singolo conosce i delitti di produzione e traffico illecito di sostanze stupefacenti, previsti dall'art. 73 d.p.r. n. 309 del 1990, salvo che siano contestate le aggravanti disciplinate dall'art. 80 del medesimo d.p.r. (art. 33-*ter*, comma 1).

Una osservazione conclusiva. La particolarità della disciplina della ripartizione degli affari tra giudice singolo e giudice collegiale (all'interno del tribunale) sta nel fatto che tale materia non attiene alla "competenza" bensì alla "cognizione" o, come alcuni dicono, al "rito". Le conseguenze si apprezzeranno quando tratteremo della inosservanza di tali regole (§ *h*) e della capacità del giudice (§ *i*).

([7]) La legge n. 479 del 1999 ha aumentato la cognizione del giudice singolo, in sintesi, da quattro a dieci anni di pena edittale nel massimo; la scelta non è senza conseguenze. Vi è il pericolo che il giudice singolo, non adiuvato dai colleghi, non approfondisca i punti posti in discussione e finisca per "appiattirsi" sulla tesi sostenuta dalla parte più "forte". Inoltre, il giudice singolo ha una esposizione sociale molto elevata; proprio nei casi più gravi, nei quali è chiamato a prendere una decisione impopolare perché ritiene che l'accusa non abbia eliminato il ragionevole dubbio (art. 533), l'essere solo nel decidere può indurlo ad assecondare la piazza. Viceversa, un collegio ripartisce l'esposizione sociale tra più magistrati ed è maggiormente idoneo, di regola, a resistere alle sollecitazioni "forcaiole" dell'opinione pubblica: il processo penale non si deve fare nelle piazze né in televisione, bensì nel contraddittorio delle parti sulla base di una valutazione serena dell'attendibilità delle prove raccolte.

La competenza funzionale. In dottrina si usa distinguere l'ulteriore nozione di competenza funzionale, che è la competenza a svolgere determinati procedimenti o particolari fasi o gradi di un procedimento o a compiere determinati atti. Ad esempio, nei procedimenti per reati di competenza della corte d'assise o del tribunale, gli atti giurisdizionali, che devono essere compiuti nella fase delle indagini preliminari, sono attribuiti alla competenza funzionale del giudice per le indagini preliminari incardinato presso il tribunale.

E ancora, la competenza a giudicare sull'appello, proposto contro le sentenze pronunciate in primo grado dalla corte d'assise e dal tribunale (collegiale o monocratico), spetta rispettivamente alla corte d'assise di appello e alla corte di appello.

d. *La competenza per territorio.* La competenza per territorio è determinata dal luogo nel quale il reato è stato consumato (art. 8, comma 1). Si ha consumazione quando il reato è giunto al massimo grado di gravità, nel senso che in concreto sono presenti tutti gli elementi costitutivi della norma incriminatrice nella massima gravità ([8]).

La celebrazione del processo nel cd. *locus commissi delicti* risponde a ragioni di indubbio rilievo, fra le quali l'esigenza di assicurare un effettivo controllo sociale; quella di rendere più agevole e rapida la raccolta delle prove; quella di ridurre i disagi per le parti e per i testi; vi è infine il tradizionale rilievo secondo cui il diritto e la giustizia devono riaffermarsi proprio nel luogo in cui sono stati violati.

Alla regola appena menzionata sono poste alcune eccezioni, che tuttavia sono ispirate dalla medesima giustificazione. Se si tratta di un fatto dal quale è derivata la morte di una o più persone, è competente il giudice del luogo in cui è avvenuta l'azione o l'omissione (art. 8, comma 2). Se si tratta di un reato permanente, è competente il giudice del luogo in cui ha avuto inizio la consumazione, anche se dal fatto è derivata la morte di una o più persone (art. 8, comma 3). Se si tratta di un delitto tentato, è competente il giudice del luogo in cui è stato compiuto l'ultimo atto "diretto" a commettere il delitto (art. 8, comma 4).

Le regole suppletive. L'art. 9 prevede alcune regole suppletive nei casi nei quali la competenza non può essere determinata in base alle regole generali menzionate. Inoltre, singole leggi speciali prevedono criteri di determinazione della competenza per territorio diversi dal luogo nel quale è consumato il reato (ad es., art. 30 legge n. 223 del 1990 in tema di diffamazione mediante trasmissione radiotelevisiva: « il foro competente è determinato dal luogo di residenza della persona offesa »).

Il procedimento nei confronti di un magistrato. Una importante deroga alle norme ordinarie sulla competenza territoriale è prevista nei procedimenti in cui un magistrato (giudice o pubblico ministero) assume la qualità di imputato, indagato, persona offesa o danneggiata dal reato, quando in base alle regole ordinarie tali procedimenti sarebbero attribuiti alla competenza di un ufficio giudiziario compreso

---

([8]) Ad es., mentre il treno sta viaggiando nella circoscrizione di Prato sono compiute lesioni lievi che si evolvono in lesioni gravissime quando il treno si trova nella circoscrizione di Pistoia: competenza del tribunale di Pistoia.

nel distretto di corte d'appello nel quale il magistrato esercita le sue funzioni, ovvero le esercitava al momento del fatto (v. tav. 2.1.9). In base all'art. 11, la competenza è attribuita al giudice competente per materia e che ha sede nel capoluogo del distretto di corte d'appello individuato dalla tabella A annessa alla legge 2 dicembre 1998, n. 420 (art. 1 disp. att.). Tale regola vale anche in caso di procedimenti connessi a quelli in cui un magistrato assume la qualità di imputato, indagato, persona offesa o danneggiata dal reato (art. 11, comma 3 c.p.p.) e in materia di rimessione. Nei casi menzionati lo spostamento di competenza per territorio ha lo scopo di assicurare l'imparzialità dell'organo giudicante.

Tabella A (art. 1 disp. att.)

dal distretto di	al distretto di
Roma	Perugia
Perugia	Firenze
Firenze	Genova
Genova	Torino
Torino	Milano
Milano	Brescia
Brescia	Venezia
Venezia	Trento
Trento	Trieste
Trieste	Bologna
Bologna	Ancona
Ancona	L'Aquila
L'Aquila	Campobasso
Campobasso	Bari
Bari	Lecce
Lecce	Potenza
Potenza	Catanzaro
Cagliari	Roma
Palermo	Caltanissetta
Caltanissetta	Catania
Catania	Messina
Messina	Reggio Calabria
Reggio Calabria	Catanzaro
Catanzaro	Salerno
Salerno	Napoli
Napoli	Roma

e. *La competenza per connessione - Riunione e separazione dei procedimenti.* ***La connessione di procedimenti.*** La connessione è un criterio attributivo della competenza del giudice nel senso che, quando tra i reati vi è un legame di tal genere, i relativi procedimenti sono tutti di competenza di un unico organo giurisdizionale. Vi è connessione in tre casi (art. 12).

a) In primo luogo, quando il reato per cui si procede è stato commesso da più persone in concorso o cooperazione tra loro (9), o se più persone con condotte indipendenti hanno determinato l'evento (10).

b) In secondo luogo, quando una persona è imputata di più reati commessi con una sola azione od omissione (11) o con più azioni od omissioni esecutive del medesimo disegno criminoso (reato continuato) (12).

c) In terzo luogo, quando si procede per più reati, se gli uni sono stati commessi per eseguire od occultare gli altri (13) (v. tav. 2.1.14).

Come abbiamo anticipato, quando vi è connessione un solo giudice è competente a giudicare tutti i reati connessi.

Il giudice competente in caso di connessione viene individuato in base ai seguenti criteri. Fra i giudici competenti per materia, la corte d'assise prevale sul tribunale (art. 15). Applicata questa regola, se più giudici sono egualmente competenti per materia (es., due corti d'assise) ed hanno una diversa competenza per territorio, prevale il giudice competente per il reato più grave, sulla base degli indici elencati nell'art. 16, comma 3; in caso di pari gravità, prevale il giudice competente per il reato commesso per primo (art. 16, comma 1).

Una regola di attribuzione riguarda i casi in cui alcuni procedimenti connessi appartengono al tribunale collegiale ed altri al tribunale in composizione monocratica. Ove esista un legame di connessione, i procedimenti sono tutti attribuiti alla cognizione del tribunale collegiale (art. 33-*quater*).

Le deroghe alla connessione. Esiste una importante deroga alla connessione in presenza di procedimenti contro imputati minorenni. Costoro devono essere sempre e comunque giudicati dal tribunale per i minorenni, e cioè da un giudice specializzato che deve tenere presente il fine primario della rieducazione: in base all'art. 14, la connessione non opera fra procedimenti relativi a imputati che al momento del fatto erano minorenni e procedimenti relativi a imputati maggiorenni.

Infine, vi sono regole particolari per la connessione di procedimenti di competenza di giudici ordinari e speciali (art. 13) e per la connessione di procedimenti appartenenti alla competenza del giudice di pace (art. 6 d.lgs. 28 agosto 2000, n. 274).

La riunione dei procedimenti. Quando i procedimenti sono connessi, di regola accade che essi siano anche riuniti, e cioè siano trattati congiuntamente in un unico procedimento ad opera di un unico organo giudicante. È evidente che la finalità naturale, alla quale è preordinata la connessione, è quella di permettere la riunione di più procedimenti in uno unico (c.d. *simultaneus processus*); quando ciò avviene, si realizza un'economia di atti poiché, ad esempio, un testimone che riferisce su più imputati è sottoposto ad un unico esame. Al tempo stesso, il processo riunito può permettere di

---

(9) Esempio di *concorso di persone nel reato*: A e B d'accordo commettono un omicidio volontario (art. 110 c.p.). Esempio di *cooperazione colposa*: è crollata una casa che C e D d'accordo hanno costruito senza utilizzare la quantità di cemento necessaria (art. 113 c.p.).

(10) Ad esempio, morte di una persona attribuita al feritore ed al medico che ha errato nel curarla.

(11) *Concorso formale di reati* (art. 81, co. 1 c.p.): un guidatore di auto con la medesima condotta colposa uccide F e ferisce G).

(12) *Reato continuato* (art. 81, co. 2 c.p.): un rapinatore commette più rapine per finanziare un gruppo eversivo.

(13) Primo esempio: furto di un'auto per commettere una rapina. Secondo esempio: falso commesso per occultare un reato di peculato.

ricostruire con maggiore chiarezza e completezza il quadro probatorio ed i rapporti tra i vari fatti di reato. Ma non è detto che in presenza di connessione i procedimenti debbano svolgersi necessariamente riuniti; quello che la legge impone è che vi sia un unico giudice competente per materia e territorio.

Perché si possa disporre la riunione ([14]) sono necessari i seguenti requisiti (art. 17):

1) che i procedimenti siano ***pendenti nella stessa fase e nello stesso grado***;

2) che i procedimenti siano ***di competenza del medesimo giudice***;

3) che i procedimenti siano ***connessi*** oppure vi sia comunque tra gli stessi una di quelle ipotesi di ***collegamento probatorio*** che sono previste dall'art. 371, comma 2, lett. *b* ([15]);

4) che ***la riunione non determini un ritardo*** nella definizione dei procedimenti ([16]).

La separazione obbligatoria dei procedimenti. L'esigenza di riunire i procedimenti può scontrarsi con altre di segno opposto, che tendono a tenerli separati. La separazione deve essere disposta dal giudice, sentite le parti, nei seguenti casi (art. 18, comma 1):

a) quando nel corso dell'udienza preliminare è possibile decidere subito la posizione di un imputato (ad esempio, in caso di giudizio abbreviato o patteggiamento);

b) quando per un imputato si debba sospendere il procedimento;

c) quando un imputato non è comparso in dibattimento ed occorra rinnovare la citazione nei suoi confronti;

d) quando uno o più difensori di imputati non sono comparsi in dibattimento per motivi legittimi;

e) quando per un imputato l'istruzione dibattimentale è già stata conclusa, mentre per altri deve continuare con tempi lunghi;

f) quando stiano per scadere i termini di custodia cautelare in relazione a taluno dei delitti elencati nell'art. 407, comma 2, lett. *a* (reati di criminalità organizzata e ipotesi assimilate) ed occorra definire con urgenza la fase o il grado per evitare la scarcerazione automatica.

La separazione facoltativa dei procedimenti. Fuori dai casi predetti, la separa-

---

([14]) E ciò sia nell'udienza preliminare o in dibattimento da parte del giudice, sia durante le indagini preliminari da parte del pubblico ministero.

([15]) Occorre sottolineare che il collegamento è un istituto che ha rilevanza ai fini delle indagini e che concerne, quindi, l'attività del pubblico ministero (v. *infra* nel § 3, lett. *f*). Infatti, il collegamento non ha alcuna incidenza sulla competenza del giudice. Vi è un collegamento rilevante ai fini di determinare la *riunione dei procedimenti* nei casi seguenti (art. 371, comma 2, lett. *b*): se si tratta di reati dei quali gli uni sono stati commessi in occasione degli altri, o per conseguirne o assicurarne al colpevole o ad altri il profitto, il prezzo, il prodotto o l'impunità, o che sono stati commessi da più persone in danno reciproco le une delle altre, ovvero se la prova di un reato o di una sua circostanza influisce sulla prova di un altro reato o di un'altra circostanza.

([16]) Vi è una normativa singolare quando i procedimenti, che sono riuniti, sono attribuiti alcuni al tribunale collegiale ed altri a quello monocratico. Ai sensi del comma 1-*bis* dell'art. 17, se alcuni dei processi pendono davanti al tribunale collegiale ed altri davanti al tribunale monocratico, la riunione è disposta davanti al tribunale in composizione collegiale. Tale composizione resta ferma anche nel caso di successiva separazione dei processi.

zione può essere disposta, sull'accordo delle parti, quando il giudice la ritenga utile ai fini della speditezza del processo (art. 18, comma 2) ([17]).

f. *Il principio del giudice naturale.* Le norme sulla competenza, che abbiamo finora descritto, servono ad individuare l'organo investito del potere giurisdizionale sul fatto di reato.

In base all'art. 25, comma 1 della Costituzione « nessuno può essere distolto dal giudice naturale precostituito per legge ». Dalla norma si ricava il principio del giudice naturale, che a sua volta si esprime in quattro sotto-princìpi.

In primo luogo, il principio della riserva assoluta di legge in materia di competenza. Ciò significa che la competenza del giudice può essere determinata soltanto dalla legge, e non da fonti secondarie (regolamenti o atti amministrativi).

In secondo luogo, si desume quale contenuto debbano avere le disposizioni di legge, che sono destinate a regolare la competenza. Le norme *non* devono conferire un potere di scelta *discrezionale*.

In terzo luogo, dalla necessaria "precostituzione" del giudice si ricava il divieto di applicazione retroattiva delle norme concernenti la competenza; queste sono applicabili ai fatti di reato che siano stati commessi dopo la loro entrata in vigore. Il principio del giudice naturale, in definitiva, impedisce che un organo legislativo, amministrativo o giurisdizionale possa sottrarre discrezionalmente un procedimento ad un determinato giudice. Ne risulta ulteriormente tutelata la garanzia di indipendenza dell'organo giudicante.

In quarto luogo, il principio della « naturalità » del giudice fa riferimento ad un concetto che preesiste rispetto alla legge e che quest'ultima è chiamata a tutelare. L'opinione prevalente è nel senso che "giudice naturale" è quello che l'ordinamento considera il più idoneo ad accertare il fatto di reato. Da ciò consegue che la sua identificazione non può prescindere dal collegamento con il luogo nel quale è stato commesso il reato ([18]).

g. *I conflitti di giurisdizione e di competenza.* Dato il carattere diffuso della funzione giurisdizionale e posto che ogni organo giudicante è giudice anche della propria competenza, ne deriva la possibilità che sorgano conflitti tra detti organi. I conflitti di giurisdizione intervengono tra un giudice ordinario ed un giudice speciale (o tra più giudici speciali); i conflitti di competenza intervengono tra giudici ordinari.

---

(17) Nonostante la presenza di ipotesi di separazione obbligatoria, il giudice può ritenere la riunione « assolutamente necessaria per l'accertamento dei fatti » (art. 18, comma 1). In tal modo riappare un aspetto di discrezionalità, che è bilanciato dal contraddittorio delle parti: ai sensi dell'art. 19, la riunione e la separazione dei processi sono disposte con ordinanza dal giudice anche d'ufficio, ma con il limite che devono essere "sentite le parti".

(18) Vi è un interesse, che è costituzionalmente tutelato, a che il processo si svolga in quella determinata sede davanti al "suo" pubblico, ma che può cedere di fronte ad interessi superiori (secondo criteri legalmente prestabiliti); ad esempio di fronte al principio di imparzialità del giudice (art. 111, comma 2 Cost.). È il caso che si verifica quando nella sede "naturale" l'intero ufficio giudiziario appaia comunque parziale o sia esposto a pressioni ambientali (in tal caso opera l'istituto della rimessione: art. 45 c.p.p.); oppure quando l'organo giudicante debba decidere su di un magistrato che svolga le sue funzioni nel distretto e che sia imputato, o persona offesa o danneggiato dal reato (art. 11 c.p.p.).

Si ha *conflitto positivo* quando due (o più) giudici contemporaneamente prendono cognizione del medesimo fatto attribuito alla medesima persona. Si ha *conflitto negativo* quando due (o più) giudici contemporaneamente rifiutano di prendere cognizione del medesimo fatto attribuito alla medesima persona, ritenendo la propria incompetenza.

Il conflitto può insorgere in ogni stato e grado del processo (art. 28, comma 1). Esso può essere denunciato dal pubblico ministero presso uno dei giudici in conflitto o dalle parti private (art. 30, comma 2); ma può anche essere rilevato d'ufficio da uno dei giudici (art. 30, comma 1). L'ordinanza che rileva l'esistenza del conflitto è trasmessa alla corte di cassazione con la copia degli atti necessari alla decisione. Occorre ricordare che né la denuncia, né l'ordinanza hanno effetto sospensivo sui procedimenti in corso (art. 30, comma 3).

La corte di cassazione decide in camera di consiglio (art. 127) con sentenza e indica quale è il giudice competente a procedere (art. 32). La decisione della corte è vincolante, salvo che risultino nuovi fatti che determinino la competenza di un giudice superiore (art. 25).

h. *La dichiarazione di incompetenza.* ***Considerazioni generali.*** L'inosservanza delle disposizioni che regolano la competenza comporta che il giudice dichiari la propria incompetenza. Differenti sono i termini entro i quali il giudice può rilevare tale difetto; ad un maggior rigore nei confronti dell'incompetenza per materia corrisponde un regime più blando negli altri casi (v. tav. 2.1.16).

Identica è, invece, la normativa sull'efficacia degli atti che siano stati compiuti dal giudice *incompetente*. Di regola le prove acquisite restano efficaci (art. 26), mentre le "dichiarazioni", se ancora ripetibili, diventano utilizzabili in giudizio soltanto col meccanismo delle contestazioni probatorie (artt. 500 e 503). Le misure cautelari già disposte conservano un'efficacia provvisoria limitata a venti giorni dalla ordinanza che dichiara l'incompetenza e che trasmette gli atti; entro tale termine il giudice competente deve disporre, se lo ritiene necessario, una nuova misura cautelare (art. 27).

L'incompetenza per materia. In tema di competenza per materia, le norme sono più rigorose quando è eccepita o rilevata un'incompetenza "per difetto", e cioè quando sta procedendo un giudice "inferiore" il quale, per definizione, è meno idoneo a giudicare rispetto ad un giudice "superiore". Così avviene che, se un tribunale procede per un reato di competenza della corte d'assise, l'incompetenza è rilevabile fino a quando non si è pervenuti ad una sentenza irrevocabile (art. 21, comma 1).

Meno rigoroso è il regime giuridico quando un giudice superiore stia procedendo per un reato di competenza di un giudice inferiore (art. 23, comma 2). Pertanto, se la corte d'assise sta procedendo per un reato di competenza del tribunale, l'incompetenza "per eccesso" può essere rilevata anche d'ufficio, ma non oltre le questioni preliminari prima della dichiarazione di apertura del dibattimento (art. 491, comma 1). Inoltre, se il giudice di primo grado, errando, avesse ritenuto di essere competente, la corte d'appello, che accerti un'incompetenza "per eccesso", deve decidere nel merito (art. 24, comma 2).

L'incompetenza per territorio. Un regime attenuato vale per la declaratoria dell'incompetenza per territorio, che è eccepibile dalle parti, ma è rilevabile dal giudice fino alla chiusura della discussione finale nell'udienza preliminare. Quando l'udienza medesima non ha luogo, l'incompetenza per territorio deve essere eccepita o rilevata nel corso delle questioni preliminari in dibattimento (art. 21, comma 2).

La riforma Cartabia (legge n. 134 del 2021, art. 1, comma 13, lett. *n*), ha previsto che il giudice, chiamato a decidere una questione concernente la competenza per territorio, possa, anche su istanza di parte, rimettere la decisione alla corte di cassazione, che provvede in camera di consiglio. Qualora non proponga l'istanza di rimessione della decisione alla cassazione, la parte che ha eccepito l'incompetenza per territorio non può riproporre la questione nel corso del procedimento. Inoltre, la riforma ha previsto che la corte di cassazione, nel caso in cui dichiari l'incompetenza del giudice, ordini la trasmissione degli atti al giudice competente.

i. *L'inosservanza delle disposizioni sulla composizione collegiale o monocratica del tribunale.* Abbiamo avuto modo di osservare come il profilo centrale della riforma istitutiva del giudice unico sia rappresentato dal rapporto tra le due articolazioni del tribunale. Tale ufficio, a seconda dell'oggetto della sua cognizione, siede infatti nelle due distinte composizioni monocratica o collegiale.

Il punto di partenza delle nostre considerazioni sta nella constatazione che il legislatore ha escluso che le eventuali violazioni delle norme sulla corretta composizione del tribunale possano incidere sulla capacità dell'organo giudicante (art. 33, comma 3). È evidente che si sono voluti configurare i rapporti tra le due articolazioni del tribunale alla stregua di un *modulo organizzativo interno* all'ufficio giudiziario. Il legislatore vuole che il problema non sia considerato una questione di "competenza"; esso deve attenere alla "cognizione" del giudice, e cioè ad una semplice questione di forma o di rito. Una norma di chiusura stabilisce che l'inosservanza delle disposizioni sulla composizione collegiale o monocratica del tribunale non determina l'invalidità degli atti del procedimento né l'inutilizzabilità delle prove già acquisite (art. 33-*nonies*).

La normativa è stata definita come una sorta di "microsistema", modellato per certi versi sulle categorie della competenza per materia e, per altri, sulle categorie della competenza per territorio (v. tav. 2.1.17). Considerata la complessità della regolamentazione, non riteniamo opportuno un esame dettagliato nella presente sede.

l. *La capacità del giudice.* L'espressione "capacità del giudice" indica il complesso dei requisiti indispensabili per un legittimo esercizio della funzione giudicante. Tuttavia nel codice di procedura penale non troviamo una vera e propria definizione di questa nozione. In base al primo comma dell'art. 33, sono « condizioni di capacità del giudice » quelle che appaiono « stabilit(e) dalle leggi di ordinamento giudiziario » ([19]).

([19]) In proposito la dottrina distingue la capacità "di acquisto" dalla capacità "di esercizio" della funzione giurisdizionale. La capacità di acquisto della funzione concerne il possesso di tutti i requisiti necessari all'assunzione della qualità di giudice (cittadinanza, età, titolo di studio, ecc.); la capacità di esercizio della funzione riguarda l'esistenza delle condizioni richieste per il valido esercizio del potere giurisdizionale, come ad esempio il decreto ministeriale di nomina al ruolo di uditore giudiziario (attualmente denominato "magistrato tirocinante").

Capacità generica e specifica. Occorre precisare che non tutte le disposizioni finalizzate a regolare l'attribuzione e lo svolgimento della funzione giurisdizionale sono previste a pena di nullità. Si ritiene infatti che la sanzione della nullità assoluta sia messa a presidio della sola capacità *generica* (che si ottiene con la nomina e l'ammissione nel ruolo; artt. 178 lett. *a*; 179) e non anche dell'idoneità *specifica*, che presuppone la regolare costituzione del giudice nell'ambito di un determinato processo. Infatti, l'art. 33, comma 2 stabilisce che non si considerano attinenti alla *capacità del giudice* le disposizioni riguardanti la destinazione del magistrato giudicante agli uffici giudiziari ed alle sezioni. Evidentemente il legislatore ha voluto evitare che la violazione delle regole concernenti il funzionamento interno degli uffici giudiziari potesse dare luogo a nullità processuali. In senso analogo si esprime Corte cost. n. 419 del 1998.

Ripartizione tra tribunale collegiale e monocratico. Inoltre, il terzo comma dell'art. 33 (introdotto dal decreto legislativo n. 51 del 1998, istitutivo del giudice unico di primo grado) esclude che l'attribuzione degli affari penali al tribunale collegiale o monocratico attenga alla capacità del giudice o al numero dei giudici necessario per costituire l'organo giudicante. La violazione delle norme sul riparto della cognizione tra le due articolazioni del tribunale e l'inosservanza delle disposizioni ordinamentali concernenti l'assegnazione dei magistrati a sezioni o collegi non danno luogo a nullità processuali.

Da quanto abbiamo esposto, si può ricavare che il codice di procedura penale attribuisce una limitata rilevanza alla garanzia costituzionale del giudice naturale precostituito per legge (art. 25 Cost.) in quanto circoscrive tale garanzia alla mera individuazione dell'organo giudiziario nel suo complesso.

m. *L'imparzialità del giudice.* L'imparzialità del giudice-persona fisica non è una qualità innata o carismatica della quale egli è dotato in virtù del fatto che ha vinto un concorso pubblico e svolge un determinato ufficio. La storia ci insegna che l'imparzialità, perché sia "effettiva", deve essere fondata sui seguenti princìpi: 1) la soggezione del giudice alla legge; 2) la separazione tra le funzioni giurisdizionali e quelle che sono tipiche di una parte; 3) la terzietà; 4) l'impregiudicatezza come situazione psichica di assenza della « forza della prevenzione »; 5) l'equidistanza dalle parti (nel senso che il giudice deve essere *super partes*); 6) la presenza di garanzie procedimentali che consentano di estromettere il giudice che sia (o appaia) non imparziale (v. tav. 2.1.8).

1) ***La soggezione del giudice alla legge.*** Soltanto la presenza di leggi, che indichino con precisione quali fatti sono reato e quali poteri processuali debbano essere esercitati, impedisce che il giudice sia influenzato dall'esterno (dal potere politico, economico, sindacale) o dall'interno (soggettivismi caratteriali ed ideologismi del singolo magistrato). Non è sufficiente garantire il cittadino contro l'arbitrio del potere esecutivo e del potere legislativo; occorre altresì garantirlo contro l'arbitrio del giudice. Per fare ciò, sono necessarie leggi precise, certe, che non lascino al giudice quelle scelte discrezionali che devono essere compiute dal potere legislativo.

2) ***La separazione tra funzioni giurisdizionali e quelle che sono tipiche di una parte.*** L'imparzialità è fondata sulla separazione delle principali funzioni processuali

in soggetti distinti, e cioè l'accusa, la difesa ed il giudice. Se il giudice cumula i poteri di una parte (ad esempio i poteri dell'accusa) la sua funzione decidente rischia di essere sviata, anche inconsciamente, dagli ulteriori poteri che egli è chiamato ad esercitare. Di riflesso, se la pubblica accusa esercita i poteri del giudice, inevitabilmente diminuisce l'imparzialità della funzione giudicante.

3) ***La terzietà.*** In base all'art. 111, comma 2 Cost., il processo deve svolgersi « davanti a giudice terzo e imparziale ». Non si tratta di un'endiadi: al contrario, i due aggettivi esprimono significati differenti. L'imparzialità concerne la funzione esercitata nel processo ed impone che non vi siano legami tra il giudice e le parti. La terzietà concerne lo *status* del magistrato, ossia il piano ordinamentale (P. Ferrua). In effetti, la terzietà è stata interpretata dalle norme dell'ordinamento giudiziario come un limite al passaggio tra le funzioni di pubblico ministero e quelle di giudice e viceversa; il passaggio può avvenire soltanto cambiando il distretto di corte d'appello e dopo un controllo di professionalità in relazione al nuovo ruolo da svolgere: non appare imparziale quel giudice che ha svolto in passato le funzioni di pubblico ministero e che, quindi, si trova a giudicare sulle richieste di ex colleghi appartenenti al medesimo distretto.

4) ***L'impregiudicatezza.*** Vi è imparzialità quando il giudice è in una condizione di impregiudicatezza rispetto alla questione da decidere. L'impregiudicatezza è un requisito che concerne l'atteggiamento interiore del giudice rispetto alla decisione da prendere; esso manca quando il giudice ha già emesso una decisione sulla responsabilità del medesimo imputato in relazione al medesimo reato. La situazione di impregiudicatezza è stata definita dalla Corte costituzionale come « assenza di un pre-giudizio rispetto all'*oggetto* del procedimento » (la cosiddetta *res iudicanda* e, cioè, la responsabilità dell'imputato). Il fondamento teorico di questa affermazione è stato individuato nella "forza della prevenzione" che, ad avviso del Giudice delle leggi (sent. n. 432 del 1995), consiste in « quella naturale tendenza a mantenere un giudizio già espresso o un atteggiamento già assunto in altri momenti decisionali dello stesso procedimento ». Detto fenomeno è tanto più forte quanto più potere riveste la persona che deve decidere: si ritiene che essa difficilmente possa ammettere di essersi sbagliata.

5) ***L'equidistanza dalle parti (giudice* super partes*).*** Vi è imparzialità nel senso di *equidistanza* quando è assente qualsiasi legame tra il giudice (persona fisica) ed una delle parti, o tra il giudice e la questione da decidere. Occorre, cioè, che il giudice non abbia legami né con le parti (attuali o potenziali; ad esempio la persona offesa) né con l'oggetto del procedimento (ad esempio, non deve avere un interesse all'esito dello stesso, come avverrebbe per quel magistrato che abitasse accanto ad una fabbrica della quale egli dovesse accertare la capacità di inquinare l'ambiente).

6) ***La presenza di garanzie procedimentali.*** Occorre ancora tenere presente che la garanzia dell'imparzialità può dirsi effettiva soltanto quando l'ordinamento prevede garanzie procedimentali che attribuiscano alle parti il diritto di far accertare le situazioni in precedenza accennate. Si tratta del tradizionale rimedio della ricusazione del giudice. Ma (come si è accennato) ancor prima il giudice, che si accorga di essere nella situazione di apparire non imparziale, ha il dovere di dichiararla e di chiedere

di astenersi. Il codice prevede motivi comuni alla ricusazione e all'astensione, oltre a motivi specifici per l'uno e l'altro rimedio.

Inoltre, quando vi sono motivi che fanno dubitare sull'imparzialità dell'ufficio giudicante nel suo complesso, l'ordinamento appresta l'istituto della rimessione del processo (si veda *infra*, § *p*).

n. *L'incompatibilità del giudice.* In generale, l'incompatibilità può essere definita come l'incapacità di svolgere una determinata funzione in relazione ad un determinato procedimento. Rispetto alla funzione del giudice, l'incompatibilità scatta nelle situazioni nelle quali appare carente la caratteristica della impregiudicatezza a causa della « forza della prevenzione » alla quale abbiamo accennato nel precedente § *m*, n. 4.

Dal punto di vista operativo, le situazioni che danno luogo all'incompatibilità sono facilmente conoscibili *ex ante* rispetto al momento in cui il magistrato è assegnato ad un determinato procedimento. Per questo motivo, costituiscono « criteri di organizzazione preventiva della funzione giurisdizionale » in modo da assicurare l'imparzialità della stessa (Corte cost., sentenza n. 241 del 1999). Ciò vuol dire che l'*impregiudicatezza* del giudice può essere apprezzata fin dal momento della formazione dell'organo giudicante.

Pertanto, le situazioni di incompatibilità impediscono ad un magistrato di essere designato a svolgere le funzioni di giudice in un determinato procedimento; se non vengono accertate preventivamente al momento della formazione dell'organo, le situazioni di incompatibilità diventano motivi di astensione o di ricusazione (art. 36, lett. *g*).

Le situazioni di "pre-giudizio", che sono previste dal codice come causa di incompatibilità, possono essere ripartite in tre categorie.

1) *Incompatibilità per atti compiuti nel medesimo procedimento.* In particolare, costituisce situazione di incompatibilità: *a*) l'aver pronunciato la sentenza in un *precedente grado* del medesimo procedimento (art. 34, comma 1) ([20]); *b*) l'aver emesso il provvedimento conclusivo dell'udienza preliminare; *c*) l'aver emesso il decreto penale di condanna; *d*) l'aver disposto il giudizio immediato; *e*) l'aver deciso sull'impugnazione avverso la sentenza di non luogo a procedere (art. 34, comma 2). Numerose sentenze della Corte costituzionale e della Cassazione hanno ritenuto incompatibile quel giudice che abbia già effettuato una valutazione sulla responsabilità dell'imputato in relazione al medesimo fatto (affermandola od escludendola); alcune sentenze sono riportate in nota ([21]).

([20]) La giurisprudenza costituzionale ha affermato che nessuna incompatibilità è ravvisabile quando, nell'ambito della medesima fase, il giudice è ripetutamente investito della *quaestio de libertate*, nel senso che il magistrato può partecipare ad una ulteriore decisione sullo stesso indagato per il medesimo fatto; così C. cost., sentenze nn. 306, 307 e 308 del 1997.

([21]) Ad esempio, il rigetto del patteggiamento prima dell'apertura del dibattimento (*C. cost. 186 e 399 del 1992*) o la pronuncia in ordine a misure cautelari personali in un precedente grado o fase (*C. cost. n. 131 del 1996*) o la sentenza di patteggiamento nei confronti di un concorrente necessario dello stesso reato, quando quest'ultima contenga valutazioni implicite o esplicite sulla attribuibilità del reato al concorrente necessario da giudicare (*Cass., sez. un., 26 giugno-3 settembre 2014, n. 36847*, Della Gatta, in *Guida dir.*, 2014, 41, 80).

Inoltre, il giudice che nel medesimo procedimento ha esercitato le funzioni di *giudice per le indagini preliminari* non può emettere il decreto penale di condanna, né tenere l'udienza preliminare, né partecipare al giudizio (comma 2-*bis*), a meno che si sia limitato a svolgere funzioni di tipo non decisorio indicate nei commi 2-*ter* e 2-*quater* (22), quale è l'aver provveduto all'assunzione dell'incidente probatorio. Infatti, il giudice che si è limitato ad assistere all'assunzione della prova in incidente probatorio, lungi dall'essere "prevenuto" nei confronti dell'indagato, è un soggetto idoneo a pronunciarsi sul rinvio a giudizio (in udienza preliminare) o sulla colpevolezza (in dibattimento).

2) ***Incompatibilità per funzioni.*** La situazione "pregiudicante" può consistere nel fatto che il magistrato, che è stato designato a giudicare, abbia svolto nel medesimo procedimento una qualche *funzione* che deve restare *distinta* da quella di giudice. L'art. 34, comma 3 enumera, tra le altre, le funzioni del pubblico ministero, della polizia giudiziaria, del difensore, del testimone, del perito, del consulente tecnico, del denunciante e del querelante. Da ciò si può dedurre l'esistenza del principio della separazione delle funzioni processuali, che abbiamo ritenuto essere una delle caratteristiche del sistema accusatorio.

3) ***Incompatibilità per ragioni di parentela.*** La situazione "pregiudicante" può consistere anche nel fatto che il coniuge, un parente o un affine (fino al secondo grado) del magistrato, che è stato designato a giudicare, abbia già esercitato nel medesimo procedimento sia la funzione di giudice, sia altre funzioni "separate o diverse" (art. 35) (23). Inoltre, ulteriori situazioni di incompatibilità sono previste dall'ordinamento giudiziario (artt. 18 e 19, r.d. 30 gennaio 1941, n. 12) e dalla legge sulla corte d'assise (art. 12, legge 10 aprile 1951, n. 287).

o. *Astensione e ricusazione del giudice.* Astensione e ricusazione sono rimedi che funzionano *ex post* e consentono di rimuovere un giudice, già designato in relazione ad un determinato procedimento, in presenza di situazioni che ne compromettono l'imparzialità. *L'astensione* è un istituto che obbliga il magistrato a chiedere di essere dispensato dallo svolgere le funzioni di giudice in un determinato procedimento quando sono presenti situazioni tali da non farlo apparire imparziale. *La ricusazione* è un istituto che permette alle parti di accertare le situazioni nelle quali

(22) Ai sensi dell'art. 34 comma 2-*ter*, il giudice per le indagini preliminari resta compatibile quando ha emanato uno dei seguenti provvedimenti, che non comportano un "pre-giudizio": *a*) le autorizzazioni sanitarie previste dall'ordinamento penitenziario (art. 11 legge 1975 n. 354); *b*) i provvedimenti relativi ai permessi di colloquio, alla corrispondenza telefonica e al visto di controllo sulla corrispondenza (artt. 18 e 18-*ter* legge cit.); *c*) i provvedimenti relativi ai permessi previsti (art. 30 legge cit.); *d*) il provvedimento di restituzione nel termine di cui all'articolo 175; *e*) il provvedimento che dichiara la latitanza a norma dell'articolo 296.

Il successivo comma 2-*quater* dell'art. 34 aggiunge a tale catalogo di eccezioni una ulteriore ipotesi e stabilisce che è compatibile con l'esercizio delle funzioni di giudice dell'udienza preliminare e del dibattimento quel giudice per le indagini preliminari « che abbia provveduto all'assunzione dell'incidente probatorio » o abbia comunque emesso uno dei provvedimenti previsti dalla legge in relazione a tale istituto (es. ordinanza che dispone il differimento dell'incidente).

(23) Segnaliamo che, in base al d.lgs. n. 6 del 2017, la « parte di un'unione civile tra persone dello stesso sesso » è pienamente equiparata, ai fini penalistici, al « coniuge » e rientra nella nozione di « prossimo congiunto » (artt. 307, comma 4; 574-*quater* c.p.).

appare pregiudicata l'imparzialità del magistrato-giudice, laddove quest'ultimo non abbia provveduto ad astenersi.

I. ***Motivi comuni all'astensione ed alla ricusazione.*** Come abbiamo accennato, il giudice ha l'obbligo di astenersi (e le parti possono ricusarlo) in presenza di determinate situazioni che lo fanno apparire non imparziale. Si tratta di casi nei quali appare probabile che alcune vicende personali (legame con le parti o con l'oggetto da giudicare) possano avere il sopravvento sul dovere di imparzialità. Non è detto che in tali situazioni il giudice sia, in concreto, parziale; ma appare "poco credibile" che un magistrato possa mantenersi equidistante dalle parti, perché non sempre potrebbe riuscire a dominare i propri istinti o pulsioni inconsce. Ed allora la legge lo obbliga a rendere immediatamente la dichiarazione di astensione.

Numerosi motivi sono comuni ai due istituti dell'astensione e della ricusazione.

In primo luogo il giudice deve astenersi (art. 36) e può essere ricusato (art. 37) se si trova in taluna delle situazioni di incompatibilità stabilite dagli articoli 34 e 35 del codice (che abbiamo esposto in precedenza) o previste dalle leggi sull'ordinamento giudiziario (v. tav. 2.1.9). Ove l'incompatibilità non abbia funzionato quale criterio di organizzazione preventiva della giurisdizione, le situazioni di assenza di impregiudicatezza si trasformano in motivi di astensione e di ricusazione, in modo che il giudice possa essere comunque rimosso (art. 36, lett. *g*).

In secondo luogo, integrano motivi comuni all'astensione e alla ricusazione tutte quelle situazioni, nelle quali il giudice abbia legami con le parti o con l'oggetto del procedimento ([24]).

II. ***L'astensione.*** La dichiarazione di astensione è valutata da un altro giudice; di regola, è valutata dal presidente dell'organo giudicante al quale appartiene il magistrato (art. 36, comma 3). Non può essere accolta automaticamente perché l'astensione è un istituto che fa eccezione alla regola secondo cui il giudice, una volta investito di un procedimento, ha il dovere di decidere. La dichiarazione di astensione è accolta se si accerta che in concreto esistono le situazioni che mettono in pericolo l'imparzialità.

Il codice fa un elenco minuzioso dei motivi che obbligano il giudice ad astenersi (art. 36, lett. *a-g*). Dopodiché gli impone di astenersi anche in presenza di una situazione indicata con una clausola aperta, e cioè quando vi siano « gravi ragioni di convenienza » (art. 36, lett. *h*). Possiamo menzionare, come esempio, il caso in cui una delle parti sia l'amante del giudice.

([24]) Il giudice ha l'obbligo di astenersi (art. 36) e può essere ricusato (art. 37):

a) se ha interesse nel procedimento o se alcuna delle parti private o un difensore è debitore o creditore di lui, del coniuge o dei figli. L'interesse non deve essere meramente teorico, ma tale che il giudice sia coinvolto nella vicenda processuale in modo da renderla obiettivamente suscettibile di procurargli un vantaggio economico o morale;

b) se è tutore, procuratore o datore di lavoro di una delle parti private ovvero se il difensore, procuratore o curatore di una di dette parti è prossimo congiunto di lui o del coniuge;

c) se ha dato consigli o ha manifestato il suo parere sull'oggetto del procedimento fuori dell'esercizio delle funzioni giudiziarie;

d) se vi è inimicizia grave fra lui o un suo prossimo congiunto e una delle parti private;

e) se alcuno dei prossimi congiunti di lui o del coniuge è offeso o danneggiato dal reato o parte privata;

f) se un prossimo congiunto di lui o del coniuge svolge o ha svolto funzioni di pubblico ministero.

La ragione è "grave" quando incide sulla libertà di determinazione del giudice. La necessità di attuare la garanzia costituzionale dell'imparzialità supera l'esigenza di imporre al giudice l'obbligo di decidere (25).

III. *La ricusazione.* Le parti possono ricusare il giudice in base ai medesimi motivi previsti per l'astensione, con due differenze. In primo luogo, non è possibile ricusare il giudice per "gravi ragioni di convenienza": evidentemente si è ritenuto che una clausola così aperta in favore delle parti potesse rappresentare una lesione eccessiva al prestigio della magistratura. In secondo luogo, il codice aggiunge un ulteriore motivo: le parti possono ricusare il giudice che, *nell'esercizio delle sue funzioni*, abbia « manifestato *indebitamente* il proprio convincimento sui fatti oggetto dell'imputazione » (art. 37, comma 1, lett. *b*) (26). Quanto detto finora comporta che le parti possono ricusare il giudice soltanto in presenza di situazioni tassative previste dalla legge. La limitazione si pone in tensione con l'esigenza di assicurare comunque la garanzia dell'imparzialità, oggi sancita nel nuovo comma 2 dell'art. 111 Cost.

È necessario tenere presente che, nel caso in cui concorrano una dichiarazione di ricusazione ed una dichiarazione di astensione, l'accoglimento dell'astensione fa considerare come non proposta la ricusazione (art. 39).

La dichiarazione di ricusazione. Quanto agli aspetti procedurali, occorre ricordare che sulla ricusazione di un giudice del tribunale, della corte di assise o della corte di assise di appello decide la corte di appello; su quella di un giudice della corte di appello decide una sezione della corte stessa, diversa da quella a cui appartiene il giudice ricusato. Sulla ricusazione di un giudice della corte di cassazione decide una sezione della corte, diversa da quella a cui appartiene il giudice ricusato (art. 40, commi 1 e 2).

La dichiarazione di ricusazione può essere proposta in udienza subito dopo compiuto l'accertamento della costituzione delle parti; in ogni altro caso, prima del compimento dell'atto da parte del giudice (art. 38, comma 1) (27).

La dichiarazione contenente l'indicazione dei motivi e delle prove è proposta con atto scritto ed è presentata, assieme ai documenti, nella cancelleria del giudice competente a decidere. Copia della dichiarazione è depositata nella cancelleria dell'ufficio cui è addetto il giudice ricusato. La dichiarazione, quando non è fatta

---

(25) Il giudice presenta la dichiarazione di astensione al presidente della corte o del tribunale, che decide con decreto senza formalità di procedura. Sulla dichiarazione di astensione del presidente del tribunale decide il presidente della corte di appello; su quella del presidente della corte di appello decide il presidente della corte di cassazione (art. 36, commi 3 e 4). Si tratta di un atto di tipo amministrativo, sottratto ad ogni mezzo di impugnazione, i cui effetti restano limitati all'ambito dell'ufficio.

(26) Ad es., Cass., sez. II, 28 settembre 2020, n. 26974, ha ritenuto ricusabile un giudice che aveva espresso indebitamente le sue valutazioni su una prova testimoniale, anticipando così la sua decisione. La manifestazione è stata considerata indebita perché l'esternazione era stata espressa senza alcuna necessità e al di fuori di ogni collegamento con le funzioni esercitate nella specifica fase procedimentale. Nel caso esaminato, l'esternazione comportava un'anticipazione del giudizio sulla consistenza dell'addebito.

(27) Qualora la causa di ricusazione sia sorta o sia divenuta nota dopo la scadenza dei termini menzionati, la dichiarazione può essere proposta entro tre giorni. Se la causa è sorta o è divenuta nota durante l'udienza, la dichiarazione di ricusazione deve essere in ogni caso proposta prima del termine dell'udienza.

personalmente dall'interessato, può essere proposta a mezzo del difensore o di un procuratore speciale (art. 38, commi 3 e 4) ([28]).

Nel frattempo, il giudice ricusato non deve sospendere la sua attività, ma non può pronunciare una sentenza (art. 37, comma 2). Una volta accertata la situazione pregiudizievole, viene designato un altro magistrato in base alle norme sull'ordinamento giudiziario (art. 43).

p. La rimessione del processo. ***Considerazioni generali.*** Vi possono essere casi nei quali è pregiudicata l'imparzialità dell'intero ufficio giudicante territorialmente competente a prescindere da situazioni che riguardino il singolo magistrato che lo compone (v. tav. 2.1.9). In questi casi il codice prevede lo spostamento della *competenza per territorio* ad un altro organo giurisdizionale (con la medesima competenza per materia) situato presso quel capoluogo del distretto di corte d'appello che è individuato in base all'art. 11 (e cioè, nell'ipotesi di un reato commesso da un magistrato). Lo spostamento è deciso dalla corte di cassazione se ed in quanto tale organo accerti l'esistenza di almeno uno dei requisiti della rimessione (art. 45). La richiesta motivata di rimessione può essere presentata soltanto dall'imputato, dal pubblico ministero presso il giudice che procede e dal procuratore generale presso la corte d'appello.

I casi di rimessione. In tutti i casi nei quali è prevista la rimessione devono essere presenti « gravi situazioni locali, tali da turbare lo svolgimento del processo e non altrimenti eliminabili ». La situazione deve essere « grave », e cioè occorre che sia presente una obiettiva situazione di fatto che lasci fondatamente presagire uno svolgimento non sereno del giudizio. Deve essere "locale", e cioè non diffusa sull'intero territorio nazionale. Deve essere "esterna" rispetto al processo, e cioè non deve consistere in un fenomeno connesso alla dialettica processuale. Infine, deve essere "non eliminabile" con gli strumenti a disposizione del potere esecutivo.

1) Il primo caso di rimessione si ha quando sono pregiudicate *la sicurezza e l'incolumità pubblica*. Quale esempio si può citare lo stato di guerriglia urbana che si è manifestato in alcune città italiane tra il 1970 ed il 1980.

2) Il secondo caso di rimessione sussiste quando è pregiudicata la *libera determinazione delle persone che partecipano al processo*. Può essere la situazione in cui i giudici popolari o i testimoni sono intimiditi da associazioni mafiose. Occorre che siano presenti fenomeni di vera e propria coartazione fisica o psichica di persone che possono anche non essere soggetti del procedimento (es. testimoni o periti). A ben vedere, la norma tutela *direttamente* il regolare svolgimento del processo e solo *indirettamente* l'imparzialità del giudice. Quella fino a qui descritta era la situazione normativa esistente al momento della riforma del 2002.

3) Il terzo caso di rimessione consiste in gravi situazioni locali che « determinano motivi di *legittimo sospetto* ». Questa ipotesi è stata aggiunta dalla legge n. 248 del 2002 e fa riferimento ad una grave e oggettiva situazione locale, idonea a giustificare

---

([28]) Nell'atto di procura devono essere indicati a pena di inammissibilità, i motivi della ricusazione.

la rappresentazione di un concreto pericolo di non imparzialità dell'intero ufficio giudicante della sede in cui si svolge il processo (29).

Il procedimento di rimessione. La richiesta di rimessione può essere presentata dall'imputato, dal pubblico ministero presso il giudice che procede e dal procuratore generale presso la corte d'appello. La richiesta deve essere depositata nella cancelleria del giudice che procede e deve essere notificata alle altre parti a pena di inammissibilità (art. 46). Il giudice trasmette l'istanza alla corte di cassazione e può sospendere il procedimento in attesa della decisione della suprema corte (art. 47, comma 1); deve, tuttavia, sospendere il processo prima dello svolgimento delle conclusioni e non può pronunciare sentenza (né emettere il decreto che dispone il giudizio).

Il provvedimento, che ordina la sospensione, non impedisce il compimento di atti urgenti; ha effetto fino a che la cassazione non si sia pronunciata sulla richiesta di rimessione (art. 47, comma 3) e comporta la sospensione della prescrizione del reato e dei termini di custodia cautelare (art. 47, comma 2). La sospensione del processo non è disposta quando la richiesta sia fondata su elementi identici rispetto a quelli di altra istanza già rigettata o dichiarata inammissibile (art. 47, comma 2).

Decisione sulla richiesta. La corte di cassazione verifica l'esistenza delle situazioni che impongono la rimessione e dopo aver assunto, se necessario, le opportune informazioni decide in camera di consiglio.

— Ove accolga la richiesta, trasferisce il processo ad un altro giudice che abbia la medesima competenza per materia e che abbia sede nel capoluogo del distretto di corte d'appello individuato in base all'art. 11 c.p.p. La rimessione determina, pertanto, uno spostamento della (sola) competenza per territorio. Il giudice designato provvede alla rinnovazione degli atti compiuti anteriormente alla rimessione quando ne è richiesto da una delle parti e non si tratta di atti di cui è diventata impossibile la ripetizione (art. 48, comma 3).

— Ove la cassazione rigetti o dichiari inammissibile la richiesta delle parti private, queste con la stessa ordinanza possono essere condannate al pagamento a favore della cassa delle ammende di una somma da 1.000 euro a 5.000 euro (30).

q. Le questioni pregiudiziali alla decisione penale. ***Il principio di autosufficienza della giurisdizione penale.*** Nel momento in cui si deve accertare la responsabilità dell'imputato, il giudice penale può avere la necessità di risolvere una questione pregiudiziale; in senso lato è pregiudiziale una questione che si pone come antecedente logico-giuridico per pervenire alla decisione. Esemplificando: per decidere sull'imputazione di furto occorre accertare la altruità della cosa (art. 624 c.p.).

In senso stretto, una questione può dirsi pregiudiziale quando l'*iter* logico per approdare alla decisione sull'imputazione presuppone la risoluzione di una contro-

---

(29) Oggetto di tutela non è una imparzialità presunta o di facciata, imposta da un prestigio meramente "formale". Al contrario, occorre che sia assicurata una imparzialità sostanziale, che può essere messa in pericolo quando la pressione dell'ambiente sui giudici appare, ad un osservatore esterno, idonea a compromettere la serenità della decisione.

(30) In base alla *legge Orlando*, la somma potrà essere aumentata fino al doppio, tenuto conto della causa di inammissibilità della richiesta; il suo importo sarà adeguato all'ISTAT (art. 48, commi 6 e 6-*bis*).

versia non appartenente alla diretta cognizione del giudice procedente. Ad esempio, per dichiarare la responsabilità dell'imputato per il delitto di ricettazione occorre accertare che la cosa acquistata è stata oggetto di un furto; ma la cognizione di tale reato potrebbe essere in concreto di competenza di un giudice diverso da colui che procede.

Il codice accoglie la regola secondo la quale il giudice penale ha il potere di risolvere ogni questione da cui dipenda la sua decisione, salvo che una norma di legge disponga diversamente. Ciò costituisce espressione del principio di autosufficienza della giurisdizione penale (G. Spangher; G.M. Baccari) e, al tempo stesso, attua la massima semplificazione delle forme e la ragionevole durata del processo.

La risoluzione della questione in via incidentale. Esamineremo successivamente le eccezioni al principio di autosufficienza. Per il momento ci preme rimarcare che il giudice penale si limita a "risolvere" la questione in via incidentale: egli conosce della questione soltanto in quanto presupposto dell'accertamento della responsabilità dell'imputato. Ed infatti, l'art. 2 comma 2 c.p.p. precisa che la pronuncia del giudice penale, che risolve incidentalmente una questione civile, amministrativa o penale, non ha efficacia vincolante in nessun altro processo. Nell'esempio fatto da ultimo, per dichiarare la responsabilità dell'imputato per il delitto di ricettazione occorre accertare che la cosa acquistata è stata oggetto di un furto; detta questione è risolta ai soli fini dell'esistenza della ricettazione e non vincola il giudice competente a decidere sull'imputazione di furto.

Le regole probatorie. Restando al livello delle regole generali vigenti in materia e lasciando ad un momento successivo l'illustrazione delle eccezioni, occorre ricordare che, nel risolvere la questione pregiudiziale, il giudice penale di regola non è vincolato ai limiti di prova stabiliti dalle leggi civili (es. il limite alla prova testimoniale per determinati contratti: artt. 2721 e 2722 c.c.). Ciò significa che le esigenze di speditezza del processo penale possono portare ad un eventuale contrasto con le decisioni di altri giudici penali, civili o amministrativi. Il codice accetta questa possibilità al fine di contenere la durata del procedimento penale; quale "valvola di sicurezza" prevede in casi tassativi la possibilità di revisione della sentenza penale di condanna (art. 630 c.p.p.).

Soltanto in due casi il giudice penale deve seguire le regole probatorie speciali vigenti per la specifica materia. Si tratta delle questioni pregiudiziali sullo stato di famiglia e di cittadinanza, in presenza delle quali il giudice penale deve osservare i « limiti di prova » stabiliti dalle leggi civili (art. 193 c.p.p.). In questo caso prevale il principio della certezza dei rapporti giuridici, che sono regolati in modo esclusivo dalle leggi civili e vincolano il giudice penale (si veda *infra* nel capitolo sui princìpi generali della prova). A conferma di ciò, l'art. 3 comma 4 c.p.p. dispone che la sentenza irrevocabile del giudice civile sullo stato di famiglia e di cittadinanza ha efficacia di giudicato nel processo penale.

L'autosufficienza totale: le questioni pregiudiziali "penali". Il giudice penale gode di una totale autosufficienza nell'accertare le questioni pregiudiziali penali. Quale esempio si può citare nuovamente il caso in cui nel decidere sull'esistenza della ricettazione si debba risolvere il problema se la cosa "proviene" da un qualsiasi delitto (art. 648 c.p.).

Il rapporto tra questione penale pregiudicante e pregiudicata è regolato dal codice nel modo seguente. La eventuale sentenza irrevocabile sulla esistenza del furto non ha efficacia di giudicato nel processo per ricettazione; se mai può essere utilizzata come prova documentale in presenza di riscontri e salvo prova contraria (art. 238-*bis* c.p.p.). A sua volta, la risoluzione della questione pregiudiziale sulla qualità di "cosa rubata", quale antecedente logico della esistenza della ricettazione, non vincola altro giudice penale che debba accertare l'esistenza del furto (v. tav. 2.1.36).

I temperamenti al principio dell'autosufficienza della giurisdizione penale. Nel codice di procedura penale sono contemplate una serie di eccezioni, più o meno marcate, alla giurisdizione del giudice penale su controversie non direttamente attribuite alla propria cognizione. In particolare:

1) Le controversie attinenti alle restituzioni delle ***cose sequestrate o confiscate*** non sono risolte dal giudice penale, ma sono attribuite al giudice civile territorialmente competente (art. 263, comma 3).

2) In presenza di controversie sullo ***stato di famiglia o sulla cittadinanza***, il giudice penale può sospendere il processo se concorrono i requisiti di cui all'art. 3 c.p.p. Facciamo l'esempio che il giudice sia chiamato ad accertare se un cittadino abbia portato armi contro lo Stato italiano (art. 242 c.p.); nel merito può essere controverso se l'imputato abbia effettivamente la qualifica di "cittadino". Il giudice penale, in base all'art. 3, comma 1, c.p.p., può sospendere il processo soltanto quando la questione abbia due requisiti concorrenti, e cioè: *a*) la questione deve essere "seria"; *b*) l'azione a norma delle leggi civili deve essere già in corso. Si tratta, quindi, di un'autosufficienza parziale.

3) Le ***questioni pregiudiziali relative a una controversia civile*** (ma diverse da quelle sullo *stato di famiglia o sulla cittadinanza*) ***o amministrativa*** possono comunque determinare la sospensione del processo penale laddove siano di particolare complessità e laddove il procedimento extrapenale sia già in corso. Se tuttavia entro un anno quest'ultimo non è concluso, il giudice può revocare l'ordinanza di sospensione.

Altre questioni pregiudiziali. Occorre accennare ad altre questioni pregiudiziali che possono sorgere nel corso del processo penale.

4) Le questioni relative alla compatibilità con la Costituzione di leggi o atti aventi forza di legge rilevanti per il giudizio penale devono essere sollevate, dal giudice procedente, innanzi alla Corte costituzionale (c.d. pregiudiziale di costituzionalità: art. 23, comma 2 legge 11 marzo 1953 n. 87);

5) Le questioni interpretative del diritto comunitario devono essere deferite alla Corte di Giustizia, in base al disposto dell'art. 234, comma 2 del Trattato istitutivo dell'Unione europea (c.d. pregiudiziale comunitaria).

3. Il pubblico ministero.

a. L'organo e le funzioni. Il pubblico ministero è quel complesso di uffici pubblici che rappresentano nel procedimento penale l'interesse generale dello Stato alla repressione dei reati. Il pubblico ministero non è un organo unitario, bensì è frazionato in tanti uffici ciascuno dei quali svolge le sue funzioni, di regola, soltanto davanti all'organo giudiziario presso cui è costituito (art. 51, comma 3) ([31]).

Uffici del pubblico ministero davanti al giudice ordinario. Le funzioni del pubblico ministero nelle indagini preliminari e nei procedimenti di primo grado sono svolte, presso il tribunale monocratico e collegiale, da un ufficio unitario denominato "procura della repubblica presso il tribunale". Tale ufficio svolge altresì le funzioni di pubblico ministero per i reati di competenza della corte d'assise e del giudice di pace. Presso il tribunale per i minorenni vi è un apposito ufficio di procura della repubblica (v. tav. 2.1.18).

Per i giudizi d'appello vi è una procura generale presso la corte d'appello. Presso la corte di cassazione vi è un ufficio di procura generale ([32]).

Le funzioni del pubblico ministero. Le funzioni svolte dal pubblico ministero sono indicate nell'ordinamento giudiziario. In particolare il pubblico ministero:

1) « veglia alla osservanza delle leggi, alla pronta e regolare amministrazione della giustizia, alla tutela dei diritti dello Stato, delle persone giuridiche e degli incapaci » (art. 73 ord. giud.);

2) « promuove la repressione dei reati » (art. 73 ord. giud.) e cioè svolge le indagini necessarie per valutare se deve chiedere il rinvio a giudizio o l'archiviazione;

3) « esercita l'azione penale » in ogni caso in cui non debba richiedere l'archiviazione, e cioè quando dalle indagini sono emersi elementi idonei a sostenere l'accusa in giudizio (art. 50, comma 1 c.p.p.);

4) « fa eseguire i giudicati ed ogni altro provvedimento del giudice, nei casi stabiliti dalla legge » (art. 73 ord. giud.).

Il pubblico ministero svolge nel procedimento penale la funzione di parte pubblica (Corte cost., ordinanza n. 249 del 1990). Egli rappresenta l'interesse generale dello Stato-comunità, e cioè l'interesse della collettività che è stata lesa dal reato.

([31]) È importante ricordare che l'indagato, l'offeso ed i rispettivi difensori, hanno la facoltà di attivare un controllo sulla legittimazione del pubblico ministero. Essi possono chiedere al pubblico ministero procedente di trasmettere gli atti al suo omologo presso il giudice ritenuto competente. Per poter essere legittimato a presentare la richiesta, è necessario che il soggetto privato abbia avuto una conoscenza "ufficiale" dell'esistenza del procedimento mediante gli istituti dell'informazione di garanzia o della comunicazione della iscrizione sul registro delle notizie di reato (art. 54-*quater*, comma 1). Il richiedente ha l'onere di indicare, a pena di inammissibilità, il giudice competente. Qualora il pubblico ministero procedente rigetti la richiesta (oppure non decida entro il termine di dieci giorni), l'originario richiedente può riproporre la richiesta nei successivi dieci giorni (art. 54-*quater*, comma 3). La richiesta deve essere presentata al procuratore generale presso la corte d'appello o, qualora il giudice competente appartenga ad un diverso distretto, al procuratore generale presso la corte di cassazione, ai quali spetta di determinare l'ufficio del pubblico ministero legittimato ad indagare. Il procuratore generale, assunte le necessarie informazioni e ottenuta la copia degli atti, decide entro venti giorni con decreto motivato, dandone comunicazione ai soggetti ed agli uffici interessati. Gli atti compiuti, prima della designazione, dal pubblico ministero presso il giudice non competente restano comunque utilizzabili (art. 54-*quater*, comma 5).

([32]) Quanto detto vale per il pubblico ministero presso il giudice ordinario. Presso il giudice speciale militare vi sono la procura militare presso il tribunale e la procura generale militare presso la corte d'appello. Presso la corte di cassazione vi è un apposito ufficio denominato "procura generale militare".

Per i delitti commessi dal presidente della repubblica (art. 90 Cost.) le funzioni di pubblico ministero sono svolte da uno o più « commissari » eletti dal parlamento in seduta comune dopo che quest'ultimo ha deliberato l'atto d'accusa (art. 13 legge cost. 11 marzo 1953, n. 1).

Ben distinta è la situazione soggettiva dello Stato-persona, che è rappresentato dall'avvocatura dello Stato. Infatti, qualora il reato abbia cagionato un danno ad un bene dello Stato, il ministro competente può decidere di chiedere il risarcimento nel processo penale. In tal caso il ministro, che si costituisce parte civile, è rappresentato dall'avvocatura dello Stato.

Status *del pubblico ministero.* Il magistrato che fa parte dell'ufficio del pubblico ministero ha una piena indipendenza di *status* (art. 104 Cost.); in quanto « magistrato », egli è inamovibile nel grado e nella sede (art. 107 Cost.); è nominato a seguito di pubblico concorso (art. 106, comma 1 Cost.); i provvedimenti disciplinari e le promozioni che lo riguardano sono deliberati dal consiglio superiore della magistratura (art. 105 Cost.).

Per quanto attiene alle funzioni, la Costituzione impone al pubblico ministero l'obbligo di esercitare l'azione penale (art. 112); da ciò si fa comunemente derivare la soggezione del pubblico ministero alla legge. La principale differenza rispetto al giudice sta nel fatto che, ai sensi dell'art. 107, comma 4 Cost., « il pubblico ministero gode delle garanzie stabilite nei suoi riguardi dalle norme sull'ordinamento giudiziario ». In particolare, all'interno dell'ufficio vi sono alcune caratteristiche dell'organizzazione gerarchica, sulle quali ci soffermeremo successivamente (Corte cost., n. 52 del 1976); la gerarchia, viceversa, è assente all'interno degli uffici del giudice.

b. *I rapporti con il potere politico.* La scelta compiuta dalla Costituzione è stata quella di configurare il pubblico ministero come rappresentante della legge (v. tav. 2.1.19). La soluzione tende a tenere il pubblico ministero fuori dalla dipendenza politica, e cioè a svincolarlo dal controllo operato dal potere esecutivo o dal potere legislativo. Il pubblico ministero è vincolato alla "legge", e cioè al prodotto del potere legislativo.

Nell'ordinamento italiano il magistrato del pubblico ministero ha garanzie di indipendenza simili a quelle dei giudici. La soluzione è apparsa adeguata al nostro sistema, nel quale non è completa la separazione tra potere legislativo e potere esecutivo e, quindi, manca un efficace controllo del primo sul secondo. Inoltre, la soluzione è parsa coerente con il lacerante ed irrimediabile contrasto ideologico che divide la società italiana.

c. *I rapporti all'interno dell'ufficio.* I rapporti di dipendenza gerarchica, che esistono all'interno dell'ufficio del pubblico ministero, assumono una configurazione tutta particolare perché devono contemperare due esigenze contrapposte: da un lato garantire l'indipendenza del singolo magistrato, da un altro lato assicurare la buona organizzazione dell'ufficio della pubblica accusa ([33]).

([33]) Il pubblico ministero è caratterizzato dall'unità, dalla indivisibilità e dall'impersonalità dell'ufficio Per *unità* si intende che tutti i magistrati addetti all'ufficio sono vincolati, quali membri di uno stesso corpo, ad un'unica direzione disimpegnando le stesse funzioni sotto la medesima responsabilità; *indivisibilità* significa tradizionalmente che nell'azione individuale del singolo magistrato si esprime l'azione dell'intero ufficio; la *impersonalità* è interpretata comunemente nel senso che il comportamento del singolo magistrato non vincola il comportamento di un altro che

Evoluzione legislativa. La materia ha cambiato la configurazione che aveva nel 1988; il cambiamento è dovuto alla legge-delega n. 150 del 2005 sulla riforma dell'ordinamento giudiziario, alla quale è seguito il d.lgs. n. 106 del 2006 e la legge 24 ottobre 2006 n. 269 che hanno introdotto ulteriori modifiche. La normativa vigente risulta configurata nel modo che veniamo ad esporre. In estrema sintesi, si è passati da un sistema classificabile come "personalizzazione delle funzioni" ad un altro che possiamo definire "gerarchia attenuata" (v. tav. 2.1.15).

In base al vecchio principio di "personalizzazione delle funzioni" il titolare dell'ufficio *designava* il magistrato *in modo automatico* in base al sistema tabellare che vigeva per i giudici e che il CSM con varie circolari aveva esteso all'ufficio della pubblica accusa. Il magistrato *designato* conservava una vera e propria autonomia operativa. Il titolare poteva dare soltanto direttive di carattere *generale*, per l'organizzazione dell'ufficio, e non di carattere particolare, relative allo svolgimento del singolo procedimento. La *revoca* della designazione era consentita soltanto in casi tassativi: e cioè quando il magistrato intendeva formulare richieste in contrasto con le direttive di carattere *generale*, o quando le richieste del magistrato erano insostenibili sul piano tecnico.

Si trattava di un sistema che privilegiava la tutela dell'indipendenza del singolo magistrato sull'interesse alla buona amministrazione dell'ufficio.

La gerarchia attenuata. In base alle norme oggi vigenti, i criteri automatici non costituiscono più l'unica modalità di attribuzione di un caso; il procuratore della repubblica può assegnare un procedimento ad un determinato sostituto in deroga al criterio di automaticità previsto dal "progetto organizzativo" ([34]). Il principio generale sta nella titolarità esclusiva delle funzioni spettante al procuratore della repubblica, che esercita l'azione penale « personalmente o mediante assegnazione ad uno o più magistrati addetti all'ufficio ». La novità sta nel fatto che non si tratta più di quella "designazione", che era prevista nel testo del 1988 e che lasciava piena autonomia operativa al singolo sostituto. La legge n. 269 del 24 ottobre 2006 ha introdotto un nuovo istituto: la "assegnazione", la cui natura giuridica consiste nel *conferire poteri con limitata autonomia funzionale*, come afferma la Relazione ministeriale. In base alla nuova disposizione « il procuratore della repubblica, quale titolare esclusivo dell'azione penale, la esercita personalmente o mediante assegnazione ad uno o più magistrati dell'ufficio » (art. 2 comma 1, d.lgs. n. 106 del 2006). Con l'atto di assegnazione il procuratore può stabilire i criteri (generali, ma anche *particolari* per il singolo procedimento) ai quali il magistrato deve attenersi nell'esercizio della relativa attività (comma 2).

La revoca dell'assegnazione al di fuori dell'udienza. Quando le direttive generali *o particolari* sono violate, o comunque quando si verifica un contrasto con il titolare dell'ufficio, questi può revocare l'assegnazione con provvedimento motivato (comma

---

successivamente subentra nella conduzione dell'affare né impegna il titolare dell'ufficio (per un'applicazione, si veda l'art. 570 c.p.p.).

([34]) Il vecchio sistema tabellare è stato sostituito dal "progetto organizzativo", che il capo dell'ufficio deve presentare al CSM. La materia è regolata dalla Circolare del CSM del 16 novembre 2017 e successive modifiche.

3). Entro dieci giorni dalla comunicazione della revoca, il magistrato al quale era stato originariamente assegnato il procedimento può presentare osservazioni scritte al procuratore della Repubblica. Ove non intervenga un chiarimento delle rispettive posizioni, sia il titolare dell'ufficio, sia il magistrato interessato possono segnalare l'avvenuta revoca al CSM per i provvedimenti di competenza di quest'ultimo. Il nuovo sistema tende a privilegiare la buona amministrazione dell'ufficio ed il principio di responsabilità del capo rispetto alla tutela dell'indipendenza del singolo magistrato.

Un caso particolare di direttiva è quella che concerne l'impiego della polizia giudiziaria. Il procuratore della repubblica determina i criteri generali ai quali i magistrati addetti all'ufficio devono attenersi nell'impiego della polizia giudiziaria, nell'uso delle risorse tecnologiche assegnate e nella utilizzazione delle risorse finanziarie delle quali l'ufficio può disporre (art. 4) ([35]).

La piena autonomia in udienza. Il potere direttivo del titolare si attenua quando il magistrato si trova in udienza. In tal caso, il magistrato del pubblico ministero esercita le sue funzioni con "piena" autonomia (art. 53, comma 1). Il capo dell'ufficio provvede alla sostituzione soltanto su consenso dell'interessato ovvero, se il consenso manca, nel caso di grave impedimento o di rilevanti esigenze di servizio. Inoltre, vi è l'obbligo di provvedere alla sostituzione se il magistrato ha un interesse "privato" nel procedimento (art. 53, comma 2). Quando ciò avviene, il titolare dell'ufficio deve trasmettere al consiglio superiore della magistratura copia del provvedimento motivato con cui ha disposto la sostituzione del magistrato (art. 70, comma 4 ord. giud.) ([36]).

I rapporti con gli organi di informazione. Un aspetto di gerarchia concerne anche i rapporti con gli organi di informazione. Ai sensi dell'art. 5 d.lgs. n. 106, il procuratore della repubblica mantiene personalmente i rapporti con gli organi di informazione (comma 1). Ogni informazione inerente alle attività della procura della repubblica deve essere fornita attribuendola in modo impersonale all'ufficio ed escludendo ogni riferimento ai magistrati assegnatari del procedimento (comma 2). È fatto divieto ai magistrati della procura della repubblica di rilasciare dichiarazioni o fornire notizie agli organi di informazione circa l'attività giudiziaria dell'ufficio (comma 3). Il procuratore della repubblica ha l'obbligo di segnalare al consiglio giudiziario, per l'esercizio del potere di vigilanza e di sollecitazione dell'azione

---

([35]) Un ulteriore aspetto di gerarchia ha per oggetto le misure cautelari. Il singolo magistrato del pubblico ministero, quando sta per presentare al giudice la richiesta di una misura cautelare personale (es. custodia in carcere) o reale (es. sequestro preventivo), deve ottenere l'assenso scritto dal procuratore della repubblica (art. 3, comma 2). Analogo assenso è necessario per disporre il fermo di persona indiziata di un delitto (comma 1). L'assenso non è necessario quando la richiesta di una misura cautelare è formulata in occasione della convalida dell'arresto o del fermo (390 c.p.p.) o in occasione della convalida del sequestro preventivo operato d'urgenza (art. 321, comma 3-*bis* c.p.p.) (comma 4).

([36]) Se il capo dell'ufficio non provvede alla sostituzione, il procuratore generale presso la corte di appello deve disporre l'avocazione ai sensi dell'art. 53, comma 3.

Nelle medesime ipotesi il procuratore generale deve disporre l'avocazione al di fuori dell'udienza (es. durante le indagini preliminari; art. 372, comma 1, lett. *b*) o anche quando, in conseguenza dell'astensione o dell'incompatibilità del magistrato designato, non è possibile provvedere alla sua tempestiva sostituzione (art. 372, comma 1, lett. *a*).

disciplinare, le condotte dei magistrati del suo ufficio che siano in contrasto col divieto fissato dalla legge (comma 4) ([37]).

d. *I rapporti tra gli uffici.* In base alla regola esposta nell'art. 51, comma 3, ogni ufficio del pubblico ministero è competente a svolgere le sue funzioni esclusivamente presso l'organo giudiziario davanti al quale è costituito. A tale regola sono poste alcune eccezioni che danno vita a singole ipotesi di rapporti di sovraordinazione, ma non di tipo gerarchico.

Occorre premettere che il rapporto gerarchico esiste quando l'organo superiore ha un potere conformativo diretto che è realizzabile con gli strumenti dell'ordine e della direttiva in relazione al singolo affare trattato dall'organo inferiore, il quale pertanto è giuridicamente obbligato ad adempiere a quanto richiesto. Ciò detto, nei rapporti tra gli uffici del pubblico ministero non vi è un potere gerarchico tra quello superiore e quello inferiore; l'ufficio superiore ha singoli poteri di sorveglianza riguardanti la disciplina e l'organizzazione (v. tav. 2.1.20).

Il procuratore generale presso la corte di cassazione svolge una funzione di sorveglianza, nel senso che ha il potere di iniziare l'azione disciplinare contro un qualsiasi magistrato requirente o giudicante; la decisione spetterà poi al consiglio superiore della magistratura. Ricordiamo che il potere di iniziare l'azione disciplinare spetta altresì al ministro della giustizia (art. 107, comma 2 Cost.).

Inoltre, il procuratore generale presso la corte di cassazione può essere chiamato a risolvere un contrasto negativo o positivo tra uffici del pubblico ministero appartenenti a *differenti distretti* di corte d'appello (artt. 54 e 54-*bis*).

Nozione di contrasto tra uffici. Si ha *contrasto negativo* tra pubblici ministeri (art. 54) quando due uffici, durante le indagini preliminari in relazione ad un determinato reato, negano la competenza per materia o per territorio del giudice presso il quale ciascuno di essi esercita le funzioni, ritenendo esistente la competenza di un altro giudice.

Si ha *contrasto positivo* tra uffici del pubblico ministero (art. 54-*bis*) quando due uffici stanno svolgendo indagini a carico della *stessa persona* ed in relazione al *medesimo fatto* e ciascuno di essi ritenga la propria competenza esclusiva.

Il procuratore generale presso la corte d'appello svolge, in relazione agli uffici sottordinati, una funzione di sorveglianza che si manifesta nei seguenti aspetti:

a) nel potere di dirimere i contrasti tra due uffici del pubblico ministero del *medesimo distretto* di corte d'appello, i quali ritengano contemporaneamente di affermare (o, viceversa, negare) la propria competenza in un singolo caso (artt. 54 e 54-*bis*);

b) nel potere di avocare un singolo affare in casi tassativamente previsti dalla legge.

([37]) La materia è stata interessata da una profonda riforma ad opera del d.lgs. n. 188 del 2021, che ha recepito la Direttiva europea n. 349 del 2016 sul rafforzamento della presunzione di innocenza; rinviamo alla parte III, cap. 1, § 4, lett *e*.

Nelle due ipotesi menzionate non viene attivato alcun potere gerarchico sull'ufficio inferiore, poiché l'ufficio superiore non può dare direttive vincolanti in relazione alla trattazione di un singolo caso.

Il potere di avocazione. In base al diritto amministrativo, l'avocazione è il potere dell'organo superiore di sostituirsi all'organo inferiore nello svolgimento di una determinata attività. Il codice attribuisce tale potere al procuratore generale presso la corte d'appello nei confronti del procuratore della repubblica presso il tribunale quando sono presenti situazioni espressamente previste dalla legge (v. tav. 2.1.21); ciò avviene quando il titolare, o un magistrato dell'ufficio inferiore, hanno omesso un'attività doverosa o quando comunque il procedimento penale rischia una stasi per l'inerzia del magistrato del pubblico ministero. Il potere di avocazione mira a conciliare i princìpi di indipendenza del magistrato della pubblica accusa (art. 107, comma 4 Cost.) con quelli di buona amministrazione dell'ufficio e di ragionevole durata del processo (art. 111, comma 2 Cost.) ([38]).

e. *L'astensione del pubblico ministero.* Prima di tracciare il quadro complessivo della figura del pubblico ministero, occorre ricordare la normativa prevista dal codice in relazione all'astensione. Qui si manifesta ancora una volta la differenza tra il magistrato giudicante ed il magistrato requirente. Infatti il giudice ha l'*obbligo* di astenersi ove sia presente una di quelle situazioni che lo facciano apparire "parziale" (art. 36); per gli stessi motivi il giudice può essere ricusato. Viceversa, il magistrato del pubblico ministero non può essere ricusato. Posto che la ricusazione è un istituto che permette alle parti di estromettere da un determinato processo quel giudice che appaia non imparziale, il magistrato del pubblico ministero non può essere ricusato in quanto è una parte, sia pure mossa da un interesse pubblico. È ovvio che egli deve svolgere le funzioni di parte, anche se il pubblico interesse che lo ispira gli impone un obbligo di lealtà (art. 358 c.p.p.).

L'astensione. Sempre il pubblico interesse che deve connotare le funzioni da lui svolte impone al pubblico ministero di astenersi quando vi sono gravi ragioni di convenienza. Sulla dichiarazione di astensione decide il capo dell'ufficio del pubblico ministero (art. 52, comma 2). La "facoltà" di astenersi, enunciata dal codice nell'art. 52, comma 1, deve essere coordinata con quanto previsto dall'ordinamento disciplinare, in base al quale il pubblico ministero ha il dovere di astenersi quando vi sono

---

([38]) In concreto, in base al provvedimento di avocazione un magistrato della procura generale presso la corte d'appello sostituisce il singolo magistrato del pubblico ministero nel compimento di quella attività che quest'ultimo sta svolgendo (es. indagini preliminari o presenza in udienza). L'ordinamento giudiziario prevede alcune garanzie. Ai sensi dell'art. 70, comma 6, il provvedimento di avocazione deve essere motivato e deve essere trasmesso al CSM e al magistrato "avocato", il quale può proporre reclamo al procuratore generale presso la corte di cassazione.

Sono previsti casi nei quali l'avocazione è *obbligatoria* ed altri nei quali è *discrezionale*. Le ipotesi di avocazione *obbligatoria* sono le seguenti: *a*) se vi è stata inerzia del magistrato del pubblico ministero che non ha provveduto nei termini ad esercitare l'azione penale o a chiedere l'archiviazione (art. 412, comma 1); *b*) se è impossibile sostituire il magistrato della pubblica accusa perché questi è incompatibile o si è astenuto (art. 372, lett. *a*); *c*) se il capo dell'ufficio inferiore ha omesso di sostituire il magistrato nei casi in cui era obbligatoria la sostituzione (art. 372, lett. *b*); *d*) se, in caso di delitti di criminalità organizzata politica o terroristica, è mancato il coordinamento delle indagini collegate e non hanno avuto esito positivo le riunioni indette dal procuratore generale (art. 372, comma 1-*bis*). Dell'avocazione *discrezionale* tratteremo volta per volta nell'illustrare i soggetti e lo svolgimento del procedimento penale.

gravi ragioni di convenienza (art. 2, lett. *c*, d.lgs. n. 106 del 2006). Tra queste vi sono le situazioni nelle quali il magistrato ha un interesse privato nel procedimento che gli è stato assegnato o ha un rapporto di interesse con una delle parti. In detti casi il singolo magistrato ha il dovere di astenersi.

La sostituzione. Ai sensi dell'art. 53, comma 2, il codice pone al capo dell'ufficio l'obbligo di sostituire il magistrato del pubblico ministero che abbia un interesse privato nel procedimento e che non si sia astenuto; il potere di sostituire quest'ultimo deve essere esercitato anche durante l'udienza penale nella quale, in base al medesimo articolo, il magistrato svolge « le sue funzioni con piena autonomia ».

I casi di sostituzione sono quelli indicati nell'art. 36, comma 1, lettere *a, b, d, e*; essi possono così essere sintetizzati: 1) se il magistrato ha interesse nel procedimento come parte anche soltanto potenziale ovvero se è creditore o debitore di una delle parti private; 2) se il magistrato è tutore, curatore, procuratore o datore di lavoro di una delle parti private ovvero se uno di costoro è prossimo congiunto di lui o del coniuge; 3) se vi era già in precedenza una inimicizia grave tra il magistrato e una delle parti private; 4) se un prossimo congiunto del magistrato è offeso o danneggiato o parte privata.

Il codice in questi casi impone al procuratore capo un obbligo di sostituzione che presuppone che sia stato violato, dal magistrato addetto all'ufficio, il dovere di astenersi; si vuole evitare che il pubblico ministero abbia nel procedimento un interesse *privato* che possa influenzare l'obbligo di perseguire l'interesse pubblico alla repressione dei reati. Inoltre, se il capo dell'ufficio omette di provvedere alla sostituzione, il procuratore generale presso la corte d'appello designa per l'udienza un magistrato appartenente al suo ufficio (art. 53, comma 3). Quello appena menzionato è un caso di avocazione obbligatoria.

Dovere di lealtà processuale. In conclusione, il pubblico ministero è un magistrato indipendente, che svolge la funzione di una parte pubblica. Nella sua qualità di magistrato indipendente egli si distingue dal giudice per il fatto di essere collocato in un ufficio che dipende da un capo, sia pure soltanto per gli aspetti organizzativi della sua attività. Per la sua qualità di parte pubblica egli si distingue dalle parti private che perseguono un loro personale interesse. L'interesse pubblico impone al pubblico ministero l'obbligo di lealtà processuale.

Quest'ultimo obbligo merita un'ulteriore precisazione. La parte privata (imputato, persona offesa, ecc.) ricerca soltanto le prove a sé favorevoli e non ha l'obbligo di far conoscere alle altre parti le prove che giovano a queste ultime (art. 327-*bis*). Diversa è la situazione del pubblico ministero. Egli non deve limitarsi a ricercare le prove favorevoli all'accusa; in base all'art. 358 c.p.p. deve svolgere anche « accertamenti su fatti e circostanze a favore della persona sottoposta alle indagini ». Pertanto, non può rifiutarsi di compiere investigazioni, se queste portano ad accertare fatti che giovano all'indagato. Inoltre, tutti i risultati delle indagini (anche quelli favorevoli all'indagato) devono essere raccolti dal pubblico ministero e depositati nei tempi previsti (art. 366) e comunque contestualmente alla notifica dell'avviso di conclusione delle indagini (art. 415-*bis*). In definitiva, sul pubblico ministero incombe un obbligo di "lealtà processuale" a cui non sono tenute, nella stessa misura, le altre parti private.

È questo l'aspetto che connota la funzione di parte "pubblica" che è svolta dal pubblico ministero.

f. Le procure distrettuali e la procura nazionale antimafia e antiterrorismo.

Il collegamento tra le indagini. L'art. 371, comma 2 elenca i casi nei quali le indagini si considerano *collegate*.

Si tratta delle ipotesi in cui:

a) i procedimenti sono connessi a norma dell'art. 12;

b) alcuni reati sono stati commessi in occasione di altri, o per conseguirne o assicurarne al colpevole o ad altri il profitto, il prezzo, il prodotto o l'impunità, o sono stati commessi da più persone in danno reciproco le une delle altre, oppure la prova di un reato o di una circostanza influisce sulla prova di un altro reato o di un'altra circostanza;

c) la prova di più reati deriva anche in parte dalla stessa fonte.

In presenza di tali situazioni, il codice pone ai diversi uffici del pubblico ministero, al fine di ottenere speditezza, economia ed efficacia delle indagini, l'obbligo di *coordinarsi*. Ciò vuol dire che gli uffici devono scambiarsi gli atti e le informazioni e devono comunicarsi reciprocamente le direttive impartite alla polizia giudiziaria. Il testo originario del codice del 1988 "invitava" gli uffici a coordinarsi, ma non prevedeva sanzioni in caso di mancato coordinamento (art. 371, comma 1). Soltanto con le leggi n. 356 del 1991 e n. 8 del 1992 il legislatore ha sanzionato mediante l'istituto dell'avocazione la violazione dell'obbligo di coordinamento nelle ipotesi di indagini per delitti di criminalità organizzata mafiosa e non mafiosa (rispettivamente art. 372, comma 1-*bis* e art. 371-*bis*, comma 3, lett. *b*).

In quegli anni i magistrati più preparati avevano capito che le indagini sulla criminalità organizzata dovevano essere fatte ad ampio spettro, al fine di accertare se una singola informazione, di per sé insignificante, poteva acquisire dignità di elemento di prova. La soluzione, proposta da Giovanni Falcone e poi approvata dal Parlamento, è stata quella di ridurre il numero delle procure legittimate a svolgere indagini in materia di associazione a delinquere mafiosa e di istituire una procura nazionale antimafia (d.l. n. 367del 1991, conv. nella legge n. 8 del 1992) (v. tav. 2.1.20) ([39]).

La procura distrettuale. La procura distrettuale è l'ufficio della procura della Repubblica presso il tribunale del capoluogo di ciascuno dei ventisei distretti di corte d'appello. L'ufficio svolge le funzioni di pubblico ministero in primo grado per tutti i reati previsti dall'art. 51, commi 3-*bis*, 3-*quater* e 3-*quinquies* quando questi sono di competenza di un giudice appartenente al singolo distretto di corte d'appello. Si tratta dei delitti di criminalità organizzata mafiosa e assimilati (comma 3-*bis*), dei delitti « con finalità di terrorismo » (comma 3-*quater*) e dei delitti in materia di pedopor-

([39]) Decreto-legge n. 367 del 1991, convertito nella legge n. 8 del 1992. Dopo l'11 settembre 2001, in seguito all'esplodere del terrorismo internazionale, sono state ampliate le competenze prima delle procure distrettuali, poi della procura nazionale antimafia (rispettivamente d.l. n. 431 del 2001 e d.l. n. 7 del 2015). Attualmente i poteri loro attribuiti nella lotta alla mafia sono estesi al terrorismo interno ed internazionale.

nografia, di reati informatici, di intercettazione abusiva (comma 3-*quinquies*). Per tali delitti la procura distrettuale svolge le indagini preliminari ed esercita le funzioni di accusa pubblica nell'udienza preliminare e nel dibattimento entro l'ambito territoriale del distretto di corte d'appello. Di conseguenza, tutte le attività investigative della polizia giudiziaria sono coordinate da questo ufficio all'interno del singolo distretto ([40]).

Merita precisare che per i reati sopra menzionati il giudice del dibattimento resta quello originariamente competente per materia e territorio; viceversa, le funzioni del giudice per le indagini preliminari e del giudice dell'udienza preliminare debbono essere esercitate da magistrati del tribunale del capoluogo presso cui opera la procura distrettuale (art. 328, commi 1-*bis* e 1-*quater*).

All'interno della procura distrettuale è costituita una "direzione distrettuale" (***D.D.A.***) che non è altro se non il gruppo (*pool*) di magistrati che hanno chiesto di dedicarsi esclusivamente ai procedimenti attinenti alla sola criminalità organizzata mafiosa e assimilati (art. 102, d.lgs. n. 159 del 2011). I magistrati predetti hanno l'obbligo di coordinarsi in modo stretto sia tra di loro, sia col procuratore capo (art. 70-*bis*, commi 1 e 2, ord. giud.); inoltre possono essere applicati temporaneamente presso altre procure distrettuali (art. 110-*bis* ord. giud.).

La procura nazionale antimafia e antiterrorismo. È un ufficio con sede in Roma; capo di questo ufficio è il procuratore nazionale, che è sottoposto alla sorveglianza del procuratore generale presso la corte di cassazione (art. 76-*ter* ord. giud.). Il procuratore nazionale è nominato dal consiglio superiore della magistratura in seguito ad un accordo (definito "concerto") col ministro della Giustizia (art. 76-*bis*, comma 3 ord. giud.). L'ufficio del procuratore nazionale è denominato "Direzione nazionale antimafia e antiterrorismo"; esso è composto da venti magistrati del pubblico ministero e due procuratori aggiunti, tutti nominati dal consiglio superiore della magistratura, sentito il procuratore nazionale.

Funzioni. Il procuratore nazionale antimafia e antiterrorismo ha *poteri di coordinamento* che non toccano l'indipendenza dei singoli uffici del pubblico ministero. In sintesi, il procuratore nazionale ha compiti di controllo che gli permettono di verificare se sia effettivo il coordinamento tra i singoli uffici del pubblico ministero che stanno compiendo indagini per i delitti di *criminalità organizzata mafiosa* e *terroristica*, indicati nell'art. 51, comma 3-*bis* e comma 3-*quater*; in caso di mancato

---

([40]) In materia di terrorismo, il decreto-legge n. 7 del 2015 (conv. in legge n. 43 del 2015) ha optato per un modello organizzativo che non è quello delle DDA: i reati di cui all'art. 51, comma 3-*quater* sono di competenza delle procure distrettuali e non delle DDA (la cui sfera di operatività per materia è definita dall'art. 102 del codice delle leggi antimafia e delle misure di prevenzione). Il legislatore ha ritenuto opportuno demandare alla potestà dei singoli procuratori la scelta del modello organizzativo più efficace per la lotta ai reati di terrorismo. Da ultimo, il d.l. 14 giugno 2019, n. 53, conv. nella legge n. 77 del 2019, ha esteso la competenza della procura distrettuale all'associazione finalizzata a commettere anche la fattispecie base di favoreggiamento dell'immigrazione irregolare di cui al comma 1 dell'art. 12 T.U. n. 286 del 1998.

Ai sensi dell'art. 51 comma 3-*ter*, per tutti i delitti previsti dai commi 3-*bis*, 3-*quater* e 3-*quinquies* il procuratore distrettuale può chiedere al procuratore generale presso la corte d'appello che le funzioni di pubblico ministero per il dibattimento siano esercitate da un magistrato designato dal procuratore della repubblica presso il giudice competente.

coordinamento, il procuratore nazionale deve *avocare le indagini* (art. 371-*bis*, comma 3, lett. *h*, c.p.p.) (41). Inoltre, il procuratore nazionale ha poteri sia di impulso nei confronti dei procuratori distrettuali, sia di controllo sull'attività degli organi centralizzati di polizia giudiziaria. Della sua attività il procuratore nazionale non risponde ad organi del potere politico; egli è sotto la mera "sorveglianza" del procuratore generale presso la corte di cassazione ed, ovviamente, del consiglio superiore della magistratura.

Le sue funzioni risultano più chiare se si precisa quello che il procuratore nazionale non può fare. Non può dare direttive vincolanti nel merito alle procure distrettuali; al massimo, può riunire i capi degli uffici per accertare se questi si sono coordinati tra di loro. Non può compiere direttamente indagini, ma fornisce gli strumenti (anche informatici) per rendere le indagini efficaci mediante l'elaborazione centrale di tutte le informazioni raccolte dalle procure distrettuali.

In sintesi, è escluso che il procuratore nazionale abbia un potere gerarchico sui ventisei procuratori distrettuali; viceversa, il procuratore nazionale può esercitare un controllo penetrante, che può giungere sino alla avocazione delle indagini nei confronti di quella procura distrettuale che abbia dimostrato una "grave inerzia" o che non abbia voluto coordinarsi con gli altri uffici (art. 371-*bis*, comma 3, lettera *h*).

Nuove funzioni della procura nazionale antimafia. Il progetto originario di Giovanni Falcone è stato perfezionato da Piero Luigi Vigna nel periodo in cui ha svolto le funzioni di procuratore nazionale. Partendo dalla realizzazione di un'avanzata banca dati (SID) che gestisce un numero immenso di informazioni tratte dai singoli processi, la procura nazionale ha impostato uno stretto scambio informativo con altri organi similari esistenti in Paesi nei quali sono presenti insediamenti mafiosi (*information exchange system*). Successivamente, è stata attuata una messa a disposizione spontanea di dati (*information sharing*) e, più di recente, è stato impostato un più stretto coordinamento investigativo mediante riunioni (*coworking system*).

g. *Il pubblico ministero europeo (rinvio).* La Procura europea (*European Public Prosecutor's Office*; EPPO) è un organo dell'Unione europea che dal 1° giugno 2021 svolge in ventidue Paesi membri le funzioni del pubblico ministero in relazione ai reati che ledono gli interessi finanziari dell'Unione. Si tratta di un organo che opera come un ufficio unico ed indivisibile e che è articolato su un livello centrale ed uno decentrato (42). Le fonti normative sono il Regolamento n. 2017/1939 (UE) e il d.lgs. n. 9 del 2021, di attuazione del medesimo.

---

(41) In relazione ai delitti con finalità di terrorismo (art. 51, comma 3-*quater*), oltre ad avvalersi dei servizi centrali e interprovinciali delle forze di polizia, il Procuratore nazionale impartisce direttive intese a regolarne l'impiego a fini investigativi (art. 4, lett. *b*, d.l. n. 7 del 2015, conv. in legge n. 43 del 2015).

Ai sensi dell'art. 117, comma 2-*bis* disp. att., così come modificato dal d.l. n. 7 del 2015, cit., il Procuratore nazionale, nell'ambito delle funzioni previste dall'art. 371-*bis*, accede al registro delle notizie di reato e a tutti gli altri registri relativi al procedimento penale e al procedimento di prevenzione. Il procuratore nazionale accede, altresì, alle banche dati dedicate alle procure distrettuali e realizzate nell'ambito della banca dati condivisa dalla Direzione nazionale antimafia e antiterrorismo.

(42) Per i dettagli, si veda *infra*, parte VII, cap. 2, § 12.

A livello decentrato la Procura europea è rappresentata dai procuratori europei delegati (PED); questi in Italia sono magistrati nominati con una complessa procedura nella quale intervengono il Consiglio superiore della magistratura, il Ministro della giustizia e gli organi centrali della stessa Procura europea. I procuratori europei delegati hanno i poteri del pubblico ministero e operano in base alle norme penali sostanziali e processuali dei Paesi membri nei quali sono insediati. Il principio di indipendenza dalle istituzioni europee e da quelle nazionali comporta che in Italia i PED esercitano le loro funzioni con autonomia rispetto ai capi degli uffici di procura e ai procuratori generali della corte di appello. Le direttive sul concreto svolgimento delle loro funzioni provengono soltanto dagli organi centrali della Procura europea.

Dal momento nel quale perviene la notizia di un reato che lede gli interessi finanziari dell'Unione, è la Procura europea a valutare se esercitare o meno le proprie competenze nel singolo Paese membro. Ove la Procura europea ritenga di esercitare le proprie competenze in Italia su uno o più dei reati menzionati, lo comunica al pubblico ministero nazionale che, da quel momento, non può più svolgere le proprie funzioni in relazione alle medesime condotte criminose (art. 27 § 1 Reg.). Ove, viceversa, la Procura europea ritenga di non esercitare le proprie competenze, i reati saranno perseguiti dal pubblico ministero nazionale.

Un aspetto singolare sta nel fatto che i PED svolgono le funzioni del pubblico ministero su tutto il territorio nazionale a prescindere dall'ufficio al quale sono assegnati (art. 9, comma 2 d.lgs. n. 9); inoltre, in deroga all'art. 51, comma 3 c.p.p., essi esercitano le funzioni del pubblico ministero davanti ai giudici di primo e di secondo grado. La materia è alquanto complessa e non può essere trattata in questa sede; pertanto, rinviamo nuovamente alla Parte VII, cap. 2, nel quale viene esaminata la collaborazione giudiziaria nell'ambito dell'Unione europea.

4. La polizia giudiziaria.

a. Polizia giudiziaria e di sicurezza. Lo Stato tutela l'ordine e la legalità servendosi di quattro corpi di polizia: la Polizia di Stato, l'Arma dei Carabinieri, la Guardia di finanza, il Corpo di polizia penitenziaria. Il Corpo forestale dello Stato dal 1° gennaio 2017 è inserito nell'Arma dei Carabinieri ([43]). I predetti corpi svolgono, in presenza di determinati presupposti, "funzioni" che sono definite di polizia giudiziaria e di polizia di sicurezza. È tale distinzione che rileva ai fini del processo penale; pertanto occorre premettere alcune nozioni in tal senso.

La polizia amministrativa e di sicurezza. La *polizia amministrativa* si occupa dell'osservanza della legge e dei regolamenti amministrativi, in esecuzione delle funzioni proprie del potere esecutivo. La polizia amministrativa si distingue a sua volta in molte specializzazioni, quali ad esempio la polizia tributaria, la polizia sanitaria, la polizia stradale e, importantissima, la polizia di sicurezza. Ebbene, la *polizia di sicurezza* ha come compito la tutela della collettività contro i pericoli e le

---

([43]) Art. 18 d.lgs. 19 agosto 2016, n. 177.

turbative a interessi essenziali per la vita di una società civile quali sono l'ordine pubblico (inteso come assenza di reati) e la sicurezza delle persone. In definitiva, la polizia di sicurezza è quella funzione che tende a prevenire il compimento di reati; essa è regolamentata nell'art. 1 del testo unico delle leggi di pubblica sicurezza (r.d. n. 773 del 1931 e sue successive modificazioni).

La polizia giudiziaria. La funzione di *polizia giudiziaria* trova la sua definizione nell'art. 55 del codice di procedura penale. La polizia giudiziaria « deve, anche di propria iniziativa, prendere notizia dei reati, impedire che vengano portati a conseguenze ulteriori, ricercarne gli autori, compiere gli atti necessari per assicurare le fonti di prova e raccogliere quant'altro possa servire per l'applicazione della legge penale ».

Da ciò deriva che la differenza tra polizia di sicurezza e giudiziaria si basa sulla contrapposizione tra "prevenzione *dei reati*" e "repressione *di un reato*"; con quest'ultima espressione si vuole indicare la raccolta di tutti gli elementi necessari per accertare il reato e per rendere possibile lo svolgersi del processo penale.

La distinzione tra le due funzioni ha finalità prettamente garantistiche. Quando svolge la funzione di prevenire i reati, la polizia di regola (salvo rarissime eccezioni) non gode di poteri coercitivi, e cioè non può direttamente limitare le libertà fondamentali. Viceversa, non appena giunge la notizia che è stato commesso un reato, viene esercitata la funzione di polizia giudiziaria con l'uso dei poteri coercitivi. In situazioni di necessità ed urgenza la polizia giudiziaria procede all'arresto in flagranza o al fermo di una persona gravemente indiziata (artt. 380-384); inoltre in caso di flagranza può perquisire persone o luoghi (art. 352). L'esercizio di poteri coercitivi avviene in collegamento con il successivo svolgersi di un procedimento penale, con la garanzia del diritto di difesa e sotto il controllo del pubblico ministero e del giudice (44).

Le funzioni di polizia di sicurezza e quella di polizia giudiziaria sono poste sotto una differente dipendenza (v. tav. 2.1.22). La funzione di polizia di sicurezza è diretta da un organo unitario, e cioè il ministro dell'interno; in sede locale la direzione spetta al prefetto e al questore (artt. 13 e 14, legge 1° aprile 1981, n. 121).

La dipendenza della polizia giudiziaria. La polizia giudiziaria ha una doppia dipendenza.

a) Dal punto di vista organico, infatti, essa è dipendente dal potere esecutivo: per le promozioni e la carriera il singolo ufficiale (o agente) dipende dal corpo di appartenenza e, per il tramite di questo, dal ministro presso cui è incardinato il corpo medesimo (45).

b) Dal punto di vista funzionale, la polizia giudiziaria dipende dall'autorità giudiziaria, nel senso che le sue funzioni sono svolte sotto la direzione del pubblico

---

(44) Un esempio può chiarire il concetto. La pattuglia di polizia, che percorre in auto le strade, svolge una funzione di polizia di sicurezza, e cioè tende a prevenire il compimento di reati. Quando scorge uno scippatore in azione (o quando le perviene la notizia di un qualsiasi reato) da quel momento opera in funzione di polizia giudiziaria: deve sequestrare il corpo del reato; può compiere l'arresto in flagranza e la perquisizione; deve individuare le fonti di prova e raccogliere gli elementi utili in modo che questi non si disperdano.

(45) La *Polizia di Stato* è incardinata presso il Ministero degli interni; l'*Arma dei Carabinieri* presso il Ministero della difesa; la *Guardia di finanza* presso il Ministero dell'economia e delle finanze; la *Polizia penitenziaria* presso il Ministero della giustizia. Il *Corpo forestale dello Stato* era incardinato presso il Ministero delle politiche agricole e forestali; dal 1° gennaio 2017 è inserito nell'Arma dei Carabinieri ai sensi dell'art. 18 d.lgs. 19 agosto 2016, n. 177.

ministero (art. 56 c.p.) e sotto la sorveglianza del procuratore generale presso la corte d'appello. Per quanto concerne la lotta alla criminalità organizzata, la funzione di polizia giudiziaria è svolta dalla "direzione investigativa antimafia" (***D.I.A***), che è un corpo interforze alle dipendenze funzionali del procuratore nazionale antimafia.

In definitiva, l'ufficiale di polizia dipende funzionalmente dal pubblico ministero per quanto riguarda la funzione di polizia giudiziaria e organicamente dal potere esecutivo per quanto riguarda la carriera. Per tale motivo vi è il pericolo che le direttive dell'autorità giudiziaria siano ostacolate da direttive in senso contrario provenienti dagli organi del potere esecutivo. In concreto, vi è il rischio che, in relazione a determinati reati, non siano ricercate le fonti di prova e non siano eseguite con la dovuta solerzia le direttive dell'autorità giudiziaria.

b. *La dipendenza dall'autorità giudiziaria.* Per evitare tali pericoli, sono previsti vari strumenti che rafforzano la direzione *funzionale* spettante all'autorità giudiziaria; la finalità è quella di attuare il principio costituzionale secondo cui « l'autorità giudiziaria dispone direttamente della polizia giudiziaria » (art. 109 Cost.).

Il codice distingue tre strutture che svolgono funzioni di polizia giudiziaria, pur restando i singoli ufficiali ed agenti sotto la dipendenza "organica" del corpo di appartenenza (art. 56). Le strutture si caratterizzano per il diverso grado di dipendenza funzionale dall'autorità giudiziaria (v. tav. 2.1.23).

Le sezioni di polizia giudiziaria. Il maggior grado di dipendenza è riscontrabile nelle *sezioni* (art. 56, lett. *b*). Si tratta di organi **costituiti presso gli uffici del pubblico ministero** di primo grado e composti, di regola, da ufficiali e agenti della polizia di Stato, dei carabinieri e della guardia di finanza; inoltre possono esservi applicati ufficiali ed agenti di polizia giudiziaria appartenenti ad altre amministrazioni quando vi sono particolari esigenze di specializzazione (art. 5 disp. att.).

Le sezioni svolgono **esclusivamente funzioni di polizia giudiziaria** (art. 10, comma 3 disp. att.) sotto la dipendenza del procuratore della Repubblica, che dirige e coordina le attività (art. 9 disp. att.). Nel quadro di tali direttive, il pubblico ministero *dispone direttamente* del personale della sezione (art. 58, comma 1 c.p.p.), e cioè incarica delle indagini nominativamente un ufficiale di polizia giudiziaria con possibilità di delega ad altri uffici di polizia. Il potere direttivo del procuratore della Repubblica è rafforzato mediante strumenti che incidono sulla carriera, sulla mobilità e sulle promozioni del personale appartenente alle sezioni (art. 59, comma 3 c.p.p.; artt. 10, comma 2 e 15, comma 1, disp. att.). Occorre segnalare che anche i *giudici* del distretto si avvalgono delle sezioni per lo svolgimento di attività di polizia giudiziaria (es. quando dispongono un sequestro probatorio).

I servizi di polizia giudiziaria. Un minor grado di dipendenza funzionale dal pubblico ministero è riscontrabile nei *servizi* di polizia giudiziaria (art. 56, lett. *a*). Questi sono **costituiti presso i corpi di appartenenza** (si tratta, ad es., della squadra mobile presso le questure e dei nuclei investigativi presso i comandi dei carabinieri e della guardia di finanza); a prescindere dalla loro denominazione, si considerano servizi « tutti gli uffici e le unità ai quali è affidato dalle rispettive amministrazioni (...) il compito di svolgere **in via prioritaria e continuativa le funzioni » di polizia giudiziaria** (art. 12

disp. att.). Il dirigente del servizio è responsabile verso il procuratore della repubblica presso il tribunale *dove ha sede il servizio* « dell'attività di polizia giudiziaria svolta da lui stesso e dal personale dipendente » (art. 59, comma 2). Il minor grado di dipendenza funzionale consiste nel fatto che il magistrato del pubblico ministero, che dirige le indagini preliminari, dà un incarico non personalmente ad un ufficiale di polizia giudiziaria, *bensì impersonalmente all'ufficio*; sarà il responsabile di questo a scegliere l'ufficiale che condurrà le investigazioni.

Gli altri uffici di polizia giudiziaria. Gli organi di polizia giudiziaria che **non sono ricompresi nelle sezioni o nei servizi** restano, comunque, sotto la dipendenza "funzionale" della magistratura (art. 56, lett. *c*). In base all'art. 59, comma 3 c.p.p. « gli ufficiali e gli agenti di polizia giudiziaria sono tenuti a eseguire i compiti a essi affidati » dall'autorità giudiziaria.

Dall'art. 57, comma 3 del codice è ricavabile soltanto una definizione in negativo: si tratta di "altri uffici" che sono differenti dalle sezioni e dai servizi. In positivo, nella categoria degli "altri uffici" appartengono tutti coloro che svolgono funzioni di polizia giudiziaria presso i più vari corpi di polizia amministrativa ([46]).

Il potere disciplinare spettante alla magistratura è azionabile dal procuratore generale presso la corte d'appello; la decisione spetta ad un organo composto da due giudici e da un ufficiale di polizia giudiziaria. Soggetta alla giurisdizione disciplinare è, oltre al personale delle sezioni e dei servizi, qualsiasi altra persona che abbia la qualifica di ufficiale o agente di polizia giudiziaria (artt. 16-19 disp. att.). Oggetto del potere disciplinare sono tutti gli illeciti che riguardano l'espletamento dei compiti di polizia giudiziaria. La giurisdizione disciplinare della magistratura è, in tal caso, esclusiva; per gli illeciti che non attengono alle funzioni di polizia giudiziaria, gli ufficiali ed agenti rimangono soggetti alle sanzioni che sono stabilite dai corpi di appartenenza.

c. Ufficiali e agenti di polizia giudiziaria. Gli ufficiali e gli agenti di polizia giudiziaria possono avere una competenza generale per tutti i reati, o una competenza limitata all'accertamento di determinati reati.

Polizia giudiziaria con competenza generale. Sono ufficiali di polizia giudiziaria con competenza *generale* i soggetti previsti nell'art. 57 comma 1. Si tratta delle persone alle quali l'ordinamento dell'amministrazione della pubblica sicurezza riconosce tale qualità ([47]); ed inoltre gli ufficiali superiori e inferiori (non i generali) ed i sottufficiali dei carabinieri, della guardia di finanza e del corpo di polizia penitenziaria; ed infine in via residuale, il sindaco nelle ipotesi previste dall'art. 57, comma 1 (v. tav. 2.1.24 e 25).

Tale articolo prevede inoltre, al secondo comma, gli agenti di polizia giudiziaria con competenza generale. Tra essi sono ricompresi gli appartenenti alla polizia municipale.

([46]) Per quanto riguarda più specificamente il giudice, l'art. 58 stabilisce che l'autorità giudiziaria può ordinare singoli atti o alla sezione istituita presso la corrispondente procura della repubblica, ovvero ad ogni servizio od altro organo di polizia giudiziaria.

([47]) Ai sensi del d.p.r. n. 335 del 1982 sono ufficiali di polizia giudiziaria il dirigente, il commissario, l'ispettore e il sovrintendente.

Polizia giudiziaria con competenza limitata. Sono ufficiali e agenti di polizia giudiziaria con competenza *limitata* a determinati reati i soggetti previsti nel comma 3 dell'art. 57: « sono altresì ufficiali e agenti di polizia giudiziaria, nei limiti del servizio cui sono destinate e secondo le rispettive attribuzioni, le persone alle quali le leggi e i regolamenti attribuiscono le funzioni previste dall'art. 55 », e cioè le funzioni di polizia giudiziaria. Per godere di tale qualifica è sufficiente che una legge o un regolamento attribuisca le funzioni di polizia giudiziaria ad una determinata persona (es., ispettore del lavoro; art. 8 d.p.r. n. 520 del 1955). Si tratta di funzionari che svolgono, di regola, compiti di polizia amministrativa, nei quali è compresa la prevenzione di determinati reati; se nel compimento di tale attività giunge loro una notizia di uno di quei reati, che devono prevenire, scatta la funzione di polizia giudiziaria.

L'attribuzione della qualifica opera « nei limiti del servizio cui (tali persone) sono destinate e secondo le rispettive attribuzioni ». Ciò vuol significare che la qualità di ufficiale o agente di polizia giudiziaria è determinata dalla qualifica svolta nel rispettivo ordinamento. Per l'elenco delle leggi in materia (assai numerose) rinviamo alla lettura di un codice di procedura penale, nel quale di regola esse sono riportate in nota.

5. L'imputato.

a. La distinzione tra imputato e indagato. All'inizio del procedimento penale le indagini possono svolgersi contro "ignoti" oppure contro un "indagato". La maggior parte delle denunce sono presentate contro ignoti nel senso che lo stesso denunciante molto spesso non è in grado di indicare colui che ritiene responsabile del reato. La polizia giudiziaria trasmette la denuncia al pubblico ministero e questi ordina alla segreteria di iscriverla nell'apposito registro, denominato « registro delle notizie di reato » (art. 335).

Svolte le indagini, può darsi che gli elementi raccolti consentano di addebitare il reato alla responsabilità di una determinata persona. Allora il pubblico ministero ordina alla segreteria di iscrivere nel registro, accanto all'indicazione della denuncia, il nome del soggetto al quale il reato "è attribuito". Costui è il soggetto che il codice denomina « persona sottoposta alle indagini preliminari » e che la prassi con un sostantivo poco elegante chiama "indagato" (v. tav. 3.1.8).

Soltanto in relazione al momento conclusivo delle indagini il codice usa il termine "imputato" e lo fa con un preciso significato. L'imputato è la persona alla quale è attribuito il reato nell'imputazione formulata dal pubblico ministero con la richiesta di rinvio a giudizio o con un atto simile all'inizio del singolo procedimento speciale.

L'assunzione della qualità di imputato. L'art. 60, comma 1 precisa in dettaglio il momento dell'acquisto e della perdita della qualità di imputato. Come abbiamo visto, nel procedimento ordinario l'assunzione di tale qualifica avviene con la richiesta di rinvio a giudizio. Viceversa, nei procedimenti speciali la qualifica di imputato si acquista nel momento in cui si instaura il singolo rito.

La qualità di imputato si conserva, ai sensi dell'art. 60, comma 2, in ogni stato e grado del processo sino a che non sia più soggetta ad impugnazione la sentenza di non luogo a procedere, sia divenuta irrevocabile la sentenza di proscioglimento o di condanna, o sia diventato esecutivo il decreto penale di condanna.

Infine, il comma 3 della disposizione in esame prevede che la qualità di imputato si riassuma in caso di revoca della sentenza di non luogo a procedere (art. 434) o qualora la corte d'appello disponga la revisione del processo (art. 628).

La qualità di indagato. Occorre evidenziare i motivi in base ai quali il codice pone la fondamentale distinzione tra imputato e indagato. In primo luogo, il legislatore vuole che il pubblico ministero prenda una posizione definitiva sull'addebito soltanto quando, terminate le indagini preliminari, chiede il rinvio a giudizio (v. tav. 2.1.4). Infatti, l'imputazione deve essere sorretta da una consistente base probatoria.

In secondo luogo, prima che sia stata formulata una imputazione, il codice tende ad usare un termine il più possibile "neutro" e "non pregiudizievole". Ecco allora il riferimento alla « persona sottoposta alle indagini preliminari » (art. 61, comma 1), denominata nell'art. 415-*bis* e nella prassi "indagato". È ben vero che il pubblico ministero nel corso delle indagini formula un "addebito provvisorio" nei confronti dell'indagato; ma ciò avviene soltanto a fini di garanzia, perché mette in grado quest'ultimo di esercitare il diritto di difesa. L'addebito provvisorio non deve essere confuso con l'imputazione, che potrà essere formulata al termine delle indagini.

In conclusione, il codice distingue "indagato" e "imputato" a fini prevalentemente garantistici. A riprova di ciò, è possibile constatare che, quando si tratta di enunciare i diritti di difesa, il codice opera un'ampia equiparazione: ai sensi dell'art. 61, comma 1, « i diritti e le garanzie dell'imputato si estendono alla persona sottoposta alle indagini preliminari ». Ovviamente l'equiparazione non è totale, perché risente del fatto che la fase delle indagini preliminari è di regola segreta, mentre le successive fasi dell'udienza preliminare e del giudizio si svolgono in contraddittorio. Come esempio, possiamo citare l'art. 309: il diritto a presentare richiesta di riesame contro una misura coercitiva è attribuito all'imputato; nelle indagini preliminari tale diritto deve intendersi esteso all'indagato.

Occorre segnalare che l'equiparazione opera anche negli aspetti pregiudizievoli. In base all'art. 61, comma 2, all'indagato « si estende ogni altra disposizione relativa all'imputato, salvo che sia diversamente stabilito ». Pertanto le misure cautelari, previste per l'imputato, possono essere applicate all'indagato purché naturalmente, siano presenti i requisiti necessari per emanare il relativo provvedimento.

b. L'interrogatorio. Il codice contiene una minuziosa regolamentazione dell'interrogatorio dell'indagato (artt. 64 e 65). È opportuno esaminare subito tale atto perché attraverso di esso si possono ricavare i principali diritti che spettano all'indagato personalmente e che fanno parte di quello che è comunemente definito "diritto di autodifesa". Il codice prevede che l'interrogatorio possa essere svolto da vari soggetti (ad esempio, anche dal giudice nell'udienza preliminare). Per comodità di esposizione, facciamo l'ipotesi che l'interrogatorio sia svolto dal pubblico ministero nelle indagini preliminari (48).

Le regole generali dell'interrogatorio sono precisate nell'art. 64. Da tale disposizione si ricava un primo dato: dall'interrogatorio si potranno ottenere dichiarazioni soltanto se e nei limiti in cui l'indagato decida liberamente di renderle. La norma si propone, infatti, di rispettare la libera scelta di tale soggetto.

Il secondo comma dell'art. 64 fa divieto di utilizzare, anche se vi fosse il consenso dell'indagato, metodi o tecniche idonei ad influire sulla libertà di autodeterminazione o ad alterare la capacità di ricordare e di valutare i fatti. Con tale prescrizione il codice vuole affermare che la libertà di autodeterminazione dell'imputato non è disponibile.

Gli avvisi. In base al terzo comma, che è stato interamente modificato dalla legge n. 63 del 2001, l'indagato riceve una serie di avvisi prima che abbia inizio l'interrogatorio:

a) È avvertito che « le sue dichiarazioni potranno sempre essere utilizzate nei suoi confronti » (art. 64, comma 3, lett. *a*). Come vedremo nel prosieguo dell'analisi, infatti, le dichiarazioni rilasciate dall'indagato sono utilizzabili nei suoi confronti sia durante le indagini, sia nel corso del dibattimento anche se l'imputato non si presenta o tace. Pertanto, l'ordinamento si comporta lealmente nei confronti dell'indagato, perché lo avvisa del fatto che quanto egli dirà potrà essere utilizzato sia contro di lui, sia in suo favore.

b) L'indagato deve essere avvertito che ha la *facoltà di non rispondere* « ad alcuna domanda »; egli è avvertito altresì che ha l'obbligo di rispondere secondo verità sulla sua identità personale (art. 66, comma 1 c.p.p.; artt. 495 e 651 c.p.). A prescindere da ciò, il codice riconosce all'indagato il "diritto di restare silenzioso" su tutte le domande o su alcune fra di esse a sua scelta. L'indagato è altresì ammonito che, se anche non risponde, « comunque il procedimento seguirà il suo corso » (art. 64, comma 3, lett. *b*) (49).

c) Infine la legge n. 63 del 2001 ha introdotto un avvertimento piuttosto complesso, che potrà essere compreso appieno soltanto nel prosieguo dell'analisi. L'indagato è avvertito che « se renderà dichiarazioni su fatti che concernono la responsabilità di altri, assumerà, in ordine a tali fatti, l'ufficio di testimone » (art. 64, comma 3, lett. *c*). Il legislatore per un dovere di lealtà vuole che l'indagato sia informato che "prima o poi" potrà diventare un testimone se ha coinvolto la responsabilità di un'altra persona (v. *infra*, parte II, cap. 4, § 3 lett. *e*) (50).

Le regole dell'interrogatorio sul "merito", e cioè sui fatti addebitati, sono contenute nell'art. 65. Il pubblico ministero, prima di rivolgere domande all'indagato,

---

(48) Ricordiamo che si tratta di un atto garantito; e cioè il difensore ha il diritto di assistere limitandosi a formulare richieste, osservazioni e riserve (art. 364).

(49) Se l'autorità inquirente omette di rivolgere i due avvisi menzionati, le dichiarazioni rese dall'interrogato sono inutilizzabili (art. 64, comma 3-*bis*).

(50) L'omissione dell'avviso comporta una duplice conseguenza. In primo luogo, le dichiarazioni eventualmente rese dall'indagato su fatti che concernono la responsabilità di altri non sono utilizzabili nei loro confronti. In secondo luogo, l'indagato non potrà assumere la qualità di testimone sulle dichiarazioni rese in assenza di un rituale avvertimento (art. 64, comma 3-*bis*, secondo periodo).

deve rendergli noto « in forma chiara e precisa » il fatto che gli è attribuito; quindi deve indicargli gli « elementi di prova » esistenti contro di lui; infine deve comunicargli le fonti di prova (ad esempio, il nome del testimone), salvo che ciò comporti un pregiudizio per le indagini. Pertanto, se vi è pericolo di inquinamento delle prove, il pubblico ministero non rende note le fonti di prova.

Soltanto a questo punto il pubblico ministero invita l'indagato a rispondere alle domande. Varie sono le possibilità che si presentano a quest'ultimo. Prima di tutto l'indagato può rifiutare di rispondere a tutte le domande o ad alcune soltanto di esse. In tal caso, il pubblico ministero dà atto nel verbale che l'indagato si è avvalso della facoltà di non rispondere.

In secondo luogo, l'indagato può rispondere. Se i fatti, che egli ammette, sono a lui sfavorevoli, si ha una "confessione". Occorre segnalare che l'indagato non ha un obbligo, penalmente sanzionato, di dire la verità. Tuttavia, i difensori in genere consigliano che è meglio tacere, piuttosto che rendere dichiarazioni false; infatti, se poi la falsità sarà accertata, ciò costituirà la prova che l'indagato non è credibile e le sue dichiarazioni saranno usate come elemento contro di lui.

La possibilità di mentire. Come abbiamo appena affermato, può accadere che l'indagato risponda dicendo il falso. Da un lato, egli non commette il delitto di falsa testimonianza (art. 372 c.p.), né di false informazioni al pubblico ministero (art. 371-*bis* c.p.), giacché tali reati richiedono la qualifica di testimone o di "possibile testimone", che l'indagato non ha. Da un altro lato, in relazione ad ulteriori reati che possa integrare rendendo dichiarazioni mendaci, egli è protetto dalla causa di non punibilità prevista dall'art. 384, comma 1 c.p. Tale norma stabilisce una scusante in favore di colui che ha commesso determinati delitti contro l'amministrazione della Giustizia per esservi stato costretto dalla necessità di salvarsi da un grave e inevitabile pregiudizio nella libertà o nell'onore. L'imputato deve però stare attento, perché egli è coperto dalla causa di non punibilità prevista dall'art. 384, comma 1 c.p. soltanto in relazione a determinati fatti di reato, nei limiti in cui non abusa del diritto di difesa.

I limiti alla possibilità di mentire. Per comodità di esposizione indichiamo subito in quali casi l'indagato commette un reato perché, abusando del diritto di difendersi, crea un intralcio all'amministrazione della giustizia.

a) l'indagato è punibile quando compie « simulazione di reato », e cioè afferma falsamente che è avvenuto un reato, che nessuno ha commesso (art. 367 c.p.);

b) l'indagato è punibile altresì quando « calunnia » un'altra persona, e cioè incolpa di un reato taluno che egli sa essere innocente (art. 368 c.p.) ([51]). Dalle predette ipotesi si può ricavare un principio comune. L'indagato (o l'imputato), per difendersi, può dire il falso, ma non può arrivare fino al punto di sviare la giustizia

---

([51]) Per il delitto di calunnia si pone l'ulteriore problema, e cioè il contemperamento tra tale incriminazione e la necessità di esercitare il diritto costituzionale di difesa. In base a giurisprudenza pacifica « è scriminata dall'esercizio del diritto di difesa la condotta calunniosa dell'imputato quando questi rivolge ai suoi accusatori rilievi non determinati e circostanziati e comunque non esorbitanti dall'economia difensiva, vale a dire strettamente correlati all'esigenza di difendersi dall'imputazione ». Così, Cass., sez. VI, 8 febbraio - 2 aprile 2001, n. 233, Errichiello, in *Cass. pen.*, 2001, 3028.

penale; lo sviamento della giustizia non è scriminato quando avviene abusando del diritto di difesa ([52]).

c. La distinzione tra indagato e persona informata (possibile testimone). Occorre segnalare che il testimone si trova in una situazione diversa rispetto all'imputato e all'indagato. Infatti, mentre questi ultimi hanno il diritto al silenzio e non sono punibili se mentono, il testimone ha l'obbligo di dire la verità. Ma occorre introdurre una ulteriore distinzione.

Il testimone e la persona informata. La persona che ha conoscenza di fatti, che devono essere accertati nel procedimento penale, è qualificata "testimone" quando depone davanti al giudice (art. 194); viceversa, quando è esaminata dal pubblico ministero (art. 362), è qualificata « persona che può riferire circostanze utili ai fini delle indagini ». Costei è denominata nella prassi "persona informata"; viene ammonita dall'inquirente circa l'obbligo di « rispondere secondo verità » alle domande che le sono rivolte (art. 198). Ciò premesso, se il "testimone" di fronte al giudice dice il falso o tace ciò che sa, commette falsa testimonianza (art. 372 c.p.); se la "persona informata" di fronte al pubblico ministero tiene la medesima condotta, commette il delitto di « false informazioni » (art. 371-*bis* c.p.). Appare chiaro che la "persona informata" ha una posizione sostanzialmente analoga a quella del testimone; essa può essere definita un "possibile testimone" (*future witness* nella terminologia angloamericana).

Anzi, quest'ultima espressione risulta più chiara ed evita equivoci che potrebbero derivare da altre denominazioni.

Infatti, se ci fermiamo alla lettera della legge, anche l'indagato può conoscere fatti « utili ai fini delle indagini » e, dunque, possiede "informazioni"; tuttavia, il codice pone una incompatibilità tra la qualifica di indagato e la qualifica di persona informata. Infatti, l'art. 362 estende alla audizione delle persone informate quelle stesse ipotesi di incompatibilità che sono previste dall'art. 197 per la testimonianza. Pertanto, l'indagato è incompatibile a deporre come persona informata e, dunque, non ha un obbligo di verità ([53]). Ecco perché riteniamo che l'espressione "possibile testimone" sia più corretta rispetto a quella di "persona informata": essa appare idonea a chiarire che l'indagato è incompatibile con gli obblighi di natura testimoniale anche nel corso delle indagini preliminari.

Le dichiarazioni autoindizianti. Il codice prevede una disciplina apposita in relazione ad una ipotesi particolarmente delicata. Può accadere che nel corso della deposizione il testimone (o il possibile testimone) renda, più o meno consapevolmente, « dichiarazioni dalle quali emergono indizi di reità a suo carico » (cd.

([52]) Al di fuori delle predette ipotesi, l'indagato non è punibile se dice il falso in quanto è costretto a salvare se stesso da un grave pregiudizio nella libertà o nell'onore, quale sarebbe una condanna penale. Dalla causa di non punibilità prevista dall'art. 384 sono esclusi altresì i seguenti reati per i quali l'imputato è punibile: 1) l'*intralcio alla giustizia*, che consiste nell'offrire al testimone una qualsiasi utilità (denaro o altro) per indurlo a dire il falso o ad essere reticente (art. 377 c.p.); 2) il *favoreggiamento reale*, che consiste nell'aiutare taluno ad assicurare il profitto o il prezzo di altro reato (art. 379 c.p.); 3) l'indurre una persona a non rendere dichiarazioni o a rendere dichiarazioni false all'autorità giudiziaria quando tale persona ha la facoltà di non rispondere (art. 377-*bis* c.p.).

([53]) E. Amodio, *Giusto processo, diritto al silenzio e obblighi di verità dell'imputato sul fatto altrui*, in *Cass. pen.*, 2002, 3597.

dichiarazioni autoindizianti). In tal caso l'art. 63 comma 1 stabilisce una serie di obblighi per l'autorità procedente e la sorte processuale delle dichiarazioni rese. A seguito delle dichiarazioni indizianti l'autorità procedente deve: 1) interrompere l'esame; 2) avvertire la persona che a seguito delle dichiarazioni potranno essere svolte indagini nei suoi confronti; 3) invitarla a nominare un difensore.

Le dichiarazioni rilasciate fino a quel momento « non possono essere utilizzate contro la persona che le ha rese »; viceversa possono essere utilizzate a suo favore (ad esempio, come prova della legittima difesa) o contro altre persone. La disciplina appena esposta si propone lo scopo di tutelare il testimone che si sia "messo nei guai" nell'adempiere al dovere di verità e fornisce una duplice tutela. Per un verso, in via preventiva, mira ad impedire che il testimone continui a parlare "costretto" dall'obbligo di verità e, quindi, potendo dire il falso impunemente ai sensi dell'art. 384 c.p. (si veda parte II, cap. 4, § 2 lett. *e*).

Per un altro verso, l'interruzione dell'esame chiarisce la situazione del dichiarante perché gli riconosce i diritti di difesa. Quello che eventualmente egli dirà in un successivo interrogatorio come indagato con gli avvisi sulla facoltà di non rispondere sarà utilizzabile anche contro di lui.

Il divieto di sentire l'indagato come persona informata e la relativa sanzione. L'art. 63 comma 2 disciplina una ulteriore situazione, anch'essa di particolare delicatezza. Il codice si preoccupa che le norme garantiste sull'interrogatorio possano essere eluse da un inquirente (pubblico ministero o polizia giudiziaria) che interroghi un indagato senza riconoscergli tale qualità e, quindi, senza rispettare il suo diritto di non rispondere. Ai sensi del ricordato comma 2, se una persona ascoltata come testimone o persona informata (possibile testimone) « doveva essere sentita sin dall'inizio in qualità di imputato o di persona sottoposta alle indagini, le sue dichiarazioni non possono essere utilizzate ». La disciplina appena esposta è finalizzata ad evitare abusi da parte dell'autorità inquirente. Quest'ultima potrebbe essere tentata di ignorare gli indizi di reità a carico di una persona al fine di ascoltarla illegittimamente in qualità di persona informata (possibile testimone) per ottenere dichiarazioni sulla responsabilità propria o di altre persone. La sanzione della inutilizzabilità che colpisce le dichiarazioni rilasciate in tale situazione vanifica eventuali manovre in tal senso.

d. *La verifica della identità fisica e anagrafica dell'indagato.* Può accadere che nel corso delle indagini ci si trovi di fronte ad una persona fisica e non si sappia con certezza se si tratta davvero del soggetto al quale l'inquirente attribuisce il reato. Occorre dunque procedere a verificare l'identità di tale persona. La verifica della identità dell'imputato o dell'indagato comporta due accertamenti che è opportuno esaminare separatamente a causa delle loro differenze. In particolare distinguiamo: 1) l'accertamento della *identità fisica*; 2) l'accertamento della identità anagrafica.

1) ***Accertamento della identità* fisica *dell'indagato.*** Si tratta di stabilire se l'indagato coincide con quella persona, autore del fatto illecito, che ha lasciato la sua impronta sul luogo del reato. A tale accertamento si può pervenire se, in via preliminare, si prova che l'impronta digitale (o quella genetica) rilevata sul luogo del fatto è identica a quella dell'indagato, o se un testimone oculare riconosce l'indagato medesimo ([54]).

L'accertamento dell'identità fisica può rendersi necessario anche quando il medesimo soggetto in vari tempi abbia fornito differenti generalità (ha dichiarato di chiamarsi A, poi B, poi C, ecc.), oppure in quei procedimenti che in origine si svolgono contro ignoti e poi si orientano contro un determinato soggetto (es. rapina, violenza sessuale) ([55]).

Una volta operato l'accertamento della identità fisica dell'indagato, il processo nei suoi confronti può svolgersi anche se resta incerta la sua identità anagrafica. Infatti, in base all'art. 66 comma 2 « l'impossibilità di attribuire all'imputato le sue esatte generalità non pregiudica il compimento di alcun atto da parte dell'autorità procedente, quando sia certa l'identità fisica della persona » ([56]).

La riforma Cartabia. Provvedimenti iscritti nel casellario giudiziale per imputati apolidi o assimilati. La legge n. 134 del 2021 ha modificato il comma 2 dell'art. 66 c.p.p. e ha previsto che nei provvedimenti destinati a essere iscritti nel casellario giudiziale (art. 4, d.p.r. n. 313 del 2002) sia riportato il codice univoco identificativo della persona nei cui confronti il provvedimento è emesso, quando si procede nei confronti di:

a) apolidi o persone delle quali è ignota la cittadinanza;

b) cittadini di uno Stato non appartenente all'Unione europea;

c) cittadini dell'Unione europea privi del codice fiscale o che sono attualmente, o sono stati in passato, titolari anche della cittadinanza di uno Stato non appartenente all'Unione europea ([57]).

2) *Accertamento della identità* anagrafica *dell'indagato.* Si tratta di attribuire un nome ad un volto o ad una impronta digitale o genetica. Il principale strumento per accertare l'identità anagrafica dell'imputato (o dell'indagato) è l'interrogatorio (o atto analogo: art. 350); sulla propria identità personale egli deve rispondere secondo verità. Fin dall'inizio del procedimento il pubblico ministero (art. 66) e la polizia giudiziaria (art. 349) procedono alla identificazione dell'indagato, che viene invitato

---

([54]) È bene chiarire che non esiste un diritto dell'indagato a non essere identificato; sotto tale profilo, l'indagato è non "soggetto", bensì "oggetto" di prova e deve sopportare il compimento di accertamenti quali, ad esempio, la ricognizione personale o il prelievo di impronte digitali. In base al nuovo comma 2-*bis* dell'art. 349, l'indagato può essere costretto a subire il prelievo di materiale biologico, e cioè dei capelli e della saliva (si veda *infra*, parte III, cap. 1, par. 5, lett. *d*).

([55]) Può verificarsi anche una ulteriore evenienza, che è regolata dall'art. 66-*bis*, inserito dalla legge antiterrorismo n. 155 del 2005. In ogni stato e grado del procedimento, quando risulta che l'imputato (o l'indagato) « è stato segnalato, anche sotto diverso nome, all'autorità giudiziaria quale autore di un reato commesso antecedentemente o successivamente a quello per il quale si procede, sono eseguite le comunicazioni all'autorità giudiziaria competente ai fini dell'applicazione della legge penale ». La norma è finalizzata ad agevolare il coordinamento delle indagini (art. 371) e a permettere l'inizio di procedimenti penali per false dichiarazioni di identità personale.

([56]) Soltanto se risulta un errore sulla identità fisica dell'imputato (art. 68), il giudice deve pronunciare sentenza di assoluzione ai sensi dell'art. 129.

([57]) Il codice univoco identificativo (Cui) è generato automaticamente dal sistema di riconoscimento delle impronte digitali AFIS. Questa, ed altre nuove disposizioni analoghe, hanno la finalità di assicurare la più compiuta identificazione di alcune categorie di persone sottoposte al procedimento penale e la sicura riferibilità alle medesime dei provvedimenti destinati ad essere iscritti nel casellario giudiziale.

a dichiarare le proprie generalità e viene ammonito « circa le conseguenze cui si espone chi si rifiuta di dare le proprie generalità o le dà false » (art. 66 comma 1). È sanzionato penalmente il rifiuto di dare indicazioni sulla propria identità personale (art. 651 c.p.) e il dichiarare una falsa identità (art. 495 c.p.) ([58]).

e. *Sospensione o definizione del procedimento per incapacità processuale dell'imputato.* Il giudice deve valutare anche d'ufficio se l'imputato (o l'indagato), per infermità mentale, non è in grado di « partecipare coscientemente » al procedimento penale (art. 70, comma 1), e cioè se non è capace di esercitare consapevolmente quel diritto di autodifesa che spetta a lui personalmente e che non può essere praticato da altre persone al suo posto. In tal caso, il giudice, prima di porsi il problema di sospendere o meno il procedimento, deve compiere una valutazione preliminare. La materia ha subito modifiche ad opera della legge n. 103 del 2017 (***c.d. riforma Orlando***).

1) La pronuncia che proscioglie l'imputato. In via preliminare, il giudice deve valutare se nei confronti dell'imputato può pronunciare una « sentenza di proscioglimento » (in giudizio) o una sentenza « di non luogo a procedere » (in udienza preliminare) (art. 70, comma 1). Ciò significa che, quando è possibile prosciogliere l'imputato perché innocente, o perché vi è una situazione di improcedibilità (es., manca la querela o l'autorizzazione a procedere) o perché mancava totalmente la capacità di intendere e di volere al momento del fatto di reato, il giudice non deve sospendere il procedimento penale: la sentenza che enuncia una delle formule sopra menzionate deve essere pronunciata, anche se l'imputato è incapace processualmente in quel momento.

2) La impossibilità di prosciogliere l'imputato. Diverso è il caso in cui, in base allo stato degli atti, il giudice si trovi nella condizione di dover accertare la responsabilità penale e, di conseguenza, appare probabile una condanna perché l'imputato era imputabile o semi-imputabile al momento del fatto. In tale situazione il giudice deve valutare se l'imputato, a causa di un'infermità mentale in atto, sia in grado di partecipare coscientemente al procedimento penale. Nel caso in cui non lo sia, la legge n. 103 del 2017 ha imposto al giudice di accertare ulteriormente se l'incapacità dell'imputato sia reversibile o meno.

3) L'incapacità dell'imputato appare reversibile: sospensione del procedimento. Quando il giudice accerta che l'infermità mentale appare reversibile (art. 71, comma 1), egli deve disporre con ordinanza che il procedimento sia sospeso e contestualmente nominare un curatore speciale (preferibilmente il rappresentante legale dell'imputato; art. 71, comma 2). Ogni sei mesi il giudice dispone perizia per accertare lo stato psichico dell'imputato (art. 72, comma 1).

L'ordinanza di sospensione è revocata qualora l'imputato risulti in grado di partecipare coscientemente al procedimento penale oppure se, nei confronti dell'im-

---

([58]) Tali reati sono puniti se compiuti da qualsiasi persona; se commessi da un imputato o da un indagato sono aggravati (art. 495 comma 3 n. 2). Inoltre, l'impossibilità di identificare un indagato è un elemento che deve essere valutato ai fini del fermo; l'uso di falsi documenti di identità consente l'arresto facoltativo in flagranza (artt. 384 e 381).

putato, deve essere pronunciata quella sentenza di proscioglimento o di non luogo a procedere alla quale abbiamo fatto cenno al n. 1.

In base al testo dell'art. 159, comma 1 c.p., il corso della prescrizione del reato rimane sospeso in caso di sospensione del procedimento « per ragioni di impedimento » dell'imputato.

4) L'imputato è affetto da incapacità processuale irreversibile e non è pericoloso. In base al nuovo art. 72-*bis* c.p.p., quando si accerta

(a) che lo stato mentale dell'imputato è tale da impedire la cosciente partecipazione al procedimento,

(b) che tale stato è *irreversibile* e

(c) che l'imputato non è pericoloso (perché deve essere disposta eventualmente la sola confisca e non altra misura di sicurezza),

il giudice deve revocare l'eventuale ordinanza di sospensione del procedimento e deve pronunciare la sentenza *di non luogo a procedere* (se in udienza preliminare) o *di non doversi procedere* (se in dibattimento). In base al nuovo testo dell'art. 345, comma 2, quando lo stato di incapacità processuale dell'imputato viene meno o si accerta che è stato erroneamente dichiarato, può essere esercitata l'azione penale per il medesimo fatto contro la medesima persona.

5) L'imputato è affetto da incapacità processuale irreversibile ed è pericoloso. Quando si accerta che l'imputato è pericoloso (e cioè quando deve essere applicata una misura di sicurezza diversa dalla confisca), il giudice ogni sei mesi deve disporre ulteriori accertamenti (applicandosi per motivi sistematici l'art. 72, comma 1) ([59]). Infatti, l'applicazione di una misura di sicurezza diversa dalla confisca è prevista dall'art. 72-*bis* come ostativa alla pronuncia della sentenza *di non luogo a procedere o di non doversi procedere.*

6. Il difensore.

a. La rappresentanza tecnica. Afferma la Costituzione che « la difesa è diritto inviolabile in ogni stato e grado del procedimento » (art. 24, comma 2). In generale, si può definire "difesa" la tutela contro un attacco che venga mosso ai diritti di un soggetto con qualsiasi procedura giudiziaria. In particolare, la "difesa penale" è quella forma di tutela che permette all'imputato di ottenere il riconoscimento della sua innocenza o comunque di essere condannato ad una sanzione non più grave di quella applicabile secondo la legge.

([59]) La Corte costituzionale con la sentenza n. 45 del 2015 ha decretato che il corso della prescrizione del reato non sia sospeso quando « lo stato mentale dell'imputato sia tale da impedirne la cosciente partecipazione al procedimento » e sia « accertato che tale stato è irreversibile ». Pertanto, al maturare del termine di prescrizione, il giudice deve revocare l'ordinanza di sospensione e pronunciare sentenza di proscioglimento o di non luogo a procedere per estinzione del reato.

Attualmente la situazione è la seguente. Per i reati soggetti a prescrizione, quando sono decorsi i termini massimi fissati per le misure di sicurezza (art. 1 d.l. n. 52 del 2014, conv. in l. n. 81 del 2014) e quindi queste non sono più applicabili, il giudice deve pronunciare una sentenza di non luogo a procedere o di non doversi procedere. Per i reati imprescrittibili (es. puniti con l'ergastolo) le misure di sicurezza possono protrarsi *sine die* e, dunque, entro questi limiti, resta in vita una categoria di persone "eternamente giudicabili".

La difesa è un "diritto", e cioè consiste nel potere di esigere da altri soggetti un comportamento conforme alla legge. Per quanto riguarda le modalità di esercizio, tale diritto può essere esercitato sia personalmente (c.d. *autodifesa*; es. diritto dell'indagato di ricevere personalmente l'informazione di garanzia, art. 369) sia per mezzo del difensore (c.d. *difesa tecnica*; es. potere del difensore di condurre l'esame incrociato, art. 498).

Il difensore è una persona che ha particolare competenza tecnico-giuridica e che ha determinate qualifiche di tipo penalistico, privatistico e processuale. La qualifica penalistica è quella di esercente un servizio di pubblica necessità, poiché alla funzione di avvocato si accede mediante una speciale abilitazione dello Stato e, al tempo stesso, dell'opera del difensore i privati sono per legge obbligati a valersi (art. 359 c.p.). La qualifica privatistica si individua nel rapporto di prestazione di opera intellettuale che lega il difensore al cliente (art. 2230 c.c.). La qualifica processualistica è quella di rappresentante tecnico della parte.

La rappresentanza tecnica è il potere, conferito al difensore, di compiere atti processuali "per conto" (cioè nell'interesse) del cliente (v. tav. 2.1.28). La rappresentanza tecnica attribuisce al difensore non il potere di disporre del diritto in contesa, bensì più semplicemente il potere di compiere per conto del cliente tutti quegli atti che il codice riferisce a quella parte, a condizione che i medesimi non siano personali, e cioè che non siano dalla legge espressamente riservati alla parte (art. 99, comma 1 e 100, comma 4). Perché il difensore possa disporre di un diritto "in nome" del cliente, deve essergli attribuita una rappresentanza volontaria, e cioè il potere di compiere un atto i cui effetti ricadono sul cliente (es. rappresentanza volontaria mediante procura speciale al fine di stipulare una transazione sull'ammontare del danno da risarcire; art. 122).

La rappresentanza tecnica è conferita dal cliente al difensore mediante una **procura *ad litem***. L'imputato e l'indagato conferiscono tale rappresentanza mediante la nomina che è contenuta in una dichiarazione (art. 96 comma 2) che può essere resa oralmente davanti alla autorità procedente (che ne redige verbale) o può essere effettuata per atto scritto (senza necessità di autentica della firma; v. tav. 2.1.29). In tal caso, la dichiarazione scritta deve essere consegnata alla autorità procedente dal difensore o deve essere trasmessa dall'interessato con raccomandata alla autorità procedente (es., all'ufficio di segreteria del pubblico ministero). La persona offesa conferisce la rappresentanza tecnica con le medesime forme semplificate che sono previste per l'imputato e che sono state appena illustrate (art. 101 comma 1).

La rappresentanza volontaria per gli atti personali. Quando si deve compiere nel procedimento un atto "personale" e non può essere presente la parte assistita, non è sufficiente la rappresentanza tecnica del difensore. È necessario che la parte conferisca una rappresentanza volontaria al difensore o ad altra persona di sua fiducia, e ciò può fare soltanto con la procura speciale a compiere un determinato atto (art. 122 c.p.p.).

La procura speciale è necessaria, ad esempio, per l'istanza di rimessione del processo (art. 46, comma 2); per l'accettazione della remissione di querela (art. 340); è necessaria, altresì, per gli atti di disposizione di un diritto, come avviene per la transazione che abbia ad oggetto il risarcimento del danno derivante dal reato.

La rappresentanza volontaria permette di compiere un atto processuale "in nome" del soggetto rappresentato (art. 1388 c.c.). La procura speciale deve, a pena di inammissibilità, essere rilasciata per atto pubblico o scrittura privata autenticata e deve contenere la determinazione dell'oggetto per cui è conferita e dei fatti ai quali si riferisce (art. 122). Se la procura è rilasciata per scrittura privata al difensore, la sottoscrizione può essere autenticata dal difensore medesimo. L'art. 37 disp. att. precisa che « la procura speciale può essere rilasciata anche preventivamente, per l'eventualità in cui si verifichino i presupposti per il compimento dell'atto al quale la procura si riferisce ».

Atti personalissimi. Ci sono atti "personalissimi" per i quali, ovviamente, non vi può essere rappresentanza volontaria; ad esempio, rendere l'interrogatorio o l'esame incrociato.

Il rapporto tra il cliente ed il difensore ha natura fiduciaria. Da ciò derivano le seguenti conseguenze. Prima dell'accettazione del mandato, il difensore può rifiutare la nomina; è sufficiente che lo comunichi immediatamente a colui che l'ha effettuata ed all'autorità che procede. La *non accettazione* ha effetto dal momento in cui è comunicata a quest'ultima (art. 107, commi 1 e 2).

Dopo che ha accettato il mandato, il difensore può rinunciare allo stesso. La *rinuncia* deve parimenti essere comunicata a colui che ha effettuato la nomina ed all'autorità procedente, ma non ha effetto finché la parte non risulti assistita da un nuovo difensore e non sia decorso il termine a difesa, non inferiore a sette giorni, che sia stato concesso a quest'ultimo (artt. 107, comma 3 e 108); fino a tale momento la parte è rappresentata dal difensore rinunciante ([60]). Lo stesso avviene quando il cliente revoca il mandato al difensore (art. 107, comma 4).

Rapporti difensore-imputato. Tra l'imputato ed il proprio difensore esiste una rappresentanza tecnica che assume la forma della "assistenza" nel senso che l'imputato può sempre compiere personalmente gli atti che non siano per legge riservati al difensore. Ciò significa che la difesa tecnica non può escludere quel tipo di autodifesa che spetta all'imputato. "Assistenza" può essere definita, appunto, come quella particolare forma di rappresentanza tecnica che non esclude l'autodifesa del soggetto assistito. Infatti, di regola l'imputato ha diritto di partecipare personalmente agli atti del procedimento affiancato dal proprio difensore che si limita ad assisterlo (v. tav. 2.1.31). In definitiva, l'assistenza del difensore è una forma di rappresentanza, che non impedisce al soggetto tutelato di essere presente agli atti più importanti del procedimento (ad esempio, nel corso del dibattimento e dell'incidente probatorio).

Il diritto di autodifesa dell'imputato prevale sul diritto alla difesa tecnica, in considerazione del fatto che nel procedimento penale è in questione un diritto di libertà. In base all'art. 99, comma 2 « l'imputato può togliere effetto, con espressa dichiarazione contraria, all'atto compiuto dal difensore prima che, in relazione all'atto stesso, sia intervenuto un provvedimento del giudice ».

La ripartizione delle attività che possono essere compiute dal difensore e dalla parte assistita è precisata nell'art. 99 comma 1, secondo cui « al difensore competono

---

([60]) Occorre altresì ricordare che l'art. 108 c.p.p. stabilisce che il termine per la difesa, concesso in caso di revoca del difensore o ipotesi assimilate, può essere inferiore agli ordinari sette giorni « se vi sono specifiche esigenze processuali che possono determinare la scarcerazione dell'imputato ». In ogni caso il termine non può essere inferiore a ventiquattro ore.

le facoltà ed i diritti che la legge riconosce all'imputato a meno che essi siano riservati personalmente a quest'ultimo ».

Deontologia. Il difensore di una parte privata ha doveri differenti rispetto a quelli del pubblico ministero. Il difensore, in un sistema di separazione delle funzioni, non è il "giudice" del proprio cliente; egli ha un dovere di correttezza, ma non ha l'obbligo di ricercare e introdurre nel processo gli elementi *sfavorevoli* alla parte assistita (v. tav. 2.1.27).

La differenza fondamentale rispetto al pubblico ministero sta nel fatto che il difensore collabora all'accertamento dei fatti limitandosi a presentare gli elementi a favore del cliente: non ha l'obbligo di ricercare la verità contro il cliente. Egli persegue un interesse privato e non pubblico; pertanto resta libero di valutare se un elemento di prova è "favorevole" rispetto alla richiesta che intende rivolgere al giudice. In base al codice deontologico degli avvocati il difensore non deve introdurre nel procedimento penale prove che egli sa essere false; ma tale divieto non gli impedisce di argomentare sulla base di prove da altri introdotte, anche se ritiene che siano false.

b. *Difensore di fiducia e difensore d'ufficio.* L'imputato ha il diritto di farsi assistere da non più di due difensori di sua scelta (denominati « difensori di fiducia »; art. 96, comma 1). Come abbiamo accennato, il codice all'articolo 96 comma 2 prevede agili modalità di nomina del difensore di fiducia. La nomina è un atto a forma libera e può essere effettuata in tre modi:

1) con dichiarazione, scritta o orale, resa dall'indagato all'autorità procedente;
2) con dichiarazione scritta consegnata all'autorità procedente dal difensore;
3) con dichiarazione scritta trasmessa all'autorità procedente con raccomandata.

Non occorre alcuna autentica della sottoscrizione, neppure se la nomina è inviata tramite raccomandata (v. tav. 2.1.29) ([61]).

Quando l'indagato non abbia nominato un difensore di fiducia o ne sia rimasto privo, il codice prevede (solo per tale soggetto) l'istituto della difesa d'ufficio (art. 97). Da tale norma si ricava il principio della necessità e irrinunciabilità della difesa tecnica in favore dell'imputato: il legislatore vuole che comunque sia presente nel procedimento un soggetto tecnicamente idoneo a difendere l'imputato e non coinvolto emotivamente. Detto in altro modo, l'imputato non può esercitare una autodifesa esclusiva neanche se, per ipotesi, avesse la qualità di avvocato.

La designazione del difensore d'ufficio. I meccanismi attraverso i quali avviene la designazione del difensore d'ufficio sono stati oggetto di modifica, da ultimo, ad opera del d.lgs. 30 gennaio 2015, n. 6. L'elenco, dal quale è tratto il nominativo del singolo difensore d'ufficio, è predisposto ed aggiornato dal Consiglio nazionale forense; in tale elenco è inserito l'avvocato che ne ha fatto richiesta e che può documentare di avere la capacità tecnica che è imposta dalla legge. Il relativo

---

([61]) Ove l'indagato si trovi in stato di fermo, arresto o custodia cautelare, la nomina può essere fatta, con le stesse forme, da un prossimo congiunto, finché l'indagato stesso non vi provveda. Segnaliamo nuovamente che, in base al d.lgs. n. 6 del 2017, la « parte di un'unione civile tra persone dello stesso sesso » è pienamente equiparata, ai fini penalistici, al « coniuge » e rientra nella nozione di « prossimo congiunto ».

controllo spetta al consiglio dell'ordine circondariale di appartenenza (art. 29 disp. att., mod. dal d.lgs. n. 6 cit.), che predispone i criteri di nomina sulla base della prossimità alla sede del procedimento penale e della reperibilità (art. 97, comma 2).

Quando il giudice, il pubblico ministero o la polizia giudiziaria devono compiere un atto per il quale è prevista l'assistenza del difensore e l'imputato (o l'indagato) ne sia privo, essi devono chiedere il nominativo del difensore d'ufficio ad un apposito ufficio presso l'ordine forense di ciascun capoluogo di corte d'appello (art. 29, comma 2 disp. att.). In tal modo è possibile assicurare l'effettività della difesa designando difensori che esercitino il patrocinio nella sede giudiziaria presso la quale essi sono chiamati come difensori d'ufficio.

Il magistrato o l'ufficiale di polizia danno avviso dell'atto, che sta per essere compiuto, al difensore il cui nominativo è comunicato dall'ufficio centralizzato (art. 97, comma 3). Il difensore d'ufficio ha *l'obbligo* di prestare il patrocinio e può essere sostituito soltanto per giustificato motivo.

La funzione della difesa d'ufficio. La difesa d'ufficio non ha una funzione di "assistenza sociale", bensì unicamente quella di attuare il contraddittorio in un processo basato sul principio dialettico. Il suo unico scopo è quello di attuare un *minimo* di "eguaglianza delle armi" in situazioni nelle quali l'imputato si disinteressa di nominare un difensore o ne rimane privo o, persino, quando nessun difensore accetti la nomina di fiducia. Sotto questo profilo, l'inviolabilità garantita dall'art. 24, comma 2 della Costituzione comporta per l'imputato la irrinunciabilità della difesa tecnica ([62]).

Ovviamente l'imputato assistito da un difensore d'ufficio ha piena libertà di scelta della linea difensiva: egli può togliere effetto all'atto compiuto dal difensore (art. 99, comma 2); può nominarne uno di fiducia, così che « il difensore d'ufficio cessa dalle sue funzioni » (art. 97, comma 6).

A sua volta, il difensore d'ufficio, poiché non svolge una funzione di assistenza sociale, ha diritto ad essere retribuito. Tra l'altro, il codice afferma la stabilità dell'incarico (art. 97, comma 5) e sanziona l'abbandono della difesa (art. 105). Di conseguenza, le norme di attuazione affermano il diritto alla retribuzione (artt. 31, 32).

Il sostituto del difensore di fiducia o d'ufficio. Il difensore, qualunque sia la parte che lo abbia designato, ha il potere di nominare un sostituto nelle forme dell'art. 96, comma 2 (e cioè, in sintesi, sia per scritto, sia con dichiarazione del sostituto stesso che riferisca di essere stato nominato a tal fine; la dichiarazione è messa a verbale). Il sostituto « esercita i diritti e assume i doveri del difensore medesimo » (artt. 102, comma 2 e 34 att.). La nomina del sostituto non è condizionata al caso di impedimento del titolare e può avvenire per qualsiasi motivo ([63]) (v. tav. 2.1.30).

([62]) Così C. cost. n. 125 del 1979. La decisione può essere condivisa, in sintesi, per i seguenti motivi: se il migliore metodo per accertare il fatto storico è ritenuto essere il contraddittorio, l'imputato non può rinunciare alle sue armi dialettiche. Tanto equivarrebbe a disporre della propria libertà personale; viceversa, quest'ultima è riconosciuta come diritto indisponibile dalla Costituzione (art. 13).

([63]) Il potere di sostituzione del difensore incontra limitazioni tutte le volte in cui debbano essere compiuti atti per i quali è necessaria la procura. Ad esempio, al sostituto del difensore della persona danneggiata dal reato non spetta il potere di costituirsi parte civile in udienza « salvo che detta facoltà sia stata espressamente conferita nella

c. *Il difensore della persona offesa.* L'offeso può nominare il difensore nelle medesime forme semplificate che sono previste per il difensore dell'imputato (artt. 96, comma 2 e 101). Il difensore della persona offesa dal reato svolge un'attività che si può inquadrare nella "rappresentanza", con alcune somiglianze ed alcune differenze rispetto a quanto è previsto per l'imputato.

Da un lato, l'offeso, che pure può nominare un difensore per essere da lui rappresentato, ha tuttavia il potere di esercitare quei « diritti e facoltà » che sono a lui espressamente riconosciuti dalla legge (art. 90, comma 1). In tali casi, peraltro limitati, l'offeso può agire anche personalmente nel procedimento; ad esempio, può presentare memorie ed indicare elementi di prova. In relazione a questi atti l'offeso non è costretto ad agire "col ministero di un difensore", a differenza di quanto è previsto per le parti private diverse dall'imputato (es. parte civile). Poiché la persona offesa può non essere un giurista, nella pratica ha la necessità di compiere atti processuali mediante un difensore (64).

Da un altro lato, l'offeso non può (a differenza dell'imputato) togliere effetto ad un atto del proprio difensore; l'unico modo che ha per evitare una difesa tecnica "non gradita" è quello di revocare la nomina del difensore e nominarne un altro (v. tav. 2.1.28).

d. *Il difensore delle parti private diverse dall'imputato (es. parte civile).* Ai sensi dell'articolo 100, le parti private diverse dall'imputato (es. parte civile, responsabile civile, civilmente obbligato), stanno « in giudizio col ministero di un difensore ». Siamo dinanzi ad un'ipotesi di "rappresentanza tecnica" in senso stretto. Le parti private che abbiamo indicato non possono stare personalmente in giudizio.

La rappresentanza tecnica. La parte civile nomina il proprio difensore mediante il conferimento di una *procura speciale* (art. 100, comma 1) (v. tav. 2.1.28). Vi è una differenza rispetto all'imputato, che nomina il proprio difensore mediante una dichiarazione scritta la cui sottoscrizione non deve essere autenticata (art. 96, comma 2): la parte civile deve far autenticare la propria firma da una persona a ciò abilitata (es. notaio); oppure, la sottoscrizione della dichiarazione può essere autenticata dallo stesso difensore che sia stato nominato per quel processo (art. 100, comma 2). L'atto, mediante il quale la parte civile conferisce al difensore la "*procura ad litem*", è denominato procura speciale (art. 122) (65).

---

procura o che il danneggiato sia presente all'udienza di costituzione »; così Cass., Sez. un., 21 dicembre 2017 - 16 marzo 2018, n. 12213, Zucchi.

(64) Al momento dell'acquisizione della notizia di reato il pubblico ministero e la polizia giudiziaria informano la persona offesa dal reato della facoltà di nominare un difensore (art. 101, comma 1). La persona offesa è altresì informata della possibilità dell'accesso al patrocinio a spese dello Stato ai sensi dell'articolo 76 del testo unico n. 115 del 2002.

(65) Quando la procura speciale è apposta in calce o a margine dell'atto di costituzione (o di intervento) effettuato dalla parte, la autografia della sottoscrizione può essere certificata soltanto dal difensore (art. 100, comma 2). Quando non è apposta in calce o a margine, la procura deve essere depositata in cancelleria o presentata in udienza unitamente alla dichiarazione di costituzione di parte civile. Disposizioni analoghe valgono per il responsabile civile e per il civilmente obbligato per la pena pecuniaria (artt. 78, comma 3, 84, comma 3 e 89, comma 2).

La procura *speciale* si presume conferita soltanto per un determinato grado del processo, salvo che sia espressa una volontà diversa (art. 100, comma 3) (66). In forza di tale procura, il difensore della parte privata diversa dall'imputato può compiere e ricevere per conto (e cioè nell'interesse) della parte rappresentata « tutti gli atti del procedimento che dalla legge non sono a essa espressamente riservati ».

Dal concetto di rappresentanza tecnica si ricava il principio secondo cui il difensore non può compiere atti che comportino una disposizione del diritto in contesa, salvo che ne abbia ricevuto espressamente il potere (art. 100, comma 4).

La rappresentanza volontaria. Perché possa compiere atti in nome della parte rappresentata, il difensore deve essere munito della procura speciale indicata nell'art. 122, con la quale il cliente, nei casi consentiti dalla legge, può nominarlo proprio procuratore speciale per il compimento di determinati atti. In forza di tale rappresentanza volontaria, il difensore può compiere atti che incidono sulla situazione giuridica sostanziale della parte rappresentata in nome oltre che per conto della stessa.

Si tratta di un'ulteriore procura speciale, che deve contenere la determinazione dell'oggetto per cui è rilasciata e dei fatti ai quali si riferisce e deve essere conferita, a pena di inammissibilità, con atto pubblico o scrittura privata autenticata; « se la procura è rilasciata per scrittura privata al difensore, la sottoscrizione può essere autenticata dal difensore medesimo » (art. 122, comma 1, mod. dalla legge n. 479 del 1999).

e. *Il patrocinio per i non abbienti.*

La legge 30 luglio 1990, n. 217 (sostituita dal Testo unico spese di giustizia - d.p.r. 30 maggio 2002, n. 115) ha istituito il patrocinio a spese dello Stato in favore delle persone che hanno un reddito annuo (calcolato ai fini dell'imposta sul reddito delle persone fisiche e aggiornato) non superiore a euro 11.746,68. Il patrocinio è concesso su istanza ai soggetti che sono (o possono diventare) parti private, e cioè all'imputato, all'indagato, al condannato, all'offeso, al danneggiato che intenda costituirsi parte civile, al responsabile civile ed al civilmente obbligato per la pena pecuniaria (art. 74 T.U.S.G.).

Il patrocinio a spese dello Stato assicura la difesa tecnica nel procedimento penale sia per delitti, sia per contravvenzioni (67); assicura altresì la difesa tecnica in relazione all'azione risarcitoria che eventualmente sia esercitata davanti al giudice civile per i danni derivanti dai medesimi delitti. Il principio fondamentale sul quale si basa la normativa del patrocinio per i non abbienti è la libertà di scelta dell'avvocato. Il non abbiente nomina un difensore che sia ricompreso negli appositi elenchi predisposti dai consigli degli ordini previa valutazione dei requisiti dell'avvocato che ne fa domanda

---

Il domicilio della parte civile e delle altre parti private diverse dall'imputato per ogni effetto processuale si intende eletto presso il difensore (art. 100, comma 5).

(66) Se la parte privata diversa dall'imputato ritiene di conferire la procura speciale per l'appello e per il ricorso per cassazione, deve indicarlo espressamente nell'atto.

(67) È escluso dal patrocinio a spese dello Stato il *condannato con sentenza definitiva* nei procedimenti per i reati commessi in violazione delle norme per la repressione dell'evasione in materia di imposte sui redditi e sul valore aggiunto (art. 91, comma 1, lett. *a*, d.p.r. n. 115 del 2002, mod. dal d.lgs. n. 24 del 2019).

(artt. 80 e 81 T.U.S.G. n. 115 del 2002). Il rapporto tra difensore e cliente è di tipo privato, anche se l'onorario è pagato dallo Stato.

Patrocinio a spese dello Stato in favore di persone meritevoli di tutela. In tempi recenti il tradizionale istituto è stato utilizzato per finalità differenti dalla assistenza pubblica in considerazione della situazione di non abbienza. Il nuovo scopo è stato quello di provvedere alla difesa di persone ritenute comunque meritevoli di particolare tutela ([68]).

f. *Regole per l'attività difensiva.*

L'incompatibilità. L'art. 106, comma 1 prevede la possibilità che la difesa di più imputati sia assunta da un difensore comune « purché le diverse posizioni non siano tra loro incompatibili ». L'incompatibilità non deriva dalla semplice diversità tra le affermazioni di diversi imputati o tra le loro posizioni processuali. Deve sussistere in concreto un nesso di interdipendenza in base al quale un imputato abbia effettivamente interesse a sostenere una tesi difensiva sfavorevole ad un altro imputato. Una situazione del genere rende impossibile una difesa comune da parte di un unico avvocato. In caso contrario, uno dei due imputati verrebbe penalizzato.

Quando l'autorità giudiziaria rileva la sussistenza di una situazione di incompatibilità, deve indicarla, esporne i motivi e fissare un termine per rimuoverla (art. 106, comma 2). L'incompatibilità può essere eliminata in due modi: mediante la *rinuncia* del difensore a sostenere una o più difese (art. 107, comma 1); mediante la *revoca* della nomina da parte di uno degli imputati (art. 107, comma 4).

Nel caso in cui l'incompatibilità non venga rimossa entro il termine fissato, il giudice la dichiara e provvede a sostituire il difensore incompatibile con un difensore d'ufficio (artt. 106, comma 3 e 97).

L'abbandono ed il rifiuto della difesa. L'art. 105, comma 1 riconosce al consiglio dell'ordine forense la competenza esclusiva per le sanzioni disciplinari relative ai casi di *abbandono della difesa* o *di rifiuto della difesa di ufficio.*

A tal fine, l'autorità giudiziaria « riferisce al consiglio dell'ordine i casi di abbandono della difesa, di rifiuto della difesa di ufficio » e i casi nei quali il difensore abbia violato i doveri di lealtà e probità; infine, riferisce se il difensore ha assunto la difesa di più imputati in una situazione di incompatibilità presunta dalla legge (artt. 105, comma 4 e 106, comma 4-*bis*, mod. dalla legge n. 45 del 2001).

Le garanzie per il libero esercizio dell'attività difensiva. La scelta del legislatore è stata quella di assicurare al difensore la possibilità di svolgere la propria attività di

---

([68]) Ciò è avvenuto nei seguenti casi.

a) Le persone offese da reati di violenza familiare o di genere sono state ammesse al patrocinio a spese dello Stato in deroga ai limiti di reddito in base al decreto legge n. 93 del 2013 che ha modificato l'art. 76, comma 4-*ter*, d.p.r. n. 115 del 2002.

b) Lo stesso è avvenuto in favore degli orfani di crimini domestici (legge n. 4 del 2018).

c) In favore della persona che è stata comunque prosciolta (anche con archiviazione) dall'imputazione di omicidio verificatosi in presenza di legittima difesa domiciliare, la legge n. 36 del 2019 ha posto a carico dello Stato gli onorari e le spese spettanti al difensore, al consulente tecnico di parte e all'ausiliario giudiziario (art. 115-*bis*, d.p.r. n. 115 del 2002).

patrocinio e consulenza in favore del cliente senza subire alcun condizionamento. Le garanzie di carattere generale consistono nella forte tutela del segreto professionale assicurata dall'art. 200 c.p.p. agli avvocati, che « non possono essere obbligati a deporre su quanto hanno conosciuto per ragione del proprio ministero ».

Le garanzie di carattere speciale riguardano la tutela dell'ufficio del difensore e dei colloqui con i clienti e sono finalizzate ad assicurare la libertà di predisposizione delle strategie difensive in un processo di tipo accusatorio. Occorre che la raccolta di elementi di prova da contrapporre alle altre parti in condizioni di parità avvenga in modo riservato e immune da interferenze ad opera dell'autorità inquirente. Libero dispiegamento dell'attività difensiva e segreto professionale trovano diretto supporto nell'art. 24 della Costituzione.

L'ufficio del difensore. Lo studio legale nel quale opera il difensore ha le seguenti garanzie.

a) Non è consentita ***l'intercettazione*** relativa a comunicazioni svolte tra i difensori, i consulenti tecnici e i loro ausiliari tra di loro, né a comunicazioni svolte tra i medesimi e le persone da loro assistite (art. 103, commi 5 e 7); se casualmente vi fosse stata una intercettazione, questa è inutilizzabile.

b) Le ***ispezioni, le perquisizioni ed i sequestri*** di regola sono vietati; sono ammessi in casi tassativi previsti dalla legge; inoltre, essi devono essere effettuati con determinate modalità da osservarsi a pena di inutilizzabilità dei risultati, modalità che indichiamo di seguito (art. 103, commi 1 e 2) (69).

c) Le ***ispezioni e le perquisizioni*** sono ammesse quando i difensori (o le altre « persone che svolgono stabilmente attività nel medesimo ufficio ») risultano essere « imputati »; tali atti devono essere disposti « limitatamente ai fini dell'accertamento del reato loro attribuito » (art. 103, comma 1 lett. *a*). In questo caso il difensore (o altra persona) viene in considerazione come imputato; non viene in questione l'attività difensiva svolta dal difensore medesimo.

d) Le ispezioni e le perquisizioni sono ammesse anche « per rilevare le tracce o altri effetti materiali del reato » (art. 103, comma 1 lett. *b*). Si tratta di accertare con quali modalità è stata commessa, ad esempio, la rapina in uno studio di un avvocato.

e) E ancora, le ispezioni e le perquisizioni sono ammesse « per ricercare cose o persone specificamente predeterminate », che siano nascoste nell'ufficio di un avvocato (art. 103, comma 1 lett. *b*). Ad esempio, si ricerca un latitante che si sa essere presente nello studio legale; oppure, si ricerca una cambiale falsa che risulta essere depositata nel medesimo ufficio.

f) Il sequestro di carte o documenti relativi all'oggetto della difesa è vietato nell'ufficio del difensore e dei suoi ausiliari « incaricati in relazione al procedimento » (investigatore privato autorizzato e consulente tecnico). Il sequestro è ammesso soltanto in relazione ad oggetti « che costituiscano corpo del reato »: ad es., un assegno falso (art. 103, comma 2).

Non delegabilità degli atti di ricerca. Gli atti sopra ricordati, nei casi in cui sono ammessi, devono essere compiuti di regola da un giudice personalmente. Nel corso

(69) È fatto divieto di sequestrare la corrispondenza tra l'imputato e il proprio difensore in quanto riconoscibile dalle prescritte indicazioni (v. art. 35 disp. att.), salvo che la corrispondenza stessa costituisca corpo del reato.

delle indagini possono essere compiuti personalmente dal pubblico ministero purché autorizzato dal giudice con decreto motivato (art. 103 comma 4).

Preavviso al presidente del consiglio dell'ordine. Il magistrato sopra menzionato (giudice o pubblico ministero autorizzato), quando si accinge a compiere una perquisizione, una ispezione o un sequestro nell'ufficio del difensore, deve preavvisare, a pena di nullità, il presidente del consiglio dell'ordine perché questi (o un consigliere da lui delegato) possa « assistere alle operazioni » (art. 103 comma 3). Quella che è tutelata è la funzione difensiva; pertanto non è necessario il preavviso al consiglio dell'ordine quando il difensore è egli stesso imputato del reato per cui si procede.

Inutilizzabilità. I risultati delle ispezioni, perquisizioni, sequestri, intercettazioni di conversazioni o comunicazioni, che comunque siano stati eseguiti in violazione delle disposizioni finora esposte, non possono essere utilizzati ai sensi e nei limiti dell'art. 103, comma 7 (70) (71).

7. La persona offesa dal reato e la parte civile.

a. *La persona offesa.* Prima di illustrare quale ruolo svolgano, all'interno del procedimento penale, la parte civile e la persona offesa dal reato, occorre ricordare in estrema sintesi alcune nozioni di diritto penale sostanziale.

Il diritto penale tutela la società proteggendo i fondamentali beni giuridici. Ogni fatto di reato procura un'offesa ad un bene giuridico, e cioè una lesione o un pericolo per un interesse tutelato dalla legge. L'ordinamento giuridico risponde all'offesa con la sanzione penale. All'interno del procedimento penale l'interesse ad ottenere la condanna alla sanzione penale è tutelato dal pubblico ministero: questo soggetto rappresenta l'interesse generale alla repressione del reato.

La persona offesa dal reato è il titolare dell'interesse giuridico protetto, anche in modo non prevalente, da quella norma incriminatrice che si assume sia stata violata dal fatto storico di reato (72). Il codice attribuisce alla persona offesa la qualifica di

---

(70) Che richiama per alcune limitazioni l'art. 271 e il comma 3 dell'art. 103 medesimo.

(71) Il codice vuole assicurare all'indagato la possibilità di entrare immediatamente in contatto con l'avvocato al fine di concordare le strategie difensive e, più in generale, di esercitare il proprio diritto di difesa in funzione dell'interrogatorio e prima di esso. La possibilità di conferire con il difensore viene garantita anche in favore dell'imputato che sia sottoposto all'arresto, al fermo o alla custodia cautelare e deve potersi esercitare fin dall'inizio dell'esecuzione della misura (art. 104, commi 1 e 2).

L'imputato che non conosce la lingua italiana ha diritto di farsi assistere gratuitamente, indipendentemente dall'esito del procedimento, da un interprete per le comunicazioni con il difensore prima di rendere un interrogatorio o al fine di presentare una richiesta o una memoria nel corso del procedimento (art. 143, comma 1, mod. dal d.lgs. n. 32 del 2014; v. *infra*, Parte II, cap. 2, § 1, lett. *g*).

(72) Per individuare la persona offesa occorre, dunque, fare riferimento alla norma penale sostanziale, accertare l'interesse che è oggetto della tutela e, quindi, procedere alla identificazione del soggetto o dei soggetti titolari di tale interesse. Ad esempio, nel delitto di sottrazione consensuale di minorenne che abbia compiuto gli anni quattordici (art. 573 c.p.), il minorenne consenziente è soltanto l'oggetto materiale della condotta, mentre la persona offesa è il genitore al quale è stato sottratto il minorenne.

Bisogna anche tenere presente che vi sono reati plurioffensivi, e cioè che ledono o mettono in pericolo più beni giuridici contemporaneamente. La giurisprudenza ritiene plurioffensivi, tra gli altri, i delitti contro la fede pubblica, i delitti di calunnia, falsa perizia, concussione, omissione di atti d'ufficio e abuso d'ufficio se finalizzato ad arrecare ad altri un danno ingiusto.

"soggetto" del procedimento (art. 90) (73); la qualifica di "parte" le viene riconosciuta soltanto se, nella veste di danneggiato dal reato, la persona offesa ha esercitato l'azione risarcitoria costituendosi parte civile (art. 78).

Il codice di procedura penale prevede varie ipotesi di persona offesa di "creazione legislativa". Ai sensi dell'art. 90, comma 3, qualora una persona sia deceduta in conseguenza del reato, le facoltà e i diritti previsti dalla legge in favore della persona offesa sono esercitati dai "prossimi congiunti" (74), prescindendo dai diritti di natura civilistica derivanti dalla successione; pertanto la qualifica di offeso è attribuita anche a chi ha rinunciato alla eredità. Sempre nel caso di persona deceduta in conseguenza del reato, le facoltà e i diritti previsti dalla legge sono esercitati dalla « persona alla medesima legata da relazione affettiva e con essa stabilmente convivente ». Infine, ai sensi del nuovo ultimo comma dell'art. 572 c.p., aggiunto dalla legge n. 69 del 2019 (c.d. codice rosso), il minore di anni diciotto, che assiste ai maltrattamenti contro familiari e conviventi, è considerato persona offesa dal reato (75).

Occorre anche ricordare che alcune disposizioni del codice usano il termine "vittima" quando intendono riferirsi al soggetto che ha subito la condotta illecita sulla propria persona (76).

La riforma Cartabia introdurrà una definizione di vittima da utilizzarsi soltanto nella materia della giustizia riparativa (art. 1, comma 18, lett. *b*, legge-delega n. 134 del 2021). Ha definito la vittima del reato come la persona fisica che ha subìto un danno, fisico, mentale o emotivo, o perdite economiche che sono state causate direttamente da un reato. Ha considerato vittima del reato il familiare di una persona la cui morte è stata causata da un reato e che ha subìto un danno in conseguenza della morte di tale persona. Inoltre, ha ricompreso nel concetto di familiare il coniuge, la parte di un'unione civile tra persone dello stesso sesso, la persona che convive con la vittima in una relazione intima (nello stesso nucleo familiare e in modo stabile e

---

(73) La persona offesa minore, interdetta per infermità di mente o inabilitata esercita le facoltà e i diritti a essa attribuiti a mezzo dell'esercente la responsabilità genitoriale o del tutore (artt. 120 e 121 c.p.; 90, comma 2 c.p.p.).

Quando vi è *incertezza sulla minore età della persona offesa dal reato* scatta l'operatività di una nuova norma introdotta dal d.lgs. n. 212 del 2015 (comma 2-*bis* dell'art. 90 c.p.p.); e cioè, è fatto obbligo al giudice di disporre, « anche d'ufficio, perizia ». Se, anche dopo la perizia, permangono dubbi, « la minore età è presunta, ma soltanto ai fini dell'applicazione delle disposizioni processuali ». La presunzione legale opera in caso di dubbio e vale fino a prova contraria; essa ha efficacia soltanto al fine di rendere applicabili le norme processuali a tutela della persona offesa e, pertanto, non ha effetto per le norme sostanziali quali, ad esempio, « la contestazione di una circostanza aggravante » (*Relazione ministeriale* al d.lgs. n. 212, p. 4).

(74) Ai sensi dell'art. 307, comma 4 c.p. « agli effetti della legge penale, si intendono per "prossimi congiunti" gli ascendenti, i discendenti, il coniuge, la parte di un'unione civile tra persone dello stesso sesso, i fratelli, le sorelle, gli affini nello stesso grado, gli zii e i nipoti: nondimeno, nella denominazione di prossimi congiunti, non si comprendono gli affini, allorché sia morto il coniuge e non vi sia prole ».

(75) Il legislatore ha confermato in un caso particolare la soluzione alla quale era già pervenuta la giurisprudenza. Cass., sez. III, 7 ottobre 2016, n. 45403 ha affermato che, nel caso in cui sia configurabile l'aggravante di cui all'articolo 61, comma 11-*quinquies* c.p., perché il minore abbia assistito a uno dei reati indicati nella disposizione, questi è da considerare "persona offesa" del reato, in quanto la configurabilità di detta circostanza aggravante determina una estensione dell'ambito della tutela penale. Pertanto, il minore è legittimato a costituirsi parte civile, essendo anch'egli danneggiato dal reato, così come aggravato, e parimenti legittimato a proporre ricorso avverso la decisione di proscioglimento dell'imputato.

(76) Es. art. 498, comma 4-*ter* c.p.p., in base al quale l'esame della « vittima » del reato « viene effettuato, su richiesta sua o del suo difensore, mediante l'uso di un vetro specchio unitamente ad un impianto citofonico ».

continuo), nonché i parenti in linea diretta, i fratelli e le sorelle e le persone a carico della vittima.

I poteri sollecitatori. Tra i poteri, che la persona offesa può esercitare, possiamo menzionare quelli meramente "sollecitatori" dell'attività dell'autorità inquirente, come il presentare memorie o l'indicare elementi di prova nel corso del procedimento, escluso il giudizio di cassazione (art. 90 comma 1). Tale potere attribuisce all'offeso una mera facoltà, poiché al suo esercizio non corrisponde un obbligo per il giudice di pronunciarsi, diversamente da quanto accade per le richieste presentate dalle « parti » e dai loro difensori, in relazione alle quali il giudice deve provvedere « senza ritardo » (art. 121 comma 2 c.p.p.); v. *infra* nel capitolo sugli atti.

I diritti di informativa. La persona offesa dal reato ha il diritto a ricevere le informazioni necessarie al fine di esercitare i propri poteri nel procedimento penale. I diritti di informativa sono stati potenziati da leggi emanate per attuare Direttive europee e consistono in informazioni che devono essere fornite alla persona offesa, in una lingua a lei comprensibile, sin dal primo contatto con l'autorità procedente (art. 90-*bis*). Tra di esse segnaliamo le notizie sulle modalità di presentazione della denuncia e della querela, le informazioni sulle misure di protezione che possono essere disposte in proprio favore e sulle strutture sanitarie e antiviolenza presenti sul territorio (77). Occorre ricordare che, al pari dell'indagato, la persona offesa ha il diritto di conoscere le iscrizioni che la riguardino e che sono contenute nel registro delle notizie di reato (art. 335, comma 3) (78).

La persona offesa ha ulteriori diritti di informativa: deve essere avvisata della data e del luogo nel quale si svolgerà l'udienza preliminare (art. 419, comma 1); inoltre

---

(77) Ai sensi del nuovo art. 90-*bis* c.p.p., « alla persona offesa, sin dal primo contatto con l'autorità procedente, vengono fornite, in una lingua a lei comprensibile, informazioni in merito:

a) alle modalità di presentazione degli atti di denuncia o querela, al ruolo che assume nel corso delle indagini e del processo, al diritto ad avere conoscenza della data, del luogo del processo e della imputazione e, ove costituita parte civile, al diritto a ricevere notifica della sentenza, anche per estratto;

b) alla facoltà di ricevere comunicazione dello stato del procedimento e delle iscrizioni di cui all'articolo 335, commi 1 e 2;

c) alla facoltà di essere avvisata della richiesta di archiviazione;

d) alla facoltà di avvalersi della consulenza legale e del patrocinio a spese dello Stato;

e) alle modalità di esercizio del diritto all'interpretazione e alla traduzione di atti del procedimento;

f) alle eventuali misure di protezione che possono essere disposte in suo favore;

g) ai diritti riconosciuti dalla legge nel caso in cui risieda in uno Stato membro dell'Unione europea diverso da quello in cui è stato commesso il reato;

h) alle modalità di contestazione di eventuali violazioni dei propri diritti;

i) alle autorità cui rivolgersi per ottenere informazioni sul procedimento;

l) alle modalità di rimborso delle spese sostenute in relazione alla partecipazione al procedimento penale;

m) alla possibilità di chiedere il risarcimento dei danni derivanti da reato;

n) alla possibilità che il procedimento sia definito con remissione di querela di cui all'articolo 152 del codice penale, ove possibile, o attraverso la mediazione;

o) alle facoltà ad essa spettanti nei procedimenti in cui l'imputato formula richiesta di sospensione del procedimento con messa alla prova o in quelli in cui è applicabile la causa di esclusione della punibilità per particolare tenuità del fatto;

p) alle strutture sanitarie presenti sul territorio, alle case famiglia, ai centri antiviolenza, alle case rifugio e ai servizi di assistenza alle vittime di reato » (così mod. dalla legge n. 69 del 2019, c.d. codice rosso).

Occorre ricordare che, al pari dell'indagato, la persona offesa ha un potere di accesso al registro delle notizie di reato, mediante apposita richiesta al pubblico ministero (art. 335, comma 3).

(78) In base al nuovo comma 3-*ter* dell'art. 335, introdotto dalla legge n. 103 del 2017 (*c.d. riforma Orlando*), decorsi sei mesi dalla data di presentazione della denuncia o della querela, la persona offesa dal reato può chiedere

deve esserle notificato il decreto che dispone il giudizio (art. 429, comma 4). Detti avvisi servono a mettere l'offeso in grado di valutare se gli convenga costituirsi parte civile, qualora cumuli l'ulteriore qualifica di danneggiato.

A ben vedere, i diritti di "informativa" possono svolgere nel modo più pieno la loro funzione se l'offeso ha nominato un difensore, perché soltanto quest'ultimo è tecnicamente in grado di consigliare al suo assistito come muoversi ed attivarsi in relazione ai singoli atti del procedimento. Il legislatore ha inserito nel codice una disposizione che adempie a tale finalità (art. 101, comma 1). Il pubblico ministero e la polizia giudiziaria, al momento dell'acquisizione della notizia di reato, devono informare la persona offesa della facoltà di nominare un difensore di fiducia; inoltre, devono avvisarla della possibilità di accesso al patrocinio a spese dello Stato ([79]).

La partecipazione al procedimento. Passiamo adesso all'esame dei poteri di "partecipazione al procedimento", che possono essere esercitati dalla persona offesa che abbia nominato un difensore. Quest'ultimo può limitarsi ad assistere ai pochi atti di indagine per i quali è ammessa la sua presenza (e che si riducono, in definitiva, all'accertamento tecnico non ripetibile, art. 360); oppure, può attivarsi fino a svolgere le cosiddette "investigazioni difensive" previste dall'art. 327-*bis* c.p.p. Si tratta di indagini che sono compiute dal difensore personalmente o per mezzo di un sostituto, di un consulente tecnico di parte o di un investigatore privato autorizzato. Scopo di tali investigazioni è quello di permettere al difensore di ricercare e individuare elementi di prova e di intervistare le « persone che possano dare informazioni ». L'art. 391-*octies* prevede che la documentazione di tali atti possa essere presentata al pubblico ministero o anche direttamente al giudice (si veda *infra*, parte III, cap. 4).

Sempre fra i poteri di tipo "partecipativo" si può ricordare che la persona offesa (personalmente o per mezzo del difensore) può chiedere per scritto al pubblico ministero di promuovere un incidente probatorio, nel quale venga assunta una prova non rinviabile al dibattimento. In ogni caso, se l'incidente si svolge (sia a seguito di tale sollecitazione, sia su autonoma richiesta del pubblico ministero o dell'indagato) il difensore della persona offesa sarà preavvisato, potrà parteciparvi e chiedere al giudice di rivolgere domande alle persone sottoposte ad esame (art. 401, comma 5).

Per inciso, ricordiamo che la persona offesa può essere sentita come testimone in dibattimento e come possibile testimone durante le indagini preliminari.

La persona offesa vulnerabile. Il codice prevede due differenti qualifiche di persona offesa vulnerabile al fine di garantire determinate protezioni nel momento in

---

di essere informata dall'autorità che ha in carico il procedimento circa lo stato del medesimo « senza pregiudizio del segreto investigativo ».

([79]) La persona offesa può ottenere il patrocinio a spese dello Stato (come le altre parti potenziali) se rientra nei limiti di reddito previsti; ma può ottenere il patrocinio anche in deroga ai limiti di reddito se è vittima di determinati reati contro la persona o se è vittima di crimini domestici (art. 76 del testo unico n. 115 del 2002). Si tratta dei reati di cui agli articoli 572, 583-*bis*, 609-*bis*, 609-*quater*, 609-*octies* e 612-*bis*, nonché, ove commessi in danno di minori, dai reati di cui agli articoli 600, 600-*bis*, 600-*ter*, 600-*quinquies*, 601, 602, 609-*quinquies* e 609-*undecies* del codice penale. In particolare, le persone offese dai delitti di maltrattamenti familiari, violenza sessuale e atti persecutori devono essere comunque informate sui centri antiviolenza presenti sul territorio e, in particolare, nella zona di residenza della vittima; ed ancora, qualora ne facciano richiesta, devono essere messi in contatto con i centri medesimi (art. 11 del decreto legge n. 11 del 2009, convertito in legge n. 38 del 2009).

cui esse depongono: si tratta del ***minorenne*** e della persona che si trovi in ***situazioni di particolare vulnerabilità.*** Il loro esame deve svolgersi comunque con l'assistenza di un esperto in psicologia o psichiatria. In determinati casi, l'esame deve essere sottoposto a registrazione fonografica o audiovisiva e deve essere assunto in strutture diverse dal tribunale, eventualmente con vetro-specchio con impianto citofonico (artt. 134; 143-*bis*; 190-*bis*; 351; 362; 392, comma 1-*bis*; 398, comma 5-*bis*; 498, comma 4-*quater*). Le protezioni permettono una migliore valutazione di attendibilità della relativa deposizione (80).

I poteri di controllo sulla eventuale inattività del pubblico ministero. Infine, alla persona offesa sono riconosciuti poteri di tipo prettamente "penalistico", che cioè tendono a tutelare il suo interesse ad ottenere il rinvio a giudizio dell'imputato. All'offeso non è attribuita una vera e propria "azione penale", e cioè il potere di chiedere al giudice il rinvio a giudizio dell'indagato. Viceversa, gli sono attribuiti poteri di controllo sulla eventuale inattività del pubblico ministero; essi consentono all'offeso di mettersi in contatto con il giudice per le indagini preliminari e presentargli le proprie conclusioni in due delicate ipotesi, e cioè quando il pubblico ministero abbia chiesto al giudice la proroga delle indagini (art. 406, comma 3) o l'archiviazione (art. 408, comma 2). Nei due casi l'iniziativa del pubblico ministero deve essere notificata alla persona offesa che, in precedenza, abbia formalmente chiesto al medesimo di esserne informata. Per ulteriori dettagli, rinviamo a quanto contenuto nella parte III, cap. 2, § 1 e 3.

Dalla normativa, che abbiamo esposto in estrema sintesi, si può trarre la conferma che la persona offesa di regola non ha poteri di azione penale, bensì soltanto il potere di attivare il controllo del giudice nei casi nei quali si palesa l'inerzia del pubblico ministero.

b. *La parte civile.* Il reato, oltre a costituire un'offesa ad un bene giuridico, può aver provocato in concreto un danno. In tal caso colui che ha commesso il reato è obbligato a risarcire il danno e, se del caso, a restituire la cosa sottratta (art. 185 c.p.). L'illecito penale e l'illecito civile derivano dal medesimo titolo, e cioè dal fatto di reato.

---

(80) Quando è ***minorenne***, la persona offesa gode delle protezioni appena menzionate soltanto se il procedimento penale ha per oggetto quei *reati di violenza alla persona* che sono indicati espressamente dal codice.

A prescindere dall'essere minorenne o maggiorenne, la persona offesa gode delle medesime protezioni qualora si trovi in concreto in condizioni di ***particolare vulnerabilità***. In tal caso, le protezioni potrebbero essere applicate in astratto per qualsiasi reato: è soltanto necessario che siano presenti le condizioni soggettive ed oggettive previste dall'art. 90-*quater*.

Sotto un profilo *soggettivo*, la condizione di particolare vulnerabilità è desunta, oltre che « dall'età e dallo stato di infermità o di deficienza psichica » della persona offesa, anche « dal tipo di reato, dalle modalità e circostanze del fatto per cui si procede ».

Sotto un profilo *oggettivo*, per la valutazione della particolare vulnerabilità « si tiene conto se il fatto risulta commesso con violenza alla persona o con odio razziale, se è riconducibile ad ambiti di criminalità organizzata o di terrorismo, anche internazionale, o di tratta degli esseri umani, se si caratterizza per finalità di discriminazione, e se la persona offesa è affettivamente, psicologicamente o economicamente dipendente dall'autore del reato ».

Come abbiamo appena accennato, la qualifica di *persona offesa particolarmente vulnerabile* impone quelle medesime protezioni che sono concesse dal codice in favore del minorenne e che abbiamo sopra elencato, ma che per il minorenne sono previste per delitti tassativamente elencati.

Il danno derivante dal reato. Il danno risarcibile può manifestarsi nelle forme del danno patrimoniale e del danno non patrimoniale. Ad esempio, nel reato di lesioni personali (art. 582 c.p.) l'offesa consiste nella lesione dell'integrità fisica di una persona; il danno risarcibile consiste nelle perdite patrimoniali, nelle sofferenze e nel pregiudizio alla salute subiti dalla medesima persona (v. tav. 2.1.32).

a) Il danno patrimoniale consiste nella privazione o diminuzione del patrimonio nelle forme del danno emergente (es. le spese sostenute per curare le ferite) e del lucro cessante (es. la persona offesa ha avuto un'invalidità temporanea o permanente che le impedisce di lavorare e, quindi, di guadagnare). Il danno patrimoniale viene quantificato "per equivalente pecuniario" nel senso che mediante il risarcimento si deve ripristinare quella situazione economica e patrimoniale del danneggiato che era preesistente e che avrebbe potuto proseguire, se non fosse stato commesso il reato.

b) Il danno non patrimoniale (denominato comunemente "danno morale") consiste nelle sofferenze fisiche e psichiche patite a causa del reato (art. 2059 c.c.). Si tratta di un danno che non può essere quantificato "per equivalente" poiché non è possibile ripristinare la situazione anteriore al reato; il danno non patrimoniale viene calcolato con modalità di tipo "satisfattivo". Il giudice in via equitativa determina una cifra di denaro che possa dare una soddisfazione tale da *compensare*, se così si può dire, le sofferenze patite.

Secondo un'interpretazione costituzionalmente orientata dell'art. 2059 c.c., il danno non patrimoniale è risarcibile in due ordini di casi: in primo luogo, quando la risarcibilità è prevista in modo espresso dalla legge (es. art. 185 c.p.); in secondo luogo, quando, pur in assenza di una previsione normativa, il danno non patrimoniale deriva dalla lesione di diritti inviolabili della persona riconosciuti dalla Costituzione ([81]).

La persona danneggiata dal reato. Con queste nozioni, sia pur sintetiche, riteniamo conclusa la parentesi di diritto sostanziale. Pertanto la persona, che ha subìto un danno patrimoniale o non patrimoniale in conseguenza del reato, può essere definita "danneggiato dal reato" e ha diritto al risarcimento del danno (art. 185 c.p.). L'azione tendente a conseguire l'accertamento della responsabilità dell'imputato e la condanna di costui al risarcimento del danno può essere esercitata, in alternativa, davanti al giudice civile in un autonomo procedimento, oppure davanti al giudice penale ma soltanto dopo che il pubblico ministero ha esercitato l'azione penale (art. 74). In quest'ultimo caso, il danneggiato esercita l'azione civile costituendosi parte civile nel processo penale (art. 76 c.p.p.).

Dall'art. 74 si ricava un limite di carattere sistematico: l'azione che il danneggiato esercita nel processo penale è soltanto quella tendente ad ottenere la condanna al risarcimento del danno o le restituzioni ai sensi dell'art. 185 c.p.: nel processo penale

([81]) Una tipologia di danno non patrimoniale di particolare rilevanza è costituita dal danno biologico, che consiste nella menomazione della integrità fisico-psichica del soggetto, che viene leso nel suo "diritto alla salute" riconosciuto dalla Costituzione quale « fondamentale diritto dell'individuo » (art. 32). Il danno biologico è valutato in proporzione all'invalidità provocata ed è determinato in base a tabelle che tengono conto sia del tipo di invalidità, sia dell'età della persona lesa. Occorre sottolineare che, in questo caso, non entra in gioco la valutazione della capacità di reddito dell'individuo, che viene già considerata nel determinare il lucro cessante.

non possono essere esercitate altre azioni civili aventi differenti oggetti (es. disconoscimento di paternità).

Dalle considerazioni sinora svolte si può dedurre che molto spesso la medesima persona riveste sia la qualifica di persona offesa dal reato, sia la qualifica di persona danneggiata dal reato. Rari sono i casi nei quali un individuo ha soltanto una delle due qualifiche: per esempio, nel corso di una rapina, è danneggiata un'auto parcheggiata nelle vicinanze: il proprietario dell'auto è il danneggiato, mentre la persona aggredita è insieme offesa e danneggiata. La distinzione tra persona offesa e danneggiato dal reato è importante perché ad essa è ricollegato l'esercizio di differenti poteri spettanti all'una o all'altra qualifica.

In particolare, l'essere persona offesa dal reato comporta la qualifica di "soggetto" del procedimento con tutti i diritti e le facoltà che sono stati esposti nel precedente sottoparagrafo (art. 90). L'essere soltanto danneggiato dal reato, e non anche persona offesa, non fa assumere la qualifica di "soggetto" del procedimento; pertanto al danneggiato dal reato in quanto tale (es. in occasione di un illecito penale) non spettano i diritti e le facoltà della persona offesa.

Le regole. L'esercizio dell'azione civile nel processo penale è fondato su due regole non espresse, ma che si ricavano dalla normativa del codice. In primo luogo l'azione civile resta "ospite" nel processo penale; in secondo luogo l'azione civile subisce la regolamentazione di quest'ultimo.

La prima regola comporta che l'azione civile mantenga la sua natura e le sue caratteristiche civilistiche. L'azione resta facoltativa e disponibile, nel senso che il danneggiato in ogni momento del processo penale può revocare la costituzione di parte civile (art. 82): ciò avviene, ad esempio, quando la parte civile stipula con l'imputato una transazione sul risarcimento dovuto. Inoltre, il giudice penale, nell'accertare i danni e nel condannare al risarcimento l'imputato colpevole, non può andare oltre i limiti della domanda, e cioè della quantità del risarcimento richiesto dalla parte civile.

La seconda regola, e cioè la prevalenza della normativa del processo penale, comporta che, al di fuori di quanto attiene alla natura "civilistica" dell'azione, i poteri ed il comportamento processuale della parte civile sono disciplinati dal codice di procedura penale. Pertanto, l'esercizio dell'azione civile nel processo penale subisce, nei suoi aspetti "procedimentali", varie deroghe rispetto alla regolamentazione che vige nel processo civile.

Ad esempio, le prove dell'illecito penale e dei danni cagionati (negli aspetti quantitativi che servono alla precisazione dell'eventuale sanzione penale ai sensi dell'art. 133 c.p.) sono ricercate d'ufficio dal pubblico ministero nel corso delle indagini preliminari, che restano segrete (di regola) fino al loro termine. Naturalmente, la parte civile ha un autonomo diritto di ricerca e di ammissione della prova; tuttavia può affidarsi all'iniziativa del pubblico ministero. Rispetto al processo civile, ciò costituisce un vantaggio per il danneggiato, che non deve anticipare le spese necessarie allo svolgimento del processo.

I doveri della parte civile. Un altro esempio della prevalenza del processo penale si trova nella norma che impone alla parte civile di deporre con l'obbligo, penalmente sanzionato, di dire la verità, quando sia citata come testimone. Viceversa, nel processo civile, le parti non possono essere chiamate a deporre come testimoni con l'obbligo, penalmente sanzionato, di dire la verità (art. 246 c.p.c.).

Una conferma della natura *civilistica* dell'azione sta invece nel fatto che la parte civile può chiedere al giudice penale di condannare l'imputato a pagare una provvisionale. Il giudice deve disporre la provvisionale nei limiti in cui sia già acquisita la prova del danno (art. 539 c.p.p.); tale condanna è immediatamente esecutiva in primo grado (art. 540 c.p.p.). L'istituto è simile a quello previsto nell'art. 278 c.p.c.

In definitiva il danneggiato, che eserciti l'azione civile nel processo penale, incontra, in prevalenza, vantaggi: non anticipa le spese del procedimento, che sono sostenute dallo Stato; inoltre, non deve affannarsi a ricercare le prove; infine, usufruisce dei tempi più ristretti di svolgimento del processo penale rispetto a quello civile. Di contro, si trova in un procedimento nel quale l'iniziativa e le scelte fondamentali spettano al pubblico ministero. Un altro svantaggio consiste nell'effetto di giudicato di quella sentenza di assoluzione che, se afferma l'innocenza dell'imputato con le formule ampie previste dall'art. 652, impedisce al giudice civile di condannare al risarcimento del danno (si veda *infra*, parte VI, cap. 1, § 9).

La dichiarazione di costituzione di parte civile. La costituzione di parte civile deve essere fatta mediante una apposita dichiarazione resa per scritto ai sensi dell'art. 78 c.p.p.; la dichiarazione deve essere sottoscritta dal difensore della parte civile, perché il danneggiato sta in giudizio non personalmente ma mediante il difensore munito di procura speciale conferita con atto pubblico o scrittura privata autenticata (art. 100 comma 1). La dichiarazione svolge la funzione dell'atto di citazione in un processo civile (anche se è meno complessa di un atto di citazione); essa deve contenere a pena di inammissibilità i seguenti elementi (v. tav. 2.1.33):

a) le generalità della persona fisica (o la denominazione dell'associazione o ente che si costituisce parte civile e le generalità del suo legale rappresentante);

b) le generalità dell'imputato nei cui confronti viene esercitata l'azione civile (o le altre indicazioni personali che valgono ad identificarlo);

c) il nome e il cognome del difensore e la indicazione della procura a questi rilasciata;

d) la esposizione delle « ragioni » che giustificano la « domanda ». Le « ragioni » consistono nei *motivi* per i quali si asserisce che il reato ha provocato un danno patrimoniale o non patrimoniale (costituirebbero la cd. *causa petendi* di un giudizio civile) e consentono al giudice di valutare se il richiedente è legittimato a costituirsi parte civile. In questo momento non è necessario precisare il *quantum* del risarcimento richiesto, che sarà invece indispensabile solo al momento della presentazione delle conclusioni scritte al termine del dibattimento (art. 523, comma 2);

e) la sottoscrizione del difensore.

La procura speciale al difensore è apposta in calce o a margine della dichiarazione di parte civile ed il difensore certifica la autografia della sottoscrizione del danneggiato (artt. 78 comma 3 e 100 comma 2); se la procura è conferita con atto separato (art. 100 comma 1), tale atto è depositato nella cancelleria del giudice o è presentato in udienza unitamente alla dichiarazione di costituzione (art. 78 comma 3).

I termini per la costituzione di parte civile. La ***riforma Cartabia*** ha previsto che, nei processi con udienza preliminare, l'eventuale costituzione di parte civile debba avvenire, a pena di decadenza, per le imputazioni contestate, entro il compimento degli accertamenti relativi alla regolare costituzione delle parti a norma dell'articolo 420 c.p.p. (art. 1, comma 9, lett. o, legge-delega n. 134 del 2021) ([82]). Fino alla promulgazione della decretazione delegata il danneggiato potrà costituirsi parte civile anche in dibattimento al momento della costituzione delle parti (art. 484).

Esclusione e revoca. Se non esistono i presupposti sostanziali o i requisiti formali per la costituzione di parte civile, il giudice, con ordinanza, ne dispone l'*esclusione* su richiesta motivata del pubblico ministero, dell'imputato o del responsabile civile (art. 80) ovvero d'ufficio (art. 81). L'ordinanza di esclusione della parte civile non è impugnabile.

La presenza della parte civile viene meno anche nelle ipotesi di *revoca* espressa o tacita. È espressa la revoca effettuata con dichiarazione resa in udienza dalla parte civile personalmente o da un suo procuratore speciale o con atto scritto depositato in cancelleria e notificato alle altre parti (art. 82, comma 1). Si ha invece revoca tacita qualora la parte civile non presenti le proprie conclusioni scritte in dibattimento al momento della discussione finale (art. 523) o qualora essa promuova l'azione civile davanti al giudice civile (art. 82, comma 2).

L'azione risarcitoria davanti al giudice civile. Il codice di procedura penale prevede che il danneggiato dal reato possa compiere altre due scelte in alternativa a quella di costituirsi parte civile (v. tav. 2.1.34). Da un lato, può esercitare l'azione di danno davanti al giudice civile; da un altro lato, può restare inerte, e cioè non esercitare l'azione risarcitoria né in sede penale, né in sede civile. A tali scelte sono ricollegate alcune conseguenze giuridiche.

Se il danneggiato esercita l'azione risarcitoria davanti al giudice civile in modo "tempestivo" (e cioè prima che il giudice penale abbia pronunciato una decisione in primo grado), l'azione civile può svilupparsi senza subire sospensioni, parallelamente allo svolgersi del processo penale (art. 75, comma 2). Vi è un ulteriore vantaggio: una eventuale assoluzione dell'imputato nel processo penale non ha la forza del giudicato, e cioè non vincola il giudice civile né gli impedisce, eventualmente, di condannare l'imputato-convenuto al risarcimento del danno, ove siano raccolte le prove della responsabilità di quest'ultimo.

L'inerzia del danneggiato. Nell'altro caso, e cioè qualora il danneggiato resti inerte, corre il rischio che il giudice penale assolva l'imputato con una formula ampia, che acquista la forza del giudicato. Infatti, quando il danneggiato è stato messo in grado di partecipare al processo penale e non ha voluto costituirsi parte civile, la sentenza di assoluzione con formula ampia ha efficacia vincolante in relazione al fatto che sia stato accertato (art. 652; si veda *infra*, parte VI, cap. 1, § 9) ([83]).

([82]) Salva contraria volontà espressa della parte rappresentata e fuori dei casi di mancanza di procura alle liti ai sensi dell'articolo 100 del codice di procedura penale, la procura per l'esercizio dell'azione civile in sede penale, rilasciata ai sensi dell'articolo 122 del predetto codice, conferirà al difensore la legittimazione all'esercizio dell'azione civile con facoltà di trasferire ad altri il potere di sottoscrivere l'atto di costituzione per garantire il potere di costituirsi parte civile.

([83]) Il codice ha riconosciuto alla persona offesa un ruolo meramente "penalistico", e cioè un interesse ad ottenere soltanto la condanna del responsabile del reato; viceversa, al danneggiato che si sia costituito parte civile il codice ha

8. Altri soggetti del procedimento penale.

Il codice prevede che possano essere presenti nel procedimento altri soggetti oltre alla persona offesa dal reato ed alla parte civile. Tali ulteriori soggetti sono l'ente rappresentativo di interessi lesi dal reato (art. 91), il responsabile civile (art. 83), la persona civilmente obbligata per la pena pecuniaria (art. 89) e gli enti responsabili in via amministrativa per i reati commessi da loro rappresentanti o dirigenti. Sono soggetti la cui presenza è rara nella maggior parte dei processi penali; tuttavia, può essere interessante fare ad essi qualche cenno.

L'ente rappresentativo di interessi lesi dal reato. Si tratta di un soggetto che si può qualificare come "persona offesa di creazione politica". Di tale soggetto il codice prevede in via generale la possibilità di intervento nel procedimento penale, rinviando a successive leggi che autorizzano singoli enti (art. 91). Dopo l'entrata in vigore del codice vi sono state varie leggi che hanno previsto l'intervento di enti rappresentativi: ai sensi dell'art. 187 del decreto legislativo 24 febbraio 1998, n. 58, nei procedimenti per i reati relativi all'uso di informazioni riservate nelle operazioni in valori mobiliari (*insider trading*), la Commissione nazionale per le società e la borsa (CONSOB) può esercitare i diritti e le facoltà riconosciute dal codice agli enti rappresentativi di interessi lesi dal reato; in base all'art. 7 della legge 20 luglio 2004 n. 189 (e per i reati in essa previsti) analoghe facoltà sono riconosciute alle associazioni che tutelano gli animali e che sono individuate con decreto ministeriale.

Una volta fatti i riferimenti concreti, è possibile tracciare la figura dell'ente rappresentativo: questo ha poteri processuali simili a quelli esercitabili dalla persona offesa dal reato. Ai sensi dell'art. 91, l'ente può « esercitare in ogni stato e grado del procedimento i diritti e le facoltà attribuiti alla persona offesa dal reato ». Da ciò si ricava che l'ente è un "soggetto" del procedimento e non una "parte". Il difensore che rappresenta l'ente può partecipare all'udienza preliminare e al dibattimento; in tale sede può chiedere al presidente di rivolgere domande alle persone sottoposte ad esame incrociato e può altresì chiedere l'ammissione di nuovi mezzi di prova (art. 505).

In definitiva, l'ente rappresentativo dell'interesse leso dal reato è soltanto un "soggetto" che si colloca come accusatore a fianco del pubblico ministero, senza poter esercitare né l'azione penale, né l'azione civile di danno.

Il responsabile civile è il soggetto obbligato a risarcire il danno causato dall'autore del reato; il codice di procedura penale fa riferimento ad un soggetto che non ha partecipato al compimento dell'illecito penale, ma è chiamato a risarcire il danno provocato dalla persona che ha commesso tale fatto. Si può citare l'art. 2049 c.c. secondo cui i padroni e i committenti sono responsabili civilmente per i danni arrecati dal fatto illecito (eventualmente anche penale) compiuto dai loro dipendenti nell'esercizio delle incombenze a cui sono adibiti. In questa ipotesi, come nelle altre previste dal codice civile, scatta una responsabilità civile per fatto altrui.

---

voluto riconoscere un ruolo meramente "civilistico", e cioè ha inteso tutelarne soltanto l'interesse ad ottenere il risarcimento del danno derivante dal reato. Quanto questo risultato sia ottenibile nella realtà delle cose non è dato di sapere, perché nella prassi la parte civile si comporta come un'accusa penale privata e, viceversa, la persona offesa è presente nel procedimento, il più delle volte, al fine di stimolare l'accusa nella ricerca di quegli elementi di fatto sui quali, successivamente, la medesima persona offesa valuterà se fondare la richiesta di risarcimento del danno.

Nel processo penale, se il danneggiato esercita l'azione civile risarcitoria contro l'imputato, può anche scegliere, se crede, di chiedere la condanna del responsabile civile (v. tav. 2.1.3); in tal caso, deve domandare al giudice di essere autorizzato a citare il responsabile civile, al più tardi, per il dibattimento (art. 83).

Sempre quando vi è stata costituzione di parte civile, il responsabile civile può anche intervenire volontariamente nel processo penale (art. 85); e ciò può fare al fine di chiedere l'ammissione di prove che lo liberino da responsabilità o che dimostrino l'innocenza dell'imputato (84).

La persona civilmente obbligata per la pena pecuniaria è una "parte eventuale" del processo penale: essa è citata a richiesta del pubblico ministero o dell'imputato (art. 89). Siamo in presenza di una particolare forma di responsabilità verso lo Stato a carico di un soggetto diverso dall'autore del reato. La responsabilità si attiva quando l'autore del reato, che sia stato condannato e sottoposto ad esecuzione per una pena pecuniaria (multa o ammenda), sia insolvibile. In tal caso l'obbligo di pagare la multa o l'ammenda è posto a carico della persona fisica o giuridica indicata dagli artt. 196 e 197 del codice penale. Costei è condannata nel processo penale a pagare le somme di denaro nel caso in cui l'autore del reato si dimostri insolvibile.

In definitiva, si tratta di una responsabilità civile sussidiaria ed eventuale per il caso dell'insolvibilità del condannato in relazione al pagamento della multa o dell'ammenda. La responsabilità è civile (e cioè attiene al pagamento di una somma), ma la fonte è la condanna penale alla multa o all'ammenda. Pertanto la persona civilmente obbligata è una "parte eventuale" del processo in relazione all'azione penale esercitata dal pubblico ministero. Soltanto dopo che la persona civilmente obbligata è stata citata su richiesta del pubblico ministero o dell'imputato, questa diventa "parte" del processo penale ed il giudice deciderà in sentenza sui suoi obblighi (v. tav. 2.1.3).

Gli enti responsabili in via amministrativa per i reati commessi da loro rappresentanti o dirigenti. Possono essere parti del processo penale anche gli enti responsabili in via amministrativa per i reati commessi da loro rappresentanti o dirigenti. Il d.lgs. 8 giugno 2001, n. 231 ha introdotto nel nostro ordinamento un nuovo tipo di responsabilità amministrativa dipendente dal compimento di determinati reati. Tale responsabilità è attribuita alle persone giuridiche ed alle società e associazioni in relazione ai reati commessi, nell'interesse o a vantaggio dell'ente, da persone che rivestono funzioni di rappresentanza, amministrazione o direzione dell'ente mede-

---

(84) Pertanto il responsabile civile è "parte" fin dal momento in cui è stato citato o è intervenuto volontariamente; ma è una parte "eventuale" del processo penale perché la sua presenza richiede che, in primo luogo, il danneggiato si sia costituito parte civile e, in secondo luogo, che il responsabile civile sia stato citato o sia intervenuto volontariamente. Soltanto a queste condizioni il giudice penale nella sentenza deciderà sulla responsabilità civile per fatto altrui.

La citazione del responsabile civile e l'intervento volontario del medesimo perdono efficacia se la costituzione di parte civile è revocata o se è ordinata l'esclusione della medesima (artt. 83, comma 6; 85, comma 4).

Merita segnalare che, in base alla sentenza della Corte cost. n. 112 del 1998, in caso di responsabilità civile da assicurazione obbligatoria autoveicoli, l'imputato stesso ha il diritto di chiedere la citazione della compagnia assicuratrice come responsabile civile; ciò è giustificato dalle peculiarità di tale forma di responsabilità civile, che prevede l'azionabilità diretta nei confronti dell'assicuratore e l'esclusione del regresso di questi nei confronti dell'assicurato - condannato (legge n. 990 del 1969).

simo o che ne assumono, anche di fatto, la gestione e il controllo; o ancora, da persone in posizione subordinata in caso di omesso controllo da parte dei soggetti in posizione apicale. Si tratta di una responsabilità limitata a reati espressamente elencati dalla legge, dei quali tratteremo nella parte IV, cap. V. Ricordiamo i delitti di concussione e corruzione (art. 25), nonché i delitti di indebita percezione di erogazioni, di truffa in danno dello Stato o di un ente pubblico o per il conseguimento di erogazioni pubbliche, di frode informatica in danno dello Stato o di un ente pubblico (art. 24). Agli enti è addebitata una responsabilità di tipo amministrativo, anche se questa è accertata all'interno di un procedimento penale; nei confronti degli enti sono applicabili sanzioni pecuniarie ed interdittive (ad es. interdizione dall'esercizio dell'attività; sospensione o revoca di autorizzazioni; divieto di contrattare con la pubblica amministrazione; esclusione di agevolazioni).

Nei procedimenti per i reati menzionati il pubblico ministero cita l'ente in qualità di parte. L'ente che intende partecipare attivamente al procedimento penale si costituisce con una dichiarazione scritta (art. 39). Se l'ente sceglie di non partecipare al procedimento e, pertanto, non si costituisce, nella fase processuale viene dichiarato « contumace » (art. 41). L'istituto della contumacia è stato abrogato dalla legge n. 67 del 2014; il rinvio deve intendersi riferito al nuovo istituto dell'assenza. Per ulteriori dettagli, rinviamo alla parte quarta, cap. quinto.

Capitolo II
GLI ATTI

SOMMARIO: 1. Gli atti del procedimento penale. — 2. Le cause di invalidità degli atti. — 3. Cenni sul processo penale telematico.

1. Gli atti del procedimento penale.

a. Considerazioni generali. Il codice dedica un apposito libro, il secondo, agli atti e alle invalidità dei medesimi (1). Viene tradizionalmente definito "atto del procedimento penale" quell'atto che è compiuto da uno dei soggetti del procedimento (giudice, pubblico ministero, polizia giudiziaria, difensore, imputato, ecc.) e che è finalizzato alla pronuncia di un provvedimento penale (sia esso una sentenza, una ordinanza o un decreto). In base a tale definizione rientrano nel concetto di "atto" sia gli atti delle indagini preliminari (che, ricordiamo, sono compiuti in una fase preprocessuale), sia gli atti dell'udienza preliminare e del giudizio (che fanno parte del processo penale). Pertanto, richiamando anche quanto abbiamo anticipato nel precedente capitolo (§ 1, *b*), il primo atto del procedimento penale è quello che segue la ricezione della notizia di reato da parte della polizia giudiziaria o del pubblico ministero (art. 347).

Occorre precisare che con il termine "atto" si designa quella "attività" che è compiuta da un soggetto. Tuttavia, nella prassi il termine "atto" individua anche il risultato permanente della attività che è stata compiuta. In quest'ultimo significato "atto" sta ad indicare sia il verbale che documenta l'attività compiuta, sia il testo del provvedimento pronunciato dal giudice (sentenza, ordinanza, decreto) (v. tav. 2.2.1).

Atti a forma vincolata. Proseguendo in queste premesse di carattere generale, dobbiamo ricordare che gli atti più importanti del procedimento penale hanno una forma vincolata. Il libro secondo del codice di procedura penale prevede i "modelli legali" che sono prefissati in via generale per gli atti del procedimento. Nei libri successivi vi sono "modelli legali" speciali che sono previsti per singoli tipi di atti. Il rispetto delle forme legali è una delle garanzie poste a tutela dei soggetti che sono implicati nel procedimento penale. Un esempio di norma, che prevede atti a forma vincolata, è l'art. 125, comma 1, secondo cui « la legge stabilisce i casi nei quali il provvedimento del giudice assume la forma della sentenza, dell'ordinanza o del decreto ».

---

(1) Possiamo chiederci per quale motivo sia stata operata una distinzione tra gli atti e le prove, alle quali è stato dedicato un autonomo libro del codice, il terzo. In effetti, la deposizione testimoniale è un atto del procedimento penale quando è raccolta in un verbale; eppure, le norme sugli atti sono tenute separate da quelle sulle prove.

Una ragione può essere la seguente. Nel libro sulle prove sono contenute le regole in base alle quali il giudice valuta la testimonianza nella sua credibilità e attendibilità ai fini della corretta motivazione della sentenza. Viceversa, nel libro secondo vi sono quelle norme che regolano gli aspetti formali della documentazione degli atti e che permettono di redigere il verbale della deposizione testimoniale in forme che evitano le sanzioni di nullità, inammissibilità ecc. In sintesi, il libro sugli atti riguarda le formalità, mentre quello sulle prove riguarda la sostanza, e cioè il valore che il giudice dà alle prove.

Atti a forma libera. Quando il codice non impone una forma vincolata, l'atto ha una forma libera. Proseguendo l'esempio appena fatto, ai sensi dell'art. 125, comma 6, tutti gli altri provvedimenti del giudice (diversi da sentenza, ordinanza e decreto) sono adottati senza formalità e, quando non è stabilito altrimenti, anche oralmente. Ad esempio « sono dati oralmente e senza formalità » i provvedimenti relativi all'accesso del pubblico all'udienza dibattimentale (art. 471, comma 6).

La lingua degli atti. Ai sensi dell'art. 109 comma 1 gli atti del procedimento sono compiuti in lingua italiana (2).

Testimoni ad atti del procedimento (art. 120). Il codice prevede in varie disposizioni che determinate persone possano assistere ad atti del procedimento penale. Queste intervengono nel processo penale non in quanto sono a conoscenza di fatti oggetto di prova (in tal caso si tratterebbe di testimoni in senso proprio: artt. 187 e 194), bensì perché sono persone di fiducia di uno dei soggetti interessati dallo svolgimento del relativo atto, del quale garantiscono la regolarità e sul quale possono essere chiamate a testimoniare. Ciò avviene per la ispezione personale (art. 245 comma 1), per la perquisizione personale (art. 249 comma 1) e locale (art. 250 comma 1). Il codice definisce tali persone « testimoni ad atti del procedimento » e detta espressamente per loro nell'art. 120 alcune cause di incapacità (3).

Divieto di pubblicazione di atti del procedimento (rinvio). Il codice colloca nel libro secondo alcune disposizioni che riguardano materie attinenti prevalentemente (anche se non esclusivamente) agli atti di indagine preliminare. Ciò concerne, in particolare, il divieto di pubblicare gli atti del procedimento (art. 114). Poiché la trattazione in questa sede non pare opportuna, esamineremo la materia in oggetto nella sua collocazione corretta, e cioè nelle indagini preliminari (parte III, cap. 1, § 4, lett. *d*).

Obbligo di osservanza delle norme processuali (art. 124). La Costituzione, prevedendo il giusto processo regolato dalla legge (art. 111 comma 1), detta un principio generale di legalità processuale. Tale principio è attuato dalle norme sulle invalidità degli atti processuali, delle quali tratteremo nel prossimo paragrafo. A chiusura del sistema, l'art. 124 del codice di procedura penale impone di « osservare le norme di questo codice anche quando l'inosservanza non importa nullità o altra sanzione processuale ». L'obbligo è diretto ai magistrati, ai cancellieri, agli altri ausiliari del giudice, agli ufficiali giudiziari e agli agenti di polizia giudiziaria (comma 1). La disposizione si traduce inevitabilmente in un obbligo deontologico assistito da

---

(2) Particolari disposizioni valgono per il cittadino italiano che appartiene ad una minoranza linguistica riconosciuta e che si trovi davanti ad una autorità giudiziaria di primo o di secondo grado avente giurisdizione sul territorio ove la predetta minoranza è insediata. Il predetto cittadino è, a sua richiesta, interrogato o esaminato nella madre-lingua e il relativo verbale è redatto anche in tale lingua (comma 2). Inoltre, nella medesima lingua sono tradotti gli atti del procedimento a lui indirizzati successivamente alla sua richiesta. Le predette garanzie valgono per le parti private, i testimoni, i periti ed i consulenti tecnici e sono assistite dalla previsione di una nullità speciale (comma 3).

(3) Non possono intervenire come testimoni ad atti del procedimento: *a*) i minori degli anni quattordici e le persone palesemente affette da infermità di mente o in stato di manifesta ubriachezza o di intossicazione da sostanze stupefacenti o psicotrope (la loro capacità si presume fino a prova contraria); *b*) le persone sottoposte a misure di sicurezza detentive o a misure di prevenzione.

sanzioni disciplinari; ed infatti il comma 2 stabilisce che « i dirigenti degli uffici vigilano sull'osservanza delle norme anche ai fini della responsabilità disciplinare ».

b. *Gli atti del giudice.* Gli atti del giudice sono la sentenza, l'ordinanza ed il decreto.

La sentenza è l'atto con cui il giudice adempie al dovere di decidere, che gli è posto a seguito dell'esercizio dell'azione penale. La sentenza esaurisce una fase o un grado del processo; con essa il giudice si spoglia del caso. Se una parte impugna la sentenza, un altro giudice esaminerà successivamente il caso, e questo fino a che sarà pronunciata una sentenza non più impugnabile con i mezzi di impugnazione ordinari (art. 648).

Dal punto di vista della forma, la sentenza deve essere sempre motivata, e cioè deve dare conto del percorso logico seguito dal giudice per giungere alla decisione. L'obbligo della motivazione è posto direttamente dalla Costituzione (art. 111, comma 6) e ripetuto dal codice che prevede la sanzione della nullità (relativa) per l'eventuale inosservanza (art. 125, comma 3).

L'ordinanza è il provvedimento con cui il giudice risolve singole questioni senza definire il procedimento. Ad esempio, con ordinanza il giudice accoglie o respinge la domanda di ammissione di un mezzo di prova (art. 190, comma 1). L'ordinanza deve essere sempre motivata a pena di nullità (art. 125, comma 3) e, di regola, è revocabile dal giudice.

Il decreto è un "ordine" dato dal giudice; deve essere motivato soltanto se la legge lo precisa espressamente (art. 125, comma 3).

Singole norme del codice prescrivono quando il provvedimento del giudice assume la forma dell'ordinanza o del decreto ([4]). È difficile enunciare un criterio generale di distinzione, poiché anche il decreto, come l'ordinanza, risolve singole questioni senza chiudere in modo definitivo un procedimento.

In linea di massima, si può tracciare il seguente criterio distintivo. L'ordinanza è emessa dopo che si è svolto il contraddittorio fra le parti; il decreto è pronunciato in assenza del medesimo ([5]).

Occorre segnalare che il decreto è un tipo di atto che può essere emesso, oltre che dal giudice, anche dal pubblico ministero nei casi previsti dal codice. Ad esempio, il pubblico ministero dispone con decreto il sequestro del corpo del reato (art. 253).

L'immediata declaratoria di determinate cause di non punibilità. L'art. 129 comma 1 pone la regola secondo la quale il giudice ha l'obbligo di dichiarare immediatamente d'ufficio determinate cause di non punibilità. Più precisamente, il codice enumera espressamente le seguenti formule terminative che comportano la declaratoria d'ufficio: il *fatto non sussiste*, l'imputato *non lo ha commesso*, il fatto *non*

([4]) Come esempio, possiamo citare il decreto che dispone il giudizio (art. 429); questo atto è emanato dal giudice al termine dell'udienza preliminare e costituisce un atto di impulso al proseguimento del processo.

([5]) Si veda, ad esempio, il decreto di archiviazione, che viene emesso senza contraddittorio (art. 409, comma 1) e l'ordinanza di archiviazione, che è pronunciata in seguito ad un'udienza in camera di consiglio (art. 409, comma 5).

costituisce reato, il fatto *non è previsto dalla legge come reato*, il reato è *estinto* o manca una *condizione di* procedibilità ([6]).

L'immediata declaratoria in ogni stato e grado del processo. La pronuncia del giudice deve intervenire immediatamente in ogni stato e grado del *processo*, e cioè in momenti successivi all'esercizio dell'azione penale. L'obbligo deve intendersi limitato da norme speciali che regolano la fase o il grado. Ad esempio, il giudice deve essere stato investito della piena cognizione del fatto; ciò non avviene nel caso dei procedimenti incidentali ([7]).

La gerarchia tra le formule di proscioglimento. Il comma 2 dell'art. 129 pone una gerarchia tra le formule che il giudice è tenuto ad emettere: quando esiste una causa di estinzione del reato (ad esempio, la prescrizione) e risulta evidente dagli atti la "non responsabilità penale" dell'imputato, il giudice deve dare la preferenza a questo tipo di pronuncia, che assume la forma della sentenza di assoluzione (se pronunciata in giudizio) o della sentenza di non luogo a procedere (se emessa nell'udienza preliminare). Ove non sia stata già acquisita agli atti la prova evidente circa la mancanza di responsabilità dell'imputato, il giudice è tenuto a pronunciare immediatamente l'estinzione del reato; ma è stato riconosciuto che l'imputato ha diritto a rinunciare all'amnistia sopravvenuta (Corte cost. n. 175 del 1971) e alla prescrizione del reato maturata nel frattempo (Corte cost. n. 275 del 1990; si veda l'art. 157 comma 7 c.p.), rendendo inoperante l'obbligo di immediata declaratoria delle relative cause di estinzione (v. parte III, cap. 5, § 15, lett. *b*)).

La correzione di errori materiali. L'art. 130 prevede la procedura di correzione degli errori materiali. L'istituto richiede almeno quattro requisiti. In primo luogo sono oggetto di correzione degli errori materiali soltanto gli atti del giudice riferibili al modello delle sentenze, delle ordinanze e del decreto. In secondo luogo l'errore non deve essere causa di nullità dell'atto. In terzo luogo l'errore deve essere materiale, e cioè consistere in una difformità tra il pensiero del giudice (contenuto dell'ordinanza) e la formulazione esteriore di tale pensiero; ma può essere errore materiale anche una omissione relativa ad un comando che dipende in maniera automatica dalla legge. In quarto luogo la eliminazione dell'errore non deve comportare una modifica essenziale dell'atto; pertanto si devono escludere quelle correzioni che incidono sul dispositivo ([8]).

([6]) Nella dichiarazione di estinzione del reato rientra, ad esempio, l'intervenuta prescrizione del medesimo; nella mancanza di condizione di procedibilità devono intendersi ricomprese la mancanza di una condizione di proseguibilità e la improcedibilità di cui all'art. 649. L'omessa menzione delle altre ipotesi di non punibilità (ad esempio per mancanza di imputabilità) nell'art. 129 trova giustificazione nel fatto che le relative formule richiedono l'accertamento della responsabilità dell'imputato secondo le normali cadenze del processo. V. tav. 3.5.16.

([7]) Nella fase delle indagini preliminari il giudice non può attivarsi d'ufficio per il semplice motivo che prima dell'esercizio dell'azione penale non vi è "processo" e, quindi, non si può applicare l'art. 129. « Così, il giudice per le indagini preliminari che, nell'ambito di un intervento incidentale nel procedimento, riconosca l'esistenza di una delle situazioni contemplate dall'art. 129 c.p.p., non dispone degli strumenti decisori idonei alla declaratoria immediata della causa di non punibilità » (E.M. Catalano, 2004).

([8]) Il procedimento di correzione dell'errore si svolge in camera di consiglio secondo le forme dell'art. 127 (art. 130 comma 2). La competenza spetta al giudice "autore" dell'atto; nel corso delle impugnazioni spetta al giudice *ad quem*. L'iniziativa spetta al giudice, che provvede anche su richiesta del pubblico ministero o della parte interessata. L'ordinanza recante la correzione deve essere annotata sull'originale dell'atto.

I poteri coercitivi del giudice. Al giudice spettano poteri coercitivi nell'esercizio delle sue funzioni, e cioè al fine del « sicuro e ordinato compimento degli atti ai quali procede » (art. 131). Il potere coercitivo comporta la possibilità di ottenere comportamenti anche contro la volontà dei singoli interessati; si tratta di poteri di "polizia processuale" per l'esercizio dei quali la legge non impone l'osservanza di particolari formalità: l'ordine può essere anche soltanto orale ed è riprodotto nel verbale di udienza. Spetta al giudice il potere di chiedere l'intervento della polizia giudiziaria; se necessario, anche l'intervento della forza pubblica.

L'accompagnamento coattivo dell'imputato e di altre persone. Tra gli atti che costituiscono espressione del potere coercitivo si può collocare l'accompagnamento coattivo (artt. 132 e 133). L'istituto consiste in una restrizione della libertà personale dato che può essere eseguito con la forza (art. 46 disp. att.); per tale motivo, l'art. 132 richiede che venga disposto solo « nei casi previsti dalla legge ».

I destinatari dell'accompagnamento. Tra i destinatari del provvedimento di accompagnamento coattivo vi sono sia l'imputato (o indagato) (art. 132), sia le altre persone indicate nell'art. 133: il testimone, il perito, il consulente tecnico, l'interprete ed il custode di cose sequestrate (9). Il potere del giudice (e, vedremo, anche del pubblico ministero con alcune differenze) è molto ampio perché concerne i procedimenti per qualsiasi reato (delitto e contravvenzione) anche di minima entità; pertanto, può essere disposto anche in relazione a reati per i quali non è ammessa alcuna misura cautelare (art. 280) (10).

c. *Gli atti delle parti.* Nel libro secondo il codice si limita ad enunciare due soli "modelli generali" di atti delle parti; si tratta delle *richieste* e delle *memorie*. Nella parte dinamica (e cioè dal libro quinto in avanti) il codice prevede molti altri tipi di

---

Alla procedura di correzione dell'errore materiale fanno rinvio varie disposizioni. L'art. 66 comma 3 sulla erronea attribuzione delle generalità dell'imputato; l'art. 535 comma 4 sulla omessa condanna alle spese processuali; l'art. 547 sulla correzione della sentenza; l'art. 668 sulla condanna di una persona in luogo di un'altra per errore di nome. Altre disposizioni, come ad esempio l'art. 624 comma 3, prevedono una procedura in camera di consiglio senza l'osservanza dell'art. 127.

In base al nuovo comma 1-*bis*, inserito nell'art. 130 dalla legge n. 103 del 2017 (c.d. *riforma Orlando*), quando nella sentenza di applicazione della pena su richiesta delle parti si dovranno rettificare solo la specie e la quantità della pena per errore di denominazione o di computo, la correzione dovrà essere disposta, anche d'ufficio, dal giudice che ha emesso il provvedimento; se questo è impugnato, alla rettificazione dovrà provvedere la cassazione a norma dell'art. 619, comma 2.

(9) La legge n. 85 del 2009 ha aggiunto, quale destinatario dell'accompagnamento coattivo, anche la « persona sottoposta all'esame del perito diversa dall'imputato ». La disposizione permette al giudice di far eseguire la perizia coattiva che comporta atti idonei ad incidere sulla libertà personale, come *il prelievo di capelli, di peli o di mucosa del cavo orale* su persone viventi, ai fini della determinazione del profilo del DNA (art. 224-*bis*).

(10) L'accompagnamento tuttavia non può diventare una misura cautelare camuffata in quanto i due istituti hanno finalità e presupposti diversi. *L'accompagnamento coattivo* adempie allo scopo di condurre una persona davanti al giudice per rendere possibile l'acquisizione di un contributo probatorio; la *misura cautelare* tende a far fronte al pericolo di inquinamento della prova, al pericolo di fuga o di reiterazione del reato. Per evitare un'eventuale sovrapposizione, l'art. 132 comma 2 afferma che la persona sottoposta ad accompagnamento coattivo non può essere tenuta a disposizione « oltre il compimento dell'atto previsto e quelli consequenziali per i quali perduri la necessità della sua presenza ». Gli atti successivi devono essere legati a quello precedente con un vincolo logico-funzionale. Vi è poi una norma di chiusura, secondo la quale « in ogni caso la persona non può essere trattenuta oltre le ventiquattro ore ».

atti, che non hanno un rilievo inferiore a quelli menzionati. Si pensi alle *conclusioni*, che devono essere presentate al termine del dibattimento (art. 523). In altri casi il codice prevede il *consenso* (artt. 423, comma 2; 444; 446; 449, comma 2; 518, comma 2; 566, comma 5), l'*accettazione* (art. 340), la *rinuncia* (artt. 419, comma 5; 495, comma 4-*bis*; 569, comma 2; 589) o la *revoca* (art. 82). Infine, è atto delle parti la *impugnazione*, che è regolamentata nell'art. 581.

Per quanto riguarda i modelli generali, iniziamo a considerare ***la richiesta***. Assume tale forma ogni tipo di domanda che le parti (sia quella pubblica, sia quelle private) rivolgono al giudice al fine di ottenere una decisione. Ricordiamo, come esempi, la richiesta di procedere ad incidente probatorio (art. 392); la richiesta della parte civile di ottenere la provvisoria esecuzione della condanna al risarcimento del danno (art. 540, comma 1).

Sulle richieste ritualmente formulate il giudice deve provvedere senza ritardo e comunque entro quindici giorni, salvo specifiche disposizioni di legge (art. 121, comma 2). Se non adempie a tale obbligo, la parte può presentargli formale istanza ai sensi dell'art. 3 della legge n. 117 del 1988 sulla responsabilità dei magistrati. A questo punto il giudice deve decidere entro trenta giorni; se non lo fa, vi possono essere gli estremi del "diniego di Giustizia", che è fonte di responsabilità civile. In ogni caso l'inosservanza delle norme del codice può dar luogo ad una responsabilità disciplinare ai sensi dell'art. 124.

Altro atto della parte è ***la memoria***, che ha un contenuto meramente argomentativo teso ad illustrare questioni in fatto o in diritto. Nel codice troviamo, come esempio, le memorie che la persona offesa può presentare in ogni stato e grado del procedimento (art. 90).

d. Il procedimento in camera di consiglio. Il codice utilizza l'espressione "camera di consiglio" per indicare due situazioni molto diverse. In base all'art. 125, comma 4, il giudice delibera in segreto i propri provvedimenti in camera di consiglio. In questo caso tale espressione indica il *luogo* in cui il giudice si ritira per formare il proprio convincimento sulla singola questione da decidere.

Sotto un altro profilo, l'art. 127 disciplina il modello generale di "procedimento in camera di consiglio". Per camera di consiglio qui si intende la *modalità di svolgimento* di un'attività giurisdizionale, alla quale le parti e le altre persone interessate (es. l'offeso) hanno il diritto di partecipare (v. tav. 2.2.2). Un'udienza in camera di consiglio è quella che si svolge quando il giudice per le indagini preliminari non accoglie la richiesta di archiviazione formulata dal pubblico ministero (art. 409, comma 2).

Il procedimento in camera di consiglio presenta due caratteristiche: l'assenza del pubblico (art. 127, comma 6) e la partecipazione solo facoltativa delle parti, delle persone interessate e dei loro difensori (art. 127, comma 3).

Si tratta di una procedura "semplificata" che il codice impone tutte le volte in cui occorre adottare una decisione in tempi rapidi e vi è la necessità di attivare un contraddittorio di tipo meramente eventuale. Le parti ed i difensori ricevono un avviso, ma non vi è l'obbligo di intervenire all'udienza.

Nel modello ordinario di procedimento in camera di consiglio, l'atto iniziale è il decreto di fissazione dell'udienza. Alle parti, agli altri interessati ed ai loro difensori è dato avviso della data fissata per l'udienza almeno dieci giorni prima dell'udienza stessa. L'osservanza di questo adempimento è richiesta a pena di nullità (art. 127, comma 5). Fino a cinque giorni prima dell'udienza gli interessati possono presentare memorie presso la cancelleria del giudice.

Il contraddittorio eventuale. All'udienza il contraddittorio è soltanto eventuale, perché la partecipazione delle parti, degli interessati e dei loro difensori è facoltativa. Il giudice (o il presidente del collegio) ha comunque l'obbligo di ascoltare, a pena di nullità, tutti coloro che intervengono all'udienza, oltre che l'imputato o condannato in stato di detenzione che ne facciano richiesta, purché detenuti nello stesso luogo ove ha sede il giudice; in caso contrario, alla loro audizione deve procedere il magistrato di sorveglianza prima che abbia luogo l'udienza in camera di consiglio (art. 127, comma 3) ([11]).

Il provvedimento conclusivo della procedura camerale assume, di regola, la forma dell'ordinanza, che è impugnabile mediante ricorso per cassazione (art. 127, comma 7).

La procedura in camera di consiglio non viene osservata quando il giudice emette un provvedimento senza formalità, ossia *de plano* (es. art. 409, comma 1: decreto di archiviazione).

e. *La documentazione degli atti.* Gli atti del procedimento penale devono essere documentati perché se ne possa conservare traccia. Il codice prevede che a tale documentazione si provveda « mediante verbale », che viene redatto dall'ausiliario che assiste il giudice o il pubblico ministero (artt. 135, 373 e 480). L'art. 136, comma 1, indica in modo analitico il contenuto del verbale: « il verbale contiene la menzione del luogo, dell'anno, del mese, del giorno e, quando occorre, dell'ora in cui è cominciato e chiuso, le generalità delle persone intervenute (...), la descrizione di quanto l'ausiliario ha fatto o ha constatato o di quanto è avvenuto in sua presenza nonché le dichiarazioni ricevute da lui o da altro pubblico ufficiale che egli assiste ». Il verbale deve riprodurre sia la domanda, sia la risposta (art. 136, comma 2) ([12]).

Il valore probatorio. La *Relazione al progetto preliminare* (p. 51) ha chiarito che il verbale « non è esso stesso fonte di prova », bensì ha solo la funzione di documentare gli atti e di attestare quello che è avvenuto in presenza dell'ausiliario. Ciò significa che il giudice rimarrà libero di valutare il significato probatorio del contenuto del verbale, e cioè egli potrà liberamente apprezzare, ad esempio, se le

---

([11]) Occorre segnalare che, quando l'imputato e il condannato in stato di detenzione hanno fatto richiesta di essere sentiti e siano detenuti nello stesso luogo ove ha sede il giudice, in caso di loro legittimo impedimento, l'udienza deve essere rinviata a pena di nullità (art. 127, commi 4 e 5). Se invece l'imputato o il condannato sono detenuti in luogo diverso da quello in cui ha sede il giudice, alla loro audizione deve procedere a pena di nullità il magistrato di sorveglianza prima che abbia luogo l'udienza in camera di consiglio (art. 127, comma 3). Tuttavia, la Corte costituzionale ha precisato che il giudice ha il potere di disporre anche d'ufficio la traduzione in udienza del detenuto (sent. n. 45 del 1991).

([12]) In base all'art. 142, « salve particolari disposizioni di legge, il verbale è nullo se vi è incertezza assoluta sulle persone intervenute o se manca la sottoscrizione del pubblico ufficiale che lo ha redatto ».

dichiarazioni riportate siano vere o false, ma anche potrà valutare la correttezza della descrizione redatta dal pubblico ufficiale ([13]).

La documentazione. Nel libro secondo del codice è dettata la disciplina generale della documentazione; in altre disposizioni si prevede una normativa specifica che integra quella generale nelle fasi delle indagini preliminari (art. 373), dell'udienza preliminare (art. 420, comma 4) e del dibattimento (artt. 480, 481 e 510). La documentazione può essere effettuata con almeno tre modalità differenti.

Il verbale in forma integrale. In dibattimento di regola deve essere redatto il verbale in forma integrale con la stenotipia o altro strumento meccanico ovvero, in caso di impossibilità di ricorso a tali mezzi, con la scrittura manuale (art. 134, comma 2).

Il verbale in forma riassuntiva con riproduzione fonografica. Una seconda modalità di documentazione è il verbale « in forma riassuntiva » (art. 134, comma 3). In tal caso spetta al giudice vigilare che sia riprodotta « nell'originaria genuina espressione, la parte essenziale delle dichiarazioni » (art. 140, comma 2); da ciò si evince che "riassuntivo" non significa riassunto del concetto delle dichiarazioni, ma solo sommaria esposizione degli elementi extra-dichiarativi.

Quando il verbale è redatto in forma riassuntiva deve essere effettuata anche la riproduzione fonografica (art. 134, comma 3).

Il verbale in forma riassuntiva senza riproduzione fonografica. Infine, vi è una terza modalità di documentazione che si effettua quando vi sia una « contingente indisponibilità di strumenti di riproduzione o di ausiliari tecnici » o anche quando gli atti da verbalizzare hanno contenuto semplice o limitata rilevanza (art. 140, comma 1). Si tratta della verbalizzazione in forma riassuntiva senza riproduzione fonografica.

La riproduzione audiovisiva è prevista in tre situazioni distinte e si aggiunge alle predette modalità.

a) È *discrezionale* quando l'autorità ritiene insufficienti le modalità di documentazione ordinarie sopra precisate e, viceversa, ritiene *assolutamente indispensabile* la riproduzione audiovisiva (art. 134, comma 4).

b) È *consentita*, anche al di fuori delle situazioni di assoluta indispensabilità, quando si tratta di dichiarazioni rese dalla persona in condizioni di *particolare vulnerabilità* (art. 134, comma 4, in relazione all'art. 90-*quater*).

c) È *obbligatoria*, in alternativa alla riproduzione soltanto fonografica, e comunque a pena di inutilizzabilità, quando, al di fuori dell'udienza, si deve svolgere l'interrogatorio di una *persona detenuta* (art. 141-*bis*). Mediante la riproduzione fonografica o audiovisiva si vuole garantire l'assenza di condizionamenti, data la situazione di detenzione in cui si trova la persona interrogata.

([13]) Quanto al valore probatorio del verbale, è necessario un chiarimento utile a prevenire eventuali equivoci. Nel codice previgente il verbale di un atto del procedimento penale era "fidefacente", e cioè faceva « fede fino ad impugnazione di falso di quanto il pubblico ufficiale attesta(va) di avere fatto o essere avvenuto in sua presenza » (art. 158 c.p.p. 1930). In base a tale disposizione si poteva attribuire al verbale di un atto del procedimento un valore più forte rispetto ad un qualsiasi altro documento: il fatto che era riferito nel verbale entrava a far parte delle conoscenze "ufficiali" del procedimento penale.

Una conclusione del genere non è più sostenibile oggi. Il codice del 1988 ha eliminato la disposizione sul valore fidefacente del verbale e non ha riprodotto l'istituto dell'incidente di falso (art. 215 c.p.p. 1930).

Viceversa, nel processo civile il verbale è fidefacente (art. 2700 c.c.); e cioè, esso fa fede fino a querela di falso della verità del fatto attestato (art. 221 c.p.c.).

f. La notificazione. ***I. Considerazioni preliminari.*** Nel corso del procedimento penale sorge più volte l'esigenza di fornire conoscenza di atti (o di attività) a determinate persone, perché queste possano esercitare i propri diritti (ad esempio, di difesa) o adempiere ai propri doveri (ad esempio, di presentarsi a testimoniare). La notificazione è lo strumento previsto dalla legge per rendere noto al destinatario un atto (o una attività) del procedimento; di regola essa è eseguita mediante la consegna, al destinatario, della *copia* dell'atto stesso. Questo può essere un atto del procedimento (ad esempio, la richiesta di archiviazione; art. 408, comma 2), o l'avviso di una attività già compiuta o da compiere (ad esempio, l'avviso che è depositato in segreteria il verbale di un atto di indagine, art. 366; o l'avviso che sarà compiuto un atto garantito, art. 364).

L'organo che esegue la notificazione è, generalmente, l'ufficiale giudiziario o chi ne esercita le funzioni (art. 148); l'ufficiale giudiziario è un ausiliario del giudice. In casi eccezionali, che esamineremo, le notificazioni possono essere svolte dalla polizia penitenziaria o dalla polizia giudiziaria (artt. 148 comma 2 e 151 comma 1, mod. dalla legge antiterrorismo n. 155 del 2005).

Di regola, l'atto è notificato per intero mediante consegna di copia dell'atto al destinatario da parte dell'ufficiale giudiziario (art. 148, comma 1). Esistono forme equipollenti alla notifica quali la consegna di copia dell'atto all'interessato da parte della cancelleria (art. 148, comma 4), la lettura dei provvedimenti e gli avvisi dati verbalmente dal giudice agli interessati che siano presenti (art. 148, comma 5).

Conoscenza effettiva e presuntiva. Il codice ha voluto contemperare due esigenze fondamentali, ma contrastanti. Da un lato, quella di portare alla *conoscenza effettiva* del destinatario l'atto da notificare. Da un altro lato, l'esigenza di accertare il reato e assicurare la *celerità* degli adempimenti formali, in modo da non ritardare il corso del procedimento penale. Le due esigenze sono state conciliate mediante una disciplina minuziosa e dettagliata che contempla una serie di formalità da compiere, volte a rendere conoscibile l'atto da parte del suo destinatario, con la precisazione che, una volta adempiute tali formalità, scatta la presunzione legale di avvenuta conoscenza.

Il *codice in materia di protezione dei dati personali* (d.lgs. 30 giugno 2003 n. 196) ha voluto tutelare la riservatezza della persona destinataria della notifica. Infatti, quando la notifica non può essere eseguita in mani proprie del destinatario, l'atto è consegnato in busta sigillata, ad esempio, al portiere (art. 148 comma 3 mod.). Questa formalità non è prevista nel caso di notifica al difensore o al domiciliatario.

La relazione di notificazione. Della consegna dell'atto è redatto un verbale, che viene chiamato « relazione di notificazione » e che ha il contenuto indicato nell'art. 168, comma 1 del codice: l'ufficiale giudiziario (o altro soggetto legittimato) « scrive, in calce all'originale e alla copia notificata, la relazione in cui indica l'autorità o la parte privata richiedente, le ricerche effettuate, le generalità della persona alla quale è stata consegnata la copia, i suoi rapporti con il destinatario, le funzioni o le mansioni da essa svolte, il luogo e la data della consegna della copia, apponendo la propria sottoscrizione ».

La relazione di notificazione è il *verbale* di una attività compiuta; come tale, è destinata a far prova di quanto il pubblico ufficiale ha compiuto e dei fatti da lui constatati. La notificazione produce effetto per ciascun destinatario dal giorno della sua esecuzione (art. 168, comma 3); pertanto, da tale momento l'atto si presume conosciuto dal destinatario.

II. I soggetti legittimati a disporre le notificazioni.

Notificazioni disposte dal giudice. Di regola l'atto è notificato per intero mediante consegna al destinatario da parte dell'ufficiale giudiziario (art. 148, comma 1) o, in alcuni specifici casi, dalla polizia penitenziaria (es. nei procedimenti con detenuti) ([14]).

Notificazioni disposte dal pubblico ministero. Le notificazioni di atti del pubblico ministero nel corso delle indagini preliminari sono eseguite dall'ufficiale giudiziario, o anche dalla polizia giudiziaria, ma nei soli casi di atti di indagine o provvedimenti che la stessa è delegata a compiere o è tenuta ad eseguire (art. 151 comma 1, mod. dalla legge antiterrorismo n. 155 del 2005). Gli esempi rispettivamente sono i seguenti: la notifica dell'invito a presentarsi (art. 375) per compiere l'interrogatorio delegato alla polizia giudiziaria; la notifica di un decreto di sequestro che la polizia giudiziaria è delegata ad eseguire (art. 253) ([15]).

Notificazioni chieste dalle parti private. Le parti private possono effettuare le notificazioni di loro interesse secondo le regole ordinarie (richiesta all'ufficiale giudiziario) oppure valersi di una modalità semplificata. Si tratta dell'invio di copia dell'atto da parte del difensore mediante lettera raccomandata con avviso di ricevimento (art. 152).

III. I destinatari delle notificazioni.

Notificazioni al pubblico ministero. Le notificazioni al pubblico ministero sono eseguite nel modo ordinario o anche direttamente dalle parti mediante consegna di copia dell'atto alla segreteria. Allo stesso modo vengono notificati gli atti ed i provvedimenti del giudice, a cura della cancelleria. Il pubblico ufficiale addetto annota sull'originale la eseguita consegna e la data in cui questa è avvenuta (art. 153).

Notificazioni al difensore. Anche le notificazioni al difensore, possono essere eseguite nel modo ordinario. Tuttavia una forma semplificata di notificazione può essere disposta sia dal giudice, sia dal pubblico ministero. Ai sensi del comma 2-*bis* dell'art. 148 c.p.p., introdotto dalla legge n. 438 del 2001, « l'autorità giudiziaria può disporre che le notificazioni o gli avvisi ai difensori siano eseguiti con mezzi tecnici idonei ». In ogni caso, l'ufficio che invia l'atto deve attestare in calce ad esso di avere trasmesso il testo originale ([16]).

([14]) In casi di urgenza il giudice può disporre, anche d'ufficio, che le notificazioni alle persone diverse dall'imputato siano effettuate a mezzo del telefono. Tale modalità si perfeziona soltanto se la comunicazione telefonica è immediatamente confermata al destinatario mediante telegramma (art. 149).

Il codice prevede altresì la possibilità che siano disposte forme atipiche di notificazione alle persone diverse dall'imputato (art. 150). Si tratta di una clausola aperta, che consente un adattamento automatico al progresso tecnologico. In tale ipotesi occorre un decreto motivato del giudice, che dia atto dell'adeguatezza dei mezzi impiegati.

([15]) In base all'art. 17 comma 6 della legge di conversione n. 155 del 2005, per i procedimenti relativi ai delitti di cui all'art. 407, comma 2, lett. *a*, n. 1, 3, 4 c.p.p., « rimane ferma » la disciplina previgente, che consente al *pubblico ministero* nel corso delle indagini preliminari di ordinare che le notificazioni siano eseguite dalla polizia giudiziaria.

Anche per le notificazioni da parte del pubblico ministero sono previste due forme equipollenti alle modalità ordinarie. È possibile la consegna di copia dell'atto da parte della segreteria (art. 151 comma 2) e la lettura di provvedimenti e avvisi in presenza degli interessati (art. 151 comma 3).

([16]) Nei casi di urgenza l'art. 149 prevede che il giudice può disporre, anche su richiesta di parte, che le persone diverse dall'imputato siano avvisate o convocate a mezzo del telefono a cura della cancelleria. Tale comunicazione telefonica ha valore di notificazione con effetto dal momento in cui è avvenuta sempre che della stessa sia data immediata conferma al destinatario mediante telegramma.

Notificazioni all'imputato detenuto. Le notificazioni all'imputato detenuto sono eseguite nel luogo di detenzione mediante consegna di copia alla persona (art. 156 comma 1). Se questa si rifiuta di ricevere l'atto, se ne fa menzione nella relazione di notificazione e la copia rifiutata è consegnata al direttore dell'istituto o a chi ne fa le veci. In caso di impossibilità dovuta a legittima assenza dell'interessato il direttore lo informa immediatamente col mezzo più celere (art. 156 comma 2).

Notificazioni all'imputato non detenuto. Allo scopo di rendere più celere ed agevole l'attività di notificazione all'imputato (o all'indagato) non detenuto, il codice disciplina la *dichiarazione* o l'*elezione di domicilio*. Nel primo atto compiuto con l'intervento dell'imputato o dell'indagato, l'autorità procedente lo invita a dichiarare o eleggere il proprio domicilio (art. 161, comma 1). Dichiarare il domicilio significa indicare quel luogo, ove egli abita o lavora, nel quale gli atti saranno a lui notificati. Eleggere il domicilio (dal latino "eligere", scegliere) comporta la indicazione di un domiciliatario, e cioè di una persona differente dall'imputato, che viene da lui *scelta* per ricevere copia dell'atto da notificare ([17]): una volta consegnata la copia al domiciliatario, l'atto si considera legalmente conosciuto dall'imputato ([18]). L'imputato medesimo è avvertito a pena di nullità che, ove egli si rifiuti di ottemperare alla dichiarazione o elezione o successivamente ometta di comunicare un eventuale mutamento del domicilio dichiarato o eletto, le notificazioni saranno eseguite mediante consegna al difensore (art. 161, comma 4). Della dichiarazione o della elezione di domicilio, o del rifiuto di compierla, è fatta menzione nel verbale (art. 162) ([19]).

Prima notificazione all'imputato non detenuto. Nel caso in cui non sia stato possibile invitare l'imputato a dichiarare o eleggere il domicilio, scatta un ulteriore normativa. Il codice distingue tra la prima e le successive notificazioni all'imputato

---

([17]) Secondo la giurisprudenza di legittimità la *dichiarazione* di domicilio implica la effettiva esistenza di una relazione fisica tra l'imputato ed il luogo dichiarato; viceversa, la *elezione* di domicilio presuppone l'esistenza di un rapporto fiduciario tra il dichiarante ed un domiciliatario, il quale assume l'onere di ricevere e custodire la copia dell'atto notificato e di consegnarla al destinatario. In base alla giurisprudenza prevalente, la mancata sottoscrizione del verbale da parte del dichiarante quando dal verbale risulta che abbia rifiutato di sottoscrivere perché non riconosceva il contenuto conforme a quanto dichiarato, o perché non intendeva più dichiarare o eleggere domicilio, comporta l'invalidità della dichiarazione; se la mancata sottoscrizione non viene giustificata da una specifica ragione, la dichiarazione è valida. Occorre comunque che sia indicato nel verbale il motivo per cui l'interessato non voglia o non sia in grado di sottoscrivere il verbale (art. 137 c.p.p.).

([18]) La determinazione del domicilio dichiarato o eletto è valida in ogni stato e grado del procedimento, salvo quanto è previsto dagli artt. 156 e 613 comma 2 (art. 164).

([19]) Ai sensi dell'art. 162 il domicilio dichiarato, il domicilio eletto e ogni loro mutamento devono essere comunicati dall'imputato all'autorità che procede. Finché l'autorità giudiziaria che procede non ha ricevuto la comunicazione, sono valide le notificazioni disposte nel domicilio precedentemente dichiarato o eletto.

In base al nuovo comma 4-*bis* dell'art. 162, introdotto dalla legge n. 103 del 2017 (*c.d. riforma Orlando*), l'elezione di domicilio presso il difensore d'ufficio non ha effetto se l'autorità che procede non riceve, unitamente alla dichiarazione di elezione, l'assenso del difensore domiciliatario.

L'assenso può essere dato per scritto oppure oralmente all'autorità inquirente che raccoglie l'elezione di domicilio. « Ciò implica una presa di contatto tra l'indagato ed il difensore di ufficio non solo per informarsi dell'avvenuta nomina ad opera dell'autorità giudiziaria, ma anche per sollecitare ed ottenere l'"assenso del difensore o domiciliatario" » (A. Giarda).

Pertanto, l'elezione di domicilio senza l'assenso del difensore è valida, ma non è idonea a produrre i suoi effetti allo scopo, ad es., di una futura notifica ordinaria (e cioè, non determina l'assenza consapevole dell'imputato ai sensi dell'art. 420-*bis*, comma 2); quindi, deve essere rinnovata per produrre i suoi effetti a tal fine. L'elezione di domicilio senza l'assenso del difensore resta comunque valida, ad. es., a determinare gli effetti dell'art. 161, comma 4.

non detenuto. Di regola la prima notificazione è eseguita mediante consegna di copia alla persona (c.d. a mani proprie); ciò può avvenire sia nel domicilio, sia altrove (artt. 161 e 162 fatti salvi dall'art. 157 comma 1). Se non è possibile la consegna a mani proprie, la notificazione avviene nel luogo in cui l'imputato è reperibile, e cioè nella casa di abitazione o nel luogo di lavoro, se conosciuti; se tali luoghi non sono conosciuti, avviene ove l'imputato ha temporanea dimora o recapito (art. 157 comma 2). Nei predetti luoghi la notifica è eseguita mediante consegna di copia dell'atto ad una persona che conviva anche temporaneamente con l'imputato o, in mancanza, al portiere o a chi ne fa le veci.

Se non è possibile consegnare la copia alle predette persone, si procede a nuova ricerca (c.d. secondo accesso; art. 157 comma 7) e, in caso di esito negativo, la notificazione è effettuata mediante deposito dell'atto nella casa comunale di abituale residenza o lavoro, con affissione dell'avviso di deposito alla porta della casa di abitazione o del luogo di lavoro (art. 157 comma 8). L'avvenuto deposito è altresì comunicato all'indagato mediante lettera raccomandata con avviso di ricevimento. Gli effetti della notificazione decorrono dalla ricezione di quest'ultima.

Il decreto di irreperibilità. Il codice considera anche l'ipotesi nella quale, malgrado l'attivazione delle modalità previste dall'art. 157 (prima notificazione all'imputato non detenuto) non sia comunque possibile effettuare la notificazione all'imputato perché questi non è reperibile. In tal caso, il giudice o il pubblico ministero devono disporre nuove ricerche nel luogo di nascita, in quello di ultima residenza anagrafica o di dimora e negli altri luoghi indicati dall'art. 159 comma 1.

Qualora le ricerche diano esito negativo, il giudice o il pubblico ministero emettono un decreto di irreperibilità. Con tale provvedimento viene designato un difensore all'imputato che ne sia privo e viene ordinato che le notificazioni siano eseguite mediante consegna di copia al difensore, che rappresenta l'irreperibile ([20]). La stessa disciplina (consegna di copia al difensore) si applica per le notificazioni all'imputato *latitante o evaso*, senza che siano necessarie precedenti ricerche (art. 165).

Successive notificazioni all'imputato non detenuto. Il codice regola in modo apposito le successive notificazioni che siano effettuate all'imputato non detenuto. Queste sono eseguite in relazione all'esito della prima notificazione, e cioè rispettivamente nel domicilio eletto; o presso il difensore, se l'imputato è stato dichiarato irreperibile; o nel luogo in cui è stata effettuata la prima notificazione (v. tav. 2.2.15).

La legge n. 60 del 2005 ha introdotto una ulteriore modalità di notificazione in aggiunta a quelle ordinarie (art. 157 comma 8-*bis*). Quando l'imputato ha nominato un difensore di fiducia, le notificazioni successive sono eseguite tramite consegna al difensore, che può dichiarare immediatamente all'autorità, che procede, di non

([20]) Il codice si preoccupa di assicurare la conoscibilità del procedimento da parte dell'irreperibile; in particolare, considera necessaria una verifica costante dell'attualità di tale situazione. Il decreto di irreperibilità cessa di avere efficacia, in sintesi, al termine della fase o del grado di merito (art. 160 commi 1-3). Ogni volta che il decreto cessa di avere efficacia, debbono essere disposte nuove ricerche e, in caso di esito negativo, l'autorità giudiziaria emette un nuovo decreto di irreperibilità (art. 160 comma 4).

accettare la notificazione; questa sarà eseguita con le modalità ordinarie. Viceversa, se il difensore non rende immediata dichiarazione, la notifica è corretta ([21]).

Notificazioni all'imputato all'estero. Se è nota la residenza o dimora estera dell'indagato o dell'imputato, il giudice o il pubblico ministero inviano una raccomandata con l'indicazione dell'autorità procedente, del titolo del reato e della data e del luogo del fatto, invitando il soggetto a dichiarare o eleggere domicilio nel territorio dello Stato entro il termine di trenta giorni ([22]).

Notificazioni alla persona offesa, alla parte civile, al responsabile civile, al civilmente obbligato per la pena pecuniaria e ad altri soggetti. La notificazione alla persona offesa e ad altri soggetti, diversi dalle parti private (es. testimoni, consulenti tecnici ecc.), nonché la prima citazione del responsabile civile e della persona civilmente obbligata per la pena pecuniaria sono eseguite con le modalità della prima notificazione all'imputato non detenuto (artt. 154, commi 1 e 2; 167) ([23]).

IV. Nullità delle notificazioni. Il codice prevede una serie di nullità speciali relative alle notificazioni (art. 171). Si tratta in sintesi di tutte quelle ipotesi nelle quali non sono state osservate determinate formalità prescritte dalla legge. Una disciplina così minuziosa è funzionale ad assicurare il rispetto delle norme che tendono a ridurre il più possibile lo scarto tra conoscenza legale e conoscenza reale.

V. Le notifiche telematiche. Il d.l. n. 179 del 2012, conv. nella legge n. 228 del 2012, all'art. 16, comma 4, ha sancito l'utilizzo della PEC (posta elettronica certificata) nel procedimento penale per alcuni tipi di notifiche. L'ambito di applicazione della normativa è delimitato in relazione agli uffici giudiziari autorizzati, ai destinatari degli atti da notificare e alla tipologia delle comunicazioni ([24]).

VI. Le notifiche a mezzo posta. Le notificazioni possono essere eseguite anche con il mezzo della posta (art. 170, comma 1) nei modi stabiliti dalle norme speciali,

---

([21]) Tuttavia, nel caso in cui l'imputato abbia dichiarato o eletto domicilio per le notifiche ai sensi dell'art. 161, la notifica presso il difensore di fiducia *ex* art. 157, comma 8-*bis*, non può essere effettuata e, se lo fosse, sarebbe nulla.

([22]) In mancanza di elezione di domicilio, le successive notificazioni devono essere effettuate mediante consegna al difensore (art. 169). L'invito è redatto in lingua conosciuta dall'imputato (art. 169, comma 3). Se non è nota la residenza o la dimora dell'imputato, debbono effettuarsi ricerche nei limiti stabiliti dalle convenzioni internazionali e in caso di esito negativo deve essere emesso decreto di irreperibilità (art. 169, comma 4).

([23]) In caso di pluralità di persone offese, se per il numero dei destinatari o per l'impossibilità di identificarne alcuni la notificazione nelle forme ordinarie risulta difficile, il pubblico ministero o il giudice possono disporre con decreto che la notificazione sia eseguita mediante pubblici annunzi (art. 155).

Le notificazioni alla parte civile, al responsabile civile ed al civilmente obbligato, già costituiti in giudizio, sono eseguite presso i difensori (art. 154, comma 4). Le notificazioni all'imputato interdetto o infermo di mente sono eseguite con le modalità ordinarie, ma sono effettuate anche presso il tutore o il curatore (art. 166).

([24]) Dal 15 dicembre 2014 gli *uffici giudiziari autorizzati* ad utilizzare la PEC nel procedimento penale sono le corti d'appello, le rispettive procure generali, i tribunali e le rispettive procure della repubblica presso i tribunali (art. 16, comma 4, cit.). Gli altri uffici giudiziari possono disporre notificazioni a mezzo PEC soltanto a seguito di un decreto ministeriale che li individui, con decorrenza dal quindicesimo giorno da quello successivo alla pubblicazione sulla Gazzetta ufficiale.

Destinataria degli atti da notificare è la persona che sia diversa dall'imputato e che per legge sia tenuta ad avere un indirizzo di PEC risultante da pubblici elenchi (es. REGINDE: registro generale gestito dal ministero della giustizia); pertanto destinatari naturali sono i difensori.

La *tipologia di comunicazione*, prevista in modo tassativo dalla legge, è la seguente: a) notifiche e avvisi da parte della autorità giudiziaria al difensore « con mezzi tecnici idonei » (art. 148, comma 2-*bis*); *b*) avvisi e comunicazioni urgenti disposti dal giudice (art. 149); *c*) comunicazioni disposte dal giudice a persone diverse dagli imputati (art. 150); *d*) comunicazioni del pubblico ministero (art. 151).

e cioè dalla legge n. 890 del 1982, che disciplina sia l'attività dell'ufficiale giudiziario (notificatore), sia quella dell'agente postale (al quale spetta la consegna). Qualora l'ufficio postale restituisca il piego per irreperibilità del destinatario, l'ufficiale giudiziario provvede alle notificazioni nei modi ordinari (art. 170, comma 3).

VII. ***Il deposito telematico degli atti nell'emergenza sanitaria.*** La legislazione avente ad oggetto l'attività giudiziaria durante l'emergenza sanitaria da Covid-19 ed in vigore in tale periodo di tempo, ha inciso sulla sperimentazione dei depositi telematici degli atti ([25]). L'esigenza di preservare il distanziamento sociale negli uffici giudiziari ha indotto il Governo a promulgare decreti-legge che consentono di utilizzare il deposito di atti nelle cancellerie e segreterie mediante PEC. Il decreto-legge n. 137 del 2020, convertito in legge n. 176 del 2020 (art. 24, comma 4), ha concesso ai difensori la possibilità di depositare presso gli uffici giudiziari « tutti gli atti, documenti e istanze comunque denominati » diversi da quelli per i quali l'unico strumento di deposito è il portale del processo penale telematico (si veda parte III, cap. 1, § 10).

Il deposito mediante PEC è consentito con le modalità indicate nel regolamento di cui al decreto del ministro della giustizia 21 febbraio 2011, n. 44 e deve essere effettuato presso gli indirizzi PEC degli uffici giudiziari indicati nel provvedimento del direttore generale dei sistemi informativi e automatizzati (DGSIA), con sottoscrizione digitale e seguendo le specifiche tecniche indicate. I destinatari sono tutti gli uffici giudiziari (dal giudice di pace alla cassazione) i cui indirizzi PEC sono stati indicati dal provvedimento del DGSIA 9 novembre 2020, n. 10791. Il personale degli uffici giudiziari deve annotare l'atto nel registro ed inserirlo nel fascicolo telematico (per gli uffici che ne sono dotati); deve comunque stamparlo e collocarlo all'interno del fascicolo cartaceo.

g. ***La traduzione degli atti: l'interprete.*** La materia è regolamentata dalla *Convenzione europea dei diritti dell'uomo*, che pone varie garanzie in favore della persona che non comprende la lingua del processo: 1) il diritto *dell'accusato* di essere informato, nel più breve tempo possibile, in una lingua a lui comprensibile e in modo dettagliato, della natura e dei motivi dell'accusa elevata a suo carico (art. 6, par. 3, lett. *a*); 2) il diritto sempre di carattere generale e spettante *ad ogni persona* che non

---

Il *sistema delle notifiche penali* rende necessaria la stampa cartacea del *report* della notifica (denominato artefatto) nel quale sono contenuti i dati relativi all'esito dell'operazione e dal quale possono ricavarsi gli elementi per la verifica della sua correttezza (L. Della Ragione).

Gli *esiti* sono regolamentati nel modo seguente. Se la trasmissione via PEC non va a buon fine per causa *imputabile al destinatario* (es. la notifica non è restituita; l'utente è sconosciuto; la casella del destinatario è piena; la PEC non è attiva), allora la notifica è depositata in cancelleria e il difensore può estrarne copia (art. 16, comma 6, cit.). Viceversa, se la trasmissione via PEC non va a buon fine per *causa non imputabile al destinatario* (es. *server* momentaneamente non disponibile o problemi di rete), si procede alla notifica seguendo le modalità tradizionali (art. 16, comma 8, cit.).

([25]) Sul processo penale telematico si veda l'ultimo paragrafo del presente capitolo. Nella seconda ondata della pandemia da Covid-19, l'efficacia dei provvedimenti era stata collegata al perdurare dello stato di emergenza sanitaria, che era stato prorogato più volte. Il d.l. n. 44 del 2021 ed il successivo d.l. n. 228 del 2021 hanno abbandonato il sistema del rinvio mobile e hanno optato per il criterio del termine fisso, individuato al momento nel 31 dicembre 2022.

comprenda o non parli la lingua impiegata in udienza, di farsi assistere gratuitamente da un interprete (art. 6, par. 3, lett. *e*); 3) il diritto, spettante specificamente *all'arrestato*, di essere informato dei motivi dell'arresto (art. 5, par. 2).

Le clausole della Convenzione sono state recepite nell'art. 111, comma 3 Cost., con l'enunciato generale secondo cui l'accusato deve essere assistito « da un interprete se non comprende o non parla la lingua impiegata nel processo ». Le Direttive del Parlamento europeo e del Consiglio hanno imposto all'Italia di modificare il codice, cosa che è avvenuta con i decreti legislativi n. 32 del 2014 e n. 212 del 2015.

La funzione tradizionale della traduzione degli atti. Nei previgenti codici l'interprete svolgeva la funzione di strumento utile all'autorità inquirente al fine di assumere un atto processuale. Tale funzione è conservata dall'attuale testo dell'art. 143-*bis*, comma 1, secondo cui l'autorità procedente nomina un interprete « quando occorre tradurre uno scritto in lingua straniera o in un dialetto non facilmente intellegibile » o « quando la persona che vuole o deve fare una dichiarazione non conosce la lingua italiana » (26).

La funzione innovativa. La funzione innovativa dell'istituto è accolta da varie disposizioni che attribuiscono all'imputato e alla persona offesa, che non conoscono la lingua italiana, il diritto di farsi assistere da un interprete (27). La normativa è differente in relazione all'imputato e all'offeso in considerazione degli esiti che il procedimento penale può provocare nei loro confronti (28).

Le disposizioni nei confronti dell'imputato. L'imputato ha diritto di farsi assistere gratuitamente da un interprete (art. 143, comma 1):

a) al fine di comprendere l'accusa contro di lui formulata e di seguire il compimento degli atti e lo svolgimento delle udienze a cui partecipa;

b) per le comunicazioni con il difensore prima di rendere interrogatorio o al fine di presentare richieste o memorie.

È obbligatorio tradurre per scritto all'imputato determinati atti (art. 143, comma 2): l'informazione di garanzia e sul diritto di difesa; i provvedimenti che dispongono misure cautelari personali; l'avviso di conclusione delle indagini preliminari; i decreti che dispongono l'udienza preliminare e la citazione a giudizio; le sentenze. La traduzione deve avvenire entro un termine « congruo », tale da consentire l'esercizio del diritto di difesa (29).

---

(26) Nello stesso senso, in base all'art. 242 (mod. dal d.l. n. 161 del 2019, conv. in legge n. 7 del 2020) quando è acquisito un documento redatto in lingua diversa da quella italiana, il giudice ne dispone la traduzione a norma dell'articolo 143 se ciò è necessario alla sua comprensione. Quando è acquisita una registrazione, il giudice ne dispone, se necessario, la trascrizione a norma dell'articolo 268, comma 7.

(27) L'accertamento sulla conoscenza della lingua italiana è compiuto dall'autorità giudiziaria. La conoscenza della lingua italiana è presunta fino a prova contraria per chi sia cittadino italiano (art. 143, comma 4). L'interprete e il traduttore sono nominati anche quando il giudice, il pubblico ministero o l'ufficiale di polizia giudiziaria ha personale conoscenza della lingua o del dialetto da interpretare (art. 143, comma 5).

(28) Il d.lgs. n. 129 del 2016 ha previsto la costituzione di un elenco nazionale degli interpreti e traduttori. In base al nuovo art. 67-*bis* disp. att., ogni tribunale trasmette per via telematica al ministero della giustizia l'elenco aggiornato, in formato elettronico, degli interpreti e dei traduttori iscritti nell'albo dei periti di cui all'articolo 67.

(29) Spetta al potere discrezionale dell'autorità procedente far tradurre (anche solo oralmente) gli altri atti essenziali (o anche solo parte di essi) al fine di consentire all'imputato di conoscere le accuse a suo carico (art. 143,

Spetta al potere discrezionale dell'autorità procedente far tradurre (anche solo oralmente) gli altri atti essenziali (o anche solo parte di essi) al fine di consentire all'imputato di conoscere le accuse a suo carico (art. 143, comma 3). La traduzione è disposta dal giudice — d'ufficio o su richiesta di parte — con atto motivato, impugnabile unitamente alla sentenza.

Le disposizioni nei confronti dell'offeso. È obbligatorio nominare un interprete:

a) quando occorre procedere all'audizione della persona offesa (art. 143-*bis*, comma 2);

b) nei casi in cui la stessa intenda partecipare all'udienza e abbia fatto richiesta di essere assistita dall'interprete (art. 143-*bis*, comma 2);

c) quando occorre tradurre in tutto o in parte atti che contengono informazioni utili all'esercizio dei diritti dell'offeso (art. 143-*bis*, comma 4, a mente del quale la persona offesa che non conosce la lingua italiana ha diritto alla traduzione gratuita); in tal caso, il medesimo art. 143-*bis*, comma 4 precisa che la traduzione può essere disposta sia in forma orale, sia per riassunto, se non ne derivi pregiudizio ai diritti dell'offeso.

La nomina dell'interprete e del traduttore. Con il provvedimento di nomina l'autorità procedente dispone la notificazione all'interprete del relativo decreto di citazione; nei casi urgenti l'interprete può essere citato anche oralmente per mezzo dell'ufficiale giudiziario o della polizia giudiziaria (art. 52 disp. att.).

Il conferimento dell'incarico impone all'interprete l'obbligo di verità e quello di conservare il segreto su tutti gli atti che si compiano per suo mezzo o in sua presenza (art. 146, comma 2).

Le situazioni di incompatibilità. Non può svolgere il ruolo di interprete colui che è incompatibile con la funzione di testimone (es. imputato, imputato connesso o collegato, giudice, pubblico ministero, ecc.), colui che, nel medesimo procedimento, è stato testimone, perito o consulente tecnico, nonché colui che ha la facoltà di astenersi dal testimoniare (es. prossimo congiunto o titolare del segreto professionale).

Una volta chiarito che il ruolo dell'interprete è distinto da quello svolto dalle altre funzioni processuali e, semmai, si avvicina a quello del perito, notiamo che l'ordinamento impone all'interprete un obbligo di verità identico a quello attribuito a quest'ultimo soggetto (art. 373 c.p., falsa perizia o interpretazione). La prestazione dell'ufficio è obbligatoria (art. 143, comma 6); in caso di mancata presentazione può essere disposto l'accompagnamento coattivo dell'interprete (art. 133) ([30]).

L'interprete del sordo e del muto. Il codice prevede espressamente un'altra ipotesi nella quale è necessaria l'opera dell'interprete. L'art. 119 si riferisce al sordo

---

comma 3). La traduzione è disposta dal giudice — d'ufficio o su richiesta di parte — con atto motivato, impugnabile unitamente alla sentenza.

([30]) Sono anche previste situazioni di incapacità ad assumere la funzione di interprete in relazione a qualsiasi procedimento. Per gli stessi motivi l'interprete può essere ricusato (art. 145 ss.). Così, ai sensi dell'art. 144 comma 1 non può prestare l'ufficio di interprete a pena di nullità: *a*) il minorenne, l'interdetto, l'inabilitato e chi è affetto da infermità di mente; *b*) chi è interdetto anche temporaneamente dai pubblici uffici ovvero è interdetto o sospeso dall'esercizio di una professione o di un'arte; *c*) chi è sottoposto a misure di sicurezza personali o a misure di prevenzione.

e al muto quando costoro non sappiano leggere o scrivere. In queste ipotesi eccezionalmente la qualità di interprete può essere assunta da un prossimo congiunto della persona interessata (art. 144, comma 1, lett. *d*).

2. Le cause di invalidità degli atti.

a. Considerazioni generali. Il codice prevede dettagliatamente i requisiti formali che devono avere i singoli atti del procedimento penale. Tali requisiti danno luogo al "modello legale" del singolo atto; essi rispondono alla fondamentale esigenza che in concreto l'atto possa svolgere la funzione che è ad esso assegnata all'interno del procedimento.

L'atto perfetto è quello che è conforme al modello descritto dalla norma processuale; esso è valido e produce gli effetti giuridici previsti dalla legge, primo fra tutti quello di essere utilizzato dal giudice nella decisione. Ovviamente, il suo valore probatorio è valutato liberamente dal giudice, che potrà ritenerlo attendibile o meno.

L'atto che non è conforme al modello legale può essere invalido o meramente irregolare (v. tav. 2.2.5). È *invalido* quando la singola difformità rientra in uno dei quattro casi di invalidità previsti dal codice; e cioè quando la singola inosservanza di legge è prevista come causa di decadenza, di inammissibilità, di nullità o di inutilizzabilità.

L'atto irregolare. L'atto è *irregolare* se la difformità dal modello legale non rientra in una delle cause di invalidità che sono tassativamente previste dalla legge e che abbiamo appena menzionato. Certamente vi è stata una inosservanza di legge nel compiere l'atto; ma tale inosservanza non è prevista a pena di invalidità. Pertanto l'atto irregolare è valido: il giudice potrà tenerne conto ai fini della decisione, anche se a volte l'inosservanza delle formalità comporta la difficoltà di valutare il significato probatorio dell'atto ([31]). Se mai l'inosservanza della legge nel compiere l'atto processuale potrà essere valutata dal punto di vista deontologico e potrà dar luogo all'applicazione di una sanzione disciplinare a carico della persona colpevole: ciò è ricavabile dall'art. 124, comma 1, secondo cui i soggetti del procedimento « sono tenuti a osservare le norme (del) codice anche quando l'inosservanza non importa nullità o altra sanzione processuale ».

L'atto invalido. Come abbiamo appena accennato, le cause di invalidità previste dal codice sono quattro; di esse diamo le nozioni essenziali, prima di passare ad esaminarle singolarmente.

L'inammissibilità impedisce al giudice di esaminare nel merito una richiesta presentata da una parte (effettiva o potenziale) quando la richiesta stessa non ha i requisiti previsti dalla legge perché possa essere ammessa.

La decadenza comporta l'invalidità dell'atto che sia stato eventualmente compiuto dopo che è scaduto un termine perentorio (art. 173).

([31]) Ad esempio, la mancata riproduzione della domanda, in violazione dell'art. 136, comma 2, impedisce di valutare quanto sia attendibile la risposta.

La nullità è un vizio che colpisce l'atto del procedimento che sia stato compiuto senza l'osservanza di determinate disposizioni stabilite espressamente dalla legge appunto a pena di nullità (art. 177).

L'inutilizzabilità è una invalidità che colpisce direttamente il valore probatorio di un atto: il giudice non può basarsi su di esso per emettere una decisione.

b. *Il principio di tassatività.* Nella materia in esame vige uno stretto principio di tassatività; ciò significa che l'inosservanza della legge processuale è causa di invalidità soltanto quando una norma espressamente vi ricollega una delle invalidità appena citate. Ad esempio, l'incompetenza per territorio deve essere eccepita (dalle parti) o rilevata (dal giudice) a pena di "decadenza" prima della conclusione dell'udienza preliminare (art. 21, comma 2). Viceversa, se l'inosservanza non rientra in una previsione generica o specifica di invalidità, l'atto è meramente irregolare.

Il principio di tassatività è dettato specificamente per la nullità (art. 177) e per la decadenza (art. 173); tuttavia esso è desumibile dall'intero sistema delle cause di invalidità. Esso è ricavabile, altresì, dalla legge-delega n. 81 del 1987, che ha stabilito la « previsione espressa sia delle cause di invalidità degli atti che delle conseguenti sanzioni processuali, fino alla nullità insanabile » (criterio direttivo n. 7).

c. *L'inammissibilità.* Questa causa di invalidità impedisce al giudice di esaminare nel merito una richiesta avanzata da una parte effettiva o potenziale del procedimento, quando la richiesta non ha i requisiti stabiliti dalla legge a pena di inammissibilità.

Il requisito può riguardare il tempo entro il quale deve essere compiuto l'atto (ad esempio, art. 591, comma 1, lett. *c*, per l'impugnazione); oppure può concernere il contenuto dell'atto (ad esempio, art. 78, comma 1, per la dichiarazione di costituzione di parte civile); o può toccare un aspetto formale (ad esempio, art. 122, comma 1, sulla forma della procura speciale); o ancora può riguardare la legittimazione al compimento dell'atto (ad esempio, l'art. 41, in base al quale è inammissibile la ricusazione presentata da un soggetto che non ne ha il diritto).

Il regime giuridico. L'inammissibilità è rilevata dal giudice su eccezione di parte o anche d'ufficio; quando la rileva, il giudice dichiara l'inammissibilità della domanda (con ordinanza o con sentenza) e non decide sul merito della stessa ([32]).

d. *La decadenza; la restituzione nel termine.* ***1) La decadenza.*** La decadenza denota la perdita del potere di porre in essere un atto a causa del mancato compimento dello stesso entro un *termine perentorio*. L'atto eventualmente compiuto oltre il termine perentorio è giuridicamente invalido.

Sono indispensabili alcune premesse di carattere generale. Lo svolgersi del procedimento penale comporta una successione di atti; la successione deve avvenire

---

([32]) Il codice non stabilisce in via generale un termine entro il quale la domanda deve essere dichiarata, se ne è il caso, inammissibile. Perciò di regola il giudice può rilevare anche d'ufficio tale invalidità fino a che la sentenza sia divenuta irrevocabile, salvo che non sia previsto espressamente un termine anteriore (ad esempio, art. 81, comma 1, per la dichiarazione di inammissibilità della costituzione di parte civile).

in un ordine prestabilito. Gli strumenti che impongono una determinata cadenza al procedimento sono denominati *termini*; essi indicano il momento in cui un atto può o deve essere compiuto (art. 172).

I termini sono definiti *perentori* o *ordinatori* in relazione alle conseguenze che la legge collega alla loro inosservanza.

Sono denominati ***termini perentori*** quelli che prescrivono il compimento di un atto entro e non oltre un determinato periodo di tempo; se tale periodo è superato, il soggetto decade dal potere di compierlo validamente. Data la gravità delle conseguenze connesse allo scadere di un termine perentorio, il legislatore ha sancito che « i termini si considerano stabiliti a pena di decadenza soltanto nei casi previsti dalla legge » (art. 173, comma 1). Esempi di termini perentori sono contenuti negli artt. 79, comma 2; 182, comma 3; 458, comma 1; 585, comma 5. Il codice prescrive che i termini perentori non possono essere prorogati, salvo che la legge disponga altrimenti (art. 173, comma 2).

Sono denominati ***termini ordinatori*** quelli che fissano il periodo di tempo entro il quale un determinato atto deve essere compiuto; tuttavia, a differenza dei termini perentori, dal superamento della scadenza non deriva alcuna conseguenza di tipo "processuale": l'atto è validamente compiuto anche se realizzato dopo il decorso del termine. Semmai il soggetto, che lo ha compiuto oltre il termine ordinatorio, può subire conseguenze di tipo disciplinare ove il superamento della scadenza non abbia una valida giustificazione (art. 124).

Avuto riguardo all'effetto che imprimono sullo svolgersi del procedimento, i termini processuali sono definiti dilatori o acceleratori.

Sono denominati ***termini dilatori*** quelli con i quali si prescrive che un atto non può essere compiuto *prima* del loro decorso; la prassi li definisce "termini liberi". La finalità è quella di garantire che uno (o più) dei soggetti processuali abbia il tempo necessario per prepararsi al compimento di un determinato atto. Ad esempio, l'art. 429, comma 3 afferma che tra la data del decreto che dispone il giudizio e la data fissata per il giudizio medesimo deve decorrere un termine non inferiore a venti giorni (33). Un altro esempio è dato dall'art. 364, comma 3: al difensore dell'indagato deve essere dato avviso almeno ventiquattro ore prima del compimento degli atti "garantiti" ai quali il difensore stesso ha diritto di assistere. Attraverso questo tipo di termini l'ordinamento dà alle parti la garanzia di disporre del tempo necessario per organizzare la propria difesa (v. art. 111, comma 3 Cost.).

I termini sono definiti ***acceleratori*** quando la legge prevede il limite temporale entro il quale un determinato atto deve essere compiuto; la finalità è quella di ottenere che il procedimento si svolga in modo celere al fine di assicurarne la ragionevole durata, come è imposto dall'art. 111, comma 2 Cost. (M. SCAPARONE). Ad esempio, sono acceleratori i termini, entro i quali le parti devono impugnare il provvedimento del giudice (art. 585).

---

(33) In base al comma 5 dell'art. 172, « quando è stabilito soltanto il momento finale, le unità di tempo stabilite per il termine si computano intere e libere ». Si ricorda che i termini liberi, a differenza dei termini normali, si computano senza considerare né il *dies a quo* (giorno iniziale), né il *dies ad quem* (giorno finale).

Da quanto finora esposto deriva che il singolo termine dilatorio o acceleratorio può essere definito "perentorio" dal legislatore; in mancanza di una precisazione di tal genere, il termine si deve ritenere ordinatorio.

Il regime giuridico della decadenza. Da quanto sinora esposto si desume che al decorso di un termine perentorio il codice ricollega due diverse sanzioni processuali. ***Dal punto di vista soggettivo***, e cioè in relazione al soggetto legittimato a compiere l'atto, si fa riferimento al concetto di decadenza, in quanto tale soggetto perde il potere di compiere un atto valido. ***Dal punto di vista oggettivo***, e cioè in relazione al regime dell'atto compiuto oltre al termine, si fa invece riferimento alla sanzione dell'inammissibilità, nel senso che tale atto, in quanto compiuto oltre il termine, sarà dichiarato inammissibile e non potrà essere valutato dal giudice nel merito.

2) La restituzione nel termine. La restituzione nel termine è un rimedio di carattere eccezionale, destinato a riassegnare alle parti la possibilità di esercitare un potere che si era estinto per l'inutile decorso di un termine processuale previsto a pena di decadenza. La esigenza di equità prevale su quella di certezza a determinate condizioni, e cioè in presenza dei requisiti disciplinati dall'art. 175.

Il codice prevede due differenti istituti, uno di carattere generale ed uno di carattere speciale. Quello di carattere generale permette la restituzione in un termine processuale previsto a pena di decadenza, quando la parte prova di non averlo potuto osservare per caso fortuito o forza maggiore (art. 175, comma 1). Il rimedio speciale è previsto nei confronti del decreto penale di condanna, sul presupposto che l'imputato può aver avuto conoscenza soltanto presuntiva, e non effettiva, del procedimento o del provvedimento (art. 175, comma 2). La legge n. 67 del 2014, avendo eliminato l'istituto della contumacia, ha abrogato altresì il rimedio specifico della restituzione nel termine contro la sentenza contumaciale.

a) Il rimedio generale. La restituzione in termini di tipo generale (art. 175, comma 1) concerne tutti i termini a pena di decadenza che non sono stati osservati per caso fortuito o forza maggiore, cioè per situazioni di impossibilità oggettiva non imputabile alla parte (v. tav. 2.2.12). Si tratta di eventi naturali (es. catastrofi, alluvioni) o fatti umani che concretano un impedimento non vincibile (es. scioperi, blocchi stradali, violenza fisica o morale esercitata da terzi, errori di operatori giudiziari). Non ha tali caratteristiche un errore o una omissione addebitabile all'interessato.

Sono legittimati a chiedere la restituzione in termini « il pubblico ministero, le parti private e i difensori ». All'imputato è equiparato l'indagato in forza dell'art. 61. Si ritiene che sia legittimata anche la persona offesa per tutti quei poteri che alla medesima sono conferiti espressamente dall'art. 90 e da altre disposizioni processuali. La restituzione generica è concessa quando l'interessato « prova » di non aver potuto rispettare il termine per caso fortuito o forza maggiore. L'onere della prova incombe, pertanto, su colui che chiede il beneficio ([34]).

([34]) Il codice pone alcune norme procedurali che sono comuni al rimedio generale, che abbiamo già trattato, ed al rimedio specifico, sul quale ci soffermeremo tra breve. Di regola decide sulla richiesta di restituzione quel giudice che procede al tempo della presentazione della stessa; ad esempio, il giudice del dibattimento se la richiesta

La decisione. L'ordinanza che concede la restituzione nel termine deve essere motivata (art. 125). Nell'accogliere la richiesta di restituzione il giudice, se occorre, ordina la scarcerazione dell'imputato detenuto e adotta tutti i provvedimenti necessari per far cessare gli effetti determinati dalla scadenza del termine (art. 175, comma 7).

L'ordinanza che concede la restituzione nel termine può essere impugnata non autonomamente, bensì soltanto insieme alla sentenza che viene emessa nel relativo procedimento (art. 175, comma 5). Al contrario, l'ordinanza che respinge la richiesta di restituzione nel termine è autonomamente impugnabile: contro di essa può essere proposto ricorso per cassazione (art. 175, comma 6).

b) La restituzione nel termine per proporre opposizione al decreto penale di condanna. Ricordiamo che il procedimento per decreto è un rito speciale previsto allo scopo di evitare tanto la fase dell'udienza preliminare che quella del giudizio dibattimentale (art. 459; v. *infra*, parte IV, cap. 1, § 6). Il pubblico ministero, laddove ritiene che possa essere comminata una pena pecuniaria (anche in sostituzione di una pena detentiva) può esercitare l'azione penale chiedendo al giudice per le indagini preliminari l'emissione di un decreto di condanna nei confronti dell'imputato.

Per quanto concerne i presupposti di tipo *oggettivo*, il decreto penale aggredibile con la restituzione nel termine deve avere il carattere della irrevocabilità (art. 648, comma 3). Non vi è decreto irrevocabile se il titolo esecutivo non si è formato validamente; ad esempio, è stata omessa o è invalida la notificazione del provvedimento; in tal caso, l'imputato può proporre opposizione tardiva e, se del caso, instaurare l'incidente di esecuzione (art. 670; si veda il capitolo sulla esecuzione). Dal punto di vista *soggettivo*, la richiesta di restituzione nel termime può essere presentata dall'imputato (art. 175, comma 2) e dal suo difensore.

La richiesta. La richiesta di restituzione nel termine per opporre il decreto penale di condanna deve essere presentata al giudice competente entro trenta giorni da quello in cui l'imputato ha avuto conoscenza effettiva del provvedimento; il termine è a pena di decadenza (art. 175, comma 2-*bis*). Al giudice per le indagini preliminari spetta la competenza sulla richiesta di restituzione nel termine, in quanto a lui tocca la decisione sulla ammissibilità o meno della opposizione (art. 175, comma 4).

Una volta che l'imputato ha presentato richiesta di restituzione nel termine, il rimedio deve essergli concesso, salvo che egli abbia avuto tempestiva conoscenza del provvedimento e, al tempo stesso, abbia rinunciato volontariamente a proporre

---

è presentata in tale momento. Queste le eccezioni: prima dell'esercizio dell'azione penale provvede il giudice per le indagini preliminari; dopo che sono stati pronunciati sentenza o decreto di condanna, decide il giudice che sarebbe competente sulla impugnazione o sulla opposizione.

La richiesta di restituzione generale deve essere presentata al giudice competente entro dieci giorni da quello nel quale è cessato il fatto costituente caso fortuito o forza maggiore (art. 175, comma 1); come vedremo, il termine è di trenta giorni per la restituzione speciale contro il decreto penale di condanna. I termini appena esposti sono previsti a pena di decadenza.

La restituzione (sia generale, sia speciale) non può essere concessa più di una volta per ciascuna parte in ciascun grado del procedimento (art. 175 comma 3). La legge non indica le forme che devono essere osservate né opera alcun richiamo al procedimento in camera di consiglio (art. 127). Il problema è stato risolto dalla giurisprudenza della cassazione: di regola il giudice provvede *de plano* (e cioè senza contraddittorio) a meno che il relativo procedimento incidentale si inserisca in un procedimento principale in corso di svolgimento con il rito camerale, nel qual caso recepisce le forme del procedimento principale.

opposizione (art. 175, comma 2). Se è accertata una delle due situazioni, il giudice respinge la richiesta; contro l'ordinanza, come si è anticipato trattando del rimedio generale, l'imputato può proporre ricorso per cassazione (art. 175, comma 6).

Se nessuna delle situazioni di conoscenza effettiva viene accertata (o rimane il dubbio), il giudice deve accogliere la richiesta con l'ordinanza.

Ciò che l'imputato ottiene dalla decisione, che concede la restituzione, è la possibilità di presentare opposizione contro il decreto penale di condanna; pertanto, in tale sede, egli ha l'onere di esercitare i propri diritti. Il decreto non è annullato, bensì ne viene eliminato il carattere di irrevocabilità. Pertanto, il decreto è sottoposto all'effetto sospensivo della esecuzione ai sensi dell'art. 588 ([35]).

La previgente restituzione nel termine per impugnare la sentenza contumaciale. In base al testo dell'art. 175 precedente a quello modificato dalla legge n. 67 del 2014, l'imputato poteva presentare richiesta di restituzione nel termine per impugnare la sentenza contumaciale entro trenta giorni da quello in cui aveva avuto conoscenza effettiva del provvedimento. La particolarità del rimedio contro la sentenza contumaciale stava nell'inversione dell'onere della prova. L'imputato si limitava ad addurre la mancata conoscenza del provvedimento o del processo; spettava allo Stato accertare che vi era stata la conoscenza personale e che l'imputato aveva rinunciato a comparire oppure a proporre impugnazione. Ove lo Stato non avesse fornito la prova predetta, l'imputato era restituito nel termine per appellare la sentenza.

e. *La nullità.* Questa causa d'invalidità colpisce un atto del procedimento che è stato compiuto senza l'osservanza di quelle disposizioni che sono imposte dalla legge appunto a pena di "nullità". Il principio di tassatività è previsto espressamente dall'art. 177 del codice: « l'inosservanza delle disposizioni stabilite per gli atti del procedimento è causa di nullità soltanto nei casi previsti dalla legge ». La norma comporta che è impossibile applicare la nullità per analogia: se anche la inosservanza, non prevista espressamente, appare "simile" ad una ipotesi sanzionata con la nullità, quest'ultima non può essere estesa alla inosservanza non prevista. Inoltre, una volta accertata una nullità, non è possibile valutare se vi sia stato un pregiudizio concreto per l'interesse protetto o se comunque l'atto nullo abbia raggiunto l'effetto (salvo le ipotesi previste espressamente dall'art. 183 lett. *b*).

I. Le modalità di previsione. Sulla base della *modalità di previsione* dell'inosservanza, si distingue tra nullità speciali e generali. Le nullità speciali sono quelle previste per una determinata inosservanza, precisata nella *species* (ad esempio, art. 109, comma 3: inosservanze relative alla lingua degli atti del procedimento). Le nullità generali sono previste per ampie categorie di inosservanze e sono indicate nell'art. 178 (es., disposizioni sull'intervento dell'imputato). Ciò non contrasta con il principio di tassatività ed evita che il legislatore dimentichi singole ipotesi che hanno una notevole importanza. In particolare, tra le nullità generali (che si distinguono in assolute e intermedie) vi sono inosservanze che toccano i soggetti principali del processo, quali

---

([35]) Una particolarità sta in quella disposizione specifica (art. 462) secondo la quale la persona civilmente obbligata per la pena pecuniaria può proporre richiesta di restituzione nel termine ai sensi dell'art. 175, ovviamente ove sia stato condannato con decreto penale.

il giudice, il pubblico ministero, l'imputato e le altre parti private *in aspetti particolarmente rilevanti*.

II. Il regime giuridico. Per quanto riguarda il *regime giuridico*, le nullità si distinguono in tre tipi: assolute, intermedie e relative (v. tav. 2.2.6).

Nullità assolute. L'art. 179 indica quali, fra le nullità di ordine generale elencate dall'art. 178, sono assolute.

— Rientrano in questa categoria (art. 179 comma 1) le violazioni delle disposizioni concernenti « le condizioni di capacità del giudice », intese nel senso di capacità generica all'esercizio della funzione giurisdizionale; tale è, ad esempio, la mancanza della laurea in giurisprudenza. Questa interpretazione si impone per effetto dell'art. 33, comma 2, che esclude espressamente alcune ipotesi dalla nozione di capacità del giudice: « non si considerano attinenti alla capacità del giudice le disposizioni sulla destinazione del giudice agli uffici giudiziari e alle sezioni, sulla formazione dei collegi e sulla assegnazione dei processi a sezioni, collegi, e giudici » (36).

Inoltre, rientra nelle nullità assolute (art. 179 comma 1) la violazione delle disposizioni concernenti « il numero dei giudici necessario per costituire i collegi », stabilito dalle leggi di ordinamento giudiziario (37).

— È prevista come nullità assoluta generale la violazione delle disposizioni concernenti « l'iniziativa del pubblico ministero nell'esercizio dell'azione penale » (es. richiesta di rinvio a giudizio sottoscritta dal segretario).

— Ancora, rientra tra le nullità assolute la omessa citazione dell'imputato o la « assenza del suo difensore nei casi in cui ne è obbligatoria la presenza ». La presenza del difensore dell'imputato è imposta a pena di nullità assoluta dall'art. 179, comma 1, nei casi in cui è prevista come « obbligatoria ». Ricordiamo che la presenza del difensore è obbligatoria nelle udienze dibattimentali ed inoltre nelle altre udienze nelle quali è prescritta espressamente come tale (es. udienza preliminare) (38).

Le nullità assolute sono rilevabili anche d'ufficio in ogni stato e grado del procedimento e sono insanabili; esse sono sanate dalla irrevocabilità della sentenza (art. 649).

Nullità a regime intermedio. Le nullità intermedie sono quelle nullità generali (art. 178) che non sono comprese dall'art. 179 fra quelle assolute: esse sono indicate dall'art. 180 con l'espressione « altre nullità ». Sono definite dalla dottrina "intermedie" perché hanno un trattamento che è simile in parte a quelle assolute (sono rilevate anche d'ufficio dal giudice) e in parte a quelle relative (sono sanabili). Hanno un termine per poter essere dedotte (dalle parti) e rilevate (dal giudice) (39).

---

(36) Secondo la giurisprudenza, le situazioni di incompatibilità non privano il giudice della capacità *generica* di giudicare e, pertanto, costituiscono unicamente motivi di astensione e di ricusazione.

(37) Una espressa deroga a questa previsione è contenuta ancora nell'art. 33, il cui comma 3, precisa che non si considerano attinenti alla capacità del giudice né al numero dei giudici necessario per costituire l'organo giudicante, le disposizioni sull'attribuzione degli affari penali al tribunale collegiale o monocratico.

(38) Occorre segnalare che vi possono essere delle nullità speciali che prevedono espressamente il regime giuridico della nullità assoluta (art. 179, comma 2): ad es. l'art. 525 impone che alla deliberazione della sentenza concorrano « a pena di nullità assoluta » gli stessi giudici che hanno partecipato al dibattimento.

(39) Se si verificano prima del giudizio, devono essere dedotte dalle parti entro la chiusura del dibattimento e devono essere rilevate dal giudice al momento della deliberazione della sentenza di primo grado. Se verificatesi nel giudizio, non possono essere dedotte né rilevate dopo la sentenza del grado successivo (art. 180).

Fra le nullità a regime intermedio rientrano l'inosservanza delle disposizioni attinenti alla « partecipazione » del pubblico ministero al procedimento (quindi anche prima del processo); ed inoltre l'inosservanza delle disposizioni concernenti « l'intervento, l'assistenza e la rappresentanza dell'imputato e delle altre parti private nonché la citazione in giudizio della persona offesa dal reato e del querelante ». Quindi è affetto da tale vizio sia il provvedimento del giudice che decida senza che vi sia stata la richiesta del pubblico ministero, quando questa è prevista come necessaria (es. art. 291), sia il compimento di un atto senza previo avviso al difensore delle parti private, ove questo sia imposto dalla legge (art. 364, comma 3).

Riepilogando: le nullità intermedie sono rilevabili anche d'ufficio, ma entro determinati limiti di tempo; inoltre sono sanabili (art. 183).

Nullità relative. In questa categoria rientrano, ai sensi dell'art. 181, le nullità che non sono previste tra quelle assolute ed intermedie. Se vogliamo definire con più precisione la categoria, possiamo dire che sono nullità relative quelle inosservanze della legge che costituiscono nullità speciale e che, al tempo stesso, non rientrano tra le nullità assolute o intermedie. Ad esempio, l'art. 199 comma 2 impone, a pena di nullità, che i prossimi congiunti dell'imputato siano avvisati della facoltà di astenersi dal deporre come testimoni.

Il regime delle nullità relative è indicato nell'art. 181. Si tratta di nullità che sono dichiarabili dal giudice su eccezione di parte e, più precisamente, soltanto della parte interessata (art. 182 comma 1): al giudice è precluso, di regola, il potere di rilevare d'ufficio le nullità relative. Sempre per quanto concerne il regime, occorre evidenziare che i termini per eccepire le nullità relative sono più brevi di quelli previsti in relazione alle nullità intermedie (si veda l'art. 181 comma 2); si fa riferimento soltanto alla eccezione di parte proprio perché il giudice di regola non può dichiarare d'ufficio le nullità relative (40).

Il codice pone una distinzione tra « limiti di deducibilità » e « sanatorie generali ». Si tratta di differenti istituti, che hanno il medesimo ambito di applicabilità, e cioè le nullità intermedie e relative.

III. Limiti di deducibilità. Il limite di deducibilità dà luogo ad un difetto di legittimazione della parte, di modo che quest'ultima trova un ostacolo ad eccepire la nullità (v. tav. 2.2.7). In particolare, le nullità intermedie e quelle relative non possono essere eccepite da colui che « vi ha dato o ha concorso a darvi causa »; né possono essere eccepite da colui che « non ha interesse all'osservanza della disposizione violata » (art. 182, comma 1). Inoltre, quando la parte assiste ad un atto, la nullità dello stesso deve essere eccepita prima del suo compimento ovvero, se non è possibile, immediatamente dopo (art. 182, comma 2). Quando la parte non assiste al compimento dell'atto, valgono

(40) Una volta eccepite dalla parte interessata, le nullità relative sono dichiarate dal giudice (art. 181 comma 3); ove per qualsiasi motivo il giudice non vi provveda prima del giudizio (ad es., nell'udienza preliminare), le parti devono riproporre l'eccezione tra le questioni preliminari (art. 491). Se non sono dichiarate dal giudice del giudizio, le nullità relative devono essere eccepite con l'impugnazione della sentenza (arg. *ex* art. 181 comma 4). Le nullità relative verificatesi nella fase del giudizio e non dichiarate dal giudice devono essere eccepite con l'impugnazione della relativa sentenza (art. 181 comma 4).

gli ordinari limiti temporali per eccepire e rilevare le nullità intermedie e relative; detti termini sono stabiliti a pena di decadenza (art. 182 comma 3).

IV. Le sanatorie. La sanatoria è quel *fatto giuridico ulteriore e successivo rispetto all'atto viziato, che affiancato a quest'ultimo lo rende equivalente all'atto valido*; a causa della sanatoria l'atto viziato produce gli stessi effetti dell'atto conforme al modello legale. La sanatoria, se si verifica, impedisce a qualsiasi parte di eccepire (ed al giudice di rilevare) la nullità dell'atto. Il codice distingue tra sanatorie *generali* (art. 183) e *speciali* (art. 184).

Le sanatorie *generali* si applicano alle nullità di tipo intermedio o relativo; non si applicano alle nullità assolute per espressa disposizione dell'art. 179 comma 1. Ai sensi dell'art. 183, la nullità è sanata se la parte interessata ha rinunciato espressamente ad eccepirla ovvero ha accettato gli effetti dell'atto anche tacitamente (lett. *a*). Altra causa di sanatoria generale si ha quando la parte si è avvalsa della facoltà, al cui esercizio l'atto omesso o nullo è preordinato (lett. *b*).

La sanatoria speciale delle nullità delle citazioni. L'art. 184 comma 1 prevede una causa speciale di sanatoria: la nullità di una citazione (o di un avviso o delle relative notificazioni) è sanata se la parte interessata è comparsa o ha rinunciato a comparire. La parte, la quale dichiari che la comparizione è determinata dal solo intento di far rilevare la irregolarità, ha diritto ad un termine a difesa non inferiore a cinque giorni (comma 2). Quando la nullità riguarda la citazione a comparire a dibattimento (comma 3), il termine non può essere inferiore a venti giorni (art. 429).

V. La dichiarazione di nullità. Il giudice dichiara la nullità di un atto quando, nel caso concreto, non vi sono limiti di deducibilità né si sono verificate sanatorie applicabili a quel tipo di nullità. Si pongono a questo punto due problemi: quello attinente all'estensione della nullità e quello attinente alla rinnovazione dell'atto nullo.

Estensione della nullità. L'effetto, e cioè la invalidità, colpisce l'atto non conforme al modello legale; ma ai sensi del comma 1 dell'art. 185 « la nullità di un atto rende invalidi gli atti consecutivi che dipendono da quello dichiarato nullo ». L'estensione della nullità tocca soltanto gli atti che, oltre ad essere successivi (« consecutivi »), siano anche « dipendenti » dall'atto viziato (in senso giuridico). Occorre che l'atto nullo sia una condizione necessaria del valido compimento dell'atto successivo (41).

Rinnovazione dell'atto nullo. Ai sensi del comma 2 dell'art. 185 il giudice, che dichiara la nullità di un atto, ne dispone la rinnovazione qualora sia necessaria e possibile, ponendo le spese a carico di chi ha dato causa alla nullità per dolo o colpa

---

(41) Ad esempio, l'omissione dell'informazione di garanzia all'indagato causa la nullità del singolo atto garantito per il quale l'informazione doveva essere inviata e non degli atti successivi non garantiti. La nullità della udienza di convalida del fermo o dell'arresto in flagranza non si estende alla misura cautelare che il giudice dispone in tale sede.

L'estensione della nullità produce effetti gravi allorché il vizio colpisca un *atto propulsivo* del procedimento. Per atti propulsivi si intendono quegli atti di impulso che devono necessariamente essere compiuti perché il procedimento possa validamente proseguire. Come esempio, possiamo ricordare il decreto che dispone il giudizio. Ove tale atto sia dichiarato nullo, ne risultano travolti tutti quelli compiuti successivamente.

grave (v. tav. 2.2.8). La rinnovazione non è possibile quando l'atto è all'origine non ripetibile o lo è diventato successivamente (42).

VI. Nullità e abuso del diritto. Le *Sez. unite della Cassazione, 29 settembre 2011*, Rossi, in *Cass. pen., 2012, 2410*, con nota di F. Caprioli, hanno mostrato un'inedita apertura nei confronti della categoria dell'abuso del diritto nel processo penale. In quel caso, l'imputato aveva eccepito la nullità generale *ex* art. 178, lett. *c*, per il mancato riconoscimento dei termini a difesa a seguito del mutamento del difensore (art. 108). A detta della Cassazione, però, nel caso di specie si era verificato un reiterato avvicendamento di difensori posto in essere in chiusura del dibattimento, secondo una strategia non giustificata da alcuna reale esigenza difensiva, ma con la sola funzione di ottenere una dilatazione dei tempi processuali al fine di conseguire la declaratoria di estinzione dei reati per prescrizione.

Proprio per questa ragione, le Sezioni unite hanno escluso qualsiasi violazione del diritto di difesa e hanno ritenuto manifestamente infondate le eccezioni di nullità proposte, sulla scorta di una nozione di abuso del diritto ormai consolidata in altri rami dell'ordinamento. L'abuso del diritto si estende anche al processo penale nel senso che l'uso distorto del diritto di agire o di difendersi in giudizio non ammette tutela. L'imputato, che ha abusato dei diritti o delle facoltà che l'ordinamento processuale astrattamente gli riconosce, non ha titolo per invocare la tutela di quegli interessi che non sono stati lesi e che non erano in realtà effettivamente perseguiti.

f. L'inutilizzabilità. Il termine "inutilizzabilità" descrive due aspetti del medesimo fenomeno. Da un lato, esso indica il "vizio" da cui può essere affetto un atto (causa); da un altro lato, esso illustra il "regime giuridico" al quale l'atto viziato è sottoposto (effetto), e cioè il non poter essere messo a fondamento di una decisione del giudice oppure di un atto del pubblico ministero o della polizia giudiziaria (v. tav. 2.2.10).

L'inutilizzabilità è un tipo di invalidità che ha la caratteristica di colpire non l'atto in sé, bensì il suo "valore probatorio". L'atto, pur valido dal punto di vista formale (ad esempio, non è affetto da nullità), è colpito nel suo aspetto sostanziale, poiché l'inutilizzabilità impedisce ad esso di produrre il suo effetto principale, che è quello di essere posto a base di una decisione.

I. Tipi di inutilizzabilità. L'inutilizzabilità dell'atto è *assoluta* quando il giudice non può basarsi su di esso per emettere un qualsiasi provvedimento (v. tav. 2.2.11); è *relativa*, quando la legge indica le *persone* nei confronti delle quali non può essere utilizzato un determinato atto (43) o la *categoria di provvedimenti* che non possono basarsi su tale atto (44).

---

(42) Il codice pone una distinzione quando la nullità è dichiarata in uno stato (cioè fase) o grado del processo diverso da quello in cui la stessa si è verificata. Se si tratta di una prova, il medesimo giudice provvede alla rinnovazione se necessaria e possibile (art. 185, comma 4). Se non si tratta di una prova, bensì di un atto propulsivo (e cioè di un atto che deve necessariamente essere compiuto perché il procedimento possa validamente proseguire), la dichiarazione di nullità comporta la regressione del procedimento allo stato o al grado in cui è stato compiuto l'atto nullo, salvo che sia diversamente stabilito (art. 185, comma 3; es. art. 604).

(43) Es., l'art. 63, comma 1, dispone che le precedenti dichiarazioni autoincriminanti del testimone « non possono essere utilizzate contro la persona che le ha rese ». Es. l'art. 191, comma 2-*bis*, secondo cui le dichiarazioni ottenute

Inutilizzabilità speciale e generale. Si ha inutilizzabilità *speciale* (disciplinata nella *species*) ogniqualvolta una norma del codice commini espressamente tale sanzione per il mancato rispetto delle condizioni previste per l'acquisizione di una determinata prova (es., in base all'art. 271 sono inutilizzabili le intercettazioni che siano state « eseguite fuori dei casi consentiti »).

L'inutilizzabilità *generale* si riferisce a categorie di inosservanze delineate nel genere (art. 191, del quale tratteremo in modo approfondito: « le prove acquisite in violazione dei divieti stabiliti dalla legge non possono essere utilizzate »).

Inutilizzabilità patologica e fisiologica. Occorre tracciare un'altra fondamentale distinzione tra due forme di inutilizzabilità (E. Amodio). La inutilizzabilità *patologica* consegue ad alcuni tra i vizi più gravi del procedimento probatorio (ammissione, assunzione e valutazione della prova). La inutilizzabilità *fisiologica* è una conseguenza del principio della separazione delle fasi del procedimento ed è posta a tutela del principio del contraddittorio nella formazione della prova: essa tende ad evitare che siano utilizzate per la decisione dibattimentale prove raccolte nel corso delle indagini preliminari. In tale fase, infatti, di regola non viene garantito il principio del contraddittorio, salvo quando si svolga l'incidente probatorio i cui verbali, infatti, sono utilizzabili in dibattimento (art. 392). L'inutilizzabilità fisiologica differisce da quella patologica nel fondamento normativo e nella regolamentazione; pertanto sarà esaminata quando tratteremo del dibattimento (si veda *infra*, Parte III, cap. 5, § 9).

Viceversa, vale per i due tipi di inutilizzabilità quel principio di tassatività che vige per l'intera materia delle invalidità. Come abbiamo visto in precedenza, esso è ricavabile sia dal sistema, sia dal principio direttivo n. 7 della legge-delega n. 81 del 1987, che impone la « previsione espressa sia delle cause di invalidità degli atti che delle conseguenti sanzioni processuali, fino alla nullità insanabile »; e la legge-delega costituisce un importante criterio interpretativo del codice.

II. L'inutilizzabilità patologica. L'inutilizzabilità patologica di tipo generale è disciplinata dall'art. 191, comma 1, in base al quale: « le prove acquisite in violazione dei divieti stabiliti dalla legge non possono essere utilizzate ». La norma ha una formulazione estremamente generica; tuttavia, essa deve essere interpretata in senso restrittivo in base al principio di tassatività delle invalidità, cui abbiamo appena fatto cenno.

In applicazione di tale criterio, occorre ritenere che i divieti idonei a provocare l'inutilizzabilità *patologica* siano esclusivamente quelli previsti da norme *processuali*. Ciò è chiarito dalla rubrica dell'art. 191, che si riferisce alle « prove illegittimamente acquisite ». Se il divieto avesse avuto ad oggetto la violazione di una legge penale sostanziale, si sarebbe utilizzata l'espressione "prove *illecitamente* acquisite". Viceversa, la rubrica dell'art. 191 fa riferimento alle prove « illegittimamente acquisite ». Pertanto le prove raccolte violando una norma della legge penale sostanziale (c.d.

---

mediante il delitto di tortura possono essere utilizzate soltanto per la prova della responsabilità della persona accusata di tale reato.

(44) Es., l'art. 360, comma 5, prevede, in relazione al dibattimento, l'inutilizzabilità dell'accertamento tecnico non ripetibile eseguito in violazione di determinate regole, mentre tale atto è utilizzabile nei procedimenti speciali quali sono il rito abbreviato ed il patteggiamento.

prove illecite) sono, di regola, utilizzabili; diventano inutilizzabili se è stata violata una specifica norma processuale che disponga in tal senso (es., art. 240, comma 2; es. art. 191, comma 2-*bis*).

Il divieto probatorio. In base all'art. 191 l'inutilizzabilità è la conseguenza che deriva dall'aver acquisito una prova violando un "divieto" probatorio. Il vizio, che viene in considerazione, consiste nel fatto che il giudice ha esercitato nella acquisizione di una prova un "potere istruttorio" che la legge processuale vietava. Ad esempio, può accadere che il giudice violi il divieto di acquisire documenti che contengono « informazioni sulle voci correnti nel pubblico intorno ai fatti di cui si tratta nel processo » (art. 234, comma 3). Altro esempio è dato dall'art. 220 comma 2, in base al quale nel processo di cognizione « non sono ammesse perizie per stabilire l'abitualità o la professionalità nel reato, la tendenza a delinquere, il carattere e la personalità dell'imputato e in genere le qualità psichiche indipendenti da cause patologiche » ([45]).

III. Il regime giuridico dell'inutilizzabilità. Come abbiamo anticipato, l'inutilizzabilità colpisce non l'atto in se stesso, bensì il suo valore probatorio. Il giudice d'ufficio, o su richiesta di parte, dichiara che l'atto è inutilizzabile. L'art. 191, comma 2, pone la regola secondo cui l'inutilizzabilità deve essere rilevata anche d'ufficio dal giudice in ogni stato e grado del procedimento, e cioè dalle indagini preliminari alle impugnazioni. Sempre in base all'art. 191, comma 2, l'inutilizzabilità non può essere sanata (a differenza della nullità), e ciò perché l'atto è stato compiuto esercitando un potere vietato dalla legge processuale ([46]). Inoltre, per la stessa struttura logica del vizio, che consiste nella violazione di un divieto probatorio, non è possibile procedere alla rinnovazione dell'atto: di regola il divieto impedisce che una determinata prova entri nel processo (C. CONTI).

Approfondimento. I divieti probatori impliciti. In dottrina ci si è chiesti se siano configurabili divieti probatori impliciti. Si tratta, cioè, di divieti che non sono direttamente ricavabili dalla norma che disciplina una determinata prova, bensì discendono dai princìpi generali del sistema. Alla conclusione positiva si perviene se si tiene presente che, in alcuni casi, la rigida applicazione del principio di tassatività nella individuazione dei divieti potrebbe creare pericolosi vuoti di tutela (N. GALAN-

---

([45]) Soltanto se dalla norma processuale è ricavabile con certezza un vero e proprio divieto probatorio, è possibile applicare l'art. 191 c.p.p.; ma per poter superare l'ostacolo del principio di tassatività, occorre che in base ad una determinata disposizione sia sottratto *in modo assoluto* al *giudice* il *potere* di ammettere, assumere o valutare quella prova. Quali esempi di "veri e propri" divieti probatori possiamo citare, ancora, la incompatibilità a testimoniare (art. 197) e il divieto di esame sul sentito dire da persona vincolata al segreto professionale (art. 195, comma 6). Quando è stata violata una semplice "modalità" di assunzione di una prova (divieto relativo al *quomodo*), questa di regola è utilizzabile. La prova diventa inutilizzabile soltanto se tale sanzione è prevista espressamente dalla legge come conseguenza della violazione di quella determinata modalità di assunzione. Ci riferiamo ai casi di inutilizzabilità speciale (es., art. 141-*bis*; 271; 391-*bis*, comma 6).

([46]) L'inutilizzabilità è un tipo di invalidità che si traduce direttamente in un *limite* al *libero convincimento* del giudice. I divieti probatori, per opera dell'art. 191, costituiscono una sorta di "prova legale negativa" nel senso che il legislatore esclude alcuni elementi di prova dal materiale che è utilizzabile dal giudice per prendere una decisione e motivarla.

Al tempo stesso, l'inutilizzabilità pone un limite al diritto alla prova, garantito per tutte le parti dall'art. 24, comma 2 Cost. e in favore dell'imputato dall'art. 111, comma 3 Cost.

TINI). Ben possono esistere ipotesi nelle quali il legislatore non ha sancito un divieto probatorio espresso o comunque ricavabile dal linguaggio legislativo e tuttavia appare necessario sanzionare determinate attività acquisitive con l'inutilizzabilità degli elementi che ne costituiscono il prodotto (47). In tali casi la individuazione di divieti probatori impliciti potrebbe essere idonea ad assicurare la tutela di un bene giuridico di importanza fondamentale.

L'inutilizzabilità derivata. Si è posto il problema se sia configurabile la c.d. *inutilizzabilità derivata*, e cioè se la illegittimità di una prova si estenda ad un'altra prova il cui reperimento sia stato determinato dalla prima. In materia si è pronunciata la Corte costituzionale, alla quale era stato sottoposto un caso di perquisizioni illegittime disposte dalla polizia giudiziaria in situazione di necessità e urgenza ai sensi dell'art. 103 d.p.r. n. 309 del 1990 (TU stupefacenti).

La Corte costituzionale con la sentenza n. 219 del 2019 ha affermato che, quando il codice ha voluto tutelare al massimo grado un interesse fondamentale mediante l'inutilizzabilità derivata, lo ha scritto espressamente, come è avvenuto nel comma 2-*bis* dell'art. 191. Ma in nessun'altra disposizione del codice, né in nessuna norma sull'inutilizzabilità speciale, si ricava che una regola del genere abbia portata generale.

Ebbene, per quanto riguarda l'inutilizzabilità, nel codice non c'è una norma analoga alla disciplina della nullità derivata (art. 185). Quindi, dopo aver affermato che esiste una gamma differenziata di divieti, la Consulta ha richiamato il principio di tipicità: dove c'è un divieto, la legge lo dice in modo chiaro; dove il divieto si estende ai contenuti informativi, egualmente la legge lo precisa. Allo stesso modo, dove la legge vuole che il vizio si propaghi agli atti successivi, lo afferma espressamente, come accade in materia di nullità.

Una volta ricostruito il sistema in termini di tassatività, la Consulta ha escluso l'esistenza dell'inutilizzabilità derivata in quanto nessuna norma la prevede (48).

IV. L'inutilizzabilità fisiologica. Come si è accennato, alcune norme del codice prevedono l'inutilizzabilità di determinate categorie di atti non perché questi siano stati compiuti in violazione di un "divieto probatorio", ma soltanto perché sono stati acquisiti senza il contraddittorio nella formazione della prova. Si tratta di un uso improprio della nozione di "inutilizzabilità" in situazioni che sono non "patologiche", bensì sono "fisiologiche": l'atto è stato compiuto in modo formalmente regolare, ma durante le indagini senza il contraddittorio. Infatti, il codice pone la regola (salvo eccezioni) in base alla quale il giudice può utilizzare ai fini della deliberazione dibattimentale soltanto le prove legittimamente acquisite in tale fase (art. 526).

---

(47) Si veda C. cost., n. 229 del 1998: il sequestro di scritti formati dall'imputato come appunti per facilitare la difesa nell'interrogatorio « si risolve in una palese violazione dei diritti inviolabili della persona prima ancora che del diritto all'autodifesa ». Tali documenti non sono idonei « ad identificarsi in uno schema legale ». « I documenti sequestrati sarebbero comunque risultati *inutilizzabili* per la parte concernente la tutela del diritto alla difesa personale (...) (art. 191 c.p.p.) ».

(48) A conclusioni simili, partendo da differenti premesse, era giunta la sentenza della Cass., Sez. un., 16 maggio 1996, Sala, in *Cass. pen.*, 1996, 3268: ove il risultato della perquisizione sia il rinvenimento ed il sequestro del corpo del reato o delle cose pertinenti al reato, è lo stesso ordinamento a considerare irrilevante il modo con il quale si è pervenuti al sequestro. Infatti, quest'ultimo rappresenta un « atto dovuto » ai sensi dell'art. 253 c.p.p., la cui omissione esporrebbe gli autori di essa a specifiche responsabilità penali.

In base al sistema delineato dal codice, sono legittimamente acquisite:

1) le prove inserite nel fascicolo per il dibattimento ai sensi dell'art. 431;

2) le prove raccolte in dibattimento in contraddittorio;

3) le prove acquisite attraverso le letture e le contestazioni, nei casi in cui esse sono consentite (art. 514); sul punto, si veda più ampiamente parte III, cap. 5, § 9.

A ben vedere, in questi casi l'inutilizzabilità diventa una sorta di "griglia selettiva" degli elementi di prova che possono essere posti a base della decisione dibattimentale. Con questo strumento si tutela il principio del contraddittorio (art. 111, comma 4, primo periodo Cost.) dando attuazione alle eccezioni previste dall'art. 111, comma 5 Cost. Ad esempio, le dichiarazioni, che siano state raccolte durante le indagini preliminari, ma che non siano state legittimamente acquisite in dibattimento nelle specifiche ipotesi nelle quali è ammessa la lettura (artt. 511-514), non sono utilizzabili nella decisione poiché non hanno subito il vaglio del contraddittorio.

g. *L'atto inesistente; l'atto abnorme.* ***L'atto inesistente.*** L'inesistenza è una causa di invalidità che è stata elaborata dalla dottrina e dalla giurisprudenza, non essendo essa prevista espressamente nel codice. L'applicazione rigorosa del principio di tassatività in materia di invalidità, infatti, avrebbe potuto lasciare vuoti di tutela. In particolare, è possibile che gli atti del procedimento siano colpiti da vizi tanto gravi da non rientrare neppure nel catalogo delle nullità assolute insanabili. Si tratta, in sostanza, di porre un rimedio a quelle clamorose violazioni della legge processuale che non sono state espressamente previste dal legislatore proprio a causa della loro eccezionalità. In effetti, sarebbe profondamente ingiusto che simili vizi non potessero essere rilevati a cagione dell'impossibilità di inquadrarli all'interno di una delle cause di invalidità espressamente previste. Al tempo stesso, non sarebbe accettabile che il formarsi del giudicato impedisse al giudice di dichiarare imperfezioni di tale gravità.

Ed allora la dottrina e la giurisprudenza hanno "creato" una ulteriore causa di invalidità, denominata "inesistenza". Fra i casi di inesistenza, comunemente riconosciuti, possiamo ricordare i seguenti: 1) la carenza di potere giurisdizionale in colui che ha pronunciato la sentenza, come avviene nell'ipotesi di sentenza penale emessa da un organo della pubblica amministrazione; 2) la sentenza pronunciata contro un imputato totalmente incapace perché coperto dall'immunità (es., un agente diplomatico) o nei confronti di persona inesistente.

In tali casi, l'atto non esiste in senso giuridico; la sentenza inesistente non può giuridicamente diventare irrevocabile ai sensi dell'art. 648; il giudicato che si è formato deve considerarsi meramente apparente e non impedisce che l'interessato chieda di rilevare e dichiarare l'inesistenza. In definitiva, il vizio della "inesistenza" è una deroga al principio di tassatività delle invalidità. Di conseguenza, l'inesistenza della sentenza può essere rilevata dal giudice anche dopo che la sentenza stessa è diventata apparentemente irrevocabile.

L'atto abnorme. Segnaliamo che la giurisprudenza ha creato la ulteriore diversa categoria del provvedimento *abnorme*, che può essere sottoposto a ricorso per cassazione prima della irrevocabilità della sentenza. Il principio di tassatività dei mezzi di impugnazione avrebbe precluso la possibilità di impugnare quei provvedimenti affetti da anomalie così gravi da renderli del tutto eccentrici rispetto al sistema del codice.

Proprio per introdurre un correttivo a tale situazione, la giurisprudenza ha escogitato la categoria della abnormità e la ha considerata come un vizio non tipizzato che giustifica il ricorso immediato per cassazione (applicando direttamente l'art. 111 comma 7 Cost.).

In primo luogo, è abnorme quel provvedimento che, per la singolarità e stranezza del contenuto, risulti avulso dall'intero ordinamento processuale (***abnormità strutturale***): ad esempio, quando il pubblico ministero ha chiesto al giudice per le indagini preliminari l'archiviazione perché è ignoto l'autore del reato (art. 415) ed il giudice ordina al pubblico ministero di formulare l'imputazione.

In secondo luogo, è abnorme quel provvedimento che, pur essendo in astratto manifestazione di legittimo potere, si esplichi al di fuori dei casi consentiti e delle ipotesi previste e determini la stasi del processo e l'impossibilità di proseguirlo (***abnormità funzionale***): ad esempio, quando il pubblico ministero ha chiesto al giudice dell'udienza preliminare il rinvio a giudizio (art. 416) e questi dispone l'archiviazione.

L'impugnabilità per cassazione del provvedimento abnorme dipende non dalla sua conoscenza *legale* (la quale può mancare) ma dalla sua conoscenza *effettiva*. Ovviamente, il termine per ricorrere, pur partendo dalla conoscenza *effettiva*, è quello ordinario. Sul punto, rinviamo al capitolo sul ricorso per cassazione.

Riepilogo. In definitiva, il vizio della *inesistenza* della sentenza fa eccezione sia al principio di tassatività delle invalidità, sia alla regola del giudicato. L'inesistenza può essere fatta valere anche dopo che apparentemente la sentenza è diventata irrevocabile.

Viceversa, il vizio della *abnormità* fa eccezione soltanto al principio di tassatività delle invalidità e non alla regola del giudicato; infatti, l'abnormità dell'atto deve essere fatta valere nei termini del ricorso per cassazione, con decorrenza dalla conoscenza effettiva dell'atto (v. *infra*, Parte V, cap. 3, § 7).

3. Cenni sul processo penale telematico.

a. Considerazioni generali. Presupposto indispensabile per impostare la nozione di processo penale telematico è l'aver approfondito il concetto di documento informatico; senza aver chiara la nozione di incorporamento digitale non è possibile comprendere la differenza tra il documento analogico e quello informatico; ancora di più, non è possibile impostare alcun ragionamento di informatica giudiziaria (v. parte II, cap. 4, § 6, lett. a, b).

Ovviamente quanto appena osservato vale per cogliere la peculiarità dell'incorporamento digitale e non deve creare alcuna confusione tra il concetto di "documento", che è un atto esterno al procedimento penale, e il concetto di "documentazione" che è la rappresentazione di un atto del procedimento penale. Nell'ambito del processo telematico potrebbe forse introdursi — a fini di chiarezza — la nozione di "documentazione digitale o informatica".

Ciò premesso, il processo penale telematico ha fatto la sua prima comparsa il 15 dicembre 2014, data a decorrere dalla quale le notificazioni a persona diversa dall'imputato devono essere necessariamente effettuate a mezzo PEC in base a quanto disposto dall'art. 16 d.l. n. 179 del 2012, convertito con modificazioni dalla l. n. 221 del 2012 (si veda il precedente § 1, lett. f, n. V). Il sistema aveva un limite: trasmetteva dalle autorità giudiziarie ai difensori delle parti private, ma non era autorizzato a ricevere messaggi dai difensori medesimi.

Al di fuori del settore delle notificazioni, il primo passo verso il processo penale telematico è stata l'informatizzazione dei registri generali. Ciò non stupisce, considerato che i registri costituiscono contenitori di informazioni e, stante la tipicità ed obbligatorietà delle diverse voci dei registri tradizionali, la loro trasformazione non ha incontrato particolari difficoltà tecniche.

Il limite era (ed è tuttora) la frammentarietà dei sistemi operativi e la loro limitata interoperabilità. Prima di menzionarli, precisiamo che il punto di accesso per l'autorità giudiziaria è la c.d. consolle del magistrato (49). I sistemi operativi di partenza sono il Sistema delle notifiche telematiche (SNT) (50), il Trattamento informatico atti processuali (TIAP) (51) e il Sistema informativo della cognizione penale (SICP) (52), che a loro volta si compongono di vari sottosistemi con funzioni differenti e specifiche.

Per dare un'idea della molteplicità dei registri e relativi sottosistemi, ricordiamo, senza pretesa di esaustività i seguenti: RE.GE WEB (registro generale delle notizie di reato); SIAMM (spese di giustizia e gestione del personale); SIES (sistema integrato esecuzione e sorveglianza); SIGMA (sistema uffici minorili civile e penale); SNT (sistema notifiche telematiche); SITMP (sistema informativo delle misure di prevenzione personali e reali); SIPPI (sistema informativo prefetture e procure dell'Italia meridionale). Anche la direzione nazionale antimafia ha il suo sistema, come pure la corte di cassazione e il casellario giudiziale.

Il problema principale del Sistema informativo della cognizione penale (SICP) è che non smista i documenti nativi digitali tra i procedimenti: occorre scannerizzare e inserire nel fascicolo cartaceo. A sua volta, lo svantaggio del Trattamento informatico atti processuali (TIAP) è che non sostituisce il documento originale cartaceo né il fascicolo tradizionale: resta il c.d. doppio binario cartaceo e digitale.

La strada verso la informatizzazione del processo penale sarebbe stata lunga e difficoltosa, se non fosse accaduto un fatto nuovo, e cioè la pandemia da Covid-19. L'emergenza sanitaria ha agito come un forte acceleratore nell'introduzione di alcuni strumenti del processo penale telematico.

---

(49) La *consolle del magistrato* (o *consolle* 'area penale') consente a quest'ultimo di monitorare e controllare tutti i dati relativi al proprio lavoro, ai propri impegni e scadenze; si veda *Processo penale telematico*, in *www.scuolamagistratura.it*.

(50) Consente l'acquisizione, la consultazione e la condivisione di documenti elettronici, la possibilità di firmarli con firma digitale, e l'invio, il monitoraggio e la registrazione delle notifiche.

(51) Il sistema consente la gestione informatica del fascicolo penale tramite strumenti di visualizzazione, ricerca, esportazione e stampa di interi fascicoli o singoli atti e offre la possibilità di condividere i contenuti del procedimento penale nelle varie fasi.

(52) Costituisce la banca informativa di tutti i dati fondamentali della fase di cognizione del processo penale e sostituisce i registri cartacei non più esistenti. Tale registro, ormai attivo in tutti gli uffici giudiziari, assicura ai diversi attori del procedimento penale, la condivisione delle informazioni necessarie alle rispettive attività.

Operando una sintesi vertiginosa, possiamo affermare che gli studi teorici, iniziati anni fa, si stavano orientando ad applicare al processo penale il modello di processo telematico sperimentato da tempo nel rito civile. L'emergenza sanitaria ha anticipato i tempi e ha costretto a modificare i progetti. In via di urgenza sono stati sperimentati vari strumenti e si è ripiegato su un modello differente da quello civile. Tutto quello che si sta facendo per il periodo di emergenza sanitaria sembra destinato a diventare lo standard per il futuro quando sarà finita la situazione di urgenza.

I primi decreti-legge ed i conseguenti provvedimenti del direttore generale dei sistemi informativi e automatizzati (DGSIA) hanno teso a rafforzare gli uffici del pubblico ministero facendone il centro del processo penale telematico. Mano a mano che gli uffici della pubblica accusa si digitalizzavano, il ministero ha concesso l'uso del portale telematico (PDP). Tuttavia, il fascicolo telematico resta comunque parallelo a quello cartaceo e non lo sostituisce.

b. *Il processo penale telematico nel periodo di emergenza sanitaria.*

La forte contagiosità della malattia Covid-19 ha imposto di limitare al massimo lo svolgimento del processo penale in presenza dei soggetti interessati: non è stato sufficiente svolgere l'udienza a porte chiuse per esigenze di pubblica igiene *ex* art. 472, comma 3. Il Governo e il Parlamento sono stati costretti ad operare un cambiamento epocale nell'amministrazione della giustizia e hanno introdotto forti novità che si sono basate su strumenti informatici.

La necessità di adeguare l'amministrazione della giustizia alle nuove modalità di svolgimento dei processi ha agevolato l'introduzione di tecnologie digitali in aspetti importanti del rito penale. Ciò ha comportato un delicato bilanciamento tra valori costituzionali quali il principio del contraddittorio e dell'immediatezza, il diritto alla salute dei soggetti processuali e l'esigenza di svolgimento dell'attività giudiziaria.

Per comprendere come ciò sia avvenuto, e quali limiti e difetti si siano riscontrati nell'elaborazione delle nuove norme, è necessario premettere alcune considerazioni generali.

La normativa introdotta ha presentato le seguenti caratteristiche: 1) la carenza di un progetto generale di intervento; 2) la situazione di urgenza nella quale si è operato; 3) la scelta di limitare il tempo di validità dei singoli interventi e di prorogarli di volta in volta con modifiche. L'effetto è stato quello di una legislazione caotica e contraddittoria.

Come abbiamo accennato in precedenza, nonostante fosse nota da tempo l'esigenza di introdurre il processo telematico all'interno del rito penale, il potere esecutivo non aveva elaborato un piano generale di intervento in materia; di conseguenza, è mancata una progettazione generale delle singole modifiche necessarie. La situazione di urgenza ha determinato la promulgazione di decreti-legge in rapida successione che hanno seguito le tappe progressive del diffondersi del virus, e cioè l'aumentare o il ridursi del numero dei contagiati. La situazione di urgenza ha ridotto il controllo da parte del Parlamento, che si è trovato ad approvare le leggi di conversione proposte dal Governo con voti di fiducia, e cioè senza una significativa discussione e senza un apporto sostanziale delle opposizioni.

La validità dei singoli provvedimenti legislativi nella prima ondata del Covid-19 è stata limitata a brevi periodi. Nella seconda ondata, l'efficacia dei provvedimenti è stata estesa nel tempo, ma si è manifestata nuovamente la occasionalità degli interventi. Facciamo riferimento al d.l. 28 ottobre 2020, n. 137 e al d.l. 9 novembre 2020, n. 149, che al momento della conversione nella legge n. 176 del 2020 sono stati fusi ed incorporati in un unico testo. L'efficacia dei provvedimenti all'origine era stata collegata al perdurare dello stato di emergenza sanitaria, che era stato prorogato più volte. Il d.l. n. 44 del 2021 ed il successivo d.l. n. 228 del 2021, conv. in legge n. 15 del 2022, hanno abbandonato il sistema del rinvio mobile e hanno optato per il criterio del termine fisso, individuato in un primo momento nel 31 dicembre 2022.

c. Gli strumenti del processo penale telematico nel periodo di emergenza sanitaria. Le nuove modalità di svolgimento del rito penale hanno interessato i seguenti aspetti:

1) il procedimento da remoto (e cioè il compimento di atti in modo telematico);
2) l'istituzione di un portale del processo penale telematico (PDP);
3) la trasmissione di atti e documenti mediante PEC destinate agli uffici giudiziari.

Quello che manca è l'istituzione di un fascicolo penale telematico assimilabile a quello che si è sviluppato negli ultimi anni nel processo civile. Per il momento, il fascicolo penale telematico resta un atto interno agli uffici del pubblico ministero e non è accessibile ai difensori. Passiamo ad esaminare i singoli aspetti dei nuovi strumenti digitali.

1) ***Il procedimento da remoto.*** La finalità di limitare i contatti tra i soggetti del procedimento penale ha imposto di estendere con singoli decreti-legge l'uso del procedimento a distanza. La normativa base era già esistente da tempo, sia pure ad altri fini, e cioè quello di tutelare la vita dei collaboratori di giustizia e di diminuire il fenomeno dei trasferimenti dei detenuti dalle carceri (v. l'art. 146-*bis*, disp. att. c.p.p.). La norma appena ricordata era stata oggetto di un intervento piuttosto discusso anche da parte della riforma Orlando (d.lgs. n. 216 del 2017). I recenti provvedimenti del Governo non hanno fatto altro che richiamare le note norme sul procedimento a distanza in quanto applicabili alle nuove situazioni regolamentate.

2) ***Il portale del processo penale telematico.*** Anche in questa materia gli interventi del Governo sono stati episodici e frammentati. Al momento, esistono soltanto due portali. Uno per le comunicazioni che gli uffici di polizia giudiziaria fanno al pubblico ministero ed un altro che permette ai difensori di depositare le memorie, documenti e richieste a seguito dell'avviso di conclusione delle indagini (art. 415-*bis* c.p.p.) (53). È stato pubblicato il *manuale utente del portale deposito atti penali* predisposto dal ministero della giustizia (PDP).

---

(53) L'art. 24, comma 1, d.l. n. 137 del 2020 stabilisce che, sino alla scadenza del termine dello stato di emergenza da pandemia Covid-19, il deposito di memorie, documenti, richieste ed istanze indicate dall'articolo 415-*bis*, comma 3 c.p.p., presso gli uffici delle procure della Repubblica dei tribunali avviene esclusivamente mediante deposito telematico tramite il portale deposito atti penali raggiungibile dal sito *pst.giustizia.it*.

3) ***La trasmissione di atti e documenti mediante PEC destinate agli uffici giudiziari.*** Come abbiamo accennato in precedenza, dal 15 dicembre 2014 le autorità giudiziarie trasmettono le notificazioni a persona diversa dall'imputato (ad es., ai difensori) necessariamente a mezzo PEC in base a quanto disposto dall'art. 16 d.l. n. 179 del 2012. Viceversa, ogni volta che i difensori hanno provato ad utilizzare gli spiragli aperti dalle norme vigenti al fine di depositare atti presso gli uffici delle autorità giudiziarie, la giurisprudenza ha decretato la invalidità degli atti medesimi ([54]).

L'esigenza di preservare il distanziamento sociale in tutti gli uffici giudiziari ha indotto il Governo a consentire di utilizzare il deposito di atti nelle cancellerie e segreterie mediante PEC.

Il decreto-legge n. 137 del 2020, convertito in legge n. 176 del 2020 (art. 24, comma 4), ha concesso ai difensori la possibilità di depositare via PEC presso gli uffici giudiziari « tutti gli atti, documenti e istanze comunque denominati » diversi da quelli per i quali l'unico strumento di deposito è il portale del processo penale telematico (PDP; si veda parte III, cap. 1, § 10).

Il deposito mediante PEC è consentito con le modalità indicate nel regolamento di cui al decreto del ministro della giustizia 21 febbraio 2011, n. 44 e deve essere effettuato presso gli indirizzi PEC degli uffici giudiziari indicati nel provvedimento del direttore generale dei sistemi informativi e automatizzati (DGSIA), con sottoscrizione digitale e seguendo le specifiche tecniche indicate.

I destinatari sono tutti gli uffici giudiziari (dal giudice di pace alla cassazione) i cui indirizzi PEC sono stati indicati dal provvedimento del DGSIA del 9 novembre 2020. Il personale degli uffici giudiziari deve annotare l'atto nel registro ed inserirlo nel fascicolo telematico (per gli uffici che ne sono dotati); deve comunque stamparlo e collocarlo all'interno del fascicolo cartaceo ([55]).

Consapevoli della difficoltà di interpretare le disposizioni di nuovo conio, abbiamo scelto di collocare l'esposizione delle novità legislative nella sede ove sono trattate le materie interessate. Pertanto, rinviamo un esame approfondito ai paragrafi collocati nei seguenti capitoli del volume:

1) il deposito telematico nel presente capitolo, § 1, lett. *f*;

2) le nuove norme sulle modalità cartolari dell'appello cautelare nel capitolo sulle misure cautelari (parte II, cap. 4, § 7);

3) le indagini e la conclusione delle stesse nell'omonimo capitolo (parte III, cap. 1, § 10);

([54]) Il deposito e la notificazione costituiscono attività distinte funzionalmente. All'atto pratico, entrambe si concretizzano nella trasmissione di atti da un soggetto ad un altro. La trasmissione può essere eseguita anche con modalità telematica: ad esempio, attraverso l'invio di un messaggio PEC o con caricamento del *file* da un *client* ad un *server* (c.d. portale telematico). Fino all'entrata in vigore della legislazione d'emergenza, la tecnologia non era mai stata applicata al deposito degli atti.

([55]) Ai sensi dell'art. 24, comma 5, della legge di conversione n. 176 del 2020, il personale di segreteria e di cancelleria degli uffici giudiziari provvede ad annotare nel registro la data di ricezione e ad inserire l'atto nel fascicolo telematico. Ai fini della continuità della tenuta del fascicolo cartaceo, il personale provvede, altresì, all'inserimento nel predetto fascicolo di copia analogica dell'atto ricevuto con l'attestazione della data di ricezione nella casella di PEC dell'ufficio e dell'intestazione della casella di PEC di provenienza.

4) le udienze da remoto nel capitolo sull'udienza preliminare (parte III, cap. 3, § 11);

5) le udienze da remoto nel capitolo sul giudizio di primo grado (parte III, cap. 5, § 10-*bis*, lett. *b*);

6) le norme sulle impugnazioni telematiche nel capitolo sui princìpi generali delle impugnazioni (parte V, cap. 1, § 6);

7) il nuovo giudizio cartolare di appello nell'ambito di tale impugnazione (parte V, cap. 2, § 8);

8) il nuovo giudizio cartolare in cassazione nell'omonimo capitolo (parte V, cap. 3, § 8).

Con il ***d.l. n. 105 del 2021 (c.d. decreto green pass) e con il successivo d.l. n. 228 del 2021, conv. in legge n. 15 del 2022***, è stata prorogata al 31 dicembre 2022 la normativa emergenziale del "*decreto Ristori*" sul processo penale telematico (d.l. n. 137 del 2020, conv. in l. n. 176 del 2020). Vi è un'eccezione: la disposizione relativa alla partecipazione alle udienze in videoconferenza dei detenuti (art. 24, comma 4, d.l. n. 137 del 2020) ha esaurito la propria efficacia con il 31 marzo 2022 (art. 16 d.l. n. 228 del 2021, conv. in l. n. 15 del 2022).

La proroga della normativa è apparsa al Governo funzionale all'esigenza di sperimentare gli istituti operanti nel periodo della pandemia allo scopo di una loro stabilizzazione nella delega contenuta nella riforma Cartabia, approvata in via definitiva dal Senato il 23 settembre 2021 e promulgata con la legge 27 settembre 2021, n. 134.

Capitolo III
PRINCÌPI GENERALI SULLA PROVA

SOMMARIO: 1. Sistema processuale e norme sulla prova. — 2. Il ragionamento del giudice: la sentenza. — 3. Prova e indizio. — 4. Il procedimento probatorio e il diritto alla prova. — 5. La presunzione di innocenza. — 6. L'ambito di applicabilità delle norme sulle prove. — 7. Oralità, immediatezza e contraddittorio. — 8. Questioni pregiudiziali e limiti probatori. — 9. Approfondimento. La prova del rapporto di causalità.

1. Sistema processuale e norme sulla prova.

Il codice del 1988 ha accolto, sia pure con temperamenti, la scelta del sistema accusatorio, indicata come linea direttiva dalla legge delega n. 81 del 1987. Una volta accolto il principio dialettico, ne derivano alcune conseguenze in tema di prova. I poteri di ricerca, ammissione, assunzione e valutazione della prova non possono essere attribuiti ad un unico soggetto, bensì devono essere divisi e ripartiti tra il giudice, l'accusa e la difesa in modo che nessuno di essi possa abusarne. In questo sistema risulta indispensabile che il diritto regolamenti la materia della prova (principio di legalità probatoria).

È necessario che i poteri di un soggetto siano bilanciati da quelli concessi agli altri soggetti; occorre che un giudice imparziale abbia i poteri che sono necessari a dirimere i momenti di contrasto inevitabile tra i due antagonisti del processo penale. Il giudice deve restare in una situazione di assoluta imparzialità e neutralità psichica.

La decisione di dedicare un intero libro del codice alla materia della prova è coerente con la scelta di fondo e deve essere accolta in modo positivo. Nel libro terzo del codice viene delineato un vero e proprio "diritto delle prove". Al giudice è riservato il potere di decidere; alle parti è attribuito il potere di ricercare le prove, di chiederne l'ammissione, di contribuire alla formazione delle stesse e di argomentare sui risultati ottenuti.

2. Il ragionamento del giudice: la sentenza.

Le problematiche che attengono alla prova penale si comprendono più agevolmente se si considera la finalità alla quale le prove sono destinate, che è quella di rendere possibile la decisione sull'addebito formulato contro l'imputato. Occorre, quindi, premettere alcuni cenni sui criteri che il giudice deve seguire nel pronunciare la sentenza.

Il giudice, in primo luogo, accerta se l'imputato ha commesso il fatto che gli è stato addebitato nell'imputazione; in secondo luogo interpreta la norma incriminatrice al fine di ricavarne il fatto tipico punibile; infine, valuta se il fatto storico, che ha accertato, rientra nel fatto tipico previsto dalla legge.

Questa è, in sintesi, la "logica" che applica il giudice; essa si basa sul principio secondo cui i fatti (e cioè gli accadimenti naturalistici) possono essere valutati in base a norme (e cioè con giudizi di valore). Si tratta di un ragionamento che costituisce il frutto del pensiero filosofico e giuridico elaborato fin dai tempi della cultura greca e latina. Il pregio di questa impostazione teorica è quello di imporre un ordine logico alla discussione delle singole questioni; infatti, prima di tutto sono trattate quelle che attengono alla ricostruzione del fatto storico; quindi si pongono le questioni che attengono all'interpretazione della legge (v. tav. 2.3.1).

Al tempo stesso, tale ordine costituisce il frutto di considerazioni di "economia": ciascuna questione costituisce il presupposto per affrontare la successiva. Ad esempio, se si accerta che il fatto non sussiste, non occorre chiedersi se l'imputato lo ha commesso e tanto meno affrontare le questioni relative alla fattispecie incriminatrice violata.

Questa ricostruzione rispecchia al tempo stesso l'esigenza di frenare l'intuizionismo e gli aspetti irrazionali che si possono manifestare nel momento del decidere. Il giudice è obbligato a usare soltanto criteri di ragione. La cartina di tornasole, che consente alle parti e alla collettività di verificare il rispetto di tale approccio, è costituita dalla motivazione nella quale il giudice deve dare conto dell'applicazione di tali criteri.

Dobbiamo adesso entrare nei dettagli e precisare il contenuto logico dei tre momenti fondamentali della decisione del giudice.

L'accertamento del fatto storico. All'inizio del processo il fatto addebitato all'imputato non è certo: l'accusa ne afferma l'esistenza, la difesa in tutto o in parte la nega. Il giudice deve risolvere il conflitto usando lo strumento della ragione. Perché l'accertamento del fatto sia razionale deve avere le seguenti caratteristiche:

1) Deve essere ***basato su prove***. La prova è quel ragionamento che da un fatto noto ricava l'esistenza del fatto storico da provare e le modalità con le quali si è verificato.

2) Deve essere ***oggettivo***. Tale caratteristica è la conseguenza della prima, in quanto l'accertamento, per essere oggettivo, non deve fondarsi sull'intuizione del giudice né su una mera ipotesi, bensì su fatti realmente avvenuti e dimostrati nel processo.

3) Deve essere ***logico***, cioè fondato sui princìpi che regolano la conoscenza e basato su prove tra loro non contraddittorie. Il giudice deve riportare nella motivazione della sentenza il percorso che egli ha seguito nella ricostruzione del fatto storico. Soltanto attraverso la motivazione sarà possibile controllarne l'operato [1].

L'accertamento, effettuato dal giudice, può dar luogo a due soluzioni alternative. Può consistere in un giudizio sull'esistenza di un fatto storico così come esso è stato descritto nell'imputazione; oppure, in una valutazione che esclude che il fatto storico

---

[1] Ad esempio, il giudice non può limitarsi ad affermare che un testimone è attendibile perche gli crede; al contrario, deve spiegare i motivi sui quali fonda la sua convinzione, e cioè i riscontri fattuali che la confermano. Ad esempio, una testimonianza deve essere valutata nel contesto delle altre prove non essendo sufficiente la sola coerenza intrinseca, e cioè l'assenza di contraddizioni

si sia verificato nel modo ipotizzato nell'imputazione. In ogni caso si tratta di un giudizio su di un "fatto" e non sul diritto (2).

L'individuazione della norma penale incriminatrice. Si tratta di un accertamento di tipo "giuridico" e non di fatto. Il giudice interpreta la legge penale e ricava da essa il fatto tipico previsto dalla norma incriminatrice. Ovviamente tale accertamento ha come parametro di riferimento il fatto storico indicato nell'imputazione e ricostruito mediante le prove. Il ragionamento svolto dal giudice è di tipo "giuridico" per due motivi. In primo luogo perché ha per oggetto le disposizioni di legge; in secondo luogo perché usa il metodo dell'interpretazione per chiarire il significato esatto della legge e per ricostruire il fatto tipico previsto dalla norma incriminatrice.

Il giudizio di conformità. Dal punto di vista formale, la decisione pronunciata dal giudice si presenta come una "sentenza". Essa è composta da una motivazione e da un dispositivo (art. 546). Nella *motivazione* il giudice, in base alle prove che sono state acquisite nel corso del processo, ricostruisce il fatto storico commesso dall'imputato (motivi "in fatto"); quindi interpreta la legge e individua il "fatto tipico" previsto dalla norma penale incriminatrice (motivi "in diritto"); infine valuta se il fatto storico rientra nel fatto tipico (giudizio di conformità).

Nel *dispositivo* il giudice trae le conseguenze dal giudizio di conformità: se il fatto storico commesso dall'imputato è conforme al fatto tipico previsto dalla norma incriminatrice, il giudice condanna (art. 533); se il fatto storico non è conforme al fatto tipico, il giudice assolve l'imputato con una delle formule previste dal codice (art. 530). Tutto questo si vuole significare, quando si dice con una espressione sintetica, ma efficace, che "il giudice applica il diritto al caso concreto". In definitiva, il dispositivo è quella parte della sentenza nella quale il giudice emette un "ordine", che può essere (in sintesi) di condanna o di assoluzione.

3. Prova e indizio.

a) I significati del termine "prova". Al fine di agevolare la comprensione della disciplina della prova penale, è necessario premettere alcune nozioni di base. Il termine "prova" può essere utilizzato, all'interno di varie locuzioni, per indicare differenti concetti; e cioè, può essere riferito alla *fonte di prova*, al *mezzo di prova*, all'*elemento di prova* o al *risultato probatorio*.

Fonte di prova sono le persone, le cose ed i luoghi dai quali si può trarre un elemento di prova (es. art. 65, comma 1). Il reato, come qualsiasi fatto umano, lascia tracce sia nella memoria delle persone che lo hanno percepito, sia nelle cose presenti nei luoghi nel quale si è verificato. Le persone, le cose ed i luoghi sono le fonti dalle quali possono essere tratte le informazioni utili per ricostruire un fatto del passato.

---

(2) È utile ricordare per sommi capi quale è il concetto di "verità" accolto in campo scientifico e storico-giuridico. In campo scientifico la verità si ritiene raggiunta quando la proposizione formulata come ipotesi (ad esempio, il teorema matematico) corrisponde alla misurazione quantitativa del fenomeno che viene osservato. Viceversa, per lo storico e per il giudice la verità si ritiene raggiunta quando l'ipotesi sull'esistenza di un fatto corrisponde alla ricostruzione del fatto stesso ottenuta mediante prove.

Mezzo di prova è lo strumento col quale si acquisisce al processo un elemento che serve per la decisione; ad esempio, mezzo di prova è la testimonianza mediante la quale si formano dichiarazioni (3).

Elemento di prova è l'informazione (intesa come dato grezzo) che si ricava dalla fonte di prova, quando ancora non è stata valutata dal giudice (art. 65, comma 1). Questi valuta la credibilità della fonte e l'attendibilità dell'elemento ottenuto, ricavandone un risultato probatorio (art. 192, comma 1).

Pertanto, il ***risultato probatorio*** è l'elemento di prova valutato dal giudice in base ai criteri della credibilità e della attendibilità. Mediante i risultati dei mezzi di prova assunti il giudice ricostruisce il fatto storico di reato (c.d. conclusione probatoria; es. art. 530).

Un fatto si può ritenere accertato quando l'ipotesi formulata (es. l'imputazione) corrisponde alla ricostruzione del fatto operata mediante prove.

b) Il ragionamento inferenziale. Il fatto storico di reato è avvenuto nel passato: si tratta, ovviamente, di un fatto non ripetibile, che può essere conosciuto soltanto attraverso le tracce che ha lasciato nel mondo reale o nella memoria degli uomini. Da tali tracce (elementi di prova) il giudice ricava l'esistenza del fatto del passato. Gli strumenti, dei quali egli si serve, consistono nelle prove.

Nel suo insieme la prova può essere definita come un ragionamento che da un fatto reso noto al giudice (es. dichiarazione del testimone) ricava l'esistenza di un fatto che è avvenuto in passato e della cui esistenza occorre convincere il giudice (4). Per questa sua caratteristica il ragionamento probatorio viene definito "inferenziale", poiché da un fatto di oggi ricava l'esistenza di un fatto passato. Nel processo penale il fatto da provare (gli studiosi lo indicano con l'espressione *thema probandum*) è precisato nell'art. 187, comma 1.

Oggetto di prova. È *oggetto di prova*, in primo luogo, il fatto descritto nell'imputazione, e cioè il fatto storico addebitato all'imputato. Sono fatti da provare anche quelli che permettono di quantificare la sanzione penale e quelli dai quali dipende l'applicazione di norme processuali (art. 187, comma 2); si tratta, ad esempio, dei fatti che servono per stabilire la credibilità di una persona che rende dichiarazioni (art. 194, comma 2) o che servono a provare, ad esempio, se un teste è stato minacciato (art. 500, commi 4 e 5). In caso di costituzione di parte civile, sono inoltre oggetto di prova i fatti inerenti alla responsabilità civile derivante da reato (es., quantificazione del danno).

---

(3) Il codice prevede i seguenti mezzi di prova tipici, e cioè regolamentati dalla legge nelle loro modalità di assunzione (artt. 194-243): la testimonianza, l'esame delle parti, i confronti, le ricognizioni, gli esperimenti giudiziali, la perizia, la consulenza tecnica di parte e i documenti (si veda il successivo cap. 4).

Il codice prevede anche i mezzi di ricerca della prova (si veda il successivo cap. 5). Attraverso il mezzo di ricerca della prova entra nel procedimento un elemento probatorio che preesiste allo svolgersi del mezzo stesso; ad esempio, con la perquisizione si mira ad acquisire al procedimento una cosa pertinente al reato.

(4) Nel testo utilizziamo il termine "fatto" in modo sintetico così come fa il legislatore nell'art. 2727 c.c. In realtà, ciò che costituisce oggetto di controllo nel processo penale è l'affermazione che è avvenuto un determinato fatto (G. UBERTIS). Tale affermazione può essere giudicata vera o falsa; il fatto in se stesso non è né vero, né falso, ma può soltanto essere avvenuto o meno.

c) ***La prova rappresentativa.*** Si distingue tra prova rappresentativa ed indizio. Con il termine "prova rappresentativa" (definita anche prova storica) si fa riferimento a quel ragionamento che dal fatto noto ricava, *per rappresentazione*, l'esistenza del fatto da provare (5).

Ad esempio, Tizio riferisce di aver visto Caio sparare. Il fatto noto è la dichiarazione di Tizio, che narra quanto ha visto. Il fatto storico è ricavabile in via diretta dalla dichiarazione perché è rappresentato dalle parole pronunciate dal testimone; naturalmente, il giudice deve valutare l'affidabilità della fonte e l'attendibilità della rappresentazione prima di decidere se e quale "risultato probatorio" se ne possa ricavare. È una valutazione razionale di credibilità e di attendibilità razionale basata su regole logiche, scientifiche e di esperienza, delle quali tratteremo successivamente.

Detta valutazione è operata di regola attraverso lo strumento dell'esame incrociato che si svolge mediante domande e contestazioni. Da un lato, si tratta di accertare quanto il dichiarante è sincero; quanto è stato attento allo svolgimento del fatto; quanto è in grado di comprendere il significato degli elementi che riferisce; se ha precedenti penali. Tutto ciò è ricompreso nel giudizio di credibilità della fonte. Da un altro lato, si tratta di valutare quanto la rappresentazione effettuata dalla fonte è idonea a descrivere il fatto avvenuto. Ad esempio, il dichiarante aveva gli occhiali? Era in grado di vedere determinati dettagli del fatto? Tutto ciò si esprime con un giudizio di attendibilità della narrazione.

Frutto delle due operazioni, appena esposte, è il "risultato probatorio". Il giudice, accertato il grado di credibilità della fonte ed il grado di attendibilità della rappresentazione, valuta quanto della rappresentazione fornita è accettabile razionalmente; di ciò deve dare atto nella motivazione ai sensi dell'art. 192 comma 1, precisando i « risultati acquisiti e criteri adottati ».

Tra il fatto noto (la rappresentazione effettuata dal testimone) e il fatto ignoto (il fatto storico da provare) vi è di mezzo la valutazione di credibilità della fonte e di attendibilità della rappresentazione. Una volta ritenuta credibile la fonte ed attendibile la narrazione, il giudice ottiene il seguente risultato probatorio: è ragionevole ritenere che il racconto del testimone corrisponda allo svolgimento del fatto al quale il testimone stesso ha assistito.

La decisione. Al termine del processo, valutati tutti i risultati derivanti dagli elementi di prova acquisiti, il giudice nella motivazione ricostruisce il fatto storico, indicando in base a quali criteri ritiene attendibili le prove poste a supporto della decisione e per quali ragioni ritiene « non attendibili le prove contrarie » (art. 546, comma 1, lett. *e*).

d) ***La prova indiziaria.*** Con il termine "indizio" (definito anche prova critica) si fa riferimento a quel ragionamento che da un fatto provato (cd. circostanza indiziante) ricava l'esistenza di un ulteriore fatto da provare (ad esempio, il fatto

(5) Rappresentare un fatto significa costruirne uno equivalente, in modo da renderlo conoscibile quando non sia più presente; pertanto la *rappresentazione* è il modo con cui un fatto può essere reso conoscibile da altre persone. Il fatto può essere rappresentato con immagini, parole, gesti o suoni.

commesso dall'imputato). Il collegamento tra la circostanza indiziante ed il fatto da provare è costituito da un'inferenza basata su di una massima di esperienza o su di una legge scientifica. L'oggetto da provare può essere sia il fatto storico che è addebitato all'imputato; sia un'altra circostanza indiziante dalla quale, con una ulteriore inferenza, si può ricavare l'esistenza del fatto principale (v. tav. 2.3.3).

Appare chiara la differenza con la prova rappresentativa, mediante la quale da un fatto noto (la dichiarazione di un testimone) si ricava per rappresentazione il fatto da provare. Nella prova critica, viceversa, dal fatto provato (circostanza indiziante) si desume l'esistenza del fatto da provare utilizzando un'inferenza, ad esempio una massima di esperienza, che esprime quello che avviene nella maggior parte dei casi.

Un esempio può chiarire il concetto. Un testimone dice di aver visto una persona uscire dalla porta di un condominio verso le due di notte con un sacco sulle spalle; nel camminare si guardava intorno. La polizia accerta che alle una e mezza di quella medesima notte è stato svaligiato un appartamento in quel condominio. Sentito il testimone, questi identifica in Caio la persona che aveva visto uscire dal condominio (circostanza indiziante o fatto secondario). Caio, interrogato dalla polizia, non sa dare spiegazioni ragionevoli sulla sua presenza sul luogo del delitto; oppure, adduce un alibi non provato.

Accertati questi fatti, si formula una massima di esperienza ricavandola da casi simili al fatto provato. Dall'osservazione di casi simili si ricava la seguente regola di esperienza: "chi viene visto uscire di notte con un sacco sulle spalle da un condominio nel quale è stato commesso un furto e non dà spiegazioni ragionevoli sulla sua presenza sul luogo del delitto (o adduce un alibi non provato) è l'autore del furto". A questo punto la regola di esperienza viene applicata al fatto provato. Il comportamento di Caio rientra nella regola di esperienza; pertanto, con le precisazioni che effettueremo nelle pagine seguenti, è possibile affermare che è probabile che Caio abbia commesso quel furto. Questo ragionamento non è sufficiente per condannare perché, ai sensi dell'art. 192, comma 2, non si può accertare un fatto sulla base di un solo indizio.

Sempre in relazione all'esempio fatto, può accadere che nell'appartamento svaligiato la polizia trovi un'impronta digitale e la confronti con quella presa da Caio. In base ad una legge scientifica, se in due impronte si riscontrano sedici punti simili (c.d. minuzie) e sono assenti difformità, le due impronte appartengono alla medesima persona. Confrontate le impronte, un consulente tecnico riscontra diciassette punti simili; pertanto è possibile applicare la predetta legge scientifica nel caso in esame. Da ciò si ricava la prova di un'ulteriore circostanza indiziante (fatto secondario): Caio è stato in quella abitazione. A sua volta, a questo fatto è applicabile una regola di esperienza ricavata da casi simili dai quali risulta che colui che ha lasciato le sue impronte in un'abitazione svaligiata, e non ha saputo dare una spiegazione ragionevole di tale fatto, è l'autore del furto. Quanto esposto consente di affermare che, molto probabilmente, Caio ha commesso il furto in quell'abitazione (6).

---

(6) Come vedremo meglio tra poco, tuttavia, la massima di esperienza non ha valore universale. Essa potrebbe risultare smentita dalle specifiche circostanze del caso concreto.

e) La massima di esperienza. La massima di esperienza è una *regola di comportamento* che esprime quello che avviene nella maggior parte dei casi (*id quod plerumque accidit*); più precisamente, essa è una regola che è ricavabile da casi simili al fatto noto che, come si è detto, si denomina circostanza indiziante. L'esperienza può permettere di formulare un giudizio di relazione tra fatti; vi è una relazione quando si ricava che una categoria di fatti di solito si accompagna ad un'altra determinata categoria di fatti. Si ragiona in base al principio: "in casi simili, vi è un identico comportamento". Questo ragionamento permette di accertare l'esistenza di un fatto storico ovviamente non con certezza, ma con una probabilità più o meno ampia.

La massima di esperienza è una "regola", e cioè non appartiene al mondo dei fatti; dà luogo ad un giudizio di probabilità e non di certezza. Tuttavia, non esiste altra possibilità di accertamento, quando non sia disponibile una valida prova rappresentativa ([7]).

Occorre che il giurista abbia ben chiari gli aspetti di opinabilità del ragionamento indiziario. Il primo aspetto sta nello stabilire, tra più fatti storici umani non ripetibili, quali sono gli elementi "simili" e se tali elementi prevalgono, o meno, sugli elementi "dissimili". Il secondo aspetto di opinabilità sta nel fatto che, se pure si può notare che il comportamento umano è condizionato in buona parte dagli istinti e dalle passioni, tuttavia non è detto che, in concreto, l'agire di una singola persona rispecchi sempre le regole formulate. Le massime di esperienza ci indicano soltanto che vi è la probabilità che una persona, in una situazione simile, possa essersi comportata in modo identico. Ma non è detto che quello che avviene nella maggior parte dei casi sia avvenuto anche in quel caso.

Il metodo di elaborazione della massima di esperienza. Il meccanismo con cui è costruita la prova indiziaria può essere descritto nel modo seguente. Il giudice applica un ragionamento di tipo induttivo quando esamina casi simili alla circostanza indiziante e formula una regola di esperienza; e cioè, da casi particolari ricava l'esistenza di una regola generale. Successivamente, egli svolge un ragionamento deduttivo, e cioè applica alla circostanza indiziante la regola generale che ha ricavato in precedenza. Dunque, il punto veramente cruciale del ragionamento indiziario è la formulazione della massima di esperienza ([8]) (v. tav. 2.3.4).

([7]) Merita sottolineare che la prova rappresentativa e l'indizio differiscono non per l'*oggetto* da provare, bensì per la *struttura del procedimento logico.* Nella prova rappresentativa il fatto è provato mediante la rappresentazione che di esso fa la fonte, sia essa una persona che narra, sia una foto o un filmato; nella prova indiziaria il fatto è indotto da un altro fatto mediante l'applicazione di una regola scientifica o di esperienza. L'oggetto da provare può essere sia il fatto principale (fatto di reato), sia un fatto secondario (un'altra circostanza indiziante). Quest'ultima, infatti, può essere provata sia mediante una prova rappresentativa, sia con una prova critica (ad esempio, la presenza dell'imputato nei pressi del luogo del reato può essere provata sia mediante un testimone, sia attraverso una impronta digitale o genetica). Parimenti, la responsabilità dell'imputato può essere provata sia mediante un testimone che ha visto svolgersi il fatto di reato, sia con indizi.

([8]) I fatti da soli non significano nulla. Perché acquistino un significato occorre interpretarli. E per interpretarli, occorrono dei criteri: le massime di esperienza, appunto. Queste massime non sono altro che regole di comportamento che, nel loro insieme, imbrigliano, selezionano e spiegano l'intero mondo dell'esperienza. Tuttavia, le massime non sono leggi incontrovertibili (allo stato delle conoscenze attuali), ma sono formate da leggi probabilistiche. Inoltre, occorre considerare che il giudice non ha a disposizione un repertorio di massime di

È importante precisare che il giudice deve formulare le regole in base alla "migliore esperienza" e non in base a scelte personali arbitrarie o all'opinione dell'uomo medio. Inoltre, il giudice deve scegliere in modo corretto quale, fra più massime di esperienza, è applicabile al caso concreto, tenuto conto delle particolarità di quest'ultimo. E cioè, deve applicare quella regola che meglio si attaglia al caso di specie e non automaticamente quella che appare la più probabile in astratto.

La bontà del ragionamento del giudice si manifesta nella motivazione della sentenza nella quale, come precisa il ricordato art. 192 comma 1, si deve dare conto dei risultati acquisiti e dei « criteri » adottati. Nella prova indiziaria i criteri sono costituiti dalle massime di esperienza utilizzate dal giudice nel ragionamento inferenziale, che muove dalle risultanze processuali.

f) La legge scientifica. In materie che richiedono specifiche competenze tecniche, scientifiche o artistiche, il giudice deve affidarsi a persone che hanno conoscenze specialistiche in quella determinata disciplina (art. 220). Costoro potranno valutare quale legge della natura è applicabile ad un determinato fatto, al fine di individuarne le cause. Da un lato, la legge scientifica dà maggiore certezza, poiché è possibile conoscere esattamente in quanti ed in quali casi risulta valida. Da un altro lato, restano sempre margini di opinabilità, poiché si tratta di: *a*) scegliere la legge scientifica che deve essere applicata al caso di specie; *b*) valutare in quale modo deve essere applicata; *c*) individuare i fatti ai quali applicarla. Si tratta, cioè, di interpretare correttamente un fenomeno (9) e di considerare gli altri casi e condizioni in cui si è verificato, in modo da valutare quale è la probabilità che un determinato fatto lo abbia causato (10).

Caratteristiche delle leggi scientifiche. Premesso che per leggi scientifiche si intendono quelle leggi che esprimono una relazione certa o statisticamente significativa tra due fatti della natura, preme evidenziare che le medesime hanno le caratteristiche della generalità, della sperimentabilità e della controllabilità. Sono *sperimentabili* perché il fenomeno scientifico deve essere riconducibile ad esperimenti misurabili quantitativamente: gli esperimenti sono ripetibili dagli scienziati mediante procedure che verificano la misura dei fenomeni e la validità della legge. Da ciò deriva che, in linea di tendenza, le leggi scientifiche sono *generali* in quanto non ammettono eccezioni o, comunque, il margine di errore è esattamente conosciuto (mentre non è possibile sapere con esattezza in quanti casi sia valida la massima di esperienza secondo cui un marito geloso può giungere ad uccidere la moglie). Se si verificano eccezioni alla legge scientifica, questa viene modificata o abbandonata. Infine, le leggi

---

esperienza scoperte e brevettate, bensì è tenuto a formularle alla luce dei casi simili; pertanto, egli non è un mero fruitore passivo di massime di esperienza.

(9) Inteso nel significato del termine greco: "ciò che appare".

(10) Occorre precisare, peraltro, che la legge scientifica permette soltanto di collegare un evento alla sua causa, ma non può accertare l'esistenza dello specifico fatto che si vuole provare. Ad esempio, conoscendo la regola secondo cui un veicolo di un determinato tipo, che procede ad una data velocità, lascia sul terreno una traccia di frenata di una data lunghezza (induzione), si può individuare l'esatta velocità di marcia di quel particolare automezzo che ha lasciato quel segno di frenata (deduzione); ma nulla ci può dire sulla conduzione dell'automezzo da parte dell'imputato e riguardo alla sua responsabilità. Tale fatto potrà eventualmente essere accertato mediante altre prove.

scientifiche sono *controllabili* perché la loro formulazione è sottoposta alla critica della comunità degli esperti.

Caratteristiche delle massime di esperienza. Le regole di esperienza sono carenti dei predetti caratteri. Non sono sperimentabili in quanto il reato è un fatto umano che per sua natura non è riproducibile a comando; e comunque vi sono motivi etici e giuridici che impediscono la riproduzione di un reato. Non sono controllabili, perché non ci sono tecnici del diritto in grado di seguire, con procedure comunemente accettate, il nascere di una regola di esperienza ed il suo livello di generalità. Non sono generali perché le regole del comportamento umano ammettono eccezioni; né sono autonome rispetto ai casi dai quali sono tratte perché da questi sono ricavate. Per tali motivi sia nella formulazione di una regola di esperienza, sia nella sua applicazione, il giudice deve essere particolarmente cauto ([11]).

g) La regola giuridica di valutazione degli indizi. L'indizio è idoneo ad accertare l'esistenza di un fatto storico di reato soltanto quando sono presenti altre prove che escludono una diversa ricostruzione dell'accaduto. Il principio è formulato nell'art. 192, comma 2: « l'esistenza di un fatto non può essere desunta da indizi a meno che questi siano gravi, precisi e concordanti ». Si tratta di una regola giuridica di valutazione, dalla quale si ricava, in primo luogo, che un solo indizio non è mai sufficiente.

La **gravità** degli indizi attiene al grado di convincimento: è "grave" l'indizio che è resistente alle obiezioni e che, pertanto, ha una elevata persuasività. Occorre, cioè, che la massima di esperienza, che è stata formulata, esprima una regola che ha un ampio grado di probabilità.

Gli indizi sono **precisi** quando la "circostanza indiziante" è stata ampiamente provata; altrimenti si corre il pericolo di costruire un castello di argomentazioni logiche che rischia di franare dalle fondamenta. Ad esempio, è indizio preciso la coincidenza tra profili genetici risultante dall'esame del DNA, purché raccolto in modo corretto (Cass., sez. V, 27 marzo - 7 settembre 2015, n. 36080, Sollecito, in motivazione, p. 39). Per un commento, si veda *Dir. pen. proc.* 2015, 1410.

Infine, gli indizi sono **concordanti** quando convergono tutti verso la medesima conclusione. Non debbono esservi elementi contrastanti; se questi residuano, occorre poter escludere ogni altra ricostruzione prospettabile ([12]).

([11]) Inoltre, occorre che la regola di esperienza sia costruita essa stessa con un metodo corretto, che si avvicini il più possibile a quello scientifico: è necessario stare attenti a non scambiare per massima di esperienza quello che a volte non è altro se non un pregiudizio comune.

Come abbiamo accennato in precedenza, la prova indiziaria è la combinazione del ragionamento induttivo con quello deduttivo. Tale operazione logica è accettabile con maggiore tranquillità quando la regola da applicare è di tipo scientifico. Il risultato probatorio ha un alto grado di probabilità a due condizioni: che la legge scientifica non soffra di eccezioni e che la medesima sia applicata correttamente al caso concreto.

([12]) Sempre in relazione all'esempio menzionato in precedenza, può accadere che nell'appartamento svaligiato la polizia trovi una impronta digitale e la confronti con quella presa da Caio. In base ad una legge scientifica, se in due impronte si riscontrano sedici punti simili e sono assenti difformità, le impronte appartengono alla medesima persona. Confrontate le impronte, un consulente tecnico riscontra sedici punti simili; pertanto è possibile applicare la legge scientifica nel caso in esame. Da ciò si ricava la prova di un ulteriore fatto: Caio è stato nell'appartamento svaligiato. A sua volta, a questo fatto (circostanza indiziante) è applicabile una regola di esperienza: colui, che è stato nell'appartamento svaligiato, ha a che fare con il furto. La presenza di impronte digitali, unita alla mancanza di una spiegazione logica da parte dell'interessato, è idonea ad integrare "indizi gravi, precisi e concordanti".

Tale conclusione deve essere sottolineata: il ragionamento indiziario non "rappresenta" direttamente il fatto da provare, ma dimostra come questo probabilmente è avvenuto. Pertanto, si impone la massima cautela: occorre escludere tutte le alternative ragionevoli, spiegando nella motivazione della sentenza perché queste appaiono assolutamente improbabili, in modo da ritenere il fatto provato "oltre ogni ragionevole dubbio" (art. 533; si veda *infra*, § 5).

Se viene accertato il probabile movente della condotta, questo costituisce il "cemento" che consolida il quadro indiziario.

È necessario un ulteriore approfondimento. Gli indizi devono essere gravi, precisi e concordanti soltanto quando tendono a dimostrare l'esistenza di un fatto.

L'alibi. Viceversa, se l'oggetto della prova è un fatto *incompatibile* con la ricostruzione del fatto storico, operata nell'imputazione, allora è sufficiente anche un solo indizio.

Intendiamo riferirci all'alibi, e cioè a quel ragionamento attraverso il quale si dimostra che l'imputato non poteva essere a quell'ora sul luogo del delitto perché nel medesimo momento si trovava altrove. Il "fatto provato", dal quale il procedimento logico prende le mosse, è che l'imputato nell'ora in cui il reato è stato commesso si trovava in un diverso luogo, ben distante. La massima di esperienza che si applica consiste nella regola in base alla quale la medesima persona non può trovarsi contemporaneamente in due luoghi differenti. Se ne trae la prova che l'imputato non può aver commesso il delitto con le modalità temporali affermate dall'accusa. In tal caso, all'evidenza può avvenire che un solo indizio sia idoneo a dimostrare con certezza che il fatto non si è verificato così come lo ha ricostruito il pubblico ministero. Naturalmente l'elemento di prova sul quale si basa l'alibi (un teste afferma che l'imputato era in un determinato luogo) come ogni altro elemento di prova deve essere sottoposto al vaglio di attendibilità da parte del giudice ([13]).

([13]) Vista la difficoltà della materia, che tuttavia è di importanza centrale nel procedimento penale, è utile operare un riepilogo a fini didattici.

L'indizio è un ragionamento che, partendo da un fatto provato (circostanza indiziante o fatto secondario), si propone di accertare l'esistenza di un fatto da provare (oggetto di prova ai sensi dell'art. 187). Il fatto noto può integrare sia una dichiarazione (es. un testimone dichiara di aver visto fuggire l'imputato), sia un elemento materiale (es. traccia o impronta lasciata dall'imputato sul luogo del reato). Il risultato di tale inferenza (il fatto da provare) può essere sia il fatto storico di reato (fatto principale) sia un ulteriore fatto secondario (o circostanza indiziante) rispetto alla condotta del reo, ma da questa logicamente dipendente. Nel primo caso, dalla dichiarazione del teste sulla fuga dell'imputato si può inferire la commissione del reato. Nel secondo caso, dall'impronta si può dedurre la presenza dell'imputato sul luogo del reato; da tale fatto, con l'applicazione di una massima di esperienza, si può accertare la responsabilità nella commissione del reato. In entrambi i casi, il fatto da provare è ricostruito attraverso un'operazione logica che dà significato a fatti provati.

Completamente differente è il ragionamento che si svolge in presenza di una prova rappresentativa (es. un testimone dichiara di aver visto l'imputato nell'atto di uccidere o una videoripresa ha filmato tale scena); in essa il fatto noto (dichiarazione del testimone) rappresenta il fatto da provare, e cioè il fatto storico descritto nell'imputazione.

Fermiamoci ancora a considerare il ragionamento che il giudice svolge quando vi è una prova indiziaria: al fatto noto è applicata una massima di esperienza. Il giudice ricerca la regola di esperienza esaminando casi simili alla circostanza indiziante; da essi trae la regola che opera in detti casi. Il procedimento è di tipo induttivo: dalla ripetuta osservazione di fenomeni o casi si ricava per astrazione una regola generale; si ritiene che in casi simili il comportamento di un uomo (o di un fenomeno naturale) sia identico. Se sono ricavate non una, bensì due regole aventi differenti probabilità di validità, il giudice deve scegliere quella che si adatta meglio al caso concreto, viste le particolarità di quest'ultimo ricavate anche da altri elementi raccolti.

4. Il procedimento probatorio e il diritto alla prova.

Il principio di legalità processuale in materia probatoria. Il procedimento probatorio è regolamentato dal codice nei fondamentali momenti della ricerca, dell'ammissione, dell'assunzione e della valutazione della prova (F. CORDERO; G. ILLUMINATI; G. UBERTIS). Per comodità di esposizione, in questa sede esaminiamo il procedimento probatorio con riferimento alla fase del dibattimento (v. tav. 2.3.2).

Come si è accennato in apertura del presente capitolo, in un sistema processuale di tipo inquisitorio la prova è un "affare del giudice", che cumula i poteri di ricerca, ammissione, assunzione e valutazione della prova. Il controllo sulla gestione delle prove diventa impossibile e vi è carenza di regole e di garanzie.

Viceversa, in un sistema di tipo accusatorio, quale è quello scelto dal codice vigente, spetta alle parti il potere di ricercare le fonti e di chiedere al giudice l'ammissione del relativo mezzo di prova. Tuttavia, la prova non è "di proprietà delle parti". I poteri in materia di prova risentono del principio della separazione delle funzioni processuali. Alle parti spetta unicamente il potere di ricerca e di domanda. Al giudice spetta il potere di decidere l'ammissione e di emettere una valutazione sulle prove. I poteri sono regolamentati dalla legge perché le parti contrapposte non ne abusino; il controllo spetta al giudice imparziale. Ma anche i poteri esercitabili dal giudice sono regolati dalla legge, al fine di evitare abusi anche da parte di costui. In tal senso si può dire che esiste un vero e proprio principio di "legalità processuale in materia probatoria" (14).

Una volta individuata la regola di esperienza, il giudice la applica al fatto noto. Si tratta di un ragionamento di tipo deduttivo: ad un caso concreto è applicata la regola al fine di trarne come conseguenza l'esistenza del fatto da provare. Sul punto premono due precisazioni: *a*) il fatto da provare costituisce l'antecedente del fatto noto; *b*) siamo in presenza di un ragionamento probabilistico e, pertanto, il nesso tra i due fatti è soltanto probabile. Quello delineato non è un giudizio di certezza assoluta, bensì di probabilità logica, che esprime una certezza relativa alle prove che sono state raccolte nel processo.

Al posto della regola di esperienza può essere applicata una legge scientifica che può avere un elevato grado di predittività (c.d. legge universale); in tal caso le conclusioni sono altamente probabili, naturalmente se l'applicazione al caso concreto è stata corretta. Ma vi sono leggi scientifiche probabilistiche, che cioè hanno un grado di predittività non elevato. Anche esse possono essere utilizzate nel ragionamento indiziario, quando si può escludere che la serie degli accadimenti possa essere ricostruita in modo diverso.

Il codice vieta che il fatto di reato possa essere accertato mediante un solo indizio, a prescindere dalla considerazione che il procedimento logico si basi su di una regola di esperienza oppure su di una legge scientifica (art. 192, comma 2). Partendo dalla osservazione di un fatto, in base alla migliore scienza o esperienza si ipotizza che tale fatto sia stato provocato da una determinata condotta. Le parti devono poter tentare di smentire l'applicabilità della regola nel caso concreto, e cioè devono essere ammesse a dimostrare che l'effetto può derivare da una differente causa. A tal fine, le parti hanno il diritto di ricercare e introdurre nel processo quelle prove che sono volte a dimostrare una diversa ipotesi ricostruttiva; hanno altresì il diritto di argomentare in relazione alle risultanze processuali ed alle regole di scienza o di esperienza da applicare a dette risultanze. Tali diritti possono essere esercitati con l'ausilio di esperti (consulenti tecnici). Ove la controparte riesca a dimostrare l'infondatezza della ricostruzione avversaria, la validità in concreto della regola utilizzata viene meno; l'esistenza del fatto non è più probabile.

(14) Sotto i profili delineati, vi è una completa "parità di armi" tra le parti; nella tecnica di formazione della prova le richieste formulate dall'accusa e dalla difesa sono valutate dal giudice in base ai medesimi criteri della pertinenza e della rilevanza; gli elementi ricavati sono sottoposti alla medesima valutazione di attendibilità. Non conta il soggetto processuale dal quale proviene la richiesta di assumere quel determinato mezzo di prova; quello che conta è il grado con cui l'elemento, che se ne ricava, resiste al vaglio del contraddittorio operato dalle parti contrapposte. Queste partecipano direttamente alla formazione della prova ponendo le domande nell'esame incrociato.

Il "diritto alla prova" è una espressione di sintesi che comprende il potere, spettante a ciascuna delle parti, di: *a*) ricercare le fonti di prova; *b*) chiedere l'ammissione del relativo mezzo; *c*) partecipare alla sua assunzione; *d*) ottenere una valutazione dell'elemento di prova. In questo paragrafo esamineremo il diritto alla prova unitamente al procedimento probatorio, poiché si tratta di due aspetti della medesima tematica.

a. La ricerca della prova. La ricerca delle fonti di prova spetta esclusivamente alle parti: in primo luogo al pubblico ministero (art. 326 c.p.p.), sul quale incombe l'onere della prova, e cioè l'onere di convincere il giudice della reità dell'imputato (si veda il paragrafo sull'onere della prova). Successivamente, al fine di confutare le tesi dell'accusa, spetta all'imputato l'onere di ricercare sia quelle prove che possano convincere il giudice della non credibilità della fonte o della inattendibilità degli elementi a carico, sia quelle tendenti a dimostrare che i fatti si sono svolti diversamente (art. 327-*bis* c.p.p.).

Per poter funzionare, il nostro sistema (prevalentemente accusatorio) deve permettere alle parti di *ricercare* le prove. Nessuno meglio della parte è in grado di comprendere quali siano gli elementi idonei a convincere il giudice. Il diritto di indagare è concesso alle parti in tutto il corso del procedimento e costituisce un aspetto fondamentale per la realizzazione del contraddittorio (artt. 24, comma 2 e 111, commi 2 e 4 Cost.).

b. L'ammissione della prova. L'ammissione del singolo mezzo di prova deve essere chiesta dalle parti al giudice (art. 190 c.p.p.); le parti hanno l'onere di introdurre il singolo mezzo di prova e lo adempiono chiedendo (ad esempio) l'esame di un testimone o l'acquisizione di un documento.

Il giudice ammette la prova in base a quattro criteri (art. 190, comma 1 c.p.p.). La prova deve essere *pertinente*, e cioè essa deve dimostrare l'esistenza del fatto storico enunciato nell'imputazione o di uno dei fatti indicati nell'art. 187 c.p.p. (ad es., la credibilità di un testimone). La prova *non* deve essere *vietata dalla legge* (come esempio, si può citare il divieto di perizia criminologica previsto dall'art. 220, comma 2 c.p.p.). Inoltre, la prova *non* deve essere *superflua*, e cioè sovrabbondante; essa non deve tendere ad acquisire il medesimo risultato conoscitivo che si aspetta da una pluralità di mezzi di prova: la sua assunzione sarebbe destinata a rivelarsi inutilmente defatigante. Infine, la prova deve essere *rilevante*, e cioè utile per l'accertamento: il suo probabile risultato deve essere idoneo a dimostrare l'esistenza del fatto da provare ([15]).

Non occorre che la "rilevanza" o la "non superfluità" siano certe; è sufficiente il dubbio, e cioè la *non manifesta* irrilevanza o superfluità (art. 190, comma 1 c.p.p.).

([15]) Per comprendere la differenza tra pertinenza e rilevanza può essere utile il seguente esempio. Ad un incidente stradale ha assistito una persona molto anziana, che non è assolutamente in grado di indicare quale era il mezzo che ha investito il malcapitato né come si sono svolti i fatti. Il testimone può riferire su di un fatto oggetto di prova (la prova è pertinente) ma è probabile che non fornirà alcun elemento idoneo a ricostruire la dinamica dei fatti né la responsabilità dell'indagato (la prova non è rilevante).

Alle parti è sufficiente dimostrare la probabile rilevanza; nel dubbio, la richiesta deve essere accolta ([16]).

Il provvedimento di ammissione. Il giudice è vincolato anche in un aspetto di carattere "procedimentale"; deve provvedere sulla richiesta di ammissione « senza ritardo con ordinanza » (art. 190, comma 1 c.p.p.). Ciò significa che egli deve motivare l'eventuale rigetto della richiesta e soprattutto deve provvedere subito, senza poter riservarsi di decidere successivamente sull'ammissione. Le parti hanno il diritto di affrontare l'istruzione dibattimentale avendo ben chiaro il quadro probatorio di cui possono disporre ([17]).

Il diritto alla prova contraria. Il codice prevede espressamente il "*diritto alla prova contraria*". Ove siano stati ammessi i mezzi di prova richiesti dall'accusa, l'imputato ha diritto all'ammissione delle « prove indicate a discarico sui fatti costituenti oggetto delle prove a carico » (art. 495, comma 2 c.p.p.). Il medesimo diritto spetta al pubblico ministero « in ordine alle prove a carico dell'imputato sui fatti costituenti oggetto delle prove a discarico ». In base a tali disposizioni, la parte avversa ha *diritto* all'ammissione della prova che ha per oggetto il medesimo fatto ed è finalizzata a dimostrare che non è avvenuto o che si è verificato con una differente modalità ([18]).

La garanzia costituzionale. Come si è avuto modo di precisare, il diritto alla prova contraria è riconosciuto anche nella Costituzione. Si tratta dell'art. 111, comma 3 Cost. che, con riferimento al solo imputato, proclama il diritto di « ottenere la convocazione e l'interrogatorio di persone a sua difesa nelle stesse condizioni dell'accusa e l'acquisizione di ogni altro mezzo di prova a suo favore » ([19]).

Limiti al diritto all'ammissione della prova. Il diritto ad ottenere l'ammissione della prova di tipo dichiarativo è stato limitato in alcune ipotesi allo scopo di impedire

---

([16]) Ciò significa che il *quantum* di prova imposto alla parte richiedente è particolarmente basso. In definitiva, il riconoscimento del diritto alla prova implica un limite al potere discrezionale esercitabile dal giudice nel respingere la richiesta di ammissione di un mezzo di prova.

([17]) Il diritto ad ottenere l'ammissione della prova di tipo dichiarativo è stato limitato nelle ipotesi di imputazione avente ad oggetto il delitto di associazione mafiosa (art. 416-*bis* c.p.), i delitti ad esso collegati o alcuni reati in materia di violenza sessuale e di pedofilia (art. 190-*bis*). Se la persona, che una parte vuole sentire in dibattimento, ha già reso dichiarazioni in sede di incidente probatorio (o le sue dichiarazioni provenienti da altro procedimento sono state acquisite in base all'art. 238 c.p.p.), l'esame è ammesso soltanto in due casi: 1) se riguarda fatti o circostanze diversi da quelli oggetto delle precedenti dichiarazioni; 2) se il giudice o una delle parti lo ritengono necessario sulla base di specifiche esigenze (art. 190-*bis*, mod. dalla legge n. 63 del 2001).

Perché l'esame sia rinnovato in dibattimento occorre che le parti richiedano di sentire il dichiarante su fatti diversi, oppure anche sugli stessi fatti, sempre che prospettino l'esistenza di specifiche esigenze. È chiaro che in quest'ultimo caso l'ammissione della prova è rimessa alla valutazione del giudice che dovrà accertare la sussistenza delle "specifiche esigenze".

([18]) La dimostrazione contraria può essere data anche con un mezzo di prova differente; ad esempio, la dichiarazione di un teste potrebbe essere smentita da un altro dichiarante, ma anche da un documento, quale potrebbe essere una foto.

È importante precisare che il concetto stesso di prova contraria rende inutile un vaglio sulla pertinenza. In base all'art. 495, comma 2, infatti, la prova "contraria" ha per oggetto gli stessi fatti che costituiscono oggetto della prova "principale". Pertanto, è consentito al giudice unicamente non ammettere le prove vietate dalla legge e quelle che manifestamente sono superflue o irrilevanti.

([19]) Per quanto concerne l'acquisizione di "ogni altro mezzo di prova" a discarico, la formulazione letterale della norma potrebbe indurre a ritenere che sia escluso qualsiasi filtro operato dal giudice sull'ammissibilità delle richieste di prova formulate. Ma è chiaro, tuttavia, che una interpretazione ispirata al principio di ragionevolezza e di parità delle parti deve indurre a ritenere che anche le prove richieste dall'imputato debbano superare il vaglio giudiziale di ammissibilità.

la c.d. usura delle fonti di prova, e cioè di evitare che il dichiarante debba presentarsi a più udienze in vari processi e vada incontro inutilmente a rischi di intimidazione o di sicurezza per la sua persona ([20]).

I poteri di iniziativa probatoria del giudice. Nella fase dell'ammissione della prova il giudice, di regola, ha soltanto il potere di decidere se ammettere o meno il mezzo di prova chiesto da una delle parti. Egli di regola non può introdurre un mezzo di prova senza una richiesta di parte, e cioè d'ufficio (art. 190, comma 1 c.p.p.). Ai sensi dell'art. 190, comma 2, è la legge a stabilire i casi eccezionali in cui le prove sono ammesse d'ufficio. Ad esempio, in dibattimento il giudice può ammettere una prova quando questa sia assolutamente necessaria (art. 507). Il giudice ha un potere di supplenza della inerzia delle parti ([21]).

c. *L'assunzione della prova.* L'assunzione della prova avviene, se si tratta di dichiarazioni rese in dibattimento, con il metodo dell'esame incrociato. Rientra nel "diritto alla prova" la partecipazione delle parti alla assunzione del mezzo di prova attraverso la formulazione diretta delle domande al dichiarante. Il codice prevede quali domande sono inammissibili; spetta al giudice il potere di vietarle (art. 499 c.p.p.; si veda parte III, cap. 5, § 20).

Il nuovo comma 3 dell'art. 111 Cost. riconosce soltanto all'imputato il diritto di « interrogare o di far interrogare » davanti al giudice « le persone che rendono dichiarazioni a suo carico ». Ci pare che la norma costituisca la traduzione del principio garantista di origine inglese secondo cui l'imputato ha il diritto di "confrontarsi" con colui che lo accusa. Tale diritto postula l'obbligo di rispondere secondo verità posto in capo all'accusatore ([22]).

L'esame incrociato. L'esame incrociato è comunemente ritenuto il miglior strumento che permette di valutare se il dichiarante risponde secondo verità. Se corret-

---

([20]) Il diritto all'ammissione della prova dichiarativa è stato limitato (art. 190-*bis*):

a) quando l'imputazione ha ad oggetto i delitti di associazione mafiosa o assimilati (art. 51, comma 3-*bis*);

b) quando l'imputazione ha ad oggetto alcuni reati in materia di violenza sessuale e di pedofilia, se l'esame riguarda un testimone minore degli anni « diciotto » (così mod. dalla legge n. 69 del 2019, c.d. codice rosso);

c) in ogni caso in cui l'esame testimoniale richiesto riguarda una persona offesa in condizione di particolare vulnerabilità.

La limitazione comporta quanto segue: se la persona, che una parte vuole sentire in dibattimento, ha già reso dichiarazioni in sede di incidente probatorio (o le sue dichiarazioni provenienti da altro procedimento sono state acquisite in base all'art. 238 c.p.p.), l'esame è ammesso soltanto in due casi:

1) se riguarda fatti o circostanze *diversi* da quelli oggetto delle precedenti dichiarazioni;

2) se il giudice o una delle parti lo ritengono necessario sulla base di *specifiche esigenze.*

Perché l'esame sia rinnovato in dibattimento occorre, dunque, che le parti richiedano di sentire il dichiarante su fatti diversi, oppure anche sugli stessi fatti, sempre che si prospettino specifiche esigenze. Si veda Parte III, Cap. 5, § 7, lett. *f*.

([21]) Tale potere è giustificato, da un lato, dal rilievo che nel processo penale si fa valere un interesse pubblico all'accertamento del fatto (si ponga mente al principio dell'obbligatorietà dell'azione penale); da un altro lato, dalla constatazione che l'esito dell'accertamento in un processo penale incide sulla libertà personale che è un bene indisponibile della persona umana e che è dichiarato inviolabile dalla Costituzione (art. 13 Cost.). Pertanto, il potere di iniziativa probatoria, esercitabile dal giudice d'ufficio, serve ad evitare che siano violate, attraverso un accertamento abbandonato al gioco delle parti, l'indisponibilità di un interesse pubblico, da un lato, e di un diritto inviolabile, dall'altro. Il tema sarà sviluppato *infra*, Parte III, cap. 5, § 10.

([22]) Non sempre il nuovo sistema probatorio (introdotto dalla legge n. 63 del 2001) garantisce questo diritto. La materia sarà oggetto di specifico esame nel capitolo sui mezzi di prova.

tamente usato, esso consente di smascherare la persona che dice il falso in modo intenzionale o anche soltanto inconsciamente, a causa di difetti nella percezione o nella memoria. In particolare, nel controesame la parte può porre domande-suggerimento per saggiare l'attendibilità della dichiarazione. Si ritiene credibile quel dichiarante che sa resistere alle "provocazioni" che gli sono poste attraverso le domande e le contestazioni. La persona esaminata è sottoposta ad una sorta di "tortura" civile, ben diversa dai tormenti di medioevale memoria, ma probabilmente non meno efficace ([23]).

La tutela della libertà morale del dichiarante. Un generale divieto probatorio, che concerne le modalità di assunzione della prova dichiarativa, è previsto dall'art. 188 c.p.p.: « non possono essere utilizzati, neppure con il consensodella persona interessata, metodi o tecniche idonei a influire sulla libertà di autodeterminazione o ad alterare la capacità di ricordare o di valutare i fatti ». Analogo divieto è contenuto nell'art. 64, comma 2 c.p.p. in relazione all'interrogatorio dell'indagato ([24]).

d. *La valutazione della prova.* Un'altra occasione in cui si manifesta il diritto alla prova è il momento della valutazione della stessa. È possibile affermare che le parti hanno il diritto di offrire al giudice la propria valutazione degli elementi di prova. Si tratta del potere di "argomentare" sulla base dei risultati che sono stati acquisiti. In dibattimento ciò avviene al momento della discussione finale in cui le parti illustrano le proprie conclusioni (art. 523, comma 3).

Al diritto delle parti corrisponde il dovere del giudice di dare una valutazione logica dell'elemento di prova raccolto: in base all'art. 192, comma 1, egli « valuta la prova dando conto nella motivazione dei risultati acquisiti e dei criteri adottati », e cioè delle regole di esperienza e delle leggi scientifiche che ha utilizzato. L'obbligo di motivazione ha una fonte costituzionale nell'art. 111, comma 6 della Carta fondamentale. Ciò comporta che il giudice nella motivazione non può trascurare di esaminare i risultati di una prova che appaia pertinente e rilevante. In particolare, per rendere effettivo il diritto delle parti alla valutazione della prova, il codice di procedura penale prescrive che nella sentenza il giudice debba indicare « i risultati acquisiti e i criteri di valutazione della prova adottati e con l'enunciazione delle ragioni per le quali il giudice ritiene non attendibili le prove contrarie » (art. 546, comma 1, lett. e c.p.p.). La versione attuale della norma (che è il frutto della c.d. *riforma Orlando*, l. n. 103 del 2017) introduce una "struttura dialogica rinforzata" ed

---

([23]) Se al giudice fosse affidato il compito istituzionale di porre le domande egli, anche senza volere, finirebbe per scegliere un'ipotesi ricostruttiva dei fatti; si metterebbe allora in moto un meccanismo psichico in base al quale l'interrogante cercherebbe soltanto conferme alla tesi che ha accettato e non sarebbe la persona più idonea a saggiare la credibilità del dichiarante. Per questi motivi il codice attribuisce al presidente il potere di porre domande soltanto dopo che le parti hanno concluso l'esame incrociato (art. 506, comma 2); successivamente alle domande poste dal giudice, le parti possono riprendere l'esame. Ciò dimostra che il sistema normativo attribuisce al giudice una funzione di mero chiarimento di punti trattati dalle parti in modo non completo.

([24]) Per completare la tematica, ricordiamo che il termine *acquisizione*, riferito alla prova, è utilizzato dal codice in almeno due significati. In senso stretto, il termine acquisizione indica l'ammissione della prova "precostituita", e cioè formata fuori del procedimento o prima del dibattimento (ad es., artt. 234-242, 500, comma 4 e 495, comma 1 c.p.p.); in senso lato, è utilizzato per ricomprendere anche l'ammissione e l'assunzione della prova "non precostituita" quale è la dichiarazione (ad es., artt. 507 e 526 c.p.p.).

impone al giudice di spiegare le ragioni per le quali ha ritenuto di escludere una determinata ricostruzione del fatto (si veda Parte III, cap. 5, § 14).

Il libero convincimento. Con la predetta espressione si vuole significare che il giudice è "libero" di convincersi e, al tempo stesso, è "obbligato" a motivare razionalmente in relazione alla attendibilità degli elementi di prova ed alla credibilità delle fonti, nonché in merito alla idoneità di una massima di esperienza o di una legge scientifica a sostenere l'inferenza sulla quale si basano le ricostruzioni dell'accusa o della difesa. Il principio in esame attribuisce al giudice un potere con precisi limiti. Il libero convincimento deve consistere in una valutazione *razionale* delle prove e in una ricostruzione del fatto conforme ai canoni della *logica* e aderente alle *risultanze processuali*; il tutto deve trovare riscontro nella motivazione della sentenza (art. 546, comma 1, lett. *e* c.p.p.), sottoponibile al controllo dell'appello e del ricorso per cassazione ([25]).

Dal principio affermato si possono trarre i seguenti corollari. Se si tratta di una sentenza di condanna, il giudice deve motivare perché le prove d'accusa sono risultate idonee ad eliminare ogni ragionevole dubbio sulla reità dell'imputato e sulla eventuale ricostruzione alternativa prospettata dalla difesa (art. 533, comma 1 c.p.p.). Se si tratta di una sentenza di assoluzione, il giudice deve fornire una spiegazione razionale sul perché la ricostruzione dell'accusa è infondata o comunque lascia residuare un dubbio ragionevole (v. *infra* il paragrafo sull'onere della prova).

La non configurabilità della prova legale. Prima di concludere sul tema del libero convincimento, mette conto precisare che nel processo penale non ha ingresso l'istituto della *prova legale*. Ben differente è il *processo civile*, nel quale esistono casi di prova legale, ma soltanto quando si verte su fatti relativi a *diritti disponibili*. In presenza di una prova legale la legge si sostituisce al libero convincimento del giudice nella valutazione di un determinato elemento di prova.

Un esempio di prova legale nel processo *civile* è la *confessione*, e cioè « la dichiarazione che una parte fa della verità di fatti ad essa sfavorevoli e favorevoli all'altra parte » (art. 2730, comma 1 c.c.). Il vincolo per il giudice si ricava dall'art. 2733, comma 2 c.c., secondo cui la confessione « forma piena prova contro colui che l'ha fatta »; pertanto, quella dichiarazione vincola il giudice a credere comunque a colui che ha confessato anche se sono presenti prove in senso contrario.

Viceversa, nel processo penale la confessione è sempre liberamente valutabile dal giudice, che può ritenerla *non attendibile* perché contrastante con le altre prove assunte nel processo, o *non credibile*, perché resa da un gregario che vuole attribuire su di sé le colpe del capo dell'associazione criminale.

([25]) Si tratta di un sindacato che ha una diversa ampiezza a seconda che sia compiuto dalla corte d'appello o dalla corte di cassazione.

Il giudice d'appello accerta se l'organo giudicante di primo grado ha fatto "mal governo delle risultanze probatorie"; e cioè accerta se ha sbagliato sia a valutare la credibilità della fonte o l'attendibilità dell'elemento di prova, sia ad interpretare i vari risultati probatori.

La corte di cassazione è chiamata a vagliare se vi sia « mancanza, contraddittorietà o manifesta illogicità della motivazione (...) » (art. 606, comma 1, lett. *e*; si veda parte V, capp. 2 e 3).

e. La formulazione della migliore ipotesi ed il tentativo di smentita. Una volta che abbiamo chiarito quali sono i momenti fondamentali del procedimento probatorio e come si articola all'interno dello stesso il diritto alla prova spettante alle parti, possiamo affrontare quel punto centrale del ragionamento inferenziale che consente il passaggio alla tematica dell'onere della prova nel processo penale.

Verificatosi un fatto di reato, l'investigatore ha la necessità di formulare un'ipotesi ricostruttiva su come si è svolta la vicenda. Assumendo che quel fatto consiste in una pluralità di accadimenti, ciascuno dei quali può avere le cause più varie, si tenta di identificare le possibili cause di ciascun accadimento, delimitando l'ambito delle ipotesi ricostruttive proponibili. In questa fase, le leggi scientifiche e le massime di esperienza vengono utilizzate "a ritroso" (dall'effetto B alla causa A, anziché dalla causa A all'effetto B). Lo scopo è quello di formulare le ipotesi sulla possibile causa del singolo fenomeno.

Vi è, però, una difficoltà. Le leggi scientifiche (e lo stesso vale per le massime di esperienza) consentono di affermare che, dato l'evento A, seguirà come conseguenza l'evento B; raramente consentono di affermare che, in presenza di un evento B, l'unica causa di esso è l'evento A. Anche quando la legge è altamente predittiva, nel senso che ricollega l'effetto B come conseguenza molto probabile della causa A, resta la possibilità che l'evento B possa avere anche altre cause differenti da A.

Come si è accennato poc'anzi, il problema sta proprio nel fatto che, nel processo penale, di regola la legge scientifica (o la massima di esperienza) viene fatta funzionare "a ritroso". Per questa ragione, colui che deve ricostruire la causa di un evento utilizza inizialmente il suo bagaglio di conoscenze per formulare tutte le ipotesi sulle possibili cause. Tra queste ipotesi l'investigatore sceglie quella che appare la più probabile in riferimento al caso concreto (A. NAPPI).

Il tentativo di smentita. Formulata un'ipotesi che ricostruisce lo svolgimento dei fatti, l'investigatore va a verificare se questa trova effettivamente conferma nella realtà. Ad esempio, se la causa era l'evento A, allora sappiamo che in base ad altre regole scientifiche o di esperienza dovrebbe essersi verificato anche l'evento C, di solito collegato alla causa A. Quindi, si va a cercare se l'evento C si è verificato in concreto; si tratta di un fatto che nell'immediatezza potrebbe anche non essere stato considerato significativo. La rilevanza di C, infatti, potrebbe emergere soltanto nell'ipotesi selezionata (A. NAPPI).

Se non si è verificato quell'evento che dovrebbe esserci, allora si può mettere in dubbio che la legge scientifica o la regola di esperienza sia applicabile al caso concreto.

Possiamo esporre un esempio di scuola. Da osservazioni empiriche abbiamo ricavato la legge scientifica secondo cui, quando piove (causa A), la strada è bagnata (evento B). Così, intanto, se partiamo dal fatto che oggi la strada non è bagnata, possiamo affermare che non è piovuto. Ma quando domani la strada appare bagnata, non è detto che sia piovuto; può accadere che la strada sia bagnata per altre cause. Al fine di escludere queste ultime, occorre tenere presente che, quando piove, risultano bagnati non solo la strada, ma anche il terreno ed i giardini circostanti (evento C): pertanto se è bagnata la strada, ma non i giardini circostanti, la legge scientifica "pioggia" risulta smentita in concreto.

La deriva scientista. Merita a questo punto dedicare qualche considerazione su quella tendenza che si sta riscontrando negli ultimi tempi e che consiste nell'attribuire alle leggi scientifiche un carattere risolutivo nella ricostruzione della vicenda processuale. È diffusa la convinzione che, per accertare la reità di un imputato, sia sufficiente utilizzare le novità tecnologiche e, per il loro tramite, giungere a conclusioni non dubitabili.

Occorre fare attenzione, perché la legge scientifica, anche nella migliore delle ipotesi in cui il ragionamento a ritroso abbia funzionato, permette soltanto di collegare un evento ad una presumibile causa, ma non può accertare l'esistenza di tutti i fatti che si vogliono provare. Anzi, si nota comunemente che, accertato un fatto mediante una legge scientifica, questa non è mai l'ultima inferenza che ci permette di affermare la responsabilità dell'imputato. « Se la scienza dice che quella impronta appartiene a Tizio, questo ci autorizza a ritenere che Tizio ha toccato quell'oggetto, non che Tizio abbia commesso il furto in quell'appartamento, nel quale può avere avuto accesso per legittime ragioni » (E. FASSONE).

L'ultima inferenza. Dobbiamo essere consapevoli che la scienza non offre il passaggio finale per la ricostruzione del fatto storico: tale ricostruzione è il frutto di una decisione mentale complessa, nella quale operano i criteri della logica e dell'esperienza, che presiedono in generale al momento della valutazione (O. DOMINIONI); come abbiamo appena visto nell'esempio, l'ultima inferenza è sempre legata all'applicazione di una massima di esperienza. È necessario evitare che la scienza si tramuti in una scorciatoia o, peggio, in un *deus ex machina* del processo penale: la legge della natura è uno strumento utile all'interno del ragionamento inferenziale che, di regola, ha implicazioni molto più articolate.

5. La presunzione di innocenza.

a) ***Il principio nella Costituzione e nella Convenzione europea dei diritti dell'uomo.*** L'art. 27, comma 2 Cost. afferma che « l'imputato non è considerato colpevole sino alla condanna definitiva ». La disposizione è stata tradotta dalla dottrina tradizionale con l'espressione « presunzione di non colpevolezza », che potrebbe assumere un significato riduttivo. Il problema dell'interpretazione dell'art. 27, comma 2 deriva dal fatto che l'Assemblea costituente nel 1947 ha voluto combinare in un'unica formula una regola di trattamento e una regola probatoria ([26]). La *regola di trattamento* vuole che l'imputato non sia assimilato al colpevole sino al momento della condanna definitiva; e cioè impone il *divieto di anticipare la pena*, mentre consente l'applicazione di misure cautelari nei suoi confronti. La *regola*

([26]) L'ambiguità del testo dell'art. 27, comma 2 ha fatto dire ad alcuni studiosi e, in passato, alla stessa Corte costituzionale (sentenza n. 124 del 1972) che l'imputato non deve essere considerato né colpevole, né innocente, bensì soltanto "imputato"; di modo che nessun effetto potrebbe dedursi dalla norma costituzionale in materia di regole di giudizio.

probatoria vuole che l'imputato sia presunto innocente; e cioè tende ad ottenere l'effetto che è enunciato dall'art. 2728, comma 1 c.c., secondo cui « le presunzioni legali dispensano da qualunque prova coloro a favore dei quali esse sono stabilite ». Pertanto, l'onere della prova ricade sulla parte che sostiene la reità dell'imputato.

La regola probatoria è meglio precisata nell'art. 6, par. 2 della Convenzione europea dei diritti dell'uomo, secondo cui « ogni persona accusata di un reato è presunta innocente sino a quando la sua colpevolezza non sia stata legalmente accertata ». La Corte costituzionale con le sentenze n. 348 e 349 del 2007 (v. *supra*, parte I, cap. 2, § 8) ha sancito che il giudice italiano deve interpretare la norma nazionale in aderenza al dettato della Convenzione europea. Inoltre, come è stato precisato dalla Consulta, « allorché un diritto fondamentale trovi protezione, sia in una norma costituzionale, sia in una norma della CEDU, vi è una concorrenza di tutele che si traduce in un'integrazione di garanzie » (27). Pertanto, in tema di diritti fondamentali « il rispetto degli obblighi internazionali [...] può e deve [...] costituire strumento efficace di ampliamento della tutela stessa » (28). Da tutto ciò deriva che la disposizione costituzionale di cui all'art. 27, comma 2 cessa di essere ambigua ed afferma il principio della presunzione d'innocenza dell'imputato. La conclusione ha ricevuto una significativa convalida dall'art. 3 della Direttiva del Parlamento e del Consiglio europeo del 9 marzo 2016 (2016/343 UE), in base alla quale « gli Stati membri assicurano che agli indagati e imputati sia riconosciuta la presunzione di innocenza fino a quando non ne sia stata legalmente provata la colpevolezza » (29).

In base all'impostazione data dalla Corte europea dei diritti dell'uomo e dalla Corte di Giustizia, la presunzione di innocenza ha una duplice rilevanza. Quella interna al processo si manifesta negli istituti dell'onere della prova (del quale trattiamo nelle prossime pagine) e nel diritto dell'imputato a restare silenzioso (30); la ricaduta esterna al processo si manifesta nel diritto dell'imputato a non essere presentato all'opinione pubblica come colpevole finché la sua reità non sia stata legalmente accertata (31).

Come si ricava direttamente dal testo dell'enunciato costituzionale e convenzionale, la presunzione d'innocenza è una presunzione legale relativa, e cioè vale finché non sia stato dimostrato il contrario. Pertanto, all'inizio del procedimento l'onere della prova ricade su quella parte che sostiene la reità dell'imputato. Come è noto, spetta al pubblico ministero formulare un addebito prima provvisorio (art. 65, comma 1 c.p.p.) e poi definitivo (art. 405 c.p.p.); da ciò deriva che su di lui ricade in prima battuta l'onere della prova (32).

---

(27) Corte cost., sentenza n. 182 del 2021.

(28) Corte cost., sentenza n. 317 del 2009; nello stesso senso, sentenza n. 120 del 2018.

(29) La legge di delegazione europea 22 aprile 2021, n. 53 ha previsto il recepimento della Direttiva (UE) 2016/343 nell'ordinamento italiano. Nell'adempimento della delega, il Governo non ha ritenuto necessario modificare le norme del codice di procedura relative all'onere della prova, considerate già adeguate ai dettami europei.

(30) Sugli artt. 63 e 64, comma 3, lett. *b*, si veda *supra*, parte II, cap. 1, § 5, lett. *b*.

(31) Nell'ordinamento italiano occorre attendere l'accertamento definitivo, e cioè la irrevocabilità della condanna. Rinviamo alla parte III, cap. 1, § 4, lett. *d*.

(32) In base all'art. 6, § 1 della Direttiva del Parlamento e del Consiglio europeo del 9 marzo 2016 (2016/343 UE) « gli Stati membri assicurano che l'onere di provare la colpevolezza degli indagati e imputati incomba alla

Precisiamo subito che l'espressione può essere intesa in due significati distinti, come onere sostanziale e onere formale. L'onere della prova in senso sostanziale impone alla parte di convincere il giudice dell'esistenza del fatto affermato; l'onere in senso formale impone alla parte di chiedere al giudice l'ammissione della prova che reputa utile per adempiere all'onere sostanziale.

b) L'onere sostanziale della prova. L'art. 2697, comma 1 c.c. afferma: « chi vuol far valere un diritto in giudizio deve provare i fatti che ne costituiscono il fondamento ». "Provare" significa convincere il giudice della esistenza di un fatto storico affermato da una parte. Ciò costituisce un "onere" in senso sostanziale per la parte, perché l'inosservanza dello stesso comporta la situazione *svantaggiosa* del rigetto della domanda da parte del giudice ([33]).

L'aver soddisfatto l'onere comporta l'accoglimento della domanda. L'onere della prova costituisce una *regola probatoria*, nel senso che individua la parte sulla quale ricadono le conseguenze del non aver convinto il giudice dell'esistenza del fatto affermato. Come si è accennato, dalla presunzione di innocenza (art. 27, comma 2) si ricava che nel processo penale l'onere della prova grava sul pubblico ministero nel senso che egli è tenuto a dimostrare l'esistenza del fatto addebitato all'imputato.

Se colui che accusa ha provato la reità dell'imputato (ossia gli elementi costitutivi del reato), l'onere della prova può considerarsi soddisfatto; a questo punto incombe sull'imputato l'onere della prova contraria. Alla difesa spetta di provare la mancanza di credibilità delle fonti o l'inattendibilità delle prove d'accusa; oppure, spetta di dare la prova dell'esistenza di fatti favorevoli alla difesa (ad esempio, di una causa di giustificazione o di non punibilità); o, ancora, che il fatto può essere ricostruito in un modo diverso da quello prospettato dal pubblico ministero ([34]).

c) L'onere formale della prova. Se "provare" significa convincere il giudice dell'esistenza del fatto affermato, ne consegue che l'elemento di prova deve essere introdotto nel processo; e cioè, la parte interessata ha l'onere di chiedere al giudice l'ammissione di quel mezzo di prova, la cui assunzione permetterà il formarsi dell'elemento stesso. Si tratta di un onere c.d. "formale", che appare distinto dall'onere "sostanziale" della prova (v. tav. 2.3.5).

L'onere formale di introdurre la prova è previsto nell'art. 190, comma 1 c.p.p., secondo cui « le prove sono ammesse a richiesta di parte ». L'onere di introdurre la prova attribuisce alle parti il compito: *a*) di ricercare le fonti di prova; *b*) di valutare

---

pubblica accusa, fatti salvi l'eventuale obbligo per il giudice o il tribunale competente di ricercare le prove sia a carico sia a discarico e il diritto della difesa di produrre prove in conformità del diritto nazionale applicabile ».

([33]) L'onere è definibile come la situazione giuridica attraverso la quale l'ordinamento impone ad un soggetto di comportarsi in un determinato modo, se questi vuole ottenere un qualche vantaggio.

([34]) L'imputato può anche provare direttamente che egli non ha tenuto la condotta asserita dall'accusa o che un evento non è avvenuto. Si tratta della c.d. prova negativa, che cioè tende a dimostrare la fondatezza dell'affermazione che nega l'esistenza di un fatto. In sostanza, l'imputato (ma lo stesso può accadere per un'altra parte) può proporsi di provare che un accadimento non si è verificato.

La *prova negativa* è la più difficile da fornire: è più semplice dimostrare l'esistenza di un fatto, verificatosi nel mondo delle cose, che non l'inesistenza di un fatto. L'unica soluzione è che una parte riesca ad acquisire la prova dell'esistenza di un fatto diverso, che sia logicamente *incompatibile* con l'esistenza di quello affermato dalla controparte (A. TRAVERSI). Un esempio può essere l'alibi, del quale si è trattato in precedenza.

la necessità del mezzo di prova al fine di ottenere il risultato vantaggioso, e cioè dimostrare l'esistenza del fatto affermato; *c*) di chiedere al giudice l'ammissione del mezzo di prova. Il giudice decide se ammetterlo sulla base dei criteri sopra illustrati, e cioè, che la prova sia "pertinente" rispetto all'oggetto del processo (art. 187), che sia "rilevante", che non sia "vietata dalla legge" e che non sia "superflua" (e cioè che non vi sia sovrabbondanza di mezzi di prova sullo stesso punto; art. 190, comma 1) ([35]).

d*) *L'onere di convincere il giudice. Il fatto che una prova sia stata acquisita non comporta automaticamente l'aver soddisfatto l'onere della prova in senso sostanziale. Il giudice può accogliere la domanda del pubblico ministero di ammettere la testimonianza di Caio a carico dell'imputato, ma se Caio, sottoposto ad esame incrociato, appare non attendibile o non credibile, il giudice non sarà convinto dell'esistenza del fatto narrato. Può anche accadere che Caio affermi che il fatto si è svolto con modalità diverse da quelle asserite dalla parte che ha chiesto l'ammissione della testimonianza. Una parte soddisfa l'onere sostanziale della prova soltanto dopo che ha convinto il giudice dell'esistenza del fatto storico da essa affermato. Un fatto non provato equivale giuridicamente ad un fatto inesistente.

A sua volta, la mancata osservanza dell'onere di introdurre un determinato mezzo di prova (onere formale) non comporta inevitabilmente il rigetto della domanda. Infatti, la prova potrebbe essere acquisita a richiesta di un'altra parte; ad es. dalla parte civile o da uno degli imputati. Una volta acquisito l'elemento di prova, il giudice deve valutare se esso è idoneo a dimostrare l'esistenza di un fatto oggetto di prova; e ciò a prescindere dalla circostanza che il relativo mezzo sia stato introdotto dalla parte che aveva l'onere sostanziale della prova di quel determinato fatto. Si tratta del c.d. *principio di acquisizione della prova* (v. *infra*, parte III, cap. 5, § 10, lett. *d*).

Come si è accennato (art. 507), al giudice spetta il potere residuale di introdurre d'ufficio un mezzo di prova assolutamente necessario « terminata l'acquisizione delle prove » in dibattimento ([36]). In tal caso, il potere esercitabile dal giudice d'ufficio costituisce un'eccezione all'onere della prova in senso formale (art. 190, comma 1) ([37]). Non incide sull'onere *sostanziale* di convincere il giudice dell'esistenza del fatto affermato da una parte. La giurisprudenza delle Sezioni unite afferma che

---

([35]) Non occorre che la "rilevanza" o la "non superfluità" siano certe; è sufficiente il dubbio, e cioè la *non manifesta* irrilevanza o superfluità (art. 190, comma 1 c.p.p.). In definitiva, il riconoscimento del diritto alla prova implica un limite al potere discrezionale esercitabile dal giudice nel respingere la richiesta di ammissione di un mezzo di prova.

La necessità che la prova sia introdotta a richiesta di parte è espressa con la locuzione "principio dispositivo in materia probatoria", secondo cui la parte dispone della iniziativa volta alla ammissione del mezzo di prova. Si tratta di una regola che nel processo penale è sottoposta a varie eccezioni.

Come si è accennato, in base all'art. 190, comma 2 c.p.p. « la legge stabilisce i casi in cui le prove sono ammesse di ufficio ». Pertanto, le ipotesi nelle quali il giudice introduce il mezzo di prova senza richiesta di parte costituiscono una deroga al principio dispositivo. Ciò avviene, ed es., nell'art. 195, comma 2, per la testimonianza indiretta e nell'art. 224, comma 1, per la perizia. Ma si vedano anche gli artt. 70, comma 1; 196, comma 2; 237; 422, comma 1; 441, comma 5; 468, comma 5; 501, comma 2; 508, comma 1; 511, commi 1 e 5; 511-*bis*; 603, comma 3. In particolare, nel corso del dibattimento, terminata l'acquisizione delle prove, il giudice « se risulta assolutamente necessario » può disporre anche d'ufficio l'assunzione di nuovi mezzi di prova (art. 507).

([36]) Ai sensi dell'art. 151, comma 2 disp. att., una volta che il giudice ha fatto le sue domande e ha compreso se si tratta di un teste di accusa o di difesa, lo attribuisce alla parte in favore del quale il teste ha fatto le sue affermazioni perché questa possa proseguire l'esame incrociato.

([37]) Il tema è sviluppato *infra*, parte III, cap. 5, § 10, lett. *a* - *d*.

« l'esercizio dei poteri in deroga al principio dispositivo non fa venir meno l'onere del pubblico ministero di provare il fondamento dell'accusa e, tanto meno, l'obbligo per il giudice di rispettare i divieti probatori esistenti » ([38]).

Attengono al tema dell'onere della prova i concetti di fatto notorio e di fatto pacifico.

Il fatto notorio è un fatto di pubblica conoscenza in un determinato ambito territoriale. Si tratta, ad esempio, di un terremoto, della svalutazione della moneta, di uno sciopero generale. L'esistenza di un simile fatto è conosciuta dal giudice senza la necessità che le parti chiedano l'ammissione di un determinato mezzo di prova: *notoria non egent probatione*. Occorre naturalmente che il fatto sia indubitabile ed incontestabile.

Il fatto pacifico è un fatto di conoscenza non pubblica; esso è affermato da una parte ed è ammesso esplicitamente o implicitamente dalla controparte. Ad esempio, la difesa non contesta che un testimone abbia detto una determinata frase. Il fatto pacifico non ha bisogno di essere provato: il giudice può direttamente utilizzarlo come "elemento di prova" per la sua decisione. Tuttavia il giudice resta libero di valutare se il testimone è credibile e se quanto ha affermato è attendibile.

e) Il* quantum *della prova (c.d.* standard *probatorio). Occorre ancora considerare la quantità di prova, che deve essere fornita per convincere il giudice (*quantum* di prova). Nel processo penale colui che accusa ha l'onere di provare la reità dell'imputato in modo da eliminare ogni ragionevole dubbio. Tale *standard* probatorio è rimasto a lungo privo di espressa previsione nel codice di procedura penale. Fino al 2006 l'art. 530 comma 2 si limitava a stabilire che il giudice doveva pronunciare sentenza di assoluzione quando era « insufficiente » o « contraddittoria » la prova che il fatto sussiste, che l'imputato lo ha commesso, che il fatto costituisce reato o che il reato è stato commesso da persona imputabile. Tuttavia, nessuna norma espressa prevedeva il *parametro* in base al quale valutare l'insufficienza o la contraddittorietà della prova d'accusa.

La giurisprudenza, dal canto suo, aveva accolto il canone in base al quale nel processo penale la reità doveva essere provata oltre ogni ragionevole dubbio ([39]). Pertanto, si era affermato che le prove d'accusa erano insufficienti quando il pubblico ministero non aveva dimostrato la reità eliminando nel giudice ogni ragionevole dubbio.

Al di là di ogni ragionevole dubbio. Con la legge n. 46 del 2006 il Parlamento ha modificato l'art. 533 comma 1 relativo alla sentenza di condanna e ha stabilito che il giudice pronuncia tale sentenza quando l'imputato « risulta colpevole del reato contestatogli al di là di ogni ragionevole dubbio ». Tale modifica si ripercuote, ovviamente, sulla interpretazione della norma relativa alla sentenza di assoluzione

([38]) Questa conclusione, da noi sostenuta in passato, trova un autorevole avallo nella sentenza delle Sez. un., 18 dicembre 2006, Greco, in *Guida dir.*, 2007, 2, 86.

([39]) Cass., sez. un., 11 settembre 2002, ric. Franzese, in *Guida dir.*, 2002, 38, 62: « l'insufficienza, la contraddittorietà e l'incertezza probatoria, quindi il plausibile e ragionevole dubbio (...) non può non comportare (...) l'esito assolutorio stabilito dall'art. 530 comma 2 c.p.p. ». Nella sentenza si afferma che, per condannare, occorre « una conclusione caratterizzata da un alto grado di credibilità razionale ».

confermando l'orientamento giurisprudenziale sopra ricordato. La prova d'accusa, che lascia residuare un ragionevole dubbio, è equiparata alla mancata prova (40).

Si è affermato che nel processo penale il criterio del ragionevole dubbio costituisce sia una regola probatoria, sia una regola di giudizio. Sotto il primo profilo, il ragionevole dubbio nella sua veste di *regola probatoria* disciplina nel *quantum* l'onere della prova che è a carico del pubblico ministero (art. 533 comma 1) (41). Sotto il secondo profilo, il ragionevole dubbio prescrive la *regola di giudizio* che il giudice deve applicare: egli deve ritenere come non provata la reità e, conseguentemente, assolvere l'imputato (art. 530 comma 2).

L'onere della prova delle cause di non punibilità. La particolarità del processo penale sta nel fatto che il dubbio va a favore dell'imputato anche quando questi ha l'onere della prova, e cioè quando egli deve convincere il giudice dell'esistenza di un fatto a lui favorevole. Ai sensi dell'art. 530, comma 3, « se vi è la prova che il fatto è stato commesso in presenza di una causa di giustificazione o di una causa personale di non punibilità *ovvero vi è dubbio sull'esistenza delle stesse*, il giudice pronuncia sentenza di assoluzione ». Ciò vuol dire che il dubbio sull'esistenza di un fatto impeditivo o estintivo (se vogliamo utilizzare una qualificazione civilistica) va a favore dell'imputato, che può essere considerato il "convenuto" nel processo penale. Il legislatore non ha inserito nella norma in oggetto l'aggettivo "ragionevole". Tuttavia, l'art. 530 comma 3 deve interpretarsi congiuntamente all'art. 533 comma 1 come modificato dalla legge n. 46 del 2006. Pertanto, l'imputato avrà soddisfatto l'onere della prova e sarà prosciolto se avrà fatto sorgere nel giudice un dubbio ragionevole sull'esistenza della scriminante (42).

Ciò è razionalmente giustificabile perché nel processo penale (a differenza del processo civile) non vi è una sostanziale equivalenza tra le posizioni soggettive contrapposte: è soltanto l'imputato che può ricevere dalla decisione un pregiudizio nel suo diritto più importante, quello della libertà personale.

---

(40) È stato affermato che l'aggettivo "ragionevole" significa "comprensibile da una persona razionale" e dunque oggettivabile attraverso una motivazione che faccia riferimento ad argomentazioni logiche, nel rispetto del principio di non contraddizione. Non potrà trattarsi, pertanto, di un dubbio meramente psicologico, possibile o congetturale, percepito soggettivamente dal giudice. Pertanto, può ritenersi che l'accusa abbia adempiuto all'onere quando ogni differente spiegazione del fatto addebitato, basata sulle prove, appare non ragionevole; viceversa, l'accusa non ha adempiuto all'onere quando le risultanze processuali non sono idonee ad escludere una ragionevole ricostruzione alternativa prospettata dalla difesa sulla base delle prove acquisite.

(41) Infatti, dal momento che oggetto del processo non è l'accertamento dell'innocenza dell'imputato (perché questa è presupposta come afferma l'art. 27, comma 2, Cost.), ma è l'accertamento della sua colpevolezza, spetta all'accusa convincere il giudice che tale soggetto è colpevole, fornendogli tutte le prove che confermano la ricostruzione dei fatti e che sono in grado di vincere la presunzione di innocenza.

(42) La conclusione ha ricevuto una significativa convalida dall'art. 6, § 2 della Direttiva del Parlamento e del Consiglio europeo del 9 marzo 2016 (2016/343 UE), in base alla quale « gli Stati membri assicurano che ogni dubbio in merito alla colpevolezza sia valutato in favore dell'indagato o imputato, anche quando il giudice valuta se la persona in questione debba essere assolta ». La legge di delegazione europea 22 aprile 2021, n. 53 ha previsto il recepimento della Direttiva (UE) 2016/343 nell'ordinamento italiano.

6. L'ambito di applicabilità delle norme sulle prove.

Il libro III sulle prove è collocato nella prima parte del codice che è definita "statica" perché vi sono disciplinati gli aspetti comuni all'intero procedimento penale; nella seconda parte, detta "dinamica", è regolato lo svolgimento del medesimo. Tale scansione lascia aperto il delicato interrogativo circa l'estensibilità delle norme sulla prova in relazione alle singole fasi del procedimento penale. Nessun dubbio vi è sull'applicabilità alla fase del giudizio o all'incidente probatorio; i problemi si pongono in relazione alla fase delle indagini preliminari e dell'udienza preliminare.

La collocazione della materia della prova nel libro terzo già di per sé costituisce un indice positivo della sua estensibilità tutte le altre fasi del procedimento penale: i primi quattro libri del codice, infatti, costituiscono una sorta di "parte generale" del procedimento penale. In base ad un argomento sistematico, pertanto, le norme sulle prove appaiono applicabili in tutto il procedimento penale a meno che non siano incompatibili (espressamente o implicitamente) con la regolamentazione del singolo atto da compiere in una determinata fase. Il tema sarà sviluppato nel capitolo sulle misure cautelari a proposito dei "gravi indizi" (§ 2 lett. *b* n. 3).

7. Oralità, immediatezza e contraddittorio.

Il principio di oralità. In prima approssimazione al termine "oralità" si può attribuire il significato di "comunicazione del pensiero mediante la pronuncia di parole destinate ad essere udite". Contrapposta all'oralità è la scrittura, intesa quale forma di comunicazione del pensiero mediante segni visibili, alfabetici o ideografici. Lo scritto può essere letto e, in tal modo, può essere espresso oralmente; come pure, una registrazione magnetofonica può essere riprodotta; ma si tratta di una oralità fittizia. Colui che ascolta può udire una dichiarazione, ma non può "prendervi parte". Soprattutto, non può porre domande né ottenere risposte dalla persona che in precedenza ha reso le dichiarazioni scritte o registrate. Pertanto si ha "oralità" in senso pieno soltanto quando le parti possono porre domande ed ottenere risposte a viva voce dal dichiarante nell'esame incrociato. In tal modo è assicurato il diritto dell'imputato a confrontarsi con il dichiarante (art. 111, comma 3 Cost.).

Il principio di immediatezza. Il principio di immediatezza è attuato quando vi è un rapporto privo di intermediazioni tra l'assunzione della prova e la decisione (v. Corte cost. n. 67 del 2007). Da un lato, si vuole che il giudice prenda direttamente contatto con la fonte di prova (artt. 526 e 514); da un altro lato, si tende ad assicurare che vi sia identità fisica tra il giudice che assiste all'assunzione della prova e colui che prende la decisione di condanna o assoluzione (art. 525, comma 2). Tutto ciò al fine permettere una valutazione "di prima mano" sulla credibilità del testimone e sull'attendibilità delle sue dichiarazioni. È un dato acquisito dalle scienze psicologiche che soltanto vedendo come il dichiarante si comporta il giudice è in grado di ricavare elementi che servono a valutare la credibilità del medesimo e l'attendibilità di quanto egli espone.

Il principio del contraddittorio. Come abbiamo anticipato nel trattare l'evoluzione storica del processo penale (Parte I, cap. 2, § 6) il principio del contraddittorio *in senso forte* comporta la partecipazione delle parti alla formazione della prova. Nella prova dichiarativa ciò avviene quando le parti pongono le domande e formulano le contestazioni. Così, gli elementi di prova si formano in modo dialettico: si ha il contraddittorio "per la prova" (D. SIRACUSANO). Il giudice è in grado di valutare la credibilità del dichiarante e l'attendibilità del suo racconto. Il contraddittorio di per sé non garantisce la genuinità della prova, ma è il metodo meno imperfetto che sia stato inventato per verificarla (P. FERRUA). Nel sistema accusatorio è interesse della Giustizia che l'accertamento del reato avvenga secondo il metodo dialettico: al tempo stesso ciò permette di garantire alle parti il diritto alla prova. Sotto questo profilo, l'oralità è funzionale al contraddittorio perché permette il massimo della dialettica processuale.

Occorre ricordare il nuovo comma 4 dell'art. 111 Cost. in base al quale « il processo penale è regolato dal principio del contraddittorio nella formazione della prova ». Si tratta, all'evidenza, dell'espresso riconoscimento costituzionale del metodo dialettico inteso come la migliore forma di conoscenza. Da tale principio si ricava che, di regola, il giudice in dibattimento deve decidere soltanto in base alle prove raccolte nel contraddittorio (v. art. 526 c.p.p.) [43].

Le eccezioni al contraddittorio. I princìpi dell'oralità, dell'immediatezza e del contraddittorio non hanno valore in se stessi, bensì servono ad accertare la verità nel modo migliore. Essi hanno un valore *strumentale* in quanto assicurano la correttezza del metodo di conoscenza. Si ritiene che sia impossibile per il giudice accertare la "verità assoluta" a causa della limitatezza delle capacità umane; quello che conta è che l'accertamento avvenga in base a prove, nel rispetto delle garanzie fondamentali.

Tuttavia, non sempre nella realtà è possibile attuare in modo assoluto i princìpi menzionati. Si pone allora la necessità di prevedere alcune *eccezioni*. Il problema sta nell'introdurre quelle eccezioni che siano ragionevoli e, cioè, permettano di avvicinarsi il più possibile ad una ricostruzione corretta dei fatti. Ad esempio, se il testimone di un reato è stato minacciato prima del dibattimento, diventa determinante conoscere quale versione dei fatti aveva esposto nel corso delle indagini. Lo stesso vale quando il testimone è deceduto prima del dibattimento.

Il nuovo comma 5 dell'art. 111 Cost. ha precisato le situazioni eccezionali nelle quali è possibile derogare al principio del contraddittorio. La norma è così formulata: « la legge regola i casi in cui la formazione della prova non ha luogo in contraddittorio per consenso dell'imputato o per accertata impossibilità di natura oggettiva o per effetto di provata condotta illecita ». Il punto sarà approfondito nella apposita sede, quando tratteremo della utilizzabilità delle dichiarazioni raccolte prima del dibattimento (parte III, cap. 5, § 9).

---

(43) Vi possono essere situazioni nelle quali è attuato il contraddittorio, ma non l'immediatezza. Ciò avviene quando durante le indagini preliminari si svolge l'incidente probatorio che, come è noto, costituisce un'anticipazione dell'udienza dibattimentale senza la presenza del pubblico (artt. 392 e ss.). Il contraddittorio è assicurato in quanto l'escussione di una persona avviene mediante l'esame incrociato ad opera del pubblico ministero e del difensore dell'indagato; tuttavia, se le dichiarazioni verbalizzate sono lette nel successivo dibattimento (art. 511), il principio di immediatezza finisce, di fatto, per non essere rispettato.

8. Questioni pregiudiziali e limiti probatori.

Il giudice, quando accerta se vi è corrispondenza tra un fatto storico e una norma di legge, a volte deve risolvere questioni civili o amministrative che rappresentano l'antecedente logico-giuridico della decisione penale. La questione costituisce un antecedente (ed è chiamata "pregiudiziale") quando dalla sua soluzione dipende o meno l'esistenza di un elemento costitutivo della fattispecie incriminatrice che deve essere applicata. Si pensi ai reati di appropriazione indebita, rispetto ai quali si ponga il problema della titolarità del diritto di proprietà della cosa "oggetto del reato".

Il codice di regola attribuisce al giudice penale il potere di risolvere « ogni questione da cui dipende la decisione » sia sull'esistenza del reato, sia sull'applicazione di una norma processuale (44). Occorre però tracciare una distinzione fondamentale.

a) ***Quando la questione pregiudiziale ha per oggetto una controversia sullo « stato di famiglia e di cittadinanza »***, il giudice penale è vincolato ai limiti di prova stabiliti dalle leggi civili (45). Ad esempio, la prova della filiazione è data con i limiti posti dall'art. 236 del codice civile. Inoltre, il giudice penale non può superare quel particolare tipo di segreto che riguarda lo stato di figlio adottivo e che è sancito dall'art. 73 della legge 4 maggio 1983, n. 184. La sentenza irrevocabile del giudice civile su una questione pregiudiziale in materia di stato di famiglia e di cittadinanza vincola il giudice penale (art. 3, comma 4).

b) ***Quando la questione pregiudiziale ha un qualsiasi altro oggetto***, il giudice penale non è vincolato ai limiti di prova posti dalla relativa materia, bensì applica soltanto le regole probatorie del processo penale. Ad esempio, la prova testimoniale dell'esistenza di un contratto può essere data senza i limiti posti dall'art. 2721 c.c.; e ancora, ai fini della prova della simulazione di un contratto non valgono i limiti posti dall'art. 1417 c.c.

Ciò è giustificato dal fatto che il processo penale tende ad ottenere risultati il più possibile aderenti alla verità e non è vincolato ad esigenze di certezza dei rapporti giuridici sottostanti. Pertanto non può sopportare quei limiti ai poteri di valutazione della prova che nel processo civile sono dovuti a tali esigenze (ad esempio, art. 2722 c.c. sui patti aggiunti o contrari al contenuto di un documento) o alla necessità di superare le difficoltà dovute all'onere della prova dideterminati fatti (ad esempio, art. 2050 c.c.; responsabilità per l'esercizio di attività pericolose) (46).

---

(44) Art. 2, comma 1 c.p.p. (*Cognizione del giudice*): « Il giudice penale risolve ogni questione da cui dipende la decisione salvo che sia diversamente stabilito ».

(45) Art. 193 c.p.p. (*Limiti di prova stabiliti dalle leggi civili*): « Nel processo penale non si osservano i limiti di prova stabiliti dalle leggi civili, eccettuati quelli che riguardano lo stato di famiglia e di cittadinanza ».

(46) Semmai, nel processo penale vi sono, come abbiamo già esposto, altri limiti che sono stati introdotti allo scopo di escludere prove sicuramente inattendibili (ad esempio, a proposito delle voci correnti nel pubblico e delle dichiarazioni anonime; artt. 194, comma 3 e 240, comma 1) o non controllabili (ad esempio, l'inutilizzabilità della testimonianza indiretta quando non è indicata la fonte da cui si è sentito dire, art. 195, comma 7) o che sono state assunte in violazione di diritti di rilevanza costituzionale (ad esempio, l'inutilizzabilità delle intercettazioni eseguite fuori dei casi consentiti, art. 271).

9. Approfondimento. La prova del rapporto di causalità.

A conclusione di questo capitolo sui princìpi generali in tema di prova è possibile misurarsi con una problematica che coinvolge nozioni di diritto sostanziale e processuale. Si tratta di un tema che è attualmente oggetto di un acceso dibattito e che concerne la prova del rapporto di causalità tra condotta ed evento.

Come è noto, l'art. 40, comma 1 del codice penale stabilisce che « nessuno può essere punito per un fatto preveduto dalla legge come reato, se l'evento dannoso o pericoloso, da cui dipende l'esistenza del reato, non è conseguenza della sua azione od omissione ». Il comma 2 contiene la clausola di equiparazione: « non impedire l'evento, che si ha l'obbligo giuridico di impedire, equivale a cagionarlo ». La norma comporta che il giudice, nel processo penale, debba accertare l'esistenza del rapporto di causalità tra condotta ed evento. Tuttavia, come vedremo subito *infra*, tale accertamento non è facile, perché non è sempre immediato.

In materia di accertamento del nesso di causalità la dottrina penalistica ha escogitato innumerevoli e complesse teorie. Per mettere subito in chiaro un dato operativo, la giurisprudenza quasi unanime ha da tempo accolto la più antica e semplice tra tutte le impostazioni: la teoria della *condicio sine qua non*. Una condotta è causa di un evento se eliminando mentalmente la condotta viene meno anche l'evento (c.d. giudizio controfattuale: che va contro il reale svolgimento dei fatti). Per affermare l'esistenza del nesso causale occorre rispondere alla domanda: se la condotta non ci fosse stata, l'evento si sarebbe verificato egualmente?

***L'insufficienza esplicativa della teoria della* condicio sine qua non.** Facciamo alcuni esempi: 1) Tizio ha inferto una pugnalata al cuore di Caio e Caio è morto; 2) un vaso mal collocato su un davanzale cade e colpisce alla testa Sempronio, che muore; 3) negli anni '60 i dirigenti della ditta tedesca Grünenthal mettono in commercio il farmaco talidomide (un blando sedativo). Tale farmaco è assunto anche da donne gestanti, alcune delle quali, successivamente, partoriscono figli malformati; 4) un medico omette di prescrivere un esame clinico e la paziente muore per una sindrome non diagnosticata.

Se si applica il procedimento di eliminazione mentale agli esempi menzionati sopra, tuttavia, ci si accorge che non sempre esso appare risolutivo. Nei primi due casi tutto sembra chiaro e lineare: se si elimina la coltellata e la caduta del vaso, l'evento morte viene meno. Negli altri due casi, il ragionamento è più complesso e articolato: se si elimina l'assunzione del talidomide e l'omissione dell'esame clinico non siamo certi che, rispettivamente, le malformazioni dei neonati e la morte della paziente vengano meno.

I problemi sono dovuti al fatto che la teoria della "*condicio sine qua non*" è soltanto un *procedimento logico* e, per funzionare, richiede una fonte di conoscenza che faccia da ponte di passaggio tra la condotta e l'evento.

Con un approccio ormai datato, si diceva che il passaggio tra la condotta e l'evento lo colmava il giudice con le sue conoscenze, operando, al limite, anche attraverso la sua intuizione: a lui spettava riempire di contenuto questo salto logico; ed era sufficiente anche il solo intuito del giudice perché si potesse affermare l'esistenza di un legame tra condotta ed evento.

Per molto tempo si è ragionato in questo modo, tant'è vero che intorno al 1960 in Germania il giudice ha deciso che la somministrazione del sedativo Talidomide aveva causato la malformazione dei feti. Una simile conclusione non era il frutto di un accertamento, bensì dell'intuizione del giudice, e questo non era accettabile sotto il profilo giuridico perché l'intuizionismo è una conoscenza non razionale. Significava accettare la teoria della causalità *in re ipsa*: poiché, prima dell'evento, c'era stata una condotta, si giungeva ad affermare che quella condotta era stata la causa senza necessità di ulteriori prove e ragionamenti logici.

Ma l'intuizione è un metodo di conoscenza rozzo, soprattutto non è razionale. Per contro, il principio di legalità che opera in materia sostanziale impone che una persona possa essere punita solo se risultano presenti in concreto (e cioè provati) tutti gli elementi del reato e cioè l'elemento oggettivo (condotta, evento, rapporto di causalità) e l'elemento soggettivo: la possibilità di limitarsi ad "intuire" l'esistenza un elemento come il rapporto di causalità, senza doverlo accertare in modo razionale, era come una rinuncia al principio di tassatività della fattispecie e al principio di responsabilità per fatto proprio.

Occorreva trovare una soluzione che risultasse più soddisfacente, e allora si è passati ad una differente ricostruzione logica. Il merito va a Federico Stella: nel 1975 egli ha affermato che il legame tra la condotta e l'evento è dato dall'esistenza di una legge scientifica che indica che quel tipo di condotta è causa di quel tipo di evento ([47]). La legge scientifica, appunto, "lega" un fatto ad un altro fatto.

La sussunzione sotto leggi scientifiche di copertura. Sta di fatto che la giurisprudenza ha accolto la teoria della *condicio sine qua non* con l'integrazione di leggi scientifiche, come era stato prospettato in dottrina. Il c.d. "procedimento di sussunzione sotto leggi scientifiche di copertura", detto anche modello nomologico-deduttivo, pretendeva di ricavare, dalla validità astratta della legge scientifica, l'esistenza del rapporto di causalità nel caso concreto.

Occorre tenere presente che, con l'evoluzione tecnologica, si è verificato un mutamento della tipologia dei casi in relazione ai quali il giudice è chiamato ad accertare l'esistenza del rapporto di causalità. Mentre nell'800 i casi tipici erano omicidi e lesioni personali e gli strumenti erano avvelenamento, pugnalate, ecc., con l'avvento della tecnologia si sono sviluppati settori nei quali è più difficile accertare il nesso di causalità. Si pensi al tema della sicurezza sul lavoro, della circolazione stradale, del rischio ambientale, della attività medico-chirurgica, dei danni da prodotti industriali chimico-farmaceutici. Ed è proprio lo sviluppo di questi nuovi settori di responsabilità che ha reso i giudici consapevoli della necessità che il procedimento logico di eliminazione mentale deve essere integrato dall'uso di leggi scientifiche.

Su tale china la giurisprudenza ha finito per commettere un errore, diverso dall'intuizionismo, ma altrettanto grave. Gradualmente la scienza, da referente tranquillizzante, si è trasformata in una sorta di prova legale che sottraeva al giudice ogni margine di valutazione, vincolandolo ai risultati della perizia. Il giudice era soddisfatto di quello che diceva il perito e si fermava lì. Eravamo ancora in un momento

([47]) F. Stella, *Leggi scientifiche e spiegazione causale nel diritto penale*, Milano, 1975, 90 s.

storico in cui il giudice considerava il perito come un ausiliario che aveva il compito di portare nel processo penale quel sapere che l'organo giurisdizionale per definizione non possiede in quanto extragiuridico. Accadeva, così, che ci si trovasse dinanzi a fattispecie a perizia vincolante.

Dall'intuizione irrazionale del giudice si era passati alla perizia vincolante che finiva per legare le mani al giudice come una sorta di prova legale. Quando il perito affermava che c'era una legge scientifica di copertura che collegava quel tipo di condotta a quel tipo di evento, il giudice dichiarava esistente il rapporto di causalità. In definitiva, l'accertamento dell'elemento del reato "rapporto di causalità" veniva delegato al perito e il giudice abdicava alla funzione di decidere. Il giudice non aveva più il compito di intuire il legame tra condotta ed evento, ma era diventato il fruitore passivo di un sapere altrui, e cioè un fruitore passivo di leggi scientifiche. In sostanza, chi decideva quel singolo caso era il perito.

Il nuovo concetto di scienza. La problematica si è ulteriormente arricchita perché a partire dalla seconda metà del '900 il concetto di scienza era cambiato ed era stato recepito nel mondo del diritto. È stato un merito della giurisprudenza nord-americana, assunta ad esempio nel mondo dei giuristi, aver individuato i criteri in base ai quali un metodo poteva definirsi "scientifico". La sentenza Daubert, pronunciata dalla Suprema corte degli Stati Uniti nel 1993, ha elaborato i criteri in base ai quali si può valutare la scientificità di un metodo (48). La sentenza ha indicato i seguenti criteri di affidabilità, che possono sostituire il concetto tradizionale della generale accettazione della comunità scientifica: 1) la *verificabilità*; 2) la *falsificabilità*; 3) la *sottoposizione al controllo della comunità scientifica*; 4) la *conoscenza del tasso di errore*.

1) Verificabilità del metodo: una teoria è scientifica se può essere controllata mediante esperimenti basati su fatti.

2) Falsificabilità: la teoria scientifica deve aver subìto tentativi di smentita i quali, se hanno avuto esito negativo, l'hanno confermata nella sua accettabilità.

3) Sottoposizione al controllo della comunità scientifica (peer review): il metodo deve essere stato reso noto in riviste specializzate in modo da essere controllato dalla comunità degli esperti.

4) Conoscenza del tasso di errore: al giudice deve essere comunicato, per ogni metodo proposto, la percentuale di errore accertato o potenziale che questo comporta.

Soltanto in via subordinata e ausiliaria poteva essere accolto il criterio della generale accettazione della comunità degli esperti. Di conseguenza, il giudice è diventato il guardiano (*gatekeeper*) del metodo: egli deve vagliarne la effettiva scientificità (49).

Le leggi scientifiche probabilistiche. Nel frattempo si è constatato che le leggi scientifiche non sono tutte uguali, perché il mondo della scienza conosce poche leggi

(48) Daubert v. Merrel Dow Pharmaceuticals, Inc., 509 U.S. 579, 113 S. Ct. 2786 (1993), trad. in *Riv. trim. dir. proc. civ.*, 1996, 278, con il commento di A. Dondi.

(49) Si veda, *amplius*, O. Dominioni, voce *Prova scientifica*, in *Enc. dir.*, *Annali*, II, tomo 1, Milano, 2008, 984-985.

scientifiche universali (*rectius*, altamente predittive) che valgono nel 100% dei casi: si tratta delle leggi della fisica e della chimica. Tutte le altre leggi scientifiche sono probabilistiche e, quindi, ci dicono che tra quel tipo di condotta e quel tipo di evento c'è un legame al 30 %, al 50%, al 70% dei casi. Affermano che quel tipo di condotta determina quel tipo di evento non sempre, bensì con un più o meno alto grado di probabilità.

E allora si è posto un nuovo problema: non era più vero che nel processo penale era tutto risolto nel momento in cui il perito forniva una legge, perché era chiaro che non sempre (*rectius*, quasi mai) esiste un'unica legge idonea a spiegare il legame tra condotta ed evento. In più, nel processo penale l'imputato è presunto innocente e si può condannare solo se risulta provato "al di là di ogni ragionevole dubbio" che ha commesso il fatto. Però, la legge scientifica, che copre il ponte tra condotta ed evento, ci dice in pochi casi che c'è il 100% di probabilità di un legame tra quei due elementi: la probabilità spesso è inferiore. E i giuristi si sono chiesti se tutto ciò fosse compatibile con l'esigenza di tassatività del diritto penale ([50]).

Le percentuali di validità delle leggi scientifiche. Tra il 1990 e il 2002 in giurisprudenza si è registrato il formarsi di due orientamenti contrapposti. Il contrasto concerneva l'individuazione di quella percentuale di validità statistica della legge che è necessaria e sufficiente per affermare l'esistenza del nesso causale. Con una qualche semplificazione dovuta a esigenze di sintesi, possiamo affermare che la giurisprudenza si era divisa proprio su questa percentuale di validità statistica.

Un primo orientamento aveva affermato che il nesso causale esisteva soltanto se la legge scientifica, che esprimeva il rapporto tra condotta ed evento, aveva un coefficiente percentuale vicino al 100%, e cioè pari alla certezza.

Un secondo orientamento aveva affermato che il rapporto di causalità poteva essere ritenuto esistente se vi erano *serie ed apprezzabili probabilità* che l'evento fosse conseguenza dell'azione. La formula nascondeva una differente realtà: ci si è accontentati di leggi scientifiche che esprimevano una probabilità un po' più bassa (50% delle ipotesi) e, in determinati casi, anche bassissima (30%). Si diceva: ci basta una legge che esprima serie ed apprezzabili probabilità che quel tipo di condotta determini quel tipo di evento. Il punto di riferimento era diventato il processo civile, nel quale lo standard probatorio è il c.d. "più probabile che no": basta che la pretesa dell'attore sia appena più provata di quella del convenuto, e quest'ultimo è condannato a pagare. Ma si tratta di percentuali accettabili nel processo civile.

([50]) In definitiva, c'è uno scontro tra due discipline distinte. Ci si è accorti che il mondo della scienza e il mondo del processo operano su piani diversi. Nel processo penale si deve accertare un fatto avvenuto nel passato, unico ed non ripetibile, caratterizzato da mille sfaccettature. Il mondo degli scienziati opera in modo differente: in laboratorio si fanno esperimenti che si ripetono quante volte si vuole e si fanno statistiche su cosa avviene, posta una causa. E allora come si può accettare che una conoscenza statistica entri in un processo penale dove non si fanno statistiche, bensì si accerta un fatto verificatosi *hic et nunc*, unico e irripetibile, per arrivare a condannare il colpevole?

Non è facile accertare in che misura l'omessa effettuazione di un esame clinico può aver causato un determinato esito infausto. Il problema è il seguente: abbiamo un processo penale che deve accertare i fatti rispettando la presunzione di innocenza e, al contempo, risultando accettabile dalla collettività; e abbiamo il mondo della scienza che si esprime per statistiche. Era necessario bilanciare queste due esigenze così differenti.

Le soluzioni giurisprudenziali appena menzionate sono state rifiutate dai giuristi perché un meccanismo del genere conduceva ad abdicare alle garanzie costituzionali e finiva per tradire il principio di tipicità con riferimento a quell'elemento della fattispecie incriminatrice che è il rapporto di causalità. Era ovvio che saltavano tutte le garanzie (es: la responsabilità penale personale ai sensi dell'art. 27, comma 1 Cost.) in nome di un'esigenza punitiva che, seppur condivisibile, finiva per creare una ferita a quelli che sono i princìpi cardine del diritto penale sostanziale. Il contrasto che si era creato in giurisprudenza ha determinato il rinvio della questione alle Sezioni unite della Cassazione.

La rivoluzione operata dalla sentenza Franzese. Su questa spaccatura si sono pronunciate le Sezioni unite Franzese (51). Il supremo collegio ha operato quella che è stata definita come una sorta di rivoluzione copernicana (52). La sentenza è partita dal rilievo che nel processo penale è possibile condannare soltanto se l'esistenza del fatto e la responsabilità dell'autore risultano provate oltre ogni ragionevole dubbio. Poiché il rapporto di causalità è un elemento oggettivo del reato, occorre che sia eliminato ogni dubbio ragionevole anche in relazione alla sussistenza di tale nesso.

Ciò significa che in merito all'esistenza del rapporto di causalità nel processo penale è sempre necessario un giudizio di alta probabilità logica (v. *infra*). Tale giudizio, tuttavia, non va confuso con la percentuale di validità statistica della legge, considerata in astratto. La percentuale di validità statistica si esprime attraverso *quantità*; la probabilità logica è un concetto *qualitativo*.

Il giudice deve ritenere provato oltre ogni ragionevole dubbio che *nel singolo caso concreto sottoposto alla sua attenzione* esiste un rapporto di causalità tra condotta ed evento. Tale giudizio — lo si ripete — non ha nulla a che vedere con l'astratta percentuale di validità statistica della legge scientifica. Occorre un giudizio che venga effettuato in concreto, alla luce di tutte le risultanze processuali e delle peculiarità del caso singolo. Tale soluzione postula l'applicazione della legge scientifica tenuto conto di tutte le prove relative alle caratteristiche del caso in esame (53).

Il modello causale bifasico. La natura qualitativa della probabilità logica si apprezza ove si ponga mente al *metodo* accertativo che le Sezioni unite con la sentenza Franzese hanno prospettato come indispensabile per raggiungere tale standard. La Suprema corte ha prospettato quello che, in sintesi, è stato definito come un "modello bifasico di accertamento della causalità" (54).

Nella prima fase (*ex ante*) si ricerca in astratto la legge "scientifica" applicabile al caso. Occorre valutare tutte le possibili leggi applicabili ed i decorsi causali ipotizzabili. È necessario operare un tentativo di smentita sulla validità in generale della legge. La scienza è limitata e in continua evoluzione. Pertanto il processo penale deve

---

(51) Cass., Sez. un. 10 luglio - 11 settembre 2002, n. 30328, Franzese, redattore G. Canzio, in *Cass. pen.*, 2002, 3643 e in *Dir. pen. proc.*, 2002, 1357.

(52) C. Conti, *Al di là del ragionevole dubbio*, in Aa.Vv., *Novità su impugnazioni penali e regole di giudizio*, a cura di A. Scalfati, Milano, 2006, 86 s.

(53) Del resto, come si è accennato, la scienza stabilisce una relazione causale tra classi di cause e classi di eventi. Al contrario, il processo penale serve ad accertare la causa di un evento unico ed irripetibile.

(54) C. Conti, *Al di là del ragionevole dubbio*, loc. ult. cit.

essere il luogo del contraddittorio e della dialettica anche *sulla scienza* da applicare nell'accertamento del nesso di causalità.

Identificata la legge che spiega il fenomeno, il giudice non deve accertare l'esistenza del rapporto di causalità in base alla percentuale di validità statistica della legge, considerata in astratto. Sarebbe un giudizio di probabilità statistica (ciò che avviene nella maggior parte dei casi, ma forse non in quel caso).

La sentenza Franzese ha messo in evidenza una seconda fase (*ex post*) nella quale si controlla se il fenomeno verificatosi in concreto può essere spiegato alla luce di quella legge. Occorre poter escludere qualsiasi fattore causale diverso o alternativo rispetto a quello ipotizzato. È necessario operare un tentativo di smentita sulla validità della legge in concreto (v. *supra*, § 4, lett. *e*), e cioè occorre escludere mediante prove che abbiano operato fattori causali alternativi, quanto meno quelli che la difesa ha prospettato ([55]). È un procedimento per esclusione mediante prove.

Il giudizio di alta probabilità logica. Il giudice deve ritenere provato oltre ogni ragionevole dubbio che nel singolo *caso concreto*, sottoposto alla sua attenzione, esiste un rapporto di causalità tra condotta ed evento. Ciò comporta che il giudice utilizzi un concetto di probabilità che non è più quella statistica (dipendente quindi dalla percentuale della legge) bensì *logica*, formulata in relazione alle caratteristiche del caso concreto.

La rivoluzione, operata dalla sentenza Franzese, è data dal fatto che il giudice può ritenere non esistente il nesso causale anche se la legge scientifica applicabile esprime una probabilità statistica (quantitativa) vicina alla certezza. Anche di fronte a leggi del genere la probabilità logica non è integrata qualora vi sia un ragionevole dubbio che nel caso concreto, date tutte le peculiarità emergenti sulla base delle prove raccolte, la legge non abbia operato e, viceversa, siano intervenuti fattori causali alternativi che hanno cagionato l'evento.

Per contro, ma corrispondentemente, il giudice può ritenere che il rapporto di causalità sia fondato su di una forte probabilità logica anche qualora venga in gioco una legge scientifica a bassa predittività, purché in tali casi, sempre alla luce di tutte le risultanze probatorie acquisite, appaia provato oltre ogni ragionevole dubbio che esiste un rapporto causale. Come si è accennato, il giudice deve escludere con certezza che l'evento sia stato cagionato da altri fattori (c.d. procedimento per esclusione). In tali casi, la prova può essere raggiunta anche con l'ausilio di massime di esperienza che inducono a ritenere applicabile la legge scientifica con riferimento al caso concreto o che fanno ritenere che non abbiano operato altri fattori causali.

Il significato del concetto di probabilità logica può essere ricostruito come segue: alla luce delle risultanze processuali, occorre poter affermare che il caso è inquadrabile nell'area di funzionamento della legge di copertura o nel campo di validità della massima di esperienza. È una simile valutazione che ci dà la certezza "oltre ogni ragionevole dubbio", a prescindere dalla validità statistica della legge scientifica o

---

([55]) C. PIERGALLINI, *La regola dell'"oltre ragionevole dubbio" al banco di prova di un ordinamento di* civil law, in AA.VV., *Impugnazioni e regole di giudizio nella legge di riforma del 2006*, a cura di M. BARGIS e F. CAPRIOLI, Torino, 2006, 391.

dalla controvertibilità della massima. Naturalmente, per poter funzionare, la prova per esclusione si nutre del contraddittorio tra le parti che investe anche le ipotesi ricostruttive fondate su leggi scientifiche. Dunque, la probabilità logica si fonda sul c.d. tentativo di smentita ed è perfettamente consentanea ad un sistema processuale di tipo accusatorio, fondato sul processo di parti e sulla dialettica. Ne risulta confermata la natura schiettamente qualitativa e metodologica dello standard probatorio in oggetto.

Alcuni esempi. La problematica può essere chiarita con due esempi di scuola. In base ad una legge scientifica vi è una bassissima probabilità che l'infezione da Hiv si trasmetta a seguito di un singolo rapporto sessuale non protetto. Ma se in concreto si è verificato che il virus abbia colpito una suora di clausura bosniaca, violentata da un soldato affetto da Hiv, e si dimostra che la suora precedentemente era perfettamente sana e non era mai stata sottoposta a emotrasfusioni o ad altre vie di trasmissione dell'infezione, ebbene, anche dinanzi ad una legge scientifica dai coefficienti statistici estremamente bassi e con l'ausilio delle migliori *massime di esperienza* applicabili al caso concreto, è possibile affermare che esiste un rapporto di causalità tra la condotta e l'evento. Alla luce della miglior scienza ed esperienza applicata ai fatti oggetto del processo penale la condotta risulta *causa* dell'evento ([56]).

Allo stesso modo, può esistere una legge scientifica con probabilità statistica assai elevata in base alla quale un lavoratore riporta una grave forma di sordità (ipoacusia) ove sia esposto, per un lungo lasso di tempo e senza protezioni, a fonti di inquinamento acustico oltre una determinata intensità. Ma tale altissima probabilità statistica può essere irrilevante se nel processo contro il datore di lavoro si dimostra che il lavoratore aveva una ipoacusia congenita oppure era un assiduo frequentatore di discoteche ([57]).

Conclusioni. L'indicazione della sentenza Franzese è chiara e probabilmente più semplice di quanto possa apparire a prima vista: occorre *calare nel processo* l'accertamento del nesso causale senza lasciarsi ingannare dalla peculiarità di un accertamento che spesso richiede l'applicazione di leggi scientifiche. Altro è la validità statistica astratta della legge, altro è l'esistenza in concreto del nesso causale oltre ogni ragionevole dubbio. Il rapporto di causalità è un elemento oggettivo del reato e, come tutti gli altri elementi, non si sottrae al *quantum* e al *quomodo* dell'accertamento processuale, che esige l'esistenza di una probabilità logica dotata di alta credibilità razionale.

Le Sezioni unite della Cassazione hanno offerto un insegnamento che, partendo dalla tematica del rapporto di causalità, si estende fino ad investire l'intero metodo di conoscenza che opera nel processo penale; esso si applica sia alle leggi scientifiche, sia alle massime di esperienza. La soluzione, pur osteggiata da orientamenti tradizionali

---

([56]) In un differente caso, il principio è stato affermato da Cass., sez. V, 17 dicembre 2008 - 26 marzo 2009, n. 13388, in *dirittoegiustizia.it*, 1° aprile 2009.

([57]) L'esempio è tratto da O. Di Giovine, *La causalità omissiva in campo medico-chirurgico al vaglio delle sezioni unite*, in *Foro it.*, 2002, 608 ss.

che ancora oggi sono presenti nella giurisprudenza, permette di affrontare con strumenti migliori le sfide della nuova scienza ([58]).

Tirando le fila di quanto abbiamo esposto, possiamo affermare che, nello studio del rapporto di causalità, la materia della prova è riuscita ad attribuire tipicità ad un elemento del diritto penale sostanziale. Per tanti anni i penalisti si sono trovati in grave difficoltà e la categoria del rapporto di causalità era, nella teoria generale del reato, la più ambigua, la più oscura. A questa categoria si è riusciti a dare tipicità con la sentenza Franzese proprio attraverso il ricorso a categorie processuali mediante un perfezionamento della teoria della prova. Contemporaneamente, si è raggiunta la consapevolezza che l'accertamento "processualizza" la scienza quando questa entra nel procedimento penale.

([58]) Per ulteriori approfondimenti, si può consultare P. Tonini - C. Conti, *Il diritto delle prove penali*, Milano, 2014, 172 s.

Capitolo IV
I MEZZI DI PROVA

SOMMARIO: 1. Mezzi di prova tipici ed atipici. — 2. La testimonianza. — 3. L'esame delle parti. — 4. Confronti, ricognizioni ed esperimenti giudiziali. — 5. La perizia e la consulenza tecnica di parte. — 6. La prova documentale.

1. Mezzi di prova tipici ed atipici.

Con l'espressione "mezzo di prova" si vuole indicare quello strumento processuale che permette di acquisire un elemento di prova. Il codice ha previsto sette mezzi di prova tipici, e cioè regolamentati dalla legge nelle loro modalità di assunzione (artt. 194-243). Essi sono la testimonianza, l'esame delle parti, i confronti, le ricognizioni, gli esperimenti giudiziali, la perizia (affiancata dalla consulenza tecnica di parte) e i documenti. Le modalità di assunzione sono predisposte in maniera tale da permettere al giudice ed alle parti di valutare nel modo migliore la credibilità della fonte e l'attendibilità dell'elemento di prova che si ricava dall'esperimento del singolo mezzo. I mezzi di prova tipici sono considerati dal codice idonei a permettere l'accertamento dei fatti.

Il codice non ha imposto un'assoluta tassatività dei mezzi di prova; al contrario, a determinate condizioni ha consentito che possano essere assunti nuovi mezzi di prova che il progresso scientifico e tecnologico potrà elaborare in futuro. Tuttavia, ha vietato che ciò avvenga in base ad una scelta effettuata dal giudice in solitudine; al contrario, ha imposto al giudice di sentire le parti sulla richiesta di ammissione di una singola prova atipica e di valutarne i requisiti in base all'art. 189. In sintesi, il giudice deve ammettere una prova atipica soltanto se ritiene che questa sia idonea ad assicurare l'accertamento dei fatti e non pregiudichi la libertà morale della persona. Ovviamente, il codice presuppone che il mezzo di prova richiesto sia atipico, e cioè che non rientri nella regolamentazione di una prova già prevista dalla legge.

La prova atipica. L'atipicità consiste nell'utilizzare *componenti non tipiche* all'interno di un mezzo tipico. Come esempio, si può citare il caso in cui la ricognizione di una persona o di una cosa è effettuata mediante un cane addestrato anziché ad opera di una persona umana. In tale ipotesi, come è evidente, la *componente atipica* sta nel "ricognitore" (il cane) che richiede la predisposizione delle modalità e delle cautele più idonee al caso. Viceversa, il *risultato* coincide con quello della ricognizione tipica, giacché si tratta di riconoscere un individuo o una cosa tra altre simili.

I requisiti della prova atipica. In base all'art. 189 la prova atipica può essere ammessa se presenta due requisiti (v. tav. 2.4.1). In primo luogo deve essere « idonea ad assicurare l'accertamento dei fatti »; ciò vuol dire che deve essere in concreto capace di fornire elementi attendibili e di permettere una valutazione sulla credibilità della fonte di prova. In secondo luogo, il mezzo di prova atipico deve assicurare la « libertà morale » della persona-fonte di prova; e cioè, deve lasciare integra la facoltà di determinarsi liberamente rispetto agli stimoli (v. art. 188 c.p.p.). Per tali motivi si ritiene comunemente che nel processo penale non si possano utilizzare la narcoanalisi, l'ipnosi o la c.d. macchina della verità (*lie detector*).

In terzo luogo, le modalità di assunzione della prova atipica sono prescritte dal giudice dopo aver sentito le parti: utilizzando un'immagine della vita comune, si può dire che il giudice elabora un abito su misura per la prova atipica. Naturalmente l'ordinanza del giudice, che accoglie o respinge la richiesta, è controllabile mediante l'impugnazione della sentenza (art. 586, comma 1) ([1]).

Il principio di legalità della prova. È possibile affermare che il sistema appena delineato è fondato sul *principio di legalità della prova*, in base al quale quest'ultima costituisce uno strumento di conoscenza disciplinato dalla legge. Nonostante la previsione della "valvola di sicurezza" rappresentata dalla prova atipica, il legislatore prevede che questa sia sottoposta a precisi requisiti stabiliti dall'art. 189 e, dal punto di vista procedurale, ad un contraddittorio tra il giudice e le parti. È corretto, dunque, affermare che la disciplina della prova atipica è conforme al principio di legalità ([2]).

Atipicità e mezzi di ricerca della prova. Sulla possibilità di ammettere *mezzi atipici di ricerca della prova* si veda Parte II, cap. 5, § 6, lett. *a*.

2. La testimonianza.

a. Considerazioni preliminari. Il codice distingue in modo netto tra due mezzi di prova: "la testimonianza" (artt. 194 ss.) e "l'esame delle parti" (artt. 208 ss.). La distinzione riguarda aspetti sia di diritto processuale, sia di diritto penale sostanziale. Il testimone ha l'obbligo penalmente sanzionato di presentarsi al giudice e di dire la verità (artt. 198 c.p.p. e 372 c.p.). Viceversa l'imputato, quando si offre all'esame incrociato ai sensi dell'art. 208, non ha l'obbligo di presentarsi (art. 208), né l'obbligo di rispondere alle domande (art. 209, comma 2), né l'obbligo di dire la verità.

La distinzione trova una conferma nella normativa sulla incompatibilità a testimoniare. In base all'art. 197 la qualità di imputato è di regola incompatibile con la qualità di testimone, salvo le eccezioni che esamineremo tra poco.

Nonostante questa marcata distinzione, testimone e parti sono in grado di dare un rilevante contributo conoscitivo al processo penale. Essi sono esaminati sui fatti che costituiscono oggetto di prova, e cioè sulla responsabilità dell'imputato e sui fatti che servono a valutare la credibilità delle fonti e l'attendibilità degli elementi di prova (art. 187). La loro deposizione avviene nella forma dell'esame incrociato (art. 209

---

(1) Così, nell'esempio sopra descritto (ricognizione effettuata mediante cane addestrato), il giudice, sentite le parti, dovrà accertare l'idoneità di tale particolare procedura ad ottenere l'accertamento dei fatti e regolerà lo svolgimento dell'atto con le modalità più adatte alle peculiarità dell'esperimento da effettuare.

(2) La dottrina è unanime nel richiamare l'attenzione sulla necessità che la prova atipica non si risolva in uno strumento per aggirare i requisiti delle prove tipiche contrabbandando omissioni o irritualità come semplici profili di atipicità. In casi del genere ci troveremmo dinanzi ad una vera e propria *truffa delle etichette* e la prova atipica, da strumento di integrazione del sistema probatorio, si trasformerebbe in uno stratagemma per aggirare le regole stabilite dal legislatore. Come ormai riconosce la giurisprudenza di legittimità, dal sistema è ricavabile il *principio di non sostituibilità*, che vieta l'aggiramento di quelle forme probatorie che sono poste a garanzia dei diritti dell'imputato o dell'attendibilità dell'accertamento. In casi del genere, si configura un vero e proprio divieto probatorio a pena di inutilizzabilità degli elementi acquisiti.

comma 1; 499), e dunque con lo strumento che è ritenuto il più efficace per l'accertamento dei fatti.

La qualità di testimone. Dalle considerazioni svolte deriva che è possibile dare una definizione di testimone soltanto in via di prima approssimazione, salvo precisare meglio i dettagli in seguito. La qualità di testimone può essere assunta dalla persona che ha *conoscenza dei fatti oggetto di prova* ma che, al tempo stesso, *non riveste una delle qualifiche* alle quali il codice riconduce l'incompatibilità a testimoniare (es., la qualifica di imputato, o di imputato di un procedimento connesso o collegato; art. 197 lett. *c*). La persona così delineata diventa "testimone" soltanto *se e quando* su richiesta di parte (o d'ufficio nei casi previsti) è *chiamata a deporre davanti ad un "giudice"* nel procedimento penale.

Gli obblighi del testimone. Il testimone ha i seguenti obblighi. In primo luogo, ha l'obbligo di presentarsi al giudice (art. 198); se non si presenta senza un legittimo impedimento, il giudice può ordinare il suo accompagnamento coattivo a mezzo della polizia giudiziaria e può condannarlo al pagamento di una somma di denaro da euro cinquantuno a euro cinquecentosedici nonché alle spese alle quali la mancata comparizione ha dato causa (art. 133) ([3]).

In secondo luogo, il testimone ha l'obbligo di attenersi alle prescrizioni date dal giudice per le esigenze processuali (art. 198).

Infine, il testimone ha l'obbligo di « rispondere secondo verità alle domande che gli sono rivolte ». Se tace ciò che sa, afferma il falso o nega il vero, commette il delitto di falsa testimonianza (art. 372 c.p.).

La libertà morale della persona nell'assunzione della prova dichiarativa. Una regola che vale in generale per tutte le prove dichiarative è posta negli artt. 64 comma 2 e 188 comma 1, in base ai quali « non possono essere utilizzati, neppure con il consenso della persona interessata (o interrogata), metodi o tecniche idonei a influire sulla libertà di autodeterminazione o ad alterare le capacità di ricordare o di valutare i fatti » ([4]). Si tratta di un divieto probatorio che opera oggettivamente: un eventuale consenso dell'interessato non rende lecito l'uso di metodi o tecniche vietati dagli artt. 64 comma 2 e 188 ([5]).

Merita tenere presente che la legge 14 luglio 2017, n. 110, che ha introdotto il reato di tortura (art. 613-*bis* c.p.), ha previsto nel codice di procedura una disposizione ad esso collegata. Ai sensi del nuovo comma 2-*bis*, inserito nell'art. 191 c.p.p., « le dichiarazioni o le informazioni ottenute mediante il delitto di tortura non sono comunque

---

([3]) Il codice prevede una normativa speciale nei confronti di persone che ricoprono alte cariche pubbliche. Il presidente della repubblica è sentito come testimone nella sede in cui esercita le funzioni di capo dello Stato (art. 205, comma 1). I presidenti delle camere, il presidente del consiglio dei ministri e il presidente della corte costituzionale possono chiedere di essere esaminati nella sede in cui esercitano il loro ufficio, al fine di garantire la continuità e la regolarità della funzione cui sono preposti; si procede nelle forme ordinarie quando il giudice ritiene indispensabile la comparizione di una delle persone indicate (art. 205, commi 2 e 3). Sono previste norme speciali anche per gli agenti diplomatici (art. 206).

([4]) Analogo divieto è contenuto nell'art. 64, comma 2 c.p.p. in relazione all'interrogatorio dell'indagato.

([5]) Tra i metodi che influiscono sulla *facoltà di reagire liberamente rispetto agli stimoli* o che sono idonei ad alterare la *capacità di ricordare i fatti* o *la capacità di valutare i fatti* possiamo enumerare la tortura (fisica o psichica), la narcoanalisi, l'ipnosi ed il poligrafo (denominato anche *lie detector* o macchina della verità).

utilizzabili, salvo che contro le persone accusate di tale delitto e al solo fine di provarne la responsabilità penale ». Il nuovo comma 2-*bis* dell'art. 191 ha prodotto due effetti.

In primo luogo, quello di rendere utilizzabili dichiarazioni estorte, ma soltanto *contro le persone accusate del delitto di tortura* e *al solo fine di provarne la responsabilità penale.*

In secondo luogo, ha prodotto l'effetto di rendere inutilizzabili, in procedimenti differenti da quello contro l'autore della tortura, non solo le dichiarazioni estorte, ma anche *qualsiasi altra informazione* comunque ottenuta « mediante il delitto di tortura » (6).

b. *La deposizione: oggetto e forma.* La deposizione è resa in dibattimento con le forme dell'esame incrociato. Delle relative regole il codice tratta negli artt. 498 e 499 (v. *infra*, parte III, cap. V, § 9).

Il testimone è esaminato sui « fatti che costituiscono oggetto di prova » (art. 194, comma 1). Le domande devono essere *pertinenti*, e cioè devono riguardare sia i fatti che si riferiscono all'imputazione, sia i fatti dai quali dipende l'applicazione di norme processuali (art. 187), come l'accertamento della flagranza (art. 382).

L'art. 194 pone un secondo limite alle domande: esse devono avere ad oggetto « fatti determinati » (comma 3). Di conseguenza, il testimone di regola non può esprimere valutazioni né apprezzamenti personali, « salvo che sia impossibile scinderli dalla deposizione sui fatti ». Infine, non può deporre su « voci correnti nel pubblico ».

L'esame del testimone può estendersi ai rapporti di parentela o di interesse che lo legano alle parti o ad altri testimoni; inoltre può avere ad oggetto le circostanze che servono ad accertare la credibilità sia delle parti, sia dei testimoni (art. 194, comma 2).

Altri limiti concernono le informazioni relative alla personalità dell'imputato e della persona offesa. Le deposizioni sulla moralità dell'imputato sono ammesse ai soli fini di qualificare la personalità dello stesso in relazione al reato ed alla pericolosità e sempre che si tratti di fatti specifici (art. 194, comma 1).

---

(6) Il divieto probatorio contenuto nelle disposizioni citate vale nei confronti della persona quando essa viene in rilievo come "fonte di prova dichiarativa", e cioè quando ciò che si cerca è una dichiarazione che non esiste senza la collaborazione dell'individuo. In proposito, si delinea una netta differenza tra l'imputato e tutte le altre persone.

Con riferimento all'imputato, vengono in gioco le norme costituzionali sul diritto di difesa e sulla presunzione di innocenza, così come integrate dalle Convenzioni internazionali. Tali norme delineano in capo all'imputato una situazione soggettiva che consiste in un pieno diritto di non collaborare. L'imputato deve essere moralmente libero di scegliere *se* rendere la dichiarazione, con facoltà di determinarne il contenuto. Con riferimento a tutti gli altri individui, i quali potrebbero rivestire la qualifica di testimoni, da sempre si ritiene che le norme costituzionali, che tutelano l'interesse alla repressione dei reati, giustifichino una servitù di giustizia che rende punibile il rifiuto di rispondere o la falsità, fatte salve la disciplina relativa ai segreti e la tutela contro l'autoincriminazione, tutelate da princìpi costituzionali. Resta fermo che, anche in tal caso, il teste deve essere moralmente libero di autodeterminarsi in relazione al contenuto ed alle modalità delle dichiarazioni (art. 188).

Viceversa, se una persona riveste interesse probatorio non per ciò che dice, ma per ciò che è (ad es., per le ferite che ha subito o per le caratteristiche del volto), vengono in questione gli atti di indagine e i mezzi di prova e di ricerca della prova che mirano ad ottenere elementi diversi dalle dichiarazioni. In tal caso, ciò che si cerca esiste già, a prescindere dall'attività di indagine. L'individuo ha un volto, una voce, un corpo. Vengono in rilievo attività come le identificazioni, le ricognizioni, le ispezioni, le perquisizioni, i sequestri, le consulenze tecniche e le perizie.

Con riferimento a tali attività, i valori costituzionali interessati consistono nelle singole libertà che vengono compresse dalla ricerca e dalla acquisizione della prova. Prima tra tutte, la libertà personale. Sotto questo profilo, lo *status* dell'imputato nei confronti dell'autorità non differisce significativamente da quello del *quivis de populo*. La chiave di lettura sta nella norma costituzionale di riferimento. L'art. 13, comma 2 consente la limitazione della libertà personale in presenza di un atto motivato dell'autorità giudiziaria nei casi e modi previsti dalla legge.

Domande che riguardano la persona offesa. Le domande che riguardano la persona offesa dal reato incontrano due limiti, ai quali sono poste eccezioni (7).

c. *La testimonianza indiretta.* Dei fatti da provare il testimone può avere una conoscenza diretta o indiretta. Ha una conoscenza *diretta* quando ha percepito personalmente il fatto da provare con uno dei cinque sensi. Ha una conoscenza *indiretta* (detta anche *de relato* o *de auditu*) quando ha appreso il fatto da una rappresentazione che altri ha riferito a voce, per scritto o con altro mezzo (es. con immagini o gesti). Pertanto si ha una testimonianza indiretta quando il fatto da provare non è stato percepito personalmente dal soggetto che lo sta narrando, ma a costui è stato riferito da un'altra fonte.

Con una terminologia di origine anglosassone, si afferma che nella testimonianza indiretta il fatto da provare è stato conosciuto dal testimone "per sentito dire" (*hearsay*). Nel nostro codice la situazione è descritta nel seguente modo: « il testimone si riferisce, per la conoscenza dei fatti, ad altre persone » (art. 195, comma 1).

Il teste di riferimento. La persona da cui si è "sentito dire" è comunemente indicata dagli studiosi italiani con l'espressione "teste di riferimento". Per esigenze di migliore comprensione della materia in oggetto, preferiamo considerare l'ipotesi che si verifica più di frequente nella pratica, e cioè il caso in cui il teste di riferimento (quello da cui si è sentito dire) sia un individuo che ha avuto una percezione *personale* del fatto; pertanto ci riferiremo a lui con l'espressione "teste diretto" (8).

La prima condizione, posta dall'art. 195, comma 7, richiede che il testimone indiretto *indichi* la persona o la fonte « da cui ha appreso la notizia dei fatti oggetto dell'esame ». Si deve ritenere che la legge imponga, a pena di inutilizzabilità, di *individuare* fisicamente la persona o la fonte; si tratta di una condizione della quale non si può fare a meno in quanto la mancata individuazione della fonte impedisce di

---

(7) La regolamentazione nel suo complesso ha lo scopo di contemperare due esigenze contrapposte: da un lato, essa tende a tutelare la *dignità* della persona offesa dal reato; da un altro lato, essa vuole consentire l'esercizio del *diritto alla prova* spettante a tutte le parti del processo penale e, quindi, anche e soprattutto all'imputato.

Il primo limite è posto dal codice nell'art. 194, comma 2: la deposizione su fatti che servono a definire « la personalità della persona offesa » è ammessa soltanto quando « il fatto dell'imputato deve essere valutato in relazione al comportamento di quella persona ».

Il secondo limite è stato introdotto dalle leggi n. 66 del 1996, n. 269 del 1998 e n. 228 del 2003, che riguardano i procedimenti per i delitti di violenza sessuale, di prostituzione minorile e di tratta di persone indicati nell'art. 472, comma 3-*bis* (sul dibattimento a porte chiuse). Le domande aventi ad oggetto la « vita privata » o la « sessualità » della persona offesa dal reato sono di regola vietate; sono consentite se sono « necessarie alla ricostruzione del fatto ». Pertanto sono ammesse se sono funzionali a valutare la credibilità e l'attendibilità di una dichiarazione già resa ed attinente a fatti oggetto di prova.

(8) Il problema della testimonianza indiretta sta nel seguente punto. Nel processo penale attraverso l'esame incrociato è possibile (anche se con qualche difficoltà) accertare la credibilità e l'attendibilità del testimone che ha avuto una conoscenza *personale* del fatto da provare; a tal fine, il codice permette che siano effettuate le contestazioni (art. 500) e le domande suggestive (*rectius*, suggerimento) nel controesame (art. 499, comma 3). Quando il fatto è conosciuto dal testimone "per sentito dire" occorre che sia possibile accertare l'attendibilità sia del testimone indiretto, sia del testimone diretto. Ecco perché il codice pone alcune condizioni all'utilizzabilità della deposizione indiretta; esse permettono di effettuare il controllo sulla credibilità della persona da cui si è "sentito dire" e sull'attendibilità di quanto è stato riferito. La *ratio* dell'art. 195 non è quella di impedire l'utilizzabilità di quanto non è stato percepito personalmente dal dichiarante, bensì quella di consentire il controllo della conoscenza riferita e della fonte da cui si è appresa (si veda tav. 2.4.7).

valutare la credibilità e l'attendibilità di quanto è stato riferito. Ai fini dell'individuazione è sufficiente, ad esempio, aver indicato la persona che abitualmente frequenta un determinato luogo, ancorché non se ne conoscano le generalità (9).

Vi è una ***seconda condizione*** alla quale il nostro codice subordina l'utilizzabilità della testimonianza indiretta. La condizione opera soltanto quando una delle parti chiede che venga sentita nel processo la persona che ha avuto conoscenza diretta del fatto; in tal caso, il giudice è obbligato a disporne la citazione (art. 195, comma 1). Se il giudice in concreto omette la citazione, la testimonianza indiretta non è utilizzabile. Se, viceversa, nessuna delle parti ha chiesto la citazione, la testimonianza indiretta è utilizzabile, anche senza che si faccia luogo all'esame del teste diretto.

Eccezione alla seconda condizione. In via eccezionale, la testimonianza indiretta è utilizzabile quando l'esame del testimone diretto « risulti impossibile per morte, infermità o irreperibilità » (art. 195, comma 3) (10).

Nei casi sopra menzionati di impossibilità di rendere l'esame (art. 195, comma 3), se anche la testimonianza indiretta è utilizzabile, tuttavia dovrà essere valutata con particolare cura, ad esempio, mediante riscontri con altri elementi di prova. Infatti, la mancata deposizione di colui, che aveva conoscenza diretta del fatto, rende più difficile il controllo sulla attendibilità di quanto si è appreso per sentito dire.

Inoltre, il codice permette al giudice di disporre d'ufficio la citazione del testimone diretto se essa non è stata richiesta da alcuna delle parti (art. 195, comma 2). Il giudice non è obbligato comunque a citare d'ufficio il testimone diretto; e cioè, se anche questi non è citato, il "sentito dire" può essere valutato.

Valutazione della testimonianza indiretta. Una volta che siano state osservate le condizioni poste dal codice, il giudice può utilizzare ai fini della decisione sia la deposizione indiretta, sia, ove assunta, la deposizione diretta. In concreto, il giudice deve valutare la credibilità e l'attendibilità di ciascuna delle due dichiarazioni in base agli esiti dell'esame incrociato del singolo dichiarante e del riscontro operabile con gli altri risultati probatori già acquisiti. Non sarebbe ragionevole una eventuale massima che tendesse a ritenere comunque più attendibile la narrazione del testimone diretto; anche se è evidente che di quest'ultimo si può valutare più facilmente la credibilità. Poiché egli ha avuto conoscenza personale del fatto da provare, potrà essere più facilmente sottoposto ad un'attenta verifica con lo strumento dell'esame incrociato (11).

---

(9) In tal senso, Cass., sez. VI, 20 febbraio 2020, n. 12982, in CED, n. 279259, in un caso di condotte di abuso di mezzi di correzione in danno di minori, in cui la madre di una delle vittime indicava quali fonti della propria conoscenza dei fatti compagne di classe del figlio che, conosciute con il nome di battesimo, erano agevolmente identificabili.

(10) In particolare, l'irreperibilità del testimone è una situazione che presuppone che lo stesso sia già stato non soltanto *individuato* (ad esempio, l'avventore di un bar che si comporta in un modo caratteristico), ma anche *identificato* con nome, cognome o eventuale soprannome: questo è il compito rientrante tra le funzioni tipiche della polizia giudiziaria ai sensi dell'art. 349. L'*irreperibilità* presuppone che sia stato impossibile notificare la citazione a comparire ai sensi dell'art. 167 al testimone già *identificato* (dai privati o dalla polizia). Ove costui fosse stato citato, ma non fosse comparso in aula, deve disporsi l'accompagnamento coattivo.

(11) Gli studiosi di psicologia della testimonianza hanno precisato cosa avviene quando un testimone conosce un fatto per sentito dire. Egli costruisce nella mente una rappresentazione di un fatto, che non ha visto personalmente,

Merita ricordare che è vietato assumere deposizioni su fatti appresi da persone vincolate da segreto professionale o d'ufficio, salvo che queste abbiano comunque divulgato tali fatti (art. 195, comma 6). Ad esempio, se un avvocato confida ad un suo collaboratore una notizia, che ha appreso riservatamente dal cliente, il collaboratore non deve essere esaminato su questo punto.

Il divieto di testimonianza indiretta sulle dichiarazioni dell'imputato. Il codice pone un divieto di testimonianza sulle dichiarazioni « comunque rese » dall'imputato (o dall'indagato) in un atto del procedimento (art. 62). La finalità della disposizione è la seguente: la prova delle dichiarazioni rese dall'imputato (o dall'indagato) deve ricavarsi unicamente dal verbale che deve essere redatto ed utilizzato « con le forme ed entro i limiti previsti per le varie fasi del procedimento » (12).

Il divieto di testimonianza indiretta appare dunque finalizzato ad evitare che siano introdotti nel processo in modo non corretto elementi che devono risultare dalla documentazione formale dell'atto; infatti, il verbale deve attestare che è stato dato l'avviso della facoltà di non rispondere. Pertanto, la disciplina in oggetto è riconducibile alla tutela del diritto al silenzio che, a sua volta, costituisce manifestazione del diritto di difesa (13).

Le dichiarazioni rese dall'imputato nel corso di programmi terapeutici. Il d.lgs. 4 marzo 2014, n. 39 ha introdotto nell'art. 62 un nuovo comma 2, in base al quale il divieto di testimonianza indiretta « si estende alle dichiarazioni, comunque inutilizzabili, rese dall'imputato nel corso di programmi terapeutici diretti a ridurre il rischio che questi commetta delitti sessuali a danno di minori ». La *ratio* della disposizione consiste nel garantire l'efficacia del trattamento di recupero, assicurando all'imputato che le sue dichiarazioni non potranno in alcun modo avere ingresso in un procedi-

---

sulla base delle pregresse conoscenze che sono in suo possesso. Egli usa tali informazioni come una sorta di canovaccio (*script*) e, sulla base di queste, ricostruisce una rappresentazione del fatto. Si spiega così perché il fatto da lui narrato diverge da quello che il testimone diretto ha percepito. Si veda *infra*, nell'appendice sulla psicologia della testimonianza.

(12) *Relaz. prog. prel.*, p. 32. È opportuno ricordare che, in sede di interrogatorio (art. 64, comma 3) e di sommarie informazioni (art. 350, comma 1), all'indagato deve essere dato avviso della facoltà di non rispondere allo scopo di tutelare la sua libertà nei confronti dell'autorità inquirente: egli deve essere libero di scegliere se e quando rendere dichiarazioni. Queste ultime assumono rilievo soltanto per mezzo di un regolare verbale, dal quale deve risultare che è stato dato l'avviso.

(13) L'area operativa del divieto è ricavabile da quanto è precisato nell'art. 62. In primo luogo, il divieto ha natura oggettiva, e cioè si riferisce a chiunque riceva le dichiarazioni, sia egli un testimone qualsiasi o un appartenente alla polizia giudiziaria; anche se in pratica è quest'ultima ad avere più occasioni per assistere ad "atti" del procedimento penale durante i quali sono rese dichiarazioni dall'imputato.

In secondo luogo, il divieto ha per oggetto "dichiarazioni" in senso stretto, e cioè espressioni di contenuto narrativo. Risultano quindi riferibili per sentito dire quelle dichiarazioni che costituiscono espressioni di volontà (ad esempio, il consenso ad un accertamento diagnostico) o meri comportamenti (ad esempio, durante una perquisizione qualcuno esclama: "scappa, la polizia!").

In terzo luogo, le dichiarazioni per sentito dire, che sono vietate, sono quelle rese « nel corso del procedimento » (art. 62); l'espressione deve essere intesa nel senso di "in occasione" di un atto tipico e non "durante la pendenza" del procedimento. Pertanto quel testimone, che ha assistito ad un colloquio tra un indagato ed un'altra persona o che ha ricevuto una dichiarazione fuori di un atto del procedimento, può legittimamente riferire quanto ha sentito dire.

Infine, il divieto riguarda le dichiarazioni dell'imputato che abbiano una valenza di "prove", e non quelle che siano rilevanti come "fatti storici di reato", che devono necessariamente essere accertati mediante un processo penale. Di conseguenza, in un procedimento per calunnia è ammissibile quella testimonianza di un appartenente alla polizia che tende a chiarire il contenuto di dichiarazioni con le quali sia stato commesso il predetto reato.

mento a suo carico. La norma mira a tutelare la "serenità del paziente", e quindi il suo diritto alla salute (art. 33 Cost.) e ad evitare effetti pregiudizievoli in processi penali attuali o eventuali ([14]).

La testimonianza indiretta della polizia giudiziaria. L'art. 195 comma 4 stabilisce che « gli ufficiali e gli agenti di polizia giudiziaria non possono deporre sul contenuto » né delle sommarie informazioni assunte da testimoni o imputati connessi (art. 351), né delle denunce, querele o istanze che hanno ricevuto oralmente, né delle « sommarie informazioni rese » e delle « dichiarazioni spontanee ricevute » dall'indagato (sono richiamati espressamente gli artt. 351 e 357, comma 2, lett. *a* e *b*) (v. tav. 2.4.9).

Il divieto posto dal legislatore ha la sua giustificazione nel principio del contraddittorio, secondo cui le dichiarazioni rese durante le indagini non sono di regola utilizzabili (artt. 514 e 526). Infatti, se la polizia potesse riferire al giudice le dichiarazioni ricevute durante le indagini, le dichiarazioni medesime diventerebbero utilizzabili per la decisione e sarebbe aggirata la regola della inutilizzabilità fisiologica, che tutela il contraddittorio nella formazione della prova (sulla quale si veda Parte III, cap. 5, § 9, lett. *c*).

Gli « altri casi » nei quali è ammessa la dichiarazione indiretta. L'art. 195, comma 4 stabilisce che, fuori delle ipotesi di espresso divieto, la testimonianza indiretta della polizia è ammessa; e cioè, si applicano le comuni norme sulla testimonianza indiretta (es. la necessità che la fonte sia individuata). Il criterio distintivo tra i casi, nei quali la testimonianza indiretta della polizia è vietata, e quelli, nei quali è ammessa, resta legato al formale svolgimento della specifica funzione di assumere sommarie informazioni da possibili testimoni o di ricevere dichiarazioni dall'indagato (art. 357 lett. *a* e *b*). Pertanto, "altri casi" ammessi per la testimonianza indiretta sono quelli nei quali la polizia è chiamata a riferire su dichiarazioni ricevute *fuori* dall'esercizio delle sue funzioni; oppure su dichiarazioni percepite nel corso di attività *tipiche* come identificazioni, ricognizioni informali, sequestri, o *atipiche* quali appostamenti, pedinamenti (ad es. quando il possibile testimone parla con un amico). In tali ipotesi, il sentito dire è ammesso, ma si applicano le condizioni poste dai primi tre commi dell'art. 195.

Ben diversi sono i casi nei quali non vi è "sentito dire" perché la polizia riferisce dichiarazioni *prive di contenuto narrativo*. Si pensi a quando la polizia percepisce un ordine, una minaccia, un avvertimento, un'offesa, una richiesta, un saluto. In tali casi, a ben vedere, solo formalmente siamo dinanzi a "dichiarazioni" perché non c'è un

(14) Dal punto di vista tecnico-giuridico, il legislatore ha sanzionato con la *inutilizzabilità speciale* le dichiarazioni rese nell'ambito del programma. Inoltre ha previsto un divieto di testimonianza indiretta al fine di evitare che tali dichiarazioni, di per sé estromesse dal procedimento, siano introdotte in modo subdolo nel circuito accertativo mediante la deposizione di chi ne è venuto a conoscenza.

Quanto all'oggetto, occorre pervenire ad una interpretazione modellata su quella accolta in relazione al comma 1 dell'art. 62. L'espressione « nel corso » non deve intendersi "mentre" si svolgeva il programma di recupero. Il divieto pare riferito alle dichiarazioni rese "nell'ambito" del programma di recupero e di fronte a coloro che sono incaricati di portarlo avanti (psichiatri, psicologi, psicoterapeuti, ecc.). Tuttavia, alla stessa stregua della disposizione del comma 1, il limite probatorio ha portata generale e, dunque, la deposizione indiretta è inibita a chiunque abbia comunque avuto conoscenza di tali dichiarazioni. La peculiarità della disciplina è che, a differenza del comma 1, l'inutilizzabilità ed i divieti fanno riferimento a dichiarazioni extraprocessuali.

contenuto narrativo: la deposizione della polizia ha piuttosto per oggetto *fatti*. Lo stesso avviene quando la polizia è chiamata a riferire dichiarazioni che costituiscono corpo del reato in quel determinato processo (es. di calunnia o favoreggiamento) (15) (16).

d. *L'incompatibilità a testimoniare.* Il codice pone, in via generale, la regola secondo cui ogni persona ha la capacità di testimoniare (art. 196, comma 1); prevede poi una serie di eccezioni, che consistono in situazioni di incompatibilità relative ad un determinato procedimento (art. 197).

La regola che riconosce a qualsiasi persona la capacità di testimoniare fa sì che si assumano come testimoni sia l'infermo di mente, sia il minorenne (e quindi anche colui che ha un'età inferiore ad anni quattordici). In questi casi il giudice dovrà valutare con particolare attenzione la credibilità del dichiarante e l'attendibilità della dichiarazione; egli può verificare l'idoneità fisica o mentale del soggetto chiamato a deporre ordinando gli « accertamenti opportuni con i mezzi consentiti dalla legge » (art. 196, comma 2). Ad esempio, può disporre una perizia o un esperimento giudiziale allo scopo di valutare con quale precisione il testimone sia in grado di comprendere e rievocare la realtà; ma l'esame sulla credibilità in generale, operato dal perito, va tenuto distinto dalla valutazione sulla attendibilità della prova, che rientra nei compiti esclusivi del giudice.

L'incompatibilità a testimoniare ricorre quando una persona, pur capace di deporre, non è legittimata a svolgere la funzione di testimone in un determinato procedimento penale a causa della posizione assunta in tale procedimento o a causa dell'attività ivi esercitata (v. tav. 2.4.10).

La* ratio *della incompatibilità. Le situazioni di incompatibilità sono ricollegabili a due distinti ordini di ragioni. Da un lato, le prime tre ipotesi (lettere *a*, *b*, *c*) vogliono escludere che alcune persone abbiano un obbligo, penalmente sanzionato, di dire il vero; ed infatti tali soggetti non possono testimoniare, bensì possono dare il loro contributo conoscitivo senza un obbligo penale di dire la verità, con quel mezzo di prova che è denominato "esame delle parti" (artt. 208-210). Da un altro lato, le

---

(15) La formulazione dell'art. 195 comma 4 ha dato luogo ad un ulteriore delicatissimo problema interpretativo. Poiché la norma vieta determinate "modalità" di acquisizione delle dichiarazioni, e cioè vieta la deposizione per sentito dire di quelle che risultano dal verbale redatto ai sensi dell'art. 357, comma 2, lett. *a, b*, ci si è chiesti se fosse consentita la deposizione indiretta sulle informazioni non verbalizzate.

La Corte costituzionale con una sentenza interpretativa di accoglimento (n. 305 del 2008) ha applicato i princìpi del diritto di difesa e del giusto processo e ha negato alla polizia giudiziaria la possibilità di deporre su dichiarazioni non verbalizzate. Infatti, ha affermato che quando esistevano in concreto le condizioni per verbalizzare (e non si è provveduto a farlo) la testimonianza indiretta è vietata. Viceversa, è ammessa la testimonianza indiretta che la polizia ha raccolto in una situazione di eccezionalità ed urgenza che non permetteva la verbalizzazione (es., mentre un reato è commesso, un testimone rende dichiarazioni alla polizia intenta ad inseguire l'autore del reato medesimo).

(16) Riepilogando: dalla complessa disciplina sin qui esaminata si ricava la seguente regolamentazione. La polizia giudiziaria ***non può*** rendere testimonianza indiretta sulle sommarie informazioni ricevute dai possibili testimoni nel corso delle indagini; sul contenuto di denunce, querele ed istanze presentante oralmente; sulle dichiarazioni ricevute dall'indagato sia nell'ambito degli atti di propria iniziativa, sia su delega del pubblico ministero. Tale divieto — in forza della sentenza della Corte costituzionale — opera anche qualora la polizia giudiziaria non abbia provveduto alla verbalizzazione dei predetti atti. Resta salva soltanto l'ipotesi in cui quest'ultimo adempimento è risultato impossibile a causa di una situazione di eccezionalità e di urgenza. In casi del genere, pertanto, la testimonianza indiretta è ammessa.

situazioni previste nell'art. 197, comma 1, lettera *d*, vogliono escludere che possano comunque deporre quei soggetti che hanno svolto « nel medesimo procedimento » le funzioni di giudice, pubblico ministero o loro ausiliario o altre funzioni ritenute incompatibili con quella di testimone.

Art. 197, lettera *a*. Non possono essere assunti come testimoni (bensì sono sentiti con l'esame ai sensi dell'art. 210) gli ***imputati concorrenti nel medesimo reato*** o situazioni assimilate: cooperazione colposa o condotte indipendenti che hanno determinato un unico evento. L'incompatibilità opera a prescindere dal fatto che i rispettivi procedimenti siano riuniti o separati e cessa per il singolo imputato con l'irrevocabilità della sentenza che lo riguarda.

Infatti, i soggetti menzionati possono essere chiamati a rendere testimonianza quando « nei loro confronti sia stata pronunciata sentenza irrevocabile » di proscioglimento, di condanna o di patteggiamento. In tutte queste ipotesi il legislatore reputa che l'imputato non corra rischi, perché non può essere processato una seconda volta per il medesimo fatto storico di reato (art. 649). Come vedremo *infra* (par. 3, lett. *f*) si tratta di una testimonianza munita di particolari garanzie e caratterizzata dall'assistenza difensiva che è riconosciuta al dichiarante (art. 197-*bis*). V. tuttavia, C. cost., sent. n. 381 del 2006, che ha escluso l'assistenza difensiva in relazione all'imputato assolto con sentenza irrevocabile per non aver commesso il fatto.

Art. 197, lettera *b*. Di regola non possono essere assunti come testimoni, bensì sono sentiti con l'esame ai sensi dell'art. 210:

— gli ***imputati in procedimenti legati da una connessione debole***, e cioè nel caso in cui i reati per cui si procede « sono stati commessi per eseguire o per occultare gli altri » (c.d. connessione teleologica; art. 12, lett. *c*). Come esempio, possiamo pensare all'imputato di omicidio che è chiamato a deporre nel procedimento relativo al reato di occultamento di cadavere, addebitato ad un altro imputato;

— gli ***imputati in procedimenti collegati*** ai sensi dell'art. 371, comma 2, lettera *b*. Si ha collegamento, ad esempio, quando la prova di un reato o di una sua circostanza influisce sulla prova di un altro reato o di un'altra circostanza (collegamento probatorio). Il collegamento ai sensi dell'art. 371, comma 2, lett. *b*, vi è anche quando si tratta di reati dei quali gli uni sono stati commessi in occasione degli altri, o per conseguirne o assicurarne al colpevole o ad altri il profitto, il prezzo, il prodotto o l'impunità, o che sono stati commessi da più persone in danno reciproco le une delle altre.

Alla regola della incompatibilità, prevista dalla lettera *b*, sono state poste due eccezioni. In primo luogo, i soggetti menzionati possono deporre come testimoni quando nei loro confronti è stata emessa sentenza irrevocabile di proscioglimento, di condanna o di patteggiamento. Si tratta di una disciplina identica a quella prevista in relazione agli imputati concorrenti nel medesimo reato e si fonda sulla medesima *ratio*.

La seconda eccezione è più complessa e costituisce la novità più rilevante introdotta dalla legge n. 63 del 2001 di attuazione del giusto processo. Gli imputati menzionati divengono compatibili con la qualifica di teste se, nel corso dell'interrogatorio, hanno reso dichiarazioni su fatti "altrui", e cioè concernenti la responsabilità di altri imputati collegati o connessi teleologicamente. In questo caso la compatibilità è "parziale" perché è limitata ai fatti altrui, oggetto delle precedenti dichiarazioni. Su fatti diversi da quelli altrui già dichiarati, i soggetti in esame restano incompatibili con la qualifica di teste (17).

Art. 197, lettera *c*. Non possono essere assunte come testimoni le persone che, nel medesimo processo, sono presenti nella veste di ***responsabile civile e di civilmente obbligato per la pena pecuniaria.*** Esse possono rendere dichiarazioni, su loro consenso o richiesta, in qualità di parti (art. 208) e, quindi, senza l'obbligo penalmente sanzionato di dire il vero.

Art. 197, lettera *d*. Non possono essere assunti come testimoni coloro che, nel medesimo procedimento, svolgono o hanno svolto la funzione di ***giudice, pubblico ministero o loro ausiliario.*** Per ausiliari si intendono, ad esempio, i cancellieri e segretari che abbiano svolto funzioni "serventi" rispetto al compimento di atti dell'autorità giudiziaria, qual è il redigere verbali. L'incompatibilità in esame si fonda sul rilievo che le predette persone non sono psichicamente "terze" rispetto agli atti compiuti; di tali atti può essere data prova soltanto mediante i verbali che sono stati redatti.

Sono altresì incompatibili « ***il difensore che abbia svolto attività di investigazione difensiva e coloro che hanno formato la documentazione » dell'intervista o che hanno redatto la relazione che recepisce le dichiarazioni scritte « ai sensi dell'art. 391-*ter* »**. Poiché l'art. 197 è una norma che fa eccezione al generale obbligo di testimoniare, le menzionate ipotesi di incompatibilità devono essere interpretate restrittivamente. Pertanto, il difensore che ha compiuto un'investigazione è incompatibile a testimoniare sul contenuto dell'attività che ha svolto (18); per il resto, è compatibile come testimone, salvo quanto prevede il codice deontologico forense (19).

e. *Le domande autoincriminanti. Il privilegio contro l'autoincriminazione.* Il codice accoglie la regola generale in base alla quale il testimone ha l'obbligo di rispondere secondo verità alle domande che gli sono rivolte nel corso dell'esame (art. 198, comma 1). Tuttavia può accadere che siano formulate domande che potrebbero indurre il testimone ad autoincolparsi di qualche reato. In ipotesi del genere, se il testimone fosse obbligato a rispondere secondo verità, egli si troverebbe in una penosa alternativa: rispondere incriminando se stesso oppure dire il falso per non ammettere la propria responsabilità. Se risponde auto-incriminandosi, rischia un

(17) Occorre ricordare che, a tal fine, l'art. 64, comma 3, lett. *c* impone che tutti gli indagati, nel corso dell'interrogatorio svolto dal pubblico ministero, dalla polizia giudiziaria o dal giudice siano avvertiti che, se renderanno dichiarazioni su fatti concernenti la responsabilità altrui, su tali fatti dovranno deporre come testimoni. Come vedremo dettagliatamente nel prosieguo, si tratta di una testimonianza particolare perché circondata da garanzie, prima tra tutte l'assistenza difensiva.

(18) Cass., sez. V, 28 novembre 2013, n. 8756, in *Cass. pen.*, 2015, 3213, secondo cui l'incompatibilità resta ferma anche dopo la dismissione del mandato difensivo.

(19) L'ipotesi in oggetto risulta disciplinata anche dall'articolo 51 del *Codice deontologico forense*, approvato dal Consiglio Nazionale Forense nella seduta del 31 gennaio 2014: « 1. L'avvocato deve astenersi, salvo casi eccezionali, dal deporre, come persona informata sui fatti o come testimone, su circostanze apprese nell'esercizio della propria attività professionale e ad essa inerenti. — 2. L'avvocato deve comunque astenersi dal deporre sul contenuto di quanto appreso nel corso di colloqui riservati con colleghi nonché sul contenuto della corrispondenza riservata intercorsa con questi ultimi. — 3. Qualora l'avvocato intenda presentarsi come testimone o persona informata sui fatti non deve assumere il mandato e, se lo ha assunto, deve rinunciarvi e non può riassumerlo. — 4. La violazione dei doveri di cui ai precedenti commi comporta l'applicazione della sanzione disciplinare della censura ».

procedimento penale e una condanna per il reato che si è attribuito. Se dice il falso, rischia di portare fuori strada la giustizia perché la sua risposta è non punibile, poiché resa nella « necessità di salvare se medesimo (...) da un grave e inevitabile nocumento nella libertà o nell'onore » (art. 384, comma 1 c.p.).

Una situazione del genere non è compatibile con la Costituzione, che garantisce i diritti fondamentali dell'individuo, tra i quali rientra anche il diritto di non incriminare se stesso (artt. 2 e 24, comma 2 Cost.). Per questo motivo, il codice tutela il testimone e stabilisce che egli « non può essere obbligato a deporre su fatti dai quali potrebbe emergere una sua responsabilità penale » (art. 198, comma 2). Si è dinanzi a una sorta di tutela anticipata del diritto al silenzio spettante all'imputato (20).

Il privilegio contro l'autoincriminazione. La situazione giuridica soggettiva, regolamentata dall'art. 198, comma 2, può essere correttamente definita "privilegio" con terminologia di tipo anglo-americana, derivata dal diritto romano, perché si prevede una "esenzione da un regime ordinario", che è appunto l'obbligo di deporre. L'esenzione è prevista dalla legge in considerazione della presenza di un interesse privato ritenuto meritevole di tutela dall'ordinamento.

La formula usata dal codice è ampia: il teste ha diritto di non rispondere non soltanto alla singola domanda, ma a tutte le domande che concernono quei "fatti" dai quali emerga una sua responsabilità per un reato. Ma la Corte cost. con la sentenza n. 84 del 2021 ha affermato che il diritto in questione deve essere rispettato anche nell'ambito di procedure di accertamento di illeciti amministrativi suscettibili di sfociare nell'inflizione di sanzioni amministrative di carattere sostanzialmente penale.

Alla posizione soggettiva del teste non corrisponde, a carico di chi lo interroga, l'obbligo di informarlo che può non rispondere. Né è vietato alle parti rivolgere domande autoincriminanti al testimone; non sempre esse sanno che la risposta porterebbe ad incriminarlo. In ogni caso, il testimone è libero, se crede, di rispondere (v. tav. 2.4.4). A fronte di una domanda potenzialmente autoincriminante si possono verificare varie ipotesi.

1) Il testimone rifiuta di rispondere opponendo che la domanda è autoincriminante. In questo caso egli deve dare opportuna giustificazione, con l'ovvio limite che non può essere obbligato a precisare troppi dettagli, pena la vanificazione del

(20) In base ai paragrafi 1 e 2 dell'art. 7 della Direttiva del Parlamento e del Consiglio europeo del 9 marzo 2016 (2016/343 UE) « gli Stati membri assicurano che agli indagati e imputati sia riconosciuto il diritto di restare in silenzio in merito al reato che viene loro contestato. Gli Stati membri assicurano che gli indagati e imputati godano del diritto di non autoincriminarsi ».

Ai sensi dei paragrafi 4 e 5 della Direttiva citata « gli Stati membri possono consentire alle proprie autorità giudiziarie di tenere conto, all'atto della pronuncia della sentenza, del comportamento collaborativo degli indagati e imputati. L'esercizio da parte degli indagati e imputati del diritto al silenzio o del diritto di non autoincriminarsi non può essere utilizzato contro di loro e non è considerato quale prova che essi abbiano commesso il reato ascritto loro ».

La legge di delegazione europea 22 aprile 2021, n. 53 ha previsto il recepimento della Direttiva (UE) 2016/343 nell'ordinamento italiano. Con il d.lgs. n. 188 del 2021 il legislatore ha dato attuazione alla direttiva. Per quel che rileva nella presente sede, merita ricordare come sia stata introdotta una nuova disposizione nella norma che regola la riparazione per ingiusta custodia cautelare. L'ultimo periodo, inserito nell'art. 314 c.p.p., stabilisce che « l'esercizio da parte dell'imputato della facoltà di cui all'articolo 64, comma 3, lett. *b*, non incide sul diritto alla riparazione ». La norma mira ad evitare che l'esercizio del diritto al silenzio possa essere valutato negativamente ai fini del diniego della riparazione.

privilegio stesso. Il giudice valuta le giustificazioni addotte e, se le ritiene infondate, può rinnovare al testimone l'avvertimento che ha l'obbligo di dire la verità (art. 207, comma 1).

Se invece le giustificazioni sono fondate, il codice impone al giudice un divieto probatorio (art. 198, comma 2) in forza del quale egli non può costringere il testimone a parlare, pena l'inutilizzabilità della risposta (art. 191, comma 1).

2) Il testimone risponde. Una volta che il testimone abbia, rispondendo a una domanda, reso una dichiarazione dalla quale emergano indizi di reità a suo carico per un reato pregresso, in base all'art. 63 l'autorità procedente (e cioè, il giudice, il pubblico ministero o la polizia) deve per prima cosa interrompere l'esame; in secondo luogo deve avvertire il soggetto che « a seguito di tali dichiarazioni potranno essere svolte indagini nei suoi confronti »; infine deve invitarlo a nominare un difensore (21).

Quanto al valore probatorio delle precedenti dichiarazioni, il codice prevede una inutilizzabilità soggettivamente relativa. Infatti, esse non possono essere utilizzate contro la persona che le ha rese. Ciò è conforme alla *ratio* della norma che è quella di tutelare il privilegio contro l'autoincriminazione, che sarebbe scalfito se fosse utilizzabile contro il dichiarante quello che egli ha detto in qualità di teste e, quindi, con l'obbligo penalmente sanzionato di rispondere secondo verità. Sotto tale profilo, può dirsi accolto nel nostro ordinamento il brocardo latino in base al quale "*nemo tenetur se detegere*" (nessuno è tenuto a scoprirsi).

Dichiarazioni rese da un testimone che avrebbe dovuto essere sentito come indagato o imputato. Occorre ricordare che l'articolo 63 al secondo comma contiene una previsione ulteriore, relativa alle dichiarazioni rese da una persona che avrebbe dovuto essere sentita fin dall'inizio dalla polizia o dall'autorità giudiziaria in qualità di indagato o di imputato. Poiché gli inquirenti avrebbero dovuto sentire quella persona nella qualità di indagato o di imputato, avvertendola della facoltà di non rispondere, il codice commina l'inutilizzabilità assoluta delle dichiarazioni rese da tale soggetto: le dichiarazioni « non possono essere utilizzate » né contro la persona che le ha rese, né contro altre persone.

f. Il testimone prossimo congiunto dell'imputato. I prossimi congiunti dell'imputato non possono essere obbligati a deporre come testimoni e, pertanto, devono essere avvisati della facoltà di astenersi dal deporre (art. 199). Con questa disposizione il codice di procedura penale prescrive che il rispetto dei sentimenti familiari debba essere anteposto all'interesse della giustizia all'accertamento dei fatti. Ciò avviene in sintonia con l'art. 384, comma 1 c.p., in base al quale non è punibile chi ha commesso falsa testimonianza « per esservi stato costretto dalla necessità di

(21) La giurisprudenza ha precisato che l'art. 63, comma 1 non trova applicazione per quelle dichiarazioni che concretino esse stesse un fatto di reato, come ad esempio una falsità testimoniale o un favoreggiamento personale; si veda Cass., sez. II, 5 giugno 2008, n. 35538, Migliore, in *Arch. n. proc. pen.*, 2009, 2, 223. La giurisprudenza ha affermato che il principio "*nemo tenetur se detegere*" salvaguarda il testimone che ha commesso un reato, nel senso che questi non può essere obbligato a rivelare fatti dai quali emerga la sua responsabilità per un reato pregresso, e non il testimone che il reato debba ancora commettere con la propria deposizione.

salvare sé medesimo o un prossimo congiunto da un grave e inevitabile nocumento nella libertà e nell'onore », qual è la condanna penale.

La *ratio* della disposizione del codice di procedura penale è duplice. Da un lato, l'ordinamento vuole prevenire il conflitto psichico tra il dovere di verità e il dovere morale di non danneggiare il prossimo congiunto. Da un altro lato, il codice vuole garantire la genuinità della prova prevenendo situazioni nelle quali il teste, se affermasse il falso, sarebbe scriminato in base all'art. 384, comma 2 c.p. in quanto non è stato avvisato preventivamente della facoltà di astenersi dal deporre.

L'avviso della facoltà di astenersi dal deporre. Il prossimo congiunto dell'imputato deve ricevere a pena di nullità l'avviso della facoltà di astenersi dal deporre e la richiesta se intende avvalersi di tale facoltà. Devono essere avvisate, in quanto prossimi congiunti (secondo la definizione contenuta nell'art. 307, comma 4 c.p.), le seguenti persone (v. tav. 2.4.5):

a) gli ascendenti (genitori, nonni);

b) i discendenti (figli, nipoti);

c) il coniuge;

d) la parte di un'unione civile tra persone dello stesso sesso (d.lgs. n. 6 del 2017);

e) i fratelli, le sorelle;

f) gli affini nello stesso grado (e cioè, fino ai cognati), salvo quando sia morto il coniuge e non vi sia prole;

g) gli zii e i nipoti;

h) colui che è legato all'imputato da un vincolo di adozione (in tal senso, v. l'art. 199, comma 3 c.p.p.).

Il codice di procedura penale impone che il testimone prossimo congiunto dell'imputato sia avvisato dal *giudice* della facoltà di astenersi dal rendere la deposizione ([22]). Se l'avviso è omesso, la dichiarazione resa è affetta da nullità relativa (art. 199, comma 2). Inoltre, il prossimo congiunto non è punibile per un'eventuale falsità o reticenza (art. 384, comma 2 c.p.).

Nel caso in cui il prossimo congiunto, regolarmente avvisato, decida di deporre come testimone, egli ha l'obbligo di rispondere secondo verità a tutte le domande; non può decidere di non rispondere a singole domande ([23]).

Le persone assimilate ai prossimi congiunti. Il codice elenca una serie di persone che hanno la mera facoltà di non rispondere *alle sole domande* che concernono *fatti verificatisi (o appresi dall'imputato) durante la convivenza coniugale con il medesimo*. Si tratta delle seguenti persone che sono assimilate ai prossimi congiunti dell'imputato e devono ricevere l'avviso della facoltà di non rispondere (art. 199, comma 3).

([22]) Durante le indagini gli avvisi devono essere rivolti dal *pubblico ministero* in base al rinvio fatto dall'art. 362 all'art. 199; i medesimi avvisi devono essere rivolti dalla *polizia giudiziaria* in base all'analogo rinvio operato dall'art. 351 (Corte cost., n. 416 del 1997).

([23]) Pertanto, se rifiuta di rispondere o depone il falso, egli commette il reato di falsa testimonianza e non opera, in suo favore, la causa di non punibilità dell'art. 384, comma 1 c.p.

a) Colui che, come coniuge di fatto (*more uxorio*), o come parte di una unione civile di fatto, conviva con l'imputato o abbia con egli convissuto ([24]);

b) Il coniuge separato dell'imputato;

c) La persona nei cui confronti sia intervenuta sentenza di annullamento, scioglimento o cessazione degli effetti civili del matrimonio o dell'unione civile tra persone dello stesso sesso contratti con l'imputato.

Come abbiamo anticipato, la facoltà di astensione dalla testimonianza è limitata ai fatti verificatisi o appresi dall'imputato durante la convivenza coniugale o derivante da un'unione civile tra persone dello stesso sesso.

La perdita della facoltà di astenersi dal deporre. Occorre segnalare che i prossimi congiunti (ed i soggetti equiparati) non possono astenersi e, quindi, sono obbligati a deporre, quando hanno presentato denuncia, querela o istanza, ovvero essi od un loro prossimo congiunto sono offesi dal reato (art. 199, comma 1) ([25]). In detti casi, i prossimi congiunti (ed i soggetti equiparati) non devono ricevere gli avvisi di cui all'art. 199 ([26]).

g. La violazione degli obblighi del testimone. Prima che inizi l'esame incrociato, il giudice avverte il testimone dell'obbligo di dire la verità e lo informa della conseguente responsabilità penale per false dichiarazioni o reticenza. Il testimone legge la formula con la quale si impegna « a dire tutta la verità e a non nascondere nulla di quanto è a (sua) conoscenza » (art. 497, comma 2); dopodiché è invitato a fornire le sue generalità. Ha quindi inizio l'esame incrociato, nel quale il testimone è tenuto a rispondere alle domande poste, di regola, dalle parti ed, eccezionalmente, dal presidente (art. 506, comma 2).

Il codice contiene una puntuale regolamentazione del procedimento che deve essere seguito quando appare che il testimone violi l'obbligo di rispondere secondo verità: soltanto il giudice può rivolgergli l'ammonimento a rispettare l'obbligo di dire il vero (art. 207). Le parti non possono ammonire il testimone, mentre possono sollecitare il giudice ad esercitare tale potere. Un ammonimento rivolto direttamente dalla parte potrebbe configurare una domanda vietata in quanto può « nuocere alla sincerità delle risposte » (art. 499, comma 2).

In primo luogo, può accadere che il testimone rifiuti di deporre fuori dei casi espressamente previsti dalla legge. In tal caso il giudice provvede ad avvertirlo sull'obbligo di deporre secondo verità. Se il testimone persiste nel rifiuto, il giudice

---

([24]) Il giudice di legittimità ha dichiarato non punibile *ex* art. 384, comma 1 c.p. anche un imputato accusato di favoreggiamento personale (378 c.p.) commesso in favore del fratello della propria convivente "di fatto" (Cass., sez. VI, 14 marzo 2019, n. 11476, in *www.giurisprudenzapenale.com*). La sentenza Cass., Sez. un., 17 marzo 2021, n. 10381, Fialova, in *www.altalex.com*, ha affermato che l'art. 384, comma 1 c.p.p., in quanto causa di esclusione della colpevolezza, è applicabile analogicamente anche a chi ha commesso uno dei reati ivi indicati per esservi stato costretto dalla necessità di salvare il convivente *more uxorio* da un grave e inevitabile nocumento nella libertà e nell'onore.

([25]) Nella prima ipotesi la *ratio* risiede nel fatto che il denunciante ha dimostrato di aver superato il conflitto psichico tra il dovere di verità e il dovere morale di non danneggiare il prossimo congiunto; nella seconda ipotesi, la *ratio* sta nella equidistanza sentimentale che si realizza nel dichiarante.

([26]) Cass., sez. VI, 15 dicembre 1998, Mocerino, in *Giur. it.*, 1999, 1920.

« dispone l'immediata trasmissione degli atti al pubblico ministero perché proceda a norma di legge » (art. 207, comma 1) ([27]).

In secondo luogo, può accadere che il testimone renda dichiarazioni contraddittorie, incomplete o contrastanti con le prove già acquisite. Il giudice, su richiesta di parte o d'ufficio, gli rinnova l'avvertimento dell'obbligo di dire il vero. Ove il pubblico ministero non prenda un'immediata iniziativa, e cioè non chieda subito copia del verbale di udienza, il giudice potrà attivarsi soltanto al termine del dibattimento. Ai sensi dell'art. 207, comma 2, « con la decisione che definisce la fase processuale in cui il testimone ha prestato il suo ufficio », il giudice, se ravvisa indizi del reato di falsa testimonianza, « ne informa il pubblico ministero trasmettendogli i relativi atti ».

In ogni caso è fatto divieto di arrestare in udienza il testimone « per reati concernenti il contenuto della deposizione » (art. 476, comma 2), e cioè per la testimonianza falsa o reticente.

h. *Il segreto professionale.* Nel processo penale soltanto alcuni professionisti *qualificati* hanno la facoltà, e insieme il dovere, di non rispondere a domande che comportino la violazione del loro segreto professionale. Si tratta dei medici, degli avvocati, dei consulenti tecnici, dei notai ecc., elencati nell'art. 200 c.p.p. Viceversa, i professionisti *comuni* devono rispondere nel processo penale anche se la loro risposta comporta la violazione del segreto professionale (v. tav. 2.4.11).

Per "segreto" si intende una notizia che non deve essere portata alla altrui conoscenza e che, pertanto, non è già di per sé notoria. Di solito, si tratta di un fatto della vita privata che il singolo ha interesse a mantenere riservato. Le necessità della vita sociale impongono al privato, al fine di tutelare i propri interessi, di rivolgersi a persone dotate di specifiche competenze; nel fare ciò, il singolo è costretto a riferire notizie riservate.

La tutela penale del segreto professionale. Nella materia in oggetto, la disciplina processuale deve essere attentamente coordinata con quella tracciata dal codice penale. Quest'ultimo, all'art. 622, stabilisce un divieto di rivelazione in capo a chiunque, soggetto privato o pubblico, abbia avuto notizia di un fatto segreto per ragione del proprio « stato o ufficio, o della propria professione o arte »; la rivelazione del segreto è vietata quando può nuocere alla persona che si è rivolta al professionista.

Possiamo analizzare partitamente le ipotesi alle quali fa riferimento l'art. 622 c.p. Il segreto conosciuto per ragione del proprio *stato* è quello del tutore di una persona incapace che venga a conoscenza di fatti riservati che concernono l'assistito. Il segreto conosciuto per ragione del proprio *ufficio* è quello del dipendente di un ufficio pubblico o privato che nella sua attività viene a conoscere dal cittadino fatti riservati. Il segreto conosciuto per ragione della propria *professione* è quello di un traduttore che viene in contatto con documenti su fatti riservati. Il segreto conosciuto per ragione della propria *arte* è quello di qualsiasi artigiano che può venire a conoscenza

([27]) Il pubblico ministero, ricevuta la copia del verbale di udienza, darà inizio alle indagini preliminari per accertare se sussiste la falsa testimonianza nella forma della reticenza (art. 372 c.p.); inoltre, potrà chiedere al giudice una misura cautelare, ove ne sussistano i presupposti.

di fatti che il cliente vuole mantenere riservati. I soggetti menzionati sono comunque tenuti a non rivelare il fatto segreto ad altre persone a pena di essere perseguiti per rivelazione di segreto professionale. Ma quando costoro sono chiamati a deporre nel processo penale, il codice pone una differenza tra il professionista *qualificato* e quello *comune*.

I professionisti *qualificati* che sono elencati nell'art. 200 c.p.p. possono non rispondere; tutti gli altri professionisti, che noi denominiamo *comuni*, sono tenuti a rispondere quando sono chiamati nel processo penale, anche se la loro risposta comporta la violazione del segreto professionale, perché in tale sede prevale l'esigenza di accertare i reati. I professionisti *comuni* non sono punibili per violazione del segreto perché il dovere di rispondere nel processo penale è giusta causa di rivelazione ai sensi dell'art. 622 c.p.

Un esempio può chiarire il concetto. Un traduttore nell'esercizio della sua attività può venire a conoscere dal cliente fatti di rilievo penale (ad esempio, traduce un documento dal quale si ricava che il cliente ha commesso una bancarotta fraudolenta). Ebbene, il traduttore è un professionista comune ed è vincolato al segreto nei confronti di tutti ai sensi dell'art. 622 c.p. Tuttavia, quando il traduttore è sentito come testimone nel processo penale, egli ha l'obbligo di rispondere secondo verità: deve rivelare i fatti esposti nel documento e, nel fare ciò, non commette il delitto di rivelazione di segreto professionale perché il testimoniare è una giusta causa di rivelazione.

I professionisti qualificati. Diversa è la posizione processuale dei professionisti qualificati che sono indicati nell'art. 200 c.p.p. Il codice di procedura, infatti, riconosce a tali soggetti la facoltà di non deporre su fatti coperti da segreto professionale. Al tempo stesso, come si è visto, resta operativa la norma del codice penale che punisce la rivelazione (art. 622 c.p.). Dal simultaneo operare delle due discipline si ricava che i professionisti qualificati hanno il potere-dovere di rifiutarsi di rispondere alla singola domanda che li induca a narrare un fatto segreto appreso nell'esercizio della loro professione, quando da ciò può derivare un pregiudizio per il cliente.

Se il professionista qualificato depone comunque su un segreto professionale, con pregiudizio per il proprio cliente, egli, a differenza con il professionista comune, non può invocare la "giusta causa" perché aveva il potere dovere di non rispondere e, quindi, è incriminabile per violazione del segreto professionale. Infatti, il codice di procedura penale riconosce ai professionisti qualificati la facoltà di astenersi dal deporre; pertanto, la rivelazione di regola è priva di giustificazione a meno che non avvenga in favore del cliente.

In questa disciplina il legislatore ha effettuato un bilanciamento tra esigenze in conflitto. Da un lato, si colloca l'interesse della giustizia ad accertare i reati, che spinge verso un'applicazione generalizzata dell'obbligo di rispondere secondo verità. Da un altro lato, vi sono interessi individuali tutelati dal segreto professionale "qualificato", volto ad escludere dall'obbligo di rispondere quelle persone che, per la loro professione, sono depositarie di informazioni particolarmente delicate (28).

Occorre naturalmente che quel determinato fatto, sul quale il testimone deve deporre, sia stato appreso dai professionisti qualificati « per ragione del proprio ministero, ufficio o professione » (art. 200). Pertanto, se uno di costoro ha conoscenza di un fatto in qualità di comune cittadino, e cioè indipendentemente dall'aver ricevuto un incarico professionale, egli resta vincolato all'obbligo di deporre secondo verità. Un successivo incarico non potrebbe esentarlo da tale obbligo.

I professionisti che hanno l'obbligo giuridico di riferire il fatto all'autorità giudiziaria. L'art. 200 pone un ulteriore limite. È necessario che il professionista qualificato non abbia comunque un obbligo giuridico di riferire quel fatto all'autorità giudiziaria (si veda parte III, cap. 1, § 2, sugli obblighi di denuncia). Ciò avviene, ad es., per il medico dipendente da un ospedale pubblico, che ha l'obbligo della denuncia-referto e che su tale punto non è vincolato dal segreto professionale.

L'obbligo giuridico di riferire il fatto all'autorità giudiziaria vale anche per il medico professionista privato che ha prestato la propria assistenza alla persona offesa di un delitto procedibile d'ufficio (art. 365 c.p.) (29).

Gli accertamenti necessari compiuti dal giudice. Quando il professionista qualificato eccepisce il segreto, il giudice deve provvedere agli accertamenti necessari. Se egli ritiene fondata l'eccezione, rispetta la facoltà di tacere (30); se viceversa, ritiene infondata l'eccezione, ordina al testimone di deporre (art. 207).

Le categorie di professionisti qualificati. Analizziamo partitamente le categorie di professionisti qualificati elencati dall'art. 200.

a) Per primi sono citati i « *ministri di confessioni religiose, i cui statuti non contrastino con l'ordinamento giuridico italiano* ». Tradizionalmente questa ipotesi ricomprende, nel caso della religione cattolica, il segreto imposto al sacerdote dal sacramento della confessione.

b) Possono opporre il segreto professionale, quando sono sentiti in qualità di testimoni, gli « *avvocati, gli investigatori privati autorizzati, i consulenti tecnici e i notai* ». Gli investigatori privati che possono opporre il segreto professionale sono soltanto quelli specificamente autorizzati alle indagini processuali (artt. 327-*bis* c.p.p.; 222, comma 1 disp. att.).

c) Sono parimenti vincolati al segreto professionale « *i medici e i chirurghi, i farmacisti, le ostetriche e ogni altro esercente una professione sanitaria* ».

---

(28) Di regola si tratta di situazioni che coinvolgono interessi di rilievo costituzionale, quali l'interesse a professare la propria fede religiosa (artt. 8 e 19 Cost.), l'interesse a difendersi in ogni tipo di processo (art. 24 Cost.), l'interesse alla salute (art. 32 Cost.); in questi casi il privato è costretto a rivolgersi ad un professionista al quale deve confidare fatti riservati.

(29) Su questo punto, si veda subito *infra*, l'Approfondimento.

(30) Se i professionisti qualificati non si avvalgono della facoltà di tacere e rivelano fatti pregiudizievoli al loro assistito, essi commettono il delitto di rivelazione di segreto professionale (art. 622 c.p.). Dal punto di vista processuale, le dichiarazioni del professionista qualificato, che non si avvale della facoltà di tacere e commette il delitto di rivelazione, restano comunque utilizzabili perché non viene violato alcun divieto probatorio. Dal punto di vista del diritto sostanziale, la rinuncia alla facoltà di tacere di regola non rientra nella « giusta causa » e la rivelazione è punibile. Merita segnalare che il professionista qualificato non deve essere preavvertito della facoltà di astenersi dal rispondere alla domanda pregiudizievole per il segreto professionale.

d) Infine, possono opporre il segreto professionale, quando sono chiamati a testimoniare, « *gli esercenti altri uffici o professioni ai quali la legge riconosce la facoltà di astenersi dal deporre determinata dal segreto professionale* » ([31]).

Il segreto professionale dei giornalisti. Il segreto professionale è esteso ai giornalisti con molti limiti. In primo luogo, esso può essere mantenuto relativamente ai « nomi delle persone » dalle quali è stata appresa una notizia di carattere fiduciario nell'esercizio della professione. In secondo luogo, possono opporre questo segreto soltanto i « giornalisti professionisti iscritti nell'albo professionale ». In terzo luogo, il giornalista è comunque obbligato a indicare al giudice la fonte delle sue informazioni quando le notizie sono indispensabili ai fini della « prova del reato per cui si procede » e la loro veridicità può essere accertata soltanto attraverso « l'identificazione della fonte della notizia » (art. 200, comma 3) ([32]). Nei casi nei quali il giornalista può conservare il segreto sulla fonte (ad esempio, perché la notizia non riguarda l'esistenza di un reato, ma di una sua circostanza), la notizia stessa non è utilizzabile nel processo a causa del divieto che riguarda la testimonianza indiretta (art. 195, comma 7).

Occorre, infine, segnalare che il segreto bancario cede di fronte all'esigenza di accertare fatti penalmente rilevanti.

Approfondimento. Il segreto professionale del medico. Qualche considerazione particolare è il caso di spendere con riferimento alla figura del medico. In tal caso, infatti, la disciplina del segreto interagisce con quella dell'obbligo di referto e, dunque, risulta più articolata. Nelle ipotesi in cui è obbligatorio il referto, il medico non può opporre il segreto professionale: l'art. 200, come si è accennato, stabilisce che detto segreto non può essere opposto su fatti in relazione ai quali vi è un obbligo di riferire all'autorità giudiziaria.

Come è noto, il medico privato ha obbligo di referto limitatamente al delitto che emerge dall'accertamento sanitario e purché il referto non esponga la persona assistita ad un procedimento penale (art. 365 c.p.). Pertanto, quando il medico ha prestato la propria assistenza alla persona offesa di un delitto procedibile d'ufficio (non di una contravvenzione) egli ha l'obbligo di riferire su quel fatto e non può opporre il segreto professionale.

Per contro, quando il medico ha assistito il responsabile di un reato, egli non ha l'obbligo di referto, perché esso « esporrebbe la persona assistita a procedimento penale » (art. 365, comma 2 c.p.). Pertanto, in tali casi, il medico può non rispondere, e ciò in base alle regole ordinarie tracciate dall'art. 200. Ove egli risponda è punibile per rivelazione di segreto professionale ai sensi dell'art. 622 c.p. salvo che operi una giusta causa (diversa dall'obbligo di rendere dichiarazioni che il medico in queste ipotesi non ha).

([31]) Occorre evidenziare che soltanto la legge può estendere il segreto professionale; ciò è avvenuto in relazione ai consulenti del lavoro (legge n. 12 del 1979), ai dipendenti dei servizi pubblici (o privati convenzionati) che si occupano del recupero dei tossicodipendenti (art. 120, d.p.r. n. 309 del 1990), ai dottori commercialisti, ai ragionieri e periti commerciali (artt. 4 e 5, d.p.r. 27 ottobre 1953, n. 1067, come integrati dall'art. 1, legge 5 dicembre 1987, n. 507); agli assistenti sociali iscritti all'albo professionale (art. 1, legge 3 aprile 2001, n. 119).

([32]) Da un lato, vi è la garanzia che i predetti limiti sono valutati dal « giudice »; da un altro lato, la regolamentazione è tuttavia strutturata in modo da far prevalere l'interesse di Giustizia sull'interesse del giornalista a mantenere coperta la fonte delle informazioni.

Merita considerare, infine, che il medico può trovarsi ad operare presso un ospedale pubblico o in convenzione con la ASL. In tali casi, egli riveste quanto meno la qualifica di incaricato di pubblico servizio e, dunque, è gravato dall'obbligo di denuncia quando, nell'esercizio o a causa delle sue funzioni, venga a conoscenza di un reato procedibile d'ufficio. In tal caso, egli non può opporre il segreto professionale su tali fatti ed ha il dovere di rispondere qualora venga esaminato come testimone nel processo penale.

i. Il segreto d'ufficio e di Stato; gli informatori di polizia. Vi sono testimoni che, in virtù di una loro qualifica pubblica, hanno l'obbligo di astenersi dal deporre su fatti conosciuti in ragione del loro ufficio ([33]).

Il segreto d'ufficio. In determinati casi previsti da leggi o regolamenti il buon funzionamento della pubblica amministrazione può imporre che sia mantenuto il segreto su alcune specie di notizie che concernono lo svolgimento del servizio pubblico ([34]). In tali ipotesi siamo in presenza del segreto d'ufficio, la cui violazione integra il delitto previsto dall'art. 326 c.p. Il segreto d'ufficio vincola il pubblico ufficiale e l'incaricato di un pubblico servizio (la relativa nozione è contenuta negli artt. 357 e 358 c.p., sui quali si veda parte III, cap. 1, § 2, *b*).

Potrebbe sorgere nel pubblico ufficiale o nell'incaricato di pubblico servizio un conflitto tra l'obbligo di dire la verità nel procedimento penale (art. 198 c.p.p.) ed il vincolo del segreto d'ufficio, che in base all'art. 201 c.p.p. impone loro di non rispondere alle domande su fatti coperti dal segreto. Ma il buon funzionamento della pubblica amministrazione non può tollerare che siano tenuti nascosti i reati. Ed infatti, ai sensi dell'art. 201 c.p.p., l'obbligo di astenersi dal rispondere viene meno quando il pubblico ufficiale o l'incaricato di pubblico servizio hanno l'obbligo di riferire all'autorità la notizia di reato; e cioè, in sostanza, quando hanno l'obbligo di denuncia (sul quale, v. gli articoli 361 e 362 c.p.). Ciò vuol dire che le persone menzionate non possono mantenere segreti quei fatti che concernono reati procedibili d'ufficio (v. *infra*, parte III, cap. 1, § 2).

Se il testimone (pubblico ufficiale o incaricato di pubblico servizio) oppone il segreto d'ufficio, il giudice valuta se tale eccezione è fondata; ove ritenga che non lo sia, ordina al testimone di deporre (art. 201, comma 2).

Il segreto di Stato. Una particolare specie di segreto d'ufficio è il segreto di Stato, che ai sensi dell'art. 39 della legge 3 agosto 2007 n. 124 copre « gli atti, i documenti, le notizie, le attività e ogni altra cosa la cui diffusione sia *idonea a recare danno* all'integrità della Repubblica, anche in relazione ad accordi internazionali, alla difesa delle istituzioni poste dalla Costituzione a suo fondamento, all'indipendenza

---

([33]) In questo caso, a differenza di quanto accade per i professionisti privati, non è prevista una semplice facoltà di astensione, bensì un vero e proprio obbligo di non deporre.

([34]) Un esempio di segreto d'ufficio è il segreto della camera di consiglio, posto dall'art. 125, comma 4 c.p.p., secondo cui « la deliberazione è segreta », e sanzionato dall'art. 685 c.p. L'art. 125, comma 5, impone l'osservanza di particolari accorgimenti idonei a tutelare il segreto in caso di dissenso di un componente del collegio giudicante.

dello Stato rispetto agli altri Stati e alle relazioni con essi, alla preparazione e alla difesa militare dello Stato » ([35]).

In base all'art. 202, comma 1 c.p.p., i pubblici ufficiali, i pubblici impiegati e gli incaricati di un pubblico servizio hanno l'obbligo di astenersi dal deporre su fatti coperti dal segreto di Stato. Quando la persona, che ha una delle predette qualifiche e che è sentita in qualità di testimone o imputato o altro tipo di dichiarante, oppone l'esistenza di un segreto di Stato, l'autorità giudiziaria procedente (e cioè il pubblico ministero o il giudice) ha due obblighi: deve procedere al cd. interpello informando il presidente del consiglio dei ministri e chiedendo l'eventuale conferma del segreto; inoltre, l'autorità giudiziaria deve sospendere ogni iniziativa volta ad acquisire e ad utilizzare la notizia oggetto del segreto (art. 202, comma 2).

Se entro trenta giorni dalla notificazione della richiesta il presidente del consiglio dei ministri *non dà conferma del segreto*, l'autorità giudiziaria acquisisce la notizia e provvede per l'ulteriore corso del procedimento (art. 202, comma 4): il dichiarante è svincolato dal segreto di Stato e deve deporre.

Viceversa, se il presidente del consiglio dei ministri con atto motivato *conferma l'esistenza del segreto di Stato*, è previsto un divieto probatorio ampio: il giudice ed il pubblico ministero non possono né acquisire né utilizzare neanche indirettamente le « notizie coperte dal segreto » (comma 5). In tal caso, se per la definizione del processo risulta « essenziale la conoscenza di quanto coperto dal segreto di Stato », il giudice deve dichiarare di non doversi procedere per l'esistenza del segreto di Stato (art. 202, comma 3).

Il segreto di polizia sugli informatori. Un'altra specie di segreto è quella che consente di non rivelare i *nomi degli informatori* della polizia giudiziaria e dei servizi di sicurezza. Legittimati ad opporre tale segreto sono sia gli ufficiali e gli agenti di polizia giudiziaria, sia il personale dipendente dai servizi per le informazioni e la sicurezza militare o democratica (art. 203). Costoro possono mantenere segreti i nomi degli informatori; ma tutto quello che affermano di aver "sentito dire" da loro non può essere acquisito né utilizzato, se non quando l'informatore sia stato esaminato ([36]).

3. L'esame delle parti.

a. Considerazioni generali. È denominato "esame delle parti" il mezzo di prova mediante il quale le parti private possono contribuire all'accertamento dei fatti nel processo penale. Alcune norme del codice forniscono una regolamentazione generale dell'esame; altre norme riguardano determinati soggetti e prevedono per essi regimi giuridici diversi.

([35]) La nozione di segreto di Stato è di carattere oggettivo: « il documento, la cosa, la notizia o i rapporti, che vengono in rilievo di volta in volta, possono presentare caratteristiche di contenuto o di forma tali da indurre a ritenere che essi, *ictu oculi*, rivestono connotazioni di per sé coperte dal segreto di Stato.

([36]) L'art. 204 esclude poi che i segreti d'ufficio, di Stato o di polizia possano opporsi per fatti concernenti « reati diretti all'eversione dell'ordinamento costituzionale nonché i delitti previsti dagli articoli 285, 416-*bis*, 416-*ter* e 422 del codice penale » (legge n. 124 cit.).

Possono definirsi "generali" le seguenti regole:

a) il dichiarante non ha l'obbligo penalmente sanzionato di dire la verità né di essere completo nel narrare i fatti; inoltre egli ha la facoltà di non rispondere alle domande (art. 209, comma 2);

b) le dichiarazioni sono rese secondo le norme sull'esame incrociato; pertanto le domande sono formulate di regola dal pubblico ministero e dai difensori delle parti private nell'ordine indicato nell'art. 503, comma 1;

c) le domande devono riguardare i fatti oggetto di prova.

L'esame delle parti è sottoposto a regimi giuridici diversi in ragione della *persona* che rilascia la dichiarazione (v. tav. 2.4.2). Il primo regime concerne l'imputato che sia chiamato a deporre nel proprio procedimento sul fatto a lui addebitato. Il secondo regime riguarda le parti private *diverse dall'imputato*, e cioè il responsabile civile, il civilmente obbligato per la pena pecuniaria e la parte civile che non debba essere esaminata come testimone. Il terzo regime concerne quegli imputati in procedimenti connessi o collegati, che siano chiamati a deporre su fatti concernenti la responsabilità altrui. È un regime giuridico peculiare, che richiede autonoma trattazione per la complessità dei princìpi e delle problematiche che vi sono sottese.

b. *L'esame dell'imputato.* Il primo regime giuridico riguarda l'esame dell'imputato nel proprio procedimento (art. 208).

L'esame ha luogo soltanto su richiesta o consenso dell'interessato, e cioè soltanto se l'imputato lo chiede, o se vi consente quando è chiesto da una parte (ad esempio, dal pubblico ministero, dalla parte civile o da un altro imputato). Il "mancato consenso" non può essere valutato dal giudice in senso negativo per l'imputato, perché è una scelta che attiene strettamente alla strategia difensiva. Tuttavia, il mancato consenso sortisce un qualche effetto; infatti quando la difesa afferma l'esistenza di un fatto, il rifiuto di sottoporsi all'esame, opposto da quell'imputato, che potrebbe confermarne l'esistenza, non permette a questi di adempiere all'onere della prova, e cioè all'onere di convincere il giudice che quel fatto è avvenuto.

La possibilità di mentire. L'imputato che ha chiesto l'esame (o vi ha consentito) non è vincolato all'obbligo di rispondere secondo verità; infatti, egli non è testimone in quanto è incompatibile con tale qualifica (art. 197, lett. *a* e *b*). Occorre ricordare che l'imputato può dire il falso senza incorrere in conseguenze penali. Infatti, da un lato, non può commettere il delitto di falsa testimonianza (art. 372 c.p.), proprio perché non riveste la qualifica di testimone. La falsa testimonianza, infatti, è un reato "proprio", e cioè può essere commesso soltanto da chi depone in tale veste. Da un altro lato, l'imputato, qualora con false dichiarazioni commetta altri reati contro l'amministrazione della giustizia, beneficia della causa di non punibilità stabilita dall'art. 384, comma 1 c.p. in favore di chi agisce costretto dalla necessità di salvarsi da un grave e inevitabile pericolo nella libertà o nell'onore. In proposito, si può fare l'esempio dell'imputato che accusa *se stesso* di un reato lieve al fine di evitare la condanna per un reato più grave (autocalunnia: art. 369 c.p.). Tuttavia, l'art. 384, comma 1 c.p. è inapplicabile in relazione ai delitti di calunnia (art. 368 c.p.) e di simulazione di reato (art. 367 c.p.). Pertanto, l'imputato è punibile se afferma falsamente essere avvenuto un reato che nessuno ha commesso (simulazione di reato) o se incolpa di un reato *un'altra persona*, sapendola innocente (calunnia) (37).

Il diritto al silenzio. Veniamo quindi a trattare del "diritto a restare silenzioso". Nel corso dell'esame l'imputato può rifiutarsi di rispondere ad una qualsiasi domanda (e cioè, su di un fatto proprio o altrui); del suo silenzio deve essere « fatta menzione nel verbale », come prescrive l'art. 209, comma 2 (38).

c. *Le parti private diverse dall'imputato.* Il responsabile civile, il civilmente obbligato per la pena pecuniaria e la parte civile, che non debba essere esaminata come testimone, sono sottoposti all'esame incrociato sulla base delle regole generali previste dal codice per l'esame delle parti:

1) costoro sono esaminati soltanto se richiedono il proprio esame o vi consentono (art. 208);

2) possono non rispondere alle domande (art. 209, comma 1);

3) non rispondono di falsa testimonianza poiché non sono testimoni;

4) se affermano di aver "sentito dire", valgono le ordinarie condizioni di utilizzabilità previste dall'art. 195.

Occorre sottolineare che la parte civile, quando è chiamata a testimoniare, è obbligata a deporre in tale qualità e non come parte privata; di conseguenza, assume l'obbligo penalmente sanzionato di dire la verità. Il legislatore ha ritenuto che « la rinuncia al contributo probatorio della parte civile costituisca un sacrificio troppo grande nella ricerca della verità processuale » (*Relazione al progetto preliminare*, pag. 62).

d. *L'esame di persone imputate in procedimenti connessi o collegati.* ***I contributi probatori dell'imputato connesso o collegato.*** L'imputato connesso o collegato può contribuire all'accertamento dei fatti con quattro differenti strumenti di prova. Ciascuno di essi deve essere esaminato separatamente, poiché ha un differente regime normativo (v. tav. 2.4.2 e lo schema in fondo al presente capitolo).

I contributi probatori sono i seguenti:

1) esame degli imputati concorrenti nel medesimo reato e situazioni assimilate;

2) esame degli imputati collegati o connessi teleologicamente;

3) testimonianza assistita prima della sentenza irrevocabile;

4) testimonianza assistita degli imputati giudicati.

---

(37) L'aver detto il falso, se costituisce fatto non punibile per l'imputato, tuttavia può provocare conseguenze almeno dal punto di vista processuale. Infatti, se durante l'esame incrociato (o successivamente) risulta che l'imputato ha mentito, da quel momento egli può essere ritenuto non credibile; le altre affermazioni che abbia reso difficilmente potranno convincere il giudice, a meno che non siano supportate da altre prove. Ecco perché generalmente il difensore consiglia all'imputato di avvalersi del diritto al silenzio, piuttosto che affermare il falso.

(38) Infine, l'imputato ha il privilegio di poter affermare di aver "sentito dire" qualcosa, senza essere vincolato alle condizioni di utilizzabilità poste dall'art. 195; infatti egli può non indicare la fonte (persona o documento) da cui ha appreso l'esistenza di un fatto. La sua dichiarazione per sentito dire può essere utilizzata (a differenza di quanto avviene per il testimone e le altre parti private) perché, « data la peculiare posizione di questo soggetto, è importante a più effetti acquisire tutto quanto sia venuto a sua conoscenza anche per via indiretta » (*Relazione*, cit.). Ovviamente, non è detto che la dichiarazione sia ritenuta "attendibile", poiché al giudice non è offerto il principale strumento di controllo, e cioè l'indicazione della fonte del sentito dire.

Possiamo definire "imputato connesso o collegato" l'imputato di quel procedimento che ha, rispetto al procedimento principale, un rapporto di connessione (art. 12) o di collegamento probatorio (art. 371 comma 2 lett. *b*) a prescindere dalla circostanza che i rispettivi procedimenti siano riuniti o separati. L'esame di tali soggetti rinviene la sua disciplina nell'art. 210, che predispone una duplice regolamentazione, in ragione del tipo di connessione che intercorre tra i procedimenti (39) (v. tav. 2.4.2 e lo schema in fondo al presente capitolo).

Disciplina comune agli imputati connessi o collegati. In linea generale gli imputati *connessi o collegati* godono delle medesime garanzie che sono riconosciute all'imputato principale.

a) L'unica differenza, invero assai significativa, consiste nel fatto che l'imputato *connesso o collegato* ha l'obbligo di presentarsi per rendere l'esame. Egli è chiamato a deporre con « le norme sulla citazione dei testimoni »; se non si presenta, il giudice « ne ordina l'accompagnamento coattivo » (art. 210, comma 2) (40). Queste sono le uniche disposizioni che richiamano la normativa sulla testimonianza.

b) Poiché si tratta di una persona che, parlando, rischierebbe di incriminarsi, l'imputato *connesso o collegato* deve essere avvisato che ha la facoltà di non rispondere. Ma, se egli rende dichiarazioni dalle quali emergono indizi a proprio carico, l'autorità procedente non deve interrompere l'esame, né dare avvertimenti, né invitarlo a nominare un difensore, che peraltro è già presente. L'esame prosegue normalmente, poiché l'art. 63 non è applicabile.

c) Inoltre, per gli stessi motivi, l'imputato connesso o collegato deve essere assistito da un difensore. Ove non sia presente il difensore di fiducia, gli deve essere designato un difensore d'ufficio (art. 210, comma 3).

Ciò premesso, possiamo passare a trattare le disposizioni specifiche per l'imputato concorrente e, successivamente, quelle previste per l'imputato *collegato o legato da una connessione debole* (c.d. teleologica).

1) *L'esame degli imputati concorrenti nel medesimo reato (art. 12, lett. a).* Il codice detta una disciplina apposita per l'imputato di un procedimento connesso nelle ipotesi di concorso nel medesimo reato e situazioni assimilate (art. 12, lett. *a*: cooperazione colposa o unico evento causato da condotte indipendenti di più persone). Tale soggetto, che d'ora in poi chiameremo "imputato *concorrente*", è incompatibile con la qualifica di testimone fino a che nei suoi confronti non sia stata

(39) Sulla regolamentazione della connessione e del collegamento probatorio si veda *supra*, Parte II, cap. 1, § 2, lett *e*.

(40) La disciplina in oggetto si applica sia all'imputato connesso in un procedimento separato, sia al coimputato nel medesimo procedimento, che abbia reso dichiarazioni sul fatto altrui. Con la sentenza n. 361 del 1998, infatti, la Corte costituzionale aveva dichiarato l'illegittimità dell'art. 210 nella parte in cui non ne era prevista l'applicazione anche all'esame dell'imputato nel medesimo procedimento su fatti concernenti la responsabilità di altri, già oggetto delle sue precedenti dichiarazioni. Successivamente alla riforma del 2001 tale estensione è stata confermata da C. cost. n. 197 del 2009. Richiamando la precedente pronuncia, il Giudice delle leggi ha affermato che una diversa soluzione determinerebbe una irragionevole disparità di trattamento del coimputato rispetto all'imputato in un *separato procedimento* connesso. Tali soggetti si trovano in una situazione sostanziale identica, dal momento che entrambi vengono chiamati a deporre sul fatto altrui. La riunione o la separazione dei procedimenti vengono disposte per motivi meramente processuali e occasionali che non incidono su detta situazione sostanziale. Pertanto, una differente disciplina in relazione all'esame dei due soggetti risulterebbe irragionevole.

pronunciata sentenza irrevocabile (art. 197 lett. *a*) (41). Possiamo fare l'esempio di A e B imputati di aver commesso il furto di una autovettura in concorso tra loro (42).

Se l'imputato *concorrente* decide di rispondere, egli non ha l'obbligo penalmente sanzionato di dire la verità. Può dire il falso senza incorrere nel delitto di falsa testimonianza perché, lo ricordiamo, egli non è un testimone (art. 197). Gli altri reati commessi con false dichiarazioni (es. favoreggiamento) sono scusati, con il limite valido per l'imputato in base all'art. 384 comma 1 c.p.; e cioè restano punibili soltanto la calunnia e la simulazione di un reato che nessuno ha commesso (43).

2) *L'esame degli imputati collegati o connessi teleologicamente.* L'art. 210, comma 6 stabilisce un regime peculiare per gli imputati legati da una connessione debole (c.d. teleologica) (art. 12, lett. *c*) (44) o collegati (art. 371, comma 2, lett. *b*) che « non hanno reso in precedenza dichiarazioni concernenti la responsabilità dell'imputato ». Si tratta di persone che sono incompatibili a testimoniare in base all'art. 197, lett. *b*, delle quali abbiamo trattato nel precedente § 2, lett. *d* (45).

A loro si applicano comunque le *disposizioni comuni* all'imputato connesso o collegato, che abbiamo esposto in precedenza. E cioè, gli imputati collegati o connessi teleologicamente:

a) hanno il dovere di presentarsi;

---

(41) La disciplina in oggetto si applica sia all'imputato connesso in un procedimento separato, sia al coimputato nel medesimo procedimento, che abbia reso dichiarazioni sul fatto altrui. Con la sentenza n. 361 del 1998, infatti, la Corte costituzionale aveva dichiarato l'illegittimità dell'art. 210 nella parte in cui non ne era prevista l'applicazione anche all'esame dell'imputato nel medesimo procedimento su fatti concernenti la responsabilità di altri, già oggetto delle sue precedenti dichiarazioni. Successivamente alla riforma del 2001 tale estensione è stata confermata da Corte cost. n. 197 del 2009. Richiamando la precedente pronuncia, il Giudice delle leggi ha affermato che una diversa soluzione determinerebbe una irragionevole disparità di trattamento del coimputato rispetto all'imputato in un *separato procedimento* connesso. Tali soggetti si trovano in una situazione sostanziale identica, dal momento che entrambi vengono chiamati a deporre sul fatto altrui. La riunione o la separazione dei procedimenti vengono disposte per motivi meramente processuali e occasionali che non incidono su detta situazione sostanziale. Pertanto, una differente disciplina in relazione all'esame dei due soggetti risulterebbe irragionevole.

(42) Può essere utile esaminare nel dettaglio la disciplina che si ricava dal codice. Occorre che l'esame dell'imputato connesso sia stato chiesto da una delle parti del procedimento principale o, nei casi previsti dalla legge, sia stato disposto d'ufficio dal giudice (es., art. 195). Il nominativo dell'imputato connesso deve essere stato inserito nelle liste testimoniali almeno sette giorni prima dell'inizio del dibattimento, con l'indicazione delle circostanze sulle quali è chiamato a deporre (art. 468).

(43) Occorre sottolineare che la facoltà di non rispondere riguarda sia le domande sul fatto di reato a lui addebitato come imputato (B), sia le domande su fatti commessi dall'imputato del procedimento principale (A). L'imputato *concorrente* può tacere anche se la domanda non è suscettibile di assumere un significato autoincriminante, e cioè anche se dal fatto affermato potrebbe non emergere alcuna sua responsabilità penale.

In tale situazione, l'imputato del procedimento principale (A), accusato dall'imputato concorrente nel reato, ha *solo formalmente* il diritto di controesaminare tale soggetto; costui può legittimamente rifiutarsi di rispondere a tutte o ad alcune delle domande e, comunque, può dire il falso anche se depone su di un fatto altrui.

(44) Quale ipotesi di reato commesso per eseguire un altro reato (connessione teleologica) si può citare il furto di una autovettura e la rapina compiuta utilizzando la medesima autovettura. Tale rapporto si riscontra ampliando il caso citato in precedenza: da un lato, A e B imputati del furto di una autovettura e, da un altro lato, C imputato di aver commesso una rapina servendosi della autovettura rubata.

(45) Merita precisare che le predette persone saranno sentite con il regime esaminato nel testo anche nell'ipotesi in cui abbiano reso dichiarazioni su fatti concernenti la responsabilità altrui, se l'autorità che ha condotto l'interrogatorio ha omesso di rivolgere l'avviso previsto dall'art. 64, comma 3, lett. *c*.

In sintesi è possibile affermare che in relazione agli imputati connessi o collegati l'esame ai sensi dell'art. 210 ha natura residuale, perché si rende applicabile in tutti i casi in cui tali soggetti non possono deporre come "testimoni assistiti".

b) sono assistiti da un difensore (di fiducia o d'ufficio);

c) sono avvisati che hanno la facoltà di non rispondere (art. 210, comma 4).

Una *disposizione specifica* impone che gli imputati collegati o connessi teleologicamente siano altresì avvertiti che, se renderanno dichiarazioni su fatti concernenti la responsabilità di altri, assumeranno la qualifica di teste limitatamente a tali fatti (art. 64, comma 3, lett. *c*) ([46]).

A quel punto inizia l'escussione. L'imputato *connesso teleologicamente o collegato* ha facoltà di tacere e, se parla, non ha obbligo di verità. Tuttavia, se rende dichiarazioni su fatti concernenti la responsabilità di altro imputato (collegato o connesso teleologicamente) ([47]), da quel momento egli diventa compatibile con la qualifica di testimone assistito limitatamente ai fatti dichiarati (art. 210, comma 6).

e. *Il riscontro.* Il legislatore impone che sia fatto un riscontro particolarmente accurato delle dichiarazioni rese dal coimputato, dall'imputato connesso e dal testimone assistito. Per "riscontro" si intende comunemente il controllo di attendibilità di una dichiarazione; questo controllo è implicitamente richiesto per tutte le dichiarazioni rese nel corso del procedimento penale, ma per quelle rese dagli imputati connessi o collegati si prevede un obbligo più rigoroso. Il codice si esprime nel seguente modo (art. 192, comma 3): « le dichiarazioni (...) sono valutate unitamente agli altri elementi di prova che ne confermano l'attendibilità ». Da ciò si ricava che le dichiarazioni degli imputati connessi o collegati possono essere valutate come prova soltanto se vi sono riscontri.

***La* ratio.** La ragione del regime giuridico ricavabile dall'art. 192, comma 3 sta nel fatto che l'imputato è la persona che ha, di regola, l'interesse più forte in relazione all'esito del procedimento penale; egli sarà toccato sia dalle misure cautelari nel corso del procedimento, sia dalle conseguenze sulla sua libertà e sul suo onore in caso di sentenza di condanna irrevocabile. Le dichiarazioni di un imputato connesso potrebbero essere finalizzate ad "alleggerire" la propria posizione. Per tale motivo, l'imputato ha un forte interesse a dire il falso, se del caso accusando altre persone, per ottenere un qualche vantaggio o, quanto meno, un minore svantaggio; inoltre, potrebbe avere intenzione di vendicarsi di un complice per un comportamento da questi tenuto.

Occorre sottolineare che il codice pone il riscontro come una condizione per l'impiego della dichiarazione del coimputato, senza tuttavia eliminare in alcun modo

---

([46]) L'ambiguo tenore letterale dell'art. 210, comma 6, riferito alle persone che « non hanno reso in precedenza dichiarazioni concernenti la responsabilità dell'imputato », ha determinato l'insorgere di contrasti giurisprudenziali. Si è discusso, in particolare, in merito all'ipotesi in cui l'imputato connesso debole o collegato sia sentito dopo che abbia già reso in precedenza dichiarazioni sul fatto altrui senza tuttavia aver mai ricevuto l'avvertimento previsto dall'art. 64, comma 3 lett. *c*. La sentenza Cass., sez. un., 26 marzo - 29 luglio 2015, n. 33583, Lo Presti, in *Dir. pen. proc.*, 2015, 1373, ha chiarito che anche in tale ipotesi deve essere rivolto l'avviso circa le dichiarazioni sul fatto altrui, perché si tratta di un presupposto indispensabile per la corretta assunzione della qualifica di testimone assistito.

Inoltre — risolvendo un contrasto anche su questo punto — il Supremo Collegio ha precisato che l'omissione dell'avvertimento previsto dall'art. 210, comma 6 determina in tutti i casi l'inutilizzabilità della eventuale deposizione testimoniale.

([47]) Nell'esempio che abbiamo fatto in precedenza, A può aver decritto la ideazione della rapina da parte di C (fatto altrui); oppure, C può aver ammesso di aver utilizzato l'auto rubata da A (fatto inscindibile).

il libero convincimento del giudice; non afferma che, se il riscontro ha avuto esito positivo, il fatto affermato deve ritenersi "vero". Se così fosse, saremmo di fronte ad una "prova legale"; ma ciò è escluso dalla regola posta espressamente dal codice nell'art. 192, comma 1.

Una volta che il riscontro abbia avuto un esito positivo, il giudice dovrà verificare se la dichiarazione sia utile a ricostruire il fatto storico in un determinato modo. Quello che conta è che il riscontro deve essere effettuato con modalità rigorose. La motivazione della decisione deve dare atto del percorso logico seguito dal giudice.

Gli altri elementi di prova. Ai fini del riscontro il codice impone di valutare « altri elementi di prova ». Non occorre che essi siano tali da permettere di provare *da soli* il fatto affermato dal dichiarante; è sufficiente che *gli altri* elementi di prova siano tali da permettere semplicemente di affermare l'attendibilità del dichiarante su quel determinato punto.

Può accadere che l'imputato ammetta la propria responsabilità, indicando altri come colpevoli del medesimo fatto di reato. In tal caso si ha quella che comunemente viene definita "chiamata di còrreo". Ma può anche accadere che un imputato (confesso o meno su di un fatto proprio), indichi un'altra persona come responsabile di un altro fatto di reato (cosiddetta dichiarazione accusatoria). Tutte queste situazioni rientrano nel regime giuridico particolare regolato dall'art. 192, commi 3 e 4.

Il riscontro estrinseco. Il codice precisa che il riscontro deve avere ad oggetto « altri » elementi di prova; se ne ricava che gli elementi devono essere "esterni" (o "estrinseci") rispetto alla dichiarazione stessa: può trattarsi di una dichiarazione di altre persone (testimoni o imputati) e in tal caso si parla di "riscontri incrociati". La giurisprudenza riconosce che questo tipo di riscontro è ammesso, purché sia rispettata la caratteristica della "altruità" dell'elemento di prova, cioè dell'indipendenza rispetto alla dichiarazione da provare; non vi deve essere stato, ad esempio, accordo tra i dichiaranti; le altre dichiarazioni devono, a loro volta, essere riscontrate ([48]).

Il riscontro intrinseco. Nonostante il codice faccia solo riferimento ai riscontri estrinseci, la giurisprudenza ha dedotto una ulteriore conseguenza interpretativa, in base alla quale, se si è imposto il più, si è dato per scontato che debba essere fatto il meno e cioè il riscontro interno alla medesima dichiarazione (c.d. intrinseco). La prima verifica sarà quindi quella di valutare la credibilità del dichiarante, la precisione, la costanza, la spontaneità e la coerenza in se stessa della dichiarazione resa. Inoltre, qualora si tratti di una dichiarazione "*contra se*", si deve valutare la "genesi remota e prossima della decisione di confessare" ([49]).

([48]) Cass., Sez. un., 29 novembre 2012 - 14 maggio 2013, n. 20804, Aquilina, in *Arch. n. proc. pen.*, 2013, 4, 395.

([49]) Infine, ogni dichiarazione dell'imputato connesso o collegato è frazionabile, e cioè deve essere riscontrata per ciascun fatto asserito e per ciascun soggetto indicato come responsabile.

La giurisprudenza maggioritaria sostiene che è necessaria una conferma di attendibilità per ciascuna delle dichiarazioni accusatorie del dichiarante e per ciascuno dei fatti attribuiti agli accusati (c.d. riscontro individualizzante).

Riepilogando: sulla base di quanto previsto dal codice, "riscontro" può essere definito quell'elemento di prova che serve a confermare la attendibilità di una dichiarazione. Il riscontro deve essere individualizzante, e cioè deve

f. La testimonianza assistita. ***Considerazioni generali.*** Come abbiamo accennato, la legge n. 63 del 2001 ha ridotto l'area della incompatibilità a testimoniare delle persone imputate in un procedimento connesso o collegato ed ha previsto speciali garanzie per i soggetti che sono costretti a deporre. A tal fine, ha introdotto nel nostro ordinamento un nuovo istituto, che è denominato "testimonianza assistita" (art. 197-*bis*). L'imputato è sentito con l'assistenza obbligatoria del proprio difensore di fiducia o d'ufficio, in ragione del collegamento tra il reato, che gli è addebitato, e quello che è oggetto del procedimento nel quale è chiamato a deporre.

Il legislatore ha previsto due categorie di testimonianza assistita (v. tav. 2.4.2 e lo schema in fondo al presente capitolo).

Una categoria (alla quale abbiamo attribuito il n. 3 nella nostra classificazione) opera nei confronti dei soli imputati collegati o connessi teleologicamente ed unicamente quando il procedimento penale a loro carico non si è ancora concluso con sentenza irrevocabile (artt. 371, comma 2, lett. *b* e 12, lett. *c*). Tali soggetti possono deporre come testimoni assistiti se hanno reso « dichiarazioni su fatti che concernono la responsabilità di altri » (art. 64, comma 3, lett. *c*). La compatibilità con la qualifica di teste è limitata alla deposizione sui *fatti altrui già dichiarati.*

Un'altra categoria (alla quale abbiamo attribuito il n. 4 nella nostra classificazione) scatta dopo che si è concluso con sentenza irrevocabile il procedimento a carico dell'imputato connesso o collegato di qualsiasi tipo (art. 12, lett. *a* e *c*; art. 371, comma 2, lett. *b*).

Norme comuni a tutti i testimoni assistiti. Occorre tenere presente, tuttavia, che l'art. 197-*bis* detta alcune regole che sono comuni ad entrambe le categorie di testimoni assistiti e che riteniamo utile indicare fin da subito a fini di chiarezza espositiva.

a) Prima ancora di esaminare la disciplina tracciata da tale norma, occorre tenere presente un profilo sistematico. Ai testimoni assistiti si applicano le norme sulla testimonianza, salvo se derogate espressamente o implicitamente dalle regole contenute nell'art. 197-*bis*. Pertanto, i testimoni assistiti hanno l'obbligo di presentarsi al giudice (art. 198, comma 1). La deposizione si svolge con le forme previste dagli artt. 498 e 499 e le precedenti dichiarazioni possono essere utilizzate per le contestazioni e le letture (nei limiti degli artt. 500 e 512).

Quanto al privilegio contro l'autoincriminazione, occorre tenere presente che sui reati che sono (o sono stati) oggetto del procedimento a loro carico vi sono norme espresse che regolano il diritto di non rispondere in modo speciale rispetto alla disciplina dell'art. 198, comma 2.

Il privilegio "comune" sostanzialmente resta applicabile soltanto su fatti diversi da quelli per i quali si procede o si è proceduto a carico del testimone assistito; e questo sia per l'imputato connesso con procedimento pendente, sia per quello con sentenza divenuta irrevocabile.

Viceversa, esamineremo il privilegio "speciale" illustrando l'art. 197-*bis*, comma 4.

---

dimostrare la attendibilità della dichiarazione nella parte in cui addebita la responsabilità di un reato all'imputato connesso o collegato.

b) Ai sensi dell'art. 197-*bis*, comma 3, i testimoni in oggetto devono essere *assistiti da un difensore*; in mancanza del difensore di fiducia deve essere loro designato un difensore di ufficio.

c) L'art. 197-*bis*, comma 5 stabilisce che le dichiarazioni rilasciate dai testimoni assistiti « *non possono essere utilizzate contro la persona che le ha rese* nel procedimento a suo carico, nel procedimento di revisione della sentenza di condanna ed in qualsiasi giudizio civile o amministrativo relativo al fatto » addebitato al dichiarante. La norma in oggetto intende neutralizzare i pregiudizi che possono derivare al testimone assistito da eventuali dichiarazioni a sé sfavorevoli ed opera, chiaramente, sia nel caso in cui il teste assistito sia ancora sottoposto a procedimento penale, sia nel caso in cui, nei confronti di tale persona, sia intervenuta una sentenza irrevocabile.

d) L'art. 197-*bis*, comma 6 (mediante un richiamo all'art. 192, comma 3) stabilisce che le dichiarazioni dei testi assistiti sono *utilizzabili soltanto in presenza di riscontri che ne confermino l'attendibilità*. La necessità dei riscontri è imposta dal legislatore perché ritiene poco affidabili tali dichiaranti. Ciò è dovuto al legame che intercorre tra il procedimento a loro carico e quello nel quale sono chiamati a rendere dichiarazioni.

Un'ulteriore precisazione. Poiché il testimone assistito è un "imputato", sia pure connesso o collegato, non si applica nei suoi confronti l'art. 63 a tutela delle dichiarazioni auto-indizianti. E cioè, se egli rende dichiarazioni dalle quali emergono indizi a proprio carico, l'autorità procedente non deve interrompere l'esame, né dare avvertimenti, né invitarlo a nominare un difensore, che peraltro è già presente: l'esame prosegue normalmente.

Le singole categorie di testimoni assistiti. Una volta terminato il catalogo delle norme comuni, è adesso il momento di esaminare le singole categorie di testimoni assistiti.

Nell'elencazione riprendiamo la successione dei contributi probatori dell'imputato connesso così come l'abbiamo tracciata nel precedente § 3, lett. *d*. Abbiamo già esposto la regolamentazione dell'*esame* dell'imputato concorrente (1) e dell'imputato collegato o connesso teleologicamente (2). Completiamo adesso l'analisi degli ulteriori contributi probatori dell'imputato connesso o collegato, quando viene sentito come *testimone assistito*. L'ordine con cui stiamo esaminando le categorie dei dichiaranti tiene conto di una gradazione "crescente" che va dal dichiarante più simile all'imputato (nei cui confronti è previsto il maggior numero di garanzie) (3), fino al dichiarante più simile al testimone (nei cui confronti è previsto un numero inferiore di garanzie) (4).

3) *I testimoni assistiti prima della sentenza irrevocabile (art. 197-*bis*, comma 2).* Esaminiamo adesso quella categoria di testimonianza assistita, che concerne soltanto l'imputato collegato o quello connesso teleologicamente, prima che nei loro confronti sia intervenuta la sentenza irrevocabile (artt. 371, comma 2, lett. *b* e 12, lett. *c*).

Occorre precisare quali sono i presupposti che fanno scattare l'obbligo di deporre come testimone. In primo luogo, è necessario che l'imputato sia stato ritualmente avvisato che « se renderà dichiarazioni su fatti che concernono la responsabilità di altri, assumerà (...) l'ufficio di testimone » (art. 64, comma 3, lett. *c*).

Per *fatto altrui* si deve intendere un "fatto che concerne la responsabilità" di altri per un reato connesso o collegato (ai sensi degli artt. 12, lett. *c* e 371, comma 2, lett. *b*) con quello addebitato al dichiarante (art. 64, comma 3, lett. *c*).

In secondo luogo, una volta avvertito, l'imputato collegato o connesso teleologicamente deve aver reso dichiarazioni su un fatto altrui. Naturalmente, deve trattarsi di un "fatto che concerne la responsabilità di altri" per un reato collegato o connesso teleologicamente (art. 12, lett. *c*; art. 371, comma 2, lett. *b*). In particolare, non è necessario che il dichiarante, nel momento in cui parlava, fosse *consapevole* delle conseguenze accusatorie, derivanti dalla propria dichiarazione: ciò che conta è il fatto oggettivo che essa concerna la responsabilità altrui.

A seguito di tali dinamiche l'imputato collegato o connesso teleologicamente diventa compatibile con la qualifica di testimone assistito. Si tratta, dunque, di una **compatibilità *condizionata* e *parziale*** (art. 197, lett. *b*). "Condizionata" perché scatta soltanto se l'imputato in questione ha reso dichiarazioni sul fatto altrui. "Parziale" perché è limitata al singolo fatto altrui già dichiarato.

Lo "speciale" privilegio contro l'autoincriminazione. Il testimone assistito con procedimento pendente gode del comune privilegio contro l'autoincriminazione con riferimento a reati diversi da quelli che sono oggetto del procedimento a suo carico (art. 198, comma 2). Inoltre, il legislatore ha riconosciuto all'imputato collegato o connesso teleologicamente, che depone come testimone assistito sul fatto altrui già dichiarato, un *ulteriore singolare privilegio.* Ai sensi dell'art. 197-*bis*, comma 4, secondo periodo, egli può non rispondere sui fatti che concernono la propria responsabilità in ordine al reato per cui si procede o si è proceduto nei suoi confronti.

L'ambito applicativo di tale facoltà richiede qualche precisazione. Poiché l'obbligo testimoniale è limitato ai *fatti altrui già dichiarati* nel dibattimento o nelle indagini (artt. 197, lett. *b* e 64, comma 3, lett. *c*), l'unico caso in cui l'escussione del teste assistito può inerire alla propria responsabilità è l'ipotesi nella quale le precedenti dichiarazioni vertano su *fatti inscindibili.* È proprio in relazione a tale ipotesi peculiare che il legislatore ha riconosciuto al teste assistito la facoltà di non rispondere sul fatto proprio. Occorre concludere, allora, che quando i fatti sono inscindibili, la facoltà di non rispondere sul fatto proprio si estende inevitabilmente anche al fatto altrui. Tuttavia, se il teste assistito decide di rispondere, egli ha un obbligo di verità penalmente sanzionato: in sostanza, perde la facoltà di mentire.

È necessario sottolineare un punto fondamentale: la disciplina appena esposta trova applicazione sia quando i procedimenti connessi o collegati sono riuniti, sia quando sono separati (art. 17). Infatti il codice non fa alcuna distinzione tra le due situazioni. Pertanto, quando il *coimputato* collegato o connesso ha reso dichiarazioni sui fatti altrui, su tali fatti egli è sentito come testimone assistito, anche se rende l'esame nel proprio procedimento.

Il fatto che concerne la responsabilità altrui. Ci si è chiesti se l'imputato, al momento della dichiarazione, sia in grado di riconoscere il fatto come "altrui". Riteniamo che non sempre ciò sia possibile. Accade spesso che un fatto soltanto successivamente rilevi come circostanza a carico di altri; tale rilevanza poteva essere ignota *ex ante* a colui che ha reso la dichiarazione. A volte avviene che soltanto con il deposito degli atti il difensore si accorga della idoneità di una narrazione a coinvolgere altre persone; tale idoneità poteva essere imprevedibile nel momento in cui la dichiarazione era stata resa. Così può accadere che l'imputato, *anche senza accorgersene*, renda dichiarazioni, che induttivamente sono rilevanti per accertare un fatto che riguarda la responsabilità di una persona. Al momento della dichiarazione, infatti, il coinvolgimento può essere assolutamente imprevedibile, perché la rilevanza (accusatoria o liberatoria) potrebbe essere causata da fatti scoperti successivamente connesso (P. Ferrua; C. Conti).

4) ***La testimonianza assistita dell'imputato "giudicato" (art. 197-*****bis*****, comma 1).*** Il secondo tipo di testimonianza assistita è quella che viene resa dall'imputato connesso o collegato dopo che la sentenza, che lo riguarda, è diventata irrevocabile, sia essa una sentenza di proscioglimento, di condanna o di patteggiamento. L'imputato giudicato può essere « sempre » chiamato (art. 197-*bis*, comma 1) come testimone assistito in un procedimento collegato o connesso, anche se non ha *mai* reso dichiarazioni su fatti altrui o non ha ricevuto l'avviso previsto dall'art. 64, comma 3, lett. *c*. In questo caso l'imputato connesso o collegato "giudicato" è un testimone "permanente". Infatti, l'obbligo di rispondere secondo verità non è limitato al fatto altrui su cui ha già reso dichiarazioni.

Quanto alla disciplina applicabile alla deposizione degli imputati "giudicati", vi sono alcune distinzioni che si ricavano in parte dal codice e in parte da due sentenze della Corte costituzionale.

***a*)** Gli imputati connessi o collegati
che sono stati **condannati**
o ai quali è stata **applicata la pena su richiesta** (c.d. *patteggiamento*)
o che sono stati **assolti con formule terminative non completamente liberatorie** (*e cioè, diverse da "il fatto non sussiste" o "l'imputato non lo ha commesso"*)
possono essere « sempre » chiamati come testimoni assistiti in un procedimento collegato o connesso, anche se non hanno mai reso dichiarazioni su fatti altrui o non hanno ricevuto l'avviso previsto dall'art. 64, comma 3, lett. *c* (art. 197-*bis*, comma 1).

Costoro sono sentiti come testimoni assistiti con l'obbligo di verità penalmente sanzionato. In loro favore opera la garanzia stabilita dall'art. 197-*bis*, comma 5, in base alla quale le dichiarazioni rese non sono utilizzabili « contro la persona che le ha rese » nel procedimento a suo carico, nell'eventuale procedimento di revisione della sentenza di condanna e in qualunque processo civile o amministrativo relativo al fatto oggetto delle sentenze o dei procedimenti medesimi.

Essi godono del privilegio contro l'autoincriminazione *ex* art. 198, comma 2 su fatti diversi da quelli giudicati. Per contro, essi di regola non hanno il privilegio sul giudicato.

Soltanto in un caso il legislatore protegge il dichiarante. **Il solo condannato con sentenza irrevocabile, che nel procedimento a suo carico aveva negato la propria responsabilità (anche rendendo dichiarazioni) o non aveva reso alcuna dichiarazione** gode di un **particolare ed ulteriore privilegio**: egli non può essere obbligato a deporre sui fatti per i quali è stata pronunciata in giudizio sentenza di condanna nei suoi confronti (art. 197-bis, comma 4, primo periodo). È utile segnalare che tale privilegio non può essere invocato dalla persona nei cui confronti sia stata emessa sentenza di applicazione della pena su richiesta delle parti (c.d. patteggiamento).

b) La Corte costituzionale ha affermato che gli imputati connessi o collegati, che siano stati ***assolti con sentenza irrevocabile "per non aver commesso il fatto"*** ([50]) o ***"perché il fatto non sussiste"*** ([51]), devono essere trattati in modo simile al testimone comune. Secondo il Giudice delle leggi, l'assoluzione irrevocabile con formula piena ha sancito l'estraneità di costoro rispetto al fatto, resa ancor più stabile dal principio del *ne bis in idem*, in base al quale il processo non potrà più essere riaperto nei loro confronti (art. 649).

Di conseguenza, tali soggetti devono essere esaminati senza l'assistenza di un difensore e senza che sia indispensabile acquisire un riscontro esterno (commi 3 e 6 dell'art. 197-*bis*). In definitiva, vengono meno le norme che segnano la più netta differenza rispetto al testimone comune. Gli imputati assolti con sentenza irrevocabile "per non aver commesso il fatto" o "perché il fatto non sussiste" sono sostanzialmente assimilati al testimone comune in quanto, secondo la Consulta, sono in una « situazione di assoluta indifferenza » rispetto ai fatti oggetto del procedimento (sent. n. 21 del 2017).

Resta ferma, peraltro, la disciplina dell'inutilizzabilità *contra se* delle dichiarazioni (art. 197-*bis*, comma 5). Infatti, la Corte cost. ha mantenuto in vita tale disposizione quando ha esaminato la situazione degli imputati assolti con formula ampia.

Quanto al privilegio contro l'autoincriminazione, in base alla disciplina dell'art. 197-*bis*, tale dichiarante è obbligato a rispondere secondo verità sul *fatto proprio coperto dalla sentenza irrevocabile*. Per contro, egli gode del normale privilegio contro l'autoincriminazione in relazione a fatti diversi da quello per cui si è proceduto a suo carico (art. 198, comma 2).

g. Il collaboratore e il testimone di giustizia. La legge 13 febbraio 2001, n. 45, ha reso stringenti, da un lato, i requisiti che consentono agli imputati ed ai condannati di diventare collaboratori di giustizia e, da un altro lato, i requisiti per ottenere misure di protezione ed i benefici processuali (art. 16-*quinquies*, l. n. 82 del 1991) e penitenziari (art. 16-*nonies*, l. n. 82). La successiva legge 11 gennaio 2018, n. 6, ha dato al testimone di giustizia una regolamentazione nettamente distinta da quella previgente, che lo assimilava al collaboratore di giustizia.

Il collaboratore di giustizia. È riconosciuta tale qualifica a colui che, pur avendo commesso delitti, con le sue dichiarazioni, nuove e complete, ha dato un contributo di notevole importanza per le indagini e per i processi che abbiano ad oggetti i soli delitti di mafia e di terrorismo (e assimilati) previsti dall'art. 51, commi 3-*bis* e 3-*quater* c.p.p. La persona, che ha manifestato la volontà di collaborare per un delitto di tipo terroristico, mafioso o assimilato, è ammessa a misure di protezione se si trova in « grave e attuale pericolo » per effetto della collaborazione. È riconosciuto al collaboratore, a cagione del suo contributo, il diritto ad ottenere benefici sia in

([50]) Sent. n. 381 del 2006, in *Dir. pen. proc.*, 2007, 316, e in *Cass. pen.*, 2007, 486.
([51]) Sent. n. 21 del 2017, in *Dir. pen. proc.*, 2017, 465.

relazione alle misure cautelari, sia a quelle definitive; in quest'ultimo caso, egli deve espiare almeno un quarto della pena o dieci anni se condannato all'ergastolo.

Il collaboratore di giustizia è tenuto ad un adempimento processuale molto importante. Egli, entro centottanta giorni, deve fornire al pubblico ministero tutte le notizie in suo possesso che siano utili:

a) alla ricostruzione dei fatti e delle circostanze sui quali è interrogato;

b) alla ricostruzione degli altri fatti di maggiore gravità ed allarme sociale di cui è a conoscenza;

c) alla individuazione e alla cattura dei loro autori;

d) alla individuazione, al sequestro e alla confisca del denaro, dei beni e di ogni altra utilità dei quali egli, o altri appartenenti a gruppi criminali, dispongono direttamente o indirettamente. Le sue dichiarazioni sono trasfuse nel c.d. verbale illustrativo dei contenuti della collaborazione (art. 16-*quater*, comma 1, l. n. 82 del 1991).

Attraverso la sottoscrizione di tale verbale, il collaboratore di giustizia si impegna per il futuro a rendere dichiarazioni su quei fatti ("propri" o "altrui") che sono riconducibili alle informazioni in esso contenute, pena la perdita dei benefici riconosciuti in base al programma di protezione (art. 13-*quater*, l. n. 82 del 1991) ([52]).

Il testimone di giustizia. Come abbiamo anticipato, la legge 11 gennaio 2018, n. 6, ha dato al testimone di giustizia una regolamentazione nettamente distinta da quella previgente, che lo assimilava al collaboratore di giustizia e che non teneva conto delle sue differenti esigenze (ad es., in relazione al programma di protezione e alle misure di sostegno). La specificità della situazione del testimone di giustizia (che parla senza un tornaconto personale, ma anzi con grande pericolo) è stata assicurata sotto vari profili.

1) La legge ha fornito una *precisa definizione giuridica* in base alla quale è testimone di giustizia colui che ha i seguenti requisiti:

a) ha reso dichiarazioni di fondata attendibilità intrinseca e rilevanti per le indagini o per il giudizio (a differenza del collaboratore di giustizia, per il quale è chiesto che siano di notevole importanza, nuove e complete);

b) si trova in una situazione di grave, concreto e attuale pericolo rispetto alla quale le ordinarie misure di sicurezza non sono adeguate;

c) non ha riportato condanne per delitti dolosi o preterintenzionali né ha tratto profitto dall'essere venuto in relazione con il contesto delittuoso, mentre è ammissibile che abbia tenuto comportamenti penalmente rilevanti a causa dell'assoggettamento a singoli o alle associazioni criminali (a differenza del collaboratore di giustizia, che può essere responsabile di reati anche gravissimi);

d) non è (né è stato) sottoposto a misure di prevenzione.

([52]) Pertanto, il collaboratore di giustizia ha un obbligo di verità sulla effettività del quale può incidere soltanto la pubblica accusa, che è titolare del potere di chiedere la revoca delle misure di protezione. È appena il caso di sottolineare che, in concreto, il collaboratore di giustizia sarà sentito come imputato concorrente (senza obbligo di verità penalmente sanzionato) o come testimone assistito (con obbligo di verità sul fatto altrui già dichiarato) secondo il tipo di legame che intercorre tra il proprio procedimento e quello nel quale è chiamato a deporre e in base all'oggetto delle precedenti dichiarazioni.

2) La legge ha dato al testimone di giustizia una *protezione* preferibilmente nel luogo di origine con misure di sostegno economico e di reinserimento.

3) La legge ha attribuito al testimone di giustizia *l'assistenza di un referente* che lo accompagna in tutto il suo percorso fin dall'inserimento nel piano provvisorio di protezione e che funge da sostegno psicologico nei rapporti con le istituzioni.

4) La legge ha previsto che nei confronti del testimone di giustizia possano essere utilizzati gli strumenti processuali dell'*incidente probatorio* e dell'*esame a distanza*. È anche previsto il cambiamento delle generalità.

4. Confronti, ricognizioni ed esperimenti giudiziali.

a. *Considerazioni preliminari.* Alcuni mezzi di prova hanno una caratteristica comune: nella fase di assunzione esiste un vero e proprio potere di direzione spettante al giudice. Rispetto a tali atti le parti hanno un ruolo marginale, e cioè prevalentemente si limitano a controllare che l'atto si svolga in modo regolare; in particolare, non possono procedere ad esame incrociato.

b. *Il confronto.* Il confronto consiste nell'esame congiunto di due o più persone (testimoni o parti); esso è ammesso esclusivamente fra persone già esaminate o interrogate, quando vi è disaccordo tra di esse su fatti e circostanze importanti (art. 211). Le modalità di svolgimento danno rilievo al potere del giudice. Questi richiama ai soggetti le precedenti dichiarazioni, chiede se le confermano e li invita a contestare reciprocamente le dichiarazioni contrastanti.

Il primo presupposto di questo mezzo di prova consiste nell'esistenza di un "disaccordo" tra più persone su « fatti e circostanze importanti ». Il secondo presupposto consiste nella necessità che le persone da mettere a confronto siano già state « esaminate o interrogate ».

In presenza dei presupposti indicati nell'art. 211 il giudice può ammettere il confronto a cui partecipino uno o più testimoni ovvero uno o più imputati; con la differenza che l'imputato (e lo stesso vale per l'imputato connesso — art. 210) può avvalersi del diritto al silenzio.

c. *La ricognizione.* La ricognizione di persone è quel mezzo di prova mediante il quale, ad una persona che abbia percepito con i propri sensi un essere umano, si chiede di riconoscerlo individuandolo tra altri simili (art. 213). La ricognizione è disposta anche quando occorre procedere al riconoscimento di cose (art. 215), voci, suoni o quanto altro può essere oggetto di percezione sensoriale (art. 216). Lo svolgimento del mezzo di prova è disciplinato dal codice minuziosamente, in quanto una modalità irregolare può infirmare l'attendibilità del riconoscimento. L'atto può essere compiuto nel dibattimento o nell'incidente probatorio e si svolge nel rispetto del contraddittorio tra le parti.

Il potere direttivo del giudice si manifesta sia al momento degli atti preliminari alla ricognizione, sia nel corso della stessa. Le modalità di svolgimento del mezzo di prova sono particolarmente dettagliate.

L'intervista al "ricognitore" (art. 213). Il giudice invita colui, che deve eseguire la ricognizione (c.d. ricognitore), a descrivere la persona (che ha visto) indicando tutti i particolari che ricorda. Gli chiede poi: *a*) se sia stato *in precedenza* chiamato a eseguire il riconoscimento; *b*) se, prima e dopo il fatto per cui si procede, abbia visto, anche se riprodotta in fotografia o altrimenti, la persona da riconoscere; *c*) se la persona stessa gli sia stata indicata o descritta o se vi siano altre circostanze che possano influire sull'attendibilità del riconoscimento. Nel verbale deve essere fatta menzione degli adempimenti previsti e delle dichiarazioni rese; il tutto a pena di nullità della ricognizione. Infatti come si è accennato, le prescrizioni sono finalizzate a garantire l'attendibilità dell'elemento di prova, e cioè della dichiarazione con la quale il ricognitore afferma di riconoscere (o meno) la persona o l'oggetto che gli sono sottoposti.

La predisposizione della scena (art. 214). In assenza di colui che è chiamato ad effettuare il riconoscimento, il giudice dispone che siano presenti almeno *due* persone (i c.d. distrattori) il più possibile somiglianti « anche nell'abbigliamento » a quella sottoposta a ricognizione. Invita quindi quest'ultima a scegliere il suo posto rispetto alle altre persone, curando che si presenti, sin dove è possibile, nelle stesse condizioni nelle quali sarebbe stata vista dalla persona chiamata a operare il riconoscimento.

Il tentativo di riconoscimento. Nuovamente introdotto il ricognitore, il giudice gli chiede « se » riconosce taluno dei presenti; ciò presuppone che il giudice deve informare il ricognitore che l'indiziato potrebbe non essere tra le persone presenti. Nel caso in cui il ricognitore affermi di riconoscere qualcuno, il giudice, lo invita a indicare chi abbia riconosciuto e a precisare se ne sia certo (53). Il verbale, a pena di nullità, deve menzionare le modalità di svolgimento della ricognizione (art. 214, comma 3), mentre non occorre alcun cenno circa l'osservanza delle predette prescrizioni, come se queste fossero del tutto irrilevanti; ed invece il numero dei distrattori, la somiglianza, lo scegliere il posto, le modalità della domanda (se riconosce taluno) sono importanti ai fini dell'attendibilità dell'elemento di prova che si mira ad ottenere. Occorre evidenziare,

(53) S. Priori, in *Dir. pen. proc.*, 2006, 365, afferma che il testimone utilizza una particolare modalità di processare le informazioni, tecnicamente denominata "giudizio relativo", che è una sorta di *giudizio comparativo*: il testimone mette a confronto le persone esibite e tende a selezionare tra queste la persona che più assomiglia al ricordo che egli ha del reo. L'aspetto problematico risiede nel fatto che, se tra le persone esibite non è presente il colpevole, è probabile che il testimone effettui comunque un riconoscimento. Infatti, tra i soggetti messi a confronto ci sarà sempre qualcuno che è più simile degli altri al ricordo che il testimone conserva del colpevole. Il "giudizio relativo" provoca un elevato rischio di riconoscimenti errati (c.d. falsi positivi).

Il problema risiede nel fatto che il testimone tende ad identificare comunque una persona, anche quando il colpevole non è presente. Ciò dipende da vari fattori:

1) se il ricordo è confuso o deteriorato, il testimone avrà maggiori possibilità di compiere un errore e, quindi, di identificare la persona sbagliata;

2) il teste sente di dover rispondere ad un impegno sociale carico di aspettative;

3) l'autorità che conduce la ricognizione suscita spesso sentimenti ambivalenti che vanno dal timore al desiderio di assecondarne le aspettative; il conflitto tra questi sentimenti fa sì che il ricognitore preferisca dubitare di ciò che ricorda, pur di allinearsi a ciò si attende l'autorità che gli sta di fronte;

4) il testimone è inoltre spesso animato dall'errato convincimento che colpevole sia già stato catturato e che ci si aspetti da lui soltanto una conferma di un assunto che, per gli inquirenti, ha già acquisito un certo grado di consolidamento; questa convinzione spinge il testimone ad osservare attentamente chi dirige il mezzo di prova, nella speranza di riuscire a cogliere qualsiasi indizio possa aiutarlo a capire quale sia il soggetto sospettato dagli inquirenti. Anche il segnale più impercettibile di costoro può concorrere a forzare una scelta: spesso il segnale passa attraverso un comportamento non verbale, e cioè sguardi, sorrisi, ammiccamenti.

infatti, che gli studi di psicologia ci insegnano che l'inosservanza di tali regole può compromettere l'utilità e l'attendibilità del risultato probatorio (S. PRIORI, in *Dir. pen. proc.*, 2003, 1284).

Se vi è fondata ragione di ritenere che il ricognitore possa subire intimidazione dalla presenza della persona sottoposta a ricognizione, il giudice dispone che l'atto sia compiuto senza che quest'ultima possa vedere il primo (art. 214, comma 2); ad esempio, il ricognitore guarda attraverso uno spioncino.

Quando occorre procedere alla ricognizione di una *cosa*, si osservano modalità analoghe a quelle esposte: il giudice dispone che siano procurati almeno due oggetti simili a quello da riconoscere (art. 215).

Oltre al testimone, anche l'imputato può essere chiamato ad operare una ricognizione; in tale sede può esercitare il suo diritto al silenzio (Corte cost., sentenza n. 267 del 1994).

Come abbiamo accennato, la ricognizione può svolgersi nel corso del dibattimento; ma la sua naturale collocazione dovrebbe essere durante le indagini nella forma dell'incidente probatorio (art. 392). Nella prassi essa avviene nella forma dell'individuazione quale atto di iniziativa del pubblico ministero (art. 361; v. *infra*, Parte III, cap. 1, § 6 lett. *h*) ([54]).

d. *L'esperimento giudiziale.* L'esperimento giudiziale è ammesso quando occorre accertare se un fatto sia o possa essere avvenuto *in un determinato modo* (art. 218). L'esperimento consiste nella riproduzione, per quanto è possibile, della *situazione* in cui il fatto si afferma o si ritiene essere avvenuto e nella *ripetizione* delle modalità di svolgimento dello stesso. Ovviamente il fatto storico di reato è irripetibile; scopo dell'esperimento è quello di valutare la verosimiglianza della ricostruzione riproducendone le modalità di svolgimento. Ad esempio, l'esperimento può tendere ad accertare se in un determinato luogo il testimone abbia potuto effettivamente percepire quello che dice di aver visto o sentito. Il mezzo di prova si basa sulle metodologie proprie delle sperimentazioni scientifiche.

Il giudice dirige lo svolgimento delle operazioni; può anche d'ufficio designare un esperto per l'esecuzione di quelle tra esse che richiedono specifiche conoscenze (art. 219).

([54]) Assai discussa è la figura della cd. ricognizione informale dell'imputato in dibattimento, che avviene quando il pubblico ministero chiede al testimone se è presente nell'aula l'autore del reato. La giurisprudenza ammette pacificamente tale strumento perché ritiene che nel corso di un mezzo di prova, qual è la testimonianza, si possa introdurre un elemento atipico (Cass., sez. I, 11 giugno 1992, Cannarozzo, in *Cass. pen.*, 1994, 125; Cass., sez. I, 2 febbraio 2005, Izzo, in *CED* 230781). Tuttavia, con riferimento ad ipotesi siffatte, la dottrina ha ritenuto applicabile il principio di non sostituibilità tra metodi probatori, secondo cui quella disciplina legale che traccia le caratteristiche essenziali di una prova non può essere elusa attraverso l'impiego di differenti modalità acquisitive, tipiche o atipiche (v. parte II, cap. 5, § 6, lett. a). Con specifico riguardo alla ricognizione informale, si sottolinea che, mentre la testimonianza si svolge mediante l'esame incrociato, finalizzato a "torchiare" il dichiarante per ottenere risposte veritiere, la ricognizione deve aver luogo in un contesto idoneo a neutralizzare la tensione emotiva del ricognitore. Inoltre, all'evidenza, ben più attendibile è un riconoscimento effettuato fra più persone somiglianti e vestite allo stesso modo, rispetto ad uno espletato nei confronti di una sola persona già messa in evidenza per il fatto che siede al banco degli imputati. Per questi motivi, la ricognizione informale deve, comunque, ritenersi viziata nella sua attendibilità.

5. La perizia e la consulenza tecnica di parte.

a. Premessa terminologica. Il "perito" nominato dal giudice nel processo penale trova una corrispondenza terminologica nel "consulente tecnico d'ufficio" nominato dal giudice nel processo civile; invariata è la definizione di "consulente tecnico di parte" nei due processi (55).

La perizia è un mezzo di prova finalizzato ad integrare le conoscenze del giudice con quelle di un esperto. Essa deve essere disposta dal giudice, in sintesi, quando occorre compiere una valutazione per la quale sono necessarie specifiche competenze tecniche, scientifiche o artistiche (art. 220, comma 1). La perizia adempie alle tre seguenti funzioni che richiedono, per essere esercitate, speciali conoscenze: 1) svolgere indagini per acquisire dati probatori; 2) acquisire gli stessi dati selezionandoli e interpretandoli; 3) effettuare valutazioni sui dati già acquisiti. Tra i compiti del perito vi può essere quello di percepire quei dettagli della circostanza indiziante che soltanto un esperto può identificare; o quello di applicare alla circostanza indiziante una legge scientifica, in modo da accertare l'esistenza del fatto da provare.

La prova scientifica. Scientifica è quella prova che, partendo da un fatto dimostrato, utilizza una legge scientifica per accertare l'esistenza di un ulteriore fatto da provare. Poiché il rapporto tra il fatto noto e quello da provare è espresso da una regola, la prova scientifica rientra nella più vasta categoria della prova critica o indizio.

Come abbiamo accennato nel capitolo sui princìpi generali sulla prova, per legge scientifica si intende quella legge che esprime una relazione certa o statisticamente significativa tra due fatti della natura. Come esempio possiamo ricordare la legge in base alla quale, sul livello del mare, l'acqua pura bolle a cento gradi.

Fino a quando la legge scientifica può essere identificata ed applicata dal giudice in base a conoscenze non specifiche, non è indispensabile l'apporto di un esperto. Ove le conoscenze richieste « scientifiche, tecniche o artistiche » siano « specifiche », il giudice deve utilizzare l'apporto di un esperto. La nozione di "competenza specifica" ha un ampio grado di elasticità ed anche di variabilità nel tempo, perché poco alla volta le leggi scientifiche meno complesse diventano patrimonio dell'uomo comune (56).

Per evidenziare la particolare natura del mezzo di prova "perizia", anche a costo di operare una eccessiva semplificazione, possiamo dire che il testimone espone un "fatto", mentre il perito dà una "valutazione" su di un fatto al fine di precisare la legge

(55) Occorre precisare che nel corso della storia del processo penale la prova per esperti ha assunto differenti configurazioni. Operando una sintesi vertiginosa, possiamo affermare che nel sistema inquisitorio il perito era configurato come l'ausiliario di un giudice che aveva l'iniziativa probatoria; nel sistema prevalentemente accusatorio del codice del 1988 la perizia è diventata un mezzo di prova che si svolge in contraddittorio.

Si spiega così perché le disposizioni del vigente codice sulla perizia possano essere interpretate in modi assolutamente opposti. I giuristi che sono legati a studi giovanili basati su un sistema misto prevalentemente inquisitorio tendono ad interpretare le norme accentuando i poteri di iniziativa probatoria del giudice; viceversa, i giuristi che hanno fondato la loro formazione culturale sul nuovo codice e sui modelli accusatori privilegiano la funzione che le norme sono chiamate a svolgere nel contraddittorio delle parti.

(56) Ancora una precisazione. Premesso che per "tecnica" si intende comunemente un'attività che si serve di un qualche strumento scientifico, la tecnologia è la scienza che concerne gli strumenti che applicano una o più leggi scientifiche.

scientifica ad esso applicabile. In realtà, a volte la perizia è anche una prova rappresentativa di ciò che il perito ha fatto o percepito nell'adempimento dell'incarico.

La perizia non è l'unico strumento che permette di raggiungere le finalità indicate nell'art. 220. Esiste anche la consulenza tecnica di parte *all'interno della perizia*, che esamineremo trattando di quest'ultima (lett. *c*). Ma esiste anche una consulenza tecnica di parte *fuori dei casi di perizia* (art. 233), che costituisce la novità del codice accusatorio del 1988 e che tratteremo successivamente nella lettera *d*.

b. *La perizia.* Rispetto agli altri strumenti di conoscenza e di valutazione, la perizia si caratterizza per essere un "mezzo di prova" particolarmente garantito. Difatti, sin dalla fase del conferimento dell'incarico si instaura un contraddittorio tra il perito ed i consulenti delle parti, i quali possono presentare osservazioni e richieste. Spetta al giudice il potere di formulare in via definitiva i quesiti, ma dopo aver sentito il perito, i consulenti tecnici, il pubblico ministero e i difensori presenti (art. 226, comma 2).

In ogni caso, il potere di compiere l'accertamento e di valutarne gli esiti compete al perito; perciò le parti potranno soltanto cercare di dimostrare al giudice la erroneità o la lacunosità della perizia. Da questa rapida analisi emerge la funzione paragiudiziale del perito, al quale è demandato di risolvere le questioni tecnico-scientifiche e di fornire un aiuto prezioso al giudice.

È indubbio che l'esecuzione di una perizia presenta vari vantaggi: quello di ridurre i rischi di errore, favorendo il confronto tra esperti; quello di economizzare tempo e risorse; quello di far sì che l'esperto nominato dal giudice non persegua interessi di parte; infine, è una scelta quasi obbligata qualora le parti non siano in grado di operare un proprio accertamento mediante consulenti tecnici.

L'ammissione della perizia. Di regola la perizia è disposta a richiesta di parte; ma può essere disposta « anche di ufficio » nel dibattimento (art. 224, comma 1) perché il giudice può avvertire la necessità di motivare la sentenza sulla base di un sapere specialistico che deve essere applicato ad un fatto provato.

Durante le indagini la perizia può essere svolta nella forma dell'incidente probatorio, e quindi soltanto a richiesta del pubblico ministero e dell'indagato; essa è disposta dal giudice per le indagini preliminari nelle ipotesi previste dall'art. 392: e cioè, in sintesi, quando la persona, le cose o i luoghi da esaminare sono soggetti a modificazione non evitabile, o quando si prevede che la perizia durerà più di sessanta giorni.

La scelta del perito. Il giudice sceglie il perito in base a precisi vincoli: ai sensi dell'art. 221, comma 1, deve scegliere di regola una persona iscritta in appositi albi esistenti presso il singolo tribunale o, eccezionalmente, al di fuori di tali albi, ma tra coloro che siano forniti di particolare competenza tecnica, sulla quale dovrà dare congrua motivazione ([57]).

([57]) Sono previste situazioni di incapacità ed incompatibilità del perito (art. 222) simili a quelle previste per il giudice: il legislatore vuole che il perito sia in una situazione di terzietà e impregiudicatezza, vista la delicata funzione che questi è chiamato a svolgere. Il perito ha l'obbligo di prestare il suo ufficio (art. 221, comma 3), salvo che sussista uno dei motivi di astensione (art. 223). Segnaliamo uno dei motivi di incompatibilità del perito: questi non può

Il conferimento dell'incarico. Il perito deve presentarsi in udienza ed impegnarsi ad adempiere al proprio ufficio secondo verità (artt. 226, comma 1 c.p.p.; 373 c.p.). Come abbiamo accennato in precedenza, la formulazione dei quesiti, da sottoporre al perito, spetta al giudice con la più ampia garanzia del contraddittorio: sono sentiti il perito, le parti ed i loro consulenti tecnici (art. 226, comma 2). Il giudice, sentite le parti presenti, formula in via definitiva i quesiti. Da questo momento i consulenti possono assistere allo svolgimento della perizia, presentare al giudice osservazioni e riserve e, infine, proporre specifiche indagini (art. 230, commi 1 e 2).

L'attività del perito. Una volta che il giudice ha precisato i quesiti, il perito gode di propri poteri di direzione e di impulso; tuttavia, egli resta sotto il controllo del giudice sia nel momento in cui prende contatto col materiale probatorio, sia quando occorre risolvere questioni relative ai propri poteri (art. 228, comma 4). In particolare, il perito può prendere visione soltanto degli atti acquisibili al fascicolo per il dibattimento (art. 228, comma 1) ([58]).

Infine, il giudice ha il potere di adottare « tutti gli altri provvedimenti che si rendono necessari per l'esecuzione delle operazioni peritali » (art. 224, comma 2). Ad esempio, può ordinare con poteri coercitivi la consegna al perito di documenti o scritture di comparazione in caso di perizia per falsità in atti (art. 75 disp. att.); inoltre può disporre che al medesimo sia consegnato il corpo del reato.

La relazione peritale. Il "prodotto finale" di questo particolare mezzo di prova è la relazione che il perito dovrebbe svolgere, di regola, oralmente e che può formulare per scritto su autorizzazione del giudice (art. 227, comma 5). Nella prassi il perito ottiene sempre l'autorizzazione alla relazione scritta. Tuttavia, dopo che ha presentato la relazione scritta, il perito può essere sottoposto all'esame incrociato su richiesta di parte (art. 501); in tal modo viene recuperato il contraddittorio sulla prova scientifica ([59]). Al pari di quanto avviene per gli altri mezzi di prova, il giudice non è vincolato dalla perizia perché può disattenderne le conclusioni dando adeguata motivazione; si veda la successiva lettera *e*.

Il divieto di perizia criminologica. L'art. 220 comma 2 pone il divieto di ammissione di perizie volte ad accertare « il carattere e la personalità dell'imputato e in genere le qualità psichiche indipendenti da cause patologiche »; parimenti sono vietate le perizie tendenti a stabilire « l'abitualità o la professionalità nel reato » e la « tendenza a delinquere ». In definitiva, sono ammesse sull'imputato soltanto quelle perizie che tendono ad accertare una malattia mentale o una situazione a questa

---

prestare il suo ufficio se è stato citato come testimone, e cioè se ha conosciuto fatti oggetto di prova prima di assumere l'incarico (art. 222, comma 1, lett. *d*).

In base all'art. 15, comma 1 della legge n. 24 del 2017 (c.d. legge Gelli) nei procedimenti aventi ad oggetto la responsabilità sanitaria, l'autorità giudiziaria affida l'espletamento della perizia a *un medico specializzato in medicina legale* e a uno o più *specialisti nella disciplina* che abbiano specifica e pratica conoscenza di quanto oggetto del procedimento.

([58]) Il giudice può autorizzare il perito ad assistere all'esame delle parti o all'assunzione di prove (art. 228, comma 2). Il perito può chiedere notizie all'imputato, all'offeso e ad altre persone informate, con il limite che gli elementi acquisiti possono essere utilizzati soltanto ai fini dell'accertamento peritale (art. 228, comma 3).

([59]) Ai sensi dell'art. 511, comma 3, la lettura della relazione peritale può essere disposta solo dopo l'esame del perito.

assimilata. La *ratio* del divieto può essere rinvenuta nell'esigenza di tutelare la presunzione di innocenza dell'imputato. Gli accertamenti criminologici sulla personalità del soggetto potrebbero condizionare il giudizio sulla reità dell'imputato in relazione a quel fatto che deve essere accertato nel processo, violando princìpi fondamentali del diritto penale come quello di materialità del fatto. Inoltre, gli accertamenti in parola si esplicano attraverso intrusioni nella psiche e nel passato dell'imputato e comportano la violazione della sua riservatezza; e ciò di nuovo non è compatibile con il dovere di considerare l'imputato non colpevole sino alla sentenza definitiva (60).

c. Il consulente tecnico di parte all'interno della perizia. Quando è stata disposta perizia, le parti hanno facoltà di nominare propri consulenti tecnici in numero non superiore a quello dei periti (art. 225, comma 1) (61). Al consulente tecnico si applicano le medesime cause di incapacità e di incompatibilità che sono previste per il perito (art. 225, comma 3). In particolare occorre ricordare che non può essere nominato consulente tecnico colui che è chiamato a prestare l'ufficio di testimone. Le parti private non hanno l'obbligo di scegliere il consulente all'interno di albi; tuttavia, sarà loro interesse nominare persone di riconosciuta capacità tecnica, al fine di "tenere testa" al perito. Il pubblico ministero deve nominare il consulente tecnico "di regola" scegliendo una persona iscritta negli albi dei periti (art. 73 disp. att.).

I consulenti possono assistere al conferimento dell'incarico e presentare al giudice richieste, osservazioni e riserve delle quali è fatta menzione nel verbale. Inoltre, i consulenti possono assistere allo svolgimento della perizia proponendo al perito specifiche indagini; anche in tal caso possono presentare richieste, osservazioni e riserve delle quali si dà atto nella relazione peritale (art. 230, commi 1 e 2). Se sono nominati dopo l'esaurimento delle operazioni peritali, i consulenti possono prendere conoscenza delle relazioni e chiedere al giudice di essere autorizzati a esaminare la persona, la cosa o il luogo oggetto della perizia (art. 230, comma 3).

La normativa sulla consulenza, per molti aspetti, è ricavabile per analogia con quanto previsto per il perito, sia in punto di oggetto dell'attività (« svolgere indagini o acquisire dati o valutazioni che richiedono specifiche competenze tecniche, scientifiche o artistiche »), sia in punto di limiti (come il divieto di perizia criminologica), sia per quanto concerne lo strumento con cui il perito o il consulente sono sentiti in dibattimento (l'esame incrociato).

Tuttavia, vi sono alcune differenze sostanziali. Mentre il perito assume l'obbligo penalmente sanzionato di « far conoscere la verità » (art. 226), nessun obbligo del genere è previsto espressamente dal codice per consulente di parte. Ovviamente, se dall'esame incrociato risulta che il consulente non è stato corretto nel valutare i fatti,

(60) Viceversa, dopo la condanna irrevocabile la perizia criminologica è ammessa in relazione alla fase dell'esecuzione della pena o della misura di sicurezza. Occorre considerare che, in tal caso, la perizia è svolta nei confronti di un colpevole e, nella sistematica penalistica, è funzionale alla richiesta di una misura alternativa alla pena detentiva.

(61) È previsto altresì l'accesso al gratuito patrocinio al fine di retribuire il consulente tecnico (art. 225, comma 2).

il suo "discostarsi dal vero" potrà avere influenza sul giudizio di attendibilità che sarà formulato dal giudice.

Natura della consulenza tecnica di parte. In base al sistema accolto dal codice, la consulenza di parte è espressione della difesa tecnica di una parte e, insieme, mezzo di prova scientifica, tecnica o artistica.

Approfondimento. La prassi sull'obbligo di verità del consulente tecnico. Occorre dare atto che in molte sedi giudiziarie ai consulenti di parte viene fatta leggere l'impegnativa prevista dall'art. 497 per i testimoni poiché si ritiene che, in relazione ai fatti percepiti, i consulenti siano obbligati a deporre con l'obbligo penalmente sanzionato di dire il vero (62). In realtà, il principio di tassatività vigente nel diritto penale impedisce di riconoscere in capo ai consulenti la qualifica di testimone.

Dobbiamo segnalare, tuttavia, che le Sezioni unite hanno riconosciuto all'esperto di parte pubblica l'obbligo di verità penalmente sanzionato dai delitti di false informazioni *ex* art. 371-*bis* c.p. e di falsa testimonianza di cui all'art. 372 c.p. in relazione sia ai fatti, sia ai profili valutativi oggetto della consulenza (63).

d. *Il consulente tecnico di parte fuori dei casi di perizia.* La consulenza tecnica di parte *fuori dei casi di perizia* (art. 233) è il nuovo istituto introdotto dal codice del 1988 al fine di attuare il diritto delle parti alla prova per esperti. Sia il pubblico ministero, sia le parti private possono avvalersi dell'opera di specialisti al fine di raccogliere elementi di prova scientifica, tecnica o artistica; e ciò, a prescindere dal fatto che il giudice abbia ammesso, o meno, una perizia. Lo strumento della consulenza tecnica di parte è in grado di fornire al giudice le valutazioni necessarie per motivare la decisione: il consulente delle parti private e quello del pubblico ministero sono sentiti in dibattimento con esame incrociato su domande del pubblico ministero e del difensore (art. 501); nell'udienza preliminare in base a domande poste dal giudice (art. 422).

Formalmente il codice non attribuisce alla consulenza tecnica la natura di mezzo di prova; ma tale natura è stata riconosciuta in modo espresso dalla Corte cost. (sentenza n. 33 del 1999), secondo la quale i consulenti di parte possono fornire al giudice elementi utili per la decisione, rendendo così superflua la nomina di un perito. Il giudice, anche il più esperto, non può operare da solo valutazioni che presuppongono specifiche conoscenze tecniche, scientifiche o artistiche. Egli si trova di fronte ad una ferrea alternativa: deve utilizzare le valutazioni operate da un consulente tecnico di parte o disporre una perizia (64).

L'oggetto della consulenza di parte. Mediante la nomina di un consulente tecnico fuori della perizia (art. 233) ciascuna parte ha il diritto di tentare di convincere il giudice

(62) Cass., sez. III, 22 ottobre 2014, n. 4672, L., in *Cass. pen.*, 2015, 2803.

(63) Cass., Sez. un., 25 settembre 2014, Guidi, in *Cass. pen.*, 2015, 1022.

(64) Mettiamo pure che un determinato giudice sia un esperto in un qualche sapere scientifico. Se egli pretendesse di fare a meno del perito, esporrebbe per la prima volta nella motivazione della sentenza la legge scientifica che ha applicato. Su questa, e sulla metodica che ha prescelto per applicarla, le parti non avrebbero potuto esercitare il diritto al contraddittorio, né avrebbero potuto argomentare in senso contrario. Ciò violerebbe due aspetti del diritto di difesa, che oggi sono garantiti dal nuovo art. 111 Cost. Si impone pertanto, nella materia in oggetto, una interpretazione costituzionalmente orientata.

applicando la legge scientifica che ritiene più corretta; viene così eliminato quel filtro tra il giudice e gli esperti di parte, che era costituito dalla necessaria presenza del perito. Il consulente di parte propone valutazioni tecniche, che si traducono in memorie scritte (art. 233, comma 1) e che possono essere oggetto di deposizione orale nell'esame incrociato previsto espressamente dall'art. 501. Il codice detta una regolamentazione unitaria alla quale sfugge il consulente del pubblico ministero limitatamente alla fase delle indagini preliminari: ne daremo atto nella Parte III, cap. 1, § 6, lett. *f*.

Ciò premesso, il consulente nominato da una parte privata può svolgere investigazioni difensive per ricercare ed individuare elementi di prova e può conferire con le persone che possono dare informazioni (art. 391-*bis*) nonché può esaminare, previa autorizzazione, il materiale che l'autorità giudiziaria ha posto sotto sequestro (art. 233, comma 1-*bis*). Di regola, il difensore della parte privata può scegliere se presentare, o meno, al giudice gli elementi di prova che siano stati raccolti dal consulente tecnico (art. 391-*octies*). La materia sarà trattata successivamente nella Parte III, cap. 4, § 8.

La nomina del consulente di parte. Nell'indicare il titolare della facoltà di nomina del consulente tecnico fuori della perizia, l'art. 233, comma 1, fa riferimento a « ciascuna parte ». Il termine deve essere inteso, come avviene altre volte nel codice, in senso atecnico e, quindi, va riferito anche alla persona offesa e all'indagato, che nelle indagini preliminari sono parti "potenziali". Tali soggetti possono nominare consulenti in numero non superiore a due.

Anche in questo caso valgono le situazioni di incompatibilità che abbiamo già segnalato in relazione alla consulenza tecnica interna alla perizia (art. 225, comma 3). In particolare occorre ricordare che non può essere nominato consulente tecnico colui che è chiamato a prestare l'ufficio di testimone. Qualora un tecnico risulti a conoscenza dei fatti oggetto di prova la legge impedisce di conferirgli il ruolo di esperto in quel procedimento e attribuisce prevalenza all'ufficio di testimone, con il relativo obbligo di rispondere secondo verità.

Se ne deduce che il consulente tecnico è una fonte di conoscenza singolare, che le parti possono sottoporre al giudice per incidere sul suo convincimento. Anche in ambito tecnico-specialistico, dunque, si è ormai affermato il principio dispositivo, pur con i consueti temperamenti: di regola, spetta alle parti l'onere di fornire prove mediante propri esperti, salvo il potere officioso del giudice qualora questi ritenga necessario interpellare un perito di propria fiducia.

Il consulente tecnico del pubblico ministero. Nelle fasi dell'*udienza preliminare* e del *giudizio* la pubblica accusa può nominare consulenti tecnici sia nel caso di perizia (art. 225), sia fuori dei casi di perizia ai sensi dell'art. 233. Vi è una singolarità: il pubblico ministero nomina il consulente tecnico "di regola" scegliendo una persona iscritta negli albi dei periti (art. 73 disp. att.).

Nella sola fase delle *indagini preliminari* la pubblica accusa può nominare consulenti tecnici in base ad una normativa che costituisce una ulteriore specificazione dell'art. 233. Sul punto, rinviamo alla trattazione che viene fatta nel capitolo sulle indagini preliminari, in riferimento agli atti di iniziativa del pubblico ministero (si veda parte III, cap. 1, § 6, lett. *f*).

e. La valutazione della perizia e della consulenza tecnica di parte. Il giudice deve esporre nella motivazione della sentenza perché ritiene attendibile la prova (anche quella di tipo scientifico) sulla quale fonda la sua decisione e perché ritiene non attendibili le prove contrarie (art. 546, comma 1, lett. *e*). Certamente, non si può imporre al giudice di adottare una motivazione tecnica entrando nel merito delle argomentazioni degli specialisti, in quanto con ciò verrebbe svalutato il presupposto stesso della perizia, ossia la presenza di competenze specifiche che il magistrato di regola non ha. Tuttavia, si ritiene necessario che il giudice dimostri di aver preso in considerazione le differenti ricostruzioni tecniche e di averle, se necessario, scartate sulla base di motivi oggettivi: al giudice spetta di valutare se è stato osservato il metodo scientifico. Ormai la giurisprudenza più recente afferma che il giudice, quando nel contrasto tra le parti presceglie una tesi scientifica, deve motivare le ragioni per le quali la preferisce ad altre, pur sottoposte alla sua attenzione (Cass., sez. IV, 13 dicembre 2010, Cozzini, in *Dir. pen. proc.*, 2011, 1342).

Nel quadro così delineato, emerge l'assoluta centralità dell'esame incrociato al quale possono essere sottoposti gli esperti (art. 501), poiché è grazie a tale strumento che le parti riescono a convincere il giudice: egli sarà portato a ritenere maggiormente attendibili le conclusioni di un esperto che, identificando una legge scientifica valida, riesca a provarne l'applicabilità al caso concreto.

La valutazione sull'affidabilità del metodo scientifico. In particolare, è fondamentale che il controesame verta sull'analisi della teoria di riferimento accolta dal tecnico. Per verificare la validità dell'opinione che l'esperto ha espresso, occorre che il giudice motivi sui seguenti punti: se questi ha in concreto una specifica idoneità ad espletare l'incarico affidatogli; se la teoria cui ha fatto riferimento sia stata verificata mediante esperimenti e abbia subito un tentativo di smentita; se la teoria sia stata oggetto di pubblicazione scientifica ed esaminata da altri esperti; se è conosciuto il coefficiente di errore relativo alla teoria proposta; ed infine occorre verificare se, nell'ambito della letteratura scientifica, la teoria prospettata sia sempre attuale oppure abbia subìto nel tempo revisioni o aggiornamenti (Cass., sez. IV, 13 dicembre 2010, Cozzini, loc. ult. cit.).

Chi conduce il controesame può così dimostrare la differenza che intercorre tra le conclusioni che derivano da studi validi e verificabili e quelle basate su deduzioni tratte da qualche teoria di tipo speculativo non convalidata. Simili cautele evitano che all'esperto venga attribuito un credito privilegiato in quanto egli è stato nominato dal giudice o perché egli deve essere imparziale al pari di questi. Il perito è attendibile se la sua ricostruzione ha resistito all'urto del contraddittorio (65).

(65) Cass., Sez. un., 28 gennaio - 2 aprile 2019, n. 14426, Pavan, in *Dir. pen. proc.*, 2019, 882 (con nota di C. Bonzano, *Le Sezioni unite Pavan e la morte di un dogma: il contraddittorio per la prova spazza via la neutralità della perizia*), pagg. 13-14 in motivazione: « nessuna prova è di per sé neutra (perché altrimenti sarebbe irrilevante) ma lo è solo nel momento in cui ne viene chiesta l'ammissione non potendosi in quella fase conoscersene l'esito, nel mentre diventa a favore o contro, una volta che sia espletata ». « Ma, una cosa è la terzietà del perito, altra cosa sono le conclusioni alle quali egli perviene ». « Se è vero, quindi, che nessun metodo scientifico — per la sua intrinseca fallibilità — può dimostrare la verità di una legge scientifica, ne consegue, inevitabilmente, che anche la perizia non può essere considerata portatrice di una verità assoluta (e, quindi, "neutra") tanto più in quei casi in cui il perito —

Non esiste, dunque, una gerarchia tra perito e consulente, tale da determinare in via presuntiva un minor credito dell'esperto di parte ([66]).

Occorre ancora precisare che la prova scientifica deve essere collocata nel quadro delle altre risultanze processuali. Nella valutazione il giudice deve necessariamente verificare se il risultato della prova scientifica appare coerente con le altre prove raccolte nel procedimento (O. DOMINIONI). Egli deve spiegare se le prove acquisite hanno eliminato ogni ragionevole dubbio sulla ricostruzione dell'accusa e, al tempo stesso, se la ricostruzione della difesa è stata, o meno, idonea a far sorgere un ragionevole dubbio (art. 533, comma 1). In base al criterio della probabilità logica che presiede all'accertamento processuale, il giudice pronuncerà sentenza di condanna quando le risultanze determineranno una certezza processuale, e cioè una spiegazione concreta dotata di alta credibilità razionale al di là di ogni ragionevole dubbio (Cass., sez. un., 11 settembre 2002, Franzese, in *Riv. it. dir. proc. pen.*, 2002, 1133).

f. *Riepilogo.* È giunto il momento di esporre gli approdi ai quali siamo pervenuti attraverso i singoli passaggi che abbiamo effettuato. Dalle numerose sentenze della Cassazione in materia si può ricavare che alla perizia si applicano le regole generali sulla prova, nel senso che la materia scientifica, tecnica o artistica non è immune né incompatibile con esse. Ovviamente, sono necessari adattamenti che considerino la peculiarità della prova per esperti rispetto alla prova personale e reale.

1) Al posto degli ordinari criteri della non manifesta irrilevanza e superfluità (art. 190), l'art. 220, comma 1 prevede i requisiti della "specificità delle competenze" e della "occorrenza".

a) Il requisito della "***specificità delle competenze***" in materia scientifica, tecnica e artistica pone al giudice il divieto di operare lui stesso come esperto. La motivazione è duplice.

Da un lato, alla pari del testimone l'esperto deve subire una valutazione di credibilità e attendibilità. Chi fa questa valutazione è il giudice, che è istituzionalmente incompatibile con il perito ed il consulente tecnico di parte (art. 34).

Da un altro lato, se il giudice si accollasse il compito dell'esperto, allora il contraddittorio costituzionalmente necessario (art. 111, comma 4) si dovrebbe svolgere nei suoi confronti. È ovvio che apparirebbe inconcepibile un esame incrociato a carico del giudice.

b) Posto che è necessario l'intervento di una persona che abbia "specifiche competenze", la perizia deve essere disposta in presenza del requisito della "***occorrenza***". È principio giurisprudenziale pacifico che possono bastare al giudice i contributi dei consulenti tecnici di parte quando, a seguito dell'esame incrociato

---

del tutto legittimamente — sia fautore di una tesi scientifica piuttosto che di un'altra ». « Ed è proprio in questo cruciale snodo processuale che si evidenzia il ruolo decisivo, che, nell'ambito della dialettica processuale, assume il contraddittorio orale attraverso il quale si verifica, nel dibattimento, l'attendibilità del perito, l'affidabilità del metodo scientifico utilizzato e la sua corretta applicazione alla concreta fattispecie processuale [...] operazioni tutte che consentono anche di distinguere le irrilevanti o false opinioni del perito (c.d. junk science) dai pareri motivati sulla base di leggi e metodiche scientificamente sperimentate ed accreditate dalla comunità scientifica ».

([66]) Cass., sez. VI, 24 ottobre 2007, n. 46359, A., in *CED*, n. 239021.

condotto nei loro confronti, gli esperti hanno fornito i criteri per risolvere le questioni scientifiche. Ancora di recente nel caso di Yara la Cassazione ha affermato che il giudice non deve nominare un perito quando le teorie esposte dai consulenti tecnici dell'accusa sono affidabili e sono in grado di spiegare l'argomentazione probatoria di quello specifico caso, in modo da resistere alle impugnazioni (67).

Dalla giurisprudenza di legittimità si ricava che il presupposto che fa scattare il dovere di nominare un perito consiste nella esistenza di un contrasto effettivo e insanabile tra opposte tesi, che trova il proprio sintomo nella impossibilità per il giudice di scegliere in modo motivato una delle tesi sostenute dai consulenti delle parti o dei periti e di disattendere altrettanto motivatamente la tesi contrapposta (68).

2) La peculiarità della perizia rispetto agli altri mezzi di prova sta nel fatto che il giudice ha il dovere di ammetterla sia quando le parti la chiedono, sia quando le parti restano inerti, e cioè non provvedono né a nominare consulenti, né a domandare l'ammissione della perizia. Come, peraltro, si ricava dal tenore letterale degli artt. 224, comma 1 e 508, la perizia è svincolata dai rigorosi criteri dell'art. 507.

3) Quando il giudice ha la necessità di conoscere qual è la tesi scientifica maggiormente accreditata nella comunità degli studiosi, l'onere di dimostrare tale accreditamento incombe su quella parte che intende fondare la propria ricostruzione su quella tesi. Sul punto, la giurisprudenza di legittimità ha affermato che la condanna presuppone la dimostrazione, al di là di ogni dubbio ragionevole, che la legge scientifica sulla quale è fondata l'accusa sia riconosciuta dalla comunità degli studiosi come quella maggiormente accreditata (69). Non occorre — si è precisato — che l'accusa escluda ogni tesi avversa o divergente; ciò che conta è che si svolga una vera e propria valutazione comparativa tale da dimostrare la marginalità delle altre tesi in circolazione.

Per contro, alla difesa è sufficiente dimostrare l'esistenza di un serio dubbio in ordine alla "forza" della teoria posta a base dell'impianto accusatorio.

4) La giurisprudenza tradizionale fin dalla vigenza del codice del 1930 ha sostenuto che la perizia è una "prova neutra" perché il perito deve essere indipendente alla pari del giudice. Una recente sentenza delle Sezioni unite, avente ad oggetto l'art. 603, comma 3-*bis*, ha spazzato via il mito secondo cui la perizia è una "prova neutra" in base ai seguenti motivi. Certamente si può accettare che "indipendente" sia l'esperto nominato dal giudice; ma dalla indipendenza non deriva necessariamente che il parere scientifico che egli espone debba essere definito neutro (70). « Se è vero [...] che nessun metodo scientifico [...] può dimostrare la verità di una legge scientifica, ne consegue, inevitabilmente, che anche la perizia non può essere considerata portatrice di una verità assoluta (e quindi "neutra") ».

---

(67) Cass., sez. I, 12 ottobre - 23 novembre 2018, n. 52872, M.G.B.

(68) In tale situazione, il giudice deve applicare i c.d. criteri Daubert, che prendono il loro nome da una decisione della Suprema Corte degli Stati Uniti del 1993 e che sono stati sostanzialmente accolti dalla giurisprudenza della Cassazione. Si tratta di criteri che costituiscono i requisiti per i quali un metodo può essere ritenuto scientifico; di essi abbiamo trattato nel capitolo precedente al § 9.

(69) Cass., sez. IV, 16 aprile 2018, Cirocco, in *Dir. pen. contemp.*, 9 luglio 2018.

(70) Cass., Sez. un., 28 gennaio - 2 aprile 2019, n. 14426, Pavan, in *Dir. pen. proc.*, 2019, 822.

5) Poiché, in presenza dei requisiti contenuti nell'art. 220, comma 1, il giudice è obbligato a nominare un esperto, l'imputato ha il diritto a che sia ammessa la prova peritale, nei limiti di quanto esposto in precedenza. Non vi sono ostacoli sistematici ad un pieno recepimento dei princìpi della Carta fondamentale (art. 111, comma 3 Cost.).

g. La perizia che richiede atti idonei ad incidere sulla libertà personale. Può accadere che nel corso della perizia si renda necessario compiere atti idonei ad incidere sulla libertà personale dell'indagato o di altre persone; si pensi ai prelievi di campioni biologici finalizzati all'estrazione del profilo del DNA.

I prelievi con il consenso dell'interessato. Qualora l'interessato sia consenziente, non scatta la necessità di tutelare la libertà personale. In questo caso, i prelievi e gli accertamenti possono essere effettuati nel corso delle comuni attività peritali senza particolari formalità e requisiti, con il solo limite ricavabile dall'art. 5 c.c. in relazione agli atti di disposizione del proprio corpo: l'individuo non può consentire ad atti che comportino una diminuzione permanente dell'integrità fisica o psichica o che ledano la propria dignità.

I prelievi e gli accertamenti coattivi. Differenti considerazioni si impongono qualora l'individuo non presti il proprio consenso al prelievo di campioni biologici. In tale ipotesi, trova applicazione la disciplina tratteggiata dall'art. 224-*bis*, introdotto dalla legge 30 giugno 2009, n. 85 (71). La legge ha perseguito un delicato bilanciamento tra la tutela della libertà personale e l'esigenza di accertamento del reato, che secondo la sentenza della Corte cost. n. 238 del 1996 costituisce un « valore primario sul quale si fonda ogni ordinamento ispirato al principio di legalità ».

1) Anzitutto, l'art. 224-*bis*, comma 1 precisa la tipologia di reati in relazione ai quali possono essere disposti gli accertamenti coercitivi. È necessario che si proceda per un *delitto doloso o preterintenzionale*, consumato o tentato, per il quale la legge stabilisce la pena dell'ergastolo o della reclusione di oltre tre anni nel massimo, oppure per i delitti colposi di omicidio stradale e lesioni personali stradali (artt. 589-*bis* e 590-*bis* c.p.) e negli altri casi espressamente previsti dalla legge (72).

2) In secondo luogo, l'art. 224-*bis*, comma 1 reca un requisito di tipo probatorio: occorre che la perizia risulti *assolutamente indispensabile per la prova dei*

---

(71) Segnaliamo che l'art. 6 della legge n. 85 contiene le definizioni di alcuni termini scientifici.

(72) In proposito, occorre ricordare quegli accertamenti che sono attualmente consentiti in materia di violenza sessuale e pedofilia. Le leggi 15 febbraio 1996, n. 66, in materia di violenza sessuale e 3 agosto 1998, n. 269, in materia di pedofilia, hanno imposto all'imputato un accertamento coattivo. In base all'art. 16 della legge n. 66 « l'imputato per i delitti di cui agli articoli 600-*bis* comma 2, 609-*bis*, 609-*ter*, 609-*quater* e 609-*octies* del codice penale è sottoposto, con le forme della perizia, ad accertamenti per l'individuazione di patologie sessualmente trasmissibili, qualora le modalità del fatto possano prospettare un rischio di trasmissione delle patologie medesime ».

Si tratta di un'ipotesi di accertamento coattivo sull'imputato espletabile nelle *forme della perizia*, in relazione al quale si sono manifestate in dottrina due differenti soluzioni interpretative. In base ad una prima, la finalità dell'accertamento è esclusivamente extraprocessuale nel senso che esso è effettuato in occasione del processo, ma soltanto nell'interesse della persona offesa (e cioè, allo scopo di consentire alla predetta di iniziare una cura a tutela della propria salute o di chiedere il risarcimento del danno). In base ad una seconda interpretazione, che condividiamo per motivi sistematici, la finalità è anche processuale nel senso che l'accertamento coattivo serve ad individuare ulteriori titoli di reato: ad es., lesioni personali o tentato omicidio.

fatti. Di tale condizione, come vedremo tra breve, il giudice dovrà dar conto nella motivazione dell'ordinanza che dispone la perizia coattiva.

3) In terzo luogo, la norma indica quali sono le attività che possono essere compiute. Ai sensi dell'art. 224-*bis*, comma 1 l'esecuzione coattiva concerne gli « *atti idonei ad incidere sulla libertà personale, quali il prelievo di capelli, di peli o di mucosa del cavo orale* su persone viventi ai fini della determinazione del profilo del DNA »; oppure concerne l'effettuazione di « *accertamenti medici* », che tuttavia riteniamo debbano essere espressamente previsti dalla legge, a causa del principio di tassatività esistente in materia (73).

I limiti. Non sono ammesse le « *operazioni che contrastano con espressi divieti posti dalla legge* »; che possano « *mettere in pericolo la vita, l'integrità fisica o la salute della persona o del nascituro* »; che « secondo la scienza medica, *possano provocare sofferenze di non lieve entità* » (art. 224-*bis*, comma 4). Il parlamento ha scelto di lasciare libertà agli esperti chiamati ad eseguire le operazioni senza tracciare una disciplina di dettaglio che avrebbe imbrigliato l'evoluzione tecnologica. Il legislatore ha prescritto soltanto alcune direttive di metodo. Le operazioni peritali sono comunque eseguite « nel *rispetto della dignità e del pudore* di chi vi è sottoposto ». Inoltre, a parità di risultato, sono prescelte comunque le *tecniche meno invasive* (art. 224-*bis*, comma 5).

L'ordinanza che dispone la "perizia coattiva". La perizia coattiva viene disposta con ordinanza motivata (art. 224-*bis*, comma 2). Anzitutto, l'ordinanza reca quelle stesse indicazioni che sono contenute nel provvedimento che dispone la comune perizia. Ai sensi dell'art. 224, richiamato dall'art. 224-*bis*, comma 2, l'ordinanza contiene la nomina del perito, la sommaria enunciazione « dell'oggetto delle indagini, l'indicazione del giorno, dell'ora e del luogo fissati per la comparizione del perito ».

Inoltre, il provvedimento che dispone la perizia coattiva deve contenere, a pena di nullità: 1) le generalità della persona da sottoporre all'esame e quanto altro valga ad identificarla; 2) l'indicazione del reato per cui si procede, con la descrizione sommaria del fatto; 3) l'indicazione specifica del prelievo o dell'accertamento da effettuare e delle ragioni che lo rendono assolutamente indispensabile per la prova dei fatti; 4) l'avviso della facoltà di farsi assistere da un difensore o da persona di fiducia; 5) l'avviso che, in caso di mancata comparizione non dovuta a legittimo impedimento, potrà essere ordinato l'accompagnamento coattivo; 6) l'indicazione del luogo, del giorno e dell'ora stabiliti per il compimento dell'atto e delle relative modalità.

Regolamentazione. L'ordinanza è notificata all'interessato, all'imputato e al suo difensore nonché alla persona offesa almeno tre giorni prima di quello stabilito per l'esecuzione delle operazioni peritali (art. 224-*bis*, comma 3). Qualora l'interessato non compaia senza addurre un legittimo impedimento, il giudice può disporre l'accompagnamento coattivo, nel luogo, nel giorno e nell'ora stabiliti (art. 224-*bis*, comma 6). Può anche accadere che l'individuo compaia e continui a manifestare un atteggiamento ostile al compimento del prelievo. In tal caso, il giudice dispone che le

(73) Come esempio di accertamento, che già attualmente è previsto nella *species* dal legislatore e, dunque, idoneo a soddisfare le esigenze di tassatività riconducibili all'art. 13, comma 2 Cost., possiamo nuovamente ricordare i citati accertamenti in materia di violenza sessuale e di pedofilia (v. la nota precedente).

operazioni siano eseguite coattivamente ed in tal caso è consentito l'uso di mezzi di coercizione fisica per il solo tempo strettamente necessario all'esecuzione del prelievo o dell'accertamento (art. 224-*bis*, comma 6). La persona sottoposta ad *accompagnamento coattivo* non può essere tenuta a disposizione oltre il compimento dell'atto previsto e di quelli consequenziali per i quali perduri la necessità della sua presenza. In ogni caso, la persona non può essere trattenuta oltre le ventiquattro ore (art. 132, comma 2). Ai sensi dell'art. 224-*bis*, comma 7, la perizia coattiva si svolge a pena di nullità con la presenza necessaria del difensore della persona interessata (74).

6. La prova documentale.

a. *La definizione di documento.* Il documento è quella rappresentazione di un fatto che è incorporata su di una base materiale con un metodo analogico o digitale. Da ciò si ricava che il concetto di documento comprende quattro elementi: 1) il fatto rappresentato; 2) la rappresentazione di un fatto; 3) l'incorporamento della rappresentazione; 4) la base materiale sulla quale è avvenuto l'incorporamento (v. tav. 2.4.3).

1) ***Il fatto rappresentato.*** Nel concetto di *fatto rappresentato* devono essere ricompresi sia i "fatti, persone o cose" (ai quali fa riferimento l'art. 234), sia i contenuti di pensiero che sono espressi nelle dichiarazioni di scienza o di volontà. Pertanto, il fatto rappresentato è, in sintesi, tutto ciò che può essere oggetto di prova. In particolare può trattarsi non soltanto di un accadimento naturalistico (ad esempio, una fuga di gas), ma anche di un atto umano, e quindi di una dichiarazione.

2) ***La rappresentazione.*** Rappresentare un fatto significa costruirne un equivalente, in modo da renderlo conoscibile quando non sia più presente (F. Cordero); pertanto la *rappresentazione* è la riproduzione di un fatto. Le modalità di rappresentazione sono le più varie: parole, immagini, suoni o gesti.

3) ***L'incorporamento*** è l'operazione mediante la quale la rappresentazione è fissata su una base materiale. Il codice prevede le forme più varie di incorporamento: l'art. 234 cita la scrittura accanto alla fotografia, alla fonografia e alla cinematografia, ma lascia la possibilità che l'incorporamento avvenga con « qualsiasi altro mezzo ». Visti i progressi della tecnica, possiamo affermare che oggi i metodi di incorporamento sono due: quello analogico e quello digitale (75).

---

(74) L'art. 224-*bis* commina una nullità speciale, sia qualora l'ordinanza che dispone la perizia non rechi il contenuto tassativo che è stabilito dal comma 2, sia qualora la persona interessata abbia nominato un difensore e questi non assista all'attività peritale (art. 224-*bis*, comma 7). Il regime della nullità varia a seconda dell'individuo da sottoporre a simili attività. Se si tratta di una parte privata diversa dall'imputato la nullità è sempre di tipo intermedio, ai sensi degli artt. 178, lett. *c* e 180. Se si tratta dell'imputato la nullità che concerne il contenuto dell'ordinanza è di tipo intermedio, mentre l'assenza del difensore alle attività peritali parrebbe rientrare nelle nullità assolute di cui all'art. 179. Qualora il periziando sia una persona estranea al procedimento, la nullità è di tipo relativo.

In presenza di accertamenti che ledono la dignità, oppure provocano una sofferenza di non lieve entità, l'art. 224-*bis* reca un espresso divieto che rende inequivocabile l'applicabilità dell'inutilizzabilità patologica prevista dall'art. 191.

(75) Un esempio può chiarire il problema. Se il diario è scritto sulla carta con la penna, si è di fronte ad un documento tradizionale: l'incorporamento avviene con un metodo analogico. Viceversa, se il diario è scritto al computer su un file, l'incorporamento è digitale; il relativo documento informatico può essere reso comprensibile

4) ***La base materiale*** sulla quale è incorporata la rappresentazione può essere la più varia. È sufficiente l'idoneità a conservare la rappresentazione al fine di riprodurla quando occorra. Non è richiesto che la base materiale sia particolarmente durevole, anche se ciò è auspicabile, vista la finalità probatoria del documento. La base materiale può essere la tradizionale carta, il nastro magnetico o il più moderno supporto informatico ([76]).

Sulla base di quanto abbiamo esposto finora possiamo tracciare due definizioni basilari.

Il documento tradizionale può essere definito come quella rappresentazione di un fatto che è incorporata su una base materiale con un metodo analogico; es. uno scritto; una fotografia incorporata su una pellicola di celluloide; una canzone incisa in un disco di vinile.

Il documento informatico può essere definito come quella rappresentazione di un fatto che è incorporata in una base materiale con un metodo digitale; es., un file *word* o MP3; un messaggio *WhatsApp*; una pagina di *internet* ([77]).

---

soltanto mediante uno strumento digitale. È evidente che la rappresentazione del fatto tramite parole o immagini è la medesima, sia essa incorporata in una base cartacea o in un file. Quello che cambia è soltanto il metodo di incorporamento.

Se il file di testo viene stampato su carta, siamo di nuovo dinanzi ad un documento tradizionale, che esplicita in modo visibile il contenuto del documento informatico. Dunque, la differenza tra i due concetti (documento tradizionale e documento informatico) sta tutta nel metodo di incorporamento, e non nel metodo di rappresentazione.

Attraverso il ***metodo analogico*** la rappresentazione è incorporata su di una base materiale mediante grandezze fisiche variabili con continuità e proporzionali all'intensità del fenomeno che viene rappresentato. L'incorporamento è materiale nel senso che la rappresentazione esiste soltanto unitamente a quella base materiale su cui è incorporata; detto altrimenti, la rappresentazione non esiste senza quel supporto fisico sul quale è stata incorporata. E cioè, non è dissociabile dal supporto se non lasciando una traccia indelebile sullo stesso. Lo strumento che opera l'incorporamento può essere manuale (es. scrittura o disegno) o automatico (es. fotografia, fonografia o cinematografia).

Attraverso il ***metodo digitale*** la rappresentazione di un fatto è incorporata su di una base materiale mediante grandezze fisiche variabili con discontinuità: si tratta di numeri binari, zero e uno. Il dato che contiene l'informazione è denominato informatico ed è composto dalla sequenza di *bit*. Il documento informatico ha la caratteristica di essere "dematerializzato" nel senso che il documento esiste in modo indipendente dal supporto fisico sul quale è incorporato, anche se per la sua esistenza richiede comunque l'incorporamento su di una base materiale: *hard disk*, *pen drive*, *CD* o altro strumento informatico o telematico. La caratteristica del documento informatico, ed il suo pregio, è quella di essere trasferibile con rapidità da un supporto ad un altro, rimanendo identico. Ecco spiegato dal punto di vista teorico perché il dato informatico ha la caratteristica della "fragilità": può essere facilmente modificato o alterato sia da parte di colui che ha formato il dato, sia da parte di altre persone. Ed è proprio la particolarità del metodo di incorporamento, e non del metodo di rappresentazione, quella che porta con sé la necessità di una disciplina *ad hoc* del documento informatico. Sia consentito rinviare al nostro scritto *L'evoluzione delle categorie tradizionali: il documento informatico*, in *Cybercrime*, a cura di A. Cadoppi, S. Canestrari, A. Manna, M. Papa, Milano, 2019, 1308.

([76]) Alcuni aspetti problematici si presentano nel momento in cui, per acquisire un documento informatico, è necessario procedere con mezzi di ricerca della prova quali sono l'ispezione, la perquisizione ed il sequestro: la legge 18 marzo 2008, n. 48 (esecuzione della Convenzione del Consiglio d'Europa sulla criminalità informatica) ha imposto che siano adottate metodiche che provvedano ad assicurare la conservazione genuina del documento informatico e ad impedirne l'alterazione (es. art. 354). Il punto sarà trattato successivamente nel capitolo sui mezzi di ricerca della prova e in quello sulle indagini preliminari e difensive (v. *infra*, parte II, cap. 5; parte III, cap. 1 e cap. 4).

([77]) Alcuni aspetti problematici si presentano nel momento in cui, per acquisire un documento informatico, è necessario procedere con mezzi di ricerca della prova quali sono l'ispezione, la perquisizione ed il sequestro: la legge 18 marzo 2008, n. 48 (esecuzione della Convenzione del Consiglio d'Europa sulla criminalità informatica) ha imposto che siano adottate cautele che assicurino la conservazione genuina del documento informatico e ne impediscano l'alterazione (es. art. 354). Il punto sarà trattato successivamente nel capitolo sui mezzi di ricerca della prova e in quello sulle indagini preliminari (v. *infra*, Parte II, cap. 5; Parte III, cap. 1).

Documento e documentazione. Occorre tracciare una distinzione fondamentale tra il concetto di "documento" e quello di "documentazione".

Il documento. Il codice non dà una definizione di documento, bensì si limita a tracciare un requisito positivo e uno negativo. Il requisito *positivo* è indicato nell'art. 234, comma 1: perché vi sia un documento è sufficiente uno scritto o altro oggetto comunque idoneo a rappresentare un fatto, una persona o una cosa. Il requisito *negativo* si ricava dalla sistematica del codice come, del resto, viene sottolineato espressamente dalla *Relazione al progetto preliminare* (p. 67): l'oggetto rappresentato deve essere un atto o un fatto differente da un atto del procedimento penale (es. il diario dell'indagato o quello dell'offeso).

Ciò premesso, nel significato tecnico accolto dal codice il documento è quella rappresentazione di un fatto che è incorporata su di una base materiale, quando il fatto rappresentato è differente da un atto del procedimento penale.

La regolamentazione del documento è contenuta negli artt. da 234 a 243 del codice, collocati nel libro terzo sulle prove. Il documento, in quanto mezzo di prova, di regola è utilizzabile nel dibattimento (78).

La documentazione. Viceversa, se il fatto rappresentato è un *atto* del procedimento penale, il codice non utilizza il termine "documento", bensì il termine "documentazione". La *documentazione* è quella rappresentazione di un *atto del procedimento penale* che è incorporata su di una base materiale e che è formata da un soggetto del procedimento (giudice, pubblico ministero, polizia giudiziaria, difensore). Ad esempio, il verbale di un interrogatorio o di una perquisizione.

La modalità di "documentazione" di un atto del procedimento è, di regola, il verbale, ed è disciplinata dagli artt. da 134 a 142 nel libro secondo sugli atti. Alla documentazione si applicano quelle norme del codice che prevedono la formazione dei fascicoli, le letture e le contestazioni (es. artt. 431, 433, 500-514). Pertanto, l'utilizzabilità in dibattimento dipende dal singolo atto di cui si tratta. Ad esempio, gli atti di indagine sono, di regola, inutilizzabili in dibattimento, salvo i casi di non ripetibilità, di provata minaccia al dichiarante e di consenso dell'imputato previsti dal comma 5 dell'art. 111 Cost. (79) (80).

b. *Il documento anonimo.* La prova documentale può essere valutata dal giudice nella sua affidabilità quando è noto l'autore del documento. Infatti all'autore,

---

(78) La Corte costituzionale con la sentenza n. 142 del 1992 ha precisato che l'art. 234 non distingue tra rappresentazione di "fatti" e rappresentazione di "dichiarazioni"; pertanto il documento contenente una dichiarazione può costituire prova del fatto rappresentato nella medesima e può essere ammesso ai sensi dell'art. 190 del codice, fermo restando il diritto dell'imputato a ottenere l'esame dell'autore della dichiarazione in base all'art. 111, commi 3 e 4 Cost.

(79) In senso analogo si distingue tra *documento e documentazione informatica*. Fermo restando che l'incorporamento della rappresentazione avviene con il metodo digitale, nel documento informatico l'oggetto rappresentato è un fatto o un atto differente da un atto del procedimento penale (es. *mail* dell'imputato alla madre); nella documentazione informatica l'oggetto rappresentato è un atto del procedimento penale (es. *file* contenente la videoregistrazione di un sopralluogo allegato al verbale).

(80) Il nuovo art. 234-*bis* (introdotto dal d.l. n. 7 del 2015, così come convertito dalla legge n. 43 del 2015) regola l'acquisizione di documenti e dati informatici: « è sempre consentita l'acquisizione di documenti e dati informatici conservati all'estero, anche diversi da quelli disponibili al pubblico, previo consenso, in quest'ultimo caso, del legittimo titolare ».

chiamato a deporre, possono essere rivolte le domande che servono a valutarne la credibilità (art. 194, comma 2). Una verifica del genere non può avvenire quando è ignoto l'autore del documento. In tal caso, infatti, risulta impossibile ricercare gli elementi di prova che servono a valutare la credibilità.

È un processo giusto quello che permette all'imputato di confrontarsi con il suo accusatore; e ciò non è possibile se l'addebito proviene da un documento anonimo. In un primo approccio, definiamo anonima quella rappresentazione della quale non è identificabile l'autore. Con riferimento al documento anonimo il legislatore prevede un'apposita disciplina che tiene conto delle esigenze appena ricordate.

Il codice distingue l'ipotesi in cui il documento contenga una dichiarazione anonima dall'ipotesi in cui il documento contenga una rappresentazione diversa dalla dichiarazione (ad esempio, una foto). Nel solo caso in cui si sia in presenza di una "dichiarazione" anonima, il codice prevede la sanzione dell'inutilizzabilità (art. 240 comma 1). Pertanto, una lettera anonima che contiene la narrazione di un fatto non è utilizzabile (v. tav. 2.4.15).

Del documento anonimo che contenga una rappresentazione diversa dalla dichiarazione il codice non dà alcuna regolamentazione. Poiché è posto come regola generale il libero convincimento del giudice (art. 192, comma 1) e, a livello costituzionale, il diritto alla prova (artt. 24, comma 2 e 111, comma 3), ne deriva che le ipotesi di inutilizzabilità di elementi di prova devono essere previste espressamente. Quindi, possiamo concludere che i documenti anonimi non dichiarativi possono essere utilizzati. Ad esempio da una foto, della quale è ignoto l'autore, sarà possibile ricavare che una persona era viva alla data riportata sul giornale, che la medesima teneva in mano. Ovviamente sarà più difficile (ma non impossibile) valutare l'attendibilità della rappresentazione incorporata in un documento non dichiarativo che sia anonimo ([81]).

La verifica della provenienza. Ancora, il codice prevede che il documento possa essere sottoposto alle parti private o ai testimoni « se occorre verificarne la provenienza » (art. 239). Da tale disposizione si ricava che il documento cessa di essere anonimo quando il suo autore ne riconosce la paternità. Al tempo stesso, dall'art. 239 si può ricavare la definizione di "anonimo" accolta dal codice. È tale quella rappresentazione della quale non è identificabile l'autore. Viceversa, una volta accertato l'autore della dichiarazione, essa non è più anonima e, pertanto, diventa utilizzabile. Naturalmente, occorre poi accertare se l'autore è credibile e se la dichiarazione è attendibile.

L'assenza della sottoscrizione o la sottoscrizione illeggibile (o di fantasia) dà luogo al documento soltanto formalmente anonimo. Infatti, se vi è riconoscimento, il docu-

([81]) Se, poi, siamo di fronte ad un documento "misto" che contiene sia una dichiarazione anonima, sia una rappresentazione anonima differente dalla dichiarazione, occorre ritenere che esso sia utilizzabile in quella parte di rappresentazione che non consiste in una dichiarazione. Pertanto, un filmato anonimo è utilizzabile per la parte che contiene la videoripresa di un determinato luogo; non è utilizzabile per la parte che contiene un'eventuale narrazione che accompagna la videoripresa.

mento non è più sostanzialmente anonimo. Inoltre, l'autore della rappresentazione può essere identificato attraverso un mezzo di prova come, ad esempio, una perizia ([82]).

Il valore probatorio. Diverso è il problema del *valore probatorio* che si deve attribuire alla dichiarazione che non sia stata sottoscritta dall'autore col proprio nome, quando l'autore della stessa sia stato comunque identificato mediante perizia o riconoscimento espresso. La mancata sottoscrizione col proprio nome dimostra che l'autore non ha voluto impegnare la propria responsabilità nel fare una determinata dichiarazione. Pertanto, non si pone un problema di utilizzabilità, poiché, a seguito dell'identificazione, la dichiarazione formalmente anonima non è più tale nella sostanza; si pone invece un problema di credibilità della fonte e di attendibilità della rappresentazione. Infatti ci si può chiedere che cosa aveva da nascondere l'autore della dichiarazione, se non ha voluto sottoscriverla, evitando così di impegnare la propria responsabilità. La mancata sottoscrizione rende problematico, ma non impossibile, attribuire alla dichiarazione un sicuro significato probatorio ([83]).

Le dichiarazioni anonime utilizzabili. Il codice prevede due eccezioni al divieto di utilizzare il documento contenente dichiarazioni anonime. In base all'art. 240, comma 1 sono utilizzabili le dichiarazioni che costituiscono corpo del reato e quelle che comunque provengano dall'imputato.

La prima eccezione costituisce un'applicazione dell'art. 235, che impone che il ***corpo del reato*** sia sempre acquisito al procedimento. Da ciò si ricava che le dichiarazioni anonime sono ammesse come prove soltanto in quel procedimento penale nel quale esse costituiscono il corpo del reato, e cioè quando « mediante » le stesse o sulle stesse è stato commesso il reato, oppure quando esse ne costituiscono « il prodotto, il profitto o il prezzo » (art. 253, comma 2) ([84]).

La seconda eccezione permette di utilizzare quella ***dichiarazione anonima che provenga « comunque » dall'imputato*** (art. 240, comma 1) ([85]).

([82]) Dalle considerazioni che siamo venuti facendo si può trarre la conclusione seguente: l'identificazione dell'autore della rappresentazione non costituisce un elemento essenziale perché si abbia un "documento"; ed infatti quello anonimo è pur tuttavia un "documento". Se mai, l'identificazione dell'autore della sola "dichiarazione" anonima costituisce una condizione di utilizzabilità della stessa.

In definitiva, soltanto la mancata conoscenza dell'autore di quel tipo di rappresentazione, che è la dichiarazione anonima, la rende inutilizzabile come prova del fatto narrato. Il documento contenente la dichiarazione anonima resta, tuttavia, utilizzabile ad altri scopi; nell'esempio appena fatto, il *videotape* contenente dichiarazioni anonime può servire come prova dello stato dei luoghi e delle persone ad una determinata data.

([83]) Occorre precisare che il divieto di utilizzare la dichiarazione anonima concerne unicamente l'uso della stessa ai fini del procedimento penale; da tale dichiarazione non può essere tratto alcun elemento probatorio al fine di giustificare l'emissione di un provvedimento del giudice o del pubblico ministero (ad esempio, rispettivamente, una ordinanza che applica una misura cautelare o un decreto che dispone un sequestro probatorio). Viceversa, è legittima una mera attività investigativa che sia stata originata da una dichiarazione anonima.

([84]) Ad esempio, la dichiarazione anonima calunniosa è utilizzabile come corpo del reato nel procedimento penale promosso contro il presunto autore della dichiarazione; non è utilizzabile nel procedimento contro l'imputato che è stato calunniato.

([85]) Resta da chiarire se è richiesto che l'imputato sia l'autore della dichiarazione o se è sufficiente che l'imputato sia colui che presenta nel procedimento la dichiarazione.

Quando si accerta che l'imputato è autore della dichiarazione anonima (perché l'identificazione è avvenuta mediante riconoscimento o mediante perizia), la dichiarazione stessa cessa di essere anonima. Se si richiedesse che l'imputato fosse "l'autore" della dichiarazione, la previsione dell'eccezione nell'art. 240, comma 1 sarebbe inutile. Ma

c. La disciplina di determinati documenti. ***Documenti dei quali è vietata la acquisizione.*** Il codice vieta l'acquisizione di documenti aventi determinati oggetti. La violazione del divieto comporta l'inutilizzabilità dell'elemento di prova che se ne potrebbe ricavare.

L'art. 234, comma 3 vieta l'acquisizione di documenti che contengono informazioni sulle voci correnti nel pubblico intorno ai fatti di cui si tratta nel processo. La disposizione costituisce l'equivalente del divieto che vale per le domande che possono essere rivolte ai testimoni ed alle parti (art. 194, comma 3).

L'uso di documenti concernenti la moralità delle persone che partecipano al processo penale è regolamentato in modo rigoroso. Il codice pone un *generale divieto di utilizzazione* (art. 234, comma 3), rispetto al quale sono previste determinate eccezioni ([86]).

Documenti dei quali è obbligatoria l'acquisizione. Il codice pone l'obbligo di acquisire i documenti che costituiscono corpo del reato « qualunque sia la persona che li abbia formati o li detenga » (art. 235). Ai sensi dell'art. 253, comma 2, sono corpo del reato « le cose sulle quali o mediante le quali il reato è stato commesso nonché le cose che ne costituiscono il prodotto, il profitto o il prezzo ». Ad esempio, vi è l'obbligo di acquisire l'atto pubblico falso, da chiunque sia detenuto.

Inoltre è consentita l'acquisizione anche d'ufficio di qualsiasi documento proveniente dall'imputato (da intendersi: di cui l'imputato via l'autore), anche se sequestrato presso altri o da altri prodotto (art. 237) ([87]).

d. L'uso di atti di altri procedimenti. L'art. 238 permette alle parti di ottenere, a determinate condizioni, che siano acquisite ed utilizzate in dibattimento le prove che sono state raccolte in un altro procedimento penale o civile.

La disciplina tiene conto dell'esigenza di rispettare il contraddittorio in senso oggettivo e soggettivo, come è imposto dall'art. 111 Cost. In sintesi, gli atti di un altro procedimento, pur essendo formalmente considerati "documento" dall'art. 238, sono nella sostanza una "documentazione" di atti di carattere procedimentale e, pertanto,

---

una interpretazione che riconosca l'inutilità di una disposizione di legge non può ammettersi, in base al principio generale desumibile dall'art. 1367 c.c.

Di conseguenza, perché l'art. 240, comma 1 c.p.p. abbia un qualche significato, occorre che venga interpretato nell'altro senso; e cioè, le dichiarazioni anonime sono utilizzabili se sono state presentate ("prodotte") dall'imputato. Così, l'imputato può presentare una dichiarazione anonima della quale sia venuto "comunque" in possesso. Ovviamente il valore probatorio sarà molto limitato poiché sarà difficile dimostrare l'attendibilità della dichiarazione medesima. Tuttavia quest'ultima è utilizzabile.

([86]) Ai fini del giudizio sulla *personalità dell'imputato e della persona offesa dal reato* i documenti utilizzabili sono indicati dall'art. 236, comma 1: si tratta dei certificati del casellario giudiziale, della documentazione esistente presso gli uffici del servizio sociale e della magistratura di sorveglianza, delle sentenze irrevocabili del giudice italiano e delle sentenze straniere riconosciute.

Ai fini della valutazione della *credibilità dei testimoni* (e, riteniamo, di qualsiasi altro dichiarante) sono utilizzabili soltanto le sentenze sopra menzionate ed i certificati del casellario giudiziale (art. 236, comma 2).

([87]) Tale disposizione, dalla portata molto ampia, trova tuttavia un limite nel divieto di sequestro in presenza di segreti tutelati dal codice di procedura penale (art. 256), quale è, ad esempio, il segreto professionale. Vi è anche il divieto di sequestrare presso il difensore carte o documenti relativi all'oggetto della difesa (art. 103, comma 2) e la corrispondenza tra l'imputato ed il proprio difensore (art. 103, comma 6). Il sequestro è consentito, per carte e documenti, quando costituiscano essi stessi il corpo del reato (art. 103, comma 2).

seguono un regime di utilizzabilità che è simile a quello che vige, nel procedimento principale, per la documentazione degli atti assunti fuori del dibattimento.

Questo vale per grandi linee; adesso esponiamo nei dettagli la normativa. Anzitutto, dall'art. 238 è ricavabile un regime differente a seconda che gli atti assunti nel procedimento *a quo* siano ripetibili o non ripetibili nel procedimento *ad quem*.

1.1. *Atti non ripetibili.* I verbali degli atti non ripetibili sono utilizzabili in due ipotesi (art. 238, comma 3): 1) se si tratta di impossibilità di ripetizione originaria (es. accertamenti tecnici non ripetibili); 2) se si tratta di non ripetibilità sopravvenuta, purché essa sia dovuta a circostanze non prevedibili nel momento in cui l'atto è stato compiuto (es. verbali di sommarie informazioni rese da un possibile testimone successivamente deceduto).

1.2. *Atti ripetibili.* In relazione agli atti ripetibili nel procedimento *ad quem*, l'art. 238 effettua un'ulteriore distinzione tra i verbali di dichiarazioni e quelli di prove non dichiarative.

1.2.1. *Le prove dichiarative.* Con riferimento alle prove dichiarative occorre distinguere in base alla sede in cui esse sono state assunte.

***a*) I verbali delle dichiarazioni rese nel corso delle indagini** sono utilizzabili in due ipotesi (art. 238, comma 4): 1) se l'imputato del procedimento *ad quem* vi consente; 2) in mancanza di consenso dell'imputato, le dichiarazioni sono utilizzabili se la persona viene esaminata nel procedimento *ad quem*, nei limiti della disciplina delle contestazioni previste dagli artt. 500 e 503. La formulazione della disposizione induce a ritenere che essa effettui un rinvio all'intero disposto delle due norme richiamate, in quanto compatibili.

***b*) I verbali delle dichiarazioni assunte in incidente probatorio o in dibattimento** sono utilizzabili sia nelle ipotesi appena menzionate, sia, in assenza di tali condizioni, se il difensore dell'imputato del procedimento *ad quem* ha partecipato all'assunzione della prova (art. 238, comma 2-*bis*). La disposizione trova applicazione a prescindere dalla qualifica soggettiva dei dichiaranti, siano essi testimoni oppure imputati connessi o collegati.

***c*) Le dichiarazioni rese in un giudizio civile chiuso con sentenza irrevocabile** sono utilizzabili contro l'imputato, se nei suoi confronti fa stato la sentenza civile (art. 238, commi 2 e 2-*bis*). Occorre ricordare che, ai sensi dell'art. 2909 c.c., il giudicato civile fa stato tra le parti, i loro eredi e aventi causa. Ad avviso del legislatore, il solo fatto di essere erede o avente causa di una persona, che è stata parte in un procedimento civile, legittima l'utilizzabilità della prova ivi formata nei confronti dell'imputato nel processo penale.

1.2.2. *Le prove non dichiarative.* Per quanto la disciplina non risulti chiara, pare di poter concludere che le prove non dichiarative che siano ripetibili e che provengano dal procedimento *a quo* sono utilizzabili nel procedimento *ad quem* soltanto se si tratta di dati raccolti nell'incidente probatorio, nel dibattimento o nel giudizio civile concluso con sentenza irrevocabile ([88]).

Il diritto di esaminare l'autore delle dichiarazioni. La possibilità di utilizzare prove o atti di un altro procedimento incontra un limite generale: le parti del procedimento *ad quem* hanno il diritto di ottenere l'esame della persona le cui dichiarazioni sono state acquisite, purché l'atto sia ripetibile (art. 238, comma 5). Se l'esame ha luogo, la lettura dei verbali di dichiarazioni può avvenire soltanto dopo che

---

([88]) Occorre segnalare che l'aspetto procedimentale della richiesta di ammissione in dibattimento è regolato dall'art. 468, comma 4-*bis*, ai sensi del quale « la parte che intende chiedere l'acquisizione di verbali di prove di altro procedimento penale deve farne espressa richiesta unitamente al deposito delle liste ». Si veda, *infra*, Parte III, cap. 5, § 2.

la persona è stata interrogata (art. 511-*bis*). Ancora una volta il codice valorizza il principio costituzionale secondo cui « la colpevolezza dell'imputato non può essere provata sulla base di dichiarazioni rese da chi, per libera scelta, si è sempre volontariamente sottratto all'interrogatorio da parte dell'imputato o del suo difensore » (art. 111, comma 4 Cost.; 526, comma 1-*bis* c.p.p.).

Le sentenze irrevocabili. Infine, l'art. 238-*bis* consente che le *sentenze irrevocabili* possano essere « acquisite ai fini della prova di (un) fatto in esse accertato ». Ne consegue che la decisione può essere utilizzata al fine di ritenere provato il fatto accertato nella sentenza. Il codice pone come condizione che vi siano riscontri esterni che ne confermino l'attendibilità ai sensi dell'art. 192, comma 3. Naturalmente le parti sono ammesse a provare il contrario (89).

e. *I documenti illegali.* L'art. 240 comma 2 disciplina due peculiari categorie di documenti predisposti attraverso attività che, in sintesi, possiamo definire *spionaggio e dossieraggio illeciti.* La norma appena ricordata commina in relazione ad essi la sanzione della inutilizzabilità rafforzata dall'obbligo di distruzione. Il requisito comune alle due categorie è insito nel concetto stesso di documento e consiste nel "rappresentare un fatto che deve essere differente da un atto del procedimento penale". Di conseguenza, sfuggono alle due categorie di documenti illegali quelle intercettazioni che sono state autorizzate dall'autorità giudiziaria; queste ultime, ove siano state compiute senza l'osservanza delle norme processuali richiamate nell'art. 271, sono sanzionate dall'inutilizzabilità ad opera del medesimo articolo.

Lo spionaggio e dossieraggio illeciti. Passiamo all'esame delle due categorie di documenti che sono colpiti dalla inutilizzabilità rafforzata. Quello che definiamo "*spionaggio illecito*" è indicato nel comma 2 dell'art. 240 con la seguente espressione: « dati e contenuti di conversazioni o comunicazioni, relativi a traffico telefonico e telematico, illegalmente formati o acquisiti ». Tale categoria ricomprende, ad esempio, le intercettazioni abusive, sanzionate dagli artt. 617 e seguenti del codice penale.

Quello che definiamo "*dossieraggio illecito*" è indicato nel comma 2 dell'art. 240 con la seguente espressione: « documenti formati attraverso la raccolta illegale di informazioni ». Si tratta di quel trattamento illecito di dati personali che è punito dagli artt. 167-171 del codice *privacy* (d.lgs. n. 196 del 2003). Non rientrano in tale categoria la raccolta di dati non personali ed il trattamento di dati personali in violazione di norme del codice *privacy* diverse da quelle ricordate. I materiali appena menzionati, qualora non si scontrino con divieti probatori o non siano colpiti da

---

(89) La norma è stata introdotta dalla legge 7 agosto 1992, n. 356, finalizzata alla repressione della criminalità mafiosa. Lo scopo dichiarato consisteva nell'introdurre una semplificazione probatoria evitando che all'interno di ogni processo per i reati-scopo risultasse necessario provare *ex novo* l'esistenza del reato associativo con notevole aggravio di tempi. Nonostante la specificità della causa che ne ha determinato l'introduzione, l'art. 238-*bis* non è stato limitato a particolari tipologie di reati e, dunque, ha un ambito applicativo generale. La disposizione deve essere oggetto di una interpretazione adeguatrice che tenga conto del principio costituzionale del contraddittorio; correttamente la giurisprudenza afferma che le dichiarazioni rese *contra alios* da chi si è sempre sottratto all'esame dell'imputato e del suo difensore sono inutilizzabili anche se contenute in una sentenza irrevocabile legittimamente acquisita ai sensi dell'art. 238-*bis* c.p.p., in quanto tale modalità acquisitiva delle dichiarazioni si risolverebbe in un espediente elusivo delle garanzie dettate dall'art. 526, comma 1-*bis.*

inutilizzabilità speciale (es. documenti contenenti dichiarazioni anonime *ex* art. 240 comma 1), saranno *utilizzabili* nel processo penale.

In relazione alle due categorie menzionate di documenti sono previsti i seguenti obblighi e divieti:

1) il pubblico ministero deve disporre l'immediata segretazione e custodia in luogo protetto;

2) è vietato effettuare copia in qualunque forma e in qualunque fase del procedimento;

3) è sancita la inutilizzabilità dei documenti illegali previsti nel comma 2 dell'art. 240;

4) il pubblico ministero entro quarantotto ore deve chiedere al giudice per le indagini preliminari di disporre la distruzione dei relativi documenti, supporti ed atti (comma 3).

L'intervento normativo in esame ha, dunque, introdotto una forma di inutilizzabilità "rafforzata" dalla distruzione in relazione ai documenti acquisiti in violazione delle norme penali poste a tutela della sfera più intima ed inviolabile dell'individuo. Si tratta di una sanzione che va oltre la portata, già pesante, della inutilizzabilità comune, disciplinata dall'art. 191, comma 2.

La procedura di distruzione. Le operazioni di distruzione si svolgono nel contraddittorio tra le parti. L'art. 240 comma 4 prevede che il giudice per le indagini preliminari, entro le quarantotto ore dalla richiesta del pubblico ministero, fissi una udienza in camera di consiglio che dovrà tenersi entro dieci giorni. Le parti private vengono avvisate che potranno nominare un difensore di fiducia, almeno tre giorni prima della data dell'udienza.

L'art. 240 comma 5 disciplina lo svolgimento dell'udienza, che è finalizzata ad accertare la tipologia e la illegalità dei materiali, con modalità e tempi decisamente contratti. Sentite le parti, il giudice per le indagini preliminari legge il provvedimento in udienza e, qualora ne ravvisi i presupposti, dispone la distruzione e vi dà esecuzione subito dopo, alla presenza del pubblico ministero e dei difensori delle parti.

La disciplina in esame è stata oggetto di una pronuncia di incostituzionalità che ha inteso rafforzare il contraddittorio camerale. L'art. 240 commi 4 e 5, nella sua versione originaria, prevedeva lo svolgimento di un contraddittorio facoltativo, attraverso il richiamo alla disciplina dell'udienza in camera di consiglio (art. 127). La Corte costituzionale, con la sentenza n. 173 del 2009, ha imposto che sia applicata una disciplina modellata sullo svolgimento dell'incidente probatorio. In particolare, all'udienza dovrà applicarsi l'art. 401, comma 1 in base al quale essa si svolge in camera di consiglio con la partecipazione necessaria del pubblico ministero e del difensore dell'indagato e con la partecipazione facoltativa del difensore della persona offesa. Inoltre, troverà applicazione l'art. 401, comma 2 a mente del quale in caso di mancata comparizione del difensore dell'indagato, il giudice deve designare un altro difensore immediatamente reperibile.

La distruzione del corpo del reato. La declaratoria di incostituzionalità ha avuto ad oggetto anche ulteriori aspetti della disciplina. L'art. 240, comma 6, nella sua versione originaria, disciplinava il verbale di distruzione e stabiliva che in esso si doveva dare atto dell'avvenuta intercettazione o detenzione o acquisizione illecita, delle sue modalità e dei soggetti interessati, senza alcun riferimento al contenuto dei relativi documenti, supporti ed atti. Al tempo stesso, il nuovo comma 1-*bis*, introdotto nell'art. 512, concernente la lettura di atti per sopravvenuta impossibilità di ripetizione, stabiliva che nel dibattimento era sempre consentita la lettura dei verbali relativi all'acquisizione ed alle operazioni di distruzione dei documenti illeciti.

La Corte costituzionale, con la sentenza n. 173 del 2009 ha rilevato che la disciplina censurata attuava un bilanciamento insoddisfacente tra le istanze contrapposte, costituite dalla necessità di tutelare la riservatezza e dall'esigenza di garantire il diritto alla prova e l'accertamento dei fatti. Al tempo stesso — nel sollecitare un intervento del legislatore volto a ridisciplinare più accuratamente la materia — ha sottolineato che la distruzione appare un rimedio d'emergenza; ciononostante, allo stato attuale tale strumento si configura come indispensabile a fronte della situazione di incertezza sulla effettività della tutela del diritto alla riservatezza contro indebite diffusioni mediatiche di informazioni delicatissime.

Il verbale sostitutivo del corpo del reato. Alla luce di tali rilievi, la Corte ha rafforzato il contenuto rappresentativo del verbale: esso diviene un vero e proprio *surrogato* di quel corpo del reato che è distrutto. Anzitutto, la Consulta ha affermato che una corretta interpretazione della disciplina in oggetto impone di ritenere che il verbale « non può esercitare alcun condizionamento sulla decisione da assumere nell'ambito del procedimento principale » relativo alla responsabilità dell'autore del documento illecito. La funzione primaria del verbale è quella di costituire una prova « *sostitutiva* » del corpo del reato. Da tale impostazione consegue che tanto più il verbale risulta dettagliato, tanto meglio esso esplica la propria funzione "surrogatoria". Per questo motivo, ad avviso della Corte, « è costituzionalmente necessario allargare le potenzialità rappresentative del verbale in questione, includendovi anche tutte le circostanze che hanno caratterizzato l'attività diretta all'intercettazione, alla detenzione ed all'acquisizione del materiale ». Resta fermo quel limite invalicabile a tutela della riservatezza che è costituito dal divieto di far riferimento alle informazioni contenute nel documento illecito. Se il verbale si estendesse anche a tale oggetto, all'evidenza la distruzione risulterebbe inutile. Ad avviso della Corte, la correttezza e l'obiettività del verbale sostitutivo sono garantite dal fatto che tale documentazione si forma nel contraddittorio necessario tra le parti (90).

(90) Alla luce di tali argomentazioni, la Corte cost. ha dichiarato l'illegittimità dell'art. 240, comma 6 nella parte in cui impedisce che il verbale faccia riferimento alle « circostanze inerenti l'attività di formazione, acquisizione e raccolta » dei documenti, supporti ed atti dei quali è stata disposta la distruzione. Una simile conclusione, per un verso, appare assolutamente condivisibile nella parte in cui esclude che la decisione sulla distruzione possa in qualunque modo condizionare il successivo accertamento della responsabilità dell'autore del reato. L'udienza sulla distruzione, infatti, è caratterizzata dai tempi rapidi di svolgimento e dalla natura incidentale e sommaria di un giudizio nel quale non si contempla una assunzione di prove. Per un altro verso, tuttavia, resta il pericolo costituito dal peso che in concreto la decisione sulla distruzione e il dettagliato verbale, che ne scaturisce, possono sortire sul successivo processo. D'altronde, in assenza di un intervento del legislatore che predisponga idonee norme finalizzate ad assicurare una tutela preventiva della riservatezza (segretazione, custodia garantita dei materiali illeciti ecc.), la soluzione prospettata appare l'unica via d'uscita possibile al fine di attuare un bilanciamento "non troppo claudicante" tra gli interessi contrapposti.

Schema n. 1. I contributi probatori dell'imputato

Esame dell'imputato	*Esame dell'imputato connesso o collegato*		*Esame del testimone assistito*	
imputato nel proprio processo (208, 209)	(1) imputato *concorrente* (con processo pendente; 12.a e 210 co. 1-5)	(2) imputato *connesso teleologicamente* (12.c) o *collegato* (371.2.b) che *non* ha reso dichiarazioni sul fatto altrui (210 co. 6)	(3) imputato connesso teleologicamente (12.*c*) o collegato (371 co. 2, *b*) *con processo pendente*, che ha reso dichiarazioni sul fatto altrui (197-*bis* co. 2)	(4) imputato connesso o collegato (197-*bis* co. 1) con sentenza irrevocabile. N.B. gli imputati assolti *per non aver commesso il fatto o perché il fatto non sussiste* sono esaminati senza l'assistenza di un difensore e senza necessità di riscontri esterni
— non ha l'obbligo di presentarsi; può chiedere o consentire all'esame (208);	— hanno l'obbligo di presentarsi (210 co. 2); — sono assistiti dal difensore di fiducia o d'ufficio (210 co. 3; 197-*bis* co. 3); — le loro dichiarazioni sono valutate unitamente agli altri elementi di prova che ne confermano l'attendibilità (192 co. 3 e 4; 197-*bis* co. 6)			
— ha diritto al silenzio; ma, se rifiuta di rispondere, ne è fatta menzione nel verbale (209 co. 2)	— è avvisato che ha la facoltà di non rispondere (210.4)	— ha l'obbligo di presentarsi (210 co. 2) — è avvisato (64 co. 3, *c*) che, se renderà dichiarazioni su fatti altrui, sarà testimone su tali fatti, salvo le incompatibilità *ex* 197	— ha l'obbligo di presentarsi (198 co. 1). — deve dire la verità sul fatto altrui già dichiarato. — non può essere obbligato a deporre su fatti che concernono la *propria* responsabilità in ordine al reato per cui si procede nei suoi confronti (197-*bis* co. 4)	— ha l'obbligo di presentarsi (198 co. 1). — ha l'obbligo di rispondere secondo verità su fatti *altrui* e *propri*. — non può essere obbligato a deporre sui fatti attinenti al *proprio* giudicato di condanna se aveva negato la *propria* responsabilità o non aveva reso alcuna dichiarazione (197-*bis* co. 4)
			— le dichiarazioni non possono essere utilizzate contro la persona che le ha rese (197-*bis* co. 5)	

Capitolo V
I MEZZI DI RICERCA DELLA PROVA

SOMMARIO: 1. Profili generali. — 2. Le ispezioni. — 3. Le perquisizioni. — 4. Il sequestro probatorio. — 5. Le intercettazioni di conversazioni o comunicazioni. — 6. I nuovi strumenti della tecnica.

1. Profili generali.

Il codice definisce « mezzi di ricerca della prova » le ispezioni, le perquisizioni, i sequestri e le intercettazioni di comunicazioni. La differenza rispetto ai mezzi di prova è giustificata nella *Relazione al prog. prel.* nei seguenti termini: i mezzi di prova « si caratterizzano per l'attitudine ad offrire al giudice risultanze probatorie *direttamente utilizzabili* in sede di decisione. Al contrario, i mezzi di ricerca della prova *non sono di per sé fonte di convincimento*, ma rendono possibile acquisire cose materiali, tracce o dichiarazioni dotate di attitudine probatoria ».

Sulla base di quanto esposto, è possibile approfondire la differenza tra i due concetti. In primo luogo, l'elemento probatorio *si forma* attraverso l'esperimento del mezzo di prova; ad esempio, il testimone racconta fatti che ha percepito. Viceversa, attraverso il mezzo di ricerca della prova entra nel procedimento un elemento probatorio che *preesiste* allo svolgersi del mezzo stesso; ad esempio, con la perquisizione si mira ad acquisire al procedimento una cosa pertinente al reato. Lo stesso avviene in caso di ispezione, perquisizione e intercettazione di comunicazioni (1).

In secondo luogo, i mezzi di prova possono essere assunti soltanto davanti al giudice nel dibattimento o nell'incidente probatorio; viceversa, i mezzi di ricerca della prova possono essere esperiti già durante le indagini, oltre che dal giudice, anche dal pubblico ministero e, in alcune ipotesi, possono essere compiuti dalla polizia giudiziaria (artt. 352-354).

In terzo luogo, i mezzi di ricerca della prova si basano, di regola, sul fattore "sorpresa" e, perciò, non consentono il preventivo avviso al difensore dell'indagato quando sono compiuti nella fase delle indagini. Viceversa, i mezzi di prova sono assunti con la piena attuazione del contraddittorio per la formazione della prova, nel dibattimento o nell'incidente probatorio (art. 392).

I mezzi di ricerca della prova informatica: particolarità. Al pari di quanto precisato nel capitolo sui mezzi di prova, lo sviluppo della tecnologia ha avuto conseguenze anche sui mezzi di ricerca della prova informatica (2).

Ciò premesso, sono ***oggetti materiali*** dei mezzi di ricerca della prova sia il singolo supporto informatico (*pen drive, floppy disk, CD, DVD, hard disk*), sia il sistema che

---

(1) Segnaliamo che è prevista una disciplina speciale per le perquisizioni, le ispezioni, i sequestri e le intercettazioni che debbano svolgersi presso il difensore (art. 103) (v. *supra*, parte II, cap. 1, § 6, lett. *f*).

(2) Nel capitolo precedente, trattando del documento, abbiamo chiarito che in base alla normativa vigente il supporto informatico deve considerarsi autonomo rispetto al documento digitale. Abbiamo anche chiarito che l'incorporamento avviene con una modalità particolare (digitale); esso differisce dall'incorporamento analogico su una base materiale (es. sulla carta o su un disco di vinile). È proprio per questo motivo che vi sono problemi in punto di modificabilità del documento informatico, di falsificabilità, di possibilità di distruzione del medesimo. Per tali ragioni,

contiene uno o più dei supporti (ora menzionati) e che consiste nel semplice *computer* o in un intero sistema telematico. I singoli documenti informatici, che sono registrati nei supporti o nei sistemi predetti, sono gli ***oggetti dematerializzati*** dei mezzi di ricerca della prova.

Le garanzie introdotte per i mezzi di ricerca della prova informatica. La legge n. 48 del 2008 ha ricondotto la perquisizione, l'ispezione e il sequestro di un sistema o supporto informatico all'interno dei mezzi "tipici" di ricerca della prova e ne ha fornito una regolamentazione specifica, della quale daremo conto; ormai non si può più parlare di mezzi *atipici* (3). Al tempo stesso, la medesima legge ha introdotto, in relazione ai mezzi di ricerca del documento informatico, cinque garanzie fondamentali, che dovrebbero essere attuate in ognuno dei mezzi di ricerca. Le garanzie sono le seguenti:

1) Il dovere di conservare inalterato il dato informatico originale nella sua genuinità.

2) Il dovere di impedire l'alterazione successiva del dato originale.

3) Il dovere di formare una copia che assicuri la conformità del dato informatico acquisito rispetto a quello originale.

4) Il dovere di assicurare la non modificabilità della copia del documento informatico.

5) La garanzia dell'installazione di sigilli informatici sui documenti acquisiti (4).

2. Le ispezioni.

L'ispezione (art. 244) consiste *nell'osservare e descrivere* persone, luoghi e cose allo scopo di accertare le tracce e gli altri effetti materiali del reato. L'ispezione è un mezzo di ricerca della prova che ha prevalentemente una finalità "descrittiva"; è disposta, di regola, dall'autorità giudiziaria quando occorre « accertare le tracce e gli altri effetti materiali del reato » (art. 244, comma 1). Se il reato non ha lasciato tracce o effetti materiali (o se questi sono scomparsi) l'autorità giudiziaria, se possibile, cerca di individuare il modo, il tempo e le cause delle eventuali modificazioni; in ogni caso può disporre rilievi ed ogni altra operazione tecnica, anche in relazione a sistemi informatici o telematici, adottando misure tecniche dirette ad assicurare la conservazione dei dati originali e ad impedirne l'alterazione (art. 244, comma 2, mod. dalla legge n. 48 del 2008, l. r. Budapest).

---

può essere arduo conservare inalterato un documento informatico, in modo da assicurare che la prova sia autentica e genuina.

(3) Prima della legge n. 48 del 2008, che ha ratificato la Convenzione di Budapest sulla criminalità informatica, l'ispezione, la perquisizione ed il sequestro di un sistema o di un supporto informatico ricevevano nella prassi un inquadramento giuridico come mezzi atipici di ricerca della prova.

(4) La legge n. 48 del 2008 non è stata sistematica; a causa della fretta con la quale è stata approvata, il Parlamento si è dimenticato ora di una, ora di un'altra delle garanzie che, viceversa, sono necessarie tutte e contemporaneamente nel caso di un mezzo di ricerca della prova informatica. Le lacune non trovano una giustificazione logica se non nella sommarietà dell'approccio alla problematica del documento informatico. In casi come questo spetta alla dottrina ed alla giurisprudenza di ricomporre il sistema in via interpretativa. Con tutti i problemi che ciò comporta, visto che la materia attiene ad alcuni dei diritti fondamentali garantiti dalla Costituzione.

Se necessario, l'ispezione si svolge con l'impiego di poteri coercitivi. Sia il giudice, sia il pubblico ministero possono disporre l'intervento della polizia giudiziaria e, se necessario, della forza pubblica (artt. 131 e 378). Poiché il potere coercitivo incide su libertà protette dalla Costituzione, il codice prevede determinate formalità per le ispezioni delle persone e dei luoghi; in ogni caso, l'ispezione è disposta con decreto motivato.

L'ispezione personale ha ad oggetto il corpo di un essere umano vivente o parti di esso: può trattarsi dunque di qualsiasi parte del corpo, sia normalmente visibile, sia celata all'altrui vista. Questo tipo di ispezione ha una normativa tutta particolare (art. 245). Prima che si proceda a tale atto l'interessato è avvertito della facoltà di farsi assistere da una persona di fiducia, purché questa sia prontamente reperibile e idonea a norma dell'art. 120 (ad esempio, deve avere almeno quattordici anni). L'ispezione personale è eseguita, nei limiti del possibile, nel rispetto del pudore; è eseguita sempre nel rispetto della dignità della persona che vi è sottoposta (art. 245, comma 2). L'ispezione può essere compiuta anche per mezzo di un medico, che può non essere un medico legale. Ove intervenga un medico, l'autorità giudiziaria può astenersi dall'assistere alle operazioni (art. 245, comma 3).

Altre norme valgono specificamente per ***l'ispezione di luoghi o di cose.*** La persona che ha la disponibilità del luogo in cui è eseguita l'ispezione, ed anche l'imputato, hanno diritto, se presenti, ad avere copia del decreto che autorizza l'atto. L'autorità giudiziaria, oltre al potere di disporre della forza pubblica, ha anche il potere di ordinare che taluno non si allontani prima che le operazioni siano concluse e può far ricondurre coattivamente sul posto il trasgressore (art. 246).

Nelle fasi dell'udienza preliminare o del dibattimento, l'ispezione di persone, di luoghi o di cose è disposta dal giudice.

Durante le indagini preliminari l'ispezione è compiuta dalla polizia di propria iniziativa in situazione di urgenza sotto la forma di "accertamenti e rilievi" (art. 354 comma 2). Occorre sottolineare che la polizia giudiziaria in casi del genere può disporre di sua iniziativa soltanto quei "rilievi sulle persone", che sono diversi dall'ispezione personale (art. 354, comma 3).

Quando il pubblico ministero procede ad ispezione (personalmente o mediante delega alla polizia giudiziaria), il difensore dell'indagato deve essere preavvisato almeno ventiquattro ore prima (art. 364 comma 3). Nei casi di assoluta urgenza, quando vi è fondato motivo di ritenere che il ritardo possa pregiudicare la ricerca o l'assicurazione della prova, il pubblico ministero può procedere anche prima del termine fissato dandone avviso al difensore senza ritardo, o anche senza darne avviso, se vi è fondato motivo di ritenere che le tracce possano essere alterate; è fatta salva in ogni caso la facoltà del difensore di intervenire (art. 364, commi 3-5). Quando omette l'avviso o procede prima del termine, il pubblico ministero deve specificamente indicare, a pena di nullità, i motivi della deroga e le modalità dell'avviso (art. 364, comma 6).

3. Le perquisizioni.

La perquisizione (art. 247) consiste nel *ricercare* una cosa da assicurare al procedimento o una persona da arrestare. La perquisizione ***personale*** è disposta quando vi è fondato motivo di ritenere che taluno occulti sulla persona il corpo del reato o le "cose pertinenti al reato". In quest'ultimo concetto rientrano le cose che hanno la funzione di provare il reato o la responsabilità del suo autore. La perquisizione ***locale*** è disposta quando vi è fondato motivo di ritenere che tali cose si trovino in un determinato luogo ovvero che in esso possa eseguirsi l'arresto dell'imputato o dell'evaso (art. 247, comma 1).

La perquisizione ***informatica*** è disposta « quando vi è fondato motivo di ritenere che dati, informazioni, programmi informatici o tracce comunque pertinenti al reato si trovino in un sistema informatico o telematico », anche qualora tale sistema sia protetto da misure di sicurezza; devono essere adottate « misure tecniche dirette ad assicurare la conservazione dei dati originali e ad impedirne l'alterazione » (art. 247, comma 1-*bis*, introdotto dalla legge n. 48 del 2008, l. r. Budapest).

La perquisizione è disposta dall'autorità giudiziaria (e cioè dal giudice o dal pubblico ministero) con decreto motivato; la motivazione dovrà attestare la presenza di sufficienti indizi di un reato. Alla perquisizione l'autorità giudiziaria può procedere personalmente o può delegarne l'esecuzione ad un ufficiale di polizia giudiziaria.

I presupposti del potere di perquisizione. Il requisito del « fondato motivo di ritenere » che il corpo del reato o le cose ad esso pertinenti si trovino occultate in luoghi o persone (art. 247, comma 1) comporta la necessità che la motivazione del decreto di perquisizione individui gli estremi essenziali del fatto illecito e delle norme che si assumono violate. In caso contrario, la perquisizione da mezzo di ricerca della prova si trasformerebbe in strumento di ricerca di una notizia di reato e la sua funzione sarebbe quella di prevenzione dei reati, con sovvertimento della separazione dei poteri dello Stato.

La ricerca di una cosa determinata. È prevista una modalità meno invasiva della perquisizione, quando si ricerca una cosa determinata (art. 248, comma 1). L'autorità giudiziaria può limitarsi ad "invitare" taluno a consegnare la cosa. Se l'invito è accolto e la cosa è presentata, non si fa luogo a perquisizione, salvo che sia utile procedervi per la completezza delle indagini. Può darsi, infatti, che sia necessario conoscere anche il luogo dove la cosa era conservata o nascosta.

Regolamentazione dell'atto di perquisizione. Nel compiere una perquisizione devono essere osservate alcune formalità a tutela dei diritti di libertà garantiti dalla Costituzione. Se deve essere eseguita la perquisizione di una *persona* (art. 249), occorre consegnare a questa una copia del decreto con l'avviso della facoltà di farsi assistere da persona di fiducia, purché prontamente reperibile e idonea (5).

Se deve essere eseguita la perquisizione di un *luogo* (art. 250), va consegnata copia del decreto all'interessato ed a colui che abbia la disponibilità del luogo,

---

(5) La persona deve avere almeno quattordici anni e non essere inferma di mente, oltre ad altri requisiti imposti dall'art. 120.

qualora costoro siano presenti. Ad essi deve essere dato avviso della facoltà di farsi assistere o rappresentare da una persona di fiducia, a condizione che questa sia prontamente reperibile e idonea (v. *supra*). La differenza con la perquisizione personale sta nel fatto che l'interessato può anche farsi rappresentare dalla persona di fiducia.

Le cose rinvenute nel corso della perquisizione, se costituiscono corpo del reato o sono pertinenti al reato, sono sottoposte a sequestro (art. 252). Se si trova la persona ricercata, si dà esecuzione all'ordinanza di custodia cautelare o ai provvedimenti di arresto o di fermo.

Nelle fasi dell'udienza preliminare e del dibattimento la perquisizione è disposta dal giudice.

La perquisizione su iniziativa del pubblico ministero. Nel corso delle indagini preliminari la perquisizione è ordinata dal pubblico ministero, che vi provvede personalmente o delegandola ad un ufficiale di polizia giudiziaria (artt. 247, comma 3 e 370, comma 1). All'indagato, che sia eventualmente presente alla perquisizione, viene chiesto se è assistito da un difensore; qualora l'indagato ne sia privo, è designato un difensore d'ufficio (art. 365).

La perquisizione di iniziativa della polizia giudiziaria. Sempre nel corso delle indagini preliminari la polizia giudiziaria può procedere di propria iniziativa a perquisizione personale o locale, ma soltanto in flagranza di reato o nel caso di evasione (art. 352; requisiti meno rigorosi valgono per le perquisizioni previste in varie leggi speciali).

Se l'indagato è presente alla perquisizione, la polizia deve avvertirlo della facoltà di farsi assistere dal difensore di fiducia (art. 114 disp. att.); questi può intervenire all'atto (art. 356).

Trasmissione al pubblico ministero per la convalida. La polizia giudiziaria deve trasmettere il verbale delle operazioni senza ritardo al pubblico ministero del luogo, nel quale la perquisizione è stata eseguita. Il magistrato convalida la perquisizione nelle quarantotto ore successive, se ne ricorrono i presupposti.

La perquisizione non seguita da sequestro. Lo sbocco naturale di una perquisizione è il sequestro della cosa trovata; in tal caso è impugnabile il provvedimento di sequestro unitamente alla perquisizione che l'ha originato. Nel caso in cui alla perquisizione non consegua un sequestro, l'art. 1, comma 24 della legge-delega n. 134 del 2021 (riforma Cartabia) introdurrà un controllo giurisdizionale della legittimità della perquisizione. Si è previsto il diritto della persona sottoposta alle indagini e dei soggetti interessati di proporre opposizione innanzi al giudice per le indagini preliminari avverso il decreto di perquisizione cui non consegua un provvedimento di sequestro.

4. Il sequestro probatorio.

I tipi di sequestro. Il codice prevede tre distinte forme di sequestro: il sequestro "probatorio" (art. 253), il sequestro "preventivo" (art. 321) ed il sequestro "conservativo" (art. 316). Il primo è collocato tra i mezzi di ricerca della prova; gli altri due tra le misure cautelari (v. tav. 2.5.1).

Comune ai tre tipi di sequestro è la caratteristica di creare un vincolo di indisponibilità su una cosa mobile od immobile, attraverso uno spossessamento coattivo della medesima. Differenti sono le finalità dei tre strumenti che, di conseguenza, hanno una distinta regolamentazione. La collocazione del sequestro preventivo e di quello conservativo tra le misure cautelari è giustificata nella *Relazione al progetto preliminare* sulla base della maggiore incisività dei due atti sui diritti soggettivi; in particolare, con il sequestro preventivo si crea non soltanto un vincolo di indisponibilità, bensì si tende anche a inibire l'attività di un soggetto.

Il sequestro probatorio (art. 253) consiste *nell'assicurare* una cosa mobile od immobile al procedimento per finalità probatorie, mediante lo spossessamento coattivo della cosa e la creazione di un vincolo di indisponibilità sulla medesima. Tale vincolo serve per conservare immutate le caratteristiche della cosa, al fine dell'accertamento dei fatti. È necessario un requisito "naturalistico", e cioè che vi sia un bene materiale; altri sono i mezzi per creare vincoli rispetto a posizioni giuridiche soggettive o a beni immateriali (ad esempio, il sequestro conservativo di un saldo di conto corrente o il sequestro preventivo di una quota di partecipazione in una società). È necessario anche un requisito "giuridico": 1) che si tratti del corpo del reato ([6]) o di una cosa pertinente al reato ([7]); 2) che la cosa sia "necessaria" per l'accertamento dei fatti ([8]).

I presupposti del potere di sequestro. I presupposti del potere di sequestro probatorio sono stati precisati dalla giurisprudenza. In un caso che ha coinvolto un noto uomo politico la S.C. ha dichiarato « l'illegittimità di un sequestro avente primari fini esplorativi volto ad acquisire la notizia di reato in ordine ad un illecito non individuato nella sua specificità fattuale » ([9]). Il sequestro probatorio — si è ribadito nella sentenza — « presuppone l'individuazione di un ***fatto costituente reato, individuato nei suoi tratti essenziali di tempo, luogo e azione***, e, in relazione ad esso, la prospettazione a pena di nullità della condotta incriminata, la riconduzione ad una fattispecie di reato e l'indicazione della relazione intercorrente tra i beni sottoposti a vincolo e l'ipotesi criminosa ». In particolare, il decreto di sequestro deve « delineare i tratti della condotta e della fattispecie di reato (...) strettamente correlata all'esigenza di dar conto del nesso di pertinenzialità con il bene ».

([6]) *Il corpo del reato* è configurato, secondo la definizione data dall'art. 253, comma 2, non solo dalle cose sulle quali il reato è stato commesso, ma anche da quelle che ne sono il prodotto, il profitto o il prezzo. Questa seconda locuzione comprende sia le cose acquisite direttamente con il reato o da questo create, sia qualsiasi vantaggio patrimoniale e non patrimoniale ricavato dal reato, sia i beni valutabili economicamente dati o promessi al colpevole per la commissione del reato.

([7]) *Le cose pertinenti al reato* sono le cose che servono, anche indirettamente, ad accertare la commissione dell'illecito, il suo autore e le circostanze del reato, con riferimento ad ogni possibile legame, individuabile caso per caso tra le cose stesse e l'accertamento dell'illecito, che sia ritenuto rilevante ai fini del processo.

([8]) Le persone, che hanno l'obbligo di mantenere il segreto professionale (art. 200) o il segreto di ufficio (art. 201) o di Stato (art. 202) ed alle quali l'autorità giudiziaria chieda di consegnare atti o documenti coperti dai segreti appena menzionati, sono tenute a dichiarare per iscritto l'esistenza del segreto (art. 256 comma 1). La decisione sull'esistenza del segreto spetta al giudice penale, se si tratta di segreto professionale o di ufficio (art. 256 comma 2); spetta al presidente del consiglio dei ministri se si tratta del segreto di Stato (art. 256 commi 3-5).

([9]) Cass., sez. VI, 15 settembre - 30 ottobre 2020, in *Giur. pen.*, 3 novembre 2020.

Inoltre, la Cassazione ha richiesto che il sequestro osservi il ***principio di proporzionalità***, che « segna il limite entro il quale la compressione di un'istanza fondamentale per fini processuali risulta legittima. Ogni misura, per dirsi proporzionata all'obiettivo da perseguire, richiede che l'interferenza con il pacifico godimento dei beni trovi un giusto equilibrio tra i divergenti interessi in gioco » ([10]).

Regolamentazione. All'interessato, se presente, deve essere consegnata copia del decreto di sequestro (art. 253, comma 4). Poiché il sequestro è un "atto a sorpresa", il difensore dell'indagato ha il diritto di assistere senza preavviso (art. 356).

Il sequestro è mantenuto fino a quando sussistono le esigenze probatorie (art. 262, comma 1). Il limite massimo è la sentenza irrevocabile; dopodiché la cosa deve essere restituita, salvo che ne sia stata ordinata la confisca (art. 262, comma 4).

La conversione di un tipo di sequestro in un altro è possibile soltanto se è emesso un provvedimento autonomo rispondente ai requisiti ed alle finalità del nuovo tipo di sequestro. Il codice prevede espressamente le singole ipotesi di conversione. Il sequestro probatorio può essere convertito in sequestro conservativo (art. 262, comma 2) o preventivo (art. 262, comma 3) con apposito provvedimento del giudice emesso su richiesta del soggetto rispettivamente legittimato.

Nelle fasi dell'udienza preliminare e del dibattimento il sequestro probatorio è disposto dal giudice con decreto motivato.

Nel corso delle indagini preliminari il decreto motivato di sequestro è emanato, di regola, dal pubblico ministero. All'indagato, che sia eventualmente presente al sequestro, viene chiesto se è assistito da un difensore; qualora l'indagato ne sia privo, è designato un difensore d'ufficio (art. 365).

Il sequestro probatorio operato dalla polizia giudiziaria. Sempre durante le indagini preliminari la polizia giudiziaria interviene soltanto in situazione di urgenza. Infatti, in sede di sopralluogo la polizia di sua iniziativa deve curare che le tracce o le cose pertinenti al reato siano conservate fino all'eventuale intervento del pubblico ministero (art. 354, comma 1). Se vi è pericolo nel ritardo ed il pubblico ministero non può intervenire tempestivamente o non ha ancora assunto la direzione delle indagini, la polizia giudiziaria effettua il sequestro (art. 354, comma 2). Se l'indagato è presente al sequestro, la polizia deve avvertirlo della facoltà di farsi assistere dal difensore di fiducia (art. 114 disp. att.); questi può intervenire all'atto (art. 356).

Trasmissione al pubblico ministero per la convalida. Il verbale del sequestro è trasmesso entro quarantotto ore al pubblico ministero del luogo dove il sequestro è stato eseguito; questi, nelle quarantotto ore successive, convalida il sequestro con decreto motivato, se ne ricorrono i presupposti (art. 355, comma 2) ([11]).

Sequestro operato in seguito a perquisizione illegittima. Il problema della validità o meno del sequestro della cosa rinvenuta a seguito di una perquisizione illegittima è stato risolto in modo contrastante sia in dottrina, sia in giurisprudenza.

([10]) Cass., sez. VI, 22 settembre - 2 dicembre 2020, n. 34265, in *Penalista*, 10 dicembre 2020.

([11]) La mancata convalida del sequestro effettuato di iniziativa dalla polizia giudiziaria non preclude la possibilità per il pubblico ministero di disporre autonomamente, in ogni tempo, finché siano in corso le indagini preliminari, il sequestro delle stesse cose già sequestrate dalla polizia giudiziaria indipendentemente dalla circostanza che tali cose siano state nel frattempo restituite o meno all'interessato.

Nel senso della legittimità del sequestro del corpo del reato conseguente a perquisizione illegittima si sono espresse le Sezioni unite della Cassazione, secondo cui i vizi della perquisizione non si trasmettono al sequestro quando questo ha per oggetto il corpo del reato e le cose ad esso pertinenti, perché in tal caso si tratta di un atto dovuto ai sensi dell'art. 253 ([12]). In senso analogo si è pronunciata la sentenza costituzionale n. 219 del 2019 ([13]).

Richiesta di riesame. Contro il decreto di convalida del sequestro (art. 355, comma 3) e contro lo stesso decreto di sequestro, disposto da pubblico ministero o dal giudice (art. 257 comma 2), l'indagato, la persona alla quale le cose sono state sequestrate e quella che avrebbe diritto alla loro restituzione possono proporre richiesta di riesame (art. 355, comma 3). Sulla richiesta decide in composizione collegiale il tribunale del capoluogo della provincia nella quale ha sede l'ufficio che ha emesso il provvedimento (art. 324, comma 5) (v. tav. 2.5.2) ([14]).

Il sequestro presso banche. Una disciplina apposita è prevista per i sequestri presso banche. L'autorità giudiziaria (e gli ufficiali di polizia giudiziaria da questa delegati) possono esaminare atti, documenti e corrispondenza o dati informatici presso banche per rintracciare cose da sottoporre a sequestro o per accertare altre circostanze utili alle indagini (art. 248, comma 2). L'autorità giudiziaria può limitarsi a formulare una richiesta di esibizione o consegna. Se la banca oppone un rifiuto, l'autorità giudiziaria (il pubblico ministero durante le indagini) procede a perquisizione personalmente (art. 255).

Sequestro di corrispondenza. Presso coloro che forniscono servizi postali, telegrafici, telematici o di telecomunicazione è consentito procedere al sequestro di lettere o altri oggetti di corrispondenza, anche se inoltrati per via telematica, che l'autorità giudiziaria abbia fondato motivo di ritenere spediti dall'imputato o a lui diretti, o che comunque possono avere relazione con il reato ([15]). Quando al sequestro procede un ufficiale di polizia giudiziaria, questi deve consegnare all'autorità giudiziaria gli oggetti

---

([12]) Cass., sez. un., 27 marzo 1996, n. 5021, Sala, in *Cass. pen.*, 1996, 3268.

([13]) La Consulta ha precisato che l'invalidità derivata è prevista soltanto dalle norme sulle nullità (art. 185) e non può essere estesa all'inutilizzabilità a causa del principio di tassatività che informa la disciplina dei divieti probatori.

([14]) Oggetto di cognizione è la questione relativa alla legittimità o al merito del provvedimento.

Ben distinta è la questione sulla necessità di mantenere, o meno, il sequestro in quanto si discute se questo è ancora utile a fini probatori; in tal caso durante le indagini preliminari è previsto un ulteriore procedimento incidentale (art. 263, comma 4) (v. tav. 2.5.3).

([15]) Una problematica specifica coinvolge il sequestro della corrispondenza del detenuto. Secondo Cass., sez. un., 19 aprile 2012, Pasqua, in CED 252894, l'acquisizione occulta di corrispondenza non può essere disciplinata mediante l'applicazione analogica delle intercettazioni perché si tratta di un'attività diversa. Al tempo stesso, non deve considerarsi come uno strumento probatorio atipico. Per contro, le finalità sottese ad una siffatta attività possono essere perseguite nelle forme e con i limiti tracciati dalla disciplina generale prevista dal codice in tema di sequestro (artt. 252, 353 c.p.p.) e dall'ordinamento penitenziario (art. 18-*ter* l. n. 354 del 1975) in materia di visto epistolare. Dal simultaneo operare delle predette norme si desume che a risultare radicalmente esclusa, in definitiva, è la possibilità di disporre una simile attività acquisitiva in modo occulto ed inoppugnabile. In termini analoghi, con ampie considerazioni sistematiche volte a consacrare il principio di non sostituibilità si è espressa la Corte costituzionale con la sentenza n. 20 del 2017.

di corrispondenza sequestrati, senza aprirli o alterarli e senza prendere altrimenti conoscenza del loro contenuto (art. 254, mod. dalla legge n. 48 del 2008, l. r. Budapest) (16).

Custodia delle cose sequestrate. Le cose sequestrate sono affidate in custodia alla cancelleria o alla segreteria. Quando ciò non è possibile o non è opportuno, l'autorità giudiziaria dispone che la custodia avvenga in luogo diverso, determinandone il modo e nominando un altro custode, idoneo a norma dell'art. 120. Quando la custodia riguarda dati, informazioni o programmi informatici, il custode è altresì avvertito dell'obbligo di impedirne l'alterazione o l'accesso da parte di terzi, salva, in quest'ultimo caso, diversa disposizione dell'autorità giudiziaria (art. 259, mod. dalla legge n. 48 del 2008, l. r. Budapest).

5. Le intercettazioni di conversazioni o comunicazioni.

a. *I princìpi costituzionali sulle intercettazioni.*

La nozione di intercettazione. Nel codice non si trova alcuna definizione di intercettazione. La carenza non può essere tenuta sotto silenzio perché un atto del genere pone, ad uno dei diritti fondamentali della persona, limitazioni che dovrebbero essere previste per legge in forza delle garanzie stabilite dal sistema costituzionale e convenzionale. Ai sensi dell'art. 15 della Costituzione « la libertà e la segretezza della corrispondenza e di ogni altra forma di comunicazione sono inviolabili. La loro limitazione può avvenire soltanto per atto motivato dell'autorità giudiziaria con le garanzie stabilite dalla legge ».

La Carta fondamentale contiene, innanzitutto, quella che è stata interpretata come una riserva di giurisdizione, poiché la giurisprudenza costituzionale ritiene che soltanto con un provvedimento del giudice possa essere autorizzata l'intercettazione. Sempre l'art. 15 pone una riserva di legge rinforzata, dal momento che comunque devono essere stabilite « garanzie » con le norme che prevedono le limitazioni alla libertà e segretezza della corrispondenza e delle comunicazioni (17).

Il problema della definizione di "intercettazione" è stato risolto dalla giurisprudenza di legittimità: è intercettazione quella « captazione, ottenuta mediante strumenti tecnici di registrazione, del contenuto di una conversazione o di una comunicazione segreta in corso tra due o più persone, quando l'apprensione medesima è

---

(16) Sequestro di dati informatici: presso i fornitori di servizi informatici, telematici o di telecomunicazioni l'autorità giudiziaria può disporre il sequestro dei dati da costoro detenuti (compresi quelli di traffico o di ubicazione) e può stabilire « che la loro acquisizione avvenga mediante copia di essi su adeguato supporto, con una procedura che assicuri la conformità dei dati acquisiti a quelli originali e la loro immodificabilità ». In questo caso è, comunque, ordinato al fornitore dei servizi di conservare e proteggere adeguatamente i dati originali (art. 254-*bis*, introdotto dalla legge n. 48 del 2008, l. r. Budapest).

(17) Dal canto suo, la Convenzione europea dei diritti dell'uomo, con formulazione più ampia stabilisce che « ogni persona ha diritto al rispetto della sua vita privata e familiare, del suo domicilio e della corrispondenza » (art. 8 § 1). Da tale disposizione la giurisprudenza ricava la tutela del diritto alla riservatezza della vita privata. A sua volta, il diritto alla riservatezza rientra fra i diritti fondamentali protetti dall'art. 2 Cost.

operata da parte di un soggetto che nasconde la sua presenza agli interlocutori » ([18]). Analizziamone partitamente i requisiti.

1) ***Comunicazione o conversazione segreta*** Anzitutto, i soggetti devono comunicare tra loro col preciso intento di escludere estranei dal contenuto della conversazione e con modalità tali da tenere quest'ultima segreta. Non è intercettazione la percezione di un'espressione del pensiero, sia pure rivolta ad un soggetto determinato, che venga effettuata in modo poco discreto sì da renderla percepibile a terzi (es. parlare ad alta voce in pubblico; servirsi di onde radio liberamente percepibili da chiunque).

2) ***Strumenti di captazione.*** Il soggetto che intercetta deve usare strumenti tecnici di registrazione (elettro-meccanici, elettronici o digitali) che siano idonei a superare le cautele elementari, che dovrebbero garantire la libertà e segretezza del colloquio, e a captarne i contenuti. Non effettua una intercettazione colui che ascolta una conversazione origliando dietro una porta. Viceversa, è intercettazione, pur non essendo effettuata in tempo reale, l'attività di una persona che nasconde, per poi recuperarlo, un apparecchio magnetofonico in funzione nella stanza destinata ad ospitare una conversazione tra altre persone, con ascolto "in differita" della riproduzione.

3) ***Terzietà e clandestinità.*** Il soggetto captante deve essere assolutamente estraneo al colloquio e deve operare in modo clandestino. Non è intercettazione, bensì è documento, la registrazione di un colloquio effettuata da una delle persone che vi partecipano attivamente o da una persona che è comunque ammessa ad assistervi. Infatti, in tale caso manca il requisito della "clandestinità" rispetto agli interlocutori (v. tav. 2.5.6). In quest'ultima ipotesi, il file della registrazione assume la natura di "documento" e potrà essere ammesso nel processo, salvo che vi osti un divieto probatorio.

L'intercettazione, così definita, è un'attività che nell'ordinamento vigente può essere compiuta soltanto per iniziativa del pubblico ministero e su autorizzazione del giudice per le indagini preliminari nei casi e modi previsti dalla legge (artt. 266-271). Essa può avere ad oggetto:

a) « conversazioni o comunicazioni telefoniche e (...) altre forme di telecomunicazione » (art. 266);

b) le comunicazioni o conversazioni tra presenti (cd. intercettazioni ambientali; art. 266, comma 2);

c) il « flusso di comunicazioni relativo a sistemi informatici o telematici o intercorrente tra più sistemi » (art. 266-*bis*).

Intercettazioni informatiche e telematiche. Una volta per tutte, ricordiamo che per il codice sono equivalenti le comunicazioni tradizionali e quelle che avvengono mediante flussi informatici o telematici; ogni volta che per esigenze di chiarezza noi menzioneremo soltanto le comunicazioni, devono intendersi sempre richiamate le altre forme di conversazioni o di flussi, poiché anche esse possono essere oggetto di intercettazione.

([18]) La definizione è tratta dalla sentenza della Cass., Sez. un. 28 maggio-24 settembre 2003, Torcasio, in *Guida dir.*, 2003, 42, 49.

Le ipotesi che non costituiscono intercettazione. Differente dalla intercettazione, perché non ha per oggetto una "comunicazione", è il *pedinamento* mediante apparecchiatura satellitare G.P.S., che può essere disposto dalla polizia giudiziaria come mera attività atipica.

Parimenti, è estranea all'intercettazione l'acquisizione dei *tabulati del traffico telefonico*, dei quali tratteremo nel successivo paragrafo 6.

E ancora, non è intercettazione, bensì documento, la *registrazione fonografica occultamente eseguita da uno degli interlocutori* quando questa non è stata predisposta dalla polizia giudiziaria ([19]).

La riserva di legge e di giurisdizione. In adempimento della *riserva di giurisdizione* (art. 15 Cost.), le intercettazioni devono essere autorizzate dal giudice per le indagini preliminari con decreto motivato (art. 267). Legittimato a chiedere l'autorizzazione è il pubblico ministero che procede alle indagini.

Nel rispetto della *riserva di legge*, il legislatore prevede i requisiti necessari per procedere all'intercettazione; essi variano in base al tipo di reato oggetto del singolo procedimento. A loro volta, i requisiti possono essere raggruppati nelle categorie dei *reati intercettabili*, del *quantum* di prova e dei *termini di durata*.

Nel decreto di autorizzazione all'intercettazione il giudice deve motivare la presenza di ciascuno dei requisiti in modo scrupoloso. La prassi giudiziaria, purtroppo, ha svalutato l'importanza della motivazione e ha consentito al giudice di riferirsi ai motivi contenuti nella richiesta del pubblico ministero. Sono dovute intervenire le Sezioni unite della Cassazione per indicare i limiti nei quali è accettabile la motivazione redatta attraverso un riferimento *per relationem* ad altri provvedimenti ([20]).

I divieti di intercettazione e il controllo sulla ostensibilità delle intercettazioni. Sono previsti divieti assoluti o condizionati di procedere ad intercettazioni in favore di determinate persone per la salvaguardia di valori di rilievo costituzionale che si affiancano al generale interesse alla segretezza delle comunicazioni e conversazioni. Si tratta, in primo luogo, di quei casi nei quali l'intercettazione è subordinata alla previa autorizzazione a procedere. Si pensi alle intercettazioni nei confronti dei parlamentari ([21]).

([19]) V. il successivo § 6 sotto la lettera *b*.

([20]) Cass., sez. un., 21 giugno 2000, Primavera, in *Cass. pen.*, 2001, 69, ha precisato che « la motivazione *per relationem* di un provvedimento giudiziale è da considerare legittima quando: 1) faccia riferimento (...) a un legittimo atto del procedimento, la cui motivazione risulti congrua rispetto all'esigenza di giustificazione propria del provvedimento di destinazione; 2) fornisca la dimostrazione che il giudice ha preso cognizione del contenuto sostanziale delle ragioni del provvedimento di riferimento e le abbia meditate e ritenute coerenti con la sua decisione; 3) l'atto di riferimento, quando non venga allegato o trascritto nel provvedimento da motivare, sia conosciuto dall'interessato o almeno ostensibile, quanto meno al momento in cui si renda attuale l'esercizio della facoltà di valutazione, di critica ed, eventualmente, di gravame e, conseguentemente, di controllo dell'organo della valutazione o dell'impugnazione ».

([21]) È sottoposta al vincolo della autorizzazione a procedere, disposta da organi di rilevanza costituzionale, l'intercettazione nei confronti: *a*) del Presidente della Repubblica (art. 7, co. 3, legge 1989, n. 219: le intercettazioni sono ammesse soltanto dopo « che la corte costituzionale ne abbia disposto la sospensione della carica »); *b*) del parlamentare italiano (art. 68, co. 3 Cost. e artt. 4 e 5 legge n. 140 del 2003: le intercettazioni sono ammesse solo a seguito dell'autorizzazione della camera di appartenenza); *c*) del parlamentare europeo (legge n. 437 del 1966 e artt. 1 e 2 legge n. 170 del 1977); *d*) dei giudici costituzionali (art. 3, co. 2, legge n. 1 del 1948); *e*) del Presidente del consiglio dei ministri e dei ministri, anche se cessati dalla carica, in relazione ai reati ministeriali (art. 10, co. 1, legge n. 1 del 1989).

In secondo luogo, deve essere ricordato il divieto di intercettazione a tutela del segreto professionale dei difensori, dei consulenti tecnici e dei loro ausiliari: è vietato intercettare le comunicazioni tra di loro o le comunicazioni tra i medesimi e le persone da loro assistite (art. 103, commi 5-7).

Ove tali divieti siano stati violati, l'intercettazione è inutilizzabile (art. 271); di tale profilo tratteremo più avanti. Per il momento, è importante sottolineare che il pubblico ministero deve operare un primo controllo sulle intercettazioni al fine di vagliare se le medesime siano ostensibili. Ad esempio, il pubblico ministero deve segretare e custodire in un luogo protetto le comunicazioni dei servizi segreti (art. 270-*bis* c.p.p.) e le conversazioni del Presidente della Repubblica ([22]).

b. Le riforme.

Il decreto legge 30 dicembre 2019, n. 161, conv. nella legge 28 febbraio 2020, n. 7. La materia delle intercettazioni risente dello scontro tra vari interessi in conflitto. Da un lato, occorre disciplinare attentamente le condizioni che legittimano la compressione per fini processuali del bene sommo costituito dalla segretezza delle comunicazioni. Da un altro lato, occorre tutelare la riservatezza altamente compromessa dall'insidioso mezzo captativo in esame. E la riservatezza viene in rilievo sia — come è intuitivo — per tutte quelle persone, non indagate, che si trovino a riferire vicende personali nel corso della comunicazione intercettata, sia per lo stesso indagato qualora egli narri fatti privati non attinenti ai fatti oggetto delle indagini. Sono proprio le conversazioni più gravemente lesive della riservatezza ad essere le più appetibili per stampa e televisione.

La problematica in oggetto ha costituito da sempre motivo di specifica attenzione e di iniziative riformistiche, in passato naufragate di fronte a veti incrociati. Con la legge-delega n. 103 del 2017 e con il decreto legislativo n. 216 del 2017 (*c.d. riforma Orlando*) era stata posta in essere un'ampia manovra che riscriveva la disciplina al fine di attuare un bilanciamento tra le varie istanze in conflitto. Tuttavia, l'entrata in vigore del d.lgs. n. 216 è stata più volte rinviata e, al momento dell'ultima scadenza, il 30 dicembre 2019 il Governo ha promulgato il decreto-legge n. 161 che ha rinviato l'entrata in vigore della riforma e ne ha soppresso i punti più caratterizzanti. Con la successiva conversione nella legge 28 febbraio 2020, n. 7, si è completato il quadro delle nuove disposizioni che hanno dato luogo ad una vera e propria controriforma. Un ulteriore differimento dell'entrata in vigore è stato operato dal decreto-legge n. 28 del 2020, conv. nella legge n. 70 del 2020.

Dal punto di vista del diritto intertemporale, con le nuove norme è stata posta una distinzione tra i procedimenti iscritti fino al 31 agosto 2020, che continuano a seguire la disciplina originaria del codice del 1988, e i procedimenti iscritti dopo tale data, che seguiranno le nuove regole.

L'effetto sarà la contemporanea esistenza di due regimi normativi. Quello originario continuerà a regolare i vecchi procedimenti iscritti nel registro delle notizie

---

([22]) Corte cost., sentenza 15 gennaio 2013, n. 1.

di reato fino al 31 agosto 2020. La nuova normativa si applicherà ai nuovi procedimenti che saranno iscritti dopo tale data.

In presenza della scelta del legislatore, esigenze di chiarezza della esposizione ci costringono a precisare qual è la normativa comune alle vecchie e alle nuove intercettazioni e qual è la normativa che si applica soltanto ai nuovi procedimenti iscritti dopo il 31 agosto 2020.

c. La normativa comune alle vecchie e alle nuove intercettazioni.

c.1. ***I requisiti per disporre le intercettazioni.*** Il legislatore ha distinto i requisiti necessari per effettuare le intercettazioni in base al tipo di reato oggetto del singolo procedimento, così come risulta dalla iscrizione della notizia di reato, operata dal pubblico ministero. Nonostante le modifiche normative che si sono succedute in anni recenti, la disciplina dei requisiti per disporre le intercettazioni è rimasta sostanzialmente inalterata e, salvo alcune eccezioni che segnaleremo, vale sia per i procedimenti iscritti prima del 31 agosto 2020 (salvo ulteriori rinvii), sia per quelli iscritti dopo tale data. Pertanto, riteniamo corretto esporre unitariamente i requisiti.

Come abbiamo accennato, i requisiti per disporre le intercettazioni fanno riferimento al titolo di reato in base al quale il pubblico ministero sta svolgendo le indagini. La distinzione è la seguente.

a) I procedimenti per reati comuni, e cioè quelli elencati nell'art. 266.

b) I procedimenti per reati di criminalità organizzata o ad essa equiparati.

c.2. I requisiti concernenti i procedimenti per reati comuni.

I reati intercettabili. Si tratta dei reati previsti nell'art. 266, comma 1 ([23]). Da un lato, sono ricomprese fattispecie di una qualche gravità, poiché ad esempio possono

---

([23]) L'intercettazione è consentita nei procedimenti relativi ai seguenti reati:

a) delitti non colposi per i quali è prevista la pena dell'ergastolo o della reclusione superiore nel massimo a cinque anni determinata a norma dell'art. 4 c.p.p.;

b) delitti contro la pubblica amministrazione per i quali è prevista la pena della reclusione non inferiore nel massimo a cinque anni determinata a norma dell'art. 4 c.p.p.;

c) delitti concernenti sostanze stupefacenti o psicotrope;

d) delitti concernenti le armi e le sostanze esplosive;

e) delitti di contrabbando;

f) reati di ingiuria (depenalizzato: d.lgs. n. 7 del 2016), minaccia, usura, abusiva attività finanziaria, molestia o disturbo alle persone col mezzo del telefono;

f-bis) delitti previsti dall'art. 600-*ter*, comma 3 c.p. (distribuzione, divulgazione o pubblicizzazione di materiale pornografico realizzato con sfruttamento di minori di anni diciotto) anche se relativi al materiale pornografico di cui all'art. 600-*quater*.1, e dall'art. 609-*undecies* c.p. (adescamento di minorenni; d. lgs. n. 39 del 2014);

f-ter) delitti previsti dagli artt. 444, 473, 474, 515, 516, 517-*quater* e 633, comma 2 c.p. (commercio di sostanze alimentari nocive; contraffazione, alterazione o uso di segni distintivi di opere dell'ingegno o di prodotti industriali; introduzione nello Stato e commercio di prodotti con segni falsi; frode nell'esercizio del commercio; vendita di sostanze alimentari non genuine come genuine; contraffazioni di indicazioni geografiche o denominazioni di origine dei prodotti alimentari; invasione di terreni o edifici da più di 5 persone o da persona armata);

f-quater) delitto previsto dall'articolo 612-*bis* c.p. (atti persecutori);

(lett. *f-quinquies*) delitti commessi avvalendosi delle condizioni previste dall'articolo 416-*bis* c.p. o al fine di agevolare l'attività delle associazioni previste dallo stesso articolo (*disposizione in vigore per i procedimenti iscritti dopo il 31 agosto 2020*).

essere disposte intercettazioni per i delitti dolosi o preterintenzionali puniti con una pena "superiore" nel massimo a cinque anni; da un altro lato, si ammettono intercettazioni per reati meno gravi, ma particolarmente odiosi, o che si consumano con attività in relazione alle quali l'intercettazione si rivela uno strumento di indagine particolarmente utile, come la minaccia, l'usura, l'abusiva attività finanziaria, la molestia o il disturbo alle persone col mezzo del telefono.

La legge di conversione 28 febbraio 2020, n. 7 ha aggiunto i delitti commessi avvalendosi delle condizioni tipiche dell'associazione mafiosa o commessi al fine di agevolare l'attività di siffatte associazioni (art. 416-*bis* c.p.; art. 266, lett. *f-quinquies*, con effetto per i procedimenti iscritti dopo il 31 agosto 2020.

I reati commessi mediante l'impiego di tecnologie informatiche o telematiche. Ai sensi dell'art. 266-*bis*, l'intercettazione del « flusso di comunicazioni relativo a sistemi informatici o telematici » è consentita nei procedimenti concernenti sia i reati indicati nell'art. 266, sia i reati « commessi mediante l'impiego di tecnologie informatiche o telematiche »; e ciò perché si tratta di reati compiuti con strumenti particolarmente insidiosi.

La ricerca del latitante. Infine, le intercettazioni sono consentite allo scopo di ricercare il latitante (art. 295, commi 3 e 3-*bis*).

I requisiti probatori: i gravi indizi di reato. Perché l'intercettazione possa essere disposta occorre che dagli atti di indagine risultino « gravi indizi di reato » (art. 267, comma 1), e cioè indizi dell'avvenuta commissione di uno di quei reati che consentono l'intercettazione. A differenza di quanto è previsto per le misure cautelari (ove si fa riferimento al requisito dei « gravi indizi di colpevolezza »), per le intercettazioni non è richiesta la prova della attribuibilità del reato ad una determinata persona. Anzi, l'individuazione del responsabile molto spesso può costituire lo scopo per il quale è disposta l'intercettazione.

Nella valutazione dei gravi indizi di reato si applica l'art. 203; e cioè, se gli indizi si basano su dichiarazioni confidenziali di informatori della polizia, le dichiarazioni medesime possono essere utilizzate soltanto quando gli informatori sono stati esaminati come testimoni o come persone informate sui fatti e, quindi, abbiano cessato di essere anonimi. Se gli informatori non sono stati esaminati, le loro dichiarazioni non possono essere utilizzate ai fini della valutazione dei gravi indizi di reato (art. 267, comma 1-*bis*).

Le necessità investigative. Sempre sotto un profilo probatorio, l'intercettazione deve essere « assolutamente indispensabile ai fini della prosecuzione delle indagini »; ciò avviene quando la prova può essere acquisita soltanto mediante l'intercettazione.

I termini di durata. La durata dell'intercettazione non può superare i quindici giorni, ma può essere prorogata dal giudice con decreto motivato su richiesta del pubblico ministero per periodi successivi di quindici giorni, qualora permangano i presupposti sopra indicati (art. 267, comma 3).

Le intercettazioni tra presenti (c.d. ambientali). Nei casi sopra enunciati il codice consente l'intercettazione di comunicazioni tra presenti, denominate nella prassi "intercettazioni ambientali" (art. 266, comma 2). Qualora queste avvengano nel domicilio privato (art. 614 c.p.), l'intercettazione è consentita soltanto se vi è fondato motivo di ritenere che nel domicilio medesimo si stia svolgendo l'attività criminosa ([24]).

c.3. *I requisiti concernenti i procedimenti per reati di criminalità organizzata o equiparati.*

Occorre tenere presente che nei procedimenti relativi a delitti di criminalità organizzata, o ad essa equiparati, i requisiti per procedere ad intercettazioni sono in qualche modo "attenuati".

I reati intercettabili. Tra i gravi delitti, per i quali i presupposti sono attenuati, rientrano i seguenti, che sono previsti dall'art. 13 d.l. 1991 n. 152:

— delitti di "criminalità organizzata" ([25]);

— la "minaccia col mezzo del telefono" (art. 13 d.l. 1991 n. 152);

— il terrorismo anche internazionale (art. 407, comma 2, lett. a, n. 4 c.p.p.; art. 3 d.l. 2001 n. 374, e inoltre gli artt. 270-*ter* e 280-*bis* c.p.);

— i delitti contro la libertà individuale (art. 9, legge 2003 n. 228; artt. 600-604 c.p.; es. tratta di persone e prostituzione minorile);

— i delitti dei pubblici ufficiali contro la pubblica amministrazione puniti con la pena della reclusione di almeno cinque anni nel massimo, determinata a norma dell'articolo 4 c.p.p. È stata la legge n. 3 del 2019, in vigore dal 31 gennaio 2019, ad aver equiparato tali delitti a quelli originari di criminalità organizzata, mentre il d.l. n. 161 del 2019, conv. nella legge n. 7 del 2020, ha aggiunto alla categoria i delitti degli incaricati di pubblico servizio, con efficacia differita ai procedimenti iscritti dopo il 31 agosto 2020.

L'estensione dei delitti intercettabili è rilevante perché l'aver equiparato i reati contro la pubblica amministrazione ai ben più gravi delitti della criminalità organizzata può risultare sproporzionato. Il rilievo vale a maggior ragione alla luce delle più recenti modifiche che hanno esteso la disciplina anche agli incaricati di pubblico servizio, categoria al cui interno rientrano numerose ipotesi di privati che svolgono servizi in concessione da parte di enti pubblici.

I requisiti probatori. Nei procedimenti per i reati sopra menzionati sono attenuati i requisiti probatori perché l'intercettazione è ammessa quando vi sono « *sufficienti* indizi di reato » e quando l'intercettazione è *necessaria* (e non assolutamente indispensabile) per lo svolgimento delle indagini; pertanto, l'intercettazione può anche essere il primo atto da compiere. Il pubblico ministero e l'ufficiale di polizia giudiziaria possono farsi coadiuvare da agenti di polizia giudiziaria.

I termini di durata. La durata dell'intercettazione non può superare i quaranta giorni, ma può essere prorogata dal giudice per periodi successivi di venti giorni; se vi è urgenza, alla proroga provvede il pubblico ministero con provvedimento sottoposto a convalida del giudice (art. 13 d.l. 1991 n. 152).

([24]) Non occorre il requisito della flagranza se si tratta di intercettazioni per ricercare il latitante: art. 295, comma 3-*bis*.

([25]) La giurisprudenza con tale espressione ricomprende l'associazione di più di due persone, stabilita da tempo, che agisce in modo concertato allo scopo di commettere reati; così Cass., sez. un. 11 maggio 2005, Petrarca, in *Cass. pen.*, 2005, 2916.

Le intercettazioni tra presenti (c.d. ambientali). Nei procedimenti per i reati di criminalità organizzata, o ad essi equiparati, le intercettazioni *ambientali* nel domicilio privato sono consentite sempre, e cioè anche quando *non* vi è motivo di ritenere che nei luoghi predetti si stia svolgendo l'attività criminosa (art. 13 d.l. 1991 n. 152) ([26]).

c.4. *L'autorizzazione del giudice.* Il procedimento che permette di disporre ed eseguire le intercettazioni è un vero e proprio sotto-procedimento che viene gestito parallelamente alle investigazioni c.d. tradizionali operate mediante gli strumenti classici delle perquisizioni, ispezioni e sequestri.

Il procedimento esecutivo ordinario. In base all'art. 267 il pubblico ministero deve chiedere al giudice per le indagini preliminari l'autorizzazione a disporre le intercettazioni; inoltre, gli deve trasmettere i soli atti dai quali egli ricava l'esistenza dei presupposti delle medesime, operando una scelta all'interno del fascicolo. L'autorizzazione è concessa dal giudice con decreto motivato.

Il procedimento esecutivo di urgenza. Nei casi di urgenza, ma in presenza di tutti i presupposti menzionati in precedenza, l'intercettazione è disposta dal pubblico ministero, che deve comunicare il relativo decreto motivato al giudice non oltre ventiquattro ore decorrenti dal proprio provvedimento. Il giudice entro le quarantotto ore successive decide sulla convalida con decreto motivato. In caso di mancata convalida, l'intercettazione non può essere proseguita ed i risultati non possono essere utilizzati (art. 267, comma 2).

Il decreto esecutivo. Dopo che il giudice ha autorizzato le intercettazioni (o unitamente al decreto d'urgenza) il pubblico ministero emana un decreto (cd. decreto esecutivo) con cui regola le *modalità* e la *durata* delle operazioni (art. 267, comma 3). Il pubblico ministero procede alle operazioni personalmente o avvalendosi di un ufficiale di polizia giudiziaria (art. 267, comma 4).

Le modalità. Nel decreto esecutivo il pubblico ministero determina le modalità di svolgimento delle intercettazioni, e cioè stabilisce, ad esempio, quali sono le linee telefoniche da controllare. Le operazioni possono essere compiute esclusivamente per mezzo degli impianti installati nella procura della Repubblica ([27]). Tuttavia, quando tali impianti risultano *insufficienti o inidonei* e *sussistono eccezionali ragioni di urgenza*, il pubblico ministero può disporre, con provvedimento motivato, il compimento delle operazioni mediante impianti di pubblico servizio o presso la polizia giudiziaria (art. 268, comma 3).

Ciò premesso, nella prassi le operazioni di intercettazione sono distribuite tra i seguenti uffici:

a) la **captazione** è compiuta presso l'operatore telefonico;

([26]) Occorre tale requisito se si tratta di minaccia per mezzo del telefono.

([27]) Cass., sez. un., 31 ottobre - 28 novembre 2001, n. 42792, Policastro, in *Cass. pen.*, 2002, 944, 2820: « la disposizione dell'art. 268 comma 3 c.p.p., che prevede la garanzia del provvedimento motivato del pubblico ministero perché possano utilizzarsi impianti diversi da quelli installati nella procura della Repubblica, si applica anche alle operazioni di intercettazione di comunicazioni fra presenti, le quali comportano, anzi, un più intenso sacrificio dei diritti tutelati dall'art. 15 Cost. rispetto alle intercettazioni telefoniche ».

b) la **registrazione** è svolta presso la procura della Repubblica (o altro ufficio indicato dal pubblico ministero con decreto motivato);

c) **l'ascolto** è effettuato presso gli uffici della polizia giudiziaria, che provvede a redigere i verbali sommari delle comunicazioni intercettate (c.d. brogliacci; art. 268, comma 2) (28).

Durata delle intercettazioni. Nel decreto motivato il pubblico ministero deve indicare la durata delle intercettazioni, che ha un termine differente per i delitti comuni e per i delitti di criminalità organizzata (rispettivamente 15 e 40 giorni). La durata può essere prorogata dal giudice con decreto motivato per periodi successivi, differenti per i due gruppi di delitti (rispettivamente 15 e 20 giorni).

Utenze intercettabili. Occorre sottolineare l'ampiezza con cui può essere esercitato il potere di intercettazione. In base ai requisiti previsti dal codice sono intercettabili sia le utenze riferibili agli indagati, sia quelle riferibili ai testimoni, sia, infine, le utenze riferibili a persone estranee ai fatti, quando queste ultime possono essere destinatarie di comunicazioni provenienti da indagati o da testimoni.

Ad esempio, nell'ambito delle indagini su di un sequestro di persona a scopo di estorsione possono essere messi sotto controllo anche i telefoni dei familiari o dei conoscenti della persona sequestrata. In tal modo può facilmente accadere che siano registrate anche conversazioni che non hanno alcuna attinenza con i fatti per i quali si procede.

c.5. *Le intercettazioni inutilizzabili.* Il codice prevede varie ipotesi di inutilizzabilità delle intercettazioni. Le inutilizzabilità scattano nei seguenti casi (art. 271, comma 1).

a) Quando le intercettazioni sono state eseguite « fuori dei casi consentiti dalla legge » (e cioè, ad es., al di fuori delle ipotesi previste dagli artt. 266, 266-*bis* e 295, comma 3);

b) Quando non sono state osservate le disposizioni dell'art. 267, e cioè le intercettazioni sono state compiute non rispettando i presupposti e le forme dei provvedimenti di autorizzazione e di esecuzione;

c) Quando non siano stati osservati i commi 1 e 3 dell'art. 268, e cioè le intercettazioni sono state compiute senza registrare la comunicazione e senza redigere il verbale sommario delle operazioni; oppure sono state compiute al di fuori degli impianti installati nella procura della Repubblica, senza che siano motivate le ragioni di urgenza.

Approfondimento. Intercettazione autorizzata per imputazione poi derubricata. La lettera dell'art. 271 c.p.p. sanziona con l'inutilizzabilità le intercettazioni che « siano state eseguite fuori dei casi consentiti dalla legge ». La Cassazione, tuttavia, ritiene che, qualora le intercettazioni siano state originariamente disposte per uno dei reati previsti dall'art. 266, esse restino legittime anche quando l'addebito venga successivamente derubricato in un reato che non avrebbe consentito tale mezzo di ricerca della prova. Si sostiene che, per dare luogo ad una inutilizzabilità, servirebbe

(28) Cass., Sez. un., 26 giugno 2008, Carli, in *Cass. pen.*, 2009, 30.

una disposizione specifica oppure un principio giuridico dal quale far discendere questa conseguenza. « Per di più, la qualificazione giuridica del fatto è compito assegnato al giudice in ogni fase e grado del procedimento (...) sicché essa può anche più volte mutare nel corso del procedimento » (29).

La giurisprudenza recente ha reso più rigorosa la valutazione dei requisiti di utilizzabilità. È necessario che i fatti siano gli stessi e la modifica dell'imputazione abbia carattere "fisiologico", e cioè derivi dalla fluidità degli elementi raccolti e non da un'errata o strumentale qualificazione giuridica del fatto al momento dell'autorizzazione giudiziale del mezzo di ricerca della prova: « ciò che rileva è che al momento in cui viene disposta l'intercettazione vi siano i presupposti previsti dalla legge » (30).

c.6. Le intercettazioni non ostensibili. Esponiamo adesso la normativa che vale per le *ipotesi eccezionali*, quando alla conversazione intercettata prendano parte persone per le quali vige un divieto di intercettazione *in considerazione della loro qualità o del segreto a cui sono vincolate*: si pensi al Presidente della Repubblica o ai servizi segreti. In base all'insegnamento della sentenza della Corte Cost. n. 1 del 2013, vi sono « ragioni di ordine sostanziale, espressive di un'esigenza di tutela "rafforzata" di determinati colloqui in funzione di salvaguardia di valori e diritti di rilievo costituzionale che si affiancano al generale interesse alla segretezza delle comunicazioni (quali la libertà di religione, il diritto di difesa, la tutela della riservatezza su dati sensibili ed altro) ».

In dette ipotesi, nelle quali le intercettazioni sono inutilizzabili « per ragioni sostanziali, derivanti dalla violazione di una protezione "assoluta" del colloquio per la qualità degli interlocutori o per la pertinenza del suo oggetto », il contraddittorio consistente nel deposito e nell'udienza di stralcio « risulterebbe antitetic(o) rispetto alla *ratio* della tutela. L'accesso delle altre parti del giudizio, con rischio concreto di divulgazione dei contenuti del colloquio anche al di fuori del processo, vanificherebbe l'obiettivo perseguito, sacrificando i princìpi e i diritti di rilievo costituzionale che si intende salvaguardare ».

Pertanto, in presenza di situazioni di tal genere il pubblico ministero deve svolgere un primo controllo, in seguito al quale la procedura è regolata da discipline speciali, che veniamo a considerare.

1) Conversazioni del Presidente della Repubblica. La sentenza della Corte cost. n. 1 del 2013 ha ricostruito la normativa che concerne le intercettazioni telefoniche nei confronti del Presidente della Repubblica. Dalla Costituzione è ricavabile il principio della riservatezza delle conversazioni e comunicazioni del Capo dello Stato. Da tale principio si desume il divieto di utilizzare tutte le comunicazioni presidenziali anche qualora siano captate in modo indiretto o casuale (31), trattandosi di attività egualmente idonea a lederne la riservatezza.

---

(29) Così Cass., sez. VI, 20 ottobre - 31 dicembre 2009, in *Arch. n. proc. pen.*, 2010, 3, 317.

(30) Cass., sez. VI, 14 giugno 2021, n. 23244, in *Giur. it.*, 2021, 11, 2069, con nota di A. Innocenti.

(31) Per tale terminologia, si veda il § *e*.

Le registrazioni delle comunicazioni del Presidente della Repubblica devono essere distrutte dal giudice su richiesta del pubblico ministero senza il contraddittorio con le parti private (art. 271) (32).

2) Le comunicazioni di appartenenti ai servizi segreti. Riteniamo che considerazioni simili valgano anche quando l'autorità giudiziaria abbia acquisito occasionalmente, tramite intercettazioni, le comunicazioni istituzionali di appartenenti ai servizi di informazione per la sicurezza. In base all'art. 270-*bis*, introdotto dalla legge n. 124 del 2007, il pubblico ministero deve disporre l'immediata segretazione e custodia di « documenti, supporti ed atti » in luogo protetto; quindi, deve chiedere al presidente del consiglio dei ministri se le informazioni sono coperte da segreto di Stato. Se la risposta è positiva, l'autorità giudiziaria non può utilizzare le notizie coperte dal segreto.

d. *La normativa sulle nuove intercettazioni.*

d.1. *La riforma Orlando, non entrata in vigore.* Come abbiamo anticipato, la disciplina originaria delle intercettazioni era stata profondamente modificata dal d.lgs. n. 216 del 2017, emanato dal Governo sulla base della delega contenuta nella legge n. 103 del 2017 (c.d. *riforma Orlando*). Scopo dichiarato della legge delega era quello di tutelare l'efficienza delle indagini e la riservatezza sia delle persone intercettate occasionalmente, sia dei destinatari delle intercettazioni quando fossero state captate conversazioni relative a fatti privati non rilevanti per le indagini.

Il presupposto dell'intervento riformatore risiedeva nella considerazione che le sanzioni conseguenti alla pubblicazione arbitraria di atti processuali segreti sono pressoché trascurabili perché la pena prevista risulta oblazionabile con 129 euro (art. 684 c.p.). Nell'impossibilità di introdurre una sanzione più severa (tutte le precedenti iniziative riformiste erano naufragate a causa di veti incrociati), l'unica via praticabile era quella di impedire che, a monte, fossero verbalizzate dalla polizia le intercettazioni su fatti non rilevanti per le indagini. Così la *riforma Orlando* (d.lgs. n. 216 del 2017) aveva imposto alla polizia giudiziaria, diretta dal pubblico ministero, il compito di operare un'immediata selezione delle dichiarazioni non rilevanti.

Il passaggio successivo era stato quello di ritardare l'acquisizione delle intercettazioni e di ritardare la pubblicazione della notizia generica delle stesse fino al momento in cui il giudice, in contraddittorio, avesse definitivamente valutato i dialoghi captati come rilevanti per le indagini, o comunque "non manifestamente irrilevanti". Nel frattempo, tutte le intercettazioni sarebbero state custodite in un archivio riservato — posto sotto la responsabilità del procuratore della Repubblica — accessibile soltanto ai difensori degli indagati e al giudice e sarebbero state coperte da segreto.

---

(32) La sentenza della Consulta ha affermato che « l'autorità giudiziaria dovrà tenere conto della eventuale esigenza di evitare il sacrificio di interessi riferibili a princìpi costituzionali supremi: tutela della vita e della libertà personale e salvaguardia dell'integrità costituzionale delle istituzioni della Repubblica (art. 90 Cost.) ».

Ne conseguiva il seguente effetto: i verbali sommari non potevano essere pubblicati neanche come notizia generica finché il giudice non li avesse valutati come rilevanti per l'accertamento del reato.

La riforma metteva in atto un congegno complesso di difficile attuazione pratica. Per un verso, il pubblico ministero poteva non essere in grado di attuare un pieno controllo sulle scelte probatorie che finivano per essere rimesse alla polizia giudiziaria. Per un altro verso, il diritto alla prova spettante all'indagato poteva risultare sacrificato vista la difficoltà di operare un effettivo vaglio in tempi brevi su un materiale sterminato.

Ma soprattutto, è evidente che il ritardo nell'attendere la valutazione definitiva di rilevanza da parte del giudice sarebbe andato a colpire la possibilità dei giornali e delle televisioni di pubblicare subito tutte le dichiarazioni captate (di interesse privato o pubblico) e di ottenere *scoop* con effetti economici e politici eccezionali. A tale proposito, il Ministro della giustizia aveva accusato la riforma Orlando di aver messo « un bavaglio all'informazione ».

Alla luce di tutte le predette controindicazioni, l'entrata in vigore della riforma sulle intercettazioni era stata posticipata dal Governo dal 26 luglio 2018 al 1° aprile 2019 (33), e poi nuovamente al 1° agosto 2019 (34), e ancora al 1° gennaio 2020 (35).

La controriforma. Come abbiamo accennato in precedenza, approssimatasi l'ultima scadenza il Governo, nel provvedere ad un ulteriore rinvio, ha attuato una manovra che ha destato una qualche sorpresa. Infatti, il decreto legge 30 dicembre 2019, n. 161 è stato formulato negli ambienti del Ministero della giustizia senza che siano state né convocate, né ascoltate in altro modo le associazioni dei docenti universitari, dei magistrati e degli avvocati. Inoltre, al momento della conversione nella legge n. 7 del 2020, il maxiemendamento sottoposto alla fiducia è stato elaborato in gran parte nei medesimi ambienti del Ministero senza che si sia potuto svolgere un adeguato dibattito in Parlamento. A causa dell'intervenuta pandemia da Covid19, l'entrata in vigore delle nuove norme è stata ulteriormente rinviata al 1° settembre 2020 dal decreto-legge 30 aprile 2020, n. 28, conv. nella legge n. 70 del 2020.

La manovra ha posto una distinzione tra vecchi e nuovi procedimenti. I procedimenti iscritti nel registro delle notizie di reato fino al 31 agosto 2020 seguono la disciplina originaria delle intercettazioni anteriore alla riforma Orlando e sempre rimasta valida, visto che il d.lgs. n. 216 del 2017 non è mai entrato in vigore. Si tratta della regolamentazione sin qui esposta.

Viceversa, i procedimenti iscritti dopo tale data sono regolati da una nuova normativa, che si discosta assai dalla riforma Orlando e si limita ad apportare alla disciplina originaria delle intercettazioni modifiche che, nel complesso, hanno dato copertura legislativa alla sperimentazione attuata con le ricordate circolari adottate dalle più importanti procure della Repubblica. Si tratta, in definitiva, di una netta inversione di tendenza rispetto alle scelte attuate dalla riforma Orlando. Della nuova normativa iniziamo a tratteggiare gli aspetti essenziali.

---

(33) Decreto - legge n. 91 del 2018, convertito nella legge n. 108 del 2018.

(34) Legge 31 dicembre 2018, n. 145 (legge di bilancio), art. 1, comma 1139, lett *a*.

(35) Decreto - legge 14 giugno 2019, n. 53, conv. nella legge n. 77 del 2019.

d.2. Le nuove modalità di redazione dei verbali sommari. Delle comunicazioni intercettate la polizia redige il verbale nel quale è trascritto, anche sommariamente, il contenuto delle registrazioni (art. 268, commi 1 e 2). In base alle nuove disposizioni il pubblico ministero deve dare indicazioni e vigilare affinché nei verbali non siano riportate:

a) le *espressioni lesive della reputazione delle persone*;

b) le espressioni che riguardano *dati personali definiti sensibili dalla legge* (36).

Vi è comunque un'eccezione, che impone la verbalizzazione quando le espressioni siano rilevanti ai fini delle indagini (art. 268, comma 2-*bis*).

Si tratta di un punto qualificante, che attribuisce alla pubblica accusa le scelte fondamentali sulla verbalizzazione, sia pure sommaria, delle intercettazioni.

Le intercettazioni delle conversazioni dei difensori. Un altro punto qualificante concerne il divieto di intercettare le conversazioni dei difensori, consulenti tecnici ecc. svoltesi tra di loro e con i loro assistiti (art. 103, commi 5 - 7). In aggiunta all'esistente comminatoria della sanzione della inutilizzabilità, la nuova normativa ha considerato l'ipotesi che dette conversazioni siano state comunque intercettate (da intendersi: casualmente).In tal caso, il loro contenuto non può essere trascritto neanche sommariamente e nel verbale delle operazioni devono essere indicate « soltanto la data, l'ora e il dispositivo su cui la registrazione è intervenuta » (art. 103, comma 7).

Il conferimento nell'archivio digitale. La polizia giudiziaria deve trasmettere immediatamente al pubblico ministero i verbali sommari e le registrazioni (art. 268, comma 4). Di questi il procuratore della Repubblica deve disporre il conferimento (cioè, la conservazione) in un apposito archivio definito "digitale" (art. 269, comma 1).

Si tratta di un'altra novità: la destinazione dei verbali sommari e delle registrazioni non è più la segreteria del pubblico ministero, bensì l'archivio digitale, che si ritiene più sicuro. Il procuratore della Repubblica ha la responsabilità di assicurare la segretezza della documentazione custodita nell'archivio (art. 89-*bis*, comma 2 att.) (37).

Il differimento del deposito. Come avveniva nella normativa originaria, il pubblico ministero può scegliere se depositare i verbali e le registrazioni in archivio entro cinque giorni dalla conclusione delle operazioni (art. 268, comma 4) oppure ritenere che il deposito debba essere "differito" quando da esso può derivare un grave pregiudizio per le indagini. In tal caso, egli chiede al giudice per le indagini preliminari l'autorizzazione al differimento, che comunque non può protrarsi oltre la

---

(36) La dizione "dato sensibile" deve considerarsi assorbita dalla nozione di "categorie particolari di dati personali" ai sensi dell'art. 9, comma 1, del Regolamento UE 2016, n. 679, a cui rinvia l'art. 22, comma 2, del d.lgs. 10 agosto 2018, n. 101. Si tratta dei dati personali in grado di rivelare l'origine razziale o etnica, le opinioni politiche, le convinzioni religiose o filosofiche, o l'appartenenza sindacale, nonché dei dati genetici o biometrici intesi a identificare in modo univoco una persona fisica, e dei dati relativi alla salute, alla vita sessuale o all'orientamento sessuale della persona.

(37) La nuova normativa distingue nettamente i poteri del procuratore della Repubblica, cui spetta la gestione del registro delle intercettazioni e del registro digitale, e i poteri del pubblico ministero procedente, a cui è affidata la gestione delle intercettazioni effettuate (G. Spangher, *La controriforma delle intercettazioni telefoniche*, in *Il penalista*, 10 gennaio 2020).

chiusura delle indagini (art. 268, comma 5). Sulla base di ciò che è avvenuto in passato, è possibile prevedere che il differimento del deposito sarà la regola anche per i nuovi procedimenti.

Il deposito delle intercettazioni. Entro cinque giorni dalla conclusione delle operazioni (o comunque dalla data in cui è scaduto il menzionato differimento), il pubblico ministero deve depositare tutti i verbali e le registrazioni presso l'archivio digitale insieme ai decreti che hanno autorizzato, prorogato ecc. le intercettazioni medesime (art. 268, commi 4 e 5). Dell'avvenuto deposito è dato immediato avviso ai difensori delle « parti » (così sono denominati impropriamente l'indagato e l'offeso dal reato; art. 268, comma 6).

La documentazione depositata nell'archivio digitale può essere esaminata dai difensori (anche in via telematica, quando sarà in vigore) con possibilità di ascoltare le registrazioni, ma non di farne copia; il deposito durerà per il tempo fissato dal pubblico ministero ed eventualmente prorogato dal giudice (art. 268, comma 6) ([38]).

Il segreto delle intercettazioni. È prevista una disciplina specifica (e non chiara) in merito al segreto delle intercettazioni che si ripercuote anche sull'interpretazione del divieto di pubblicazione, a sua volta modificato dalla riforma. L'art. 269, comma 1 stabilisce che non sono coperti da segreto « solo » i verbali e le registrazioni acquisiti al fascicolo delle indagini (art. 373, comma 5) o « comunque utilizzati » nel corso delle indagini; quindi deve ritenersi a maggior ragione che non sono coperti da segreto i verbali sommari che sono stati acquisiti nel corso delle indagini ai sensi degli artt. 268, 415-*bis* e 454, comma 2-*bis*.

Pertanto, tutto il residuo materiale relativo alle intercettazioni, sia pure depositato e accessibile per i difensori — e dunque non più coperto da segreto interno — resta coperto da un inedito "segreto esterno" che ha ripercussioni sia sul piano sostanziale, sia sul piano processuale. Per un verso, la qualità di atto segreto rende applicabili le sanzioni penali previste per la violazione dello stesso (es. art. 326 c.p.). Per un altro verso, la medesima qualifica di atto segreto porta con sé il divieto di pubblicazione.

Il divieto di pubblicazione. Nella normativa originaria, l'intercettazione divenuta conoscibile dal difensore era, per ciò stesso, pubblicabile "nel contenuto" come notizia generica (art. 114, comma 7). Per i procedimenti iscritti dopo il 31 agosto 2020 (salvo ulteriori rinvii) le intercettazioni che rientrano nell'area applicativa del nuovo segreto esterno non potranno essere pubblicate neppure come notizia generica. Una simile ricostruzione si ricava già da una corretta interpretazione dei confini del segreto stabilito dall'art. 269, comma 1, ma è altresì confermata dal nuovo comma 2-*bis* dell'art. 114 in base al quale « è sempre vietata la pubblicazione, anche parziale, del contenuto delle intercettazioni non acquisite ai sensi degli artt. 268, 415-*bis* o 454 ».

([38]) All'archivio digitale delle intercettazioni possono accedere il giudice che procede e i suoi ausiliari, il pubblico ministero e i suoi ausiliari, gli ufficiali di polizia giudiziaria delegati all'ascolto, i difensori delle parti, assistiti, se necessario, da un interprete (art. 89-*bis*, comma 3 disp. att.).

Nulla è previsto espressamente per il consulente tecnico del difensore, al quale si può tuttavia applicare il principio generale contenuto nell'art. 233, comma 1-*bis*.

Pertanto, tutti i brogliacci e le relative registrazioni, ancorché conosciuti o conoscibili dai difensori, restano coperti dal segreto fino a che non siano stati acquisiti al fascicolo delle indagini; durante tale periodo di tempo essi sono sottoposti al divieto totale di pubblicazione.

In definitiva, la nuova normativa ha mantenuto il principio, contenuto nella *riforma Orlando*, secondo cui i verbali sommari delle intercettazioni restano fuori degli atti del fascicolo delle indagini fino a quando il giudice non ne abbia disposto l'acquisizione in quanto rilevanti.

Così faticosamente ricostruita la farraginosa disciplina, occorre considerare che, ove il divieto di pubblicazione sia violato, resta ferma la punibilità a titolo di contravvenzione ai sensi dell'art. 684 c.p.: come si è accennato, la sanzione vigente è irrilevante perché la contravvenzione è oblazionabile con 129 euro. Ma, nonostante l'estinzione degli effetti penali dovuta all'oblazione, la pubblicazione è diventata un illecito per espressa disposizione di legge e darà luogo all'obbligo del risarcimento del danno anche non patrimoniale che ha arrecato; il tutto con importi non indifferenti.

Ulteriori avvisi. Ai difensori è dato avviso che, entro il termine fissato dal pubblico ministero, hanno la facoltà di indicare i verbali e le registrazioni che ritengono rilevanti, irrilevanti o inutilizzabili (l'art. 268, comma 6 non lo precisa espressamente, ma ciò può ricavarsi indirettamente dalle disposizioni successive e, in particolare, dall'art. 268, comma 7). I difensori possono chiedere al giudice una proroga del termine (arg. *ex* art. 268, comma 4).

Scaduto il termine, il pubblico ministero e i difensori sono avvisati della data e del luogo dell'udienza di stralcio almeno ventiquattro ore prima.

d.3. *La nuova udienza di stralcio.* In udienza il giudice per le indagini preliminari può emettere i seguenti provvedimenti (art. 268, commi 6 e 7).

a) Dispone l'acquisizione di quelle conversazioni e comunicazioni indicate dalle parti che appaiano « non irrilevanti » (39).

b) Restituisce al pubblico ministero i verbali o le registrazioni valutate come irrilevanti.

c) Procede anche di ufficio allo stralcio di quelle registrazioni e verbali di cui è vietata l'utilizzazione e che sono destinati alla distruzione ai sensi dell'art. 271, comma 3.

d) Procede anche di ufficio allo stralcio di quelle registrazioni e verbali che riguardano categorie particolari di dati personali, sempre che non ne sia dimostrata la rilevanza (40).

I verbali e le registrazioni valutati dal giudice come irrilevanti, inutilizzabili o contenenti dati personali particolari di cui non sia dimostrata la rilevanza, sono restituiti al procuratore della Repubblica, che li colloca nell'archivio digitale da lui gestito con modalità tali da assicurare la segretezza esterna della documentazione (art.

(39) Segnaliamo che nella normativa originaria il giudice poteva scartare solo quelle « manifestamente irrilevanti »; bastava un dubbio, e doveva acquisire le intercettazioni.

(40) Con tale espressione il codice si riferisce ai dati sensibili; perché questi siano acquisiti, occorre che sia data prova della loro rilevanza.

269, comma 1 e art. 89 *bis*, comma 2, disp. att.). Di essi non può essere pubblicato neppure il contenuto, inteso come notizia generica (art. 114, comma 2-*bis*).

I difensori possono ottenere copia delle registrazioni e degli atti quando sono stati acquisiti (art. 89 *bis*, comma 4, disp. att.).

La trascrizione delle intercettazioni acquisite dal giudice. Quanto alla disciplina della trascrizione delle intercettazioni acquisite, le nuove disposizioni recepiscono una prassi ampiamente seguita sotto la disciplina previgente. Infatti, il comma 7 dell'art. 268 afferma che « il giudice, anche nel corso delle attività di formazione del fascicolo del dibattimento ai sensi dell'art. 431, dispone la trascrizione integrale delle registrazioni (...) ».

La norma permette al giudice di rinviare la trascrizione ad un momento successivo all'udienza di stralcio, come avveniva in passato. Pertanto, ove a ciò non si provveda durante le indagini, la trascrizione sarà ordinata al momento della formazione del fascicolo per il dibattimento (art. 431). Si tratta di una previsione che ha il pregio di utilizzare ai fini delle operazioni trascrittive quei tempi morti che intercorrono tra la chiusura dell'udienza preliminare e la celebrazione dell'udienza dibattimentale.

Quando finalmente si dà luogo alla trascrizione, di essa i difensori possono estrarre copia (o fare eseguire la trasposizione della registrazione su idoneo supporto; art. 268, comma 8). Tale documentazione è destinata ad essere a suo tempo inserita nel fascicolo per il dibattimento (art. 268, comma 7).

L'acquisizione concordata dei verbali sommari. In base al nuovo comma 7 dell'art. 268, le parti possono consentire che i verbali sommari, redatti dalla polizia giudiziaria nel corso delle indagini preliminari, siano resi utilizzabili. La norma non fa altro che consacrare la prassi che vigeva per i vecchi procedimenti. La nuova disposizione, peraltro, prevede espressamente che, anche qualora si sia proceduto ad acquisizione concordata, in caso di contestazione sul tenore del brogliaccio si applichi la disciplina della trascrizione mediante perizia. A tal proposito, occorre ricordare che la prova si trova esclusivamente nella registrazione, e non nel brogliaccio (L. Filippi).

La pubblicazione delle intercettazioni acquisite. Come abbiamo anticipato, dopo che il giudice ha disposto l'acquisizione delle intercettazioni rilevanti, o dopo l'acquisizione concordata, queste possono essere pubblicate nel loro contenuto, e cioè come notizia generica (art. 114, comma 7). Resta in vigore il divieto di pubblicare il testo delle medesime fino a che le trascrizioni non siano state inserite nel fascicolo per il dibattimento ([41]).

Il nuovo archivio digitale. Si è già accennato che i verbali sommari, le registrazioni e ogni altro atto relativo alle intercettazioni sono conservati integralmente in apposito archivio digitale gestito e tenuto sotto la direzione e la sorveglianza del procuratore della Repubblica dell'ufficio che ha richiesto ed eseguito le intercettazioni (art. 89-*bis*, comma 1, disp. att.). L'archivio è gestito con modalità tali da

---

([41]) La sentenza della Corte cost. n. 59 del 1995 ha dichiarato l'illegittimità costituzionale dell'art. 114, comma 3 c.p.p., nel senso che ha reso lecita la pubblicazione degli atti del fascicolo per il dibattimento anche prima della pronuncia della sentenza di primo grado.

garantire la segretezza della documentazione relativa alle intercettazioni non necessarie per il procedimento, ed a quelle irrilevanti o di cui è vietata l'utilizzazione o riguardanti categorie particolari di dati personali come definiti dalla legge o dal regolamento in materia. Il procuratore della Repubblica impartisce, con particolare riguardo alle modalità di accesso, le prescrizioni necessarie a garantire la tutela del segreto su quanto ivi custodito (art. 89-*bis*, comma 2, disp. att.) ([42]).

L'accesso all'archivio digitale e l'ascolto delle conversazioni o comunicazioni registrate è consentito al giudice per le indagini preliminari e ai difensori delle parti, per l'esercizio dei loro diritti e facoltà, successivamente al deposito effettuato ai fini dell'udienza di stralcio o dopo l'avviso di conclusione delle indagini (art. 269, comma 1) ([43]).

Salvo quanto previsto per le intercettazioni inutilizzabili, destinate alla distruzione in base all'art. 271, comma 3, le registrazioni sono conservate fino alla sentenza non più soggetta a impugnazione.

La distruzione delle intercettazioni che ledono la riservatezza. Vi è una normativa speciale che prevede la distruzione delle intercettazioni che ledono la riservatezza. Quando la documentazione non è necessaria per il procedimento, le persone interessate possono chiederne la distruzione, a tutela della riservatezza, al giudice che ha autorizzato o convalidato l'intercettazione (art. 269, comma 2). Il giudice decide in camera di consiglio a norma dell'articolo 127.

d.4. *La possibilità del rinvio dello svolgimento dell'udienza di stralcio.* La formulazione imprecisa e lacunosa delle nuove disposizioni lascia aperta la possibilità che si conservi la prassi distorta che ha interpretato in modo non corretto la normativa originaria del codice del 1988. In base a tale prassi, l'udienza di stralcio può non svolgersi durante le indagini ([44]).

Il deposito al momento dell'avviso della conclusione delle indagini. Nel nuovo comma 2-*bis* dell'art. 415-*bis* si prevede espressamente l'ipotesi in cui, durante le indagini, il pubblico ministero sia stato autorizzato dal giudice al deposito differito e, quindi, non sia avvenuta l'udienza di stralcio. In tal caso, l'avviso di conclusione delle indagini deve contenere l'avvertimento che il difensore dell'indagato ha facoltà di esaminare gli atti depositati relativi alle intercettazioni.

([42]) L. Filippi, *D.L. intercettazioni: abrogata la riforma Orlando, si torna all'antico*, in *Quotidiano giuridico*, 10 gennaio 2020, 8.

([43]) Ogni accesso è annotato in apposito registro, gestito con modalità informatiche; in esso sono indicate data, ora iniziale e finale, e gli atti specificamente consultati. I difensori delle parti possono ascoltare le registrazioni con l'apparecchio o gli apparecchi a disposizione dell'archivio e possono ottenere copia delle registrazioni e degli atti quando acquisiti a norma degli articoli 268, 415-*bis* e 454 del codice. Ogni rilascio di copia è annotato in apposito registro, gestito con modalità informatiche; in esso sono indicate data e ora di rilascio, nonché gli atti consegnati in copia (art. 89-*bis* att., commi 3 e 4).

([44]) Il comma 7 dell'art. 268 dà per scontato che la trascrizione delle intercettazioni, non effettuata in precedenza, possa avvenire « nel corso delle attività di formazione del fascicolo per il dibattimento ». In tal caso, il giudice deve disporre (ove non sia stato fatto in precedenza) la trascrizione integrale delle registrazioni delle intercettazioni che sono depositate nel fascicolo delle indagini in quanto sono state ritenute rilevanti. Devono essere osservate le forme, i modi e le garanzie previsti per l'espletamento delle perizie. Il risultato deve essere inserito nel fascicolo per il dibattimento.

In base alla nuova normativa, il difensore è avvisato che ha le seguenti facoltà:

1) « esaminare per via telematica gli atti depositati relativi ad intercettazioni »;

2) ascoltare le registrazioni o prendere cognizione dei flussi di comunicazioni informatiche o telematiche (da intendersi: tutte quelle conferite nell'archivio digitale);

3) « estrarre copia delle registrazioni o dei flussi indicati come rilevanti dal pubblico ministero ».

Il difensore può, entro il termine di venti giorni, depositare l'elenco delle ulteriori registrazioni ritenute rilevanti e di cui chiede copia. Sull'istanza decide il pubblico ministero con decreto motivato.

Se il pubblico ministero rigetta l'istanza o se vi sono contestazioni sulle indicazioni relative alle registrazioni ritenute rilevanti, il difensore può chiedere al giudice che si proceda nelle forme dell'udienza di stralcio ai sensi dell'art. 268, comma 6 ([45]).

Il deposito degli atti relativi alle intercettazioni, valutati come rilevanti dalla pubblica accusa, unito alla mancata contestazione da parte del difensore dell'indagato o all'accoglimento delle richieste difensive da parte del pubblico ministero, costituiscono una inedita forma di acquisizione delle intercettazioni che si pone come alternativa all'atto del giudice.

d.5. *Le nuove regole nel procedimento cautelare.* Una problematica particolare concerne il regime delle intercettazioni i cui risultati siano utilizzati dal pubblico ministero per chiedere l'emissione di una misura cautelare. Come è noto, la richiesta del pubblico ministero è segreta (art. 329, comma 1); ma una volta che la misura cautelare sia stata eseguita, l'ordinanza che l'ha applicata può essere pubblicata nel testo integrale (art. 114, comma 2).

Le nuove norme hanno tenuto in considerazione tale eventualità nel modo seguente. Il pubblico ministero, quando presenta al giudice per le indagini preliminari la richiesta di una misura cautelare e questa si fonda su verbali di intercettazioni, deve riprodurne nella richiesta, se « è necessario », soltanto i « brani essenziali » (art. 291, comma 1-*ter*).

Il conferimento nell'archivio digitale. Vi è una particolarità: la pubblica accusa, nel "presentare" al giudice quelle intercettazioni che ha ritenuto rilevanti, deve "comunque conferirle" nell'archivio digitale (comma 1 dell'art. 291, mod. dalla legge n. 7 del 2020). Di questi atti vi sarà dunque un deposito nell'archivio digitale, con la conseguenza che il giudice avrà la facoltà di ascoltare le registrazioni, ma all'interno dell'archivio medesimo (G. PESTELLI).

A sua volta, il giudice per le indagini preliminari, nell'ordinanza che accoglie la richiesta del pubblico ministero, deve riprodurre soltanto i « brani essenziali » delle comunicazioni « quando è necessario per l'esposizione delle esigenze cautelari e degli indizi » (art. 292, comma 2-*quater*).

Le nuove disposizioni tendono a ridurre al minimo la lesione della riservatezza delle persone coinvolte e si rivelano opportune poiché, come abbiamo accennato, in

---

([45]) Disposizioni simili sono previste nel caso in cui il pubblico ministero presenti richiesta di giudizio immediato (art. 454, comma 2-*bis*); si veda parte IV, cap. 1, § 5, lett. *c*.

base al nuovo comma 2 dell'art. 114, l'ordinanza cautelare può essere pubblicata nel suo testo integrale, ovviamente dopo che l'atto non è più segreto in quanto la misura è stata eseguita. L'introduzione della norma in questione è stata auspicata dai giornalisti al fine di soddisfare il diritto di cronaca e per evitare il c.d. mercato nero delle informazioni.

La selezione delle intercettazioni. Merita sottolineare che al giudice spetta il potere di valutare la rilevanza delle intercettazioni presentate dalla pubblica accusa a fondamento della richiesta di misura cautelare. In base al nuovo comma 1-*bis* dell'art. 92 disp. att. il giudice, dopo aver emanato l'ordinanza cautelare, deve restituire al pubblico ministero « gli atti contenenti le comunicazioni e conversazioni intercettate ritenute (...) non rilevanti o inutilizzabili »; queste sono destinate ad essere conservate nell'archivio digitale.

Il deposito dopo l'esecuzione dell'ordinanza cautelare. Una volta che l'ordinanza cautelare sia stata emanata ed eseguita, la stessa è depositata nella cancelleria del giudice insieme alla richiesta del pubblico ministero e agli atti presentati con la stessa; avviso del deposito è notificato al difensore. In base al nuovo testo dell'art. 293, comma 3, il difensore ha diritto di esaminare e di estrarre copia dei verbali delle comunicazioni e conversazioni intercettate (c.d. brogliacci).

Anche se la norma appena menzionata richiama tutte le intercettazioni ritenute rilevanti dal pubblico ministero e da questi trasmesse al giudice con la richiesta cautelare (art. 291, comma 1), deve ritenersi che il diritto di copia riguardi esclusivamente quelle intercettazioni (nella forma dei brogliacci) che il giudice ha considerato rilevanti e, dunque, poste a base della misura. Per contro, la difesa non potrà ottenere copia delle intercettazioni che il giudice ha "stralciato" e restituito al pubblico ministero ai sensi dell'art. 92, comma 1-*bis* disp. att.).

Inoltre, il difensore ha diritto alla trasposizione delle relative registrazioni « su supporto idoneo alla riproduzione dei dati ». Precisiamo che il difensore non ha accesso indiscriminato a tutte le altre intercettazioni svolte nel corso delle indagini, ma solo a quelle poste a base della misura. Per un verso, il pubblico ministero per altre intercettazioni potrebbe aver richiesto il deposito ritardato. Per un altro verso, una parte delle intercettazioni trasmesse dal pubblico ministero a sostegno della richiesta cautelare potrebbe essere stata considerata non rilevante dal giudice. Tutte le intercettazioni diverse da quelle poste a base della misura resteranno segrete fino a che non si instauri il meccanismo del deposito e dell'acquisizione attraverso l'udienza di stralcio o al momento dell'avviso di conclusione delle indagini o della richiesta di giudizio immediato.

d.6. *Le nuove norme sul captatore informatico.* Da tempo la prassi delle indagini si avvale di uno strumento estremamente insidioso caratterizzato da una potenzialità captativa sterminata. Il captatore informatico è un *virus trojan* inoculato occultamente nel sistema operativo di apparati informatici (es. *computer, smartphone* o *tablet*) che, con comandi attivati a distanza, acquisisce i dati più vari indirizzandoli verso il *server* cui è collegato; esso è in grado di attivare il microfono del supporto informatico e, dunque, di farlo funzionare come una microspia idonea ad eseguire intercettazioni tra presenti. Ai fini che qui interessano, è proprio quest'ultimo utilizzo che occorre esaminare.

Il captatore informatico è ormai indispensabile perché la criminalità opera con tecniche di elusione che mettono fuori gioco le intercettazioni tradizionali di tipo passivo, che cioè si limitano ad inserirsi nella linea che collega l'operatore che sta svolgendo la comunicazione con il suo interlocutore. Infatti, la criminalità sfrutta le innovazioni della tecnica, che assicurano l'inaccessibilità delle comunicazioni: si pensi, ad esempio, alla prima schermata di *WhatsApp*, laddove è promesso che le conversazioni saranno criptate.

Di fronte a simili situazioni, dobbiamo ricordare che per la Corte costituzionale l'esigenza di acquisire la prova di un reato costituisce un « valore primario sul quale si fonda ogni ordinamento ispirato al principio di legalità » (sentenza n. 238 del 1996). Nella materia in esame occorre difendere il processo penale contro le aggressioni e le contromisure che insidiano la finalità accertativa ed il captatore è senz'altro uno strumento idoneo a perseguire tale finalità.

Approfondimento. La pronuncia delle Sezioni unite sul captatore informatico. Poiché lo strumento era stato utilizzato nella prassi delle indagini da più di un decennio, le Sezioni unite, chiamate a comporre un dissidio in giurisprudenza, avevano affrontato la tematica tracciando quelli che possiamo considerare i punti di riferimento della materia in esame ([46]); ne ricordiamo le affermazioni più rilevanti.

Le Sezioni unite si sono pronunciate su un caso nel quale, in un procedimento per criminalità organizzata (art. 13 d.l. n. 152 del 1991), il giudice per le indagini preliminari aveva autorizzato una intercettazione tra presenti mediante un captatore informatico installato su di un dispositivo digitale portatile. L'intercettazione doveva avvenire nei luoghi in cui si trovava il dispositivo in uso ad una determinata persona e le conversazioni da captare erano quelle tra tale persona e altre presenti nel luogo « nel quale era ubicato in quel momento il portatile ».

La sentenza delle Sezioni unite ha enunciato i seguenti princìpi di diritto in relazione al tipo di captatore utilizzato nel caso di specie.

1) « Limitatamente ai procedimenti per delitti di criminalità organizzata, è consentita l'intercettazione di conversazioni o comunicazioni tra presenti mediante l'installazione di un captatore informatico in dispositivi elettronici portatili (ad es., *personal computer, tablet, smartphone*, ecc.) anche nei luoghi di privata dimora *ex* art. 614 c.p., pure non singolarmente individuati e anche se ivi non si stia svolgendo l'attività criminosa ».

2) « Per reati di criminalità organizzata devono intendersi non solo quelli elencati nell'art. 51, commi 3-*bis* e 3-*quater* c.p.p., ma anche quelli comunque facenti capo a un'associazione per delinquere, *ex* art. 416 c.p., correlata alle attività criminose più diverse, con esclusione del mero concorso di persone nel reato » ([47]).

([46]) Cass., Sez. un., 28 aprile - 1° luglio 2016, n. 26889, Scurato, in *Cass. pen.*, 2016, 3536.

([47]) Sempre secondo le Sezioni unite, dall'art. 2 della Costituzione deriva l'inutilizzabilità delle risultanze di specifiche intercettazioni che, nelle modalità di attuazione o nei loro esiti, siano direttamente lesive della dignità della persona umana.

Il captatore informatico nei nuovi procedimenti. Il decreto-legge n. 161 del 2019, conv. nella legge n. 7 del 2020, ha introdotto una normativa che regola espressamente l'uso del captatore e che si applica ai procedimenti iscritti dopo il 31 agosto 2020. I requisiti per utilizzare il captatore informatico sono i seguenti.

I requisiti per i delitti comuni (art. 266, comma 2). Il decreto del giudice, che autorizza l'intercettazione tra presenti a mezzo di un captatore informatico, deve motivare sui seguenti punti (art. 267, comma 1).

1) Come avviene per tutte le intercettazioni, deve dare atto che vi sono gravi indizi di reato e che l'intercettazione è assolutamente indispensabile per la prosecuzione delle indagini.

2) Inoltre, in ragione della peculiare invasività dello strumento, il giudice deve indicare « le specifiche ragioni che rendono necessaria tale modalità per lo svolgimento delle indagini »; e cioè deve precisare perché non sono sufficienti le intercettazioni tradizionali (c.d. passive). La legge di conversione n. 178 del decreto-legge n. 132 del 2021 ha voluto chiarire che le ragioni devono essere « specifiche » al fine di sottolineare che non sono ammesse formule di stile che non tengano conto della peculiarità del caso concreto. Palese è la diffidenza che il Parlamento ha manifestato verso l'uso non oculato di un mezzo fortemente invasivo della vita privata.

3) Infine, il decreto del giudice deve indicare « i luoghi e il tempo, anche indirettamente determinati, in relazione ai quali è consentita l'attivazione del microfono » ([48]).

I requisiti per i delitti di criminalità organizzata e assimilati. Nei procedimenti per delitti di criminalità organizzata e assimilati i requisiti per autorizzare l'uso del captatore sono più leggeri.

a) Il giudice deve dare atto che vi sono sufficienti indizi di reato e che l'intercettazione è necessaria per lo svolgimento delle indagini (art. 13 d.l. n. 152 del 1991).

b) Tuttavia, come avviene per i delitti comuni, se il giudice autorizza l'intercettazione tra presenti, deve indicare le « specifiche » ragioni che rendono necessario il captatore per lo svolgimento delle indagini (art. 267, comma 1); ma non è tenuto a precisare « i luoghi e il tempo, anche indirettamente determinati, in relazione ai quali è consentita l'attivazione del microfono » (art. 267, comma 1, ultima parte).

c) A questo punto occorre distinguere in relazione ai reati per i quali si procede.

Se si procede per i più gravi delitti attribuiti alla cognizione della procura distrettuale, previsti dall'art. 51, commi 3-*bis* e 3-*quater*, l'intercettazione tra presenti « è sempre consentita » anche nei luoghi domiciliari.

Viceversa, se si procede per i più gravi delitti dei pubblici ufficiali e degli incaricati di pubblico servizio contro la pubblica amministrazione, l'intercettazione

([48]) Il d.l. n. 161 ha reso compatibile la natura itinerante del captatore con la previsione di legge: ai sensi del comma 1 dell'art. 267, è sufficiente che siano predeterminati quantomeno i contesti ambientali nei quali verosimilmente si sposterà il soggetto monitorato, individuabili sulla base delle emergenze investigative.

tra presenti è consentita, ma occorre la « previa indicazione delle ragioni che ne giustificano l'utilizzo » nei luoghi domiciliari (art. 266, comma 2-*bis*) ([49]).

Il procedimento esecutivo di urgenza. Per i delitti distrettuali previsti dall'art. 51, commi 3-*bis* e 3-*quater* e per i più gravi delitti dei pubblici ufficiali e degli incaricati di pubblico servizio contro la pubblica amministrazione, nei casi di urgenza, il pubblico ministero può disporre, con decreto motivato, l'intercettazione mediante il captatore; ma deve indicare le ragioni di urgenza che rendono impossibile attendere il provvedimento del giudice. Il decreto deve essere trasmesso al giudice che decide sulla convalida entro quarantotto ore (art. 267, comma 2-*bis*).

Disposizioni generali per le intercettazioni mediante captatore. Per le operazioni di avvio e di cessazione delle registrazioni con captatore, riguardanti comunicazioni e conversazioni tra presenti, l'ufficiale di polizia giudiziaria può avvalersi di ausiliari di cui all'art. 348, comma 4 (art. 268, comma 3-*bis*). Il verbale delle operazioni di intercettazione deve indicare il tipo di programma impiegato e, ove possibile, i luoghi in cui si svolgono le comunicazioni o conversazioni (art. 89, comma 1 att.) ([50]).

Al termine delle operazioni si deve disattivare il captatore con modalità tali da renderlo inidoneo a successivi impieghi; il verbale deve dare atto dell'operazione (art. 89, comma 5 att.).

La normativa sui programmi. Ai fini dell'installazione e dell'intercettazione attraverso captatore informatico in dispositivi elettronici portatili, devono essere impiegati soltanto programmi conformi ai requisiti tecnici stabiliti con decreto del ministro della giustizia (art. 89, comma 2 att.) ([51]).

Invalidità speciali per il captatore. È prevista la sanzione dell'inutilizzabilità per i dati acquisiti nel corso delle operazioni preliminari all'inserimento del captatore informatico sul dispositivo elettronico portatile e per i dati acquisiti al di fuori dei limiti di tempo e di luogo indicati nel decreto autorizzativo (art. 271, comma 1-*bis*).

Approfondimento. Le attività di captazione che sfuggono ai requisiti delle intercettazioni tra presenti. La sentenza delle Sezioni unite ric. Scurato, della quale abbiamo trattato in precedenza, ha dato atto che, mediante il captatore informatico, possono essere compiute attività ulteriori rispetto alle tradizionali intercettazioni di conversazioni tra presenti ([52]). Le Sezioni unite hanno preso in considerazione le seguenti attività:

a) mettere in funzione la *web camera* e fare videoriprese;

([49]) Per i rimanenti delitti di criminalità organizzata (es. associazione semplice e pornografia minorile), quando è usato il captatore informatico, il giudice per le indagini preliminari deve indicare i luoghi e i tempi, anche indirettamente determinati, in relazione ai quali è consentita l'attivazione del microfono (art. 267, comma 1).

([50]) Le comunicazioni intercettate mediante captatore sono conferite esclusivamente negli impianti della procura della Repubblica; durante il trasferimento dei dati sono operati controlli costanti di integrità che assicurino l'integrale corrispondenza tra quanto intercettato, registrato e trasmesso. Quando è impossibile il contestuale trasferimento dei dati intercettati, il verbale di cui all'articolo 268 del codice dà atto delle ragioni impeditive e della successione cronologica degli accadimenti captati e delle conversazioni intercettate (art. 89, commi 3 e 4 disp.att.).

([51]) I requisiti tecnici dei programmi informatici funzionali all'esecuzione delle intercettazioni mediante captatore sono stati fissati con D.M. 20 aprile 2018, pubblicato sul *Bollettino Ufficiale* del Ministero della Giustizia del 31 maggio 2018.

([52]) Cass., Sez. un., 28 aprile - 1° luglio 2016, n. 26889, Scurato, in *Cass. pen.*, 2016, 3536.

b) perquisire l'*hard disk* e fare copia totale o parziale delle unità di memoria del sistema informatico preso di mira;

c) decifrare tutto ciò che viene digitato sulla tastiera collegata al sistema (*key-logger*) e visualizzare, nonché acquisire, ciò che appare sullo schermo del dispositivo bersaglio (*screenshot* e *screencast*).

Ebbene, le Sezioni unite hanno limitato intenzionalmente la propria pronuncia alle sole intercettazioni svolte a mezzo captatore, lasciando impregiudicata ogni questione relativa alle ulteriori attività. È appena il caso di precisare che specialmente gli atti indicati alle lettere *b* e c sono atti non espressamente disciplinati dalla legge ed idonei a comprimere pesantemente i diritti fondamentali in relazione ai quali la Costituzione impone, invece, che i casi e modi delle eventuali limitazioni siano previsti dal legislatore.

Riteniamo che, in assenza di una normativa sul punto, atti del genere in quanto atipici siano preclusi in base al "principio di non sostituibilità", che è stato enunciato in passato dalle Sezioni unite ([53]) e che è stato così formulato dalla quinta Sezione nel noto caso di Perugia: « quando il codice stabilisce un divieto probatorio oppure un'inutilizzabilità espressa, è vietato il ricorso ad altri strumenti processuali, tipici od atipici, finalizzati ad aggirare surrettiziamente un simile sbarramento » ([54]). Ritorneremo sulla tematica nel successivo § 6, lett. *e*.

d.7. *L'uso delle intercettazioni in procedimenti diversi da quelli per i quali è stata concessa l'autorizzazione.* Di regola, i risultati delle intercettazioni non possono essere utilizzati in procedimenti diversi da quelli nei quali le medesime sono state disposte, salvo che appaiano indispensabili per l'accertamento dei delitti per i quali è obbligatorio l'arresto in flagranza (art. 270, comma 1). Secondo un orientamento pacifico, i verbali restano comunque utilizzabili come notizia di reato.

La materia è stata oggetto di un'importante sentenza delle Sezioni unite secondo cui non si è dinanzi ad "altro procedimento" (e, quindi, le intercettazioni possono essere utilizzate) con riguardo a tutti quei reati « che risultino connessi *ex* art. 12 c.p.p. a quelli in relazione ai quali l'autorizzazione era stata *ab origine* disposta, sempreché rientrino nei limiti di ammissibilità previsti dalla legge » ([55]). Per la sentenza resta fermo che vi deve essere « un preciso collegamento tra i fatti per i quali erano state mano a mano autorizzate e prorogate le operazioni di intercettazione e quelli per i quali, anche sulla base delle conversazioni intercettate, è stata confermata la condanna ». Deve trattarsi, in sintesi, di un reato compiuto per nasconderne un precedente, oppure di un reato attribuito ad una persona che ha agito in concorso con

---

([53]) Cass., Sez. un., 28 maggio 2003, Torcasio, in *Cass. pen.*, 2004, 30 e in *CED* 225467; Cass., Sez. un., 19 aprile 2012, Pasqua, in *CED* 252893. Nello stesso senso, Corte cost. n. 20 del 2017.

([54]) Cass. pen., sez. V, 27 marzo - 7 settembre 2015, n. 36080, Sollecito, in *www.giurisprudenzapenale*.com, pag. 27 della motivazione in diritto (n. 4.3.2).

([55]) Ciò, perché possano dirsi rispettate le riserve di legge e di giurisdizione imposte dall'art. 15 della Costituzione. In tal senso, Cass., Sez. un., 28 novembre 2019 - 2 gennaio 2020, n. 51, Cavallo, in *CED*, n. 277395.

l'autore del reato indagato, o infine di un reato riconducibile al medesimo disegno criminoso.

Le modifiche legislative intervenute per i nuovi procedimenti. Il decreto-legge n. 161 del 2019 ha innovato la regolamentazione per i procedimenti che sono iscritti dopo il 31 agosto 2020. In relazione ai procedimenti menzionati deve ritenersi valido il divieto (posto dall'art. 270, comma 1) di utilizzare i risultati delle intercettazioni in procedimenti diversi da quelli nei quali esse sono state disposte, da intendersi diversi dai procedimenti connessi a quelli per i quali era stata concessa l'autorizzazione e comunque rientranti nel catalogo dei reati di cui all'art. 266, comma 1, come ha stabilito la sentenza delle Sezioni unite Cavallo 28 novembre 2019 - 2 gennaio 2020.

Tuttavia, i limiti tracciati dalle Sezioni unite sono stati superati dalla legge di conversione n. 7 del 2020, che ha permesso di utilizzare quelle nuove intercettazioni non autorizzate che risultino « rilevanti e indispensabili » per l'accertamento non soltanto dei delitti per i quali è obbligatorio l'arresto in flagranza, ma anche per l'accertamento dei reati comuni intercettabili il cui elenco è stato esteso dalla legge di conversione mediante la nuova lettera *f-quinquies*. Il requisito della indispensabilità è stato considerato dalla dottrina un criterio quanto mai evanescente che difficilmente può soddisfare le esigenze di tassatività poste dall'art. 15 Cost.

L'uso delle nuove intercettazioni con captatore informatico per la prova di reati diversi dall'autorizzazione. Sempre per i procedimenti iscritti dopo il 31 agosto 2020, l'uso delle intercettazioni per reati diversi da quelli, per i quali è stato emesso il decreto di autorizzazione, è stata ulteriormente ampliata rispetto alla regola generale contenuta nell'art. 270, comma 1, appena esaminata.

Infatti, in base al nuovo comma 1-*bis* dell'art. 270, i risultati delle intercettazioni tra presenti operate con captatore informatico su dispositivo elettronico portatile possono essere utilizzati anche per la prova di *reati* diversi da quelli per i quali è stato emesso il decreto di autorizzazione, se compresi tra quelli indicati dall'articolo 266, comma 2-*bis*. E cioè, se concernono, oltre ai reati di criminalità organizzata, anche i delitti contro la pubblica amministrazione commessi da pubblici ufficiali e incaricati di pubblico servizio.

Con le due estensioni appena illustrate il legislatore ha autorizzato una vera e propria « pesca a strascico » legittimando l'uso del captatore per ricercare reati anche non connessi rispetto a quelli per i quali il giudice ha ritenuto presenti i requisiti per disporre l'intercettazione ([56]).

e. *Le intercettazioni nei confronti dei parlamentari.* Le intercettazioni che riguardano i membri del parlamento sono disciplinate dalla legge 20 giugno 2003, n. 140, modificata da varie sentenze della Corte costituzionale. Le intercettazioni riguardanti parlamentari si dividono in tre categorie: intercettazioni dirette, indirette e casuali.

1) Siamo in presenza di intercettazioni **"dirette"** quando sono sottoposti ad intercettazione utenze o luoghi appartenenti al parlamentare o nella sua disponibilità.

([56]) Si veda L. Filippi, *D.L. intercettazioni: abrogata la riforma Orlando*, in *Quotidiano giuridico*, 10 gennaio 2020, 5.

2) Le intercettazioni sono **"indirette"** quando l'attività di captazione interessa utenze intestate a differenti soggetti che, tuttavia, possono ritenersi interlocutori abituali del parlamentare, o concerne luoghi a lui non appartenenti, ma che possono presumersi dal medesimo frequentati (C. cost. n. 114 del 2010). Per disporre una intercettazione *diretta o indiretta* nei confronti di un parlamentare, è necessaria una preventiva autorizzazione a procedere della Camera di appartenenza (art. 4 della legge 140); altrimenti, l'atto è inutilizzabile nei confronti sia del parlamentare, sia di terzi.

3) L'intercettazione è definita **"casuale"** quando non è disposta su utenze riferibili al parlamentare e l'ingresso di quest'ultimo nell'area di ascolto è del tutto accidentale. L'art. 6 della legge 140 è applicabile solo nel caso in cui l'intercettazione del parlamentare risulti casuale poiché solo in tale ipotesi è escluso il pericolo di un uso abnorme del potere di intercettare. L'autorità procedente, infatti, proprio per il carattere inaspettato del coinvolgimento del soggetto politico, non può munirsi preventivamente dell'autorizzazione della Camera di appartenenza.

In base all'art. 6, il giudice per le indagini preliminari, qualora ritenga *irrilevanti* i verbali e le registrazioni delle conversazioni intercettate nel corso di procedimenti a carico di terzi, alle quali abbia preso parte un parlamentare, sentite le parti, a tutela della riservatezza, ne decide in camera di consiglio la distruzione ai sensi dell'art. 269, commi 2 e 3.

Viceversa, se il giudice considera *rilevanti* tali intercettazioni, egli deve chiedere un'autorizzazione alla Camera cui il parlamentare appartiene (o apparteneva al momento dell'attività di captazione); l'autorizzazione è necessaria solo nel caso in cui la conversazione intercettata debba essere utilizzata sia nei confronti del parlamentare, sia nei confronti di terzi. Quando l'autorizzazione non viene concessa, le intercettazioni sono inutilizzabili nei confronti del parlamentare coinvolto, ma potranno essere impiegate nei confronti di terzi e, quindi, i relativi verbali e le registrazioni non devono essere distrutti (C. cost., n. 390 del 2007).

Qualora, invece, l'autorità giudiziaria intenda utilizzare i risultati delle intercettazioni esclusivamente nei confronti di persone diverse dal parlamentare, non occorre alcuna autorizzazione.

6. I nuovi strumenti della tecnica.

a. I mezzi atipici di ricerca della prova. In giurisprudenza si è posto il problema se siano ammissibili quei mezzi atipici di ricerca della prova che, dopo l'entrata in vigore del codice del 1988, il progresso scientifico ha inventato; ad esempio, le videoriprese e le perquisizioni *on-line*. Come si è già precisato ([57]), per i mezzi atipici di prova l'art. 189 pone i requisiti della idoneità all'accertamento, della mancanza di pregiudizio per la libertà morale della persona e del previo contraddittorio davanti al giudice al quale è imposto il compito di regolare le specifiche modalità di assunzione della prova. I dubbi sono sorti proprio perché l'art. 189, seppure collocato tra i princìpi generali della prova, appare difficilmente conciliabile con le caratteristiche dei mezzi di ricerca della prova che, come è noto, quanto meno con riguardo alle c.d. captazioni occulte, sono compiuti in segreto durante le indagini e, dunque, appaiono incompatibili con un previo contraddittorio davanti al giudice.

([57]) V. *supra*, parte II, cap. 4, § 1.

D'altra parte, l'esigenza di accertare i reati è stata ritenuta di rilievo costituzionale dalla Consulta con più sentenze tra le quali merita segnalare quella sul prelievo coattivo per l'esame del DNA (n. 238 del 1996). La difficoltà è stata superata, in un primo approccio, perché la giurisprudenza costituzionale e di legittimità hanno affermato che il contraddittorio si può operare nel momento in cui i risultati dei mezzi atipici di ricerca della prova vengono ammessi dal giudice, che valuta *ex post* la presenza dei requisiti posti dall'art. 189. Così può svolgersi un contraddittorio successivo sulla idoneità all'accertamento dei fatti e sulla tutela della libertà morale.

I mezzi atipici di ricerca della prova e le libertà fondamentali. Ma è sorta un'ulteriore difficoltà. Le nuove acquisizioni scientifiche e tecnologiche hanno inventato strumenti invasivi che aggrediscono le libertà fondamentali, e cioè quei diritti che in base agli artt. 13, 14 e 15 Cost., sono definiti inviolabili, salvo riserva di legge rinforzata e riserva di giurisdizione. Eventuali compressioni sono ammesse nei casi e modi stabiliti dalla legge, nel rispetto del principio di tassatività-determinatezza delle norme ordinarie, con atto motivato dell'autorità giudiziaria, in ossequio al principio di proporzionalità (58).

Purtroppo, l'incessante e rapido progresso della scienza unito alla ben nota inerzia del parlamento ha fatto sì che raramente siano stati disciplinati espressamente per legge i nuovi strumenti scientifici; ciò è avvenuto soltanto per i tabulati telefonici e per l'ispezione, la perquisizione ed il sequestro di strumenti informatici. Al momento, restano non regolate materie quali le videoriprese e l'utilizzo del captatore informatico per attività diverse dalle intercettazioni. Ciò provoca problemi nel caso in cui i mezzi atipici di ricerca della prova pongano limiti a diritti fondamentali quali la libertà personale, il segreto della corrispondenza e la disponibilità del domicilio privato.

La dottrina e la giurisprudenza costituzionale e di legittimità hanno tracciato alcune regole che permettono di valutare l'ammissibilità dei nuovi mezzi atipici di ricerca della prova. Si tratta di vere e proprie norme metodologiche che sono poste all'interprete.

Il principio di non sostituibilità. In primo luogo è necessario accertare se il mezzo non tipico sia inquadrabile in un mezzo tipico di ricerca della prova e trovi in esso la sua regolamentazione. Nel fare questa operazione la giurisprudenza di legittimità ha posto quello che è stato definito come il principio di non sostituibilità: il mezzo atipico non deve aggirare fraudolentemente le regole sostanziali previste per l'atto tipico (59). Ove lo facesse, sarebbe non utilizzabile ai sensi dell'art. 191 c.p.p. perché dal codice si ricava un principio di legalità della prova che trova un proprio corollario

---

(58) In base a quest'ultimo principio, la misura limitativa deve essere idonea a raggiungere lo scopo dichiarato nella corrispondente norma ed indispensabile a raggiungere quello scopo, mentre il sacrificio del diritto deve essere giustificato dalla gravità del reato (c.d. proporzionalità in senso stretto). Come è noto, oggi tale canone costituisce un indispensabile punto di riferimento in tema di limitazione dei diritti fondamentali.

(59) Cass., sez. un., 28 maggio 2003, Torcasio, in *Cass. pen.*, 2004, 30; Cass., Sez. V, 27 marzo - 7 settembre 2015, n. 36080, Sollecito e Knox, in *www.giurisprudenzapenale.com*, n. 4.3.2, in motivaz., pag. 27: « quando il codice stabilisce un divieto probatorio oppure un'inutilizzabilità espressa, è vietato il ricorso ad altri strumenti processuali, tipici od atipici, finalizzati ad aggirare surrettiziamente un simile sbarramento ».

nel divieto di aggiramento surrettizio della disciplina espressamente stabilita (C. CONTI).

Il principio di non sostituibilità è particolarmente stringente con riferimento a quei mezzi atipici di ricerca della prova che ledano diritti fondamentali. Ad esempio, la Corte costituzionale e la Cassazione hanno sancito che il ricorso alla disciplina delle intercettazioni, oppure alla prova atipica al fine di acquisire in modo occulto la corrispondenza di un detenuto viola le regole del sequestro della corrispondenza poste espressamente dall'art. 18-*ter* dell'ordinamento penitenziario e le regole sul sequestro probatorio (art. 253 c.p.p.) (60). Per questi motivi l'aggiramento di tali regole determina l'inutilizzabilità dell'acquisizione occulta eventualmente compiuta.

Una volta che il vaglio preliminare abbia condotto a ravvisare una effettiva atipicità dello strumento, intesa come impossibilità di inquadramento all'interno degli atti già disciplinati dal codice, occorre svolgere una ulteriore valutazione in ordine al grado di limitazione delle libertà fondamentali prodotto dall'attività atipica.

1) Il mezzo atipico di ricerca che non limita diritti fondamentali.

I mezzi atipici di ricerca della prova che non limitano diritti fondamentali possono essere disposti dalla polizia giudiziaria purché, ovviamente, siano compiuti per gli scopi legittimi del processo penale. Alcuni esempi possono chiarire il concetto.

Le riprese video o audio operate in un luogo pubblico o aperto al pubblico dalla polizia giudiziaria non rientrano nelle intercettazioni poiché non riprendono una comunicazione segreta; pertanto non necessitano di autorizzazione da parte dell'autorità giudiziaria (61). Il pedinamento mediante GPS disposto dalla polizia giudiziaria non rientra nell'intercettazione perché non vi è un flusso di comunicazioni (62).

2) Il mezzo atipico di ricerca che limita diritti fondamentali protetti da riserva di legge. Per i mezzi atipici di ricerca della prova che limitano diritti fondamentali protetti da riserva di legge (es., segretezza delle comunicazioni e disponibilità del domicilio privato) la giurisprudenza ha fatto una distinzione.

a) Quando il mezzo atipico lede il nucleo essenziale del diritto, in mancanza di una norma di legge nel quale possa rientrare, la conseguenza è la inutilizzabilità. Ad esempio, sono inutilizzabili le videoriprese non comunicative captate nel domicilio privato senza l'autorizzazione di colui che ne ha la disponibilità (63).

In verità, di fronte al nuovo strumento tecnologico, non basta limitarsi a rilevare se esso intacchi un diritto fondamentale; occorre anche chiedersi quale sia l'entità della lesione. Infatti, qualora l'attività comporti un sacrificio totale del nucleo duro dell'istanza, si è di fronte ad atti "non disciplinabili" dalla legge neppure in prospettiva futuribile giacché sarebbe impossibile rispettare il principio di proporzionalità (si

---

(60) Corte cost. n. 20 del 2017.

(61) C. cost. sent. n. 149 del 2008, in *Cass. pen.*, 2008, 4109; lo stesso accade per le videoriprese di comportamenti non riservati anche se tenuti all'interno di luoghi domiciliari (si pensi alla persona che, sia pure trovandosi all'interno del proprio domicilio, lascia le finestre aperte rendendo visibile dall'esterno il proprio agire).

(62) Cass., sez. V, 2 maggio 2002, Bresciani, in *Dir. pen. proc.*, 2003, 93.

(63) Cass., sez. un., 28 luglio 2006, Prisco, in *Dir. pen. proc.*, 2006, 1349. Viceversa, se vi è il consenso del titolare del domicilio, la polizia giudiziaria non ha la necessità di autorizzazione alcuna: così, Cass., sez. II, 7 luglio - 14 ottobre 2015, n. 41332, in Cass. pen., 2016, 1710 e in CED n. 264889.

pensi ad attività che possano arrivare a ledere l'inviolabilità della psiche). In definitiva, per ogni istanza costituzionale è possibile individuare in assoluto un contenuto minimo non comprimibile neppure a tutela di altri interessi di pari rilevanza costituzionale.

b) Viceversa, quando il mezzo atipico lede non il nucleo essenziale del diritto, bensì una sfera periferica dello stesso, esso è ammesso se autorizzato dal pubblico ministero con un provvedimento motivato (si può parlare in proposito di "prove atipiche rafforzate"). In tale categoria di atti la giurisprudenza ha ricompreso il caso della persona che ha con sé un registratore fornito dalla polizia, la quale non opera un ascolto contestuale della conversazione (64) (si tratta di quello che nella prassi è denominato "agente segreto attrezzato per il suono").

3) Il mezzo atipico di ricerca che limita diritti fondamentali non protetti da riserva di legge. Considerazioni del tutto analoghe valgono con riferimento ai mezzi atipici che limitano diritti fondamentali non protetti dalla riserva di legge. È il caso del diritto alla riservatezza della vita privata: la giurisprudenza afferma che esso gode della tutela dell'art. 2 Cost., che però non pone la garanzia della riserva di legge. Ad esempio, le videoriprese non comunicative captate in luoghi riservati come i bagni o i *privées* di locali pubblici al fine di accertare lo spaccio di droga richiedono unicamente l'autorizzazione del pubblico ministero; infatti dai luoghi menzionati il privato ha il diritto di escludere altre persone (*ius excludendi alios*) soltanto quando è lui presente, non quando è assente: non è un domicilio privato (65).

A fini di chiarezza, nelle pagine seguenti sarà esposta la regolamentazione di alcuni dei nuovi mezzi atipici di ricerca della prova, dei quali sarà fornita la completa disciplina che si ricava dalla giurisprudenza costituzionale e di legittimità.

b. *L'agente segreto attrezzato per il suono.* Una figura particolare che può essere assimilata parzialmente all'intercettazione è la *registrazione fonografica* eseguita occultamente da una delle persone che partecipano a una conversazione segreta, *quando tutto ciò avviene d'intesa con la polizia giudiziaria.* Sul punto, la giurisprudenza ha tracciato distinzioni di una notevole importanza.

Si tratta dell'ipotesi in cui una persona rechi con sé apparecchi di registrazione che consentono alla polizia giudiziaria l'ascolto contestuale o differito di una conversazione con l'indagato. La figura viene indicata nella prassi come "agente segreto attrezzato per il suono". In proposito, si è espressa la Corte costituzionale (66). La Consulta ha precisato che la registrazione in oggetto costituisce la *documentazione* di un atto di indagine. Dalla lettura — peraltro ostica — della sentenza pare potersi ricavare una distinzione tra due ipotesi differenti: la prima ipotesi è quella in cui la polizia ascolti la conversazione *contestualmente* al momento in cui avviene; la seconda ipotesi è quella in cui il privato si limiti a registrare la conversazione e poi metta a

---

(64) Cass., sez. II, 14 ottobre 2010 - 4 gennaio 2011, Biffis; Cass., sez. VI, 7 aprile - 21 giugno 2010, Angelini, in *CED* 247384 e in *Giur. it.*, 2011, 1, 183.

(65) Cass., sez. un., 28 luglio 2006, Prisco, in *Dir. pen. proc.*, 2006, 1349.

(66) Sentenza 30 novembre 2009, n. 320.

disposizione della polizia quanto “fonicamente memorizzato” ai fini di un ascolto *differito*.

L'ascolto contestuale. Con riferimento all'*ascolto contestuale*, la giurisprudenza ha affermato che l'atto è una sorta di intercettazione mascherata ([67]). Pertanto, qualora la polizia giudiziaria abbia operato in assenza dei presupposti richiesti dalla disciplina stabilita dagli artt. 266 ss. in materia di intercettazioni (es. autorizzazione del giudice, gravi indizi di reato ecc.), la captazione è inutilizzabile perché l'impiego dell'agente segreto attrezzato per il suono si è risolto in un aggiramento surrettizio delle predette regole.

La mera registrazione. In relazione alla *mera registrazione* operata dal privato con un dispositivo fornito dalla polizia giudiziaria al fine di consentire alla medesima un *ascolto differito* rispetto al momento del colloquio, la giurisprudenza ha deciso nel modo seguente: si tratta di una *attività di indagine atipica* che incide sul diritto alla segretezza delle conversazioni e delle comunicazioni, tutelato dall'art. 15 Cost. ([68]). Tale attività, tuttavia, non arriva a compromettere il predetto diritto fondamentale agli stessi livelli cui giungono le intercettazioni. Infatti, le registrazioni fonografiche, eseguite da uno degli interlocutori con strumenti di captazione forniti dagli organi investigativi, sono effettuate *con il consenso di uno dei partecipanti* alla conversazione, che ha la consapevolezza di ciò che avviene. Per questo, le registrazioni implicano una minore intrusione nella sfera privata e si limitano a ledere la riservatezza.

Pertanto, perché possa dirsi rispettato l'art. 15 Cost., è sufficiente un livello di garanzia minore rispetto a quello predisposto dalla disciplina relativa alle intercettazioni. L'attività in questione può dunque essere effettuata, purché sia autorizzata con un provvedimento motivato dell'autorità giudiziaria, che può essere costituito anche da un decreto motivato del pubblico ministero.

c. I tabulati telefonici. L'acquisizione dei dati del traffico telefonico e telematico (c.d. tabulati) per molto tempo non è stata disciplinata dalla legge; la prassi l'ha trattata come mezzo atipico di ricerca della prova. È proprio in questa materia che la Corte costituzionale ha sperimentato soluzioni teoriche (tuttora valide) al fine di stabilire i criteri attraverso i quali l'interprete deve passare per valutare se una prova atipica, che tocca diritti fondamentali, risulta o meno utilizzabile nel processo penale (v. *supra*, lett. *b*).

Soltanto con il d.lgs. n. 196 del 2003, e cioè con la nuova formulazione del codice *privacy*, la materia ha avuto una prima regolamentazione nell'art. 132. In seguito a varie vicissitudini giurisprudenziali, il decreto-legge n. 132 del 2021, conv. nella legge n. 178 del 2021, ha eliminato il potere spettante in precedenza al pubblico ministero di ottenere direttamente l'acquisizione dei tabulati dai gestori dei sevizi di telefonia.

Merita segnalare l'estrema utilità dei dati ricavabili dai tabulati dai quali si può ottenere, oltre al collegamento tra due utenze, anche la posizione geografica delle stesse quale risulta dalle celle interessate alla comunicazione.

([67]) Cass., sez. VI, 6 novembre 2008, Napolitano, in *CED* 241610.

([68]) Cass., sez. II, 14 ottobre 2010 - 4 gennaio 2011, Biffis; Cass., sez. VI, 7 aprile - 21 giugno 2010, Angelini, in *CED* 247384 e in *Giur. it.*, 2011, 1, 183. Si tratta di una giurisprudenza prevalente; citiamo per tutte Cass., sez. IV, 18 ottobre 2017, B., in *CED* n. 271059.

I tempi di conservazione dei tabulati del traffico telefonico e telematico. La versione attuale della norma prevede che siano conservati dal fornitore per differenti periodi di tempo i dati di tre tipi di traffico telefonico: le chiamate senza risposta, i dati del traffico telematico ed i rimanenti dati del traffico telefonico in senso stretto. I diversi termini di conservazione danno luogo ad una normativa *ordinaria* per reati comuni ed una *speciale* per i reati gravi.

I dati relativi al traffico telefonico sono conservati dal fornitore:

a) se si tratta di chiamate senza risposta, per trenta giorni dalla data della chiamata (art. 132, comma 1-*bis*);

b) se si tratta di dati del traffico telematico, per dodici mesi dalla data della comunicazione (comma 1);

c) se si tratta dei rimanenti dati del traffico telefonico, per ventiquattro mesi dalla data della comunicazione (comma 1).

Termini speciali per reati gravi. Il termine di conservazione dei dati è di settantadue mesi (cioè, sei anni) al fine di permettere l'accertamento e la repressione dei reati di cui agli articoli 51, comma 3-*quater* e 407, comma 2, lettera *a*, c.p.p. (es., terrorismo, mafia, omicidio volontario, sequestro di persona a fini di estorsione, armi, stupefacenti, tratta di persone, ecc.; art. 24 della legge n. 167 del 2017).

La recente decisione della Corte di Giustizia. La Corte di Giustizia si è pronunciata in una vicenda che coinvolgeva l'Estonia e ha affermato i seguenti princìpi (CGUE 2 marzo 2021, causa C-746/18). In base alla direttiva 2002/58/CE del Parlamento europeo e del Consiglio (direttiva relativa alla vita privata e alle comunicazioni elettroniche, come modificata dalla direttiva 2009/136/CE), l'accesso, per fini penali, ad un insieme di dati di comunicazioni elettroniche relativi al traffico o all'ubicazione (che permettano di trarre precise conclusioni sulla vita privata) è autorizzato *soltanto allo scopo di lottare contro gravi forme di criminalità o di prevenire gravi minacce alla sicurezza pubblica*. Inoltre, la Corte di Giustizia ha affermato che la predetta direttiva è incompatibile con una normativa nazionale (quella della Estonia) che renda il pubblico ministero competente ad autorizzare l'accesso di un'autorità pubblica ai dati relativi al traffico e ai dati relativi all'ubicazione al fine di condurre un'istruttoria penale.

Successivamente alla sentenza della Corte di Giustizia, la prevalente giurisprudenza di merito ha ritenuto che la normativa europea non fosse direttamente applicabile perché non *self executing* e perché il pubblico ministero italiano gode di garanzie di indipendenza che non si riscontrano negli altri ordinamenti europei.

Con il ***decreto-legge 30 settembre 2021, n. 132, conv. in legge n. 178 del 2021***, il Governo ha regolamentato l'acquisizione dei tabulati poiché ha ritenuto esistente la « straordinaria necessità ed urgenza di garantire la possibilità di acquisire dati relativi al traffico telefonico e telematico per fini di indagine penale nel rispetto dei principi enunciati dalla Grande sezione della Corte di giustizia dell'Unione europea nella sentenza del 2 marzo 2021, causa C-746/18 ». In particolare, il Governo ha inteso « circoscrivere le attività di acquisizione ai procedimenti penali aventi ad oggetto forme gravi di criminalità » e ha voluto « garantire che dette attività siano soggette al controllo di un'autorità giurisdizionale » (preambolo del provvedimento).

In estrema sintesi, il decreto-legge n. 132 ha equiparato in parte alle intercettazioni la disciplina dei tabulati in un *mixtum compositum* che ha appesantito le attività di indagine (69).

I requisiti giuridici che consentono l'acquisizione dei tabulati, siano essi telefonici o telematici, sono stati regolamentati dal nuovo comma 3 dell'art. 132 in modo simile a quanto è previsto per le intercettazioni, nonostante che da queste essi differiscano perché non è integrato il requisito della comunicazione in corso.

a) Occorre che sussistano « sufficienti indizi di reati » di una determinata gravità.

b) I reati che consentono l'acquisizione sono quelli per i quali la legge prevede « la pena dell'ergastolo o della reclusione non inferiore nel massimo a tre anni, determinata a norma dell'articolo 4 del codice di procedura penale ».

Altri reati che consentono l'acquisizione sono quelli di « minaccia e di molestia o disturbo alle persone col mezzo del telefono, quando la minaccia, la molestia e il disturbo sono gravi ».

c) Occorre che i dati del traffico telefonico e telematico siano « rilevanti per l'accertamento dei fatti ».

d) Infine, l'acquisizione è consentita « entro il termine di conservazione imposto dalla legge ».

La procedura ordinaria. In presenza dei predetti requisiti, la richiesta di acquisizione dei tabulati deve essere presentata al giudice che procede da parte del pubblico ministero o del difensore dell'imputato, dell'indagato, della persona offesa dal reato o di altre parti private (es. del responsabile civile). Il giudice, se accoglie la richiesta, autorizza con decreto motivato che i tabulati siano acquisiti presso il gestore del servizio di telefonia.

La procedura eccezionale è prevista quando « ricorrono ragioni di urgenza » e vi è il « fondato motivo di ritenere che dal ritardo possa derivare grave pregiudizio per le indagini » (nuovo comma 3-*bis* dell'art. 132). In tal caso, il pubblico ministero dispone l'acquisizione dei dati con decreto motivato, « che deve essere comunicato immediatamente, e comunque non oltre quarantotto ore, al giudice competente per il rilascio dell'autorizzazione in via ordinaria ».

Il giudice ha un ulteriore termine di quarantotto ore per disporre la convalida e per emettere il decreto motivato di acquisizione.

Sanzioni processuali. In base al nuovo comma 3-*quater* dell'art. 132 non possono essere utilizzati i dati acquisiti in violazione della procedura autorizzativa ordinaria o di urgenza (commi 3 e 3-*bis*), e cioè ove non siano stati rispettati i presupposti operativi (es. i sufficienti indizi) o le modalità di acquisizione.

Aspetti problematici della nuova normativa. L'eccessiva urgenza con la quale si è proceduto, oltre a costringere a provvedere con decreto-legge, ha causato il sorgere di problemi di non poco conto.

1) Il ***livello di gravità dei reati***, in buona parte parificato a quello richiesto per le intercettazioni, impedisce di acquisire i tabulati per « tutta una serie di fatti odiosi e

---

(69) G. Pestelli, *D.L. 132/2021: un discutibile e inutile aggravio di procedura per tabulati telefonici e telematici*, in *www.quotidianogiuridico.it*, 4 ottobre 2021.

meritevoli di sanzione, che diverranno — per ciò solo — impossibili da perseguire » a causa della difficoltà di individuare il loro autore (70).

2) Non sono state previste espressamente le ***modalità esecutive*** con le quali deve essere chiesta al gestore del servizio di telefonia l'acquisizione dei tabulati, e cioè come si possa informare il medesimo dell'esistenza del decreto autorizzativo pronunciato dal giudice (o emesso in via di urgenza dal pubblico ministero). Come è noto, nel caso delle intercettazioni, la legge prevede un decreto esecutivo con il quale la pubblica accusa specifica le attività necessarie a dare esecuzione al decreto; ma nel caso dei tabulati il decreto-legge e la legge di conversione nulla hanno disposto in tal senso. Di conseguenza, il pubblico ministero (e lo stesso vale per il difensore che abbia ottenuto l'autorizzazione ai fini delle investigazioni difensive) dovrà direttamente dare esecuzione al provvedimento autorizzativo emesso dal giudice.

In proposito, è possibile prospettare il seguente percorso esegetico. Il ***potere di richiesta*** al gestore del servizio di telefonia spetta al soggetto che ha chiesto il provvedimento al giudice, poiché questo atto è di tipo autorizzativo, e cioè rimuove un limite ad un potere spettante direttamente alla parte istante (G. Pestelli). Non è possibile ovviamente allegare alla richiesta della pubblica accusa (o del difensore) il provvedimento del giudice perché tale atto è segreto e la sua conoscenza può provocare fughe di notizie riservate e il disvelamento delle finalità delle investigazioni (G. Pestelli).

La richiesta al gestore del servizio di telefonia deve limitarsi a riportare la mera indicazione della esistenza del provvedimento autorizzatorio (del giudice o, in via di urgenza, della pubblica accusa). Resta ferma « la responsabilità, anche penale, del dichiarante in merito alla non veridicità di tale attestazione e all'illegittimità dell'acquisizione » (G. Pestelli).

Infine, residuano ulteriori problematiche sulle quali rinviamo ai primi commenti del decreto-legge n. 132 (71).

La normativa transitoria. L'art. 1-*bis*, introdotto dalla legge di conversione n. 178 del 2021, ha previsto una normativa transitoria che regola l'impiego dei tabulati acquisiti nei procedimenti penali in data precedente a quella di entrata in vigore del decreto-legge n. 132 (30 settembre 2021). Detti tabulati possono essere utilizzati *a carico dell'imputato* « solo unitamente ad altri elementi di prova ed esclusivamente per l'accertamento dei reati » per i quali il decreto-legge medesimo ha autorizzato per il futuro l'acquisizione dei tabulati.

In sintesi, il legislatore ha introdotto una disciplina analoga a quella prevista per le dichiarazioni degli imputati connessi o collegati (art. 192, commi 3 e 4), per i quali è richiesta una "garanzia compensativa" che ne confermi l'attendibilità. Nel caso dei tabulati, peraltro, il riscontro non ha la funzione di assicurare un controllo sull'attendibilità di una dichiarazione che proviene da una fonte "inaffidabile".

---

(70) Così G. Pestelli, *Convertito in legge il D.L. 132/2021: le modifiche apportate (e quelle mancate) in materia di tabulati*, in *www.quotidianogiuridico.it*, 18 novembre 2021. Si veda, *infra*, quanto da noi osservato sulla lesione del diritto alla prova nel regime transitorio.

(71) In particolare, si vedano le motivate argomentazioni con le quali G. Pestelli, *Convertito in legge*, loc.ult.cit., ritiene tuttora utilizzabili i *file* di *log IP* e il c.d. *positioning*.

Quanto previsto dall'art. 1-*bis* è un riscontro *sui generis* che funziona come garanzia compensativa del difetto originario di giurisdizionalità che — secondo quanto rilevato dalla Corte di giustizia — affligge i tabulati acquisiti direttamente dal pubblico ministero. È appena il caso di notare che il ricorso ad una simile disciplina si adegua a quanto suggerito dalla stessa Corte di giustizia [72].

La lesione del diritto alla prova. Nella disciplina di recente conio, il bilanciamento tra opposti interessi va a discapito del diritto alla prova. Eppure, sul fronte contrapposto, non si trova la necessità di tutelare la segretezza delle comunicazioni, che richiede una riserva di giurisdizione in base all'art. 15 Cost. I tabulati non contengono il testo delle comunicazioni; quindi, come rilevato in più occasioni dalla stessa Corte costituzionale, non trovano tutela nel nucleo duro dell'art. 15 Cost. ma, se mai, in una zona periferica di tale norma, oppure nell'art. 2 Cost., che tutela la riservatezza senza imporre una riserva di giurisdizione.

Una simile collocazione costituzionale sarebbe stata compatibile con una disciplina acquisitiva meno rigida. Le scelte del Governo e del Parlamento si giustificano unicamente alla luce della necessità di evitare che la normativa italiana potesse risultare non conforme ai parametri stabiliti dalla Corte di giustizia.

d. Le videoriprese. Con il termine videoriprese si indica la registrazione (effettuata attraverso strumenti tecnici di captazione visiva) di quanto accade in un luogo, all'insaputa di chi in esso si trovi. In particolare, la registrazione può essere disposta in un luogo pubblico o in un luogo di privata dimora.

Quando l'attività è svolta da soggetti privati, la videoripresa è un « documento » ed è utilizzabile nel procedimento penale purché non rientri nelle ipotesi di documento illegale previste dall'art. 240 commi 2 ss.

Quando la videoripresa è svolta da soggetti pubblici come atto di indagine nel procedimento penale la disciplina è oggetto di acceso dibattito. In assenza di una espressa regolamentazione legislativa, la Corte costituzionale (sentenza n. 135 del 2002) e le Sezioni unite della Cassazione hanno ricostruito la materia nel modo seguente.

Anzitutto, occorre distinguere tra la ripresa di immagini aventi per oggetto comportamenti *comunicativi* (es. due soggetti che dialogano tra loro) e la ripresa di immagini aventi ad oggetto comportamenti *non comunicativi* (un soggetto che vende droga).

La ripresa di ***comportamenti comunicativi*** costituisce una forma di intercettazione e, pertanto, ne segue la disciplina. Così, se l'intercettazione « audiovisiva » è effettuata nel *domicilio* dovrà applicarsi l'art. 266 comma 2 c.p.p.: si tratta di una intercettazione ambientale che è consentita soltanto se vi è fondato motivo di ritenere che nel domicilio si stia svolgendo l'attività criminosa. Viceversa, *in tutti gli altri luoghi* che non sono inquadrabili nella nozione di domicilio si seguirà la disciplina

(72) Si tratta del punto 43 della Decisione, secondo cui risultano idonee a rispettare i dettami europei anche « norme e prassi nazionali che disciplinino la valutazione e la ponderazione delle informazioni e degli elementi di prova ».

ordinaria delle intercettazioni (non occorre il requisito che ivi si stia svolgendo l'attività criminosa).

La ripresa di ***comportamenti non comunicativi*** ha una disciplina differente a seconda del luogo nel quale viene posta in essere.

In particolare, la giurisprudenza delle Sezioni unite della cassazione ha prospettato una tripartizione tra luoghi "domiciliari", luoghi "riservati" e luoghi "pubblici".

1) ***I luoghi "domiciliari"*** sono caratterizzati dall'esistenza, in capo ad un soggetto che ne ha la disponibilità, del diritto di escludere chiunque altro; tale diritto è tutelabile anche qualora il titolare non sia presente sul luogo. Gli spazi citati rientrano nell'area protetta dall'art. 14 Cost. (inviolabilità del domicilio). Pertanto, in assenza di una disciplina legislativa espressa che regoli i casi e i modi di una eventuale limitazione del diritto fondamentale con un provvedimento motivato dell'autorità giudiziaria, le videoriprese risultano senz'altro ***vietate*** a pena di inutilizzabilità (art. 191), quando avvengono senza il consenso del titolare del domicilio ([73]).

2) ***I luoghi "riservati"*** sono caratterizzati dalla mancanza della stabilità del diritto di escludere chiunque altro. Tale diritto persiste soltanto se il titolare è presente sul luogo (es. toilettes dei locali pubblici; *privés* di discoteche). Tuttavia, si tratta di spazi che, pur non rientrando nel concetto di domicilio, sono caratterizzati da una *aspettativa di riservatezza* maggiore rispetto ai luoghi pubblici. La norma costituzionale di riferimento non è l'art. 14, bensì l'art. 2 Cost. che protegge la riservatezza in maniera meno intensa rispetto alla inviolabilità del domicilio. Una eventuale limitazione è consentita anche in assenza di una disciplina legislativa espressa, purché sia attuata attraverso un ***provvedimento dell'autorità giudiziaria***, fornito di congrua motivazione. Pertanto, le videoriprese nei luoghi riservati possono essere disposte con un atto motivato del pubblico ministero e sono utilizzabili come *prova atipica (art. 189).*

3) ***I luoghi pubblici.*** L'ultima categoria individuata dalle Sezioni unite Prisco del 2006 è quella dei *luoghi pubblici*, nel cui ambito non è configurabile alcuna aspettativa di riservatezza con riferimento alle immagini. Pertanto, le videoriprese possono essere effettuate anche dalla ***polizia giudiziaria di propria iniziativa*** e si tratta di un atto non ripetibile che in dibattimento potrà essere utilizzato come *prova atipica*.

In base all'impostazione più garantista, la registrazione, disposta dal pubblico ministero nei luoghi riservati o dalla polizia giudiziaria nei luoghi pubblici, potrà essere ammessa nel dibattimento come atto atipico ai sensi dell'art. 189 e il giudice dovrà sentire le parti sulle modalità di acquisizione (es. visione delle immagini, perizia o altro).

4) ***Il comportamento in concreto non riservato.*** La tappa successiva della evoluzione giurisprudenziale si deve alla sentenza della Corte costituzionale n. 149 del 2008 e consiste in una ulteriore distinzione che concerne le videoriprese di mere immagini effettuate nei *luoghi domiciliari*. A parere del Giudice delle leggi, affinché scatti la tutela del domicilio delineata dall'art. 14 Cost., non basta che un *comporta-*

([73]) Es., sono utilizzabili come prova atipica ai sensi dell'art. 189 le immagini di una estorsione captate nel domicilio della persona offesa con il consenso di quest'ultima.

mento venga tenuto in luoghi di privata dimora; ma occorre, altresì, che esso *in concreto sia riservato*, e cioè non possa essere liberamente osservato dagli estranei, senza ricorrere a particolari accorgimenti. Qualora il comportamento tenuto all'interno del luogo domiciliare sia in concreto non riservato (come avviene quando restano aperte una finestra o una porta), le videoriprese sono sottoposte al medesimo regime valevole per quelle effettuate in luoghi pubblici. Pertanto, esse possono essere disposte anche dalla polizia giudiziaria di propria iniziativa e sono utilizzabili come prova atipica.

5) ***Gli impianti di videosorveglianza.*** Restano fuori dalla materia delle intercettazioni le videoriprese effettuate con impianti di videosorveglianza messi in opera da soggetti pubblici o privati. Le relative videoregistrazioni rientrano nella categoria dei documenti e possono essere acquisite al processo in base all'art. 234.

e. Le perquisizioni on-line. Come si è accennato *supra* (par. 5, *d*.6) un altro strumento tecnologico in relazione al quale occorre oggi interrogarsi alla luce dei princìpi sin qui delineati è il captatore informatico qualora esso sia impiegato non per svolgere intercettazioni ambientali — attività oggi disciplinata dal legislatore — bensì per "sorvegliare" ogni attività svolta attraverso un computer collegato alla rete (c.d. *online surveillance* o perquisizioni *on-line*).

In questo caso, a fronte di strumenti di captazione con potenzialità onnivore, risulta indispensabile una vera e propria *scomposizione delle attività* che possono essere svolte, al fine di individuare, per ciascuna ipotesi:

a) il bene giuridico inciso dall'atto di indagine;

b) l'eventuale possibilità di far riferimento ad una disciplina espressamente prevista per un atto tipico (e in tal caso, occorre prestare attenzione a rispettare il principio di non sostituibilità);

c) la possibilità di utilizzare lo strumento della prova atipica, eventualmente "rafforzata" in presenza di attività lesive di diritti tutelati dall'art. 2 Cost. (74).

Movendo dall'individuazione del tipo di attività svolta (come suggerito dalla sentenza costituzionale n. 20 del 2017), ad esempio, l'attività di ***acquisizione in tempo reale dei contenuti di una chat*** in corso di svolgimento potrebbe trovare legittimazione ove sia rispettata la disciplina delle intercettazioni telematiche giacché ha ad oggetto flussi comunicativi; mentre ***l'acquisizione dei file archiviati nel computer*** dovrebbe rispettare la regolamentazione della perquisizione e del sequestro informatico con conseguente inutilizzabilità delle attività compiute in spregio della disciplina di riferimento per violazione del principio di non sostituibilità (75).

---

(74) C. CONTI, *Prova informatica e diritti fondamentali: a proposito di captatore e non solo*, in *Dir. pen. proc.*, 2018, 1210.

(75) Come noto, gli artt. 244, comma 2; 247, comma 1-*bis*; 253-254-*bis*; 354 c.p.p., sotto un profilo soggettivo, stabiliscono tutele informative e difensive per la persona che subisce l'atto; sotto un profilo oggettivo, richiamano imprescindibili garanzie di attendibilità e genuinità.

Merita considerare che la giurisprudenza incontra forti difficoltà nell'attività di sussunzione, che, invece, costituisce il passaggio imprescindibile per incardinare correttamente l'attività. Così, in merito alla acquisizione di dati contenuti nel personal computer la Cassazione talora ha optato per l'atipicità (Cass., Sez. V, 29 aprile 2010, Virruso,

A fronte, poi, di attività particolarmente invasive, la ricerca di una disciplina di riferimento potrebbe non dare risultati. Se si pone mente, invece, alla ***videoregistrazione della successione delle schermate di un computer o allo spionaggio della digitazione sulla tastiera (c.d. screenshot, screencast, keylogger software)*** si apre un bivio.

Una prospettiva più incline ad assicurare le istanze accertative potrebbe indurre a ritenere che il regime di utilizzabilità dipenda dal ***tipo di dato*** che viene digitato o visualizzato dall'utente (si potrebbe digitare un post da affiggere oppure una e-mail a sua volta spedita oppure salvata in bozze o, infine, un pensiero personale poi cancellato; oppure si potrebbe visualizzare un profilo *Facebook* pubblico, dati condivisi con la sola cerchia degli "amici", o ancora una *chat*).

Per contro, un'interpretazione più sensibile alla tutela dei diritti fondamentali dalle subdole aggressioni cui essi sono sottoposti nell'era digitale porta a prescindere dal tipo di dato captato e ad attribuire carattere determinante ***all'invasività dell'attività captativa***, anche in ragione della considerazione che, a fronte di strumenti di tal genere, una distinzione sul tipo di dato si potrebbe ragionevolmente effettuare soltanto *ex post*, a captazione avvenuta e, dunque, dopo che la riservatezza ha già subito un *vulnus*.

A ben vedere, infatti, le attività in oggetto giungono ad un livello di invasività tale da aggredire il foro interno della persona, la vera e propria inviolabilità della psiche, tanto da poter indurre a profilare un limite assoluto rispetto all'attività captativa, forse addirittura in presenza di una futuribile (e comunque imprescindibile) disciplina legislativa. Ci troveremmo dinanzi al nucleo duro del diritto alla riservatezza e all'integrità dei sistemi informatici cui deve riconnettersi il diritto di agire senza temere di essere spiati.

---

in *CED*, 246954); talaltra per l'applicazione *tout-court* della disciplina delle intercettazioni telematiche (Cass., Sez. V, 20 ottobre 2017, Occhionero, in *CED*, 271412); in altra occasione pronunciandosi sulla acquisizione di messaggi "WhatsApp" e di "SMS" conservati nella memoria di un telefono cellulare sottoposto a sequestro la Cassazione ha ritenuto di applicare l'art. 234 c.p.p. escludendo la configurabilità di un sequestro di corrispondenza sul rilievo che quest'ultima nozione implica un'attività di spedizione in corso o comunque avviata dal mittente mediante consegna a terzi per il recapito (Cass., Sez. V, 16 gennaio 2018, Parodi, in *CED*, 272319). Ancora, ha ritenuto acquisizione di corrispondenza *ex* artt. 254 e 254-*bis* c.p.p., l'acquisizione di e-mail salvate in bozze e mai inviate anche se si tratta di un *escamotage* per realizzare una comunicazione (Cass., Sez. IV, 30 settembre 2016, Grassi, in *CED*, 268228). C. Conti - M. Torre, *Spionaggio digitale nell'ambito dei* social network, in Aa.Vv., *Le indagini atipiche*, II ed., a cura di A. Scalfati, Torino, 2019, 535 ss.

Schema n. 2. Le intercettazioni nei procedimenti iscritti dopo il 31 agosto 2020

- La polizia g. non verbalizza le espressioni *lesive della reputazione né* quelle su dati sensibili, salvo che le intercettazioni siano rilevanti per le indagini (268.2-*bis*); il tutto sotto il controllo del PM.
- Le intercettazioni sono immediatamente trasmesse al PM che le conferisce nell'archivio digitale (268.4)

↓

Entro cinque giorni dalla conclusione delle operazioni (o comunque dalla data in cui è scaduto il differimento del deposito) il PM dispone il deposito di verbali e registrazioni (268.4).
- I difensori delle parti (268.6):
a) sono avvisati che all'interno dell'archivio possono esaminare gli atti ed ascoltare le registrazioni; non possono fare copia.
b) possono indicare le intercettazioni da acquisire;
c) sono avvisati dell'udienza di stralcio almeno 24 ore prima.
- È fatto divieto di pubblicare le intercettazioni anche come sola notizia generica fino a che queste non sono state acquisite dal giudice (114.2-*bis*)

↓

Nell'udienza di stralcio il giudice (268.6):
1) non acquisisce le intercettazioni irrilevanti, né quelle inutilizzabili, né quelle su dati personali particolari di cui non sia dimostrata la rilevanza.
-Le intercettazioni non acquisite sono conservate nell'archivio digitale fino alla sentenza irrevocabile (269); resta il divieto di pubblicazione anche come sola notizia generica (114.2-*bis*).
- I difensori hanno il diritto di accedere all'archivio digitale, ma non possono estrarre copia (arg. *ex* 268.8 e 269.1).

2) acquisisce le comunicazioni rilevanti indicate dalle parti delle quali i difensori hanno diritto di estrarre copia (89-*bis*.4 att.);
- può disporre la trascrizione o rinviarla a dopo il decreto che dispone il giudizio.
- N.B. Delle intercettazioni acquisite può essere pubblicata solo la notizia generica (114.7).
3) con il consenso delle parti, può disporre l'utilizzazione dei verbali trascritti dalla polizia giudiziaria (268.7)

↓

Il PM ottiene dal GIP il differimento del deposito delle intercettazioni non oltre la chiusura delle indagini (268.5).
- Con l'avviso di conclusione delle indagini il difensore dell'indagato è avvisato che può esaminare gli atti depositati e avere copia delle comunicazioni indicate come rilevanti dal PM (415-*bis*.2-*bis*).
- Il difensore entro 20 gg. può depositare l'elenco delle ulteriori registrazioni ritenute rilevanti e di cui chiede copia al PM.
- Se il PM rigetta l'istanza o se il difensore contesta le valutazioni del PM, il difensore può chiedere al giudice che si proceda con le forme dell'udienza di stralcio

↓

Nell'udienza preliminare, emesso il decreto che dispone il giudizio, al momento della formazione dei fascicoli, il giudice dispone la trascrizione integrale delle registrazioni osservando le forme, i modi e le garanzie previsti per l'espletamento delle perizie (268.7).
- Con il consenso delle parti, il giudice può disporre l'utilizzazione dei verbali trascritti dalla polizia giudiziaria (268.7)

Capitolo VI
LE MISURE CAUTELARI

1. I princìpi generali delle misure cautelari.

a. La definizione di provvedimento cautelare. Tra l'inizio del procedimento penale ed il momento in cui la sentenza diviene irrevocabile passa un periodo di tempo che può essere anche molto ampio, in relazione al rito che viene adottato (ordinario o speciale) ed all'eventualità che le parti abbiano proposto le impugnazioni previste dalla legge. I tempi lunghi possono essere dovuti alla complessità delle indagini e all'esigenza di accertare i fatti con il rispetto del diritto di difesa. Ebbene, durante questo periodo di tempo possono sorgere pericoli per lo svolgersi del procedimento penale e specificamente per l'accertamento dei fatti e per l'efficacia della sentenza (e cioè per la possibilità di eseguirla nei suoi effetti penali e civili). Al fine di evitare tali rischi sono previste le misure cautelari.

Le misure cautelari sono quei provvedimenti provvisori e immediatamente esecutivi, che sono finalizzati ad evitare che il trascorrere del tempo possa provocare uno dei seguenti pericoli: 1) il pericolo per l'accertamento del fatto storico; 2) il pericolo per l'esecuzione della sentenza; 3) il pericolo che si aggravino le conseguenze del reato o che venga agevolata la commissione di ulteriori reati.

Le misure cautelari (ad esempio, la custodia in carcere, l'obbligo di presentarsi alla polizia, il sequestro conservativo) comportano la limitazione di alcune libertà fondamentali che sono tutelate dalla Costituzione e dalle Convenzioni internazionali. Si tratta della libertà personale, della libertà di circolazione e della libertà di disporre di beni mobili ed immobili. Pertanto il codice, nel regolamentare le misure cautelari, deve rispettare le garanzie previste nella Costituzione e nelle Convenzioni internazionali.

Caratteristiche. Le misure cautelari hanno caratteristiche che le differenziano dagli altri provvedimenti che possono essere emanati dal giudice penale. Le principali caratteristiche sono: 1) la strumentalità; 2) l'urgenza; 3) la prognosi di colpevolezza allo stato degli atti; 4) l'immediata esecutività; 5) la provvisorietà; 6) la previsione per legge; 7) la giurisdizionalità; 8) l'impugnabilità; 9) la proporzionalità.

1) ***La strumentalità.*** La caratteristica fondamentale è la strumentalità rispetto alla sentenza che sarà emessa al termine del processo. Questo aspetto è già stato illustrato quando si è sottolineato che le misure cautelari hanno i seguenti scopi: *a*) permettere l'accertamento dei fatti (quando vi è il pericolo di inquinamento delle prove); *b*) assicurare l'esecuzione della sentenza definitiva (quando vi è pericolo che l'imputato

fugga o disperda il proprio patrimonio); *c*) evitare l'aggravamento delle conseguenze del reato o la commissione di ulteriori reati.

2) ***L'urgenza.*** L'esigenza di evitare uno dei pericoli appena menzionati dà luogo ad una situazione di urgenza che è presente quando un ritardato intervento rende probabile il verificarsi di uno dei fatti temuti. Il codice prevede un elenco tassativo delle esigenze, che giustificano l'applicazione di una misura cautelare personale (art. 274). Non è permesso al giudice di giustificare l'applicazione di una simile misura per esigenze diverse da quelle previste dalla legge. Ad esempio, non può essere disposta la custodia in carcere o l'arresto domiciliare al fine di placare "l'allarme sociale" suscitato dal reato.

Misure cautelari e presunzione d'innocenza. La materia in esame è molto delicata perché deve fare i conti con la presunzione di innocenza. Come si è accennato, la Costituzione impone che l'imputato non sia "considerato colpevole" fino alla condanna definitiva (art. 27, comma 2). Da un simile enunciato discende che la pena può essere applicata soltanto dopo la sentenza irrevocabile di condanna. Tale principio costituzionale sembra porsi in contraddizione con l'art. 13, comma 5 Cost., che consente la limitazione della libertà personale anche prima della sentenza irrevocabile. Il contrasto appare ancora più accentuato ove si tenga presente che le misure cautelari possono arrivare ad un livello di coercizione pressoché coincidente con quello della pena (si pensi alla somiglianza tra la custodia cautelare in carcere e la pena della reclusione).

Ebbene, come è stato chiarito dalla Corte costituzionale (sentenza 21 luglio 2010, n. 265), la contraddizione è soltanto apparente. Affinché le restrizioni della libertà personale dell'imputato nel corso del procedimento siano compatibili con la presunzione d'innocenza, è necessario che esse siano *nettamente differenziate* rispetto alla pena. La misura cautelare non deve essere una "anticipazione" della sanzione penale che potrà essere successivamente applicata con la condanna. Per questo motivo, la misura cautelare può essere giustificata soltanto dall'esistenza di un pericolo per il procedimento penale. Se in concreto non sussiste nei confronti dell'imputato nessuna delle esigenze previste dal codice (e cioè, se non vi è il pericolo di inquinamento delle prove, né il pericolo di fuga, né il pericolo del compimento di uno dei reati previsti nell'art. 274, comma 1, lettera *c*), non può essere applicata nessuna misura. Al tempo stesso, proprio per differenziare il più possibile la custodia cautelare dalla pena, il legislatore è obbligato a prevedere una molteplicità di misure idonee di volta in volta a far fronte alla varietà delle esigenze cautelari e meno afflittive rispetto alla custodia in carcere che è la più limitativa per la libertà personale (1).

3) ***La prognosi di colpevolezza allo stato degli atti.*** Nel processo penale l'applicazione di una misura cautelare personale richiede l'accertamento di "gravi indizi" di colpevolezza (art. 273) basato sugli *elementi* di prova che l'accusa è riuscita

---

(1) Secondo la Corte costituzionale (sentenza 21 luglio 2010, n. 265), l'applicazione delle misure cautelari non può essere legittimata esclusivamente da un giudizio anticipato di colpevolezza; non può corrispondere — direttamente o indirettamente — a finalità proprie della sanzione penale; infine, deve avere un preciso scopo di tutela del processo o della collettività.

a raccogliere sin dall'inizio delle indagini. Occorre sottolineare che siamo in presenza di un accertamento "allo stato degli atti", e cioè basato su materiale probatorio suscettibile di essere modificato successivamente in relazione ai nuovi elementi che siano stati raccolti dall'accusa e dalla difesa.

L'accertamento non deve essere "sommario"; al contrario, il codice impone che esso sia fondato su elementi di fatto ed adeguatamente motivato (art. 292). Tra l'altro, è di intuitiva evidenza che l'imputato, per ottenere una migliore tutela dei propri diritti, ha interesse a che l'accertamento dei gravi indizi di reità sia svolto in modo approfondito (2).

4) ***L'immediata esecutività.*** La necessità di evitare i pericoli, che possono sorgere nell'attesa della sentenza definitiva, impone l'immediata esecutività del provvedimento cautelare (art. 293). La esecutività è la idoneità del provvedimento ad essere attuato coattivamente anche contro la volontà della persona interessata. Ai sensi dell'art. 92 disp. att. l'ordinanza che dispone la misura cautelare è immediatamente trasmessa « al pubblico ministero che ne ha fatto richiesta, il quale ne cura l'esecuzione ». Il provvedimento cautelare ha la caratteristica di restare esecutivo anche se eventualmente contro di esso sia stata proposta una impugnazione (art. 588, comma 2).

5) ***La provvisorietà.*** Il provvedimento cautelare ha la caratteristica della provvisorietà sotto un duplice significato. Da un lato, il provvedimento cautelare non condiziona la decisione "definitiva", che è pronunciata dal giudice al termine del dibattimento sulla base delle prove raccolte in contraddittorio.

Da un altro lato, il provvedimento cautelare è revocabile o modificabile in attesa della sentenza definitiva. Infatti il provvedimento è emesso "allo stato degli atti". Le prove, che saranno successivamente raccolte, potranno portare all'acquisizione di ulteriori elementi tali da confermare o, viceversa, escludere i *gravi indizi* di reità; oppure potrebbero attestare il modificarsi o il venir meno delle esigenze cautelari. Da ciò deriva che è possibile sia revocare, sia modificare (in meglio od in peggio) la misura cautelare.

6) ***La previsione per legge.*** Le misure cautelari comportano la limitazione delle libertà fondamentali garantite dalla Costituzione; in particolare, della libertà personale e domiciliare. La Costituzione esige che la legge preveda espressamente i *casi* ed i *modi* nei quali il provvedimento dell'autorità giudiziaria può porre limiti alle predette libertà; si tratta dei princìpi di riserva di legge e di tassatività, posti dagli articoli 13 e 14 Cost. Entro tali limiti, le libertà fondamentali possono essere compresse nel perseguire i *fini* legittimi del processo penale.

7) ***La giurisdizionalità.*** Le misure cautelari sono disposte con un provvedimento emanato dal giudice. Da ciò deriva che, *di regola*, il pubblico ministero e la polizia giudiziaria non hanno il potere di disporre misure cautelari. Sotto tale profilo il codice pone una garanzia superiore a quella prevista dalla Costituzione, che attribuisce alla "autorità giudiziaria" (e quindi anche al pubblico ministero) il potere di emanare provvedimenti limitativi della libertà personale.

---

(2) In sostanza, le misure cautelari personali possono essere applicate quando si ritiene che gli elementi fino a quel momento raccolti, se confermati in dibattimento, condurranno alla pronuncia di una sentenza di condanna.

La riserva di giurisdizione non è assoluta; infatti sia la Costituzione (art. 13, comma 3), sia il codice ammettono che i *provvedimenti temporanei* possano essere disposti dal pubblico ministero e dalla polizia giudiziaria; possiamo citare, come esempio, il fermo di persona gravemente indiziata di un delitto nelle ipotesi previste dall'art. 384 c.p.p. Tali provvedimenti sono definiti *precautelari*; essi devono essere sottoposti a convalida da parte del giudice entro un tempo predeterminato, altrimenti l'indagato deve essere rimesso in libertà (3).

8) ***L'impugnabilità.*** Nei confronti dei provvedimenti cautelari è possibile proporre impugnazione. La Costituzione (art. 111, comma 7) prevede il ricorso per cassazione per violazione di legge contro tutti i provvedimenti che comportano una limitazione della libertà personale. Il codice ha esteso questa garanzia perché ha previsto per tutti i provvedimenti cautelari anche una impugnazione di merito, e cioè l'appello o il riesame (4).

9) ***La proporzionalità.*** Poiché le misure cautelari incidono sulle libertà fondamentali garantite dalla Costituzione, la loro applicazione deve rispettare il principio di proporzionalità, che ha un fondamento nel diritto sovranazionale e nel diritto interno, oltre che nella giurisprudenza della Consulta. Nel diritto sovranazionale il principio è sancito dalla Carta dei diritti fondamentali dell'Unione europea nell'art. 52, § 1 (5); nel codice di procedura penale è previsto dall'art. 275, comma 2 tra i criteri di scelta delle misure cautelari e sarà trattato in modo approfondito nell'esposizione di tale materia nel § 2, lett. *d.*

b. *Misure cautelari e sistema processuale.* Nel sistema accusatorio la libertà personale deve essere la regola e la custodia cautelare deve restare un'eccezione. I princìpi di tale sistema sono accolti nella Costituzione italiana, nella Convenzione europea dei diritti dell'uomo e nei principali trattati internazionali.

Come si è accennato, la presunzione di innocenza (art. 27, comma 2 Cost.) impone che le misure cautelari non abbiano la funzione di anticipare la pena, né quella di costringere l'imputato a confessarsi colpevole (art. 14, comma 3, lettera *g*, del Patto internazionale sui diritti civili, ratificato con legge n. 881 del 1977). Le esigenze cautelari debbono essere previste tassativamente al fine di evitare l'arbitrio del giudice e, quindi, lo stravolgimento della funzione delle misure. Inoltre, nel sistema accusatorio, la presunzione di innocenza e il rispetto delle libertà fondamentali impongono la previsione di una pluralità di misure cautelari; in tal modo, il giudice può scegliere quella che risulta più adeguata al caso concreto e la custodia cautelare in carcere resta la *extrema ratio*.

---

(3) Autonoma rispetto al provvedimento di convalida è la *eventuale successiva decisione del giudice che applica la misura cautelare richiesta dal pubblico ministero.*

(4) Riepilogando: princìpi costituzionali in tema di provvedimenti limitativi della libertà personale sono: 1) la riserva di legge (casi e modi) e la riserva di giurisdizione (art. 13 Cost.); 2) la impugnabilità in cassazione per violazione di legge (art. 111, comma 7, Cost.); 3) la presunzione di innocenza, che pone il divieto di anticipare la sanzione penale prima della sentenza irrevocabile di condanna (art. 27, comma 2, Cost.).

(5) « Nel rispetto del principio di proporzionalità, possono essere apportate limitazioni solo laddove siano necessarie e rispondano effettivamente a finalità di interesse generale riconosciute dall'Unione o dall'esigenza di proteggere i diritti e le libertà altrui ».

Il criterio del "minore sacrificio". I princìpi appena esposti trovano espressione nel criterio del « minore sacrificio necessario » (C. cost., n. 299 del 2005 e n. 265 del 2010): la compressione della libertà personale dell'indagato o dell'imputato deve essere contenuta entro i limiti minimi indispensabili a soddisfare le esigenze cautelari riconoscibili nel caso concreto.

Sul versante della "qualità" delle misure, ne consegue che il ricorso alle forme di restrizione più intense — e particolarmente a quella "massima" della custodia carceraria — deve ritenersi consentito solo quando le esigenze processuali o extra-processuali, cui il trattamento cautelare è servente, non possano essere soddisfatte tramite misure di minore incisività (Corte europea dei diritti dell'uomo, sentenze 2 luglio 2009, Vafiadis c. Grecia e 8 novembre 2007, Lelièvre c. Belgio).

Il criterio del "minore sacrificio necessario" impegna il legislatore, da una parte, a strutturare il sistema cautelare secondo il modello della "**pluralità graduata**", predisponendo una gamma alternativa di misure, connotate da differenti gradi di incidenza sulla libertà personale; dall'altra, a prefigurare meccanismi "individualizzati" di selezione del trattamento cautelare, adeguati alle esigenze configurabili nelle singole fattispecie concrete.

Il codice del 1988. La legge delega per l'emanazione del codice di procedura penale aveva previsto, come direttiva, quella di "attuare nel processo penale i caratteri del sistema accusatorio", anche se aggiungeva che ciò doveva essere fatto seguendo i criteri ed i princìpi enunciati nell'art. 2. Nonostante i vincoli originari posti dai criteri direttivi (ad esempio, non si prevedeva la cauzione, della quale si fa ampio uso nel sistema accusatorio), appare comunque chiara la scelta di campo operata dalla legge-delega n. 87 del 1987 in favore del sistema medesimo.

Successivamente all'entrata in vigore del codice la materia delle misure cautelari è stata più volte modificata (v., in particolare, le leggi n. 332 del 1995 e n. 47 del 2015). I cambiamenti hanno seguìto varie linee di tendenza. Da un lato, rispetto alla generalità dei reati, hanno creato un regime differenziato per la criminalità organizzata, il terrorismo ed i più gravi delitti (c.d. doppio binario); da un altro lato, hanno provveduto a porre alcuni rimedi alla mancanza del contraddittorio nei confronti della difesa dell'imputato. La normativa pare non avere raggiunto ancora un equilibrio stabile, poiché le leggi menzionate si sono limitate a rimediare alle disfunzioni che si sono manifestate nel frattempo e a correggere le interpretazioni giurisprudenziali più gravemente lesive dei princìpi costituzionali.

c. *La riserva di legge e di giurisdizione.* Le disposizioni generali sulle misure cautelari personali, previste all'inizio del libro quarto del codice, attuano e, in larga parte, rafforzano i princìpi costituzionali della riserva di legge e di giurisdizione.

Sotto il primo profilo, la Costituzione permette la restrizione della libertà personale soltanto « nei casi e modi previsti dalla legge » (art. 13, comma 2). Da ciò si ricava che il potere di limitare la libertà personale, definita dalla Costituzione "inviolabile", ha il carattere della *eccezionalità* e, pertanto, può essere esercitato soltanto nei casi espressamente previsti dalla legge.

Casi e modi previsti dalla legge. Il codice precisa i "casi e modi" quando nell'art. 272 afferma: « le libertà della persona possono essere limitate con misure cautelari soltanto a norma delle disposizioni del presente titolo » avente ad oggetto, appunto, le misure cautelari personali. In tal modo si ottiene l'effetto di predisporre una regolamentazione generale della materia che si applica anche qualora la limitazione della libertà sia disposta in altra parte del codice (ad esempio, nel libro undicesimo avente ad oggetto i rapporti giurisdizionali con le autorità straniere) o in una legge diversa dal codice (v. art. 214 disp. att.).

La riserva di giurisdizione è attuata dall'art. 279 del codice, secondo cui sull'applicazione, revoca o modifica delle misure cautelari « provvede il giudice che procede ». Tale disposizione costituisce oggi l'interpretazione autentica della Costituzione, che nell'art. 13, comma 2, permette la limitazione della libertà personale con « atto motivato dell'autorità giudiziaria ». In base a tale interpretazione, quando si tratti di materia attinente alla libertà personale, per "autorità giudiziaria" si deve intendere "giudice". Infatti, le misure cautelari possono essere soltanto "richieste" (e non disposte) dal pubblico ministero; l'applicazione è riservata alla decisione del giudice, che è organo terzo ed imparziale. All'inizio del procedimento, prima dell'esercizio dell'azione penale, tale organo è il giudice per le indagini preliminari (art. 279 c.p.p.).

Per semplificare la materia, che è regolamentata in modo eccessivamente complesso, riteniamo utile limitare la nostra esposizione alla normativa che si applica alle misure coercitive durante le indagini preliminari. Pertanto non considereremo la possibilità, pur prevista dal codice, di disporre tali misure anche in momenti successivi del procedimento.

Le regole generali. Il codice prevede varie disposizioni di carattere generale che precisano i presupposti necessari per applicare le misure coercitive; poiché il giudice per le indagini preliminari deve motivare ampiamente il suo provvedimento, ne deriva che il pubblico ministero ha l'onere di convincerlo che esistono in concreto i presupposti che fondano la singola misura. Per fare ciò, il pubblico ministero trasmette al giudice i verbali degli atti che giustificano la misura richiesta.

Dopo che la misura coercitiva è stata eseguita (o notificata), l'imputato ha diritto di essere sentito dal giudice in un interrogatorio definito "di garanzia". In questo momento il difensore ha la possibilità di conoscere la richiesta del pubblico ministero e gli atti che la pubblica accusa ha presentato al giudice (art. 293, comma 3). Da quanto abbiamo esposto, si ricava che il contraddittorio sulla misura cautelare è posticipato ad un momento successivo all'applicazione di quest'ultima.

Il principio della domanda cautelare. Ai sensi dell'art. 291, comma 1, le misure cautelari personali sono disposte dal giudice « su richiesta del pubblico ministero ». La norma è stata interpretata dalla giurisprudenza in modo coerente con il sistema accusatorio, accolto dal codice. Pertanto, al giudice è precluso di disporre d'ufficio le misure cautelari personali. Un'iniziativa d'ufficio del giudice darebbe luogo ad un provvedimento illegittimo. Il principio della domanda cautelare vige sia quando deve procedersi all'applicazione della misura, sia quando devono essere ordinate modalità esecutive più gravose della misura stessa (6).

(6) Cass., sez. III, 19 maggio 2022, n. 19463, ric. Proc. Rep. Trib. Enna.

Ne consegue che, quando le esigenze cautelari risultano essersi aggravate, per poter applicare una modalità più gravosa della misura è necessaria una richiesta della pubblica accusa in tal senso. Con la precisazione che ciò vale come regola, salvo disposizioni espresse del codice che deroghino al principio e che consentano al giudice di ordinare d'ufficio una modalità più gravosa della misura (per un esempio, si veda l'art. 283, comma 4).

Abbiamo delineato i princìpi generali delle misure cautelari. Possiamo ora passare ad esporre la struttura normativa delle medesime e, successivamente, i loro presupposti di applicabilità suddivisi nelle seguenti categorie: 1) le condizioni generali di applicabilità; 2) le esigenze cautelari; 3) i criteri di scelta delle misure (v. tav. 2.6.2.).

2. La struttura normativa delle misure cautelari personali.

a. *Le misure cautelari personali.* Il codice prevede varie categorie di misure cautelari. La molteplicità di queste ultime è tipica del sistema accusatorio, perché permette di configurare la custodia in carcere come ultima possibilità residuale (*extrema ratio*) da irrogarsi soltanto quando le altre misure, anche se applicate cumulativamente, risultino inadeguate (art. 275, comma 3).

Vi è una prima distinzione fondamentale tra misure *personali* e *reali*. Le misure personali comportano limiti alla libertà personale o alla libertà di determinazione nei rapporti familiari e sociali. Le misure reali (dal latino *res*, cosa) toccano singoli beni mobili o immobili ed impongono il divieto di disporre di tali beni. Il codice prevede il sequestro conservativo (a tutela della garanzia del pagamento delle somme dovute, tra l'altro, per le spese del procedimento penale o per i danni cagionati dal reato) ed il sequestro preventivo (che è posto al fine di evitare l'aggravamento delle conseguenze del reato). Si veda, *infra*, § 6.

Le misure cautelari personali si dividono in tre categorie: misure coercitive, interdittive e misure di sicurezza applicate provvisoriamente a scopi cautelari (v. tav. 2.6.1). Esse sono disciplinate dalle disposizioni generali che verremo ad esaminare nel prossimo paragrafo.

1. ***Le misure coercitive*** sono enumerate nel codice in ordine crescente di gravità e vanno dal divieto di espatrio alla custodia cautelare in carcere. Sono ***misure obbligatorie*** il divieto di espatrio, l'obbligo di presentarsi alla polizia giudiziaria, l'allontanamento dalla casa familiare, il divieto o obbligo di dimora ed il divieto di avvicinarsi ai luoghi frequentati dalla persona offesa; sono ***misure custodiali*** l'arresto domiciliare, la custodia in carcere ed in luogo di cura (7).

---

(7) La giurisprudenza in passato aveva escluso la possibilità di applicare congiuntamente più misure cautelari. La legge n. 47 del 2015 ha modificato il comma 3 dell'art. 275 e ha sancito che le misure coercitive o interdittive diverse dal carcere possano essere applicate cumulativamente dal giudice. L'applicazione cumulativa, in precedenza non prevista dal codice, permette oggi di offrire al giudice un ventaglio più ampio di misure alternative, rendendo così più concreto il principio di residualità del carcere.

Le misure obbligatorie.

1.1. ***Il divieto di espatrio*** (art. 281) impone all'imputato di non uscire dal territorio nazionale senza l'autorizzazione del giudice, che può dare tutte le disposizioni necessarie per assicurare l'esecuzione del provvedimento (ad esempio, ritiro dei documenti validi per l'espatrio).

1.2. ***L'obbligo di presentarsi alla polizia giudiziaria*** (art. 282) impone all'imputato di presentarsi presso gli uffici di quest'ultima nei giorni e nelle ore indicati dal giudice.

1.3. ***L'allontanamento dalla casa familiare*** (art. 282-*bis*). Con tale misura il giudice prescrive all'imputato di lasciare immediatamente la casa familiare, o di non farvi rientro e di non accedervi senza autorizzazione. Qualora sussistano esigenze di tutela della persona offesa o dei suoi prossimi congiunti, il giudice può prescrivere obblighi accessori, come il divieto di avvicinarsi a luoghi determinati, abitualmente frequentati dalla persona offesa (art. 282-*bis*, comma 2), o l'obbligo di versare un assegno periodico ai conviventi (art. 282-*bis*, comma 3).

L'allontanamento è una misura cautelare predisposta con particolare riferimento ai reati in materia di violenza nelle relazioni familiari, ma non vi è alcuna norma che la riservi a tale categoria criminologica. Il provvedimento di allontanamento dalla casa familiare è comunicato all'autorità di pubblica sicurezza competente, ai fini dell'eventuale adozione dei provvedimenti in materia di armi e munizioni. Tale provvedimento è altresì comunicato alla persona offesa e ai servizi socio-assistenziali del territorio (art. 282-*quater*, comma 1) ([8]).

Norme specifiche previste per i delitti di violenza alla persona in ambito familiare. Per i delitti che sono indicati espressamente dal comma 6 dell'art. 282-*bis* e che possiamo ricomprendere nella categoria dei "delitti di violenza contro la persona commessi in danno dei prossimi congiunti o del convivente" ([9]), riforme recenti hanno previsto disposizioni specifiche. Si tratta di quattro garanzie a tutela delle persone offese, che meritano di essere esaminate separatamente.

a) È consentito al giudice di applicare l'allontanamento dalla casa familiare anche al di sotto dell'ordinario limite di pena (che, ricordiamo, è collegato alla presenza di un delitto punito nel massimo con più di tre anni; art. 280).

b) È consentito al giudice di accompagnare la misura con il braccialetto elettronico (di cui tratteremo tra breve; art. 275-*bis*).

([8]) Insieme alla comunicazione del provvedimento di allontanamento dalla casa familiare, la persona offesa è informata della facoltà di richiedere che sia disposto un ordine di protezione europeo (art. 282-*quater*, comma 1-*bis*). In proposito, si veda parte VII, cap. 2, § 7.

([9]) L'elenco dei delitti è stato ampliato, da ultimo, dal d.l. n. 113 del 2018, convertito nella legge n. 132 del 2018. Riportiamo l'elenco: artt. 570 (violazione obblighi di assistenza familiare); 571 (abuso di mezzi di correzione); 572 (maltrattamenti contro familiari e conviventi); 582 (lesioni personali volontarie in ipotesi procedibili d'ufficio o comunque aggravate); 600 (riduzione in schiavitù); 600-*bis* (prostituzione minorile); 600-*ter* (pornografia minorile); 600-*quater* (detenzione di materiale pornografico); 600-*septies*.1 (attenuante); 600-*septies*.2 (pene accessorie); 601 (tratta di persone); 602 (acquisto di schiavi); 609-*bis* (violenza sessuale); 609-*ter* (c. aggravanti); 609-*quater* (atti sessuali con minorenne); 609-*quinquies* (corruzione di minorenne); 609-*octies* (violenza sessuale di gruppo); 612, co. 2 (minaccia grave commessa in danno dei prossimi congiunti o del convivente); 612-*bis* c.p. (atti persecutori). Per un'estensione della misura coercitiva si veda anche la sentenza della Corte cost. n. 236 del 2018.

c) È consentito alla polizia giudiziaria di applicare la misura pre-cautelare dell'allontanamento di urgenza su autorizzazione del pubblico ministero e con successiva convalida del giudice (art. 384-*bis*; v. *infra*, Parte III, cap. 1, § 7, lett. *e*).

d) I provvedimenti cautelari dell'allontanamento dalla casa familiare e del divieto di avvicinamento ai luoghi frequentati dalla persona offesa (del quale stiamo per trattare) devono essere comunicati, oltre che alla medesima persona offesa, anche al suo difensore, ove nominato (art. 282-*quater*, comma 1, mod. dalla legge n. 69 del 2019, c.d. codice rosso).

1.4. ***Il divieto di avvicinamento ai luoghi frequentati dalla persona offesa*** (art. 282-*ter*). Con tale misura il giudice prescrive all'imputato di *non avvicinarsi* a luoghi determinati abitualmente frequentati dalla persona offesa, dai prossimi congiunti di questa o da persone legate da relazione affettiva o convivenza con la persona offesa; il giudice può anche prescrivere all'imputato di *mantenere una determinata distanza* dai predetti luoghi (art. 282-*ter*, commi 1 e 2). Inoltre, il giudice può vietare all'imputato di *comunicare*, attraverso qualsiasi mezzo, con la persona offesa, i suoi prossimi congiunti e le persone a lei legate da relazione affettiva o convivenza (art. 282-*ter*, comma 3) ([10]).

1.5. ***Il divieto di dimora*** (art. 283, comma 1) impone all'imputato di non dimorare in un determinato luogo e di non accedervi senza l'autorizzazione del giudice. Viceversa, con ***l'obbligo di dimora*** si prescrive all'imputato di non allontanarsi, senza l'autorizzazione del giudice, dal comune o da una sua frazione. Può essere aggiunto, inoltre, un ***obbligo di reperibilità*** (art. 283, comma 3). Il giudice può anche « con separato provvedimento » prescrivere all'imputato di non allontanarsi dall'abitazione in alcune ore del giorno (art. 283, comma 4) ([11]). Nel determinare i limiti territoriali delle prescrizioni, « il giudice considera, per quanto è possibile, le esigenze di alloggio, di lavoro e di assistenza dell'imputato ».

Riforma Cartabia. Estensione dell'obbligo di trasmissione obbligatoria dei provvedimenti cautelari e definitivi al giudice civile. Ai fini della decisione dei procedimenti di separazione personale dei coniugi o delle cause relative ai figli minori di età o all'esercizio della potestà genitoriale, deve essere trasmessa senza ritardo al giudice civile procedente copia delle ordinanze che applicano misure cautelari personali o ne dispongono la sostituzione o la revoca, dell'avviso di conclusione delle indagini preliminari, del provvedimento con il quale è disposta l'archiviazione e della sentenza emessi nei confronti di una delle parti in relazione a delitti di violenza domestica e di genere (c.d. codice rosso). L'art. 2, comma 12 della legge n. 134 del 2021 ha esteso tale

---

([10]) Tali provvedimenti sono comunicati all'autorità di pubblica sicurezza competente, ai fini dell'eventuale adozione dei provvedimenti in materia di armi e munizioni. Essi sono altresì comunicati alla persona offesa e ai servizi socio-assistenziali del territorio (art. 282-*quater*). La legge n. 69 del 2019 (c.d. codice rosso) ha previsto la possibilità di adottare il braccialetto elettronico come strumento di controllo. Insieme alla comunicazione dell'emissione di una delle misure protettive di cui agli artt. 282-*bis* e 282-*ter*, la persona offesa è informata della facoltà di richiedere l'emissione di un ordine di protezione europeo (art. 282-*quater*, comma 1-*bis*). Si veda parte VII, cap. 2, § 7.

([11]) Cass., sez. III, 19 maggio 2022, n. 19463, ric. Proc. Rep. Trib. Enna, ha precisato che il giudice può limitare gli orari senza richiesta espressa del pubblico ministero poiché si tratta di una prescrizione accessoria che attiene alla fisionomia propria della misura.

obbligo, previsto dall'art. 64-*bis* disp. att., ai delitti di violenza domestica e di genere commessi anche in forma tentata e al delitto di tentato omicidio.

Le misure custodiali.

Le misure che veniamo ad esporre comportano per l'imputato una situazione di custodia, dalla quale derivano due conseguenze. Quella negativa consiste nella configurabilità del delitto di evasione (art. 385 c.p.), ove l'imputato si allontani dal luogo di custodia ([12]). La conseguenza positiva sta nel fatto che il periodo trascorso in custodia sarà computato come esecuzione della pena detentiva, nel caso in cui questa debba essere eseguita in seguito a condanna (artt. 285, comma 3 e 657 c.p.p.).

1.6. *Gli arresti domiciliari* (art. 284). Con tale misura il giudice impone all'imputato di non allontanarsi dalla propria abitazione o da altro luogo di privata dimora ovvero da un luogo pubblico di cura o di assistenza ([13]). A tale misura possono essere aggiunti limiti alla facoltà dell'imputato di comunicare con persone diverse da quelle che con lui coabitano ([14]). È anche possibile una attenuazione del rigore della misura, come avviene, ad esempio, quando l'imputato è autorizzato a recarsi al lavoro in quanto « non può altrimenti provvedere alle sue indispensabili esigenze di vita ovvero versa in situazione di assoluta indigenza » ([15]).

Il braccialetto elettronico (art. 275-*bis*) non è una misura cautelare, bensì una *modalità di esecuzione* dell'arresto domiciliare o dell'allontanamento dalla casa familiare ([16]). Dal punto di vista tecnico, il braccialetto è uno strumento con il quale è possibile controllare costantemente gli spostamenti dell'indagato ([17]). Dal punto di vista giuridico, il braccialetto elettronico è definito dal legislatore come una procedura « di controllo mediante mezzi elettronici o altri strumenti tecnici » (art. 275-*bis*).

([12]) Inoltre, in base all'art. 9, comma 1 della legge n. 85 del 2009, nei confronti dell'imputato e dell'indagato sottoposto a misura custodiale è operato a determinate condizioni il prelievo coattivo di un campione biologico per l'estrazione di quel profilo del DNA, che deve poi essere inserito nella relativa Banca dati nazionale. Il prelievo è ammesso quando l'addebito concerne un delitto, non colposo, per il quale è consentito l'arresto facoltativo in flagranza. Il prelievo stesso non può essere effettuato se si procede per i reati indicati nel comma 2 dell'art. 9 della legge n. 85.

([13]) Disponendo gli arresti domiciliari, il giudice deve valutare l'idoneità del domicilio a garantire « le esigenze di tutela della persona offesa dal reato », laddove la vicinanza con quest'ultima potrebbe agevolare l'indagato nel reiterare il reato o nel compiere delitti più gravi (comma 1-*bis*, introdotto dal d.l. n. 78 del 2013).

Una normativa specifica è prevista per due categorie di persone.

Per gli imputati tossicodipendenti che hanno in corso programmi terapeutici o che intendono sottoporsi ai medesimi, è previsto l'arresto domiciliare presso strutture di recupero (art. 89 d.p.r. n. 309 del 1990).

Quando imputati siano donna incinta o madre di prole di età fino a sei anni con lei convivente, o padre (qualora la madre sia deceduta o assolutamente impossibilitata a dare assistenza alla prole) è previsto, oltre all'arresto domiciliare nella propria abitazione o in luogo di privata dimora o in luogo pubblico di cura o assistenza, anche la nuova figura dell'arresto domiciliare in *casa famiglia protetta*, ove istituita (art. 284, comma 1, mod. dalla legge 21 aprile 2011, n. 62).

([14]) In base al comma 1-*ter* dell'art. 284 (introdotto dal d.l. n. 113 del 2018, conv. in legge n. 132 del 2018) l'arresto domiciliare non è eseguibile presso un immobile abusivamente occupato.

([15]) Il giudice deve disporre « il luogo degli arresti domiciliari in modo da assicurare comunque le prioritarie esigenze di tutela della persona offesa dal reato », laddove la vicinanza con quest'ultima potrebbe agevolare l'indagato nel reiterare il reato o nel compiere delitti più gravi (comma 1-*bis*).

([16]) Il braccialetto elettronico è utilizzabile non per tutti i delitti per i quali si applica l'allontanamento dalla casa familiare, bensì soltanto per i delitti di violenza alla persona elencati nell'art. 282-*bis*, comma 6.

([17]) Si tratta di un rilevatore di presenza che invia periodicamente un segnale ad un ricevitore. Il dato viene inviato (tramite la linea telefonica o la rete GSM/GPRS) ad un computer della sala operativa degli organi di polizia e rivela se il suo portatore si trova o meno nello spazio a lui concesso. Se la persona non è nel luogo dove dovrebbe essere, o manomette fraudolentemente il dispositivo, scatta l'allarme.

Poiché lo strumento incide sui diritti fondamentali della persona e comprime la riservatezza della vita privata, la sua applicazione è subordinata al *consenso* dell'indagato (art. 275-*bis*, comma 2) ([18]). Con il medesimo provvedimento con cui dispone il braccialetto elettronico (es. arresto domiciliare o allontanamento dalla casa familiare), « il giudice prevede l'applicazione della misura della custodia cautelare in carcere qualora l'imputato neghi il consenso all'adozione dei mezzi e strumenti anzidetti ».

Divieto di concedere l'arresto domiciliare. Occorre precisare che il codice vieta di concedere gli arresti domiciliari a chi sia stato condannato per il reato di evasione nei cinque anni precedenti al fatto per il quale si procede (art. 284, comma 5-*bis*). La legge n. 47 del 2015 ha posto un'eccezione a tale divieto e consente al giudice di accertare, « sulla base di specifici elementi », se il fatto sia « di lieve entità » e se « le esigenze cautelari possano essere soddisfatte » con l'arresto domiciliare. A tale fine, il giudice può assumere « nelle forme più rapide le relative notizie ». La modifica manifesta lo spirito della riforma che ispira anche l'art. 276 e che tende a superare l'automatismo dei divieti restituendo al giudice il potere di valutare il fatto pregresso in base al principio di offensività.

Approfondimento: caratteristiche dell'istituto del braccialetto elettronico. In seguito a varie modifiche legislative il braccialetto elettronico è diventato una vera e propria modalità di *esecuzione ordinaria* dell'arresto domiciliare; ciò ha comportato una serie di conseguenze giuridiche.

In primo luogo, quando il giudice non applica il braccialetto elettronico (e, viceversa, emette ordinanza di carcerazione cautelare) ***deve motivare*** perché nel caso concreto non ritiene *necessario* tale dispositivo « in relazione alla natura e al grado delle esigenze cautelari da soddisfare » (art. 275-*bis*, comma 1) ([19]).

In secondo luogo, prima di decidere sulla richiesta di arresto domiciliare il giudice deve accertare presso la polizia giudiziaria la ***disponibilità concreta*** del congegno elettronico; non può demandare tale verifica alla polizia medesima. In caso di indisponibilità, il giudice deve valutare la specifica idoneità, adeguatezza e proporzionalità di ciascuna di quelle misure alternative alla carcerazione che possono essere applicate in relazione alle esigenze cautelari da soddisfare nel caso specifico. Dalla indisponibilità concreta del braccialetto elettronico non può conseguire automaticamente né l'applicazione della carcerazione cautelare, né l'applicazione dell'arresto domiciliare tradizionale.

1.7. *La custodia in carcere* (art. 285). Si tratta della più grave tra le misure coercitive; con il relativo provvedimento il giudice dispone che l'imputato venga

---

([18]) L'eventuale consenso dell'indagato è manifestato con dichiarazione espressa resa alla polizia giudiziaria, che esegue l'ordinanza del giudice. La dichiarazione è trasmessa al giudice assieme al verbale relativo all'esecuzione della misura. Se l'imputato accetta i mezzi di controllo, egli è tenuto ad agevolarne l'applicazione e ad osservare le prescrizioni imposte (art. 275-*bis*, comma 3); la trasgressione delle prescrizioni è punita con la reclusione ai sensi dell'art. 18 del d.l. n. 341 del 2000. Viceversa, se l'imputato nega il consenso, il giudice applica la misura più grave, che può consistere, ove prevista, anche nella custodia cautelare in carcere (art. 275-*bis*, comma 1).

([19]) In particolare, come vedremo successivamente, il giudice che emette un'ordinanza di carcerazione cautelare (fuori dei casi in cui la legge presume l'adeguatezza di tale misura) deve indicare le specifiche ragioni per cui ritiene di non disporre l'arresto domiciliare con il braccialetto elettronico (art. 275, comma 3-*bis*). L'unica condizione ostativa di carattere generale è il mancato consenso dell'interessato.

immediatamente condotto in un istituto di custodia a disposizione dell'autorità giudiziaria. L'imputato dovrebbe essere tenuto separato dai detenuti che stanno scontando una pena definitiva (art. 14, comma 3 ord. penitenziario); la mancata costruzione di carceri in misura adeguata, almeno pari alle necessità che si manifestano negli altri paesi dell'Unione europea, fa sì che in pratica quest'ultima norma non venga rispettata.

1.8. *La custodia cautelare in luogo di cura.* Se l'imputato necessita di cure specialistiche che non possono essere fatte in luogo di detenzione, il giudice ne dispone la custodia cautelare in luogo di cura (art. 286) e, se del caso, adotta i provvedimenti necessari per prevenire il pericolo di fuga (es. piantonamento). Secondo la giurisprudenza non si tratta di una misura autonoma bensì di una modalità di esecuzione della custodia in carcere.

Se la malattia è una infermità mentale e l'imputato non è socialmente pericoloso, il giudice dispone, in luogo della custodia in carcere, il ricovero presso il servizio psichiatrico ospedaliero, e cioè in un centro di igiene mentale; se l'imputato è socialmente pericoloso (e cioè può commettere nuovi reati; art. 203 c.p.) si ritiene che il giudice debba applicare in via provvisoria (art. 312) la misura di sicurezza prevista dall'art. 222 c.p. e disporre il ricovero, se l'infermità di mente è parziale, in una casa di cura e custodia; se l'infermità è totale, in un ospedale psichiatrico giudiziario, oggi denominato « residenze per l'esecuzione delle misure di sicurezza » (REMS).

2. *Le misure interdittive* consistono nella applicazione provvisoria a scopo cautelare di determinati divieti. Infatti, in concreto, può accadere che sia possibile far fronte alle esigenze cautelari mediante misure meno gravi di quelle coercitive, con la semplice compressione di determinati diritti e poteri collegati ad uno *status* civile o professionale, lasciando invece inalterata la libertà fisica in senso stretto.

Le misure interdittive possono essere applicate, di regola, solo in ordine ai delitti per i quali la legge stabilisce la pena dell'ergastolo o della reclusione superiore nel massimo a tre anni (art. 287) ([20]).

Sono previsti quattro tipi di misure interdittive, che il giudice può adattare alle particolarità del caso concreto su richiesta del pubblico ministero ([21]).

([20]) Il legislatore ha ammesso deroghe per ciascuna misura in trattazione; tuttavia, dalla lista dei reati con effetto derogatorio sono escluse le contravvenzioni, riducendo sensibilmente le potenzialità proprie dello strumento interdittivo.

A differenza delle misure cautelari coercitive, il sistema impugnatorio riservato alle misure interdittive non consente il ricorso al riesame (art. 309) né il ricorso *per saltum* (art. 311, comma 2); è ammessa solo la possibilità di esperire appello (art. 310) e ricorso per Cassazione (art. 311), dilatando notevolmente la durata del procedimento incidentale.

([21]) Le misure cautelari personali interdittive, per rispettare la funzione preventiva loro assegnata dal legislatore, non possono trovare applicazione al di fuori dei reati nei quali le qualità soggettive sospese assumono un ruolo specifico nella realizzazione della condotta criminosa addebitata.

Così, il giudice non può disporre la misura interdittiva della sospensione dall'esercizio di un pubblico servizio in un caso in cui all'indagato è stato contestato il reato di oltraggio senza che il pubblico servizio svolto avesse determinato un contributo causale al verificarsi del fatto.

Risulta legittimo, invece, il provvedimento di sospensione dall'esercizio della responsabilità genitoriale, in caso di procedimento per il reato di violenza sessuale in danno di un figlio minore degli anni dieci, venendo tale misura ad incidere sull'esercizio di quegli stessi poteri in relazione ai quali l'abuso appare perpetrato, ed avvalendosi dei quali

a) La ***sospensione dall'esercizio della responsabilità genitoriale*** priva temporaneamente l'imputato, in tutto o in parte, dei poteri ad essa inerenti (art. 288) ([22]).

b) La ***sospensione dall'esercizio di un pubblico ufficio o servizio*** impedisce temporaneamente all'imputato, in tutto o in parte, le attività relative; la misura non si applica agli uffici elettivi ricoperti per diretta investitura elettorale (art. 289).

c) Con il provvedimento che dispone il ***divieto di contrattare con la pubblica amministrazione*** il giudice interdice temporaneamente all'imputato di concludere contratti con la pubblica amministrazione, salvo che per ottenere le prestazioni di un pubblico servizio (art. 289-*bis*) ([23]).

d) Con il provvedimento che dispone il ***divieto di esercitare determinate professioni, imprese o uffici direttivi***, il giudice interdice temporaneamente all'imputato, in tutto o in parte, le attività predette (art. 290).

Disciplina speciale per la sospensione dall'esercizio di un pubblico ufficio o servizio. Nel corso delle indagini preliminari, quando il pubblico ministero presenta richiesta di sospensione dall'esercizio di un pubblico ufficio o servizio, il giudice di regola, e salvo l'eccezione introdotta dalla riforma del 2015, deve procedere all'interrogatorio dell'indagato prima di decidere, e non successivamente, come avviene per tutte le altre misure per le quali è previsto l'interrogatorio di garanzia (art. 289, comma 2).

La legge n. 47 del 2015 ha teso ad ampliare l'operatività della sospensione dall'esercizio di un pubblico ufficio o servizio, allo scopo di evitare, nei limiti del possibile, la carcerazione cautelare. A tal fine, ha previsto l'ipotesi che il pubblico ministero chieda una misura coercitiva ed il giudice, in base ai princìpi di adeguatezza e proporzionalità, ritenga di applicare la sospensione dall'esercizio di un pubblico ufficio o servizio, sola o congiunta ad altra misura cautelare. Ove ciò avvenga, l'interrogatorio di garanzia, anziché svolgersi prima dell'applicazione della misura interdittiva, si svolge successivamente nel termine di dieci giorni dalla notificazione della misura stessa (art. 289, comma 2).

3. *L'applicazione provvisoria di misure di sicurezza.* Infine, il codice prevede che le *misure di sicurezza possano essere applicate provvisoriamente a titolo di provvedimento cautelare* (art. 312 c.p.p.). L'applicazione provvisoria ha per oggetto: *a*) il ricovero in un ospedale psichiatrico giudiziario per l'imputato che sia affetto da vizio di mente totale (OPG, oggi sostituito dalle REMS, residenze per l'esecuzione delle misure di sicurezza) ([24]); *b*) il ricovero in una casa di cura e custodia (CCC) per l'imputato semi-infermo di mente (art. 206 comma 1 c.p.); c) la libertà vigilata (art. 228 c.p.).

---

non solo potrebbe verificarsi una reiterazione di analoghe condotte, ma potrebbero altresì porsi in essere comportamenti idonei ad influire sulla genuina acquisizione della prova nel successivo *iter* processuale.

([22]) Viene compresso il dovere-diritto del genitore di mantenere, istruire ed educare il figlio (art. 30 Cost.), mentre restano inalterati i diritti dei figli, vale a dire quelli agli alimenti e successori.

([23]) Questa misura interdittiva è stata introdotta dalla legge n. 3 del 2019. Qualora si proceda per un delitto contro la pubblica amministrazione, la misura può essere disposta anche al di fuori dei limiti di pena previsti dall'articolo 287, comma 1.

([24]) Ai sensi dell'art. 3-*ter* del decreto-legge n. 211 del 2011, conv. in legge n. 9 del 2012, le misure del ricovero in un ospedale psichiatrico giudiziario e del ricovero in una casa di cura e custodia devono essere eseguite esclusivamente all'interno delle strutture sanitarie regionali indicate nel comma 2 del medesimo articolo e denominate « residenze per l'esecuzione delle misure di sicurezza » (REMS).

Occorre che siano presenti i seguenti presupposti: i gravi indizi di "commissione del fatto"; che l'imputato sia socialmente pericoloso (in senso penalistico, come probabilità di commissione di reati ai sensi dell'art. 203 c.p.); che non siano applicabili in concreto le cause di giustificazione, di non punibilità o di estinzione del reato (art. 273 comma 2, richiamato dall'art. 312) ([25]).

b. *Le condizioni generali di applicabilità delle misure cautelari personali.* Il codice pone le seguenti condizioni generali di applicabilità delle misure cautelari personali: 1) una determinata *gravità* del delitto addebitato all'imputato; 2) la *punibilità in concreto* del delitto; 3) la presenza di *gravi indizi* di reità.

1) *La gravità del delitto.* La condizione che il delitto addebitato sia di una determinata *gravità* è prevista dall'art. 280. Il codice dispone che non siano applicabili le misure coercitive ed interdittive nei procedimenti per quei reati che sono denominati "*contravvenzioni*"; in questi ultimi si possono adottare soltanto misure cautelari reali, e cioè il sequestro conservativo e preventivo.

Inoltre l'art. 280 impedisce che, di regola, possano applicarsi misure coercitive ed interdittive al di sotto di una soglia minima di gravità del *delitto* addebitato; tale soglia fa riferimento alla pena detentiva stabilita nel massimo per il delitto ([26]).

Categorie di delitti. Nel regolare l'applicazione delle misure cautelari personali il codice distingue tre fondamentali categorie di delitti.

Nella ***prima categoria*** rientrano i delitti punibili nel massimo con la reclusione fino a tre anni; di regola per tali delitti nessuna misura coercitiva né interdittiva può essere disposta ([27]).

Nella ***seconda categoria*** rientrano i delitti punibili nel massimo con la reclusione superiore a tre anni, ma inferiore a cinque (art. 280, comma 1, mod. dal d.l. n. 78 del 2013, conv. nella legge n. 94 del 2013). Per essi sono applicabili le misure coercitive che sono diverse dalla custodia in carcere (e cioè, a partire dal divieto di espatrio, fino all'arresto domiciliare).

Ai sensi dell'art. 1, comma 1-*quater* del decreto-legge n. 52 del 2014, « le misure di sicurezza detentive provvisorie o definitive [...] non possono durare oltre il tempo stabilito per la pena detentiva prevista per il reato commesso, avuto riguardo alla previsione edittale massima ». Nessun termine è previsto per i delitti puniti con la pena dell'ergastolo.

([25]) La persona nei cui confronti è applicata provvisoriamente la misura di sicurezza è un soggetto che è ritenuto incapace di intendere e di volere al momento del fatto. Il procedimento di applicazione provvisoria e le relative impugnazioni sono regolate in modo simile a quanto è previsto per le misure custodiali (art. 313 comma 3).

([26]) In base all'art. 278, per determinare la quantità di pena che consente di applicare le misure cautelari, il codice impone di considerare la pena detentiva prevista in astratto nel massimo per il *singolo* delitto consumato o tentato, senza tenere conto della continuazione, della recidiva e delle circostanze comuni del reato, *ma tenendo conto dell'aggravante dell'aver profittato di situazioni di tempo, di luogo o di persona tali da ostacolare la pubblica o privata difesa (art. 61, n. 5 c.p.) e dell'attenuante del danno o del lucro di speciale tenuità (art. 62, n. 4 c.p.).*

Sulla quantità così individuata devono essere operati gli aumenti o le diminuzioni di pena previsti per le circostanze "indipendenti" o per quelle ad effetto speciale. Sono circostanze "indipendenti" quelle per le quali la legge stabilisce una pena di specie diversa o determina la misura della pena in modo indipendente da quella ordinaria del reato (art. 69, comma 4 c.p.); sono circostanze ad effetto speciale quelle che comportano un aumento o una diminuzione superiore ad un terzo (art. 63, comma 3 c.p.).

([27]) Vi sono alcune eccezioni: ad esempio, nei procedimenti per alcuni delitti in materia sessuale o familiare commessi in danno dei prossimi congiunti o del convivente (art. 282-*bis*, comma 6) la misura dell'allontanamento dalla casa familiare « può essere disposta anche al di fuori dei limiti di pena previsti dall'art. 280 ».

Nella ***terza categoria*** rientrano i delitti punibili nel massimo con la reclusione di almeno cinque anni o con l'ergastolo. Tali delitti consentono l'applicazione della misura della custodia in carcere (art. 280 comma 2). Detta misura è ammessa anche nei confronti di quegli imputati che hanno « trasgredito alle prescrizioni inerenti ad una misura cautelare » (art. 280 comma 3) ([28]).

2) ***La punibilità in concreto.*** Il requisito in oggetto è descritto in modo analitico dall'art. 273, comma 2: « nessuna misura può essere applicata se risulta che il fatto è stato compiuto in presenza di una causa di giustificazione (es. legittima difesa) o di non punibilità (es. fatti compiuti a danno di congiunti; 649 c.p.) o se sussiste una causa di estinzione del reato (es. prescrizione) ovvero una causa di estinzione della pena che si ritiene possa essere irrogata » (es. indulto di tre anni, se la pena non sarà superiore a tale entità).

3) ***I gravi indizi.*** L'art. 273 pone, come requisito della misura cautelare personale, l'esistenza di "gravi indizi di colpevolezza". Il termine « indizi » di cui all'art. 273 indica, in modo generalizzato, un elemento conoscitivo acquisito durante le indagini. Si tratta dunque di un termine che, in materia cautelare, è impiegato dal codice in modo atecnico, tale da ricomprendere sia la prova critica (cioè "indiziaria" in senso stretto), sia la prova rappresentativa. L'espressione "gravi indizi" sta allora a significare il *quantum* (o *standard*) di prova (rappresentativa o critica) che serve a legittimare la misura cautelare. Se nel codice del 1930 bastavano i "sufficienti" indizi, la nuova aggettivazione ("gravi") nel codice del 1988 vuole significare un *quantum* di prova più alto. Ciò è coerente con il fatto che attualmente viene accolto il principio costituzionale della presunzione di innocenza dell'imputato. Il *quantum* di prova, del quale è onerata l'accusa pubblica quando chiede al giudice la misura cautelare, deve intendersi rafforzato. Naturalmente, occorre tenere conto del fatto che le misure cautelari vengono applicate, di regola, nella fase delle indagini preliminari, e cioè in un momento nel quale ancora non si è svolto un pieno contraddittorio dibattimentale e la base probatoria è ancora provvisoria. Le prove, sulle quali si fonda il giudizio di "colpevolezza" richiesto dall'art. 273, sono gli elementi esistenti "allo stato degli atti". Sulla base di detto materiale il giudice deve formulare il giudizio prognostico concernente la probabilità che si pervenga alla condanna, e cioè a quella decisione che accerterà la "colpevolezza" dell'imputato al di là di ogni ragionevole dubbio (art. 533, comma 1). Occorre che l'accusa provi come molto probabile la reità dell'indagato. In tal senso, Cass., Sez. un., 30 maggio 2006, Spennato, in *Cass. pen.*, 2007, 1, 46, che richiede una « ragionevole e alta probabilità di colpevolezza » ([29]).

([28]) In base al d.l. n. 78 del 2013, conv. in legge n. 94 del 2013, la custodia in carcere è consentita per il delitto di finanziamento illecito dei partiti (art. 7, legge n. 195 del 1974). Ricordiamo che nei confronti di quegli imputati, che hanno trasgredito alle prescrizioni dell'arresto domiciliare concernenti il divieto di allontanarsi dalla propria abitazione o da altro luogo di privata dimora, il giudice applica la custodia in carcere, salvo che il fatto sia di lieve entità (art. 276, comma 1-*ter*).

([29]) In accordo con una simile concezione, le riforme intervenute dal 1995 hanno imposto che il provvedimento, che applica la misura cautelare, sia strutturato con cadenze analoghe alla decisione finale (art. 546 lett. *e*). Infatti, il giudice deve esporre in motivazione la valutazione della "rilevanza" (*rectius*, attendibilità) sia degli elementi a carico, sia di quelli a favore dell'imputato (art. 292 comma 2 lett. *c* e *c-bis* e comma 2-*ter*). Inoltre, se la misura consiste nella custodia cautelare in carcere, il giudice deve esporre le "concrete e specifiche ragioni" per le quali le

La base probatoria del giudizio cautelare. A questo punto occorre affrontare la problematica del materiale probatorio in base al quale il giudice valuta l'esistenza dei gravi indizi e delle esigenze cautelari. Il pubblico ministero presenta al giudice una richiesta di applicazione che è accompagnata dagli « elementi » sui quali la medesima « si fonda » (art. 291 comma 1). Si tratta degli atti raccolti in modo unilaterale dalla pubblica accusa, dalla polizia giudiziaria ed, eventualmente, dal difensore dell'indagato e da quello dell'offeso. Tali atti sono utilizzabili come prove durante le indagini. Si tratta di accertare se ai medesimi sono applicabili le norme sulle prove che si trovano nel libro terzo del codice.

La collocazione della materia nel libro terzo già di per sé costituisce un indice positivo della sua applicabilità in tutto il procedimento penale: i primi quattro libri del codice, infatti, costituiscono una sorta di "parte generale" del procedimento penale. In base ad un argomento sistematico, pertanto, le norme sulle prove appaiono applicabili durante le indagini, a meno che non siano incompatibili (espressamente o implicitamente) con la regolamentazione del singolo atto da compiere in una determinata fase.

Nel quadro sistematico, che abbiamo delineato, va collocata la legge n. 63 del 2001 che ha introdotto nel comma 1-*bis* dell'art. 273 un richiamo espresso ad alcune disposizioni del libro terzo sulla prova rendendole applicabili al giudizio sui "gravi indizi". Si tratta: *a*) dell'art. 192, commi 3 e 4, che impone i riscontri per le dichiarazioni di imputati connessi o collegati; *b*) dell'art. 195, comma 7, che richiede l'indicazione della fonte delle dichiarazioni per "sentito dire"; *c*) dell'art. 203, che vieta l'utilizzazione delle dichiarazioni che la polizia giudiziaria ha ricevuto dai suoi informatori a meno che essi non siano sentiti; *d*) dell'art. 271, comma 1, che vieta l'utilizzazione dei risultati delle intercettazioni eseguite illegittimamente. Il richiamo espresso a tali norme non deve essere letto come se implicasse *a contrario* l'inapplicabilità di tutte le altre disposizioni del libro terzo. Viceversa, deve essere inteso come un giudizio *ex lege* di compatibilità e necessaria applicazione quanto meno delle norme appena richiamate.

c. *Le esigenze cautelari.* Alle condizioni generali di applicabilità si aggiunge un ulteriore requisito: le misure personali possono essere applicate soltanto quando esiste in concreto almeno *una delle esigenze cautelari* indicate tassativamente dall'art. 274. La tassatività della previsione ha lo scopo di impedire, nei limiti del possibile, che si tenda, attraverso le misure cautelari, ad anticipare l'applicazione della sanzione penale. Ciò è espressamente inibito dalla presunzione di innocenza (art. 27, comma 2 Cost.), che vieta appunto l'applicazione anticipata della pena prima che sia stata pronunciata una sentenza definitiva di condanna.

---

esigenze cautelari non possono essere soddisfatte con altre misure. Occorre, tuttavia, tenere presente che la peculiare natura delle misure cautelari, la cui efficacia è basata sull'effetto sorpresa, determina una significativa differenza rispetto all'accertamento della colpevolezza finalizzato alla emanazione della sentenza. Le misure cautelari sono applicate dal giudice *inaudita altera parte*; il contraddittorio con la difesa dell'imputato si svolgerà in un momento successivo (art. 294).

Il pubblico ministero, nel presentare al giudice la richiesta motivata di disporre una misura cautelare, deve fornire gli elementi di prova che dimostrino in concreto sia l'esistenza di tutte le condizioni necessarie per applicare la misura richiesta (gravi indizi e punibilità in concreto), sia il ricorrere di almeno una delle esigenze cautelari, e cioè il pericolo di inquinamento della prova, il pericolo di fuga o, infine, il pericolo che vengano commessi determinati reati.

1) *Il pericolo di inquinamento della prova.* Il pubblico ministero deve dimostrare che vi sono in concreto situazioni di *attuale pericolo* sia per l'acquisizione della prova (pericolo di occultamento), sia per l'acquisizione in modo genuino (pericolo di alterazione). Le indagini, cui questo si riferisce, devono essere quelle relative al *fatto di reato* per il quale si procede (e non per eventuali altri reati ipotizzati dall'inquirente). La situazione di pericolo deve essere fondata su circostanze di fatto espressamente indicate nel provvedimento a pena di nullità (art. 292, comma 2, lett. *c*).

Le precisazioni sono dovute alla legge n. 332 del 1995, che ha reagito agli abusi verificatisi nella prassi applicativa. A tal fine il legislatore ha inserito una ulteriore disposizione, che in verità doveva ricavarsi implicitamente dal sistema ed esplicitamente dal Patto internazionale sui diritti civili e politici (art. 14, comma 3, lett. *g*); e cioè, si è precisato che dal *silenzio* mantenuto dall'imputato (o dalla sua mancata ammissione degli addebiti) non si può ricavare l'esistenza del pericolo di inquinamento della prova.

2) *Il pericolo di fuga.* Questa esigenza sussiste quando l'imputato si è dato alla fuga o vi è il pericolo *concreto e attuale* che egli si dia alla fuga. Occorre, tuttavia, che il giudice ritenga possibile che all'imputato possa essere irrogata in concreto con la sentenza una pena superiore a due anni di reclusione ([30]). Al di sotto di tale soglia il legislatore impedisce di dare rilevanza al pericolo di fuga. La legge n. 47 del 2015, oltre ad aggiungere il requisito dell'attualità del pericolo, ha precisato che « le situazioni di concreto e attuale pericolo non possono essere desunte *esclusivamente* dalla gravità del titolo di reato per cui si procede ».

3) *Il pericolo che vengano commessi determinati reati.* La misura cautelare deve essere applicata quando vi è il pericolo *concreto e attuale* che l'imputato commetta una delle seguenti categorie di delitti:

a) gravi delitti con l'uso di armi o di altri mezzi di violenza personale;

b) gravi delitti diretti contro l'ordine costituzionale;

c) delitti di criminalità organizzata;

d) delitti della stessa specie di quello per il quale si procede. Per i delitti della stessa specie *l'arresto domiciliare* può essere disposto soltanto quando è prevista la pena della reclusione di almeno quattro anni nel massimo; inoltre, *la carcerazione cautelare* può essere disposta soltanto quando è prevista la pena della reclusione di almeno cinque anni nel massimo, oppure si tratta del delitto di finanziamento illecito dei partiti (art. 274, lett. *c*, mod. dalla legge n. 47 del 2015).

Il pericolo *concreto e attuale* deve essere desunto da *specifiche modalità* del fatto di reato e dalla *personalità pericolosa* dell'autore del fatto, con il limite che la

---

([30]) Viceversa, nelle condizioni generali di applicabilità delle misure coercitive (art. 280, comma 1) è considerata la pena edittale prevista nel massimo per il delitto addebitato.

pericolosità non può essere desunta *esclusivamente* dalla *gravità* del reato addebitato, bensì deve essere ricavata dai *precedenti penali* o da *comportamenti o atti concreti*, che devono essere espressamente indicati. Tutto ciò deve essere oggetto di motivazione specifica a pena di nullità ai sensi dell'art. 292, comma 2, lett. *c*, *c-bis*.

d. I criteri di scelta delle misure cautelari personali. Il giudice, dopo aver ricevuto la richiesta del pubblico ministero e dopo aver accertato che esistono sia i gravi indizi di reità, sia almeno una delle esigenze cautelari, dispone la misura con ordinanza.

Tuttavia il suo potere è vincolato a limiti formali e sostanziali.

Sotto un profilo *formale*, il giudice non può disporre una misura più grave di quella richiesta dal pubblico ministero: in materia vale il principio accusatorio della domanda cautelare, che comporta la necessaria corrispondenza tra chiesto e pronunciato.

Da un punto di vista *sostanziale*, il giudice ha il potere-dovere di scegliere la misura cautelare in base ai criteri che sono espressamente indicati nell'art. 275; la sua decisione è espressione di una discrezionalità vincolata a parametri legislativi che attuano i princìpi costituzionali. In base alla presunzione di innocenza (art. 27, comma 2 Cost.) le misure cautelari coercitive devono rispettare il criterio del *minore sacrificio necessario*, secondo cui la restrizione della libertà personale deve essere contenuta entro i *limiti indispensabili a soddisfare le esigenze cautelari nel caso concreto* (Corte cost. n. 299 del 2005).

Ciò premesso, in base all'art. 275 c.p.p. la misura da applicarsi deve essere: 1) "adeguata" alle esigenze cautelari presenti in concreto; 2) "proporzionata" alla gravità del fatto e della sanzione che potrà essere irrogata; 3) "graduata" in modo tale da applicare la custodia in carcere soltanto quando ogni altra misura risulti inadeguata. L'accertamento dei criteri predetti deve basarsi su *elementi di prova* ricavati *dal caso concreto:* di regola, non sono ammessi automatismi né presunzioni (Corte cost. n. 265 del 2010). Dell'esercizio del potere discrezionale il giudice deve dare conto nella motivazione dell'ordinanza (art. 292).

1) *Il principio di adeguatezza.* Il giudice deve valutare la « specifica idoneità di ciascuna (misura) in relazione alla natura e al grado delle esigenze cautelari da soddisfare nel caso concreto » (art. 275, comma 1). Come abbiamo anticipato, il codice prevede varie misure cautelari, ciascuna strutturata in modo diverso ed adattabile al caso concreto nei limiti delle prescrizioni di legge.

Ad esempio, partendo dal generico dovere di dimorare in un determinato comune, si può arrivare a precisare un vero e proprio obbligo di quotidiana reperibilità (art. 283, comma 3). Ebbene, una volta che il pubblico ministero abbia adempiuto all'onere di provare l'esistenza di una determinata esigenza cautelare, occorre che vi sia una piena *corrispondenza funzionale* tra la misura da adottare ed il pericolo che si vuole evitare ([31]).

([31]) Per una specifica esigenza cautelare il codice impone una ponderazione ancora più accurata. Se vi è il pericolo di inquinamento della prova, il giudice deve fissare (in seguito ad una precisa richiesta del pubblico

2) ***Il principio di proporzionalità.*** Le varie misure cautelari non sono creature stravaganti, dovute alla fantasia del legislatore, bensì devono rispondere ad un'idea elementare di civiltà, secondo cui la libertà di una persona non deve essere limitata più di quanto sia strettamente necessario. Ecco, allora, che l'art. 275, comma 2 dispone che « ogni misura (debba) essere proporzionata all'entità del fatto e alla sanzione che si ritiene possa essere irrogata ». La norma opera in senso favorevole all'imputato perché impone che in relazione ad una scarsa rilevanza del fatto di reato, la misura cautelare non risulti eccessivamente afflittiva.

La prevedibile esecuzione della pena in uno stato non detentivo. Il legislatore ha voluto regolare espressamente i casi-limite nei quali, fin dalla richiesta della misura cautelare, sia prevedibile che al momento della pronuncia della eventuale condanna la pena sarà scontata fuori dal carcere.

Il divieto di custodia cautelare. Al giudice è posto il divieto di disporre la *carcerazione cautelare* o *l'arresto domiciliare* quando si prevede che sarà concessa la sospensione condizionale della pena (art. 275, comma 2-*bis*). Come è noto, la sospensione condizionale deve essere concessa, di regola, quando la pena detentiva, da irrogare in concreto, non supera i due anni ed il giudice ritiene che il colpevole si asterrà dal commettere ulteriori reati (artt. 163 e 164 c.p.); il beneficio è comunemente concesso, nei limiti di pena indicati, quando il colpevole non ha precedenti penali.

Il divieto di carcerazione cautelare. Al giudice è posto il divieto di applicare la carcerazione cautelare quando egli « ritiene che, all'esito del giudizio, la pena detentiva irrogata non sarà superiore a tre anni » (art. 275, comma 2-*bis*) e quindi, di regola, la pena detentiva medesima sarà sospesa in attesa dell'applicazione di una misura alternativa (art. 656; si veda, *infra*, Parte VI, cap. 2, § 4, lett. *b*).

Il divieto di carcerazione cautelare non opera nei casi seguenti:

a) quando l'indagato ha trasgredito le prescrizioni di una misura cautelare (artt. 276, comma 1-*ter*, e 280, comma 3);

b) nei procedimenti per i delitti più gravi o di violenza personale (artt. 423-*bis*, 572, 612-*bis* e 624-*bis* c.p.; art. 4-*bis* legge n. 354 del 1975 (ord. penit.); art. 275, comma 3 c.p.p.); la legge n. 69 del 2019 (codice rosso) ha aggiunto all'elenco il delitto di cui all'art. 612-*ter* c.p. (c.d. *revenge porn*) che punisce la diffusione senza consenso di immagini sessualmente esplicite, permettendo così l'applicazione della carcerazione cautelare;

c) quando gli arresti domiciliari non possono essere disposti per inidoneità del domicilio e nessun'altra misura cautelare è adeguata (art. 284, comma 1).

Tutto ciò comporta che il giudice, sulla base degli elementi di prova allegati alla richiesta presentata dal pubblico ministero, debba valutare in anticipo se vi sarà una decisione di condanna e se la pena detentiva potrà essere condizionalmente sospesa o sarà contenuta nel limite di tre anni, salvo reati gravi o di violenza personale. Si tratta di una valutazione complessa e difficile da farsi "allo stato degli atti"; tuttavia,

---

ministero) la data di scadenza dell'efficacia della misura cautelare, tenuto conto del tempo necessario a compiere le indagini preventivate (art. 292, comma 2, lett. *d*). Se la misura è la custodia in carcere, essa, di regola, non deve avere una durata superiore a trenta giorni, salvo che il delitto addebitato sia di una particolare gravità (art. 301, comma 2-*bis*, in relazione all'art. 274, comma 1, lett. *a*). Può essere disposta la proroga per non più di due volte ed entro il limite complessivo di novanta giorni (art. 301, comma 2-*ter*).

se il legislatore la impone, significa che, in presenza di alcune prassi devianti, si percepisce l'esigenza di sottolineare come deve essere applicato in concreto il principio di proporzionalità.

3) ***Il principio di gradualità.*** La custodia in carcere costituisce la più intensa delle limitazioni della libertà personale e, pertanto, deve essere applicata soltanto quando non sia assolutamente possibile operare diversamente (*extrema ratio*). Il codice recepisce tale istanza affermando il *principio di gradualità*, secondo il quale la carcerazione cautelare può essere disposta soltanto quando le altre misure coercitive o interdittive risultino inadeguate.

La legge 16 aprile 2015, n. 47, nel modificare il comma 3 dell'art. 275, ha previsto due nuovi istituti che costituiscono un rafforzamento dell'operatività del principio.

a) Primo rafforzamento del principio di gradualità. Il nuovo comma 3 sancisce che le misure coercitive o interdittive *diverse dal carcere* possono essere applicate *cumulativamente* dal giudice. L'applicazione cumulativa, in precedenza non prevista dal codice, permette oggi di offrire al giudice un ventaglio più ampio di misure alternative, rendendo così più concreto il principio di residualità del carcere.

b) Secondo rafforzamento del principio di gradualità. In base al nuovo comma 3-*bis* il giudice, nel disporre la carcerazione cautelare, deve *indicare le specifiche ragioni* per cui ritiene non idonea, nel caso concreto, la misura degli arresti domiciliari con braccialetto elettronico. Ciò costituisce un'applicazione di quel principio del *minore sacrificio necessario per la libertà personale* che vige nella materia in esame (32).

Le eccezioni al principio di gradualità. In presenza di gravi indizi di determinati delitti che denotano una forte pericolosità, il codice prevede eccezioni al principio di gradualità sotto la forma di due presunzioni: la presunzione di sussistenza delle esigenze cautelari e la presunzione di adeguatezza della carcerazione cautelare (33).

La presunzione di sussistenza delle esigenze cautelari. La prima presunzione comporta che in presenza di gravi indizi dei delitti previsti dall'art. 275, comma 3, si considera esistente almeno una delle esigenze cautelari contemplate dall'art. 274 (34).

---

(32) Cass., Sez. un., 28 aprile 2016, n. 43190, Lovisi, ha affermato che « il giudice, escluso ogni automatismo nei criteri di scelta delle misure », deve « valutare, ai fini dell'applicazione o della sostituzione della misura coercitiva, la specifica idoneità, adeguatezza e proporzionalità di ciascuna di esse in relazione alle esigenze cautelari da soddisfare nel caso concreto ». L'insegnamento delle Sez. un. è il seguente. L'art. 274, lett. *c* impone al giudice di motivare un giudizio prognostico. Quando il giudice valuta che non vi è il pericolo di reiterazione del reato, deve essere concesso l'arresto domiciliare tenendo conto della necessità di controlli sull'indagato anche con mezzi ordinari. Subordinare in modo automatico la cessazione della carcerazione cautelare alla disponibilità del braccialetto elettronico non è legittimo, come non lo è il concedere in modo automatico l'arresto domiciliare in caso di mancata disponibilità del medesimo strumento.

(33) Tra il 1991 e il 2009, a causa della recrudescenza del fenomeno della criminalità organizzata, il legislatore ha introdotto la presunzione assoluta di adeguatezza della carcerazione cautelare per delitti ritenuti di allarme sociale; l'ampiezza dell'elenco ha costituito oggetto di notevoli modifiche normative nel tempo. La disciplina menzionata è caduta sotto ripetuti colpi di scure della Corte costituzionale. La Consulta con nove sentenze tra il 2010 e il 2015 ha valutato non ragionevole la presunzione assoluta e l'ha tramutata in relativa. La Corte ha affermato che, in via di principio, le presunzioni vanno contro la regola del "minimo sacrificio necessario". Esse sono accettabili soltanto in casi eccezionali, qualora siano espressione di massime di esperienza generali in relazione a determinate tipologie criminologiche di delitti. Pertanto, le presunzioni violano il principio di eguaglianza quando sono "irrazionali", e cioè se ed in quanto sia agevole smentirle formulando ipotesi di accadimenti reali contrari alla regola di esperienza.

(34) Si tratta, in primo luogo, dei delitti di *associazione sovversiva, terroristica e mafiosa* (270, 270-*bis* e 416-*bis* c.p.); in secondo luogo di quei delitti di *competenza della procura distrettuale e della procura nazionale antimafia e*

La presunzione è relativa perché ammette la prova contraria, e cioè che non esiste alcuna esigenza cautelare nel caso concreto.

La giurisprudenza costituzionale, a partire dalla sentenza n. 265 del 2010, ha affermato che presunzioni relative come quella in oggetto sono ammesse quando sono « suggerite da alcuni aspetti ricorrenti di determinati reati ». E cioè, la presunzione si fonda sul fatto che, in presenza di gravi indizi dei delitti che sono previsti nel comma 3 dell'art. 275 e che denotano una forte pericolosità, nella "maggior parte dei casi" è presente almeno una delle esigenze cautelari, salvo che in concreto si possa provare che non ne sussiste alcuna.

La presunzione di adeguatezza della carcerazione cautelare. La seconda presunzione opera in successione con riferimento alla tipologia di misura applicabile: in presenza di gravi indizi di colpevolezza dei summenzionati reati, previsti dall'art. 275, comma 3, il legislatore ha ritenuto adeguata la sola custodia cautelare in carcere. Questa presunzione è stata costruita in alcuni casi come assoluta, e cioè come non suscettibile di prova contraria; in altri casi come relativa, e cioè suscettibile di prova contraria.

A) La presunzione* assoluta *di adeguatezza della carcerazione cautelare. Il legislatore ha previsto nel nuovo comma 3 dell'art. 275 la presunzione *assoluta* di *adeguatezza della carcerazione cautelare* per i soli delitti di associazione sovversiva, terroristica e mafiosa (artt. 270, 270-*bis* e 416-*bis* c.p.). In presenza di gravi indizi di tali reati si presume:

1) che esista almeno un'esigenza cautelare (presunzione relativa);

2) che l'unica misura adeguata sia la custodia cautelare in carcere (presunzione assoluta).

La presunzione assoluta non ammette la prova contraria e, quindi, rende inapplicabile l'arresto domiciliare o altra misura cautelare. Pertanto, la difesa non può dimostrare che un'altra misura meno grave risulta adeguata a soddisfare le esigenze cautelari nel caso concreto. La presunzione assoluta cade soltanto se viene meno la prima presunzione relativa, che ne costituisce il presupposto. Di conseguenza, perché possa cadere la presunzione assoluta occorre che « siano acquisiti elementi dai quali risulti che non sussistono esigenze cautelari »; e cioè, non deve esistere *alcuna* esigenza cautelare.

Secondo la giurisprudenza della Corte costituzionale, la presunzione assoluta è ragionevole quando, in base a regole di esperienza ampiamente condivise e non contraddette da dati fattuali, risulta adeguata soltanto la custodia in carcere. Ciò è stato affermato espressamente dalla Consulta limitatamente al delitto di partecipazione all'associazione mafiosa (sentenza n. 265 del 2010): l'adesione permanente ad un sodalizio criminoso, dotato di particolare forza intimidatrice, comporta, « secondo una regola di esperienza sufficientemente condivisa », che soltanto la misura carceraria è adeguata, mentre altre misure cautelari "minori" non sono sufficienti a

---

antiterrorismo che sono indicati negli artt. 51, commi 3-*bis* e 3-*quater* c.p.p. In terzo luogo, di determinati delitti che potremmo definire di *violenza alla persona* e che sono previsti dagli artt. 575, 600-*bis*, comma 1, 600-*ter* (escluso il comma 4), 600-*quinquies* c.p. e, ove non attenuati, dagli artt. 609-*bis*, 609-*quater* e 609-*octies* c.p.

troncare i rapporti tra l'indagato e l'associazione e non neutralizzano la pericolosità del medesimo (35).

B) La presunzione* relativa *di adeguatezza della carcerazione cautelare. Per tutti gli altri delitti previsti dall'art. 275, comma 3, la presunzione di *adeguatezza della carcerazione cautelare* è soltanto relativa (36). Così, in presenza di gravi indizi di colpevolezza si presume:

1) che esista almeno un'esigenza cautelare (presunzione relativa);

2) che l'unica misura adeguata sia la custodia in carcere (presunzione relativa). Entrambe le presunzioni ammettono la prova contraria.

Pertanto, la presunzione di adeguatezza della custodia in carcere viene meno:

1) sia quando « siano acquisiti elementi dai quali risulti che *non sussistono esigenze cautelari* », nel qual caso nessuna misura cautelare può essere applicata;

2) sia quando si riesca a dimostrare che, in relazione al caso concreto, le esigenze cautelari, pur esistenti, risultano attenuate e, dunque, « *possono essere soddisfatte con altre misure* » anche applicate cumulativamente.

In base alla giurisprudenza della Corte costituzionale la presunzione relativa è ragionevole quando è suggerita « da alcuni aspetti ricorrenti di determinati reati » (sentenza n. 265 del 2010), tanto più che la presunzione è superabile ove risultino nel caso concreto elementi probatori di segno contrario, e cioè se si dimostra che le esigenze cautelari possono in concreto « trovare idonea risposta anche in misure diverse da quella carceraria, che valgano a neutralizzare il "fattore scatenante" o ad impedirne la riproposizione ».

---

(35) Considerazioni simili hanno fatto ritenere legittima la presunzione assoluta in relazione alle associazioni terroristiche (art. 270-*bis* c.p.) a causa della loro accentuata pericolosità (Corte cost. n. 191 del 2020).

Differente è stata la valutazione della Corte costituzionale (sentenza n. 57 del 2013), per i delitti commessi *avvalendosi delle condizioni* previste dall'art. 416-*bis* c.p. o *al fine di agevolare l'attività* delle associazioni mafiose. A giudizio della Consulta, in relazione a tali delitti la presunzione assoluta di adeguatezza della custodia in carcere non risponde « a dati di esperienza generalizzati, essendo agevole formulare ipotesi di accadimenti reali contrari alla generalizzazione posta a base della presunzione stessa ». In concreto, può accadere che siano sufficienti misure cautelari alternative al carcere nei confronti di colui che, non legato ad un'associazione mafiosa, abbia compiuto un delitto non grave "avvalendosi" dell'associazione o "al fine di agevolare" l'associazione.

Secondo la Corte costituzionale, si è dinanzi ad una situazione criminosa non equiparabile totalmente a quella del partecipe all'associazione mafiosa. Infatti, nella nozione di "delitti commessi avvalendosi del cosiddetto metodo mafioso o al fine di agevolare le attività delle associazioni di tipo mafioso" possono rientrare, in concreto, i più vari reati, anche di modesta entità, e correlativamente le più diverse situazioni oggettive e soggettive. Alla luce delle considerazioni appena menzionate, per tali delitti la Consulta, con la sentenza n. 57 del 2013, ha tramutato da assoluta in relativa la presunzione di adeguatezza: oggi è possibile fornire la prova che le esigenze cautelari possono essere fronteggiate con misure alternative alla custodia cautelare in carcere.

Il medesimo ragionamento, secondo la Corte costituzionale (sentenza 26 marzo 2015, n. 48) deve essere fatto in relazione al delitto di *concorso esterno nell'associazione mafiosa*: l'applicabilità della presunzione assoluta di adeguatezza è stata dichiarata costituzionalmente illegittima.

(36) In primo luogo, si tratta dei delitti di *competenza della procura distrettuale e della procura nazionale antimafia e antiterrorismo* che sono indicati negli artt. 51, commi 3-*bis* e 3-*quater* c.p.p. In secondo luogo, si tratta di delitti che potremmo definire di *violenza alla persona*, e cioè del delitto di omicidio volontario (art. 575 c.p.); di sfruttamento della prostituzione minorile (art. 600-*bis*, comma 1 c.p.); di pornografia minorile (art. 600-*ter* c.p.; esclusa la cessione del materiale anche gratuita: comma 4); di iniziative turistiche per prostituzione minorile (art. 600-*quinquies* c.p.); di violenza sessuale (art. 609-*bis* c.p. senza l'attenuante del comma 3); di atti sessuali con minorenne (art. 609-*quater* c.p. senza l'attenuante del comma 4) e, infine, di violenza sessuale di gruppo (art. 609-*octies* c.p. senza l'attenuante ivi prevista).

Le situazioni incompatibili con la custodia in carcere. Il codice prevede situazioni che impediscono la custodia cautelare in carcere (art. 275, comma 4-*quinquies*). Quest'ultima non può essere comunque disposta quando l'imputato è affetto da « malattia (che) si trova in una fase così avanzata da non rispondere più (...) ai trattamenti disponibili e alle terapie curative » ([37]).

Vi sono poi altre situazioni, tipizzate nell'art. 275, comma 4, che di regola impediscono la custodia in carcere, salvo che sussistano esigenze cautelari di eccezionale rilevanza. Si tratta dei seguenti casi: *a*) donna incinta; *b*) madre di prole di età fino a sei anni con lei convivente; *c*) padre in analoghe condizioni, se la madre è assolutamente impossibilitata a dare assistenza alla prole; *d*) persona che ha superato l'età di settanta anni. L'imputato che si trova nelle situazioni menzionate è sottoposto al carcere soltanto se sussistono esigenze cautelari di eccezionale rilevanza, come potrebbe accadere quando egli è particolarmente pericoloso a causa dei suoi precedenti penali o del reato commesso.

Viceversa, se si tratta di detenute madri (o padri) nei casi sopra menzionati e sussistono *esigenze cautelari di eccezionale rilevanza*, che tuttavia consentono misure più blande, è prevista la custodia cautelare in istituti di custodia attenuata, denominati nella prassi ICAM (art. 285-*bis*, introdotto dalla legge n. 62 del 2011). Ricordiamo che per le persone appena menzionate esiste anche la possibilità di arresto domiciliare in casa famiglia protetta, se le esigenze cautelari non sono eccezionali (art. 284, comma 1).

Il legislatore regola espressamente la situazione del tossicodipendente che ha in corso (o intende sottoporsi ad) un programma terapeutico che non può svolgersi in una struttura carceraria. L'art. 89 del T.U. stupefacenti (n. 309 del 1990) impone al giudice, in estrema sintesi, di valutare se le esigenze cautelari possono essere soddisfatte unicamente con la misura detentiva (fatta eccezione per i delitti di particolare gravità), o se invece è possibile concedere l'arresto domiciliare al tossicodipendente che indica la struttura che è disponibile ad accoglierlo in base ad un programma di recupero.

3. L'applicazione delle misure cautelari personali.

a. *Il procedimento.* L'applicazione delle misure cautelari personali avviene in due fasi. Nella prima vi è una decisione del giudice fondata su di una richiesta che viene presentata dal pubblico ministero senza che sia sentita la difesa, poiché la misura deve essere eseguita "a sorpresa" per essere efficace. Nella seconda fase vi è una qualche

---

([37]) Quando l'imputato è in condizioni di salute compatibili con lo stato di detenzione, la cura deve essere prestata in carcere o, se necessario, presso le strutture sanitarie penitenziarie.

Viceversa, il codice prevede situazioni di salute incompatibili con lo stato di detenzione. Si tratta dei casi in cui la custodia presso idonee strutture sanitarie penitenziarie non è possibile senza pregiudizio per la salute dell'imputato o degli altri detenuti (art. 275, comma 4-*ter*). Ciò avviene quando l'imputato è affetto da AIDS conclamata o da grave deficienza immunitaria (accertate in base alle modalità previste dal ministero della sanità) o da altra malattia particolarmente grave. Nei confronti di dette persone si presentano tre possibilità.

1) Se non esistono esigenze cautelari di eccezionale rilevanza, deve essere disposta una misura cautelare alternativa (di regola si tratterà dell'arresto domiciliare).

2) In presenza di esigenze cautelari di eccezionale rilevanza, è disposto l'arresto domiciliare « presso un luogo di cura o di assistenza o di accoglienza »; ma, se l'imputato è affetto da AIDS o da grave deficienza immunitaria, l'arresto può essere effettuato presso le unità operative regionali o una residenza collettiva o casa alloggio (di cui all'art. 1, comma 2, legge n. 135 del 1990).

3) La custodia in carcere può essere disposta se l'interessato è imputato di gravi reati avvenuti dopo l'applicazione della misura cautelare alternativa nei casi precedenti (art. 275, comma 4-*quater*) o se il medesimo ha trasgredito le prescrizioni collegate alle misure alternative concesse come sopra (art. 276, comma 1-*bis*). Nelle predette ipotesi l'istituto carcerario deve essere comunque dotato di un reparto attrezzato per la cura e l'assistenza necessarie.

forma di contraddittorio perché il giudice per le indagini preliminari deve interrogare l'indagato (sottoposto a custodia o ad altra misura cautelare) ed il difensore ha il diritto di esaminare i verbali degli atti che sono stati valutati dal giudice (v. tav. 2.6.3).

Le due fasi del procedimento applicativo hanno una caratteristica comune. Il potere di controllo, che può essere esercitato dal giudice, è limitato; inoltre, all'indagato non è riconosciuto il diritto alla prova, e cioè la possibilità di far assumere prove a difesa. Infine, il giudice decide soltanto su atti e documenti scritti, senza poter sentire a viva voce alcun testimone.

Le leggi n. 332 del 1995 e n. 47 del 2015, pur non avendo modificato la struttura del procedimento applicativo, hanno tuttavia introdotto alcuni correttivi che, come abbiamo anticipato, hanno reso più incisivo il contraddittorio in favore dell'indagato. Sotto tale profilo, le leggi menzionate hanno operato una "inversione di tendenza" rispetto alle scelte effettuate nel 1988.

Le misure cautelari coercitive sono richieste e decise (e poi impugnate) nel corso di un *procedimento incidentale*; questo costituisce una *diramazione collaterale* del procedimento principale, che continua a svolgersi autonomamente (es., nel frattempo il pubblico ministero svolge le sue indagini)([38]).

b. *La richiesta del pubblico ministero e la decisione del giudice.* La prima fase del procedimento applicativo ha inizio quando il pubblico ministero chiede per scritto al giudice per le indagini preliminari l'adozione di una misura cautelare personale; termina quando il giudice prende, sempre per scritto, una decisione sulla richiesta. La procedura è segreta, e cioè deve svolgersi all'insaputa dell'indagato e del suo difensore. La struttura del procedimento applicativo rispetta il principio della separazione delle funzioni, secondo cui il pubblico ministero, nella sua qualità di parte, non ha il potere di limitare la libertà personale dell'indagato. Il pubblico ministero ha soltanto il potere di rivolgere una richiesta al giudice per le indagini preliminari, presentandogli gli « elementi su cui la richiesta si fonda » (art. 291, comma 1), e cioè i verbali degli atti delle indagini preliminari, dai quali si ricavano i gravi indizi e le esigenze cautelari ([39]).

In tal modo la pubblica accusa gode di un vero e proprio potere di selezionare gli atti raccolti durante le indagini preliminari; di conseguenza il giudice, non conoscendo l'intero fascicolo delle indagini, ha una cognizione limitata nel momento in cui accerta se vi sono i presupposti per applicare una determinata misura cautelare. Il giudice decide sulla base di atti di indagine che valgono come prove, perché sono posti a fondamento di una decisione sulla libertà personale.

([38]) Il procedimento *incidentale* ha una *autonomia formale e funzionale* rispetto al procedimento principale. *Autonomia formale*, perché è retto da *regole* diverse da quello principale ed ha uno *scopo* differente dal medesimo. Il procedimento principale accerta la commissione di un fatto penalmente illecito e la sua attribuibilità ad una persona *al fine di irrogare la pena*; il procedimento incidentale, nel caso in esame, accerta l'esistenza di gravi indizi di colpevolezza e delle esigenze cautelari *al fine di applicare una misura cautelare* volta a *prevenire determinati pericoli* per il processo penale. Il procedimento *incidentale* ha una *autonomia funzionale*, perché le vicende del procedimento incidentale di regola non influiscono sul procedimento principale, salvo che la legge non lo preveda espressamente.

([39]) Ai sensi dell'art. 3, comma 2 d.lgs. n. 106 del 2006 è necessario l'assenso scritto del procuratore della repubblica per la richiesta di misure cautelari personali presentata dal sostituto, eccetto per quelle formulate in occasione della convalida dell'arresto in flagranza o del fermo.

L'obbligo di presentare al giudice tutti gli elementi a favore dell'imputato. La legge n. 332 del 1995 ha inserito un *primo* correttivo, e cioè ha posto al pubblico ministero l'obbligo di presentare al giudice « *tutti* gli elementi a favore dell'imputato e le eventuali deduzioni e memorie difensive già depositate » (art. 291, comma 1).

L'effetto dovrebbe essere quello di ampliare le conoscenze del giudice quando questi deve valutare l'esistenza delle condizioni e dei presupposti della misura richiesta. Ovviamente tutto dipende dall'ampiezza e dalla correttezza della selezione che è stata operata dal pubblico ministero. Questi dovrebbe essere in grado di valutare se da un atto di indagine può ricavarsi un elemento di prova "a favore", tale da dimostrare anche soltanto l'attenuazione di una esigenza cautelare. La valutazione può essere compiuta con molta difficoltà dal pubblico ministero prima di aver conosciuto la tesi difensiva; e ancora più difficilmente può essere effettuata con animo sereno poiché egli ha l'onere di dimostrare la fondatezza di un addebito nel momento in cui chiede un provvedimento al giudice.

Nel decidere sulla richiesta di misura cautelare, il giudice ha il limite che deriva dal principio generale della domanda cautelare: non può applicare una misura *più grave* di quella richiesta. Viceversa, il giudice può applicare sia la misura richiesta, sia una o più misure *meno gravi*; ma può anche non applicare alcuna misura, se ritiene che non sussistano le esigenze cautelari o le condizioni di applicabilità.

Aggiornamento per i procedimenti che sono iscritti dopo il 31 agosto 2020. Tra gli « elementi » su cui la pubblica accusa fonda la richiesta di misura cautelare sono ricompresi i dati probatori che si ricavano dai verbali sommari delle intercettazioni. Il comma 1-*ter* dell'art. 291, introdotto dal d.l. n. 161 del 2019, conv. in legge n. 7 del 2020, ha imposto al pubblico ministero di riprodurre nella richiesta, quando è necessario, « soltanto i brani essenziali delle comunicazioni e conversazioni intercettate ». Vi è una particolarità: la pubblica accusa, nel "presentare" al giudice quei verbali delle conversazioni intercettate che ha ritenuto rilevanti, deve "comunque conferirli" nell'archivio digitale (comma 1 dell'art. 291, mod. dalla legge n. 7 del 2020). Di questi atti vi sarà dunque un deposito nell'archivio digitale, con la conseguenza che il giudice avrà la facoltà di consultare tali atti e ascoltare le registrazioni, ma all'interno dell'archivio.

Il modello legale di motivazione dei provvedimenti cautelari. La legge n. 332 del 1995, meglio precisata dalla legge n. 47 del 2015, ha introdotto un *secondo* correttivo che investe il potere decisionale del giudice. La motivazione, in base alla normativa precedente, poteva essere sommaria; adesso deve essere *esaustiva* e deve rispettare una struttura prefissata, che veniamo ad illustrare (art. 292, comma 2, lett. *c* e *c-bis*).

Il giudice deve esporre le « specifiche esigenze cautelari » e gli specifici « indizi che giustificano in concreto la misura disposta, con l'indicazione degli elementi di fatto da cui sono desunti e dei motivi per i quali essi assumono rilevanza », tenuto conto anche del tempo trascorso dalla commissione del reato ([40]). Tutto ciò deve essere frutto di « autonoma valutazione » del giudice, nel senso che non sono accettabili formule di stile,

([40]) Con tale puntualizzazione il legislatore ha inteso evidenziare come il passare del tempo possa comportare una diminuzione delle esigenze cautelari.

né sono valide motivazioni *per relationem* appiattite sulla richiesta del pubblico ministero e prive di rielaborazione logica da parte del giudice (41).

Se applica la custodia in carcere, il giudice deve spiegare, sempre con « autonoma valutazione », perché tale misura non può essere sostituita con altre meno gravi (lett. *c-bis*).

Inoltre, il giudice deve esporre i motivi per i quali ritiene "rilevanti" gli elementi a carico, e cioè deve dimostrare la loro idoneità a sostenere l'ipotesi di accusa: da ciò deriva che non sono più ammesse ipotesi a tavolino o teoremi accusatori senza prove. Infine, il giudice deve esporre i motivi per i quali ritiene "non rilevanti" gli elementi a difesa raccolti sia dal pubblico ministero, sia dal difensore (42).

In conclusione, il giudice deve motivare l'applicazione della misura cautelare secondo cadenze simili a quelle della sentenza dibattimentale (art. 546, comma 1, lett. *e*). Occorre dunque notare che gli indizi, oltre ad essere "gravi", devono anche avere un minimo di precisione e concordanza, quantomeno in relazione agli elementi a favore della difesa. Questa è una interpretazione dell'articolo 273, comma 1, che si può ricavare dall'obbligo di motivazione ampia. L'unico requisito che non è richiesto agli indizi è la completezza, a causa del fatto che siamo pur sempre nella fase delle indagini.

Aggiornamento per i procedimenti che sono iscritti dopo il 31 agosto 2020. La motivazione sui risultati delle intercettazioni. In base all'art. 292, comma 2-*quater*, introdotto dal d.l. n. 161 del 2019, conv. in legge n. 7 del 2020, quando la motivazione dell'ordinanza necessita che siano esposti gli indizi e questi si ricavano dalle intercettazioni, allora il giudice deve riprodurre soltanto « i brani essenziali » delle comunicazioni e conversazioni rilevanti per le indagini. La disposizione si propone di tutelare i dati privati che non sono rilevanti a fini probatori. È opportuno che il giudice eserciti il dovere di motivazione con molta attenzione poiché l'ordinanza cautelare può essere pubblicata nel suo testo integrale sui mezzi di informazione (art. 114, comma 2).

Inoltre, sempre il d.l. n. 161 del 2019, in vigore per i procedimenti iscritti dopo il 31 agosto 2020, ha attribuito al giudice il potere di valutare la rilevanza delle intercettazioni presentate dalla pubblica accusa a fondamento della richiesta di misura cautelare. In base al nuovo comma 1-*bis* dell'art. 92 disp. att. il giudice, dopo aver emanato l'ordinanza cautelare, deve restituire al pubblico ministero « gli atti contenenti le comunicazioni e conversazioni intercettate ritenute (...) non rilevanti o inutilizzabili »; queste sono destinate ad essere conservate nell'archivio digitale (si veda parte II, cap. 5, § 5, lett. *d*. 5).

---

(41) Cass., Sez. un., 21 giugno 2000, Primavera, in *Cass. pen.*, 2001, 69, nell'ammettere la motivazione *per relationem*, ha affermato che è sufficiente che dalla lettura del provvedimento si possa dedurre l'*iter* cognitivo e valutativo seguito dal giudice e se ne possano conoscere i risultati, che devono essere conformi alle prescrizioni di legge. L'atto di riferimento, quando non venga allegato o trascritto nel provvedimento da motivare, deve inoltre essere conosciuto dall'indagato o almeno reso ostensibile.

(42) Ai sensi dell'art. 292, comma 2-*ter*, l'ordinanza è nulla se non contiene la valutazione degli elementi a carico ed a favore dell'imputato, tratti sia dalle indagini del pubblico ministero (art. 358), sia dalle investigazioni difensive (art. 327-*bis*). E ancora, se la misura è basata sull'esigenza cautelare di impedire l'inquinamento della prova (art. 274, lett. *a*), deve essere fissata la « data di scadenza della misura, in relazione alle indagini da compiere ».

Dette intercettazioni continuano ad essere coperte dal segreto esterno e, in base al comma 2-*bis* dell'art. 114, di esse non potrà essere pubblicata neanche la notizia generica. Ciò potrà avvenire se e in quanto le intercettazioni siano state acquisite dal giudice ai sensi degli artt. 268 e 415-*bis*.

L'esecuzione del provvedimento cautelare. L'ordinanza che dispone la custodia cautelare è eseguita, su incarico del pubblico ministero, dalla polizia giudiziaria che consegna all'imputato copia del provvedimento ([43]).

Se è disposta *la carcerazione cautelare o l'arresto domiciliare*, la polizia consegna all'indagato, unitamente al provvedimento, una comunicazione scritta in cui lo informa in una lingua a lui comprensibile (art. 293, comma 1, mod. dal d.lgs. n. 101 del 2014):

a) della facoltà di nominare un difensore e di essere ammesso al patrocinio a spese dello Stato nei casi previsti;

b) del diritto di ottenere informazioni in merito all'accusa;

c) del diritto all'interprete e alla traduzione di atti fondamentali;

d) del diritto di avvalersi della facoltà di non rispondere;

e) del diritto di accedere agli atti sui quali si fonda il provvedimento;

f) del diritto di informare le autorità consolari e di dare avviso ai familiari;

g) del diritto di accedere all'assistenza medica di urgenza;

h) del diritto di essere condotto davanti all'autorità giudiziaria non oltre cinque giorni dall'inizio dell'esecuzione, se la misura applicata è quella della custodia cautelare in carcere ovvero non oltre dieci giorni se la persona è sottoposta ad altra misura cautelare;

i) del diritto di comparire dinanzi al giudice per rendere l'interrogatorio, di impugnare l'ordinanza che dispone la misura cautelare e di richiederne la sostituzione o la revoca.

La polizia giudiziaria informa immediatamente il difensore di fiducia eventualmente nominato (o quello di ufficio designato a norma dell'art. 97) e redige verbale di tutte le operazioni compiute (art. 293, comma 1). Il verbale è immediatamente trasmesso al giudice che ha emesso l'ordinanza e al pubblico ministero.

Il verbale di "vane ricerche". Il latitante. Quando non è possibile eseguire l'ordinanza che dispone una misura cautelare perché il destinatario non è stato rintracciato, l'ufficiale o l'agente di polizia giudiziaria redige un verbale "di vane ricerche" indicando le indagini svolte (art. 295). Il verbale deve essere trasmesso al giudice che ha emanato il provvedimento. Questi, se ritiene le ricerche esaurienti, dichiara lo stato di *latitanza* di colui che volontariamente si sottrae « alla custodia cautelare, agli arresti domiciliari, al divieto di espatrio, all'obbligo di dimora o a un ordine con cui si dispone la carcerazione » (art. 296) ([44]).

I colloqui del difensore con l'imputato in custodia cautelare. Il codice vuole assicurare all'indagato la possibilità di entrare immediatamente in contatto con

---

([43]) L'ordinanza che dispone una misura non custodiale è notificata all'imputato (art. 293, comma 2).

([44]) Con il provvedimento che dichiara la latitanza, il giudice designa un difensore di ufficio al latitante che ne sia privo e ordina che sia depositata in cancelleria copia dell'ordinanza con la quale è stata disposta la misura rimasta ineseguita. Avviso del deposito è notificato al difensore. Il latitante per ogni effetto è equiparato all'evaso.

l'avvocato al fine di concordare le strategie difensive (45). La possibilità di conferire con il difensore viene garantita anche in favore dell'indagato che sia sottoposto all'arresto, al fermo o alla custodia cautelare e deve potersi esercitare fin dall'inizio dell'esecuzione della misura (art. 104, commi 1 e 2) (46). A tal fine il difensore di fiducia e quello d'ufficio devono essere immediatamente informati dell'avvenuta esecuzione della misura (artt. 293, comma 1; 386, commi 1 e 2) (47).

Riforma Cartabia. Estensione dell'obbligo di comunicare al difensore nominato determinate richieste dell'imputato arrestato. L'art. 2, comma 14, della legge n. 134 del 2021 ha preso in considerazione la facoltà, spettante all'imputato detenuto o in stato di arresto o di detenzione domiciliare o custodito in un luogo di cura, di presentare impugnazioni, dichiarazioni e richieste, che devono essere immediatamente comunicate all'autorità competente. Attraverso l'inserimento del nuovo comma 2-*bis* nell'art. 123 c.p.p. si è esteso l'obbligo di contestuale comunicazione delle suddette dichiarazioni e richieste anche al difensore nominato.

c. *L'interrogatorio di garanzia.* La seconda fase del procedimento applicativo ha inizio nel momento in cui la misura cautelare personale è eseguita; si conclude con l'interrogatorio davanti al giudice che ha deciso l'applicazione della misura stessa. Questo interrogatorio nella prassi è denominato "di garanzia" perché assume una funzione prevalentemente difensiva. Infatti, al termine di tale atto, il giudice deve valutare « se permangono » le condizioni di applicabilità e le esigenze cautelari originarie, realizzando così un controllo giurisdizionale sulla legittimità e fondatezza della misura disposta. Quando ne ricorrono le condizioni, e cioè se gli indizi o le esigenze sono venute meno o si sono attenuate in seguito alle risposte date dall'indagato, il giudice, deve provvedere alla revoca della misura disposta o alla sua sostituzione con una meno grave (art. 294, comma 3).

L'avviso di deposito. L'art. 293 comma 3 impone al giudice per le indagini preliminari di depositare immediatamente in cancelleria, insieme all'ordinanza applicativa della misura che è stata eseguita, anche la richiesta del pubblico ministero e gli « atti presentati con la stessa ». Un avviso di deposito deve essere notificato al difensore dell'indagato, che ha diritto di esaminare gli atti nella cancelleria e di estrarne copia.

---

(45) Il difensore ha diritto ad accedere al luogo di custodia senza alcuna autorizzazione (art. 36 disp. att.) e ciò al fine di conferire con l'indagato arrestato. Sul difensore incombe l'onere di dimostrare la sua qualità, se la stessa non risulta da altra fonte, nei modi indicati nell'art. 27 disp. att. (es. copia dell'avviso o certificazione della nomina).

(46) L'imputato in stato di custodia cautelare, l'arrestato e il fermato, che non conoscono la lingua italiana, hanno diritto all'assistenza gratuita di un interprete per conferire con il difensore (art. 104, comma 4-*bis*).

(47) Nel corso delle indagini preliminari, limitatamente ai delitti di mafia e terrorismo ed assimilati (art. 51, commi 3-*bis* e 3-*quater*; art. 104, comma 3 mod. dalla legge n. 103 del 2017; *c.d. riforma Orlando*), il diritto a conferire con il difensore può essere dilazionato, per un tempo non superiore a cinque giorni, con un decreto motivato emanato dal giudice su richiesta del pubblico ministero. Il giudice deve accertare che esistano « specifiche ed eccezionali ragioni di cautela »: le esigenze cautelari sono quelle previste dall'art. 274, ma devono essere fuori del comune (eccezionali) e specifiche, e cioè individuabili in base a dati storici. In definitiva, vi deve essere il pericolo che le indagini siano pregiudicate dal colloquio tra l'arrestato ed il difensore in caso di gravi fatti addebitati a più indagati. In caso di arresto o fermo, analogo provvedimento può essere disposto dal pubblico ministero fino al momento in cui l'arrestato è posto a disposizione del giudice, e cioè fino a quarantotto ore dall'esecuzione della misura (art. 104, comma 4).

Il deposito delle intercettazioni sulle quali sono basate le misure cautelari personali. Merita segnalare che la C. cost. (sentenza n. 336 del 2008) ha dichiarato l'illegittimità dell'art. 268 ricavandone la seguente interpretazione: dopo la notificazione o l'esecuzione dell'ordinanza che dispone una misura cautelare personale, il difensore dell'indagato ha il diritto di ottenere la trasposizione su nastro magnetico delle registrazioni di quelle conversazioni o comunicazioni intercettate, che sono state utilizzate ai fini dell'adozione del provvedimento cautelare, *anche se non sono state depositate*. Successivamente la Cassazione ha affermato che, qualora il difensore ne faccia richiesta, il pubblico ministero ha l'obbligo di rilasciare copia dei supporti magnetici delle intercettazioni poste a base della misura cautelare emessa ([48]).

Le sentenze menzionate fanno comprendere che, in base ad un principio affermato da tempo nella giurisprudenza costituzionale, quando vi sono intercettazioni tra gli elementi posti a fondamento della misura cautelare, le relative registrazioni devono essere fornite in copia ai difensori dell'indagato.

Aggiornamento per i procedimenti che sono iscritti dopo il 31 agosto 2020. In base al nuovo testo dell'art. 293, comma 1, il difensore ha diritto di esaminare e di estrarre copia dei verbali delle comunicazioni e conversazioni intercettate. Anche se la norma appena menzionata richiama tutte le intercettazioni valutate come rilevanti dal pubblico ministero e da questi trasmesse al giudice con la richiesta cautelare (art. 291, comma 1), deve ritenersi che il diritto di copia riguardi esclusivamente le intercettazioni che il giudice ha considerato rilevanti e, dunque, poste a base della misura. Per contro, la difesa non potrà ottenere copia delle intercettazioni che il giudice ha "stralciato" e restituito al pubblico ministero ai sensi dell'art. 92, comma 1-*bis* disp. att.

Inoltre, il difensore ha diritto alla trasposizione delle relative registrazioni « su supporto idoneo alla riproduzione dei dati ». Precisiamo che il difensore non ha accesso indiscriminato a tutte le altre intercettazioni svolte nel corso delle indagini, ma solo a quelle poste a base della misura. Per un verso, il pubblico ministero per altre intercettazioni potrebbe aver richiesto il deposito ritardato. Per un altro verso, una parte delle intercettazioni trasmesse dal pubblico ministero a sostegno della richiesta cautelare potrebbe essere stata considerata non rilevante dal giudice. Tutte le intercettazioni diverse da quelle poste a base della misura resteranno segrete fino a che non si instauri il meccanismo del deposito e dell'acquisizione attraverso l'udienza di stralcio o al momento dell'avviso di conclusione delle indagini o della richiesta di giudizio immediato.

Il divieto posto al pubblico ministero di sentire l'indagato in custodia cautelare prima che il giudice provveda all'interrogatorio di garanzia. Differente dall'interrogatorio di garanzia è quello cd. investigativo, che è svolto dal pubblico ministero nel corso delle indagini (artt. 64 e 65).

La legge n. 332 del 1995 ha vietato che l'interrogatorio investigativo *della persona in stato di custodia cautelare* sia svolto da parte del pubblico ministero prima dell'interrogatorio di garanzia compiuto dal giudice (art. 294, comma 6). Si tratta di

---

([48]) Cass., Sez. un., 22 aprile - 27 maggio 2010, n. 20300, Lasala, in *Guida al diritto*, 2010, 28, 61.

una regola finalizzata ad evitare che il pubblico ministero possa strumentalizzare la situazione della persona sottoposta a custodia al fine di operare indebite pressioni allo scopo di ottenere confessioni o chiamate di còrreo.

Pertanto, è il giudice che per primo deve interrogare l'indagato che si trovi in carcere o in arresto domiciliare; soltanto dopo, nel corso delle indagini, il pubblico ministero potrà procedere all'interrogatorio investigativo di cui all'art. 64 ([49]).

Quando si svolge l'interrogatorio di garanzia. L'interrogatorio di garanzia è un adempimento che deve essere compiuto dal giudice che ha deciso in ordine all'applicazione della misura coercitiva o interdittiva quando questa è disposta durante le indagini preliminari, o durante l'udienza preliminare, o fino alla dichiarazione di apertura del dibattimento.

All'interrogatorio di garanzia deve provvedere « il giudice che ha deciso in ordine all'applicazione della misura cautelare » (art. 294, comma 1); quando la misura cautelare è disposta dalla corte d'assise o dal tribunale, all'interrogatorio procede « il presidente del collegio o uno dei componenti da lui delegato » (comma 4-*bis*).

L'interrogatorio di garanzia deve svolgersi entro un termine breve, e cioè entro cinque giorni dall'inizio dell'esecuzione della custodia in carcere (art. 294, commi 1 e 1-*bis*) ([50]). Per le altre misure cautelari coercitive e interdittive, l'interrogatorio deve avvenire non oltre dieci giorni dalla esecuzione del provvedimento o dalla sua notificazione ([51]).

Lo svolgimento dell'interrogatorio. La cancelleria del giudice deve dare « tempestivo preavviso » del compimento dell'interrogatorio al pubblico ministero e al difensore. Soltanto il difensore ha l'obbligo di intervenire all'atto; viceversa, il pubblico ministero può anche non essere presente. Il compito di porre le domande all'indagato spetta al giudice (art. 294, comma 4).

L'interrogatorio di garanzia si svolge sulla base delle disposizioni generali sull'interrogatorio dell'indagato (artt. 64 e 65): dati gli avvisi, deve essere contestato all'indagato l'addebito e devono essergli resi noti gli elementi di prova. Se l'indagato è detenuto, deve essere disposta la registrazione fonografica o audiovisiva dell'interrogatorio ai sensi dell'art. 141-*bis* a pena di inutilizzabilità.

La caducazione della misura per omesso interrogatorio di garanzia. L'interrogatorio non è una formalità inutile; esso può diventare l'occasione per instaurare, con la presenza del difensore, il primo contraddittorio sulla misura cautelare. Soltanto dopo aver sentito le parti contrapposte, infatti, il giudice è in grado di pronunciare

---

([49]) Occorre segnalare che una disciplina peculiare esiste in materia di arresto in flagranza e di fermo. Una volta disposte tali misure precautelari, il pubblico ministero può procedere all'interrogatorio investigativo prima che si tenga l'udienza di convalida (art. 388, comma 1); di conseguenza, in tal caso la pubblica accusa può prendere contatto con l'arrestato in un momento anteriore rispetto al giudice. Ai sensi dell'art. 294, comma 1, se il giudice ha provveduto all'interrogatorio dell'indagato in sede di convalida dell'arresto o del fermo, non è necessario un successivo interrogatorio di garanzia.

([50]) Il pubblico ministero, in caso di urgenza, può chiedere che l'interrogatorio di garanzia avvenga entro il termine di quarantotto ore dall'esecuzione della misura coercitiva; ma ciò deve essere fatto presente al giudice « nella richiesta di custodia cautelare » (comma 1-*ter*).

([51]) Se l'indagato è assolutamente impedito, il giudice ne dà atto con decreto motivato e il termine per l'interrogatorio decorre nuovamente dalla data in cui il giudice riceve comunicazione della cessazione dell'impedimento o comunque accerta la cessazione dello stesso (art. 294 comma 2).

una vera decisione. In particolare, l'art. 294 comma 3 impone al giudice di verificare se permangono le condizioni di applicabilità e le esigenze cautelari al fine di valutare se la misura deve essere revocata o sostituita.

Ad ulteriore conferma della importanza di questo istituto, le misure cautelari coercitive e interdittive perdono immediatamente efficacia se il giudice non procede all'interrogatorio entro i termini fissati dal codice (art. 302). Ricordiamo che in caso di custodia in carcere disposta prima dell'apertura del dibattimento, il termine è di cinque giorni dall'esecuzione della misura (art. 294, comma 1); per le altre misure coercitive e interdittive il termine è di dieci giorni (art. 294, comma 1-*bis*) (52).

4. Le vicende successive.

a. La revoca e la sostituzione delle misure cautelari personali. Il codice prevede tre ipotesi nelle quali può essere modificata la misura cautelare applicata: 1) la revoca; 2) la sostituzione *in melius*; 3) la sostituzione *in peius* (v. tav. 2.6.4). Di queste ipotesi esamineremo separatamente i presupposti e gli aspetti procedimentali.

1) *La revoca* deve essere immediatamente disposta: *a*) quando si accerti che le condizioni generali di applicabilità « risultano mancanti, anche per fatti sopravvenuti » (art. 299, comma 1; ad esempio, gli indizi non risultano essere *gravi* in seguito alle indagini successivamente svolte dall'accusa o dalla difesa); *b*) quando si accerti che siano venute meno completamente le esigenze cautelari (pericolo di inquinamento delle prove, pericolo di fuga o pericolo del compimento di gravi delitti).

2) *La sostituzione* in melius della misura (o la sua applicazione con modalità meno gravose) deve essere disposta quando le esigenze cautelari, pur non essendo venute meno, risultano "attenuate"; o quando la misura non appare più proporzionata all'entità del fatto o alla sanzione che si ritiene possa essere inflitta (art. 299, comma 2). La legge n. 47 del 2015 si è dimenticata di prevedere che la sostituzione *in melius* possa consistere anche nell'applicazione cumulativa di più misure meno gravi; tuttavia, tale interpretazione è ricavabile dal sistema.

Resta comunque un ostacolo al potere discrezionale di valutazione del giudice quando permangono i gravi indizi di commissione di uno dei delitti previsti dall'art. 275, comma 3. Come abbiamo esaminato nel § 2, lett. *d*, n. 3, per determinati delitti gravi sono poste sia la presunzione di esistenza di almeno una esigenza cautelare, sia la presunzione di adeguatezza della custodia in carcere. Quando le presunzioni sono *relative*, il giudice può valutare se le prove fornite fanno ritenere idonea una misura più lieve; per contro, quando la presunzione di adeguatezza della carcerazione

---

(52) Dopo la liberazione a causa dell'omissione dell'interrogatorio nei termini, la misura può essere nuovamente disposta dal giudice, su richiesta del pubblico ministero, previo un nuovo interrogatorio allorché, valutati i risultati di questo, sussistono le condizioni di applicabilità e le esigenze cautelari (artt. 273, 274 e 275). Nello stesso modo si procede nel caso in cui la persona, senza giustificato motivo, non si presenta a rendere interrogatorio (art. 302).

cautelare è assoluta, il giudice non ha tale possibilità. Soltanto il venir meno di *tutte* le esigenze cautelari permette di revocare la misura menzionata (53).

***Gli avvisi alla persona offesa in caso di revoca della misura cautelare o di sostituzione* in melius.** In base all'art. 299, commi 3 e 4-*bis*, per i delitti commessi con violenza alla persona la parte che, in una sede diversa dall'interrogatorio di garanzia, richiede la revoca o la sostituzione *in melius* di determinate misure cautelari (54) deve contestualmente notificare la richiesta a pena di inammissibilità presso il difensore della persona offesa o, in mancanza, alla persona offesa, a condizione, in quest'ultimo caso, che essa abbia dichiarato o eletto domicilio (55). La persona offesa e il suo difensore possono, nei due giorni successivi alla notifica, presentare memorie ai sensi dell'art. 121; decorso il predetto termine il giudice deve decidere.

Negli stessi casi il provvedimento del giudice, contenente la revoca o la sostituzione della misura cautelare, deve essere immediatamente comunicato, a cura della polizia giudiziaria, al difensore della persona offesa o, in mancanza di questo, alla persona offesa stessa, oltre che ai servizi sociali (art. 299, comma 2-*bis*, mod. dalla legge c.d. codice rosso).

Ulteriori avvisi all'offeso in caso di scarcerazione, evasione o situazioni analoghe. Sempre nei procedimenti per delitti commessi con violenza alla persona sono immediatamente comunicati all'offeso, ma soltanto se questi ne ha fatto richiesta, *ulteriori avvisi* che non sostituiscono, bensì si aggiungono a quelli che abbiamo menzionato in precedenza e che sono contenuti nell'art. 299. In tal senso dispone l'art. 90-*ter*, comma 1. Gli ulteriori avvisi, che veniamo ad esporre, sono comunicati con l'ausilio della polizia giudiziaria « sempre » alla persona offesa dei reati che sono previsti dal comma 1-*bis* dell'art. 90 (inserito dalla legge n. 69 del 2019, c.d. codice rosso) e che coincidono solo parzialmente con i delitti di violenza alla persona. Oggetto di questi *ulteriori avvisi* sono i provvedimenti o i fatti che elenchiamo: *a*) i provvedimenti di scarcerazione e di cessazione della misura di sicurezza detentiva; *b*) l'evasione dell'imputato in stato di cu-

---

(53) Per quanto riguarda gli aspetti procedimentali, occorre sottolineare che, di regola, sia la revoca, sia la sostituzione in meglio possono essere disposte dal giudice a richiesta dell'imputato o del pubblico ministero (art. 299, comma 3); *eccezionalmente* possono essere concesse anche d'ufficio nel corso dell'interrogatorio di garanzia, oppure in udienza (ad esempio, nell'udienza preliminare) o in situazioni ad essa equiparate (ad esempio, in sede di incidente probatorio o di proroga dei termini per le indagini). L'iniziativa d'ufficio del giudice è giustificata dal fatto che la libertà personale è un diritto non disponibile ai sensi dell'art. 13 comma 1 Cost.

Prima di emanare il provvedimento, il giudice deve sentire il pubblico ministero (art. 299, comma 3-*bis*), audizione che è dovuta ad un principio generale del nostro sistema processuale. Se non è presente in udienza, il pubblico ministero deve essere avvisato ed ha due giorni per far eventualmente conoscere al giudice il suo parere, che non è vincolante (v. tav. 2.6.5.).

Sempre sotto un profilo procedimentale, il giudice è in grado di avere un contatto diretto con l'indagato: infatti, può disporre l'interrogatorio prima di decidere in ordine alla revoca o alla sostituzione della misura cautelare. L'interrogatorio diventa obbligatorio quando lo abbia chiesto l'indagato e la sua istanza di revoca o di sostituzione sia basata su « elementi nuovi o diversi rispetto a quelli già valutati » (art. 299, comma 3-*ter*).

(54) Si tratta delle misure previste dagli articoli 282-*bis* (allontanamento dalla casa), 282-*ter* (divieto di avvicinamento), 283 (obblighi di dimora), 284 (arresto domiciliare), 285 e 286 (custodia in carcere o in luogo di cura).

(55) Cass., Sez. un., 3 maggio 2022, n. 17156, in *Quotidiano giur.*, 9 maggio 2022, che ha aggiunto la seguente precisazione: la notifica « in caso di decesso della persona offesa in conseguenza del reato, deve essere effettuata, con le stesse modalità previste per la vittima, ai prossimi congiunti o alla persona a quella legata da relazione affettiva e stabilmente convivente ».

stodia cautelare o del condannato; *c*) la volontaria sottrazione dell'internato all'esecuzione della misura di sicurezza detentiva ([56]).

La riforma Cartabia. Estensione delle comunicazioni alle vittime di delitti di violenza domestica e di genere commessi in forma tentata e alle vittime di tentato omicidio. L'art. 2, comma 11, lett. *a*, della legge n. 134 del 2021 ha esteso l'obbligo di avviso dei predetti provvedimenti in relazione alle vittime di delitti di violenza domestica e di genere commessi *anche in forma tentata* e alle vittime di *tentato omicidio* (art. 90-*ter*, comma 1-*bis*).

3) ***La sostituzione* in peius *della misura cautelare*** può essere disposta dal giudice soltanto su richiesta del pubblico ministero; ciò avviene sia quando le esigenze cautelari risultano essersi aggravate (art. 299, comma 4), sia quando l'imputato ha trasgredito alle prescrizioni che concernono la misura (art. 276) ([57]). In detti casi, il giudice su richiesta del pubblico ministero sostituisce la misura applicata con un'altra più grave, o ne dispone l'applicazione con modalità più gravose, *o applica congiuntamente altra misura coercitiva o interdittiva* (*così ha stabilito la legge n. 47 del 2015*) ([58]).

b. ***Le cause di estinzione delle misure cautelari personali.*** Le misure cautelari personali si estinguono in due modi differenti:

1) in seguito a un ***provvedimento del giudice*** che accerta il modificarsi dei presupposti applicativi (*ope iudicis*): tale evenienza si verifica nelle ipotesi di sostituzione e di revoca appena esaminate nel precedente paragrafo;

2) ***di diritto***, per perdita di efficacia dovuta al verificarsi di determinati eventi previsti dalla legge (*ope legis*).

L'estinzione ***di diritto*** si verifica in vari casi, dei quali ricordiamo i principali (v. tav. 2.6.14):

a) quando per il medesimo fatto e nei confronti della medesima persona, alla quale è stata applicata la misura, intervenga un provvedimento anche non definitivo che esclude l'addebito, sia esso un decreto o un'ordinanza di archiviazione, una sentenza di non luogo a procedere o una sentenza di proscioglimento (art. 300 comma 1);

b) quando sia decorso il termine massimo di durata della singola misura cautelare prima della definizione del procedimento con sentenza di condanna irrevocabile (artt. 303-308);

c) quando a seguito di condanna (anche se sottoposta a impugnazione) la pena irrogata è stata dichiarata estinta o è stata condizionalmente sospesa (art. 300 comma 3);

d) quando a seguito di condanna (anche se sottoposta a impugnazione) la pena irrogata è inferiore o eguale alla custodia cautelare già subìta (art. 300 comma 4).

([56]) Con una clausola di riserva, l'art. 90-*ter* impone che l'avviso non sia dato quando risulta « il pericolo concreto di un danno per l'autore del reato », e cioè quando vi sono elementi di fatto « da cui desumere la possibilità di azioni ritorsive contro l'imputato, il condannato o l'internato in stato di libertà » (*Relazione del Massimario* al d.lgs. n. 212 del 2015, p. 11).

([57]) In caso di trasgressione alle prescrizioni degli arresti domiciliari concernenti il divieto di non allontanarsi dalla propria abitazione o da altro luogo di privata dimora, il giudice deve disporre la revoca della misura e la sua sostituzione con la custodia cautelare in carcere, *salvo che il fatto sia di lieve entità* (comma 1-*ter*).

([58]) Il procedimento applicativo segue cadenze diverse dal precedente. Si tratta di un procedimento segreto, perché la nuova misura può essere disposta "a sorpresa", come è previsto per la prima applicazione della misura cautelare.

Procedimento. Quando accerta la caducazione automatica della misura cautelare per uno dei motivi appena elencati (art. 306), il giudice adotta i provvedimenti necessari per la immediata cessazione della misura stessa e, se si tratta di custodia cautelare, dispone l'immediata liberazione della persona interessata, se non detenuta per altra causa.

c. I termini di durata massima delle misure cautelari personali. Una delle cause di estinzione delle misure cautelari coercitive è la decorrenza del termine di durata massima. Ove esso venga superato, il giudice deve disporre la cessazione degli effetti (se si tratta di misura obbligatoria o interdittiva) o la liberazione (se si tratta di misura custodiale e salvo che l'indagato non sia detenuto per altra causa).

Il termine massimo è stato posto allo scopo di attuare due garanzie costituzionali. In primo luogo, quella prevista dall'art. 13, comma 5 Cost., secondo cui la legge deve stabilire « i limiti massimi della carcerazione preventiva ». In secondo luogo, la garanzia prevista dall'art. 27, comma 2 Cost. che vieta di anticipare la sanzione penale prima della condanna definitiva. La misura cautelare coercitiva rischierebbe di diventare, di fatto, una "anticipazione" della sanzione, ove non fosse previsto un termine massimo per la sua applicazione. L'istituto della decorrenza del termine serve, pertanto, ad evitare che nell'applicazione pratica venga stravolta la funzione "cautelare" delle misure coercitive.

Il codice prevede un sistema molto articolato, basato su vari tipi di termini, con cause di sospensione degli stessi e con varie proroghe; per unanime rilievo della dottrina, si tratta di una materia contorta e farraginosa. Ci limitiamo ad esporla per princìpi in relazione alle misure coercitive custodiali (v. tav. 2.6.9).

Ancora una premessa è necessaria. I termini massimi di custodia cautelare coprono il periodo di tempo che va dalla esecuzione della misura coercitiva o dal fermo o dall'arresto (art. 297), fino a quando la sentenza di condanna è diventata irrevocabile (art. 648). Soltanto da quel momento inizia l'esecuzione della sanzione.

Termini intermedi. I termini *intermedi* indicano la durata della misura per ciascuna fase (o grado) del procedimento; hanno la caratteristica di essere autonomi tra loro, e cioè operano soltanto in quella determinata fase (o grado) del procedimento. Una volta conclusa la fase (o grado) anteriore, inizia a decorrere il successivo termine intermedio, anche se il periodo di tempo precedente non è stato utilizzato per intero ([59]).

([59]) ***Il primo termine intermedio*** copre il periodo di tempo che va, da quando è stata *eseguita la misura* già nel corso delle indagini, fino al provvedimento che *dispone il giudizio* o fino all'ordinanza che *dispone il giudizio abbreviato* o fino alla *sentenza di patteggiamento* (art. 303, comma 1, lettera *a*). In relazione ai più gravi delitti, entro un anno deve intervenire il provvedimento sopra menzionato; il termine può essere prorogato fino a sei mesi, se sono necessari accertamenti particolarmente complessi e sussistono gravi esigenze cautelari (art. 305, comma 2).

Il secondo termine intermedio copre il periodo di tempo che va dal rinvio a giudizio (o dalla sopravvenuta esecuzione della misura) fino alla sentenza di condanna di primo grado (art. 303, comma 1, lettera *b*). In relazione ai più gravi delitti, la condanna deve intervenire entro un anno e sei mesi. In caso di giudizio abbreviato la condanna deve essere pronunciata entro nove mesi.

Il terzo termine intermedio copre il periodo di tempo che va dalla pronuncia della condanna di primo grado (o dalla sopravvenuta esecuzione della misura) fino alla condanna in grado di appello; in relazione ai più gravi delitti, questa deve intervenire entro un anno e sei mesi.

Termini complessivi. I termini complessivi indicano il limite totale di durata di una misura cautelare, che prescinde dalla durata dei singoli termini intermedi (art. 303, comma 4); entro tale termine deve infatti intervenire la sentenza irrevocabile di condanna, pena il venire meno della misura disposta. Per i delitti più gravi il termine è di ***sei anni*** e comprende le eventuali *proroghe* concesse ai sensi dell'art. 305.

Termini finali di fase (c.d. massimo dei massimi). Sono così definiti i termini della durata della misura quando intervenga una causa di *sospensione* dei termini intermedi (come il legittimo impedimento dell'imputato o del suo difensore); la sospensione, infatti, non può protrarsi a tempo indeterminato. Per questo motivo, l'art. 304, comma 6 prevede che la durata della custodia non possa superare *il doppio dei termini intermedi o il termine complessivo aumentato della metà* (che, per i reati più gravi, è di ***nove anni***).

Termine sussidiario. Vi è un ultimo termine, che opera soltanto se più favorevole rispetto ai termini finali, ed è pari a ***due terzi del massimo della pena temporanea*** prevista per il reato contestato o ritenuto in sentenza; a tal fine, la pena dell'ergastolo è equiparata alla pena massima temporanea, e cioè trent'anni (art. 304, comma 6).

Estinzione della custodia. Ove la custodia cautelare superi i termini massimi previsti dal codice, la stessa si estingue di diritto e l'imputato deve essere liberato immediatamente (art. 306). Il giudice dispone una fra le altre misure delle quali ricorrono i presupposti, soltanto se sussistono le ragioni che avevano determinato la custodia cautelare (art. 307, comma 1) ([60]). I La custodia cautelare è ripristinata:

a) se l'imputato ha trasgredito le prescrizioni della nuova misura cautelare (art. 307, comma 2, lett. *a*);

b) se è stata emessa sentenza di condanna in primo o secondo grado e vi è pericolo di fuga (art. 307, comma 2, lett. *b*).

Termini di durata massima delle misure diverse dalla custodia cautelare. Per completare il quadro, si possono ricordare i diversi termini che valgono per le misure coercitive obbligatorie e per le misure interdittive.

Le misure *obbligatorie* (divieto di espatrio, obbligo di presentarsi alla polizia o obbligo di dimora) sono vincolate a termini intermedi e complessivi pari al doppio di quanto è previsto per la custodia cautelare (art. 308, comma 1).

Il quarto termine intermedio copre il periodo di tempo che va dalla pronuncia della condanna di secondo grado (o dalla sopravvenuta esecuzione della misura) fino alla sentenza irrevocabile, che deve intervenire entro un anno e sei mesi (art. 303, comma 1, lettera *d*). Il termine predetto non opera quando vi è stata condanna sia in primo grado sia in appello (cosiddetto criterio della "doppia conforme") o quando l'impugnazione sia stata proposta soltanto dal pubblico ministero. In tal caso, si applica il termine complessivo.

([60]) Merita fare un cenno al fenomeno delle "contestazioni a catena". Con tale espressione si allude a quelle ipotesi patologiche, nelle quali in tempi successivi il pubblico ministero chieda ed ottenga l'emissione di più ordinanze applicative della custodia cautelare nei confronti del medesimo imputato in relazione al medesimo fatto o a fatti connessi che comunque siano stati già conosciuti *ab initio* dall'autorità giudiziaria. Il comportamento persegue lo scopo di spostare in avanti l'inizio della decorrenza dei termini di custodia cautelare, così da prolungare la durata della misura ed aggirare i limiti stabiliti dalla legge. L'art. 297, comma 3 prevede una apposita disciplina in relazione a tale prassi illegittima. Infatti stabilisce, in sintesi, che nei casi predetti i termini decorrono dal giorno in cui è stata eseguita o notificata la prima ordinanza; inoltre, i termini devono essere commisurati alla imputazione più grave (retrodatazione automatica).

Le misure *interdittive* (artt. 288-290) di regola non possono avere durata superiore a dodici mesi e perdono efficacia quando è decorso il termine fissato dal giudice nell'ordinanza (art. 308, comma 2, mod. dalla legge n. 47 del 2015). In ogni caso, qualora siano state disposte per esigenze probatorie, il giudice può ordinarne la rinnovazione con il limite massimo di dodici mesi.

La sospensione del decorso dei termini. Il decorso dei termini di custodia cautelare può essere sospeso soltanto in ipotesi tassativamente indicate e per una durata che non può comunque eccedere un ammontare prefissato. La sospensione può essere definita come una *stasi* nella decorrenza di un termine, imposta da peculiari esigenze sostanziali, che inducono a non tenere conto di tale periodo nel computo della durata del termine stesso. Il codice ha predisposto tale istituto per evitare una eccessiva rigidità dei termini di custodia cautelare e per assicurare un adeguato bilanciamento tra esigenze di garanzia ed istanze di difesa sociale.

Sono previste tre cause sospensive generali, che si riferiscono a tutti i reati (art. 304 comma 1) ed una causa sospensiva speciale (art. 304 comma 2) applicabile soltanto nei procedimenti relativi ad alcuni delitti particolarmente gravi. Rinviamo alla lettura del codice (v. tav. 2.6.11).

5. Le impugnazioni contro le misure cautelari personali.

a. Considerazioni preliminari. I provvedimenti che applicano, modificano o revocano le misure cautelari sono impugnabili nei casi previsti dalla legge (per i principi generali, rinviamo alla parte V. cap. 1). Il codice prevede tre mezzi di impugnazione: il riesame, l'appello ed il ricorso per cassazione. Il procedimento relativo al singolo mezzo di impugnazione si svolge in modo autonomo rispetto al procedimento penale, che segue il suo corso; ciò significa che l'impugnazione contro una misura cautelare costituisce un *procedimento incidentale*, che si sviluppa parallelamente allo svolgersi del procedimento principale (v. tav. 2.6.6).

Il *riesame* è ammesso di regola soltanto contro le ordinanze che applicano per la prima volta (*ab initio*) una misura coercitiva; la richiesta può essere proposta esclusivamente dall'imputato o dal suo difensore, non dal pubblico ministero.

L'*appello* è ammesso nei confronti di *tutti gli altri provvedimenti* in tema di misure cautelari personali. Esso può essere proposto dall'imputato, dal suo difensore e dal pubblico ministero.

Competente a decidere sia sul riesame, sia sull'appello è il tribunale (in composizione collegiale) del capoluogo del distretto di corte d'appello nel quale ha sede il giudice che ha disposto la misura (art. 309, comma 7); nella prassi, tale organo è denominato "tribunale della libertà".

La caratteristica comune ai mezzi di impugnazione delle misure cautelari sta nel fatto che essi non hanno efficacia sospensiva sul provvedimento che limita la libertà personale (art. 588, comma 2). Ciò vuol dire che la misura cautelare continua ad avere effetto, nonostante che sia stata presentata impugnazione.

Il procedimento relativo ai tre mezzi di impugnazione delle misure cautelari è stato oggetto di profonda revisione ad opera della legge n. 47 del 2015, che sarà esposta nei punti interessati.

b. *Il riesame.* Il riesame è una impugnazione *completamente devolutiva*, che permette all'imputato di ottenere il controllo giurisdizionale sulla legittimità e sul merito del provvedimento che applica una misura coercitiva *ab initio* (si vedano, sul punto, i *princìpi generali delle impugnazioni*, parte VI). Il riesame si distingue *nettamente* dall'appello, che è un'impugnazione ad effetto limitatamente devolutivo e che permette di controllare tutti i rimanenti provvedimenti presi dal giudice in tema di misure cautelari personali (ad esempio, il diniego della revoca richiesta dall'imputato o il rigetto della richiesta del pubblico ministero tendente ad ottenere una misura cautelare personale) (v. tav. 2.6.7).

Da quanto abbiamo anticipato, si ricavano le fondamentali caratteristiche del *riesame*. Poiché si tratta di un'impugnazione completamente devolutiva, il tribunale ha il potere di valutare la legittimità ed il merito della misura coercitiva (dalla custodia in carcere al divieto di espatrio) *senza essere vincolato né dagli eventuali motivi del ricorso dell'imputato, né dalla motivazione del provvedimento che ha applicato la misura* (art. 309, comma 9).

Il riesame dà luogo ad un veloce procedimento, in quanto il tribunale della libertà deve decidere sulla richiesta dell'imputato (o del suo difensore) entro termini brevi e perentori a pena della perdita di efficacia della misura coercitiva (art. 309, comma 10) ([61]).

Oggetto del riesame. Occorre sottolineare che il riesame consiste nella impugnazione di un provvedimento che applica per la prima volta una misura coercitiva. Infatti, su di una eventuale richiesta dell'indagato tendente ad ottenere la revoca o la sostituzione della misura coercitiva non è competente il tribunale della libertà, bensì il giudice che procede (durante le indagini, il giudice per le indagini preliminari *ex* art. 279) ([62]).

Procedimento. La richiesta di riesame deve essere presentata (al tribunale del capoluogo del distretto di corte d'appello) dall'imputato o dal suo difensore entro il termine di dieci giorni a pena di inammissibilità. Quest'ultimo per l'imputato decorre dall'esecuzione o dalla notificazione del provvedimento; per il difensore decorre dalla notifica dell'avviso di deposito dell'ordinanza che dispone la misura.

La richiesta di riesame può contenere i motivi per i quali l'imputato chiede che il provvedimento sia annullato o modificato; ma può anche essere non motivata (art. 309, comma 6). L'imputato può chiedere di comparire personalmente all'udienza, ma deve farlo nella richiesta di riesame.

La richiesta di riesame è presentata nella cancelleria del tribunale della libertà; il presidente fa dare immediato avviso all'autorità procedente (che durante le indagini preliminari è il pubblico ministero). Questi deve trasmettere al tribunale, entro cinque giorni dal giorno in cui la richiesta di riesame è pervenuta al tribunale medesimo, sia gli atti presentati quando aveva chiesto a suo tempo la misura coercitiva, sia « tutti gli elementi sopravvenuti a favore della persona sottoposta alle

---

([61]) È necessario poi precisare che il tribunale della libertà ha una competenza generale ed esclusiva in tema di ordinanze impositive di misure coercitive; quindi sussiste nei confronti di provvedimenti emessi in qualsiasi fase e anche adottati nel corso del giudizio; così Cass., sez. un., 23 novembre 1990, Santucci, in *Cass. pen.*, 1991, II, 142.

([62]) Pertanto, contro il provvedimento che sostituisce, rinnova, modifica o ripristina una misura coercitiva inizialmente applicata non è ammesso il riesame, bensì l'appello.

indagini » (art. 309, comma 5). Se la trasmissione degli atti non avviene nel termine di cinque giorni sopra menzionato, l'ordinanza perde efficacia e il giudice lo deve dichiarare anche d'ufficio; salve eccezionali esigenze cautelari specificamente motivate, la misura cautelare non può essere rinnovata (art. 309, comma 10, mod. dalla legge n. 47 del 2015).

L'avviso della data fissata per l'udienza è comunicato, almeno tre giorni prima, al pubblico ministero presso il tribunale della libertà; l'avviso è notificato, sempre almeno tre giorni prima, all'imputato ed al suo difensore. Fino al giorno dell'udienza gli atti restano depositati in cancelleria, con facoltà per il difensore di esaminarli e di estrarne copia (art. 309, comma 8).

Il differimento della data dell'udienza. L'imputato, entro due giorni dalla notificazione dell'avviso di udienza, può chiedere *personalmente* per giustificati motivi al tribunale di differire la data dell'udienza da un minimo di cinque ad un massimo di dieci giorni. Il tribunale deve accogliere la richiesta e differire la data se i giustificati motivi sussistono. In tal caso, il termine per la decisione (dieci giorni) e quello per il deposito dell'ordinanza (di regola, trenta giorni) sono prorogati nella stessa misura (comma 9-*bis*, introdotto dalla legge n. 47 del 2015).

L'udienza si svolge in camera di consiglio (art. 127), e cioè con un contraddittorio facoltativo. L'imputato, che ne abbia fatto richiesta con l'atto introduttivo del riesame, ha diritto di comparire personalmente. Il pubblico ministero ([63]) ed il difensore dell'imputato devono essere preavvisati almeno tre giorni prima e possono (non debbono) partecipare all'udienza. Se presenti, essi hanno il diritto di esporre oralmente le proprie conclusioni.

In seguito all'udienza in camera di consiglio, il tribunale deve decidere con ordinanza entro il termine di dieci giorni dalla ricezione degli atti.

Il deposito della decisione. Una significativa novità introdotta dalla riforma del 2015 concerne il deposito della decisione motivata del tribunale della libertà. Ai sensi del comma 10 mod., « l'ordinanza del tribunale deve essere depositata in cancelleria entro trenta giorni dalla decisione salvi i casi in cui la stesura della motivazione sia particolarmente complessa per il numero degli arrestati o la gravità delle imputazioni. In tali casi, il giudice può disporre per il deposito un termine più lungo, comunque non eccedente il quarantacinquesimo giorno da quello della decisione ».

Tutti i termini menzionati sono perentori: se la decisione sulla richiesta di riesame o il deposito dell'ordinanza del tribunale in cancelleria non intervengono nei termini prescritti, il provvedimento impugnato perde efficacia e, salve eccezionali esigenze cautelari specificamente motivate, non può essere rinnovato (art. 309, comma 10, mod. dalla legge n. 47 del 2015).

([63]) A seguito della riforma operata con la legge n. 652 del 1996, il p.m. destinatario dell'avviso (e quindi legittimato a partecipare in udienza) è il procuratore della repubblica presso il tribunale distrettuale; ma se colui che ha richiesto la misura è un differente organo, anche quest'ultimo deve essere avvisato ed ha diritto di partecipare in udienza in luogo di quello presso il tribunale distrettuale. Ciò per garantire una continuità nell'attività di indagine e permettere a colui, che ha svolto le indagini e che conosce bene le carte processuali, di partecipare in udienza e di sostenere efficacemente le ragioni dell'accusa.

Poteri del tribunale del riesame. Il tribunale ha un potere cognitivo limitato; non può decidere sulla base di tutti gli atti di indagine raccolti fino a quel momento, ma solo sulla base di quelli effettivamente presentati dal pubblico ministero e dal difensore (artt. 309, comma 5 e 391-*octies*). Inoltre, non può disporre l'audizione di persone, né l'assunzione di prove non rinviabili.

La singolarità dell'istituto sta nel fatto che il riesame è una impugnazione *totalmente devolutiva*; ciò comporta, come afferma l'art. 309, comma 9, che il tribunale può riformare il provvedimento anche « per motivi diversi da quelli enunciati » nell'impugnazione; inoltre, può confermare il provvedimento « per ragioni diverse da quelle indicate nella motivazione del provvedimento stesso ». Merita esaminare, a questo punto, come è cambiata la tipologia dei provvedimenti decisori in base alle modifiche del comma 9 dell'art. 309 apportate dalla legge n. 47 del 2015.

Le decisioni del tribunale. Il tribunale della libertà può pronunciare quattro tipi di decisione.

1) Può dichiarare l'*inammissibilità* della richiesta di riesame perché, ad esempio, è stata presentata oltre i termini o da soggetti non legittimati (64).

2) Può *riformare* (e cioè modificare) il provvedimento impugnato, ma in senso favorevole all'imputato « anche per motivi diversi da quelli enunciati » dal ricorrente.

3) Può *confermare* il provvedimento impugnato « per ragioni diverse da quelle indicate nella motivazione del provvedimento stesso ».

4) Infine, può *annullare* il provvedimento impugnato sia per i motivi tradizionali, sia per quelli nuovi introdotti dalla legge n. 47 del 2015. Si avrà annullamento di tipo *tradizionale* quando l'ordinanza è carente di uno degli elementi essenziali indicati a pena di nullità dall'art. 292 (esposizione delle specifiche esigenze cautelari, dei motivi di rilevanza degli elementi di fatto e delle ragioni per le quali le esigenze cautelari non possono essere soddisfatte con altre misure). Si avrà un *nuovo tipo* di annullamento quando « la motivazione manca » non soltanto come segno grafico, ma anche quando l'argomentazione logica è apparente e non effettiva. Inoltre, l'annullamento dovrà essere pronunciato quando la motivazione « non contiene l'autonoma valutazione, a norma dell'articolo 292, delle *esigenze cautelari*, degli *indizi* e degli *elementi forniti* dalla difesa ».

La disposizione introdotta vuole evidentemente evitare il fenomeno della mera trasposizione, nel testo del provvedimento, degli argomenti formulati dal pubblico ministero senza una rielaborazione logica da parte del giudice. Inoltre, la riforma tende ad impedire che il tribunale integri motivazioni solo apparenti.

c. *L'appello.* Abbiamo già anticipato che l'appello è una impugnazione limitatamente devolutiva che, in sintesi, permette di controllare *tutti quei provvedimenti* presi dal giudice in tema di misure cautelari personali, *che non sono sottoponibili a riesame* (v. art. 310, comma 1: « fuori dei casi previsti dall'art. 309, comma 1 »). Pertanto, l'appello è un mezzo di impugnazione *residuale* rispetto al riesame e riguarda tutte

(64) Anche in materia *de libertate* vale il principio di conversione (art. 568, comma 5 c.p.p.) in base al quale spetta al giudice attribuire l'esatta qualificazione giuridica dell'atto d'impugnazione come desunta dal contenuto.

quelle ordinanze che *non* applicano per la prima volta (*ab initio*) una misura coercitiva.

Da tale definizione si ricava l'ambito applicativo dell'impugnazione in oggetto. Anzitutto, possono essere sottoposti ad appello (non a riesame) i provvedimenti che applicano per la prima volta una *misura interdittiva*.

Inoltre, il *pubblico ministero* (che non dispone dello strumento del riesame) può presentare appello contro l'ordinanza del giudice che ha applicato una misura coercitiva meno grave di quella da lui richiesta; o ancora, contro l'ordinanza che ha concesso la revoca o la sostituzione della misura su richiesta dell'imputato.

Infine, *l'imputato ed il suo difensore* possono presentare appello contro i provvedimenti differenti da quelli che applicano per la prima volta una misura coercitiva. Ad esempio, possono appellare il provvedimento del giudice che ha respinto la richiesta di revocare (o modificare in meglio) una misura cautelare.

Competente a decidere sull'appello è il tribunale (in composizione collegiale) del capoluogo del distretto di corte d'appello nel quale ha sede il giudice che ha disposto la misura (art. 309, comma 7). L'appello deve essere proposto, a pena di inammissibilità, entro dieci giorni dall'esecuzione o notificazione del provvedimento (art. 310, comma 2).

Procedimento. Il tribunale della libertà decide sull'appello entro termini diversi da quelli previsti dal procedimento di riesame (venti giorni anziché dieci « dalla ricezione degli atti »). Inoltre i termini sono "ordinatori" e non "perentori"; il loro eventuale superamento non comporta l'inefficacia della misura cautelare impugnata.

Le modalità di svolgimento del procedimento di appello sono in buona parte simili a quelle previste per il riesame (art. 310). La più importante differenza consiste nelle formalità che regolano la dichiarazione con cui le parti redigono l'appello; essa deve precisare (a pena di inammissibilità) i *motivi* per i quali il soggetto interessato ritiene che il provvedimento debba essere annullato o modificato. L'appello è un'impugnazione ad effetto "parzialmente devolutivo" proprio perché il controllo esercitabile dal tribunale è limitato a quei punti del provvedimento che sono oggetto dei *motivi* di doglianza esposti nella dichiarazione di impugnazione dall'imputato o dal pubblico ministero.

Il deposito della decisione di appello. In base al nuovo testo del comma 2 dell'art. 310 (legge n. 47 del 2015) l'ordinanza del tribunale deve essere depositata in cancelleria entro trenta giorni dalla decisione, salvi i casi in cui la stesura della motivazione sia particolarmente complessa per il numero degli arrestati o la gravità delle imputazioni. In tali casi, il giudice può indicare nel dispositivo un termine più lungo, non eccedente comunque il quarantacinquesimo giorno da quello della decisione. Peraltro, si tratta di un termine ordinatorio il cui mancato rispetto è privo di conseguenze sul fronte processuale ([65]).

d. Il ricorso per cassazione. Il ricorso per cassazione costituisce una impugnazione esperibile contro le decisioni che il tribunale della libertà ha pronunciato

([65]) L'esecuzione della decisione con la quale il tribunale, accogliendo l'appello del pubblico ministero, dispone una misura cautelare, è sospesa fino a che la decisione non sia divenuta definitiva (comma 3).

sulla richiesta di riesame o sull'appello (art. 311, comma 1). Il ricorso per cassazione deve essere proposto entro dieci giorni dalla comunicazione o dalla notificazione dell'avviso di deposito del provvedimento che viene impugnato.

In base alla lettera dell'art. 311, legittimati a proporre ricorso sono l'imputato, il suo difensore, il pubblico ministero che ha richiesto l'applicazione della misura e il pubblico ministero presso il tribunale della libertà. Con le modifiche che la legge n. 103 del 2017 (c.d. *riforma Orlando*) ha apportato al testo degli artt. 571, comma 1 e 613, comma 1, è stata sottratta all'imputato la possibilità di sottoscrivere personalmente il ricorso per cassazione; si tratta, secondo la giurisprudenza di legittimità, di una regola generale che è applicabile al ricorso contro le misure cautelari sia personali, sia reali. Pertanto, l'imputato a pena di inammissibilità deve esercitare il suo diritto di ricorrere per cassazione esclusivamente per il tramite di un difensore che sia iscritto nel relativo albo speciale e che sia munito di uno specifico mandato (66).

La cognizione della cassazione. La corte non può valutare la credibilità e l'attendibilità dell'elemento di prova su cui è basata la misura cautelare: si tratta di un compito riservato al giudice di merito (riesame o appello). In sede di legittimità possono essere contestate soltanto la mancanza, contraddittorietà o illogicità della motivazione del provvedimento impugnato e anche il travisamento della prova, e cioè quando un dato probatorio è stato omesso, inventato o male interpretato (si veda parte V, cap. 3, § 2, lett. *e*).

La corte di cassazione decide in camera di consiglio entro trenta giorni dalla ricezione degli atti osservando le forme previste dall'art. 127 (art. 311 comma 5) (67).

Il giudicato cautelare. In materia cautelare non esiste una norma, quale l'art. 649, che sancisca l'effetto preclusivo del giudicato; conseguentemente, ogni provvedimento potrebbe essere rimesso in discussione all'infinito. Per evitare una situazione del genere, che avrebbe intasato l'organo delle impugnazioni, la giurisprudenza ha compiuto un'operazione interpretativa alquanto audace e ha elaborato, sulla scorta del citato art. 649, un'inedita figura di "giudicato cautelare".

L'effetto di tale giudicato consiste nell'impedire al giudice, adito successivamente, di valutare nuovamente le questioni già esaminate in una precedente impugnazione cautelare. Si ritiene che si tratti non di un effetto di giudicato in senso

(66) È possibile anche il ricorso per cassazione *per saltum* contro le sole ordinanze che dispongono una misura coercitiva; ma tale impugnazione è concessa soltanto all'imputato e al suo difensore (art. 311, comma 2). Costoro, invece di presentare la richiesta di riesame al tribunale della libertà, possono direttamente proporre il ricorso per cassazione contro l'ordinanza che applica per la prima volta una misura coercitiva. I motivi possono riguardare soltanto la « violazione di legge »; vi è contrasto in giurisprudenza sull'ampiezza di tale nozione.

(67) Il nuovo comma 5-*bis* dell'art. 311, introdotto dalla legge n. 47 del 2015, ha previsto una disciplina di garanzia in relazione alle ipotesi in cui, su ricorso dell'imputato, la cassazione abbia annullato con rinvio un'ordinanza che ha disposto una misura coercitiva o la ha confermata a seguito di riesame. In tal caso, sono stabiliti termini finalizzati ad evitare che l'assenza di effetto sospensivo delle impugnazioni si tramuti in un prolungamento indefinito della privazione della libertà. Così, il nuovo comma dispone che il giudice del rinvio deve decidere entro dieci giorni dalla ricezione degli atti e l'ordinanza deve essere depositata entro trenta giorni dalla decisione. Si tratta di termini il cui mancato rispetto comporta l'inefficacia della misura cautelare.

È prevista una norma di chiusura: una volta divenuta inefficace per inutile decorso dei termini, la misura non può essere rinnovata, salvo eccezionali esigenze cautelari specificamente motivate.

proprio (che coprirebbe anche il deducibile), bensì di un effetto preclusivo non definitivo, che è superabile in presenza di elementi nuovi rispetto alla situazione di fatto o di diritto su cui si è basata la precedente decisione ([68]).

e. La riparazione per l'ingiusta custodia cautelare. All'imputato è riconosciuto un vero e proprio diritto ad ottenere un'equa riparazione per la custodia cautelare subita ingiustamente (art. 314). Si tratta di una novità introdotta dal codice del 1988 in adempimento di un preciso obbligo posto dalla Convenzione europea dei diritti dell'uomo (art. 5, comma 5). La domanda di riparazione è presentata dall'imputato dopo che la sentenza di proscioglimento o di condanna è divenuta irrevocabile; sulla richiesta decide la corte d'appello con un procedimento in camera di consiglio.

Il presupposto del diritto ad ottenere l'equa riparazione consiste nella *ingiustizia sostanziale o formale* della custodia cautelare subìta (nelle due forme della custodia in carcere o dell'arresto domiciliare) (v. tav. 2.6.13). Se si fosse dovuto accertare che la custodia cautelare sofferta era stata cagionata da un atto *illecito*, ciò avrebbe comportato per il richiedente l'onere di dimostrare l'ingiustizia del danno; e cioè, un onere della prova molto pesante. Il Legislatore ha consentito al richiedente di limitarsi a dimostrare che la sua situazione rientra in una delle due ipotesi di ingiustizia (formale o sostanziale) previste espressamente dall'art. 314. Per tale motivo la somma di denaro, che gli può essere attribuita, è denominata "riparazione" e non "risarcimento".

L'ingiustizia sostanziale. La prima ipotesi di ingiustizia, prevista dall'art. 314, comma 1, è di tipo *sostanziale*. Il diritto all'equa riparazione spetta all'imputato che sia stato assolto per motivi completamente liberatori in punto di responsabilità, e cioè perché era innocente. È richiesta una sentenza irrevocabile di assoluzione con uno dei seguenti dispositivi: perché il fatto non sussiste, l'imputato non lo ha commesso, il fatto non costituisce reato o non è previsto dalla legge come reato. Alla sentenza di assoluzione sono parificati la *sentenza di non luogo a procedere* pronunciata al termine dell'udienza preliminare ed il *provvedimento di archiviazione* emesso all'esito delle indagini preliminari (art. 314, comma 3).

L'ingiustizia formale. La seconda ipotesi di ingiustizia, prevista dall'art. 314, comma 2, è di tipo *formale*. Ciò avviene quando si accerta, con decisione irrevocabile (ad esempio, del tribunale della libertà) che la custodia cautelare è stata applicata illegittimamente, cioè senza che esistessero le condizioni di applicabilità previste dagli articoli 273 e 280 del codice. Ad esempio, quando mancavano i gravi indizi; o quando il delitto era punito con una pena che non consentiva la custodia cautelare; o, infine, quando la custodia subìta sia stata superiore alla pena irrogata con la sentenza di

([68]) La giurisprudenza ha precisato che qualsiasi preclusione in materia cautelare opera esclusivamente "allo stato degli atti" e che tale effetto consegue soltanto alle pronunce emesse, all'esito del giudizio incidentale di impugnazione, dalla cassazione o dal tribunale della libertà. Viceversa, nessuna preclusione consegue alla mancata instaurazione di siffatto procedimento. Ancora, la giurisprudenza ha sottolineato che la preclusione è limitata alle questioni dedotte espressamente o implicitamente nei giudizi di impugnazione e non investe quelle deducibili, ma non dedotte in tali sedi.

condanna. Quando ricorre una di queste ipotesi il diritto all'equa riparazione spetta sia all'imputato prosciolto per qualsiasi causa, sia all'imputato condannato ([69]). È sufficiente che la custodia sia stata illegittima "formalmente"; non rileva che essa fosse giustificata dal punto di vista sostanziale.

Limiti alla riparazione. Occorre segnalare che il codice pone al diritto alla riparazione alcuni ostacoli, che di fatto tengono conto di esigenze di giustizia.

Il primo ostacolo è previsto dall'art. 314, comma 4. Il diritto alla riparazione è escluso per quella parte di custodia cautelare che è stata comunque computata ai fini della determinazione della quantità di pena detentiva che avrebbe dovuto essere scontata dall'imputato, che è stato condannato (art. 657).

Il secondo ostacolo è posto dall'art. 314, comma 1. L'imputato non ha diritto alla riparazione se ha « dato causa » o ha « concorso a dare causa » all'ingiusta custodia cautelare per dolo o colpa grave.

Si tratta di un punto molto delicato, che dà luogo a un contemperamento tra due diritti spettanti all'imputato, quello di difendersi e quello di ottenere la riparazione dell'ingiusta custodia cautelare. La possibilità di rimanere silenzioso costituisce un vero e proprio diritto per l'imputato (art. 64 c.p.p.); la decisione sul *se e quando esercitarlo* attiene a scelte difensive non sindacabili.

Diverso è il caso di dichiarazioni false; infatti, tale condotta, pur non essendo punibile ai sensi dell'art. 384 c.p., costituisce un comportamento che integra gli estremi civilistici degli artifizi che inducono in errore.

L'eliminazione delle conseguenze negative derivanti dall'esercizio del diritto al silenzio. Nella logica della Direttiva europea 2016/343/UE del 9 marzo 2016, adottata dal Parlamento europeo e dal Consiglio, la presunzione di innocenza ha un riflesso immediato nella tutela del diritto al silenzio dell'indagato e del diritto a non autoincriminarsi; infatti, tali diritti sono espressi dall'art. 7 §§ 1 e 2 della Direttiva ([70]). Ai fini della corretta attuazione delle indicazioni europee, le Commissioni giustizia della Camera e del Senato avevano condizionato il parere positivo sullo schema di decreto legislativo proprio all'eliminazione delle conseguenze negative derivanti dall'esercizio del diritto al silenzio e avevano chiesto che la condotta silenziosa, tenuta dall'imputato o dall'indagato, non costituisse un ostacolo al riconoscimento della riparazione per ingiusta detenzione.

In effetti, esisteva un consolidato orientamento giurisprudenziale secondo il quale « in tema di equa riparazione per l'ingiusta detenzione, la condotta dell'indagato che, in sede di interrogatorio, si avvalga della facoltà di non rispondere, pur costituendo esercizio del diritto di difesa, può assumere rilievo ai fini dell'accertamento della sussistenza della condizione ostativa del dolo o della colpa grave poiché

([69]) Con sentenza 20 giugno 2008, n. 219, la Corte costituzionale ha dichiarato illegittimo l'art. 314 con riferimento alla particolare ipotesi in cui la custodia cautelare subita risulti superiore alla misura della pena inflitta. Ad avviso della Corte, il diritto all'equa riparazione non è riconosciuto soltanto in caso di proscioglimento nel merito, ma anche in ipotesi di proscioglimento in rito o di condanna. L'esito processuale più o meno liberatorio rileverà esclusivamente ai fini della concreta quantificazione dell'indennizzo da riconoscere.

([70]) Il Parlamento con la legge n. 53 del 2021 ha delegato il Governo a recepire la Direttiva in questione, cosa che è avvenuta con il d.lgs. n. 188 del 2021. Per le notizie di dettaglio si veda parte I, cap. 2, § 8.

è onere dell'interessato apportare immediati contributi o riferire circostanze che avrebbero indotto l'autorità giudiziaria ad attribuire un diverso significato agli elementi posti a fondamento del provvedimento cautelare » (71).

Il Governo ha recepito la condizione posta dalle Commissioni e, con il d.lgs. n. 188 del 2021, ha inserito nell'art. 314 del codice una disposizione in base alla quale l'esercizio del diritto al silenzio non incide sul diritto alla riparazione per ingiusta detenzione (72).

Procedimento. La domanda di riparazione deve essere proposta alla corte d'appello entro due anni dal giorno in cui la sentenza è diventata irrevocabile (o è stato notificato il provvedimento di archiviazione). Ai sensi dell'art. 315, comma 2, « l'entità della riparazione non può comunque eccedere lire un miliardo » (pari a euro 516.456). La corte d'appello decide in via equitativa in considerazione del fatto che si tratta di una somma indennitaria e non risarcitoria.

6. Le misure cautelari reali.

Le misure cautelari reali comportano un vincolo di indisponibilità su cose mobili o immobili. Le misure in oggetto possono essere disposte, di regola, soltanto dal giudice. Il codice prevede due tipi di misure reali: il *sequestro preventivo* ed il *sequestro conservativo*. Occorre sottolineare che i due tipi di sequestro sono applicabili nei procedimenti per qualsiasi genere di reato; quindi, anche per le contravvenzioni.

In particolare, il *sequestro preventivo* è giustificato dall'esigenza di impedire che una cosa pertinente ad un reato possa essere utilizzata per aggravare o protrarre le conseguenze dello stesso. Il *sequestro conservativo* tende ad evitare che diminuiscano o si disperdano le garanzie patrimoniali (beni mobili o immobili di proprietà dell'imputato o del responsabile civile), che potranno permettere successivamente al condannato di pagare le somme dovute per il risarcimento del danno o per le spese di Giustizia.

La differenza con il sequestro probatorio. Un altro provvedimento che comporta un vincolo di indisponibilità sulle cose è il *sequestro probatorio*, che costituisce un mezzo di ricerca della prova e si differenzia dal sequestro conservativo e da quello preventivo per la diversa finalità perseguita (v. *supra*, Parte II, cap. 5, § 4). Il *sequestro probatorio* è diretto all'acquisizione di un elemento di prova (artt. 253 s.): la cosa mobile o immobile è sottratta a chi la detiene per essere acquisita al materiale probatorio in base al quale il giudice dovrà pronunciare la decisione. La finalità è direttamente collegata alla cosa in sé, senza considerazione alcuna della persona che la possiede; infatti il sequestro probatorio può avere ad oggetto un bene dell'imputato, o della persona offesa, o di qualsiasi altro soggetto possessore.

a) Il sequestro conservativo. Il sequestro conservativo pone su di una cosa mobile o immobile un vincolo di indisponibilità che ha lo scopo di garantire

(71) Si veda per tutte Cass., sez. IV, 27 aprile - 30 maggio 2018, n. 24439, Stamatopoulou, in CED n. 273744 - 01.

(72) All'art. 314, comma 1, è stato aggiunto, in fine, il seguente periodo: « l'esercizio da parte dell'imputato della facoltà di cui all'articolo 64, comma 3, lettera *b*, non incide sul diritto alla riparazione di cui al primo periodo ».

l'adempimento delle obbligazioni civili sorte in conseguenza del compimento del reato (art. 316). Esso mira ad evitare che, nell'attesa della condanna definitiva, si disperdano le garanzie patrimoniali.

Il *pubblico ministero* è legittimato a chiedere il sequestro conservativo nei confronti del solo imputato (non del responsabile civile) a garanzia del pagamento della pena pecuniaria e delle spese di Giustizia (art. 316, comma 1). La *parte civile* è legittimata a chiedere la medesima misura nei confronti dell'imputato e del responsabile civile a garanzia del pagamento delle obbligazioni civili nascenti dal reato, e cioè a garanzia delle restituzioni e del risarcimento dei danni (art. 316, comma 2). In ogni caso, il sequestro chiesto dal pubblico ministero giova anche alla parte civile (art. 316, comma 3).

Il sequestro conservativo ha la caratteristica di poter essere richiesto contro l'imputato in ogni stato e grado del « processo »; e cioè, dopo che l'azione penale è già stata esercitata. Pertanto, durante le indagini preliminari il sequestro conservativo non può essere chiesto al giudice penale. Vi è un vuoto di tutela, che non sempre può essere superato con la richiesta di un provvedimento analogo al giudice civile.

Il sequestro conservativo si fonda sui requisiti civilistici del *fumus boni iuris* e del *periculum in mora.*

Il primo requisito, all'interno del processo penale, si traduce nel *fumus commissi delicti*, che nella giurisprudenza più datata si limitava a richiedere la mera pendenza del processo penale; in quella più recente si richiedono elementi ulteriori rispetto alla astratta configurabilità del reato.

Il *periculum in mora* si ritiene consistere nel timore di insufficienza delle risorse patrimoniali sulle quali soddisfare le obbligazioni nascenti dal reato e nella prognosi di una condotta di depauperamento del patrimonio.

Procedimento. Il sequestro conservativo è disposto dal giudice, senza che debba essere sentita la controparte (imputato o responsabile civile). Il giudice valuta se la pretesa del richiedente è fondata e se sussiste l'esigenza cautelare (e cioè se vi è il pericolo che vengano a disperdersi le garanzie patrimoniali). L'ordinanza del giudice dispone il sequestro e ne demanda l'esecuzione all'ufficiale giudiziario. L'imputato o il responsabile civile possono chiedere al giudice che il sequestro sia convertito nella prestazione di una cauzione idonea (art. 319).

Dopo l'esecuzione del provvedimento chiunque vi abbia interesse può proporre richiesta di riesame (art. 318). Sulla richiesta decide (in composizione collegiale) il "tribunale del riesame" del capoluogo della *provincia* nella quale ha sede l'ufficio che ha emesso il provvedimento (art. 324, comma 5). Ricordiamo che, viceversa, per le misure cautelari *personali* (es. arresto domiciliare) è competente il tribunale *distrettuale*, che ha sede nel capoluogo del distretto di corte d'appello nella cui circoscrizione è compreso l'ufficio del giudice che ha emesso l'ordinanza (art. 309, comma 7) ([73]).

Sequestro conservativo in favore degli orfani di crimini domestici. La legge n. 4 del 2018 prevede un procedimento speciale in favore dei figli rimasti orfani di un

(73) Il sequestro conservativo può essere revocato, come avviene per tutte le misure cautelari, se ne vengono meno i presupposti. Esso dura finché la sentenza non diventa irrevocabile (art. 317, comma 4); se questa è di condanna, il sequestro si converte di diritto in pignoramento (art. 320, comma 1). Il sequestro chiesto dal pubblico ministero giova anche alla parte civile (art. 316, comma 3).

genitore a seguito dell'omicidio del medesimo commesso dal *coniuge*, anche legalmente separato o divorziato; o commesso dall'altra *parte dell'unione civile*, anche se l'unione civile è cessata; o, infine, commesso dalla *persona che* è (o è stata) *legata da relazione affettiva e stabile convivenza*. In base al nuovo comma 1-*bis* dell'art. 316 c.p.p. il pubblico ministero deve accertare se le vittime di omicidio hanno lasciato figli minori o figli maggiorenni economicamente non autosufficienti e, in detti casi, deve chiedere al giudice il sequestro conservativo dei beni mobili o immobili dell'imputato a garanzia del risarcimento dei danni civili subiti dai figli stessi (74).

b) Il sequestro preventivo. In base all'art. 321, il sequestro preventivo è disposto dal giudice su richiesta del pubblico ministero in presenza di una delle seguenti esigenze cautelari.

1) La pericolosità della cosa da sottoporre a vincolo di indisponibilità può derivare dal *rapporto che la medesima ha con il fatto di reato*; ed infatti il codice legittima il sequestro allo scopo di evitare che « la libera disponibilità di una cosa pertinente al reato possa aggravare o protrarre le conseguenze di esso » (art. 321, comma 1). Ad esempio, il sequestro preventivo può essere disposto per interrompere la costruzione di un immobile abusivo. In sostanza, la cosa è sequestrabile in base al comma 1 soltanto qualora possa « aggravare o protrarre » le conseguenze del reato.

2) Un'altra esigenza cautelare è la *pericolosità in sé della cosa* (art. 321, comma 2); infatti il sequestro preventivo è ammesso quando della cosa è consentita od imposta la confisca dal codice penale (art. 240). Ad esempio, è sequestrata l'arma usata per commettere un reato. In definitiva, la pericolosità della cosa è stata già valutata dal legislatore che ne ha previsto la confisca obbligatoria o facoltativa; il sequestro preventivo è finalizzato ad assicurarla al processo con un vincolo di indisponibilità (75).

3) Al sequestro preventivo è assegnata l'ulteriore funzione di fronteggiare il pericolo che la cosa possa « agevolare la commissione di *altri* reati » (art. 321, comma 1). L'indicazione è molto generica e può rendere concreto il pericolo che l'autorità giudiziaria ecceda dalle sue funzioni legate ad un fatto di reato già commesso ed eserciti un'attività di mera prevenzione *ante delictum* o, addirittura, di prevenzione di futuri reati non collegati a quello commesso (*praeter delictum*). Queste ultime attività, in un sistema di separazione dei poteri, dovrebbero restare di competenza dell'esecutivo, e cioè degli organi che, sotto il controllo del parlamento, svolgono la funzione di prevenzione dei reati. Una qualche delimitazione dei poteri dovrebbe essere imposta dal fatto che il sequestro preventivo incide su beni di rilevanza costituzionale, quali sono la libera

---

(74) Oltre a questa, vi sono altre singolarità nella procedura. In primo luogo, la richiesta di sequestro conservativo è presentata in ogni stato e grado del procedimento, e ciò in deroga alla regola che prevede tale misura cautelare soltanto dopo l'esercizio dell'azione penale. Evidentemente, la legge n. 4 ha voluto che fossero prese immediate iniziative a tutela dei figli delle vittime fin dalla fase delle indagini, quando la persona offesa non può ancora ottenere il sequestro conservativo. In secondo luogo, non è necessario che il pubblico ministero motivi sul concreto pericolo di dispersione dei beni a garanzia del risarcimento del danno, in deroga a quanto previsto dal comma 2 dell'art. 316.

(75) Occorre ricordare che il nuovo comma 2-*bis*, introdotto nell'art. 321 dalla legge 27 marzo 2001, n. 97, prevede una ipotesi di sequestro preventivo obbligatorio. Infatti, nel corso dei procedimenti penali relativi ai reati dei pubblici ufficiali contro la pubblica amministrazione, il giudice deve sempre disporre il sequestro dei beni dei quali è consentita la confisca.

iniziativa economica ed il diritto al lavoro; questi devono essere necessariamente sottoposti ad un bilanciamento con altri diritti costituzionali tutelati da norme incriminatrici.

La regolamentazione. Il sequestro preventivo può essere chiesto dal pubblico ministero al giudice competente a pronunciarsi nel merito (art. 321, comma 1); durante la fase delle indagini è competente a disporlo il giudice per le indagini preliminari. Il sequestro preventivo ha una finalità prettamente penalistica e impone vere e proprie inibitorie; infatti, esso non si limita a creare un vincolo di indisponibilità su di una cosa, bensì comporta obblighi di "fare" e di "non fare". Si pensi al sequestro di un macchinario sul quale non siano stati installati gli strumenti prescritti dalla normativa contro gli infortuni sul lavoro: il dissequestro è condizionato all'adozione delle cautele imposte dalle disposizioni a tutela della sicurezza dei lavoratori. In questa materia devono valere i limiti che derivano dalla finalità della misura cautelare. E cioè, l'inibitoria deve essere collegata ad una cosa mobile o immobile il cui uso è implicato necessariamente nell'agire vietato dalla legge penale.

Fumus commissi delicti. La giurisprudenza in passato aveva reso evanescenti i requisiti del sequestro preventivo. Il presupposto del sequestro, e cioè l'essere la cosa « pertinente al reato » (art. 321), avrebbe imposto che il fatto illecito fosse provato almeno allo stato degli atti. Ed invece la giurisprudenza si accontentava della mera coincidenza tra fattispecie legale addebitata e fattispecie concreta; e cioè si limitava a richiedere che l'ipotesi di accusa fosse astrattamente sussumibile nella fattispecie incriminatrice. Dal 2006 la giurisprudenza richiede "qualcosa di più", e cioè pretende che vi sia un minimo di prova degli elementi oggettivi del reato.

Inoltre, in passato non veniva compiuta una valutazione di proporzionalità (che sarebbe imposta dalla natura cautelare della misura) tra gravità del fatto contestato e danno economico derivante dal sequestro. Eppure, la misura in esame può raggiungere un elevato livello di afflittività in concreto, finanche superiore a quello di una misura cautelare personale (si pensi al sequestro dell'azienda con perdita del lavoro da parte dei dipendenti). Pertanto, ben potrebbe risultare eccessiva rispetto al reato addebitato. Di recente la giurisprudenza ha accolto il principio di proporzionalità: perché il sequestro preventivo trovi applicazione, il giudice deve motivare adeguatamente sulla impossibilità di conseguire il medesimo risultato della misura cautelare reale con una meno invasiva misura interdittiva.

Il ***periculum in mora*** consiste nell'attitudine della cosa ad essere strumentalmente ed oggettivamente collegata all'aggravarsi o al protrarsi di un illecito già realizzato o alla perpetrazione di altri fatti criminosi.

Procedimento. Il sequestro preventivo è disposto dal giudice su richiesta del pubblico ministero ([76]). Il giudice valuta l'esistenza dei presupposti senza sentire il

---

([76]) Ai sensi dell'art. 3, comma 2 d.lgs. n. 106 del 2006 è necessario l'assenso scritto del procuratore della repubblica per la richiesta di sequestro preventivo presentata dal sostituto. In base al comma 3, il procuratore della repubblica può disporre, con apposita direttiva di carattere generale, che l'assenso scritto non sia necessario per le richieste di sequestro preventivo, avuto riguardo al valore del bene oggetto della richiesta ovvero alla rilevanza del fatto per il quale si procede.

possessore della cosa, che può essere tanto l'imputato, quanto la persona offesa o un altro soggetto (77).

Esecuzione del sequestro preventivo. Le modalità di esecuzione variano in relazione all'oggetto del sequestro. Sui *beni mobili e sui crediti* il sequestro preventivo si esegue secondo le forme prescritte dal codice di procedura civile per il pignoramento presso il debitore o presso terzi, in quanto applicabili; sui *beni immobili o mobili registrati* si esegue con la necessaria trascrizione del provvedimento presso i competenti uffici; sui *beni aziendali* organizzati per l'esercizio di un'impresa, con l'iscrizione del provvedimento nel registro delle imprese; sulle *azioni* e sulle *quote sociali*, con relativa annotazione nei libri sociali ed iscrizione nel registro delle imprese; sugli *strumenti finanziari dematerializzati* (compresi i titoli del debito pubblico), con la registrazione nell'apposito conto tenuto dall'intermediario (art. 104 disp. att., mod. dalla legge 15 luglio 2009, n. 94).

La revoca del sequestro preventivo può essere chiesta al giudice dal pubblico ministero, dall'imputato o da chiunque ne abbia interesse. Il sequestro deve essere revocato quando sono venute meno le esigenze preventive previste dalla legge (art. (art. 321, comma 3). Nel corso delle indagini preliminari provvede il pubblico ministero con decreto motivato, se ritiene che vada disposta la revoca; ma, se intende respingere la richiesta di revoca, il pubblico ministero la trasmette al giudice, cui presenta richieste specifiche nonché gli elementi sui quali fonda le sue valutazioni.

L'articolo 85 disp. att. permette di collegare la cessazione di tali esigenze all'esecuzione di specifiche prescrizioni su consenso dell'interessato. In tal caso l'autorità giudiziaria ordina la restituzione della cosa « impartendo le prescrizioni del caso e imponendo una idonea cauzione a garanzia della esecuzione delle prescrizioni nel termine stabilito » (78).

Impugnazioni. Contro il decreto di sequestro emesso dal giudice possono presentare richiesta di riesame l'imputato, il difensore, la persona alla quale le cose sono state sequestrate e quella che avrebbe diritto alla loro restituzione (artt. 318 e 322). Sulla richiesta decide (in composizione collegiale) il "tribunale del riesame" del capoluogo della provincia nella quale ha sede l'ufficio che ha emesso il provvedimento (art. 324, comma 5) (79).

La ordinanza di diniego del sequestro preventivo e l'ordinanza che respinge

---

(77) Nel corso delle indagini preliminari si può fare eccezione alla regola secondo cui il sequestro preventivo è disposto dal giudice su richiesta del pubblico ministero (art. 321, comma 1). Quando non è possibile attendere il provvedimento del giudice per le indagini preliminari, il sequestro preventivo è disposto con decreto motivato del pubblico ministero. Prima dell'intervento di quest'ultimo, in caso di urgenza procedono al sequestro gli ufficiali di polizia giudiziaria, i quali trasmettono il verbale al pubblico ministero stesso. Questi, se non dispone la restituzione delle cose, chiede al giudice la convalida e l'emissione del decreto di sequestro (art. 321, comma 3-*bis*). Entro dieci giorni il giudice, *inaudita altera parte*, emette ordinanza di convalida ai sensi dell'art. 321 comma 3-*ter* e dispone il decreto di sequestro.

(78) Con la sentenza di proscioglimento o di non luogo a procedere, anche se soggetta a impugnazione, il giudice ordina che le cose sequestrate siano restituite a chi ne abbia diritto (salvo che occorra disporre la confisca a norma dell'art. 240 del c.p.): il provvedimento è immediatamente esecutivo (art. 323, comma 1).

Se è pronunciata sentenza di condanna, gli effetti del sequestro permangono quando è stata disposta la confisca delle cose sequestrate (art. 323, comma 3).

(79) La ordinanza di diniego del sequestro preventivo e l'ordinanza che respinge l'istanza di revoca proposta dall'imputato sono sottoponibili ad appello di fronte al tribunale del capoluogo di provincia (art. 322-*bis*).

l'istanza di revoca proposta dall'imputato sono sottoponibili ad appello di fronte al tribunale del capoluogo di provincia (art. 322-*bis*).

Ricorso per cassazione. Contro le ordinanze emesse dal tribunale del riesame (art. 322-*bis* e 324) il pubblico ministero, l'imputato e il suo difensore, la persona alla quale le cose sono state sequestrate e quella che avrebbe diritto alla loro restituzione possono proporre ricorso per cassazione per violazione di legge (art. 325) ([80]).

7. Le impugnazioni cautelari nel processo telematico.

Il deposito telematico delle impugnazioni cautelari. La legislazione avente ad oggetto l'attività giudiziaria durante l'emergenza sanitaria da Covid-19 ed in vigore attualmente fino al 31 dicembre 2022, ha previsto espressamente la possibilità di procedere al deposito telematico delle impugnazioni anche per quanto riguarda le richieste di riesame e di appello contro le ordinanze in materia di misure cautelari personali e reali (artt. 309, 310 e 324 c.p.p.).

In particolare, l'art. 24, comma 6-*quinquies*, d.l. n. 137 del 2020, conv. in legge n. 176 del 2020 ha sancito che « l'atto di impugnazione, in deroga a quanto disposto dal comma 6-*ter*, è trasmesso all'indirizzo di posta elettronica certificata del tribunale di cui all'articolo 309, comma 7, del codice di procedura penale », ossia al tribunale del luogo nel quale ha sede la corte di appello o la sezione distaccata di corte di appello nella cui circoscrizione è compreso l'ufficio del giudice che ha emesso l'ordinanza impugnata (tribunale distrettuale, c.d. tribunale della libertà) ([81]).

Sulle modalità del deposito e sulle nuove cause di inammissibilità delle impugnazioni si veda *infra*, parte V, cap. 1, § 6.

L'appello cartolare contro i provvedimenti cautelari nell'emergenza sanitaria. Sempre la legislazione dell'emergenza sanitaria ha inciso sulla configurazione dell'appello cautelare ([82]). Sono state estese agli appelli contro i provvedimenti cautelari personali (art. 310 c.p.p.) e contro i provvedimenti cautelari reali (art. 322-*bis*) le nuove norme vigenti per l'appello cartolare contro le sentenze.

La legge n. 47 del 2015 ha esteso all'impugnazione contro il sequestro preventivo quelle norme del procedimento di riesame che riguardano il differimento dei termini disposto su istanza dell'imputato ai sensi dell'art. 309, comma 9-*bis* (art. 324, comma 7). Sono richiamate altresì le disposizioni che ampliano il potere del tribunale di annullare il provvedimento impugnato quando la motivazione manca o non è autonoma (comma 9); inoltre, sono richiamati i termini a pena di inefficacia per la pronuncia della decisione e per il deposito della motivazione della medesima (comma 10).

([80]) In base alla legge n. 103 del 2017 (c.d. *riforma Orlando*) l'art. 325, comma 3, precisa che dell'art. 311 si applicheranno non soltanto le disposizioni dei commi 3 e 4, bensì anche quella del comma 5. In particolare, la corte di cassazione dovrà decidere entro trenta giorni dalla ricezione degli atti e dovrà osservare il procedimento in camera di consiglio (art. 127). Si tratta di un passo importante che valorizza il contraddittorio nell'impugnazione delle misure cautelari reali prendendo atto dell'afflittività che esse possono raggiungere in concreto.

([81]) L'imprecisione della disposizione è stata segnalata da G. Pestelli, *Convertito in legge il D.L. 137/2020*, in *Quotidiano giur.*, 2020, 23 dicembre 2020, secondo cui « il riferimento al tribunale di cui all'art. 309, comma 7, c.p.p. riguarda pacificamente le sole misure cautelari personali (su cui è chiamato a decidere il tribunale del riesame distrettuale), mentre per le misure cautelari reali occorre far riferimento all'art. 324, comma 5, c.p.p. (che individua, come noto, la competenza in capo al tribunale del capoluogo della provincia nella quale ha sede l'ufficio che ha emesso il provvedimento impugnato, ossia al tribunale circondariale e non a quello distrettuale) ».

([82]) Art. 23-*bis*, comma 7, d.l. n. 137, conv. dalla legge n. 176 del 2020, mod. dal d.l. n. 44 del 2021. Le disposizioni dell'appello cartolare si applicano, in quanto compatibili, anche nei procedimenti di cui agli artt. 10

È regolamentato espressamente il termine nel quale le parti possono chiedere la tradizionale discussione in presenza: la richiesta di discussione orale « deve essere formulata entro il termine perentorio di cinque giorni liberi prima dell'udienza ». Per il resto, le nuove disposizioni sull'appello cartolare sono state estese all'appello cautelare « in quanto compatibili »; rinviamo alla trattazione contenuta nella parte V, cap. 2, § 8.

8. Le misure pre-cautelari: l'arresto in flagranza e il fermo.

a. *Considerazioni preliminari.*

Il codice accoglie il principio generale secondo cui soltanto il giudice è competente ad applicare una misura cautelare limitativa della libertà personale con un provvedimento avente effetti permanenti nel tempo (art. 279), anche se tali misure hanno comunque un termine massimo di durata (art. 303).

La polizia giudiziaria ha il potere di disporre misure coercitive temporanee denominate arresto e fermo, che limitano la libertà personale dell'indagato in situazioni di urgenza, fino a quando non interviene la convalida del giudice. Se la convalida non è emessa entro il termine perentorio indicato dall'art. 391, comma 7, tali misure cessano di avere efficacia.

Le misure pre-cautelari. Queste misure sono così denominate per indicare che consistono in un anticipo della tutela predisposta mediante le misure cautelari: quando non è possibile attendere che si svolga il procedimento cautelare, in quanto il destinatario della misura coercitiva potrebbe sottrarsi alle ricerche, si dà all'organo maggiormente presente sul luogo dei delitti, e cioè alla polizia giudiziaria, il potere di agire tempestivamente, a condizione che la magistratura sia investita del caso in termini brevissimi.

Ciò che abbiamo esposto trova un avallo nei princìpi costituzionali. La misura precautelare è ammessa dalla Carta fondamentale (art. 13, comma 3) in quanto sia funzionale alla successiva adozione di una misura cautelare ([83]). Ove da parte del legislatore non sia prevista la possibilità di trasformare la misura precautelare in una misura coercitiva, viene meno la giustificazione costituzionale della restrizione della libertà disposta dalla polizia ([84]).

(impugnazione di misure di prevenzione personali) e 27 (impugnazione di misure di prevenzione patrimoniali) del d.lgs. 6 settembre 2011 n. 159.

([83]) In tal senso, C. cost., 15 luglio 2004 n. 223.

([84]) Occorre ricordare che il pubblico ministero e la polizia giudiziaria hanno anche il potere di disporre ***misure coercitive temporanee*** che non comportano una restrizione della libertà personale, bensì impongono limiti più o meno intensi alla libertà di circolazione. Si tratta delle varie forme di accompagnamento coattivo che possono essere disposte dalla polizia giudiziaria (art. 349, comma 4) e dal pubblico ministero (artt. 375, comma 2, 376, 377).

La differenza di queste limitazioni rispetto all'arresto, al fermo e alle misure cautelari detentive consiste nel carattere di strumentalità: infatti non si vede come poter eseguire una perquisizione personale contro la volontà del perquisito senza limitarne la libertà di spostamento, e lo stesso vale per l'identificazione, o in generale per gli atti coercitivi, o addirittura per l'accompagnamento coattivo del testimone o della persona a conoscenza dei fatti. Al contrario, le misure cautelari e pre-cautelari hanno lo scopo di limitare in sé la libertà della persona ad esse sottoposta, poiché è questa stessa che si teme essere pericolosa.

b. *L'arresto.*

L'arresto in flagranza è un provvedimento che di regola è disposto dalla polizia giudiziaria ed eccezionalmente dai privati (artt. 380, 381, 383). In particolare, il potere di arresto ha la finalità di assicurare alla giustizia gli autori del reato e di impedire che il reato medesimo venga portato a conseguenze ulteriori (art. 55).

La situazione di flagranza, che permette o impone (in base al titolo del reato) alla polizia di operare l'arresto, è descritta nell'art. 382. È in stato di flagranza (in senso pieno) colui che viene colto nell'atto di commettere il reato. È in situazione denominata tradizionalmente "quasi flagranza" il soggetto che, subito dopo il reato, è inseguito dalla polizia giudiziaria, dalla persona offesa o da altre persone ovvero è sorpreso con cose o tracce dalle quali appaia che abbia commesso il reato immediatamente prima.

Accanto al concetto tradizionale di flagranza, il legislatore ha aggiunto nuove ipotesi di "flagranza differita" che autorizzano la polizia giudiziaria ad operare l'arresto di persone che abbiano commesso atti violenti sia nelle manifestazioni sportive, sia comunque nelle manifestazioni pubbliche, quando non è possibile procedere immediatamente all'arresto per ragioni di sicurezza o incolumità pubblica (rinviamo alla trattazione in fondo al presente paragrafo).

Arresto obbligatorio. L'arresto in flagranza è obbligatorio per la polizia giudiziaria (art. 380, comma 1) in presenza di un delitto non colposo (consumato o tentato) per il quale la legge stabilisce la pena dell'ergastolo o della reclusione non inferiore nel minimo a cinque anni e nel massimo a venti anni (es. sequestro di persona a scopo di estorsione; art. 630 c.p.) ([85]).

L'arresto è obbligatorio anche in presenza dei delitti previsti espressamente nel comma 2 (es., associazione mafiosa, traffico di stupefacenti, furto aggravato, rapina, estorsione, pornografia minorile e altri), anche se tali delitti non rientrano nei limiti edittali previsti dal primo comma (es. furto commesso in abitazione e furto con strappo, salvo che ricorra l'attenuante del danno di speciale tenuità).

Il grande numero di previsioni speciali di arresto obbligatorio in flagranza è dovuto a innumerevoli leggi che di volta in volta hanno incrementato tale elenco al fine di tutela di beni di importanza fondamentale ([86]).

La riforma Cartabia. Nuove ipotesi di arresto obbligatorio in flagranza. L'art. 2, comma 15, della legge n. 134 del 2021 ha integrato la lettera l-*ter* del comma 2 dell'art. 380 c.p., che attualmente già consente l'arresto obbligatorio in flagranza per i delitti

---

([85]) La gravità del delitto che consente l'applicazione delle misure pre-cautelari è determinata con le medesime modalità che valgono per le misure cautelari (art. 379); si veda, in questo cap., il § 2, lett. *b*.

([86]) Ricordiamo, senza pretesa di esaustività, che l'art. 2 del decreto-legge 23 febbraio 2009, n. 11, ha imposto l'arresto in flagranza per il delitto di violenza sessuale previsto dall'art. 609-*bis*, commi 1 e 2 c.p. e per il delitto di violenza sessuale di gruppo (art. 609-*octies* c.p.).

La legge n. 41 del 2016 ha esteso l'obbligo di arresto nei confronti di chi è colto in flagranza del delitto colposo di omicidio stradale aggravato ai sensi dei commi 2 e 3 dell'art. 589-*bis* c.p. Trattasi delle ipotesi in cui: a) venga accertato lo stato di ebbrezza per un valore corrispondente ad un *tasso alcolemico* superiore a 1,5 grammi per litro o lo stato di alterazione psico-fisica per uso di *sostanze stupefacenti o psicotrope* del conducente (comma 2); b) venga accertato lo stato di ebbrezza per un valore corrispondente ad un tasso alcolemico compreso tra 0,8 e 1,5 grammi per litro del conducente che eserciti *attività di trasporto di persone o di cose o sia alla guida di mezzi pesanti* (comma 3).

di maltrattamenti contro familiari e conviventi (art. 572 c.p.) e di atti persecutori (art. 612-*bis* c.p.), e ha esteso l'obbligo di arresto ai delitti di violazione dei provvedimenti di allontanamento dalla casa familiare e di violazione del divieto di avvicinamento ai luoghi frequentati dalla persona offesa di cui all'art. 387-*bis* c.p.

La finalità della normativa è quella di impedire che le minacce e i maltrattamenti siano reiterati e di tutelare le persone offese da ulteriori situazioni di pericolo. Tuttavia, la legge n. 134 non ha provveduto ad innalzare il limite massimo di pena che è previsto per il delitto di cui all'art. 387-*bis* c.p. e che consiste nella reclusione fino a tre anni. Ne deriva una situazione paradossale in base alla quale la polizia deve operare l'arresto in flagranza di fronte alla violazione di provvedimenti di allontanamento o di divieto di avvicinamento, ma subito dopo non si può applicare alcuna misura coercitiva perché opera in tal senso il divieto previsto dall'art. 280 c.p.p. ([87]).

Arresto ad opera di persone private. Negli stessi casi in cui è obbligatorio per la polizia, l'arresto può essere effettuato da « ogni persona » se il delitto è procedibile d'ufficio (art. 383, comma 1). Il soggetto che ha eseguito l'arresto in flagranza deve senza ritardo consegnare la persona ristretta nella libertà e le cose costituenti il corpo del reato alla polizia giudiziaria, che redige il verbale della consegna e ne rilascia copia (art. 383, comma 2). La disposizione riconosce implicitamente ad ogni persona il potere di assicurare le cose costituenti corpo del reato in presenza di un arresto in flagranza effettuato o almeno tentato.

Arresto facoltativo. L'altra ipotesi di arresto è denominata "facoltativa" dal codice, nel senso che è rimesso alla discrezionalità dell'ufficiale od agente di polizia valutare se la misura è giustificata dalla gravità del fatto o dalla pericolosità del soggetto desunta dalla sua personalità o dalle circostanze del fatto (art. 381, comma 4). In presenza di tali condizioni l'arresto in flagranza è consentito quando si procede sia per un delitto non colposo per il quale la legge stabilisce la pena della reclusione superiore nel massimo a tre anni (es., calunnia; art. 368 c.p.), sia per un delitto colposo per il quale la legge stabilisce la pena della reclusione non inferiore nel massimo a cinque anni (es., lesioni gravissime a più persone; art. 590, comma 4 c.p.).

L'arresto facoltativo in flagranza è consentito anche in ulteriori ipotesi previste dall'art. 381 comma 2 c.p.p. a prescindere dalla pena edittale. Ad esempio, violenza o minaccia a pubblico ufficiale prevista dall'art. 336, comma 2 c.p.; lesione personale volontaria; furto; danneggiamento aggravato; truffa; corruzione di minorenni; ed infine, evasione (d.l. 13 maggio 1991, n. 152).

Singole leggi dal 2008 hanno previsto ulteriori ipotesi di arresto facoltativo per far fronte alla recrudescenza di fenomeni criminali ([88]).

([87]) Nel frattempo il giudice, che ha disposto le misure violate (allontanamento dalla casa familiare o divieto di avvicinamento ai luoghi frequentati dall'offeso), può, in base all'art. 280, comma 3, applicare la carcerazione cautelare a prescindere dai limiti di pena previsti nel medesimo articolo. Ma ciò può avvenire in un diverso procedimento e da parte di un giudice che è differente da quello della convalida dell'arresto.

([88]) Sempre senza pretesa di esaustività, ricordiamo che il d.l. n. 92 del 2008 (sicurezza pubblica), conv. nella legge 24 luglio 2008 n. 125, ha introdotto due ulteriori casi di arresto facoltativo in flagranza per i delitti di falsa attestazione sulla identità personale e fraudolente alterazioni per impedire tale identificazione, previsti dagli artt. 495 e 495-*ter* c.p. (nuove lett. *m-ter* e *m-quater*).

Divieto di arresto in flagranza. L'arresto obbligatorio o facoltativo non è mai consentito quando « tenuto conto delle circostanze del fatto, appare che questo è stato compiuto nell'adempimento di un dovere o nell'esercizio di una facoltà legittima ovvero in presenza di una causa di non punibilità » (art. 385). Qualora si tratti di un delitto perseguibile a querela, l'arresto obbligatorio e quello facoltativo possono essere eseguiti se la querela viene proposta anche con dichiarazione resa oralmente all'ufficiale o agente di polizia presente sul luogo; qualora successivamente la persona offesa dichiari di rimettere la querela, l'arrestato è posto immediatamente in libertà, anche se quest'ultimo ricusa la remissione (artt. 380, comma 3 e 381, comma 3).

Arresto in flagranza differito per reati commessi con violenza alle persone o alle cose. Si tratta di due ipotesi legislative (una già sperimentata ed una di nuovo conio) che hanno requisiti in parte comuni ed in parte differenti.

I requisiti comuni dell'arresto in flagranza differito sono i seguenti:

1) deve trattarsi di « reati commessi con violenza alle persone o alle cose previsti espressamente dalla legge »;

2) in presenza dei predetti reati non è possibile procedere immediatamente all'arresto in flagranza « per ragioni di sicurezza o incolumità pubblica »;

3) dei reati predetti una persona (già identificata o da identificare) risulta essere l'autore sulla base di una « documentazione video fotografica dalla quale emerga inequivocabilmente il fatto »;

4) l'arresto differito deve essere effettuato « non oltre il tempo necessario » alla identificazione del colpevole « e, comunque, entro le quarantotto ore dal fatto ».

Requisiti differenti sono previsti nelle due ipotesi.

a) La prima è regolata dall'art. 8 legge n. 401 del 1989 (e succ. mod.) e concerne i ***reati commessi in occasione o a causa di manifestazioni sportive*** per i quali è obbligatorio o facoltativo l'arresto in flagranza e per altri reati espressamente previsti ([89]).

b) La seconda ipotesi è regolata dall'art. 10, co. 6-*quater*, decreto-legge n. 14 del 2017, conv. in legge n. 48 del 2017, e concerne i ***reati compiuti alla presenza di più persone anche in occasioni pubbliche***, per i quali è obbligatorio l'arresto ai sensi dell'articolo 380 c.p.p. Il requisito è molto ristretto perché si riferisce ai soli casi nei quali l'arresto in flagranza è *obbligatorio*; pertanto, l'arresto differito non è utilizza-

---

La legge n. 41 del 2016 ha esteso l'arresto facoltativo in flagranza ai casi di *lesioni colpose personali stradali aggravate* ai sensi dell'art. 590-*bis*, commi 2, 3, 4 e 5 c.p. In sintesi, trattasi delle ipotesi in cui il conducente (« chiunque »): a) si sia messo alla guida in stato di ebbrezza per un valore corrispondente ad un tasso alcolemico superiore a 0,8 grammi per litro; b) si sia messo alla guida in stato alterazione psico-fisica per uso di sostanze stupefacenti o psicotrope; c) abbia commesso una violazione del codice della strada di particolare gravità. Non è previsto l'arresto facoltativo in flagranza soltanto per le ipotesi di lesioni stradali gravi o gravissime (comma 1) che non rientrano nei casi finora elencati; ma può sempre scattare l'arresto in caso di fuga del responsabile.

Segnaliamo che, in considerazione delle pene edittali previste per tutte le ipotesi di *omicidio stradale*, per tale delitto è possibile l'arresto in flagranza ai sensi del comma 1 dell'art. 381 c.p.p.

([89]) Ad es., lancio di materiale pericoloso, invasione di campo e inosservanza delle prescrizioni del questore concernenti il divieto di accesso ai luoghi ove si svolgono manifestazioni sportive.

bile, ad es., nel caso di resistenza a pubblico ufficiale o di danneggiamento aggravato (90).

La caratteristica del "differimento", comune alle due misure pre-cautelari, consiste nel potere, che la polizia ha, di arrestare in flagranza i responsabili dei predetti reati fino a quarantotto ore dal compimento del reato. La previsione opera quando la polizia giudiziaria non può eseguire immediatamente l'arresto per ragioni di sicurezza o di incolumità pubblica. Una volta che è stato disposto l'arresto in flagranza, l'applicazione di misure cautelari è possibile anche fuori dei limiti di pena previsti dal codice di procedura penale (artt. 274, comma 1, lettera *c* e 280).

c. *Il fermo.*

Il fermo è un provvedimento che ***può essere disposto di regola dal pubblico ministero*** quando sono presenti le seguenti condizioni (art. 384, comma 1):

1) che vi siano a carico dell'indagato *gravi indizi*. Questi devono rivestire i medesimi requisiti previsti dall'art. 273, comma 1-*bis*, e cioè ad es. le chiamate in correità, su cui si fondano, devono essere riscontrate ai sensi dell'art. 192, commi 3 e 4;

2) che sussistano specifici elementi di prova che fanno ritenere fondato il *pericolo di fuga*. In particolare, il codice prevede espressamente che il pericolo di fuga possa essere desunto dalla impossibilità di identificare l'indiziato (art. 384, comma 1). Inoltre, vale quanto previsto dall'art. 274, comma 1, lett. *b*, secondo cui « le situazioni di concreto e attuale pericolo non possono essere desunte esclusivamente dalla gravità del titolo di reato per cui si procede »;

3) che si proceda per un delitto per il quale la legge stabilisce la pena dell'ergastolo o della reclusione non inferiore nel minimo a due anni e superiore nel massimo a sei anni (es., furto pluriaggravato; rapina). Si prescinde dalla pena edittale per i delitti concernenti le armi da guerra e gli esplosivi o per i delitti commessi « per finalità di terrorismo, anche internazionale, o di eversione dell'ordine democratico ».

Gli ufficiali e gli agenti di polizia giudiziaria possono procedere al fermo nei medesimi casi nei quali tale atto può essere disposto dal pubblico ministero, in presenza delle seguenti situazioni:

a) prima che il pubblico ministero abbia assunto la direzione delle indagini (art. 384, comma 2, in relazione all'art. 348, comma 1);

b) dopo l'assunzione della direzione delle indagini, ma qualora sia successivamente individuato un indiziato fino ad allora ignoto (art. 384, comma 3);

---

(90) L'art. 14 del d.l. n. 53 del 2019 ha esteso alle persone gravemente indiziate di un delitto commesso in occasione o a causa di manifestazioni sportive la possibilità di disporre — anche fuori dai casi di cui all'art. 384 cpp — il fermo di indiziato di delitto, secondo la disciplina del fermo prevista dal codice antimafia (art. 77, d.lgs n. 159 del 2011).

L'art. 6 del d.l. n. 130 del 2020, conv. in legge n. 173 del 2020, ha esteso l'arresto differito ai delitti commessi con violenza alle persone o alle cose in occasione o a causa del trattenimento in uno dei centri di permanenza per i rimpatri estendendolo alle ipotesi di arresto facoltativo e permettendo l'arresto anche in mancanza di documentazione fotografica purché l'arrestato risulti comunque essere l'autore del fatto.

c) sempre dopo l'assunzione della direzione delle indagini, ma qualora sopravvengano specifici elementi che rendano fondato il pericolo che l'indiziato stia per darsi alla fuga e non sia possibile, per la situazione di urgenza, attendere il provvedimento del pubblico ministero; tra gli « specifici elementi » vi è anche il possesso, da parte dell'indiziato, di documenti falsi (art. 384, comma 3).

In base alle norme che in precedenza sono state esposte (e che derivano da una precisa scelta della legge delega espressa nella direttiva n. 32), il pubblico ministero non è titolare del potere di arresto in flagranza. Tuttavia può disporre il fermo anche nelle ipotesi nelle quali vi sia flagranza (art. 384, comma 1), purché il delitto rientri nei limiti edittali del fermo e siano presenti le condizioni che legittimano quest'ultimo provvedimento.

Un'ipotesi singolare di fermo è *l'allontanamento d'urgenza dalla casa familiare* (art. 384-*bis*), sul quale si veda *infra*, lett. *e*.

d. *La convalida dell'arresto e del fermo.*

Il procedimento di convalida dell'arresto e del fermo attua due princìpi fondamentali posti dalla Costituzione. In primo luogo, il principio in base al quale le misure limitative della libertà personale possono essere applicate soltanto dal giudice; pertanto l'arresto ed il fermo, quali provvedimenti provvisori e temporanei, devono essere sottoposti alla convalida (o meglio, alla ratifica) del giudice (art. 13, comma 3 Cost.). In secondo luogo, le norme attuano il principio in base al quale la polizia giudiziaria è sotto la diretta disponibilità dell'autorità giudiziaria (art. 109 Cost.).

Il procedimento di convalida può essere suddiviso in tre fasi. Nella prima fase la polizia giudiziaria pone l'arrestato a disposizione del pubblico ministero. Nella seconda il pubblico ministero chiede la convalida dell'arresto (o del fermo) al giudice. La terza fase consiste nell'udienza di convalida che si svolge davanti a quest'ultimo. La procedura è sottoposta a termini precisi, che attuano il disposto dell'art. 13, comma 3 Cost. A causa della presenza di termini perentori e per non intralciare l'organizzazione degli uffici e del personale della polizia giudiziaria, la legge prevede una perfetta fungibilità della persona fisica che procede ai vari adempimenti (art. 120 disp. att.).

La prima fase del procedimento: adempimenti connessi all'esecuzione dell'arresto e del fermo. Gli ufficiali e gli agenti di polizia giudiziaria che hanno eseguito le misure pre-cautelari (o che hanno avuto in consegna l'arrestato) hanno doveri di informativa nei confronti dell'arrestato medesimo, del difensore di questi e del pubblico ministero.

Per quanto concerne l'arrestato e il fermato, il d.lgs. n. 101 del 2014 impone di consegnare al medesimo una ***comunicazione scritta*** (e, se questi non conosce la lingua italiana, tradotta in una lingua a lui comprensibile) in cui la polizia informa l'arrestato di quanto segue (art. 386, comma 1):

a) della facoltà di nominare un difensore di fiducia e di essere ammesso al patrocinio a spese dello Stato nei casi previsti dalla legge;

b) del diritto di ottenere informazioni in merito all'accusa;

c) del diritto all'interprete ed alla traduzione di atti fondamentali;

d) del diritto di avvalersi della facoltà di non rispondere;

e) del diritto di accedere agli atti sui quali si fonda l'arresto o il fermo;

f) del diritto di informare le autorità consolari e di dare avviso ai familiari;

g) del diritto di accedere all'assistenza medica di urgenza;

h) del diritto di essere condotto davanti all'autorità giudiziaria per la convalida entro novantasei ore dall'avvenuto arresto o fermo;

i) del diritto di comparire dinanzi al giudice per rendere l'interrogatorio e di proporre ricorso per cassazione contro l'ordinanza che decide sulla convalida dell'arresto o del fermo.

In aggiunta, gli ufficiali e gli agenti hanno i seguenti ***doveri di informazione***:

1) danno immediata notizia del provvedimento al pubblico ministero del luogo ove l'arresto o il fermo è stato eseguito (art. 386, comma 1);

2) al medesimo trasmettono l'informativa di reato (art. 347);

3) se non è nominato un difensore di fiducia, chiedono al pubblico ministero la designazione del difensore d'ufficio (art. 386, comma 2 che rinvia all'art. 97);

4) informano immediatamente dell'arresto o del fermo il difensore (art. 386 comma 2); la disposizione è funzionale all'art. 104 comma 2, che riconosce all'arrestato il diritto di conferire con il difensore « subito dopo l'arresto o il fermo »;

5) senza ritardo e con il consenso dell'arrestato danno ai familiari di quest'ultimo notizia dell'esecuzione della misura (art. 387).

Gli stessi ufficiali e agenti devono poi provvedere a ***due ulteriori adempimenti***. In primo luogo, devono porre l'arrestato o il fermato a disposizione del pubblico ministero al più presto e, comunque, non oltre le ventiquattro ore. Ciò avviene, di regola, nel seguente modo: la polizia conduce l'arrestato nella casa circondariale del luogo nel quale la misura è stata eseguita. In via eccezionale, il pubblico ministero può disporre che l'arrestato sia custodito nei luoghi nei quali si esegue l'arresto domiciliare, e cioè nella propria abitazione (o altro luogo di privata dimora) o in un luogo pubblico di cura o di assistenza (art. 386, commi 3, 4 e 5) ([91]).

In secondo luogo, gli ufficiali e agenti devono trasmettere al pubblico ministero il verbale dell'arresto (anche per via telematica) sempre entro le ventiquattro ore (art. 386, comma 3). Il pubblico ministero può autorizzare una dilazione, in modo che comunque sia possibile presentare al giudice il verbale entro quarantotto ore dall'arresto.

La seconda fase del procedimento ha la funzione di mettere in grado la pubblica accusa sia di formulare la richiesta di convalida, sia di chiedere nella successiva udienza una delle misure cautelari personali. A tal fine il pubblico ministero può procedere

---

([91]) Per i reati di competenza del tribunale monocratico è fatto salvo quanto previsto dall'art. 558: in base al decreto-legge 22 dicembre 2011, n. 211, conv. nella legge 17 febbraio 2012, n. 9, il pubblico ministero, avvisato dalla polizia, di regola dispone che l'indagato sia custodito in arresto domiciliare; in via eccezionale, l'arrestato è custodito presso « strutture nella disponibilità » della polizia giudiziaria (c.d. camere di sicurezza), se non sono idonei l'abitazione dell'arrestato o un altro luogo di privata dimora o un luogo pubblico di cura o di assistenza o, comunque, se l'arresto è dovuto a rapina o ad estorsione semplici o a furto in abitazione o con strappo. Infine, quando le camere di sicurezza mancano, non sono disponibili o idonee o se ricorrono ragioni di necessità ed urgenza, il pubblico ministero ordina con decreto motivato che l'arrestato sia condotto nella casa circondariale (art. 558, commi 4-*bis* e *ter*; si veda Parte IV, cap. 2, § 4).

all'interrogatorio dell'arrestato o del fermato dando previo avviso al difensore, che ha facoltà di essere presente all'atto (art. 388, comma 1). All'inizio dell'interrogatorio l'inquirente, dopo aver dato l'avviso della facoltà di non rispondere, informa l'arrestato del fatto per cui si procede e delle ragioni che hanno determinato il provvedimento, comunicandogli inoltre gli elementi a suo carico e, se non può derivarne pregiudizio per le indagini, le fonti (art. 388, comma 2, che rinvia all'art. 64).

Il pubblico ministero deve liberare l'arrestato o il fermato in due casi. Ordina la liberazione senza chiedere la convalida al giudice quando: *a*) risulta evidente che l'arresto o il fermo è stato eseguito per errore di persona o fuori dai casi consentiti dalla legge; *b*) la misura è divenuta inefficace perché sono decorsi i termini per porre l'arrestato a disposizione del pubblico ministero o per chiedere la convalida al giudice (art. 389).

Il pubblico ministero ordina la liberazione (ma deve egualmente chiedere al giudice la convalida) quando, pur considerando giustificato l'arresto o il fermo, ritiene di non dover chiedere al giudice l'applicazione di una misura cautelare coercitiva (art. 121 disp. att.).

La terza fase del procedimento inizia con la richiesta di convalida che deve essere presentata dal pubblico ministero al giudice per le indagini preliminari competente in relazione al luogo dove l'arresto o il fermo è stato eseguito (art. 390, comma 1).

Ricevuta la richiesta, il giudice fissa l'udienza di convalida al più presto e comunque entro le quarantotto ore successive dandone avviso senza ritardo al pubblico ministero e al difensore (art. 390, comma 2). L'udienza si svolge in camera di consiglio (art. 127) con la partecipazione *facoltativa* del pubblico ministero e *necessaria* del difensore dell'indagato (art. 391, comma 1). Quest'ultimo non è obbligato a intervenire; ma, se è presente, deve essere interrogato dal giudice (art. 391, comma 3). Il giudice, anche d'ufficio, verifica che all'arrestato o al fermato sia stata data la comunicazione sui diritti della difesa (art. 386, comma 1) e provvede, se del caso, a fornire o a completare le informazioni ivi indicate (art. 391, comma 2, mod. dal d.lgs. n. 101 del 2014).

L'arresto e il fermo cessano di avere efficacia se l'ordinanza di convalida non è pronunciata o depositata nelle quarantotto ore successive al momento in cui l'arrestato o il fermato è stato posto a disposizione del giudice (art. 391 comma 7); e cioè, dal momento in cui il giudice ha ricevuto la richiesta di convalida.

Le decisioni: convalida ed emissione della misura cautelare. In sede di convalida vengono prese due distinte decisioni.

In primo luogo, il giudice accerta se l'arresto o il fermo è stato legittimamente eseguito e se sono stati osservati i termini perentori per porre l'arrestato a disposizione del pubblico ministero (art. 386, comma 3) e per chiedere la convalida (art. 390, comma 1); quindi decide con ordinanza se convalidare o meno l'arresto o il fermo. A tal fine, il giudice deve valutare la sussistenza degli elementi che legittimavano l'adozione dell'arresto o del fermo con un giudizio *ex ante*; in particolare, è necessario che sia presente separatamente o la gravità del fatto o la pericolosità del soggetto (art. 381, comma 4). Il provvedimento di convalida (o il diniego di convalida) può essere oggetto di ricorso per cassazione (art. 391, comma 4).

In secondo luogo, il giudice valuta se sussistono i presupposti della misura cautelare richiesta dal pubblico ministero (art. 391, comma 5); quindi può applicarla ([92]). L'ordinanza è impugnabile presso il tribunale della libertà.

I due accertamenti sono indipendenti fra di loro. In particolare, il giudice può convalidare l'arresto o il fermo, ma non applicare alcuna misura cautelare (art. 391, comma 6); e viceversa può negare la convalida, ma disporre egualmente una misura cautelare (art. 391, comma 5). In ogni caso, l'arresto o il fermo cessano di avere efficacia se il giudice non decide sulla convalida nelle quarantotto ore successive al momento in cui l'arrestato o il fermato è stato posto a sua disposizione (art. 391, comma 7) ([93]).

La cognizione del giudice è limitata al fatto di reato, come appare nella richiesta di convalida formulata dal pubblico ministero. Infatti il giudice non può modificare il fatto storico addebitato, ma soltanto valutare la sua esistenza in base agli elementi addotti. Al giudice è consentito attribuire al fatto storico una qualificazione giuridica diversa da quella data dal pubblico ministero, ma ciò vale ai soli fini della decisione in oggetto e non influisce sulle successive indagini.

e. *L'allontanamento d'urgenza dalla casa familiare (art. 384-*bis*).*

Si tratta di una originale misura pre-cautelare (introdotta dal d.l. n. 93 del 2013, conv. in legge n. 119 del 2013, c.d. decreto femminicidio) il cui contenuto consiste nell'allontanamento fisico del soggetto dalla casa familiare (spontaneo o coartato) e nel « divieto di avvicinarsi ai luoghi abitualmente frequentati dalla persona offesa ».

Il primo presupposto per applicare la nuova misura è che il soggetto sia colto dalla polizia giudiziaria nell'atto di commettere uno dei reati di violenza alla persona elencati nell'art. 282-*bis*, comma 6 ([94]).

A differenza delle altre misure pre-cautelari, la flagranza non è però sufficiente all'applicazione dell'allontanamento; deve infatti concorrere un ulteriore presupposto: la valutazione prognostica di reiterazione delle condotte criminose, da cui possa derivare un grave ed attuale pericolo per la vita e l'integrità fisica o psichica della persona offesa. Occorre anche una previa autorizzazione del pubblico ministero, scritta, oppure resa oralmente e confermata per iscritto, o per via telematica.

Una volta ravvisati tutti i menzionati requisiti, gli organi di polizia hanno la facoltà di allontanare il soggetto dalla casa familiare. Il comma 2 dell'art. 384-*bis*

([92]) L'applicazione della misura coercitiva è disposta *anche al di fuori dei limiti di pena* previsti dagli articoli 274, comma 1, lettera *c*, e 280, quando è stato eseguito l'arresto in flagranza facoltativo per uno dei delitti indicati espressamente nell'articolo 381, comma 2, o per uno dei delitti per i quali è consentito anche fuori dai casi di flagranza. Una seconda eccezione è contenuta nel comma 6 dell'articolo 282-*bis* e riguarda soltanto l'allontanamento dalla casa familiare: la misura può essere disposta *anche al di fuori dei limiti di pena* previsti dall'articolo 280.

([93]) In base all'art. 9, comma 1 della legge n. 85 del 2009, nei confronti dell'indagato arrestato in flagranza o sottoposto a fermo è operato a determinate condizioni il prelievo coattivo di un campione biologico per l'estrazione di quel profilo del DNA, che deve poi essere inserito nella relativa Banca dati nazionale. Il prelievo è effettuato dopo la convalida da parte del giudice.

([94]) Si tratta degli artt. 570, 571, 582 (limitatamente alle ipotesi procedibili d'ufficio o comunque aggravate), 600, 600-*bis*, 600-*ter*, 600-*quater*, 600-*septies*.1, 600-*septies*.2, 601, 602, 609-*bis*, 609-*ter*, 609-*quater*, 609-*quinquies*, 609-*octies* e 612, comma 2, c.p. (commesso in danno dei prossimi congiunti o del convivente).

prevede che si applicano, in quanto compatibili, le disposizioni sul procedimento di convalida dell'arresto, quindi gli artt. 385 s.

Segnaliamo che la convalida dell'allontanamento d'urgenza consente al pubblico ministero di disporre il giudizio direttissimo in base al comma 5 dell'art. 449 (sul quale v. *infra*, parte IV, cap. 1, § 6).

Schema n. 3. Misure cautelari personali. Princìpi generali

CONDIZIONI GENERALI DI APPLICABILITÀ (273)
- **Gravi indizi di colpevolezza (co. 1)**
- **Punibilità in concreto (co. 2)**
- **Limiti di pena edittale (280 e 287)**

ESIGENZE CAUTELARI (274)
- **(a) Pericolo di inquinamento della prova**
- **(b) Pericolo di fuga: reclusione in concreto superiore a 2 anni**
- **(c) Pericolo che l'imputato commetta determinati delitti** → **Se pericolo di commissione di delitti *della stessa specie:***
  - **- arresto domiciliare se almeno 4 anni nel massimo;**
  - **- custodia in carcere se almeno 5 anni nel massimo**

CRITERI DI SCELTA DELLE MISURE (275)

- Principio di ADEGUATEZZA (275.1): le misure devono essere indispensabili rispetto alle esigenze cautelari (eventuale applicazione cumulativa)

- Principio di PROPORZIONALITÀ (275.2) rispetto all'entità del fatto e alla sanzione.
- divieto di custodia cautelare se concedibile la sospensione condizionale (2-*bis*).
- divieto di carcerazione se la pena irrogata non sarà superiore a 3 anni e sarà applicabile una misura alternativa (656)

- Principio di GRADUALITÀ (275.3): carcerazione quale *extrema ratio*, con i seguenti *rafforzamenti:*
1) le altre misure coercitive o interdittive possono essere applicate *cumulativamente,* al fine di escludere il carcere (c. 3).
2) se carcerazione, occorre spiegare *perché non è idoneo* l'arresto domiciliare con braccialetto (c. 3-*bis*).

- *Eccezioni:*
A. Presunzione ASSOLUTA di adeguatezza della carcerazione per i delitti di associazione mafiosa, terroristica e sovversiva (270, 270-*bis* e 416-*bis* c.p.);
- è possibile soltanto dare la prova che non sussiste *alcuna* esigenza cautelare.

B. Presunzione RELATIVA di adeguatezza della carcerazione per i delitti previsti dagli art. 51, co. 3-*bis* e 3-*quater* c.p.p., 575, 600-*bis*, co. 1, 600-*ter*, 600-*quinquies* e, se non attenuati, 609-*bis*, 609-*quater* e 609-*octies* c.p.:
- la presunzione può essere superata quando vi è la prova che le esigenze cautelari, pur esistenti, risultano attenuate e possono essere soddisfatte con altre misure cautelari, anche se applicate cumulativamente

Parte Terza
IL PROCEDIMENTO ORDINARIO

Capitolo I
LE INDAGINI PRELIMINARI

1. Le disposizioni generali sulle indagini.

a. Considerazioni preliminari. Le indagini preliminari costituiscono la prima *fase* del procedimento penale. Essa inizia nel momento in cui una notizia di reato perviene alla polizia giudiziaria o al pubblico ministero; termina quando quest'ultimo esercita l'azione penale o ottiene dal giudice l'archiviazione richiesta (si veda lo schema n. 4 al termine del cap. 3).

Le indagini preliminari consistono nelle *investigazioni* svolte dal pubblico ministero e dalla polizia giudiziaria. In base all'art. 327 la direzione delle indagini spetta al pubblico ministero. La norma tende ad attuare il principio costituzionale secondo cui l'autorità giudiziaria dispone direttamente della polizia giudiziaria (art. 109 Cost.).

All'interno della fase delle indagini preliminari occorre tracciare una fondamentale distinzione. Vi sono atti che sono compiuti ad iniziativa della polizia giudiziaria (art. 347 ss.) ed atti che sono compiuti ad iniziativa del pubblico ministero (art. 358 ss.). La distinzione comporta una regolamentazione parzialmente diversa anche sotto il profilo della utilizzabilità di alcuni atti in dibattimento; ma soprattutto implica una differente ampiezza di poteri coercitivi in capo all'organo inquirente.

Resta comunque il dato fondamentale che gli atti di indagine sono svolti in segreto dal soggetto che investiga e, quindi, sono assunti in modo unilaterale e senza il contraddittorio. Per tale motivo, di regola, gli atti di indagine non sono utilizzabili ai fini della decisione pronunciata in dibattimento. Tale canone viene indicato di consueto con l'espressione "principio della separazione delle fasi".

La norma cardine è enunciata dalla Costituzione, secondo la quale « il processo penale è regolato dal principio del contraddittorio nella formazione della prova » (art. 111, comma 4); ed è attuata nel codice dall'art. 526, in base al quale « il giudice non può utilizzare ai fini della deliberazione prove diverse da quelle legittimamente acquisite nel dibattimento ». Di regola, la lettura del verbale non integra una modalità di "legittima acquisizione", salvo i casi espressamente previsti (artt. 511-514; v. *infra*, parte III, cap. 5, § 9).

Al fine di sottolineare il variare del regime di *utilizzabilità in dibattimento*, il legislatore indica con termini differenti le prove (descritte nel libro terzo) e gli atti di indagine, anche se si tratta di atti che dal punto di vista contenutistico sono simili (v. tav. 3.1.1). Ciò comporta un'ulteriore complicazione in un codice che già, di per sé, è di difficile lettura. Ad esempio, presentano un contenuto simile ma denominazioni diverse il mezzo di prova « ricognizione di persone » (art. 213), ed il corrispondente atto d'indagine « individuazione di persone e di cose » compiuto ad iniziativa del pubblico ministero (art. 361). La differente terminologia è stata adottata dal codice al fine di rimarcare il principio generale secondo cui, di regola, i verbali degli atti compiuti prima del dibattimento non possono essere letti in quest'ultima fase (art. 514).

Schema n. 4. Corrispondenza tra atti di indagine e prove

Prove assunte in dibattimento	*Atti di iniziativa del pubblico ministero*	*Atti di iniziativa della polizia giudiziaria*
Testimonianza (194 - 203)	Informazioni dal possibile testimone (persona informata; 362)	Sommarie informazioni dal possibile testimone (persona informata; 351)
Esame dell'imputato (208, 209)	Interrogatorio dell'indagato (64, 65)	Sommarie informazioni dall'indagato (350)
Esame dell'imputato connesso (210)	Interrogatorio dell'indagato connesso o collegato (363)	Assunzione di informazioni dall'indagato connesso o collegato (351.1-*bis*)
Ricognizione di persone (213, 214)	Individuazione di persone (361)	
Perizia (220)	Accertamento tecnico del pubblico ministero (359, 359-*bis*, 360)	Operazioni tecniche (348)
Confronto (211)	Confronto (364)	
Esperimento giudiziale (218)		

b. Le finalità delle indagini preliminari. Le indagini preliminari svolgono almeno tre funzioni. In primo luogo, esse servono al pubblico ministero per operare la scelta tra la richiesta di rinvio a giudizio e la richiesta di archiviazione. Infatti, l'art. 326 si esprime nel seguente modo: « il pubblico ministero e la polizia giudiziaria svolgono, nell'ambito delle rispettive attribuzioni, le indagini necessarie per le *determinazioni inerenti all'esercizio dell'azione penale* ».

In secondo luogo, gli elementi acquisiti servono al pubblico ministero per ottenere dal giudice per le indagini preliminari i vari provvedimenti che solo quest'ultimo può disporre, tra i quali ricordiamo le misure cautelari e le autorizzazioni alle intercettazioni.

La terza finalità delle indagini preliminari è ben delineata da quella norma costituzionale, in base alla quale la formazione della prova non ha luogo in contraddittorio in tre casi, e cioè per consenso dell'imputato o per non ripetibilità oggettiva o per effetto di condotta illecita sul dichiarante (art. 111 comma 5). In tali casi, il giudice in dibattimento può utilizzare *eccezionalmente* gli elementi raccolti durante le indagini preliminari.

In conclusione, oggi si ritiene comunemente che le indagini svolgano varie funzioni. Gli elementi di prova acquisiti sono valutati, in primo luogo, dal pubblico ministero per decidere se esercitare l'azione penale; in secondo luogo, sono utilizzati come prove dal giudice per le indagini preliminari nel momento in cui questi pronuncia i provvedimenti di sua competenza; infine, sono utilizzati, sia pure in via eccezionale, dal giudice del dibattimento per emettere la decisione finale.

c. Il giudice per le indagini preliminari. Nel corso della fase in esame è previsto l'intervento del giudice per le indagini preliminari; questi svolge una funzione di controllo imparziale sui provvedimenti più importanti, senza esercitare poteri di iniziativa. La sua funzione si caratterizza come una "giurisdizione semi-piena" perché incontra due limiti fondamentali: la funzione è esercitata soltanto « nei casi previsti dalla legge » e su richiesta di parte (art. 328). La natura dei poteri dell'organo si rispecchia nella sua denominazione. Il codice usa l'espressione « giudice *per* le indagini preliminari » anziché "delle" indagini. Infatti, il soggetto che in tale fase ha l'iniziativa è il pubblico ministero e non il giudice.

Fra i casi previsti dalla legge ricordiamo la convalida dell'arresto e del fermo, l'emissione dei provvedimenti cautelari e l'autorizzazione alle intercettazioni.

Inoltre, la legge consente che — in ipotesi espressamente elencate — di fronte al giudice per le indagini preliminari siano assunte le prove non rinviabili al dibattimento; ciò avviene in una udienza in contraddittorio, denominata « incidente probatorio » (art. 392).

Quando interviene nel corso delle indagini preliminari, e cioè prima della formulazione dell'imputazione, il giudice non ha una cognizione piena del quadro probatorio, a differenza da quello che accade nel dibattimento, bensì deve decidere soltanto sulla base dei verbali presentati dalle parti potenziali (pubblico ministero, indagato, offeso). Pertanto egli ha una cognizione limitata e svolge una funzione di garanzia.

Un'altra particolarità sta nel fatto che la funzione giurisdizionale è svolta prima dell'esercizio dell'azione penale, in ciò derogandosi al principio generale *nulla iurisdictio sine actione*. La deroga è giustificata dall'esigenza preminente di assicurare la garanzia di un organo *imparziale* in una fase nella quale il pubblico ministero chiede provvedimenti che incidono pesantemente sulle fondamentali libertà garantite dalla Costituzione (1).

(1) Quando si tratta di procedimenti per delitti di associazione mafiosa e assimilati (terrorismo internazionale, tratta di persone e criminalità informatica, di cui all'art. 51, comma 3-*bis*, 3-*quater* e 3-*quinquies*), le funzioni di giudice per le indagini preliminari sono esercitate da un magistrato del tribunale del capoluogo del distretto nel cui ambito ha sede il giudice competente (art. 328, comma 1-*bis*). Ricordiamo che per tali delitti le funzioni del pubblico ministero sono svolte dal procuratore distrettuale.

La riforma Cartabia. Come abbiamo anticipato nella parte I, cap. 2, § 7.1, la legge-delega n. 134 del 2021 si è posta l'obiettivo di contemperare l'efficienza del procedimento con le fondamentali garanzie costituzionali. Ciò comporterà la modifica di alcuni snodi delle indagini preliminari, sia pure nei limiti del compromesso raggiunto da forze politiche di matrici fortemente differenziate.

In primo luogo, saranno previsti rimedi alla irragionevole durata del procedimento mediante la rimodulazione dei termini massimi delle indagini e, al tempo stesso, verranno introdotti nuovi poteri di controllo spettanti al giudice per le indagini preliminari.

In secondo luogo, gli uffici del pubblico ministero, per garantire l'efficace e uniforme esercizio dell'azione penale, dovranno individuare criteri di priorità trasparenti e predeterminati al fine di selezionare le notizie di reato da trattare con precedenza rispetto alle altre, tenendo conto anche del numero degli affari da portare avanti e dell'utilizzo efficiente delle risorse disponibili.

In terzo luogo, il magistrato del pubblico ministero avrà l'obbligo di chiedere l'archiviazione quando gli elementi acquisiti nelle indagini preliminari non consentono una ragionevole previsione di condanna; pertanto, potrà esercitare l'azione penale soltanto quando gli atti raccolti costituiranno una base probatoria valida a carico dell'imputato.

2. La notizia di reato.

a. Considerazioni generali. La notizia di reato è un'informazione che permette alla polizia giudiziaria ed al pubblico ministero di venire a conoscenza di un illecito penale. La presenza di una notizia di reato produce tre effetti: 1) segna il passaggio dalla funzione di polizia di sicurezza (attività tendente a prevenire il compimento di reati e a controllare che la legge sia osservata) alla funzione di polizia giudiziaria (indagine su di *un* reato del quale si abbia notizia); 2) impone alla polizia giudiziaria, che abbia appreso la notizia di un reato, l'obbligo di informarne il pubblico ministero (art. 347); 3) impone a quest'ultimo l'obbligo di provvedere alla immediata iscrizione della notizia nel « registro delle notizie di reato » (art. 335).

Il codice regola espressamente due notizie di reato: la denuncia ed il referto. Inoltre prevede le condizioni di procedibilità, e cioè la querela, l'istanza, la richiesta di procedimento e l'autorizzazione a procedere; questi atti contengono sia l'informativa su di un illecito penale, sia la manifestazione della volontà che si proceda contro il responsabile dello stesso. Sono "condizioni di procedibilità" nel senso che la loro mancanza impedisce al pubblico ministero di esercitare l'azione penale.

b. La denuncia. La *denuncia* può essere presentata da qualsiasi persona che abbia avuto notizia di un reato (sia essa un cittadino italiano, uno straniero o perfino lo stesso autore del fatto illecito). Può essere scritta o orale e può essere presentata sia ad un ufficiale di polizia giudiziaria, sia direttamente al pubblico ministero.

La denuncia contiene la esposizione degli elementi essenziali del fatto ed indica il giorno dell'acquisizione della notizia di reato « nonché le fonti di prova già note ».

Inoltre, quando è possibile, contiene le generalità della persona alla quale il fatto è attribuito, della persona offesa e di coloro che sono in grado di riferire su circostanze rilevanti per la ricostruzione del fatto (art. 332).

Di regola la denuncia è facoltativa (art. 333); essa è rimessa al senso civico della singola persona. Vi sono alcune ipotesi nelle quali la denuncia costituisce, per persone che svolgono determinate funzioni o professioni, un obbligo sanzionato penalmente (artt. 331 e 334).

La denuncia da parte di privati. Una persona privata ha l'obbligo di denuncia nei seguenti casi: 1) quando sia cittadino italiano ed abbia avuto notizia di un delitto contro la personalità dello Stato per il quale la legge stabilisce l'ergastolo (art. 364 c.p.); 2) quando abbia ricevuto cose provenienti da delitto (art. 709 c.p.); 3) quando abbia notizia di materie esplodenti situate nel luogo da lui abitato (art. 679 c.p.); 4) quando abbia subìto un furto di armi o esplosivi (art. 20, legge n. 110 del 1975); 5) infine, quando abbia avuto conoscenza di un delitto di sequestro di persona a fini di estorsione (art. 3 d.l. 15 gennaio 1991, n. 8).

I pubblici ufficiali (art. 357 c.p.) e gli ***incaricati di un pubblico servizio*** (art. 358 c.p.) hanno l'obbligo di presentare denuncia quando vi è una determinata relazione tra la funzione o il servizio da loro svolto e la conoscenza del reato. Infatti, i pubblici ufficiali e gli incaricati di pubblico servizio hanno l'obbligo di denuncia dei reati dei quali vengano a conoscenza sia *nell'esercizio* delle funzioni (e cioè durante l'orario di lavoro), sia *a causa* della funzione o servizio (ad esempio, anche fuori dell'orario di lavoro una persona riferisce ad un insegnante pubblico che la *sua* allieva subisce maltrattamenti in famiglia). L'obbligo scatta quando la notizia concerne un reato procedibile non a querela (artt. 361, 362 c.p.).

Le qualifiche di pubblico ufficiale e di incaricato di pubblico servizio. La materia è di fondamentale importanza ai fini del diritto e del processo penale. Nel diritto penale le qualifiche di pubblico ufficiale e di incaricato di pubblico servizio sono richieste per la configurabilità di determinati reati commessi da tali soggetti o contro tali soggetti (ad esempio, rispettivamente, la concussione o la violenza a pubblico ufficiale). Ai fini del processo penale il pubblico ufficiale e l'incaricato di pubblico servizio hanno l'obbligo di presentare denuncia e, con riferimento alla testimonianza, l'obbligo di mantenere il segreto d'ufficio (art. 201).

La definizione delle due qualifiche è data dagli articoli 357 e 358 del codice penale (v. tav. 3.1.3). Vi è un requisito comune: la funzione ed il servizio sono "pubblici" quando sono disciplinati da « norme di diritto pubblico e da atti autoritativi » (art. 357, comma 2 c.p.); il tipo di disciplina serve a tracciare la distinzione rispetto alle funzioni ed ai servizi "privati".

Comune è anche la caratterizzazione di tipo oggettivo: ciò che rileva non è l'esistenza di un rapporto di impiego pubblico, bensì *l'esercizio in concreto* di una funzione o servizio pubblici. Anche un professionista privato può essere legittimato da norme di diritto pubblico a svolgere tali funzioni. Ciò premesso, possiamo passare a esporre la distinzione tra le due qualifiche.

Il pubblico ufficiale. Sono *funzioni pubbliche* (e, in quanto tali, integrano la qualifica di pubblico ufficiale) le funzioni legislative, giudiziarie e amministrative. Al fine di consentire una più precisa delimitazione del concetto di pubblica funzione, con particolare riferimento a quella amministrativa, l'art. 357, comma 2 c.p. afferma che la stessa deve avere almeno una delle seguenti caratteristiche. Deve consistere nella « formazione » o « manifestazione » della volontà della pubblica amministrazione o deve svolgersi per mezzo di « poteri autoritativi » o « certificativi ».

L'incaricato di pubblico servizio viene definito dall'art. 358 c.p. mediante un requisito positivo e due negativi. In primo luogo, il servizio deve essere disciplinato (come la pubblica funzione) da norme di diritto pubblico e da atti autoritativi. In secondo luogo, devono mancare le caratteristiche proprie della funzione pubblica, e cioè lo svolgimento di poteri certificativi o autoritativi o la formazione o la manifestazione della volontà della pubblica amministrazione. In terzo luogo il servizio non deve comportare l'esercizio di semplici mansioni d'ordine (ad es., un dattilografo o un usciere) né la prestazione di un'opera meramente materiale (ad es., un manovale).

Occorre sottolineare che lo Stato (o altro ente pubblico) può affidare l'esercizio di un servizio pubblico a soggetti privati; nel momento in cui il privato esercita tale servizio egli assume la qualifica di incaricato di pubblico servizio (ad esempio, tale è il dipendente di una società per azioni che è concessionaria del servizio di riscossione delle imposte pubbliche).

Gli ufficiali e gli agenti di polizia giudiziaria, data la particolare qualifica rivestita, sono tenuti ad informare il pubblico ministero di tutti i reati procedibili d'ufficio dei quali sono venuti *comunque* a conoscenza (art. 361, comma 2 c.p.); quindi anche fuori del servizio svolto.

Esenzione dall'obbligo di denuncia. Una disposizione apposita è prevista in relazione al *difensore* e ai suoi *ausiliari.* Tali soggetti non hanno obbligo di denuncia « neppure in relazione ai reati dei quali abbiano avuto notizia nel corso delle attività investigative da essi svolte » (art. 334-*bis*, introdotto dalla legge n. 397 del 2000) ([2]).

Le informazioni che devono essere date dal pubblico ministero e dalla polizia giudiziaria al fine di tutelare la persona offesa dal reato. La persona offesa dal reato ha il diritto di ricevere le informazioni necessarie al fine di esercitare i propri poteri nel procedimento penale; ciò deve avvenire in una lingua a lei comprensibile *sin dal primo contatto con l'autorità procedente* (art. 90-*bis*). Tra di esse segnaliamo le notizie sulle modalità di presentazione della denuncia e della querela, le informazioni sulle misure di protezione che possono essere disposte in loro favore e sulle strutture sanitarie e antiviolenza presenti sul territorio ([3]).

([2]) La disposizione deve intendersi nel senso che il difensore ed i suoi ausiliari sono vincolati al segreto professionale sia quando svolgono investigazioni difensive, sia quando comunque svolgono il loro mandato e, pertanto, non hanno l'obbligo di denuncia dei reati dei quali vengono a conoscenza nell'esercizio delle loro funzioni. La disposizione citata costituisce una garanzia di libertà per il difensore e i suoi ausiliari.

([3]) Ai sensi del nuovo art. 90-*bis* c.p.p., « alla persona offesa, sin dal primo contatto con l'autorità procedente, vengono fornite, in una lingua a lei comprensibile, informazioni in merito:

a) alle modalità di presentazione degli atti di denuncia o querela, al ruolo che assume nel corso delle indagini e del processo, al diritto ad avere conoscenza della data, del luogo del processo e della imputazione e, ove costituita parte civile, al diritto a ricevere notifica della sentenza, anche per estratto;

b) alla facoltà di ricevere comunicazione dello stato del procedimento e delle iscrizioni di cui all'articolo 335, commi 1 e 2;

Inoltre, in base all'art. 101, comma 1, *al momento dell'acquisizione della notizia di reato* il pubblico ministero e la polizia giudiziaria devono informare la persona offesa della facoltà di nominare un difensore di fiducia; infine, devono avvisarla della possibilità di accesso al patrocinio a spese dello Stato (si veda *supra*, parte II, cap. 1, § 7, lett. *a*). In base all'art. 609-*decies* c.p. quando si procede per determinati delitti contro la persona in ambito familiare, il procuratore della repubblica deve darne notizia al tribunale per i minorenni (4).

c. *Il referto.* Il *referto* è una particolare forma di denuncia alla quale è tenuto colui che, nell'esercizio di una professione sanitaria, *ha prestato* la propria assistenza o opera in casi che possono presentare i caratteri di un delitto procedibile d'ufficio (art. 365 c.p.). Il soggetto obbligato deve far pervenire il referto entro quarantotto ore (o, se vi è pericolo nel ritardo, immediatamente) al pubblico ministero o alla polizia giudiziaria (art. 334 c.p.p.). L'obbligo viene meno quando il referto esporrebbe la persona assistita a procedimento penale (art. 365, comma 2 c.p.).

A tale proposito occorre operare una *summa divisio* tra il medico privato e quello dipendente pubblico (ad esempio, chi fa parte del pronto soccorso di un ospedale pubblico).

Nel primo caso, si riconosce in capo all'esercente una professione sanitaria l'obbligo di referto laddove assista la persona offesa dal reato. Viceversa, tale obbligo non scatta nell'ipotesi in cui presti soccorso al responsabile del reato. La *ratio* di tale scelta si ricava dal bilanciamento operato dal legislatore tra l'interesse dello Stato alla conoscenza e alla repressione di reati e il diritto alla salute di cui all'art. 32 Cost. Infatti, qualora il referto fosse comunque obbligatorio, l'autore del reato difficilmente si sottoporrebbe alle opportune cure.

---

c) alla facoltà di essere avvisata della richiesta di archiviazione;

d) alla facoltà di avvalersi della consulenza legale e del patrocinio a spese dello Stato;

e) alle modalità di esercizio del diritto all'interpretazione e alla traduzione di atti del procedimento;

f) alle eventuali misure di protezione che possono essere disposte in suo favore;

g) ai diritti riconosciuti dalla legge nel caso in cui risieda in uno Stato membro dell'Unione europea diverso da quello in cui è stato commesso il reato;

h) alle modalità di contestazione di eventuali violazioni dei propri diritti;

i) alle autorità cui rivolgersi per ottenere informazioni sul procedimento;

l) alle modalità di rimborso delle spese sostenute in relazione alla partecipazione al procedimento penale;

m) alla possibilità di chiedere il risarcimento dei danni derivanti da reato;

n) alla possibilità che il procedimento sia definito con remissione di querela di cui all'articolo 152 del codice penale, ove possibile, o attraverso la mediazione;

o) alle facoltà ad essa spettanti nei procedimenti in cui l'imputato formula richiesta di sospensione del procedimento con messa alla prova o in quelli in cui è applicabile la causa di esclusione della punibilità per particolare tenuità del fatto;

p) alle strutture sanitarie presenti sul territorio, alle case famiglia, ai centri antiviolenza, alle case rifugio e ai servizi di assistenza alle vittime di reato » (lettera così mod. dalla legge n. 69 del 2019, c.d. codice rosso).

(4) Si tratta dei delitti previsti dagli articoli 600, 600-*bis*, 600-*ter*, 600-*quinquies*, 601, 602, 609-*bis*, 609-*ter*, 609-*quinquies*, 609-*octies* e 609-*undecies* commessi in danno di minorenni, o per il delitto previsto dall'art. 609-*quater*, o per i delitti previsti dagli articoli 572 e 612-*bis*, se commessi in danno di un minorenne o da uno dei genitori di un minorenne in danno dell'altro genitore. Per tali delitti, deve essere assicurata in ogni stato e grado del procedimento « l'assistenza affettiva e psicologica » della persona offesa minorenne o mediante la presenza del genitore o di altre persone idonee indicate dal minorenne o di associazioni per il supporto alle vittime, o mediante i servizi minorili dell'amm. della giustizia (art. 609-*decies*, commi 3 e 4 c.p.).

Diverso è quanto accade per il medico che sia dipendente pubblico. In tal caso, egli assume come qualifica assorbente quella di incaricato di pubblico servizio. Pertanto, la norma da applicare non è più l'art. 365, bensì il 362 c.p., con la conseguente obbligatorietà di denuncia-referto tutte le volte in cui, nell'esercizio o a causa delle sue funzioni, abbia avuto conoscenza di un reato procedibile d'ufficio ([5]).

d. *La denuncia anonima.* In base all'art. 333, comma 3, delle denunce anonime « non può essere fatto alcun uso » salvo il caso in cui costituiscano corpo del reato o provengano comunque dall'imputato. Le eccezioni sono le medesime che sono previste per il documento anonimo (v. parte II, cap. 4, § 6, lett. *d*).

Vale quanto abbiamo accennato in tale sede sul concetto di anonimato: è anonima quella denuncia (orale o scritta) la cui paternità non può essere attribuita ad alcuna fonte individuata o individuabile. Pertanto, è anonima anche la denuncia apocrifa, e cioè con firma falsa, illeggibile o dissimulata. Il codice tratta della denuncia anonima quale fonte di informazioni all'interno delle indagini, mentre il valore probatorio del documento anonimo è regolato tra i mezzi di prova.

Le denunce anonime quale stimolo per le investigazioni. Poiché non può esserne fatto « alcun uso », la denuncia anonima non può integrare una notizia di reato, con tutte le conseguenze relative. Non può essere posta come base probatoria per provvedimenti coercitivi, quali le perquisizioni, i sequestri o le intercettazioni. Non obbliga la polizia giudiziaria ad inserirla nell'informativa (art. 347), che richiede una notizia di reato basata quanto meno su indizi (v. il § successivo). La polizia giudiziaria deve comunque trasmettere la denuncia anonima al pubblico ministero, che deve inserirla nel registro delle notizie anonime (art. 108 disp. att.).

Si ritiene comunemente che la notizia anonima possa costituire uno stimolo per investigazioni condotte al fine di "prendere notizia dei reati", che costituisce uno dei doveri del pubblico ministero e della polizia giudiziaria (art. 330). Sarà il frutto di tali indagini ad essere utilizzabile nel procedimento penale.

I casi eccezionali di uso delle denunce anonime. Come abbiamo accennato, valgono per le denunce anonime le medesime eccezioni che il codice prevede per il documento anonimo. La denuncia anonima è utilizzabile come corpo di reato; ad esempio, una denuncia anonima calunniosa è utilizzabile come prova nel procedimento a carico dell'autore del delitto di calunnia, ma non in quel procedimento che sia stato aperto ad altri fini nei confronti del calunniato.

Se la denuncia anonima proviene dall'imputato, nel senso che questi ne sia venuto « comunque » in possesso e l'abbia prodotta nel procedimento, essa è utilizzabile.

([5]) È utile sottolineare che il presupposto, che impone al professionista sanitario (ed es. al medico) il dovere di referto, è non la mera conoscenza di un reato procedibile d'ufficio (come avviene per il pubblico ufficiale o l'incaricato pubblico servizio), bensì l'aver « prestato la propria assistenza od opera in casi che possono presentare i caratteri di un delitto pel quale si debba procedere d'ufficio » (art. 365 c.p.). Per quanto concerne il contenuto del dovere, l'art. 334 comma 2 c.p.p. precisa che il referto « indica la persona alla quale è stata prestata assistenza e, se possibile, le sue generalità, il luogo dove si trova attualmente e quanto altro valga a identificarla nonché il luogo, il tempo e le altre circostanze dell'intervento; dà inoltre le notizie che servono a stabilire le circostanze del fatto, i mezzi con i quali è stato commesso e gli effetti che ha causato o può causare ».

Ovviamente, se si scopre che l'imputato ne è l'autore, la denuncia cessa di essere anonima e deve essere acquisita anche d'ufficio ai sensi dell'art. 237.

Il registro delle notizie anonime. Il procuratore della Repubblica deve far annotare denunce e documenti anonimi in un apposito registro suddiviso per anni (art. 108 att. e 5 disp. reg.) e contenente la data di ricezione della notizia ed il relativo oggetto. Il registro e gli anonimi devono essere custoditi presso la procura della Repubblica con modalità tali da assicurare la riservatezza (6).

e. *L'obbligo di informare il pubblico ministero.* Una volta che la polizia giudiziaria ha ricevuto una notizia di reato (es. denuncia o referto), scatta l'obbligo per la polizia stessa di informare il pubblico ministero. L'informativa è la fonte dalla quale il pubblico ministero attinge la notizia di reato; essa deve contenere gli « elementi essenziali del fatto », gli altri « elementi di prova e le attività compiute » (art. 347, comma 1) nonché precisare « il giorno e l'ora » in cui la notizia è stata acquisita (art. 347, comma 4). Da ciò si ricava che la polizia deve trasmettere una notizia di reato non "muta" dal punto di vista investigativo, bensì "significativa", e ciò avviene quando è stato raccolto l'elemento di prova di un illecito penale.

I termini per la trasmissione dell'informativa. Il termine, entro cui l'obbligo deve essere adempiuto, non è unico, bensì varia in relazione a determinate situazioni previste dall'art. 347. Come regola, il codice pone l'obbligo di riferire la notizia di reato « senza ritardo » e « per iscritto » al pubblico ministero. Sono previste, tuttavia, alcune eccezioni.

L'informativa deve essere data "immediatamente" anche in forma orale quando « sussistono ragioni di urgenza » o quando si tratta di determinati delitti gravi o di criminalità organizzata (art. 347, comma 3). E ancora, il termine è di quarantotto ore nel caso in cui la polizia giudiziaria abbia compiuto « atti per i quali è prevista l'assistenza del difensore » dell'indagato (art. 347, comma 2-*bis*). Infine, l'avvenuto arresto in flagranza impone alla polizia l'obbligo di informare immediatamente il pubblico ministero (art. 386, comma 1).

Da ultimo, segnaliamo che la legge n. 69 del 2019 (c.d. codice rosso) ha aggiunto l'obbligo di riferire immediatamente al pubblico ministero, anche in forma orale, le notizie dei reati previsti nel nuovo comma 3 dell'art. 347 (7).

Caratteri differenziali tra informativa e notizia di reato. Una differenza fondamentale tra l'informativa di polizia giudiziaria e la notizia di reato è la *impersonalità* della informativa. Infatti, mentre le notizie di reato obbligatorie (artt. 362-365 c.p.;

---

(6) Trascorsi cinque anni dalla ricezione, il registro annuale e gli anonimi relativi devono essere distrutti sulla base di un provvedimento adottato dal procuratore della Repubblica; dell'esecuzione è redatto verbale.

(7) Si tratta dei delitti previsti dagli articoli 572, 609-*bis*, 609-*ter*, 609-*quater*, 609-*quinquies*, 609-*octies*, 612-*bis* e 612-*ter* del codice penale o dagli articoli 582 e 583-*quinquies* del codice penale nelle ipotesi aggravate ai sensi degli articoli 576, primo comma, numeri 2, 5 e 5.1, e 577, primo comma, numero 1, e secondo comma, del codice penale. Questi reati, che fanno scattare un vero e proprio "codice rosso", coincidono solo in parte con quelli in relazione ai quali la vittima deve essere sentita con la presenza di un esperto psicologo o psichiatra ai sensi dell'art. 351, comma 1-*ter*. La corsia preferenziale è finalizzata non solo ad accelerare la verifica della responsabilità dell'autore del reato, ma anche — e soprattutto — a tutelare l'incolumità personale della persona offesa mediante l'applicazione di misure cautelari o anche di prevenzione (S. RECCHIONE).

331 e 334 c.p.p.) sono il frutto di obblighi imposti ad una specifica persona che abbia avuto la conoscenza del fatto, l'obbligo di informativa investe l'organo di polizia giudiziaria inteso come unità operativa. La funzione di informazione completa e organica attribuita all'informativa di reato impone un'organizzazione e un coordinamento all'interno dell'ufficio, cosicché spetta poi all'ufficiale più alto in grado il compito di riunire tutti gli elementi in un unico documento da spedire, nei termini di legge, al pubblico ministero competente, indicando gli ufficiali ed agenti che hanno svolto indagini.

3. Le condizioni di procedibilità.

Il codice pone la regola della procedibilità d'ufficio (art. 50, comma 2); i reati sottoposti a condizione di procedibilità devono essere espressamente previsti dalla legge. Le condizioni di procedibilità sono atti ai quali la legge subordina l'esercizio dell'azione penale in relazione a determinati reati per i quali non si debba procedere d'ufficio. Sono condizioni di procedibilità la querela, l'istanza, la richiesta di procedimento e l'autorizzazione a procedere.

Non solo: gli istituti menzionati sono, in realtà, anche « condizioni » per l'esercizio di determinati poteri coercitivi, come il fermo, l'arresto o le misure cautelari personali ([8]). In mancanza di una condizione di procedibilità si possono quindi compiere soltanto « gli atti di indagine preliminare necessari ad assicurare le fonti di prova » (art. 346) ([9]).

a) La querela (art. 336 c.p.p.) è l'atto con il quale la persona offesa manifesta la volontà che si persegua penalmente il fatto di reato che essa ha subìto; ciò a prescindere dal soggetto che risulterà esserne l'autore (art. 120 c.p.). La querela si compone di due elementi: la notizia di reato e la manifestazione della volontà che si proceda penalmente in ordine al medesimo. È chiara la differenza rispetto alla denuncia: quest'ultima può essere presentata da chiunque (non solo dalla persona offesa) e non deve necessariamente contenere una manifestazione di volontà; è sufficiente la notizia che è avvenuto un fatto di reato.

Il diritto di querela deve essere esercitato, di regola, entro il termine di tre mesi dal giorno in cui la persona offesa ha avuto notizia del fatto che costituisce reato (art. 124 c.p.); nel caso di delitti contro la libertà sessuale il termine è di sei mesi e per i delitti di violenza sessuale previsti dagli artt. 609-*bis* e 609-*ter* il termine è di dodici mesi (art. 609-*septies*, comma 2, mod. dalla legge n. 69 del 2019, c.d. codice rosso).

La dichiarazione di querela è proposta con le forme previste per la denuncia; nel caso in cui sia recapitata da un incaricato o spedita per posta, occorre l'autentica della

---

([8]) In dottrina si ammette che si possa disporre il sequestro probatorio che non richieda una previa perquisizione. Il sequestro di iniziativa della polizia giudiziaria in sede di sopralluogo (art. 354) rientra tra gli atti che si possono compiere in attesa di una condizione di procedibilità che può ancora sopravvenire; in tal senso Cass., sez. I, 6 giugno 1991, Saidi Ben Abdelaziz, in *Cass. pen.*, 1993, 1158.

([9]) In tal caso la polizia giudiziaria deve riferire *senza ritardo* al pubblico ministero le attività di indagine che sono state svolte (art. 112 disp. att.).

sottoscrizione da parte di un pubblico ufficiale autorizzato o, anche, del difensore (artt. 337 c.p.p.; 39 disp. att.).

La riforma Cartabia (art. 1, comma 15, legge-delega n. 134 del 2021) estenderà l'elenco dei reati procedibili a querela.

La rinuncia alla querela (art. 339 c.p.p.) è l'atto con cui la persona offesa rinuncia ad esercitare il diritto di querela. La *rinuncia* è un atto irrevocabile ed incondizionato con cui la persona offesa, *prima di aver proposto querela*, manifesta la volontà che *non* si proceda penalmente per il reato subìto (art. 124 c.p.). La rinuncia al diritto di querela può essere fatta con un atto espresso o tacitamente ed è irrevocabile (art. 124, comma 2 c.p.).

La remissione di querela (art. 340 c.p.p.). Di regola, la querela, una volta proposta, può essere revocata. A tal fine il codice penale prevede l'istituto della *remissione* quale causa di estinzione del reato (art. 152). Si tratta di quell'atto irrevocabile ed incondizionato con cui la persona offesa, *dopo aver proposto querela*, manifesta espressamente o tacitamente la volontà che *non* si proceda penalmente per il fatto di reato. La remissione non produce effetto se il querelato non l'ha accettata espressamente o tacitamente (art. 155 c.p.). Merita ricordare che la facoltà di rimettere la querela incontra alcuni limiti in relazione a determinati reati ([10]).

La ***riforma Cartabia*** (art. 1, comma 15, lett. *d*, legge-delega n. 134 del 2021) prevederà, quale remissione tacita della querela, l'ingiustificata mancata comparizione del querelante all'udienza alla quale sia stato citato in qualità di testimone; in tal modo la riforma ha consolidato la interpretazione giurisprudenziale che si era affermata nel tempo.

b) L'istanza (art. 341 c.p.p.) è un atto con il quale la persona offesa manifesta la volontà che si proceda per un reato che è stato commesso all'estero e che, se fosse stato commesso in Italia, sarebbe procedibile d'ufficio (artt. 9, comma 2 e 10, comma 1 c.p.).

c) La richiesta di procedimento (art. 342 c.p.p.) è l'atto con cui il ministro della giustizia manifesta la volontà che si proceda per un determinato reato commesso all'estero (artt. 7-11 c.p.) o per altri reati espressamente previsti dagli artt. 127, 313, comma 4 e 604 c.p.

d) L'autorizzazione a procedere (art. 343 c.p.p.) è un atto discrezionale ed irrevocabile che viene emanato da un organo dello Stato. Due possono essere le

---

([10]) Nel caso di delitti in materia sessuale la querela proposta è irrevocabile (art. 609-*septies*, comma 3, c.p.); ed è irrevocabile anche quando gli atti persecutori (art. 612-*bis*, comma 4, c.p.) sono commessi con modalità gravi (minacce reiterate o mediante armi o con atti anonimi). La non revocabilità della querela ha le seguenti giustificazioni. Da un lato, vuole evitare che il querelato (presunto responsabile del reato) possa coartare la volontà dell'offeso. Da un altro lato, tende a scoraggiare l'offeso dal presentare querele infondate che affermino fatti più gravi di quelli effettivamente avvenuti, poiché se tali fatti sono recepiti nell'addebito formulato dal pubblico ministero, ciò impedisce la remissione della querela.

Sempre nel caso di atti persecutori, ma nell'ipotesi in cui non ricorra la circostanza della gravità sopra menzionata, la remissione di querela « può essere soltanto processuale » (art. 612-*bis* c.p., comma 4). Ciò comporta che, in negativo, la remissione di querela non può essere tacita, e cioè con modalità non espresse; in positivo, la remissione di querela può essere fatta soltanto davanti all'autorità procedente (pubblico ministero o giudice) o davanti ad un ufficiale di polizia giudiziaria, che deve trasmetterla immediatamente alla predetta autorità (art. 340, comma 1 c.p.p.). La formalità ha lo scopo di permette all'autorità procedente di accertare la consapevolezza dell'atto di remissione e la libertà morale dell'offeso in modo da escludere coartazioni.

ragioni per le quali la legge pone l'autorizzazione come condizione per l'esercizio dell'azione penale e per il compimento di singoli atti del procedimento. In alcuni casi viene in considerazione la *qualità dell'imputato*, che è un rappresentante di un organo pubblico e che si vuole proteggere contro le "azioni di disturbo" del potere giudiziario. Ad esempio, non si può procedere per un reato commesso da un ministro nell'esercizio delle sue funzioni se non su autorizzazione della assemblea legislativa alla quale appartiene il ministro stesso, o del senato se il ministro non è membro delle assemblee legislative (art. 96 Cost.; art. 5 legge cost. 16 gennaio 1989, n. 1).

In altri casi viene in considerazione la qualità della *persona offesa dal reato*, che è un organo pubblico del quale si vuole evitare che venga compromesso il "prestigio" in un processo penale (art. 313 c.p.). Ad esempio, non si può procedere per il delitto di vilipendio di una delle due assemblee legislative (art. 290 c.p.) senza l'autorizzazione dell'assemblea contro la quale il vilipendio è diretto.

In mancanza delle condizioni di procedibilità, la polizia giudiziaria di regola non ha l'obbligo di informare il pubblico ministero della notizia di reato; l'obbligo scatta soltanto se vengono compiute indagini (art. 112 disp. att.).

La mancanza di una condizione di procedibilità: riproponibilità dell'azione penale. Ai sensi dell'art. 345, il provvedimento di archiviazione e la sentenza di proscioglimento o di non luogo a procedere, con i quali è stata dichiarata la mancanza di una condizione di procedibilità, non impediscono l'esercizio dell'azione penale per il medesimo fatto e contro la medesima persona se è in seguito proposta la querela, l'istanza, la richiesta o è concessa l'autorizzazione ([11]).

4. Il segreto investigativo ed il divieto di pubblicazione.

a. *Considerazioni preliminari.* Lo svolgersi del procedimento penale genera un contrasto tra opposte esigenze. Vi è la necessità di proteggere la ricerca delle fonti di prova contro gli atti che possono mettere in pericolo l'acquisizione o la genuinità delle informazioni; ma vi è anche quella di assicurare l'esercizio del diritto di difesa.

L'esigenza di tutela delle indagini impone di coprire col segreto gli atti iniziali del procedimento; la garanzia del diritto di difesa richiede che gli atti possano essere conosciuti dall'indagato e dalle altre potenziali parti private. Su questo sfondo si colloca il nuovo comma 3 dell'art. 111 Cost., in base al quale l'accusato ha il diritto di essere informato riservatamente « nel più breve tempo possibile della natura e dei motivi dell'accusa elevata a suo carico ».

Con il termine "segreto" si indica un limite posto alla conoscibilità di fatti; di essi viene assicurata la *conoscenza esclusiva* in favore di determinati soggetti. Per gli « atti di indagine compiuti dal pubblico ministero e dalla polizia giudiziaria » è previsto come ***regola*** l'obbligo del segreto (art. 329, comma 1). Tale vincolo comporta che

---

([11]) In base alla legge n. 103 del 2017 (*riforma Orlando*), quando è stata pronunciata sentenza di proscioglimento o di non luogo a procedere perché l'imputato è affetto da incapacità processuale irreversibile a norma dell'art. 72-*bis* e successivamente lo stato di incapacità viene meno o si accerta che è stato erroneamente dichiarato, può essere nuovamente esercitata l'azione penale per il medesimo fatto contro la medesima persona (art. 345, comma 2 mod.).

l'atto di indagine non debba essere rivelato ed opera in modo oggettivo, nel senso che grava su tutti i soggetti che siano a conoscenza dell'atto segreto. Essi sono comunque obbligati a non rivelare l'atto, a prescindere dalla loro qualifica. Ovviamente, l'atto può essere rivelato dall'inquirente a soggetti pubblici autorizzati a conoscerlo; ciò avviene, ad esempio, nei rapporti tra diversi uffici del pubblico ministero, impegnati in indagini collegate (art. 371, comma 1). Il soggetto autorizzato a conoscere l'atto è, a sua volta, vincolato dall'obbligo del segreto.

b. *Gli atti conoscibili dall'indagato.* Il codice ha operato un bilanciamento tra le contrapposte esigenze della protezione della società e della difesa dell'indagato. Alla regola della segretezza sono state poste varie deroghe in favore della difesa (si veda lo schema n. 4 al termine del presente capitolo).

Gli atti "garantiti" sono quelli ai quali il difensore ha diritto di assistere previo avviso che deve essergli dato almeno ventiquattro ore prima del compimento dell'atto stesso. Si tratta dell'interrogatorio, dell'ispezione, della individuazione di persone, del confronto ai quali deve partecipare l'indagato e dell'ispezione alla quale non deve partecipare l'indagato (art. 364 commi 1 e 3). Quando vi è fondato motivo di ritenere che il ritardo nel compimento di uno degli atti menzionati possa pregiudicare la ricerca o l'assicurazione delle fonti di prova, il pubblico ministero può compiere l'atto prima del termine, ma deve comunque dare tempestivamente avviso al difensore d'ufficio o a quello di fiducia ([12]). Nella categoria degli atti garantiti rientra altresì *l'accertamento tecnico non ripetibile* disposto dal pubblico ministero su « persone, cose o luoghi il cui stato è soggetto a modificazione » (art. 360) o la modificazione dei quali è determinata dall'accertamento stesso (art. 117 disp. att.) (v. *infra*, § 6, lett. *g*).

Occorre sottolineare che la facoltà di assistere ad alcuni atti di indagine (facoltà spettante al difensore) è concessa prevalentemente al fine di tutelare l'indagato (se presente) e di assicurare comunque la regolarità dell'atto stesso: la garanzia assicura quello che viene comunemente definito "contraddittorio debole". Infatti, quando il difensore assiste agli atti di indagine, il suo intervento è limitato: in base all'art. 364, comma 7, può « presentare al pubblico ministero richieste, osservazioni e riserve delle quali è fatta menzione nel verbale ». Non si tratta di quel contraddittorio nella formazione della prova, che è previsto nell'art. 111 comma 4 Cost.

Gli atti a sorpresa. Vi è poi una seconda categoria, definibile come "atti a sorpresa"; in essa rientrano gli atti ai quali il difensore ha facoltà di assistere senza tuttavia avere diritto al preavviso. Si tratta delle perquisizioni e dei sequestri, che sono atti per loro natura non ripetibili fin dall'origine (art. 365 c.p.p.).

Il deposito. Degli atti sia "garantiti", sia "a sorpresa", è previsto il deposito del verbale a prescindere dal fatto che il difensore abbia partecipato o meno all'atto medesimo (art. 366). Il deposito avviene presso la segreteria del pubblico ministero

---

([12]) L'avviso può essere omesso quando il pubblico ministero procede a ispezione e vi è fondato motivo di ritenere che le tracce o gli altri effetti materiali del reato possano essere alterati; è fatta salva, in ogni caso, la facoltà del difensore d'intervenire (art. 364 comma 5).

Può accadere che all'inizio delle indagini l'indagato non sia assistito da un difensore. In tal caso, l'indagato deve essere avvisato che è assistito da un difensore d'ufficio, ma che può nominarne uno di fiducia (art. 364 comma 2).

entro il terzo giorno successivo al compimento dell'atto, con facoltà per il difensore di esaminare il verbale ed estrarne copia nei cinque giorni successivi. Quando non è stato dato avviso del compimento dell'atto, al difensore è immediatamente notificato l'avviso di deposito. Ove sia stato eseguito un sequestro, il difensore ha facoltà di esaminare le cose sequestrate nel luogo in cui esse si trovano e di estrarne copia se si tratta di documenti (art. 366, comma 1).

L'informazione di garanzia. Occorre ricordare che quando il pubblico ministero ritiene di compiere un atto garantito, egli ha l'obbligo di inviare all'indagato ed alla persona offesa l'informazione di garanzia (art. 369). Il contenuto più importante dell'informazione di garanzia è l'*invito* ad esercitare la facoltà di nominare un difensore di fiducia. Se l'indagato non provvede alla nomina, il pubblico ministero designa il difensore d'ufficio richiedendo il nominativo all'ufficio presso l'ordine forense del capoluogo di corte d'appello (art. 29 disp. att.) (v. *infra*, § 6 lett. *a*).

Atti garantiti e assistenza difensiva. Quando deve essere compiuto un atto garantito (che impone il preavviso al difensore), il pubblico ministero deve preavvisare il difensore dell'indagato del compimento dell'atto. Il difensore di fiducia (o d'ufficio) di regola ha la facoltà, ma non il dovere, di assistere all'atto garantito; pertanto, l'atto è validamente compiuto se il difensore, regolarmente preavvisato, non si presenta.

c. Gli atti segreti. ***Il segreto investigativo.*** Per gli atti di indagine compiuti dal pubblico ministero e dalla polizia giudiziaria è posto, come regola generale, l'obbligo del segreto (art. 329, comma 1). Fra gli atti segreti rientrano, ad esempio, l'assunzione di informazioni da possibili testimoni (art. 362), gli accertamenti tecnici ripetibili (art. 359) e l'individuazione di cose (art. 361) ([13]). Questi atti sono coperti dal segreto fino a quando l'imputato (o l'indagato) « non ne possa avere conoscenza e, comunque, non oltre la chiusura delle indagini », e cioè, generalmente, fino all'avviso di conclusione delle medesime (art. 415-*bis*). Si tratta di un segreto che viene definito *interno* e che consiste nel divieto di rivelare all'indagato e al suo difensore un atto del procedimento penale. L'obbligo del segreto opera in modo oggettivo ed è posto a carico di tutte le persone che hanno partecipato o assistito al compimento dell'atto.

Aggiornamento per i procedimenti che sono iscritti dopo il 31 agosto 2020. L'art. 329, comma 1, mod. dal d.l. n. 161 del 2019, conv. in legge n. 7 del 2020, precisa che sono segrete anche le « richieste del pubblico ministero di autorizzazione al compimento di atti di indagine e gli atti del giudice che provvedono su tali richieste »; la disposizione si riferisce, ad es., alla richiesta di un'intercettazione ed al relativo provvedimento del giudice che accoglie o rigetta la richiesta.

La violazione dell'obbligo del segreto può rientrare in almeno due fattispecie incriminatrici (artt. 326 e 379-*bis* c.p.).

La rivelazione del segreto d'ufficio. L'art. 326 c.p. punisce *il pubblico ufficiale o l'incaricato di pubblico servizio* il quale riveli un atto segreto « violando i doveri inerenti alle funzioni o al servizio, o comunque abusando della (propria) qualità ».

([13]) La « individuazione di persone » è stata inserita tra gli atti garantiti dal decreto legislativo 15 settembre 2016, n. 184.

Come abbiamo accennato all'inizio del capitolo, nella categoria dei pubblici ufficiali rientrano i magistrati, la polizia giudiziaria e i loro ausiliari.

La rivelazione di segreti inerenti ad un procedimento penale. Le persone che hanno partecipato o assistito ad un atto segreto, anche se non hanno le predette qualifiche di *pubblico ufficiale o di incaricato di pubblico servizio*, tuttavia non devono rivelare notizie segrete concernenti il procedimento penale. Infatti, l'art. 379-*bis*, primo periodo, c.p. punisce con la reclusione fino ad un anno « chiunque rivela *indebitamente* notizie segrete concernenti un procedimento penale, da lui apprese per avere partecipato o assistito ad un atto del procedimento stesso » ([14]).

Come è agevole desumere dal tenore letterale della norma, il vincolo di segretezza concerne lo svolgimento e la "documentazione" dell'atto del procedimento; viceversa, esso non si estende al *fatto storico* oggetto di indagine ([15]). Pertanto, le persone che hanno partecipato al compimento di un atto di indagine (ad esempio, i possibili testimoni sentiti dal pubblico ministero) non possono rivelare lo "svolgimento" dell'atto (ad esempio, le domande rivolte e le risposte date); tuttavia, le persone stesse sono libere di riferire quei fatti storici, dei quali sono a conoscenza.

Durata del segreto investigativo. Il codice indica due momenti nei quali viene meno l'obbligo del segreto. In primo luogo ciò avviene quando l'indagato può « avere conoscenza » dell'atto (art. 329, comma 1). L'espressione deve intendersi nel senso che si deve trattare di una possibilità "legale" di conoscenza, che può aversi anche quando, di fatto, il difensore non è stato presente all'atto o non si è recato nella segreteria del pubblico ministero ad esaminare il verbale.

In secondo luogo l'obbligo del segreto cade quando si perviene alla « chiusura delle indagini preliminari » (art. 329, comma 1). L'espressione deve essere riferita all'avviso di conclusione delle indagini (art. 415-*bis*).

Il potere di segretare lo "svolgimento" di atti di indagine conoscibili. Il codice ha tenuto conto della necessità che non vengano rivelati alcuni atti che, per legge, sono nati come conoscibili (es. interrogatorio dell'indagato) o lo sono diventati successivamente perché devono essere depositati (es. sequestro probatorio). Il pubblico ministero può esercitare il potere di segretazione « in caso di necessità per la prosecuzione delle indagini » e, in particolare, quando la conoscenza dell'atto può ostacolare le indagini riguardanti « altre persone » (art. 329, comma 3, lett. *a*) (v. tav. 3.4.4). L'oggetto che non deve essere rivelato concerne lo svolgimento « di singoli atti »; il divieto di rivelare le notizie segrete concernenti il procedimento penale è

([14]) Si tratta di un reato proprio, che cioè può essere commesso soltanto dalle persone che hanno *partecipato o assistito* ad un atto del procedimento penale, e non da coloro che ne siano venuti comunque a conoscenza. L'incriminazione scatta « salvo che il fatto costituisca più grave reato » e punisce la rivelazione *indebita*, cioè avvenuta in assenza di cause di giustificazione.

Il difensore e l'indagato non possono essere soggetti attivi del reato di cui all'art. 379-*bis*, primo periodo c.p. in quanto, se tali soggetti sono presenti all'atto (e cioè vi abbiano « partecipato o assistito » come richiesto dalla disposizione), quest'ultimo sarà conoscibile dall'imputato ed il segreto è venuto meno *ex* art. 329 c.p.p.

([15]) Il divieto di rivelazione (di cui al primo periodo dell'art. 379-*bis* c.p.) ha ad oggetto l'atto del procedimento in quanto tale, nonché la sua documentazione, ma non il fatto storico oggetto dell'atto e dell'indagine di cui il soggetto abbia avuto conoscenza in precedenza, cioè a prescindere dall'atto d'indagine.

sanzionato dall'art. 379-*bis*, primo periodo, c.p. (16). Si tratta di un segreto che possiamo definire *esterno* perché comporta il divieto di rivelare atti che sono conosciuti o sono conoscibili dall'indagato e dal suo difensore e per i quali, quindi, è già caduto il segreto interno.

Il potere di segretare i "fatti" oggetto di indagine. L'art. 391-*quinquies* c.p.p. attribuisce al pubblico ministero un ulteriore potere di segretazione, che comporta un ampliamento del divieto di rivelazione e che ha i seguenti requisiti.

1) Il segreto concerne i *fatti storici* oggetto di indagine.

2) La segretazione ha per oggetto esclusivamente quegli atti di indagine che comportano *l'assunzione di dichiarazioni.*

3) Devono sussistere *specifiche esigenze attinenti alle indagini*, che devono essere motivate dal pubblico ministero.

4) La persona vincolata al segreto deve aver « *rilasciato dichiarazioni nel corso delle indagini* » e il pubblico ministero deve averle comunicato il divieto ed averla avvertita « delle responsabilità penali conseguenti all'indebita rivelazione delle notizie ».

In presenza dei predetti requisiti, il pubblico ministero può vietare alle persone sentite di « comunicare i fatti e le circostanze oggetto dell'indagine di cui hanno conoscenza » (art. 391-*quinquies*). Il divieto è disposto con decreto motivato e non può avere una durata superiore a due mesi.

La persona che non osserva il divieto imposto dal pubblico ministero è punita con la reclusione fino ad un anno ai sensi dell'art. 379-*bis*, secondo periodo, c.p. In tal modo la pubblica accusa può precludere a tutti, quindi anche alla difesa dell'indagato e della persona offesa, l'assunzione di informazioni dai soggetti vincolati al segreto sul fatto storico.

Il potere di ritardare il deposito dell'atto conoscibile. Quando ricorrono «gravi motivi», il pubblico ministero ha l'ulteriore potere di ritardare il deposito del verbale di un atto conoscibile dal difensore, il quale, quindi, non può ottenerne copia (art. 366, comma 2). Il ritardo è disposto con decreto motivato per un periodo non superiore a trenta giorni « senza pregiudizio per ogni altra attività del difensore » (17).

---

(16) Il potere di segretazione è ammesso in presenza di *una* delle seguenti condizioni: 1) che l'indagato stesso lo consenta; 2) che la conoscenza dell'atto possa ostacolare le indagini riguardanti altre persone. In questi casi l'obbligo del segreto vincola coloro che sono a conoscenza dell'atto a non rivelare o divulgare quest'ultimo a terze persone. Agli atti "segretati" si applica la stessa disciplina che il codice predispone in relazione agli atti che sono segreti ai sensi dell'art. 329, comma 1. Pertanto, le persone che hanno partecipato o assistito a tali atti non possono rivelare le notizie inerenti allo "svolgimento" degli stessi (ad esempio, domande e risposte), ma sono libere di rivelare quei fatti storici oggetto di indagine di cui sono a conoscenza.

Una forma particolare di segretazione, che è obbligatoria per il pubblico ministero, è quella che concerne gli atti ai quali partecipano gli addetti ai servizi segreti. La regolamentazione è prevista dall'art. 27 della legge 3 agosto 2007 n. 124.

(17) Contro tale provvedimento l'indagato e il difensore possono proporre opposizione al giudice, che decide attivando il procedimento in camera di consiglio (art. 366, comma 2). Il potere di ritardare il deposito può essere esercitato dal pubblico ministero in relazione ad uno degli atti che sarebbero in astratto conoscibili dal difensore dell'indagato. Se quest'ultimo non è stato presente, l'atto resta di fatto segreto, anche se in astratto rientra tra gli atti conoscibili. Se viceversa il difensore ha partecipato all'atto, il ritardo nel deposito non vincola di per sé i soggetti, che

d. *Il divieto di pubblicazione.* Vi è un ulteriore limite di conoscenza che differisce sia dal segreto *interno* (da mantenere nei confronti dell'indagato e del suo difensore), sia dal segreto *esterno* (che consiste nel divieto di rivelare atti che tuttavia sono conosciuti o conoscibili dall'indagato e dal suo difensore). Si tratta del divieto di pubblicare gli atti del procedimento penale. L'art. 114 c.p.p. pone il divieto di pubblicazione con il mezzo della stampa o con altro mezzo di diffusione. Il divieto è di tipo assoluto o attenuato.

Gli atti segreti. Nei confronti degli *atti di indagine che sono segreti* è posto il ***divieto assoluto*** di pubblicazione, e cioè è vietato pubblicarne sia la riproduzione totale o parziale, sia il riassunto, sia il contenuto generico (art. 114, comma 1 c.p.p.). Il legislatore vuole evitare che la conoscenza anticipata degli atti segreti di indagine vanifichi l'attività investigativa che si sta svolgendo.

L'eccezione: la pubblicazione di singoli atti per la necessità di proseguire le indagini. Può tuttavia accadere che la pubblicazione di un atto del procedimento possa agevolare l'investigazione. L'ipotesi è prevista dall'art. 329, comma 2, in base al quale il pubblico ministero può, in deroga al divieto di pubblicazione, consentire, con decreto motivato, la divulgazione di « singoli atti o di parti di essi ». Si pensi al caso in cui possa essere utile diffondere l'identikit o la videoripresa dell'autore del reato. In tal caso, gli atti pubblicati devono essere depositati presso la segreteria del pubblico ministero.

Il d.lgs. n. 188 del 2021, in attuazione della Direttiva europea sulla presunzione di innocenza, ha previsto che il potere di desecretazione da parte del pubblico ministero può essere esercitato soltanto se risulta « strettamente » necessario per la prosecuzione delle indagini.

Gli atti conoscibili. Un differente regime opera per gli atti del procedimento penale che non siano segreti. Tale è la situazione sia degli atti che fin dall'origine nascano come conoscibili dall'indagato (non occorre che questi o il suo difensore in concreto ne abbiano avuto effettiva conoscenza), sia degli atti che divengano successivamente conoscibili (artt. 364-366 c.p.p.). Ricordiamo che il segreto cessa, comunque, con « la chiusura delle indagini preliminari »; ciò avviene, ad esempio, quando è notificato all'indagato l'avviso di conclusione delle indagini (art. 415-*bis* c.p.p.).

Per gli atti *conoscibili* vige un ***divieto attenuato*** di pubblicazione, nel senso che è vietato pubblicare l'"atto" (art. 114, comma 2 c.p.p.), e cioè il testo parziale o totale dell'atto stesso. Viceversa, è consentito pubblicare il "contenuto" dello stesso (art. 114, comma 7 c.p.p.), e cioè « notizie di stampa più o meno generiche e prive di riscontri documentali riguardanti il contenuto di atti » (*Relaz. al Prog. preliminare*, 49).

Aggiornamento. A tale regola il d.l. n. 161 del 2019, conv. in legge n. 7 del 2020, ha posto due importanti eccezioni.

Da un lato, è possibile pubblicare *il testo* dell'ordinanza che ha applicato una misura cautelare, ovviamente dopo che è stata eseguita (comma 2 dell'art. 114, in vigore dal 1° settembre 2020, salvo ulteriori rinvii). Come abbiamo esposto in

---

hanno comunque conoscenza dell'atto stesso, a mantenere il segreto rispetto a terze persone. Se il pubblico ministero intende apporre il vincolo del segreto, deve esercitare il potere che gli è concesso dall'art. 329, comma 3, lett. *a*.

precedenza, l'ordinanza deve essere redatta riproducendo soltanto i brani essenziali delle eventuali comunicazioni e conversazioni intercettate (art. 292, comma 2-*quater*).

Da un altro lato, è vietata la pubblicazione anche parziale del *testo* e del *contenuto generico* delle intercettazioni che ancora non sono state acquisite (artt. 268, 415-*bis* o 454). Anche se sulle intercettazioni è caduto il segreto interno, perché le medesime sono a conoscenza del difensore dell'imputato insieme agli atti posti a base della misura cautelare, ciò nonostante deve essere mantenuto il segreto esterno, e cioè il divieto di pubblicazione integrale e come notizia generica (*le disposizioni appena menzionate si applicano ai procedimenti iscritti dopo il 31 agosto 2020, salvo ulteriori rinvii*) ([18]).

Le sanzioni penali. Il sistema delineato dal legislatore rivela lacune e vuoti di tutela. La pubblicazione arbitraria di atti del procedimento penale è punita con la sanzione irrisoria dell'arresto fino a trenta giorni in alternativa con l'ammenda di duecentocinquantotto euro nel massimo (art. 684 c.p.). Si tratta di una contravvenzione oblazionabile con il versamento di centoventinove euro ai sensi dell'articolo 162-*bis* c.p. È chiaro come sia scarsa l'efficacia deterrente che una norma del genere può esplicare nei confronti di giornalisti interessati a pubblicare notizie *scoop* per fare carriera ed incrementare i profitti dell'editore. La norma non pare idonea a garantire i valori giuridici che devono essere tutelati: la riservatezza dei soggetti coinvolti nel processo penale, la serena amministrazione della giustizia e la presunzione di innocenza dell'imputato.

Il divieto di divulgazione di determinati atti. È vietato pubblicare ***le generalità e l'immagine dei minorenni*** in relazione a qualsiasi atto del procedimento penale. Il divieto vige nei confronti del minorenne imputato (art. 13 d.p.r. n. 448 del 1988); ma, se il minorenne è testimone, persona offesa o danneggiato dal reato, il divieto concerne altresì gli elementi che anche indirettamente possano portare alla di lui identificazione (art. 114 comma 6 mod. dalla legge n. 112 del 2004).

Una maggior tutela è assicurata dalla fattispecie prevista dall'articolo 734-*bis* c.p., che riguarda i procedimenti in materia di violenza sessuale e assimilati (e cioè pedofilia e pedopornografia; leggi n. 66 del 1996, n. 269 del 1998 e n. 38 del 2006). La norma sanziona con la pena dell'arresto da tre a sei mesi chiunque divulghi, anche attraverso mezzi di comunicazione di massa, ***le generalità o l'immagine della persona offesa*** dai predetti reati, senza il consenso di questa. La pena prevista non permette l'oblazione e, quindi, esplica una maggiore efficacia deterrente.

([18]) Quello finora esposto è il regime che vige fino al termine dell'udienza preliminare, quando, in seguito alla emissione del decreto che dispone il giudizio, il giudice forma i due fascicoli. Dopodiché occorre distinguere.

Il fascicolo per il dibattimento. Gli atti contenuti nel *fascicolo per il dibattimento* (art. 431 c.p.p.) sono di regola pubblicabili attraverso la riproduzione totale o parziale del loro testo (C. cost. n. 59 del 1995).

Il fascicolo del pubblico ministero. Gli atti contenuti nel *fascicolo del pubblico ministero* sono pubblicabili soltanto nel loro contenuto generico (come sopra precisato); può essere pubblicato il loro testo soltanto dopo che è stata pronunciata la sentenza in grado di appello (art. 114, comma 3 c.p.p.): il legislatore vuole garantire la « corretta formazione del convincimento del giudice » (*Relaz. al Prog. preliminare*, 49). È sempre consentita la pubblicazione del testo degli atti utilizzati per le contestazioni.

e. Approfondimento. I comunicati e le conferenze stampa delle autorità pubbliche. Sulla problematica del contenuto dei comunicati e conferenze stampa aventi ad oggetto atti del processo penale è intervenuta la Direttiva del Parlamento e del Consiglio europeo del 9 marzo 2016 (2016/343 UE), in base alla quale « gli Stati membri adottano le misure necessarie per garantire che, fino a quando la colpevolezza di un indagato o imputato non sia stata legalmente provata, le dichiarazioni pubbliche rilasciate da autorità pubbliche e le decisioni giudiziarie diverse da quelle sulla colpevolezza non presentino la persona come colpevole » (art. 4, § 1) ([19]). Il Parlamento con la legge n. 53 del 2021 ha delegato il potere esecutivo a recepire la Direttiva in questione, cosa che è avvenuta con la promulgazione del d.lgs. n. 188 del 2021 ([20]).

1) I comunicati e le conferenze stampa degli organi inquirenti. In via preliminare rispetto all'introduzione del nuovo divieto di criminalizzazione prematura dell'imputato, il d.lgs. n. 188 ha rafforzato le regole già esistenti sui comunicati e sulle conferenze stampa, regole spesso violate in passato dalla pubblica accusa e dalla polizia giudiziaria.

In base alle modifiche apportate al comma 1 dell'art. 5 d.lgs. n. 106 del 2006, il procuratore della Repubblica può dare informazioni ai *mass media* « esclusivamente tramite comunicati ufficiali oppure, nei casi di particolare rilevanza pubblica dei fatti, tramite conferenze stampa. La determinazione di procedere a conferenza stampa è assunta con atto motivato in ordine alle specifiche ragioni di pubblico interesse che la giustificano ».

Il potere di diffusione deve ritenersi un monopolio del procuratore della Repubblica poiché, in base alla disciplina dettata dal comma 2, non modificato dalla recente normativa, « è fatto divieto ai magistrati della procura della Repubblica di rilasciare dichiarazioni o fornire notizie agli organi di informazione circa l'attività giudiziaria dell'ufficio ».

Il nuovo comma 2-*bis* stabilisce che « la diffusione di informazioni sui procedimenti penali è consentita solo quando è strettamente necessaria per la prosecuzione delle indagini o ricorrono altre specifiche ragioni di interesse pubblico » ([21]).

2) Il divieto di criminalizzare prematuramente l'imputato nei comunicati e nelle conferenze stampa. A questo punto è stato introdotto il nuovo divieto di criminalizzazione prematura. In base al secondo periodo del nuovo comma 2-*bis* dell'art. 5

([19]) Sempre in base all'art. 4, § 1 della Direttiva, «ciò lascia impregiudicati gli atti della pubblica accusa volti a dimostrare la colpevolezza dell'indagato o imputato e le decisioni preliminari di natura procedurale adottate da autorità giudiziarie o da altre autorità competenti e fondate sul sospetto o su indizi di reità». In base al successivo § 3, «l'obbligo stabilito al paragrafo 1 di non presentare gli indagati o imputati come colpevoli non impedisce alle autorità pubbliche di divulgare informazioni sui procedimenti penali, qualora ciò sia strettamente necessario per motivi connessi all'indagine penale o per l'interesse pubblico».

([20]) Per le notizie di dettaglio si veda *supra*, parte I, cap. 2, § 8.

([21]) Nel Considerando n. 18 della Direttiva europea si cita, come esempio, il caso in cui venga diffuso materiale video e si inviti la collettività a collaborare nell'individuazione del presunto autore del reato oppure l'ipotesi in cui «per motivi di sicurezza, agli abitanti di una zona interessata da un presunto reato ambientale siano fornite informazioni (...) oggettive sullo stato del procedimento penale, al fine di prevenire turbative dell'ordine pubblico». Si aggiunge anche che l'interesse pubblico deve avere i requisiti della ragionevolezza e della proporzionalità.

d.lgs. n. 106 del 2006, « le informazioni sui procedimenti in corso sono fornite in modo da chiarire la fase in cui il procedimento pende e da assicurare, in ogni caso, il diritto della persona sottoposta a indagini e dell'imputato a non essere indicati come colpevoli fino a quando la colpevolezza non è stata accertata con sentenza o decreto penale di condanna irrevocabili ».

La nuova regolamentazione, sopra menzionata, investe anche le esternazioni della polizia giudiziaria. In base al nuovo comma 3-*bis*, nei casi in cui la diffusione di informazioni sui procedimenti penali è consentita, « il procuratore della Repubblica può autorizzare gli ufficiali di polizia giudiziaria a fornire, tramite comunicati ufficiali oppure tramite conferenze stampa, informazioni sugli atti di indagine compiuti o ai quali hanno partecipato. L'autorizzazione è rilasciata con atto motivato in ordine alle specifiche ragioni di pubblico interesse che la giustificano ». Merita segnalare che le informazioni non concernono l'intero procedimento, bensì soltanto gli « atti di indagine compiuti o ai quali hanno partecipato » gli ufficiali di polizia giudiziaria.

Il divieto di criminalizzazione prematura dell'imputato è perfezionato dal nuovo comma 3-*ter*, in base al quale « nei comunicati e nelle conferenze stampa » sopra menzionati « è fatto divieto di assegnare ai procedimenti pendenti denominazioni lesive della presunzione di innocenza ».

A completamento del sistema, il decreto legislativo ha potenziato l'attività di vigilanza espletata dal procuratore generale della corte di appello estendendola all'osservanza delle predette regole da parte dei procuratori della Repubblica (art. 6, comma 1, d.lgs. n. 106 del 2006, mod. dall'art. 3, comma 2 d.lgs. n. 188 del 2021).

3) Il divieto generale di criminalizzare prematuramente l'imputato nelle dichiarazioni delle « autorità pubbliche ». Perché fosse chiaro che il divieto non concerne soltanto i comunicati e le conferenze stampa degli organi inquirenti, l'art. 2 comma 1 del d.lgs. n. 188 ha posto alle « autorità pubbliche » il generale divieto «di indicare pubblicamente come colpevole la persona sottoposta a indagini o l'imputato fino a quando la colpevolezza non è stata accertata con sentenza o decreto penale di condanna irrevocabili». Per "autorità pubblica" si deve intendere qualsiasi autorità investita di potestà pubblicistiche, come emerge dal Considerando n. 17 della Direttiva europea, ove si fa menzione non soltanto delle autorità giudiziarie, di polizia e altre autorità preposte all'applicazione della legge, ma anche dei « ministri e altri funzionari pubblici ». Il divieto di criminalizzazione prematura concerne qualsiasi dichiarazione purché effettuata in modo pubblico.

Il rimedio alle dichiarazioni delle autorità pubbliche. In ossequio alla Direttiva europea (art. 4, § 2), è stato introdotto un rimedio specifico per la violazione del divieto di criminalizzazione prematura. Fermo restando, precisa immediatamente il d.lgs., che il nuovo rimedio non esclude « l'applicazione delle eventuali sanzioni penali e disciplinari, nonché l'obbligo di risarcimento del danno » (art. 2, comma 2).

Ciò premesso, ove venga commessa una violazione del generale divieto di criminalizzazione, « l'interessato ha diritto di richiedere all'autorità pubblica la rettifica della dichiarazione resa » (art. 2, comma 2 d.lgs. n. 188) ([22]). A questo punto, l'iniziativa spetta all'autorità che ha reso la dichiarazione: « quando ritiene fondata la richiesta », l'autorità « procede alla rettifica immediatamente e, comunque, non oltre quarantotto ore dalla ricezione della richiesta, dandone avviso all'interessato » (art. 2, comma 3 d.lgs. n. 188). La rettifica deve essere resa pubblica « con le medesime modalità della dichiarazione oppure, se ciò non è possibile, con modalità idonee a garantire il medesimo rilievo e grado di diffusione della dichiarazione oggetto di rettifica » (art. 2, comma 4 d.lgs. n. 188).

Il d.lgs. prevede anche l'ipotesi nella quale l'istanza di rettifica non sia accolta o, se accolta, non rispetti le disposizioni sulle "medesime modalità e il medesimo rilievo e grado di diffusione". In detti casi l'interessato può chiedere al tribunale che sia ordinata la pubblicazione della rettifica mediante la procedura d'urgenza ex art. 700 c.p.c. (art. 2, comma 5) ([23]).

4) La regolamentazione degli atti processuali diversi da quelli volti ad accertare in modo definitivo la responsabilità penale dell'indagato o dell'imputato. Una volta previste le norme che vincolano in generale le dichiarazioni rese da autorità pubbliche, il d.lgs. n. 188 inserisce nel c.p.p. un nuovo art. 115-*bis* che pone un'apposita regolamentazione degli *atti del procedimento penale*, con la precisazione che si deve trattare di « provvedimenti diversi da quelli volti alla decisione in merito alla responsabilità penale dell'imputato ».

Non basta. All'interno della categoria menzionata, il nuovo art. 115-*bis* traccia un'ulteriore distinzione tra i provvedimenti che presuppongono la « valutazione di prove, elementi di prova o indizi di colpevolezza » e quelli che non presuppongono una simile valutazione.

Comune alle varie categorie di atti è la imposizione di una nuova tecnica di redazione dei medesimi che sia più accorta nel rispettare la presunzione di innocenza. È chiaro che, se gli atti del procedimento sono ben scritti, la successiva diffusione sui *mass media* non nasce distorta in partenza.

5) Il divieto di criminalizzare prematuramente l'imputato negli atti del procedimento che non comportano la valutazione di prove o indizi. Si tratta, ad esempio, dell'ordinanza che proroga le indagini o di quella che ammette le prove. In detti atti « la persona sottoposta a indagini o l'imputato non possono essere indicati come colpevoli fino a quando la colpevolezza non è stata accertata con sentenza o decreto penale di condanna irrevocabili ».

Viene posta un'eccezione al divieto: « tale disposizione non si applica agli atti del pubblico ministero volti a dimostrare la colpevolezza della persona sottoposta ad indagini o dell'imputato » (art. 115-*bis*, comma 1 c.p.p.). Dalla lettura della Direttiva si ricava che un esempio in tal senso si può individuare nella richiesta di rinvio a giudizio o nella richiesta di una misura cautelare.

([22]) Il rimedio è parzialmente simile a quanto già previsto a proposito della rettifica della notizia giornalistica in base all'art. 8 della legge n. 47 del 1948 in tema di diffamazione a mezzo stampa.

([23]) « Pur se non lo si dice espressamente, è sensato ritenere che la procedura d'urgenza sia attivabile anche in caso di inerzia dell'autorità pubblica nell'assumere la decisione richiesta entro il termine delle quarantotto ore »; così G.M. Baccari, *Le nuove norme sul rafforzamento della presunzione di innocenza dell'imputato*, in *Dir. pen. proc.*, 2022, 159, secondo cui « un appiglio in tal senso lo si coglie nella Relazione illustrativa ».

6) Il divieto di criminalizzare prematuramente l'imputato negli atti che comportano la valutazione di prove o indizi. Si tratta, ad esempio, dell'ordinanza che applica una misura cautelare. In questi casi l'art. 115-*bis*, comma 2, c.p.p. impone una tecnica di redazione di tipo garantista. Si stabilisce che « l'autorità giudiziaria limita i riferimenti alla colpevolezza della persona sottoposta alle indagini o dell'imputato alle sole indicazioni necessarie a soddisfare i presupposti, i requisiti e le altre condizioni richieste dalla legge per l'adozione del provvedimento ». Pertanto, è ammessa l'elencazione degli indizi di reità in quanto elementi presenti allo stato degli atti; è vietata l'anticipazione di un giudizio finale di colpevolezza.

Resta comunque qualche dubbio, perché la distinzione tra provvedimenti che presuppongono, o meno, la valutazione di prove o indizi lascia margini di incertezza. Con pesanti conseguenze, poiché il rimedio, introdotto dal d.lgs. n. 188, concerne soltanto la seconda categoria di provvedimenti.

7) Il rimedio alla criminalizzazione prematura dell'imputato nei provvedimenti che non presuppongono la valutazione di prove o indizi. Il nuovo art. 115-*bis*, comma 3 introduce un rimedio espresso in relazione ai soli provvedimenti che non presuppongono la valutazione di prove o indizi. In caso di violazione del divieto di criminalizzazione prematura, l'interessato può, a pena di decadenza, nei dieci giorni successivi alla conoscenza del provvedimento, « richiederne la correzione, quando è necessario per salvaguardare la presunzione di innocenza nel processo » (comma 3).

Sull'istanza di correzione provvede con decreto motivato il giudice che procede entro quarantotto ore dal suo deposito; e ciò, anche se si tratta di un atto della pubblica accusa. Nel corso delle indagini è competente il giudice per le indagini preliminari (comma 4). Il decreto è notificato all'interessato e alle altre parti e comunicato al pubblico ministero, i quali, a pena di decadenza, nei dieci giorni successivi, possono proporre opposizione al presidente del tribunale o della corte, il quale decide con decreto senza formalità di procedura ([24]).

8) Il divieto di criminalizzare prematuramente l'imputato nell'esecuzione delle misure cautelari. La legge 16 dicembre 1999, n. 479 aveva già introdotto nell'art. 114 il nuovo comma 6-*bis* che vieta la pubblicazione dell'immagine delle persone private della libertà personale, ritratte con le « manette ai polsi » o mentre sono sottoposte ad « altro mezzo di coercizione fisica ». Il divieto viene meno soltanto se la persona ripresa consente alla pubblicazione.

La violazione del divieto in questione non integra la pur blanda fattispecie incriminatrice prevista dall'art. 684 c.p. Infatti, le immagini delle persone arrestate non rientrano tra gli « atti di un procedimento penale », la cui pubblicazione fuori dei casi consentiti costituisce reato. All'ipotesi in esame resta applicabile soltanto l'art. 115 c.p.p., che sanziona in via disciplinare la violazione dei divieti previsti dall'art. 114, quando è commessa da impiegati pubblici o da persone esercenti una professione per la quale è prevista una speciale abilitazione dello Stato, come avviene per i giornalisti.

([24]) Quando l'opposizione riguarda un provvedimento emesso dal presidente del tribunale o dalla corte di appello si applicano le disposizioni che l'art. 36, comma 4 reca in merito alla dichiarazione di astensione del giudice: sulla dichiarazione di astensione del presidente del tribunale decide il presidente della corte di appello; su quella del presidente della corte di appello decide il presidente della corte di cassazione.

La Direttiva (UE) 2016/343 aveva prescritto che gli Stati membri adottassero « misure appropriate per garantire che gli indagati e imputati non siano presentati come colpevoli, in tribunale o in pubblico, attraverso il ricorso a misure di coercizione fisica » ([25]).

Con il d.lgs. n. 188 l'art. 474 c.p.p. è stato modificato aggiungendo una garanzia giurisdizionale che non era imposta dalla Direttiva: in base al nuovo comma 1-*bis*, l'eventuale adozione di misure di coercizione fisica nei confronti dell'imputato che assiste all'udienza dibattimentale deve costituire oggetto di uno specifico provvedimento del giudice « sentite le parti ». L'ordinanza del giudice è revocata con le medesime forme quando sono cessati i motivi legittimanti l'emanazione del provvedimento, e cioè vengano meno il pericolo di fuga o di consumazione di atti di violenza.

Il nuovo comma 1-*bis* dell'art. 474 precisa peraltro che « è comunque garantito il diritto dell'imputato e del difensore di consultarsi riservatamente, anche attraverso l'impiego di strumenti tecnici idonei, ove disponibili ».

f. L'obbligo del segreto ed i suoi rapporti con il coordinamento informativo e investigativo. Un'importante sentenza della Corte costituzionale (n. 229 del 2018) ha tracciato per la prima volta le regole che devono essere osservate quando l'ufficiale di polizia giudiziaria faccia conoscere ai superiori gerarchici, che non hanno tale qualifica, i dati delle indagini che ha svolto. La Consulta ha distinto tra un coordinamento di tipo *informativo* e uno di tipo *investigativo*, precisando che si tratta di entità disciplinate in modo differente poiché attengono a funzioni e competenze non equivalenti.

Il **coordinamento *informativo*** ha una finalità di tipo organizzativo interno alla forza di polizia alla quale appartiene il singolo ufficiale. La sua attuazione pratica comporta che l'ufficiale di polizia giudiziaria faccia conoscere ai superiori gerarchici, che non hanno tale qualifica, i dati esteriori delle informazioni raccolte nel procedimento penale quali sono « gli elementi essenziali del fatto escludendo qualsiasi aspetto di interesse investigativo » e con l'osservanza dell'obbligo del segreto (così la Consulta). Il coordinamento *informativo* persegue lo scopo di favorire quelle attività di prevenzione e repressione dei reati che sono svolte istituzionalmente dalle forze di polizia.

Viceversa, il **coordinamento *investigativo*** è un vero e proprio strumento di indagine e ha finalità accertative. La sua attuazione pratica comporta che il pubblico ministero stabilisca il *quando* e il *quomodo* delle informazioni che, raccolte nella fase delle indagini preliminari, possono essere comunicate ai superiori gerarchici che non hanno tale qualifica. Si tratta di notizie che possono derogare al segreto investigativo nel senso che la conoscenza di atti segreti può essere trasmessa dal pubblico ministero

---

([25]) Art. 5 della Direttiva, nella quale si precisa che il paragrafo 1 « non osta a che gli Stati membri applichino misure di coercizione fisica che si rivelino necessarie per ragioni legate al caso di specie, in relazione alla sicurezza o al fine di impedire che gli indagati o imputati fuggano o entrino in contatto con terzi ».

alle forze di polizia, anche se l'informazione in essi contenuta continua a non poter essere comunicata all'indagato e al suo difensore ([26]).

La sentenza costituzionale n. 229 del 2018. In base ai princìpi che abbiamo esposto in sintesi, la Consulta ha annullato la disposizione di un decreto delegato che attribuiva in via generale al responsabile di ciascun presidio di polizia giudiziaria il dovere di trasmettere alla « propria scala gerarchica le notizie relative all'inoltro dell'informativa di reato (...) indipendentemente dagli obblighi prescritti dalle norme del codice di procedura penale » (art. 18, comma 5, d.lgs. n. 177 del 2016) ([27]).

5. L'attività di iniziativa della polizia giudiziaria.

a. La regolamentazione dell'attività di iniziativa. All'interno delle indagini preliminari il codice distingue tra « attività a iniziativa della polizia giudiziaria » (titolo IV) ed « attività del pubblico ministero » (titolo V). La distinzione non ha la finalità di isolare una fase "autonoma" attribuita alla polizia giudiziaria, in quanto tutte le indagini preliminari sono compiute sotto la direzione del pubblico ministero (art. 327); ha lo scopo più limitato di precisare la differente regolamentazione degli atti sotto vari profili, tra cui l'esercizio di poteri coercitivi sulle cose e la tutela del diritto di difesa ([28]).

In generale, possiamo affermare che il pubblico ministero ha poteri di perquisi-

---

([26]) Come esempi di dati comunicabili, la Consulta ha citato il destinatario di un'intercettazione in atto o il contenuto di singoli atti investigativi e ha precisato che il principio costituzionale della diretta disponibilità della polizia giudiziaria (art. 109 Cost.) impone che spetti soltanto al pubblico ministero competente il potere di autorizzare la trasmissione di notizie investigative alle forze di polizia per finalità di coordinamento delle indagini (es. artt. 117 e 118 c.p.p. e 118-*bis* att.).

([27]) La trasmissione poteva avvenire in deroga al segreto investigativo, senza che la norma precisasse in dettaglio i confini della deroga medesima e senza che fosse necessario alcun vaglio preventivo dell'autorità giudiziaria. Inoltre, le notizie investigative dovevano essere riferite ai superiori gerarchici che non avevano la qualifica di polizia giudiziaria. Tutto ciò era contrario al principio costituzionale secondo cui spetta alla magistratura la diretta disponibilità della polizia giudiziaria. La Consulta ha affermato che la Costituzione non ammette che si sviluppino, sia pure per legittime esigenze informative e organizzative, forme di coordinamento investigativo alternative a quello condotto dal pubblico ministero competente.

La disposizione annullata trasferiva illegittimamente la conoscenza delle investigazioni a soggetti non dipendenti dal *dominus* delle indagini con il rischio di interferenze rispetto alla diretta disponibilità garantita dall'art. 109 Cost., esposta a un possibile indebolimento. In seguito all'annullamento della norma menzionata, spetterà al governo provvedere ad emanare una nuova disposizione aderente ai princìpi illustrati dalla Consulta.

Viceversa, proprio in base ai medesimi princìpi la Corte costituzionale ha riconosciuto la legittimità di una disposizione del regolamento dell'Arma dei carabinieri che consente il coordinamento informativo senza la violazione del segreto sulle investigazioni (art. 237 d.p.r. n. 90 del 2010). In base all'interpretazione data alla disposizione in questione dal Comando generale dell'Arma (Nota del 13 marzo 2017) e condivisa dalla Consulta e dal Consiglio superiore della magistratura (Delibera del 15 giugno 2017), le informazioni che l'ufficiale di polizia giudiziaria dei carabinieri deve dare ai superiori gerarchici devono limitarsi a riportare gli elementi essenziali del fatto escludendo qualsiasi aspetto di contenuto investigativo e, quindi, rispettando il segreto.

([28]) All'interno delle due categorie di atti di iniziativa della polizia giudiziaria e di iniziativa del pubblico ministero, è possibile distinguere tra atti tipici ed atipici. Gli *atti tipici* sono regolati espressamente dalla legge; gli *atti atipici* sono privi di una regolamentazione e consistono nelle investigazioni che assumono le forme più varie: ad esempio, pedinamenti o informazioni generiche.

zione e sequestro probatorio più incisivi rispetto alla polizia giudiziaria che agisce di propria iniziativa (29).

L'iniziativa autonoma di polizia. Nell'ambito dell'attività svolta d'iniziativa dalla polizia giudiziaria si possono tracciare ulteriori distinzioni. Vi è un'attività di iniziativa in senso stretto (c.d. *autonoma*) che consiste nel raccogliere « ogni elemento utile alla ricostruzione del fatto e alla individuazione del colpevole » (art. 348, comma 1). Tale attività prende avvio dal momento in cui è pervenuta la notizia di reato e termina nel momento in cui il pubblico ministero ha impartito le sue direttive.

L'iniziativa successiva. Vi è poi un'attività di iniziativa in senso ampio (c.d. *successiva*) che la polizia giudiziaria svolge dopo aver ricevuto le direttive dal pubblico ministero. Tale attività può ancora distinguersi in iniziativa *guidata* ed in iniziativa *parallela*. La prima consiste nella stretta esecuzione delle direttive del pubblico ministero. La seconda comprende « tutte le altre attività di indagine per accertare i reati », che la polizia può eseguire purché ne informi « prontamente » il pubblico ministero (art. 348). Ciò vuol significare che la polizia è libera di svolgere indagini *parallele*, sebbene esse abbiano carattere eccezionale, ma deve renderne prontamente noti i risultati alla pubblica accusa.

L'iniziativa integrativa. Infine, è prevista la c.d. attività *integrativa*, ossia svolta di iniziativa ma sulla base dei dati emersi a seguito del compimento di atti delegati dal pubblico ministero, per assicurarne la massima efficacia, come avviene ad esempio quando da un interrogatorio delegato si scoprono fonti di prova da assicurare. L'attività integrativa e quella parallela vanno incontro a due limiti. Da un lato, il sistema induce a ritenere che sia vietato il compimento di atti eventualmente in contrasto con le direttive del pubblico ministero; da un altro lato, la polizia ha l'obbligo di informare prontamente quest'ultimo degli ulteriori elementi raccolti.

Operazioni tecniche mediante ausiliari. L'art. 348 comma 4 legittima la polizia giudiziaria a compiere di propria iniziativa « atti od operazioni che richiedono specifiche competenze tecniche ». Si tratta di attività che comporta conoscenze tecniche che la polizia può avere o meno. L'art. 348 autorizza la polizia giudiziaria ad avvalersi dell'opera di « persone idonee le quali non possono rifiutare la propria opera »: sono i c.d. *ausiliari di polizia giudiziaria*. In questa sede può essere utile ricordare la differenza tra ausiliario e consulente tecnico. L'ausiliario svolge l'atto *insieme* alla polizia giudiziaria in funzione di semplice aiuto *materiale*; pertanto si tratta di un atto compiuto dalla polizia giudiziaria. Il consulente tecnico svolge le attività in proprio e a seguito di incarico del pubblico ministero, al quale dovrà riferire i risultati (artt. 359 e 360; v. *infra*).

---

(29) La perquisizione ad iniziativa della polizia giudiziaria (art. 352), infatti, può avvenire soltanto in caso di *flagranza* o *evasione*; essa deve essere sottoposta a *convalida* del pubblico ministero; inoltre, all'indagato, che sia presente, deve essere dato *l'avviso* della facoltà di nominare un difensore di fiducia (art. 114 disp. att.). Viceversa, nel caso di perquisizione ordinata dal pubblico ministero (art. 247), non si richiede, quale requisito, la flagranza o l'evasione (bastano sufficienti indizi); non vi deve essere ovviamente la convalida, ma occorre che venga designato un difensore d'ufficio all'indagato che sia presente e che non abbia nominato un difensore di fiducia (art. 365). Analoghe differenze tra i poteri del pubblico ministero e quelli della polizia giudiziaria sono previste in relazione al sequestro probatorio che, di solito, ha per oggetto le cose rinvenute nel corso della perquisizione (v. *supra*, parte II, cap. 5, par. 3 ed *infra*, in questo capitolo, par. 5, lett. *e*).

Ciò premesso, è utile analizzare la disciplina di alcuni atti tipici di indagine che possono essere compiuti dalla polizia giudiziaria. Rinviamo al termine del capitolo, quando esamineremo l'arresto ed il fermo, il completamento della disciplina degli atti di iniziativa della polizia.

b. *Le sommarie informazioni dall'indagato.* Con l'espressione « sommarie informazioni dalla persona nei cui confronti vengono svolte le indagini » la rubrica dell'art. 350 fornisce un'indicazione unitaria per tre diverse modalità con cui l'indagato può rendere dichiarazioni alla polizia giudiziaria. Si tratta di modalità molto differenti nei presupposti e nel regime di utilizzabilità.

1) ***Le informazioni con la presenza del difensore.*** In primo luogo, l'atto non può essere compiuto dal semplice agente di polizia giudiziaria, ma è riservato all'ufficiale. Quest'ultimo può assumere informazioni ponendo domande all'indagato a due condizioni (art. 350, commi 1 e 3): che l'indagato sia *libero* (e comunque non sia sottoposto alla misura dell'allontanamento d'urgenza dalla casa familiare; art. 384-*bis*) e che *il suo difensore sia presente.* Ciò presuppone che la polizia abbia invitato l'indagato a nominare un difensore e che questi, nominato e quindi preavvisato tempestivamente, sia potuto intervenire, visto che la sua presenza è obbligatoria. Nel caso in cui l'indagato non abbia nominato un difensore di fiducia, la polizia avverte il difensore d'ufficio di turno, individuato in base all'art. 97, comma 3. Se il difensore non è stato reperito o non è comparso, la polizia provvede a norma dell'art. 97, comma 4, chiedendo un altro nominativo all'apposito ufficio centralizzato (v. *supra*, parte II, cap. I, par. 6, lett. *b*). In caso di urgenza, da motivarsi espressamente, la polizia « designa come sostituto un altro difensore immediatamente reperibile ». In ogni caso, le sommarie informazioni devono essere assunte dall'indagato con la necessaria presenza del difensore di fiducia o d'ufficio.

Le formalità di questo atto sono ridotte rispetto all'interrogatorio svolto dal pubblico ministero. L'art. 350 comma 1, infatti, impone di osservare l'art. 64, mentre nessun richiamo è fatto all'art. 65; pertanto non è imposto l'obbligo di contestare all'indagato un addebito provvisorio né di rendere noti gli elementi a suo carico.

È sufficiente che l'indagato riceva quegli avvertimenti che sono disciplinati dall'art. 64, comma 3, dei quali abbiamo trattato in precedenza nella parte II, cap. 1, § 5, lett. *b* (30).

2) ***Le dichiarazioni spontanee.*** L'ufficiale o l'agente di polizia può « ricevere » dichiarazioni spontanee dall'indagato libero o arrestato (art. 350, comma 7). Questa seconda modalità comporta che la polizia non abbia posto domande; occorre che l'iniziativa sia venuta dall'indagato. Il codice non pone espressamente alla polizia l'obbligo di dare gli avvisi contenuti nell'art. 64, comma 3 (avvertimento della facoltà

(30) Le dichiarazioni assunte sono utilizzabili dal giudice per tutti i provvedimenti che possono essere emessi nel corso delle indagini e dell'udienza preliminare. In dibattimento possono essere utilizzate soltanto se sono contestate all'imputato che abbia accettato di sottoporsi all'esame e servono, di regola, unicamente come prova della (poca) credibilità dell'imputato che abbia ritrattato o abbia detto di non ricordare (art. 503, comma 4).

di non rispondere, ecc.); in definitiva, la legge non ha voluto regolamentare il contatto tra polizia ed indagato, quando non è presente il difensore ([31]).

3) ***Le informazioni per la prosecuzione delle indagini.*** La terza modalità consente agli ufficiali di polizia giudiziaria di porre domande all'indagato libero o arrestato anche in assenza del difensore (art. 350, comma 5); tuttavia delle notizie così assunte senza il difensore è vietata sia la documentazione, sia l'utilizzazione in dibattimento ed in fasi precedenti (art. 350, comma 6). Il codice pone due limiti: le domande possono essere rivolte all'indagato soltanto sul luogo o nell'immediatezza del fatto di reato (ad esempio, nella stazione di polizia, ma subito dopo; al contrario, va esclusa per ovvie ragioni logiche l'ipotesi di informazioni richieste sul luogo del fatto, ma a distanza di tempo dalla commissione del reato); inoltre deve trattarsi di notizie utili « ai fini della immediata prosecuzione delle indagini ».

Anche in questo caso, il codice non impone alla polizia di avvertire l'indagato che ha facoltà di restare silenzioso. Le notizie non sono utilizzabili nel procedimento. Ma ormai sono state raccolte e possono servire per "indirizzare" le indagini; tuttavia non valgono ad integrare i *requisiti* del compimento di un successivo atto del giudice o dell'autorità inquirente (ad esempio, quando sono richiesti i *gravi indizi*).

c. Le sommarie informazioni da persone diverse dall'indagato. ***Sommarie informazioni dal possibile testimone.*** Un altro atto di iniziativa della polizia giudiziaria consiste nella assunzione di sommarie informazioni dalle persone diverse dall'indagato (art. 351). Coloro che rendono le informazioni sono indicati dal codice con l'espressione « persone che possono riferire circostanze utili ai fini delle indagini » e vengono denominati nella prassi "persone informate" (o, come abbiamo già accennato "possibili testimoni"). Nella Parte II, cap. 1, § 5 lett. *d*, abbiamo già esposto che costoro hanno una posizione processuale sostanzialmente analoga a quella del testimone poiché hanno un obbligo di verità a causa del rinvio che l'art. 351 opera nei confronti dell'art. 362, che richiama, tra gli altri, l'art. 198 comma 1 ([32]). Inoltre, a causa dell'ulteriore richiamo all'art. 197, è estesa alla persona informata quella incompatibilità a testimoniare che è ivi prevista in relazione all'imputato; di conseguenza, colui che risulta indagato non può essere sentito come persona informata (v. tav. 3.1.15) ([33]).

([31]) Nonostante le minori garanzie, il regime di utilizzabilità è simile a quello, appena esposto, delle dichiarazioni rese dall'indagato con la presenza del difensore (art. 350, comma 1): le spontanee dichiarazioni servono in dibattimento soltanto come prova della credibilità.

([32]) Occorre comunque sottolineare che l'obbligo di verità (art. 198, comma 1) non ha un'apposita disciplina sanzionatoria nel codice penale poiché l'art. 371-*bis* c.p. ha per oggetto le informazioni assunte dal pubblico ministero personalmente e non le sommarie informazioni rese alla polizia che agisce di sua iniziativa (art. 351) o su delega. Tuttavia, il mancato rispetto dell'obbligo di verità può dare luogo ad una differente responsabilità penale se, davanti alla polizia giudiziaria, il possibile testimone attraverso le false dichiarazioni aiuta un'altra persona ad « eludere le investigazioni dell'autorità o a sottrarsi alle ricerche di questa ». L'aiuto così fornito ad una persona (purché diversa dal complice nel medesimo reato) integra gli estremi del delitto di favoreggiamento personale (art. 378 c.p.).

([33]) Per questo motivo le persone informate possono essere denominate in modo sintetico « possibili testimoni », poiché esse potranno diventare « testimoni » se saranno chiamate a deporre davanti al giudice in dibattimento o nell'udienza preliminare o, infine, nell'eventuale incidente probatorio.

La regolamentazione. Come abbiamo appena accennato, alle sommarie informazioni sono applicabili molte tra le disposizioni che regolano il mezzo di prova "testimonianza" (artt. 197-203, ai quali rinviano gli artt. 351 e 362). La regolamentazione è la seguente. La persona informata è titolare del privilegio contro l'autoincriminazione (art. 198, comma 2): può rifiutarsi di rispondere su fatti dai quali potrebbe emergere una propria responsabilità penale. Inoltre, può opporre all'inquirente l'esistenza di un segreto nei casi previsti dalla legge (artt. 199-203). Se è un prossimo congiunto dell'indagato, deve essere avvisata della facoltà di astenersi dal rendere dichiarazioni (art. 199). Per inciso, quale "possibile testimone" è sentita anche la persona offesa dal reato.

La persona informata (possibile testimone) ha l'obbligo di presentarsi alla polizia, se convocata (art. 198, comma 1); ove non si presenti, può essere incriminata per inosservanza di un provvedimento della pubblica autorità (art. 650 c.p.). Inoltre, essa ha l'obbligo di attenersi alle prescrizioni date; ad esempio, può esserle imposto di identificare cose o persone (art. 349).

Le sommarie informazioni sono documentate mediante verbale (art. 357, commi 1-3, che rinviano all'art. 373); di regola non sono utilizzabili in dibattimento (art. 514); eccezionalmente sono utilizzabili, se ripetibili, mediante contestazione nel limiti posti dell'art. 500; se sono divenute non ripetibili, sono utilizzabili mediante lettura alle condizioni previste dall'art. 512 (v. *infra*, parte III, cap. 5).

Sommarie informazioni da possibili testimoni vulnerabili. Una regolamentazione specifica è stata prevista quando si devono assumere informazioni da ***minorenni*** in relazione a delitti di prostituzione minorile, adescamento di minori, atti persecutori, maltrattamenti in famiglia, pedopornografia ed assimilati ([34]). In base al nuovo comma 1-*ter*, inserito nell'art. 351 dalla legge n. 172 del 2012, la polizia giudiziaria deve avvalersi « dell'ausilio di un esperto in psicologia o in psichiatria infantile, nominato dal pubblico ministero ». L'atto di indagine deve essere diretto dall'ufficiale di polizia giudiziaria ([35]).

Le sommarie informazioni dall'imputato di un procedimento connesso o collegato. Sempre nella forma delle "sommarie informazioni" l'ufficiale di polizia giudiziaria, che agisce di propria iniziativa, può porre domande all'imputato (o all'indagato) di un procedimento connesso o collegato (art. 351, comma 1-*bis*) ([36]). Questi ha diritto ad essere assistito da un difensore; in caso di mancata nomina di quello di fiducia, gli è designato un difensore d'ufficio.

Il difensore deve essere tempestivamente avvisato ed ha diritto di assistere all'atto. Così dispone letteralmente l'art. 351 comma 1-*bis*, che tuttavia non contiene

([34]) Artt. 572, 600, 600-*bis*, 600-*ter*, 600-*quater*, 600-*quater*.1, 600-*quinquies*, 601, 602, 609-*bis*, 609-*quater*, 609-*quinquies*, 609-*octies*, 609-*undecies* e 612-*bis* c.p.

([35]) Allo stesso modo (e cioè, con l'ausilio di un esperto in psicologia o psichiatria) la polizia giudiziaria procede quando deve assumere sommarie informazioni da una ***persona offesa***, anche maggiorenne, in condizione di ***particolare vulnerabilità***, e ciò a prescindere da un elenco tassativo di reati (art. 90-*quater*). In ogni caso, la polizia « assicura che la persona offesa *particolarmente vulnerabile*, in occasione della richiesta di sommarie informazioni, non abbia contatti con la persona sottoposta ad indagini e non sia chiamata più volte a rendere sommarie informazioni, salva l'assoluta necessità per le indagini » (art. 351, comma 1-*ter*).

([36]) Ove l'ufficiale di polizia agisca su delega, si applica l'art. 363.

alcun richiamo dell'art. 210. Poiché tale richiamo è contenuto nell'art. 363 e costituisce espressione di un principio regolare (il contradditorio), si ritiene che detto richiamo sia applicabile per analogia. Pertanto, l'ufficiale interrogante deve dare gli avvisi previsti nell'art. 210, incorrendo altrimenti nella sanzione della inutilizzabilità delle dichiarazioni eventualmente rese.

d. *L'identificazione.* L'identificazione (art. 349) è un atto non garantito con cui "viene dato un nome ad un volto": oggetto dell'identificazione, cioè, è una persona fisica individuata, di cui però non si conoscono le generalità.

Si faccia l'esempio in cui la polizia giudiziaria arresti in flagranza un rapinatore: essa sa con certezza chi è il rapinatore (cioè la persona arrestata), ma ne ignora le generalità, elemento a cui si tenta di risalire attraverso l'identificazione.

Possono essere sottoposti ad identificazione la persona offesa, i possibili testimoni e la persona sottoposta alle indagini. In sintesi, possiamo dire che oggetto di identificazione possono essere tutte le persone che hanno avuto a che fare con il reato, direttamente o indirettamente.

L'accompagnamento coattivo per identificazione. Il codice prevede la possibilità di esercizio di un potere coercitivo in capo alla polizia giudiziaria. Infatti, ogni volta che una persona rifiuta di farsi identificare, oppure fornisce generalità o documenti di cui si possa ritenere la falsità, è possibile *l'accompagnamento coattivo per identificazione* (art. 349 comma 4). Questo consiste nel portare la persona da identificare negli uffici di polizia ed ivi trattenerla per il tempo strettamente necessario per l'identificazione e comunque non oltre le dodici ore (art. 349 comma 4). La persona può essere trattenuta non oltre le ventiquattro ore nel caso in cui « l'identificazione risulti particolarmente complessa oppure occorra l'assistenza dell'autorità consolare o di un interprete »; ma la polizia deve dare previamente avviso orale o scritto al pubblico ministero e la persona ha la facoltà « di chiedere di avvisare un familiare o un convivente » (art. 349 comma 4).

In ogni caso, dell'accompagnamento e dell'ora in cui questo è stato compiuto occorre dare immediata notizia al pubblico ministero, che può ordinare in qualsiasi momento che la persona trattenuta sia rilasciata qualora non sussistano le condizioni sopra indicate (art. 349, comma 5).

L'identificazione dell'indagato. La persona sottoposta alle indagini è invitata a dichiarare le proprie generalità, con l'avviso che costituisce reato sia il rifiutarsi di fornirle, sia il darle false (art. 66, comma 1). Infatti il diritto di non rispondere non si applica alle dichiarazioni sulla propria identità personale. In caso di rifiuto di dichiarare le generalità, il reato commesso è quello di cui all'art. 651 c.p., mentre in caso di false dichiarazioni sulla propria identità si ha il reato previsto dall'art. 496 c.p.

In particolare, per la completa identificazione la polizia giudiziaria richiede all'indagato, oltre alle generalità: il soprannome o lo pseudonimo; le condizioni di vita individuale, familiare o sociale; se è sottoposto ad altri processi; le condanne riportate nello Stato o all'estero; i beni patrimoniali dei quali l'indagato è proprietario; le cariche pubbliche rivestite, gli uffici o servizi pubblici o di pubblica utilità prestati anche in passato.

Qualora ad essere sottoposto ad identificazione sia l'indagato, la polizia giudiziaria può procedere, ove occorra, a *rilievi* antropometrici, fotografici o dattiloscopici (art. 349, comma 2).

Riforma Cartabia. Obbligo di procedere a rilievi dattiloscopici, fotografici ecc. nei confronti di un indagato apolide o situazioni assimilate. La legge n. 134 del 2021 ha previsto che i predetti rilievi debbano essere sempre eseguiti quando si procede nei confronti di un apolide, di una persona della quale è ignota la cittadinanza, di un cittadino di uno Stato non appartenente all'Unione europea o di un cittadino dell'Unione europea privo del codice fiscale o che è attualmente (o è stato in passato) titolare anche della cittadinanza di uno Stato non appartenente all'Unione europea (art. 349, comma 2, nuovi periodi aggiunti) (37).

Il prelievo di materiale biologico. Tra i rilievi da compiersi nei confronti dell'indagato per fini di identificazione è compreso il prelievo di capelli o saliva, che può avvenire su consenso dell'interessato. Se l'indagato non presta il suo consenso, la polizia giudiziaria procede al prelievo coattivo nel rispetto della dignità personale dell'interessato, ma deve ottenere dal pubblico ministero una previa autorizzazione scritta oppure resa oralmente e confermata per iscritto (art. 349 comma 2-*bis*, inserito dal decreto-legge antiterrorismo n. 144 del 2005, conv. in legge n. 155).

I rilievi possono essere effettuati anche sull'indagato in ordine al quale non sussistono dubbi di identità; questo perché scopo dei rilievi non è soltanto l'identificazione in sé, ma anche la ricerca di eventuali precedenti o l'apertura di una nuova scheda personale negli archivi segnaletici.

L'elezione di domicilio per le notificazioni. Inoltre, la persona sottoposta alle indagini viene invitata, ai sensi dell'art. 349 comma 3, ad eleggere un domicilio per le notificazioni che si renderanno necessarie nel corso del procedimento (es.: informazione di garanzia, richiesta di rinvio a giudizio) (38). Infatti, ai sensi dell'art. 161, comma 1, nel primo atto compiuto con l'intervento dell'imputato o dell'indagato, l'autorità procedente lo invita a dichiarare o eleggere il proprio domicilio (sulla differenza tra *dichiarazione* ed *elezione* di domicilio, si veda *supra*, parte II, cap. 2, § 1, lett. *f*).

È ovvio che tutti questi adempimenti non possono essere eseguiti se non presso gli uffici della polizia giudiziaria: vale pertanto quanto detto in tema di accompagnamento coattivo per identificazione. A tale atto possono procedere tanto gli ufficiali quanto gli agenti di polizia giudiziaria. Dell'identificazione è redatto *verbale integrale* (art. 357, comma 2, lett. *e*), conservato nel fascicolo del pubblico ministero.

L'identificazione è un tipico *atto non garantito*, pertanto non deve essere dato alcun avviso al difensore; questi comunque non potrebbe parteciparvi.

---

(37) La polizia giudiziaria deve trasmettere al pubblico ministero copia del cartellino foto-dattiloscopico e comunicare il codice univoco identificativo (Cui) della persona nei cui confronti vengono svolte le indagini. Il Cui confluirà poi nel fascicolo per il dibattimento ai fini della sicura riferibilità del procedimento all'imputato straniero, a prescindere dalle generalità dichiarate.

(38) È importante che il domicilio sia ben identificato; perciò non è accettabile la formula "eleggo domicilio presso l'avvocato che la S.V. vorrà nominarmi": invece deve essere fatta prima la nomina del difensore e poi l'elezione di domicilio presso lo studio del medesimo.

e. *I rilievi e gli accertamenti urgenti: il sopralluogo.* L'esperienza insegna che per molte specie di reati il sopralluogo è il mezzo più veloce per la identificazione del colpevole. Purtroppo, le tracce lasciate sul luogo del reato e perdute per sfortuna o incapacità degli inquirenti non possono essere più recuperate. Pertanto, gli atti fondamentali di tipo investigativo sono proprio i rilievi e gli accertamenti urgenti, che hanno le seguenti finalità: *a*) comprendere la dinamica del fatto dalla quale spesso dipende l'esistenza o meno del reato; *b*) raccogliere gli elementi di prova presenti; *c*) cercare spunti per la successiva attività di indagine.

1) ***L'attività di conservazione.*** L'attività generica di conservazione consiste nel curare che le cose o tracce pertinenti al reato siano conservate e che lo stato dei luoghi non sia mutato prima dell'intervento del pubblico ministero (art. 354, comma 1). Pertanto la polizia giudiziaria deve impedire, da un lato, che vengano *asportate* cose (es.: l'arma del delitto) o *cancellate* tracce (es.: le impronte digitali dall'arma); da un altro lato, che cose o tracce vengano *aggiunte* (es.: mozziconi di sigaretta) o che siano *spostate di posizione* (es.: il bossolo del proiettile mortale).

2) ***Rilievi urgenti.*** I rilievi consistono, come abbiamo evidenziato, nella attività di osservazione dello stato dei luoghi, delle cose o delle persone, nonché nella descrizione delle tracce o degli effetti materiali del fatto-reato (art. 354, comma 2). I rilievi sono atti non ripetibili che devono essere compiuti di propria iniziativa dagli ufficiali di polizia giudiziaria in presenza di due presupposti: *a*) che il pubblico ministero non possa « intervenire tempestivamente »; *b*) che ci sia il pericolo che nel frattempo lo stato dei luoghi cambi o le tracce vadano perdute (c.d. urgenza). Il concetto di "urgenza" è esteso a tutte quelle situazioni nelle quali il pubblico ministero « non ha ancora assunto la direzione delle indagini », a prescindere dal motivo per cui ciò sia avvenuto.

3) ***Accertamenti urgenti.*** L'accertamento urgente è una operazione di tipo tecnico che deve essere compiuta dalla polizia in presenza dei presupposti sopra menzionati (il pubblico ministero non può intervenire tempestivamente o non ha ancora assunto la direzione delle indagini). Agli accertamenti ed ai rilievi può procedere di regola un ufficiale e, in casi di particolare necessità ed urgenza, un agente (art. 113 disp. att.). È importante ricordare che qualora debbano essere compiute attività che richiedono specifiche competenze tecniche, la polizia giudiziaria può avvalersi dell'opera di esperti, che non possono rifiutarsi di collaborare: sono i c.d. *ausiliari di polizia giudiziaria* ([39]).

La polizia giudiziaria, quando agisce di propria iniziativa, deve conservare gli elementi di prova e non modificarli. Un accertamento che comporti la modifica dell'elemento di prova è riservato al pubblico ministero, che lo compirà nelle forme garantite dell'art. 360 (accertamento tecnico non ripetibile da svolgersi con preavviso all'indagato e all'offeso). Pertanto, la polizia giudiziaria può compiere soltanto quegli

---

([39]) In precedenza abbiamo già sottolineato la differenza intercorrente tra ausiliario e consulente tecnico. L'ausiliario (art. 348, comma 3) svolge l'atto *insieme* alla polizia giudiziaria in funzione di semplice aiuto *materiale*; pertanto si tratta di un atto compiuto dalla polizia giudiziaria. Il consulente tecnico svolge le attività in proprio dietro mandato del pubblico ministero, a cui dovrà riferire i risultati.

accertamenti urgenti che, se anche manipolano una cosa, tuttavia non comportano modifiche dell'elemento di prova; ad es., la polizia può prelevare da un oggetto le impronte digitali al fine di conservarle inalterate. Viceversa, se l'analisi di un piccolo residuo di polvere consuma completamente il reperto e rende impossibile compiere ulteriori esami, siamo in presenza di un accertamento tecnico non ripetibile, che è riservato al pubblico ministero ai sensi dell'art. 360 (40).

4) ***Il sequestro probatorio.*** Si tratta della tipica attività di assicurazione delle fonti di prova (denominata nella prassi "repertazione"), che per la sua importanza ed autonomia è stata trattata a parte nel capitolo sui mezzi di ricerca della prova. La polizia giudiziaria compie il sequestro se vi è pericolo nel ritardo ed il pubblico ministero non può intervenire tempestivamente o, comunque, quando il pubblico ministero « non ha ancora assunto la direzione delle indagini » (art. 354, comma 2). Il verbale è trasmesso entro quarantotto ore al pubblico ministero del luogo dove il sequestro è stato eseguito; questi, nelle quarantotto ore successive, ***convalida*** il sequestro con decreto motivato, se ne ricorrono i presupposti (art. 355, comma 2).

5) ***Il diritto di difesa.*** I rilievi, gli accertamenti urgenti ed il sequestro, compiuti dalla polizia giudiziaria in sede di sopralluogo, sono atti che *nascono all'origine come non ripetibili*; essi sono inseriti nel fascicolo delle indagini e, successivamente, confluiranno nel fascicolo per il dibattimento dopo che il giudice dell'udienza preliminare avrà deciso il rinvio a giudizio (art. 431). Si tratta di *atti a sorpresa ai quali può assistere senza preavviso il difensore dell'indagato.* Se l'indagato è presente al rilievo, all'accertamento, alla perquisizione o al sequestro, la polizia deve avvertirlo della facoltà di farsi assistere dal difensore di fiducia (art. 114 disp. att.).

6) ***L'acquisizione di reperti biologici.*** Il materiale biologico, da cui può essere estratto il profilo genetico (DNA), non sempre fa parte della sfera corporale di una persona vivente e, quindi, non necessariamente è oggetto di *prelievo*. Infatti, le tracce biologiche possono essere acquisite anche da luoghi, cadaveri o cose; in tali ipotesi il materiale biologico può essere raccolto ai sensi degli artt. 354 e 348, comma 4, ed è denominato « reperto ». La raccolta di tracce biologiche può avvenire anche fuori del sopralluogo: in altri termini, i materiali organici, tessuti o fluidi corporei, possono trovarsi su cose abbandonate (es. mozzicone di sigaretta o tazzina da caffè), ovvero su oggetti (es. indumenti) sottoposti a sequestro (41). Si tratta di tracce biologiche che hanno già lasciato la sfera corporale del "proprietario" e perciò non viene in considerazione la necessità di effettuare prelievi o accertamenti personali coattivi.

---

(40) Ove sul posto siano reperiti dati, informazioni e programmi informatici o sistemi informatici o telematici, gli ufficiali della polizia giudiziaria « adottano, altresì, le misure tecniche o impartiscono le prescrizioni necessarie ad assicurarne la conservazione e ad impedirne l'alterazione e l'accesso » e provvedono, ove possibile, alla loro « immediata duplicazione su adeguati supporti, mediante una procedura che assicuri la conformità della copia all'originale e la sua immodificabilità » (periodo inserito nel comma 2 dalla legge n. 48 del 2008, l. r. Budapest).

(41) La sentenza della Corte cost. n. 239 del 2017 ha affermato che il solo fatto che un atto d'indagine concerna rilievi o prelevamenti di reperti utili per la ricerca del DNA non ne modifica la natura e non ne giustifica, di per sé, la sottoposizione ad un regime complesso come quello previsto dall'art. 360 c.p.p. « Ciò però non esclude che tale prelievo, come altre operazioni di repertazione, richieda, in casi particolari, valutazioni e scelte circa il procedimento da adottare, oltre che non comuni competenze e abilità tecniche per eseguirlo, e in questo caso, ma solo in questo, può ritenersi che quell'atto di indagine costituisca a sua volta oggetto di un accertamento tecnico, prodromico rispetto all'altro da eseguire poi sul reperto prelevato ».

7) ***Il prelievo di materiale biologico.*** Attualmente la polizia giudiziaria può prelevare *coattivamente* materiale biologico esclusivamente dall'indagato e soltanto al fine di provvedere all'identificazione personale di tale soggetto (art. 349, comma 2-*bis*, del quale abbiamo trattato nel precedente paragrafo). Pertanto, su persone diverse dall'indagato l'acquisizione di campioni biologici può avvenire soltanto *su consenso* dell'interessato.

8) ***Gli accertamenti obbligatori previsti dal codice della strada.*** In materia di circolazione stradale, sono previsti due differenti tipi di accertamenti obbligatori (ma non coercitivi) a carico del conducente.

Al fine di accertare lo stato di *ebbrezza*, l'art. 186, comma 3 cod. strada consente alla polizia stradale di sottoporre i conducenti ad esami qualitativi non invasivi anche attraverso apparecchi portatili. Quando l'esito è positivo e « in ogni caso d'incidente o quando si ha altrimenti motivo di ritenere che il conducente sia sotto l'effetto dell'alcool », la polizia stradale ha il potere di accompagnare il conducente medesimo al più vicino ufficio al fine di effettuare l'accertamento con strumenti determinati dal regolamento. Il rifiuto di sottoporsi a ciascuno dei due accertamenti è una contravvenzione punibile, tra l'altro, con l'arresto da sei mesi ad un anno.

Al fine di accertare lo *stato di alterazione psico-fisica per uso di sostanze stupefacenti*, l'art. 187, comma 2 e 2-*bis* cod. strada consente alla polizia stradale di sottoporre i conducenti ad esami qualitativi non invasivi anche attraverso apparecchi portatili. Quando l'esito è positivo o quando si ha altrimenti motivo di ritenere che il conducente sia sotto l'effetto conseguente all'uso di sostanze stupefacenti o psicotrope, il conducente medesimo può essere sottoposto ad accertamenti clinico-tossicologici e strumentali o analitici su campioni di mucosa del cavo orale prelevati a cura di personale sanitario ausiliario delle forze di polizia, anche mediante accompagnamento presso strutture sanitarie fisse o mobili. Il rifiuto di sottoporsi a ciascuno dei due accertamenti costituisce una contravvenzione punibile, tra l'altro, con l'arresto da sei mesi ad un anno.

Dottrina e giurisprudenza riconducono i due tipi di accertamenti previsti dal codice della strada all'attività d'indagine urgente svolta dalla polizia giudiziaria (art. 354 c.p.p.) se avviene a seguito di un reato.

f. *Altri atti di iniziativa della polizia giudiziaria.* ***La perquisizione su iniziativa della polizia giudiziaria.*** Occorre ricordare quali sono i requisiti della perquisizione su iniziativa della polizia giudiziaria (art. 352). Il *primo requisito* consiste nell'oggetto da ricercare: cose o tracce pertinenti al reato, ovvero la persona dell'indagato o dell'evaso.

Il *secondo requisito* riguarda la situazione in cui la perquisizione avviene; questa può essere eseguita solo nei seguenti casi alternativi: *a*) nella *flagranza* del reato (art. 382); *b*) in caso di *evasione*; *c*) se si deve procedere al *fermo* di una persona indagata, ovvero all'esecuzione di un'ordinanza che dispone la *custodia cautelare*, ovvero che dispone la *carcerazione* per uno dei delitti per i quali è previsto l'arresto obbligatorio in flagranza.

Il *terzo requisito* è dato dal *pericolo nel ritardo*: occorre ricercare subito cose o tracce, che si possono cancellare o disperdere: altrimenti l'elemento di prova potrebbe andare perduto sia casualmente, sia per volontà dell'autore del reato o dei suoi complici.

Il *quarto requisito* è il *fondato motivo* di ritenere che nel luogo o sulla persona vi siano le cose ricercate: per fondato motivo si deve intendere un insieme di elementi obiettivi dai quali emerga con *sufficiente probabilità* (non mera possibilità) che le cose o persone ricercate si trovino nel luogo in cui viene effettuata la perquisizione (42).

Per quanto riguarda gli aspetti procedimentali, ricordiamo che all'indagato, che sia presente, la polizia giudiziaria deve dare avviso della facoltà di nominare un difensore di fiducia (art. 114 disp. att.). Inoltre, la polizia entro quarantotto ore deve trasmettere al pubblico ministero del luogo, ove la perquisizione è stata eseguita, il relativo verbale perché questi, nelle quarantotto ore successive, possa disporre la convalida (art. 352, comma 4) (43).

La relazione di servizio è un atto della polizia in cui viene riferito tutto quello che è emerso durante il servizio e che è destinato al dirigente dell'ufficio (artt. 36 e 37 r.d. n. 690 del 1907). La relazione era nata come un atto a rilevanza meramente interna al corpo di appartenenza; ma in base alla giurisprudenza tradizionale essa poteva essere trasmessa al pubblico ministero ed inserita nel fascicolo per il dibattimento, in quanto atto non ripetibile. Una sentenza delle sezioni unite della Cassazione ha iniziato a tracciare alcune distinzioni di notevole importanza.

In base all'insegnamento delle Sezioni Unite penali, 17 ottobre-18 dicembre 2006, Greco, in *Guida dir.*, 2007, n. 2, 78, per stabilire il carattere non ripetibile dell'atto occorre valutarne il contenuto. La relazione è atto non ripetibile quando rappresenta fatti o persone in quelle situazioni che sono soggette a mutamento o quando le circostanze riferite non sono riproducibili genuinamente mediante la narrazione ad opera del verbalizzante (es., arresto dello spacciatore con sequestro della sostanza stupefacente; es., rilievo fotografico, fonografico o cinematografico).

Viceversa, la relazione di servizio è atto ripetibile quando rappresenta una mera attività di constatazione e osservazione che è riproducibile genuinamente mediante la narrazione da parte del verbalizzante (es., pedinamenti, presenza di persone o cose, acquisizione della notizia di reato)(44).

---

(42) *La perquisizione di sistemi informatici o telematici* è disposta, in presenza dei requisiti menzionati, quando gli ufficiali di polizia giudiziaria hanno fondato motivo di ritenere che in tali sistemi « si trovino occultati dati, informazioni, programmi informatici o tracce comunque pertinenti al reato che possono essere cancellati o dispersi ». Gli ufficiali di polizia giudiziaria devono adottare « misure tecniche dirette ad assicurare la conservazione dei dati originali e ad impedirne l'alterazione » (art. 352, comma 1-*bis*, introdotto dalla legge n. 48 del 2008, l. r. Budapest).

(43) Da segnalare, infine, che sono previste da leggi speciali svariate ipotesi di perquisizione di iniziativa delle forze di polizia sia a fini di repressione, sia a fini di prevenzione dei reati; le più importanti sono quelle in materia di armi ed esplosivi, quelle per blocchi di edifici e quelle in materia di stupefacenti. L'art. 103, comma 3, d.p.r. n. 309 del 1990 consente alla polizia giudiziaria, in operazioni di contrasto al narcotraffico, di procedere a perquisizioni personali e domiciliari per ragioni di urgenza in base ad un'autorizzazione orale, e cioè telefonica, del pubblico ministero. La Corte cost. (sentenza n. 252 del 2020) ha imposto che, in seguito all'autorizzazione orale, la polizia debba chiedere alla pubblica accusa la convalida del verbale. Detta convalida serve ad integrare quel "provvedimento motivato" che è previsto dagli artt. 13, comma 2 e 14, comma 2 Cost.

(44) Le Sezioni unite aggiungono due precisazioni. In generale, l'atto non ripetibile potrà essere acquisito al fascicolo per il dibattimento soltanto se contiene tutti quegli elementi che sono richiesti per il verbale a pena di nullità

6. L'attività di iniziativa del pubblico ministero.

a. Il registro delle notizie di reato. L'informazione di garanzia. Nelle pagine precedenti abbiamo accennato ad alcune tematiche generali che riguardano le indagini preliminari; in particolare, le finalità delle indagini, le notizie di reato, le condizioni di procedibilità, il segreto investigativo e l'iniziativa della polizia giudiziaria. È il momento di esaminare gli atti che sono compiuti su iniziativa del pubblico ministero.

L'arrivo dell'informativa proveniente dalla polizia giudiziaria (art. 347) fa sorgere a carico del pubblico ministero l'obbligo di valutare la notizia di reato ai fini della « eventuale » iscrizione nell'apposito registro (art. 109 disp. att.): infatti soltanto la presenza quanto meno di indizi di un reato impone l'iscrizione nel registro delle notizie di reato (art. 335). Al procuratore della Repubblica spetta il potere di indicare alla segreteria in quale registro debba essere iscritta la notizia di reato e se, eventualmente, debba essere annotato a fianco il nome di un indagato (arg. *ex* art. 109 disp. att.) (45).

Il registro delle notizie di reato. In effetti esistono tre tipi di registri; trattiamo immediatamente del registro ordinario, e cioè di quello che contiene le notizie di reato (art. 335) (v. tav. 3.1.24). Il pubblico ministero, nel momento in cui ordina che sia iscritta nel registro la singola notizia di reato, può non essere in grado di individuare la persona alla quale debba essere addebitato il medesimo (registro denominato "modello 44"). Se anche, per ipotesi, la polizia giudiziaria ritenesse di aver individuato il responsabile, la pubblica accusa non sarebbe vincolata da questa indicazione; soltanto quando ritiene di formulare un addebito nei confronti di una persona, il pubblico ministero ordina alla segreteria di iscrivere il nominativo dell'indagato nel registro, accanto alla notizia di reato già inserita (il registro è denominato, in questo caso, "modello 21"). Successivamente l'iscrizione può essere aggiornata sia se muta la qualificazione giuridica del fatto, sia se ne risultano modificate le circostanze. Viceversa, si dovrà procedere ad iscrizioni del tutto *nuove* se a carico della medesima persona sono addebitati reati concorrenti ovvero se il medesimo fatto è addebitato anche ad altre persone.

Dalla data in cui è iscritto nel registro il nome della persona alla quale il reato è attribuito, decorre il termine (di regola, sei mesi) entro cui il pubblico ministero deve decidere se esercitare l'azione penale, chiedere l'archiviazione o chiedere la proroga delle indagini.

Il registro degli atti non costituenti notizie di reato. Per esigenze di completezza ricordiamo che la circolare 18 ottobre 1989, n. 533 ha previsto il « registro degli atti *non* costituenti notizia di reato » (detto anche "modello 45"); in esso il pubblico

---

ai sensi dell'art. 142. Inoltre, gli atti sono utilizzabili in dibattimento soltanto nella parte in cui contengono narrazioni non ripetibili genuinamente (*pro parte*).

(45) In base alla modifica del comma 2 dell'art. 1 d. lgs. n. 106 del 2006, operata dalla legge n. 103 del 2017 (*riforma Orlando*), il procuratore della repubblica « assicura l'osservanza delle disposizioni relative all'iscrizione delle notizie di reato »; e su tale punto il procuratore generale presso la corte di appello « acquisisce dati e notizie » per farne relazione almeno annuale al procuratore generale presso la corte di cassazione (art. 6 d. lgs. n. 106 del 2006)

ministero ordina che siano iscritti tutti quegli esposti dai quali non sia possibile ipotizzare in alcun modo un fatto di reato. Nella prassi il relativo fascicolo è denominato "atti relativi a ..." (46).

Il registro delle notizie anonime. Infine, l'art. 108 disp. att. prevede il « registro delle notizie anonime » (detto anche "modello 46"). Di queste non può essere fatto alcun uso nel procedimento penale, almeno di regola (art. 333, comma 3); in via eccezionale, l'art. 240 permette che siano utilizzate se costituiscono « corpo del reato » (es. denuncia anonima calunniosa) o provengono comunque dall'imputato. Quando della notizia anonima non può essere fatto uso, la medesima deve essere annotata nell'apposito registro suddiviso per anno; decorsi cinque anni, i documenti anonimi ed il registro devono essere distrutti (art. 5 del regolamento per l'esecuzione del codice).

La conoscibilità del registro su iniziativa del soggetto interessato. Una volta che il nome dell'indagato è stato iscritto nel registro delle notizie di reato, le indagini continuano a svolgersi di regola in segreto fino alla conclusione delle stesse o fino al momento in cui venga compiuto un atto garantito, come abbiamo già visto precedentemente nel § 4. Prima di tali momenti, l'indagato e l'offeso possono ottenere una notizia "ufficiale" dell'esistenza di un procedimento nei loro confronti soltanto se si attivano, e cioè se chiedono alla segreteria del pubblico ministero di avere conoscenza delle iscrizioni che li riguardano (art. 335). Ma non è detto che possano ottenere una risposta significativa. Infatti, le iscrizioni sono *di regola* conoscibili dall'indagato e dall'offeso; ma *in casi eccezionali* restano segrete: in tali ipotesi l'indagato e l'offeso non possono ottenere la "conoscenza ufficiale" dell'esistenza del procedimento a proprio carico.

Il segreto sulle iscrizioni nel registro. Si può tracciare la seguente distinzione.

1) se si procede per delitti di criminalità mafiosa (art. 51, comma 3-*bis*) le iscrizioni restano segrete fino a due anni (art. 335, comma 3, in relazione all'art. 406, comma 5-*bis*): infatti per tali reati le iscrizioni non sono conoscibili a richiesta, la proroga delle indagini viene data in segreto e due anni è il termine massimo di durata delle indagini;

2) se si procede per gravi delitti non mafiosi (art. 407, comma 2, lettera *a*), le iscrizioni restano segrete fino ad un anno (art. 335, comma 3, in relazione all'art. 405, comma 2); infatti per tali reati, anche se le iscrizioni non sono conoscibili, la durata iniziale delle indagini è *eccezionalmente* di un anno (anziché sei mesi), ma l'eventuale richiesta di proroga deve essere comunicata all'indagato;

3) infine, se si procede per altri reati, il pubblico ministero può disporre la segretazione fino ad un massimo di tre mesi quando sussistono specifiche esigenze attinenti all'attività di indagine (art. 335, comma 3-*bis*); e cioè, quando vi è pericolo di inquinamento delle prove.

---

(46) Il pubblico ministero può compiere "attività" senza poteri coercitivi soltanto al fine di valutare se la notizia concerna un fatto di reato. Ove accerti che non si tratta di un illecito penale, il pubblico ministero dispone quella che è da considerarsi una "cestinazione" di fatto della notizia. Ove accerti l'esistenza di un fatto penalmente illecito, il pubblico ministero deve immediatamente ordinare l'iscrizione nel registro delle notizie di reato.

Sia quando non esistono iscrizioni nei confronti dell'interessato richiedente (indagato o offeso), sia quando esse esistono, ma non sono conoscibili, l'ufficio di segreteria, su indicazione del pubblico ministero, risponde alla richiesta dell'interessato medesimo con la seguente frase: « non risultano iscrizioni suscettibili di comunicazione ». La formula, prevista dall'art. 110-*bis* disp. att., è identica in situazioni diverse proprio per evitare che la segretezza sia violata.

L'informazione alla persona offesa dal reato. In base alla legge n. 103 del 2017 (c.d. *riforma Orlando*), decorsi sei mesi dalla data di presentazione della denuncia o della querela, la persona offesa dal reato potrà chiedere di essere informata dall'autorità che ha in carico il procedimento circa lo stato del medesimo; ciò dovrà avvenire in modo che non sia violato il segreto investigativo (art. 335, comma 3-*ter*) ([47]).

L'informazione di garanzia. Il pubblico ministero che sta per compiere un atto garantito deve inviare all'indagato ed alla persona offesa l'informazione di garanzia (v. tav. 2.1.26). Il contenuto più importante dell'informazione di garanzia è l'*invito* ad esercitare la facoltà di nominare un difensore di fiducia.

L'informazione deve essere inviata sia all'indagato, sia alla persona offesa, per posta in piego chiuso raccomandato con ricevuta di ritorno; in caso di urgenza, il pubblico ministero può disporre che l'informazione di garanzia sia notificata a norma dell'art. 151, e cioè dall'ufficiale giudiziario. Nell'informazione devono essere indicati elementi quanto mai scarni sull'addebito provvisorio. Il codice impone di precisare, oltre alle norme di legge che si assumono violate, la « data » ed il « luogo » del fatto storico di reato (art. 369), ovviamente nei limiti in cui tali dati risultino dalle indagini.

Il diritto dell'indagato alla tempestiva conoscenza dell'addebito è garantito dal comma 3 dell'art. 111 Cost., secondo cui « la legge assicura che la persona accusata di un reato sia, nel più breve tempo possibile, informata riservatamente della natura e dei motivi dell'accusa elevata a suo carico ». Si tratta della traduzione di un principio già previsto dall'art. 6, § 3, lett. *a* della Convenzione europea dei diritti dell'uomo. Nell'informazione di garanzia deve essere inserito anche l'avviso che l'indagato e l'offeso hanno il diritto, ove ne facciano richiesta (ad eccezione per i gravi delitti di cui all'articolo 407, co. 2, lett. *a*), ad ottenere la comunicazione delle iscrizioni contenute nel registro delle notizie di reato (art. 335, comma 3).

L'informazione sul diritto di difesa deve essere inviata all'indagato in occasione del *primo* tra gli atti garantiti che si svolgono su iniziativa del pubblico ministero, al fine di rendere effettivo l'istituto della difesa d'ufficio (es., interrogatorio dell'indagato). In tal senso si esprime l'art. 369-*bis*: « al compimento del primo atto a cui il difensore ha diritto di assistere » il pubblico ministero deve notificare all'indagato la comunicazione della nomina del difensore d'ufficio. La comunicazione contiene una serie di elementi che hanno la funzione di rendere edotto l'indagato di tutti gli obblighi e le facoltà che sono connessi alla difesa d'ufficio. In particolare nella comunicazione sono indicati:

a) l'informazione della obbligatorietà della difesa tecnica nel processo penale « con l'indicazione della facoltà e dei diritti attribuiti dalla legge » all'indagato;

([47]) Ad esempio, sarà informata se è stato emesso avviso di conclusione delle indagini (art. 415-*bis*) o se è stata richiesta la proroga delle indagini (art. 407, comma 3).

b) il nominativo del difensore d'ufficio e il suo indirizzo e recapito telefonico;

c) la precisazione che, nonostante la designazione d'ufficio, l'indagato ha la facoltà di nominare un difensore di fiducia; in mancanza, « l'indagato sarà assistito da quello nominato d'ufficio »;

d) l'indicazione dell'obbligo di retribuire il difensore d'ufficio, a meno che l'indagato non ottenga l'ammissione al patrocinio a spese dello Stato; occorre l'ulteriore l'avvertimento che, in caso d'insolvenza, si procederà ad esecuzione forzata;

e) l'indicazione delle condizioni per l'ammissione al patrocinio a spese dello Stato;

f) l'avviso che l'indagato ha diritto all'interprete ed alla traduzione degli atti fondamentali del procedimento (d.lgs. n. 101 del 2014).

Nella pratica accade spesso che l'informazione sul diritto di difesa sia inviata unitamente all'informazione di garanzia all'interno di un unico atto.

L'art. 369-*bis* precisa che l'informazione deve comunque essere inviata prima dell'invito a presentarsi per rendere l'interrogatorio (art. 375, comma 3), atto che nel corso delle indagini non necessariamente deve essere compiuto.

Il d.lgs. n. 101 del 2014 dispone che l'informazione sul diritto di difesa deve essere comunicata, quanto meno, contestualmente all'avviso della conclusione delle indagini ai sensi dell'art. 415-*bis* (48).

Atti garantiti e assistenza difensiva. Come abbiamo accennato, quando intende compiere un atto garantito il pubblico ministero deve preavvisare il difensore dell'indagato del compimento dell'atto. Infatti, l'atto garantito ha la caratteristica di non poter essere compiuto validamente se, prima di disporlo, il pubblico ministero non ha avvisato il difensore dell'indagato: l'atto sarebbe nullo per violazione dei diritti di « intervento » e di « assistenza » spettanti a quest'ultimo (art. 178, comma 1, lettera *c*).

Il difensore di fiducia e quello designato d'ufficio hanno la facoltà ma non il dovere di assistere all'atto garantito; pertanto, l'atto è validamente compiuto se il difensore, regolarmente preavvisato, non si presenta (49).

b. *Gli atti compiuti personalmente o su delega.* Il pubblico ministero può compiere atti di indagine personalmente o può delegarli alla polizia giudiziaria (art. 370). La delega può riguardare sia gli atti "atipici", sia gli atti "tipici", purché quelli tipici siano « specificamente delegati ». Con questa precisazione il codice vuole evitare che il pubblico ministero dia alla polizia giudiziaria una delega *generica* a compiere atti previsti dal codice. Inoltre, il pubblico ministero può imporre alla

---

(48) L'adempimento è imposto a pena di nullità degli atti successivi. Si tratta, a nostro avviso, di una nullità di tipo intermedio, per violazione del diritto di assistenza dell'imputato (art. 178, comma 1, lett. *c*).

(49) Occorre ricordare che, ai sensi dell'art. 375, quando il pubblico ministero deve compiere un atto che richiede la presenza dell'indagato, deve inviare a quest'ultimo un invito a presentarsi. Quando il pubblico ministero intende procedere all'interrogatorio, l'invito a presentarsi contiene anche la sommaria enunciazione del fatto addebitato, quale risulta dalle indagini fino a quel momento svolte (art. 375, comma 3). Ebbene, se all'interno di tale atto è aggiunto l'ulteriore invito a nominare un difensore di fiducia, esso equivale all'informazione di garanzia (si parla in tal caso di "atto equipollente"). Quando l'invito a presentarsi contiene la nomina del difensore di ufficio e le indicazioni relative alla difesa tecnica, esso cumula in sé anche l'informazione sul diritto di difesa (art. 369-*bis*).

polizia le proprie direttive, ossia l'indirizzo generale da dare alle indagini, all'interno del quale la polizia giudiziaria opera con gli atti di propria iniziativa.

La delega. L'importanza degli atti "tipici" delegabili è evidenziata dalle norme che pongono, da un lato, alcuni divieti di delega e, dall'altro lato, l'obbligo di osservare alcune garanzie difensive.

La delega è di regola consentita; i divieti sono previsti in modo esplicito, implicito o sono ricavabili comunque dalla natura dell'atto.

1) È previsto in modo *implicito* il divieto di delegare l'interrogatorio dell'indagato arrestato (o comunque in custodia cautelare) ed i confronti col medesimo (art. 370, comma 1).

2) È ricavabile dalla *natura dell'atto* il divieto di delegare l'accertamento "tecnico" (artt. 359 e 360) in quanto spetta al pubblico ministero personalmente la scelta dell'esperto e la formulazione dei quesiti. Allo stesso modo, appare non delegabile l'accertamento tecnico coattivo (art. 359-*bis*) giacché si tratta di un atto idoneo ad incidere sulla libertà personale, che lo stesso pubblico ministero deve compiere sotto il controllo del giudice.

3) È previsto in modo *esplicito* il divieto di compiere ispezioni, perquisizioni e sequestri, che si svolgono negli uffici dei difensori e che sono disposti nel corso delle indagini preliminari; ad essi provvede personalmente il pubblico ministero in forza di un motivato decreto di autorizzazione del giudice (art. 103 comma 4 c.p.p.).

Alcuni degli atti tipici di indagine, compiuti dal pubblico ministero personalmente o per delega, devono essere eseguiti rispettando il diritto del difensore di assistere al compimento dell'atto. Occorre sottolineare che la facoltà del difensore di assistere all'atto di indagine non è concessa in funzione della partecipazione alla formazione dell'atto (come viceversa avviene nell'udienza dibattimentale nel momento dell'esame incrociato), bensì in funzione del controllo sulla regolarità del suo svolgimento, sul rispetto della libertà morale dell'indagato che è presente, o, infine, sulla correttezza formale dell'atto.

La documentazione degli atti di iniziativa del pubblico ministero. Gli atti assunti dal pubblico ministero vengono documentati in vari modi, a prescindere dal fatto che siano stati compiuti personalmente o per delega alla polizia giudiziaria. Alla redazione del verbale provvede l'ufficiale di polizia giudiziaria o l'ausiliario che assiste il pubblico ministero (art. 373 comma 6).

Il verbale in forma integrale. Una prima modalità comporta la redazione di un verbale che contiene sia le domande, sia le risposte. Sul contenuto del verbale, descritto dall'art. 136, rinviamo al capitolo sugli atti (parte II, cap. 2). La redazione del verbale in forma integrale riguarda alcuni atti in considerazione della loro importanza (art. 373 comma 1): si tratta delle denunce e delle querele presentate oralmente; degli interrogatori e dei confronti con l'indagato; delle ispezioni, delle perquisizioni e dei sequestri; delle sommarie informazioni, degli interrogatori degli imputati connessi e degli accertamenti tecnici non ripetibili.

Il verbale in forma riassuntiva. La seconda modalità di documentazione consiste nella redazione del verbale in forma riassuntiva, che, come è noto, contiene la narrazione delle parti essenziali delle dichiarazioni (art. 373). In tal modo sono verbalizzate le attività di indagine diverse da quelle appena menzionate.

Una normativa particolare è stata introdotta dall'art. 2 della legge 8 agosto 1995, n. 332. Il nuovo art. 141-*bis* stabilisce che, a pena di inutilizzabilità, ogni interrogatorio reso fuori udienza da una persona, che si trovi a qualsiasi titolo in stato di detenzione, deve essere documentato integralmente con mezzi di riproduzione fonografica o audiovisiva; la trascrizione della riproduzione è disposta soltanto se richiesta dalle parti. Di tale interrogatorio deve essere inoltre redatto verbale in forma riassuntiva.

L'annotazione. Infine, è prevista l'annotazione di atti che hanno un contenuto semplice o una limitata rilevanza (art. 373 comma 3). Ciò avviene, ad esempio, per il pedinamento.

Il fascicolo delle indagini. L'atto contenente la notizia di reato e la documentazione delle indagini sono conservati in un apposito fascicolo presso l'ufficio del pubblico ministero assieme agli atti trasmessi dalla polizia giudiziaria (art. 373 comma 5).

Il carattere sintetico di questa esposizione non ci permette di ricordare tutti gli atti di indagine che possono essere compiuti su iniziativa del pubblico ministero; tratteremo ora i più importanti tra essi. Segnaliamo che la legge n. 69 del 2019 (c.d. codice rosso) ha imposto alla polizia giudiziaria l'obbligo di procedere senza ritardo al compimento degli atti delegati dal pubblico ministero in relazione ai reati previsti nei nuovi commi 2-*bis* e 2-*ter* dell'art. 370. È stato così creato un canale preferenziale sia per le indagini, sia per la tutela dell'incolumità della persona offesa.

La riforma Cartabia. Estensione dell'obbligo di procedere senza ritardo al compimento degli atti delegati dal pubblico ministero. L'art. 2, comma 11, lett. *c*, della legge n. 134 del 2021 ha esteso l'obbligo della polizia giudiziaria di procedere senza ritardo al compimento degli atti delegati dal pubblico ministero altresì in relazione ai delitti di violenza domestica e di genere commessi *anche in forma tentata* e al delitto di *tentato omicidio* (art. 370, comma 2-*bis*). In relazione a tutti i predetti delitti la polizia deve porre senza ritardo a disposizione del pubblico ministero la documentazione delle attività compiute (art. 370, comma 2-*ter*).

Il controllo sulla legittimazione del pubblico ministero. La legge 16 dicembre 1999 n. 479 ha introdotto un procedimento che consente all'ufficio superiore di accertare se il pubblico ministero, che svolge le indagini, sia "legittimato", e cioè sia quello che è collocato presso il giudice competente. Il controllo è di natura non giurisdizionale ed opera su richiesta di parte.

È stata attribuita all'indagato, all'offeso ed ai rispettivi difensori, la facoltà di chiedere al pubblico ministero procedente di trasmettere gli atti al suo omologo presso il giudice ritenuto competente. Il richiedente ha l'onere di indicare, a pena di inammissibilità, il giudice competente. Qualora il pubblico ministero procedente rigetti la richiesta (oppure non decida entro il termine di dieci giorni), il richiedente può riproporre la richiesta nei successivi dieci giorni (art. 54-*quater*, comma 3). La richiesta deve essere presentata al procuratore generale presso la corte d'appello o, qualora il giudice competente appartenga ad un diverso distretto, al procuratore generale presso la corte di cassazione, ai quali spetta di determinare l'ufficio del pubblico ministero legittimato ad indagare.

Il procuratore generale, assunte le necessarie informazioni e ottenuta la copia degli atti, decide entro venti giorni con decreto motivato, dandone comunicazione ai soggetti ed agli uffici interessati. La richiesta può essere riproposta al pubblico ministero soltanto se è basata su fatti nuovi e diversi; altrimenti è inammissibile (art. 54-*quater*, comma 4).

c. *L'assunzione di informazioni dal possibile testimone.* Le informazioni (art. 362) possono essere assunte dal pubblico ministero personalmente o ad opera della polizia giudiziaria da lui delegata. Coloro che rendono le informazioni sono indicati dal codice con l'espressione « persone che possono riferire circostanze utili a fini delle indagini » e vengono denominati nella prassi "persone informate". Come abbiamo già esposto nella parte II, cap. 1, § 5, lett. *c*, costoro hanno una posizione sostanzialmente analoga a quella di testimone poiché davanti al pubblico ministero hanno un dovere di verità penalmente sanzionato dall'art. 371-*bis* c.p. ([50]).

Inoltre, l'art. 362 estende alla persona informata quella incompatibilità a testimoniare che è prevista in relazione all'imputato dall'art. 197; di conseguenza, colui che risulta indagato non può essere sentito come persona informata. Ecco perché riteniamo che l'espressione "possibile testimone" sia più corretta di "persona informata".

Regolamentazione. Alle informazioni sono applicabili molte tra le disposizioni che disciplinano il mezzo di prova "testimonianza" (artt. 197-203, ai quali rinvia l'art. 362). La regolamentazione è la seguente. La persona informata è titolare del privilegio contro l'autoincriminazione (art. 198, comma 2): può rifiutarsi di rispondere su fatti dai quali potrebbe emergere una propria responsabilità penale. Inoltre, può opporre all'inquirente l'esistenza di un segreto nei casi previsti dalla legge (artt. 199-203). Al tempo stesso, la persona informata (possibile testimone) ha i medesimi doveri processuali del testimone (art. 198, comma 1): deve presentarsi ed attenersi alle prescrizioni date e deve rispondere secondo verità. La persona informata molto spesso è l'offeso dal reato. Segnaliamo che la legge n. 69 del 2019 (c.d. codice rosso) ha imposto al pubblico ministero l'obbligo di sentire la persona offesa e il denunciante entro tre giorni dall'iscrizione delle notizie dei reati previsti nel nuovo comma 1-*ter* dell'art. 362; è tuttavia prevista una deroga alla rapidità di tale intervento quando vi sono esigenze di riservatezza delle indagini (es. se la persona offesa è soggiogata) o se è necessario sentire minorenni con le cautele opportune.

Al fine di convocare la persona informata, il pubblico ministero emette un decreto di citazione (art. 377, comma 1) contenente l'avvertimento che, in caso di mancata comparizione senza che sia stato addotto un legittimo impedimento, potrà essere disposto l'accompagnamento coattivo. Nello stesso modo il pubblico ministero provvede a citare il consulente tecnico, l'interprete e il custode delle cose sequestrate (art. 377, comma 3).

([50]) Occorre comunque sottolineare che una specifica sanzione penale per la violazione dell'obbligo di rispondere secondo verità esiste soltanto in relazione alle dichiarazioni assunte dal pubblico ministero personalmente e non a quelle rese alla polizia che agisce di sua iniziativa (art. 351) o su delega del pubblico ministero (art. 370), visto il principio di tassatività che opera in materia penale.

Tuttavia la violazione dell'obbligo di verità può dar luogo ad una differente responsabilità penale se, davanti alla polizia giudiziaria, il possibile testimone attraverso le false dichiarazioni aiuta un'altra persona ad « eludere le investigazioni dell'autorità o a sottrarsi alle ricerche di questa ». L'aiuto così fornito ad una persona (purché diversa dal complice nel medesimo reato) integra gli estremi del delitto di favoreggiamento personale (art. 378 c.p.).

La riforma Cartabia. Estensione dell'obbligo di sentire persone offese e denuncianti di delitti di violenza domestica e di genere commessi in forma tentata e di delitti di tentato omicidio. L'art. 2, comma 11, lett. *b*, della legge n. 134 del 2021 ha esteso l'obbligo di assumere, entro tre giorni dall'iscrizione della notizia di reato, informazioni dalla persona offesa (e da chi ha presentato denuncia, querela o istanza) dei delitti di violenza domestica e di genere *anche in forma tentata* e del delitto di *tentato omicidio* (art. 362, comma 1-*ter*).

Le informazioni dal possibile testimone vulnerabile. Una regolamentazione specifica è stata prevista quando si devono assumere informazioni da ***minorenni*** in relazione a delitti di prostituzione minorile, adescamento di minori, pedopornografia ed assimilati ([51]). In base al nuovo comma 1-*bis*, inserito nell'art. 362 dalla legge n. 172 del 2012, il pubblico ministero deve avvalersi « dell'ausilio di un esperto in psicologia o in psichiatria infantile ». L'atto di indagine deve essere diretto dal magistrato o dall'ufficiale di polizia giudiziaria delegato ([52]).

Le informazioni sullo svolgimento dell'intervista difensiva. L'art. 362 comma 1, secondo periodo, pone al pubblico ministero ed alla polizia giudiziaria il divieto di chiedere « alle persone già sentite dal difensore o dal suo sostituto » informazioni sulle domande formulate e sulle risposte date nel corso dell'intervista. La norma costituisce un limite al potere di indagine dell'autorità inquirente; esso è stabilito a tutela della segretezza degli atti di investigazione difensiva e trova un simmetrico divieto nell'art. 391-*bis*.

Documentazione. Le sommarie informazioni sono documentate mediante verbale (art. 373, comma 1 lett. *d*); di regola non sono utilizzabili in dibattimento (art. 514); eccezionalmente sono utilizzabili, se ripetibili, mediante contestazione nel limiti posti dell'art. 500; se sono divenute non ripetibili, sono utilizzabili mediante lettura alle condizioni previste dall'art. 512 (v. *infra*, parte III, cap. 5).

Garanzia contro l'autoincriminazione. Il possibile testimone gode di una ulteriore garanzia. Se dalle informazioni rese emergono « indizi di reità a suo carico », l'autorità inquirente ne interrompe l'esame e lo avvisa che « a seguito di tali dichiarazioni potranno essere svolte indagini nei suoi confronti »; inoltre lo invita a nominare un difensore (art. 63, comma 1). Le dichiarazioni rese in precedenza dal possibile testimone non possono essere utilizzate contro di lui; se mai, possono essere utilizzate contro l'indagato.

Il codice pone un'altra garanzia ancora più estesa allo scopo di evitare che l'inquirente senta come possibile testimone una persona, che viceversa dovrebbe interrogare in qualità di "indagato" con il rispetto delle garanzie difensive, poiché in precedenza già vi

---

(51) Artt. 572, 600, 600-*bis*, 600-*ter*, 600-*quater*, 600-*quater*.1, 600-*quinquies*, 601, 602, 609-*bis*, 609-*quater*, 609-*quinquies*, 609-*octies*, 609-*undecies* e 612-*bis* c.p.

(52) Allo stesso modo (e cioè, con l'ausilio di un esperto in psicologia o psichiatria) il pubblico ministero e la polizia delegata procedono quando devono assumere informazioni da una ***persona offesa***, anche maggiorenne, in condizione di ***particolare vulnerabilità***, e ciò a prescindere da un elenco tassativo di reati (art. 90-*quater*). In ogni caso, l'inquirente « assicura che la persona offesa *particolarmente vulnerabile*, in occasione della richiesta di sommarie informazioni, non abbia contatti con la persona sottoposta ad indagini e non sia chiamata più volte a rendere sommarie informazioni, salva l'assoluta necessità per le indagini » (art. 362, comma 1-*bis*).

erano indizi a suo carico. Se la persona doveva essere sentita « sin dall'inizio » in qualità di imputato o di indagato, « le sue dichiarazioni non possono essere utilizzate » (art. 63, comma 2). Il tema è stato trattato nella parte II, cap. 1, § 5, lett. *c*.

d. *L'interrogatorio dell'indagato. L'invito a presentarsi.* Il pubblico ministero, che intenda sottoporre l'indagato ad interrogatorio (o ad altro atto tra quelli previsti dall'art. 364 comma 1; ad es., ispezione e confronto), deve fargli notificare un « invito a presentarsi » (art. 375).

L'invito a presentarsi deve contenere:

a) le generalità dell'indagato;

b) il giorno, l'ora e il luogo della presentazione e l'autorità davanti alla quale deve presentarsi;

c) l'indicazione che si darà luogo a interrogatorio (o altro atto di cui all'art. 364 comma 1);

d) l'avvertimento che il pubblico ministero potrà disporre l'accompagnamento coattivo dell'indagato nel caso di mancata presentazione di questi senza che sia stato addotto un legittimo impedimento (art. 132). In tale ipotesi il pubblico ministero può disporre l'accompagnamento coattivo su autorizzazione del giudice (art. 376);

e) la « *sommaria enunciazione del fatto* quale risulta dalle indagini fino a quel momento compiute ». Questo requisito è richiesto quando l'indagato è chiamato a rendere l'interrogatorio ([53]). Il codice intende fare riferimento a ciò che nella prassi è denominato *addebito provvisorio*. Lo scopo della disposizione è quello di predisporre un sistema che garantisca al massimo l'indagato, permettendogli di concordare col difensore la linea difensiva.

L'invito deve essere notificato all'indagato, di regola, almeno tre giorni prima di quello fissato per l'interrogatorio.

L'avviso al difensore. Il difensore (di fiducia o d'ufficio) dell'indagato deve essere preavvisato dell'interrogatorio almeno ventiquattro ore prima del suo compimento (art. 364 comma 3). Nei casi di assoluta urgenza, quando vi è fondato motivo di ritenere che il ritardo possa pregiudicare la ricerca o l'assicurazione delle fonti di prova, il pubblico ministero può procedere a interrogatorio (o a ispezione o confronto) anche prima del termine fissato dandone avviso al difensore senza ritardo e comunque tempestivamente (art. 364 comma 5).

L'interrogatorio dell'indagato libero. L'interrogatorio dell'indagato libero può essere compiuto dal pubblico ministero personalmente o su delega alla polizia giudiziaria (art. 370 comma 1) ([54]). Se l'interrogatorio è condotto *personalmente* dal pubblico ministero, l'atto può svolgersi anche senza la presenza del difensore, che tuttavia deve

([53]) L'invito può inoltre contenere, ai fini di quanto previsto dall'articolo 453, comma 1 (e cioè, per consentire al pubblico ministero di presentare la richiesta del rito immediato) l'indicazione degli elementi e delle fonti di prova e l'avvertimento che potrà essere presentata richiesta di giudizio immediato.

([54]) Quando l'indagato è sentito dal pubblico ministero o dalla polizia da questi delegata, è previsto uno speciale regime di utilizzabilità dibattimentale delle dichiarazioni (art. 503): si veda *infra* nel capitolo sul giudizio, parte III, cap. 1, § 9, lett. *e*, e lett. *h*.

essere stato preavvisato; se l'interrogatorio è svolto dalla polizia giudiziaria *delegata*, il difensore dell'indagato deve essere necessariamente presente (art. 370 comma 1).

L'interrogatorio dell'indagato arrestato, fermato o in stato di custodia cautelare. L'interrogatorio dell'indagato sottoposto a fermo, arresto o custodia cautelare può essere condotto soltanto dal pubblico ministero: non è ammessa la delega alla polizia giudiziaria.

La regolamentazione dell'interrogatorio. La regolamentazione che il codice dà all'interrogatorio è stata già esaminata in precedenza quando abbiamo trattato dell'imputato come "soggetto" del procedimento (parte II, cap. 1, § 5, *b*). In questa sede richiamiamo tutto quello che abbiamo esposto e sottolineiamo la importanza delle regole generali (art. 64 con gli avvisi) e delle regole sull'interrogatorio nel merito (art. 65 con la contestazione del fatto e degli elementi di prova).

La natura mista dell'interrogatorio. In base alla giurisprudenza di legittimità, l'interrogatorio è un atto di natura mista, e cioè ha la funzione sia di garanzia, sia probatoria ([55]). Ha una funzione di garanzia perché consente all'indagato di conoscere in forma chiara e precisa l'addebito provvisorio mosso nei suoi confronti e anche perché egli ha diritto a ricevere l'avviso della facoltà di non rispondere. Ha una funzione probatoria perché, se l'indagato risponde, quanto da lui detto fornisce elementi conoscitivi e costituisce una forma di esercizio del diritto di difendersi provando.

e. *L'interrogatorio di una persona imputata in un procedimento connesso o collegato.* Il pubblico ministero nel corso delle indagini preliminari può interrogare un imputato di un procedimento connesso o collegato, che si svolga separatamente (art. 363). Qualora tale soggetto scelga di rendere dichiarazioni, il relativo atto assume di regola un'efficacia determinante per l'esito delle indagini. Infatti, solitamente il soggetto in questione conosce particolari che sono noti a lui soltanto per il fatto di aver avuto "contatti" con il responsabile del reato principale. L'imputato connesso è formalmente estraneo al procedimento principale; tuttavia ha nel medesimo un forte interesse che si manifesta sotto due profili. Da un lato, occorre tutelare il diritto di difesa di tale soggetto, che non può essere costretto a rendere dichiarazioni autoincriminanti. Da un altro lato, è necessario guardarsi dal rischio che egli menta per influire a suo favore nel processo a proprio carico. In relazione a tale situazione, la legge adotta prevalentemente la disciplina che si applica all'indagato e, per alcuni aspetti limitati, quella che si applica al possibile testimone. Infatti, per un verso, è inesigibile che un soggetto renda dichiarazioni che, trasferite successivamente nel proprio procedimento, potrebbero rivelarsi per lui svantaggiose; per un altro verso, si pongono problemi di tutela del diritto di difesa dell'indagato nel procedimento principale.

La regolamentazione dell'atto si ricava *per relationem* dalla disciplina dell'esame dibattimentale di persone imputate in un procedimento connesso o collegato. Infatti, l'art. 363 impone di osservare le « forme previste dall'art. 210 commi 2, 3, 4 e 6 ». Tuttavia, differentemente da quanto è previsto per il dibattimento, l'interrogatorio

---

([55]) Cass., Sez. un., 16 dicembre 2021 - 24 marzo 2022, n. 10728, in *Guida dir.*, 2022, 15, 90.

dell'imputato connesso o collegato si svolge in segreto rispetto agli altri imputati; soltanto il difensore dell'imputato connesso o collegato è presente all'atto.

L'imputato (o indagato) di un procedimento connesso o collegato (artt. 363 e 210, comma 2), citato dal pubblico ministero, ha l'obbligo di presentarsi e riceve il medesimo avvertimento che viene dato al possibile testimone ai sensi dell'art. 377, comma 2, lettera *c*: in caso di mancata comparizione senza legittimo impedimento, la pubblica accusa può ordinare direttamente l'accompagnamento coattivo.

In forza del richiamo all'art. 210, comma 3, il pubblico ministero ha l'obbligo di preavvisare il difensore del soggetto in questione del compimento dell'interrogatorio. Ove non sia stato già nominato un difensore di fiducia, deve essere designato il difensore d'ufficio di turno, che riceve l'avviso predetto.

Occorre sottolineare che la presenza del difensore è prevista come garanzia in favore dell'imputato (o indagato) di un procedimento connesso o collegato (B). Nessuna garanzia è disposta nei confronti dell'indagato del procedimento principale (A) nel quale è assunto l'interrogatorio dell'imputato di un procedimento connesso (art. 363); infatti, tale atto è "non conoscibile", nel senso che il difensore dell'indagato (A) non può partecipare all'interrogatorio né ha diritto ad esaminarne il verbale in segreteria.

Come abbiamo evidenziato, esaminando i mezzi di prova, l'art. 210 prevede una disciplina differenziata a seconda che il soggetto sentito sia un concorrente nel medesimo reato o un imputato connesso teleologicamente o collegato. L'aspetto comune sta, in sintesi, nell'avviso del diritto di non rispondere; ove il soggetto risponda, ha la facoltà di mentire. Per l'analisi dettagliata delle modalità della deposizione si rinvia alla trattazione svolta *supra* nel capitolo sui mezzi di prova (parte II, cap. 4, § 3, lett. *d* ed *e*).

L'applicabilità delle norme sulle prove alle indagini preliminari. È giunto il momento nel quale occorre che ci poniamo il problema dell'applicabilità delle norme sulle prove alle indagini preliminari. L'occasione è data dalla circostanza che in tale sede le dichiarazioni rese degli indagati connessi o collegati devono essere valutate ai fini dei provvedimenti che il giudice deve prendere. Nel caso in esame, si tratta di esaminare se le dichiarazioni rese sono utilizzabili liberamente o se, viceversa, debba osservarsi l'obbligo trovare i riscontri che dimostrino l'attendibilità delle medesime, come impone l'art. 192, commi 3 e 4. Ove non si considerino applicabili le norme sulle prove nella fase delle indagini, in detta sede non vi sarebbe, ad esempio, l'obbligo di controllare le dichiarazioni degli imputati connessi e collegati e queste ultime potrebbero determinare gravi errori nei provvedimenti che devono essere presi dal giudice e dal pubblico ministero, come di fatto è avvenuto in molti casi.

Noi riteniamo che la collocazione della materia della prova nel libro terzo già di per sé costituisce un indice positivo della sua estensibilità a tutto il procedimento penale: i primi quattro libri del codice, infatti, costituiscono una sorta di "parte generale" del procedimento penale. In base ad un argomento sistematico, pertanto, affermiamo che le norme generali sulle prove sono applicabili in tutto il procedimento penale a meno che non siano incompatibili (espressamente o implicitamente) con la regolamentazione del singolo atto da compiere in una determinata fase. Così ragionando, la regola che impone il riscontro delle dichiarazioni degli imputati connessi o collegati deve essere applicata nel corso delle indagini preliminari perché è compatibile con la regolamentazione di tale fase e perché non è derogata da norme espresse.

f. *L'accertamento tecnico operato dal consulente del pubblico ministero.* Nel corso delle indagini preliminari il pubblico ministero ed il difensore delle parti private possono avere l'esigenza di svolgere accertamenti che comportano specifiche conoscenze scientifiche, tecniche o artistiche. È possibile per la pubblica accusa e per l'indagato chiedere al giudice la nomina di un perito con quell'istituto che è denominato incidente probatorio (art. 392); ma si tratta di uno strumento che richiede lunghi tempi di attivazione ed un vaglio di ammissibilità da parte del giudice.

In alternativa il codice predispone uno strumento più agevole per il pubblico ministero e per il difensore, e cioè la consulenza tecnica di parte. L'istituto a disposizione del difensore dell'indagato e dell'offeso sarà esaminato nel capitolo sulle investigazioni difensive (art. 391-*decies*). In questa sede concentriamo la nostra attenzione sugli strumenti a disposizione del pubblico ministero.

La pubblica accusa durante le indagini preliminari può nominare consulenti tecnici quando occorre procedere ad « accertamenti, rilievi segnaletici, descrittivi o fotografici e ad ogni altra operazione tecnica per cui sono necessarie specifiche competenze » (art. 359, comma 1). Il consulente non può rifiutare la sua opera; può essere autorizzato dal pubblico ministero ad assistere a singoli atti di indagine (art. 359, comma 2). La consulenza ha due distinte regolamentazioni in base al seguente criterio. Si tratta di valutare se, nel momento in cui è disposto, l'accertamento appare ripetibile, o meno, in dibattimento.

L'accertamento tecnico ripetibile. Qualora l'accertamento tecnico appaia ripetibile, il pubblico ministero nomina un consulente tecnico e fa svolgere l'accertamento in segreto. Il verbale di tale atto è collocato nel fascicolo delle indagini ed è destinato ad essere inserito nel fascicolo del pubblico ministero se e quando, in seguito all'udienza preliminare, sarà disposto il rinvio a giudizio (art. 433).

L'accertamento tecnico non ripetibile. Il codice prevede l'eventualità che l'accertamento tecnico appaia non ripetibile; in questo caso attribuisce a tale atto un'efficacia simile alla perizia, subordinandolo ad un controllo ad opera dell'indagato. La non ripetibilità può derivare da varie situazioni:

1) l'accertamento tecnico riguarda persone, cose o luoghi « il cui stato è soggetto a modificazione » (art. 360, comma 1; es., tracce di polvere da sparo);

2) può essere lo stesso accertamento a determinare la modifica di cose, luoghi o persone (art. 117 disp. att.; es., in una siringa deve essere immesso un liquido per accertare la presenza di uno stupefacente).

In detti casi il pubblico ministero deve dare un previo avviso all'indagato, all'offeso ed ai difensori in quanto costoro possono nominare consulenti tecnici come avviene per la perizia (art. 360, comma 1). L'indagato privo del difensore è avvisato che è assistito da un difensore d'ufficio, ma che può nominarne uno di fiducia (art. 364 comma 2). I difensori, nonché i consulenti tecnici eventualmente nominati, hanno diritto di assistere al conferimento dell'incarico, di partecipare agli accertamenti e di formulare osservazioni e riserve. Il verbale relativo all'accertamento non ripetibile è destinato ad essere inserito nel fascicolo per il dibattimento dopo che sia stato disposto il rinvio a giudizio (art. 431 comma 1 lett. *c*).

La riserva di incidente probatorio. Il solo indagato (non la persona offesa) ha l'ulteriore potere di formulare, prima del conferimento dell'incarico, riserva di promuovere incidente probatorio (comma 4); in sostanza, il codice fornisce uno strumento di "reazione" qualora l'indagato non sia soddisfatto del consulente del pubblico ministero e voglia un esperto nominato dal giudice che operi in base a quesiti da questi formulati.

Ai sensi della legge n. 103 del 2017 (*riforma Orlando*), la riserva di promuovere incidente probatorio perde efficacia e non potrà essere ulteriormente formulata se l'indagato non propone la richiesta di incidente entro il termine di dieci giorni dalla formulazione della riserva stessa (nuovo comma 4-*bis*). La modifica è finalizzata ad evitare che l'indagato proponga una riserva pretestuosa, poi non seguita dall'effettiva richiesta di incidente; ciò potrebbe indurre il pubblico ministero a desistere dall'accertamento tecnico, compromettendo l'acquisizione di una prova genuina con un vero e proprio abuso del diritto di difesa.

Il compimento di accertamenti in seguito ad una riserva efficace. Ove l'indagato, dopo aver formulato la riserva, chieda entro dieci giorni al giudice per le indagini preliminari l'incidente probatorio, il pubblico ministero deve disporre che non si proceda agli accertamenti salvo che questi, se differiti, non possano più essere utilmente compiuti (comma 4); se viola tale divieto, « i relativi risultati non possono essere utilizzati nel dibattimento » (art. 360, comma 5 mod.). Il codice reagisce così ad un eventuale abuso compiuto, questa volta, dal pubblico ministero. Si tratta di una inutilizzabilità relativa, che impedisce all'accertamento di essere valutato ai fini della decisione dibattimentale: in sostanza, nell'ipotesi in esame, l'accertamento è utilizzabile soltanto nel corso delle indagini preliminari, dell'udienza preliminare e dei riti semplificati che eliminano il dibattimento, come avviene per gli accertamenti ripetibili.

Il compimento di accertamenti in seguito ad una riserva non efficace. Se l'indagato, dopo aver formulato la riserva, non chiede l'incidente probatorio entro dieci giorni, il pubblico ministero potrà compiere a pieno titolo gli accertamenti necessari; essi potranno essere utilizzati anche in dibattimento (art. 360, comma 5 mod.).

Riepilogando. L'accertamento non ripetibile è destinato a svolgere, se l'indagato lo consente (e cioè se non formula tempestivamente una riserva efficace), quella funzione che, di regola, è propria della perizia in incidente probatorio.

Approfondimento sulla prassi: gli atti irripetibili delegati alla polizia giudiziaria con attuazione del contradditorio. Quando l'indagine tecnica implica il compimento di complessi accertamenti di laboratorio, accade spesso che il pubblico ministero in base all'art. 370 deleghi tale attività a corpi specialistici della polizia giudiziaria (es. al RIS). La polizia delegata, esaminati i reperti, trasmette al pubblico ministero una relazione tecnica (atto atipico) nella quale illustra le attività da compiere e se esse siano, o meno, non ripetibili. Ove lo siano, la polizia giudiziaria chiede al pubblico ministero l'autorizzazione a svolgere gli atti non ripetibili previo avviso alle parti interessate del giorno in cui verranno iniziate le attività di laboratorio; le parti potranno intervenire mediante consulenti tecnici. Se l'indagato chiede l'incidente probatorio, la polizia giudiziaria usa sospendere tale attività e mettere a disposizione dell'autorità giudiziaria i reperti per le valutazioni del caso ([56]).

g. Accertamenti idonei ad incidere sulla libertà personale. Dopo anni di silenzio da parte del legislatore, la legge n. 85 del 2009 ha disciplinato l'ipotesi in cui il pubblico ministero debba porre in essere accertamenti tecnici che richiedono il compimento di atti idonei ad incidere sulla libertà personale in mancanza di consenso della persona ad essi sottoposta (art. 359-*bis*).

Come abbiamo visto *supra* (parte II, cap. 4, § 5, lett. *a*) la medesima legge ha previsto una disciplina organica della materia in relazione alla perizia coattiva disposta dal giudice (art. 224-*bis*). Al tempo stesso, è stata introdotta la possibilità di svolgere tale perizia nell'incidente probatorio (art. 392, comma 2). Tuttavia, la farraginosità della procedura comporta in concreto una settimana di intervallo tra la richiesta e lo svolgimento dell'incidente, di modo che tale strumento è di fatto precluso.

La procedura ordinaria. A completamento del sistema, il nuovo art. 359-*bis* disciplina l'ipotesi in cui la necessità di svolgere un accertamento coattivo si presenti al pubblico ministero nel corso delle indagini preliminari. La norma è in larga parte costruita con la tecnica del rinvio alla disciplina predisposta in relazione alla perizia coattiva (art. 224-*bis*).

Il prelievo su consenso mediante accertamento tecnico. Quando occorre eseguire accertamenti idonei ad incidere sulla libertà personale, il pubblico ministero può procedervi direttamente attraverso il proprio consulente tecnico soltanto se vi è il *consenso* della persona interessata. In tal caso, troverà applicazione l'art. 359 se si tratta di atti ripetibili e l'art. 360 se l'accertamento tecnico ha natura irripetibile ([57]). Ciò che viene prelevato dalla persona è denominato dalla legge « campione biologico ».

Il prelievo coattivo mediante accertamento tecnico. Qualora *non vi sia il consenso* dell'interessato, l'art. 359-*bis* permette il prelievo coattivo di capelli, peli o mucosa del cavo orale su persone viventi, finalizzato alla tipizzazione del profilo genetico ([58]), ed il compimento di accertamenti medici. La disciplina tiene conto della riserva di legge e di giurisdizione stabilite dall'art. 13, comma 2 Cost. nella materia in

---

([56]) Se il giudice dispone l'incidente probatorio, di regola il pubblico ministero nomina gli specialisti della polizia come consulenti tecnici. La prassi dimostra che la materia necessita di un perfezionamento legislativo che tenga conto delle esigenze contrapposte di efficienza e del contradditorio, introducendo le opportune sanzioni processuali.

L'alternativa alla delega alla polizia giudiziaria è la nomina di uno specialista del corpo di polizia come consulente tecnico ai sensi dell'art. 360.

([57]) Quando il prelievo avviene non coattivamente, bensì su consenso dell'interessato, il prelievo stesso è ammissibile per qualsiasi reato; è sufficiente la sola pertinenza e rilevanza, o perfino la mera utilità investigativa; non è posto alcun limite né divieto espresso; non sono previste sanzioni processuali specifiche; non è prevista né la distruzione del campione biologico, né la cancellazione del profilo. In base ai limiti che si ricavano dall'art. 5 c.c., non si possono comunque compiere atti che ledano la vita, l'integrità fisica e psichica, la salute e, più in generale, la dignità della persona.

([58]) Il profilo genetico è la « sequenza alfanumerica ricavata dal DNA e caratterizzante ogni singolo individuo » (art. 6, co. 1, lett. *b*, legge n. 85). Esso è costituito da una serie alfanumerica in cui alcune sigle in lettere definiscono il *locus* genico (la parte del DNA studiata) ed una coppia di numeri definiscono le particolari caratteristiche assunte dal DNA. L'insieme di lettere e numeri costituisce appunto il "profilo genetico", che definisce univocamente il soggetto donatore del materiale biologico.

oggetto. Il pubblico ministero deve chiedere al giudice per le indagini preliminari l'autorizzazione al compimento dell'atto (art. 359-*bis* c.p.p.). Il giudice concede l'autorizzazione con ordinanza « quando ricorrono le condizioni (...) previste » dall'art. 224-*bis*. Tale ambiguo rinvio deve essere interpretato come un richiamo a tutti i limiti applicativi stabiliti da tale norma (v. tav. 3.1.28).

In primo luogo è necessario che si proceda per un delitto doloso o preterintenzionale, consumato o tentato, per il quale la legge stabilisce la pena dell'ergastolo o della reclusione superiore nel massimo a tre anni, oppure per i delitti colposi di omicidio stradale o di lesioni personali stradali o negli altri casi espressamente previsti dalla legge (art. 224-*bis*, comma 1).

In secondo luogo, occorre che l'accertamento tecnico risulti assolutamente indispensabile per la prova dei fatti. Inoltre, sono operativi i limiti stabiliti da tale norma. Pertanto, non possono in alcun caso essere disposte « operazioni che contrastano con espressi divieti posti dalla legge »; che possano « mettere in pericolo la vita, l'integrità fisica o la salute della persona o del nascituro »; che « secondo la scienza medica, possano provocare sofferenze di non lieve entità » (art. 224-*bis*, comma 4). Ancora, le operazioni sono eseguite « nel rispetto della dignità e del pudore di chi vi è sottoposto ». Infine, a parità di risultato, sono prescelte comunque le tecniche meno invasive (art. 224-*bis*, comma 5). L'ordinanza del giudice deve essere motivata e deve contenere tutti quei requisiti che sono indicati all'art. 224-*bis*, comma 2. Ad esempio, colui che è sottoposto a prelievo coattivo deve essere avvisato « della facoltà di farsi assistere da un difensore o da persona di sua fiducia ».

È necessario sottolineare che il legislatore ha disciplinato la materia in oggetto in un nuovo articolo, il 359-*bis*, inserito subito dopo l'art. 359 che disciplina gli accertamenti tecnici ripetibili. Siamo in presenza di un atto di indagine che rientra nella regola del segreto investigativo e che è, quindi, differente dal mezzo di prova "perizia" previsto dall'art. 224-*bis*. Infatti, quando esso si svolge come atto ripetibile ([59]), l'indagato ha il diritto di venire a conoscenza dell'"accertamento tecnico coattivo" soltanto quando lui stesso vi si è sottoposto, o comunque al termine delle indagini (art. 415-*bis*) ([60]).

La procedura d'urgenza. Il legislatore ha tenuto conto delle particolari situazioni che possono verificarsi nel corso delle indagini ed ha previsto una procedura di urgenza che prescinde dal previo controllo giurisdizionale. Quando vi è fondato motivo di ritenere che dal ritardo possa derivare grave o irreparabile pregiudizio alle indagini, il pubblico ministero dispone lo svolgimento delle operazioni con decreto motivato. Tale provvedimento deve contenere tutti i requisiti che l'art. 224-*bis*,

---

([59]) In realtà, è ben possibile che tra gli accertamenti coattivi non tipizzati rientrino anche atti non ripetibili. Pertanto, l'accertamento si atteggerà in concreto come ripetibile o non ripetibile a seconda del tipo di attività da porre in essere e della situazione concreta (si pensi al caso in cui l'accertamento debba essere effettuato su di una persona in fin di vita). Conseguentemente, qualora l'atto si configuri come non ripetibile, troveranno applicazione in favore della difesa anche le regole stabilite dall'art. 360 in merito agli accertamenti non ripetibili (es. potrà essere presente il consulente tecnico del difensore).

([60]) Al termine dell'udienza preliminare, quando il giudice ha emanato il decreto che dispone il giudizio, l'accertamento tecnico ripetibile deve essere collocato nel fascicolo del pubblico ministero (art. 233).

comma 2 richiede in relazione all'ordinanza che dispone la perizia coattiva. Il pubblico ministero può altresì disporre direttamente l'accompagnamento coattivo, qualora la persona da sottoporre alle operazioni non si presenti senza addurre un legittimo impedimento; il magistrato inquirente può ordinare altresì l'esecuzione coattiva delle operazioni, se la persona comparsa rifiuta di sottoporvisi.

Entro le quarantotto ore successive alla effettiva limitazione della libertà personale, il pubblico ministero deve chiedere al giudice per le indagini preliminari la convalida del decreto e dell'eventuale provvedimento di accompagnamento coattivo. Il giudice provvede con ordinanza al più presto e comunque entro le quarantotto ore successive (alla comunicazione del decreto), dandone avviso immediatamente al pubblico ministero e al difensore ([61]).

Il prelievo coattivo per i delitti di omicidio stradale e lesioni personali stradali. La legge 23 marzo 2016, n. 41 ha introdotto, all'interno dell'art. 359-*bis*, il nuovo comma 3-*bis*, contenente una normativa speciale per il prelievo coattivo in caso di delitti colposi di omicidio stradale e lesioni personali stradali ([62]). In presenza del duplice presupposto che il conducente *si rifiuti* di sottoporsi agli accertamenti (sia dello stato di ebbrezza alcolica, sia di alterazione da sostanze stupefacenti o psicotrope) e vi sia urgenza (e cioè, dal ritardo possa derivare *grave o irreparabile pregiudizio alle indagini*), il pubblico ministero ordina alla polizia giudiziaria di procedere all'accompagnamento coattivo del conducente medesimo presso il presidio ospedaliero più vicino e di far eseguire coattivamente gli accertamenti. L'ordine è dato con decreto motivato, ma può essere rilasciato anche con autorizzazione orale, successivamente confermata per iscritto ([63]).

Entro le quarantotto ore successive allo svolgimento delle operazioni, il pubblico ministero chiede la convalida del decreto (e degli eventuali ulteriori provvedimenti adottati) al giudice per le indagini preliminari, che provvede al più presto e comunque entro le quarantotto ore successive. Le operazioni devono svolgersi nel rispetto delle

---

([61]) L'ultimo comma dell'art. 359-*bis* prevede, infine, le invalidità che conseguono alla violazione delle norme che stabiliscono i limiti funzionali e di durata dell'accompagnamento coattivo (stabiliti dall'art. 132, comma 2), la disciplina relativa al contenuto dell'ordinanza (art. 224-*bis*, comma 2), ed i divieti relativi agli accertamenti (art. 224-*bis*, commi 4 e 5). Tali norme « si applicano a pena di nullità delle operazioni e di inutilizzabilità delle informazioni così acquisite » (art. 359-*bis*, comma 3, primo periodo). Ci troviamo dinanzi ad un singolare ed inedito concorso di nullità ed inutilizzabilità che rivela una particolare attenzione del legislatore, forse intenzionato ad evitare abusi in una materia così delicata.

([62]) Artt. 589-*bis* e 590-*bis* c.p.

([63]) Gli ufficiali di polizia giudiziaria procedono all'accompagnamento del conducente presso il più vicino presidio ospedaliero al fine di sottoporlo al necessario accertamento e si procede all'esecuzione coattiva delle operazioni se la persona rifiuta di sottoporvisi. Come avviene per gli atti a sorpresa, la polizia chiede alla persona interessata se è assistita da un difensore di fiducia e, qualora questa ne sia priva, designa un difensore d'ufficio (art. 365, del quale i commi 1 e 2 sono richiamati dal comma 3-*bis*). Del decreto e delle operazioni da compiersi è data tempestivamente notizia al difensore, il quale ha facoltà di assistervi senza che ciò possa comportare pregiudizio nel compimento delle operazioni.

In generale, il comma 3-*bis* dell'art. 359-*bis* ripete lo schema procedurale del prelievo a fini di identificazione di cui all'art. 349, comma 2-*bis* (v. *supra*, nel presente capitolo, § 5, lett. *d*). La *ratio* della scelta legislativa risiede nella necessità di preservare l'utilità pratica degli accertamenti in parola, destinata inevitabilmente a scemare con il passare del tempo.

condizioni previste dai commi 4 e 5 dell'art. 224-*bis* (divieto di mettere in pericolo l'integrità fisica e rispetto della dignità; scelta delle tecniche meno invasive) ([64]).

h. *L'individuazione di persone e di cose. Altre attività di indagine.* Durante le indagini preliminari il pubblico ministero può procedere alla individuazione di persone o cose personalmente o mediante delega alla polizia giudiziaria (art. 361); si tratta di un atto simile a quel mezzo di prova che è denominato ricognizione e che può essere disposto dal giudice in dibattimento o nell'incidente probatorio (art. 213). Il codice usa una differente terminologia (« individuazione » al posto di « ricognizione ») perché, come avviene in altri casi, vuole semplicemente evidenziare che l'individuazione non è utilizzabile ai fini della decisione dibattimentale.

La individuazione di persone o cose. La normativa prevista dal codice è basata su di un presupposto implicito, e cioè che l'atto di individuazione sia sempre ripetibile in un momento successivo davanti al giudice nella forma della ric ognizione. Il codice mostra di accogliere una nozione meramente naturalistica di "ripetibilità". Tale nozione consiste nella mera possibilità materiale di ripetere l'atto a prescindere dal risultato al quale tale atto può condurre. Viceversa, la nozione giuridica configura come ripetibile soltanto quell'atto che, se compiuto successivamente, è idoneo a fornire un risultato utile.

Regolamentazione. Una volta fatta tale scelta, il legislatore ha omesso di regolamentare la individuazione. Poiché l'atto è ritenuto ripetibile, il codice sembra autorizzare il pubblico ministero ad eseguire l'individuazione senza tuttavia rispettare quelle norme che, nella ricognizione, sono poste a pena di nullità al fine di assicurare l'attendibilità del risultato (art. 213; si veda nel capitolo sui mezzi di prova). Può sembrare che il pubblico ministero non debba necessariamente operare il controllo sul ricognitore chiedendogli, tra l'altro, di descrivere in modo particolareggiato la persona. Inoltre, sembra che non sia indispensabile predisporre la scena così come impone il codice nell'art. 214, né redigere un verbale dettagliato. Ai sensi dell'art. 373 comma 3 potrebbe apparire sufficiente un verbale in forma riassuntiva. In verità, le norme menzionate debbono essere osservate sia sulla base dell'interpretazione analogica, poiché perseguono la medesima funzione di garantire l'attendibilità dell'atto, sia sulla base dell'interpretazione sistematica, poiché le norme sulle prove, in quanto generali, devono essere applicate ove non siano incompatibili espressamente o implicitamente con il singolo atto di indagine.

([64]) Ai sensi dei commi 4 e 5 dell'art. 224-*bis*, richiamati dal comma 3-*bis* dell'art. 359-*bis*, non possono in alcun caso essere disposte operazioni che contrastano con espressi divieti posti dalla legge o che possono mettere in pericolo la vita, l'integrità fisica o la salute della persona o del nascituro, o che, secondo la scienza medica, possono provocare sofferenze di non lieve entità. Le operazioni sono comunque eseguite nel rispetto della dignità e del pudore di chi vi è sottoposto. In ogni caso, a parità di risultato, sono prescelte le tecniche meno invasive. Si veda *supra*, Parte II, cap. 4, § 5, lett. *g*.

A differenza del precedente comma 3 dell'art. 359-*bis*, nessun richiamo è fatto al comma 2 dell'art. 224-*bis*. Tale scelta sembra trovare fondamento, ancora una volta, nella singolarità degli accertamenti previsti dal comma 3-*bis* dell'art. 359-*bis*, nonché nella peculiarità del potere, spettante al pubblico ministero, di autorizzarne l'esecuzione in forma orale a somiglianza con quanto è disciplinato dall'art. 349, comma 2-*bis*.

Il codice si limita a prescrivere che il pubblico ministero proceda all'individuazione di persone o cose « quando è necessario per la immediata prosecuzione delle indagini » (art. 361 comma 1). L'indicazione temporale « quando » fa comprendere che non si è voluto restringere l'utilizzabilità ai soli fini investigativi, a differenza di quanto previsto per le dichiarazioni rese dall'indagato sul posto (art. 350, commi 5 e 6). Da ciò deriva una conseguenza che il codice sottovaluta: l'individuazione, svoltasi senza le cautele della ricognizione, è utilizzabile dal giudice ogni volta in cui egli prende una decisione nel corso delle indagini, compresa quella concernente l'applicazione di una misura cautelare, quale la custodia in carcere. Occorre tenere presente, peraltro, che il verbale dell'individuazione, in quanto documentazione di un atto ritenuto ripetibile dal codice, deve essere inserito nel fascicolo del pubblico ministero.

In verità gli psicologi ci insegnano da tempo che sia l'individuazione, sia la ricognizione di persone sono atti "non utilmente ripetibili" da parte del medesimo ricognitore nei confronti del medesimo sospettato ([65]). Il ricognitore, la seconda volta che procede all'atto, riconosce inconsciamente non colui che ha visto sul luogo del reato, bensì l'immagine più recente che ha percepito nella precedente individuazione fotografica o personale. L'attendibilità probatoria del secondo atto è minata alla radice.

L'individuazione di persone è diventato un atto garantito. La Direttiva 2013/48/UE ha costretto l'Italia ad introdurre almeno la garanzia consistente nell'assistenza del difensore dell'indagato. Ma il d.lgs. n. 184 del 2016 si è limitato ad inserire l'individuazione di persone alla quale partecipi l'indagato tra gli atti garantiti previsti dall'art. 364, commi 1 e 5. Ciò comporta che il pubblico ministero deve far avvisare il difensore di fiducia o d'ufficio dell'indagato almeno ventiquattro ore prima del compimento dell'atto; se l'indagato non ha difensore, è avvisato che è assistito da un difensore d'ufficio, ma che può nominarne uno di fiducia (comma 2). Nei casi di assoluta urgenza, il pubblico ministero può procedere anche prima del termine prefissato dandone avviso al difensore senza ritardo e comunque tempestivamente (comma 5). Pertanto, può accadere che l'individuazione di persone, e cioè un atto importantissimo, sia svolto, di fatto, senza la presenza del difensore.

La normativa introdotta dal d.lgs. n. 184 del 2016 mantiene le carenze che abbiamo segnalato ([66]). Il legislatore non ha imposto espressamente al pubblico ministero di rispettare a pena di nullità quelle garanzie minime che tutelano l'attendibilità del risultato e che devono essere osservate perfino dal giudice (artt. 213 e 214). Pertanto, si può prevedere che continueranno a verificarsi errori giudiziari a causa delle mancate precauzioni nello svolgimento di quello che è l'atto di indagine in assoluto più rischioso. La mancata attuazione delle norme che garantiscono l'attendibilità del risultato potrà inficiare il valore probatorio dell'atto ([67]). Ma una

---

([65]) S. Priori, *La ricognizione di persona: cosa suggerisce la ricerca psicologica*, in *Dir. pen. proc.*, 2003, 1291; Ead., *La ricognizione di persone: dal modello teorico alla prassi applicativa*, ivi, 2006, 376.

([66]) Si veda S. Cavini, *Il diritto di difesa nell'individuazione di persone e nel mandato di arresto europeo*, in *Dir. pen. proc.*, 2017, 169.

([67]) Nella prassi si ritiene che la polizia giudiziaria possa compiere di propria iniziativa quella individuazione che l'art. 361 riserva all'iniziativa del pubblico ministero. Si adduce come giustificazione la lettera dell'art. 348, che attribuisce alla polizia giudiziaria il potere di raccogliere « ogni elemento utile alla ricostruzione del fatto e alla

corretta interpretazione sistematica deve indurre a ritenere che le garanzie previste dagli artt. 213 e 214 debbano essere estese anche all'individuazione di persone.

Altre attività di iniziativa del pubblico ministero. Tra gli atti di iniziativa del pubblico ministero rientrano i *mezzi di ricerca della prova* (ispezione, perquisizione e sequestro), dei quali il codice tratta nel libro terzo, titolo III, artt. 244 ss. (v. *supra*, Parte II, cap. 5, al quale rinviamo per un esame esaustivo). In questa sede ricordiamo i tratti essenziali della disciplina dell'ispezione personale.

L'ispezione personale. È un atto che, per la sua particolare invasività della sfera personale del soggetto ad esso sottoposto, è stato riservato all'iniziativa del pubblico ministero: questi nell'esecuzione materiale dell'atto può affidarsi all'opera di un medico (art. 245). Il soggetto sottoposto a ispezione (offeso, indagato) ha il diritto di farsi assistere da una persona di sua fiducia.

L'ispezione è un atto garantito, che impone quindi il preavviso di ventiquattro ore al difensore dell'indagato (art. 364, comma 3), salve particolari ragioni di urgenza o di pericolo di alterazione delle tracce ricercate, nel qual caso il difensore ha comunque il diritto di assistere (art. 364 comma 5). La particolarità consiste nel fatto che ha diritto di essere presente non il difensore dell'ispezionato (il quale ha comunque il diritto di farsi assistere da persona di fiducia), ma il difensore dell'indagato.

Le operazioni sotto copertura. Al fine di acquisire elementi di prova relativi ai delitti molto gravi, che sono elencati nell'art. 9, comma 1, legge n. 146 del 2006 e successive mod. (terrorismo, tratta di persone, pedopornografia, armi, stupefacenti, riciclaggio e, in base alla legge n. 3 del 2019, delitti dei pubblici ufficiali contro la pubblica amministrazione), è consentito ad alcuni corpi specializzati di polizia, autorizzati dal pubblico ministero, di svolgere *operazioni sotto copertura*, e cioè indagini compiute da persone che si infiltrano all'interno di associazioni criminali ([68]). Nell'ambito di tali attività, è possibile che gli infiltrati si rendano autori di determinati reati, che sono dichiarati non punibili in base ad una specifica causa di giustificazione (art. 9, comma 1, cit., lett. *a*). Nei procedimenti per i delitti menzionati possono essere *omessi o ritardati* atti processuali (es. arresto, fermo, sequestro, misure cautelari, esecuzione di pene) al fine di acquisire rilevanti elementi probatori o per individuare i vertici delle associazioni criminali; di tale attività deve essere data comunicazione al pubblico ministero. Nei casi di urgenza il pubblico ministero può disporre la misura anche oralmente, ma il relativo decreto dovrà essere emesso entro le quarantotto ore successive.

---

individuazione del colpevole ». L'atto compiuto avrebbe la caratteristica della attività « soggettivamente atipica » e non applicherebbe alcuna delle regole sulle ricognizioni né sul diritto di difesa.

In seguito alla modifica legislativa del 2016, il compimento di un atto atipico siffatto va incontro a molti rischi. Esiste ormai nell'ordinamento il principio generale di « non sostituibilità », accolto dalla giurisprudenza di legittimità e dalla dottrina, secondo cui un atto atipico non può essere usato per eludere la disciplina di un atto tipico; la conseguenza è la inutilizzabilità dell'atto che vuole aggirare le garanzie a tutela dell'attendibilità o dei diritti fondamentali (si veda parte II, cap. 5, § 6, lett. *a*). Inoltre, il compimento di un atto siffatto, per le sue caratteristiche psicologiche di non ripetibilità, renderebbe non attendibile la successiva individuazione o ricognizione compiuta con l'osservanza delle regole del codice.

([68]) Sugli aspetti più recenti della problematica, si veda G. Barrocu, in *Dir. pen. proc.*, 2019, 638, che precisa i limiti posti dalla giurisprudenza della Corte di Strasburgo.

7. L'incidente probatorio.

a. *Considerazioni preliminari.* Il legislatore ha fatto la scelta fondamentale di riservare, di regola, al dibattimento la formazione della prova poiché in tale sede è garantito il contraddittorio nella sua più ampia manifestazione. Ciò permette anche di tutelare il principio di immediatezza tra la assunzione della prova e la decisione sulla medesima: ai sensi dell'art. 525 comma 2 la deliberazione della sentenza è affidata agli « stessi giudici che hanno partecipato al dibattimento ».

Tuttavia il principio di immediatezza, che ispira tale scelta, non può essere assicurato in modo assoluto, senza tenere conto di quelle esigenze pratiche che in determinati casi richiedono di procedere subito all'assunzione della prova. Infatti non sempre si può attendere la formazione della prova in dibattimento, poiché questo si può svolgere a distanza di tempo dal fatto di reato.

La legge delega (n. 81 del 1987) aveva previsto la possibilità di assumere la prova in contraddittorio già nel corso delle indagini preliminari quando essa non era "rinviabile al dibattimento". A tal fine è stato predisposto l'incidente probatorio: esso consiste in una udienza che si svolge in camera di consiglio senza la presenza del pubblico e nella quale, davanti al giudice per le indagini preliminari, si assumono le prove nelle medesime forme che sono prescritte per il dibattimento; ad esempio, la prova dichiarativa è assunta con l'esame incrociato (69).

b. *I casi di incidente probatorio.* I casi in cui si fa luogo all'incidente probatorio sono indicati nel codice facendo riferimento ai singoli mezzi di prova che possono essere assunti in tale sede. Ovviamente, la richiesta di incidente probatorio è valutata dal giudice in base ai parametri stabiliti dall'art. 190 (pertinenza e rilevanza).

I casi tassativi di non rinviabilità. Alcuni mezzi di prova possono essere assunti nell'incidente probatorio se sono presenti i *casi tassativi di non rinviabilità al dibattimento* previsti nell'art. 392. Si tratta dei seguenti tre casi:

a) della testimonianza e del confronto, che sono ammessi se il dichiarante non potrà deporre in dibattimento a causa di un *grave impedimento* (es. infermità) o di una *minaccia* affinché non deponga o deponga il falso (art. 392, comma 1, lett. *a*, *b*, *e*);

b) dell'esperimento giudiziale e della perizia "urgente", che sono ammessi se la prova riguarda una persona, una cosa o un luogo il cui stato è *soggetto a modificazione non evitabile* (art. 392, comma 1, lett. *f*);

c) della ricognizione, che è ammessa se « *particolari ragioni di urgenza* non consentono di rinviare l'atto al dibattimento » (art. 392, comma 1, lett. *g*).

I casi di incidente probatorio su mera richiesta di parte. Vi sono poi altri mezzi di prova che devono essere assunti nell'incidente probatorio sulla base del solo presupposto che il pubblico ministero o l'indagato lo abbiano *chiesto* al giudice per le indagini preliminari, senza che sia necessario il requisito della non rinviabilità.

(69) La Corte costituzionale, con la sentenza 10 marzo 1994, n. 77, ha dichiarato illegittimi gli artt. 392 e 393 « nella parte in cui non consentono che, nei casi previsti dalla prima di tali disposizioni, l'incidente probatorio possa essere richiesto ed eseguito anche nella fase dell'udienza preliminare ».

Ovviamente resta il requisito che la prova sia pertinente e rilevante. Si tratta dei seguenti cinque casi.

1) I mezzi di prova più importanti riguardano *l'esame dell'indagato* (quando questi debba deporre su fatti concernenti la responsabilità altrui; art. 392, comma 1, lett. *c*), *l'esame dell'imputato (o indagato) connesso o collegato e l'esame del testimone di giustizia* (art. 392, comma 1, lett. *d*, mod. dalla legge n. 6 del 2018).

2) Altro mezzo di prova che è assunto nell'incidente probatorio sul solo presupposto della richiesta proveniente dal pubblico ministero o dall'indagato è la perizia c.d. *di lunga durata* che, se disposta nel corso del dibattimento, ne potrebbe determinare una sospensione superiore a sessanta giorni (art. 392, comma 2).

3) A tale ipotesi la legge n. 85 del 2009 ha aggiunto la perizia coattiva. Si tratta di quella modalità di effettuazione che comporta il compimento di atti idonei ad incidere sulla libertà personale (art. 224-*bis*; si veda *supra*, parte II, cap. 4, § 5, lett. *a*). Nei due casi appena menzionati (perizia di lunga durata e perizia coattiva) il mezzo di prova deve essere assunto nell'incidente probatorio a prescindere dalla situazione di urgenza dell'accertamento.

4) Tra gli altri casi di incidente probatorio a mera istanza di parte, occorre ricordare che il difensore può chiedere che siano assunti con incidente probatorio la testimonianza o l'esame delle persone che si siano avvalse della facoltà di non rispondere o di non rendere la dichiarazione scritta nel corso dell'intervista svolta dal difensore (art. 391-*bis*, comma 11). Anche in tal caso non occorre che sussista il requisito della non rinviabilità dell'atto.

5) Vi sono ulteriori casi nei quali l'incidente probatorio è disposto fuori delle ipotesi di grave impedimento e minaccia, e ciò avviene quando l'indagato o il pubblico ministero (anche su richiesta dell'offeso dal reato) chiamano a deporre una persona vulnerabile in senso lato (art. 392, comma 1-*bis*).

Nel primo caso, l'assunzione della testimonianza concerne il minorenne, sia o meno offeso dal reato, e la *persona offesa maggiorenne*, e i procedimenti devono avere per oggetto quei delitti di *violenza contro la persona* che il codice richiama ai fini dell'esame protetto (art. 498, comma 4-*ter*) ([70]); è aggiunto il delitto di corruzione di minorenne (art. 609-*quinquies* c.p.) ed il delitto di adescamento di minorenne (art. 609-*undecies* c.p.).

Nel secondo caso, l'assunzione della testimonianza concerne la *persona offesa in condizione di particolare vulnerabilità*, così come è definita dall'art. 90-*quater*, e i procedimenti possono avere ad oggetto qualsiasi reato.

Sulle modalità dell'esame protetto della persona vulnerabile si veda parte III, cap. 5, § 8, lett. *d*).

c. *Il contraddittorio sull'ammissibilità dell'incidente.* L'incidente probatorio si svolge in varie fasi. Esse sono: 1) il contraddittorio sull'ammissibilità dell'in-

([70]) Vista l'importanza della categoria dei delitti di violenza contro la persona, riportiamo l'elenco dell'art. 498, comma 4-*ter*: artt. 572 (maltrattamenti contro familiari); 600 (riduzione in schiavitù); 600-*bis* (prostituzione minorile); 600-*ter* (pornografia minorile); 600-*quater* (detenzione di materiale pornografico); 600-*quinquies* (iniziative turistiche per prostituzione minorile); 601 (tratta di persone); 602 (acquisto di schiavi); 609-*bis* (violenza sessuale); 609-*quater* (atti sessuali con minorenne); 609-*octies* (violenza sessuale di gruppo); 612-*bis* c.p. (atti persecutori).

cidente; 2) la decisione del giudice sull'ammissibilità e fondatezza della richiesta; 3) lo svolgimento dell'udienza in camera di consiglio; 4) l'eventuale integrazione del contraddittorio.

Possono fare richiesta di incidente probatorio il pubblico ministero, l'indagato ed il suo difensore (art. 392, comma 1). La persona offesa non può rivolgersi direttamente al giudice, ma può soltanto fare richiesta al pubblico ministero, che ha l'obbligo di pronunciare decreto motivato se non la accoglie (art. 394).

I soggetti che chiedono al giudice l'incidente probatorio hanno l'onere alquanto pesante (posto a pena di inammissibilità) di precisare nella richiesta: *a*) la prova da assumere, i fatti che ne costituiscono l'oggetto e le ragioni della sua rilevanza; *b*) le persone nei confronti delle quali si procede per i fatti oggetto della prova (e cioè, i soggetti interessati); *c*) i motivi per cui la prova non è rinviabile al dibattimento. Il pubblico ministero deve fornire ulteriori indicazioni sulla persona offesa e sui difensori delle persone interessate (art. 393, commi 1 e 2).

La richiesta di incidente è presentata alla cancelleria del giudice per le indagini preliminari ed è notificata alla controparte, e cioè, secondo i casi, al pubblico ministero ovvero all'indagato (art. 395) ed al suo difensore (Corte cost., n. 436 del 1990). Costoro possono presentare al giudice deduzioni scritte sull'ammissibilità e fondatezza della richiesta e sull'estensione oggettiva e soggettiva dell'incidente entro due giorni dalla notificazione della richiesta (art. 396).

La decisione sulla richiesta. A seguito dell'eventuale contraddittorio scritto, il giudice decide sulla richiesta di incidente con una ordinanza non impugnabile. In caso di accoglimento, fissa la data dell'udienza ed indica (entro i limiti delle richieste delle parti) l'oggetto della prova e *le persone interessate* all'assunzione della stessa; a queste, alla persona offesa ed ai loro difensori, oltreché al pubblico ministero, viene dato avviso della data dell'udienza (art. 398, comma 3) ([71]).

Nel caso inverso, il giudice dichiara inammissibile la richiesta o la rigetta perché infondata; l'ordinanza è comunicata al pubblico ministero ed alle persone interessate, ma non è impugnabile (art. 398, comma 1).

Il pubblico ministero ha il potere di chiedere al giudice il differimento dell'incidente « quando la sua esecuzione pregiudicherebbe uno o più atti di indagine preliminare » (art. 397, comma 1). La decisione sulla richiesta è presa dal giudice senza contraddittorio ed è comunicata al pubblico ministero e notificata per estratto (e cioè, senza la motivazione) alle persone interessate. Il codice dispone che il differimento non è consentito « quando pregiudicherebbe l'assunzione della prova » (art. 397, comma 1).

d. *Lo svolgimento dell'udienza.* L'udienza è regolamentata in aderenza alla finalità dell'incidente probatorio di costituire per quanto è possibile un'anticipazione del dibattimento durante la fase delle indagini preliminari. Occorre ricordare, infatti, che le parti private potenziali conoscono soltanto parzialmente gli atti assunti nelle indagini.

([71]) Merita ricordare che l'art. 430-*bis* sancisce il divieto per la polizia giudiziaria, il pubblico ministero e il difensore di assumere informazioni dalle persone indicate nella richiesta di incidente probatorio. Le informazioni assunte in violazione del divieto sono inutilizzabili. I testimoni e gli indagati, una volta indicati nella richiesta di incidente probatorio, non possono essere sentiti se non davanti al giudice.

Tuttavia, la conoscenza degli atti è indispensabile per condurre in modo efficace l'esame incrociato e, soprattutto, per controllare la credibilità e l'attendibilità del dichiarante. In considerazione di ciò, il codice pone al pubblico ministero l'obbligo di depositare prima dell'udienza i verbali delle dichiarazioni che la persona da esaminare ha rilasciato in precedenza alla polizia giudiziaria e al pubblico ministero (art. 398, comma 3). A tal fine il giudice fa notificare all'indagato, all'offeso e ai difensori l'avviso del giorno in cui avverrà l'incidente probatorio « con l'avvertimento che nei due giorni precedenti l'udienza » costoro potranno « prendere cognizione ed estrarre copia delle dichiarazioni già rese dalla persona da esaminare ».

Udienza in camera di consiglio. L'udienza si svolge in camera di consiglio, e cioè senza la presenza del pubblico. È richiesta la partecipazione necessaria del pubblico ministero e del difensore (di fiducia o d'ufficio) dell'indagato (art. 401, comma 1).

Il difensore dell'offeso ha il diritto, ma non l'obbligo, di partecipare all'udienza; in tale sede non può porre domande direttamente al dichiarante, bensì può chiedere al giudice di rivolgerle (art. 401, comma 5) (72). Sempre in base a tale disposizione l'indagato e l'offeso hanno diritto di assistere personalmente all'udienza quando si deve esaminare un testimone o un'altra persona; negli altri casi possono assistere soltanto su autorizzazione del giudice.

Le prove sono assunte con le « forme » stabilite per il dibattimento (art. 401, comma 5). Poiché non vi è un rinvio generale alla disciplina del dibattimento, il giudice per le indagini preliminari non ha il potere di assumere d'ufficio nuove prove; ciò del resto è imposto dal principio della domanda, che vale per l'intero incidente probatorio. Viceversa, pare applicabile l'art. 506, che attribuisce al giudice limitati poteri in ordine all'esame dei testimoni e delle parti private; in particolare, il giudice può rivolgere domande alle persone « già esaminate ». Infatti tale potere costituisce un necessario complemento dell'esame incrociato.

L'utilizzabilità in dibattimento. L'incidente probatorio ha la funzione di anticipare la formazione della prova garantendo il diritto di difesa dell'indagato nei confronti del quale la prova stessa potrà essere successivamente utilizzata in dibattimento mediante lettura ai sensi dell'art. 511. Per assicurare questa esigenza, il codice pone sia il divieto di estendere l'oggetto della prova a fatti riguardanti indagati differenti da quelli « i cui difensori partecipano all'incidente »; sia il divieto di verbalizzare le dichiarazioni aventi tale oggetto (art. 401, comma 6). Ai divieti si può derogare soltanto se si provvede ad integrare il contraddittorio in favore delle nuove persone interessate (art. 402).

Completa la normativa il divieto di utilizzare in dibattimento nei confronti dell'imputato le prove assunte nell'incidente senza la partecipazione del suo difensore (73) e, quindi, senza la garanzia del contraddittorio (art. 403) (74).

---

(72) La presenza del difensore dell'offeso è giustificata dall'essere quest'ultimo una parte potenziale del procedimento penale. Infatti, l'incidente probatorio è un'anticipazione di quella udienza dibattimentale alla quale potrà partecipare a pieno diritto la parte civile. Per tale motivo, nell'incidente probatorio l'offeso gode di una sorta di difesa anticipata.

(73) Tuttavia, se l'indagato ha assunto tale qualità dopo che l'incidente è divenuto irripetibile (es. per morte del dichiarante) eccezionalmente la prova può essere utilizzata anche contro di lui in dibattimento, nonostante il suo

8. L'avviso di conclusione delle indagini.

Quando il pubblico ministero ritiene di chiedere il rinvio a giudizio, deve far notificare all'indagato ed al suo difensore un atto dal contenuto piuttosto articolato: l'« avviso di conclusione delle indagini preliminari » (art. 415-*bis*, comma 1) (v. tav. 3.1.13). Tale avviso, che deve essere notificato prima della scadenza del termine per le indagini, contiene « la sommaria enunciazione del fatto per il quale si procede » con l'indicazione delle norme di legge che si assumono violate, della data e del luogo del fatto (art. 415-*bis*, comma 2) (75). In tal modo l'indagato (che potrebbe non aver mai ricevuto prima di allora l'informazione di garanzia o un atto equipollente) viene ufficialmente informato della conclusione delle indagini a proprio carico.

Inoltre, l'avviso contiene l'avvertimento che l'indagato ed il suo difensore hanno la facoltà di prendere visione del fascicolo delle indagini, depositato presso la segreteria del pubblico ministero (art. 415-*bis*, comma 2). In tal modo la difesa può conoscere tutti gli atti di indagine in un momento anteriore al deposito della richiesta di rinvio a giudizio (v. atto 3.1.14).

L'adempimento assume importanza anche in relazione all'ulteriore contenuto dell'avviso. L'indagato è infatti avvertito che entro il termine di venti giorni può esercitare le seguenti facoltà:

a) può « presentare memorie, produrre documenti, depositare documentazione relativa ad investigazioni del difensore »;

b) può « chiedere al pubblico ministero il compimento di atti di indagine »;

c) può « presentarsi per rilasciare dichiarazioni ovvero chiedere di essere sottoposto ad interrogatorio » (art. 415-*bis*, comma 3).

Merita segnalare che la conoscenza dell'intero fascicolo consente all'indagato e al suo difensore di valutare le scelte difensive in vista della successiva udienza preliminare anche ai fini dell'eventuale richiesta di procedimenti speciali.

Aggiornamento per i procedimenti che sono iscritti dopo il 31 agosto 2020. Il deposito delle intercettazioni al momento dell'avviso della conclusione delle indagini. Nel nuovo comma 2-*bis* dell'art. 415-*bis* (introdotto dal d.l. n. 161 del 2019, conv. in legge n. 7 del 2020) si prevede espressamente l'ipotesi in cui, durante le indagini, il pubblico ministero sia stato autorizzato dal giudice al deposito differito e, quindi, non sia avvenuta l'udienza di stralcio. In tal caso, l'avviso di conclusione delle indagini deve contenere l'avvertimento che il difensore dell'indagato ha facoltà di esaminare gli atti depositati relativi alle intercettazioni.

---

difensore non abbia partecipato all'assunzione (art. 403, comma 1-*bis*): l'impossibilità sopravvenuta è infatti una delle cause che giustificano la deroga al contraddittorio di cui all'art. 111, comma 5 Cost.

(74) Una esigenza analoga è stata considerata dal legislatore in favore del danneggiato dal reato, che non sia stato in grado di partecipare all'incidente probatorio. L'art. 404 pone un limite all'efficacia del giudicato derivante da una sentenza dibattimentale di assoluzione con formula piena (art. 652): la sentenza pronunciata sulla base di una prova assunta con l'incidente probatorio, al quale il danneggiato dal reato non è stato posto in grado di partecipare, non produce gli effetti del giudicato « salvo che il danneggiato ne abbia fatto accettazione anche tacita ».

(75) Si tratta di un adempimento imposto a pena di nullità della richiesta di rinvio a giudizio (art. 416, comma 1) e del decreto di citazione diretta a giudizio (art. 552, comma 2). L'omissione dell'avviso di conclusione delle indagini determina una nullità di ordine generale a regime intermedio ai sensi dell'art. 178 lett. *c*, c.p.p.

In base alla nuova normativa, il difensore è avvisato che ha le seguenti facoltà:

1) «esaminare per via telematica gli atti depositati relativi ad intercettazioni»;

2) ascoltare le registrazioni o prendere cognizione dei flussi di comunicazioni informatiche o telematiche (da intendersi: tutte quelle conferite nell'archivio digitale);

3) «estrarre copia delle registrazioni o dei flussi indicati come rilevanti dal pubblico ministero» ([76]).

Il difensore può, entro il termine di venti giorni, depositare l'elenco delle ulteriori registrazioni ritenute rilevanti e di cui chiede copia. Il termine corrisponde a quello di venti giorni per depositare memorie e documenti ed è palesemente ristretto per consentire l'esercizio del diritto di difesa.

Sull'istanza decide il pubblico ministero con decreto motivato. Se il pubblico ministero rigetta l'istanza o se vi sono contestazioni sulle indicazioni relative alle registrazioni ritenute rilevanti, il difensore può chiedere al giudice che si proceda nelle forme dell'udienza di stralcio ai sensi dell'art. 268, comma 6.

Il deposito degli atti relativi alle intercettazioni, valutati come rilevanti dalla pubblica accusa, unito alla mancata contestazione da parte del difensore dell'indagato o all'accoglimento delle richieste difensive da parte del pubblico ministero, costituiscono una inedita forma di acquisizione delle intercettazioni che si pone come alternativa all'atto del giudice.

La richiesta dell'indagato di essere interrogato. Il pubblico ministero non è vincolato ad adempiere alle richieste dell'indagato, salvo in un caso. Quando l'indagato chiede (entro venti giorni dalla notifica dell'avviso) di essere sottoposto ad interrogatorio, l'inquirente ha l'obbligo di procedervi. In tutte le altre ipotesi, il pubblico ministero valuta discrezionalmente la necessità di compiere nuove indagini a seguito delle richieste dell'indagato. Se ritiene di svolgerle, esse debbono essere compiute entro il termine di trenta giorni dalla presentazione della richiesta. Il termine può essere prorogato dal giudice su richiesta del pubblico ministero « per una sola volta e per non più di sessanta giorni » (art. 415-*bis*, comma 4).

Il codice prevede una nullità se il pubblico ministero non invita l'indagato a presentarsi per rendere interrogatorio ai sensi dell'art. 375 c.p.p., qualora l'indagato stesso abbia chiesto di essere sottoposto a tale atto entro il termine di cui all'art. 415-*bis*, comma 3 (venti giorni dalla notifica dell'avviso di conclusione delle indagini); la nullità concerne la successiva richiesta di rinvio a giudizio e il decreto di citazione diretta (artt. 416 comma 1 e 552).

L'art. 415-*bis*, comma 3 è apprezzabile nella parte in cui riconosce all'indagato il diritto di essere interrogato, ove ne faccia richiesta. Altro aspetto positivo è costituito dalla *discovery* anticipata del fascicolo delle indagini, che può consentire all'indagato di affrontare l'interrogatorio essendo già a conoscenza di tutti gli elementi a suo carico. In tal modo, l'atto acquista un più autentico significato difensivo.

([76]) Si veda anche l'art. 89-*bis* disp. att., comma 4: « i difensori delle parti possono ascoltare le registrazioni con apparecchio a disposizione dell'archivio e possono ottenere copia delle registrazioni e degli atti quando acquisiti a norma degli articoli 268, 415-*bis* e 454 del codice. Ogni rilascio di copia è annotato in apposito registro, gestito con modalità informatiche; in esso sono indicate data e ora di rilascio e gli atti consegnati in copia ».

Funzione dell'istituto. Nel complesso, l'avviso di conclusione delle indagini è un istituto che garantisce, da un lato, l'esigenza di completezza delle investigazioni preliminari e, dall'altro, il diritto dell'indagato di fornire un contributo efficace e consapevole al fine di chiarire la propria posizione, anche nell'ottica di prospettare al pubblico ministero elementi per una richiesta di archiviazione. La sollecitazione di nuove investigazioni, rivolta dall'indagato al pubblico ministero, comporta una sorta di riapertura del termine utile per compiere atti di indagine, quando quello generale sia scaduto (T. BENE).

Segnaliamo, tuttavia, che di regola nessun avviso deve essere dato alla persona offesa; fanno eccezione i procedimenti per i delitti di maltrattamenti contro familiari e di atti persecutori (artt. 572 e 612-*bis* c.p.) in relazione ai quali l'avviso della conclusione delle indagini deve essere notificato « anche al difensore della persona offesa o, in mancanza di questo, alla persona offesa ».

9. I nuovi termini per le indagini; la proroga del termine.

a. *Considerazioni introduttive.* Come abbiamo già osservato, una delle finalità delle indagini preliminari è quella di permettere al pubblico ministero di assumere « le determinazioni inerenti all'esercizio dell'azione penale » (art. 326). In estrema sintesi, il pubblico ministero deve decidere se esercitare l'azione penale o chiedere l'archiviazione. In ciascuna delle due ipotesi l'atto del pubblico ministero è sottoposto al controllo del giudice. Sulla richiesta di rinvio a giudizio, formulata sulla base dell'imputazione, il controllo si svolge nell'udienza preliminare. Sulla richiesta di archiviazione il controllo si effettua, di regola, senza udienza.

Le indagini preliminari hanno un termine di durata sia quando si procede contro ignoti, sia quando è stato identificato un indagato. Nei due casi menzionati i termini possono essere prorogati dal giudice per le indagini preliminari su richiesta del pubblico ministero. La proroga è consentita dal codice soltanto entro un termine massimo ed invalicabile che di regola consiste in diciotto mesi e, in casi eccezionali, può arrivare fino a due anni per i reati più gravi o per le indagini più complesse (art. 407).

La nostra analisi avrà ad oggetto essenzialmente il regime dei termini nei procedimenti contro indagati noti. Infatti, in forza del rinvio, contenuto nell'art. 415, comma 3, tale regime si applica anche ai procedimenti contro indagati ignoti. La diversità consiste soltanto nella struttura del controllo effettuato dal giudice per le indagini preliminari.

b. *Il termine nel procedimento contro un indagato.* Il termine per le indagini nei confronti di un indagato inizia a decorrere dal momento in cui il nome di questi è iscritto nel registro delle notizie di reato (art. 405, comma 2) (77). Il termine ordinario è di sei mesi; in via eccezionale il termine è di un anno se si procede per

(77) In tal senso, Cass., sez. un., 21 gennaio 2001, Tammaro, in *Cass. pen.*, 2001, 400.

taluno dei delitti indicati nell'articolo 407, comma 2, lettera *a*, e cioè per delitti gravi o di criminalità organizzata. Entro detti termini il pubblico ministero deve esercitare l'azione penale o chiedere l'archiviazione; se non è in grado di compiere uno di tali atti, il pubblico ministero deve chiedere al giudice la proroga delle indagini.

Il codice contiene una minuziosa regolamentazione dei motivi che possono consentire le proroghe. La normativa è alquanto complessa e prevede l'invalidità degli atti che siano stati compiuti dopo la scadenza del termine: tali atti sono inutilizzabili se il pubblico ministero non ha esercitato l'azione penale o richiesto l'archiviazione o la proroga al giudice (art. 407, comma 3).

Abbiamo anticipato che il termine per le indagini può essere prorogato, prima di ciascuna scadenza, con ordinanza del giudice su richiesta del pubblico ministero.

La prima proroga può essere motivata su di una generica « giusta causa » (art. 406, comma 1). Successive proroghe possono essere richieste dal pubblico ministero «nei casi di particolare complessità delle indagini ovvero di oggettiva impossibilità di concluderle entro il termine prorogato» (art. 406, comma 2). Ciascuna proroga può essere autorizzata dal giudice per un tempo non superiore a sei mesi (art. 406 comma 2-*bis*); ma vi sono delitti per i quali la proroga non può essere concessa per più di una volta ([78]).

c. *La proroga del termine per le indagini.* Il codice regola il procedimento avente ad oggetto la proroga dei termini. Prima della scadenza del termine il pubblico ministero può chiederne la proroga al giudice per le indagini preliminari indicando le ragioni che giustificano il proseguimento delle indagini stesse (art. 406, comma 1).

Il codice prevede un procedimento di proroga di tipo ordinario ed uno speciale, avente ad oggetto le indagini per i delitti di criminalità organizzata mafiosa, per i delitti in materia di terrorismo e per quelli concernenti la violenza sessuale e la pedofilia (art. 406, comma 5-*bis*).

Nel procedimento speciale per criminalità mafiosa e reati assimilati non vi è alcun contraddittorio sulla richiesta del pubblico ministero ed il giudice decide sempre senza udienza (*de plano*, con ordinanza emessa entro dieci giorni dalla richiesta) anche quando, per ipotesi, non dovesse accogliere la richiesta di proroga (art. 406, comma 5-*bis*).

Nel procedimento ordinario è necessario in primo luogo instaurare il contraddittorio (v. tav. 3.2.2). Il giudice per le indagini preliminari cura che la richiesta di proroga, formulata dal pubblico ministero, sia notificata all'indagato ed alla persona offesa che nella notizia di reato (o successivamente) abbia dichiarato di volerne essere informata (art. 406, comma 3). Costoro sono avvisati che possono presentare memorie (entro cinque giorni dalla notificazione); il giudice decide entro dieci giorni dalla scadenza del termine per la presentazione delle memorie.

La decisione del giudice è presa senza udienza (*de plano*) qualora egli allo stato degli atti ritenga di accogliere la richiesta di proroga (art. 406, comma 4); in caso contrario,

---

([78]) Ai sensi dell'art. 406, comma 2-*ter* la proroga non può essere concessa per più di una volta se si procede per i reati di omicidio colposo e lesioni colpose con violazione delle norme sulla disciplina della circolazione stradale e sulla prevenzione degli infortuni sul lavoro e per i reati di maltrattamenti in famiglia e atti persecutori.

egli fissa la data di una udienza e ne fa dare avviso al pubblico ministero, all'indagato ed all'offeso. Il procedimento si svolge in camera di consiglio e la decisione (che concede o nega la proroga) è presa con ordinanza non impugnabile (art. 406, comma 6).

In ogni caso, se il giudice concede la proroga questa « può essere autorizzata per un tempo non superiore a sei mesi » (art. 406, comma 2-*bis*). Se il giudice respinge la richiesta, il pubblico ministero deve formulare l'imputazione o chiedere l'archiviazione. Se il termine per le indagini preliminari è già scaduto il giudice fissa un termine « non superiore a dieci giorni » per le determinazioni del pubblico ministero (art. 406, comma 7).

Gli atti compiuti dopo il termine. Gli atti di indagine compiuti dopo la scadenza del termine sono di regola inutilizzabili (art. 407, comma 3); sono utilizzabili soltanto se la richiesta di proroga è stata presentata prima della scadenza ed il giudice ha (anche successivamente) concesso la proroga (art. 406, comma 8). L'eventuale inutilizzabilità opera non soltanto ai fini della decisione dibattimentale, ma anche nelle fasi anteriori al dibattimento. Pertanto gli atti di indagine compiuti oltre i termini non possono essere valutati dal giudice che provveda sulle richieste del pubblico ministero aventi ad oggetto, ad esempio, una misura cautelare [79].

d. *Il termine nel procedimento contro ignoti.* Come abbiamo anticipato, si tratta di una regolamentazione per la maggior parte identica a quella relativa al procedimento contro indagati noti, grazie al rinvio operato dall'art. 415. Con due eccezioni:

a) il termine per le indagini decorre dalla data di iscrizione della notizia di reato nell'apposito registro, poiché ovviamente non è stato individuato, al momento, alcun indagato;

b) il controllo svolto dal giudice sulla richiesta di proroga ha un oggetto limitato: egli deve verificare se effettivamente non sia stato ancora individuato l'indagato, onde evitare elusioni al precetto che impone l'immediata annotazione del nome dell'indagato stesso nel registro delle notizie di reato (art. 335, comma 1).

La decisione del giudice sulla richiesta di proroga del termine perché « è ignoto l'autore del reato » è presa *de plano*, qualora il giudice ritenga di concedere la proroga (art. 406, comma 4). In caso contrario il giudice fissa la data di una udienza così come avviene nel procedimento contro un indagato noto.

Decisioni sulla richiesta di proroga. Il giudice può prendere tre diverse decisioni.

a) Può non autorizzare la proroga ed in tal caso il pubblico ministero deve formulare richiesta di archiviazione se il responsabile resta ignoto; viceversa, deve esercitare l'azione penale se il reato è da attribuire a persona già individuata.

b) Oppure il giudice può autorizzare con decreto motivato il pubblico ministero a proseguire le indagini (art. 415, comma 2); ai sensi dell'art. 406, comma 2-*bis*, la

---

(79) Ai sensi dell'art. 415-*bis*, l'indagato, a seguito della notificazione dell'avviso di conclusione delle indagini preliminari, può chiedere al pubblico ministero il compimento di ulteriori atti di indagine. Ove quest'ultimo vi proceda, è possibile il superamento del termine per le indagini. In tal caso, gli atti assunti sono comunque utilizzabili (art. 415-*bis*, comma 5).

proroga non può essere superiore a sei mesi ([80]) e, nel caso di nuove proroghe, le indagini non possono oltrepassare i termini massimi stabiliti dall'art. 407.

c) Infine, il giudice, se ritiene che il reato sia da attribuire ad una persona già individuata, ordina che il nome di questa sia iscritto nel registro delle notizie di reato (art. 415 comma 2); ciò comporta che inizi automaticamente a decorrere un nuovo termine di sei mesi entro il quale il pubblico ministero deve esercitare l'azione penale, o chiedere l'archiviazione, o chiedere un'ulteriore proroga.

10. Il superamento del termine massimo per le indagini.

Il codice pone alle indagini preliminari un termine massimo comprensivo delle proroghe. Il termine generico è di diciotto mesi (art. 407, comma 1).

È previsto un termine di due anni nei seguenti casi (art. 407, comma 2):

a) se le indagini preliminari riguardano delitti gravi o di criminalità organizzata, indicati specificamente;

b) se le investigazioni sono particolarmente complesse per il numero di reati collegati o di indagati o di persone offese;

c) se le indagini richiedono il compimento di atti all'estero;

d) se si tratta di procedimenti collegati ([81]).

Sanzioni in caso di superamento dei termini massimi. Il codice collega il termine di durata massima delle indagini ad una sanzione processuale molto incisiva: ai sensi dell'art. 407, comma 3 « gli atti di indagine compiuti dopo la scadenza del termine non possono essere utilizzati ». La sanzione colpisce gli atti di indagine e non le richieste che la pubblica accusa può presentare fuori termine.

L'ulteriore tempo concesso al pubblico ministero per l'esercizio dell'azione penale o per la richiesta di archiviazione (c.d.* spatium deliberandi*). La legge n. 103 del 2017 (*riforma Orlando*) ha voluto porre rimedio alla inerzia del pubblico ministero che talvolta, nella pratica, lasciava il procedimento quiescente in tale fase. Il nuovo comma 3-bis dell'art. 407 ha concesso alla pubblica accusa un termine per assumere le proprie determinazioni. Nel predetto periodo di tempo, tuttavia, la pubblica accusa può soltanto valutare le indagini già svolte, ma non può compierne di nuove, perché ciò è impedito dalla sanzione di inutilizzabilità del comma 3 dell'art. 407.

([80]) L'applicabilità, anche nel procedimento contro ignoti, del termine massimo di sei mesi per ciascuna proroga deriva dal rinvio residuale contenuto nel comma 3 dell'art. 415, come modificato dalla legge n. 479 del 1999. Con tale legge, infatti, il legislatore « ha inteso operare un riassetto in senso unitario del regime giuridico dei due tipi di indagine » al fine di contrastare, anche nel procedimento di cui all'art. 415 c.p.p., l'eventuale inerzia del pubblico ministero, ed al fine di evitare che l'istruzione dibattimentale si svolga ad eccessiva distanza temporale dal fatto oggetto di imputazione. In tal senso si è espressa Cass., sez. un., 28 marzo 2006, n. 13040, in *Guida dir.*, 2006, 20, 94, intervenuta a dirimere un contrasto emerso in giurisprudenza sull'applicabilità dell'art. 406, comma 2-*bis*, anche al procedimento contro ignoti.

([81]) Occorre segnalare che, ai sensi dell'art. 415-*bis*, l'indagato, a seguito della notificazione dell'avviso di conclusione delle indagini preliminari, può chiedere al pubblico ministero il compimento di ulteriori atti di indagine. Ove la pubblica accusa vi proceda, è possibile il superamento del termine massimo; le ulteriori indagini devono essere compiute entro trenta giorni dalla presentazione della richiesta (art. 407, comma 4-*bis*). Il termine può essere prorogato, su richiesta del pubblico ministero, per una sola volta e per non più di sessanta giorni. Questo costituisce un nuovo termine massimo per le indagini.

Il termine ulteriore è di tre mesi dalla scadenza del termine (originario o prorogato) per quei reati (comuni) che non sono previsti dall'art. 407, comma 2. Viceversa, per i reati previsti da quest'ultima disposizione opera un triplice termine che, ripetiamo, si aggiunge al termine ordinario di due anni per le indagini.

1) Il termine è di quindici mesi per i reati previsti dall'art. 407, comma 2, lett. *a*, numeri 1, 3 e 4, e cioè per i delitti di mafia, di terrorismo e per i delitti gravissimi.

2) Per i reati previsti dall'art. 407, comma 2, lett. *b*, e cioè quando le investigazioni sono particolarmente complesse per la molteplicità di fatti collegati o per il numero degli indagati, il termine è di tre mesi, ma può essere prorogato fino a ulteriori tre mesi dal procuratore generale presso la corte di appello su richiesta del pubblico ministero.

3) Per i residui reati previsti dall'art. 407, comma 2, scatta il termine ordinario di tre mesi per deliberare l'azione penale o la richiesta di rinvio a giudizio.

Il superamento del termine per deliberare e l'avocazione del procuratore generale. Se non esercita l'azione penale, né chiede l'archiviazione entro i termini sopra indicati, il pubblico ministero deve darne tempestiva comunicazione al procuratore generale presso la corte d'appello (art. 407, comma 3-*bis*). Questi dispone, con decreto motivato, l'avocazione; quindi svolge « le indagini preliminari indispensabili » e formula le sue richieste « entro trenta giorni dal decreto di avocazione » (art. 412, comma 1) (82). La previsione dell'avocazione tende ad assicurare la ragionevole durata del procedimento (83).

La ***riforma Cartabia*** (art. 1, comma 9, legge-delega n. 134 del 2021) contiene varie direttive alle seguenti lettere.

e) Prevede che, decorsi i termini di durata delle indagini, il pubblico ministero sia tenuto a esercitare l'azione penale o a richiedere l'archiviazione entro un termine fissato in misura diversa, in base alla gravità del reato e alla complessità delle indagini preliminari;

f) Impone che siano predisposti idonei meccanismi procedurali volti a consentire alla persona sottoposta alle indagini e alla persona offesa, la quale nella notizia di reato (o successivamente alla sua presentazione) abbia dichiarato di volerne essere informata, di prendere cognizione degli atti di indagine quando, scaduto il termine di durata, il pubblico ministero non assuma le proprie determinazioni in ordine all'azione penale, tenuto conto delle esigenze di tutela del segreto investigativo nelle indagini relative ai reati di cui all'articolo 407 c.p.p. e di eventuali ulteriori esigenze di cui alla Direttiva 2012/13/UE;

---

(82) In base alla *riforma Orlando* tutte le nuove disposizioni sopra elencate si applicano ai procedimenti nei quali le notizie di reato sono iscritte nell'apposito registro di cui all'art. 335 successivamente alla data di entrata in vigore della legge medesima (3 agosto 2017).

(83) La *riforma Orlando* ha tentato di ridurre le tempistiche delle indagini preliminari, che a causa della violazione dei termini spesso hanno comportato il superamento dei tempi indicati nella legge Pinto (n. 89 del 2001). In base a detta legge, per ritenersi rispettato il principio in questione, il primo grado deve concludersi entro tre anni, il secondo grado entro due anni e il ricorso per cassazione entro un anno; oppure, in alternativa, l'intero giudizio deve terminare entro sei anni. In caso contrario, sorge il diritto ad agire per ottenere l'equa riparazione da irragionevole durata del processo penale. Il momento di inizio del procedimento, ai fini del calcolo del tempo sul quale effettuare la valutazione di ragionevolezza, deve essere collocato nel momento in cui una persona viene a conoscenza dello svolgimento di indagini a suo carico.

g) Prevede una disciplina che, in ogni caso, rimedi alla stasi del procedimento, mediante un intervento del giudice per le indagini preliminari.

11. Il processo telematico nella fase delle indagini.

La legislazione avente ad oggetto l'attività giudiziaria durante l'emergenza sanitaria, ed in vigore fino al 31 dicembre 2022, salvo ulteriori rinvii, ha inciso sullo svolgimento delle indagini preliminari. La pandemia da Covid-19 ha costretto il Governo a perfezionare gli strumenti del processo penale telematico (si veda il d.l. n. 228 del 2021 e la parte II, cap. 2, § 3 del presente volume). Nella fase delle indagini sono stati utilizzati gli strumenti del collegamento da remoto, del portale telematico e della trasmissione di notizie di reato e di atti via PEC.

a. Attività di indagine svolta con collegamenti da remoto. I collegamenti che possono essere effettuati da remoto sono quelli « individuati e regolamentati con provvedimento del direttore generale dei sistemi informativi e automatizzati del ministero della giustizia » (DGSIA). In concreto, i collegamenti a distanza sono disposti dal pubblico ministero e dalla polizia giudiziaria e hanno per oggetto quegli atti investigativi che « richiedono la partecipazione della persona sottoposta alle indagini, della persona offesa, del difensore, di consulenti, di esperti o di altre persone » (art. 23, comma 2, d.l. n. 137 del 2020, conv. in legge n. 176 del 2020) ([84]).

Dalle nuove disposizioni si può ricavare, non senza difficoltà, la seguente distinzione fondamentale.

1) Indagato libero. Se l'indagato è libero, il difensore del medesimo ha il diritto di opporsi al collegamento a distanza « quando l'atto da compiere richiede la sua presenza ». Il termine « richiede » può essere interpretato in due differenti modi:

a) nel senso che è indispensabile la presenza del difensore, e in tal caso l'atto a cui si fa riferimento è l'interrogatorio dell'indagato compiuto dalla polizia giudiziaria (art. 350, comma 3);

b) lo stesso termine può essere interpretato nel senso che si tratti di un atto del cui compimento il difensore deve essere preavvisato, con successiva "facoltà" di intervenire; ed allora sono vari gli atti per i quali il legale può esercitare il diritto di veto (es. art. 360) ([85]).

2) Indagato detenuto, arrestato, fermato o in custodia cautelare. Quando l'indagato è detenuto, arrestato, fermato o in custodia cautelare, egli partecipa all'atto da remoto (art. 23, comma 2, d.l. n. 137); in tal caso, dalla disposizione di legge non è facile ricavare se vi è un potere di veto da parte del difensore.

([84]) Si ritiene che siano compatibili con i collegamenti a distanza quegli atti che sono destinati ad acquisire elementi di prova dichiarativa; ad esempio, le sommarie informazioni testimoniali (SIT). Viceversa, vi saranno difficoltà nella valutazione di attendibilità degli atti di individuazione svolti da remoto. In tal senso, si vedano GIALUZ M. - DELLA TORRE J., *D.l. 28 ottobre 2020, n. 137*, in *Sistemapenale.it*, 9 novembre 2020.

([85]) Dal testo della disposizione resta anche oscuro se la « presenza » all'atto debba essere riferita all'indagato o al suo difensore; cfr. GIALUZ M. - DELLA TORRE J., *D.l. 28 ottobre 2020, n. 137*, cit.

*3) **Giudice.*** È previsto espressamente che il giudice possa procedere all'interrogatorio di garanzia da remoto (art. 23, comma 2, d.l. n. 137 del 2020, conv. in legge n. 176 del 2020); viceversa, non può essere compiuto da remoto l'incidente probatorio (art. 23, comma 5).

Modalità della partecipazione a distanza. Le persone chiamate a partecipare all'atto da compiersi con le nuove norme sono invitate tempestivamente dall'autorità inquirente a presentarsi presso quell'ufficio di polizia giudiziaria che è più vicino al proprio luogo di residenza e che è dotato di strumenti idonei ad assicurare il collegamento da remoto (art. 23, comma 2). Presso tale ufficio le persone predette partecipano al compimento dell'atto in presenza di un ufficiale o agente di polizia giudiziaria che provvede alla loro identificazione e che redige il verbale. Il decreto legge ha stabilito che « il compimento dell'atto avviene con modalità idonee a salvaguardare, ove necessario, la segretezza » e ad assicurare la possibilità che l'indagato possa « consultarsi riservatamente con il proprio difensore ».

Il difensore partecipa da remoto mediante il collegamento dal proprio studio, salvo che decida di essere presente nel luogo ove si trova il proprio assistito, indagato o offeso.

Il pubblico ufficiale presente redige il verbale nel quale dà atto « delle modalità di collegamento da remoto utilizzate, delle modalità con cui si accerta l'identità dei soggetti partecipanti e di tutte le ulteriori operazioni, nonché dell'impossibilità dei soggetti non presenti fisicamente di sottoscrivere il verbale » ai sensi dell'art. 137, comma 2 c.p.p. Si applicano, in quanto compatibili, le disposizioni sul procedimento a distanza di cui ai commi 3, 4 e 5 dell'art. 146-*bis* att.

b. Comunicazioni inviate dalla polizia giudiziaria al pubblico ministero. La polizia giudiziaria ha due possibilità innovative per trasmettere le notizie di reato e i successivi atti e documenti all'ufficio del pubblico ministero.

1) PEC SNT. La polizia giudiziaria può usare il sistema utilizzato per le notifiche telematiche ed inviare una PEC all'ufficio del pubblico ministero. Ciò comporta uno svantaggio: il sistema non smista i documenti nativi digitali tra i vari procedimenti; occorre che il personale della segreteria li scannerizzi e li inserisca nel singolo fascicolo.

2) Portale notizie di reato. La polizia giudiziaria può fare ricorso al c.d. portale delle notizie di reato (PNR) disciplinato dal provvedimento del DGSIA del 28 luglio 2020, con cui sono indicate le modalità tecniche di trasmissione ([86]). In tal caso, la polizia redige una 'annotazione preliminare' con informazioni sulla notizia di reato. Quindi la segreteria della procura della Repubblica inoltra i dati al portale (n. di registro, data iscrizione, magistrato assegnatario) e così si crea il collegamento tra la polizia ed il magistrato titolare delle indagini ([87]).

([86]) Art. 221, comma 11, d.l. n. 34 del 2020, confermato dall'art. 23, comma 1 della legge n. 176 del 2020 fino al termine dell'emergenza sanitaria.

([87]) Si tratta di uno strumento fondamentale, che consente di ridurre i tempi di registrazione delle notizie di reato, oltre che risparmiare tempo e risorse, perché tutti i dati inseriti dalla polizia giudiziaria su indagato, offeso, luogo e data di consumazione del fatto, ecc. possono essere "ribaltati" dal portale direttamente su SICP, ossia sul registro delle notizie di reato, esentando così il personale amministrativo dalla necessità di inserire nuovamente tutte le informazioni per procedere all'iscrizione di ogni singolo fascicolo.

c. Comunicazioni inviate dal difensore.

1) Memorie, richieste e documenti concernenti l'avviso di conclusione delle indagini (art. 415-bis). Una volta che hanno ricevuto l'avviso di conclusione delle indagini, i difensori possono depositare memorie, richieste e documenti (firmati in modo digitale) diretti alle procure presso i tribunali « esclusivamente » mediante il portale del processo penale telematico individuato con provvedimento del DGSIA (PDP; art. 24, comma 1, d.l. n. 137 del 2020, conv. in legge n. 176 del 2020). Occorre che siano rispettate le modalità previste per il deposito nel portale telematico, altrimenti gli atti sono inefficaci (art. 24, comma 6); si tratta di una inedita sanzione da interpretare nel senso che gli atti sono inammissibili. Il deposito si ritiene eseguito nel momento del rilascio della ricevuta di accettazione da parte del sistema (88).

Dalle predette disposizioni si deve dedurre che, per gli atti sopra indicati, al difensore non è permesso il deposito né cartaceo, né mediante PEC (G.Pestelli) (89).

***2)* « *Ulteriori atti* »** diversi da quelli indicati nell'art. 415-*bis*, ma previsti da un decreto del ministro della giustizia (art. 24, comma 2), possono essere depositati dai difensori con le medesime modalità mediante il portale del processo penale telematico (PDP). Ad es., il DM 13 gennaio 2021 prevede per il difensore il deposito (esclusivamente mediante portale delle procure presso i tribunali) dei seguenti atti indicati tassativamente: opposizione all'archiviazione (art. 410); denuncia (art. 333) e querela (art. 336) e relative procure speciali; nomina, rinuncia e revoca del difensore di fiducia (art. 107). Deve ritenersi non consentito ai difensori il deposito mediante PEC né con atto cartaceo.

Viceversa, le parti private possono presentare gli atti sopra menzionati personalmente in formato cartaceo, salva la necessaria assistenza tecnica del difensore.

3)* « *Altri atti* » *per i quali non è obbligatorio il deposito nel portale telematico. L'art. 24, comma 4, del d.l. n. 137 del 2020, convertito in legge n. 176 del 2020, ha concesso ai difensori la possibilità di depositare presso gli uffici giudiziari mediante l'invio di un messaggio PEC « tutti gli atti, documenti e istanze comunque denominati » diversi da quelli per i quali l'unico strumento di deposito è il portale del processo penale telematico (90). Ad es., le liste testi; le memorie; il legittimo impedimento a comparire del difensore; la costituzione di parte civile; le richieste di patteggiamento o di rito abbreviato; le istanze di affidamento in prova; gli incidenti di esecuzione.

---

(88) Provvedimento del DGSIA del 4 novembre 2020, n. 10667, sostituito dal provvedimento 24 febbraio 2021.

(89) L'art. 6 d.l. n. 44 del 2021 ha modificato l'art. 24 d.l. n. 137 del 2020 nel modo seguente. « Il malfunzionamento del portale del processo penale telematico è attestato dal Direttore generale per i servizi informativi automatizzati, è segnalato sul Portale dei servizi telematici del Ministero della giustizia e costituisce caso di forza maggiore ai sensi dell'articolo 175 del codice di procedura penale » (comma 2-*bis*). Nei predetti casi, « fino alla riattivazione dei sistemi, l'autorità giudiziaria procedente può autorizzare il deposito di singoli atti e documenti in formato analogico. L'autorità giudiziaria può autorizzare, altresì, il deposito di singoli atti e documenti in formato analogico per ragioni specifiche ed eccezionali » (comma 2-*ter*).

(90) In base a detta disposizione di legge l'opposizione al decreto di archiviazione ex art. 410 doveva essere depositata via PEC. Successivamente il D.M. 13 gennaio 2021 ha imposto il deposito di tale atto e di altri indicati espressamente mediante il portale telematico. La cosa singolare è che il D.M. ha imposto il deposito mediante portale in modo esclusivo. È singolare che un decreto ministeriale possa derogare ad una norma di legge; si veda sul punto A. Marandola, *Remotizzazione dei servizi*, in *Il penalista*, 27 gennaio 2021.

Per tutti questi atti, il deposito mediante PEC è consentito con le modalità indicate nel regolamento di cui al decreto del ministro della giustizia 21 febbraio 2011, n. 44 e deve essere effettuato presso gli indirizzi PEC degli uffici giudiziari indicati nel provvedimento del direttore generale dei sistemi informativi e automatizzati (DGSIA), con sottoscrizione digitale e seguendo le specifiche tecniche indicate. I destinatari sono tutti gli uffici giudiziari (dal giudice di pace alla cassazione) i cui indirizzi PEC sono stati indicati dal provvedimento del DGSIA del 9 novembre 2020. L'invio deve essere effettuato dal difensore dall'indirizzo di posta certificata inserito nel registro generale di cui all'art. 7 D.M. 21 febbraio 2011, n. 44 (c.d. ReGIndE).

Il personale degli uffici giudiziari deve annotare l'atto nel registro ed inserirlo nel fascicolo telematico (per gli uffici che ne sono dotati), deve comunque stamparlo e collocarlo all'interno del fascicolo cartaceo (91). Pertanto, si resta tuttora ancorati al c.d. doppio binario, e cioè un fascicolo cartaceo ed uno telematico.

12. Il raffronto tra i profili genetici raccolti nel procedimento penale e quelli archiviati nella Banca dati nazionale del DNA.

Considerazioni introduttive. La legge 30 giugno 2009, n. 85 ha autorizzato il Presidente della Repubblica ad aderire al Trattato di Prüm del 27 maggio 2005 e, a tale scopo, ha previsto l'istituzione della Banca dati nazionale del DNA e del Laboratorio centrale. Si tratta di due nuovi organismi strumentali all'identificazione personale e alla collaborazione internazionale tra forze di polizia, divenuti operativi a seguito dell'emanazione del Regolamento attuativo (d.p.r. 7 aprile 2016, n. 87) (92).

Più precisamente l'attività della Banca dati comprende la raccolta e il raffronto di profili genetici a fini di identificazione. Infatti, l'archivio genetico deve contenere, per future comparazioni, tre tipologie di profili genetici: quelli attribuiti a persone identificate ristrette nella libertà personale (soggetti arrestati o fermati, indagati, imputati, condannati o internati) (art. 9), quelli appartenenti a persone scomparse o loro consanguinei, a cadaveri e resti cadaverici non identificati (art. 7 lett. *c*) e, infine, quelli tipizzati da reperti biologici acquisiti nel corso di procedimenti penali (art. 10).

Il Laboratorio centrale ha il compito di tipizzare i profili del DNA da prelievo "istituzionale", ossia i profili dei soggetti ristretti nella libertà personale individuati dall'art. 9 e, successivamente, di inviarli con un file alla Banca dati: i relativi campioni biologici sono conservati dal medesimo Laboratorio (art. 8).

In sintesi, nella Banca dati nazionale del DNA sono inseriti determinati flussi di dati genetici di varia provenienza i quali, strumentali rispetto al perseguimento di

(91) Ai sensi dell'art. 24, comma 5, della legge di conversione n. 176 del 2020, il personale di segreteria e di cancelleria degli uffici giudiziari provvede ad annotare nel registro la data di ricezione e ad inserire l'atto nel fascicolo telematico. Ai fini della continuità della tenuta del fascicolo cartaceo, il personale provvede, altresì, all'inserimento nel predetto fascicolo di copia analogica dell'atto ricevuto con l'attestazione della data di ricezione nella casella di PEC dell'ufficio e dell'intestazione della casella di PEC di provenienza.

(92) P. Felicioni, *Il regolamento di attuazione della banca dati nazionale del DNA: scienza e diritto si incontrano*, in *Dir. pen. proc.*, 2016, 724; P. Tonini, *Istituzione della Banca dati nazionale del DNA*, in *Codice di proc. pen. commentato*, a cura di A. Giarda e G. Spangher, V ed., Milano, 2017, 3169.

differenti finalità, configurano collegamenti di intensità diversificata tra Banca dati e procedimento penale.

Tra i canali di alimentazione della Banca dati merita considerazione quello che raccoglie i profili genetici tratti da reperti biologici acquisiti nel corso del procedimento penale da persone, luoghi o cose pertinenti al reato.

I profili genetici raccolti nel procedimento penale. Nel corso del procedimento le autorità inquirenti acquisiscono oggetti sui quali si rinvengono reperti biologici; quindi danno incarico a laboratori pubblici o privati di tipizzare il relativo profilo genetico. In base all'art. 10, comma 1, della legge n. 85, i profili genetici così acquisiti nel corso del procedimento penale devono essere trasmessi alla Banca dati nazionale del DNA « per la raccolta e i confronti ». Il profilo, che in origine è anonimo, deve essere confrontato con i profili dei campioni archiviati nella Banca nazionale (93). Ai sensi dell'art. 25 del Regolamento di attuazione, in caso di « concordanza » tra il profilo del DNA ottenuto da un reperto e quello ottenuto da un campione, deve essere conservato nella Banca dati il solo profilo del DNA acquisito dal campione biologico (94). Ove non si trovi una concordanza, il profilo anonimo proveniente da un procedimento penale resta nella Banca dati al fine di futuri raffronti con altri profili provenienti da nuovi processi e dal prelievo istituzionale.

Concordanza. Ai sensi dell'art. 10, commi 7-9 Reg. att., per *concordanza totale* si intende il caso in cui tutti i valori identificativi degli alleli dei *loci* raffrontati sono identici. Per *quasi* concordanza si intende il caso in cui tra due profili del DNA un solo allele è di valore diverso fra tutti quelli raffrontati. La quasi concordanza è ammessa solo in caso di concordanza totale di almeno sette loci dei due profili di DNA raffrontati.

Occorre approfondire un punto. Le autorità inquirenti hanno accesso alla Banca dati nazionale per confrontare il singolo profilo acquisito dal reperto con quelli archiviati, al fine di trovare una eventuale corrispondenza (art. 9 Reg. att.). A tutela della *privacy*, i profili tipizzati di DNA, contenuti in Banca dati, non contengono le informazioni che consentono la diretta identificazione della persona cui sono riferiti. La polizia giudiziaria e l'autorità giudiziaria devono, in prima battuta, chiedere di effettuare il confronto con il profilo che allegano e, solo se viene trovata una concordanza con uno dei profili archiviati, saranno autorizzati a conoscere il nominativo della persona cui esso appartiene (95).

La tipizzazione dei profili genetici da campioni biologici raccolti nel corso del procedimento penale. Sulla base di quanto abbiamo avuto modo di esporre in

(93) La richiesta di consultazione deve contenere il riferimento normativo del reato, l'identificazione dell'ufficio richiedente e dell'operatore, la denominazione dell'ufficio e l'identificativo dell'autorità giudiziaria, il numero di procedimento penale e l'anno di riferimento (art. 9 Reg. att.).

(94) Ciò al fine di evitare che per uno stesso soggetto vengano conservati in Banca dati più profili del DNA (*Relazione illustrativa*, p. 8).

(95) Dalla disciplina sopra tratteggiata emerge una grave lacuna: l'assenza di qualsivoglia riferimento al diritto di accesso del difensore alla Banca dati nazionale. Il diritto alla riservatezza sembra costituire un muro invalicabile per la sola difesa, non per la pubblica accusa. In realtà, già oggi la legge deve essere interpretata in modo da consentire agli avvocati dell'indagato e della persona offesa il diritto di accedere alla Banca dati nazionale, e ciò per l'esercizio del loro potere di investigazione difensiva. Nel caso di profili genetici ricavati da reperti posti sotto sequestro probatorio, può ritenersi applicabile in via estensiva l'art. 233, comma 1-*bis* c.p.p. E cioè, il difensore ha il potere di chiedere al pubblico ministero l'autorizzazione all'esame presso la Banca dati e, se la pubblica accusa rigetta la richiesta, il difensore può proporre ricorso al giudice, al quale spetta decidere.

precedenza, tre sono le situazioni nelle quali all'interno del procedimento penale è consentita la tipizzazione dei profili genetici da campioni biologici (v. Tav. 3.1.28).

In primo luogo, il profilo genetico può essere ottenuto con un prelievo *coattivo* dall'indagato o da un terzo, disposto dal giudice o dal pubblico ministero (rispettivamente, art. 224-*bis* e 359-*bis*). Si tratta dei prelievi dei quali il codice precisa i requisiti, i divieti ed i limiti; questa materia è stata regolamentata dalla legge n. 85 nei dettagli (96) (v. *supra*, Parte II, cap. 4, § 5, lett. *h*; Parte III, cap. 1, § 6, lett. *h*). Purtroppo, il Parlamento è stato, in un certo senso, "ossessionato" dal dettare norme per il prelievo coattivo, al punto da non considerare assolutamente le altre possibilità di ottenere profili genetici (ad esempio, su consenso).

In secondo luogo, il profilo genetico può essere ottenuto su consenso dell'indagato o di un terzo con il prelievo di un campione ad opera del giudice, del pubblico ministero o della polizia giudiziaria (artt. 224, 354, 359, 360). In questo caso, il prelievo può essere disposto in un procedimento per qualsiasi reato. La legge non pone espressi requisiti, né divieti, né limiti; inoltre, non prevede alcuna distruzione del campione biologico (v. *supra*, Parte III, cap. 1, § 5, lett. *h*).

In terzo luogo, il profilo genetico può essere ottenuto dalla polizia giudiziaria con un prelievo *coattivo* al fine della identificazione dell'indagato (art. 349, comma 2-*bis*). Anche in questo caso, il prelievo può essere disposto in un procedimento per qualsiasi reato. La legge non pone espressi requisiti, né divieti, né limiti; inoltre, non prevede alcuna distruzione del campione biologico (v. *supra*, Parte III, cap. 1, § 5, lett. *d*).

Nelle norme che regolano le tre situazioni, in presenza delle quali sono tipizzabili i profili genetici, nulla è previsto espressamente in relazione al luogo ed all'autorità che deve conservare i profili stessi. È verosimile pensare che essi restino nei fascicoli processuali nei quali sono stati inseriti e seguano la sorte dei medesimi fascicoli (97).

---

(96) Il prelievo coattivo può essere disposto per un delitto doloso o preterintenzionale, consumato o tentato, per il quale la legge stabilisce la pena *dell'ergastolo* o della *reclusione superiore nel massimo a tre anni*; l'accertamento deve essere assolutamente indispensabile per la prova dei fatti; vi sono divieti e limiti (es. sono vietate le operazioni che possano mettere in pericolo la dignità, l'integrità fisica o la salute della persona interessata); vi sono sanzioni processuali specifiche; è regolamentata *soltanto* la distruzione del campione biologico (72-*quater* disp. att.).

(97) Restano in funzione gli archivi preesistenti presso i Carabinieri e la Polizia di Stato perché di essi la legge n. 85 del 2009 non detta disposizioni. In base alla giurisprudenza di legittimità i dati in questi conservati possono legittimamente essere utilizzati nel processo penale; in tal senso, Cass., sez. V, 5 febbraio 2007, Vulicevic e altro, in *CED* 235969; Cass., sez. II, 21 settembre 2017, n. 43433, in *Proc. pen. giust.*, 2017, n. 5.

Schema n. 5. Indagini preliminari: garanzie ed utilizzabilità in dibattimento

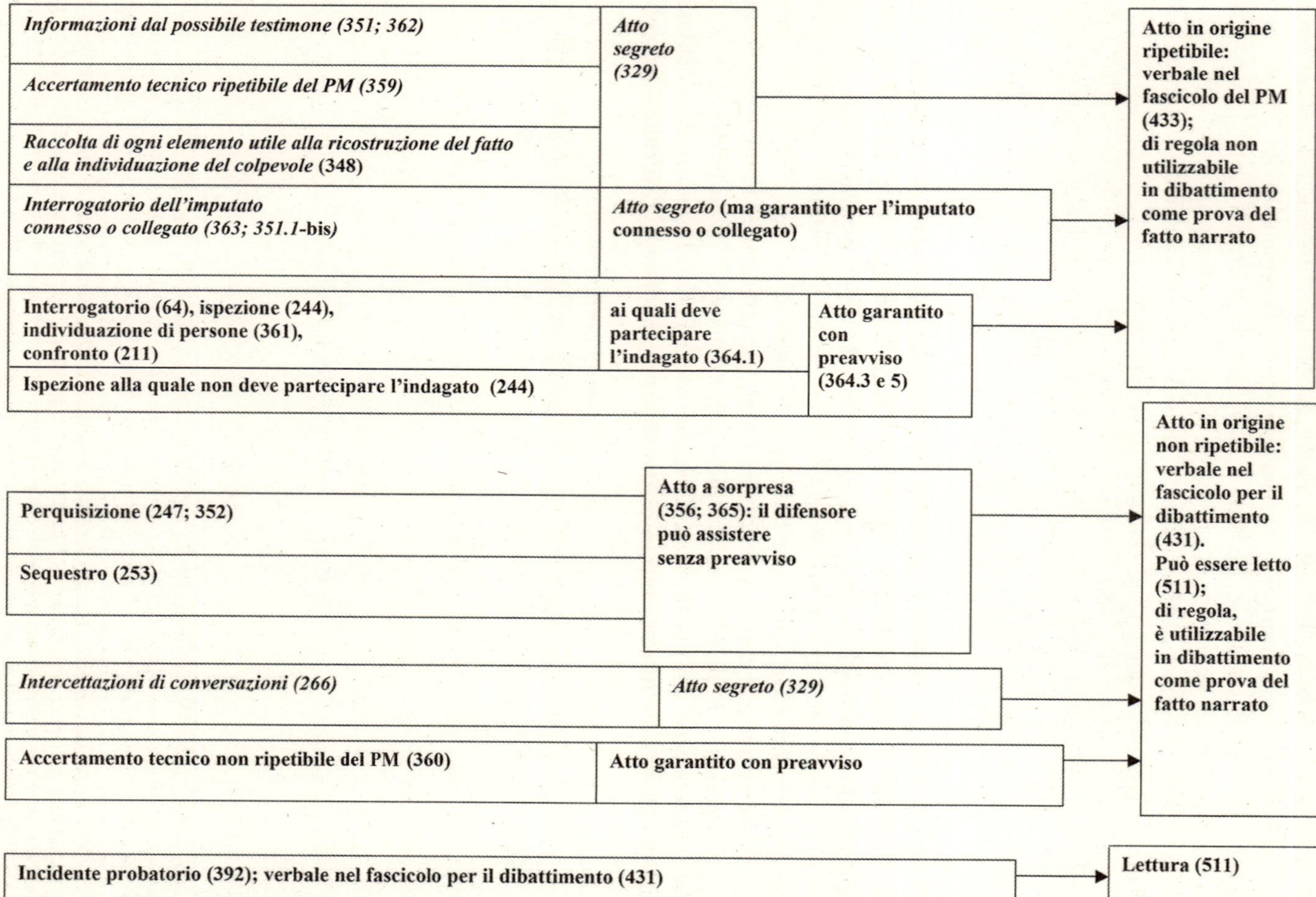

Capitolo II
LA CONCLUSIONE DELLE INDAGINI PRELIMINARI

SOMMARIO: 1. L'azione penale e i criteri di priorità. — 2. L'archiviazione per inidoneità a sostenere l'accusa in dibattimento. — 3. L'archiviazione come deflazione processuale.

1. L'azione penale e i criteri di priorità.

a. *La nozione di azione penale.* L'azione penale è stata definita, nel capitolo sui soggetti, come "la richiesta, diretta al giudice, di decidere sull'imputazione". Il codice precisa quali sono gli atti con i quali è esercitata l'azione penale. Ai sensi dell'art. 405, comma 1, il pubblico ministero esercita l'azione penale formulando l'imputazione. Nel procedimento ordinario l'imputazione è ricompresa nella richiesta di rinvio a giudizio (art. 417, comma 1); nei riti speciali è ricompresa nell'atto che instaura il singolo procedimento (vedi, ad es., il giudizio direttissimo, art. 451, comma 4).

L'imputazione consiste nell'addebitare ad una determinata persona un fatto di reato da parte del pubblico ministero. Elementi dell'imputazione sono: 1) l'enunciazione del fatto storico "in forma chiara e precisa"; 2) l'indicazione degli articoli di legge violati (il c.d. titolo del reato); 3) le generalità della persona alla quale è addebitato il reato (art. 417, comma 1). Il codice impone di precisare nell'imputazione anche le circostanze aggravanti e quelle che possono comportare l'applicazione di misure di sicurezza (1).

Effetti dell'azione penale. L'esercizio dell'azione penale determina due effetti. In primo luogo, pone al giudice l'obbligo di decidere su di un determinato fatto storico. In secondo luogo, fissa in modo tendenzialmente immutabile l'oggetto del processo, e cioè impone al giudice il divieto di decidere su di un fatto storico differente da quello precisato nell'imputazione (salve le eccezioni descritte negli artt. 423 e 516-521).

Il criterio per l'esercizio dell'azione penale. Il codice non indica espressamente qual è la quantità degli elementi probatori che sono necessari per formulare l'imputazione (2).

In passato tale criterio è stato ricavato *a contrario* dall'art. 125 disp. att., secondo cui il pubblico ministero deve presentare richiesta di archiviazione quando « gli elementi acquisiti (...) non sono idonei a sostenere l'accusa in giudizio ». Da ciò si ricava che l'imputazione deve essere formulata quando sono stati acquisiti elementi tali da sostenere l'accusa in giudizio. Le ambiguità di una simile formula sono risultate solo in parte attenuate da un'interpretazione illuminata che, valorizzando il testo dell'art. 533, mod. dalla legge n. 46 del 2006, è giunta a concludere che il pubblico

---

(1) Ricordiamo che ai sensi dell'art. 416, comma 1, la richiesta di rinvio a giudizio è nulla se non è preceduta dall'avviso di conclusione delle indagini (art. 415-*bis*) nonché dall'invito a presentarsi per rendere l'interrogatorio (art. 375, comma 3), qualora l'indagato abbia chiesto tempestivamente di essere interrogato (Parte III, cap. 1, § 6, lett. *e*).

(2) Art. 50, comma 1: « il pubblico ministero esercita l'azione penale quando non sussistono i presupposti per la richiesta di archiviazione ».

ministero deve esercitare l'azione penale soltanto allorché con una valutazione prognostica sia in grado di ritenere che l'accusa reggerà l'urto del contraddittorio e sarà dimostrata in dibattimento « al di là di ogni ragionevole dubbio ».

Nella prassi, tuttavia, un simile criterio non è stato attuato in tutte le sue potenzialità e la c.d. *conviction rate* (cioè la quantità di procedimenti che si concludono con la condanna) è rimasta sempre molto più bassa rispetto a quanto accade in altri ordinamenti: in Italia solo la metà dei procedimenti penali si concludono con la condanna; il che significa che nella metà dei casi l'esercizio dell'azione penale non si basa su elementi tali da far prevedere la possibilità di superare ogni ragionevole dubbio.

Per questo motivo, la ***riforma Cartabia*** (legge-delega n. 134 del 2021) ha modificato il criterio con cui si indica la quantità di prova che giustifica la richiesta di rinvio a giudizio: il pubblico ministero potrà chiedere il rinvio a giudizio soltanto quando gli elementi acquisiti nelle indagini preliminari consentono una ***ragionevole previsione di condanna***. In buona sostanza, si recepirà a livello di diritto positivo la necessità che l'accusa sia in grado di effettuare una prognosi attendibile circa il fatto che gli elementi raccolti abbiano una resistenza tale da sostenere l'urto del contraddittorio dibattimentale e superare la soglia del ragionevole dubbio. La struttura del procedimento penale e il nuovo criterio per l'azione evidenziano l'importanza del ruolo che è demandato al pubblico ministero nel momento in cui formula l'imputazione. Poiché a lui spetta di sostenere l'accusa in giudizio, su di lui ricade per intero la responsabilità di un eventuale insuccesso se poi, nel dibattimento, si dimostrerà che le prove a carico non hanno eliminato ogni ragionevole dubbio.

Informazioni sull'azione penale. L'art. 129 disp. att. del codice impone al pubblico ministero alcuni doveri di informazione quando è stata esercitata l'azione penale o quando sono state applicate misure cautelari o precautelari personali.

1) Doveri di informativa perché l'autorità pubblica valuti se irrogare un provvedimento cautelare di sospensione dalle funzioni a carico dell'imputato. Dell'esercizio dell'azione penale o dell'applicazione di una misura cautelare personale il pubblico ministero deve informare l'autorità da cui dipende l'imputato che è *impiegato dello Stato o di altro ente pubblico* (art. 129, comma 1). Dei medesimi provvedimenti la pubblica accusa deve informare l'ordinario della diocesi a cui appartiene l'imputato che ha la qualifica di *ecclesiastico o religioso del culto cattolico* (art. 129, comma 2).

2) Doveri di informativa perché l'autorità pubblica possa iniziare un procedimento amministrativo rispetto al quale il fatto di reato ha un profilo di pregiudizialità. Il pubblico ministero ha il dovere di informare il ministro dell'ambiente e la regione competente in relazione ad un reato che comporta un *pericolo o pregiudizio per l'ambiente*, dando loro notizia dell'imputazione (3); analogo dovere ha nei confronti del ministro della salute e di quello per le politiche agricole in relazione ad un reato che comporta un *pericolo alla salute o alla sicurezza agroalimentare* (art. 129, comma 3-*ter* disp. att.).

---

(3) Art. 129, comma 3-*ter*, disp. att.; il dovere di dare notizia dell'imputazione è stato inserito dalla legge 103 del 2017 (*c.d. riforma Orlando*).

Inoltre, la pubblica accusa ha il dovere di informare il procuratore generale della corte dei conti quando il reato ha cagionato un *danno per l'erario* (art. 129, comma 3 disp. att.).

3) Doveri di informativa perché l'autorità pubblica possa controllare se altra autorità ha adempiuto al dovere di iniziare un procedimento amministrativo. Il pubblico ministero ha il dovere di informare l'autorità nazionale anticorruzione dei delitti contro la pubblica amministrazione specificamente indicati (art. 129, comma 3 disp. att.) (4).

Infine, la pubblica accusa ha il dovere di informare il comitato parlamentare per i servizi di informazione e sicurezza quando *l'imputato dipende dai servizi segreti* (art. 129, comma 1 disp. att.).

b. *Le caratteristiche dell'azione penale.* L'azione penale, così come è configurata dal codice, ha quattro caratteristiche: è obbligatoria, è monopolio del pubblico ministero, è irretrattabile ed è procedibile d'ufficio.

1) *L'obbligatorietà.* Ai sensi dell'art. 112 della Costituzione « il pubblico ministero ha l'obbligo di esercitare l'azione penale ». L'obbligatorietà, in base al significato che le veniva dato al tempo in cui è stata elaborata la Costituzione (1947), impone che il pubblico ministero valuti la fondatezza della notizia di reato e compia le indagini necessarie per decidere se occorre formulare l'imputazione o chiedere l'archiviazione (art. 326).

I princìpi di eguaglianza e di legalità. L'obbligatorietà dell'azione penale ha il fine di assicurare due princìpi fondamentali: il principio di eguaglianza (art. 3 Cost.) ed il principio di legalità (art. 25, comma 2 Cost.). Sotto il primo profilo, se la persona offesa non ha possibilità economiche, ciò non deve impedire che il reato venga comunque perseguito. Sotto il secondo profilo, può essere soltanto la legge a determinare chi debba essere punito e chi debba andare esente da pena; ciò non deve dipendere da una scelta discrezionale compiuta da un soggetto, sia pure egli un magistrato del pubblico ministero.

Il principio di obbligatorietà non impone che il pubblico ministero debba necessariamente "accusare". Egli deve esercitare l'azione penale soltanto se gli elementi acquisiti permettono di effettuare una ragionevole previsione di condanna. Parimenti, occorre tenere presente che nel corso del dibattimento il pubblico ministero non è vincolato a chiedere la condanna; infatti, egli può chiedere il proscioglimento se tale è la conclusione da trarre dalle prove acquisite.

Il controllo sul mancato esercizio dell'azione penale. Se l'azione penale è obbligatoria, è necessario che sia previsto uno strumento tecnico che renda effettivo l'adempimento di tale dovere. Lo strumento esiste; esso consiste nel controllo effettuato dal giudice sulla richiesta di archiviazione formulata dalla pubblica accusa:

---

(4) In particolare, dell'esercizio dell'azione penale o dell'applicazione di una misura cautelare o precautelare personale il pubblico ministero deve informare l'autorità nazionale anticorruzione in relazione ai delitti contro la pubblica amministrazione previsti dagli articoli 317, 318, 319, 319-*bis*, 319-*ter*, 319-*quater*, 320, 321, 322, 322-*bis*, 346-*bis*, 353 e 353-*bis* c.p. Si tratta di una disposizione che è stata introdotta dalla legge 27 maggio 2015, n. 69.

in tal modo, la scelta di non esercitare l'azione penale è sottoposta ad un controllo che, come esamineremo in prosieguo, è molto penetrante.

I criteri di priorità nell'esercizio dell'azione penale. La ***riforma Cartabia*** (legge delega n. 134 del 2021) ha previsto che gli uffici del pubblico ministero, per garantire l'efficace e uniforme esercizio dell'azione penale, nell'ambito dei criteri generali indicati dal Parlamento con legge, individuino criteri di priorità trasparenti e predeterminati, da indicare nei progetti organizzativi delle procure della Repubblica, al fine di selezionare le notizie di reato da trattare con precedenza rispetto alle altre, tenendo conto anche del numero degli affari da portare avanti e dell'utilizzo efficiente delle risorse disponibili. La medesima riforma ha previsto che la procedura di approvazione dei progetti organizzativi delle procure della Repubblica si coordini con quella delle tabelle degli uffici giudicanti.

Il principio di completezza delle indagini. Come si è accennato, nella versione originaria del codice del 1988 le indagini preliminari erano una fase rimessa in larga parte alla discrezionalità del pubblico ministero, che poteva fare ciò che riteneva utile. Si trattava di una discrezionalità non solo tecnico-giuridica, ma anche funzionale. Sostanzialmente il pubblico ministero, nel momento in cui doveva prendere una decisione sull'azione penale, effettuava una prognosi su materiale molto fluido ed era lui stesso, senza regole particolari, a determinare la maggiore o minore credibilità e fondatezza delle indagini. Le sorti del processo, dunque, potevano dipendere anche dalla quantità di impegno profuso in quell'indagine.

Su questo quadro ha inciso con vigore la storica sentenza costituzionale n. 88 del 1991 che ha affermato per la prima volta il c.d. principio di completezza delle indagini. La Corte ha valutato lo statuto del principio di obbligatorietà dell'azione penale affermando che questo rappresenta il punto di convergenza di un complesso di princìpi basilari della Costituzione: uguaglianza, legalità, indipendenza del pubblico ministero. Per la Corte, una tutela non piena della obbligatorietà altererebbe l'assetto complessivo della Costituzione.

Valorizzando il principio di obbligatorietà dell'azione penale e quello di legalità processuale, la Corte ha così affermato la necessità di ridimensionare gli spazi di discrezionalità del pubblico ministero ed ha concluso che l'obbligo di indagare è una precondizione dell'obbligo di agire: obbligatorietà dell'azione penale vuol dire obbligatorietà di un'indagine completa. Anche perché soltanto il rispetto del principio di completezza delle indagini permette di evitare l'instaurazione di un processo superfluo, destinato a chiudersi con il proscioglimento. Ciò significa che il pubblico ministero non può scegliere arbitrariamente se e quali indagini svolgere, ma deve indagare sempre in modo completo.

La natura di organo di giustizia che il sistema costituzionale attribuisce al magistrato dell'accusa, chiamato a vegliare sull'applicazione della legge, si inserisce perfettamente in questo quadro. Poiché non è semplicemente un organo di accusa, ma un organo che tutela la legalità, egli deve indagare e deve farlo in modo corretto e completo.

Il principio di completezza delle indagini trova perfetta rispondenza nella disciplina dell'archiviazione, laddove — come si vedrà — è previsto un controllo del giudice che può spingersi fino a ordinare al pubblico ministero di svolgere ulteriori indagini e nell'analoga disciplina prevista in relazione all'udienza preliminare. In questo quadro, un ruolo fondamentale è svolto dall'art. 358. Con ord. n. 97 del 1996 la Corte costituzionale si è pronunciata in relazione a tale norma, che impone al pubblico ministero l'obbligo di svolgere indagini anche a favore dell'indagato, e ne ha esaltato il valore sistematico correlato al fine di evitare l'instaurazione di un processo superfluo.

2) ***Il monopolio dell'azione penale.*** Il monopolio dell'azione penale in capo al pubblico ministero non è imposto dalla Carta fondamentale. L'art. 112 Cost. configura in capo al pubblico ministero il dovere di esercitare l'azione penale; non prescrive che quest'ultima sia esercitata soltanto da un organo "pubblico". Ciò si ricava dai lavori preparatori della Costituzione e, in particolare, dal fatto che è stato respinto un emendamento che tendeva a qualificare come "pubblica" l'azione penale (5).

È stata una scelta del legislatore ordinario quella di attribuire unicamente al pubblico ministero il potere di esercitare l'azione penale (art. 405); ma in modo differente il legislatore medesimo si è comportato quando ha attribuito al giudice di pace la cognizione di alcuni reati procedibili a querela. In tali casi, la legge delega n. 468 del 1999 e il successivo decreto legislativo n. 274 del 2000 hanno attribuito alla persona offesa la facoltà di chiedere direttamente al giudice di pace la citazione a giudizio del responsabile del reato (6).

Pertanto, oggi il monopolio dell'azione penale può dirsi esistente soltanto per i reati rientranti nella competenza del giudice professionale.

3) ***La procedibilità d'ufficio.*** In base all'art. 50, comma 2, "quando non è necessaria la querela, la richiesta, l'istanza o l'autorizzazione a procedere, l'azione penale è esercitata di ufficio". Da ciò è ricavabile che, *di regola*, il pubblico ministero non è vincolato, nella sua azione, all'iniziativa di altri soggetti; è sufficiente che egli rilevi l'esistenza di un fatto storico che è previsto dalla legge come reato. Non occorre neanche che gli pervenga una denuncia: il pubblico ministero può direttamente prendere « notizia dei reati di propria iniziativa » (art. 330) (7).

4) ***L'irretrattabilità dell'azione penale.*** Ai sensi dell'art. 50, comma 3, « l'esercizio dell'azione penale può essere sospeso o interrotto soltanto nei casi espressamente previsti dalla legge ». La disposizione enuncia il principio secondo cui, a seguito dell'iniziale esercizio dell'azione penale, nessuno può di regola interrompere il processo: la serie necessitata di atti deve seguire il suo corso fino alla sentenza irrevocabile senza che né il pubblico ministero, né il giudice possano interferire se

---

(5) La Corte costituzionale (sentenza n. 84 del 1979) ha affermato che la titolarità dell'azione penale può essere conferita anche a soggetti diversi dal pubblico ministero, in quanto è sufficiente che ciò non vanifichi il dovere di quest'ultimo di esercitarla. Ne deriva che è legittima una legge che preveda azioni penali private che siano sussidiarie o concorrenti rispetto a quella obbligatoriamente esercitata dal pubblico ministero.

(6) Sul punto, si veda la trattazione svolta *infra* nel capitolo sul giudice di pace (parte IV, cap. 3, § 4).

(7) Vi sono alcune eccezioni alla regola dell'iniziativa d'ufficio, appena menzionata. Si tratta delle ipotesi nelle quali è necessario che sia presente una condizione di procedibilità, e cioè la querela, l'istanza, la richiesta o, infine, l'autorizzazione a procedere. Poiché si tratta di eccezioni, è necessario che vi sia una norma di legge che, in relazione ad un determinato reato, preveda la singola condizione di procedibilità. Rinviamo alla trattazione che è stata fatta nel capitolo sulle indagini preliminari (parte III, cap. I, § 3).

non nei casi previsti espressamente dalla legge ([8]). Le ipotesi di archiviazione, di proscioglimento o di condanna sono previste dalla legge.

2. L'archiviazione per inidoneità a sostenere l'accusa in dibattimento.

a. Considerazioni preliminari. Quando il pubblico ministero ritiene che non vi siano elementi per esercitare l'azione penale, formula una richiesta di archiviazione che è sottoposta al controllo del giudice per le indagini preliminari. Di regola, il controllo è effettuato *de plano* (e cioè senza udienza) e la forma della decisione è un decreto; viceversa, ove vi sia stato un previo contraddittorio, la forma della decisione è un'ordinanza. Infatti, il controllo del giudice diventa penetrante e dà luogo ad un contraddittorio in due casi. E cioè quando il giudice non accoglie la richiesta di archiviazione o quando la persona offesa presenta opposizione alla richiesta archiviativa della pubblica accusa.

La materia è stata profondamente modificata dalla legge n. 103 del 2017 (c.d. *riforma Orlando*) che, da un lato, ha razionalizzato il ruolo processuale della persona offesa dal reato e, da un altro lato, ha previsto nuovi termini volti ad accelerare il procedimento di archiviazione evitando inutili stalli allo scopo di perseguire la ragionevole durata del procedimento.

Presupposti di fatto. L'archiviazione è pronunciata dal giudice per le indagini preliminari in presenza di presupposti di fatto e di diritto. È pronunciata in presenza di presupposti di fatto quando « gli elementi acquisiti nelle indagini preliminari non sono idonei a sostenere l'accusa in giudizio » (art. 125 disp. att.). Se il pubblico ministero prevede che gli elementi raccolti saranno confermati nel vaglio del dibattimento egli eserciterà l'azione penale; in caso contrario, ad esempio se le prove di accusa non sono attendibili oppure se si è di fronte ad un quadro che già si rivela inidoneo a reggere l'urto del contradditorio in dibattimento, il pubblico ministero chiederà l'archiviazione ([9]).

Presupposti di diritto. L'archiviazione può essere pronunciata anche in base a presupposti di diritto secondo quanto disposto dall'art. 411. Più specificamente vi può essere archiviazione quando: *a*) manca una condizione di procedibilità (ad esempio, la querela); *b*) il reato è estinto (ad esempio, per prescrizione); *c*) il fatto non è previsto dalla legge come reato (ad esempio, si tratta di un illecito amministrativo

---

([8]) Un caso di sospensione è previsto espressamente dall'art. 71, comma 1: se «risulta che lo stato mentale dell'imputato è tale da impedirne la cosciente partecipazione al procedimento e che tale stato è reversibile, il giudice dispone con ordinanza che il procedimento sia sospeso». Ogni sei mesi il giudice fa svolgere accertamenti sullo stato di mente dell'imputato; la sospensione è revocata non appena risulti che quest'ultimo è in grado di partecipare coscientemente al procedimento (art. 72). Si veda *supra*, parte II, cap. 1, § 5, lett. *d*.

([9]) Come si è accennato *supra*, la Corte cost. (sentenza n. 88 del 1991) ha affermato per la prima volta il principio di « completezza » delle indagini preliminari, ricavato dal criterio direttivo n. 37 della legge-delega. Tale canone, da un lato, è finalizzato ad evitare il cd. esercizio "apparente" dell'azione penale, basato su indagini troppo superficiali, lacunose o monche, che si risolverebbe in un ingiustificato aggravio del carico dibattimentale; da un altro lato, vuole evitare che il pubblico ministero opti per l'archiviazione in un momento in cui l'inchiesta si trova ancora ad uno stadio iniziale.

depenalizzato). Inoltre, è disposta l'archiviazione quando sono rimasti ignoti gli autori del reato (art. 415); si tratta di un tema che esamineremo separatamente nel § *d.* Infine, il d.lgs. n. 28 del 2015 ha introdotto una inedita figura di archiviazione per particolare tenuità del fatto, che esamineremo nel § *c.*

b. *La richiesta di archiviazione nei confronti di un indagato.* Con la richiesta di archiviazione, il pubblico ministero trasmette al giudice per le indagini preliminari il fascicolo delle indagini contenente la notizia di reato, la documentazione relativa alle investigazioni espletate ed i verbali degli atti compiuti davanti al giudice (art. 408, comma 1). Il codice prevede che la pubblica accusa instauri con la persona offesa dal reato un contraddittorio che ha un'ampiezza variabile.

A questo proposito, la ***riforma Cartabia*** (legge delega n. 134 del 2021) escluderà l'obbligo di notificazione dell'avviso della richiesta di archiviazione, di cui all'articolo 408, comma 2, alla persona offesa che abbia rimesso la querela. Prima dell'entrata in vigore dei decreti legislativi previsti dalla delega, l'obbligo di avvisare la persona offesa della richiesta di archiviazione ha i seguenti contenuti.

Per i reati comuni nell'avviso è precisato che nel termine di venti giorni la persona offesa può prendere visione degli atti e presentare opposizione con richiesta motivata di prosecuzione delle indagini preliminari (art. 408, comma 2) ([10]).

Per i « delitti commessi con violenza alla persona » e per il delitto di furto in abitazione o con strappo (art. 624-*bis* c.p.) l'avviso della richiesta di archiviazione è *in ogni caso* notificato a cura del pubblico ministero alla persona offesa (e cioè, anche in assenza di una sua richiesta di essere avvisata) ed il termine per l'opposizione è di trenta giorni (art. 408, comma 3-*bis*) ([11]).

Nell'avviso si precisa che la persona offesa può prendere visione degli atti nel termine sopra detto e che nell'opposizione deve motivare le ragioni per le quali chiede la prosecuzione delle indagini (art. 408, comma 3). L'opposizione deve essere presentata presso la segreteria del pubblico ministero; può essere presentata anche dalla persona offesa che non ha chiesto di essere avvisata.

L'offeso non presenta opposizione. Se l'offeso non presenta opposizione, il giudice per le indagini preliminari effettua un controllo *de plano*, e cioè senza udienza. Se accoglie la richiesta presentata dal pubblico ministero, il giudice emette ***decreto di archiviazione*** (art. 409, comma 1) ([12]).

Se il giudice per le indagini preliminari non accoglie la richiesta presentata dal pubblico ministero, entro tre mesi (termine introdotto dalla c.d. *riforma Orlando*) fissa la data di una udienza in camera di consiglio, alla quale possono partecipare (con

---

([10]) Il termine originario di dieci giorni è stato così aumentato dalla legge 103 del 2017 (c.d. *riforma Orlando*).

([11]) Il termine originario di venti giorni è stato così aumentato dalla legge 103 del 2017 (c.d. *riforma Orlando*).

([12]) Ai sensi dell'art. 409, comma 1, come modificato dalla legge n. 479 del 1999, « il provvedimento che dispone l'archiviazione è notificato alla persona sottoposta alle indagini se nel corso del procedimento è stata applicata nei suoi confronti la misura della custodia cautelare ».

diritto ad essere preavvisati) il pubblico ministero, la persona offesa, l'indagato (art. 409, comma 2) ([13]).

L'offeso presenta opposizione. La medesima udienza ha luogo quando l'offeso presenta opposizione ammissibile, e cioè contenente l'indicazione dell'oggetto delle ulteriori indagini richieste "e i relativi elementi di prova" (art. 410, comma 1). Se l'opposizione è inammissibile, il giudice dopo averne dichiarato l'invalidità si limita ad operare un controllo *de plano* che potrà dare gli esiti sopra menzionati ([14]).

Udienza in camera di consiglio. Nell'udienza, che si svolge in camera di consiglio, e cioè senza pubblico, ma con la possibilità di partecipazione per il pubblico ministero ed i difensori (art. 409, comma 2, che rinvia all'art. 127), il giudice per le indagini preliminari ha ampi poteri di controllo. Oggetto di valutazione è sia la richiesta di archiviazione, sia l'eventuale opposizione dell'offeso.

Nell'udienza il giudice deve emettere una delle seguenti decisioni entro tre mesi (termine ordinatorio): 1) può pronunciare l'ordinanza di archiviazione; 2) può disporre che il pubblico ministero compia ulteriori indagini; 3) può disporre che il pubblico ministero formuli l'imputazione (c.d. imputazione coatta); 4) può ordinare al pubblico ministero di effettuare ulteriori iscrizioni nel registro delle notizie di reato (c.d. iscrizione coatta, introdotta dalla giurisprudenza della Cassazione).

1) L'archiviazione. L'ordinanza di archiviazione è basata sui presupposti in fatto e in diritto che abbiamo già ricordato (artt. 408, 411 c.p.p.; 125 disp. att.).

2) Le ulteriori indagini. Quando il giudice ritiene necessarie ulteriori indagini, le indica con ordinanza al pubblico ministero fissando il termine indispensabile per il compimento delle stesse (art. 409, comma 4). Il pubblico ministero è vincolato al compimento delle indagini (denominate "coatte"), ma gode di un potere discrezionale nello stabilire le concrete modalità e forme di svolgimento delle stesse; se ciò non fosse, il giudice perderebbe la sua posizione di terzietà e assumerebbe il compito di condurre le indagini, invadendo la competenza funzionale della pubblica accusa.

Compiute le indagini, il pubblico ministero può valutare diversamente i risultati e formulare l'imputazione; ma può anche optare nuovamente per la richiesta di archiviazione e depositare i verbali delle indagini svolte ([15]).

3) L'imputazione coatta. Il massimo grado di controllo si ha quando, a seguito dell'udienza in camera di consiglio, il giudice dispone con ordinanza che "il pubblico

---

([13]) Fino al giorno dell'udienza gli atti restano depositati in cancelleria con facoltà del difensore di estrarne copia (art. 409, comma 2).

([14]) Nei casi nei quali viene disposta l'udienza in camera di consiglio (e cioè se la persona offesa si oppone o il giudice non accoglie *de plano* la richiesta di archiviazione) si attiva un ulteriore controllo di tipo "gerarchico" operato dal procuratore generale presso la corte d'appello. Questi riceve comunicazione apposita dell'udienza e può avocare il procedimento (artt. 409, comma 3 e 412, comma 2).

([15]) Secondo la giurisprudenza, l'ordine del giudice di svolgere ulteriori indagini a seguito della richiesta di archiviazione riattiva la normale procedura disegnata per la fase conclusiva delle indagini. La pubblica accusa deve valutare gli elementi raccolti (dopo l'udienza camerale, nel termine indicato) e, se li ritiene inidonei a sostenere l'accusa in giudizio, deve chiedere l'archiviazione. In caso di presentazione di una (ulteriore) opposizione della persona offesa, il giudice deve (nuovamente) valutare la sua ammissibilità e la fondatezza della notizia di reato (alla luce delle nuove risultanze investigative). E deve archiviare con decreto motivato se l'opposizione è inammissibile e gli elementi raccolti non sono idonei a sostenere l'accusa in giudizio (in base a quanto previsto dall'art. 410, comma 2).

ministero formuli l'imputazione" entro dieci giorni (art. 409, comma 5); si tratta della c.d. imputazione coatta.

Ovviamente il giudice decide in tal senso sulla base di una valutazione degli atti che dà risultati diversi da quella proposta dal pubblico ministero. In caso di imputazione coatta il potere del giudice incontra un limite dovuto al principio di separazione delle funzioni; il giudice non può imporre al pubblico ministero di chiedere il rinvio a giudizio, né di formulare una determinata imputazione. Il pubblico ministero deve scegliere l'imputazione che ritiene conforme alla legge, anche se è vincolato a formularne comunque una; e deve farlo entro dieci giorni.

L'udienza preliminare senza richiesta di rinvio a giudizio. Entro due giorni dalla formulazione dell'imputazione coatta il giudice deve fissare con decreto la data dell'udienza preliminare. Si tratta di una forma particolare di udienza preliminare, che in questo caso non è preceduta da una richiesta di rinvio a giudizio (art. 128 disp. att.). In tale sede un diverso giudice controllerà la fondatezza dell'accusa e potrà, se del caso, ordinare ulteriori indagini (art. 421-*bis*) o assumere prove (art. 422).

Con la normativa sulla "imputazione coatta" il codice ha contemperato due princìpi, che potrebbero venire in collisione tra di loro: il principio dell'obbligatorietà dell'azione penale e quello della separazione tra le funzioni di accusa e di giudizio.

4) L'iscrizione coatta nel registro degli indagati. La giurisprudenza ha introdotto nel sistema un ulteriore potere decisorio del giudice. All'esito dell'udienza camerale, il giudice può ordinare che nel registro delle notizie di reato siano iscritti i nominativi di ulteriori soggetti mai prima indagati e per i quali il pubblico ministero non abbia formulato alcuna richiesta; nei loro confronti il giudice può disporre che la pubblica accusa compia « ulteriori indagini » ([16]).

Analogamente, il giudice può ordinare che nei confronti di persona già indagata sia iscritto nel registro un ulteriore reato differente da quello già addebitato dal pubblico ministero ([17]).

L'invito al pubblico ministero a compiere nuove indagini consistenti nell'interrogatorio dell'indagato. Seguendo la medesima linea interpretativa, le Sezioni unite hanno affermato che il giudice, tra le ulteriori indagini sollecitate al pubblico ministero, può indicare l'interrogatorio dell'indagato, sempre a condizione che la pubblica accusa provveda preliminarmente all'iscrizione dell'indagato medesimo nel registro delle indagini; e ciò può avvenire anche per un reato diverso da quello per il quale sia stata chiesta l'archiviazione ([18]).

Le nullità intervenute nel corso del procedimento di archiviazione e il reclamo. La legge n. 103 del 2017 (*c.d. riforma Orlando*) ha attuato il principio della ragionevole durata mediante due ulteriori meccanismi procedurali: da un lato, sono

---

([16]) Cass., Sez. un., 31 maggio - 17 giugno 2005, P.M. in c. Minervini, in *Riv. it. dir. proc. pen.*, 2005, 787 e in *Dir. pen. proc.*, 2005, 972.

([17]) Viceversa, il giudice per le indagini preliminari non può ordinare al pubblico ministero di formulare l'imputazione per un reato diverso da quello oggetto della richiesta di archiviazione. Ove lo faccia, il provvedimento del giudice è abnorme e può essere impugnato per cassazione dall'indagato; in tal senso, Cass., Sez. un., 22 marzo - 24 settembre 2018, n. 40984, Gianforte, in *Cass. pen.*, 2019, 116.

([18]) Cass., Sez. un., 16 dicembre 2021 - 24 marzo 2022, n. 10728, P.M. in causa Fenucci e altro, in *www.archiviopenale.it*, 15 aprile 2022.

state espressamente codificate quelle ipotesi di nullità che erano state elaborate dalla giurisprudenza; da un altro lato, al posto del ricorso per cassazione è stato introdotto l'inedito istituto del reclamo al tribunale monocratico al fine di far valere le nullità eventualmente verificatesi.

Sotto il primo profilo, sono state previste espressamente nullità attinenti sia alla procedura di archiviazione in senso stretto, sia all'udienza in camera di consiglio presso il giudice per le indagini preliminari ([19]).

Sotto il secondo profilo, è stato regolamentato il reclamo al tribunale monocratico, che decide con ordinanza non impugnabile ([20]).

c. *La richiesta di archiviazione perché il reato è stato commesso da persone ignote.* La richiesta di archiviazione perché è ignoto l'autore del reato è regolata, in base ad una precisa scelta legislativa, dalle norme che disciplinano l'archiviazione contro gli indagati « in quanto applicabili » (comma 3 dell'art. 415). Pertanto, nel procedimento contro ignoti valgono le modifiche introdotte dalla legge n. 103 del 2017 (c.d. *riforma Orlando*).

Come abbiamo già esposto in tale sede, con la richiesta di archiviazione il pubblico ministero trasmette al giudice per le indagini preliminari il fascicolo delle indagini. Il codice prevede che la pubblica accusa instauri il contraddittorio con la persona offesa che, nell'atto espositivo della notizia di reato o successivamente alla sua presentazione, abbia dichiarato di voler essere informata circa l'eventuale archiviazione ([21]).

Per i reati comuni nell'avviso è precisato che nel termine di venti giorni la persona offesa può prendere visione degli atti e presentare opposizione con richiesta motivata di prosecuzione delle indagini preliminari (art. 408, comma 2).

Per i « delitti commessi con violenza alla persona » e per il delitto di furto in abitazione o con strappo (art. 624-*bis* c.p.) l'avviso della richiesta di archiviazione è *in ogni caso* notificato a cura del pubblico ministero alla persona offesa (e cioè, anche in

---

([19]) L'art. 410-*bis*, comma 1 ha sanzionato con nullità l'omesso avviso alla persona offesa della richiesta di archiviazione nei casi previsti dall'art. 408, commi 2 e 3-*bis*; inoltre, il caso in cui il giudice per le indagini preliminari abbia deciso sulla richiesta di archiviazione prima della scadenza del termine per l'opposizione; parimenti, se ha omesso di pronunciarsi sulla inammissibilità della medesima. L'art. 410-*bis*, comma 2 ha previsto la nullità nei casi di cui all'art. 127, comma 5, e cioè, ad es., se il giudice per le indagini preliminari ha omesso di dare gli avvisi o di sentire l'indagato o l'offeso se comparsi.

([20]) In base all'art. 410-*bis*, comma 3, se vi è nullità, l'interessato entro 15 gg. dalla conoscenza del provvedimento può proporre reclamo innanzi al tribunale monocratico, che provvede con ordinanza non impugnabile senza intervento delle parti interessate, previo avviso almeno dieci giorni prima dell'udienza fissata per la decisione alle parti medesime, che possono presentare memorie non oltre il quinto giorno precedente l'udienza. Il tribunale monocratico può prendere una delle seguenti decisioni: 1) se il reclamo è *fondato*, annulla il provvedimento oggetto di reclamo e ordina la restituzione degli atti al giudice che ha emesso il provvedimento; 1) se il reclamo è *infondato* o inammissibile, conferma il provvedimento o dichiara inammissibile il reclamo, condannando la parte privata che lo ha proposto al pagamento delle spese del procedimento e, nel caso di inammissibilità, anche a quello di una somma in favore della cassa delle ammende nei limiti di quanto previsto dall'art. 616, comma 1.

([21]) Valgono le norme già esposte in precedenza sull'opposizione. Una normativa singolare è prevista dall'art. 107-*bis* disp. att., in base al quale le denunce contro ignoti sono trasmesse al pubblico ministero dalla polizia giudiziaria « con elenchi mensili ». L'art. 415, comma 4 prevede che il pubblico ministero possa richiedere l'archiviazione « cumulativamente con riferimento agli elenchi », se del caso escludendo dalla richiesta determinate denunce. A sua volta, il giudice, se accoglie la richiesta, può pronunciare il decreto di archiviazione cumulativamente con riferimento agli elenchi, con la possibilità di escludere determinate denunce.

assenza di una sua richiesta di essere avvisata) ed il termine per l'opposizione è di trenta giorni (art. 408, comma 3-*bis*; v. tav. 3.2.6).

Se l'offeso non si oppone, il giudice per le indagini preliminari può accogliere la richiesta *de plano*; viceversa, se l'offeso si oppone o se comunque il giudice non accoglie la richiesta, deve svolgersi una udienza in camera di consiglio (art. 409, comma 2). Il giudice fa dare avviso della data dell'udienza al pubblico ministero, all'offeso e al difensore dell'offeso; l'udienza si svolge nelle forme del procedimento in camera di consiglio (art. 127).

Decisioni. A seguito dell'udienza il giudice per le indagini preliminari può prendere le seguenti decisioni (art. 415, comma 2).

1) Può accogliere la richiesta del pubblico ministero e disporre l'archiviazione con decreto motivato.

2) Se ritiene che il reato sia da attribuire a persona già individuata, il giudice ordina che il nome di questa sia iscritto nel registro delle notizie di reato.

3) Infine, se ritiene necessarie ulteriori indagini, il giudice le indica con ordinanza al pubblico ministero fissando il termine indispensabile per il compimento delle stesse. Le ulteriori indagini devono comunque rispettare il termine finale previsto per le indagini preliminari dall'art. 405, comma 2. In base al nuovo comma 2-*bis* dell'art. art. 415, introdotto dalla legge n. 103 del 2017 (c.d. *riforma Orlando*), tale termine decorre dal provvedimento del giudice e non dalla data dell'eventuale iscrizione del nominativo dell'indagato sul registro delle notizie di reato.

d. *La riapertura delle indagini a seguito dell'archiviazione.* Quando il procedimento contro un indagato è stato archiviato, il pubblico ministero può compiere nuove indagini soltanto dopo essere stato autorizzato con decreto motivato del giudice per le indagini preliminari (art. 414, comma 1). La richiesta del pubblico ministero è basata sulla « esigenza di nuove investigazioni ». Ottenuta l'autorizzazione, il pubblico ministero procede ad una nuova iscrizione nel registro delle notizie di reato (art. 414, comma 2); da tale momento decorrono nuovamente i termini ordinari (v. tav. 3.2.1).

La riforma Cartabia (legge-delega n. 134 del 2021) prevederà criteri più stringenti ai fini dell'adozione del decreto di riapertura delle indagini.

La riapertura delle indagini è un "atto dovuto" in favore del pubblico ministero. Per ottenere l'autorizzazione non è necessario che siano presenti nuovi elementi, bensì è sufficiente che il pubblico ministero prospetti al giudice un nuovo piano di indagine "che può scaturire dalla diversa interpretazione degli elementi già acquisiti" (*Relazione al progetto preliminare*).

Mancata autorizzazione a riaprire le indagini e compimento di nuovi atti investigativi. La giurisprudenza e la dottrina maggioritaria sono concordi nel ritenere che gli atti di indagine compiuti in mancanza di autorizzazione sono inutilizzabili. Naturalmente esistono dei limiti soggettivi e oggettivi: deve trattarsi di atti espletati nei confronti della *medesima persona* e per il *medesimo fatto* oggetto della pronuncia di archiviazione e le indagini devono essere state compiute dal *medesimo ufficio* con iscrizione nello stesso registro delle notizie di reato. L'inutilizzabilità deriva dalla violazione di un divieto probatorio stabilito dalla legge, sia pure in modo implicito (art. 191).

Mancata autorizzazione a riaprire le indagini ed esercizio dell'azione penale. Analogo problema si pone quando, in mancanza di autorizzazione a riaprire le indagini, il medesimo ufficio del pubblico ministero eserciti l'azione penale in relazione al medesimo fatto in precedenza addebitato e archiviato. Secondo un orientamento dottrinale, tale situazione determinerebbe soltanto l'inutilizzabilità delle indagini eventualmente compiute. Viceversa, l'atto di esercizio dell'azione penale resterebbe valido.

Di contrario avviso, peraltro, è la prevalente giurisprudenza di legittimità e costituzionale che ritiene *precluso* l'esercizio dell'azione penale rispetto al medesimo fatto-reato, considerato sia dal punto di vista soggettivo che oggettivo, da parte del medesimo ufficio del pubblico ministero; pertanto, la richiesta di rinvio a giudizio risulta affetta da nullità assoluta ai sensi degli artt. 178 lett. *b* e 179 c.p.p., poiché il vizio riguarda l'iniziativa del pubblico ministero nell'esercizio dell'azione penale.

3. L'archiviazione come deflazione processuale

a. L'archiviazione per particolare tenuità del fatto. È giunto il momento di esaminare il d. lgs. 16 marzo 2015, n. 28, che ha introdotto nell'ordinamento l'esclusione della punibilità per particolare tenuità del fatto (art. 131-*bis* c.p.). In base alle nuove disposizioni, quando l'offesa è particolarmente tenue e segue ad un comportamento non abituale, il giudice deve evitare di irrogare la sanzione penale. Naturalmente, solo a seguito di un accertamento rigoroso di tali condizioni lo Stato può rinunciare ad applicare la pena. Il danneggiato — che non trova soddisfazione nel processo penale — ha la possibilità di chiedere la condanna del responsabile al risarcimento del danno e lo può fare davanti al giudice civile.

Dal punto di vista del diritto penale sostanziale, l'istituto è stato costruito come una singolare "condizione di non punibilità" basata sull'accertamento di presupposti precisati dalla legge in modo dettagliato.

Il ***primo presupposto*** per la declaratoria di particolare tenuità del fatto sta nell'avere l'imputato commesso un fatto storico che rientra in una fattispecie tipica antigiuridica, e cioè in concreto non deve essere presente una causa di giustificazione né una esimente. Inoltre, il reato compiuto deve essere concretamente offensivo di un bene giuridico, anche se l'offesa è di « particolare tenuità ».

Il ***secondo presupposto*** sta nella pena prevista per il fatto tipico. Ma occorre subito precisare che i requisiti, che erano stati stabiliti originariamente dalla legge n. 28 del 2015 sono stati modificati da una sentenza della Corte cost.

In base al limite posto originariamente dalla legge, doveva trattarsi di un reato per il quale è prevista la pena detentiva non superiore nel massimo a cinque anni, o la pena pecuniaria, sola o congiunta alla pena detentiva. Ai fini della determinazione della pena non si tiene conto delle circostanze, ad eccezione di quelle per le quali la legge stabilisce una *pena di specie diversa da quella ordinaria* del reato e di quelle *ad effetto speciale* [22].

---

[22] In relazione a questi due tipi di circostanza non si tiene conto del giudizio di bilanciamento tra circostanze aggravanti ed attenuanti di cui all'articolo 69 c.p.; e ciò al fine di « contenere il margine di discrezionalità » del giudice (così la *Relazione ministeriale*, p. 4).

Sulla base di quanto esposto, sarebbero stati esclusi dalla causa di non punibilità quei reati che non hanno un minimo edittale, anche se la pena detentiva massima è superiore a 5 anni. Come è noto, in tal caso si applica il minimo assoluto di 15 giorni di reclusione per i delitti. La predetta esclusione è stata dichiarata illegittima per irragionevolezza dalla Corte cost. n. 156 del 2020, secondo cui l'applicabilità astratta della particolare tenuità può essere estesa ai reati per i quali non è previsto alcun minimo edittale.

Il ***terzo presupposto*** concerne l'offesa provocata in concreto, che deve essere di particolare tenuità per le *modalità della condotta* del responsabile, da valutare in base ai consueti criteri dell'art. 133, comma 1 c.p (e cioè, in base agli indici della gravità del reato). La caratteristica della *particolare tenuità dell'offesa* deve ricavarsi dalla *esiguità del danno o del pericolo* cagionato dal responsabile del fatto. Sono precisati i requisiti negativi di applicabilità: « l'offesa non può essere ritenuta di particolare tenuità quando l'autore ha agito per motivi abietti o futili, o con crudeltà » (...) o « ha adoperato sevizie o, ancora, ha profittato delle condizioni di minorata difesa della vittima » (...) o quando la condotta ha cagionato (o da essa sono derivate, quali conseguenze non volute) « la morte o le lesioni gravissime di una persona ».

Quale ***ulteriore presupposto*** dell'istituto, si richiede che il comportamento messo in atto dall'autore del reato debba essere *non abituale*. Anche in questo caso la legge precisa i requisiti negativi: la non punibilità per particolare tenuità non opera qualora l'autore sia stato dichiarato delinquente abituale, professionale o per tendenza o abbia commesso più reati della stessa indole (e ciò anche se il singolo fatto, isolatamente considerato, sia di particolare tenuità); né si può applicare nel caso in cui si tratti di reati che abbiano ad oggetto condotte plurime, abituali e reiterate. Da ciò deriva che sfuggono alla non punibilità gli atti persecutori ed, in generale, i reati seriali.

Quando ritiene che nel caso concreto siano presenti i presupposti menzionati, il giudice può applicare l'art. 131-*bis* c.p. e dichiarare che il fatto non è punibile.

La declaratoria della tenuità del fatto nel corso del procedimento. Malgrado una certa laconicità della disciplina, occorre rilevare che la declaratoria sarà effettuata con le forme previste per la decisione che chiude la fase del procedimento nella quale il giudice è chiamato a pronunciarsi. Così, durante le indagini preliminari il provvedimento assume la forma dell'archiviazione (art. 411, comma 1-*bis* c.p.p.); nell'udienza preliminare assume la forma della sentenza di non luogo a procedere (art. 425 c.p.p.); negli atti preliminari al dibattimento assume la forma della sentenza anticipata di proscioglimento (art. 469 c.p.p.); nel giudizio assume la forma della sentenza di

---

Il quinto comma dell'art. 131-*bis* c.p. completa l'individuazione dell'ambito applicativo, precisando che l'istituto « si applica anche quando la legge prevede la particolare tenuità del danno o del pericolo come circostanza attenuante ».

La legge anticorruzione n. 69 del 2015 impone al giudice, ai fini della non punibilità per particolare tenuità del fatto di cui all'articolo 131-*bis* c.p., di valutare in modo prevalente l'entità dell'eventuale danno cagionato alla società, ai soci o ai creditori conseguente ai fatti di cui agli articoli 2621 e 2621-*bis* c.c. (art. 2621-*ter* c.c.).

proscioglimento per mancanza di punibilità (art. 530 c.p.p.). Nelle rispettive sedi del procedimento daremo conto delle relative problematiche applicative ([23]).

La declaratoria nel corso delle indagini. Il pubblico ministero che, nel corso delle indagini, accerti che sono presenti i presupposti previsti dall'art. 131-*bis* c.p., può chiedere al giudice per le indagini preliminari l'archiviazione per particolare tenuità del fatto ([24]).

Il relativo procedimento è disciplinato dal d.lgs. n. 28 nel nuovo comma 1-*bis* dell'art. 411, ed è regolato in modo speciale rispetto a quello ordinario.

Al momento della richiesta, il pubblico ministero fa dare all'indagato e alla persona offesa dal reato l'avviso che costoro, nel termine di dieci giorni, possono prendere visione degli atti e presentare opposizione indicando, a pena di inammissibilità, le ragioni del dissenso rispetto alla richiesta.

Se l'opposizione è presentata dall'indagato (che abbia interesse ad un proscioglimento ampio) o dalla persona offesa (che, viceversa, sostenga la natura "non tenue" dell'offesa) e l'opposizione stessa è ammissibile, il giudice avvisa il pubblico ministero, l'offeso e l'indagato della data fissata (art. 409, comma 2).

L'udienza si svolge in camera di consiglio; sentite le parti, il giudice decide con ordinanza (art. 127). Molteplici sono i possibili epiloghi.

Anzitutto, il giudice può accogliere la richiesta e pronunciare ordinanza motivata di archiviazione per particolare tenuità del fatto.

In alternativa, il giudice può rigettare la richiesta e, sempre con ordinanza, pronunciare uno dei seguenti provvedimenti, previsti espressamente dall'art. 411, comma 1-*bis*:

a) può ordinare che gli atti siano restituiti al pubblico ministero;

b) può indicare al pubblico ministero ulteriori indagini e fissare un termine per il compimento delle medesime (art. 409, comma 4);

c) può disporre che il pubblico ministero formuli l'imputazione (art. 409, comma 5).

Occorre adesso esaminare l'altra ipotesi, e cioè il caso in cui ***l'opposizione non sia stata presentata, oppure sia stata ritenuta inammissibile dal giudice.*** La nuova disciplina prevede che il giudice decida senza formalità e che possa:

([23]) Gli studiosi avevano rilevato che l'esigenza di far operare la particolare tenuità già durante le indagini preliminari imponeva di considerarla una causa di improcedibilità e non una causa di non punibilità, giacché quest'ultima non trova spazio in sede di archiviazione. Tuttavia, sulle esigenze di classificazione dogmatica ha prevalso la necessità pratica di amplificare al massimo l'operatività dell'istituto.

Così, per un verso, la classificazione alla stregua di causa di non punibilità consente di conferire stabilità alle declaratorie pronunciate in udienza preliminare, in dibattimento e nel giudizio abbreviato, evitando i rischi di riapertura del procedimento (art. 345). Per un altro verso, la possibilità di procedere alla declaratoria in sede di archiviazione valorizza le istanze di economia processuale e di deflazione, consentendo una rapida definizione del procedimento ancor prima dell'esercizio dell'azione penale. Al fine di far fronte alla inadeguatezza della disciplina dell'archiviazione, è risultata necessaria una previsione espressa ed un'apposita regolamentazione.

([24]) Trattandosi di una valutazione *in iure*, rilevabile anche in Cassazione, riteniamo che l'apprezzamento sull'applicabilità dell'art. 131-*bis* c.p. possa essere compiuto altresì dall'autorità giudiziaria, investita della richiesta del pubblico ministero con la quale è stata esercitata l'azione penale o richiesta l'archiviazione. In tal senso muove il principio recentemente espresso dalla giurisprudenza di legittimità secondo cui « non è abnorme il provvedimento con cui il giudice per le indagini preliminari, investito della richiesta di emissione di decreto penale di condanna, restituisca gli atti al pubblico ministero perché valuti la possibilità di chiedere l'archiviazione per particolare tenuità del fatto » (Cass., Sez. un., 9 maggio 2018, n. 20569).

a) accogliere la richiesta e pronunciare decreto motivato di archiviazione per particolare tenuità del fatto (art. 411, comma 1-*bis*);

b) non accogliere la richiesta del pubblico ministero; in tal caso il giudice ordina che gli atti siano restituiti al pubblico ministero. Così afferma la *Relazione ministeriale*, p. 7, evidentemente perché si tratta di un procedimento speciale che, in quanto tale, deroga al rito ordinario; ma secondo una opinione, che non condividiamo, il giudice dovrebbe applicare il rito ordinario di archiviazione e disporre l'udienza in camera di consiglio ai sensi dell'art. 409, comma 2.

b. *L'archiviazione per l'adempimento delle prescrizioni nelle contravvenzioni.* La ***riforma Cartabia*** (art. 1, co. 23, legge n. 134 del 2021) delega il Governo ad adottare uno o più decreti legislativi « recanti modifiche alla disciplina sanzionatoria delle contravvenzioni [...], nel rispetto dei seguenti princìpi e criteri direttivi »:

a) prevedere una causa di estinzione delle contravvenzioni che operi nella fase delle indagini preliminari, per effetto del tempestivo adempimento di apposite prescrizioni impartite dall'organo accertatore e del pagamento di una somma di denaro determinata in una frazione del massimo dell'ammenda stabilita per la contravvenzione commessa. In questa prospettiva, prevedere inoltre che sia possibile svolgere lavoro di pubblica utilità in alternativa al pagamento della somma di denaro e, nel caso di adempimento tardivo, prevedere la possibilità di una attenuazione della pena irrogata;

b) individuare le contravvenzioni per le quali consentire l'accesso alla causa di estinzione di cui alla lettera precedente tra quelle suscettibili di elisione del danno o del pericolo mediante condotte ripristinatorie o risarcitorie, salvo che tali contravvenzioni concorrano con delitti;

c) mantenere in ogni caso fermo l'obbligo di riferire la notizia di reato ai sensi dell'art. 347 c.p.p.;

d) prevedere la sospensione del procedimento penale dal momento dell'iscrizione della notizia di reato nel registro *ex* art. 335 c.p.p. e fino al momento in cui il pubblico ministero riceve comunicazione dell'adempimento o dell'inadempimento delle prescrizioni e del pagamento della somma di denaro di cui alla precedente lettera a; prevedere inoltre la fissazione di un termine massimo per la comunicazione stessa.

Schema n. 6. Indagini e udienza preliminare

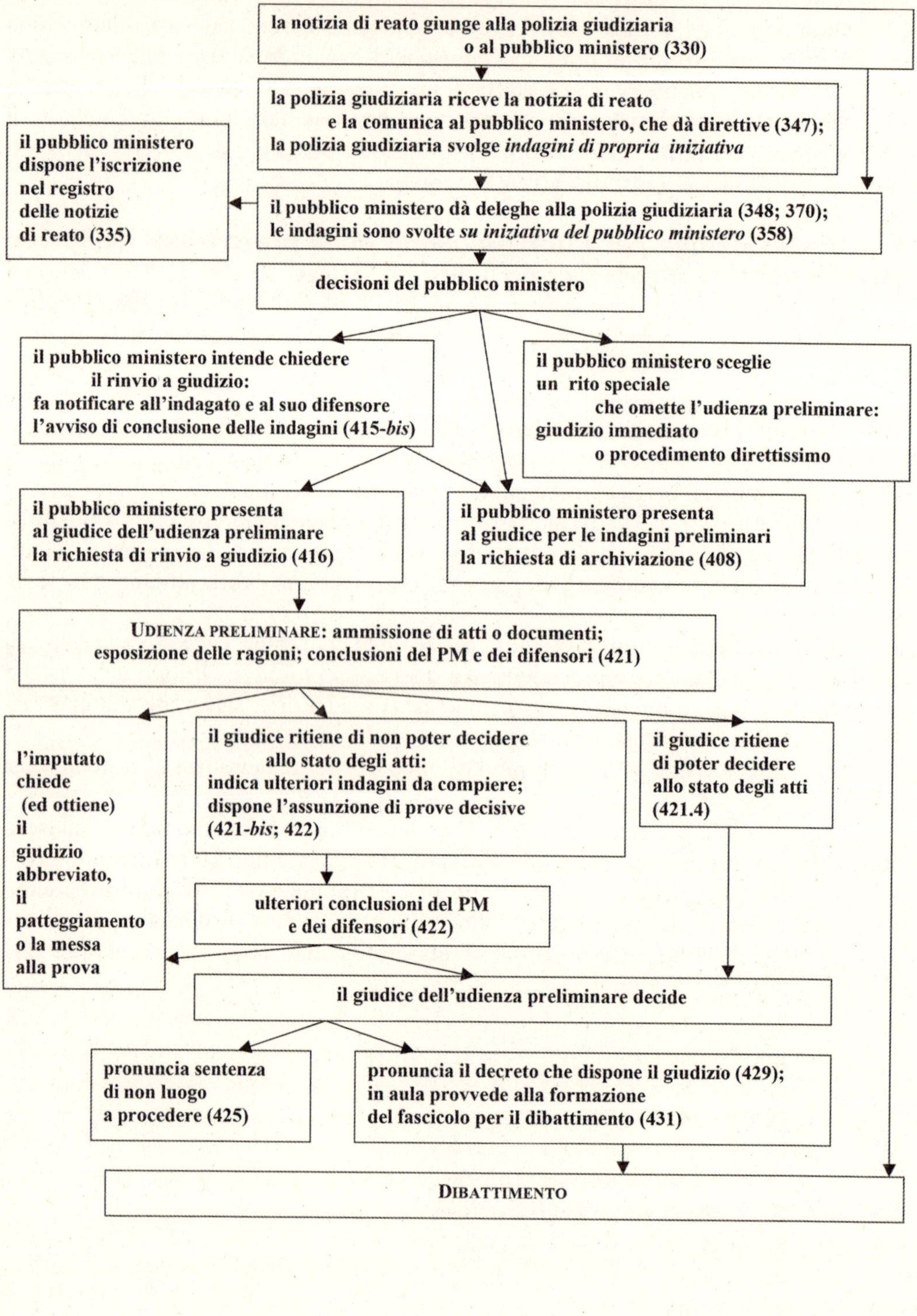

Capitolo III
L'INVESTIGAZIONE DIFENSIVA

1. Il diritto di difendersi mediante prove.

La scelta del sistema accusatorio, effettuata dall'ordinamento italiano, ha comportato conseguenze rilevanti in tema di prova. È noto infatti che in detto sistema la prova non è monopolio del giudice; al contrario, le parti hanno autonomi poteri nel momento della ricerca, della richiesta, dell'ammissione e dell'assunzione della prova; il giudice non ha il potere di ricercare le prove né, di regola, il potere di ammettere i mezzi di prova d'ufficio. Da ciò deriva che le parti (tutte, sia quella pubblica, sia quelle private) hanno quello che è stato incisivamente definito « diritto alla prova » (G. VASSALLI).

Per poter funzionare correttamente il sistema accusatorio deve consentire l'investigazione difensiva; e cioè deve permettere ai difensori delle parti private di ricercare le prove sulle quali possono basare le proprie richieste, di valutare fino a che punto gli elementi raccolti possano essere utilizzati vantaggiosamente, di vagliare la credibilità della fonte e l'attendibilità dell'elemento di prova che sia stato individuato e di giustificare al giudice la necessità che sia ammesso il relativo mezzo di prova.

L'esperienza dimostra che gli ordinamenti, che hanno accolto sistemi processuali di tipo accusatorio, hanno riconosciuto al difensore il potere di compiere investigazioni. L'ordinamento italiano soltanto nel 2000, con la legge n. 397, è pervenuto ad una espressa disciplina legislativa delle investigazioni difensive. Il Legislatore si è mosso sull'onda della revisione costituzionale, che ha introdotto nell'art. 111 i princìpi del giusto processo.

2. Il fondamento costituzionale delle indagini difensive.

Prima di cimentarsi con l'evoluzione normativa delle indagini difensive, merita ricordare rapidamente i princìpi costituzionali che fanno da sfondo alla materia in esame. Occorre premettere che gli organi pubblici non sono in grado di svolgere le indagini necessarie a tutelare il diritto di difesa. Da un lato, essi sono oberati di lavoro; da un altro lato, in un processo di tipo dialettico non spetta a loro il compito di valutare quali elementi devono essere ricercati per accertare quei fatti, che la parte privata ha interesse a chiarire. In un sistema che accoglie la separazione delle funzioni, il difensore è l'organo che meglio di tutti può valutare, ad esempio, quali prove sono le più indicate per dimostrare l'esistenza di un fatto affermato da una parte privata e quali domande devono essere rivolte ad un testimone per chiarire se egli è attendibile.

Il fondamento dell'investigazione difensiva *penale* è stato individuato da tempo nel diritto di difesa, che è riconosciuto dalla Costituzione come *inviolabile* in ogni stato e grado del procedimento (art. 24, comma 2). Tra l'altro, occorre notare che mentre il diritto alla libertà personale, esso pure inviolabile, può essere limitato nel corso del procedimento penale, il diritto di difesa dell'imputato non viene meno neppure quando egli è sottoposto a custodia cautelare.

Nella ricognizione del fondamento costituzionale delle investigazioni difensive, occorre infine tenere conto dei nuovi enunciati introdotti nell'art. 111 dalla legge costituzionale n. 2 del 1999. Tra di essi, ve ne sono almeno due che interessano direttamente la tematica in oggetto. In primo luogo, l'espresso riconoscimento del principio di parità delle parti (comma 2). In secondo luogo, va ricordato il comma 3 nella parte in cui riconosce all'imputato il diritto di « disporre del tempo e delle condizioni necessari per preparare la sua difesa ».

Il principio della parità delle parti deve essere accolto sulla base del criterio di adeguatezza: il concetto deve adattarsi al tipo di processo (civile o penale) ed alla natura dell'interesse (pubblico o privato) che la singola parte persegue. Nel processo penale, infatti, occorre tenere conto della diversità istituzionale e sostanziale che intercorre tra il pubblico ministero e il difensore dell'imputato.

In merito al secondo profilo, relativo al diritto dell'imputato di disporre delle « condizioni » necessarie alla sua difesa, è da ritenere che una disposizione del genere costituisca un vero e proprio riconoscimento costituzionale del diritto di svolgere tutte quelle investigazioni difensive, che sono legate da un immediato nesso funzionale con l'esercizio del diritto di difesa. Alla luce di considerazioni siffatte, il potenziamento dell'investigazione difensiva, effettuato con la legge n. 397 del 2000, appare non soltanto costituzionalmente legittimo, ma anzi doveroso.

3. Investigazioni pubbliche e private a confronto.

Come abbiamo anticipato, le investigazioni difensive sono state regolamentate dopo circa un decennio dall'entrata in vigore del codice. La legge n. 397 del 2000 ha introdotto nel libro quinto un titolo VI-*bis* dedicato alla materia in esame.

Occorre precisare che la regolamentazione, apportata dalla legge n. 397 del 2000, non è esaustiva. Essa deve essere completata sulla base delle *Regole di comportamento del penalista nelle investigazioni difensive*: si tratta di un testo approvato dalle Camere penali il 14 luglio 2001 e modificato il 19 gennaio 2007. Dette regole hanno un valore convenzionale, e cioè sono vincolanti soltanto per gli avvocati che sono iscritti alle Camere penali.

Successivamente, il 26 ottobre 2002, il Consiglio nazionale forense aveva apportato modifiche al *Codice deontologico*, tra le quali spiccava una dettagliata disciplina dello svolgimento delle investigazioni difensive. Nel nuovo testo del *Codice deontologico*, approvato dal Consiglio nazionale forense nella seduta del 31 gennaio 2014 (G.U. 16 ottobre 2014, n. 241, in vigore dal 15 dicembre 2014) sono rimaste alcune norme essenziali sui rapporti con i testimoni e le persone informate (art. 55). La violazione del *Codice deontologico forense* costituisce un illecito disciplinare.

E ancora, tra le fonti sulle investigazioni difensive occorre enumerare le norme che tutelano la *privacy*. Le disposizioni originariamente contenute nel codice *privacy* 2003 sono state in parte abrogate; oggi occorre fare riferimento alle seguenti fonti normative:

1) al Regolamento UE 2016/679 in tema di trattamento dei dati personali (GDPR), le cui norme dal 25 maggio 2018 si applicano direttamente nell'ordinamento nazionale con deroghe consentite sulla base di clausole generali;

2) al d.lgs. n. 101 del 10 agosto 2018, che ha adeguato il codice *privacy* al Regolamento UE;

3) al Provvedimento del Garante *privacy* n. 497/2018, che ha salvato in gran parte l'Autorizzazione al trattamento dei dati sensibili ad opera degli investigatori privati n. 6 del 15 dicembre 2016;

4) alla Delibera del Garante *privacy* n. 512/2018 (art. 2, comma 2), che ha revisionato le regole deontologiche per gli avvocati e gli investigatori privati. Per effetto del D.M. 15 marzo 2019, tali regole deontologiche fanno parte integrante del codice *privacy* (all. A) (1).

La finalità delle investigazioni difensive. La finalità delle investigazioni difensive è descritta dall'art. 327-*bis*. Il difensore ha facoltà di svolgere investigazioni « per ricercare ed individuare elementi di prova *a favore* del proprio assistito; pertanto, si tratta di attività compiute per un interesse di tipo *privato* da un libero professionista. Nel sistema accusatorio il difensore è un antagonista dell'accusa all'interno di un processo dialettico; non ha l'obbligo di collaborare nella ricerca della verità contro il proprio assistito. Un limite sta nel fatto che il difensore non deve introdurre nel processo prove che sa essere false (art. 50, comma 1 del *Codice deontologico forense*). Ove lo faccia, egli rischia una l'incriminazione per il delitto di favoreggiamento personale (art. 378 c.p.) o per altri reati specifici (2).

---

(1) Dalle "regole deontologiche" si ricava che il trattamento dei dati deve essere ispirato ai principi di liceità, correttezza, finalità, proporzionalità e minimizzazione del trattamento dei dati stessi da parte del titolare e dei soggetti da quest'ultimo autorizzati. In particolare, il difensore deve adottare specifiche cautele per evitare il rischio di una ingiustificata raccolta o utilizzazione di informazioni riservate nelle seguenti ipotesi: acquisizione di notizie, dati e documenti connotati da un « alto grado di confidenzialità »; « scambio di corrispondenza, specie per via telematica »; esercizio contiguo di attività autonome all'interno dei locali del medesimo studio; utilizzo di informazioni memorizzate su dispositivi o supporti digitali; custodia di materiale documentato ma non utilizzato in un determinato procedimento penale; informazioni riservate estrapolate mediante ricerche su banche dati a uso interno, « specie se consultabili anche telematicamente da uffici dello stesso titolare del trattamento situati altrove ». Inoltre, l'acquisizione di dati e documenti presso terzi deve essere effettuata « verificando che si abbia titolo per ottenerli ». È necessario, infine, assicurare riservatezza nella « conservazione di atti relativi ad affari definiti » (v. Delibera del Garante 19 dicembre 2018, n. 512, art. 2, comma 4).

Dal punto di vista sostanziale, il Garante ha trasferito nelle nuove regole deontologiche i fondamentali principi di responsabilizzazione, valutazione di proporzionalità *ex ante* ed *ex post* (*accountability, privacy by default e privacy by design*), che costituiscono i pilastri portanti del nuovo approccio europeo al trattamento dei dati personali, anche effettuato per "ragioni di giustizia". Così, M. Torre, *Privacy e indagini penali*, Milano, 2020, 159 ss.

(2) L'investigazione difensiva costituisce al tempo stesso un diritto e un dovere dell'avvocato. È un diritto nei rapporti con l'autorità giudiziaria, che deve permetterne la libera esplicazione; è un dovere nei rapporti con il cliente, in quanto l'attività difensiva può richiedere, per essere efficace, che vengano svolte indagini.

Sul "dovere" di investigazione difensiva le *Regole di comportamento* elaborate dalle Camere penali (art. 3) hanno eliminato ogni dubbio. Ciò comporta che viola i propri doveri quel difensore che non si pone il problema della necessità di un'attività di indagine e non la segnala al cliente, sia egli indagato o persona offesa dal reato. Ovviamente,

La differente regolamentazione delle investigazioni pubbliche e private. Vi sono differenze nella regolamentazione delle indagini svolte dal pubblico ministero e dal difensore. Il ragionamento deve essere condotto sul piano dei princìpi generali.

Il pubblico ministero è una parte pubblica e, in quanto tale, ha un obbligo di lealtà processuale. Ai sensi dell'art. 358 egli deve svolgere «altresì accertamenti su fatti e circostanze a favore della persona sottoposta alle indagini»; e ciò è tenuto a fare sia nell'interesse della giustizia, sia per tutelare la propria credibilità, che potrebbe essere pregiudicata ove tali fatti fossero successivamente accertati.

Diversa è la posizione del difensore delle parti private. Egli ha un dovere di correttezza, ma non l'obbligo di ricercare e di presentare al giudice gli elementi *sfavorevoli* alla parte assistita. La differenza sta nel fatto che il difensore collabora all'accertamento della verità limitandosi a presentare gli elementi a favore del cliente. Egli persegue un interesse privato; pertanto resta libero di valutare se un elemento di prova è favorevole rispetto alla richiesta che intende rivolgere al giudice. Il codice tiene conto della differente qualificazione dei soggetti nel momento in cui detta la regolamentazione delle indagini preliminari e delle investigazioni difensive (v. tav. 3.4.5).

Nel condurre le indagini il pubblico ministero gode di poteri coercitivi sulle cose e sulle persone. La pubblica accusa può disporre perquisizioni e sequestri probatori sul presupposto che vi sono indizi del compimento di un reato; può anche disporre il fermo di una persona gravemente indiziata.

Viceversa, mentre svolgono investigazioni, i difensori non hanno poteri coercitivi; perciò possono raccogliere informazioni finché il titolare di un diritto lo consente. In caso di dissenso, il difensore può unicamente rivolgersi alla autorità giudiziaria al fine di ottenere il riconoscimento del proprio diritto alla prova mediante l'esercizio di un potere coercitivo da parte, secondo i casi, del giudice o del pubblico ministero.

4. I soggetti dell'investigazione difensiva.

Il difensore. Ai sensi dell'art. 327-*bis* il titolare del potere di svolgere investigazioni difensive è il difensore dell'indagato e dell'offeso. La titolarità deriva dal conferimento stesso dell'incarico professionale, purché questo risulti da un atto scritto, che può anche essere l'avviso di cui all'art. 369-*bis* contenente la nomina a difensore d'ufficio. Il potere di investigazione è riconosciuto dalla legge in ogni stato e grado del procedimento, nel corso dell'esecuzione penale o per promuovere il giudizio di revisione (art. 327-*bis*, comma 2).

L'attività investigativa preventiva. Una rilevante novità, dovuta alla legge n. 397 del 2000, è costituita dall'espresso riconoscimento della legittimità dell'attività investigativa c.d. "preventiva" e cioè svolta « per l'eventualità che si instauri un procedimento penale » (art. 391-*nonies*). In tal caso, la nomina deve essere effettuata mediante un mandato con sottoscrizione autenticata, recante l'indicazione dei fatti ai

---

se il cliente non intende aderire all'invito dell'avvocato, questi può soltanto accettare tale scelta o rinunciare al mandato.

quali si riferisce (art. 391-*nonies*, comma 2). Il mandato ha, tra l'altro, la funzione di tutelare il difensore nei suoi rapporti con l'autorità giudiziaria e con il cliente. Le parti private potenziali (che potrebbero diventare indagato o offeso) possono incaricare il difensore anche prima che la notizia di reato sia iscritta nel registro (art. 335). Dal punto di vista sostanziale, occorre considerare che ad una persona può derivare un pregiudizio irrimediabile per il solo fatto che sia presentata una denuncia o che un altro imputato abbia fatto una chiamata in correità. Da ciò deriva la necessità che il difensore dell'interessato proceda ad indagini per sostenere la propria versione dei fatti. Analogo potere spetta alla persona offesa.

In sede di indagini preventive il difensore ha facoltà di svolgere gli atti disciplinati dal codice, fatti salvi quelli che richiedono l'autorizzazione o l'intervento dell'autorità giudiziaria (art. 391-*nonies*, comma 1).

Il sostituto. La titolarità del potere di indagine riconosciuto dall'art. 327-*bis* spetta unicamente al difensore. Tuttavia, il legislatore ha tenuto conto dell'ovvio rilievo che quest'ultimo non può occuparsi personalmente di tutte le indagini relative ai vari procedimenti che gli sono affidati. Di conseguenza, ha previsto la possibilità che le attività di investigazione siano svolte, su incarico del difensore, dal sostituto, da investigatori privati autorizzati e da consulenti tecnici (art. 327-*bis*, comma 3). Costoro possono compiere investigazioni su « incarico » del difensore che, pertanto, resta il titolare esclusivo del relativo potere investigativo.

L'investigatore privato autorizzato. L'art. 222 delle disposizioni di attuazione del codice di procedura penale delinea la figura dell'investigatore privato « autorizzato », alla quale fa generico riferimento l'art. 327-*bis*. L'autorizzazione di cui all'art. 222, comma 1 si configura come una *ulteriore autorizzazione* concessa dal prefetto a colui che è già "investigatore privato", e cioè ha in precedenza ottenuto la *licenza* di cui all'art. 134 del testo unico delle leggi di pubblica sicurezza (T.U.L.P.S.) approvato con r.d. 18 giugno 1931, n. 773 e successive modifiche ([3]).

I soggetti legittimati a svolgere l'intervista. Di regola, il difensore ha facoltà di delegare ai suoi ausiliari (consulenti ed investigatori) tutte le attività di investigazione difensiva. Un limite è desumibile implicitamente dall'art. 391-*bis*, relativo all'intervi-

---

([3]) Differenti sono i presupposti dei due atti. La "licenza" accerta, tra l'altro, la « capacità tecnica ai servizi » che l'investigatore è chiamato a svolgere (art. 136 T.U.L.P.S.). Viceversa, la "autorizzazione" alle indagini difensive è concessa « agli investigatori che abbiano maturato una specifica esperienza professionale che garantisca il corretto esercizio dell'attività » (art. 222, comma 1 disp. att.).

Soltanto l'investigatore privato « autorizzato » può opporre all'autorità il segreto professionale di cui all'art. 200, comma 1, lett. *b* c.p.p., mod. dalla legge n. 397 del 2000; egli, cioè, non può essere obbligato a deporre su quanto ha conosciuto per ragione della propria professione. In tal modo egli è parificato all'avvocato, al suo sostituto ed al consulente tecnico.

La legge n. 397 ha concesso un ulteriore privilegio in favore dell'investigatore privato autorizzato. A tale soggetto sono state estese quelle garanzie che l'art. 103 prevede in favore del difensore e del consulente tecnico. Di conseguenza, vi sono restrizioni nella possibilità sia di procedere a sequestro presso l'investigatore privato, sia di intercettare le conversazioni e comunicazioni effettuate da tale soggetto. Merita precisare che la garanzia non è stata riconosciuta in modo generalizzato, bensì soltanto agli investigatori « incaricati in relazione al procedimento ». Il divieto è finalizzato ad evitare che le garanzie di libertà del difensore siano aggirate mediante intercettazioni di informazioni o sequestri di materiale difensivo presso gli investigatori privati. Il nuovo comma 4 dell'art. 222 disp. att. precisa altresì che, a tal fine, il difensore deve comunicare il conferimento dell'incarico all'autorità giudiziaria procedente.

sta: mentre anche gli ausiliari possono conferire in modo informale con le persone informate sui fatti, soltanto il difensore ed il suo sostituto hanno la facoltà di assumere informazioni o ricevere dichiarazioni scritte da tali persone (art. 391-*bis*, comma 2) (4).

5. L'intervista difensiva.

a. La regolamentazione. L'intervista di possibili testimoni e di indagati connessi è il più importante tra gli atti di indagine. L'art. 391-*bis* disciplina tre distinte modalità di acquisizione e prevede un nucleo di disposizioni comuni a tutte le ipotesi (v. tav. 3.4.1). Le modalità consistono nello svolgimento di un *colloquio* non documentato; nell'*assunzione di informazioni* da verbalizzare; nel rilascio di una *dichiarazione scritta.*

Come abbiamo accennato, il colloquio informale può essere svolto sia dal difensore, sia dai suoi ausiliari; viceversa, le informazioni e le dichiarazioni possono essere acquisite (e cioè verbalizzate o recepite per scritto) soltanto dal difensore e dal suo sostituto.

L'art. 391-*bis* esclude dall'intervista alcune persone che sono incompatibili con la qualifica di teste. Si tratta del responsabile civile, del civilmente obbligato per la pena pecuniaria, del giudice, del pubblico ministero e dei loro ausiliari, nonché i difensori e i loro ausiliari che abbiano svolto o verbalizzato altre interviste nel medesimo procedimento (art. 197, comma 1, lett. *c* e *d*). L'art. 11 delle *Regole di comportamento del penalista* fa divieto al difensore di svolgere l'intervista nei confronti della persona assistita.

Gli avvisi. In ogni caso, prima che il colloquio abbia inizio (in una delle tre forme sopra dette) il difensore o il suo ausiliario deve avvertire la persona intervistata, a pena di inutilizzabilità dell'atto (art. 391-*bis*, comma 3):

a) della propria qualità e dello scopo del colloquio;

b) se intende semplicemente conferire ovvero ricevere dichiarazioni o assumere informazioni indicando, in tal caso, le modalità e la forma di documentazione;

c) dell'obbligo di dichiarare se è sottoposta ad indagini o imputata nello stesso procedimento, in un procedimento connesso o per un reato collegato (5);

d) della facoltà di non rispondere o di non rendere la dichiarazione;

---

(4) Merita precisare che l'art. 327-*bis* riconosce al difensore il potere di svolgere indagini nelle forme disciplinate dal titolo relativo alle investigazioni difensive: si tratta di una serie di attività tipiche, specificamente disciplinate dalla legge. Le investigazioni "tipiche" consistono, ad esempio, nell'intervista a persone informate e negli altri atti che sono regolati dal codice e dei quali tratteremo nelle pagine successive. Tuttavia, non è esclusa quella facoltà, insita nel diritto di difendersi provando, che consiste nel far svolgere investigazioni anche mediante atti atipici, come pedinamenti, registrazioni di colloqui in luoghi pubblici, conversazioni informali mediante telefono, ecc.

(5) È prevista inoltre una disciplina speciale per l'intervista di persone indagate o imputate nel medesimo procedimento o in procedimento connesso o collegato. L'atto, a pena di inutilizzabilità, deve svolgersi con la necessaria presenza del difensore dell'intervistato, che è preavvisato almeno ventiquattro ore prima (art. 391-*bis*, comma 5). Se la persona è priva di difensore, colui che vuole procedere all'intervista deve chiedere al giudice di disporre la nomina di un difensore di ufficio.

e) del divieto di rivelare le domande eventualmente rivoltegli dalla polizia giudiziaria o dal pubblico ministero e le risposte date;

f) delle responsabilità penali conseguenti alla falsa dichiarazione.

Dagli avvisi, che devono essere dati, si ricava che la persona intervistata ha la facoltà di non rispondere. Tuttavia, se il possibile testimone decide di rendere dichiarazioni, egli assume l'obbligo penalmente sanzionato di dire la verità. All'uopo, la legge n. 397 del 2000 ha introdotto nel codice penale il nuovo art. 371-*ter* che punisce con la reclusione fino a quattro anni le false dichiarazioni al difensore (v. tav. 3.4.7).

b. *Il colloquio non documentato.* La prima modalità dell'intervista consiste nello svolgimento di un colloquio non documentato. Si tratta di un atto che può essere compiuto anche dagli ausiliari del difensore (consulente tecnico, investigatore privato autorizzato). Di regola il colloquio è finalizzato a vagliare il possibile testimone (o altro dichiarante) allo scopo di verificare quali sono i fatti che conosce e se egli può fornire elementi di prova a favore della persona assistita dal difensore (art. 327-*bis*). Il colloquio è pertanto funzionale ad una eventuale assunzione di informazioni oppure alla richiesta di una dichiarazione scritta. Il fatto che il colloquio non sia documentato rappresenta una garanzia per il difensore, che può effettuare il suo vaglio preliminare con notevole libertà.

Sottolineiamo un aspetto interessante: il codice riconosce anche agli ausiliari del difensore la facoltà di effettuare il colloquio; probabilmente ciò è dovuto al rilievo, di tipo pratico, che le attività preliminari saranno di regola delegate a tali soggetti.

Distinta dal "colloquio", destinato a valutare l'opportunità di acquisire dichiarazioni, è l'attività atipica che viene svolta ordinariamente dall'investigatore e dal consulente al fine di ricercare e individuare le *fonti di prova*. Tale attività costituisce espressione di una libertà costituzionale e sfugge per definizione alle forme disciplinate dall'art. 391-*bis*; in tal senso v. l'art. 8 comma 1 delle *Regole di comportamento del penalista*.

c. *L'assunzione di informazioni e la relativa verbalizzazione.* L'assunzione di informazioni costituisce il modello principale di intervista. Il codice non precisa in dettaglio la modalità di svolgimento dell'atto. Di regola il difensore potrà chiedere al possibile testimone di narrare liberamente quanto è a sua conoscenza, oppure può condurre l'intervista formulando domande. È anche possibile che la narrazione sia guidata dalle domande di colui che conduce l'intervista (6).

Una volta che il difensore ha deciso di documentare le informazioni, queste devono essere verbalizzate secondo le ordinarie regole previste dagli artt. 134 s. del codice « in

(6) Una normativa ulteriore è stata prevista quando si devono assumere informazioni da minorenni in relazione ai delitti di prostituzione minorile, adescamento di minori, pedopornografia ed assimilati, previsti dall'art. 351, comma 1-*ter*. In base all'art. 391-*bis*, comma 5-*bis*, il difensore, quando assume informazioni da persone minori, deve avvalersi « dell'ausilio di un esperto in psicologia o in psichiatria infantile ». Una norma di chiusura stabilisce che l'inosservanza delle disposizioni generali, finora esposte, comporta l'inutilizzabilità delle dichiarazioni rese nell'intervista. Tale violazione costituisce inoltre illecito disciplinare ed è comunicata dal giudice che procede al consiglio nazionale forense per gli opportuni provvedimenti (art. 391-*bis* comma 6).

quanto applicabili » (art. 391-*ter*, comma 3), con la singolarità che in questo caso è il difensore medesimo (o un suo sostituto) a provvedere alla verbalizzazione. Il codice precisa altresì che per la materiale redazione del verbale il difensore può avvalersi di persone di sua fiducia.

Il dovere di completezza nella verbalizzazione. Il dovere di verbalizzare le dichiarazioni in modo completo è imposto al difensore sia dal codice (art. 136), sia dalle norme deontologiche del Consiglio nazionale forense e dell'Unione delle Camere penali (7). La sentenza della Cass., **Sez. un.** *27 giugno-28 settembre 2006, n. 32009*, Schera, in *Dir. giust.*, 2006, 37, 44, ha statuito che « la infedele o incompleta documentazione delle dichiarazioni acquisite a verbale dall'avvocato nel corso delle indagini difensive non può iscriversi nel novero delle garanzie di libertà dell'avvocato nell'espletare il proprio mandato nell'interesse del cliente ». Sempre in base alla medesima sentenza, il difensore che omette di verbalizzare le risposte del dichiarante, o le verbalizzi in modo infedele, incorre nel delitto di falso in atto pubblico commesso da pubblico ufficiale (art. 479 c.p.) (8).

Il divieto di presenza dell'indagato, dell'offeso e delle altre parti private. Il codice vieta che all'assunzione delle informazioni assistano l'indagato, l'offeso e le altre parti private (art. 391-*bis*, comma 8). Si tratta di una previsione finalizzata ad evitare possibili influenze o pressioni sul dichiarante dovute alla presenza della persona assistita dal difensore. Occorre rilevare che manca un'espressa sanzione processuale per l'inosservanza del divieto. Nella prassi, in casi del genere il pubblico ministero procede contro il difensore per favoreggiamento personale.

Le dichiarazioni autoincriminanti. Vi è infine una apposita disciplina relativa all'ipotesi in cui la persona, che sia stata sentita in qualità di possibile testimone, renda nel corso delle informazioni una dichiarazione dalla quale emergano indizi a proprio carico (art. 391-*bis*, comma 9): la normativa è analoga a quella vigente per l'autorità giudiziaria (art. 63, comma 1). Dal momento in cui la persona intervistata rende dichiarazioni, dalle quali emergono indizi di reità a suo carico, il difensore o il sostituto devono interrompere l'assunzione di informazioni (9). Le precedenti dichiarazioni non possono essere utilizzate contro la persona che le ha rese. Da tale divieto si desume che esse possono essere utilizzate contro altre persone secondo le ordinarie modalità (10).

---

(7) Ai sensi dell'art. 13, comma 1 delle Regole di comportamento del penalista le informazioni assunte dal difensore « sono documentate in forma integrale. Quando è disposta la riproduzione almeno fonografica possono essere documentate in forma riassuntiva ». In senso analogo si esprime l'art. 55, comma 10 del Codice deontologico forense.

(8) In senso contrario, A. Manna, in *Dir. pen. proc.*, 2003, 1276; A. Vallini, ivi, 2007, 351).

(9) Il difensore e i suoi ausiliari non hanno obbligo di denuncia « neppure in relazione ai reati dei quali abbiano avuto notizia nel corso delle attività investigative da essi svolte » (art. 334-*bis*). La disposizione deve intendersi nel senso che il difensore ed i suoi ausiliari sono vincolati al segreto professionale sia quando svolgono investigazioni difensive, sia quando comunque svolgono il loro mandato e, pertanto, non hanno l'obbligo di denuncia dei reati dei quali vengono a conoscenza nell'esercizio delle loro funzioni. Si veda, in precedenza, Parte III, cap. 1, § 2, lett. *b*.

(10) Merita precisare quali sono i limiti di discrezionalità riconosciuti al difensore, una volta che egli abbia scelto di assumere le dichiarazioni da verbalizzare: tutte le domande e le risposte devono essere documentate fedelmente. Il difensore può ritenere che le dichiarazioni non siano utili per la posizione del proprio cliente; in tal caso non è obbligato a produrre il verbale. Tuttavia, se il difensore decide di produrlo, il verbale non può essere

d. *La dichiarazione scritta.* L'ultima modalità di intervista consiste nel richiedere al possibile testimone o all'imputato il rilascio di una dichiarazione scritta.

L'art. 391-*ter* comma 1 contiene una dettagliata disciplina sul modo di procedere alla documentazione. La dichiarazione resa dalla persona intervistata deve essere da lei sottoscritta; il difensore o il sostituto autenticano la firma. Quindi, l'intervistatore deve redigere una relazione, che è allegata alla dichiarazione (art. 391-*ter* comma 2). Nella relazione devono essere riportati:

a) la data in cui la dichiarazione è stata ricevuta;

b) le generalità del difensore (o del sostituto) e della persona che ha rilasciato la dichiarazione;

c) l'attestazione di aver rivolto gli avvertimenti previsti dalle disposizioni generali relative all'intervista;

d) i fatti sui quali verte la dichiarazione.

Le modalità di utilizzazione della dichiarazione sono identiche a quelle previste in relazione al verbale relativo all'assunzione di informazioni (si veda *infra* § 6 e nel capitolo sul giudizio).

e. *L'audizione della persona che si è avvalsa della facoltà di non rispondere.* Come abbiamo visto nell'esporre la disciplina relativa all'intervista, la persona sentita dal difensore ha la facoltà di non rispondere o di non rendere la dichiarazione richiesta. Tuttavia, se il legislatore si fosse fermato a questo punto, il diritto alla prova spettante alla difesa sarebbe stato completamente subordinato alla volontà collaborativa delle persone informate sui fatti. Per evitare un simile rischio, la legge n. 397 del 2000 ha messo a disposizione del difensore due strumenti procedurali attivabili nell'ipotesi che la persona convocata si avvalga della facoltà di non rispondere.

Il difensore può chiedere che la persona sia sentita con incidente probatorio anche fuori dei casi di non rinviabilità disciplinati dall'art. 392 (11); oppure può chiedere al pubblico ministero di disporre l'audizione del possibile testimone (12).

---

manipolato. Il difensore deve scegliere tra non presentarlo o presentarlo nella sua interezza; ovviamente non può eliminare le dichiarazioni sfavorevoli alla parte che egli assiste.

(11) Si procede con incidente probatorio all'escussione del testimone o all'esame dell'imputato connesso che si siano avvalsi della facoltà di non rispondere. Si tratta di un ampliamento dei casi di incidente probatorio che risulta senz'altro condivisibile anche sotto il profilo del principio del contraddittorio nella formazione della prova.

(12) Il difensore può chiedere al pubblico ministero l'audizione del dichiarante che si sia avvalso della facoltà di non rispondere; ma la richiesta può essere rivolta alla pubblica accusa soltanto in relazione al possibile testimone. Analogo potere non spetta nei confronti dell'imputato connesso, che sia rimasto silenzioso.

L'audizione è disciplinata dall'art. 391-*bis*, comma 10. Il pubblico ministero è tenuto a disporla entro sette giorni dalla richiesta. Il difensore deve indicare al pubblico ministero le circostanze in relazioni alle quali vuole che la persona sia sentita e le ragioni per le quali le circostanze medesime sono utili ai fini delle indagini. Il pubblico ministero, valutata la richiesta, dispone l'audizione entro sette giorni. L'istituto costituisce una forma particolare di svolgimento delle informazioni assunte dal pubblico ministero nel corso delle indagini preliminari ai sensi dell'art. 362. La particolarità consiste nel fatto che l'audizione si svolge « alla presenza del difensore che per primo formula le domande »: egli conduce la prima parte dell'esame. Successivamente il pubblico ministero può procedere all'assunzione di informazioni.

In relazione a tale modalità di svolgimento delle informazioni, la legge n. 397 del 2000 ha apportato anche una modifica alla fattispecie incriminatrice prevista dall'art. 371-*bis* c.p.: oggi la legge punisce con la pena della reclusione fino a quattro anni la persona che di fronte al pubblico ministero rende dichiarazioni false o tace, in tutto o in parte,

6. La presentazione della documentazione difensiva.

La facoltà di depositare la documentazione difensiva. Il difensore ha, di regola, la facoltà e non l'obbligo di presentare agli inquirenti pubblici e al giudice la documentazione dell'attività di indagine difensiva svolta, sia essa il verbale dell'intervista o quello degli altri atti di investigazione dei quali tratteremo. Mosso da un interesse privato, il difensore palesa al giudice soltanto quell'aspetto dei fatti che è favorevole al proprio cliente, sia egli l'indagato o l'offeso. Forte è la differenza con gli inquirenti pubblici, che hanno l'obbligo di depositare tutti i verbali degli atti che sono stati compiuti (artt. 366 e 415-*bis*).

Vi è una norma di carattere generale, in base alla quale il difensore ha la facoltà di presentare al pubblico ministero gli elementi di prova in favore del proprio assistito (art. 391-*octies*, comma 4). Il difensore ha interesse a valersi di tale facoltà tutte le volte che ritenga possibile indurre il pubblico ministero a prendere una decisione in favore del proprio cliente: ad esempio, sollecitando una richiesta di archiviazione (se indagato) o, viceversa, di rinvio a giudizio (se offeso). Negli altri casi è presumibile che la difesa presenterà gli atti favorevoli all'assistito direttamente al giudice; ciò sia nel caso in cui quest'ultimo debba adottare una decisione con l'intervento della parte assistita (art. 391-*octies*, comma 1; es. ordinanza di archiviazione a seguito del contraddittorio), sia per l'eventualità che debba adottare una decisione per la quale non è previsto l'intervento della persona assistita (art. 391-*octies*, comma 2; es. applicazione di una misura cautelare) ([13]).

7. Le altre attività di investigazione difensiva.

Considerazioni generali. Come abbiamo accennato nelle pagine che precedono, la legge n. 397 del 2000 ha previsto una serie di attività di indagine tipiche, ulteriori rispetto all'intervista, che di regola possono essere svolte sia dal difensore, sia dai suoi ausiliari. Merita ricordare che il difensore non è munito di poteri coercitivi. Perciò tutte le volte in cui le sue attività comportano una qualche compressione dei diritti di libertà dei cittadini interessati, il difensore necessita della collaborazione di questi ultimi. Nel caso di diniego, la legge n. 397 del 2000 ha previsto la possibilità che il difensore ricorra al pubblico ministero o al giudice per superare l'opposizione del privato, con modalità che esamineremo con riferimento ai singoli atti di indagine (v. tav. 3.4.3).

La richiesta di documenti alla pubblica amministrazione. Il primo atto di indagine, che il codice disciplina successivamente all'intervista, consiste nella richiesta

---

ciò che sa (art. 371-*bis* c.p.). Il nuovo comma 3, inserito nella norma appena citata, stabilisce che la medesima disciplina si applica nel corso dell'audizione « quando le informazioni ai fini delle indagini sono richieste dal difensore ». Di conseguenza il possibile testimone, che sia sentito congiuntamente dal pubblico ministero e dal difensore, non ha più quella facoltà di tacere che gli era riconosciuta nel corso dell'intervista privata.

([13]) Durante le indagini la documentazione, presentata dal difensore, è inserita in un apposito fascicolo, formato e conservato presso l'ufficio del giudice per le indagini preliminari e denominato *fascicolo del difensore* (art. 391-*octies*, comma 3). Di tale documentazione il pubblico ministero può prendere visione ed estrarre copia soltanto quando deve essere adottata una decisione su richiesta delle altre parti o con il loro intervento.

di documentazione alla pubblica amministrazione (art. 391-*quater*). Si tratta di un atto che appare riservato alla titolarità esclusiva del difensore. Se risulta necessario per le indagini, il difensore « può chiedere i documenti in possesso della pubblica amministrazione » ed estrarne copia a sue spese. Come esempio possiamo pensare al difensore che abbia necessità di esaminare la pratica amministrativa per il rilascio di una licenza edilizia.

L'accesso ai luoghi. Nel corso delle investigazioni, il difensore o i suoi ausiliari possono avere necessità di visionare i luoghi o le cose pertinenti al reato ovvero di procedere alla descrizione degli stessi o infine di eseguire rilievi tecnici, grafici, planimetrici, fotografici o audiovisivi (art. 391-*sexies*). Le espressioni utilizzate dal codice fanno ritenere che il termine "rilievo" debba essere interpretato in senso differente da quanto è ricavabile dall'art. 354 a proposito della omologa attività della polizia. Al difensore sono permesse quelle attività che escludono ogni alterazione dello stato dei luoghi o delle cose (P. Gualtieri; N. Triggiani); viceversa, in caso di accertamento che manipola la cosa è prevista una disposizione apposita nell'art. 391-*decies* comma 3.

L'esame o il sopralluogo hanno come esito, ma non necessariamente, la redazione di un verbale nel quale sono riportati:

a) la data e il luogo dell'accesso;

b) le generalità delle persone intervenute e quelle del verbalizzante;

c) la descrizione dello stato dei luoghi e delle cose;

d) l'indicazione degli eventuali rilievi tecnici, grafici, planimetrici, fotografici o audiovisivi eseguiti, che fanno parte integrante dell'atto e sono allegati al medesimo. Il verbale è sottoscritto dalle persone intervenute.

Quando tali attività concernono luoghi pubblici o aperti al pubblico, il difensore non incontra alcun ostacolo. I problemi sorgono quando l'accesso riguarda luoghi privati o non aperti al pubblico. Il difensore e i suoi ausiliari hanno l'onere di sollecitare il consenso di chi ne ha la disponibilità. Se il consenso non è rilasciato, il difensore può chiedere l'intervento del giudice, il quale autorizza l'accesso con decreto motivato che ne specifica le concrete modalità (art. 391-*septies*).

Con una disposizione di chiusura, il codice stabilisce che non è consentito l'accesso ai luoghi di abitazione o alle loro pertinenze, salvo che sia necessario accertare le tracce e gli altri effetti materiali del reato; si possono citare, come esempi, le impronte, le macchie di sangue, gli oggetti smarriti dall'indagato.

8. La consulenza tecnica fuori dei casi di perizia.

La consulenza tecnica privata. Il carattere fortemente innovativo della legge n. 397 del 2000 si apprezza soprattutto in relazione alla disciplina di quegli atti di investigazione difensiva che hanno un contenuto tecnico-scientifico. Fin dall'inizio delle indagini preliminari le parti hanno uno strumento più agile e duttile che non il chiedere al giudice la nomina di un perito. L'indagato e l'offeso mediante i rispettivi difensori possono nominare consulenti tecnici di parte al fine di svolgere investigazioni specialistiche al di fuori della perizia e anche se non è stata disposta perizia (art.

233 c.p.p.). L'aspetto più interessante della legislazione italiana sta nell'aver configurato un vero e proprio "diritto alla prova scientifica" (v. tav. 3.4.6).

Il potenziamento dei poteri delle parti private è avvenuto in due direzioni. Da un lato, il legislatore ha ampliato i poteri partecipativi; da un altro lato, ha previsto la possibilità che la difesa proceda, in piena autonomia ed in alternativa al pubblico ministero, al compimento di atti irripetibili.

Rinviando, per l'analisi di quest'ultimo aspetto, ai prossimi paragrafi, approfondiremo ora quelli che abbiamo definito "poteri partecipativi", che sono subordinati tuttavia ad una autorizzazione dell'autorità giudiziaria. In relazione ad essi, la nuova disciplina opera su tre fronti:

1) consente al consulente della difesa «di esaminare le cose sequestrate nel luogo in cui esse si trovano»; il termine « esaminare », utilizzato dall'art. 233, comma 1-*bis*, allude a quell'attività che consta di "rilievi" tali da non comportare un'alterazione irreversibile.

2) permette al consulente «di intervenire alle ispezioni» compiute dagli organi di accusa; infatti, il difensore può partecipare all'ispezione con preavviso (trattandosi di c.d. atto garantito) ma può non avere le conoscenze necessarie per comprendere appieno quanto avviene nel corso dell'atto.

3) prevede la facoltà di «esaminare l'oggetto delle ispezioni alle quali il consulente non è intervenuto». In tale ipotesi può accadere che l'oggetto dell'avvenuta ispezione sia nella disponibilità dei privati, che si rifiutano di mostrarlo al consulente. Il difensore, per superare l'opposizione, sarà tenuto a chiedere al giudice l'accesso con decreto ai sensi dell'art. 391-*septies*, del quale abbiamo già trattato.

Gli accertamenti tecnici non ripetibili compiuti dal difensore. L'art. 391-*decies* prevede una disciplina singolare in relazione agli accertamenti tecnici non ripetibili che possono essere compiuti dal difensore (comma 3). Si tratta di attività di acquisizione e valutazione di dati tecnici compiute su persone, cose o luoghi « il cui stato è soggetto a modificazione ». Ciò può avvenire:

— o a causa del naturale deperimento ad opera di agenti naturali estranei al procedimento penale (si pensi ai rilievi di un incidente stradale);

— oppure a causa dello stesso svolgimento dell'atto, all'esito del quale la modificazione della persona, delle cose o dei luoghi analizzati è tale che l'accertamento non può più essere nuovamente e utilmente compiuto (art. 117 disp. att.).

Quando il difensore sta per compiere un accertamento tecnico non ripetibile deve darne avviso senza ritardo al pubblico ministero « per l'esercizio delle facoltà previste, in quanto compatibili, dall'art. 360 ».

A questo punto il pubblico ministero ha tre possibilità.

a) In primo luogo, può assistere all'accertamento condotto dal consulente privato; e ciò può fare personalmente o mediante un proprio consulente.

b) In secondo luogo, il pubblico ministero può procedere ad un proprio accertamento tecnico non ripetibile, ma alla presenza del consulente tecnico del difensore.

c) Infine, il pubblico ministero può esercitare le « facoltà previste, in quanto compatibili, dall'art. 360 » (391-*decies* comma 3).

Si tratta di quei poteri che, in modo speculare, la norma riconosce alla difesa nel corso degli accertamenti tecnici non ripetibili compiuti dalla pubblica accusa (art. 360, comma 4); pertanto il pubblico ministero, una volta avvisato il difensore, può formulare la richiesta di incidente probatorio.

Quando la pubblica accusa rimane inerte, la difesa ha la possibilità di procedere ugualmente all'accertamento tecnico ove ritenga tale atto non differibile, come è previsto dal comma 4 dell'art. 360 in favore del pubblico ministero; così riteniamo si debba dare attuazione al diritto alla prova, garantito dagli artt. 24, comma 2 e 111, comma 3 Cost.

Verbale degli accertamenti tecnici non ripetibili. Il verbale degli accertamenti tecnici non ripetibili compiuti dal difensore deve essere inserito nel fascicolo del dibattimento (artt. 431, lett. *c* e 391-*decies*, comma 4). È chiaro che la norma in esame da un lato conferisce valore probatorio agli atti irripetibili compiuti dalla difesa; da un altro lato, e conseguentemente, tende a favorire il contraddittorio nel compimento di tali atti.

9. Le modalità di utilizzazione degli atti di investigazione difensiva.

Come abbiamo già accennato in precedenza, la documentazione presentata dal difensore al giudice per le indagini preliminari è inserita in un apposito fascicolo, formato e conservato presso l'ufficio del giudice e denominato *fascicolo del difensore*. Di tale documentazione il pubblico ministero può prendere visione ed estrarre copia soltanto quando deve essere adottata una decisione su richiesta delle altre parti o con il loro intervento. Ciò premesso, c'è da aggiungere che dopo la chiusura delle indagini preliminari il fascicolo del difensore confluisce nel fascicolo unico delle indagini (art. 391-*octies*, comma 3, che si riferisce impropriamente all'art. 433).

La formazione dei fascicoli. Una volta conclusa l'udienza preliminare con il decreto che dispone il giudizio, il giudice provvede nel contraddittorio delle parti a formare il fascicolo per il dibattimento. In detto fascicolo sono inseriti:

1) i verbali degli atti non ripetibili compiuti dal difensore (art. 431 comma 1 lett. *c*);

2) la documentazione degli atti non ripetibili compiuti in occasione dell'accesso ai luoghi, « presentata nel corso delle indagini preliminari e dell'udienza preliminare » (art. 391-*decies* comma 2); la disposizione non si applica al documento, che è mezzo di prova (art. 234);

3) la documentazione degli accertamenti tecnici non ripetibili compiuti dal consulente tecnico di parte privata su iniziativa del difensore ai sensi dell'art. 391-*decies* comma 3 (art. 391-*decies* comma 4).

Gli altri atti di investigazione difensiva non menzionati, in quanto sono ripetibili in dibattimento, sono inseriti in quel fascicolo del pubblico ministero che, come abbiamo accennato, ha carattere residuale (art. 433). Ciò avviene, ad esempio, per i verbali delle interviste difensive.

Utilizzabilità in dibattimento. Nel dibattimento gli atti di indagine difensiva seguono il regime di utilizzabilità proprio del fascicolo nel quale sono stati inseriti.

Pertanto gli atti contenuti nel fascicolo per il dibattimento potranno senz'altro essere letti ed utilizzati dal giudice (art. 511). Gli atti contenuti nel fascicolo del pubblico ministero potranno essere utilizzati per le contestazioni probatorie alla stessa stregua dei verbali di dichiarazioni raccolte dall'inquirente (art. 500). Per la disciplina dettagliata della utilizzabilità delle dichiarazioni rese prima del dibattimento si rinvia all'apposito paragrafo del capitolo quinto.

Il verbale redatto dal difensore ha lo stesso valore probatorio e regime di nullità di quello redatto dal pubblico ministero. Ha affermato Cass., sez. III, 2 ottobre 2018 - 17 gennaio 2019, n. 2049, in *Il penalista*, 21 gennaio 2019, che « l'atto redatto dal difensore, *ex* artt. 391-*bis* e 391-*ter* cod. proc. pen., ha la stessa natura e gli stessi effetti processuali del corrispondente verbale redatto dal pubblico ministero e può ritenersi nullo solo se vi è incertezza assoluta sulle persone intervenute o se manca la sottoscrizione dell'avvocato o del sostituto che lo ha redatto, e non anche se l'informatore dichiarante non ha sottoscritto l'atto foglio per foglio »; si è aggiunto che non vi è possibilità di applicazione estensiva dell'art. 142, « quale quella che individuerebbe la nullità anche per la presenza delle firme solo in alcuni e non in tutti i fogli ».

La S.C., nel motivare sulla base di quello da noi sostenuto nelle pagine precedenti, ha precisato che « gli elementi di prova raccolti dal difensore ai sensi dell'art. 391-*bis* cod. proc. pen. sono equiparabili, quanto ad utilizzabilità e forza probatoria, a quelli raccolti dal pubblico ministero e, pertanto, il giudice al quale essi siano stati direttamente presentati ai sensi dell'art. 391-*octies* cod. proc. pen. non può limitarsi ad acquisirli, ma deve valutarli unitamente a tutte le altre risultanze del procedimento, spiegando — ove ritenga di disattenderli — le relative ragioni con adeguato apparato argomentativo ». Nel caso di specie la sentenza, che non aveva valutato le dichiarazioni verbalizzate, è stata annullata con rinvio.

Capitolo IV
L'UDIENZA PRELIMINARE

1. Considerazioni generali.

L'udienza preliminare è una delle fasi del procedimento penale; essa ha la funzione di assicurare che un giudice controlli la legittimità ed il merito della richiesta di rinvio a giudizio formulata dal pubblico ministero.

A questa funzione fondamentale se ne aggiunge una ulteriore: l'udienza preliminare è la sede nella quale si possono svolgere i procedimenti speciali che eliminano il dibattimento, e cioè il rito abbreviato, l'applicazione della pena su richiesta delle parti (c.d. patteggiamento) e la messa alla prova.

Il magistrato, al quale sono assegnate le funzioni di giudice dell'udienza preliminare, è tratto dall'ufficio dei giudici per le indagini preliminari, ma non può essere quel magistrato che ha svolto le funzioni di giudice per le indagini preliminari nel medesimo procedimento. Infatti, l'art. 34 comma 2-*bis* pone, di regola, una incompatibilità, che può essere superata soltanto quando il giudice per le indagini preliminari si è limitato a svolgere funzioni di tipo non decisorio (commi 2-*ter* e 2-*quater*). Pertanto, un magistrato può esercitare le attività di giudice per le indagini preliminari (g.i.p.) e di giudice dell'udienza preliminare (g.u.p.) in procedimenti differenti, ma non nel *medesimo* procedimento (1).

La struttura dell'udienza preliminare ha subito mutamenti dal 1988 ad opera del legislatore. Nel testo originario del codice si prevedeva un'udienza allo stato degli atti con limitati poteri di controllo da parte del giudice: si pensi che questi poteva pronunciare la sentenza di non luogo a procedere soltanto se l'innocenza dell'imputato era evidente.

La riforma Cartabia imporrà che si operi in senso diametralmente opposto perché ha previsto un rafforzamento del filtro per la richiesta di rinvio a giudizio. Il giudice dovrà pronunciare il non luogo a procedere quando « gli elementi acquisiti

---

(1) Quando si tratta di procedimenti per delitti di associazione mafiosa e assimilati (terrorismo internazionale, tratta di persone e criminalità informatica, di cui all'art. 51, comma 3-*bis*, 3-*quater* e 3-*quinquies*), le funzioni di giudice dell'udienza preliminare sono esercitate da un magistrato del tribunale del capoluogo del distretto nel cui ambito ha sede il giudice competente (art. 238, mod. da ultimo da d.l. sulla sicurezza pubblica n. 92 del 2008, conv. in legge n. 125 del 2008). Ricordiamo che per tali delitti le funzioni del pubblico ministero sono svolte dal procuratore distrettuale antimafia; la competenza per il giudizio resta quella ordinaria del *locus commissi delicti*.

non consentono una ragionevole previsione di condanna » (art. 1, comma 9, lett. *m*, legge-delega n. 134 del 2021).

Nel quadro attuale, l'udienza preliminare consente al giudice di controllare se le indagini preliminari sono complete e dunque tutela il fondamentale principio di completezza delle indagini sul quale ci siamo soffermati nel capitolo precedente; a sua volta, la completezza delle indagini può indurre l'imputato a scegliere uno dei riti alternativi al dibattimento, con effetti benefici sullo sfoltimento del carico giudiziario (2).

La richiesta di rinvio a giudizio. Nel procedimento ordinario la richiesta di rinvio a giudizio segna il passaggio dalla fase delle indagini preliminari alla fase dell'udienza preliminare. Ciò comporta, al tempo stesso, l'inizio del "processo" in quanto la richiesta di rinvio a giudizio è il modo con il quale è esercitata l'azione penale.

La richiesta scritta di rinvio a giudizio contiene l'imputazione (e cioè l'enunciazione in forma chiara e precisa del fatto storico, il titolo di reato e le generalità della persona alla quale il fatto è addebitato) nonché l'indicazione delle fonti di prova acquisite (art. 417; v. tav. 3.1.13). La richiesta non deve essere motivata; scopo del legislatore è stato quello di non appesantire il lavoro del pubblico ministero e, al tempo stesso, di evitare un qualsiasi condizionamento del giudice dell'udienza preliminare.

La richiesta di rinvio a giudizio è trasmessa, insieme al fascicolo delle indagini, al giudice dell'udienza preliminare ed è depositata, unitamente al fascicolo, nella cancelleria di questi (art. 416, commi 1 e 2); al giudice spetta di fissare giorno, ora e luogo dell'udienza (art. 418, comma 1) (3). Da questo momento il giudice ha il compito di far progredire il processo fino alla conclusione dell'udienza preliminare.

Tra la data in cui la richiesta perviene al giudice e la data fissata per l'udienza non può intercorrere un termine superiore a trenta giorni (art. 418, comma 2); le parti devono essere avvisate della data dell'udienza in modo da avere un termine libero di almeno dieci giorni (art. 419, comma 4).

L'avviso della data di udienza. All'imputato ed alla persona offesa è notificato l'avviso della data di udienza unitamente alla richiesta di rinvio a giudizio; l'imputato è avvertito altresì che, se non compare, sarà giudicato in assenza (art. 419, comma 1, mod. dalla legge n. 67 del 2014). L'avviso è comunicato al pubblico ministero e notificato al difensore dell'imputato con l'avvertimento della facoltà di prendere visione degli atti e delle cose depositate in cancelleria, di presentare memorie e produrre documenti (art. 419, comma 2).

---

(2) Il giudice è chiamato a svolgere un potere d'iniziativa d'ufficio. Per un verso, egli è il giudice "della prova", nel senso che ha il potere di ordinare al pubblico ministero di completare le indagini e può lui stesso assumere prove che possono portare al non luogo a procedere. Per un altro verso, egli è il giudice "dell'azione", nel senso che verifica la tenuta dell'imputazione rispetto agli elementi di prova precostituiti o che vengono assunti nell'udienza. Infine, il giudice controlla se l'imputazione è stata formulata « in modo chiaro e preciso » come impone l'art. 417, comma 1, lett. *b*. Certamente, in base al nuovo quadro sistematico il giudice persegue l'interesse di giustizia ad ottenere una durata ragionevole del processo.

(3) Qualora si proceda per i reati di omicidio colposo con violazione delle norme sulla disciplina della circolazione stradale e sulla prevenzione degli infortuni sul lavoro, la richiesta di rinvio a giudizio del pubblico ministero deve essere depositata entro trenta giorni dalla chiusura delle indagini preliminari (art. 416, comma 2-*bis*).

Da tale momento ogni ulteriore atto integrativo delle indagini preliminari deve essere immediatamente reso conoscibile alle altre parti. Infatti il pubblico ministero e i difensori, anche successivamente alla richiesta di rinvio a giudizio, possono svolgere indagini "suppletive"; la documentazione di tali atti è trasmessa al giudice (art. 419, comma 3) e depositata in modo che le altre parti ne possano prendere visione (art. 131 disp. att.) (4).

a) La costituzione delle parti.

Considerazioni introduttive. Il sistema precedente all'entrata in vigore della legge n. 67 del 2014 era basato sull'istituto della contumacia. Era dichiarato contumace l'imputato assente in udienza quando era stato destinatario di notifiche regolari e mancava la prova di un legittimo impedimento che comportasse un'assoluta impossibilità a comparire. Nelle predette situazioni, la regolarità della notifica faceva scattare la presunzione che all'imputato fosse nota l'esistenza del processo, anche se non vi erano prove della conoscenza personale della convocazione per l'udienza. Dalla conoscenza presunta dell'esistenza del processo si desumeva la volontarietà della rinuncia a comparire: il processo proseguiva contro il contumace rappresentato dal difensore.

La legge 28 aprile 2014, n. 67 ha eliminato l'istituto della contumacia. In base alle nuove norme, si sono ritenuti sufficienti fatti sintomatici dai quali si ricava la presunzione che l'imputato conoscesse l'esistenza del procedimento e la presunzione che l'imputato avesse rinunciato a partecipare al giudizio.

Passiamo ad esaminare in modo sistematico la normativa entrata in vigore nel 2014, avvisando fin da ora che essa è destinata ad essere modificata in base alla legge delega n. 134 del 2021 (***riforma Cartabia***) quando saranno promulgati i decreti legislativi che attueranno la delega.

1) La valutazione della regolarità della notifica. All'inizio dell'udienza preliminare (ed anche di quella dibattimentale) il giudice deve controllare se vi è stata regolare costituzione delle parti (art. 420, comma 2). Se le parti sono comparse non sorgono particolari problemi: il verbale d'udienza documenta se è presente l'imputato, quale è il suo difensore ed, eventualmente, quale avvocato rappresenta la parte civile, il responsabile civile ed il civilmente obbligato per la pena pecuniaria. Il giudice, se accerta la nullità di un avviso o di una notificazione, deve fissare la data della nuova udienza e deve ordinare la rinnovazione della *vocatio in iudicium* (art. 420, comma 2).

2) L'assenza del difensore. Se il difensore dell'imputato non è presente, il giudice designa un sostituto che sia immediatamente reperibile (artt. 420, comma 3 e 97, comma 4). Questi esercita i diritti ed assume i doveri del difensore di fiducia o d'ufficio (art. 102, comma 2).

---

(4) Per le investigazioni svolte dal difensore dell'imputato e da quello dell'offeso valgono le regole vigenti in materia: il difensore può presentare o no la documentazione relativa ai sensi dell'art. 391-*octies*; v. *infra* cap. IV, § 7.

Ricordiamo che si può pervenire all'udienza preliminare anche nel caso eccezionale in cui il giudice per le indagini preliminari non abbia accolto la richiesta di archiviazione ed abbia disposto che il pubblico ministero formuli la c.d. imputazione coatta (v. tav. 3.2.3). In tal caso nel decreto di fissazione della data dell'udienza è enunciata l'imputazione formulata dal pubblico ministero e sono indicate le fonti di prova acquisite (art. 128 disp. att.).

Nel caso in cui risulta che l'assenza del difensore è dovuta ad assoluta impossibilità di comparire per legittimo impedimento (purché prontamente comunicato), il giudice fissa con ordinanza la data della nuova udienza e ne dispone la notificazione all'imputato (art. 420-*ter*, comma 5).

3) Il legittimo impedimento dell'imputato. Dopo la verifica della regolarità della notifica, occorre valutare la *causa della mancata comparizione* dell'imputato. Ai sensi dell'art. 420-*ter*, comma 1, il giudice ha il potere di accertare se l'imputato ha un legittimo impedimento e se questo provoca un'assoluta impossibilità di comparire in udienza; se le due condizioni sussistono, il giudice deve disporre il rinvio ad una nuova udienza ed ordinare la rinnovazione dell'avviso.

4) L'imputato "considerato presente". Ai sensi dell'art. 420-*bis*, comma 3, l'imputato che, dopo essersi presentato, si è allontanato dall'udienza o che, presentatosi ad una udienza, non compare ad una successiva, è « considerato presente » ed è rappresentato dal difensore. Il solo fatto di aver presenziato ad una udienza è considerato logicamente incompatibile con la possibilità di dichiarare l'assenza dell'imputato.

5) L'imputato che ha rinunciato ad assistere. Ai sensi dell'art. 420-*bis*, comma 1, se l'imputato, libero o detenuto, non è presente all'udienza e ha espressamente rinunciato ad assistervi, il giudice procede in sua assenza. La rinuncia è valida anche se l'imputato ha un legittimo impedimento.

6) L'imputato dichiarato "assente". Quando l'imputato non ha un legittimo impedimento a comparire o quando l'impedimento non provoca un'assoluta impossibilità di comparire in udienza, il giudice valuta se l'imputato possa essere considerato assente "consapevole".

Il codice (art. 420-*bis*, comma 2) prevede alcuni fatti sintomatici tipici dai quali il giudice può ricavare se risulta con certezza che l'imputato è a conoscenza del procedimento; quindi il codice stabilisce, con una norma di chiusura, che il giudice in base a fatti non tipici può accertare « comunque » con certezza che l'imputato è a conoscenza del procedimento o si è volontariamente sottratto alla conoscenza del procedimento o di atti del medesimo.

I fatti sintomatici tipici sono i seguenti:

a) l'imputato ha « dichiarato o eletto domicilio »;

b) l'imputato è « stato arrestato, fermato o sottoposto a misura cautelare »;

c) l'imputato ha « nominato un difensore di fiducia »;

d) l'imputato ha « ricevuto personalmente la notificazione dell'avviso dell'udienza ».

In presenza dei fatti sintomatici tipici o atipici, sopra menzionati, il giudice pronuncia « ordinanza che dispone di procedere in assenza »; l'imputato è rappresentato dal difensore (art. 420-*bis*, comma 3).

Dunque, il nuovo sistema non abbandona definitivamente il meccanismo delle presunzioni, ma ne razionalizza l'operatività ancorandolo non alla semplice correttezza formale della notificazione della *vocatio in iudicium*, bensì all'accertamento della significatività di fatti sintomatici tipici e atipici (5).

7) La sospensione del processo nei confronti dell'imputato irreperibile. Può accadere che, nei confronti dell'imputato non comparso, che sia stato destinatario di una notifica formalmente valida, risulti impossibile far operare i meccanismi presuntivi sopra ricordati. È l'ipotesi in cui manchino i fatti sintomatici tipici o comunque non risulti « con certezza » che l'imputato è a conoscenza del procedimento o si è volontariamente sottratto alla conoscenza dello stesso.

In tal caso, poiché le presunzioni risultano disinnescate ed il giudice non può dichiarare l'assenza "consapevole", l'ordinamento tenta *in extremis* di assicurare la conoscenza personale della *vocatio in iudicium*. Difatti, il giudice deve rinviare l'udienza e disporre che l'avviso sia notificato all'imputato personalmente ad opera della polizia giudiziaria (art. 420-*quater*, comma 1) (6).

Se la notifica personale ha successo e l'imputato non compare, il giudice dichiara di procedersi in assenza.

Ma se la notifica a mani proprie « non risulta possibile », il giudice deve disporre con ordinanza la sospensione del processo nei confronti dell'imputato non comparso (art. 420-*quater*, comma 2). È, dunque, chiaro che l'area operativa della sospensione finisce per coincidere con le ipotesi nelle quali l'imputato risulta non reperibile.

Le norme successive tracciano una disciplina che sembra modellata su quella della sospensione del procedimento per incapacità dell'imputato (artt. 70 - 73), ma che in realtà se ne differenzia per alcune singolarità importanti. In base all'art. 143-*bis* disp. att., il giudice deve trasmettere al CED del ministero dell'interno l'ordinanza di sospensione del processo e la citazione per l'udienza che è stata rinviata; quando la polizia per strada identificherà l'imputato, accerterà nel CED la presenza della c.d. nota di rintraccio e condurrà l'imputato stesso nei propri uffici per notificargli l'atto redatto dall'autorità giudiziaria.

La sospensione nei confronti dell'irreperibile non può essere disposta se deve essere pronunciata sentenza di proscioglimento ai sensi dell'art. 129. Infatti, se risulta prospettabile un epilogo liberatorio, le esigenze di giustizia e di tutela della presunzione di innocenza impongono di pervenire a sentenza anche nei confronti dell'imputato "irreperibile".

Una volta emessa l'ordinanza di sospensione del processo, è inibita ogni attività, salva l'acquisizione delle prove non rinviabili che il giudice deve disporre a richiesta di parte con le modalità stabilite per il dibattimento (art. 420-*quater*, comma 3).

---

(5) Cass., Sez. un., 28 novembre 2019 - 17 agosto 2020, n. 23948, Ismail, in *Penale. Diritto e procedura*, 21 agosto 2020, ha interpretato la disciplina alla luce di una lettura garantista improntata al ripudio di automatismi e presunzioni irragionevoli. In particolare, la S.C. ha chiarito che non basta la semplice elezione di domicilio presso il difensore di ufficio per dedurne che l'indagato è a conoscenza del procedimento. Spetta al giudice verificare l'effettività del rapporto tra avvocato e imputato « tale da fargli ritenere con certezza che quest'ultimo abbia conoscenza del procedimento ovvero si sia sottratto volontariamente alla conoscenza del procedimento stesso ».

(6) Come abbiamo accennato, perché si possa procedere in tal senso occorre che la notificazione non sia nulla, che non esistano fatti sintomatici che dimostrano con certezza la conoscenza del procedimento, che non vi sia stata rinuncia a comparire, né che sia presente un legittimo impedimento.

L'arresto del procedimento comporta che ne sia disposta la separazione dagli altri processi riuniti (art. 18, comma 1, lett. *b*). Ancora, è sospesa la prescrizione del reato (art. 159, comma 3-*bis* c.p.) [7]. Infine, la parte civile può proseguire l'azione per ottenere la condanna al risarcimento del danno nei confronti dell'imputato nella sede civile, poiché l'art. 75, comma 3 è stato dichiarato non applicabile.

b) Gli accertamenti successivi alle ordinanze di procedersi in assenza e di sospensione del processo.

Nel corso dell'udienza preliminare (ma lo stesso può avvenire in quella dibattimentale) può accadere che il giudice accerti situazioni, previste dalla legge, nelle quali egli deve revocare l'ordinanza di procedersi in assenza (art. 420-*bis*, comma 2) o l'ordinanza di sospensione del processo per irreperibilità (art. 420-*quater,* comma 2). Considerata la complessità della materia, indichiamo tali adempimenti proseguendo la precedente numerazione, per comodità del lettore (v. tav. 3.5.6).

6-bis) La revoca dell'ordinanza di procedersi in assenza. Nel corso dell'udienza preliminare, l'ordinanza dichiarativa dell'assenza dell'imputato è revocata anche d'ufficio nei casi seguenti.

La mera comparizione tardiva. L'art. 420-*bis*, comma 4, formula l'ipotesi che l'imputato compaia « prima della decisione ». Se l'imputato non fornisce la prova della mancata conoscenza incolpevole della celebrazione processo o della impossibilità di comparire senza sua colpa, si provvede ad una semplice revoca dell'ordinanza « di procedersi in assenza » e l'udienza prosegue nel modo ordinario.

La comparizione tardiva con prova della mancata conoscenza. Quando l'imputato « fornisce la prova che l'assenza » è « dovuta ad una incolpevole mancata conoscenza della celebrazione del processo » oppure « dimostra che versava nella assoluta impossibilità di comparire per caso fortuito, forza maggiore o altro legittimo impedimento e che la prova dell'impedimento è pervenuta con ritardo senza sua colpa » (art. 420-*bis*, comma 4), il giudice deve rinviare l'udienza preliminare e l'imputato può chiedere l'acquisizione di atti e documenti ai sensi dell'articolo 421, comma 3 [8]. Infine, l'imputato può rendere dichiarazioni spontanee e può chiedere il rito abbreviato o il patteggiamento (art. 489, commi 1 e 2).

L'accertamento della mancata conoscenza del procedimento. Con una "norma di chiusura", l'art. 420-*bis*, comma 5 prevede la revoca dell'ordinanza di procedersi in assenza quando il giudice accerta, in positivo, che esistevano le condizioni per dichiarare la sospensione del processo contro l'irreperibile. Infatti, l'art. 420-*bis*, comma 5, stabilisce che l'ordinanza di assenza deve essere revocata se risulta che il procedimento, « per l'assenza dell'imputato, doveva essere sospeso ai sensi delle

---

(7) Naturalmente, poiché la sospensione del processo può avere una durata indeterminata, mentre la prescrizione del reato ha, di regola, un termine, il procedimento nei confronti degli irreperibili, che non vengano rintracciati, è destinato, salvi i reati imprescrittibili, a chiudersi con la sentenza dichiarativa della prescrizione ai sensi dell'art. 129 previa revoca della sospensione ai sensi dell'art. 420-*quinquies*.

(8) Se tale prova è fornita nel corso del giudizio di primo grado dall'imputato, questi ha sia il diritto di formulare quelle richieste di prova che si collocano prima dell'istruzione dibattimentale, sia il diritto di chiedere la rinnovazione di prove già assunte « ferma restando in ogni caso la validità degli atti regolarmente compiuti in precedenza ».

disposizioni » dell'art. 420-*quater*. In forza di tale rinvio, il giudice deve ordinare alla polizia giudiziaria il tentativo di notifica personale della *vocatio in iudicium*.

7-***bis***) ***La revoca dell'ordinanza di sospensione del processo.*** Allo scadere di un anno dalla pronuncia dell'ordinanza di sospensione del processo (art. 420-*quater,* comma 2), o anche prima quando ne ravvisi l'esigenza, il giudice deve disporre « nuove ricerche dell'imputato per la notifica dell'avviso » (art. 420-*quinquies,* comma 1); si tratta — interpretando la disposizione in modo sistematico — dell'avviso dell'udienza che il giudice ha rinviato all'anno successivo.

Il giudice deve revocare l'ordinanza di sospensione del processo nei seguenti casi (art. 420-*quinquies,* comma 2):

a) se le ricerche di cui al comma 1 hanno avuto esito positivo;

b) se l'imputato ha nel frattempo nominato un difensore di fiducia;

c) in ogni altro caso in cui vi sia la prova certa che l'imputato è a conoscenza del procedimento avviato nei suoi confronti;

d) se deve essere pronunciata sentenza di proscioglimento a norma dell'art. 129.

Con l'ordinanza di revoca della sospensione del processo il giudice fissa la data per la nuova udienza, disponendo che l'avviso sia notificato all'imputato e al suo difensore, alle altre parti private e alla persona offesa, nonché comunicato al pubblico ministero (art. 420-*quinquies,* comma 3). All'udienza l'imputato può chiedere il giudizio abbreviato o il patteggiamento (art. 420-*quinquies*, comma 4).

Le premesse alla riforma Cartabia. La giurisprudenza della Corte di Strasburgo e la Direttiva dell'Unione europea 2016/343 hanno affermato princìpi contrastanti con la normativa italiana del 2014. Si rendeva necessario assicurare la conoscenza effettiva della *vocatio in iudicium*; la consapevolezza della rinuncia dell'imputato a parteciparvi; la piena *restituito in integrum* ove i predetti princìpi non fossero stati osservati. Alla luce di princìpi siffatti, le Sezioni unite della Cassazione avevano già rilevato la necessità di interpretare in modo ragionevole le norme del codice ed avevano affermato che il processo in assenza era ammesso solo quando fosse raggiunta la certezza della conoscenza da parte dell'imputato e che, a tal fine, non risultassero ammesse letture della norma che, poggiando su meccanismi presuntivi, assimilino l'attuale regime codicistico a quello previgente (9).

La riforma Cartabia. La legge-delega n. 134 del 2021 si è proposta di attuare le direttive europee e, di conseguenza ha previsto la modifica delle norme del codice.

La riforma ha imposto di ridefinire i casi in cui l'imputato si deve ritenere presente o assente nel processo, prevedendo che il giudizio possa svolgersi in assenza dell'imputato solo quando esistono elementi idonei a dare certezza del fatto che egli è a conoscenza della pendenza del medesimo e che la sua assenza è dovuta a una sua scelta volontaria e consapevole; ha previsto che l'imputato sia tempestivamente citato per il processo a mani proprie o con altre modalità comunque idonee a garantire che lo stesso venga a conoscenza della data e del luogo del giudizio e del fatto che la decisione potrà essere presa anche in sua assenza; ha richiesto che, ai fini della notificazione dell'atto introduttivo del processo, l'autorità giudiziaria possa avvalersi

(9) Così, Cass., Sez. un., 28 novembre 2019 - 17 agosto 2020, n. 23948, Ismail, cit.

della polizia giudiziaria; ha previsto che, quando non si abbia certezza dell'effettiva conoscenza della citazione a giudizio o della rinuncia dell'imputato a comparire, si possa comunque procedere in assenza dell'imputato quando il giudice, valutate le modalità di notificazione e ogni altra circostanza del caso concreto, ritenga provato che l'imputato ha conoscenza della pendenza del processo e che la sua assenza è dovuta a una scelta volontaria e consapevole; quando all'udienza l'imputato è assente e non impedito a comparire, ha imposto al giudice di verificare la sua rinuncia a comparire o, in mancanza, l'effettiva conoscenza dell'atto introduttivo oppure la sussistenza delle condizioni che legittimano la prosecuzione del procedimento in assenza dell'imputato; infine, ha sancito che, quando non sono soddisfatte le condizioni per procedere in assenza dell'imputato, il giudice pronunci sentenza inappellabile di non doversi procedere.

2. Lo svolgimento ordinario dell'udienza.

L'udienza preliminare si svolge in camera di consiglio (e cioè senza la presenza del pubblico) in base a norme che impongono un contraddittorio più completo rispetto a quello previsto nell'art. 127. Infatti, all'udienza devono comunque essere presenti il pubblico ministero ed il difensore (di fiducia o d'ufficio) dell'imputato (art. 420, comma 1). La persona offesa è avvisata della data dell'udienza e può essere presente personalmente e per mezzo del proprio difensore. Tuttavia quest'ultimo può partecipare all'udienza presentando richieste soltanto se la persona offesa si è costituita parte civile.

Lo svolgimento ordinario dell'udienza vede susseguirsi i momenti seguenti.

a) Costituzione delle parti (art. 420, comma 2). È questo il momento in cui il difensore del danneggiato deve presentare all'ausiliario del giudice la dichiarazione di costituzione di parte civile (art. 78). Il giudice accerta se le parti si sono costituite regolarmente.

La riforma Cartabia. L'art. 1, comma 9, lett. *o*, della legge-delega n. 134 del 2021, ha previsto che, nei processi con udienza preliminare, l'eventuale costituzione di parte civile debba avvenire, a pena di decadenza, per le imputazioni contestate, entro il compimento degli accertamenti relativi alla regolare costituzione delle parti, a norma dell'articolo 420 cpp.

b) Ammissione di atti e documenti. Conclusi gli accertamenti relativi alla costituzione delle parti, il giudice decide sulle richieste di ammissione di atti e documenti, ivi compresa la documentazione delle investigazioni difensive (art. 421, commi 1 e 3; Corte cost. n. 117 del 2011). Quindi, il giudice dichiara aperta la discussione ([10]).

c) Esposizione del pubblico ministero. Il pubblico ministero espone sinteticamente « i risultati delle indagini preliminari e gli elementi di prova che giustificano la richiesta di rinvio a giudizio »; pertanto non si limita ad indicare le fonti di prova, bensì illustra gli elementi che ne ha ricavato.

([10]) La "presentazione delle conclusioni" costituisce il termine entro il quale l'imputato può formulare la richiesta sia di patteggiamento, sia di giudizio abbreviato (rispettivamente, art. 446, commi 1 e 4; art. 438, comma 4).

d) Dichiarazioni spontanee dell'imputato. L'imputato può rendere dichiarazioni spontanee. Può altresì chiedere di essere sottoposto ad interrogatorio. Si tratta di un atto con funzione difensiva che non può essere sollecitato dal pubblico ministero. L'interrogatorio è condotto dal giudice in base agli artt. 64 e 65. Tuttavia, su richiesta di una delle parti il giudice deve disporre che l'atto si svolga nelle forme dell'esame incrociato (art. 421, comma 2).

e) Esposizione dei difensori delle parti private. I difensori delle parti private svolgono le proprie argomentazioni. L'ordine dell'esposizione rispetta le cadenze dell'onere della prova: difensore della parte civile, pubblico ministero e difensore dell'imputato. Il pubblico ministero ed i difensori possono replicare una sola volta.

f) Conclusioni. Il pubblico ministero e i difensori formulano e illustrano le rispettive conclusioni utilizzando gli atti contenuti nel fascicolo delle indagini preliminari (depositati insieme alla richiesta di rinvio a giudizio; art. 416, comma 2) ed i documenti ammessi dal giudice prima dell'inizio della discussione. È questo il termine ultimo per l'imputato per chiedere il patteggiamento, il rito abbreviato o la sospensione del processo con messa alla prova.

g) Decisione definitiva o interlocutoria Al termine dell'udienza, il giudice può prendere una decisione definitiva o una interlocutoria (v. tav. 3.3.1). Adotta una decisione definitiva quando pronuncia la sentenza di non luogo a procedere o il decreto che dispone il giudizio (art. 424). Prende una decisione interlocutoria quando dichiara di non poter decidere allo stato degli atti; in tal caso indica al pubblico ministero le ulteriori indagini (art. 421-*bis*) o dispone anche d'ufficio l'assunzione di prove, dando inizio allo svolgimento eccezionale dell'udienza preliminare (art. 422).

Le indagini su iniziativa del giudice. Il giudice, quando ritiene di non poter decidere allo stato degli atti perché le indagini preliminari sono incomplete, pronuncia ordinanza con la quale indica al pubblico ministero « le ulteriori indagini fissando il termine per il loro compimento e la data della nuova udienza preliminare » (art. 421-*bis*). Del provvedimento deve essere data comunicazione al procuratore generale presso la corte d'appello; questi può disporre l'avocazione delle indagini.

Una volta che il pubblico ministero abbia provveduto all'adempimento, si terrà una nuova udienza, che avrà come oggetto di discussione i risultati delle indagini. All'esito di tale udienza è possibile che il giudice ritenga di poter decidere allo stato degli atti il rinvio a giudizio o il non luogo a procedere. In caso contrario, il giudice può eventualmente emettere una nuova ordinanza per l'integrazione delle indagini (art. 421-*bis*) oppure può disporre una forma di assunzione di prove che è denominata dal codice « integrazione probatoria » (art. 422).

3. L'attività di integrazione probatoria del giudice.

Il codice prevede una "attività di integrazione probatoria del giudice" (art. 422, sostituito dalla legge n. 479 del 1999), che consiste nel potere di assumere prove nel corso dell'udienza preliminare.

Il presupposto. Il presupposto perché tale potere sia esercitabile sta nella impossibilità di "decidere allo stato degli atti"; tale presupposto è valutato discrezionalmente dal giudice. Nell'ipotesi in oggetto il giudice, se non ordina al pubblico ministero l'integrazione delle indagini, può disporre, anche d'ufficio, l'assunzione delle prove delle quali « appare evidente la decisività ai fini della sentenza di non luogo a procedere » (art. 422, comma 1).

Ne consegue che le parti non hanno alcun "diritto" all'ammissione delle prove; non essendo applicabile in questa sede l'art. 190, è al giudice che spetta il potere di decidere se debbano essere assunte prove.

Lo svolgimento dell'udienza, se il giudice valuta di non poter decidere allo stato degli atti, vede susseguirsi i seguenti momenti: *a*) l'ammissione delle prove; *b*) l'assunzione di queste ultime; *c*) l'eventuale interrogatorio dell'imputato; *d*) le conclusioni delle parti e la decisione del giudice.

a*) *L'ammissione delle prove. Occorre precisare che il criterio in base al quale il giudice dispone l'ammissione delle prove è quello della "evidente decisività" delle stesse ai fini della sentenza di non luogo a procedere. In altre parole, il supplemento istruttorio è finalizzato all'assunzione di prove a discarico.

Si è molto discusso su questo potere officioso del giudice e sul rapporto di tale integrazione con l'imparzialità. Tuttavia, se il giudice al termine dello svolgimento ordinario dell'udienza preliminare si accorge che in realtà c'è una prova a discarico che non è stata in nessun modo introdotta e che risulta determinante per emettere una sentenza di non luogo a procedere, allora può introdurla d'ufficio, perché non conta tanto che egli perda l'imparzialità, ma che si tuteli la presunzione di innocenza. Una volta introdotta quella prova, essa sortisce anche l'*effetto virtuoso* di evitare un dibattimento inutile.

b*) *L'assunzione delle prove. L'audizione dei testimoni, consulenti tecnici e periti e l'interrogatorio degli imputati connessi sono condotti dal giudice (art. 422, comma 3). Le parti possono proporre domande a mezzo del giudice nel seguente ordine: per primo il pubblico ministero e successivamente i difensori della parte civile, del responsabile civile, della persona civilmente obbligata per la pena pecuniaria e dell'imputato ([11]).

c*) *L'interrogatorio. L'imputato può chiedere di essere sottoposto all'interrogatorio "in ogni caso", e cioè senza che il giudice possa sindacare l'ammissibilità di tale atto (art. 422, comma 4). Anche l'interrogatorio deve essere condotto dal giudice. Tuttavia, alla stregua di quanto avviene nello svolgimento ordinario dell'udienza, il codice prevede che, se una parte ne fa richiesta, l'interrogatorio possa svolgersi con le forme dell'esame incrociato.

([11]) Diversa dall'integrazione probatoria (art. 422) è l'incidente probatorio (art. 392) che il giudice può ammettere a richiesta del pubblico ministero e dell'imputato nel corso dell'udienza preliminare. L'integrazione probatoria è disposta dal giudice qualora ritenga di non poter decidere allo stato degli atti e con la specifica finalità di assumere prove decisive ai fini della sentenza di non luogo a procedere. Le prove acquisite nel corso dell'integrazione saranno inserite nel fascicolo del pubblico ministero (art. 433) e, di regola, non saranno utilizzabili nel dibattimento (salvo quanto disposto dall'art. 500, comma 6).

Viceversa, l'incidente probatorio può essere svolto nell'udienza preliminare quando ricorrono le condizioni previste dall'art. 392. L'incidente probatorio è disposto a richiesta di parte e le prove da assumere possono essere a carico o a discarico. Poiché la prova viene assunta con le modalità previste per il dibattimento, i verbali dell'incidente confluiscono nel fascicolo per il dibattimento e sono utilizzabili per la decisione finale (art. 431, lett. *e*).

Il rapporto tra l'ordinanza per l'integrazione delle indagini e l'ammissione di prove d'ufficio. Ci si è interrogati sul rapporto che intercorre tra le decisioni che il giudice può adottare quando, al termine dello svolgimento ordinario dell'udienza preliminare, egli non è in grado di decidere allo stato degli atti. Sembra prevalere un'interpretazione secondo cui il giudice debba comunque passare attraverso l'ordinanza per l'integrazione delle indagini, valorizzando l'art. 358, norma che impone al pubblico ministero di svolgere anche le indagini a favore. Una volta tornati in udienza preliminare, il pubblico ministero deve rendere conto di ciò che ha fatto e solo a quel punto, se non è stato possibile integrare il quadro attraverso ulteriori indagini, il giudice d'ufficio ammetterà la prova favorevole ai sensi dell'art. 422.

d) Le conclusioni delle parti. Terminata l'assunzione delle prove, il pubblico ministero e i difensori illustrano le rispettive conclusioni. Quindi il giudice pronuncia la decisione di rinvio a giudizio o di non luogo a procedere.

4. La modifica dell'imputazione.

In base agli elementi emersi nel corso dell'udienza e alla discussione che si svolge in tale sede, può sorgere l'esigenza di apportare modificazioni alla imputazione originaria. La modifica è possibile in presenza di due condizioni: l'iniziativa del pubblico ministero e il rispetto di determinati limiti di modificabilità. La necessità di una iniziativa del pubblico ministero, che deve attivarsi contestando la modifica dell'addebito all'imputato, deriva dal principio della separazione delle funzioni.

Il fatto diverso. Passiamo a trattare dei limiti di modificabilità. Finché si tratta di variare la descrizione del fatto storico (che comunque deve restare inalterato negli elementi essenziali della fattispecie), il pubblico ministero è legittimato a contestare all'imputato un fatto "diverso" da quello descritto nella richiesta di rinvio a giudizio; lo stesso vale se si tratta di aggiungere una circostanza aggravante, un fatto commesso in esecuzione del medesimo disegno criminoso (reato continuato) o un altro reato commesso con la medesima condotta (concorso formale) (art. 423 comma 1).

Nelle predette ipotesi il pubblico ministero modifica l'imputazione e la contesta all'imputato presente. Se l'imputato non è presente, la modificazione è comunicata al difensore che rappresenta l'imputato ai fini della contestazione (art. 423 comma 1).

Il fatto nuovo. Se nel corso dell'udienza risulta a carico dell'imputato un fatto « nuovo » non enunciato nella richiesta di rinvio a giudizio, il pubblico ministero può chiedere che sia contestato all'imputato, purché si tratti di un reato procedibile d'ufficio. In tal caso, l'imputato può consentire, o meno, alla modifica dell'imputazione; ove l'imputato consenta, il giudice autorizza la contestazione (art. 423 comma 2). Siamo in presenza di scelte che restano di spettanza delle due parti necessarie del processo. Per un verso, il pubblico ministero può decidere se iniziare un separato procedimento nel quale svolgere le indagini che reputa necessarie. Per un altro verso, l'imputato valuta se gli conviene percorrere lo svolgimento ordinario di un nuovo procedimento o affrontare direttamente la valutazione del giudice nell'udienza preliminare.

5. La sentenza di non luogo a procedere.

Il codice prevede un unico "tipo" di sentenza di non luogo a procedere a seguito dell'udienza preliminare, senza distinguere fra lo svolgimento ordinario, il supplemento di indagine (art. 421-*bis*) o l'integrazione probatoria (art. 422).

Motivi del non luogo a procedere. La sentenza è pronunciata in base a motivi di diritto o di fatto (art. 425), ossia quando:

a) sussiste una causa che estingue il reato (ad es., prescrizione);

b) sussiste una causa per la quale l'azione penale non doveva essere iniziata o proseguita (ad es., manca la querela);

c) il fatto non è previsto dalla legge come reato;

d) esiste la prova che l'imputato è, in sintesi, innocente (e cioè, che il fatto non sussiste, che l'imputato non lo ha commesso o che il fatto non costituisce reato);

e) sussiste la causa di non punibilità della particolare tenuità del fatto prevista dall'art. 131-*bis* c.p. (parte III, cap. 2, § 3, lett. *c*);

f) è accertato che l'imputato non è punibile per qualsiasi causa, ivi compreso il difetto di imputabilità. Tuttavia, il giudice non può pronunciare la sentenza di non luogo a procedere se ritiene che dal proscioglimento debba conseguire l'applicazione di misure di sicurezza diverse dalla confisca (art. 425, comma 4); queste necessitano infatti di un completo controllo svolto dal giudice del dibattimento.

La regola di giudizio nell'udienza preliminare. Come si è accennato in apertura, la ***riforma Cartabia*** muterà profondamente la regola di giudizio sulla cui base il giudice deciderà al termine dell'udienza preliminare. In tal senso, porterà a compimento una vera e propria inversione rispetto all'impostazione originaria del 1988. Fatta la scelta di mantenere l'udienza preliminare nella sua funzione prettamente accusatoria di istituto a tutela della presunzione di innocenza, essa non sarà più un filtro a maglie larghe, bensì permetterà l'accesso al dibattimento di quei soli processi che prevedibilmente si chiuderanno con la condanna. L'effetto virtuoso dovrebbe essere quello di riportare la *conviction rate* (e cioè la quantità di giudizi che si chiudono con la condanna) ad una percentuale ottimale.

L'accertamento della genericità o dell'indeterminatezza dell'imputazione. Le Sezioni unite della Cassazione ([12]) avevano riconosciuto al giudice dell'udienza preliminare il potere di ritenere generica o indeterminata quell'imputazione che, viceversa, il pubblico ministero avrebbe dovuto formulare « in forma chiara e precisa » nella richiesta di rinvio a giudizio (art. 417, comma 1, lett. *b*).

La ***riforma Cartabia*** (legge-delega n. 134 del 2021, art. 1, comma 9, lett. n) recepirà a livello di diritto positivo la soluzione prospettata dalla Cassazione. In particolare, prevederà che in caso di violazione della disposizione dell'articolo 417, comma 1, lettera *b*, il giudice, sentite le parti, quando il pubblico ministero non provvede alla riformulazione dell'imputazione, dichiari, anche d'ufficio, la nullità e restituisca gli atti; inoltre, al fine di consentire che il fatto, le circostanze aggravanti e quelle che possono comportare l'applicazione di misure di sicurezza, siano indicate in termini corrispondenti a quanto emerge dagli atti, prevederà che

---

([12]) Cass., sez. un., 20 dicembre 2007-1° febbraio 2008, n. 5307, Battistella, in *Dir. pen. proc.*, 2009, 177.

il giudice, sentite le parti, restituisca, anche d'ufficio, gli atti al pubblico ministero, ove questi non provveda alle necessarie modifiche.

Sull'impugnabilità e sulla revocabilità della sentenza di non luogo, v. *infra*, §§ 8 e 9.

6. Il decreto che dispone il giudizio.

Il decreto che dispone il giudizio è emesso nei casi nei quali il giudice dell'udienza preliminare non pronuncia la sentenza di non luogo a procedere. L'articolo 429 non indica il *quantum* di prova necessario per il decreto che dispone il giudizio, che però si può ricavare *a contrario* dai criteri previsti per la sentenza di non luogo a procedere (art. 425) ([13]).

Il decreto esprime una "decisione", ma non è motivato in quanto il legislatore vuole evitare il pregiudizio che deriverebbe all'imputato ove un giudice prima del dibattimento affermasse l'attendibilità degli elementi di prova a carico. Il decreto contiene « l'enunciazione in forma chiara e precisa del fatto » e delle circostanze, con l'indicazione dei relativi articoli di legge (art. 429, comma 1, lett. *c*, mod. dalla legge n. 479 del 1999); « l'indicazione sommaria delle fonti di prova e dei fatti cui esse si riferiscono » (art. 429, comma 1, lett. *d*).

Il decreto svolge altresì la funzione di citazione a giudizio in quanto convoca le parti per il dibattimento. Il giudice precisa la data ed il luogo dell'udienza dibattimentale con l'avvertimento per l'imputato che, non comparendo, sarà giudicato in « contumacia » (*rectius*, in assenza, poiché la legge n. 67 del 2014 ha eliminato la contumacia ma non ha modificato l'art. 429, comma 1, lett. *f* ([14]).

Il decreto deve essere notificato sia all'imputato « contumace » all'udienza preliminare, sia all'imputato ed alla persona offesa comunque non presenti alla lettura del decreto stesso. La notifica deve essere effettuata almeno venti giorni prima della data fissata per il giudizio.

La derubricazione che rende ammissibile la richiesta di giudizio abbreviato. In base ai nuovi princìpi sanciti dalla legge 12 aprile 2019, n. 33, non è più ammesso il giudizio abbreviato per i reati puniti con l'ergastolo che siano stati commessi dopo l'entrata in vigore della medesima (art. 438, comma 1-*bis*). Ebbene, nel corso dell'udienza preliminare per un delitto punito con la pena dell'ergastolo può accadere

---

([13]) Il giudice può operare un "filtro" assai incisivo sulla richiesta di rinvio a giudizio. La Cassazione ha affermato che il giudice dell'udienza preliminare ha il potere di dare al fatto una differente qualificazione giuridica, purché ovviamente non sia modificato il fatto storico come « dato empirico fenomenico ». Ciò non interferisce con il « potere del pubblico ministero di effettuare le relative scelte, ma estrinseca il controllo di legalità connaturato alla funzione giurisdizionale. Ne discende la possibilità per il giudice dell'udienza preliminare, che dissenta dalla definizione giuridica del fatto assegnata dal pubblico ministero, di individuare gli articoli di legge violati dal comportamento tenuto dall'imputato, come emerso dal materiale probatorio ottenuto dalle indagini, e di inserirli nel decreto che dispone il giudizio in luogo di quelli individuati con l'atto imputativo, nonché di descrivere, con la completezza che ritiene necessaria, il fatto storico oggetto dell'accusa » (Cass., sez. I, 13 dicembre 2017 - 16 maggio 2018, nn. 21732-21733, in *Giurisprudenza penale web*, 2018, 5).

([14]) Tra la data del decreto e la data fissata per il giudizio deve intercorrere un termine non inferiore a venti giorni (art. 429, comma 3). Qualora si proceda per i reati di omicidio colposo con violazione delle norme sulla disciplina della circolazione stradale e sulla prevenzione degli infortuni sul lavoro, il termine che intercorre tra la data del decreto e la data fissata per il giudizio non può essere superiore a sessanta giorni (art. 429, comma 3-*bis*).

che il giudice dia al fatto una definizione giuridica diversa da quella enunciata nell'imputazione e che detta qualificazione giuridica renda ammissibile la richiesta di rito abbreviato. In base al nuovo comma 2-*bis* dell'art. 429, il decreto che dispone il giudizio deve contenere « anche l'avviso che l'imputato può chiedere il giudizio abbreviato entro quindici giorni dalla lettura del provvedimento o dalla sua notificazione ». Ove sia presentata tale richiesta, si applicherà quella normativa in tema di trasformazione del giudizio immediato in rito abbreviato che è prevista dall'art. 458 (si veda parte IV, cap. 1, in fondo al § 4).

7. Il fascicolo per il dibattimento ed il fascicolo del pubblico ministero.

Subito dopo aver emesso il decreto che dispone il giudizio, il giudice provvede a suddividere il fascicolo unico delle indagini in due fascicoli (v. tav. 3.3.3); tale attività deve essere svolta nella medesima udienza « nel contraddittorio delle parti ». Ove una di esse ne faccia richiesta, il giudice deve fissare un'apposita udienza (art. 431, comma 1).

La distinzione tra i due fascicoli costituisce uno dei punti nodali del codice; essa deriva dalle due scelte fondamentali di riservare di regola al dibattimento la formazione della prova e di evitare che in tale sede il giudice venga in qualsiasi modo condizionato psichicamente dalla conoscenza degli atti di indagine assunti fuori del contraddittorio. Si tratta del cosiddetto principio della ***neutralità psichica del giudice del dibattimento***, corollario del contraddittorio nella formazione della prova previsto dall'art. 111, comma 4 Cost., la cui attuazione sarebbe pregiudicata se il giudice, nel decidere, fosse influenzato dalle prove raccolte in segreto durante le indagini. Da tali princìpi deriva la necessità di suddividere gli atti processuali in due distinti fascicoli.

Il fascicolo per il dibattimento. Il codice detta un elenco tassativo degli atti che debbono essere inseriti nel fascicolo per il dibattimento. In sintesi, in tale fascicolo sono raccolti quegli atti, compiuti prima del dibattimento, che si sono formati nel contraddittorio delle parti o che sono nati fin dall'origine come "non ripetibili".

Il fascicolo per il dibattimento è conosciuto dal giudice (collegiale o singolo) ed, ovviamente, dalle parti (v. tav. 3.3.2); gli atti in esso contenuti, dopo essere stati letti nei tempi e con le forme previste dall'art. 511, possono essere utilizzati ai fini della decisione ([15]).

Il fascicolo del pubblico ministero. Il fascicolo del pubblico ministero ha un contenuto residuale: ai sensi dell'art. 433 vi sono inseriti gli atti "diversi" da quelli inseriti nel fascicolo per il dibattimento, che siano stati fino a quel momento compiuti.

([15]) Ulteriori atti che devono essere inseriti nel fascicolo per il dibattimento: la legge n. 134 del 2021 (c.d. *riforma Cartabia*; art. 2, comma 9) ha previsto che tra gli atti da inserire nel fascicolo per il dibattimento debba esservi anche una copia del cartellino foto-dattiloscopico con indicazione del codice univoco identificativo quando si procede nei confronti di un apolide, di una persona della quale è ignota la cittadinanza, di un cittadino di uno Stato non appartenente all'Unione europea o di un cittadino dell'Unione privo del codice fiscale o che è attualmente (o è stato in passato) titolare anche della cittadinanza di uno Stato non appartenente all'Unione europea (art. 431, comma 1, lett. *g*).

Infatti nel fascicolo entra la documentazione di tutti gli atti compiuti dal pubblico ministero e dalla polizia giudiziaria.

Infine, nel fascicolo del pubblico ministero confluisce anche il fascicolo del difensore. Tale fascicolo, nel corso delle indagini, è formato e conservato presso l'ufficio del giudice per le indagini preliminari e contiene quegli atti di investigazione difensiva, che il difensore abbia presentato direttamente al giudice (art. 391-*octies*, comma 3).

Il fascicolo del pubblico ministero è conosciuto dalle parti (pubblico ministero e difensori) e non dal giudice del dibattimento. *Di regola* gli atti contenuti in questo fascicolo non possono essere letti (art. 514) e, quindi, non possono essere utilizzati per la decisione, salvo quanto previsto negli articoli 500, 503, 512, 512-*bis*, 513, 514.

L'acquisizione concordata di atti di indagine. In base al comma 2 dell'art. 431 « le parti possono concordare l'acquisizione al fascicolo per il dibattimento di atti contenuti nel fascicolo del pubblico ministero nonché della documentazione relativa all'attività di investigazione difensiva » ([16]). Una volta inserito nel fascicolo per il dibattimento, il singolo atto può essere letto in base all'art. 511 e, in tal caso, diventa utilizzabile per la decisione ([17]).

Tuttavia, l'accordo delle parti non ha effetti totalmente dispositivi: ai sensi dell'art. 507, comma 1-*bis* il giudice, al termine dell'istruzione dibattimentale e se risulta assolutamente necessario, può disporre anche d'ufficio l'assunzione di mezzi di prova relativi agli atti acquisiti su accordo delle parti. In tal modo il giudice garantisce che le parti non possano arbitrariamente escludere quel contraddittorio che sia indispensabile per accertare i fatti.

Aggiornamento per i procedimenti che sono iscritti dopo il 31 agosto 2020. La trascrizione delle intercettazioni non effettuata in precedenza. Il comma 7 dell'art. 268 (introdotto dal d.l. n. 161 del 2019, conv. in legge n. 7 del 2020) obbliga il giudice a disporre (ove non sia stato fatto in precedenza) la trascrizione integrale delle registrazioni delle intercettazioni che sono state ritenute rilevanti. La trascrizione deve avvenire «nel corso delle attività di formazione del fascicolo per il dibattimento» e deve osservare le forme, i modi e le garanzie previsti per l'espletamento delle perizie. Il risultato deve essere inserito nel fascicolo per il dibattimento.

L'acquisizione concordata dei verbali sommari. In base al nuovo comma 7 dell'art. 268, le parti possono consentire che i verbali sommari, redatti dalla polizia giudiziaria nel corso delle indagini preliminari, siano resi utilizzabili. La nuova

---

(16) Il consenso può essere formulato dal difensore, non essendo necessario che sia prestato personalmente dalla parte privata.

(17) L'accordo è una forma di dialettica: le parti ritengono che l'elemento di prova, assunto nelle indagini pubbliche o private, possa essere utilizzato dal giudice. Ciò non comporta necessariamente che le parti rinuncino a sentire oralmente il dichiarante, anche se nella maggior parte dei casi questo sarà il probabile effetto dell'accordo. Accanto alla acquisizione concordata sostitutiva (le parti, col loro accordo, permettono al giudice di utilizzare l'atto di indagine e, al tempo stesso, non chiedono l'esame orale del dichiarante), ce ne può essere un'altra di tipo aggiuntivo (almeno una delle parti, che hanno prestato il consenso all'utilizzabilità dell'atto di indagine, si riserva il diritto di sentire oralmente il dichiarante nell'esame incrociato, esercitando il diritto alla prova spettantegli ai sensi dell'art. 190). Sta di fatto che, comunque, le parti tramite accordo possono rinunciare in modo totale o parziale al contraddittorio per la formazione della prova (di cui all'art. 111 comma 4 Cost.) perché lo ritengono superfluo nei limiti rispettivamente indicati. Sull'acquisizione concordata nella fase del dibattimento, si veda *infra*, cap. V, § 6.

disposizione, peraltro, prevede espressamente che, anche qualora si sia proceduto all'acquisizione concordata, in caso di contestazione sul tenore del brogliaccio si applichi la disciplina della trascrizione mediante perizia.

8. L'impugnazione contro la sentenza di non luogo a procedere.

In base al comma 3-*quater* dell'art. 428 non sono appellabili le sentenze di non luogo a procedere relative a contravvenzioni punite con la sola pena dell'ammenda o con pena alternativa.

Ai sensi dell'art. 428 contro la sentenza di non luogo a procedere possono proporre appello i seguenti soggetti:

a) il procuratore della Repubblica;

b) il procuratore generale presso la corte di appello « soltanto nei casi » nei quali egli abbia esercitato il potere di avocazione o quando il procuratore della Repubblica abbia fatto acquiescenza al provvedimento (art. 428, comma 1, mod. dal d.lgs. n. 11 del 2018);

c) l'imputato, salvo che con la sentenza sia stato dichiarato che il fatto non sussiste o che l'imputato non lo ha commesso ([18]);

d) la persona offesa nei soli casi di nullità previsti dall'articolo 419, comma 7 (e cioè quando, ad esempio, è stata omessa nei suoi confronti la notifica dell'avviso dell'udienza preliminare; oppure l'avviso non le è stato notificato con un anticipo di almeno dieci giorni).

Sull'impugnazione la corte di appello decide in camera di consiglio con le forme previste dall'articolo 127.

In caso di appello del pubblico ministero la corte può confermare la sentenza, oppure pronunciare il non luogo a procedere con formula meno favorevole all'imputato, o infine pronunciare il decreto che dispone il giudizio. In quest'ultimo caso, la corte d'appello deve formare il fascicolo per il dibattimento secondo le disposizioni degli articoli 429 e 431.

In caso di appello dell'imputato la corte potrà confermare la sentenza, oppure pronunciare un non luogo a procedere con formula più favorevole all'imputato.

In caso di appello della persona offesa la corte può rigettarlo, confermando la sentenza di non luogo a procedere, oppure accoglierlo e dichiarare la nullità della sentenza di non luogo a procedere, disponendo la trasmissione degli atti al giudice perché proceda a rinnovare l'udienza preliminare.

Contro la sentenza di non luogo a procedere pronunciata in grado di appello possono ricorrere per cassazione l'imputato e il procuratore generale, ma solo per i motivi di cui alle lettere *a, b, c* dell'articolo 606, comma 1 (straripamento di potere, inosservanza di legge sostanziale o di legge processuale, ma solo se quest'ultima è sanzionata da nullità, inammissibilità, inutilizzabilità o decadenza). Sull'impugnazione la cassazione decide in camera di consiglio con le forme previste dall'articolo 611, e cioè con un contraddittorio scritto.

([18]) Viceversa, potrebbe avere interesse ad impugnare una sentenza di non luogo a procedere perché il fatto non costituisce il reato per carenza dell'elemento soggettivo, quando ha motivi per chiedere una sentenza che affermi che il fatto non sussiste.

La riforma Cartabia (legge-delega n. 134 del 2021) ha perseguito una finalità di deflazione processuale; la decretazione delegata dichiarerà non appellabili le sentenze di non luogo a procedere relative a reati (quindi anche ai delitti, e non solo alle contravvenzioni) puniti con la sola pena pecuniaria o con pena alternativa.

9. La revoca della sentenza di non luogo a procedere.

Legittimato a chiedere la revoca della sentenza di non luogo a procedere è soltanto il pubblico ministero. La revoca è chiesta all'ufficio del giudice per le indagini preliminari quando siano presenti nuove "fonti di prova" che, da sole o unitamente a quelle già acquisite, possano determinare il rinvio a giudizio (art. 434).

Occorre segnalare che la richiesta di revoca è sottoposta ad un controllo più rigido rispetto alla richiesta di riapertura delle indagini successiva all'archiviazione (art. 414): infatti a seguito dell'archiviazione è sufficiente che il pubblico ministero adduca l'esigenza di nuove investigazioni (v. tav. 3.2.1).

Viceversa, dopo la sentenza di non luogo a procedere la richiesta di revoca della stessa e di riapertura delle indagini è subordinata alla presenza di *nuove* prove di reità.

La « novità » può consistere sia nel fatto che la fonte di prova (persona o cosa) è stata individuata dopo la sentenza, sia nel fatto che è stato raccolto un nuovo elemento di prova (ad esempio, una dichiarazione) che, da solo o unitamente a quelli già acquisiti, può determinare il rinvio a giudizio.

Il giudice per le indagini preliminari, se non dichiara inammissibile la richiesta, designa un difensore all'imputato che ne sia privo, fissa la data dell'udienza in camera di consiglio e ne fa dare avviso al pubblico ministero, all'imputato, al difensore e alla persona offesa (art. 435, comma 3).

Le decisioni. Al termine dell'udienza, il giudice prende una delle seguenti decisioni:

a) dichiara inammissibile o rigetta la richiesta del pubblico ministero;

b) revoca la sentenza di non luogo a procedere e fissa l'udienza preliminare, ma soltanto quando il pubblico ministero ha chiesto il rinvio a giudizio (art. 435, comma 2);

c) revoca la sentenza di non luogo a procedere e dispone la riapertura delle indagini, stabilendo un termine improrogabile non superiore a sei mesi (art. 436, comma 3). Entro tale termine il pubblico ministero deve concludere le indagini; quindi potrà formulare la richiesta di rinvio a giudizio, ma potrà anche chiedere l'archiviazione.

10. Le pronunce che perseguono la deflazione del procedimento penale.

Il decreto che dispone il giudizio e la sentenza di non luogo a procedere non sono gli unici provvedimenti che il giudice può prendere nell'udienza preliminare. Questa fase può diventare la sede in cui vengono emessi provvedimenti che concludono il processo e che costituiscono, quindi, conclusioni anticipate del medesimo rispetto al dibattimento. L'imputato è incentivato a chiedere quei provvedimenti che comportano per lui un vantaggio rispetto alla sentenza di condanna che potrebbe essere pronunciata in dibattimento; ma vi è un termine ultimo per chiederli, e cioè, di regola, la formulazione delle conclusioni al termine dell'udienza preliminare.

Entrando nel dettaglio, l'udienza preliminare costituisce la fase elettiva dei riti che perseguono esigenze di deflazione del procedimento penale. Da un lato, vi sono i procedimenti speciali che eliminano il dibattimento. Da un altro lato, vi sono istituti di diritto penale sostanziale che danno luogo ad epiloghi anticipati del procedimento.

Procedimenti speciali che eliminano il dibattimento. Nel capitolo apposito (Parte IV, cap. 1) esamineremo in modo approfondito quei procedimenti speciali che eliminano il dibattimento. In questa sede anticipiamo che l'imputato può chiedere il *giudizio abbreviato*, il *patteggiamento* e la *messa alla prova*, ma deve farlo (nel procedimento ordinario) al massimo entro il momento in cui il difensore espone le sue conclusioni al termine dell'udienza preliminare ai sensi, rispettivamente, degli artt. 438, comma 2, 446, comma 1 e 464-*bis*, commi 1 e 2.

Istituti deflattivi di diritto sostanziale. Vi sono anche istituti previsti dal codice penale che permettono al giudice di emettere pronunce concludendo il procedimento prima del dibattimento.

a) Uno strumento tradizionale è, da tempo, ***l'oblazione***, che può essere effettuata comunque prima dell'apertura del dibattimento (artt. 162 e 162-*bis* c.p.) e che costituisce una causa di estinzione del reato ([19]).

b) Altro strumento è la causa di non punibilità per ***particolare tenuità del fatto*** (art. 131-*bis* c.p., introdotto dalla d.lgs. n. 28 del 2015) ([20]). Quando l'offesa è particolarmente tenue ed il comportamento non è abituale, il giudice già nell'udienza preliminare pronuncia sentenza di non luogo a procedere "perché il fatto non è punibile".

c) Ancora più di recente, il legislatore ha previsto un'altra causa di estinzione del reato consistente nelle ***condotte riparatorie*** che l'imputato deve aver messo in atto prima dell'apertura del dibattimento (art. 162-*ter* c.p., introdotto dalla legge n. 103 del 2017) ([21]).

([19]) L'oblazione "obbligatoria" concerne le contravvenzioni punite con la sola ammenda (art. 162 c.p.). Il contravventore è ammesso a pagare una somma pari ad un terzo del massimo dell'ammenda stabilita per la contravvenzione che gli è addebitata, oltre alle spese del procedimento.

L'oblazione discrezionale si applica alle contravvenzioni punite alternativamente con la pena dell'arresto o dell'ammenda (art. 162-*bis* c.p.); il contravventore può essere ammesso dal giudice a pagare una somma corrispondente alla metà del massimo dell'ammenda, oltre alle spese del procedimento. Ad es., l'inosservanza di un provvedimento legalmente dato dall'autorità è punibile con l'arresto fino a tre mesi o l'ammenda fino a euro 206 (art. 650 c.p.); è oblazionabile con euro 103. Ma il giudice può chiedere che l'imputato fornisca la prova di avere ottemperato al provvedimento dato dall'autorità ed eliminato gli effetti prodotti con il reato.

([20]) L'istituto è esposto nella Parte III, cap. 2, § 3, lett. *c*.

([21]) L'istituto opera nei casi di procedibilità a querela soggetta a remissione quando non vi sia stata la remissione; esso svolge una funzione deflattiva e non conciliativa. In base al comma 4 dell'art. 162-*ter* c.p., aggiunto dalla legge 4 dicembre 2017, n. 172, l'estinzione del reato per condotte riparatorie non è applicabile al delitto di stalking, previsto dall'art. 612-*bis* c.p.

Presupposto dell'istituto è l'aver l'imputato « riparato interamente » il danno cagionato dal reato, mediante le restituzioni o il risarcimento, e l'aver « eliminato, ove possibile, le conseguenze dannose o pericolose del reato ». L'effetto deflattivo è subordinato al fatto che l'imputato abbia dimostrato di aver riparato il danno prima dell'apertura del dibattimento di primo grado.

11. Il procedimento telematico nell'udienza preliminare.

Le disposizioni aventi ad oggetto l'udienza preliminare durante l'emergenza sanitaria da Covid-19 sono contenute nell'art. 23 del d.l. n. 137 del 2020, conv. in legge n. 176 del 2020 e sono state più volte prorogate con modifiche fino al 31 dicembre 2022 (si veda, da ultimo, l'art. 16, commi 1 e 2 d.l. n. 228 del 2021, conv. in legge n. 15 del 2022, e il § 3 della parte II, cap. 2). La complessa normativa può essere ricostruita nel modo seguente.

È ammesso lo svolgimento dell'udienza da remoto su provvedimento del giudice e con il consenso delle parti (art. 221, comma 7, d.l. n. 34 del 2020, conv. in legge n. 77 del 2020).

Hanno esaurito la loro efficacia al 31 luglio 2021 le seguenti disposizioni:

a) quelle che permettevano di celebrare a porte chiuse le udienze aperte al pubblico (art. 23, comma 3, d.l. n. 137 del 2020, conv. in legge n. 176 del 2020);

b) quelle che consentivano di svolgere con collegamenti da remoto le udienze che richiedevano la partecipazione soltanto del pubblico ministero, delle parti private, dei difensori e degli ausiliari del giudice (art. 23, comma 5, d.l. n. 137 del 2020, conv. in legge n. 176 del 2020).

Ha esaurito la propria efficacia con il 31 marzo 2022 la disposizione relativa alla partecipazione alle udienze in videoconferenza dei detenuti (art. 24, comma 4, d.l. n. 137 del 2020; art. 16 d.l. n. 228 del 2021, conv. in legge n. 15 del 2022).

Il risarcimento del danno può essere riconosciuto anche in seguito ad offerta reale ai sensi degli articoli 1208 ss. del codice civile, formulata dall'imputato e non accettata dalla persona offesa, ove il giudice riconosca la congruità della somma offerta a tale titolo.

Il giudice, sentite le parti e la persona offesa, una volta accertato l'esito positivo delle condotte riparatorie, dichiara estinto il reato.

Vi è una diversità rispetto all'analogo istituto previsto nel procedimento presso il giudice di pace. In base all'art. 35, comma 2 del d.lgs. n. 274 del 2000, il giudice di pace ha il potere discrezionale di valutare se le attività risarcitorie e riparatorie sono state « idonee a soddisfare le esigenze di *riprovazione del reato* e quelle di *prevenzione* ».

Il termine massimo posto alle condotte riparatorie dall'art. 162-*ter* c.p. (e cioè, la dichiarazione di apertura del dibattimento di primo grado) può essere superato quando l'imputato dimostra di non aver potuto adempiere entro tale termine per fatto a lui non addebitabile. L'imputato medesimo deve chiedere al giudice la fissazione di un ulteriore termine, non superiore a sei mesi, per provvedere al pagamento, anche in forma rateale, di quanto dovuto a titolo di risarcimento. In tal caso il giudice, se accoglie la richiesta, ordina la sospensione del processo e fissa la successiva udienza alla scadenza del termine stabilito e comunque non oltre novanta giorni dalla predetta scadenza, imponendo specifiche prescrizioni. Durante la sospensione del processo, il corso della prescrizione resta sospeso. In caso di proroga del termine il giudice deve disporre la confisca obbligatoria *ex* art. 240 c.p.

La riforma Orlando non ha previsto alcuna disposizione sulla regolamentazione processuale dell'istituto; ad es., sul provvedimento del giudice che accerta l'avvenuta riparazione, né sugli atti che possono essere compiuti durante la sospensione del procedimento. L'interprete è costretto ad applicare l'analogia rispetto all'istituto che adempie a funzioni simili, e cioè alla messa alla prova.

Schema n. 7. Provvedimenti che dichiarano l'assenza dell'imputato o sospendono il processo per esito negativo del tentativo di notifica personale

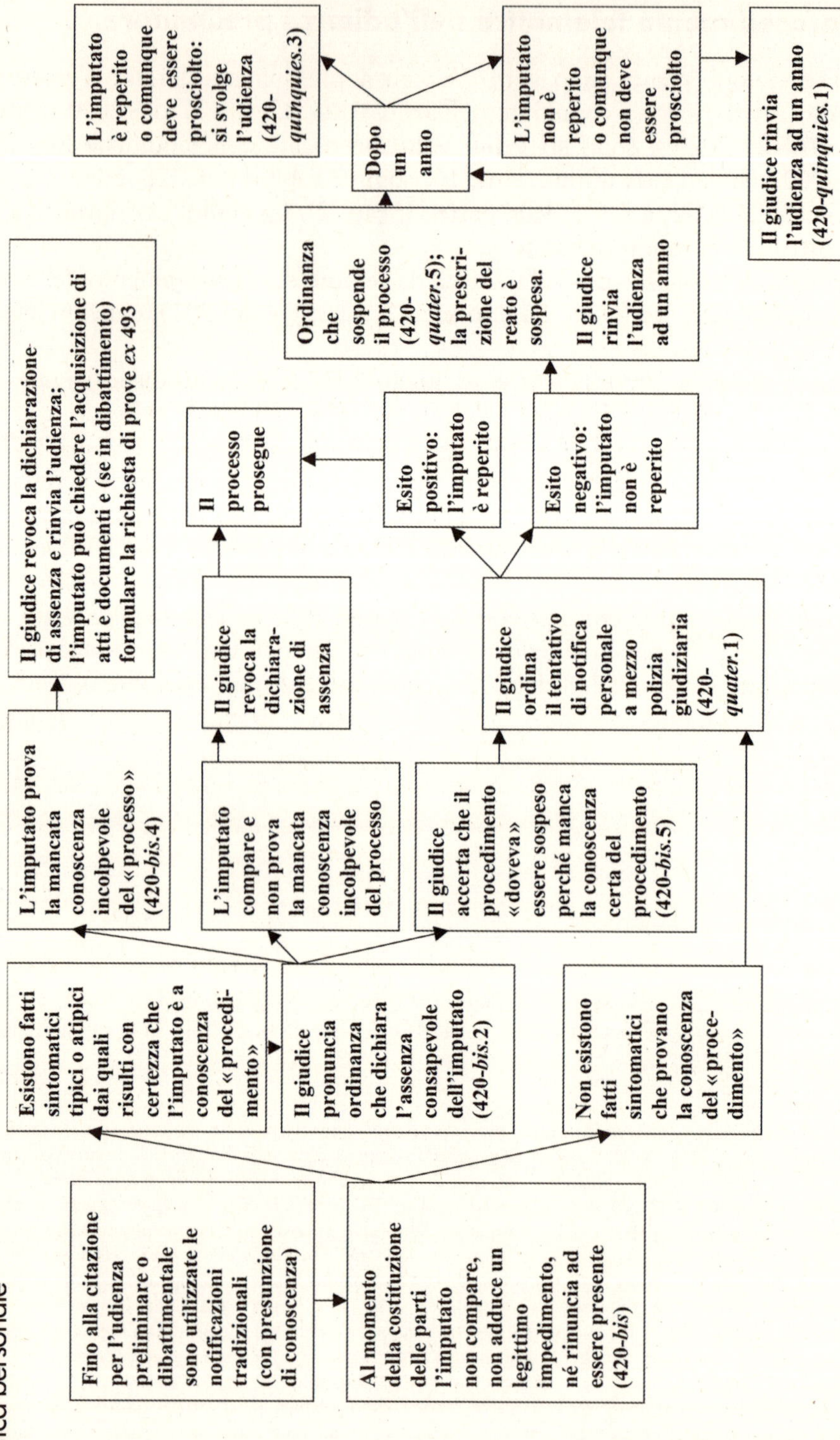

Capitolo V
IL GIUDIZIO DI PRIMO GRADO

SEZ. I - I PRINCÌPI CHE REGOLANO IL DIBATTIMENTO

1. Le disposizioni generali sul dibattimento.

Nel libro settimo il codice regola la fase del giudizio di primo grado, che a sua volta è ripartita nelle tre sottofasi degli atti preliminari al dibattimento, del dibattimento e degli atti successivi al dibattimento.

La fase dibattimentale è quella che, più di ogni altra, rispetta le caratteristiche del sistema accusatorio: la formazione della prova avviene, infatti, nel contraddittorio delle parti, che pongono direttamente le domande alle persone esaminate. Tuttavia, il dibattimento non recepisce *tutte* le caratteristiche di tale sistema; in particolare non accoglie la struttura del *processo di parti*.

Si ha *processo di parti* quando queste ultime dispongono sia dell'oggetto del processo, sia delle prove, come accade di regola nel processo civile.

Il processo penale non accoglie lo schema del processo civile per vari motivi. In primo luogo, l'azione penale non è disponibile, bensì obbligatoria: il pubblico ministero non può operare transazioni sull'imputazione (e cioè sull'oggetto del processo). In secondo luogo, le parti non hanno l'esclusiva disponibilità dei mezzi di
2 prova: una volta che sono state acquisite le prove da esse richieste, il giudice può assumere nuove prove d'ufficio se risulta « assolutamente necessario » (art. 507). In terzo luogo, il giudice non è vincolato a decidere nei limiti delle richieste delle parti. Può assolvere anche se l'imputato chiede (per ipotesi) di essere condannato; e viceversa può condannare ad una pena più grave di quella richiesta dal pubblico ministero. Il giudice nel decidere è vincolato soltanto all'osservanza della legge.

Il fatto storico enunciato nell'imputazione. L'unico vero limite al potere decisionale del giudice consiste nel *fatto storico* enunciato nell'imputazione (art. 521, comma 1). Il giudice può dare al fatto storico una *definizione giuridica* diversa da quella enunciata nell'imputazione, purché il reato non ecceda la sua competenza;

pertanto può modificare soltanto il titolo di reato (e cioè la qualificazione giuridica del fatto storico). Ad esempio, se è contestata una circonvenzione di incapace (art. 643 c.p.), può ritenere sussistente una truffa (art. 640 c.p.).

Quando, viceversa, il giudice accerta che il fatto storico è diverso da quello descritto nell'imputazione o comunque contestato in dibattimento, egli di regola deve ordinare la trasmissione degli atti al pubblico ministero perché questi eserciti nuovamente l'azione penale (art. 521, comma 2) (v. *infra*, par. 11).

I poteri del presidente e dell'organo giudicante. Occorre fare una precisazione. Quando l'organo giudiziario è collegiale (ad esempio, corte d'assise o tribunale in composizione collegiale), vi è una netta ripartizione tra i poteri del *presidente* e quelli dell'*organo giudicante* (che il codice definisce sinteticamente « giudice »).

Di regola i poteri di "direzione" del dibattimento spettano al presidente; viceversa i poteri "decisori" spettano all'intero collegio. Fra i poteri del presidente si può citare quello attinente alla disciplina delle udienze (art. 470, comma 1). Fra i poteri del collegio vi è quello di decidere con ordinanza l'ammissione delle prove richieste dalle parti (art. 495, comma 1).

Se il giudice è monocratico (es. giudice singolo del tribunale o giudice di pace), i poteri sopra menzionati si cumulano nel medesimo magistrato.

L'udienza. Ancora una precisazione. L'*udienza* è il tempo di una singola giornata dedicato allo svolgimento di uno o più processi. Il *dibattimento* è la trattazione in udienza di un determinato processo. Pertanto, un dibattimento complesso può anche durare per più udienze; inoltre, in una udienza possono essere trattati più processi.

Il verbale di udienza è redatto dall'ausiliario che assiste il giudice (art. 480, comma 1) ed è inserito nel fascicolo per il dibattimento (art. 480, comma 2). Tale fascicolo può essere consultato dal giudice in camera di consiglio. Il codice tende ad assicurare l'esigenza che le risultanze dibattimentali siano riprodotte con la massima fedeltà e completezza, perché queste saranno poi utilizzate dal giudice per decidere. In particolare l'art. 510, comma 2 precisa che devono essere sempre riprodotte non soltanto le risposte, ma anche le domande che sono rivolte alla persona esaminata.

Valgono per il dibattimento tre forme di redazione del verbale previste dall'art. 134 (v. *supra*, Parte II, cap. 2).

La riforma Cartabia. La legge n. 134 del 2021 ha puntato sull'accelerazione e sulla semplificazione della fase del giudizio. Nella delega conferita al Governo (art. 1, comma 11) introdurrà gli istituti del calendario delle udienze, della relazione illustrativa delle richieste di prova e del deposito anticipato delle relazioni del perito e del consulente tecnico. Infine, regolamenterà la riassunzione della prova dichiarativa nei casi di mutamento del giudice.

2. La pubblicità delle udienze.

Uno dei princìpi fondamentali del dibattimento è la pubblicità. È possibile effettuare una distinzione tra pubblicità immediata e pubblicità mediata. La *pubblicità immediata* si realizza quando soggetti estranei al processo sono presenti in aula ed assistono direttamente all'udienza.

La pubblicità mediata si attua attraverso la possibilità di pubblicare gli atti del dibattimento tramite la stampa o altro mezzo di diffusione. Essa svolge una duplice funzione: da un lato, permette il controllo dell'opinione pubblica sul funzionamento della Giustizia; da un altro lato, costituisce una forma di manifestazione del pensiero (art. 21 Cost.) mediante la cronaca e la critica giudiziaria (con la quale non soltanto vengono riferiti gli atti del dibattimento, ma possono essere valutate le decisioni del giudice).

La pubblicità immediata è assicurata dalla modalità di svolgimento dell'udienza, che di regola è aperta al pubblico (a pena di nullità). L'art. 471, comma 2 prevede categorie di persone che non sono ammesse nell'aula di udienza (ad esempio, minori di diciotto anni o persone che appaiono in stato di squilibrio mentale).

La pubblicità immediata subisce un'eccezione quando il giudice dispone che si proceda "a porte chiuse" in presenza di ipotesi previste tassativamente dalla legge. In alcune di queste ipotesi, quando sono prevalenti esigenze di segretezza, è limitata altresì la pubblicità "mediata" attraverso la stampa o altri mezzi di diffusione.

La decisione di procedere a porte chiuse per l'intero dibattimento (o per alcune parti di esso) non costituisce per il giudice l'espressione di una facoltà, bensì di un dovere imposto dalla legge.

Il dibattimento a porte chiuse. In alcune ipotesi (previste dall'art. 472, commi 1 e 2) si deve procedere a porte chiuse ed è altresì vietata la pubblicazione degli atti del dibattimento (art. 114, comma 4) ([1]). In altre si procede a porte chiuse, ma è consentita la pubblicazione degli atti del dibattimento (artt. 114, comma 3; 472, commi 3 e 3-*bis*) ([2]).

Il regime giuridico previsto per i delitti di violenza sessuale e assimilati. Merita segnalare che le leggi n. 66 del 1996 e n. 269 del 1998 e n. 228 del 2003 hanno disposto che i dibattimenti relativi ad alcuni delitti di violenza sessuale, di prostituzione minorile e di tratta di persone debbano svolgersi, di regola, a porte aperte. Tuttavia la persona offesa, se adulta, può chiedere che si proceda a porte chiuse anche soltanto per una parte del dibattimento (art. 472, comma 3-*bis*). Quando la persona offesa è minorenne si procede sempre a porte chiuse.

In ogni caso, a prescindere dal titolo del reato per il quale si procede, se deve essere esaminata una persona minorenne, il giudice ha il potere discrezionale di

---

([1]) Vi è l'obbligo di procedere a porte chiuse con il divieto di pubblicazione degli atti:

a) quando la pubblicità può nuocere al buon costume, da intendersi nel senso di buon costume sessuale;

b) quando la pubblicità può comportare la diffusione di notizie da mantenere segrete nell'interesse dello Stato e purché l'autorità competente chieda di procedere a porte chiuse; le « notizie da mantenere segrete » differiscono da quelle coperte dal segreto di Stato, che non è conoscibile neanche dal giudice (artt. 202 e 256);

c) quando l'assunzione di determinate prove può causare pregiudizio alla riservatezza dei testimoni ovvero delle parti private « in ordine a fatti che non costituiscono oggetto dell'imputazione ». In questo caso occorre la richiesta dell'interessato che si proceda a porte chiuse.

([2]) Vi è l'obbligo di procedere a porte chiuse senza il divieto di pubblicazione degli atti:

d) quando la pubblicità può nuocere alla pubblica igiene;

e) quando avvengono da parte del pubblico manifestazioni che turbano il regolare svolgimento delle udienze;

f) quando è necessario salvaguardare la sicurezza di testimoni o di imputati.

In questi casi (*d, e, f*) il giudice può consentire la presenza dei giornalisti (art. 473, comma 2); e ciò al fine di rendere possibile in concreto l'esercizio del diritto di cronaca e di critica giudiziaria.

disporre che il relativo esame avvenga a porte chiuse (art. 472, comma 4). Occorre poi ricordare che i procedimenti a carico di imputati minorenni si svolgono di regola a porte chiuse (art. 33, d.p.r. 22 settembre 1988, n. 448).

Le riprese televisive del dibattimento. Nel disciplinare le riprese televisive del dibattimento il codice pone quattro divieti assoluti e poi lascia la decisione alla discrezionalità dell'organo giudicante. I divieti corrispondono alle ipotesi nelle quali si procede a porte chiuse per motivi di segretezza o riservatezza (art. 147, comma 4 disp. att.). Si tratta dei casi menzionati *supra* alle lettere *a*) (buon costume), *b*) (notizie segrete nell'interesse dello Stato); *c*) (riservatezza su fatti che non costituiscono oggetto dell'imputazione); *d*) (esame di minorenni a porte chiuse).

Salvi i divieti ora menzionati, i successivi criteri contenuti nell'art. 147 disp. att. comportano una estesa discrezionalità di apprezzamento.

In primo luogo, è il giudice a valutare, sia pure in seguito al consenso delle parti, se le riprese televisive possono provocare un « pregiudizio al sereno e regolare svolgimento dell'udienza o alla decisione » (art. 147, comma 1 disp. att.). (3).

In secondo luogo, se una delle parti non consente, di regola il giudice non può autorizzare la ripresa o la trasmissione. Vi è tuttavia un'eccezione che riesce a vanificare la regola. Se sussiste «un interesse sociale particolarmente rilevante alla conoscenza del dibattimento», il giudice può dare l'autorizzazione anche se le parti non consentono (art. 147, comma 2 disp. att.) (4).

In terzo luogo, nonostante l'autorizzazione da parte del giudice, vi è almeno un divieto che concerne la ripresa delle sole *immagini* di « parti, testimoni, periti, consulenti tecnici, interpreti e di ogni altro soggetto che deve essere presente ». Il presidente deve vietare la ripresa se i soggetti menzionati non vi consentono *con espressa manifestazione di volontà* o se la legge ne fa divieto (art. 147, comma 2 disp. att.) (5).

In quarto luogo, la legge pone una distinzione tra ripresa e trasmissione. Il giudice può autorizzarle entrambe, oppure limitarsi a consentire la sola ripresa; quest'ultima può essere autorizzata in maniera totale o anche solo parziale (6) (v. tav. 3.5.3).

---

(3) In realtà, la presenza delle telecamere in aula è sempre idonea a recare il pregiudizio menzionato. Da un lato, la mera presenza materiale delle attrezzature e degli operatori disturba le attività processuali. Da un altro lato, le riprese e le trasmissioni provocano risvolti psicologici su tutti i soggetti che partecipano al dibattimento, poiché costoro curano più il modo in cui saranno visti, che non l'accuratezza di quanto sono chiamati a compiere.

(4) Si tratta di una clausola elastica perché il requisito dell'"interesse sociale" non è accompagnato dall'aggettivo "pubblico". Di conseguenza, il rifiuto del consenso sembra superabile dal giudice non solo, ad esempio, quando il processo concerne fatti o persone di rilevanza pubblica, ma anche quando vi sia *comunque* un interesse sociale, compresa la mera curiosità. Anche il requisito della "rilevanza" è sfumato e lascia al giudice poteri che rasentano l'arbitrio.

(5) Un esempio di divieto legale è quello che concerne la pubblicazione delle generalità e dell'immagine dei minorenni che siano testimoni, persone offese (art. 114, comma 6) o imputati (art. 13, d.p.r. n. 448 del 1988).

(6) Tuttavia, anche se la trasmissione non è stata autorizzata, in concreto non è possibile esercitare un controllo effettivo sull'utilizzazione. In caso di violazione del divieto di trasmissione, può applicarsi l'articolo 684 c.p. che punisce la pubblicazione arbitraria di atti di un procedimento penale. Si tratta, come abbiamo visto in precedenza, di una contravvenzione oblazionabile con il pagamento della modestissima cifra di centoventinove euro.

3. I princìpi del contraddittorio, della concentrazione, dell'oralità e dell'immediatezza.

a) ***Il principio del contraddittorio.*** Rinviamo a quanto abbiamo esposto a proposito sia dell'evoluzione storica del processo penale (parte I, cap. 2, § 6), sia della materia della prova (parte II, cap. 3, § 8), nel momento in cui ci accingiamo a considerare il principio del contraddittorio nel dibattimento, e cioè nella sede nella quale esso trova la più ampia applicazione (7). L'attuazione piena del principio del contraddittorio necessita che alle parti sia riconosciuta tutta una serie di *diritti strumentali*, dei quali possiamo enunciare i principali: il diritto ad ottenere dal giudice l'ammissione della prova, sia essa orale, documentale o reale (artt. 190 e 495, comma 1); il diritto ad ottenere l'ammissione della prova contraria rispetto alla prova principale chiesta da altri (art. 495, comma 2); il diritto di porre le domande nell'esame diretto e nel controesame (art. 498). Il principio del contraddittorio incontra i limiti che descriveremo successivamente nel § 9.

b) ***Il principio dell'oralità.*** Come abbiamo anticipato nell'esaminare i princìpi generali sulla prova penale (parte II, cap. 3, § 8), l'oralità è la regola che il codice di procedura penale accoglie per le dichiarazioni, che dovranno essere rese in forma verbale, anziché per scritto. Occorre, tuttavia, tenere presente che vi sono prove che non sono "orali". Ciò vale per tutte le prove reali, e cioè per il corpo del reato, le cose pertinenti al reato e i documenti; vale, inoltre, per tutte le "attività" compiute e non più ripetibili, come buona parte degli accertamenti tecnici, delle perizie e delle ispezioni. In ogni caso, il diritto dell'imputato a confrontarsi con il dichiarante (art. 111, comma 3 Cost.) impone che gli sia consentito di ottenere la deposizione della persona che ha compiuto le attività sopra menzionate.

c) ***Il principio di immediatezza*** comporta un rapporto privo di intermediazione tra le prove acquisite nel corso dell'istruzione dibattimentale e la decisione finale. In base all'art. 525, comma 2 « alla deliberazione (della sentenza) concorrono, a pena di nullità assoluta, gli stessi giudici che hanno partecipato al dibattimento ».

La rinnovazione dell'istruzione dibattimentale in caso di mutamento del giudice. Il principio di immutabilità del giudice ha un rilievo centrale nella struttura del processo penale. Tuttavia, l'esperienza pratica ha imposto la necessità di confrontarsi quotidianamente con casi nei quali, per i motivi più vari, si verifichi un mutamento della composizione del collegio giudicante mentre il dibattimento è in corso. Si è posto il problema di quale sia la sorte delle prove già acquisite prima che la composizione del collegio giudicante sia venuta a mutare. Tale problematica è stata oggetto di pronunce della Corte costituzionale (8) e della Cassazione (9).

---

(7) In sintesi, nel suo significato debole il principio assicura il diritto del difensore ad essere presente ad un atto di indagine o a conoscerne il relativo verbale. Nel suo significato forte, il principio del contraddittorio comporta la partecipazione delle parti alla formazione della prova (art. 111, comma 4 Cost.).

(8) Nella sentenza di inammissibilità n. 132 del 2019 la Consulta aveva ritenuto incongrua la disciplina « così come interpretata dal diritto vivente ». Successivamente alla sentenza sono intervenute le Sezioni unite della Cassazione, di cui alla nota seguente.

(9) Cass., Sez. un., 30 maggio - 10 ottobre 2019, n. 41736, Proc. gen. in c. Bajrami, in *www.giurisprudenzapenale.com*, 17 ottobre 2019, ha affermato, in sintesi, che, in caso di mutamento di un magistrato nel collegio

La riforma Cartabia (legge-delega n. 134 del 2021), attuerà un bilanciamento tra la tutela del principio di immediatezza, che spingerebbe a ritenere sempre necessaria una completa rinnovazione di tutte le prove già raccolte di fronte al collegio giudicante nella precedente composizione, e la tutela delle esigenze di economia processuale, che imporrebbero la conservazione dell'attività già svolta.

In particolare, la *riforma Cartabia* prevederà come regola generale che, nell'ipotesi di mutamento del giudice o di uno o più componenti del collegio, il giudice disponga, a richiesta di parte, la riassunzione della prova dichiarativa già assunta. Poi però ha posto un'eccezione quando la prova dichiarativa è stata verbalizzata tramite videoregistrazione e si stia svolgendo un dibattimento innanzi ad un giudice diverso (o davanti ad un collegio diversamente composto) nel contraddittorio con la persona nei cui confronti le dichiarazioni medesime saranno utilizzate. In tal caso, il giudice dovrà disporre la riassunzione della prova solo quando lo ritenga necessario sulla base di specifiche esigenze.

La decisione basata su prove legittimamente acquisite in dibattimento. Un corollario del principio di immediatezza è espresso nell'art. 526: « il giudice non può utilizzare ai fini della deliberazione prove diverse da quelle legittimamente acquisite nel dibattimento ». Il codice non dispone che *soltanto* le prove assunte *oralmente* in dibattimento siano utilizzabili; viceversa, ammette che lo siano tutte le prove *legittimamente acquisite* in tale fase. Facendo ciò, la norma rinvia alle singole disposizioni che stabiliscono quando l'acquisizione è legittima. Dall'insieme di tali norme è possibile ricavare, per sintesi, che il codice dimostra una spiccata preferenza per le prove raccolte oralmente in dibattimento, pur senza disconoscere forme di acquisizione di prove precostituite (ad esempio, la lettura dei verbali degli atti irripetibili che sono inseriti nel fascicolo per il dibattimento; art. 511).

d) Il principio della concentrazione impone che non vi siano intervalli di tempo tra l'assunzione delle prove in udienza, la discussione finale e la deliberazione della sentenza. La concentrazione tra tali momenti del dibattimento garantisce che la decisione sia il prodotto fedele delle risultanze del processo, evitando che l'attenzione del giudice venga meno: i lunghi intervalli di tempo possono ingannare la memoria.

Per quanto concerne lo svolgersi del dibattimento, il principio della concentrazione è posto dall'art. 477, comma 1: « quando non è assolutamente possibile esaurire il dibattimento in una sola udienza, il presidente dispone che esso venga proseguito nel giorno seguente non festivo » (10).

---

giudicante, la rinnovazione della prova testimoniale è sottoposta alle seguenti condizioni: 1) il diritto di chiedere il riascolto del teste compete solo alla parte che ne aveva chiesto l'ammissione nella propria lista; 2) la parte deve indicare le specifiche circostanze che rendono necessaria la rinnovazione della testimonianza al fine di evitare che questa sia superflua.

(10) L'art. 477, comma 2 prevede una deroga: « il giudice può sospendere il dibattimento soltanto per ragioni di assoluta necessità e per un termine massimo che, computate tutte le dilazioni, non oltrepassi i dieci giorni, esclusi i festivi ».

Ai sensi dell'art. 477, comma 3, « il presidente dà oralmente gli avvisi opportuni e l'ausiliario ne fa menzione nel verbale. Gli avvisi sostituiscono le citazioni e le notificazioni per coloro che sono comparsi o debbono considerarsi presenti ».

Quanto al rapporto tra l'assunzione della prova e la deliberazione, provvede l'art. 525, comma 1: « la sentenza è deliberata subito dopo la chiusura del dibattimento ».

Nella prassi giudiziaria, il principio della concentrazione è violato costantemente a causa dell'insufficienza delle strutture e dei mezzi dedicati all'amministrazione della giustizia.

La priorità assoluta di trattazione di determinati procedimenti. Il Parlamento ha cercato di ovviare a questa situazione mediante l'introduzione di criteri di priorità di alcuni procedimenti penali (art. 132-*bis* disp. att., introdotto dal decreto-legge sulla sicurezza n. 92 del 2008, convertito nella legge n. 125 dello stesso anno). Il meccanismo utilizzato è stato quello di elencare i reati per i quali deve essere assicurata la priorità assoluta nella trattazione delle relative udienze. Si tratta dei *delitti più gravi* (puniti con la pena della reclusione non inferiore nel massimo a quattro anni), ma anche dei delitti che destano *allarme sociale* (criminalità organizzata e terroristica, prevenzione degli infortuni sul lavoro, circolazione stradale e disciplina dell'immigrazione) e dei processi nei quali è obbligatorio adottare il *rito direttissimo* ed il *giudizio immediato*. Inoltre, la trattazione prioritaria è assicurata ai procedimenti con imputati detenuti, in relazione ai quali è stata conservata, con modifiche, una normativa vigente da tempo.

E ancora, con la legge n. 103 del 2017 (*riforma Orlando*) il Parlamento ha aggiunto i processi relativi ai più gravi delitti contro la pubblica amministrazione. Infine, la legge n. 36 del 2019 ha aggiunto i procedimenti penali che accertano le nuove circostanze della legittima difesa domiciliare. In definitiva, il legislatore ha limitato la discrezionalità che nel passato era stata lasciata ai dirigenti degli uffici giudicanti.

Come effetto, si è creata una corsia preferenziale per determinati delitti scelti in base ai più vari criteri; ma ciò ha comportato il rinvio della trattazione degli altri processi che concernono reati meno gravi o per i quali si procede contro imputati in libertà. Eppure, è noto che anche la repressione dei reati meno gravi è considerata essenziale per l'ordinata vita civile e per la pace sociale. La conseguenza pratica della riforma — con riferimento alla criminalità con trattazione "non prioritaria" — è stata quella di denegare la giustizia alle persone offese, che vedono le udienze che le riguardano rinviate *sine die* e che non possono neanche proseguire i processi in sede civile, se avevano scelto la sede penale, poiché lo impediscono le disposizioni dell'art. 75, comma 3 (11).

SEZ. II - GLI ATTI PRELIMINARI AL DIBATTIMENTO

4. La funzione degli atti preliminari al dibattimento.

a) Considerazioni generali. Come abbiamo anticipato, la sottofase degli atti preliminari al dibattimento ha la funzione di rendere possibile l'attuazione pratica dei

---

(11) In definitiva, invece di ridimensionare l'obbligatorietà dell'azione penale, bilanciandola con esigenze ed interessi parimenti meritevoli di tutela, si è lavorato sulla scorta di un automatismo massimalistico.

princìpi della pubblicità, del contraddittorio, dell'oralità, dell'immediatezza e della concentrazione.

La sottofase degli atti preliminari al dibattimento ha inizio nel momento in cui la cancelleria del giudice competente riceve il decreto che dispone il giudizio ed il fascicolo per il dibattimento (artt. 432 e 465). Gli atti preliminari terminano nel momento in cui, in udienza, il presidente dell'organo giudicante dichiara aperto il dibattimento (art. 492). In questa sottofase sono compiute attività sia dalle parti, sia dal presidente; l'intervento del collegio è soltanto eventuale e si verifica nell'ipotesi che sia pronunciato il proscioglimento anticipato (art. 469).

Ricordiamo che nel procedimento ordinario il compito di comunicare la data dell'udienza dibattimentale è demandato al giudice dell'udienza preliminare. Al termine di questa, nel momento in cui redige il decreto che dispone il giudizio, il giudice chiede al presidente dell'organo competente il *giorno* e l'*ora* dell'udienza dibattimentale (anche con mezzi telematici; art. 132 disp. att.). Di essi è data comunicazione alle parti presenti all'udienza preliminare mediante lettura del decreto che dispone il giudizio (art. 424, comma 1). All'imputato, alla persona offesa ed alle altre parti private, che siano state assenti in tale sede, è notificato il decreto che dispone il giudizio almeno venti giorni prima della data dell'udienza dibattimentale (artt. 429, comma 4 c.p.p. e 133 disp. att.). La procedura appena esposta si propone di agevolare una rapida instaurazione del dibattimento e di evitare i tempi di attesa. In ogni caso il codice tiene conto della possibilità che si verifichino fatti imprevisti ed attribuisce al presidente dell'organo giudicante il potere di anticipare o differire l'udienza per giustificati motivi, dandone comunicazione alle parti (art. 465).

La funzione necessaria prima dell'udienza. La sottofase degli atti preliminari al dibattimento svolge varie funzioni. La funzione che viene necessariamente espletata prima dell'udienza è quella di svelare quali sono i testimoni, consulenti tecnici, periti e imputati connessi dei quali una parte intende chiedere l'ammissione in dibattimento al momento delle richieste di prova (art. 493). A tale scopo ogni parte ha l'onere di depositare una lista contenente i nomi delle persone menzionate e le circostanze sulle quali deve vertere l'esame (art. 468, comma 1).

Le altre funzioni. La sottofase degli atti preliminari al dibattimento svolge anche altre funzioni, e cioè: ottenere dal presidente del collegio giudicante l'autorizzazione alla citazione dei testimoni, consulenti tecnici, periti e imputati connessi (art. 468, comma 2); consentire l'assunzione di prove urgenti (art. 467); permettere la pronuncia di una sentenza anticipata di proscioglimento (art. 469); assicurare la costituzione delle parti (art. 484, comma 2-*bis*); consentire la trattazione delle questioni preliminari (art. 491).

b) La lista dei testimoni, consulenti tecnici, periti e imputati connessi. In base all'art. 468, comma 1, le parti che intendono chiedere l'esame di testimoni, periti, consulenti tecnici e imputati connessi o collegati devono depositare in cancelleria, almeno sette giorni prima della data fissata per il dibattimento, la lista con la indicazione delle circostanze su cui deve vertere l'esame.

L'indicazione dei mezzi da assumere a prova principale. Il codice impone un vero e proprio "onere" di svelare in anticipo i mezzi di prova dichiarativa che la parte intende assumere in dibattimento a titolo di prova principale e le « circostanze su cui deve vertere l'esame » (art. 468, comma 1). È "prova principale" quella che tende a dimostrare l'esistenza di un fatto che la parte stessa afferma essere accaduto. Se l'onere di previa indicazione dei dichiaranti e dei fatti, che saranno oggetto dell'esame, non viene osservato, scatta la sanzione della inammissibilità per quella prova che la parte non ha indicato nella propria lista testi. L'inammissibilità sanzionerà quella domanda di ammissione del relativo mezzo di prova, che sarà presentata in dibattimento nel corso delle richieste di prova (art. 493); di modo che il giudice non dovrà valutare la richiesta della parte decaduta, limitandosi a dichiararla inammissibile.

Nella lista devono essere indicati i testimoni, periti o consulenti tecnici e imputati connessi e collegati che una parte intende sentire in dibattimento. Non devono essere indicate le parti private, perché queste godono del potere di non consentire all'esame (art. 208).

La dottrina tradizionale ritiene che la funzione della lista sia quella di permettere la *discovery*, e cioè di assicurare una previa conoscenza alle altre parti, in modo da evitare "prove a sorpresa". In effetti, ciascuna delle parti ha diritto ad esaminare in cancelleria le liste presentate dalle altre parti ed in tal modo può conoscere per tempo quella che sarà la prevedibile richiesta di ammissione di prove che le altre parti formuleranno nel corso delle richieste introduttive (art. 493).

Il diritto all'ammissione della prova contraria. La funzione più importante delle liste consiste nel mettere in grado ciascuna delle parti di esercitare il proprio *diritto all'ammissione della prova contraria* previsto, nei suoi aspetti "procedimentali", dall'art. 468, comma 4: in relazione alle circostanze indicate nelle liste altrui, ciascuna parte può chiedere l'autorizzazione alla citazione a prova contraria di testimoni, periti, consulenti tecnici e imputati connessi o collegati « non compresi nella propria lista » (e cioè, non compresi tra le prove principali). Altrimenti, può presentarli direttamente in dibattimento "a prova contraria" e chiederne l'ammissione nelle richieste di prova ai sensi dell'art. 493. È prova contraria quella che tende a negare l'esistenza di un fatto affermato da una prova principale. Può essere una prova negativa del medesimo fatto: ad esempio, un teste afferma che in quel giorno Tizio non era in una piazza. Ma può anche essere la prova affermativa di un differente fatto, che è incompatibile con l'esistenza del primo; ad esempio, un alibi.

Altra funzione della lista è quella di permettere alle parti di preparare il controesame che intendono svolgere nei confronti dei dichiaranti.

Ricordiamo che le parti private in questa fase hanno piena conoscenza degli atti raccolti nelle indagini e nell'udienza preliminare. Infatti, esse hanno potuto prendere visione del fascicolo per il dibattimento, che si trova depositato presso la cancelleria dell'organo giudicante (art. 466). Parimenti hanno potuto esaminare il fascicolo del pubblico ministero, che deve essere depositato presso la segreteria (art. 433, comma 2). Pertanto tutte le parti sono in grado di indicare quali sono le persone che vogliono chiamare a deporre a prova principale. Una volta che le liste sono state presentate, ciascuna delle parti può valutare la convenienza di chiedere l'ammissione di altre persone « a prova contraria » (art. 468, comma 4). Il termine massimo per esercitare il "diritto alla prova contraria", in relazione a ciò che è indicato nelle liste, è il momento delle richieste di prova (art. 493). Dopo di che le successive domande delle parti potranno essere valutate dal giudice in modo discrezionale in base all'art. 507.

Ai sensi dell'art. 468, comma 5, il presidente deve in ogni caso disporre la citazione del perito nominato nell'incidente probatorio.

c) ***L'autorizzazione a citare i dichiaranti.*** Le parti, nel momento in cui presentano le liste, hanno la possibilità di chiedere al presidente del collegio giudicante la citazione delle persone delle quali intendono ottenere l'esame in dibattimento. Le parti potrebbero, in verità, presentare testimoni e consulenti tecnici direttamente in udienza (art. 468, comma 3). Tuttavia, se vogliono renderne obbligatoria la presenza, hanno l'onere di chiederne la citazione. Il presidente ha il potere di autorizzare la citazione escludendo le testimonianze vietate dalla legge e quelle manifestamente sovrabbondanti (art. 468, comma 2). La richiesta di citazione può essere presentata anche per i soggetti dei quali si intende chiedere in dibattimento l'esame "a prova contraria"; non occorre rispettare il termine di sette giorni liberi prima del dibattimento (art. 468, comma 4). Ovviamente la richiesta deve essere presentata in tempo utile perché la citazione possa avvenire per il dibattimento (art. 142 disp. att.).

La legge n. 479 del 1999 ha altresì previsto la possibilità che il presidente disponga la citazione « per la data fissata per il dibattimento ovvero per altre successive udienze nelle quali (...) sia previsto l'esame » (art. 468, comma 2). Un simile accorgimento è comunemente adottato nella prassi giudiziaria; la prima udienza è diventata un'udienza di comparizione delle parti.

d) ***L'assunzione di prove urgenti.*** La seconda funzione della sottofase in esame è quella di permettere l'assunzione delle prove "urgenti", e cioè non rinviabili al dibattimento (art. 467). L'assunzione di tali prove è richiesta dalle parti al presidente del collegio giudicante « nei casi previsti dall'art. 392 », e cioè quando è possibile procedere a incidente probatorio. Qualora il presidente accolga la richiesta, le prove urgenti sono assunte in una udienza che si svolge in forme diverse da quelle previste per l'incidente probatorio. Si tratta di una vera e propria udienza dibattimentale anticipata, che si celebra con la presenza del pubblico; tuttavia non interviene il collegio giudicante, ma soltanto il presidente dello stesso.

e) ***La pronuncia della sentenza anticipata di proscioglimento.*** La terza funzione, che può essere svolta eventualmente dalla sottofase degli atti preliminari al dibattimento, è quella di permettere l'emissione di una sentenza anticipata di proscioglimento nei casi nei quali l'azione penale non doveva essere iniziata (es., mancanza della querela) o non deve essere proseguita (es. perché è stato confermato il segreto di Stato); o nei casi nei quali il reato è estinto (es., amnistia o prescrizione) (art. 469). La sentenza in questione può essere emessa soltanto quando, per accertare l'improcedibilità o l'estinzione del reato, non è necessario assumere prove; occorre inoltre che l'imputato ed il pubblico ministero non si oppongano. La sentenza di non doversi procedere è emessa dal collegio giudicante in camera di consiglio (art. 127) « sentiti il pubblico ministero e l'imputato » ed è inappellabile; di regola, la sentenza è pronunciata nell'udienza già fissata per il dibattimento, ma prima della dichiarazione di apertura del medesimo.

Ove dagli atti appaia evidente l'innocenza dell'imputato, il giudice non può pronunciare sentenza anticipata di proscioglimento, bensì deve procedere a dibattimento. Infatti, la naturale ristrettezza delle formalità della sottofase degli atti preliminari al dibattimento non permette di riconoscere quel diritto dell'imputato al proscioglimento nel merito (art. 129, comma 2) che « presuppone necessariamente l'instaurazione di un giudizio in senso proprio » (Cass., sez. un., 19 dicembre 2001-25 gennaio 2002, Angelucci, in *Cass. pen.*, 2002, 1618).

La particolare tenuità del fatto. In base al nuovo comma 1-*bis*, introdotto nell'art. 469 dal d.lgs. n. 28 del 2015, la sentenza anticipata di proscioglimento può essere pronunciata anche se è presente la *causa di non punibilità* prevista dall'art. 131-*bis* c.p., e cioè quando, per le *modalità della condotta* e per *l'esiguità del danno o del pericolo*, l'offesa è di particolare tenuità ed il comportamento risulta non abituale (il nuovo istituto è esposto nella Parte III, cap. 2, § 3, lett. *c*).

In tal caso, oltre alla mancata opposizione del pubblico ministero e dell'imputato, occorre che « anche » la persona offesa sia stata previamente ascoltata in camera di consiglio, se comparsa; pertanto dovrà anche essere sentito l'imputato, se comparso. All'evidenza, il proscioglimento per tenuità del fatto adempie alla finalità di tutelare le esigenze deflattive del processo e, sotto tale profilo, si discosta rispetto all'originaria *ratio* ispiratrice dell'art. 469, comma 1, che voleva limitare l'uso del proscioglimento anticipato alle ipotesi di mero rito che non richiedano l'accertamento di profili di merito.

f) Le indagini integrative. Una volta che sia stato emesso il decreto che dispone il giudizio, il pubblico ministero e il difensore possono compiere attività integrativa di indagine con esclusione degli « atti per i quali è prevista la partecipazione dell'imputato o del difensore di questo » (art. 430, comma 1; ad es., il pubblico ministero può procedere a perquisizioni). In definitiva si possono assumere quegli atti per i quali non occorre dare preavvisi (al difensore o, rispettivamente, al pubblico ministero *ex* art. 391-*decies* comma 3); viceversa, ove debba essere assunto un atto che prevede il contraddittorio e tale atto non sia rinviabile al dibattimento, non vi è altro strumento se non l'assunzione della prova "urgente" (art. 467).

Le indagini integrative sono sottoposte ad un contraddittorio successivo; l'art. 430, comma 2 dispone che la documentazione di tali atti sia immediatamente depositata nella segreteria del pubblico ministero « con facoltà delle parti di prenderne visione e di estrarne copia ». La documentazione delle indagini integrative è inserita nei fascicoli del pubblico ministero e del difensore soltanto « quando di essa le parti si sono servite per la formulazione di richieste al giudice del dibattimento e quest'ultimo le ha accolte » (art. 433, comma 3, mod. dalla legge n. 397 del 2000).

Merita a questo punto richiamare l'art. 430-*bis*, introdotto dalla legge n. 479 del 1999, al quale abbiamo già accennato. La disposizione vieta alla polizia giudiziaria, al pubblico ministero ed al difensore di assumere informazioni dalle persone indicate *da altra parte* nelle liste testimoniali (art. 468). Ove il divieto non sia rispettato, la norma commina la inutilizzabilità delle dichiarazioni eventualmente raccolte.

5. La costituzione delle parti e le questioni preliminari.

In udienza, prima che inizi il dibattimento, si svolgono alcune attività che fanno parte ancora degli atti preliminari al dibattimento stesso. Tali attività consistono nel controllo della regolare costituzione delle parti (compiuto dal presidente del collegio giudicante) e nella discussione di eventuali questioni preliminari che siano state sollevate dal pubblico ministero o dai difensori delle parti.

a) Il diritto dell'imputato a partecipare al dibattimento. Il codice vuole garantire in modo rigoroso il *diritto* dell'imputato a partecipare al processo. In tal senso ha disposto la legge n. 67 del 2014, in adempimento di obblighi internazionali.

L'art. 484, comma 2-*bis*, rende applicabili « in quanto compatibili » le disposizioni degli articoli 420-*bis*, 420-*ter*, 420-*quater* e 420-*quinquies*, e cioè le disposizioni dell'udienza preliminare che disciplinano il controllo sulla regolarità delle citazioni, l'assenza dell'imputato e la dichiarazione di sospensione del processo contro l'imputato irreperibile. Si tratta di norme che abbiamo ampiamente esposto nel capitolo sull'udienza preliminare, così come sono state modificate dalla legge n. 67 del 2014. In questo capitolo sul dibattimento consideriamo richiamato l'intero § 1 del capitolo 3 (udienza preliminare) della parte III; per motivi di spazio ci esentiamo dal riprodurre pedissequamente quanto ivi precisato ed esponiamo una sintesi riferita alla fase dibattimentale [12].

1) *La valutazione della regolarità della notifica.* All'inizio dell'udienza dibattimentale il giudice deve controllare se vi è stata regolare costituzione delle parti (art. 420, comma 1). Se le parti sono comparse non sorgono particolari problemi: il verbale d'udienza documenta se è presente l'imputato, quale è il suo difensore ed, eventualmente, quale avvocato rappresenta la parte civile, il responsabile civile ed il civilmente obbligato per la pena pecuniaria. È questo il termine ultimo entro il quale il danneggiato dal reato ha facoltà di costituirsi parte civile, comparendo per mezzo di un difensore (art. 79, comma 1).

Il giudice, se accerta la nullità di un avviso o di una notificazione, deve fissare la data della nuova udienza e deve ordinare la rinnovazione della *vocatio in iudicium* (art. 420, comma 2).

Quindi il giudice procederà ai medesimi accertamenti che abbiamo illustrato quando abbiamo trattato dell'udienza preliminare (parte III, cap. 4, § 1, lett. *a*). Infatti, anche dal punto di vista sistematico, le norme in esame sono collocate in sede di udienza preliminare, con rinvio al dibattimento.

2) *L'assenza del difensore.* Se il difensore dell'imputato non è presente, il giudice designa un sostituto che sia immediatamente reperibile (artt. 420, comma 3 e 97, comma 4). Questi esercita i diritti ed assume i doveri del difensore di fiducia o d'ufficio (art. 102, comma 2).

Nel caso in cui risulta che l'assenza del difensore è dovuta ad assoluta impossibilità di comparire per legittimo impedimento (purché prontamente comunicato), il giudice fissa con ordinanza la data della nuova udienza e ne dispone la notificazione all'imputato (art. 420-*ter*, comma 5).

3) *Il legittimo impedimento dell'imputato.* Dopo la verifica della regolarità della notifica, occorre valutare la *causa della mancata comparizione* dell'imputato. Ai sensi

---

[12] Per quanto concerne la normativa intertemporale, si veda la legge 11 agosto 2014, n. 118, recante « norme transitorie per l'applicazione della disciplina della sospensione del procedimento penale nei confronti degli irreperibili ».

dell'art. 420-*ter*, comma 1, il giudice ha il potere di accertare se l'imputato ha un legittimo impedimento e se questo provoca un'assoluta impossibilità di comparire in udienza; se le due condizioni sussistono, il giudice deve disporre il rinvio ad una nuova udienza e ordinare la rinnovazione della citazione a giudizio.

4) ***L'imputato "considerato presente".*** Ai sensi dell'art. 420-*bis*, comma 3, l'imputato che, dopo essersi presentato, si è allontanato dall'udienza o che, presentatosi ad una udienza, non compare ad una successiva, è « considerato presente » ed è rappresentato dal difensore. Il solo fatto di aver presenziato ad una udienza è considerato logicamente incompatibile con la possibilità di dichiarare l'assenza dell'imputato.

5) ***L'imputato che ha rinunciato ad assistere.*** Ai sensi dell'art. 420-*bis*, comma 1, se l'imputato, libero o detenuto, non è presente all'udienza e ha espressamente rinunciato ad assistervi, il giudice procede in sua assenza. La rinuncia è valida anche se l'imputato ha un legittimo impedimento.

6) ***L'imputato dichiarato "assente".*** Quando l'imputato non ha un legittimo impedimento a comparire o quando l'impedimento non provoca un'assoluta impossibilità di comparire in udienza, il giudice valuta se l'imputato possa essere considerato assente "consapevole".

Il codice (art. 420-*bis*, comma 2) prevede alcuni fatti sintomatici tipici dai quali il giudice può ricavare se risulta con certezza che l'imputato è a conoscenza del procedimento; quindi il codice stabilisce, con una norma di chiusura, che il giudice in base a fatti non tipici può accertare « comunque » con certezza che l'imputato è a conoscenza del procedimento o si è volontariamente sottratto alla conoscenza del procedimento o di atti del medesimo.

I fatti sintomatici tipici sono i seguenti:

a) l'imputato ha « dichiarato o eletto domicilio »;

b) l'imputato è « stato arrestato, fermato o sottoposto a misura cautelare »;

c) l'imputato ha « nominato un difensore di fiducia »;

d) l'imputato ha « ricevuto personalmente la notificazione dell'avviso dell'udienza ».

In presenza dei fatti sintomatici tipici o atipici, sopra menzionati, il giudice pronuncia « ordinanza che dispone di procedere in assenza »; l'imputato è rappresentato dal difensore (art. 420-*bis*, comma 3).

7) ***La sospensione del processo nei confronti dell'imputato irreperibile.*** Può accadere che nei confronti dell'imputato non comparso, che sia stato destinatario di una notifica formalmente valida, risulti impossibile far operare i meccanismi presuntivi sopra ricordati. È l'ipotesi in cui manchino i fatti sintomatici tipici o comunque non risulti « con certezza » che l'imputato è a conoscenza del procedimento o si è volontariamente sottratto alla conoscenza dello stesso.

In tal caso, poiché le presunzioni risultano disinnescate ed il giudice non può dichiarare l'assenza "consapevole", l'ordinamento tenta *in extremis* di assicurare la conoscenza personale della *vocatio in iudicium*. Difatti, il giudice deve rinviare l'udienza e disporre che l'avviso sia notificato all'imputato personalmente ad opera della polizia giudiziaria (art. 420-*quater*, comma 1) ([13]).

Se la notifica personale ha successo e l'imputato non compare, il giudice dichiara di procedersi in assenza.

Ma se la notifica a mani proprie « non risulta possibile », il giudice deve disporre con ordinanza la sospensione del processo nei confronti dell'imputato non comparso (art. 420-*quater*, comma 2). È, dunque, chiaro che l'area operativa della sospensione finisce per coincidere con le ipotesi nelle quali l'imputato risulta non reperibile.

In base all'art. 143-*bis* disp. att., il giudice deve trasmettere al CED del ministero dell'interno l'ordinanza di sospensione del processo e la citazione per l'udienza che è stata rinviata; quando la polizia per strada identificherà l'imputato, accerterà nel CED la presenza della c.d. *nota di rintraccio* e condurrà l'imputato stesso nei propri uffici per notificargli l'atto redatto dall'autorità giudiziaria.

La sospensione nei confronti dell'irreperibile non può essere disposta se deve essere pronunciata sentenza di proscioglimento ai sensi dell'art. 129. Infatti, se risulta prospettabile un epilogo liberatorio, le esigenze di giustizia e di tutela della presunzione di innocenza impongono di pervenire a sentenza anche nei confronti dell'imputato "irreperibile".

Una volta emessa l'ordinanza di sospensione del processo, è inibita ogni attività, salva l'acquisizione delle prove non rinviabili che il giudice deve disporre a richiesta di parte con le modalità stabilite per il dibattimento (art. 420-*quater*, comma 3).

L'arresto del procedimento comporta che ne sia disposta la separazione dagli altri processi riuniti (art. 18, comma 1, lett. *b*). Ancora, è sospesa la prescrizione del reato (art. 159, comma 3-*bis* c.p.). Infine, la parte civile può proseguire l'azione per ottenere la condanna al risarcimento del danno nei confronti dell'imputato nella sede civile, poiché l'art. 75, comma 3 è stato dichiarato non applicabile.

b) Gli accertamenti successivi alle ordinanze di procedersi in assenza e di sospensione del processo. Nel corso dell'udienza dibattimentale può accadere che il giudice accerti situazioni, previste dalla legge, nelle quali egli deve revocare l'ordinanza di procedersi in assenza (art. 420-*bis*, comma 2) o l'ordinanza di sospensione del processo per irreperibilità (art. 420-*quater*, comma 2). Considerata la complessità della materia, indichiamo tali adempimenti proseguendo la precedente numerazione, per comodità del lettore.

6-bis) La revoca dell'ordinanza di procedersi in assenza. Nel corso dell'udienza dibattimentale, l'ordinanza dichiarativa dell'assenza dell'imputato è revocata anche d'ufficio nei casi seguenti.

La mera comparizione tardiva. L'art. 420-*bis*, comma 4, formula l'ipotesi che l'imputato compaia « prima della decisione ». Se l'imputato non fornisce la prova della mancata conoscenza incolpevole della celebrazione del processo o della impos-

---

([13]) Come abbiamo accennato, perché si possa procedere in tal senso occorre che la notificazione non sia nulla, che non esistano fatti sintomatici che dimostrano con certezza la conoscenza del procedimento, che non vi sia stata rinuncia a comparire, né che sia presente un legittimo impedimento.

sibilità di comparire senza sua colpa, si provvede ad una semplice revoca dell'ordinanza « di procedersi in assenza » e l'udienza prosegue nel modo ordinario.

La comparizione tardiva con prova della mancata conoscenza. Quando l'imputato « fornisce la prova che l'assenza » è « dovuta ad una incolpevole mancata conoscenza della celebrazione del processo » oppure « dimostra che versava nella assoluta impossibilità di comparire per caso fortuito, forza maggiore o altro legittimo impedimento e che la prova dell'impedimento è pervenuta con ritardo senza sua colpa » (art. 420-*bis*, comma 4), il giudice deve rinviare l'udienza dibattimentale e l'imputato ha sia il diritto di formulare quelle richieste di prova che si collocano prima dell'istruzione dibattimentale, sia il diritto di chiedere la rinnovazione di prove già assunte « ferma restando in ogni caso la validità degli atti regolarmente compiuti in precedenza ». Infine, l'imputato può rendere dichiarazioni spontanee e può chiedere il rito abbreviato o il patteggiamento (art. 489, commi 1 e 2).

L'accertamento della mancata conoscenza del procedimento. Con una "norma di chiusura", l'art. 420-*bis*, comma 5 prevede la revoca dell'ordinanza di procedersi in assenza quando il giudice accerta, in positivo, che esistevano le condizioni per dichiarare la sospensione del processo contro l'irreperibile. Infatti, l'art. 420-*bis*, comma 5, stabilisce che l'ordinanza di assenza deve essere revocata se risulta che il procedimento, « per l'assenza dell'imputato, doveva essere sospeso ai sensi delle disposizioni » dell'art. 420-*quater*. In forza di tale rinvio, il giudice deve ordinare alla polizia giudiziaria il tentativo di notifica personale della *vocatio in iudicium*.

7-*bis*) *La revoca dell'ordinanza di sospensione del processo.* Allo scadere di un anno dalla pronuncia dell'ordinanza di sospensione del processo (art. 420-*quater*, comma 2), o anche prima quando ne ravvisi l'esigenza, il giudice deve disporre « nuove ricerche dell'imputato per la notifica dell'avviso » (art. 420-*quinquies*, comma 1); si tratta — interpretando la disposizione in modo sistematico — della citazione per l'udienza che il giudice ha rinviato all'anno successivo (F. Focardi).

Il giudice deve revocare l'ordinanza di sospensione del processo nei seguenti casi (art. 420-*quinquies*, comma 2):

a) se le ricerche di cui al comma 1 hanno avuto esito positivo;

b) se l'imputato ha nel frattempo nominato un difensore di fiducia;

c) in ogni altro caso in cui vi sia la prova certa che l'imputato è a conoscenza del procedimento avviato nei suoi confronti;

d) se deve essere pronunciata sentenza di proscioglimento a norma dell'art. 129.

Con l'ordinanza di revoca della sospensione del processo il giudice fissa la data per la nuova udienza, disponendo che l'avviso sia notificato all'imputato e al suo difensore, alle altre parti private e alla persona offesa, nonché comunicato al pubblico ministero (art. 420-*quinquies*, comma 3). All'udienza l'imputato può chiedere il giudizio abbreviato o il patteggiamento (art. 420-*quinquies*, comma 4).

c) *Le questioni preliminari.* Dopo che è stato compiuto l'accertamento della costituzione delle parti vi è la possibilità, per le parti stesse, di proporre eventuali questioni preliminari (art. 491). Vi è l'onere di proporre tali questioni « subito dopo compiuto per la prima volta l'accertamento della costituzione delle parti »; dopo tale momento, alcune questioni sono precluse, e cioè non possono più formare oggetto di discussione ([14]).

Vi sono questioni preliminari che sono assolutamente precluse in momenti successivi ([15]) ed altre che per le quali la preclusione va incontro ad una eccezione: esse possono essere discusse anche successivamente, ma occorre che la possibilità di proporle sorga soltanto nel corso del dibattimento ([16]).

Sez. III - Il dibattimento

6. L'apertura del dibattimento e le richieste di prova.

Il controllo della costituzione delle parti e la discussione e decisione delle eventuali questioni preliminari sono le ultime attività della sottofase degli atti preliminari al dibattimento. A questo punto il presidente dichiara aperto il dibattimento e fa dare lettura dell'imputazione (art. 492).

Il dibattimento è il momento principale della fase del giudizio di primo grado. Il suo nucleo centrale è l'istruzione dibattimentale, nella quale la prova si forma nel contraddittorio delle parti mediante l'esame incrociato.

Il dibattimento si apre, come abbiamo accennato, con la *lettura del capo di imputazione* (art. 492); prosegue con le *richieste di prove* e *l'istruzione dibattimentale*; termina con la *discussione delle parti* (art. 523).

a) Le richieste di prova sono presentate dal pubblico ministero e, nell'ordine, dai difensori delle parti private eventuali (parte civile, responsabile civile, persona civilmente obbligata per la pena pecuniaria) e dal difensore dell'imputato. Nelle richieste la singola parte indica i fatti che intende provare e chiede l'ammissione delle relative prove (art. 493).

L'ordine delle richieste. L'ordine in cui le parti formulano le proprie richieste rispecchia il principio dell'onere della prova: per primi parlano il pubblico ministero e la parte civile. La difesa ha il diritto di sapere quali sono le prove che l'accusa intende presentare, prima di dover chiedere l'ammissione delle proprie. Nel complesso, le parti hanno l'onere di anticipare la propria strategia processuale. In precedenza, al momento del deposito delle liste testimoniali, ogni parte ha indicato le persone delle quali intende chiedere l'escussione a prova principale e le circostanze sulle quali deve vertere l'esame (art. 468). Nel momento delle richieste di prova

---

([14]) Le questioni proposte dalle parti sono discusse dal pubblico ministero e da un difensore per ogni parte privata « nei limiti di tempo strettamente necessari » alla loro illustrazione e sono immediatamente decise dall'intero collegio con ordinanza. Non sono ammesse repliche (art. 491, comma 3); pertanto la parte che propone la questione deve prevedere quali saranno le obiezioni della controparte e rispondere a queste in anticipo.

([15]) Ai sensi dell'art. 491 comma 1 esse concernono: 1) Le questioni relative alla competenza per territorio o per connessione; 2) le questioni riguardanti le nullità indicate nell'art. 181 commi 2 e 3 (si tratta delle nullità relative intervenute negli atti di indagine, nell'incidente probatorio e nell'udienza preliminare); 3) le questioni preliminari concernenti la regolare costituzione delle parti private diverse dall'imputato.

([16]) In base all'art. 491, comma 2 esse hanno ad oggetto: *a*) le questioni concernenti il contenuto del fascicolo per il dibattimento; *b*) i problemi che riguardano la riunione o la separazione dei giudizi.

occorre che ciascuna parte chieda l'ammissione di tutte le prove (sia orali, sia reali) delle quali intende servirsi. In particolare, le parti devono precisare anche le fonti che intendono assumere "a prova contraria", e cioè per contrastare prove richieste da un'altra parte. In definitiva, le richieste di prova tendono a delineare, ovviamente nei limiti del prevedibile, l'oggetto dell'istruzione dibattimentale.

L'indicazione dei fatti da provare. L'illustrazione dei fatti che ciascuna parte vuole dimostrare è funzionale alla decisione sull'ammissione delle prove. Il giudice conosce soltanto i pochi elementi che si ricavano dal fascicolo per il dibattimento. Poiché l'organo giudicante non conosce le indagini svolte, spetta alle parti, titolari del diritto alla prova, presentare le richieste di ammissione dei mezzi di prova.

La richiesta di ammissione è valutata dal giudice nella sua pertinenza e rilevanza in relazione al fatto che deve essere provato (tema di prova). Ecco perché il codice precisa che le parti, prima delle richieste, « indicano i fatti che intendono provare ». Nel caso del pubblico ministero, si tratta dei fatti che dimostrano l'esistenza del fatto storico descritto nell'imputazione; per l'imputato, si tratta dei fatti che sostengono la linea difensiva (mera non credibilità o inattendibilità delle prove di accusa o prova di fatti incompatibili con l'accusa).

La riforma Cartabia (legge delega n. 134 del 2021) imporrà alle parti di illustrare le rispettive richieste di prova « nei limiti strettamente necessari alla verifica dell'ammissibilità delle prove » ai sensi dell'art. 190 c.p.p.; l'intenzione del legislatore è stata quella di contenere i tempi lasciando spazio alla dialettica delle parti nel momento in cui il giudice deve dare una valutazione sulla non manifesta superfluità.

Il divieto di lettura di atti di indagine. L'art. 493, comma 4 precisa che nel corso delle richieste di prova il presidente « impedisce ogni divagazione, ripetizione e interruzione e ogni lettura o esposizione del contenuto degli atti compiuti durante le indagini preliminari ». Quest'ultimo inciso è dovuto alla legge n. 479 del 1999. L'espressa previsione intende contrastare la prassi, seguita da alcuni pubblici ministeri, di leggere (o addirittura di consegnare al giudice) memorie nelle quali si dava ampio spazio ad atti di indagine, la conoscenza dei quali è preclusa al giudice del dibattimento.

Il legislatore del 1999 ha voluto impedire che le parti facessero in questo momento il resoconto delle indagini svolte. La *ratio* è quella di mantenere il giudice psichicamente neutrale, e cioè non influenzato dal racconto di indagini svolte in modo unilaterale dalle parti. Ed infatti, il giudice conosce soltanto il fascicolo per il dibattimento, mentre non può leggere quello del pubblico ministero.

b) L'ammissione delle prove. Il giudice deve ammettere la prova quando essa è pertinente e quando vi sia anche soltanto il dubbio che possa essere rilevante e non sovrabbondante; deve essere esclusa la prova vietata dalla legge. Il principio è illustrato in modo chiaro dalla rubrica dell'art. 190: le parti hanno un vero e proprio « diritto alla prova ».

Il giudice decide sulle richieste di ammissione senza ritardo con ordinanza (art. 190, comma 1). La disposizione dovrebbe porre fine alla prassi secondo cui il giudice si "riservava" di decidere in un momento successivo. Inoltre, la decisione di rigetto dell'ammissione di un mezzo di prova deve essere motivata: l'imputato può, tuttavia, proporre impugnazione avverso l'ordinanza solo unitamente a quella contro la sentenza (art. 586).

L'ammissione della prova contraria. Ai sensi dell'art. 495, comma 2, « l'imputato ha diritto all'ammissione delle prove indicate a discarico sui fatti costituenti oggetto delle prove a carico; lo stesso diritto spetta al pubblico ministero in ordine alle prove a carico dell'imputato sui fatti costituenti oggetto delle prove a discarico ». Ricordiamo che la prova contraria non doveva essere anticipata nel momento del deposito delle liste testimoniali (art. 468): le "richieste di prova" (art. 493) costituiscono il momento ultimo per chiedere l'ammissione della prova contraria.

La prova può essere definita contraria quando tende a negare l'esistenza del fatto affermato dalla prova principale. La prova contraria, quando tende a negare l'esistenza del medesimo fatto che costituisce oggetto di una prova che è già stata ammessa, è per legge pertinente (es., il teste Tizio è citato dal pubblico ministero per riferire di aver visto l'imputato sul luogo del delitto; il difensore chiede l'ammissione del teste Caio il quale potrà riferire che l'imputato non si trovava in quel luogo). Il giudice deve, tuttavia, verificare che la prova contraria sia non manifestamente irrilevante: l'ammissione è disposta quando vi è anche soltanto il dubbio che essa possa fornire un contributo idoneo per la decisione ([17]).

c) La preclusione derivante dalla mancata presentazione della lista dei testimoni. Nell'illustrare gli atti preliminari al dibattimento abbiamo segnalato che l'art. 468, comma 1 impone alle parti a pena di inammissibilità di presentare almeno sette giorni prima della data del dibattimento la lista delle persone delle quali intendono chiedere l'esame. Ove il nome del singolo dichiarante (testimone, imputato connesso, perito o consulente tecnico) non sia stato inserito nella lista, la richiesta di sentirlo in dibattimento è inammissibile. Tale sanzione ha lo scopo di permettere alle altre parti di esercitare il diritto alla prova contraria. Tuttavia, il successivo art. 493, comma 2 esclude la sanzione di inammissibilità in quanto ammette che il giudice possa acquisire le prove non indicate nella lista « quando la parte che le richiede dimostra di non averle potute indicare tempestivamente ».

Al di fuori di quanto sopra, le parti che non abbiano adempiuto all'onere di presentare le liste possono ancora chiedere l'ammissione di prove; tuttavia non hanno il "diritto" di ottenere un provvedimento in tal senso, poiché la loro richiesta è subordinata al potere discrezionale del giudice di ammettere le nuove prove nei limiti

([17]) In una categoria particolare di prova *contraria* rientrano quelle prove che nella prassi sono denominate *ex adverso* poiché diventano rilevanti soltanto all'esito dell'escussione di un'altra prova. Ciò avviene, ad esempio, quando il testimone A afferma di non essere mai stato in una determinata piazza in un dato giorno, mentre la controparte può indicare una fonte B (ad esempio, un testimone o un documento fotografico) dal quale risulta il contrario. Quest'ultima prova diventa "rilevante" soltanto quando il testimone A nega l'esistenza di un determinato fatto; quindi, l'ammissione della fonte B (testimone o documento) può essere richiesta soltanto *dopo* che si è verificata l'escussione della prova A e questa abbia dato un determinato risultato. Pertanto, della prova *ex adverso* può essere chiesta l'ammissione anche dopo che è scaduto il termine ordinario per la richiesta di ammissione delle prove (art. 495, comma 2).

previsti dall'art. 507, e cioè quando queste ultime siano « assolutamente » necessarie per accertare il fatto storico (v. *infra*, § 10) ([18]).

d) Le dichiarazioni spontanee. Dopo che le parti hanno formulato le proprie richieste di prova, il presidente informa l'imputato che egli ha la facoltà di rendere in ogni stato del dibattimento le « dichiarazioni che ritiene opportune, purché esse si riferiscano all'oggetto dell'imputazione e non intralcino l'istruzione dibattimentale » (art. 494, comma 1). Queste dichiarazioni, denominate « spontanee », sono un atto diverso dall'esame dell'imputato. Il punto di differenza consiste nel fatto che l'imputato non si offre al controesame della parte avente un interesse opposto; e pertanto non rischia di essere messo in difficoltà da domande della controparte.

e) L'acquisizione concordata di atti di indagine. È consentita l'acquisizione concordata al fascicolo del dibattimento di « atti contenuti nel fascicolo del pubblico ministero, nonché della documentazione relativa all'attività di investigazione difensiva » (art. 493, comma 3). Si tratta di una previsione identica a quella che opera al momento della formazione del fascicolo per il dibattimento al termine dell'udienza preliminare (art. 431, comma 2; per la relativa regolamentazione v. *supra* parte III, cap. III, § 6). L'art. 493, comma 3 non chiarisce se tale facoltà di acquisizione concordata possa essere esercitata esclusivamente al momento delle richieste di prova o anche successivamente nel corso del dibattimento. È preferibile la seconda soluzione, giacché l'istituto non ha carattere eccezionale, bensì costituisce espressione del diritto alla prova ed è una forma di dialettica alternativa al contraddittorio (in senso analogo, v. Corte cost., ord. n. 182 del 2001).

Il potere integrativo del giudice ed il principio dispositivo attenuato. A chiusura del sistema è collocato il potere del giudice di disporre anche d'ufficio l'assunzione di mezzi di prova relativi agli atti acquisiti su accordo delle parti (art. 507, comma 1-*bis*). Sotto tale profilo, il potere dell'organo giudicante costituisce il *presidio* del contraddittorio nella formazione della prova, inteso in senso oggettivo, come metodo di accertamento dei fatti.

f) Approfondimento. Regime del "doppio binario" per la prova dichiarativa in procedimenti per associazione mafiosa ed assimilati. Il diritto ad ottenere l'ammissione della prova di tipo dichiarativo è stato limitato nelle ipotesi di imputazione avente ad oggetto i delitti di associazione mafiosa e alcuni reati in materia di violenza sessuale e di pedofilia (art. 190-*bis*) ([19]). La funzione della norma si ritiene comune-

---

([18]) Abbiamo già accennato trattando degli atti preliminari al dibattimento (§ 2) che le parti hanno l'onere di chiedere l'ammissione delle prove di altri procedimenti penali già nel momento in cui redigono le liste testimoniali (art. 468, comma 4-*bis*). La richiesta di ammissione è nuovamente presentata in dibattimento insieme alle altre richieste di prova (art. 493) ed il giudice decide unitamente alle stesse (art. 495). I verbali degli atti ammessi sono utilizzabili ciascuno nei limiti di quanto dispone l'art. 238 (v. Parte II, Cap. 4, § 6, lett. *d*).

Può anche accadere che una delle parti chieda l'esame di una persona (testimone o imputato connesso o collegato) della quale esistono dichiarazioni in un verbale di altro procedimento penale, ammesso come documento (art. 238). Soltanto in questo momento il giudice decide se autorizzare la citazione richiesta dalla parte (art. 468, comma 4-*bis*). La lettura di verbali di dichiarazioni « è disposta solo dopo l'esame della persona che le ha rese, a meno che l'esame non abbia luogo » (art. 511, comma 2 richiamato dall'art. 511-*bis*).

([19]) I casi sono i seguenti:

a) quando l'imputazione ha ad oggetto i delitti di associazione mafiosa o assimilati (art. 51, comma 3-*bis*);

mente essere quella di impedire la c.d. usura delle fonti di prova, e cioè di evitare che il dichiarante debba presentarsi a più udienze in vari processi e vada incontro inutilmente a rischi di intimidazione.

Se la persona, che una parte vuole sentire in dibattimento, ha già reso dichiarazioni in sede di incidente probatorio (o le sue dichiarazioni provenienti da altro procedimento sono state acquisite in base all'art. 238), l'esame è ammesso soltanto in due casi (art. 190-*bis*):

1) se riguarda fatti o circostanze diversi da quelli oggetto delle precedenti dichiarazioni;

2) se il giudice o una delle parti lo ritengono necessario sulla base di specifiche esigenze ([20]).

7. L'istruzione dibattimentale.

Il secondo momento del dibattimento è costituito da quella che è denominata dal codice « istruzione dibattimentale »; in tale momento sono assunte le prove.

A sua volta, l'istruzione dibattimentale è suddivisa in *porzioni di tempo* all'interno delle quali si dà luogo all'assunzione delle prove richieste dalla singola parte ed ammesse dal giudice. In base all'art. 496 « l'istruzione dibattimentale inizia con l'assunzione delle prove richieste dal pubblico ministero e prosegue con l'assunzione di quelle richieste da altre parti », e cioè dalla parte civile e dall'imputato.

L'ordine dei "casi". L'ordine nel quale si svolge l'istruzione dibattimentale rispetta i due princìpi generali dell'onere della prova (art. 27, comma 2 Cost.) e della disponibilità della prova (art. 190 c.p.p.). Quelle che abbiamo definito *porzioni di tempo*, all'interno delle quali ciascuna parte provvede all'assunzione delle prove richieste, sono denominate "casi" nel processo anglosassone. Il "caso" dell'accusa precede il "caso" della difesa perché occorre rispettare il principio dell'onere della prova: spetta a colui che accusa provare la reità dell'imputato. L'ultimo "caso" è quello dell'imputato, poiché questi ha il diritto di conoscere l'esito delle prove a carico. La successione dei casi, prevista dal codice, può essere modificata soltanto ove tutte le parti concordino un ordine diverso (art. 496, comma 2); ciò costituisce espressione del principio della disponibilità della prova.

Il "caso" dell'accusa, come pure il "caso" della difesa, comprende l'assunzione delle prove orali diverse dall'esame delle parti ed anche le letture che la parte stessa

---

b) quando l'imputazione ha ad oggetto alcuni reati in materia di violenza sessuale e di pedofilia, se l'esame riguarda un testimone minore degli anni «diciotto»; la modifica, introdotta dalla legge n. 69 del 2019 (c.d. codice rosso), tende a coordinare tale disposizione con le altre norme che prevedono particolari cautele nell'assunzione delle dichiarazioni rese dal minore di anni diciotto;

c) in ogni caso in cui l'esame testimoniale richiesto riguarda una persona offesa in condizione di particolare vulnerabilità.

([20]) Perché l'esame sia disposto occorre, dunque, che le parti richiedano di sentire il dichiarante su *fatti diversi*, oppure anche sugli stessi fatti, sempre che prospettino l'esistenza di *specifiche esigenze*. Pertanto, la parte richiedente ha l'onere di dimostrare la finalità per la quale chiede l'esame incrociato, che però, come è noto, si basa "sull'effetto sorpresa". Il costringere la parte a svelare in anticipo le proprie mosse può vanificare l'efficacia dell'esame incrociato per i delitti richiamati dall'art. 190-*bis*. Il regime differenziato rischia di violare il principio di eguaglianza ove non vi sia una profonda ragione a suo fondamento, quale quella di superare l'omertà nei delitti di mafia.

richiede in quanto necessarie a svolgere la propria argomentazione. Pertanto nel singolo caso saranno sentiti testimoni, periti, consulenti tecnici e imputati connessi e collegati.

L'esame delle parti. Quello che il codice denomina « esame delle parti » non è inserito né nel caso dell'accusa, né nel caso della difesa. Ricordiamo che l'esame di una parte può essere chiesto dalla stessa; se è chiesto da un'altra parte, può avvenire soltanto col consenso della parte che deve esservi sottoposta.

L'art. 150 delle disposizioni di attuazione dispone che l'esame delle parti abbia luogo « appena terminata l'assunzione delle prove a carico dell'imputato », e cioè subito dopo il caso del pubblico ministero (ed, eventualmente, quello della parte civile). In tal modo l'esame dell'imputato avviene prima del caso della difesa. Le parti che hanno richiesto l'esame, o vi hanno consentito, vengono escusse nel seguente ordine (art. 503, comma 1): per prima la parte civile che non sia stata citata come testimone, quindi il responsabile civile e la persona civilmente obbligata per la pena pecuniaria; per ultimo, l'imputato.

La riforma Cartabia ha previsto che, quando non è possibile esaurire il dibattimento in una sola udienza, dopo la lettura dell'ordinanza con cui provvede all'ammissione delle prove, il giudice comunichi alle parti il calendario delle udienze per l'istruzione dibattimentale e per lo svolgimento della discussione (art. 1, comma 11, legge-delega n. 134 del 2021).

L'ordine delle prove all'interno del singolo "caso". All'interno del singolo "caso" (dell'accusa o della difesa) l'ordine nel quale vengono assunte le prove è stabilito dalla parte che ha richiesto le stesse ([21]). Una conferma in tal senso può essere ricavata dall'art. 497, comma 1, secondo cui « i testimoni sono esaminati l'uno dopo l'altro nell'ordine prescelto dalle parti che li hanno indicati ». La norma vale anche per i periti ed i consulenti tecnici, in forza del richiamo operato dall'art. 501 ([22]).

8. L'esame incrociato.

a) ***I preliminari all'esame incrociato.*** Le prove orali sono tutte assunte mediante l'esame incrociato. Le regole poste dal codice per l'esame diretto, il controesame ed il riesame (e che esporremo successivamente) valgono per i testimoni, per gli imputati connessi o collegati, per i periti, per i consulenti tecnici e per le parti che abbiano

---

([21]) Il potere di stabilire liberamente l'ordine di assunzione delle prove all'interno del singolo caso trova la sua giustificazione teorica nel "principio argomentativo della prova". La parte "argomenta" le sue richieste provando i fatti; la successione e la concatenazione delle prove è la sua argomentazione. All'interno di quest'ultima si colloca, in contrapposizione dialettica, l'altra parte con il suo diritto al controesame delle prove orali.

([22]) Il potere di stabilire l'ordine interno al proprio caso vale anche per le prove diverse da quelle orali (le c.d. prove reali, come l'esame del corpo del reato, le ricognizioni, le perizie ecc.). A fondamento di ciò sta sia il carattere generale del "principio argomentativo", sia la dizione letterale dell'art. 496, secondo cui l'istruzione dibattimentale si sostanzia nell'assunzione delle prove "richieste" dalla parte. Fra le prove "richieste" vi sono tutti i mezzi di prova, eccettuato soltanto l'esame delle parti per il quale vi è un momento apposito nel corso dell'istruzione dibattimentale (art. 150 disp. att.).

Rientrano all'interno del singolo "caso", ove siano richieste dalla parte, la lettura dei documenti ammessi e quella degli atti compiuti in fasi precedenti, se consentita dalla legge.

consentito all'esame o lo abbiano richiesto. Tuttavia gli obblighi, ai quali sono sottoposti i predetti soggetti, sono differenti.

Il testimone. Il testimone ha l'obbligo, penalmente sanzionato, di rispondere secondo verità (art. 372 c.p.); deve essere avvisato dal presidente dell'esistenza di tale obbligo e delle responsabilità previste dalla legge per i testimoni falsi o reticenti. Quindi il presidente invita il testimone a rendere solennemente e pubblicamente una dichiarazione con la quale si impegna a dire la verità ([23]). Il testimone non giura, ma pronuncia la formula indicata nell'art. 497, comma 2 (« Consapevole della responsabilità morale e giuridica che assumo con la mia deposizione, mi impegno a dire tutta la verità e a non nascondere nulla di quanto è a mia conoscenza »). Dopodiché il presidente invita il testimone a fornire le proprie generalità ([24]).

Il perito. Per l'esame del perito si osservano le disposizioni sull'esame dei testimoni « in quanto applicabili » (art. 501, comma 1). Il perito, al momento in cui gli viene conferito l'incarico da parte del giudice, assume l'obbligo di « far conoscere la verità » (art. 226 c.p.p.); tale obbligo è sanzionato penalmente (art. 373 c.p.) e permane al momento in cui il perito è sentito con l'esame incrociato.

Il consulente tecnico di parte costituisce, come il difensore, una espressione della difesa tecnica. Può essere nominato da una delle parti anche quando non è disposta perizia (artt. 225 e 233 c.p.p.). Il consulente tecnico di parte privata è esaminato su richiesta della parte che lo ha nominato; le altre parti possono sottoporlo a controesame.

Le parti sono sottoposte ad esame soltanto su loro richiesta o con il loro consenso (art. 208); non hanno un obbligo penalmente sanzionato di dire la verità; se rifiutano di rispondere ad una domanda, ne è fatta menzione nel verbale (art. 209, comma 2). Il rifiuto può essere valutato dal giudice come argomento di prova, e cioè può incrinare la credibilità del soggetto esaminato (*Relazione al progetto preliminare*, pag. 64).

b) Lo svolgimento dell'esame incrociato. Questo istituto può essere definito come quell'insieme di regole con le quali le parti pongono direttamente le domande alla persona esaminata. Le regole sono state elaborate da una prassi secolare che si è formata negli ordinamenti angloamericani. Rispetto a tale modello, il codice italiano si caratterizza per il fatto di riprodurre soltanto alcune di quelle regole e per la scelta di attribuire al giudice un controllo penetrante sullo svolgimento dell'esame.

L'esame incrociato si articola nelle tre fasi dell'esame diretto, del controesame e del riesame (art. 498): i soggetti che pongono le domande sono il pubblico ministero

---

([23]) In base all'art. 497, comma 2-*bis*, quando sono invitati a fornire le proprie generalità gli agenti sotto copertura che siano ufficiali o agenti di polizia italiani o stranieri (si veda Parte III, cap. 1, § 6, lett. *h*) oppure i dipendenti dei servizi segreti, tutti costoro devono indicare le generalità di copertura; per l'ultima modifica legislativa, v. decreto-legge n. 7 del 2015, conv. in legge n. 43 del 2015. Il meccanismo procedurale menzionato consente al dichiarante di tenere celata la propria vera identità e di sottoporsi alla verifica dialettica, restando coperto sostanzialmente dall'anonimato.

([24]) Per il testimone il codice prevede una ulteriore e specifica disciplina. In base all'art. 149 disp. att., l'esame del testimone deve avvenire in modo che nel corso dell'udienza nessuna delle persone citate possa, prima di deporre, comunicare con alcuna delle parti o con i difensori o consulenti tecnici, assistere agli esami degli altri o vedere o udire o essere altrimenti informata di ciò che si fa nell'aula di udienza. Si vuole con ciò tutelare la genuinità della fonte probatoria, evitando che le cognizioni del teste siano (consapevolmente o meno) alterate da notizie sui risultati di altre prove, con cui il teste medesimo potrebbe essere indotto a coordinarle.

ed i difensori delle parti private. L'*esame diretto* è condotto dalla parte che ha chiesto di interrogare il testimone (o altro dichiarante). Il *controesame* è eventuale, nel senso che le parti, che non hanno chiesto l'ammissione di quel teste, possono a loro volta porre domande. Il *riesame* è doppiamente eventuale perché si svolge soltanto se vi è stato il controesame; nel riesame la parte che ha condotto l'esame diretto può « proporre nuove domande ». Passiamo adesso ad approfondire nel dettaglio i tre momenti fondamentali appena menzionati.

L'esame diretto tende ad ottenere la manifestazione dei fatti conosciuti dal testimone; tali fatti dovrebbero essere utili a dimostrare la tesi di colui che lo ha chiamato a deporre. Si presume che l'interrogante conosca previamente le informazioni che il testimone dovrà fornire; il suo scopo è quello di dimostrare che il teste è attendibile e credibile. Per tale motivo sono vietate le domande-suggerimento, donominate nella prassi "domande suggestive" (art. 499, comma 3).

Il controesame è condotto dalla parte che ha un interesse contrario a quella che ha chiesto l'esame del testimone (o altro dichiarante). Il controesame è eventuale, nel senso che la controparte ha "facoltà" di porre domande alla persona già sentita nell'esame diretto.

Il controesame può avvenire sui *fatti* ovvero sulla *credibilità* del testimone, o ancora su entrambi gli oggetti. Il controesame sulla credibilità tende a far dichiarare al testimone fatti che dimostrano la non credibilità di quest'ultimo (art. 194, comma 2). Il controesame sui fatti tende a far dichiarare al testimone un fatto diverso o contrario a quello esposto nell'esame diretto; o ad ottenere dal dichiarante una spiegazione alternativa del fatto stesso; o, infine, a far ammettere fatti che contraddicono le conclusioni alle quali è pervenuta la controparte.

Nel controesame sono ammesse le domande-suggerimento perché il loro scopo è sia quello di saggiare come reagisce il testimone, sia quello di far cadere quest'ultimo in contraddizione (art. 499, comma 3). Con ciò si dà attuazione al principio secondo cui la prova capace di resistere alle suggestioni è quella che più si accredita ([25]).

Il riesame è condotto dalla persona che ha chiesto l'assunzione della testimonianza. Esso è doppiamente eventuale; avviene soltanto se si è svolto il controesame ed, inoltre, soltanto se la parte, che ha chiamato a deporre il testimone, intende procedervi. La funzione del riesame è quella di consentire, a chi ha introdotto la prova, il "recupero" della sequenza dei fatti, dopo che il controesame ha cercato di mettere in dubbio la loro esistenza; oppure consente di esporre la ragione di contraddizioni nelle quali il testimone è caduto; pertanto tende a corroborare la validità della dichiarazione inizialmente resa.

Il potere di rivolgere domande. Da quanto esposto finora, si ricava che l'esame incrociato non consiste nella semplice attribuzione alle parti del diritto di porre domande ai testimoni. Viceversa, si tratta di un congegno articolato e complesso che ha regole precise; il suo scopo è quello di sottoporre il dichiarante alla immediata verifica delle parti contrapposte.

([25]) Per un'esemplificazione delle domande-suggerimento, nella prassi denominate in modo improprio "suggestive", si veda *infra*, Appendice, § 2, lett. *e*.

L'esame incrociato non può essere sottoposto ad interruzioni. Nel corso del suo svolgimento le parti hanno unicamente la possibilità di formulare opposizioni sulle quali il presidente decide immediatamente senza formalità (art. 504). Ad esempio, può accadere che una domanda sia inammissibile (perché vietata dalla legge) o non pertinente; ovvero si tratti di una "domanda-suggerimento" nei casi in cui questo tipo di domanda è vietato, e cioè durante l'esame condotto dalla parte che ha chiesto la citazione del testimone (art. 499, comma 3).

Soltanto al termine della sequenza *esame diretto - controesame - riesame* il presidente può porre d'ufficio domande al testimone (o altro dichiarante). Una differente collocazione temporale, infatti, potrebbe alterare la sequenza logica seguita dalle parti e precludere l'effetto sorpresa delle domande. Dopo le domande rivolte dal presidente le parti hanno diritto a concludere l'esame secondo l'ordine prescritto (art. 506, comma 2); e cioè si può rinnovare in tutto od in parte la sequenza "esame diretto - controesame - riesame" ([26]).

c) Le regole che presiedono all'esame incrociato. Il codice pone regole che riguardano sia il modo di rivolgere le domande, sia il modo di rispondere alle stesse da parte del testimone (o altro dichiarante). Le regole valgono in generale per i tre momenti dell'esame diretto, del controesame e del riesame; hanno lo scopo di tutelare sia la genuinità della prova, sia il rispetto della dignità della persona sottoposta ad esame.

Le regole per le domande sono le seguenti.

1) Sono ammesse domande su fatti « specifici » (art. 499, comma 1). Tuttavia, non è vietato che una parte chieda al dichiarante di narrare ciò che ha percepito. Si vuole soltanto evitare che il testimone venga a riferire una "lezione imparata a memoria". Inoltre, la domanda deve avere ad oggetto un fatto "determinato" e non un apprezzamento del dichiarante (art. 194, comma 3). Il deponente può fare apprezzamenti soltanto quando è « impossibile scinderli dalla deposizione sui fatti ».

2) Sono vietate le domande "nocive", che aggrediscono l'autodeterminazione del teste o che sono idonee a minare la sincerità delle risposte (art. 499, comma 2); e cioè non sono ammesse le domande intimidatorie o, viceversa, suadenti.

3) Sono vietate le domande che violano il rispetto della persona umana (art. 499, comma 4), e cioè che ledono l'onore o la reputazione del deponente. Tuttavia nel controesame, quando occorre saggiare la credibilità del dichiarante, il diritto a difendersi mediante prove prevale sulla riservatezza della persona: il codice non prevede "materie non indagabili". Se mai, su richiesta dell'interessato, il presidente dispone che il dibattimento si svolga a porte chiuse quando l'assunzione della prova può causare un pregiudizio alla « riservatezza dei testimoni ovvero delle parti private in ordine a fatti che non costituiscono oggetto dell'imputazione » (art. 472, comma 2);

([26]) L'esame incrociato è stato definito nei paesi anglosassoni il miglior "strumento" per conoscere la verità. Esso si basa sul principio secondo cui la verità si conosce tanto meglio, quanto più spazio è lasciato alla dialettica tra le parti in conflitto. Queste riescono a trarre dalla fonte di prova tutto quanto essa può dare, svelandone al tempo stesso il grado di genuinità ed attendibilità. Ma perché l'esame incrociato resti un metodo di ricerca del vero e non diventi uno strumento per intimidire, allarmare ed ingannare il testimone (o altro dichiarante), il codice pone varie regole e prevede un penetrante controllo operato dal giudice.

o, comunque, il giudice dispone che si proceda a porte chiuse « quando la pubblicità può nuocere al buon costume » (art. 472, comma 1).

Le regole per le risposte. Fra le regole che riguardano le *risposte*, si possono citare tutti i casi nei quali il testimone può astenersi dal rendere dichiarazioni. Pertanto il testimone ha facoltà di non deporre: *a*) su fatti dai quali potrebbe emergere una sua responsabilità penale (art. 198, comma 2); *b*) su fatti coperti da segreto professionale (art. 200); *c*) su fatti coperti da segreto d'ufficio o di Stato (artt. 201 e 202). Ancora, il testimone assistito può non deporre sui fatti di cui all'art. 197-*bis*, comma 4. Infine, il testimone ha facoltà di astenersi dal deporre nei casi previsti dall'art. 199 quando è prossimo congiunto dell'imputato.

Vi è anche una specifica regola che impone al presidente di assicurare la genuinità delle risposte (art. 499, comma 6); si vuole infatti evitare che il testimone possa comunque "carpire" suggerimenti mentre depone. Questa notazione ci dà l'occasione per sottolineare che spetta al presidente dell'organo giudicante il potere di escludere, sia su eccezione di parte sia d'ufficio, le domande vietate. Più in generale, a lui spetta di vigilare che il contraddittorio si svolga correttamente. In particolare, il presidente « interviene per assicurare la pertinenza delle domande » (artt. 187 e 194) e « la lealtà dell'esame » (art. 499, comma 6); controlla « la correttezza delle contestazioni, ordinando, se occorre, l'esibizione del verbale nella parte in cui le dichiarazioni sono state utilizzate per le contestazioni » (art. 499, comma 6); decide « immediatamente e senza formalità » sulle opposizioni formulate dalle parti nel corso dell'esame (art. 504).

d) L'esame protetto del testimone vulnerabile. Il codice contiene varie disposizioni nelle quali viene disciplinata appositamente la testimonianza delle persone "vulnerabili" con deroghe all'esame incrociato e con apposite regolamentazioni speciali. Le disposizioni in materia sono state introdotte dal legislatore a più riprese dal 1996 al 2015 e ciò spiega la presenza di difetti di coordinamento ed improprietà terminologiche. Le persone vulnerabili, per le quali sono previste dal codice forme speciali di esame, si possono dividere in due categorie.

Nella prima sono ricompresi i minorenni ed i maggiorenni infermi di mente; la loro tutela è limitata ad un determinato elenco di reati, come quelli di violenza alla persona previsti nominativamente dal codice.

Nella seconda categoria rientrano i maggiorenni e minorenni dei quali comunque si accerti la "particolare" vulnerabilità ai sensi dell'art. 90-*quater*; in tal caso, la tutela opera a prescindere dalla limitazione ad un determinato elenco di reati, poiché i requisiti dell'art. 90-*quater* individuano già categorie criminologiche di riferimento (si veda in precedenza, parte II, cap. 1, § 7, lett. *a*).

La prima protezione: l'esame filtrato dal giudice. A prescindere dal tipo di reato per cui si procede, di regola l'esame del minorenne è condotto dal giudice o dal presidente dell'organo collegiale, al quale le parti possono chiedere di porre domande o di fare contestazioni al minorenne (art. 498, comma 4). « Nell'esame » il presidente può avvalersi dell'ausilio di un familiare del minore o di un esperto di psicologia infantile, nel senso che l'esperto indica le modalità con cui devono essere preferibilmente poste le domande. L'istituto è stato esteso agli adulti infermi di mente (C. cost. n. 283 del 1997).

Le particolari modalità dell'esame sono ispirate all'esigenza di tutelare la personalità del minore e di evitare la suggestionabilità del medesimo (27). Resta il fatto che si tratta di un mezzo di prova che per sua natura ha lo scopo di saggiare la credibilità e l'attendibilità del testimone. Pertanto occorre tenere presente che le parti sono titolari del diritto alla prova, e cioè del diritto di ottenere che siano rivolte le domande che tendono a valutare la veridicità del minorenne (28).

La seconda protezione: il luogo diverso dal tribunale. La norma regola l'incidente probatorio (art. 398, comma 5-*bis*) ed è stata estesa al dibattimento (art. 498, comma 4-*bis*). La prova (non necessariamente l'esame) può essere assunta anche in un luogo diverso dal tribunale e con *modalità speciali*. Per le dichiarazioni testimoniali è obbligatoria la documentazione integrale dell'atto con mezzi di riproduzione fonografica o audiovisiva. La protezione scatta, se il giudice lo ritiene necessario, « ove fra le persone interessate all'assunzione della prova vi siano minorenni » oppure, a richiesta di parte, quando tra le persone interessate vi siano « maggiorenni in condizione di particolare vulnerabilità, desunta anche dal tipo di reato per cui si procede » (comma 5-*ter*) (29).

Viceversa, nell'incidente probatorio la seconda protezione è limitata ai procedimenti per i reati previsti espressamente dall'art. 398, comma 5-*bis*, che possono essere definiti "reati di violenza alla persona".

La terza protezione: il vetro specchio con impianto citofonico. L'art. 498, comma 4-*ter*, prevede una terza protezione consistente nel "vetro specchio" unitamente ad un impianto citofonico. La protezione è limitata all'esame della *« vittima » minorenne o della « vittima » maggiorenne inferma di mente*, ed opera in presenza di incriminazioni previste espressamente dall'art. 498, comma 4-*ter*, che in sintesi concernono delitti di violenza alla persona nel loro elenco più ristretto. La norma è prevista espressamente per il dibattimento, ma è estensibile all'incidente probatorio a causa del rinvio generale disposto dall'art. 401, comma 5.

La quarta protezione: le modalità non pre-determinate. Il d.lgs. n. 212 del 2015 ha esteso la protezione con modalità non predeterminate, bensì scelte dal giudice, all'esame di una persona offesa che versi in condizioni di « particolare vulnerabilità ». La protezione opera in relazione a qualsiasi reato sulla base della definizione contenuta nell'art. 90-*quater* ed è disposta dal giudice d'ufficio o a richiesta della

---

(27) Dobbiamo rilevare con rammarico che il legislatore, con le modifiche introdotte, ha lasciato un vuoto normativo perché ha sottratto all'esame incrociato la persona offesa in condizioni di vulnerabilità senza, tuttavia, prevedere alcuna regola sostitutiva che indichi quali sono in positivo le modalità di assunzione della prova dichiarativa; si è determinato così un "vuoto di contraddittorio" non riempito dalle indicazioni che la scienza è oggi in grado di fornire al legislatore. Al fine di garantire l'attendibilità delle dichiarazioni, è necessario procedere all'ascolto del testimone vulnerabile utilizzando determinati protocolli di intervista che sono stati appositamente elaborati dagli studiosi di psicologia. Il modello che è stato sperimentato con notevole successo dagli scienziati a livello internazionale è rappresentato dalla c.d. *intervista cognitiva*; si veda L. Algeri, *Il testimone vulnerabile*, Milano, 2017.

(28) Il presidente può anche disporre, sentite le parti, che la deposizione "prosegua" nelle forme dell'esame incrociato quando ritiene che l'esame diretto del minore non possa nuocere alla serenità del teste. L'ordinanza può essere revocata nel corso dell'esame (art. 498, comma 4).

(29) La giurisprudenza ritiene che in dibattimento questa protezione possa operare per i minorenni con riferimento a procedimenti per qualsiasi reato, a differenza dell'incidente probatorio in cui è limitata ai soli reati di "violenza alla persona" (art. 398, comma 5-*bis*; si veda *Corte cost. n. 114 del 2001*).

persona offesa o del suo difensore. La norma è prevista espressamente per il dibattimento ed è estesa all'incidente probatorio (rispettivamente artt. 498, comma 4-*quater* e 398, comma 5-*quater*).

9. Le dichiarazioni rese prima del dibattimento e la loro utilizzabilità.

a. *Dal codice del 1988 alla riforma costituzionale.* Nel testo originario del codice il principio di oralità era affermato in modo assoluto. Le dichiarazioni rese dal possibile testimone alla polizia giudiziaria non erano utilizzabili in dibattimento come prova del fatto narrato.

Se, ad esempio, il teste sentito dalla polizia giudiziaria decedeva in conseguenza del reato del quale era stato vittima, le sue dichiarazioni erano inutilizzabili. Lo stesso avveniva quando il testimone — sentito dalla stessa polizia oppure dal pubblico ministero — era minacciato ed in aula diceva di non ricordare più nemmeno se nel giorno del delitto c'era il sole o pioveva. "Questo è il costo che si deve pagare all'oralità", si diceva; ma si ometteva di riferire che gli ordinamenti giuridici, storicamente ispirati a tale principio, prevedevano eccezioni nelle situazioni menzionate.

La Corte costituzionale nel 1992 ha risposto alle scelte del nuovo codice con un massimalismo di segno inverso. Alla oralità, affermata in senso assoluto, il Giudice delle leggi ha contrapposto il principio di "non dispersione della prova raccolta prima del dibattimento" e ne ha sostenuto la rilevanza costituzionale. Con le sentenze n. 254 e 255 è stato dato ampio spazio alla utilizzabilità delle dichiarazioni rese prima del dibattimento alla polizia ed al pubblico ministero. Si trattava sempre di posizioni assolute, sia pure su un versante opposto rispetto a quanto affermato nell'impianto originario del codice del 1988.

Negli anni successivi si sono alternate prese di posizione di segno opposto da parte del Legislatore e della Corte costituzionale, fino a rasentare un conflitto tra poteri dello Stato. Lo sfondo era quello delle dichiarazioni rese dagli imputati connessi. Il Legislatore nel 1997 ha ritenuto di dover affermare il principio del contraddittorio "nella formazione della prova", con conseguente inutilizzabilità delle dichiarazioni raccolte in segreto. La Corte costituzionale, viceversa, ha ritenuto sufficiente garantire il contraddittorio "sulla prova" già formata unilateralmente nel corso delle indagini (sentenza n. 361 del 1998). Ad avviso del Giudice delle leggi, il contraddittorio era da ritenersi assicurato quando l'imputato poteva fare contestazioni alla persona che lo aveva accusato: le precedenti dichiarazioni, rese in segreto, diventavano utilizzabili in dibattimento se vi erano riscontri che ne confermavano l'attendibilità.

b. *L'art. 111 Cost. ed il principio del contraddittorio.* Come abbiamo anticipato nella trattazione storica (Parte I, cap. 2, § 6), il 7 gennaio 2000 è entrato in vigore il nuovo testo dell'art. 111 Cost., che ha affermato il principio del contraddittorio « nella formazione della prova » (comma 4). È un'espressione lapidaria ma completa nella sua semplicità, che consacra il contraddittorio come metodo di conoscenza. Una prova della quale si possa valutare l'attendibilità non si ottiene in segreto con pressioni unilaterali, bensì in modo dialettico; lo strumento al quale si fa implicito riferimento è l'esame incrociato.

La novità, rispetto al passato, è che il principio non è affermato in maniera assoluta, bensì viene bilanciato con altre esigenze ritenute prevalenti in determinati casi. Non c'è massimalismo, ma un modo di pensare che tiene conto della necessità di contemperare interessi contrapposti, che si manifestano in alcune eccezioni al principio del contraddittorio.

Le eccezioni al principio del contraddittorio. Al principio del contraddittorio il comma 5 dell'art. 111 Cost. pone tre eccezioni: la prova è utilizzabile anche se si è formata fuori del contraddittorio « per consenso dell'imputato o per accertata impossibilità di natura oggettiva o per effetto di provata condotta illecita ».

Sulla portata sistematica di ciascuna di esse ci siamo già soffermati nella parte I, capitolo 2, par. 6, e si rinvia a tale trattazione. Si è anche accennato al fatto che il quadro dei princìpi costituzionali presentava profili di frizione con il sistema probatorio delineato dal codice. Si è così reso necessario un intervento del legislatore ordinario al fine di dare attuazione ai predetti canoni.

Nell'analisi che segue, esamineremo come il principio del contraddittorio (con la sua regola e le sue eccezioni) è stato tradotto nella disciplina dell'utilizzabilità delle dichiarazioni rese fuori del dibattimento, dando conto delle novità che sono state inserite nel codice dalla legge n. 63 del 2001, di attuazione del "giusto processo".

Il principio generale dell'inutilizzabilità delle precedenti dichiarazioni. In base alle modifiche apportate dalla legge n. 63 del 2001, la disciplina sulla utilizzabilità delle precedenti dichiarazioni contiene una regola generale e una serie di eccezioni. Il punto di partenza è la lettura combinata degli articoli 514 e 526 c.p.p. Quest'ultimo articolo al comma 1 stabilisce che « il giudice non può utilizzare ai fini della deliberazione prove diverse da quelle *legittimamente acquisite* nel dibattimento ». Tale norma deve essere letta congiuntamente all'art. 514. Quest'ultima disposizione stabilisce la regola generale in base alla quale non costituisce "legittima acquisizione" la lettura dei verbali delle dichiarazioni rese fuori del dibattimento, salvo i casi espressamente menzionati.

Dall'esame simultaneo delle due disposizioni si desume un principio generale: le prove dichiarative precostituite (e cioè raccolte fuori del dibattimento) sono inutilizzabili, salvo i casi nei quali espressamente la legge ne consenta l'acquisizione. Alla luce di questa ricostruzione, le norme che consentono la utilizzabilità delle precedenti dichiarazioni hanno natura *eccezionale* e, come tali, non sono estensibili per analogia.

c. Le dichiarazioni di colui che si è sempre volontariamente sottratto al contraddittorio. Su questo sfondo deve essere collocato anche il comma 1-*bis*, che è stato introdotto nell'art. 526 dalla legge n. 63 del 2001. Tale disposizione ripropone testualmente il dettato dell'art. 111, comma 4, secondo periodo Cost., e cioè vieta di utilizzare come prova della colpevolezza le dichiarazioni rese da chi per libera scelta si è sempre volontariamente sottratto all'interrogatorio da parte dell'imputato o del suo difensore.

Si tratta di una norma di chiusura; da essa si ricava che in ogni caso, anche laddove una norma di legge dovesse consentire l'acquisizione delle precedenti dichiarazioni ai sensi delle disposizioni del codice, resta fermo lo sbarramento rispetto alle dichiarazioni unilaterali di chi ha eluso il contraddittorio.

Le considerazioni che abbiamo appena esposto concernono gli istituti della lettura e della contestazione probatoria. Ad essi se ne affiancano altri simili, che consistono nella « consultazione di documenti in aiuto della memoria », prevista dall'art. 499, comma 5, e nella contestazione di "altre risultanze", riconosciuta nella prassi giudiziaria.

d. La consultazione di documenti in aiuto alla memoria. Occorre adesso esaminare le singole ipotesi, eccezionali, nelle quali il codice consente di utilizzare dichiarazioni formate fuori del dibattimento.

Viene in rilievo la possibilità, che ha il dichiarante, di "rinfrescarsi la memoria". Ai sensi dell'art. 499, comma 5, « il testimone può essere autorizzato dal presidente a consultare, in aiuto della memoria, documenti da lui redatti ». Occorre tenere presente che non si tratta di atti del procedimento penale, bensì di documenti redatti dal dichiarante. L'esempio di solito riportato è quello del testimone che chiede di consultare la propria agenda al fine di ricordare gli impegni di un determinato giorno del passato. È necessario precisare che in tali ipotesi non si tratta di utilizzare direttamente le dichiarazioni rese in precedenza; tuttavia, la stretta affinità tematica ci ha indotto ad esaminare la materia in oggetto nel contesto della utilizzabilità delle precedenti dichiarazioni.

La consultazione di documenti può essere chiesta da colui che è interrogato, sia quest'ultimo un testimone o una parte (in base al richiamo operato dall'art. 503, comma 2). Si tratta di un diritto che può essere esercitato su autorizzazione del presidente in presenza di precisi requisiti.

1) L'oggetto che può essere consultato deve essere un *documento redatto dal dichiarante*. La redazione può essere stata fatta di persona dal medesimo, ovvero egli può essersi limitato a controllare l'attività di altri, sottoscrivendo la dichiarazione. Fra i documenti, come è noto, possono rientrare le foto e le registrazioni (art. 234). Occorre segnalare che anche gli ufficiali o gli agenti di polizia giudiziaria possono consultare, in aiuto alla memoria, verbali da loro redatti (art. 514, comma 2).

2) Il documento può essere consultato *in aiuto della memoria*, e cioè il documento deve essere stato formato quando la memoria del teste era fresca; non deve essere stato predisposto "specificamente" in vista dell'esame. Inoltre, il dichiarante può « consultare » il documento nel senso che, dopo averlo visionato, deve rispondere alle domande senza leggerlo.

3) Il documento deve essere *reso conoscibile* alle controparti, le quali hanno il diritto di utilizzarlo ai fini del controesame. Il documento può essere già contenuto in uno dei fascicoli; ma può anche essere nell'esclusiva disponibilità del testimone o di una parte. Non è necessario che il documento abbia i requisiti per essere ammesso come prova né che le parti ne chiedano l'ammissione come tale; in questo momento serve soltanto come "aiuto" alla memoria.

e. La contestazione probatoria. La seconda modalità di utilizzazione delle precedenti dichiarazioni è la contestazione. A colui che depone (sia egli testimone o parte) viene contestato di aver reso una differente dichiarazione in un momento anteriore al dibattimento. Essa deve essere contenuta nel fascicolo del pubblico ministero e, pertanto, consisterà in un atto delle indagini preliminari o dell'udienza preliminare, o in una documentazione raccolta durante le investigazioni difensive (art. 391-*decies*).

La finalità della contestazione probatoria. La finalità della contestazione è duplice; da un lato, intende mettere in dubbio la credibilità del soggetto che in dibattimento cambia la versione dei fatti; da un altro lato, vuole permettere allo stesso soggetto di ricalibrare quanto affermato in dibattimento o, comunque, di dare una spiegazione della diversa versione.

La contestazione "probatoria" in senso proprio è quella regolata espressamente dagli articoli 500 (per il testimone e per l'imputato connesso o collegato) e 503 (per le parti); tali articoli pongono precisi requisiti e ricollegano alla contestazione determinati effetti ai fini della utilizzabilità in giudizio.

Le precedenti dichiarazioni. Il primo requisito consiste nel fatto che si tratti di precedenti *dichiarazioni* contenute nel fascicolo del pubblico ministero. Altri atti contenuti nel fascicolo del pubblico ministero, ma non consistenti in dichiarazioni, possono essere utilizzati per porre domande al dichiarante, ma non sono ricompresi nell'istituto della "contestazione probatoria".

Rese dalla persona esaminata. In secondo luogo è necessario che le precedenti dichiarazioni siano state rese dalla *stessa persona* che in dibattimento sta cambiando versione; le precedenti dichiarazioni di un terzo non rientrano in questo istituto, bensì in quello che definiremo "contestazione di qualsiasi altra risultanza".

La persona esaminata ha già deposto. Il terzo requisito richiede che la contestazione avvenga soltanto « se sui fatti e sulle circostanze da contestare » il testimone o la parte *abbia già deposto* in dibattimento (artt. 500, comma 1, e 503, comma 3). Scopo della norma è quello di evitare che sia suggerita una risposta al soggetto che depone.

La lettura-contestazione. Infine, la "modalità di effettuazione" della contestazione consiste nel "leggere" la dichiarazione rilasciata prima del dibattimento (art. 500, comma 2) e nel "chiedere conto" al deponente dei motivi della diversità.

A seguito della contestazione probatoria può accadere che il teste rettifichi la deposizione dibattimentale in modo che non vi sia più difformità con la precedente dichiarazione. In tal caso la contestazione è solo lo spunto per la dichiarazione resa oralmente nel contraddittorio delle parti, che pertanto è pienamente utilizzabile.

Ma può anche darsi che il teste mantenga in dibattimento la diversa versione dei fatti, fornendo tuttavia giustificazioni più o meno plausibili. In questo caso, si pone il problema se la precedente dichiarazione, letta nel corso della contestazione, possa essere utilizzata ai fini della decisione. È opportuno esaminare la disciplina differenziata che il codice pone in relazione ai diversi tipi di dichiaranti.

1) Precedenti dichiarazioni rese dal testimone. L'art. 500, comma 2 stabilisce che « le dichiarazioni lette per la contestazione possono essere valutate ai fini della credibilità del teste ». Dunque, è regola generale che la precedente dichiarazione sia utilizzabile dal giudice soltanto per valutare la *credibilità* del soggetto che in dibattimento ha reso una differente versione o è rimasto silenzioso; viceversa, la precedente dichiarazione non può costituire prova del fatto narrato.

Ad esempio, il testimone può aver affermato davanti alla polizia giudiziaria che l'auto dei sequestratori era blu, mentre in dibattimento riferisce che l'auto era rossa. Se, nonostante la contestazione e la lettura della precedente dichiarazione, continua ad affermare che il veicolo era rosso, quest'ultima versione può essere considerata dal giudice *poco attendibile*; tuttavia l'affermazione che l'auto era blu non può essere utilizzata come "prova". Dunque, il giudice nella motivazione non può basarsi sulla precedente dichiarazione. In definitiva, la contestazione serve al massimo per *togliere valore* alla dichiarazione dibattimentale (che l'auto era rossa), ma non è utile per *formare* la prova dell'esistenza del fatto narrato nella precedente dichiarazione (che l'auto era blu) ([30]). Ciò non vuol dire che il giudice *debba* necessariamente ritenere non attendibile ciò che il teste ha detto in udienza, perché egli decide in base al libero convincimento. Tuttavia, egli deve essere in grado di motivare sul perché ritiene comunque attendibile la dichiarazione resa in dibattimento nonostante essa sia difforme da quanto affermato nel corso delle indagini.

Eccezioni: la prova del fatto narrato. Una volta operata la contestazione, vi sono alcune eccezioni, in presenza delle quali le precedenti dichiarazioni sono utilizzabili come *prova del fatto narrato*; in base al principio del libero convincimento resta fermo che la valutazione in punto di attendibilità è rimessa al giudice (v. tav. 3.5.9).

La minaccia sul dichiarante. La prima eccezione è consentita quando si accerti che il teste è stato sottoposto a violenza, minaccia, offerta o promessa di denaro affinché non deponga o deponga il falso (es. artt. 377 e 377-*bis* c.p.). In tal caso « le dichiarazioni contenute nel fascicolo del pubblico ministero precedentemente rese dal testimone sono acquisite al fascicolo del dibattimento » e possono costituire prova del fatto narrato ([31]). Si tratta di una applicazione dell'art. 111, comma 5 Cost., che consente una eccezione al principio del contraddittorio in caso di provata condotta illecita (art. 500, comma 4).

Le dichiarazioni rese nell'udienza preliminare. In secondo luogo, le dichiarazioni rese in udienza preliminare e lette per le contestazioni dibattimentali sono utilizzabili come prova del fatto narrato soltanto nei confronti delle parti i cui difensori hanno partecipato alla loro assunzione (art. 500, comma 6); contro le altre parti sono

---

([30]) Tale conclusione è imposta dalla ricognizione di principio che abbiamo effettuato *supra*, analizzando gli articoli 526 e 514. Dalla lettura di tali norme si desume che la regola generale è la inutilizzabilità delle precedenti dichiarazioni, fatte salve le eccezioni *espressamente* stabilite. Invero, potrebbe obiettarsi che a questo sistema appare estranea la disciplina delle contestazioni. Infatti, l'art. 514 non reca alcun riferimento agli artt. 500 e 503. Tuttavia, ciò non impedisce che anche in relazione all'istituto della contestazione probatoria resti valido il menzionato principio generale secondo cui è tutto vietato salvo ciò che è espressamente consentito.

([31]) Il legislatore ha stabilito che, nelle ipotesi di intimidazione o offerta di denaro (artt. 377 e 377-*bis* c.p.), siano acquisite al fascicolo per il dibattimento non soltanto le precedenti dichiarazioni utilizzate per la contestazione, bensì l'intero verbale. La norma ha una sua logica. Infatti, da un lato, quando il teste minacciato si è rifiutato di deporre, è evidente la necessità di acquisire il verbale nella sua interezza, giacché manca una deposizione dibattimentale. Da un altro lato, quando il teste intimidito abbia comunque reso dichiarazioni in dibattimento, è ragionevole ritenere che l'intera deposizione dibattimentale del teste possa essere stata inquinata dalla condotta illecita e, pertanto, possa risultare non genuina.

utilizzabili come prova della credibilità o, soltanto in caso di accertata intimidazione o offerta di denaro, come prova del fatto.

L'accordo delle parti. Vi è infine una terza eccezione, in base alla quale le dichiarazioni contenute nel fascicolo del pubblico ministero sono utilizzabili se vi è accordo delle parti (art. 500, comma 7). Quest'ultima è una applicazione della regola generale già stabilita dall'art. 493, comma 3, in tema di "acquisizione concordata" al fascicolo per il dibattimento di atti contenuti nel fascicolo del pubblico ministero. Anche l'acquisizione con il consenso delle parti si riferisce all'intero verbale. In questo caso, a nostro avviso, è da ritenere che esse possano concordare sia l'acquisizione dell'intero atto, sia, a maggior ragione, quella della singola dichiarazione contestata ([32]).

2) Il testimone che rifiuta l'esame di una delle parti (art. 500, comma 3). Occorre adesso esaminare una norma peculiare, che è stata inserita nel comma 3 dell'art. 500 e che rappresenta un istituto inedito nel nostro ordinamento. Se il testimone (o altro dichiarante) « rifiuta di sottoporsi all'esame o al controesame di una delle parti, nei confronti di questa non possono essere utilizzate, senza il suo consenso, le dichiarazioni rese ad altra parte », salve restando le sanzioni penali applicabili al dichiarante reticente. Le dichiarazioni in oggetto sono quelle che il teste ha reso nel dibattimento, o in momenti precedenti, alle parti diverse da quella "rifiutata".

A tale regola è possibile fare eccezione soltanto se la parte interessata vi consente (art. 500, comma 3) oppure se vi è stata minaccia o offerta di denaro nei confronti del dichiarante (art. 500, comma 4).

La norma in oggetto non effettua alcuna distinzione; pertanto opera anche se il dichiarante rifiuta di sottoporsi all'esame svolto dal pubblico ministero (v. tav. 3.5.12). Se un testimone risponde alle domande rivolte dal difensore dell'imputato e poi, escusso dal pubblico ministero, rifiuta di rispondere, contro quest'ultimo non sono utilizzabili le eventuali dichiarazioni *favorevoli* all'imputato. Il risultato è che il

---

([32]) Nel caso in cui l'imputato C di un procedimento connesso sia chiamato a rendere l'esame ai sensi dell'art. 210 nel procedimento contro l'imputato A, il comma 5, impone di applicare la norma sulla contestazione probatoria che vale per il testimone (e cioè l'art. 500).

Una disciplina particolare è prevista quando è esaminato l'imputato nel proprio procedimento ai sensi dell'art. 208 (v. *supra*, parte II, cap. 4, § 3). In tale ipotesi, infatti, la norma che regola le contestazioni non è l'art. 500, bensì l'art. 503. Anche in questo caso siamo dinanzi ad una contestazione probatoria e, di regola, l'effetto è analogo: la precedente dichiarazione resa dall'imputato è utilizzabile soltanto per valutare la sua credibilità (art. 503, comma 4). Tuttavia, vi sono due situazioni nelle quali le precedenti dichiarazioni, una volta contestate, sono eccezionalmente utilizzabili come prova del fatto rappresentato.

— L'art. 503, comma 5 considera le sole dichiarazioni alle quali il difensore dell'imputato, che le ha rese, aveva diritto di assistere, purché esse siano state assunte dal pubblico ministero o dalla polizia giudiziaria delegata. Una volta contestate, esse sono « acquisite nel fascicolo per il dibattimento » e, di conseguenza, sono utilizzabili, nei confronti dell'imputato che le ha rese, come prova del fatto narrato.

— L'art. 503, comma 6 estende l'effetto, appena menzionato, a determinate dichiarazioni rilasciate dall'imputato prima del dibattimento e, in particolare, alle dichiarazioni assunte dal giudice:

a) nell'interrogatorio di garanzia che segue l'esecuzione di una misura cautelare personale (art. 294);

b) nell'interrogatorio in sede di revoca della misura cautelare personale (art. 299);

c) nell'interrogatorio reso in sede di convalida dell'arresto o del fermo (art. 391);

d) nell'interrogatorio intervenuto nel corso dell'udienza preliminare (art. 422).

giudice non potrà respingere la richiesta della pubblica accusa e prosciogliere sulla base di tali dichiarazioni. Viceversa, esse saranno utilizzabili, ad esempio, nei confronti della parte civile, se questa ha avuto modo di esaminare il teste ([33]).

f. *La contestazione di qualsiasi altra risultanza.* La contestazione "probatoria" non è l'unico strumento per verificare la credibilità di quanto il testimone (o altro dichiarante) afferma in dibattimento. Altre possibilità possono essere ricavate da singole norme del codice e dall'intero "sistema" dell'esame incrociato.

Le prove precedentemente acquisite, raccolte sia nel dibattimento, sia in momenti anteriori, possono costituire oggetto di un differente tipo di contestazione. Sicuramente può essere contestato ciò che è contenuto nel fascicolo per il dibattimento; ma riteniamo che possano essere contestati anche gli atti e i documenti collocati nel fascicolo del pubblico ministero, sia pure al solo fine di demolire la credibilità del soggetto dichiarante ([34]). Così, ad un teste possono essere contestate le precedenti dichiarazioni di un altro teste.

Inoltre, si è sostenuto che possa essere contestato al testimone (od altro dichiarante) un documento. Ad esempio, se il testimone in dibattimento nega di aver mai conosciuto una determinata persona, l'interrogante può contestare la circostanza mostrando al testimone una fotografia (o altro documento) che li ritrae mentre si stringono la mano. Questa ulteriore forma di contestazione adempie alla funzione di contraddire una dichiarazione allo scopo di far emergere una imprecisione o una falsità. Non è necessario che il documento sia stato ammesso all'inizio del dibattimento; in quella sede esso non era "rilevante", poiché non si sapeva ancora come il testimone (o altro dichiarante) avrebbe risposto alle domande. Il documento diventa "rilevante" quando il testimone dà una versione non compatibile con esso. Tale prova può essere contestata al dichiarante perché, in base all'art. 194, comma 2, l'esame può estendersi « alle circostanze il cui accertamento è necessario per valutarne la credibilità ».

La contestazione di atti o documenti differenti dalle precedenti dichiarazioni rese dalla persona esaminata impone a questa di fornire precisazioni o ammettere di aver errato; sotto tale profilo, diventa indispensabile ai fini della decisione. In base all'art. 192, comma 1, il giudice « valuta la prova dando conto nella motivazione dei risultati acquisiti e dei criteri adottati ». Sempre nella motivazione, il giudice deve enunciare le ragioni per le quali « ritiene non attendibili le prove contrarie » (art. 546, comma 1, lett. *e*).

Possiamo ricordare che l'istituto è stato riconosciuto dalla sentenza della Corte costituzionale 28 novembre 1994 n. 407; essa ha ritenuto ammissibile la contestazione sia della « notizia di reato », sia di « qualsiasi altra risultanza » al limitato scopo di valutare la credibilità del dichiarante.

([33]) La *ratio* del nuovo istituto consiste nella tutela del diritto alla prova di quella parte che non ha potuto partecipare all'esame incrociato. Il legislatore ha scelto di assicurare a tutte le parti quel diritto a confrontarsi con il dichiarante che l'art. 111, comma 4, secondo periodo Cost. riconosce espressamente soltanto all'imputato (« la colpevolezza dell'imputato non può essere provata sulla base di dichiarazioni rese da chi (...) si è sempre volontariamente sottratto all'interrogatorio da parte dell'imputato o del suo difensore »).

([34]) *Relazione al testo definitivo del c.p.p.*, in *G.U.* n. 250 del 1988, Suppl. ord. n. 2, 193: « d'altro canto, se la contestazione in senso tecnico sarà limitata nel senso indicato nel comma 1 dell'art. *500* (493), nulla esclude che le parti nel corso dell'esame possano fare riferimento ad altre prove già acquisite per sollecitare o incalzare l'esaminando ».

g. *La lettura degli atti.* È difficile ricavare dal codice una distinzione concettuale tra "contestazione" e "lettura". Tuttavia, non è possibile pervenire ad una corretta interpretazione delle norme senza prima aver ricostruito i due istituti.

La contestazione delle precedenti dichiarazioni presuppone che sia in corso l'esame del dichiarante che le ha rese. Viceversa, la lettura viene disposta, di regola, quando tale esame non ha avuto luogo.

L'aspetto *comune* sta nel fatto che entrambi gli istituti, dal punto di vista materiale, consistono nella "lettura" di un verbale. La *differenza* sta nel fatto che, ai fini della "contestazione" di quello che afferma un dichiarante, la lettura ha per oggetto soltanto quella parte del verbale che serve per far rilevare la difformità; viceversa, di regola, l'istituto della "lettura" può concernere l'intero verbale o una parte di esso (artt. 511, comma 1; 512).

La lettura di atti del fascicolo per il dibattimento (art. 511). Dalla sistematica del codice si può ricavare che la lettura è la modalità "residuale" di utilizzazione delle dichiarazioni rese in momenti precedenti al dibattimento. La lettura deroga al principio di immediatezza, che impone al giudice di decidere in base alle prove assunte nel corso del dibattimento.

Occorre esaminare l'oggetto delle letture, ricordando che gli atti compiuti in momenti anteriori al dibattimento sono contenuti in parte nel fascicolo per il dibattimento ed in parte nel fascicolo del pubblico ministero (si veda la situazione normativa sintetizzata per grandi linee nello schema n. 4 al termine del cap. 1 della presente parte III).

Gli atti contenuti nel fascicolo per il dibattimento sono consultabili dal giudice; ma, *per essere utilizzabili ai fini della decisione* e diventare così la base della motivazione (art. 526), devono essere "letti" ai sensi dell'art. 511.

Vi è una particolarità. Se l'esame del dichiarante non ha luogo (es., nessuna parte ne ha chiesto la deposizione in aula), si procede direttamente alla lettura dell'atto. Ma se l'esame del dichiarante ha luogo, *le dichiarazioni* contenute nei verbali tratti dal fascicolo per il dibattimento (es., verbale di un incidente probatorio) possono essere lette soltanto « dopo l'esame della persona che le ha rese » (art. 511, comma 2).

Nei due casi predetti, la lettura di un atto contenuto nel fascicolo per il dibattimento può avvenire non solo a richiesta di parte, ma anche d'ufficio ad opera del giudice (art. 511, comma 1).

Occorre tenere presente che la lettura non è l'unica modalità di acquisizione degli atti contenuti nel fascicolo per il dibattimento. Infatti, l'art. 511, comma 5, stabilisce che « in luogo della lettura, il giudice, anche di ufficio, può *indicare* specificamente gli atti utilizzabili ai fini della decisione ». La disposizione ricordata precisa poi che « l'indicazione degli atti equivale alla loro lettura » ([35]).

La lettura di atti contenuti nel fascicolo del pubblico ministero. Sebbene il principio del contraddittorio nella formazione della prova (art. 111, comma 4) porti

([35]) Vi sono alcune ipotesi nelle quali la lettura prevale sulla indicazione (art. 511, comma 5). Anzitutto, quando si tratta di verbali di dichiarazioni e una parte ne fa richiesta. In secondo luogo, quando si tratta di atti diversi dalle dichiarazioni, se una parte ne fa richiesta e sussiste un serio disaccordo sul contenuto degli stessi.

con sé il divieto di lettura dei verbali contenuti nel fascicolo del pubblico ministero, a tale regola sono poste delle eccezioni, che variano in base al tipo di dichiarante.

1) Le precedenti dichiarazioni rese dai testimoni. Le dichiarazioni rese dai testimoni alla *polizia giudiziaria*, al *pubblico ministero*, al *difensore* nella fase delle indagini o al *giudice* nell'udienza preliminare possono essere lette soltanto se sono diventate non ripetibili per fatti o circostanze non prevedibili nel momento in cui sono state assunte (art. 512) (v. tav. 3.5.9). Dunque, in primo luogo, è necessario che l'impossibilità scaturisca da una situazione non ordinariamente superabile; e cioè, si richiede che il giudice possa effettuare una valutazione in termini di *realistica impossibilità* e non di "mera difficoltà" di dare corso, nel dibattimento, all'assunzione della medesima prova ([36]). In secondo luogo, l'impossibilità di ripetizione deve essere *oggettiva*, cioè indipendente dalla parte richiedente e dalla volontà del dichiarante ([37]). Infine, si richiede che l'impossibilità sia *imprevedibile* al momento in cui le dichiarazioni sono state assunte, poiché, ove la non ripetibilità fosse stata prevedibile, le parti avrebbero dovuto chiedere l'incidente probatorio (art. 392).

2) Le precedenti dichiarazioni rese dall'imputato. Le precedenti dichiarazioni rese dall'imputato al pubblico ministero, alla polizia delegata, o al giudice nel corso delle indagini o dell'udienza preliminare, hanno un particolare regime di lettura, che tiene conto del fatto che l'imputato medesimo ha il diritto di non sottoporsi all'esame (artt. 513, comma 1 e 208)(v. tav. 3.5.10). Le dichiarazioni precedentemente rese possono essere lette a richiesta di parte se l'imputato è assente o rifiuta di sottoporsi all'esame (art. 513, comma 1). Esse, tuttavia, sono utilizzabili soltanto contro l'imputato che abbia tenuto il comportamento indicato; non lo sono nei confronti di un altro coimputato salvo che quest'ultimo vi consenta o che sussista un'ipotesi di intimidazione o di offerta di denaro al dichiarante (art. 513, comma 1 che rinvia al 500, comma 4)([38]).

3) Le precedenti dichiarazioni rese dalle persone imputate in procedimenti connessi o collegati. L'istituto della lettura delle precedenti dichiarazioni si applica anche nei confronti degli imputati connessi o collegati (art. 210). La particolarità della normativa consiste nel fatto che in questo caso il codice impone al giudice di sperimentare tutte le possibilità di intervento coatto di queste persone al dibattimento. L'imputato connesso o collegato, che sia stato citato e che non si è presentato, deve essere sottoposto ad un provvedimento di accompagnamento coattivo o eventualmente deve essere sentito con esame a domicilio, con rogatoria internazionale o con esame a distanza (art. 513, comma 2).

([36]) Ciò avviene quando la situazione di irreperibilità del testimone risulti, oltre che dalle ricerche previste dall'art. 159, anche da «tutti gli accertamenti congrui alla peculiare situazione personale quale risultante dagli atti»; così Cass., sez. II, 19 dicembre 2018, n. 57386.

([37]) Pertanto la lettura è vietata se la non ripetibilità deriva da una scelta soggettiva del dichiarante, come può avvenire, ad esempio, quando il prossimo congiunto dell'imputato, dopo aver reso dichiarazioni alla polizia giudiziaria o al pubblico ministero, in dibattimento si astenga dal deporre ai sensi dell'art. 199; Così C. Cost. n. 440 del 2000.

([38]) Il codice non riconosce all'imputato il potere di vanificare il contraddittorio; la scelta di non subire l'esame incrociato è ammessa, ma il rifiuto del contraddittorio sulle proprie dichiarazioni non deve impedire al giudice di accertare i fatti.

Soltanto « se non è possibile ottenere la presenza del dichiarante » (e cioè, procedere all'esame in uno dei modi suddetti) il giudice può leggere, su richiesta di parte, le precedenti dichiarazioni, ma unicamente se la non ripetibilità dipende da fatti o circostanze imprevedibili al momento della dichiarazione (art. 513, comma 2 che rinvia all'art. 512). Se la non ripetibilità era prevedibile, i soggetti menzionati avrebbero dovuto essere sentiti con incidente probatorio su richiesta di parte (art. 392) (v. tav. 3.5.11).

4) Le precedenti dichiarazioni rese da colui che viene citato in dibattimento come testimone assistito. Per quanto concerne colui che viene citato in dibattimento come testimone assistito, quando si verifica una situazione di assoluta impossibilità di ripetizione della sua deposizione, le dichiarazioni da lui rese in precedenza alla pubblica accusa, alla polizia giudiziaria o al giudice dell'udienza preliminare, e che sono contenute nel fascicolo del pubblico ministero, possono essere lette ai sensi dell'art. 512, comma 1, perché egli è comunque un "testimone" chiamato a deporre, sia pure assistito.

Occorre tenere presente che l'art. 512, concepito sulla figura del testimone puro, contiene un elenco tassativo di ipotesi e non fa alcun riferimento ad eventuali dichiarazioni rese al giudice per le indagini preliminari. Tuttavia, qualora si pensi alla figura della persona che originariamente rivestiva la veste di indagato connesso o collegato e che successivamente sia citata per deporre con la qualifica di testimone assistito, può ben darsi che si configurino precedenti dichiarazioni rese al giudice per le indagini preliminari: si pensi al caso in cui il dichiarante sia sentito con l'interrogatorio di garanzia a seguito dell'applicazione di una misura cautelare personale.

Ebbene, la Corte costituzionale, con una recente pronuncia (n. 218 del 2020), si è occupata proprio di questa situazione, con riferimento ad una questione concernente un *indagato collegato* sentito dal giudice per le indagini preliminari nel corso dell'interrogatorio di garanzia e successivamente chiamato a deporre in dibattimento con la qualifica di testimone assistito. Per la Consulta, in queste ipotesi dal sistema del codice si ricava che la norma di riferimento per la lettura delle precedenti dichiarazioni, in caso di impossibilità sopravvenuta di svolgere l'esame in dibattimento, è senz'altro l'art. 512.

Come si è rilevato, peraltro, tale norma tace con riferimento a quanto narrato nell'interrogatorio di garanzia. Così, il Giudice delle leggi ha dichiarato l'illegittimità costituzionale della predetta disposizione nella parte in cui non ricomprende tali dichiarazioni nell'elenco delle letture consentite (sentenza n. 218 del 2020). La Corte ha sottolineato che, in tal caso, l'indagato collegato (art. 371, comma 2, lett. *b*) è stato sentito dal giudice con le tutele proprie dell'interrogatorio di garanzia, a differenza di quanto avviene quando egli è sentito dalla pubblica accusa. Pertanto, l'art. 512, comma 1 è stato dichiarato illegittimo nella parte in cui non consente la lettura, « alle condizioni ivi stabilite », delle deposizioni che siano state rese nel corso dell'interrogatorio di garanzia dall'indagato collegato.

Il principio affermato dalla Consulta, dunque, permette oggi la lettura delle dichiarazioni rese da quest'ultimo soggetto al momento dell'interrogatorio di garanzia in caso di non ripetibilità oggettiva dovuta a circostanze imprevedibili ([39]).

10. Principio dispositivo e poteri di iniziativa probatoria esercitabili dal giudice.

a) Iniziativa probatoria del giudice e sistema processuale.

Uno dei punti più controversi in dottrina e in giurisprudenza in merito alla chiave di lettura del codice del 1988 sta nell'ampiezza dei *poteri di iniziativa probatoria* esercitabili dal giudice nel dibattimento; ci si chiede, cioè, in che misura egli possa, senza richiesta di parte, ammettere prove, indicare temi di prova o rivolgere domande al dichiarante.

Il sistema accusatorio temperato. Dal 1988 ad oggi nella materia in esame sono intervenute più volte la Corte costituzionale, le Sezioni unite della Cassazione e perfino il Legislatore, a dimostrazione che si tratta di uno dei punti nodali del nostro ordinamento. Ne è derivato un sistema che possiamo denominare accusatorio temperato, che ha come punto di partenza il principio dispositivo, in base al quale la prova è ammessa a richiesta di parte (art. 190, comma 1). A questa regola sono poste varie eccezioni che permettono al giudice una iniziativa probatoria d'ufficio, come stabilisce il comma 2 dell'art. 190. Tuttavia, l'iniziativa del giudice è configurata come una supplenza della inerzia delle parti; in seguito all'esercizio di tale potere, possono essere nuovamente esercitati i poteri delle medesime.

A nostro avviso, la necessità di accogliere nel processo penale il principio dispositivo attenuato si ricava dall'oggetto stesso sul quale il processo va ad incidere direttamente o indirettamente, e cioè la libertà personale. Poiché si tratta di un diritto fondamentale inviolabile e indisponibile (art. 13 Cost.), non è accettabile che l'esito accertativo del processo sia interamente rimesso al potere dispositivo delle parti. Pertanto, dalla natura cognitiva del processo deriva che, in presenza di un panorama probatorio lacunoso e integrabile, il giudice non può applicare direttamente la regola del ragionevole dubbio, ma deve intervenire esercitando, se possibile, i propri poteri officiosi.

In un modello accusatorio temperato, quale è quello instaurato dal codice del 1988, il principio della separazione delle funzioni tra giudice e parti è stato sottoposto ad un bilanciamento che ha portato a limitare il potere di iniziativa d'ufficio del giudice. Il punto di equilibrio è stato individuato nelle norme che veniamo ad esaminare analiticamente e nell'interpretazione che è stata data dalla giurisprudenza costituzionale e di legittimità ([40]).

([39]) L'estrema puntualità della pronuncia lascia presagire che il principio, affermato dalla Corte, possa dar luogo in futuro ad analoga dichiarazione di illegittimità costituzionale con riferimento all'ipotesi in cui l'interrogatorio di garanzia sia stato reso da quell'imputato connesso ai sensi dell'art. 12 che non possa essere sentito in dibattimento come testimone assistito per impossibilità oggettiva imprevedibile.

([40]) In questa sede l'esame sarà limitato ai poteri di iniziativa d'ufficio del giudice nel dibattimento. È appena il caso di rammentare che in altre fasi del procedimento tali poteri si manifestano e vi è sempre un problema di bilanciamento con il princìpio di separazione delle funzioni processuali.

b) ***I singoli casi di iniziativa probatoria del giudice d'ufficio.***

Nel corso del procedimento penale possono individuarsi varie ipotesi nelle quali il codice riconosce al giudice poteri di iniziativa probatoria.

1) La lettura degli atti. Il giudice (e cioè l'intero organo giudicante) anche d'ufficio può disporre che sia data lettura integrale o parziale dei verbali contenuti nel fascicolo per il dibattimento (art. 511, comma 1), e cioè delle prove assunte con l'esame incrociato e degli atti di indagine non ripetibili (art. 431). Tuttavia, la lettura delle dichiarazioni può essere disposta soltanto dopo l'esame della persona che le ha rese, a meno che l'esame non si svolga (art. 511, comma 2).

2) Le domande ai dichiaranti. Abbiamo già accennato in precedenza che il presidente del collegio giudicante può rivolgere domande al testimone (o altro dichiarante) già esaminato, e comunque « solo dopo l'esame e il controesame » (art. 506, comma 2). Resta salvo « il diritto delle parti di concludere l'esame » secondo l'ordine consueto (artt. 498, commi 1 e 2, e 503, comma 2). E cioè, vi sarà eventualmente l'esame diretto della parte che ha chiesto l'assunzione della prova; poi le altre parti con interesse contrario potranno condurre il controesame.

Da tale regolamentazione si può ricavare che il giudice non deve sovvertire l'ordine che ogni parte vuole dare alle domande da rivolgere nell'esame incrociato: il giudice deve evitare di "bruciare" con interventi maldestri i possibili obiettivi probatori che le parti si propongono. Tra l'altro, il giudice non conosce gli atti del fascicolo del pubblico ministero e può soltanto fare danni all'accertamento dei fatti se formula domande inappropriate.

3) L'indicazione di temi di prova nuovi o più ampi. Il presidente dell'organo giudicante « anche su richiesta di altro componente del collegio » può indicare alle parti « temi di prova nuovi o più ampi, utili per la completezza dell'esame » (art. 506, comma 1). Si tratta di un potere di "suggerimento" esercitabile « in base ai risultati delle prove assunte nel dibattimento a iniziativa delle parti o a seguito delle letture »; e cioè dopo che si sono svolti i "casi" dell'accusa e della difesa. Il presidente può soltanto sollecitare le parti ad ampliare un tema di prova (e cioè, può indicare un fatto da provare) oltre i limiti delle liste testimoniali e delle richieste introduttive, ma ovviamente restando all'interno dell'imputazione formulata dal pubblico ministero. A seguito della sollecitazione, l'iniziativa probatoria spetta alle parti, che possono accogliere o meno il "suggerimento". Poiché l'istituto è suscettibile di interpretazione estensiva, riteniamo che le parti possano scegliere quale è il mezzo di prova del quale richiedere l'ammissione.

4) Il potere di iniziativa del giudice in seguito all'acquisizione concordata di atti di indagine. Il comma 1-*bis* dell'art. 507 consente al giudice di disporre «l'assunzione dei mezzi di prova relativi agli atti acquisiti al fascicolo per il dibattimento» su accordo delle parti (artt. 431, comma 2; 493, comma 3). La *ratio* della disposizione è chiara: le

---

Ad esempio, nel corso del procedimento di archiviazione l'organo giurisdizionale può imporre al pubblico ministero le indagini coatte (art. 409). Infine, nel corso dell'udienza preliminare è stata introdotta una iniziativa probatoria d'ufficio ad opera del giudice per assicurare il principio di completezza delle indagini (artt. 421-*bis* e 422, comma 1).

parti possono rinunciare al loro diritto alla prova, ma non possono disporre del contraddittorio come metodo di accertamento dei fatti. All'uopo, l'ordinamento conferisce al giudice eccezionali poteri officiosi che hanno, come presupposto indicato dal comma 1 dell'art. 507, la "assoluta necessità" per l'accertamento dei fatti controversi.

5) L'iniziativa del giudice dopo che state assunte prove su richiesta di parte. In base all'art. 507, «terminata l'acquisizione delle prove, il giudice, se risulta assolutamente necessario, può disporre anche di ufficio l'assunzione di nuovi mezzi di prov(a)».

La lettera di tale disposizione fa riferimento alla situazione in cui, all'interno del dibattimento, siano state già assunte le prove a richiesta di parte. Il potere esercitabile dal giudice anche d'ufficio è basato su tre requisiti ben definiti.

Il primo requisito, e cioè la *novità*, può essere riferito sia ad un mezzo di prova ancora da assumere, sia ad uno già assunto, ma dal quale possono scaturire ulteriori elementi per decidere nel senso della condanna o dell'assoluzione.

Il secondo requisito, posto dall'art. 507, consente al giudice di esercitare il potere di iniziativa d'ufficio « terminata l'acquisizione delle prove », e cioè dopo che si sono conclusi quelli che possiamo definire, con una terminologia anglo-americana, i "casi" dell'accusa e della difesa.

Il terzo requisito, e cioè la «assoluta necessità», può dirsi integrato quando l'assunzione della prova appaia decisiva. Il limite all'azionabilità dei poteri officiosi può essere ravvisato nella incertezza derivante da un'istruzione dibattimentale non esauriente a causa di temi di prova non sufficientemente sondati; può derivare da una difesa d'ufficio tardiva, svogliata o inefficace, che «creerebbe inutili massacri se non fosse sorretta da eventuali supplenze giurisdizionali»; può essere causata, infine, da un'accusa inefficace o inerte (E. FASSONE).

L'ammissione d'ufficio di nuovi mezzi di prova in base all'art. 507 può conseguire sia ad una iniziativa autonoma del giudice, sia ad una richiesta di parte affinché il giudice provveda in tal senso. Il potere giudiziale prescinde dai limiti costituiti dalle liste testimoniali (art. 468) e dalle richieste introduttive (art. 493) ed il parametro, in base al quale il giudice decide, è costituito dalla «assoluta necessità» delle prove da assumere ai fini dell'accertamento dei fatti.

Anche in assenza di una richiesta di parte, il giudice deve ammettere la prova se questa risulta assolutamente necessaria ([41]).

6) I contro-limiti al potere esercitabile d'ufficio dal giudice. Poiché il potere di iniziativa d'ufficio del giudice ha una qualche difficoltà a collocarsi nel sistema di un codice, come quello del 1988, di impronta prevalentemente accusatoria, il legislatore e la giurisprudenza hanno introdotto quelli che possiamo definire veri e propri contro-limiti.

a) Quando il giudice ammette una prova in base all'art. 507, ma comunque su richiesta di parte, il legislatore ha posto un *primo limite* che concerne i tempi di

---

([41]) Su quest'ultimo punto è intervenuta la Corte cost. n. 73 del 2010, secondo cui anche al termine dell'istruzione probatoria il giudice è tenuto ad ammettere quella prova che soddisfi il differente parametro previsto dall'art. 507, e cioè quello della assoluta necessità.

svolgimento dell'assunzione probatoria. Il giudice deve disporre l'assunzione delle nuove prove, che siano state richieste dalle parti, seguendo l'ordine dei casi (art. 151, comma 1, disp. att.). In tale ipotesi, se si tratta di una prova dichiarativa, l'esame diretto deve essere condotto dalla parte che ha chiesto al giudice l'ammissione della prova, mentre il controesame è svolto successivamente dalle parti che hanno un interesse contrario, in base alle regole stabilite dagli artt. 498 e 499 ([42]).

b) Un *secondo limite* è ricavabile dalle modalità acquisitive delle nuove prove. Se si tratta di nuove prove che siano state ammesse d'ufficio e occorre procedere all'esame di una persona, «il presidente vi provvede direttamente stabilendo, all'esito, la parte che deve condurre l'esame diretto» (art. 151, comma 2, disp. att.). Ciò vuol significare che il giudice rivolge ai dichiaranti le domande necessarie a comprendere l'esito probatorio delle risposte e, in base a tale aspetto, deve individuare se l'esame diretto verrà svolto dall'accusa o dalla difesa. Così viene ripristinata la funzione dell'esame incrociato, perché la controparte può nuovamente incidere sulla prova attraverso il controesame ([43]).

c) Il *terzo limite* è stato posto dalla sentenza delle Sezioni unite Greco del 2006: ove il giudice ammetta d'ufficio una prova, resta comunque salvo il diritto delle parti all'ammissione della prova contraria (art. 495, comma 2), perché tale diritto è garantito dall'ordinamento anche nei confronti del potere di iniziativa esercitabile dal giudice ([44]).

7) L'iniziativa del giudice quando non sono state assunte prove su richiesta di parte. Fin dall'entrata in vigore del codice del 1988 ha dato luogo ad aspri contrasti il problema dell'ampiezza dei poteri che il giudice poteva esercitare d'ufficio quando il pubblico ministero non aveva depositato tempestivamente la lista dei testimoni che intendeva assumere in dibattimento (art. 468); in tal caso, come è noto, era da considerarsi *inammissibile* la relativa domanda di ammettere le deposizioni testimoniali, formulata nelle richieste introduttive (art. 493).

Si era posto il quesito se fosse tuttavia possibile che il giudice ammettesse d'ufficio i mezzi di prova ai sensi dell'art. 507. Si trattava di valutare se i requisiti previsti da tale disposizione dovevano essere interpretati in senso restrittivo o estensivo. Se fosse prevalsa l'interpretazione restrittiva, di fronte alla totale inerzia dell'accusa il giudice non avrebbe potuto intervenire d'ufficio e la prova non sarebbe stata ammessa; pertanto, l'imputato sarebbe stato prosciolto.

Le Sezioni unite della *Corte di cassazione* ([45]) e la *Corte costituzionale* ([46]) hanno accolto l'interpretazione estensiva dell'art. 507, in quanto essa si presentava più

([42]) Così, Corte cost. n. 73 del 2010.

([43]) Anzi, a parere della Corte costituzionale (n. 73 del 2010), in tale situazione «non risulta configurabile neppure una reale deroga al principio dispositivo, in base al quale il giudice è chiamato a giudicare sulla base di quanto allegato e provato dalle parti. Manca, di conseguenza, in radice la possibilità di ipotizzare una lesione del principio di imparzialità (...) con riguardo al rischio, anche soltanto astratto, di una impropria assunzione da parte del giudice di compiti dell'accusa o della difesa, atta a trasformarlo in un "alleato" dell'uno o dell'altro dei contendenti».

([44]) Cass., sez. un., 18 dicembre 2006, Greco, in *Guida dir.*, 2007, n. 2, p. 86.

([45]) Sentenza 6 novembre 1992, Martin, in *Cass. pen.*, 1993, 280.

([46]) Sentenza 24 marzo 1993, n. 111, in *Cass. pen.*, 1993, 2224.

rispettosa della direttiva n. 73 della legge delega, che prevedeva il « potere del giudice di disporre l'assunzione di mezzi di prova » senza porre ulteriori limiti.

Su un piano tecnico-giuridico le Sezioni unite hanno chiarito vari punti. Anzitutto, hanno rilevato che ciò che diventa « inammissibile » ai sensi dell'articolo 468 non è la « prova », bensì la « richiesta » come atto di parte del pubblico ministero. Viceversa, nessuna inammissibilità è prevista per il potere esercitabile d'ufficio dal giudice.

In secondo luogo, le Sezioni unite hanno affermato che l'inciso « terminata l'acquisizione delle prove » (art. 507) indica il « punto » dell'istruzione dibattimentale in cui, di regola, può avvenire l'ammissione di nuove prove; non costituisce il « presupposto » per l'esercizio del potere del giudice. Se mai, l'inciso sottolinea che l'iniziativa delle parti, e cioè il loro diritto alla prova, ha un « carattere primario » rispetto ai poteri officiosi del giudice, ma non è un presupposto di questi ultimi.

In ogni caso, la Cassazione ha escluso che il potere giudiziale di acquisizione della prova *ex* art. 507 possa essere impiegato per vagliare ipotesi ricostruttive autonomamente formulate dal giudice, che deve invece limitarsi a disporre d'ufficio l'assunzione di prove « il cui valore dimostrativo in base agli atti si imponga con evidenza » (47).

I contro-limiti al potere del giudice. Anche quando non sono state assunte prove su richiesta di parte, valgono egualmente i contro-limiti che abbiamo esposto nel numero 6. In particolare, le parti hanno il diritto alla ammissione della prova contraria rispetto a quella ammessa dal giudice.

c) Il principio dispositivo attenuato.

Sulla base dell'orientamento giurisprudenziale finora emerso, e come le stesse Sezioni unite hanno affermato nel 2006, è possibile ritenere che il codice accolga in materia probatoria un principio dispositivo "attenuato". Tale principio consente la libera esplicazione del diritto alla prova spettante alle parti, ma non preclude i poteri di iniziativa probatoria d'ufficio; se mai, limita il potere discrezionale del giudice nel respingere le richieste di ammissione di prove, formulate dalle parti (48).

Conclusioni. In seguito all'analisi delle norme del codice ed alle considerazioni che abbiamo fatto, possiamo trarre alcune conclusioni. I poteri esercitabili dal giudice d'ufficio toccano soltanto l'onere della prova in senso formale, inteso come onere di introdurre la prova nel processo (art. 190, comma 1). Viceversa, non incidono sull'onere sostanziale di convincere il giudice. Restano valide le regole probatorie, e cioè spetta pur sempre a chi accusa l'onere di provare i fatti al di là di ogni ragionevole dubbio (art. 533, comma 1).

Queste nostre affermazioni risultano espressamente confermate dalla sentenza delle Sezioni unite Greco (49) secondo la quale è « superfluo sottolineare che (...) l'esercizio dei poteri in deroga al principio dispositivo non fa venir meno l'onere del pubblico ministero di provare il fondamento dell'accusa e, tanto meno, l'obbligo per il giudice di rispettare i divieti probatori esistenti ».

---

(47) Così, Cass., sez. un., 24 novembre 2003, Andreotti, in *Cass. pen.*, 2004, 811

(48) Si veda Cass., sez. V, 16 aprile 1998, Biacchi, in *Cass. pen.*, 1999, 2233.

(49) Cass., sez. un., 18 dicembre 2006, Greco, in *Guida dir.*, 2007, n. 2, p. 86.

Come si ricava dalla sentenza menzionata, restano salvi gli altri vincoli probatori ricavabili dal codice. I poteri esercitabili d'ufficio dal giudice non rappresentano una deroga ai "divieti probatori", che devono essere osservati anche da tale soggetto. Ad esempio, non potranno essere usati metodi o tecniche idonei ad influire sulla libertà di autodeterminazione del dichiarante (art. 188).

d) La rinuncia alla prova ed il "principio di acquisizione".

Al tema del principio dispositivo si connette la problematica della rinuncia all'assunzione di una prova. Può infatti accadere che una parte, ottenuta l'ammissione di un mezzo di prova, rinunci alla sua assunzione, ad esempio, non chiamando a testimoniare una persona. In tale evenienza si tratta di comprendere quali siano i poteri del giudice e delle altre parti.

La rinuncia alla prova è espressamente disciplinata dal comma 4-*bis* dell'art. 495, in base al quale « nel corso dell'istruzione dibattimentale ciascuna delle parti può rinunciare, con il consenso dell'altra parte, all'assunzione delle prove ammesse a sua richiesta ». In altri termini la parte, che ha richiesto ed ottenuto dal giudice l'ammissione di un mezzo di prova, può rinunciare all'assunzione; la rinuncia è efficace soltanto se l'altra parte consente. Occorre sottolineare che il legislatore non ha attribuito espressamente al giudice alcun potere a fronte della volontà delle parti ([50]). Tuttavia in base all'art. 507 il giudice può disporre d'ufficio l'assunzione di quella prova alla quale le parti abbiano rinunciato.

10-*bis*. Lo svolgimento dell'udienza da remoto.

L'udienza può svolgersi da remoto sulla base di una normativa di carattere generale o sulla base di una normativa eccezionale dovuta all'emergenza sanitaria da Covid-19. Quest'ultima ha regole di svolgimento che richiamano quelle generali in quanto applicabili. Pertanto, il suo esame deve essere posticipato.

1) La normativa generale sullo svolgimento delle udienze penali da remoto.

Il codice consente di utilizzare due istituti che permettono di superare l'unità di luogo nel quale si deve svolgere il dibattimento: la partecipazione al dibattimento a distanza e l'esame a distanza. L'aspetto comune dei due istituti sta nel collegamento televisivo, che è stato regolato al fine di permettere, per un verso, che i fondamentali diritti difensivi possano essere esercitati; per un altro verso, che le parti siano comunque messe in grado di valutare l'attendibilità delle prove che vengono assunte.

([50]) Il concetto di "altra parte" (art. 495, comma 4-*bis*) deve essere interpretato in modo estensivo. Vi rientrano, cioè, tutte le parti diverse rispetto rinunciante. L'operatività della rinuncia è subordinata dalla legge al consenso delle altre parti al fine di tutelare il loro diritto alla prova.

Al tempo stesso, tale disciplina costituisce il riconoscimento normativo di un inedito "principio di acquisizione della prova": il provvedimento di ammissione della prova, richiesta da una parte, fa sorgere in capo alle altre parti, costituite in giudizio, il diritto all'acquisizione di quel mezzo di prova. Una volta introdotta nel processo, la prova sfugge alla piena disponibilità di chi ha esercitato un'iniziativa in tal senso. Si crea, infatti, nelle altre parti una sorta di "legittima aspettativa" di acquisizione. Ciò significa, come abbiamo sostenuto da tempo, che la prova non è di "proprietà" della parte che l'ha introdotta nel processo chiedendone l'ammissione al giudice. Il diritto alla prova comprende anche il diritto di ciascuna parte alla assunzione del mezzo di prova ammesso in giudizio anche su istanza da altri proposta.

Anche se la partecipazione a distanza non potrà mai essere ritenuta equivalente alla presenza fisica all'udienza.

a) ***La partecipazione "a distanza".*** L'art. 146-*bis* disp. att. prevede una singolare forma di "partecipazione" dell'imputato al dibattimento. L'imputato rimane nel luogo di detenzione e partecipa all'udienza attraverso un collegamento a distanza che presuppone l'installazione di due terminali, uno nell'aula e l'altro nella postazione remota, e di un sistema di comunicazione che permette di ricevere e trasmettere i segnali audiovisivi provenienti da entrambi i terminali. L'istituto era stato introdotto nel 1998 al fine di evitare quelle traduzioni di imputati e collaboratori di giustizia che richiedevano un ingente dispiego di forze dell'ordine per i servizi di scorta, con aspetti di pericolosità dovuti ai gravissimi reati addebitati.

I casi di partecipazione a distanza sono stati notevolmente ampliati dalla legge n. 103 del 2017 (c.d. *riforma Orlando*) al punto che in alcune situazioni si pongono in tensione con il diritto fondamentale dell'imputato a partecipare personalmente al dibattimento: la normativa è gravemente carente rispetto ai princìpi di proporzionalità e ragionevolezza. L'ampliamento ha toccato i seguenti aspetti.

1) Le ipotesi di partecipazione a distanza, che in origine erano lasciate alla decisione motivata del giudice, sono diventate di regola automatiche: il giudice deve limitarsi a comunicare alle parti, ai difensori e alle autorità competenti che si procederà a distanza (art. 146-*bis*, comma 2, disp. att.) [51].

2) Nelle predette ipotesi di partecipazione a distanza *ope legis* il giudice ha il potere di disporre con decreto motivato, anche su istanza di parte, la presenza fisica alle udienze « qualora lo ritenga necessario » (comma 1-*ter*); in proposito pare lecito affermare che, purtroppo, sarà considerata l'impossibilità di funzionamento degli impianti e non la necessità dell'imputato di confrontarsi con l'accusatore.

3) L'ambito applicativo dell'istituto è stato esteso: oltre che per il dibattimento, la partecipazione a distanza opera per le udienze in camera di consiglio (art. 45-*bis*, disp. att.), per il rito abbreviato (art. 134-*bis*, disp. att.) e per il procedimento di prevenzione.

4) Nei casi nei quali la partecipazione a distanza è stata lasciata alla decisione motivata del giudice (art. 146-*bis*, comma 1-*quater*), la legge prevede criteri eccessivamente vaghi, con possibile lesione del principio di proporzionalità [52].

---

[51] La partecipazione a distanza è obbligatoria nei casi seguenti:

a) Quando una persona, che si trova in stato di detenzione per taluno dei delitti indicati nell'articolo 51, comma 3-*bis*, nonché nell'articolo 407, comma 2, lettera *a*, numero 4 c.p.p., deve partecipare a distanza alle udienze dei processi nei quali è imputata, anche relativi a reati per i quali sia in libertà (art. 146-*bis*, comma 1 disp. att.).

b) Quando la medesima persona deve partecipare a distanza alle udienze penali e alle udienze civili nelle quali deve essere esaminata quale testimone (comma 1).

c) Quando una persona, ammessa a programmi o misure di protezione, comprese quelle di tipo urgente o provvisorio, deve partecipare a distanza alle udienze dei processi nei quali è imputata (comma 1-*bis*).

[52] Infatti, il giudice « può disporre con decreto motivato la partecipazione a distanza » nei seguenti casi (comma 1-*quater*):

a) quando « si deve assumere la testimonianza di persona a qualunque titolo in stato di detenzione presso un istituto penitenziario » (quindi, anche per un reato non di criminalità organizzata);

Garanzie difensive. Il collegamento televisivo deve assicurare la *contestuale, reciproca ed effettiva visibilità* delle persone presenti in entrambi i luoghi e la possibilità di udire quanto vi viene detto (art. 146-*bis*, comma 3 disp. att.). La contestualità esclude ogni sorta di differimento temporale nel collegamento; la reciprocità garantisce il coinvolgimento nel collegamento di tutte le persone presenti nei due luoghi; infine, l'effettività mira ad escludere qualsiasi incertezza o difficoltà che possa incidere sulla capacità di percezione da parte di ciascun fruitore del collegamento stesso. Il difensore o un suo sostituto può essere presente nel luogo in cui si trova l'imputato medesimo; ove il difensore scelga di rimanere nell'aula d'udienza, il comma 4 gli garantisce il diritto di avere colloqui riservati con l'imputato mediante strumenti tecnici idonei ([53]).

Al fine di attestare l'identità dell'imputato e la mancanza di limitazioni o impedimenti ai diritti a questi riconosciuti, il giudice (o, in caso di urgenza, il presidente) designa un ausiliario che deve essere presente nel luogo in cui si trova l'imputato medesimo. Si prevede l'equiparazione tra l'aula di udienza e la postazione remota (art. 146-*bis*, comma 5 disp. att.).

b) L'esame "a distanza". L'art. 147-*bis* disp. att. prevede che mediante collegamento televisivo si possa svolgere a distanza l'esame di un testimone o di una parte ([54]). L'istituto è stato voluto dal legislatore allo scopo di tutelare la vita degli operatori sotto copertura e del "collaboratore di Giustizia"; la sua regolamentazione è la seguente.

Ove siano disponibili strumenti tecnici idonei ad effettuare un collegamento audiovisivo, il giudice (o, nei casi d'urgenza, il presidente del tribunale o della corte d'assise) sentite le parti, può disporre anche d'ufficio che l'esame si svolga a distanza. In tal caso l'esame è effettuato mediante un collegamento audiovisivo che assicuri la

---

b) quando « sussistano ragioni di sicurezza, qualora il dibattimento sia di particolare complessità e sia necessario evitare ritardi nel suo svolgimento ». È stato criticato che « la partecipazione a distanza possa essere disposta per qualsiasi reato anche quando l'imputato sia a piede libero » (P. FERRUA).

([53]) In base al comma 4-*bis* « in tutti i processi nei quali si procede con il collegamento audiovisivo ai sensi dei commi che precedono, il giudice, su istanza, può consentire alle altre parti e ai loro difensori di intervenire a distanza assumendosi l'onere dei costi del collegamento ».

([54]) Ai sensi dell'art. 147-*bis*, comma 3 disp. att. l'esame deve svolgersi obbligatoriamente a distanza nei seguenti casi: *a)* quando l'esame è disposto nei confronti di persone ammesse al piano provvisorio di protezione o alle speciali misure di protezione (art. 13, comma 1 d.l. n. 8 del 1991); *a-bis)* quando l'esame è disposto nei confronti di persone ammesse al piano provvisorio o al programma definitivo per la protezione dei testimoni di giustizia (legge n. 6 del 2018); *b)* se nei confronti dell'esaminato è stato emesso un decreto di cambiamento delle generalità (in tal caso, il volto non deve essere visibile); *c)* se un imputato, anche non collaboratore di Giustizia, ma accusato di un delitto di criminalità mafiosa o terroristica, deve essere esaminato in un processo per tale tipo di delitti, connesso al proprio. In questi casi, l'obbligatorietà è temperata dalla possibilità, lasciata al giudice, di ritenere « assolutamente necessaria » la presenza della persona da esaminare; *c-bis)* quando devono essere esaminati ufficiali o agenti di polizia giudiziaria, ausiliari e interposte persone in ordine alle attività dai medesimi svolte nel corso delle operazioni sotto copertura (legge n. 136 del 2010).

Il giudice *può* disporre l'esame a distanza, ma soltanto su richiesta di parte, nei seguenti casi, che pertanto si configurano come facoltativi (art. 147-*bis*, comma 5 disp. att.): *d)* se il dichiarante è già stato esaminato nell'incidente probatorio o in un altro procedimento ed è stata disposta una nuova assunzione di tale prova (art. 495, comma 1); *e)* se comunque vi sono gravi difficoltà ad assicurare la presenza della persona da esaminare. Occorre sottolineare che, in tali casi, l'esame a distanza viene impiegato per soddisfare esigenze di semplificazione processuale e non per proteggere l'incolumità del dichiarante.

contestuale visibilità delle persone presenti nel luogo dove la persona sottoposta ad esame si trova. Nello stesso luogo è prevista la presenza di un ausiliario, designato dal giudice o dal presidente. Tale ausiliario ha il compito di attestare le generalità dell'esaminando e di dare atto dell'osservanza delle disposizioni di cui al comma 2 dell'art. 147-*bis* disp. att., « nonché delle cautele adottate per assicurare la regolarità dell'esame con riferimento al luogo ove egli si trova ». L'ausiliario deve, infine, redigere verbale delle operazioni svolte.

Garanzie difensive. Se si deve compiere l'esame di un imputato (non di un testimone), devono essere assicurate le medesime garanzie difensive previste per la partecipazione a distanza (art. 147-*bis*, comma 4 disp. att.). In primo luogo, occorre che vi sia la *effettiva e reciproca visibilità.* In secondo luogo, il difensore (o un suo sostituto) deve poter essere presente accanto all'assistito. In terzo luogo, l'imputato deve potersi consultare riservatamente col difensore presente in aula. Infine, l'ausiliario del giudice non può essere sostituito da un ufficiale di polizia giudiziaria.

2) Lo svolgimento delle udienze dibattimentali da remoto nella normativa sull'emergenza sanitaria.

Le disposizioni aventi ad oggetto l'udienza dibattimentale durante l'emergenza sanitaria da Covid-19 sono contenute nell'art. 23 del d.l. n. 137 del 2020, conv. in legge n. 176 del 2020 e sono state più volte prorogate con modifiche fino al 31 dicembre 2022 (si veda, da ultimo, l'art. 16, commi 1 e 2 del d.l. n. 228 del 2021, conv. in legge n. 15 del 2022, e il § 3 della parte II, cap. 1). La complessa normativa può essere ricostruita nel modo seguente.

È ammesso lo svolgimento dell'udienza da remoto su provvedimento del giudice e con il consenso delle parti (art. 221, comma 7, d.l. n. 34 del 2020, conv. in legge n. 77 del 2020).

Hanno esaurito la loro efficacia al 31 luglio 2021 le seguenti disposizioni:

a) quelle che permettevano di celebrare a porte chiuse le udienze aperte al pubblico (art. 23, comma 3, d.l. n. 137 del 2020, conv. in legge n. 176 del 2020);

b) quelle che consentivano di svolgere con collegamenti da remoto le udienze che richiedevano la partecipazione soltanto del pubblico ministero, delle parti private, dei difensori e degli ausiliari del giudice (art. 23, comma 5, d.l. n. 137 del 2020, conv. in legge n. 176 del 2020).

Ha esaurito la propria efficacia con il 31 marzo 2022 la disposizione relativa alla partecipazione alle udienze in videoconferenza dei detenuti (art. 24, comma 4, d.l. n. 137 del 2020; art. 16 d.l. n. 228 del 2021, conv. in legge n. 15 del 2022).

11. Le nuove contestazioni. La correlazione tra imputazione e sentenza.

Il dibattimento ha per oggetto l'addebito che è stato contestato all'imputato con il decreto che dispone il giudizio.

Nel corso dell'istruzione dibattimentale le prove assunte possono indurre il pubblico ministero a modificare l'imputazione sotto vari profili attinenti al diritto o al fatto (v. tav. 3.5.4).

a) Le modifiche attinenti al fatto storico: il fatto diverso. Per quanto concerne il *fatto storico*, in primo luogo questo può risultare « diverso » da quello contestato (art. 516), nel senso che risultano modificate le modalità del fatto di reato. Occorre prestare attenzione a tale concetto: il nucleo essenziale dell'accusa originariamente contestata non appare modificato sotto un profilo sostanziale; mutano soltanto alcuni aspetti relativi alle modalità di svolgimento. Come esempio, si pensi al caso in cui venga modificata la data o il luogo del fatto di reato mentre la condotta addebitata rimane identica. In tale evenienza il pubblico ministero provvede direttamente a modificare l'imputazione e a contestarla all'imputato (se il reato non appartiene alla competenza di un giudice « superiore », ad esempio, della corte d'assise).

Ove sia effettuata la contestazione di un fatto diverso, l'imputato ha i seguenti diritti: 1) ottenere che il dibattimento venga sospeso (per un tempo non inferiore a venti giorni, se si tratta del giudizio presso il tribunale collegiale o la corte d'assise); 2) chiedere l'ammissione di nuove prove (art. 519); 3) chiedere il giudizio abbreviato, il patteggiamento, l'oblazione o la messa alla prova relativamente al fatto diverso contestato in dibattimento.

b) La contestazione suppletiva. Dalle prove raccolte nell'istruzione dibattimentale può risultare a carico dell'imputato (art. 517) l'esistenza di una ***circostanza aggravante*** o il compimento di un ***reato connesso*** ai sensi dell'art. 12, comma 1, lett. *b* (concorso formale o reato continuato: ad es., l'imputato è stato rinviato a giudizio per truffa e, nel corso del dibattimento, risulta che è stato commesso anche un reato di spendita di monete falsificate in esecuzione del medesimo disegno criminoso). In tali ipotesi il pubblico ministero contesta all'imputato il reato concorrente o la circostanza aggravante, purché la cognizione non appartenga alla competenza di un giudice "superiore" (e cioè della corte d'assise).

Questa situazione dà luogo ad alcune problematiche sotto il profilo del diritto di difesa perché l'imputato ha la necessità di aver chiari i termini dell'accusa mossa nei suoi confronti al fine di adeguare le proprie scelte processuali; una variazione dell'addebito in dibattimento deve consentirgli di essere rimesso in termini per esprimere le proprie opzioni. La giurisprudenza costituzionale ha tenuto conto delle esigenze menzionate, di modo che attualmente il quadro può essere così descritto. In presenza di una contestazione suppletiva l'imputato ha i seguenti diritti: 1) ottenere l'ammissione di nuove prove (Corte cost., sentenza n. 241 del 1992); 2) chiedere per il reato contestato il rito abbreviato, l'oblazione, il patteggiamento e la messa alla prova, con la singolarità che quest'ultima misura può essere richiesta « rispetto a tutti i reati contestati, compresi quelli oggetto dell'imputazione originaria » poiché non è ammissibile « una messa alla prova 'parziale', ossia relativa ad alcuni soltanto dei reati contestati » [55].

Nuove contestazioni all'imputato assente. Quando intende contestare il fatto diverso (art. 516) il reato concorrente o la circostanza aggravante (art. 517) all'imputato assente, il pubblico ministero chiede al presidente che la contestazione sia

---

[55] Così, Corte cost. n. 146 del 2022.

inserita nel verbale del dibattimento e che il verbale sia notificato per estratto all'imputato (art. 520). In tal caso il presidente sospende il dibattimento e fissa una nuova udienza per la prosecuzione, osservando i termini indicati nell'articolo 519 comma 2 (per l'imputato, il termine per comparire) e comma 3 (per la persona offesa, cinque giorni).

c) Il fatto nuovo. Vi è infine una terza possibilità di modifica, che non è lasciata alla sola iniziativa del pubblico ministero, bensì richiede il consenso dell'imputato ed una valutazione del presidente. Nel corso del dibattimento può risultare a carico dell'imputato un « fatto nuovo non enunciato nel decreto che dispone il giudizio e per il quale si debba procedere di ufficio » (art. 518). Si ha un fatto « nuovo » quando si è in presenza di un "ulteriore" fatto storico che si affianca all'imputazione precedentemente contestata. Ad esempio, nell'accertare una rapina risultano elementi di fatto dai quali si ricava che, al di fuori del medesimo disegno criminoso, l'imputato ha commesso anche un'estorsione ([56]).

Il fatto « nuovo » può essere contestato soltanto in presenza delle seguenti condizioni: *a*) deve trattarsi di un reato procedibile d'ufficio; *b*) l'imputato deve essere presente e consentire alla contestazione; *c*) il presidente deve accertare che da tale contestazione non derivi un pregiudizio per la speditezza del procedimento (art. 518, comma 2) ([57]). In mancanza delle predette condizioni, « il pubblico ministero procede nelle forme ordinarie » (art. 518 comma 1); e cioè, svolge le indagini ed esercita l'azione penale.

d) L'iniziativa nella modifica del fatto storico. Il codice attribuisce il potere di modificare il fatto storico di cui all'imputazione esclusivamente al pubblico ministero; il giudice non ha il potere di controllare in via preventiva la correttezza della contestazione; può operare un controllo successivo nel momento in cui delibera la sentenza.

In tutte le ipotesi in cui la contestazione sia avvenuta fuori dei casi consentiti, il giudice dispone con ordinanza la trasmissione degli atti al pubblico ministero perché proceda nelle forme ordinarie (art. 521, comma 3). Lo stesso avviene quando il giudice accerta che il fatto storico è diverso da quello descritto nel decreto che dispone il giudizio o nella contestazione effettuata dal pubblico ministero in dibattimento (art. 521, comma 2).

e) Le modifiche attinenti alla definizione giuridica. Il giudice al momento della deliberazione della sentenza può rilevare che il fatto storico, accertato nel corso del dibattimento, è identico a quello contestato, ma che il titolo del reato è diverso da quello contenuto nell'imputazione. In tal caso il giudice nella sentenza dà al fatto la *diversa definizione giuridica*, purché il reato non ecceda la sua competenza, né risulti attribuito alla cognizione del tribunale in composizione collegiale anziché monocra-

---

([56]) Tuttavia, il fatto nuovo *ex* art. 518 non è soltanto quello suscettibile di *affiancarsi* al reato già contestato nell'imputazione. Può anche accadere che il fatto originariamente contestato vada soggetto, nel corso dell'istruzione, a modifiche tanto radicali da portare a configurarlo, sul piano strutturale, come un altro fatto totalmente diverso che si presta ad un nuovo ed autonomo inquadramento giuridico. In tal caso, il fatto nuovo si *sostituisce* a quello inizialmente contestato.

([57]) Quando è contestato il fatto nuovo, l'imputato gode del diritto, sopra ricordato, di ottenere la sospensione del dibattimento e di chiedere l'ammissione di nuove prove (art. 519).

tica (art. 521, comma 1, mod. dalla legge n. 144 del 2000). Ad esempio, se è stata contestata una circonvenzione di incapace (art. 643 c.p.), il giudice può condannare per truffa (art. 640 c.p.); se è stato contestato un falso in scrittura privata (art. 485 c.p.), il giudice può condannare per uso di atto falso (art. 489 c.p.).

Viceversa, se è stata contestata la corruzione (art. 319 c.p.), il giudice non può condannare per il più grave reato di concussione (art. 317 c.p.) poiché ciò comporta la presenza di elementi diversi ed aggiuntivi (l'abuso della qualità o dei poteri e l'induzione) ([58]).

*f) **Invalidità.*** L'inosservanza delle disposizioni a tutela della correlazione tra accusa e sentenza è prevista come nullità dall'art. 522, comma 1; a parere della giurisprudenza, si tratta di un nullità intermedia poiché si è violato il principio del contraddittorio. Ai sensi dell'art. 522, comma 2 « la sentenza di condanna pronunciata per un fatto nuovo, per un reato concorrente o per una circostanza aggravante senza che siano state osservate (le predette disposizioni) è nulla soltanto nella parte relativa al fatto nuovo, al reato concorrente o alla circostanza aggravante ».

12. La discussione finale.

La discussione finale, che ha inizio quando è terminata la istruzione probatoria, permette al pubblico ministero e ai difensori delle parti private di formulare le proprie conclusioni (art. 523). In tal modo, le valutazioni delle parti in ordine ai risultati probatori ottenuti in dibattimento possono portare un contributo utile alla decisione, che viene successivamente presa dal giudice (R. Orlandi) ([59]).

L'ordine degli interventi. La discussione finale è diretta dal presidente dell'organo giudicante, che ha il potere di impedire ogni divagazione, ripetizione e interruzione (art. 523, comma 3). L'ordine degli interventi è disciplinato dal codice in

---

([58]) Su questa materia si è registrata una evoluzione giurisprudenziale a seguito di una importante pronuncia della Corte europea dei diritti dell'uomo (11 dicembre 2007, Drassich c. Italia). La Corte europea afferma da tempo che il diritto ad un processo equo impone alle autorità di informare l'imputato, nel più breve tempo possibile, non solo dei fatti materiali posti a suo carico, ma anche della qualificazione giuridica ad essi attribuita così da riconoscergli un'occasione concreta ed effettiva di difendersi in relazione ad essa.

La giurisprudenza più recente si è attestata su di una interpretazione funzionale in base alla quale occorre guardare alla descrizione del fatto come risultante dall'imputazione e dall'istruzione probatoria valutando se la modifica della qualificazione giuridica risulti essere il frutto di uno sviluppo interpretativo assolutamente prevedibile, o comunque se l'imputato ed il suo difensore abbiano avuto nella fase di merito la possibilità di interloquire anche attraverso l'impugnazione.

In definitiva, occorre considerare se si è determinata in concreto una lesione dei diritti della difesa derivante dai profili di novità che da quel mutamento scaturiscono. Infatti, ai fini della valutazione di corrispondenza tra pronuncia e contestazione di cui all'art. 521, deve tenersi conto non solo del fatto descritto in imputazione, ma anche di tutte le ulteriori risultanze probatorie portate a conoscenza dell'imputato e che hanno formato oggetto di sostanziale contestazione, sicché questi abbia avuto modo di esercitare le sue difese sul materiale probatorio posto a fondamento della decisione.

([59]) Abbiamo già chiarito in apposita sede (parte II, cap. 3) che non esistono prove che abbiano un significato univoco. Ogni elemento di fatto deve essere collocato logicamente in una struttura argomentativa al fine di sostenere come si è svolta una condotta umana e se questa sia punibile. Anche quando qualcuno afferma che siamo in presenza della c.d. "pistola fumante", occorre che sia provato quale mano impugnava l'arma, per quale motivo ha sparato e contro chi era diretto il colpo. A tal fine, è necessario che il pubblico ministero motivi le sue affermazioni e che altrettanto sia permesso alle parti private.

modo che l'accusa pubblica e privata precedano la difesa dell'imputato, attuando così il principio dell'onere della prova. Inoltre, le conclusioni del pubblico ministero sono formulate prima di quelle della parte civile, quasi a sottolineare la posizione di accessorietà della stessa, che vede il suo intervento tendenzialmente limitato al tema del risarcimento del danno derivante dal reato.

Le conclusioni del difensore del responsabile civile e della persona civilmente obbligata per la pena pecuniaria precedono quelle del difensore dell'imputato.

Occorre sottolineare che le conclusioni sono formulate oralmente; tuttavia, è posto a carico della parte civile l'onere di presentare comunque « conclusioni scritte, che devono comprendere, quando sia richiesto il risarcimento dei danni, anche la determinazione del loro ammontare » (art. 523, comma 2). Se il difensore non adempie all'onere delle conclusioni scritte, la costituzione di parte civile si intende revocata *ex lege* (art. 82, comma 2).

Le repliche. Il pubblico ministero e i difensori delle parti private possono replicare; ma la replica è ammessa una sola volta e deve essere contenuta nei limiti strettamente necessari per la confutazione degli argomenti avversari (art. 523, comma 4).

Di regola, la discussione non può essere interrotta per l'assunzione di nuove prove, se non in caso di assoluta necessità. Tuttavia, se questa si verifica, il giudice provvede ai sensi dell'art. 507, e cioè sia su richiesta di parte, sia d'ufficio (art. 523, comma 6). Se la prova richiesta da una parte è decisiva, il giudice è obbligato ad ammetterla; un eventuale diniego può essere sottoposto a controllo mediante l'impugnazione della sentenza.

In ogni caso, l'imputato e il suo difensore devono avere, a pena di nullità, la parola per ultimi, se la chiedono (art. 523, comma 5). Una volta che sia stata esaurita la discussione finale, il presidente dichiara chiuso il dibattimento (art. 524) e l'organo giudicante si ritira in camera di consiglio per deliberare la sentenza.

Sez. IV - Gli atti successivi al dibattimento. La sentenza

13. Considerazioni generali.

Il codice regolamenta sia l'aspetto "procedimentale" attraverso il quale il giudice delibera, sia la "struttura" che deve avere la decisione. Il legislatore vuole sottolineare l'aspetto di razionalità che deve informare il momento della decisione. Le regole poste dal codice non toccano il libero convincimento del giudice, ma pongono limiti alle modalità con le quali il convincimento si forma e si manifesta.

Per quanto concerne l'aspetto procedimentale, la sottofase degli « atti successivi al dibattimento » inizia nel momento in cui l'organo giudicante si ritira per deliberare in segreto in camera di consiglio e termina nel momento in cui la sentenza è depositata in cancelleria (ed è dato avviso alle parti, nei casi in cui tale avviso è dovuto per legge: art. 548).

Tempi e modi della deliberazione. Ai sensi dell'art. 525, comma 2, « alla deliberazione concorrono, a pena di nullità assoluta, gli stessi giudici che hanno partecipato al dibattimento ». Le *modalità* della deliberazione si riassumono nel principio di immediatezza, secondo cui deve esservi identità tra il giudice che ha assistito all'assunzione della prova e quello che decide.

Sotto il profilo dei *tempi*, il codice pone la regola della concentrazione. Da un lato, la sentenza è deliberata « subito dopo la chiusura del dibattimento » (art. 525, comma 1). Da un altro lato, la deliberazione non può essere sospesa « se non in caso di assoluta impossibilità » (art. 525, comma 3). Si vuole che colui che decide lo faccia in base a percezioni recenti e non a lontani ricordi ([60]).

La deliberazione si svolge in segreto in camera di consiglio, e cioè senza la presenza di altre persone che non siano i giudici. Costoro sono obbligati a mantenere il segreto sulla deliberazione (art. 125, comma 4). Colui che lo viola compie il delitto di rivelazione di segreto d'ufficio (art. 326 c.p.). Le norme che impongono il segreto hanno lo scopo di garantire la libertà morale della singola persona che fa parte dell'organo giudicante. La concezione tradizionale del principio di imparzialità vuole che il giudice possa decidere senza timori di mali e senza speranze di vantaggi (*sine spe ac metu*).

Il dispositivo della sentenza. Conclusa la deliberazione, il presidente dell'organo giudicante redige il dispositivo e lo sottoscrive (art. 544, comma 1). In esso è riassunto il "comando" nel quale si traduce la decisione e che può essere, in sintesi, il proscioglimento o la condanna.

Se il giudice ha deciso il proscioglimento, deve riassumere i motivi in una delle formule tipiche che esamineremo tra poco. Se ha deciso di condannare, il capo penale del dispositivo contiene l'indicazione della pena che viene applicata al colpevole; se vi è stata costituzione di parte civile, il capo civile del dispositivo contiene la decisione sul risarcimento del danno.

Pubblicazione e deposito della sentenza. Una volta sottoscritto il dispositivo, l'organo giudicante rientra nell'aula di udienza ed il presidente (o altro giudice) lo legge (art. 545, comma 1). Nei casi (di fatto eccezionali) nei quali la motivazione sia stata redatta insieme al dispositivo, essa viene letta o viene esposta in modo riassuntivo; in tal caso, la lettura equivale a notificazione della sentenza per le parti che sono o devono considerarsi presenti all'udienza (art. 545, commi 2 e 3).

Di regola, accade che la motivazione non possa essere redatta immediatamente: se il caso è giunto fino al dibattimento, esso deve essere di una qualche complessità.

([60]) Il codice regola le modalità con cui l'organo collegiale deve deliberare: si tende a garantire la libertà morale dei componenti del collegio. I giudici sono tenuti ad enunciare le ragioni della loro opinione (art. 527, comma 2) perché all'interno del collegio giudicante vi sia una dialettica e non un mero scontro di posizioni preconcette. I giudici « votano su ciascuna questione qualunque sia stato il voto espresso sulle altre » poiché il convincimento può mutare in relazione all'esito del dibattito interno.

Altre norme tendono a ridurre, nei limiti del possibile, l'influenza dovuta all'anzianità o alla carica: « il presidente raccoglie i voti cominciando dal giudice con minore anzianità di servizio e vota per ultimo. Nei giudizi davanti alla corte di assise votano per primi i giudici popolari, cominciando dal meno anziano per età » (art. 527, comma 2).

Ulteriori norme impongono anche sotto il profilo procedimentale il rispetto del principio del *favor rei*: in caso di parità di voti « prevale la soluzione più favorevole all'imputato ». E ancora, « se nella votazione sull'entità della pena o della misura di sicurezza si manifestano più di due opinioni, i voti espressi per la pena o la misura di maggior gravità si riuniscono a quelli per la pena o la misura gradatamente inferiore, fino a che venga a risultare la maggioranza ». In tal modo, la maggioranza si deve necessariamente formare intorno all'opinione che, al suo interno, vuole la pena minore. Ad esempio, in una corte di assise due giudici propongono 28 anni di reclusione, due 27 anni, due 26 è due 25; la maggioranza si forma su 26 anni.

Ed allora il codice prescrive il termine entro cui l'intera sentenza (composta di motivazione e dispositivo) deve essere depositata in cancelleria ([61]).

14. I requisiti della sentenza. La motivazione.

a) ***Il contenuto formale della sentenza.*** La decisione del giudice si manifesta nella sentenza, della quale il codice indica in modo dettagliato i requisiti *formali* nell'art. 546. La legge n. 103 del 2017 (c.d. *riforma Orlando*) ha profondamente innovato la materia perché ha imposto al giudice penale un *modello legale e razionale di motivazione*, che sostanzialmente si articola attraverso alcuni passaggi necessitati che mirano a rendere esplicito e riconoscibile il percorso logico seguito dal giudice agevolandone la comprensione anche ai fini dell'esercizio del diritto di impugnare. La novità costituisce la premessa per altre modifiche del codice che impongono alle parti quella *specificità dei motivi di impugnazione* che deve essere valutata, in rapporto alla motivazione, come condizione di ammissibilità dell'appello e del ricorso per cassazione. Tutto ciò ha fondato le premesse per attuare in concreto quella esigenza di ragionevole durata del processo che è imposta dall'art. 111 Cost.

Preferiamo anticipare i requisiti formali che la sentenza deve avere indicando in corsivo le modifiche introdotte dalla legge n. 103 del 2017, delle quali metteremo successivamente in evidenza le novità sostanziali.

Ai sensi dell'art. 546 la sentenza ha il seguente contenuto.

a) L'intestazione « in nome del popolo italiano » e l'indicazione dell'autorità che l'ha pronunciata.

b) Le generalità dell'imputato o le altre indicazioni personali che valgono ad identificarlo (ad esempio, il soprannome) nonché le generalità delle altre parti private.

c) L'imputazione (comprensiva dell'enunciazione del fatto storico addebitato e delle norme di legge che lo prevedono come reato).

d) L'indicazione delle conclusioni delle parti (ad esempio, la pena richiesta dal pubblico ministero e le richieste del difensore).

([61]) L'intera sentenza (comprensiva di motivazione e dispositivo) è sottoscritta dal presidente e dal giudice estensore (art. 546, comma 2). Essa deve essere depositata in cancelleria entro i termini indicati a suo tempo nel dispositivo, quando è stato letto in udienza. Il pubblico ufficiale addetto (e cioè il cancelliere) vi appone la sottoscrizione e la data del deposito (art. 548, comma 1).

Il termine ordinario per il deposito è di quindici giorni (art. 544, comma 2). Se la motivazione si presenta come « particolarmente complessa », il giudice indica nel dispositivo un termine più lungo, non eccedente comunque il novantesimo giorno da quello della pronuncia (art. 544, comma 3).

Quando la sentenza non è depositata entro il quindicesimo giorno né entro il diverso termine indicato nel dispositivo, l'avviso di deposito deve essere comunicato al pubblico ministero e notificato alle parti private (cui spetta il diritto di impugnare) e al difensore dell'imputato (art. 548, comma 1).

L'avviso di deposito con l'estratto della sentenza è in ogni caso comunicato al procuratore generale presso la corte d'appello (art. 548, comma 3).

Prima della legge n. 67 del 2014, l'avviso di deposito con l'estratto della sentenza (e cioè, con il dispositivo) doveva essere notificato all'imputato contumace; dalla notifica decorreva il termine per impugnare la sentenza. La legge menzionata ha eliminato l'istituto della contumacia e la necessità della notifica perché nei confronti dell'irreperibile il processo deve essere sospeso (art. 420-*quater*, comma 2). Viceversa, quando l'imputato è stato dichiarato assente, si presume che egli abbia volontariamente rinunciato ad essere presente all'udienza; egli è rappresentato dal difensore (art. 420-*bis*, comma 2).

e) La concisa esposizione dei « motivi di fatto e di diritto su cui la decisione è fondata, *con l'indicazione dei risultati acquisiti e dei criteri di valutazione della prova adottati e con l'enunciazione delle ragioni per le quali il giudice ritiene non attendibili le prove contrarie, con riguardo:*

1) all'accertamento dei fatti e delle circostanze che si riferiscono all'imputazione e alla loro qualificazione giuridica;

2) alla punibilità e alla determinazione della pena, secondo le modalità stabilite dal comma 2 dell'articolo 533, e della misura di sicurezza;

3) alla responsabilità civile derivante dal reato;

4) all'accertamento dei fatti dai quali dipende l'applicazione di norme processuali.

f) Il dispositivo con l'indicazione degli articoli di legge applicati.

g) La data e la sottoscrizione del giudice (e cioè del presidente e dell'estensore della sentenza) (62).

b*) *Il contenuto sostanziale della sentenza. Come abbiamo visto in precedenza (parte II, cap. 3, § 2), nella motivazione della sentenza il giudice mette a confronto il fatto storico ricostruito mediante le prove con il fatto tipico ricostruito mediante l'interpretazione delle norme. La prassi giudiziaria distingue all'interno della sentenza i "capi" ed i "punti". Il "capo" della sentenza è identificabile con la singola imputazione; il "punto" è costituito da una tematica di fatto o di diritto che deve essere trattata e risolta per giungere alla decisione in merito ad una o più imputazioni (si veda parte V, cap. 1, § 2, lett. *d*).

La *valutazione* delle prove costituisce per le parti il coronamento di quell'onere sostanziale che si esplica nel loro potere di argomentare; la medesima attività rappresenta per il giudice un vero e proprio dovere. Egli, infatti, « valuta la prova dando conto nella motivazione dei risultati acquisiti e dei criteri adottati » (art. 192, comma 1). E cioè, il giudice espone i motivi del suo convincimento indicando le prove poste a base della decisione ed enunciando le *ragioni* della loro attendibilità e le *ragioni* della non attendibilità delle *prove contrarie* (art. 546, comma 1, lett. *e*). Pare superfluo sottolineare che quanto esponiamo ha le sue premesse necessarie nella teoria generale della prova che è stata esposta *supra*, parte II, cap. 3, §§ 1-7, e che si deve intendere integralmente richiamata in questa sede.

c*) *La motivazione quale dovere costituzionale. Esiste un nesso inscindibile tra giurisdizione e motivazione; questo emerge dalla Costituzione (art. 111, comma 6): « tutti i provvedimenti giurisdizionali devono essere motivati ». È tipico dell'obbligo costituzionalmente sancito il suo ricollegarsi a comportamenti che hanno funzione decisoria, al fine di renderli conoscibili dalle parti e controllabili ad opera dei giudici dell'impugnazione e dell'opinione pubblica.

La motivazione è, dunque, una "componente strutturale necessaria" dei provvedimenti del giudice e costituisce una conquista della nostra civiltà giuridica. Inoltre, non avrebbe senso imporre l'obbligo di motivare ammettendo, però, che il giudice possa non enunciare in modo adeguato e completo le ragioni della sua decisione.

---

(62) La sentenza è nulla se manca la sottoscrizione del giudice o la motivazione, o anche se manca o è incompleto nei suoi elementi essenziali il dispositivo (art. 546, comma 3).

Inoltre, va sottolineato come non sia sufficiente che il giudice affermi genericamente di aver utilizzato le prove acquisite nel processo o, ad esempio, di essere pervenuto all'accertamento del fatto sulla base della deposizione di Tizio, del risultato della perizia svolta da Caio o della perquisizione domiciliare effettuata dalla polizia giudiziaria. È necessario, invece, che sia indicato anche il *contenuto* della deposizione testimoniale, il parere del perito o l'esito della perquisizione. Solo in questo modo la motivazione diventa uno strumento idoneo a prevenire decisioni arbitrarie, perché la controllabilità del discorso giustificativo del giudice scaturisce dal rapporto tra "elementi di prova" e "fatti accertati".

***d) La valutazione* delle prove** costituisce un'attività legale e razionale. *Legale*, perché si esercita su prove legittimamente acquisite (art. 526): soltanto ciò che è validamente acquisito deve essere valutato ai fini decisori. *Razionale*, perché implica l'obbligo di motivare, di giustificare la decisione secondo criteri di ragionevolezza nel rispetto di tre ordini di regole: la logica, la scienza e l'esperienza (P. FERRUA). Tali criteri debbono essere messi in correlazione con lo *standard* probatorio dell'oltre ogni ragionevole dubbio, codificato nel 2006 con la modifica dell'art. 533, comma 1. Nella motivazione il giudice deve spiegare perché le prove d'accusa, valutate anche alla luce degli elementi addotti dalla difesa, sono tali da eliminare ogni dubbio ragionevole sulla reità dell'imputato o, viceversa, perché tali prove lasciano residuare una ricostruzione alternativa dei fatti rispetto a quella addotta da chi accusa.

e) I risultati acquisiti, che devono essere « indicati » dal giudice (art. 192, comma 1 e 546, lett. *e*), si riferiscono non ad un *quid* esistente sul piano materiale, ma ad un'operazione mentale applicata agli elementi di prova precedentemente raccolti (L. FERRAJOLI). Pertanto, non vi sono dati di fatto che siano accettabili di per sé (e cioè, "prove" il cui valore sia predeterminato *a priori*); al contrario, in ogni caso è necessaria quell'attività raziocinante del giudice che serve ad accertare l'attendibilità della dichiarazione e la credibilità della fonte. Ed è proprio per questo motivo che il giudice è tenuto a "dare conto" delle operazioni compiute e dei risultati raggiunti.

f) I criteri adottati, dei quali parlano gli artt. 192 e 546, devono descrivere il percorso argomentativo della decisione del giudice. Viene richiesta l'esposizione delle massime di esperienza e delle leggi scientifiche utilizzate nella valutazione degli elementi di prova, considerati singolarmente e nel loro complesso, e cioè in rapporto tra loro (F.M. IACOVIELLO). L'art. 546, lett. *e*, attraverso il prescritto vaglio delle opposte *ragioni*, recepisce e traduce l'esigenza del confronto tra le diverse ipotesi ricostruttive del fatto che sono state elaborate dalle parti. In questo caso, il giudice è chiamato a scegliere quella ricostruzione della vicenda (è cioè quella "storia") che è capace di fornire una spiegazione ragionevole alla luce di tutti gli elementi raccolti. In altri termini, i due articoli sono complementari, in quanto l'uno indica, per così dire, i mattoni con i quali si costruisce quell'edificio, che è considerato dall'altro.

Naturalmente, il ragionamento del giudice non avrà il carattere dell'inconfutabilità logica, bensì quello, meno cogente, dell'accettabilità razionale. L'obbligo di motivazione appare connaturale a questa forma di razionalità. Il giudice è tenuto a "dar conto" in modo analitico delle scelte operate; soltanto attraverso la motivazione è possibile un controllo sul ragionamento del giudice. Motivare, infatti, vuol dire esporre le ragioni di un convincimento, di un giudizio; esporre le ragioni significa giustificare la scelta compiuta in modo da renderla comprensibile e condivisibile da parte di coloro che quella motivazione si troveranno a leggere.

g) Il carattere dialogico della motivazione. Ancora, l'art. 546, lett. *e*, richiede che, nel giustificare le proprie scelte in ordine alle prove che stanno alla base del suo convincimento, il giudice dia conto anche dell'eventuale esistenza di prove che con tale convincimento contrastano e delle ragioni per cui egli le ha ritenute non convincenti. Infatti, il giudice non può limitarsi a scegliere un'ipotesi ricostruttiva del fatto e ad enunciare le prove che la confermano, ma deve anche indicare le ragioni che lo hanno portato ad escludere le ipotesi alternative di ricostruzione del fatto e a ritenere non attendibili le prove contrarie addotte (F.M. IACOVIELLO).

È proprio qui che si apprezzano le novità introdotte dal codice del 1988 e perfezionate dalle leggi del 2006 e del 2017. La struttura della motivazione assume un carattere *dialogico* (alcuni dicono "binario") nel senso che essa deve dar conto del conflitto sulle prove e di quello sulle ipotesi. Una motivazione che prendesse in considerazione solo le prove a favore e non anche le prove contrarie (oppure soltanto l'ipotesi e non le contro-ipotesi), certamente potrebbe costituire un ragionamento coerente, ma perderebbe quella struttura dialogica che è legalmente imposta e che costituisce lo specchio fedele delle risultanze processuali.

h) I capi e i punti della decisione. Da ultimo, la riforma ha perseguito chiaramente l'effetto di codificare quella prassi giudiziaria che distingue, all'interno della motivazione della sentenza, i "capi" ed i "punti". L'art. 546, lett. *e*, in perfetto parallelismo con l'art. 187, identifica tali punti nel modo seguente:

1) accertamento dei fatti e delle circostanze che si riferiscono all'imputazione e alla loro qualificazione giuridica;

2) punibilità e determinazione della pena, secondo le modalità stabilite dal comma 2 dell'articolo 533, e della misura di sicurezza;

3) responsabilità civile derivante dal reato;

4) accertamento dei fatti dai quali dipende l'applicazione di norme processuali.

La tematica sarà ripresa quando sarà trattata la specificità dei motivi di impugnazione della sentenza (parte V, cap. 1, § 4).

15. La sentenza di non doversi procedere.

All'interno della generale categoria delle sentenze di proscioglimento, il codice pone una fondamentale distinzione tra sentenza di *non doversi procedere* (artt. 529 e 531) e sentenza di *assoluzione* (art. 530). Il criterio è il seguente. Soltanto le sentenze di *assoluzione* possono contenere un vero e proprio "accertamento", che il giudice ha operato mediante le prove. Pertanto esse sono idonee a fondare l'efficacia del giudicato nei processi civili, amministrativi e disciplinari, in base agli articoli 652-654.

Viceversa, le sentenze di *non doversi procedere* non contengono un accertamento del fatto storico, bensì si limitano a statuire su aspetti processuali che impediscono tale accertamento. Per siffatto motivo, esse sono comunemente definite come pronunce "meramente processuali".

Le formule terminative. Vi è un aspetto formale che è comune ai due tipi di proscioglimento. Quando il giudice pronuncia una sentenza sia di *non doversi procedere*, sia di *assoluzione*, egli deve precisarne la causa, e cioè la cosiddetta *formula terminativa* che costituisce una sorta di riassunto della motivazione della decisione. Le *formule terminative* sono previste dalla legge in modo tassativo negli artt. 529-531. Il codice impone al giudice di precisarle nel dispositivo perché alcune di esse sono idonee a determinare gli effetti del giudicato.

***a*) Sentenza di non doversi procedere perché l'azione penale non doveva essere iniziata o non deve essere proseguita.** La sentenza ha questa formula terminativa quando manca la condizione di procedibilità prevista dalla legge per quella determinata fattispecie incriminatrice (art. 529): può difettare la querela, l'istanza, la richiesta, l'autorizzazione a procedere.

***b*) Sentenza di non doversi procedere per estinzione del reato** (art. 531). Il codice penale prevede varie cause di estinzione del reato: la morte del reo prima della condanna (art. 150 c.p.); l'amnistia (art. 151 c.p.); la remissione di querela (art. 152 c.p.); la prescrizione del reato (art. 157 c.p.); l'oblazione nelle contravvenzioni (artt. 162 e 162-*bis* c.p.); la sospensione condizionale della pena (art. 163 c.p.); il perdono giudiziale per i minorenni (art. 169 c.p.). Ulteriori cause estintive sono previste in relazione a singoli reati (es. art. 641 c.p.).

Occorre ricordare che con l'espressione "estinzione del reato" il codice penale vuole significare che sono estinti gli "effetti penali" del reato; ovviamente, il fatto storico non è estinto, bensì può essere accertato in un processo civile nei suoi effetti non penali quali l'obbligo del risarcimento del danno derivante dal reato (art. 185 c.p.).

Ebbene, se nel corso del processo si manifesta una causa di estinzione del reato, il giudice deve dichiararla immediatamente mediante una sentenza di *non doversi procedere*, che fa menzione della singola causa rilevante nel caso di specie; il processo penale non può proseguire (art. 129, comma 1). In base al principio *in dubio pro reo* (art. 531, comma 2), tale pronuncia è adottata sia nel caso in cui vi sia la prova dell'esistenza della causa estintiva, sia quando vi è il dubbio dell'esistenza della medesima ([63]).

Sentenza di non doversi procedere e interesse dell'imputato all'assoluzione. Il codice tiene conto di un ulteriore aspetto. L'imputato ha interesse ad ottenere una sentenza di *assoluzione* nel merito perché questa formula è oggettivamente più vantaggiosa rispetto alla sentenza di *non doversi procedere*. Infatti, l'accertamento che il fatto non sussiste, o che l'imputato non lo ha commesso, o che il fatto non costituisce reato o non è previsto dalla legge come reato, vale a scagionare nel merito

([63]) La sentenza di non doversi procedere per estinzione del reato valuta la punibilità del fatto *in astratto*. Al giudice penale è impedito di pronunciare un accertamento sull'esistenza del reato e sulla responsabilità dell'imputato; pertanto, la sentenza non è idonea a formare giudicato nei confronti dei processi civili, amministrativi e disciplinari che hanno ad oggetto il medesimo fatto (artt. 652-654). Né è idonea a incrinare la presunzione d'innocenza dell'imputato che è garantita dalla Costituzione (art. 27, comma 2). Dunque, il giudice civile potrà successivamente accertare la sussistenza del fatto e condannare al risarcimento del danno (art. 185 c.p.).

l'imputato. Di fronte all'opinione pubblica una sentenza di assoluzione con le formule menzionate ha un effetto ampiamente liberatorio.

Il codice tende a contemperare l'interesse dell'imputato con le esigenze di economia processuale che impongono di non proseguire oltre col processo in presenza di una causa di improcedibilità, e cioè in presenza di quelle ipotesi di estinzione del reato che abbiamo menzionato nel precedente paragrafo. In tale situazione il codice pone al giudice l'obbligo di pronunciare sentenza di assoluzione se « dagli atti risulta evidente » l'innocenza dell'imputato per uno dei motivi sopra elencati (art. 129, comma 2).

Da quanto esposto si ricava che l'assoluzione nel merito rimane subordinata ad una situazione in cui l'innocenza sia evidente e ciò risulti dagli atti. Non è consentito al giudice acquisire ulteriori mezzi di prova, dovendo l'innocenza risultare dagli *atti* esistenti nel momento in cui si verifica il fatto estintivo, anche se sulle risultanze che derivano da tali atti sarà doveroso che il giudice compia le valutazioni logiche che si rendono necessarie.

Per ovviare a questo stato di cose, il comma 7 dell'art. 157 c.p., introdotto dalla legge 5 dicembre 2005 n. 251, dispone che « la prescrizione (del reato) è sempre espressamente rinunciabile dall'imputato » (64).

16. La sentenza di assoluzione.

Con la sentenza di assoluzione il giudice dichiara che non esiste il fatto storico di reato addebitato all'imputato a titolo di illecito punito con sanzione penale. Il codice impone al giudice di utilizzare una delle formule tipiche che costituiscono il "riassunto" dei motivi della decisione. Tali formule, previste dall'art. 530, costituiscono un numero chiuso e derivano dalla necessità di precisare gli effetti del giudicato in altri processi civili, amministrativi e disciplinari (artt. 652-654).

Nell'enunciare le formule terminative il codice segue una vera e propria gerarchia, perché inizia con quelle più favorevoli all'imputato e termina con le formule meno favorevoli, utilizzando come criterio il pregiudizio morale che può derivarne (v. tav. 3.5.16). Nelle situazioni in cui sarebbe possibile applicare insieme più formule, il giudice deve pronunciare quella più ampiamente liberatoria.

***a*) *Assoluzione perché « il fatto non sussiste »*.** Tale formula deve essere adottata quando il fatto storico, ricostruito mediante le prove, non rientra nella fattispecie incriminatrice dal punto di vista degli elementi oggettivi, poiché non risultano presenti gli elementi di fatto che dovrebbero integrare la condotta, l'evento o il rapporto di causalità.

***b*) *Assoluzione perché « l'imputato non ha commesso il fatto »*.** La formula è utilizzata quando il fatto, addebitato all'imputato, sussiste dal punto di vista del solo

(64) In senso analogo ha disposto la legge n. 134 del 2021 (c.d. *riforma Cartabia*) in relazione al nuovo istituto della improcedibilità per superamento dei termini massimi dell'appello e del ricorso per cassazione. Infatti, l'improcedibilità non può essere dichiarata quando l'imputato chiede la prosecuzione del processo (art. 344-*bis*, comma 7).

elemento oggettivo, ma il reato non è stato commesso dall'imputato, bensì da un'altra persona.

c) ***Assoluzione perché « il fatto non costituisce reato ».*** In questo caso il fatto addebitato nell'imputazione è stato commesso dall'imputato e sussiste nei suoi elementi oggettivi, previsti dalla fattispecie incriminatrice (condotta, rapporto di causalità, evento), e tuttavia il fatto non è un illecito penale (« non costituisce reato »).

Può mancare quello specifico elemento *soggettivo* che è richiesto dalla norma incriminatrice (dolo, colpa, preterintenzione).

Oppure, sono integrati sia l'elemento *oggettivo*, sia quello *soggettivo*, ma il fatto è stato commesso in presenza di una delle *cause di giustificazione*. Infatti, queste eliminano l'antigiuridicità e rendono lecito il fatto sia ai fini del diritto penale, sia ai fini del diritto civile e amministrativo. Ad esempio, l'imputato ha volontariamente ucciso, ma lo ha fatto in situazione di legittima difesa.

d) ***Assoluzione perché « il fatto non è previsto dalla legge come reato ».*** In questo caso il fatto storico indicato nell'imputazione non rientra in alcuna fattispecie incriminatrice né sotto il profilo oggettivo, né sotto quello soggettivo. Siamo di fronte ad un'assoluzione in punto di diritto (*in iure*). Il fatto contestato è estraneo a qualsiasi norma incriminatrice (condotta, rapporto di causalità, evento): è stato attribuito all'imputato per un errore di valutazione giuridica del pubblico ministero.

La formula è utilizzata anche quando una legge depenalizza determinati reati, trasformandoli in illeciti amministrativi (come esempio, v. la legge 24 novembre 1981, n. 689).

e) ***Assoluzione perché « il reato è stato commesso da una persona non imputabile o non punibile per un'altra ragione ».*** La formula è utilizzata quando il giudice accerta che il fatto è stato commesso ed è penalmente illecito, ma l'imputato non è punibile in concreto. Infatti, egli può essere non imputabile (perché minore di quattordici anni o totalmente infermo di mente); può essere coperto da una causa di non punibilità (dovuta, ad esempio, al rapporto di parentela previsto in relazione ai delitti contro il patrimonio commessi senza violenza alle persone; art. 649 c.p.); infine, può essere penalmente immune (ad esempio, gli agenti diplomatici accreditati presso lo Stato italiano).

La presente formula terminativa è la più sfavorevole. Da un lato, il giudice riconosce che l'imputato ha commesso un fatto penalmente illecito, anche se lo dichiara esente da pena: l'opinione pubblica può percepire facilmente il giudizio di disvalore sociale espresso dalla sentenza. Da un altro lato, se il giudice accerta che l'autore del reato è non imputabile, ma pericoloso socialmente, deve applicargli la misura di sicurezza prevista dalla legge (ad esempio, nel caso di infermo totale di mente, l'ospedale psichiatrico giudiziario; art. 222 c.p.).

f) ***La causa di non punibilità della particolare tenuità del fatto.*** Con il d.lgs. n. 28 del 2015, in adempimento della legge-delega n. 67 del 2014 (come diamo atto nella Parte III, cap. 2, § 3, lett. *c*), è stata introdotta nell'ordinamento la causa di non punibilità della particolare tenuità del fatto (art. 131-*bis* c.p.). In base alle nuove disposizioni, quando l'offesa è particolarmente tenue ed il comportamento non è abituale, il giudice non irroga la sanzione penale e assolve l'imputato "perché il fatto non è punibile". In seguito all'accertamento rigoroso delle predette condizioni, lo Stato rinuncia ad applicare la pena: al danneggiato resterà soltanto la possibilità di rivolgersi al giudice civile per ottenere la condanna del responsabile al risarcimento del danno.

La mancanza, insufficienza o contraddittorietà della prova di reità. Le formule assolutorie che abbiamo illustrato devono essere applicate dal giudice sia quando manca la prova della reità dell'imputato, sia quando tale prova è insufficiente o contraddittoria (art. 530, comma 2). Come abbiamo visto nel capitolo sui princìpi generali in tema di prova, ai sensi dell'art. 533, comma 1, l'accusa ha l'onere di eliminare ogni ragionevole dubbio sulla reità dell'imputato ([65]). Dalla lettura simultanea dell'art. 530, comma 2 e dell'art. 533, comma 1 si ricava che la prova di reità è insufficiente o contraddittoria quando lascia persistere anche solo il dubbio circa la prospettabilità di una ragionevole ricostruzione alternativa del fatto storico. Infatti, mentre la condanna presuppone la certezza della reità, l'assoluzione non richiede necessariamente l'accertamento dell'innocenza, bensì la mera non certezza della reità.

È appena il caso di sottolineare che quella che appare una regola di giudizio asimmetrica, in realtà è una conseguenza della struttura e dello scopo del processo penale (C. Conti). Quest'ultimo, infatti, in un sistema di tipo accusatorio è finalizzato ad accertare se i fatti si sono svolti così come l'accusa li ha ricostruiti nell'imputazione. Basta un ragionevole dubbio in merito a tale prospettazione perché il fatto di cui all'imputazione non possa ritenersi accertato e, quindi, l'imputato debba essere assolto. Poiché l'innocenza dell'imputato, come tale, non è tema di prova nel processo penale, il ragionevole dubbio sulla reità è necessario e sufficiente perché si pervenga all'assoluzione ([66]).

Le disposizioni eventuali della sentenza di proscioglimento. Con la sentenza di proscioglimento (e cioè sia di *non doversi procedere*, sia di *assoluzione*) il giudice è tenuto a emettere ulteriori provvedimenti se previsti espressamente dalla legge: ad esempio, ordina la liberazione dell'imputato in stato di custodia cautelare e dichiara la cessazione delle altre misure cautelari personali eventualmente disposte (art. 532, comma 1) ([67]).

([65]) La disposizione ricalca fedelmente la formula anglosassone, riassunta nel noto acronimo B.A.R.D. (*Beyond Any Reasonable Doubt*).

([66]) Il canone del ragionevole dubbio, lungi dal lasciare spazio all'intuizionismo del giudice, ha l'effetto di imbrigliare il libero convincimento. Occorre tenere presente quello che la dottrina definisce « modello normativo della motivazione in fatto » (G. Canzio) rappresentato dagli artt. 192, comma 1, 527, comma 2, 546 comma 1, lett. *e* c.p.p., nei quali si coglie un continuo richiamo ai « criteri » ed alle « ragioni » attraverso i quali il giudice ha preso una determinata decisione. I canoni di razionalità impongono di oggettivare al massimo i passaggi logici della motivazione ed hanno lo scopo di rendere uniforme il criterio valutativo dei giudici, in conformità al principio di legalità, di uguaglianza e di ragionevolezza.

([67]) Con la sentenza che assolve l'imputato « per cause diverse dal difetto di imputabilità » il giudice, se ne è fatta richiesta, condanna la parte civile alla rifusione delle spese processuali sostenute dall'imputato e dal responsabile civile per effetto dell'azione civile, sempre che non ricorrano giustificati motivi per la compensazione totale o parziale. Se il danneggiato ha esercitato l'azione civile nel processo penale « per colpa grave » (equivalente alla *lite temeraria* nel processo civile; art. 96 c.p.c.), il giudice può condannare la parte civile al risarcimento dei danni causati all'imputato assolto (ed all'eventuale responsabile civile; art. 541, comma 2 c.p.p.).

17. La sentenza penale di condanna.

Ai sensi dell'art. 533 comma 1, così come integrato dalla legge n. 46 del 2006, il giudice pronuncia sentenza di condanna quando ritiene che l'imputato sia colpevole del reato contestatogli « al di là di ogni ragionevole dubbio ». Come abbiamo già precisato *supra* (parte II, cap. 3) tale regola di giudizio costituisce applicazione della presunzione di innocenza dell'imputato e dell'onere della prova in capo al pubblico ministero.

Lo *standard* probatorio richiesto per condannare è quello della elevata probabilità logica: per poter affermare la reità dell'imputato occorre che le risultanze probatorie eliminino ogni ragionevole dubbio in merito alla fondatezza della ricostruzione dell'accusa.

I "punti" della sentenza di condanna. I punti essenziali della sentenza di condanna sono l'accertamento della sussistenza del fatto storico, la sua qualificazione come illecito penale, l'affermazione che l'imputato lo ha commesso ed, infine, la determinazione della pena o di altra conseguenza penale (v. tav. 6.2.1). Questo è il contenuto *minimo* della sentenza di condanna.

Vi sono poi altri "punti" eventuali che riguardano sia gli aspetti penali, sia singoli aspetti civili. Fra gli aspetti *penali* ricordiamo l'*applicazione* delle pene accessorie, delle misure di sicurezza, della sospensione condizionale (art. 163 c.p.), la *non menzione* della condanna nel certificato del casellario giudiziale (art. 175 c.p.) e la *dichiarazione* di falsità di documenti o atti (art. 537). Vi sono leggi speciali che impongono di inserire nella sentenza di condanna ulteriori prescrizioni.

I "capi" della sentenza di condanna. I capi della sentenza penale di condanna vengono in rilievo quando le imputazioni sono molteplici. Il codice regolamenta l'ipotesi in cui la condanna penale riguardi più reati (art. 533, comma 2): il giudice stabilisce la pena per ciascuno di essi e, quindi, ne determina la misura in osservanza delle norme sul concorso di reati o di pene e sulla continuazione.

Facciamo un esempio per delineare la scansione logica della deliberazione della sentenza penale di condanna (v. tav. 6.2.1). Il giudice accerta la sussistenza di un fatto di reato, afferma la sua illiceità e la sua commissione da parte dell'imputato. Quindi il giudice determina la quantità della pena entro i limiti massimo e minimo previsti nella fattispecie incriminatrice (cosiddetta *pena base*); valuta se sono presenti aggravanti o attenuanti e, nel caso di contemporanea presenza, se prevalgono le prime o le seconde ovvero se esse si equivalgono (art. 69 c.p.).

Una volta operato l'aggravamento o l'attenuazione entro i limiti di legge, risulta determinata la pena da applicare.

A questo punto il giudice valuta se è possibile tramutare la pena in una sanzione sostitutiva (concedibile se la pena detentiva non è superiore a due anni; art. 53, legge n. 689 del 1981) e se può essere applicata la sospensione condizionale (concedibile,

---

Nel caso di assoluzione da un reato perseguibile a querela con le formule ampiamente liberatorie *il fatto non sussiste* o *l'imputato non lo ha commesso*, il giudice condanna il querelante al pagamento delle spese del procedimento anticipate dallo Stato ed alla rifusione delle spese e al risarcimento del danno a favore dell'imputato assolto (e dell'eventuale responsabile civile; art. 542, comma 1).

in estrema sintesi, se la pena detentiva non è superiore a due anni). Se nessuna delle due possibilità è praticabile, il giudice irroga la pena. Soltanto in fase esecutiva si porrà il problema di sostituire la pena detentiva con una misura alternativa.

La riforma Cartabia. La sospensione condizionale della pena è subordinata all'osservanza di determinati obblighi in relazione a ulteriori delitti di violenza domestica e di genere. In base all'art. 165, comma 5 c.p., in caso di sentenza di condanna per delitti di violenza domestica e di genere, la sospensione condizionale della pena è comunque subordinata alla partecipazione del condannato a specifici percorsi di recupero presso enti o associazioni che si occupano di prevenzione, assistenza psicologica e recupero. L'art. 2, comma 13 della legge n. 134 del 2021 ha esteso tale previsione ai delitti commessi anche in forma tentata e al delitto di tentato omicidio ([68]).

La separazione dei procedimenti in sede di condanna. Con il decreto legge n. 341 del 2000, convertito con modificazioni nella legge n. 4 del 2001, il legislatore ha introdotto un nuovo istituto che potremmo definire "separazione in sede di condanna". Il giudice nel pronunciare la sentenza di condanna può disporre la separazione dei procedimenti per i reati previsti dall'art. 407, comma 2, lett. *a* (gravi delitti in materia di criminalità organizzata) anche se si tratta di più procedimenti a carico del medesimo imputato (v. tav. 3.5.13). La separazione può essere disposta quando taluno dei condannati si trova in stato di custodia cautelare e sussiste il pericolo di scarcerazione per decorrenza dei termini (art. 533, comma 3-*bis*). La questione relativa all'opportunità che sia disposta separazione in sede di condanna può essere affrontata dalle parti anche nel corso della discussione finale (art. 523) ([69]).

Le statuizioni sulle questioni civili. Quando pronuncia sentenza di condanna e vi è stata costituzione di parte civile, il giudice è tenuto a decidere sulla domanda relativa alle restituzioni ed al risarcimento del danno. Tale pronuncia è possibile soltanto all'interno della sentenza penale di condanna, con un autonomo "capo" sulle questioni civili (v. tav. 3.5.1). La domanda risarcitoria non è accolta automaticamente. Il giudice deve valutare se il danneggiato era legittimato a costituirsi parte civile e se ha subito un danno derivante dal reato.

La liquidazione del danno da reato. Se la parte civile ha subito un danno, il giudice condanna l'imputato a risarcirlo ([70]). Di regola, il giudice dovrebbe liquidarlo

---

([68]) Attualmente rientrano nell'elenco il delitto previsto dall'art. 575 c.p. nella forma tentata e i delitti, consumati o tentati, previsti dagli artt. 572, 609-*bis*, 609-*ter*, 609-*quater*, 609-*quinquies*, 609-*octies* e 612-*bis*, nonché dagli artt. 582 e 583-*quinquies* nelle ipotesi aggravate ai sensi degli artt. 576, primo comma, numeri 2, 5 e 5.1, e 577, primo comma, numero 1, e secondo comma, c.p.

([69]) Inoltre, il nuovo comma 3-*bis* dell'art. 544 stabilisce che, nelle ipotesi di separazione in sede di condanna esaminate poc'anzi, il giudice deve provvedere alla stesura della motivazione separatamente per ciascuno dei procedimenti, accordando precedenza alla motivazione della condanna degli imputati in stato di custodia cautelare. In tal modo sarà possibile evitare la decorrenza dei termini, che è ricollegata all'avvenuto deposito della motivazione della sentenza della quale la parte abbia conoscenza.

([70]) Inoltre, con la sentenza che accoglie la domanda sulle restituzioni e sul risarcimento del danno il giudice penale condanna l'imputato al pagamento delle spese processuali in favore della parte civile « salvo che ritenga di disporne, per giusti motivi, la compensazione totale o parziale » (art. 541, comma 1).

Infine, il giudice su richiesta della parte civile ordina la pubblicazione della sentenza di condanna (art. 543) qualora la pubblicazione costituisca un mezzo per riparare il danno non patrimoniale cagionato dal reato (art. 186 c.p.).

per intero, e cioè dovrebbe quantificare la somma dovuta a titolo di risarcimento (art. 538, comma 2).

La condanna generica. Nella prassi giudiziaria raramente avviene la liquidazione del *quantum*. Le prove sulla quantificazione del danno richiedono tempo e perizie, ed il processo penale non è la sede più adatta per svolgerle. Di conseguenza, quando le prove acquisite non consentono la liquidazione del danno, il giudice « pronuncia condanna generica e rimette le parti davanti al giudice civile » (art. 539, comma 1).

La provvisionale immediatamente esecutiva. In previsione di una simile eventualità il difensore della parte civile, nelle conclusioni che presenta al termine del dibattimento, chiede che il giudice penale conceda una *provvisionale*, e cioè liquidi una determinata somma « nei limiti del danno per cui si ritiene già raggiunta la prova » (art. 539, comma 2). Se il giudice accoglie la richiesta, la condanna al pagamento della provvisionale « è immediatamente esecutiva » (art. 540, comma 2).

Condanna provvisionale in favore degli orfani di crimini domestici. La legge n. 4 del 2018 prevede una normativa speciale quando si procede per *l'omicidio* del *coniuge*, anche legalmente separato o divorziato; o per l'omicidio dell'altra *parte dell'unione civile*, anche se l'unione civile è cessata; o, infine, per l'omicidio della *persona che è* (o è stata) *legata da relazione affettiva e stabile convivenza*. In detti procedimenti, il giudice deve accertare se vi sono figli della vittima che siano minorenni, o siano maggiorenni economicamente non autosufficienti, e se costoro si sono costituiti come parte civile; in tal caso, deve provvedere, anche d'ufficio, all'assegnazione di una provvisionale in loro favore (nuovo comma 2-*bis* dell'art. 539 c.p.p.) ([71]).

([71]) Le deroghe alla normativa ordinaria sono varie:

a) il giudice deve provvedere anche in assenza della richiesta della parte civile;

b) il giudice deve assegnare una provvisionale di almeno il 50% del presumibile danno (da liquidare in sede civile), mentre di regola la provvisionale è assegnata nei limiti del danno per cui si ritiene raggiunta la prova;

c) se vi sono beni dell'imputato già sottoposti a sequestro conservativo, il sequestro si converte in pignoramento con la sentenza di primo grado nei limiti della provvisionale accordata; non occorre attendere che la sentenza diventi irrevocabile. La normativa introdotta persegue l'effetto di accelerare i tempi del soddisfacimento delle richieste degli orfani di crimini domestici.

Schema n. 8. Mancata comparizione dell'imputato o del suo difensore nell'udienza preliminare o dibattimentale

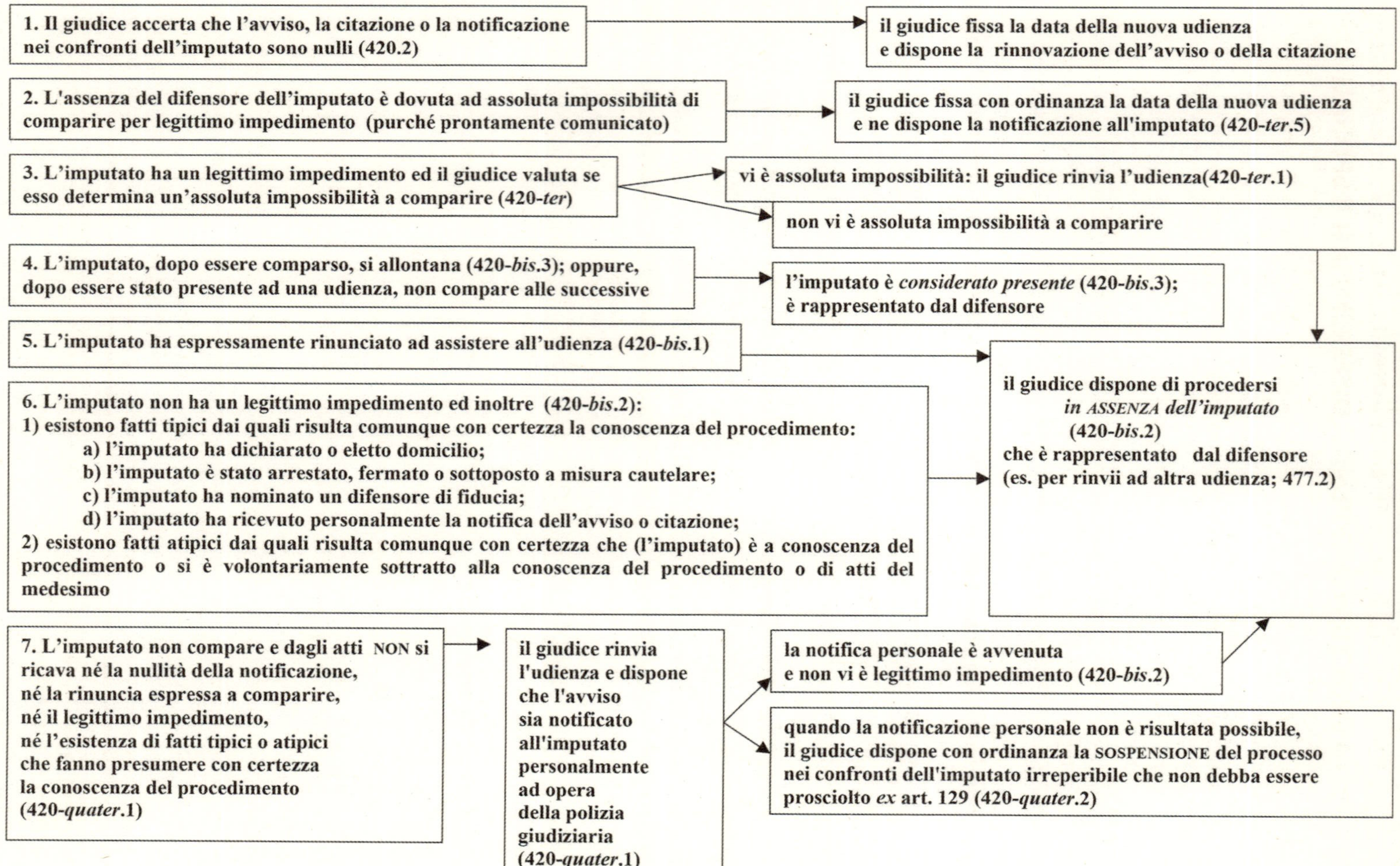

Parte Quarta
I PROCEDIMENTI PENALI DIFFERENZIATI E SPECIALI

Capitolo I
I PROCEDIMENTI SPECIALI

1. Procedimenti penali differenziati e speciali. La riforma Cartabia.

Fino a questo momento l'esposizione ha avuto ad oggetto il procedimento ordinario che si svolge presso il tribunale collegiale e la corte d'assise. Se assumiamo che detto procedimento costituisce il modello base, possiamo isolare due fondamentali tipi di riti processuali che da esso si distinguono: i procedimenti differenziati e quelli speciali.

I procedimenti differenziati si distinguono da quello ordinario presso il tribunale collegiale e la corte di assise nel senso che hanno una struttura completa (dalle indagini preliminari alle impugnazioni) ma rispetto al modello base si caratterizzano per alcune particolarità che attengono all'organo giudicante o al tipo di responsabilità che devono accertare. Sono "procedimenti differenziati" quelli presso il tribunale monocratico, presso il giudice di pace, presso il tribunale per i minorenni e il procedimento che accerta la responsabilità amministrativa degli enti. Essi si pongono come strutture parallele rispetto al processo presso il tribunale collegiale e la corte di assise. All'interno del singolo procedimento differenziato può essere scelto uno dei riti speciali.

I procedimenti speciali si distinguono dal procedimento ordinario di tribunale e di corte d'assise perché omettono una o più fasi del procedimento, e cioè l'udienza preliminare, il dibattimento, o entrambi. Vi sono varie categorie di procedimenti speciali, quelli che permettono di pervenire rapidamente al dibattimento e quelli che omettono tale fase (v. tav. 4.1.1).

I procedimenti speciali che permettono di pervenire rapidamente al dibattimento. Dal punto di vista delle origini storiche, essi sono tipici del sistema misto, nel quale dopo una fase inquisitoria non si poteva fare a meno del dibattimento con un minimo di garanzie. Si tratta del giudizio direttissimo e del giudizio immediato. Oggi i procedimenti speciali che *permettono di pervenire rapidamente al dibattimento* trovano la loro giustificazione nel principio costituzionale della ragionevole durata del procedimento (art. 111, comma 2) e nel principio di adeguatezza. Detti procedimenti devono comunque rispettare il diritto di difesa dell'imputato.

I procedimenti speciali che omettono il dibattimento, e cioè il momento nel quale è attuato il contraddittorio nella formazione della prova (art. 111, comma 4), sono anche definiti procedimenti *alternativi* appunto perché saltano la fase fondamentale di un processo garantista. L'art. 111, comma 5 Cost. ammette questo tipo di procedimenti sulla base del consenso dell'imputato. Poiché in questi procedimenti l'imputato gode di un minor grado di tutela del diritto di difesa, la soluzione pratica è quella di offrirgli un qualche incentivo, che consiste fondamentalmente in una riduzione di pena o in una differente sanzione per lui più accettabile. I procedimenti speciali che sono fondati sul consenso dell'imputato sono il giudizio abbreviato, il patteggiamento, il procedimento per decreto e, dal 2014, la sospensione del procedimento con messa alla prova.

Dal punto di vista delle origini storiche, i procedimenti speciali che omettono il dibattimento sono tipici del sistema accusatorio. Infatti, tale sistema è caratterizzato da un dibattimento molto garantito, che necessariamente richiede una durata più lunga di quanto avveniva nel sistema misto, basato sulla lettura degli atti compiuti in segreto nell'istruzione. La tenuta del sistema accusatorio, in tutti i Paesi nei quale è accolto, si basa su un ampio uso dei procedimenti alternativi (oltre il 90% negli Stati Uniti e in Inghilterra) al fine di riservare il dibattimento ai "casi seri", nei quali non si può omettere l'esame incrociato. La scommessa del codice del 1988 è stata quella di confidare nell'ampio uso dei procedimenti alternativi al dibattimento.

L'esperienza di oltre 30 anni di vigenza del nuovo codice ha dimostrato che la scommessa è stata persa, nonostante tutti i tentativi di rivitalizzare i procedimenti alternativi. Poiché nella prassi di questi anni è risultato che il rito ordinario ha avuto una lunga durata, ciò ha determinato la prescrizione di molti reati. Di conseguenza, i procedimenti alternativi sono stati scelti dall'imputato soltanto quando non vi era la speranza di ottenere la causa di estinzione menzionata. La percentuale di utilizzo del giudizio abbreviato e del patteggiamento è stata, nel complesso, di circa il 20%, e cioè molto inferiore alle aspettative.

Da questa constatazione è partita la riforma Cartabia che, in primo luogo, ha teso a velocizzare il procedimento ordinario; ciò dovrebbe rendere più difficile il conseguimento della tradizionale prescrizione e della nuova improcedibilità; infine, la riforma ha puntato su un uso più ampio dei procedimenti alternativi mediante nuovi incentivi previsti in favore dell'imputato.

I procedimenti speciali basati su strumenti di diritto penale sostanziale tendono ad ottenere una deflazione dal dibattimento a prescindere dalla fase in cui operano.

Si tratta di strumenti che evitano l'irrogazione delle pene di tipo detentivo o pecuniario. Accanto alla vecchia oblazione, sono stati introdotti gli istituti della giustizia riparativa e dell'adempimento delle prescrizioni dettate dalla pubblica amministrazione.

Nell'ordine, esamineremo per primi i procedimenti speciali per un motivo che ci pare assorbente. Detti riti prevedono deroghe rispetto sia al modello base completo, sia ai singoli procedimenti differenziati che al loro interno li contengono. Ad esempio, presso il tribunale monocratico e quello per i minorenni operano alcuni dei riti speciali che sono previsti per il tribunale collegiale (ad es. il giudizio abbreviato e il procedimento direttissimo); ma lo stesso vale anche per il giudice di pace e per il procedimento che accerta la responsabilità amministrativa degli enti. Pertanto, la trattazione dei riti speciali deve precedere quella dei procedimenti differenziati ([1]).

La riforma Cartabia (legge-delega n. 134 del 2021) si è proposta di ridurre i tempi del procedimento penale migliorandone l'efficienza. La finalità verrà perseguita in vari modi, tra i quali qui interessa l'introduzione di modifiche che tendono ad ampliare l'uso dei procedimenti alternativi al dibattimento con lo scopo di deflazionare il rito ordinario. In sintesi, verranno ampliati i presupposti di ammissione dei riti alternativi e saranno ridotte le preclusioni ai medesimi; verranno incrementati gli effetti premiali e sarà ampliato il potere dispositivo dell'imputato. Dal punto di vista del diritto penale sostanziale verrà introdotta la giustizia riparativa e si consentirà di applicare le sanzioni sostitutive all'interno dei riti alternativi.

Nel giudizio immediato, e cioè nel rito nel quale si perviene rapidamente in dibattimento, sarà ampliata la facoltà dell'imputato di operare la sua scelta tra i riti alternativi dopo aver ricevuto il diniego alla prima richiesta

2. Il giudizio abbreviato.

a. Considerazioni generali. Il giudizio abbreviato è un procedimento speciale che consente al giudice, su richiesta dell'imputato, di pronunciare già al momento dell'udienza preliminare quella decisione di merito (condanna o proscioglimento) che di regola è emanata al termine del dibattimento. L'imputato consente che siano utilizzati gli atti segreti compiuti durante le indagini. La rinuncia al pieno contraddittorio nella formazione della prova ed ai diritti che gli spettano in dibattimento è incentivata dalla riduzione di pena che consegue al rito (un terzo se delitti; la metà se contravvenzioni). In definitiva, il giudizio abbreviato comporta una modifica dell'udienza preliminare che, da "filtro" destinato ad accertare la necessità del dibattimento, diventa la sede in cui si deve decidere sulla responsabilità dell'imputato.

Rispetto al testo originario del codice, il giudizio abbreviato aveva già subìto modifiche molto rilevanti. In sintesi, nel 1988 l'istituto era stato costruito come un giudizio "a prova contratta" in un procedimento non garantito che si poneva come alternativa forte rispetto al dibattimento; il rito abbreviato era subordinato, oltre alla richiesta dell'imputato, anche al consenso immotivato del pubblico ministero. Poi, con la legge Carotti (n. 479 del 1999) il Parlamento aveva eliminato la necessità del consenso del pubblico ministero e aveva strutturato il rito abbreviato come una modalità semplificata di svolgimento del giudizio "allo stato degli atti", attribuendo al giudice un limitato potere di integrazione probatoria (art. 441, comma 5). Succes-

---

([1]) Vi sono poi alcuni istituti che operano all'interno sia del procedimento ordinario, sia di quelli speciali, sia di quelli differenziati. Si tratta di singole norme che regolano i procedimenti per reati di mafia, per i reati di terrorismo e per i reati di criminalità organizzata non mafiosa; l'insieme di queste norme ha creato una sorta di "doppio binario" processuale. In detti casi le deroghe non toccano la struttura base del procedimento (ordinario, speciale o differenziato), bensì alcuni aspetti al loro interno. Ad esempio, i delitti di cui all'art. 51, comma 3-*bis* prevedono che i pubblici ministeri si coordinino nel compiere indagini e che vi sia un organo centrale (la procura nazionale antimafia) che li controlla. A questi istituti abbiamo già fatto cenno nell'esporre il modello base di procedimento presso il tribunale collegiale.

sivamente, la legge n. 103 del 2017 (*riforma Orlando*) aveva cristallizzato orientamenti giurisprudenziali ondivaghi con un risultato complessivo di potenziamento del rito abbreviato, ottenendo un effetto deflattivo del dibattimento.

Questa linea di tendenza è stata interrotta con la legge n. 33 del 2019, che ha vietato il giudizio abbreviato per i reati puniti con l'ergastolo (art. 438, comma 1-*bis*). Scopo della legge è stato quello di assicurare fermezza e severità nella risposta punitiva.

La riforma Cartabia amplierà in modo modesto i criteri di appetibilità del giudizio abbreviato. Da un lato, introdurrà nel codice i princìpi affermati dalla giurisprudenza di legittimità in materia di valutazione della economicità del rito in rapporto alla presumibile durata del dibattimento, quando il giudizio abbreviato è condizionato ad un'integrazione probatoria (v. *infra*). Da un altro lato, prevederà la riduzione di un sesto della pena quando l'imputato rinuncia all'impugnazione. Infine, consentirà al giudice di irrogare nella sentenza di condanna le sanzioni sostitutive, evitando così il passaggio attraverso il giudice dell'esecuzione.

b. Il giudizio abbreviato su richiesta non condizionata. La decisione. Come abbiamo anticipato, il presupposto per l'instaurazione del giudizio abbreviato è la richiesta dell'imputato, che deve essere presentata personalmente o mediante procura speciale.

La richiesta di giudizio abbreviato può essere semplice oppure condizionata alla concessione di una integrazione probatoria. Ci occuperemo adesso del giudizio abbreviato disposto dal giudice a seguito della richiesta semplice.

Il termine finale per la presentazione della stessa è la formulazione delle conclusioni definitive del difensore dell'imputato nell'udienza preliminare. In seguito alla richiesta il giudice deve disporre il giudizio abbreviato con ordinanza, ovviamente se la richiesta proviene da chi è legittimato (art. 438, comma 4).

Il giudizio, di regola, si svolge in camera di consiglio; tuttavia è possibile procedere in pubblica udienza se tutti gli imputati ne fanno richiesta (art. 441, comma 3). La disposizione costituisce un bilanciamento tra interessi contrastanti ed accorda prevalenza al diritto alla riservatezza di quell'imputato che è contrario all'udienza pubblica.

Ai sensi dell'art. 441, comma 1, debbono osservarsi le disposizioni previste per l'udienza preliminare, fatta eccezione per quella relativa alla modifica dell'imputazione (art. 423). Pertanto, il pubblico ministero non potrà contestare all'imputato reati connessi o circostanze aggravanti ([2]). Di conseguenza, per eventuali reati connessi che emergano dagli atti la pubblica accusa dovrà iniziare separatamente l'azione penale, mentre le eventuali circostanze aggravanti non contestate nell'imputazione non saranno più recuperabili.

Al termine del procedimento, svoltosi con le predette forme, il giudice valuta discrezionalmente la possibilità di decidere allo stato degli atti.

L'integrazione probatoria disposta dal giudice d'ufficio. Il giudice, qualora ritenga di non poter decidere allo stato degli atti, assume su richiesta di parte o

---

([2]) Cass., Sez. un., 18 aprile 2019 - 13 febbraio 2020, n. 5788, Andriy, in *Giurisprudenza penale web*, 2020, 4.

d'ufficio « gli elementi necessari ai fini della decisione » (art. 441, comma 5). All'assunzione delle prove deve procedersi con le forme stabilite dall'art. 422 in relazione allo svolgimento eccezionale dell'udienza preliminare (art. 441, comma 6): e cioè, l'audizione delle persone è condotta, di regola, dal giudice, al quale il pubblico ministero e i difensori possono chiedere di porre determinate domande.

Infine, sempre nel caso in cui il giudice disponga l'integrazione probatoria ai sensi dell'art. 441, comma 5, si rende possibile in via eccezionale la modificazione dell'imputazione ai sensi dell'art. 423, ma nei seguenti limiti. Il pubblico ministero potrà contestare all'imputato soltanto reati connessi e circostanze aggravanti che emergono dagli esiti delle prove assunte su iniziativa del giudice; non potrà contestare all'imputato reati connessi o circostanze aggravanti che siano già desumibili dagli atti di indagine, ma che non siano descritti nell'imputazione nel momento in cui il giudice ha ammesso il rito abbreviato. Ciò vuol dire che non potrà operare quella che in giurisprudenza viene definita "contestazione patologica" ([3]).

La decisione a conclusione del giudizio abbreviato. Terminata la discussione, il giudice provvede a redigere la sentenza in base alle norme vigenti per il dibattimento (infatti, l'art. 442 richiama gli artt. 529 e seguenti). Ai fini della deliberazione, il giudice utilizza gli atti contenuti nel fascicolo delle indagini preliminari (art. 416, comma 2), la documentazione delle indagini espletate dopo la richiesta di rinvio a giudizio (art. 419, comma 3) e le prove assunte nell'udienza. La *riforma Orlando* ha sancito che la richiesta di giudizio abbreviato proposta nell'udienza preliminare « determina la sanatoria delle nullità, sempre che non siano assolute », e « la non rilevabilità delle inutilizzabilità, salve quelle derivanti dalla violazione di un divieto probatorio » (art. 438, comma 6-*bis*). Sotto tale profilo la riforma ha voluto accogliere e codificare la scelta fatta dalle Sezioni unite Tammaro nel 2000. È appena il caso di precisare come la distinzione tra le inutilizzabilità che conseguono alla violazione di divieti probatori e le altre ipotesi di inutilizzabilità possa in concreto suscitare incertezze e questioni processuali sull'applicazione e sulla portata di tale invalidità.

Inoltre, la *riforma Orlando* ha sancito che la richiesta di giudizio abbreviato preclude ogni questione sulla competenza per territorio del giudice (art. 438, comma 6-*bis*). In sostanza, l'imputato, per ottenere lo sconto di pena, deve rinunciare a sindacare la competenza per territorio dell'organo giudicante.

La decisione del giudice potrà essere di condanna o di proscioglimento; in quest'ultimo caso le formule terminative saranno le medesime del dibattimento.

La decisione del giudice potrà essere di condanna o di proscioglimento; in quest'ultimo caso le formule terminative saranno le medesime del dibattimento.

In caso di condanna, la pena che il giudice determina tenendo conto di tutte le

---

([3]) Cass., Sez. un., 18 aprile 2019 - 13 febbraio 2020, n. 5788, Andriy, loc. ult. cit., conclude nel modo seguente: « 1) qualora, successivamente alla ammissione del giudizio abbreviato c.d. "secco" vengano in evidenza fatti (reati connessi o circostanze aggravanti) desumibili dagli atti processuali, ma non ricompresi nell'imputazione, in linea generale il pubblico ministero non potrà procedere alla formulazione di contestazioni suppletive; 2) nel caso in cui l'omessa contestazione attenga ad un reato connesso, il pubblico ministero dovrà procedere con un separato giudizio, posto che in tal caso la azione penale non è stata ancora consumata; 3) nel caso in cui la omissione attenga ad una circostanza aggravante, questa non sarà più recuperabile ».

circostanze è diminuita di un terzo se si procede per un delitto (4) e della metà se si procede per una contravvenzione (novità, quest'ultima, apportata al comma 2 dell'art. 442, modificato dalla *riforma Orlando* al fine di incentivare la scelta del rito) (5).

Come abbiamo accennato in precedenza, la legge 12 aprile 2019, n. 33, ha vietato il giudizio abbreviato per quei delitti puniti con l'ergastolo che siano stati commessi dopo l'entrata in vigore della medesima (art. 438, comma 1-*bis*). Occorre sottolineare che il rito abbreviato non è ammesso nei casi in cui l'imputazione si riferisce a un delitto punito con l'ergastolo sia perché questa è la pena prevista per il reato contestato, sia perché la pena perpetua si configura come effetto di circostanze aggravanti. In particolare, è rilevante la mera previsione dell'applicabilità dell'ergastolo in astratto, a nulla rilevando l'incidenza delle attenuanti che possano escludere la pena perpetua.

c. Il giudizio abbreviato su richiesta condizionata. Come si è accennato, l'imputato, anziché limitarsi a chiedere semplicemente il giudizio abbreviato, può subordinare la richiesta principale ad una integrazione probatoria necessaria ai fini della decisione (art. 438, comma 5); di conseguenza, deve indicare le prove di cui chiede l'ammissione.

Il giudice, « tenuto conto degli atti già acquisiti ed utilizzabili », deve disporre il giudizio abbreviato a condizione che l'integrazione probatoria richiesta dall'imputato risulti: *a*) necessaria ai fini della decisione; *b*) compatibile con le finalità di economia processuale da commisurarsi rispetto ai tempi di svolgimento del dibattimento (6).

Quanto al requisito della "necessarietà ai fini della decisione", in base all'insegnamento delle Sezioni unite le ulteriori acquisizioni probatorie si devono configurare come integrative e non sostitutive del materiale già acquisito e utilizzabile come base cognitiva (es. il teste doveva essere sentito, e non lo è stato; oppure, non sono state poste determinate domande). Pertanto, il giudice deve rigettare la richiesta se il mezzo di prova tende a far entrare in forma diversa un elemento già esistente negli atti scritti. Inoltre, l'integrazione deve prefigurarsi come indispensabile ad assicurare il completo accertamento di tutti quei fatti che sono oggetto di prova ai sensi dell'art. 187 (7).

Accoglimento della richiesta condizionata. Se il giudice accoglie la richiesta, si fa luogo a giudizio abbreviato con assunzione di tutte quelle prove che sono state indicate dall'imputato. In tal caso, il pubblico ministero « può chiedere l'ammissione di prova contraria ».

---

(4) Esempio di computo della pena nel rito abbreviato per l'imputazione di violenza sessuale continuata a minore di dieci anni, delitto punito dal combinato disposto degli artt. 609-*bis* e 609-*ter*, comma 2 c.p. con il minimo di dodici ed il massimo di ventiquattro anni di reclusione: pena base tredici anni; aumento per la continuazione a quindici anni (art. 81, comma 2 c.p.); diminuzione di un terzo per il rito a dieci anni di reclusione.

(5) A seguito della riforma della disciplina sulla contumacia, l'estratto della sentenza emessa nel giudizio abbreviato non deve più essere notificato all'imputato non comparso, perché l'art. 442, comma 3, deve ritenersi abrogato per incompatibilità con la nuova disciplina di cui alla legge n. 67 del 2014, in quanto l'imputato assente (consapevole) è rappresentato dal difensore munito di procura speciale necessaria per accedere al rito alternativo. Così Cass., Sez. un., 24 ottobre 2019 - 13 gennaio 2020, n. 698, Sinito, in *www.giurisprudenza penale.com*, 14 gennaio 2020.

(6) In questo senso, già in precedenza v. Corte costituzionale n. 115 del 2001.

(7) Cass., sez. un., 27 ottobre-18 novembre 2004, n. 44711, Wajib, in *Guida dir.*, 2004, 49, 78.

Rigetto della richiesta condizionata. Ove il giudice rigetti la richiesta condizionata di giudizio abbreviato, occorre fare le seguenti distinzioni.

a) La *riforma Orlando* ha riconosciuto all'imputato il potere di proporre, in via subordinata al rigetto della richiesta condizionata, una istanza non condizionata all'integrazione probatoria; in caso di rigetto della richiesta condizionata il giudice è tenuto a disporre il rito abbreviato semplice.

b) E ancora, la *riforma Orlando* ha riconosciuto all'imputato l'ulteriore potere di chiedere, in via subordinata al rigetto della richiesta condizionata, il patteggiamento. In caso di rigetto della richiesta condizionata il giudice accerta se vi è l'adesione del pubblico ministero (si veda il paragrafo seguente).

c) Se l'imputato ha proposto soltanto la richiesta di rito abbreviato condizionato e questa è stata dal giudice rigettata o dichiarata inammissibile, il processo prosegue e l'imputato ha la possibilità di riproporre la richiesta (senza modificazioni) fino alla formulazione delle conclusioni difensive nell'udienza preliminare.

Ove anche dopo le conclusioni difensive il giudice abbia rigettato o dichiarato inammissibile la richiesta di rito abbreviato, questa può essere ancora riproposta (senza modificazioni) prima della dichiarazione di apertura del dibattimento di primo grado ([8]).

Qualora accada che al termine del dibattimento il giudice accerti che esistevano i presupposti per accogliere la richiesta condizionata, egli deve applicare la riduzione di pena ai sensi dell'art. 442, comma 2 ([9]). Lo stesso avviene se la richiesta di giudizio abbreviato sia stata dichiarata inammissibile perché in udienza preliminare si è proceduto per un reato punito con l'ergastolo e all'esito del dibattimento il giudice ritenga non applicabile tale pena al fatto accertato e, pertanto, ammissibile il rito abbreviato (art. 438, comma 6-*ter*).

d. *Vicende del giudizio abbreviato a seguito di nuove contestazioni.*

La giurisprudenza costituzionale e di legittimità ha affermato un principio importante che deriva dalla caratteristica del rito abbreviato di essere un giudizio "allo stato degli atti". Dopo l'integrazione probatoria disposta dal giudice sia d'ufficio (art. 441, comma 5), sia su richiesta dell'imputato che ha voluto il rito abbreviato condizionato (art. 438, comma 5), il pubblico ministero potrà contestare all'imputato soltanto reati connessi e circostanze aggravanti che emergono dagli esiti delle prove assunte; non potrà contestare all'imputato reati connessi o circostanze aggravanti che siano già

([8]) In tal caso, il giudice del dibattimento *in limine litis* deve prendere visione degli atti contenuti nel fascicolo del pubblico ministero (si applica per analogia la disposizione prevista per il patteggiamento, e cioè l'art. 135 disp. att.) e, all'esito, verificare se effettivamente vi era la necessità di assumere le prove richieste; se accerta che era necessaria l'integrazione probatoria, il giudice instaura il giudizio abbreviato nella fase introduttiva del dibattimento (C. cost., 23 maggio 2003, n. 169). Il tutto sul presupposto che il *rigetto* della richiesta condizionata di giudizio abbreviato, se ingiustificato o illegittimo circa il profilo della necessità della prova ai fini della decisione, appaia idoneo a pregiudicare definitivamente l'aspettativa di una riduzione premiale della pena in caso di condanna « essendo indubbio che il diniego del rito comporta effetti rilevanti in tema di individuazione della pena legale ».

([9]) Cass., sez. un., 27 ottobre -18 novembre 2004, n. 44711, Wajib, cit.

desumibili dagli atti di indagine, ma che non siano descritti nell'imputazione nel momento in cui il giudice ha ammesso il rito abbreviato (10).

In ogni caso in cui venga fatta una nuova contestazione, l'imputato ha la possibilità di attivarsi e di chiedere che « il procedimento prosegua nelle forme ordinarie » (art. 441-*bis*, comma 4).

Al fine di consentire tale scelta, è previsto che il giudice, su istanza dell'imputato o del suo difensore, assegni un termine a difesa non superiore a dieci giorni, la cui durata è discrezionalmente determinata dal giudice stesso (v. tav. 4.1.3). Entro tale termine l'imputato ha la possibilità di comunicare la sua scelta (art. 441-*bis*, comma 3).

La richiesta di procedersi con il rito ordinario. Se l'imputato (personalmente o a mezzo di procuratore speciale) chiede che si prosegua con giudizio ordinario, il giudice revoca l'ordinanza con la quale ha disposto il giudizio abbreviato e fissa l'udienza preliminare o la prosecuzione della stessa (art. 441-*bis*, comma 4). Le prove assunte nel giudizio abbreviato hanno la stessa efficacia di quelle acquisite nel corso dello svolgimento eccezionale dell'udienza preliminare. Il codice precisa che, una volta scelta la prosecuzione con il rito ordinario, non è più possibile chiedere il giudizio abbreviato.

Il proseguimento nelle forme del rito abbreviato. Se l'imputato non si è attivato chiedendo lo svolgimento del rito ordinario, il procedimento prosegue nelle forme del giudizio abbreviato. Anche in tale eventualità alla difesa è stata riconosciuta una rilevante garanzia. Infatti, ai sensi dell'art. 441-*bis*, comma 5, l'imputato può chiedere l'ammissione di ulteriori prove in relazione alla nuova contestazione. In questa ipotesi non operano i limiti di ammissione stabiliti dall'art. 438, comma 5 in merito alla richiesta condizionata; non occorre, pertanto, che le prove siano « necessari(e) ai fini della decisione » e « compatibil(i) con le finalità di economia processuale » proprie del rito semplificato.

Infine, l'art. 441-*bis*, comma 5 riconosce al pubblico ministero il diritto alla prova contraria in relazione alle prove ammesse su richiesta dell'imputato. Resta salva, riteniamo, la possibilità per il giudice di assumere d'ufficio le ulteriori prove, che egli consideri necessarie ai fini della decisione, alla luce delle nuove risultanze.

La legge n. 33 del 2019. Facciamo l'ipotesi che sia stato ammesso il giudizio abbreviato e il pubblico ministero contesti un delitto punito con la pena dell'ergastolo. In tal caso, il giudice revoca, anche d'ufficio, l'ordinanza con cui era stato disposto il rito abbreviato e fissa l'udienza preliminare o la sua eventuale prosecuzione (art. 441-*bis*, comma 1-*bis*).

e. *Aspetti del giudizio abbreviato: la parte civile; le impugnazioni; le investigazioni difensive; i giudizi abbreviati atipici.*

1) La parte civile. A differenza di quanto avviene nel patteggiamento, la parte civile non è estromessa né al momento della decisione sull'adozione del rito abbre-

---

(10) Cass., Sez. un., 18 aprile 2019 - 13 febbraio 2020, n. 5788, Andriy, in *Giurisprudenza penale web*, 2020, 4.

viato, né al momento delle conclusioni e della decisione, anche se allo stato della attuale normativa non gode di alcun diritto alla prova.

Una volta che il giudice ha accolto la richiesta di giudizio abbreviato, la parte civile deve immediatamente valutare se accettare o meno tale rito e la decisione ha conseguenze sulla propria posizione.

La parte civile può ***accettare il giudizio abbreviato*** espressamente; ma può farlo anche implicitamente (ad es., costituendosi dopo l'ordinanza che ha disposto tale rito; art. 441, comma 2). In questi casi, non può decidere di esercitare l'azione risarcitoria nel processo civile, perché quest'ultimo sarà sospeso fino alla sentenza penale irrevocabile (art. 75, comma 3). Inoltre, scatterà nei suoi confronti l'ordinaria efficacia del giudicato di condanna o di assoluzione (artt. 651, comma 2 e 652, comma 2).

Quando la parte civile ha accettato il rito abbreviato e, al termine del medesimo, viene emessa una sentenza di condanna, questa contiene il capo civile sul risarcimento dei danni; su richiesta della parte civile, può essere pronunciata la condanna provvisionale immediatamente esecutiva (artt. 539, comma 2 e 540, comma 2).

Una situazione differente si delinea quando la parte civile ***non accetta il giudizio abbreviato*** e cioè, ad esempio, revoca la costituzione (tenuto conto che non basta opporsi al rito). In tal caso, il danneggiato può esercitare immediatamente l'azione risarcitoria davanti al giudice civile e il relativo processo non è sospeso (art. 441, comma 4) ([11]).

2) Le impugnazioni nel giudizio abbreviato. Per motivi sistematici, nel rito abbreviato valgono le disposizioni generali in materia di impugnazioni e di appello, in quanto non siano derogate espressamente o implicitamente dalle norme del codice. Ciò premesso, il legislatore ha posto limiti all'appellabilità della sentenza pronunciata a seguito di giudizio abbreviato. Descriviamo la situazione quale è attualmente, senza dare atto delle innumerevoli modifiche intervenute dal 1988.

Le sentenze inappellabili. In primo luogo, sono inappellabili le sentenze di condanna per le quali è stata applicata la sola pena dell'ammenda (art. 593, comma 3), da intendersi come pena originaria e non sostitutiva della detenzione. Pertanto, può essere oggetto di appello la sentenza che applica la pena dell'ammenda in sostituzione dell'arresto.

In secondo luogo, sono inappellabili le sentenze di proscioglimento relative a contravvenzioni punite in astratto con la sola pena dell'ammenda o con pena alternativa (art. 593, comma 3, mod. dal d.lgs. n. 11 del 2018). Ciò premesso, la normativa è la seguente.

***a*) Imputato.**

1) L'imputato può appellare la sentenza di *condanna* pronunciata nel rito abbreviato (art. 593, comma 3).

2) L'imputato di regola *non* può proporre appello contro le sentenze di *proscioglimento*; ma può appellare le sentenze di assoluzione per difetto di imputabilità derivante da vizio totale di mente (Corte cost. n. 274 del 2009).

([11]) Inoltre, quando la sentenza sarà irrevocabile, se si tratterà di assoluzione, questa non avrà efficacia di giudicato nei confronti della parte civile (art. 652, comma 2). Se invece la sentenza sarà di condanna, la parte civile dovrà decidere se accettarne gli esiti: se non si opporrà al giudicato, la condanna avrà nei suoi confronti efficacia vincolante; se si opporrà al giudicato, la condanna non avrà tale efficacia (art. 651, comma 2).

***b*) Pubblico ministero.**

1) Il pubblico ministero può proporre appello contro le sentenze di *proscioglimento* pronunciate nel rito abbreviato con qualsiasi formula (Corte cost. n. 320 del 2007).

2) Il pubblico ministero di regola *non* può proporre appello contro la sentenza di *condanna*; può farlo soltanto quando il giudice ha modificato il titolo di reato (art. 443, comma 3).

Al di fuori dei limiti menzionati, valgono le regole ordinarie sulle impugnazioni. In particolare, la decisione emessa al termine del giudizio abbreviato è assimilabile a quella dibattimentale. Ne consegue che, ai fini delle impugnazioni, si osserva la disciplina sui termini prevista per le sentenze dibattimentali ([12]).

3) Investigazioni difensive. Occorre premettere che all'inizio dell'udienza preliminare i difensori (dell'imputato e della parte civile) possono chiedere l'ammissione di atti e documenti (art. 421, comma 3); tra questi vi può essere la documentazione delle investigazioni difensive. Dopo che il giudice ha ammesso la documentazione, questa diventa utilizzabile per la decisione sul rinvio a giudizio. Il pubblico ministero può avere la necessità di presentare prove contrarie, ma può ritenere che il quadro probatorio per il rinvio a giudizio sia sufficiente e, pertanto, può decidere di rinviare l'espletamento di eventuali indagini ad un momento successivo ai sensi dell'art. 430.

Se l'imputato chiede il giudizio abbreviato immediatamente dopo il deposito delle indagini difensive, il pubblico ministero può valutare il quadro probatorio non sufficiente per tale rito. In questa ipotesi, la Corte costituzionale aveva riconosciuto al pubblico ministero il potere di chiedere un rinvio per compiere indagini (Corte cost. n. 245 del 2005 e n. 184 del 2009).

La *riforma Orlando* ha codificato quanto già sancito dalla Consulta nel modo seguente (art. 438, comma 4). Quando l'imputato chiede il giudizio abbreviato immediatamente dopo il deposito dei risultati delle indagini difensive è espressamente disciplinato il diritto alla prova contraria in capo alla pubblica accusa. Al magistrato inquirente spetta la valutazione discrezionale sulla necessità di compiere indagini suppletive « limitatamente ai temi introdotti dalla difesa ». Ove si determini in tal senso, il pubblico ministero può chiedere un termine non superiore a sessanta giorni ed il giudice è tenuto a sospendere la decisione sull'ammissione del rito abbreviato fino a che tale termine non sia decorso.

A questo punto, la parola passa alla difesa poiché, di fronte al compimento di indagini suppletive ad opera del pubblico ministero, la *riforma Orlando* riconosce all'imputato la facoltà di revocare la richiesta di giudizio abbreviato.

Concordiamo con quanti hanno osservato che la riforma ha voluto rafforzare la posizione della pubblica accusa attribuendole un ulteriore spazio di tempo a tutela di un inedito diritto alla contro-indagine.

4) I giudizi abbreviati atipici. Premesso che di regola l'imputato può presentare richiesta di rito abbreviato nell'udienza preliminare (e cioè, nel corso del procedi-

---

([12]) L'appello, quando è ammesso, si svolge in camera di consiglio e non in pubblica udienza (art. 443 comma 4). Le sentenze pronunciate nel giudizio abbreviato, quando non sono sottoponibili ad appello, sono comunque passibili di ricorso per cassazione ai sensi dell'art. 568, comma 2.

mento ordinario), il codice prevede che la medesima richiesta possa essere presentata anche in quei procedimenti speciali che omettono l'udienza preliminare (giudizio immediato, giudizio direttissimo e decreto penale di condanna). In questi casi il rito abbreviato presenta, rispetto al modello base, alcune singolarità che hanno indotto gli studiosi a qualificarlo come giudizio abbreviato atipico.

Dei giudizi abbreviati atipici tratteremo nella sede propria dei riti speciali sopra menzionati.

Considerazioni conclusive sul giudizio abbreviato. Il rito abbreviato ha mostrato fino al 2019 potenzialità applicative che sono cresciute parallelamente all'affermarsi della prova scientifica nel processo penale. Nei processi in cui il materiale probatorio consiste in atti irripetibili e investigazioni scientifiche compiute nell'ambito del sopralluogo o in un momento successivo, la scelta del rito abbreviato comporta una minima rinuncia al contraddittorio nella formazione della prova, giacché le indagini irripetibili sarebbero comunque utilizzabili in dibattimento. In tali situazioni, il rito abbreviato risulta appetibile perché consente all'imputato di ottenere sia una sentenza di proscioglimento, sia, in caso di condanna, uno sconto di pena. Al tempo stesso, il giudice, che ritenga di non essere in grado di decidere allo stato degli atti, ha il potere-dovere di assumere anche d'ufficio gli elementi necessari ai fini della decisione (art. 441, comma 5).

3. L'applicazione della pena su richiesta delle parti.

a. Considerazioni generali. La duplice configurazione del rito. La denominazione del rito, così come è espressa nel codice, sta a significare che il giudice con sentenza applica quella pena che è stata precisata da una *concorde* "richiesta delle parti", e cioè dell'imputato e del pubblico ministero. Al giudice spetta di controllare la correttezza della qualificazione giuridica del fatto e la congruità della pena richiesta. La decisione avviene allo stato degli atti, e cioè sulla base del fascicolo delle indagini e dell'eventuale fascicolo del difensore (contenente la documentazione delle investigazioni difensive). La *semplificazione* consiste nell'eliminare l'assunzione delle prove e nell'utilizzare i verbali degli atti di indagine ai fini della decisione. Una volta pronunciata la sentenza, questa di regola non è appellabile (art. 448, comma 2) e può essere sottoposta a ricorso per cassazione per motivi estremamente limitati. Infine, la sentenza che accoglie il patteggiamento non ha efficacia di giudicato agli effetti civili (art. 445, comma 1-*bis*).

La legge prevede un incentivo per l'imputato che si accorda con il pubblico ministero. Nel determinare la pena, sulla quale si forma l'accordo, si deve applicare una diminuzione « fino a un terzo »; la diminuzione opera dopo che è stato effettuato il computo delle circostanze. L'accordo può essere stipulato anche dal difensore, che però può agire soltanto in base ad una procura speciale (art. 446, comma 3).

La differenza tra patteggiamento e giudizio abbreviato. Sotto il profilo in questione, il patteggiamento si distingue profondamente dal giudizio abbreviato. Infatti, l'imputato nel momento in cui chiede il rito abbreviato non conosce né l'esito del processo nel senso del proscioglimento o della condanna, né, in caso di condanna, l'entità della "pena base" che il giudice sceglierà e sulla quale sarà operata la riduzione di un terzo; la scelta del rito abbreviato avviene "al buio". Viceversa, nel patteggiamento l'imputato sa in anticipo quale è la quantità di pena che sarà applicata se il giudice accoglierà l'accordo. Il sacrificio del diritto alla prova è compensato dal fatto che l'imputato, accordandosi col pubblico ministero (ovviamente con l'assistenza del difensore), incide direttamente sulla qualità e quantità della pena, in modo da poter valutare in concreto se gli convenga abbandonare le garanzie che il dibattimento offre ([13]).

Le due configurazioni del patteggiamento. All'interno di un unico istituto che ha un nucleo comune di disposizioni, il codice contempla due configurazioni di patteggiamento che hanno normative differenti quanto a requisiti e benefici. Il patteggiamento "tradizionale" (così chiamato perché introdotto nell'ordinamento, seppure in forma diversa, sin dal 1981) sarà esaminato nel § *b*, mentre il patteggiamento "allargato", introdotto dalla legge n. 134 del 2003, sarà esaminato nel successivo § *c* (v. tav. 4.1.7).

La riforma Cartabia (legge-delega n. 134 del 2021) si è sforzata di rendere appetibile la scelta del patteggiamento come strumento di deflazione del dibattimento. Ciò è avvenuto nei limiti angusti in cui alcune forze politiche hanno voluto contenere i suggerimenti della Commissione Lattanzi. Varie le linee di intervento della riforma.

Da un lato, verrà ampliato l'oggetto dell'accordo tra imputato e pubblico ministero estendendolo alle pene accessorie e alla confisca, sia pure con alcuni limiti; da un altro lato, si consentirà che l'accordo possa comportare l'irrogazione delle sanzioni sostitutive, evitando così il passaggio attraverso il giudice dell'esecuzione. Infine, saranno ridotti gli effetti extrapenali del patteggiamento.

b. Il patteggiamento "tradizionale": l'aspetto preponderante dei benefici. Il patteggiamento tradizionale permette all'imputato e al pubblico ministero di accordarsi su di una sanzione sostitutiva ([14]) o pecuniaria o su di una pena detentiva che, effettuata la riduzione fino a un terzo, non supera due anni sola o congiunta a pena pecuniaria (art. 445, comma 1). L'unico vero requisito di questo tipo di rito semplificato è quindi il tetto massimo di pena detentiva (due anni) su cui le parti possono accordarsi. Nessuna soglia massima è prevista in caso di sola pena pecuniaria.

Occorre evidenziare che non vi sono ulteriori limiti oggettivi né soggettivi: il patteggiamento tradizionale si può applicare, almeno in linea teorica, non solo a reati indubbiamente "gravi" come quelli in materia di mafia e terrorismo (purché per pene che in concreto

---

([13]) D'altra parte, i princìpi ispiratori del diritto penale moderno non sono disconosciuti: una pena mite, ma applicata con prontezza dopo il fatto di reato, ha un'efficacia di prevenzione generale superiore a una pena più grave, ma applicata a distanza di tempo, sottoponibile al giudizio di appello, "incerta" non solo relativamente al *quantum* ma anche in relazione alla effettiva irrogazione della stessa.

([14]) Ricordiamo che la sanzione sostitutiva può "sostituire" una pena detentiva fino a due anni; infatti l'art. 53 della legge n. 689 del 1981 è stato modificato in tal senso dalla legge n. 134 del 2003. In particolare, la semidetenzione può sostituire la pena detentiva fino a due anni; la libertà controllata può sostituire la pena detentiva fino ad un anno; la pena pecuniaria può sostituire la sanzione detentiva fino a sei mesi.

non superino i due anni), ma anche ai delinquenti abituali, professionali, per tendenza e recidivi reiterati di cui all'art. 99 comma 4 c.p.

I benefici. Vari sono i benefici che si applicano all'imputato che stipuli il patteggiamento tradizionale con il pubblico ministero, oltre alla riduzione della pena.

1) La sentenza che applica la pena, di regola, non comporta l'irrogazione di pene accessorie (art. 445, comma 1) di matrice penalistica disciplinate dall'art. 19 c.p.; è evidente l'aspetto premiale poiché accade spesso che più della sanzione penale sia temibile quella accessoria come, ad esempio, la sospensione dall'esercizio di una professione o di un'arte.

Vi è un'eccezione introdotta dalla legge n. 3 del 2019 nell'intento di reprimere i fenomeni corruttivi. Quando è stato stipulato il patteggiamento per determinati delitti contro la pubblica amministrazione ([15]), la sentenza può applicare le pene accessorie dell'interdizione dai pubblici uffici e dell'incapacità di contrattare con la pubblica amministrazione (art. 445, comma 1-*ter*).

2) La parte (di regola l'imputato) può subordinare l'efficacia dell'accordo alla concessione della ***sospensione condizionale*** della pena ad opera del giudice (art. 444, comma 3). Questi, se ritiene di non concedere il beneficio (ad esempio perché è infausta la prognosi che l'imputato si astenga dal commettere altri reati), deve rigettare la richiesta di patteggiamento. Fondamentale risulta, fin d'ora, sottolineare che il giudice del patteggiamento è vincolato ad una scelta secca: può solo irrogare la pena di cui si chiede l'applicazione oppure rigettare "in blocco" la relativa richiesta. Il giudice del patteggiamento non può intervenire sul "progetto di sentenza" approntato dalle parti. Gli è preclusa ogni modifica dell'accordo a cui sono giunti imputato e pubblico ministero, anche solo in relazione ad una singola clausola (come quella che subordina il rito alla concessione della sospensione condizionale della pena).

La legge n. 3 del 2019 ha tenuto conto di questo quadro normativo e lo ha adeguato alla novità che consiste nella possibilità di patteggiare anche le pene accessorie dell'interdizione dai pubblici uffici e dell'incapacità di contrattare con la pubblica amministrazione per determinati delitti contro la medesima sopra menzionati. La richiesta di patteggiamento può essere subordinata all'esenzione dalle pene accessorie o può essere subordinata all'estensione degli effetti della sospensione condizionale alle predette pene (art. 444, comma 3-*bis*). In questi casi il giudice, se ritiene di applicare le pene accessorie o ritiene che l'estensione della sospensione condizionale non possa essere concessa, rigetta la richiesta ([16]).

([15]) L'elenco comprende i seguenti artt. previsti dal c.p.: 314, primo comma (peculato, escluso quello d'uso); 317 (concussione); 318 (corruzione impropria); 319 (corruzione propria); 319-*ter* (corruzione in atti giudiziari); 319-*quater*, primo comma (induzione indebita a dare o promettere utilità); 320 (corruzione di persona incaricata di pubblico servizio); 321 (corruzione attiva); 322 (istigazione alla corruzione); 322-*bis* (corruzione internazionale); 346-*bis* (traffico di influenze illecite).

([16]) La novità della legge n. 3 del 2019 è stata indotta dalle modifiche apportate dalla medesima legge all'art. 166 c.p., in base alle quali il giudice può decidere che la sospensione condizionale non si estenda a determinate pene accessorie per alcuni gravi delitti contro la pubblica amministrazione. In definitiva, al fine di chiarire subito quale sarà la propria situazione anche in ordine alle predette, temibili, pene accessorie, l'imputato può subordinare il patteggiamento richiesto alla non applicazione o alla sospensione delle medesime.

3) La sentenza che applica la pena non comporta la condanna al pagamento delle ***spese del procedimento penale*** (art. 445, comma 1); tuttavia, l'imputato è tenuto al pagamento delle eventuali spese di mantenimento in custodia cautelare e al pagamento delle spese c.d. di giustizia, ad esempio di conservazione dei beni sequestrati.

4) La sentenza che applica la pena ***non*** comporta l'applicazione di ***misure di sicurezza*** (art. 455, comma 1); tuttavia, consente di applicare la confisca nelle ipotesi nelle quali ai sensi dell'art. 240 c.p. è obbligatoria (es., prezzo del reato e quando la detenzione della cosa è illecito penale) o facoltativa (es., prodotto o profitto di reato o cosa utilizzata per commettere il reato).

5) ***Il reato è estinto*** se l'imputato non commette un delitto o una contravvenzione della stessa indole entro il termine di cinque anni (in caso di patteggiamento per delitto) o di due anni (in caso di patteggiamento per contravvenzione; art. 445, comma 2). Il comportamento penalmente corretto estingue "ogni effetto penale".

6) Nel ***certificato del casellario giudiziale richiesto dall'interessato*** non devono essere riportati i provvedimenti di applicazione della pena su richiesta delle parti (art. 445) « quando la pena irrogata non superi i due anni di pena detentiva soli o congiunti a pena pecuniaria » ([17]).

c. *Il patteggiamento "allargato".* Il patteggiamento "allargato" consente all'imputato e al pubblico ministero di accordarsi su di una sanzione da due anni e un giorno fino a cinque anni di pena detentiva in concreto, sempre al netto della riduzione fino a un terzo (art. 444, comma 1). Se il codice penale prevede una pena pecuniaria, anche questa deve essere ridotta fino ad un terzo: non vi è un limite massimo di quantità di pena pecuniaria né quando questa è sola, né quando è in aggiunta alla pena detentiva.

In relazione a questo nuovo tipo di patteggiamento il legislatore ha posto un pesante vincolo: ai sensi dell'art. 444 comma 1-*bis* il patteggiamento allargato è escluso nei casi che andiamo ad esporre.

Le cause di esclusione oggettive. Sotto un profilo oggettivo, sono escluse tre categorie di delitti, e cioè quelli di associazione mafiosa e assimilati (art. 51, comma 3-*bis*), quelli di terrorismo (art. 51, comma 3-*quater*) ed una serie nutrita di delitti di violenza sessuale e assimilati ([18]).

Cause di esclusione soggettive. Le cause di esclusione soggettive riguardano determinati tipi di imputati, e cioè coloro che siano stati dichiarati delinquenti abituali, professionali, per tendenza ed i recidivi reiterati di cui all'art. 99 comma 4 c.p.

Nonostante le menzionate cause di esclusione, i reati che possono diventare oggetto di pena concordata sono numerosi; si tratta di tutti quei reati per i quali la pena da concordare, prima di operare la riduzione fino a un terzo, si colloca fino a sette anni e sei mesi. Ciò significa che, ove le attenuanti prevalgano sulle aggravanti,

---

([17]) Art. 24, comma 1, lett. *e*, d.p.r. 14 novembre 2002 n. 313 (T.U.C.G.). Viceversa, deve essere riportata la sentenza di patteggiamento allargato (d.lgs. n. 122 del 2018).

([18]) Nella terza categoria sono ricompresi, tra gli altri, i delitti di prostituzione minorile, di detenzione di materiale pedopornografico, di iniziative turistiche volte allo sfruttamento della prostituzione e di violenza sessuale; l'elenco è stato integrato, da ultimo, dalla legge 1° ottobre 2012, n. 172.

sono teoricamente negoziabili reati punibili con una pena base fino ad undici anni circa di reclusione. A conti fatti, rientrano nel patteggiamento allargato, almeno in astratto, il tentato omicidio, il peculato, la concussione, la rapina a mano armata: sono indubbiamente delitti di notevole gravità. Data l'ampiezza dell'ambito di applicazione del patteggiamento allargato, si può intuire come questo possa diventare uno strumento di deflazione dibattimentale di rilievo nella prassi giudiziaria ([19]).

La esclusione dei benefici. Resta il limite in base al quale il patteggiamento allargato non può comportare i benefici della omonima figura tradizionale, poiché le modifiche apportate ai commi 1 e 2 dell'art. 445 escludono tale possibilità. Infatti nel caso in cui la pena patteggiata sia compresa tra i due anni ed un giorno (di pena detentiva) ed i cinque anni, il beneficio che ne ricaverà l'imputato sarà lo sconto fino ad un terzo sulla pena da irrogarsi in concreto.

Viceversa, la disciplina procedimentale e gli effetti della sentenza sono comuni ai due istituti, e di questi veniamo a trattare nel prossimo sottoparagrafo.

Patteggiamento allargato e pene accessorie. La legge n. 3 del 2019. Nella sua configurazione originaria, il patteggiamento allargato consentiva l'applicazione delle pene accessorie. La legge anticorruzione n. 3 del 2019 ha reso possibile applicare le pene accessorie dell'interdizione dai pubblici uffici e dell'incapacità di contrattare con la pubblica amministrazione sia nel caso di patteggiamento tradizionale (art. 445, comma 1), sia nell'ambito del patteggiamento allargato (art. 445, comma 1-*ter*), e ciò quando l'addebito concerne determinati gravi delitti contro la pubblica amministrazione.

In entrambi i casi, la legge ha permesso comunque all'imputato, che formuli la richiesta di patteggiamento, di subordinarla all'esenzione dalle pene accessorie menzionate; ed ha anche permesso di subordinare la richiesta di patteggiamento alla concessione della sospensione condizionale delle medesime (art. 444, comma 3-*bis*). Resta fermo il potere del giudice di rigettare in blocco la richiesta di patteggiamento.

La novità consiste nell'incremento delle opzioni attribuite all'imputato in relazione al patteggiamento allargato, naturalmente nei limiti in cui il giudice ritenga ragionevole accogliere la soluzione prospettata (e cioè, quando si può formulare una prognosi di non recidiva) e sempre nel rispetto dei limiti di pena della sospensione condizionale

---

([19]) Possiamo formulare un esempio di patteggiamento tradizionale ed uno di patteggiamento allargato.

Patteggiamento tradizionale: computo della pena per la imputazione di falsa attestazione continuata a pubblico ufficiale sulla propria identità, delitto punito dall'art. 495 c.p. con la reclusione da uno a sei anni, nei confronti di imputato cui siano concedibili le attenuanti generiche (art. 62-*bis* c.p.). Pena base un anno e sei mesi; diminuzione per l'applicazione delle attenuanti generiche a un anno; aumento per la continuazione a un anno e tre mesi (art. 81, comma 2 c.p.); diminuzione per il rito (cinque mesi) per un totale di dieci mesi.

Patteggiamento allargato: computo della pena nel patteggiamento per la imputazione di estorsione, delitto punito dall'art. 629 c.p. con la reclusione da cinque a dieci anni e con la multa da € 1.000,00 ad € 4.000,00, nei confronti di imputato recidivo (art. 99, comma 1 c.p.) cui siano concedibili le attenuanti generiche (art. 62-*bis* c.p.): pena base sei anni di reclusione ed € 1.800,00 di multa; diminuzione per l'applicazione delle attenuanti generiche, ritenute prevalenti sulla contestata recidiva (art. 69, commi 2 e 4 c.p.; due anni e € 600,00), a quattro anni ed € 1.200,00; diminuzione per il rito (un anno e quattro mesi e € 400,00) per un totale di due anni e otto mesi di reclusione ed € 800,00 di multa.

d. *La disciplina comune.* Possono prendere l'iniziativa tendente all'accordo sia l'imputato, sia il difensore munito di procura speciale, sia il pubblico ministero (v. tav. 4.1.4). L'imputato può rinunciare a difendersi nei confronti degli elementi di prova raccolti a suo carico nella fase delle indagini e, quindi, ritenere preferibile un accordo con la pubblica accusa sulla quantità della pena. Il pubblico ministero, al fine di evitare le incognite del dibattimento, può sondare la disponibilità dell'indagato. Una richiesta unilaterale, che provenga da una sola delle parti potenziali nel corso delle indagini preliminari, obbliga il giudice a fissare un termine perché la controparte esprima un eventuale consenso: prima della scadenza di tale termine, la richiesta non è revocabile (art. 447, comma 3).

Il termine finale per la presentazione della richiesta di patteggiamento è la formulazione delle conclusioni nell'udienza preliminare (art. 446, commi 1 e 4). Occorre precisare che la richiesta può essere presentata anche al termine della successiva udienza fissata con l'ordinanza per l'integrazione delle indagini (art. 421-*bis*) ([20]).

Il rigetto della richiesta di applicazione della pena. Il pubblico ministero ed il giudice hanno una discrezionalità vincolata nel valutare la richiesta di patteggiamento proveniente dall'imputato. Le loro determinazioni sono sottoposte ad un successivo controllo.

Il pubblico ministero può dissentire rispetto ad una richiesta di accordo formulata dall'imputato, ma deve enunciarne le ragioni (art. 446, comma 6); queste possono consistere, ad esempio, nella esiguità della pena proposta (tenuto conto della gravità del reato o della colpevolezza) o nella non corretta qualificazione del fatto da parte del richiedente. Il diniego del pubblico ministero impedisce al giudice dell'udienza preliminare di decidere sulla richiesta unilaterale dell'imputato (Corte cost. ordinanza n. 225 del 2003).

Il controllo operato dal giudice. Il giudice valuta la legittimità e la fondatezza dell'accordo delle parti sulla base di tutti gli atti contenuti nel fascicolo delle indagini, e quindi anche sulla base della eventuale documentazione delle investigazioni difensive. Egli non si limita ad esercitare una funzione meramente "notarile", di recepimento della volontà delle parti, bensì svolge un controllo sostanziale, in linea con il principio costituzionale di inviolabilità della libertà personale. Quella applicata non è la pena giusta, determinata attraverso una valutazione esclusivamente penalistica sulla sola base dei parametri indicati dall'art. 133 c.p. Se mai, essa è stata definita "pena

([20]) Se si procede con giudizio direttissimo ovvero, di fronte al tribunale in composizione monocratica, con le forme della citazione diretta a giudizio, la richiesta di patteggiamento può essere formulata fino alla dichiarazione di apertura del dibattimento. In caso di giudizio immediato richiesto dal pubblico ministero, l'imputato può chiedere il patteggiamento entro quindici giorni dalla notificazione del decreto di giudizio immediato (art. 446, comma 1). In caso di procedimento per decreto, l'imputato può chiedere l'applicazione della pena con l'atto di opposizione al decreto penale di condanna (art. 461 comma 3).

congrua" ([21]) perché tiene conto dell'incentivo che il legislatore ha concesso alla scelta dell'imputato di non esercitare il suo diritto a difendersi in dibattimento ([22]).

Le decisioni del giudice. In presenza di una concorde richiesta dell'imputato e del pubblico ministero il giudice (di regola nell'udienza preliminare) pronuncia una delle seguenti decisioni (art. 444, comma 2).

a) Se ritiene corretta la qualificazione giuridica del fatto, l'applicazione e la comparazione delle circostanze prospettate dalle parti nonché congrua la pena richiesta, il giudice con sentenza dispone l'applicazione della pena ed enuncia nel dispositivo che vi è stata richiesta delle parti ([23]).

b) In caso contrario, con ordinanza rigetta la richiesta e ordina di procedersi con il rito ordinario ([24]).

c) Infine, può ritenere che, sulla base degli atti, l'imputato deve essere prosciolto; in tal caso pronuncia d'ufficio sentenza con una delle formule terminative previste dall'art. 129 perché riconosce « che il fatto non sussiste o che l'imputato non lo ha commesso o che il fatto non costituisce reato o che non è previsto come reato ovvero che il reato è estinto o che manca una condizione di procedibilità ». Il giudice deve prosciogliere soltanto se risulta provata una delle cause di non punibilità indicate nell'art. 129 comma 1 ed appena menzionate (in sostanza, se si palesa la prova di innocenza) ([25]).

Il comportamento dell'imputato. La richiesta di applicazione di pena, formulata dall'imputato e non accolta dal pubblico ministero o dal giudice, non può essere utilizzata nella motivazione di una successiva sentenza come "argomento" al fine di dimostrare la reità. Il comportamento dell'imputato è soltanto una rinuncia a

---

([21]) Corte cost. n. 313 del 1990.

([22]) Ai fini della valutazione della congruità della pena il giudice si ispirerà comunque ai criteri di cui all'art. 133 c.p. Inoltre egli dovrà valutare anche la pericolosità sociale dell'imputato (Corte cost. n. 271 del 1995).

([23]) La Corte costituzionale (n. 371 del 1996) ha affermato che non può partecipare al giudizio nei confronti di un imputato il giudice che abbia pronunciato o concorso a pronunciare *nel medesimo procedimento* una sentenza nei confronti di altri soggetti, nella quale la posizione di quello stesso imputato, in ordine alla sua responsabilità penale, sia già stata comunque valutata.

L'incompatibilità sussiste anche con riferimento alla ipotesi in cui il giudice del dibattimento abbia, *in separato procedimento*, pronunciato una sentenza di applicazione della pena su richiesta nei confronti di un *concorrente necessario* nello stesso reato; così, Cass., sez. un., 26 giugno - 3 settembre 2014, n. 36847, Della Gatta e altro, in CED n. 260094.

In base alla sentenza citata, integra una causa di ricusazione (art. 37, comma 1, lett. *b*) e non una causa di incompatibilità (art. 34) la circostanza che il medesimo magistrato, chiamato a decidere sulla responsabilità di un imputato, abbia già pronunciato sentenza di applicazione della pena su richiesta nei confronti di un concorrente nel medesimo reato, allorquando nella motivazione di essa risultino espresse valutazioni di merito sullo stesso fatto nei confronti del soggetto sottoposto a giudizio.

([24]) Il dissenso manifestato dal pubblico ministero o il rigetto della richiesta da parte del giudice dell'udienza preliminare comportano l'obbligatorio proseguimento del rito ordinario. In ciascuna delle due ipotesi l'imputato può rinnovare la richiesta prima dell'apertura del dibattimento di primo grado e in tal sede il giudice dibattimentale controllerà la correttezza del diniego del pubblico ministero e del rigetto del giudice. Sul punto si veda *infra*.

([25]) Occorre evidenziare che il giudice, al quale è sottoposto il progetto di sentenza sul quale concordano l'accusa e la difesa, deve applicare una regola di giudizio differente da quella prevista dall'art. 530, comma 2. In dibattimento il giudice proscioglie sia se vi sono prove dell'innocenza, sia in presenza del dubbio sulla reità. Viceversa, nel caso di concorde richiesta della pena, il giudice, se anche per ipotesi ritenesse che il pubblico ministero non ha eliminato ogni ragionevole dubbio sulla reità, deve pronunciare sentenza di patteggiamento perché l'art. 444, comma 2, non gli lascia alternative.

difendersi e può essere fondato sui più vari motivi, come quello di evitare i costi e la pubblicità del dibattimento. Pertanto è opportuno che al giudice sia sempre consentito di valutare la possibilità di prosciogliere l'imputato ai sensi dell'art. 129, anche se è stato perfezionato un patteggiamento tra accusa e difesa (art. 444, comma 2).

La mancata tutela della parte civile. La parte civile è il soggetto maggiormente sacrificato dal patteggiamento. Ai sensi dell'art. 444 comma 2 il giudice, quando accoglie la concorde richiesta dell'imputato e del pubblico ministero, non può decidere sulla richiesta di risarcimento del danno derivante dal reato. Pertanto, la sentenza di patteggiamento non rende giustizia al danneggiato, che è costretto ad instaurare il processo civile per ottenere il risarcimento del danno ([26]).

Per espresso disposto dell'art. 444 comma 2 il giudice, quando accoglie la concorde richiesta di applicazione della pena, deve condannare l'imputato a risarcire le spese processuali sostenute dalla parte civile, salvo che ricorrano giusti motivi di compensazione totale o parziale.

e. *Natura ed effetti della sentenza di patteggiamento.* L'applicazione della pena su richiesta delle parti ha destato numerose perplessità in ordine alla sua compatibilità con alcuni princìpi costituzionali. Le frizioni del patteggiamento con il dettato costituzionale sono dovute alla difficile conciliabilità tra le sue due componenti: quella *negoziale* e quella *giurisdizionale*. La compatibilità dell'istituto in esame con i princìpi costituzionali dipende da come vengono bilanciate la componente *negoziale* e quella *giurisdizionale*. In altre parole, si tratta di stabilire in maniera adeguata fino a che punto possano spingersi *i poteri dispositivi delle parti*, che scelgono di accordarsi, e quali sono *i doveri accertativi del giudice*.

La "equiparazione" tra la sentenza che applica la pena su richiesta e la sentenza di condanna. Procedendo con ordine, merita ricordare il disposto dell'art. 445, comma 1-*bis*, in base al quale, « salve diverse disposizioni di legge, la sentenza è equiparata a una pronuncia di condanna ». Il fatto che il codice utilizzi il termine « equiparata » induce a ritenere che non si tratti di una condanna in senso proprio. Sempre dal punto di vista delle disposizioni codicistiche, come si è accennato, l'art. 444, comma 2 afferma soltanto che la sentenza in esame viene emessa « sulla base degli atti » e quando « non deve essere pronunciata sentenza di proscioglimento ai sensi dell'art. 129 »; null'altro prevede la norma con riguardo al contenuto probatorio.

Dalla lettura dell'art. 445 si ricava che il codice del 1988 non ha voluto qualificare come condanna la sentenza di patteggiamento. La ragione della scelta originaria è resa palese dalla *Relazione al progetto preliminare* del codice: la decisione del giudice avrebbe dovuto prescindere, nelle intenzioni del legislatore, da « un positivo accertamento della responsabilità penale ».

([26]) Come abbiamo anticipato, la sentenza irrevocabile che applica la pena "patteggiata" non ha efficacia di giudicato nel giudizio civile per le restituzioni ed il risarcimento del danno (art. 445, comma 1-*bis*). Ad ogni modo, nella prassi spesso il pubblico ministero non presta il consenso al patteggiamento quando l'imputato non ha provveduto a risarcire il danno. Si tratta di una prassi *contra legem*, che si fa carico di un'esigenza che il legislatore non ha voluto considerare.

L'impostazione recepita dal testo originario del codice del 1988, peraltro, ha sollevato una serie di riserve di legittimità costituzionale soprattutto con riferimento al principio *nulla poena sine iudicio*. Infatti, saremmo in presenza di un meccanismo in virtù del quale la sanzione penale verrebbe applicata *a prescindere da una condanna* e, quindi, *da un accertamento di responsabilità* nei confronti di un imputato. Eppure quest'ultimo, ricordiamolo, è presunto innocente (art. 27, comma 2 Cost.). Una simile lettura potrebbe confliggere anche con il principio costituzionale relativo alla indisponibilità della libertà personale (art. 13 comma 1 Cost.).

L'accertamento incompleto su consenso dell'imputato. Sulla configurabilità di un obbligo del giudice di operare una valutazione sulla responsabilità dell'imputato si registra una marcata divaricazione tra due opposti filoni interpretativi. Un primo orientamento ritiene indispensabile un accertamento completo; un secondo orientamento considera sufficiente un accertamento implicito della responsabilità.

In base alla dottrina prevalente, che condividiamo, la sentenza che accoglie il patteggiamento contiene un accertamento incompleto (P. Ferrua; M. Gialuz). Questa soluzione concilia le esigenze di rispetto dei princìpi costituzionali con la necessità di mantenere immutato nella sua sostanza un rito speciale che dal 1988 ha dato buona prova della propria funzione deflattiva. D'altronde, l'art. 111, comma 5 Cost. consente espressamente una deroga al principio del contraddittorio nella formazione della prova in presenza del consenso dell'imputato. Da questa norma pare potersi ricavare che l'accertamento della responsabilità sia una regola moderatamente disponibile, tale da ammettere che il giudice possa limitarsi alla *verifica essenzialmente negativa della non esistenza di una causa di non punibilità*. Insomma, l'art. 111 Cost. non impone un unico modello di decisione eguale per tutte le situazioni; permette che vi sia un accertamento incompleto su consenso dell'imputato, purché un minimo di valutazione ci sia comunque.

Riteniamo accettabile la ricostruzione sistematica appena menzionata. Con l'accordo delle parti si attua una forma di dialettica che non elimina, bensì *attenua l'onere della prova* in capo al pubblico ministero. La presunzione di innocenza resta salva, dunque, come regola probatoria. L'imputato rinuncia soltanto a quella garanzia che consiste nella "regola dell'oltre ogni ragionevole dubbio", rendendo più lieve l'onere del pubblico ministero (27). In sostanza, il giudice non può rigettare la richiesta di patteggiamento "per incompletezza delle indagini". In presenza di un minimo di prove di reità ed in mancanza di una prova piena di innocenza ai sensi dell'art. 129, il giudice, nel dubbio, non può rigettare la richiesta, né disporre l'acquisizione di nuove prove, ma deve emettere sentenza di patteggiamento.

Questa forma di dialettica, oltre a soddisfare le reciproche aspettative delle parti, che ne sono protagoniste, attua anche le esigenze di ragionevole durata del procedimento: è corretto utilizzarla "a fin di bene", nella misura in cui consente di ridurre i tempi del processo, come impone l'art. 111, comma 2 Cost. L'interpretazione proposta ha il pregio dell'onestà intellettuale: non si finge che ci sia un accertamento

---

(27) Sulla distinzione tra onere sostanziale della prova e *quantum* si veda *supra*, parte II, cap. 3, § 5.

che in realtà non esiste, bensì si ritiene accettabile una valutazione di intensità *minore*, che però deve necessariamente essere effettuata.

In sostanza, la differenza tra la sentenza di condanna e quella di patteggiamento risiede nel *diverso grado di approfondimento* della cognizione del giudice. Quest'ultimo, infatti, quando emette sentenza di applicazione della pena su richiesta delle parti non effettua un accertamento pieno della responsabilità dell'imputato; egli deve limitarsi a motivare sulla fondatezza degli elementi a carico risultanti all'esito delle indagini e sulla impossibilità di prosciogliere in base all'art. 129 (28).

f. *Il diritto di difendersi "negoziando". Le impugnazioni della sentenza che accoglie o rigetta il patteggiamento.*

Riprendiamo ad illustrare gli aspetti procedimentali del patteggiamento e facciamo due ipotesi. In una prima ipotesi, l'imputato può aver chiesto al pubblico ministero di patteggiare una determinata quantità di pena e quest'ultimo può aver negato il proprio consenso. In una seconda ipotesi, l'accordo stipulato tra l'imputato e la pubblica accusa su di una determinata quantità di pena può essere stato rigettato dal giudice per i motivi più vari.

Nelle due situazioni appena menzionate, il dissenso manifestato dal pubblico ministero o il rigetto della richiesta da parte del giudice dell'udienza preliminare comportano l'obbligatorio proseguimento del rito ordinario. Tuttavia, l'imputato può « rinnovare » la richiesta prima dell'apertura del dibattimento di primo grado (art. 448 comma 1); e cioè, può presentare una richiesta identica o differente rispetto a quella precedente.

Il consenso del pubblico ministero in dibattimento. A questo punto, se il pubblico ministero presente in udienza consente, il giudice del dibattimento ha il potere di valutare la richiesta; « se la ritiene fondata, pronuncia immediatamente sentenza » (art. 448 comma 1).

Il dissenso del pubblico ministero in dibattimento. Dobbiamo ora esaminare l'ipotesi in cui il pubblico ministero, di fronte alla richiesta di pena "rinnovata" dall'imputato prima dell'apertura del dibattimento, neghi il proprio consenso. In tal caso il giudice del dibattimento non può accogliere immediatamente la richiesta formulata dall'imputato poiché sacrificherebbe il diritto alla prova spettante alla pubblica accusa (Corte cost. n. 100 del 2003). Il potere del giudice di pronunciare sentenza di patteggiamento malgrado il dissenso del pubblico ministero può essere esercitato soltanto dopo la chiusura del dibattimento quando il giudice stesso è in grado di valutare, alla luce delle prove raccolte, se le ragioni del dissenso della pubblica accusa erano giustificate.

Il pubblico ministero di regola non può appellare la sentenza che applica la pena su richiesta delle parti. Ai sensi dell'art. 448, comma 2, quando il pubblico ministero non ha consentito al patteggiamento ed il giudice ha applicato la pena su richiesta dell'imputato, la pubblica accusa può proporre appello contro la sentenza. Al di fuori di questa ipotesi, la

---

(28) La motivazione della sentenza di applicazione della pena su richiesta delle parti può risolversi, in buona sostanza, in una spiegazione sintetica la cui esclusiva funzione consiste nell'esplicitare al corpo sociale le ragioni del provvedimento giurisdizionale emesso. In tal caso, dunque, la motivazione svolge precipuamente una funzione extraprocessuale, di giustificazione nei confronti del corpo sociale. Sulla base della soluzione interpretativa appena esposta, è possibile affermare che già attualmente la legge ordinaria consente al giudice per volontà delle parti, se non proprio di eludere la motivazione, comunque di formulare un apparato motivo alquanto sintetico, derogando esplicitamente al vincolo della "completezza".

sentenza che applica il patteggiamento è inappellabile dal pubblico ministero in base al principio di tassatività delle impugnazioni.

L'imputato può appellare il rigetto della richiesta di patteggiamento. L'art. 448 comma 1 prevede altresì che il giudice dell'impugnazione possa emettere sentenza di applicazione della pena se ed in quanto ritenga ingiustificato il precedente rigetto da parte del giudice di primo grado. Ciò significa che l'ordinanza di rigetto emessa dal giudice del dibattimento di primo grado può diventare oggetto di impugnazione da parte dell'imputato unitamente alla sentenza di condanna. Motivo del gravame sarà la non ragionevolezza del diniego.

Le norme, che abbiamo esposto fino a questo momento e che sono in parte frutto di elaborazione giurisprudenziale, costituiscono una attuazione della c.d. giustizia consensuale. In base all'art. 24 comma 2 Cost. l'imputato ha ottenuto in passato il riconoscimento del diritto di difendersi "provando". Oggi l'esigenza di una durata ragionevole del processo (art. 111 comma 2 Cost.) porta ad uno sviluppo nuovo. Varie norme del codice riconoscono all'imputato il diritto di difendersi "negoziando". L'accordo sulla quantità della pena, con i conseguenti incentivi di carattere sostanziale, costituisce un diritto che deve essere riconosciuto all'imputato sia dal pubblico ministero, sia dal giudice (29).

Il ricorso per cassazione. Contro la sentenza che applica il patteggiamento possono proporre ricorso per cassazione sia l'imputato, sia il pubblico ministero (art. 568, comma 2). Ma, ai sensi del comma 2-*bis* dell'art. 448, introdotto dalla legge n. 103 del 2017 (c.d. *riforma Orlando*), il ricorso potrà avere ad oggetto soltanto i seguenti motivi:

1) motivi attinenti *all'espressione della volontà dell'imputato*;
2) motivi attinenti al *difetto di correlazione tra la richiesta e la sentenza*;
3) motivi attinenti *all'erronea qualificazione giuridica del fatto;*
4) motivi attinenti *all'illegalità della pena o della misura di sicurezza* (30).

Ai sensi dell'art. 130, comma 1-bis, eventuali errori nella denominazione della pena o di calcolo nella sua quantificazione sono rimediabili con la procedura di correzione attivabile su richiesta delle parti o d'ufficio dal giudice che ha emesso il provvedimento (31).

---

(29) Ove costoro lo neghino irragionevolmente, vi sarà un controllo in dibattimento e nel corso delle impugnazioni circa la fondatezza della richiesta, da parte dell'imputato, di applicazione immediata di una determinata pena. I processi devono essere fatti e la durata ragionevole degli stessi è un valore imposto dalla Costituzione: tutti i soggetti del procedimento ne devono tenere conto.

La risposta dell'ordinamento sembra essere l'unica accettabile in un sistema che nega l'azione penale discrezionale e nel quale non si vuole un controllo politico sulle scelte spettanti al pubblico ministero. Unico sindacato è quello tecnico operato dal giudice.

Possiamo tracciare una conclusione dal punto di vista sistematico. L'applicazione della pena su richiesta delle parti è un istituto che assume varie forme. La natura del patteggiamento pare essere plurimodulare. L'istituto opera in presenza di un accordo tra pubblico ministero e imputato, ma è efficace anche se il giudice rigetta ingiustamente l'accordo; e ancora, se il pubblico ministero si oppone irragionevolmente alla richiesta avanzata dall'imputato. Il tratto comune resta quello della semplificazione del procedimento penale.

(30) Le disposizioni di cui al comma 2-*bis* non si applicano nei procedimenti nei quali la richiesta di applicazione della pena *ex* art. 444 c.p.p è stata presentata anteriormente alla data di entrata in vigore della *legge Orlando*.

(31) La giurisprudenza ammette che siano oggetto di ricorso per cassazione per vizio di motivazione quelle ipotesi che eccedono il controllo operato dal giudice in sede di accoglimento del patteggiamento.

Così, è ammissibile il ricorso che abbia ad oggetto l'applicazione (o la omessa applicazione) di sanzioni amministrative accessorie che conseguono di diritto alla pronuncia della sentenza, come la sospensione della patente di guida.

Inoltre, è ammissibile il ricorso con riferimento alle misure di sicurezza (personali o patrimoniali, come la confisca) che non abbiano formato oggetto dell'accordo delle parti e che siano illegali, e cioè che non siano previste dall'ordinamento o che eccedano, per specie e quantità, i relativi limiti legali.

4. Il giudizio immediato.

Considerazioni introduttive. Il giudizio immediato ha la caratteristica di eliminare l'udienza preliminare; pertanto, dalle indagini preliminari si transita direttamente all'udienza dibattimentale. Sotto un'unica denominazione sono ricompresi due procedimenti assai diversi: il giudizio immediato chiesto dal pubblico ministero (art. 453 comma 1) e quello chiesto dall'imputato (art. 453 comma 3). Pare, quindi, opportuno esaminarli separatamente. A ben vedere, la semplificazione apportata dal giudizio immediato non è indolore, bensì comporta il sacrificio del diritto al controllo giurisdizionale sulla necessità del rinvio a giudizio.

a) Il giudizio immediato chiesto dall'imputato. L'imputato può disporre della garanzia dell'udienza preliminare rinunciando al controllo giurisdizionale sulla necessità del rinvio a giudizio. Egli può presentare richiesta di giudizio immediato soltanto dopo che il pubblico ministero ha formulato l'imputazione ed il giudice ha fissato l'udienza preliminare (art. 419, comma 5). Pertanto, il difensore dell'imputato ha già avuto la possibilità di prendere visione del fascicolo degli atti di indagine (art. 415-*bis*).

La richiesta di giudizio immediato va presentata nella cancelleria del giudice almeno tre giorni prima della udienza preliminare e deve essere notificata al pubblico ministero e alla persona offesa. Con la richiesta di giudizio immediato l'imputato perde la possibilità di ottenere il rito abbreviato o il patteggiamento (artt. 458, comma 3; 446 comma 1). Di fronte alla richiesta formulata dall'imputato, il giudice è obbligato a disporre il giudizio immediato (art. 419, comma 6).

La scelta dell'imputato, di rinunciare alla garanzia dell'udienza preliminare, è libera ed insindacabile e può essere determinata da varie ragioni: può darsi, ad esempio, che l'imputato non voglia scoprire in anticipo la strategia difensiva; oppure, ritenendo molto probabile il proscioglimento, preferisca passare subito all'udienza pubblica per motivi di immagine o, ancora, per ottenere l'effetto preclusivo del giudicato.

b) Il giudizio immediato chiesto dal pubblico ministero. In base al testo originario del codice, il pubblico ministero poteva chiedere il giudizio immediato qualora la prova fosse apparsa evidente. L'iniziativa nell'instaurazione del rito immediato era lasciata ad una valutazione ampiamente discrezionale della pubblica accusa. Il pubblico ministero anche a fronte di una situazione di evidenza probatoria avrebbe potuto optare per la prosecuzione del rito nelle forme ordinarie.

Il decreto-legge sulla sicurezza pubblica n. 92 del 2008, da un lato, ha reso obbligatoria per il pubblico ministero la richiesta di giudizio immediato nell'ipotesi appena ricordata di evidenza della prova. Da un altro lato, ha introdotto un nuovo caso di giudizio immediato: come si è accennato, la pubblica accusa è tenuta a chiedere il rito speciale qualora l'imputato si trovi in stato di custodia cautelare. Quest'ultima tipologia di giudizio immediato è preordinata ad assicurare tempi rapidi di svolgimento ai processi nei quali l'imputato si trovi in stato di detenzione. L'accelerazione impressa al rito mira ad evitare la scarcerazione automatica per decorrenza dei termini di custodia cautelare.

Sia in relazione all'immediato tradizionale, sia in relazione a quello custodiale, comunque, il pubblico ministero è esentato dal dovere di chiedere tale rito speciale quando « ciò pregiudichi gravemente le indagini »; ad esempio, quando il deposito degli atti nei confronti di un indagato possa compromettere la segretezza di inchieste relative a procedimenti collegati.

La riforma Cartabia (legge-delega n. 143 del 2021) ha precisato alcuni aspetti non chiariti dalla riforma Orlando e ha trasposto in norme di legge i princìpi elaborati dalla giurisprudenza. Infatti, dopo che è stato emesso il decreto di giudizio immediato, la nuova disposizione di legge attribuirà all'imputato la facoltà di introdurre la richiesta subordinata di un altro rito in caso di rigetto di quella presentata in via principale, superando così lo sbarramento del termine perentorio dei quindici giorni (artt. 456, comma 2 e 457, comma 1).

Esaminiamo adesso partitamente i presupposti delle due ipotesi appena ricordate (v. schema n. 4.1.8).

1) ***L'ipotesi tradizionale*** è caratterizzata dalla ***brevità delle indagini*** unita ***all'evidenza della prova di reità***. Il pubblico ministero deve chiedere al giudice per le indagini preliminari il rito immediato se concorrono i seguenti presupposti (art. 453, comma 1):

a) che la prova appaia evidente. Il requisito è inteso in dottrina nel senso che già esistono "elementi idonei a sostenere l'accusa in giudizio" (argomentando *a contrario* dall'art. 425);

b) che la persona sottoposta alle indagini sia stata interrogata sui fatti dai quali emerge l'evidenza della prova o comunque sia stata invitata a presentarsi per rendere interrogatorio ai sensi dell'art. 375, comma 3, e la stessa abbia omesso di comparire, sempre che non sia stato addotto un legittimo impedimento e che non si tratti di persona irreperibile (art. 453, comma 1). Ricordiamo che nell'invito a presentarsi doveva essere inserita la sommaria enunciazione del fatto addebitato con l'indicazione degli elementi e delle fonti di prova e con l'avvertimento che avrebbe potuto essere presentata richiesta di giudizio immediato;

c) che non siano decorsi più di novanta giorni dall'iscrizione della notizia di reato nel registro previsto dall'art. 335 c.p.p. (art. 454, comma 1).

2) ***Il giudizio immediato "custodiale".*** Il decreto-legge sulla sicurezza pubblica (n. 92 del 2008) ha introdotto l'obbligo per il pubblico ministero (quando non vi siano gravi pregiudizi per le indagini) di chiedere il giudizio immediato per quel reato per il quale la custodia cautelare a carico di un indagato ha assunto un determinato grado di stabilità, dovuto alla conferma del tribunale della libertà o alla mancata proposizione della richiesta di riesame. Proprio la sussistenza dei ***gravi indizi di reità*** alla base della misura custodiale rende, ad avviso del legislatore, superfluo quel controllo sulla fondatezza dell'accusa che si svolge in udienza preliminare. Ai fini della richiesta di giudizio immediato custodiale non è imposto il requisito temporale della brevità delle indagini: il legislatore ha consentito che possano svolgersi indagini fino a centottanta giorni. Ciò premesso, il pubblico ministero deve chiedere al giudice per le indagini preliminari il rito immediato se concorrono i seguenti presupposti (art. 453, comma 1-*bis*):

a) che al momento della richiesta l'indagato sia in stato di *custodia cautelare* (e cioè, si trovi in carcere, in arresto domiciliare o in ricovero in casa di cura) per il medesimo « reato » per il quale è chiesto il rito immediato;

b) che il provvedimento custodiale, adottato nel relativo procedimento, abbia raggiunto un determinato grado di stabilità, e cioè sia stato confermato dalla decisione in sede di riesame (art. 309) o siano decorsi i « termini per la proposizione » di tale rimedio;

c) che non siano decorsi « centottanta giorni dall'esecuzione della misura » ([32]).

d) Infine, costituisce presupposto del rito immediato il *permanere della valutazione dei gravi indizi di reità* nel procedimento incidentale *de libertate*. Il codice precisa che il giudice deve rigettare la richiesta di giudizio immediato « se l'ordinanza che dispone la custodia cautelare è stata revocata o annullata *per sopravvenuta insussistenza dei gravi indizi di colpevolezza* » (art. 455, comma 1-*bis*) ([33]). Da tale norma si ricava che lo stato di custodia cautelare deve essere presente al momento della richiesta del rito immediato, ma potrebbe non esserlo al momento in cui il giudice decide sulla richiesta: è irrilevante a tal fine che la custodia sia revocata per sopravvenuta attenuazione o insussistenza delle esigenze cautelari.

La richiesta del pubblico ministero. Sulla richiesta di rito immediato, sia nell'ipotesi tradizionale, sia in quella custodiale, decide il giudice per le indagini preliminari in segreto sulla sulla base del fascicolo delle indagini preliminari, trasmesso dal pubblico ministero (art. 454, comma 2) e senza sentire la difesa. Infatti, il codice non prevede che il pubblico ministero debba aver previamente inviato all'indagato l'avviso di conclusione delle indagini (art. 415-*bis*). Di conseguenza il giudice per le indagini preliminari sente esclusivamente la parte pubblica e, sulla base di verbali di atti che possono essere conosciuti solo in parte dal difensore dell'imputato, decide il rinvio a giudizio nella forma del rito immediato.

Il controllo operato dal giudice. Il giudice per le indagini preliminari, dopo aver esaminato gli atti contenuti nel fascicolo, se non ritiene sussistenti i requisiti indicati nell'art. 453, rigetta la richiesta con decreto non motivato e restituisce gli atti al pubblico ministero (art. 455).

Viceversa, ove ritenga esistenti i presupposti, il giudice dispone con decreto il rito immediato (art. 455) e provvede a formare il fascicolo per il dibattimento (art. 457). Il decreto, non motivato, « è comunicato al pubblico ministero e notificato all'imputato e alla persona offesa almeno trenta giorni prima della data fissata per il giudizio » (art. 456, comma 3). Entro lo stesso termine al difensore dell'imputato è notificato avviso della data fissata per il giudizio. Ai sensi dell'art. 139 disp. att., le parti e i difensori hanno facoltà di prendere visione ed estrarre copia, nella cancelleria del

---

([32]) Poiché il termine decorre non dalla iscrizione della notizia di reato nel registro di cui all'art. 335, bensì dalla esecuzione della misura custodiale, il rito immediato nella nuova ipotesi custodiale non può essere promosso contro il latitante.

([33]) Il giudizio immediato custodiale, di cui all'art. 453 comma 1-*bis* c.p.p., risponde ad un nuovo modo di vedere il procedimento. Nell'ottica del legislatore, la persona soggetta ad una misura custodiale deve essere sottoposta a giudizio nel più breve tempo possibile. La lettura più logica della norma è considerare il comma 1-*bis* sganciato dal presupposto dell'evidenza della prova. I gravi indizi alludono ad una situazione probatoria ancora in evoluzione ma già sufficiente per permettere al giudice di effettuare una prognosi sulla responsabilità dell'imputato.

Occorre dare atto che alcuni giudici ritengono di poter esercitare un controllo ulteriore e richiedono, in aggiunta ai gravi indizi, anche l'evidenza della prova. Poiché la decisione sull'essere in grado di affrontare il dibattimento è rimessa alla competenza tecnica del pubblico ministero, che ha svolto le indagini, il giudice che si arroghi tale potere dimostra nei fatti di voler cumulare in sé funzioni decidenti e di accusa. Mentre il senso del nuovo codice è quello di separare le funzioni predette allo scopo di garantire sia la difesa, sia l'accusa.

giudice per le indagini preliminari, del fascicolo trasmesso dal pubblico ministero con la richiesta di giudizio immediato.

L'avviso che l'imputato può chiedere un rito alternativo al dibattimento. All'imputato è dato l'ulteriore avviso che egli può chiedere il giudizio abbreviato o l'applicazione della pena su richiesta o la sospensione del processo con messa alla prova (art. 456, comma 2) ([34]). Il termine di quindici giorni per la richiesta di rito semplificato decorre dall'ultima notificazione intervenuta tra quella concernente il decreto comunicato all'imputato e quella concernente l'avviso al difensore della data fissata per il giudizio immediato (art. 458, comma 1) ([35]). Spetta al giudice per le indagini preliminari decidere sulla domanda di patteggiamento ([36]) e sull'eventuale richiesta di giudizio abbreviato subordinata ad una integrazione probatoria. Se il giudice per le indagini preliminari ha rigettato tale richiesta, l'imputato può rinnovarla prima della dichiarazione di apertura del dibattimento (C. cost. n. 169 del 2003).

Una volta decorso il termine per chiedere un rito alternativo senza che l'imputato ne abbia fatto richiesta, il giudice per le indagini preliminari trasmette il decreto che dispone il rito immediato ed il fascicolo per il dibattimento da lui stesso predisposto al giudice competente per il giudizio (art. 457, comma 1) ([37]).

Il rito abbreviato atipico dopo che è stato disposto il giudizio immediato. Come abbiamo accennato, quando il giudice per le indagini preliminari ha disposto il giudizio immediato su richiesta del pubblico ministero, l'imputato può chiedere per scritto il rito abbreviato (art. 458, comma 1). La richiesta deve essere notificata al pubblico ministero e depositata presso la cancelleria del GIP insieme alla prova dell'avvenuta notifica. Il giudizio abbreviato atipico è regolato in parte dalle norme ordinarie ed in parte da norme speciali; su entrambe ha apportato modifiche la legge n. 103 del 2017 (c.d. *riforma Orlando*) ([38]).

Aggiornamento per i procedimenti che sono iscritti dopo il 31 agosto 2020. Il comma 2-*bis* dell'art. 454 (introdotto dal d.l. n. 161 del 2019, conv. in legge n. 7 del 2020) prevede l'ipotesi in cui, nel corso delle indagini preliminari, il pubblico

---

([34]) La sentenza della Corte cost. n. 19 del 2020 ha dichiarato l'illegittimità costituzionale dell'art. 456, comma 2 c.p.p. nella parte in cui non prevede che il decreto che dispone il giudizio immediato contenga l'avviso della facoltà dell'imputato di chiedere la sospensione del procedimento con messa alla prova.

([35]) In tal senso dispone la sentenza della C. cost., 16 aprile 2002, n. 120, che ha dichiarato illegittimo l'art. 458, comma 1 c.p.p.

([36]) Cass., sez. un., 17-25 gennaio 2005, n. 3087, Novak.

([37]) Per costante giurisprudenza, il giudice del dibattimento non può sindacare l'evidenza della prova ritenuta dal giudice per le indagini preliminari. Un eventuale provvedimento del giudice dibattimentale, che restituisce gli atti al pubblico ministero per l'ordinario esercizio dell'azione penale, è ritenuto abnorme.

([38]) In particolare, vale anche in questo caso la regola introdotta dalla riforma (art. 438, comma 6-*bis*) secondo cui la richiesta di rito abbreviato « determina la sanatoria delle nullità, sempre che non siano assolute », e « la non rilevabilità delle inutilizzabilità, salve quelle derivanti dalla violazione di un divieto probatorio ». Ma si applica la norma speciale contenuta nell'art. 458, comma 1, che riconosce all'imputato il diritto di eccepire, unitamente alla richiesta di rito abbreviato, la incompetenza per territorio. Ciò è previsto perché, a differenza del rito abbreviato "ordinario" che si svolge nell'udienza preliminare, al momento dell'instaurazione del giudizio immediato non vi è stato alcun previo contatto tra imputato e giudice nel quale far valere l'incompetenza.

Il successivo procedimento è regolato *ex professo* dal nuovo comma 2 dell'art. 458: il giudice fissa con decreto l'udienza in camera di consiglio nella quale sarà valutata la richiesta di giudizio abbreviato e ne fa dare avviso almeno cinque giorni prima al pubblico ministero, all'imputato, al difensore ed alla persona offesa.

ministero sia stato autorizzato dal giudice al deposito differito e, quindi, non sia avvenuta l'udienza di stralcio. In tal caso, insieme alla richiesta di giudizio immediato la pubblica accusa deve depositare l'elenco delle intercettazioni di comunicazioni o conversazioni che ritiene rilevanti ai fini di prova.

Dopodiché, le nuove norme danno per scontata l'ipotesi in cui il giudice disponga il decreto di giudizio immediato ed il difensore possa accedere agli atti depositati, tra i quali egli trova l'elenco delle intercettazioni rilevanti ai fini di prova. In base all'art. 89-*bis*, comma 4, disp. att., « i difensori delle parti possono ascoltare le registrazioni (da intendersi: tutte quelle conferite nell'archivio digitale) con apparecchio a disposizione dell'archivio e possono ottenere copia delle registrazioni e degli atti quando acquisiti ».

Il comma 2-*bis* dell'art. 454 prosegue precisando che, entro quindici giorni dalla notifica del decreto di giudizio immediato (termine prorogabile di ulteriori dieci giorni su richiesta del difensore), il difensore medesimo può depositare l'elenco delle ulteriori registrazioni ritenute rilevanti e di cui chiede copia. Sull'istanza provvede il pubblico ministero con decreto motivato.

Se il pubblico ministero rigetta l'istanza o se vi sono contestazioni sulle indicazioni relative alle registrazioni ritenute rilevanti, il difensore può chiedere al giudice che si proceda nelle forme dell'udienza di stralcio ai sensi dell'art. 268, comma 6.

Il deposito degli atti relativi alle intercettazioni, valutati come rilevanti dalla pubblica accusa, unito alla mancata contestazione da parte del difensore dell'imputato o all'accoglimento delle richieste difensive da parte del pubblico ministero, costituiscono una inedita forma di acquisizione delle intercettazioni che si pone come alternativa all'atto del giudice.

5. Il giudizio direttissimo.

a. Il giudizio direttissimo previsto dal codice. Sotto il profilo strutturale, il rito direttissimo presenta una forte somiglianza con il giudizio immediato chiesto dal pubblico ministero. In entrambi i casi l'iniziativa della pubblica accusa consente di passare rapidamente dalla fase delle indagini a quella del dibattimento, omettendo l'udienza preliminare (v. tav. 4.1.6).

La diversità tra i suddetti procedimenti attiene ai presupposti.

L'instaurazione del giudizio immediato consegue, in alternativa, o ad una valutazione giurisdizionale di esistenza dei gravi indizi che fondano una misura custodiale, o ad una valutazione del pubblico ministero, che ritenga evidente la prova di reità; la richiesta di rito immediato è controllata dal giudice per le indagini preliminari, che decide in segreto sulla base di atti scritti.

Viceversa, per instaurare il *rito direttissimo* sono richiesti quali presupposti l'arresto in flagranza o la confessione resa dall'indagato; sull'esistenza di tali presupposti, ritenuti presenti dal pubblico ministero, il giudice si pronuncia in udienza nel pieno del contraddittorio.

Ciò premesso, il decreto-legge sulla sicurezza pubblica (n. 92 del 2008) ha ridisciplinato il rito direttissimo prevedendo due ipotesi obbligatorie ed una facoltativa (v. schema n. 4.1.6) [39].

Le ipotesi di rito direttissimo sono le seguenti.

1) Il pubblico ministero *deve* procedere con giudizio direttissimo (salvo che ciò pregiudichi gravemente le indagini) quando l'indagato è stato ***arrestato in flagranza di reato e l'arresto è stato convalidato*** dal giudice per le indagini preliminari (art. 449, comma 4). Come ulteriore condizione di ammissibilità, la giurisprudenza richiede che all'arrestato sia stata applicata una misura cautelare custodiale. L'interpretazione giurisprudenziale si fonda sul fatto che, in questa ipotesi, il pubblico ministero instaura il rito direttissimo facendo condurre l'accusato in udienza; e ciò deve avvenire entro *trenta* giorni dall'arresto.

2) Il pubblico ministero *deve* procedere con giudizio direttissimo (salvo che ciò pregiudichi gravemente le indagini) anche quando l'indagato abbia reso ***confessione*** all'autorità giudiziaria nel corso di un interrogatorio (art. 449, comma 5). L'imputato libero è citato a comparire ad una udienza entro il *trentesimo* giorno dalla iscrizione nel registro delle notizie di reato.

3) Il pubblico ministero ha la facoltà di procedere con giudizio direttissimo con la modalità della presentazione al giudice del dibattimento quando ritiene di chiedere a quest'ultimo la convalida dell'arresto (art. 449, comma 1). In tal caso, l'arrestato in flagranza deve essere condotto direttamente nell'aula dibattimentale non oltre il termine di quarantotto ore dall'inizio della limitazione della libertà personale. La convalida dell'arresto è un presupposto del rito. Pertanto, se l'arresto è convalidato, si procede a giudizio direttissimo. Se l'arresto non viene convalidato, il giudizio direttissino non ha luogo e gli atti sono restituiti al pubblico ministero che procederà secondo il rito ordinario oppure mediante il giudizio immediato se sono presenti i requisiti di quest'ultimo. Il codice, peraltro, prevede una ulteriore possibilità che il rito direttissimo si instauri pur in mancanza della convalida. Ai sensi dell'art. 449, comma 2, si deve procedere con il predetto rito quando la pubblica accusa e l'imputato vi consentono. In tal caso, l'esistenza di una base consensuale costituisce il presupposto per la omissione della udienza preliminare.

Il pubblico ministero può avere una remora a disporre il giudizio direttissimo quando vi sono procedimenti connessi e per alcuni di questi manchino i presupposti che legittimano il rito speciale. È vero che egli può separare i procedimenti e disporre il giudizio direttissimo soltanto per quello (o per quelli) per i quali sussistono i presupposti; ma ciò può pregiudicare gravemente le indagini (art. 449, comma 6). Se i procedimenti restano riuniti, per legge deve prevalere il rito ordinario.

L'instaurazione del giudizio direttissimo. All'instaurazione del rito provvede il pubblico ministero, seguendo forme diverse a seconda che l'accusato si trovi in stato di arresto o di custodia cautelare, oppure sia libero o sottoposto a misure cautelari

---

(39) L'obbligo viene meno se l'instaurazione del rito direttissimo pregiudica gravemente le indagini. Ad esempio, le indagini di criminalità organizzata potrebbero subire un pregiudizio quando il deposito degli atti nei confronti di un indagato può compromettere la segretezza di altre inchieste relative a procedimenti collegati nei confronti di altri indagati.

non custodiali. Il pubblico ministero, nei primi due casi, fa condurre la persona *in vinculis* direttamente in udienza, ove gli contesta oralmente l'imputazione (art. 451, comma 4); nelle altre ipotesi fa notificare all'imputato una citazione a comparire, nella quale deve essere enunciato il fatto addebitato (art. 450, commi 2 e 3).

In tutti i casi di giudizio direttissimo è la pubblica accusa a formare il fascicolo per il dibattimento, che viene trasmesso alla cancelleria del giudice competente (art. 138 disp. att.). Gli atti delle indagini restano depositati presso la segreteria del pubblico ministero, in modo da consentire al difensore di prenderne visione (art. 450, comma 6).

Lo svolgimento del giudizio direttissimo. La caratteristica del rito sta nel fatto che non viene svolta la sottofase degli atti preliminari al dibattimento, poiché il codice prescrive che si osservino « le disposizioni degli articoli 470 e seguenti » (art. 451, comma 1). Pertanto non vi sono liste testimoniali; la persona offesa e i testimoni possono essere citati anche oralmente da un ufficiale giudiziario o da un agente di polizia giudiziaria; il pubblico ministero, l'imputato e la parte civile possono presentare nel dibattimento testimoni senza previa citazione (art. 451, commi 2 e 3).

Il presidente controlla la regolare costituzione delle parti secondo le disposizioni ordinarie (art. 484); quindi si possono svolgere le questioni preliminari. La particolarità sta nel fatto che fino alla dichiarazione di apertura del dibattimento l'imputato ha la facoltà di chiedere la sospensione del procedimento con messa alla prova (art. 464-*bis*, comma 1). Inoltre, il presidente avverte l'imputato della facoltà di chiedere il giudizio abbreviato o il patteggiamento (art. 451, comma 5). L'imputato è altresì avvisato della facoltà di chiedere un termine per preparare la difesa non superiore a dieci giorni. Quando l'imputato si avvale di tale facoltà, il dibattimento è sospeso fino all'udienza immediatamente successiva alla scadenza del termine (art. 451, comma 6) ([40]).

Una volta dichiarato aperto il dibattimento, esso prosegue secondo le cadenze ordinarie con la richiesta di ammissione delle prove (artt. 492-495).

b. Il giudizio direttissimo in seguito all'allontanamento d'urgenza dalla casa familiare. Con la legge 15 ottobre 2013, n. 119, di conversione del decreto-legge 14 agosto 2013, n. 93 in tema di « contrasto della violenza di genere », il Parlamento ha introdotto un *nuovo modulo* di giudizio direttissimo nel caso in cui sia stato disposto l'allontanamento urgente dalla casa familiare di un indagato sorpreso in flagranza di uno dei delitti contro la persona, espressamente indicati nel comma 6 dell'art. 282-*bis*. Come abbiamo visto in precedenza, l'allontanamento urgente è un nuovo tipo di misura pre-cautelare (art. 384-*bis*) che, in quanto tale, necessita della convalida ad opera del giudice entro un termine di decadenza (si veda *supra*, Parte III, cap. 1, § 8, lett. *e*). Al nuovo modulo di rito speciale è applicabile la *disciplina-base* del rito direttissimo *in quanto compatibile*.

([40]) Se il giudizio direttissimo risulta promosso fuori dei casi previsti dall'articolo 449, il giudice dispone con ordinanza la restituzione degli atti al pubblico ministero. Se l'imputato chiede il giudizio abbreviato, il giudice, prima che sia dichiarato aperto il dibattimento, dispone con ordinanza la prosecuzione del giudizio con tale rito (art. 452). In base alla legge 103 del 2017 (c.d. *riforma Orlando*), la richiesta di giudizio abbreviato « determina la sanatoria delle nullità, sempre che non siano assolute », e « la non rilevabilità delle inutilizzabilità, salve quelle derivanti dalla violazione di un divieto probatorio ». Essa preclude altresì ogni questione sulla competenza per territorio del giudice (art. 438, comma 6-*bis*).

La regolamentazione. Dopo aver disposto l'allontanamento d'urgenza dalla casa familiare, la polizia giudiziaria provvede (entro 48 ore dall'esecuzione della misura) a citare l'indagato in dibattimento perché si svolga la convalida. Questa soluzione è prescelta quando il pubblico ministero ritiene che il giudizio direttissimo non « pregiudichi gravemente » le indagini in corso (art. 449, comma 5). Viceversa, se la pubblica accusa ritiene che si debba lasciare uno spazio più ampio alle indagini, allora sceglie la strada della convalida dell'allontanamento ad opera del giudice per le indagini preliminari (art. 449, comma 4).

La convalida dell'allontanamento d'urgenza con contestuale rito direttissimo. Prescelta la strada di procedere immediatamente con il dibattimento, nell'udienza il giudice può convalidare l'allontanamento d'urgenza dalla casa familiare ed eventualmente applicare l'allontanamento stesso come provvedimento cautelare, oppure altra misura su richiesta del pubblico ministero; in caso di convalida si procede con il rito direttissimo (art. 449, comma 3). Può tuttavia accadere che il giudice non convalidi l'allontanamento d'urgenza; in questa evenienza, si applica la normativa ordinaria, e cioè se pubblico ministero e indagato consentono al giudizio direttissimo, si procede con tale rito (art. 449, comma 2). Se i medesimi non consentono al rito direttissimo, gli atti sono restituiti al pubblico ministero, che procede in altro modo.

La convalida dell'allontanamento d'urgenza senza contestuale rito direttissimo. Quando il pubblico ministero ritiene che il contestuale rito direttissimo pregiudichi gravemente le indagini, la polizia giudiziaria deve provvedere comunque « entro il medesimo termine di quarantotto ore » alla citazione per l'udienza di convalida indicata dal pubblico ministero (art. 449, comma 5): si tratta della comune udienza di convalida davanti al giudice per le indagini preliminari (art. 391).

In tale udienza il giudice prende le seguenti decisioni. Se non convalida l'allontanamento d'urgenza, gli atti sono restituiti al pubblico ministero, che procede in altro modo. Viceversa, se il giudice per le indagini preliminari convalida l'allontanamento d'urgenza (eventualmente applicando una misura coercitiva su richiesta del pubblico ministero), entro trenta giorni l'indagato è citato a comparire per il giudizio direttissimo (art. 449, comma 4).

c. *Il giudizio direttissimo previsto da leggi speciali.* Alcune leggi, successive all'emanazione del codice, hanno introdotto nell'ordinamento figure particolari di giudizio direttissimo obbligatorio, per le quali si prescinde dall'esistenza dei presupposti sopra indicati. Ciò avviene quando si perseguono reati concernenti armi ed esplosivi (art. 12-*bis*, l. 7 agosto 1992, n. 356), oppure i più gravi reati finalizzati alla discriminazione razziale, etnica e religiosa (art. 6, comma 5, l. 25 giugno 1993, n. 205), o i reati commessi in occasione o a causa di manifestazioni sportive (art. 8-*bis* legge n. 401 del 1989, mod. dal decreto-legge 8 febbraio 2007, n. 8, conv. in legge 4 aprile 2007, n. 41) o, infine, i reati relativi all'ingresso illegale degli stranieri nel territorio dello Stato (d.lgs. 25 luglio 1998, n. 286, mod. dalla legge 12 novembre 2004, n. 271).

6. Il procedimento per decreto.

Il procedimento per decreto è quello tra i procedimenti speciali che ottiene il maggior effetto di deflazione; la semplificazione comporta l'eliminazione dell'udienza preliminare e di quella dibattimentale e l'immediata emanazione di un provvedimento di condanna da parte del giudice su richiesta del pubblico ministero. In considerazione della sommarietà del rito, il procedimento per decreto è limitato ai casi nei quali pubblica accusa e giudice ritengono che si possa irrogare la sola pena pecuniaria e che non sia necessario applicare una misura di sicurezza personale a causa della pericolosità dell'autore del reato (art. 459).

Si tratta di un procedimento che, con terminologia civilistica, viene definito "monitorio": il pubblico ministero chiede al giudice l'applicazione della pena *inaudita altera parte.* Se il reato è procedibile a querela, occorre che il querelante non abbia nella stessa dichiarato di opporvisi. L'imputato, successivamente informato dell'emissione del decreto di condanna, ha la possibilità di opporsi ottenendo l'attivazione delle garanzie che gli sarebbero spettate *ex ante.* In mancanza di opposizione, si è dinanzi ad una sorta di "consenso postumo" alla semplificazione procedimentale. La Corte costituzionale ha ritenuto la disciplina del procedimento per decreto compatibile con l'art. 111, comma 5 ([41]).

Il rito si basa sulla scelta del pubblico ministero di presentare al giudice per le indagini preliminari una richiesta motivata di irrogare la sola pena pecuniaria, anche se inflitta in sostituzione della pena detentiva (art. 459, comma 1). Il pubblico ministero può chiedere l'applicazione di una pena « diminuita sino alla metà rispetto al minimo edittale » (art. 459, comma 2).

La riforma Cartabia (legge-delega n. 134 del 2021) amplierà i requisiti per procedere a decreto penale di condanna.

a) Aumenterà a un anno il termine posto al pubblico ministero per chiedere il decreto dal momento in cui il nome dell'indagato è stato iscritto nel registro delle notizie di reato; ciò per uniformare il termine a quelli nuovi di durata delle indagini preliminari.

b) Subordinerà l'estinzione del reato non al decorso del relativo termine, bensì al pagamento della pena pecuniaria, assicurandone così l'effettività.

c) Introdurrà un ulteriore incentivo premiale: la riduzione aggiuntiva di un quinto della pena per il condannato che rinuncia a proporre l'opposizione e paga la sanzione pecuniaria entro quindici giorni dalla notifica del decreto.

d) E ancora, aggiungerà la possibilità che con il decreto siano irrogate le sanzioni sostitutive non soltanto della pena pecuniaria, ma anche del lavoro di pubblica utilità se non vi è opposizione del condannato.

e) Inoltre, prevederà che il positivo esito del lavoro di pubblica utilità, se accompagnato dal risarcimento del danno e dalla eliminazione delle conseguenze dannose, determini la revoca della confisca facoltativa.

f) Infine, il ragguaglio tra pena detentiva e pecuniaria potrà essere determinato dal giudice in misura non eccedente i duecentocinquanta euro giornalieri.

Il procedimento per l'applicazione del decreto penale di condanna. Il momento centrale del procedimento sta nella valutazione del giudice, che deve decidere se la pena proposta dalla pubblica accusa è congrua.

Accoglimento della richiesta del pubblico ministero. Quando *ritiene congrua* la pena proposta e si tratta di pena pecuniaria prevista *originariamente* dal codice penale, il giudice pronuncia il decreto di condanna attenendosi alla pena richiesta dal pubblico ministero.

([41]) C. cost. n. 8 e n. 32 del 2003; C. cost. n. 323 del 2007. La Corte costituzionale, con l'ordinanza del 4 febbraio 2003 n. 32, ha affermato che la richiesta del decreto di condanna da parte del pubblico ministero non deve essere preceduta dall'avviso di conclusione delle indagini ai sensi dell'art. 415-*bis* c.p.p.

Viceversa, se il codice prevede una pena detentiva ed il pubblico ministero ha consentito alla sua *sostituzione* con la pena pecuniaria, il giudice è vincolato soltanto alla misura di pena detentiva indicata dalla pubblica accusa e può determinare il valore giornaliero della pena pecuniaria tenendo conto della condizione economica complessiva dell'imputato e del suo nucleo familiare (art. 459, comma 1-*bis*, introdotto dalla legge n. 103 del 2017). Il valore giornaliero non può essere inferiore alla somma di euro 75 di pena pecuniaria per un giorno di pena detentiva e non può superare di tre volte tale ammontare ([42]). Merita sottolineare che la pena detentiva originaria precisata dal pubblico ministero è quella che vincola il giudice se accetta la richiesta di quest'ultimo, mentre il comma 1-*bis* dell'art. 459 assegna al giudice la determinazione dell'ammontare della pena pecuniaria sostitutiva.

Rigetto della richiesta del pubblico ministero. In caso negativo, e cioè se ritiene che non sia legittima la richiesta del rito, o non sia corretta la qualificazione giuridica del fatto, oppure la pena non sia congrua, il giudice restituisce gli atti al pubblico ministero, che procederà in altro modo o provvederà a presentare una nuova richiesta di decreto penale differentemente formulata ([43]).

Ma può anche accadere che, di fronte alla originaria richiesta di decreto penale, il giudice sulla base degli atti ritenga di dover prosciogliere l'imputato a norma dell'art. 129 perché vi è la prova evidente dell'innocenza o per improcedibilità (art. 459, comma 3).

Le scelte spettanti all'imputato. Se il giudice accoglie la richiesta del pubblico ministero, copia del decreto penale di condanna viene comunicata al pubblico ministero medesimo e notificata al condannato, al difensore d'ufficio, al difensore di fiducia e alla persona civilmente obbligata per la pena pecuniaria ([44]). Il decreto penale di condanna deve altresì avvisare l'imputato della facoltà di chiedere uno dei procedimenti speciali (art. 460, comma 1, lett. *e*). La *Corte cost.* (sentenza n. 201 del 2016) ha imposto di avvisare l'imputato anche della possibilità di chiedere la sospensione del processo con messa alla prova.

L'imputato, al quale il decreto è stato notificato, ha varie possibilità di scelta (v. tav. 4.1.9).

([42]) In tal modo si deroga a quanto disposto in via generale dall'articolo 135 c.p. in ordine al ragguaglio fra pene pecuniarie e pene detentive, laddove si dispone che il computo vada effettuato calcolando euro 250 o frazione di euro 250 di pena pecuniaria per un giorno di pena detentiva.

([43]) La sentenza della Corte cost. n. 16 del 2022 ha introdotto una nuova causa di incompatibilità quando il giudice rigetta la richiesta di emissione del decreto penale perché "il fatto è diverso da quello descritto nell'imputazione" perché non è stata contestata una circostanza aggravante. In tal caso, quando il pubblico ministero presenta una nuova richiesta in conformità ai rilievi formulati dal giudice, questi diventa incompatibile a provvedere nuovamente in quanto ha già valutato nel merito la *res iudicanda*.

([44]) Il decreto di condanna contiene (art. 460): *a*) le generalità dell'imputato nonché, quando occorre, quelle della persona civilmente obbligata per la pena pecuniaria; *b*) l'enunciazione del fatto, delle circostanze e delle disposizioni di legge violate; *c*) la concisa esposizione dei motivi di fatto e di diritto su cui la decisione è fondata, comprese le ragioni dell'eventuale diminuzione della pena al di sotto del minimo edittale; *d*) il dispositivo; *e*) l'avviso che l'imputato e la persona civilmente obbligata per la pena pecuniaria possono proporre opposizione entro quindici giorni dalla notificazione del decreto e che l'imputato può chiedere mediante l'opposizione il giudizio immediato o il giudizio abbreviato o il patteggiamento o la messa alla prova; *f*) l'avvertimento all'imputato e alla persona civilmente obbligata per la pena pecuniaria che, in caso di mancata opposizione, il decreto diviene esecutivo; *g*) l'avviso che l'imputato e la persona civilmente obbligata per la pena pecuniaria hanno la facoltà di nominare un difensore; *h*) la data e la sottoscrizione del giudice e dell'ausiliario che lo assiste.

a) In primo luogo, non presentando opposizione, ***può accettare il rito***. Per indurre l'imputato ad accettare la condanna, il codice consente al pubblico ministero di chiedere l'applicazione di una pena diminuita sino alla metà rispetto al minimo edittale (art. 459, comma 2); inoltre, per accentuare il carattere premiale del rito, sono previsti altri benefici simili a quelli che valgono per il patteggiamento e delineati nello specifico all'art. 460, commi 2 e 5, a cui si rinvia.

b) In secondo luogo, l'imputato ***può presentare opposizione*** entro quindici giorni ed ottenere così lo svolgimento del dibattimento con la garanzia della formazione della prova in contraddittorio.

c) Infine, unitamente all'atto di opposizione, l'imputato ***può chiedere uno tra i procedimenti speciali***.

L'opposizione. Contro il decreto, che deve essere motivato, il condannato e la persona civilmente obbligata, anche tramite il difensore, possono formulare un'opposizione; questa va presentata, a pena di inammissibilità, entro quindici giorni dalla notificazione del decreto. Segnaliamo che l'opposizione al decreto penale ha un effetto totalmente devolutivo, simile a quello che ha la richiesta di riesame di una misura cautelare.

Se l'opposizione non è proposta o è dichiarata inammissibile, il giudice ordina l'esecuzione del decreto (art. 461, comma 5).

D'altra parte, proponendo l'opposizione il condannato corre il rischio di subire un trattamento sanzionatorio diverso e più rigoroso, rispetto a quello stabilito nel decreto, e di perdere i benefici concessi (art. 464, comma 4). In questi casi non opera il divieto di *reformatio in peius*, che vale soltanto per l'appello (art. 597, comma 3).

Come anticipato, contestualmente alla dichiarazione di opposizione l'imputato può chiedere il giudizio abbreviato ([45]), il patteggiamento, il giudizio immediato (art. 464, comma 1) o la sospensione del procedimento con messa alla prova (art. 464-*bis*, comma 1). Se è presentata domanda di oblazione, il giudice per le indagini preliminari decide sulla domanda stessa prima di provvedere sulla richiesta degli altri procedimenti speciali; quindi decide sulla richiesta di questi ultimi (art. 464, comma 2). Se è accolta la richiesta di uno dei procedimenti speciali, il decreto penale è revocato ([46]).

In mancanza della specifica richiesta di uno dei riti speciali sopra menzionati (abbreviato, patteggiamento, immediato o messa alla prova), l'imputato che ha presentato opposizione è citato per il dibattimento mediante l'istituto del giudizio immediato ed il decreto penale è revocato (art. 464, comma 1). Pertanto, lo sbocco procedurale dell'opposizione è ammesso soltanto nell'ambito dei riti speciali.

([45]) In base al nuovo testo dell'art. 464, comma 1, mod. dalla legge n. 103 del 2017 (c.d. *riforma Orlando*), che rinvia all'art. 438, comma 6-*bis*, la richiesta di giudizio abbreviato « determina la sanatoria delle nullità, sempre che non siano assolute », e « la non rilevabilità delle inutilizzabilità, salve quelle derivanti dalla violazione di un divieto probatorio ». Essa preclude altresì ogni questione sulla competenza per territorio del giudice.

([46]) La Corte cost. con la sentenza n. 14 del 2015 ha esaminato l'ipotesi in cui l'imputato abbia presentato opposizione chiedendo il proscioglimento ai sensi dell'art. 129 e contestualmente, in via subordinata, abbia formulato la domanda di oblazione. La Consulta ha ritenuto valido il diritto vivente in base al quale il giudice ha, in via preliminare, il potere di pronunciare la sentenza di proscioglimento (art. 129) ove dagli atti appaia la prova evidente che il fatto non costituiva reato, ovviamente avendo acquisito il parere del pubblico ministero come impone l'art. 141 disp. att. c.p.p. nel procedimento per la valutazione della domanda di oblazione.

Irrevocabilità del decreto penale. Il decreto penale notificato e non opposto diventa irrevocabile (art. 648, comma 3) e non è ricorribile per cassazione (per il principio di tassatività delle impugnazioni); esso è esecutivo ai sensi dell'art. 650, comma 1. Il decreto penale, a differenza dalla sentenza, ha l'efficacia del giudicato soltanto ai fini penali, e non per fini extrapenali. Pertanto, ai sensi dell'art. 649, comma 1, ha l'efficacia preclusiva del giudicato (*ne bis in idem*). Ma non costituisce accertamento ai fini extrapenali, ad es. per la responsabilità civile (art. 460, comma 5).

7. La sospensione del procedimento con messa alla prova.

a. *La disciplina di diritto sostanziale.* ***Natura e finalità.*** La legge n. 67 del 2014 ha introdotto nel codice la sospensione del procedimento con messa alla prova con la finalità sia di deflazionare il carico giudiziario, sia di perseguire il reinserimento sociale "anticipato" degli imputati dei reati di minore gravità. Sotto un profilo di diritto processuale si tratta di un procedimento speciale (artt. 464-*bis* s. c.p.p.); dal punto di vista sostanziale, in caso di esito positivo della prova, l'istituto si configura come una causa di estinzione del reato (art. 168-*bis* c.p.).

Merita precisare sin d'ora che l'istituto introdotto di recente mostra alcuni tratti peculiari che impediscono di assimilarlo *in toto* a quello già sperimentato in relazione al procedimento minorile, che vede svolgersi contemporaneamente il processo sul fatto e quello sull'autore con applicazione immediata di misure rieducative e che tiene conto della particolare figura di un imputato con la personalità in evoluzione (si veda *infra*, parte IV, cap. 4, § 8, lett. *c*).

In particolare, la peculiarità della messa alla prova nei confronti degli adulti è che essa comporta necessariamente la prestazione di lavoro di pubblica utilità che nel nostro ordinamento è caratterizzato da una singolare natura sanzionatoria ([47]). A tal proposito, la Corte cost. ha precisato che il tratto distintivo della messa alla prova rispetto al patteggiamento consiste nell'essere l'esecuzione del trattamento rimessa alla volontà dell'imputato, che « liberamente può farla cessare con l'unica conseguenza che il processo riprende il suo corso » ([48]).

La riforma Cartabia (legge-delega n. 134 del 2021) amplierà l'ambito dei reati per i quali è ammesso l'istituto: dalla pena edittale di quattro anni nel massimo si passerà a sei anni. Inoltre, la sospensione del processo con messa alla prova sarà possibile su richiesta del pubblico ministero, ovviamente con il consenso dell'imputato.

L'ambito applicativo. I presupposti applicativi dell'istituto si ricavano dal combinato disposto di una norma penale sostanziale e di una norma processuale.

([47]) Come è noto, il lavoro di pubblica utilità trova applicazione nel procedimento dinanzi al giudice di pace (art. 52 d.lgs. n. 274 del 2000); in relazione alla sospensione condizionale della pena (art. 165 c.p.); nella disciplina sugli stupefacenti (art. 73 TU stupefacenti); in materia di codice della strada (artt. 186 e 187 d.lgs. n. 285 del 1992).

([48]) Corte cost. n. 91 del 2018, secondo cui il tratto saliente dell'istituto è il riservare « alla volontà dell'imputato non soltanto la decisione sulla messa alla prova, ma anche la sua esecuzione ». Pertanto, rispetto alla sanzione manca il requisito della coercitività.

Quanto ai limiti oggettivi dell'istituto, l'imputato può chiedere la sospensione del processo con messa alla prova:

1) per reati puniti con la sola pena edittale pecuniaria;

2) per reati puniti con pena edittale detentiva fino a quattro anni nel massimo, sola, congiunta o alternativa alla pena pecuniaria;

3) per i reati in relazione ai quali l'art. 550, comma 2 prevede *espressamente* la citazione diretta a giudizio nel rito monocratico ([49]).

Non osta all'applicazione del rito l'eventuale presenza di circostanze aggravanti.

Il contenuto riparatorio. L'imputato sottoposto a messa alla prova è tenuto alla prestazione di condotte volte all'eliminazione delle **conseguenze dannose o pericolose** derivanti dal reato; inoltre, ove possibile, deve **risarcire il danno cagionato dal reato**. L'imputato viene affidato al servizio sociale, per lo svolgimento di un programma che può implicare, tra l'altro, attività di volontariato di rilievo sociale o l'osservanza di prescrizioni relative ai rapporti con il servizio sociale o con una struttura sanitaria, alla dimora, alla libertà di movimento, al divieto di frequentare determinati locali (art. 168-*bis*, comma 2 c.p.).

La concessione della *probation* è, inoltre, subordinata alla **prestazione di lavoro di pubblica utilità** di durata non inferiore a dieci giorni, anche non continuativi (art. 168-*bis*, comma 3 c.p.) ([50]).

I limiti. La sospensione del procedimento con messa alla prova dell'imputato non può essere concessa più di una volta (art. 168-*bis*, comma 4 c.p.) ed incontra limiti soggettivi, giacché non si applica ai delinquenti abituali, professionali o per tendenza (art. 168-*bis*, comma 5 c.p. che richiama all'uopo le note nozioni tracciate dagli artt. 102-105 e 108 c.p.).

b. *La disciplina di diritto processuale.* ***La richiesta dell'imputato.*** Ai sensi dell'art. 464-*bis*, comma 2, c.p.p. la richiesta può essere presentata, oralmente o per iscritto, fino a che non siano formulate le conclusioni nello svolgimento ordinario o eccezionale dell'udienza preliminare, o fino alla dichiarazione di apertura del dibattimento di primo grado nel giudizio direttissimo e nel procedimento di citazione

---

([49]) In quanto previsti dall'art. l'art. 550, comma 2, la messa alla prova è ammessa per i seguenti reati:

a) violenza o minaccia a un pubblico ufficiale prevista dall'art. 336 c.p.;

b) resistenza a un pubblico ufficiale prevista dall'art. 337 c.p.;

c) oltraggio a un magistrato in udienza aggravato a norma dell'art. 343, co. 2 c.p.;

d) violazione di sigilli aggravata a norma dell'art. 349, co. 2 c.p.;

e) rissa aggravata a norma dell'art. 588, co. 2 c.p., con esclusione delle ipotesi in cui nella rissa taluno sia rimasto ucciso o abbia riportato lesioni gravi o gravissime;

e-bis) lesioni personali stradali, anche se aggravate, a norma dell'articolo 590-*bis* del codice penale;

f) furto aggravato a norma dell'art. 625 c.p.;

g) ricettazione prevista dall'art. 648 c.p.

([50]) La norma appena ricordata descrive l'obbligo in esame come una prestazione non retribuita (affidata all'imputato tenendo conto anche delle sue specifiche professionalità ed attitudini lavorative) in favore della collettività, da svolgere presso lo Stato, le regioni, le province, i comuni, le aziende sanitarie o presso enti o organizzazioni, anche internazionali, che operano in Italia, di assistenza sociale, sanitaria e di volontariato. La prestazione è svolta con modalità che non pregiudichino le esigenze di lavoro, di studio, di famiglia e di salute dell'imputato e la sua durata giornaliera non può superare le otto ore.

diretta a giudizio. Malgrado la criticabile assenza di qualsivoglia precisazione, occorre ritenere che si tratti di termini perentori, stabiliti, dunque, a pena di inammissibilità.

Si è dinanzi ad un atto "personale"; pertanto, la volontà dell'interessato è espressa personalmente in udienza o per mezzo di procuratore speciale e la sottoscrizione è autenticata nelle forme previste per la spedizione dell'atto di impugnazione proposto dalle parti private: occorre l'autentica di un notaio, di altra persona autorizzata, o ancora del difensore (art. 464-*bis*, comma 3).

Il programma di trattamento. Ai sensi dell'art. 464-*bis*, comma 4 c.p.p., alla richiesta è allegato un programma di trattamento, elaborato d'intesa con l'ufficio di esecuzione penale esterna. Qualora la previa elaborazione del programma non risulti possibile — e come si vedrà tra breve, si tratta della situazione più diffusa nella prassi — è sufficiente allegare all'istanza presentata al giudice la semplice richiesta di elaborazione del programma già rivolta all'ufficio di esecuzione penale esterna ([51]).

La regolamentazione. In base alla disciplina processuale, il programma deve « in ogni caso » prevedere (art. 464-*bis*, comma 4):

a) le modalità di coinvolgimento dell'imputato, nonché del suo nucleo familiare e del suo ambiente di vita nel processo di reinserimento sociale, ove ciò risulti necessario e possibile;

b) le prescrizioni comportamentali e gli altri impegni specifici che l'imputato assume anche al fine di elidere o di attenuare le conseguenze del reato, considerando a tal fine il risarcimento del danno, le condotte riparatorie e le restituzioni, nonché le prescrizioni attinenti al lavoro di pubblica utilità o all'attività di volontariato di rilievo sociale;

c) le condotte volte a promuovere, ove possibile, la mediazione con la persona offesa. La durata massima del trattamento coincide con la durata della sospensione (Corte cost. n. 91 del 2018) ([52]).

La decisione del giudice. Ai sensi dell'art. 464-*quater*, comma 1 c.p.p., sulla richiesta decide il giudice sentite le parti e la persona offesa, che dunque esprimono un semplice parere non vincolante. Il giudice provvede con ordinanza nel corso della stessa udienza qualora l'istanza sia presentata nel corso dell'udienza preliminare o dibattimentale, oppure in un'apposita udienza in camera di consiglio ai sensi dell'art. 127 c.p.p. della cui fissazione è dato contestuale avviso alle parti ed alla persona

---

([51]) L'instaurazione del rapporto con l'amministrazione è disciplinata dall'art. 141-*ter* disp. att. L'imputato rivolge richiesta all'ufficio competente affinché predisponga un programma di trattamento e deposita gli atti rilevanti del procedimento penale nonché le osservazioni e le proposte che ritenga di fare (art. 141-*ter*, comma 2 disp. att.). L'ufficio di esecuzione penale esterna, all'esito di un'apposita indagine socio-familiare, redige il programma di trattamento acquisendo su tale programma il consenso dell'imputato e l'adesione dell'ente o del soggetto presso il quale l'imputato è chiamato a svolgere le proprie prestazioni. L'ufficio trasmette quindi al giudice il programma accompagnandolo con l'indagine socio-familiare e con le considerazioni che lo sostengono.

([52]) Dalla già ricordata disciplina sostanziale si ricava l'obbligatorietà delle condotte volte ad elidere o attenuare le conseguenze del reato; la necessità del risarcimento del danno, nei limiti in cui ciò risulti possibile; la mera eventualità dell'attività di volontariato di rilievo sociale e della previsione di prescrizioni relative ai rapporti con il servizio sociale o con una struttura sanitaria, alla dimora, alla libertà di movimento, al divieto di frequentare determinati locali; la necessità della prestazione del lavoro di pubblica utilità, vero e proprio tratto caratterizzante della *probation*.

offesa ([53]). La norma appena ricordata subordina la concessione della *probation* alla valutazione negativa circa la possibilità di emettere un proscioglimento immediato ai sensi dell'art. 129 c.p.p.

Stante la delicatezza dell'istituto e gli effetti che esso è destinato a sortire sulla sfera personale dell'imputato, alla pari di quanto è previsto per il patteggiamento, il giudice, se ritiene opportuno verificare la volontarietà della richiesta, dispone la comparizione dell'imputato (art. 464-*quater*, comma 2) ([54]).

Diniego della sospensione e richiesta di rito abbreviato da parte dell'imputato. La giurisprudenza ha affermato che, in caso di richiesta di sospensione del processo con messa alla prova presentata dall'imputato entro i termini previsti, il giudice è tenuto a verificare la correttezza della qualificazione giuridica attribuita al fatto dall'accusa ed eventualmente a modificarla, ove non la ritenga corretta, traendone le conseguenze sul piano dell'applicabilità del beneficio in parola già nel corso dell'udienza preliminare ([55]).

La concessione della prova. Ai sensi dell'art. 464-*quater*, 3° co., c.p.p., la sospensione del procedimento con messa alla prova è disposta quando il giudice, in base ai parametri tracciati dall'art. 133 c.p. in relazione alla commisurazione della pena, reputa *idoneo il programma di trattamento presentato* e ritiene che l'imputato *si asterrà dal commettere ulteriori reati*. A tal fine, l'organo giurisdizionale « valuta anche che il domicilio indicato nel programma dell'imputato sia tale da assicurare le esigenze di tutela della persona offesa dal reato ».

I poteri officiosi del giudice. Il giudice può integrare o modificare il programma di trattamento, purché vi sia il consenso dell'imputato (art. 464-*quater*, comma 4) e può acquisire, tramite la polizia giudiziaria, i servizi sociali o altri enti pubblici, le ulteriori informazioni ritenute necessarie per la propria decisione (art. 464-*bis*, comma 5) ([56]).

L'ordinanza che dispone la sospensione del procedimento con messa alla prova

---

([53]) Ai sensi dell'art. 464-*quater*, comma 7, contro l'ordinanza che decide sull'istanza di messa alla prova possono ricorrere per cassazione l'imputato ed il pubblico ministero, anche su istanza della persona offesa. Quest'ultima può impugnare autonomamente per omesso avviso dell'udienza o perché, pur essendo comparsa, non è stata sentita. La norma sopra ricordata stabilisce espressamente che l'impugnazione non sortisce effetto sospensivo rispetto al procedimento. Deve ritenersi che i motivi siano tutti quelli previsti dall'art. 606 con conseguente preclusione delle doglianze di merito.

([54]) Nel silenzio della disciplina, ci si è interrogati sulla configurabilità della confessione quale presupposto implicito dell'istituto. In proposito, la Cassazione ha ribadito con chiarezza che la presunzione di innocenza ed il diritto di difesa precludono una simile soluzione.

([55]) Così dà atto la sentenza di infondatezza della Corte cost. n. 131 del 2019, secondo cui il giudice può « concedere il beneficio della sospensione del processo con messa alla prova direttamente in sede di udienza preliminare, previa riqualificazione del fatto contestato dal pubblico ministero sulla base degli elementi probatori disponibili ». Qualora il giudice abbia comunque rigettato la richiesta di sospensione con messa alla prova, l'imputato può chiedere il giudizio abbreviato; ma tale richiesta, formulata in via principale, deve necessariamente intendersi come presentata con riserva, ove il fatto addebitato venga successivamente derubricato nel corso del rito contratto.

Sempre la Corte cost. n. 131 del 2019 afferma che il giudice deve, « una volta avvedutosi — in esito al giudizio abbreviato — dell'erronea qualificazione giuridica dei fatti contestati all'imputato, revocare il proprio precedente provvedimento di diniego della sospensione del processo con messa alla prova, e ammettere conseguentemente al beneficio l'imputato, che ne aveva fatto rituale richiesta entro i termini di cui all'art. 464-bis cod. proc. pen. ».

([56]) Al fine di garantire il contraddittorio ed il diritto di difesa, è previsto che tali informazioni debbano essere portate tempestivamente a conoscenza del pubblico ministero e del difensore dell'imputato (art. 464-*bis*, comma 5).

(art. 464-*quater*) non deve essere riportata nel certificato generale e nel certificato penale del casellario giudiziale richiesti dall'interessato (Corte cost. n. 231 del 2018).

La posizione del danneggiato. Quando è concessa la messa alla prova, il danneggiato dal reato può iniziare, o proseguire, il processo civile davanti al giudice civile senza subire sospensioni (art. 464-*quater*, comma 8 che esclude l'applicabilità dell'art. 75, comma 3).

La rinnovazione dell'istanza. In caso di rigetto, la richiesta può essere riproposta nel giudizio prima della dichiarazione di apertura del dibattimento (art. 464-*quater*, comma 9). Onde evitare che la rinnovazione si trasformi in un meccanismo per aggirare surrettiziamente i termini perentori stabiliti dall'art. 464-*bis*, occorre ritenere che può essere reiterata soltanto la medesima richiesta; su di essa sarà effettuato il controllo ad opera del giudice del dibattimento.

Un elemento essenziale dell'ordinanza del giudice è l'indicazione del termine entro il quale le prescrizioni e gli obblighi relativi alle condotte riparatorie o risarcitorie devono essere adempiuti. Il termine può essere prorogato, su istanza dell'imputato, non più di una volta e solo per gravi motivi (art. 464-*quinquies*, comma 1). Si tratta di un termine autonomo ed indipendente rispetto a quello previsto per lo svolgimento della prova nel suo complesso.

La modifica delle prescrizioni. Ai fini degli adempimenti esecutivi, l'ordinanza è immediatamente trasmessa all'ufficio di esecuzione penale esterna che deve prendere in carico l'imputato (art. 464-*quinquies*, comma 2). Durante la sospensione del procedimento con messa alla prova, il giudice, sentiti l'imputato ed il pubblico ministero, può modificare con ordinanza le prescrizioni originarie, sempre nel rispetto del principio di congruità delle nuove prescrizioni rispetto alle finalità della messa alla prova (art. 464-*quinquies*, comma 3).

La durata della sospensione. In ogni caso, il procedimento non può essere sospeso per un periodo (art. 464-*quater*, comma 5):

a) superiore a due anni quando si procede per reati per i quali è prevista una pena detentiva, sola, congiunta o alternativa alla pena pecuniaria;

b) superiore a un anno quando si procede per reati per i quali è prevista la sola pena pecuniaria.

Tali termini decorrono dalla sottoscrizione del verbale di messa alla prova dell'imputato (art. 464-*quater*, comma 6).

Con disposizione volta a prevenire usi distorti dell'istituto in esame, la disciplina sostanziale stabilisce che durante il periodo di sospensione del procedimento con messa alla prova il corso della prescrizione del reato è sospeso nei confronti del "probando" (art. 168-*ter*, comma 1 c.p., che esclude l'effetto estensivo della sospensione della prescrizione nei confronti dei concorrenti nel medesimo reato, previsto dall'art. 161, comma 1 c.p.) ([57]).

([57]) Poiché l'ordinanza di ammissione alla *probation* non costituisce un epilogo, bensì una semplice sospensione del procedimento principale, il legislatore ha regolato l'eventualità che durante la sospensione si presenti l'esigenza di non disperdere prove modellando la disciplina sulle cadenze della sospensione del procedimento per incapacità dell'imputato. In base all'art. 464-*sexies*, il giudice, con le modalità stabilite per il dibattimento, acquisisce, a richiesta di parte, le prove non rinviabili e quelle che possono condurre al proscioglimento dell'imputato. Per un

La richiesta presentata nel corso delle indagini preliminari. Come si è visto, la sede naturale del rito è collocata successivamente all'esercizio dell'azione penale. Tuttavia, in deroga a tale regola, l'art. 464-*ter* c.p.p., con una procedura di interpello modellata su quella prevista per il patteggiamento, stabilisce che la richiesta possa altresì essere presentata dall'imputato nel corso delle indagini preliminari ([58]).

L'esito positivo della messa alla prova. Decorso il periodo di sospensione del procedimento con messa alla prova, il giudice dichiara con sentenza estinto il reato « se, tenuto conto del comportamento dell'imputato e del rispetto delle prescrizioni stabilite », ritiene che la prova abbia avuto esito positivo. Tale provvedimento non pregiudica l'applicazione delle sanzioni amministrative accessorie, ove previste dalla legge (art. 168-*ter*, comma 2 c.p.) ([59]).

L'esito negativo. In caso di esito negativo della prova, il giudice dispone con ordinanza che il processo riprenda il suo corso (art. 464-*septies*, comma 2) e la richiesta di sospensione del procedimento con messa alla prova non può più essere riproposta (art. 464-*novies*).

La revoca. La disciplina sostanziale e processuale regola altresì la revoca della *probation*. Ai sensi dell'art. 168-*quater* c.p., tale provvedimento è disposto in due ipotesi. Anzitutto qualora l'imputato commetta una grave o reiterata trasgressione al programma di trattamento o alle prescrizioni imposte, o rifiuti la prestazione del lavoro di pubblica utilità. In secondo luogo, qualora l'imputato commetta, durante il periodo di prova, un nuovo delitto non colposo ovvero un reato della stessa indole rispetto a quello per cui si procede. Si tratta all'evidenza di situazioni che decretano il fallimento della messa alla prova rispetto agli scopi ai quali l'istituto mira.

In tali ipotesi, la revoca è disposta dal giudice su richiesta di parte o d'ufficio — se del caso dietro sollecitazione dei servizi sociali — con ordinanza emessa all'esito di una udienza in camera di consiglio che si celebra con il contraddittorio facoltativo

---

verso, le prove non rinviabili vengono "tenute in serbo" in vista di una eventuale ripresa del procedimento principale. Per un altro verso, le prove favorevoli debbono essere assunte a richiesta di parte anche a prescindere dal requisito della non rinviabilità. In presenza di prove d'innocenza tali da determinare un proscioglimento *ex* art. 129 c.p.p. il giudice dovrà fissare un'apposita udienza nella quale, previo contraddittorio, potrà decidere sulla revoca della messa alla prova ed emettere il predetto provvedimento.

([58]) In fase investigativa, la richiesta dell'indagato necessita del consenso del pubblico ministero che « deve risultare da atto scritto e sinteticamente motivato » e deve essere accompagnato dalla formulazione dell'imputazione (art. 464-*ter*, comma 3). A tal fine, il giudice trasmette gli atti al magistrato inquirente, di modo che questi esprima il proprio consenso o dissenso nel termine di cinque giorni (art. 464-*ter*, comma 1).

Se il pubblico ministero esprime il proprio consenso, il giudice provvede secondo le regole dianzi ricordate (art. 464-*quater*, comma 2). Pertanto, il giudice per le indagini preliminari sarà tenuto a fissare un'apposita udienza in camera di consiglio. In caso di dissenso, il pubblico ministero deve enunciarne le ragioni (art. 464-*ter*, comma 4). In ipotesi di rigetto da parte del giudice, l'imputato può rinnovare la richiesta prima dell'apertura del dibattimento di primo grado ed il giudice, se la ritiene fondata, può concedere la messa alla prova sulla base della procedura esposta in precedenza (art. 464-*ter*, comma 4).

([59]) Cass., sez. IV, 27 ottobre - 17 novembre 2020, n. 32209, B.G., afferma che l'estinzione del reato per esito positivo della prova, anche se non è idonea a esprimere un compiuto accertamento sul merito dell'accusa e sulla responsabilità, tuttavia può essere valutata dal giudice, ad esempio, per la verifica della "recidiva nel biennio" prevista dall'articolo 186, comma 2, lett. *b*, del codice della strada, quale presupposto per l'applicazione della sanzione accessoria della revoca della patente.

previsto dall'art. 127 c.p.p. ([60]). La decisione del giudice è obbligatoria in ragione della perentorietà del disposto normativo, ma comporta pur sempre l'esercizio di una discrezionalità tecnica nella valutazione dei presupposti.

Lo scomputo del "presofferto" in caso di revoca o di esito negativo. Qualora sia disposta la revoca, o la messa alla prova abbia un esito negativo, è comunque previsto un effetto favorevole nei confronti dell'imputato. Infatti, se il procedimento riprende il suo corso e l'imputato è condannato, nel determinare la pena da eseguire in concreto, il pubblico ministero deve defalcare un periodo corrispondente a quello della prova esperita. Ai fini della detrazione, tre giorni di prova sono equiparati a un giorno di reclusione o di arresto, ovvero a 250 euro di multa o di ammenda (art. 657-*bis*). A fronte dell'incerta formulazione normativa, pare preferibile ritenere che soltanto il periodo di prova proficuamente trascorso prima che si sia verificata la causa di revoca possa essere scomputato.

8. L'oblazione (rinvio).

Tra i procedimenti speciali che hanno la funzione di deflazionare il dibattimento può essere ricompresa l'oblazione, e cioè quel pagamento volontario di una somma che produce l'effetto di estinguere il reato (artt. 162 e 162-*bis* c.p.). Oltre ad essere una causa di estinzione del reato, l'oblazione è anche una forma di procedimento semplificato. Ne abbiamo trattato a proposito degli effetti deflattivi che si possono avere già nell'udienza preliminare; rinviamo alla parte III, cap. 3, § 10.

9. La giustizia riparativa.

Tra i procedimenti speciali che hanno la funzione di deflazionare il dibattimento può essere ricompresa la giustizia riparativa.

In tema di *restorative justice*, la ***riforma Cartabia*** (art. 1, co. 1, legge n. 134 del 2021) delega il Governo ad adottare uno o più decreti legislativi « per la revisione del regime sanzionatorio dei reati e per l'introduzione di una disciplina organica della giustizia riparativa ».

In particolare, l'art. 1, co. 18, della legge n. 134 del 2021 prevede che i decreti legislativi in questione siano adottati nel rispetto di una serie di princìpi e criteri direttivi esposti alle lettere *a*-*g* della stessa disposizione.Tali princìpi e criteri direttivi possono essere così sinteticamente riassunti:

a) conformità della nuova disciplina alle disposizioni della Direttiva 2012/29/UE del Parlamento e del Consiglio, nonché dei princìpi sanciti a livello internazionale (lett. *a*);

([60]) L'avviso dell'udienza è comunicato alle parti ed alla persona offesa almeno dieci giorni prima (art. 464-*octies*, comma 2). L'ordinanza di revoca è ricorribile per cassazione per violazione di legge (art. 464-*octies*, comma 3). L'impugnazione non sortisce effetto sospensivo. Soltanto quando il provvedimento è divenuto definitivo, il procedimento « riprende il suo corso dal momento in cui era rimasto sospeso e cessa l'esecuzione delle prescrizioni e degli obblighi imposti » (art. 464-*octies*, comma 4).

Anche in caso di revoca, come in ipotesi di esito negativo, la richiesta di sospensione del procedimento con messa alla prova non può più essere riproposta (art. 464-*novies*).

b) recepimento di una definizione comune e condivisa di vittima del reato (lett. *b*);

c) accessibilità ai programmi di giustizia riparativa in ogni stato e grado del procedimento penale e durante l'esecuzione della pena (lett. *c*);

d) predisposizione di specifiche garanzie per l'accesso ai programmi di giustizia riparativa (lett. *d*);

e) valutabilità del solo esito positivo dei programmi di giustizia riparativa all'interno del procedimento penale e in fase di esecuzione della pena (lett. *e*);

f) previsione di una disciplina apposita per la formazione di mediatori esperti in programmi di giustizia riparativa (lett. *f*);

g) individuazione di livelli essenziali e uniformi delle prestazioni dei servizi per la giustizia riparativa, erogati da strutture pubbliche facenti capo agli enti locali e convenzionate con il ministero della giustizia (lett. *g*).

Capitolo II
IL PROCEDIMENTO DAVANTI AL TRIBUNALE MONOCRATICO

1. Considerazioni introduttive.

Nell'ambito dei reati che appartengono alla cognizione del giudice monocratico il legislatore ha distinto due *fasce di gravità* alle quali sono correlate due differenti tipi di procedimento penale (v. tav. 2.1.12). In questa sede richiamiamo quanto abbiamo esposto a proposito della competenza del tribunale (parte II, cap. 1, § 2 lett. *c*).

Nella prima fascia rientrano i seguenti reati (art. 550):

a) le contravvenzioni, purché non siano di competenza del giudice di pace;

b) i delitti puniti con la sola multa, purché non siano di competenza del giudice di pace;

c) i delitti puniti con pena detentiva fino a quattro anni nel massimo, anche congiunta a multa, purché non siano di competenza del giudice di pace;

d) altri reati puniti con pena superiore, indicati nominativamente nell'art. 550 comma 2 ([1]).

In relazione a questa prima fascia di reati, è predisposto un rito apposito, caratterizzato dalla mancanza dell'udienza preliminare: in esso il pubblico ministero esercita l'azione penale mediante decreto di citazione diretta a giudizio.

Nella seconda fascia, determinata in via residuale, rientrano tutti gli altri reati che appartengono alla cognizione del tribunale in composizione monocratica, e cioè i delitti puniti, nel massimo, con pena detentiva superiore a quattro anni e fino a dieci anni. Per tali delitti è predisposto un procedimento che è eguale a quello del tribunale collegiale (salvo alcune marginali differenze) e che prevede lo svolgimento dell'udienza preliminare.

Ai sensi dell'art. 551, quando vi è connessione tra reati rientranti nella prima fascia e reati rientranti nella seconda, trova applicazione per tutti il procedimento che prevede lo svolgimento dell'udienza preliminare.

La ***riforma Cartabia.*** Merita segnalare fin da ora che tutta la materia del rito monocratico sarà ampiamente rivista dalla *riforma Cartabia* (art. 1, comma 12, legge-delega n. 134 del 2021). Nei procedimenti con citazione diretta sarà introdotta un'inedita udienza predibattimentale in camera di consiglio, che si svolgerà davanti

---

([1]) Si tratta della violenza o minaccia a pubblico ufficiale (art. 336 c.p.); della resistenza a pubblico ufficiale (art. 337 c.p.); dell'oltraggio a magistrato in udienza aggravato ai sensi dell'art. 334, comma 2 c.p.; della violazione di sigilli aggravata a norma dell'art. 349, comma 2 c.p.; della rissa aggravata a norma dell'art. 588, comma 2 c.p., escluso il caso in cui taluno sia rimasto ucciso o abbia subìto lesioni gravi o gravissime; delle lesioni personali stradali, anche se aggravate, a norma dell'art. 590-*bis* c.p.; del furto aggravato a norma dell'art. 625 c.p.; della ricettazione (art. 648 c.p.).

ad un giudice diverso da quello davanti al quale dovrà celebrarsi eventualmente il dibattimento.

Si tratterà di un'udienza filtro che avrà vari oggetti, tra i quali le richieste di riti alternativi al dibattimento. Ma il compito principale del giudice dell'udienza predibattimentale sarà quello di valutare, sulla base degli atti contenuti nel fascicolo del pubblico ministero, se sussistono le condizioni per pronunciare la sentenza di non luogo a procedere perché gli elementi acquisiti non consentono una ragionevole previsione di condanna.

2. Il procedimento monocratico con udienza preliminare.

Sia il procedimento monocratico predisposto per i reati più gravi, sia quello predisposto per i reati meno gravi sono modellati sul procedimento dinanzi al tribunale in composizione collegiale, che nel codice è concepito come il *rito ordinario*. Nell'art. 549 il codice opera un generale rinvio al rito ordinario nei seguenti termini: « per tutto ciò che non è previsto nel presente libro (ottavo) o in altre disposizioni, si osservano le norme contenute nei libri che precedono, *in quanto applicabili* ».

Il procedimento monocratico per i reati più gravi. È opportuno ricostruire, in prima battuta, il procedimento monocratico predisposto per i reati più gravi, perché questo comporta minori deroghe rispetto al procedimento ordinario. Una volta tratteggiata la relativa disciplina, daremo conto, per differenza, delle disposizioni concernenti il procedimento per i reati meno gravi (v. tav. 4.2.1).

Poiché non viene dettata alcuna regolamentazione specifica in merito alla fase che precede il giudizio (dalle indagini preliminari all'udienza preliminare), trovano integrale applicazione le norme sul procedimento ordinario collegiale.

Il dibattimento. Il dibattimento si svolge secondo le norme stabilite per il procedimento davanti al tribunale in composizione collegiale, in quanto applicabili (art. 559, comma 1). Sono previste alcune peculiarità.

Di regola, i dichiaranti sono sentiti con esame incrociato; tuttavia, su concorde richiesta delle parti, l'esame può essere « condotto direttamente dal giudice sulla base delle domande e contestazioni proposte dal pubblico ministero e dai difensori » (art. 559, comma 3).

Inoltre, il verbale di udienza è redatto soltanto in forma riassuntiva « se le parti vi consentono e il giudice non ritiene necessaria la redazione in forma integrale » (art. 559, comma 2).

3. Il procedimento monocratico con citazione diretta.

Considerazioni preliminari. Si tratta di un procedimento che ha una disciplina identica a quella finora tratteggiata in relazione al rito monocratico predisposto per i reati più gravi (la maggior parte delle norme, che abbiamo commentato, sono dettate indistintamente per entrambi i procedimenti). Vi è una differenza: nel rito con citazione diretta non è previsto lo svolgimento dell'udienza preliminare. La peculiarità si riflette, ovviamente, sugli istituti che sono collegati con tale udienza.

Il pubblico ministero esercita l'azione penale con citazione diretta a giudizio. Non è previsto alcun controllo del giudice sulla fondatezza dell'iniziativa del pubblico ministero. Quest'ultimo emette il *decreto di citazione a giudizio* (art. 552) (2) e lo fa notificare all'imputato e alla persona offesa almeno sessanta giorni prima della data fissata per l'udienza di comparizione.

La formazione del fascicolo per il dibattimento. Immediatamente dopo la notificazione, il pubblico ministero forma il fascicolo per il dibattimento e lo trasmette al giudice (del dibattimento) unitamente al decreto (art. 553, comma 1). All'imputato non è riconosciuta la garanzia dell'udienza preliminare che consente un vaglio preventivo sulla idoneità degli elementi raccolti nel corso delle indagini a sostenere l'accusa in giudizio. Inoltre, l'imputato è estromesso dalla formazione del fascicolo per il dibattimento. Infatti, in questa procedura il fascicolo per il dibattimento è formato unilateralmente dal pubblico ministero (3).

Prima di emettere il decreto di citazione a giudizio, il pubblico ministero, a pena di nullità, deve aver fatto notificare all'indagato l'avviso di conclusione delle indagini preliminari (art. 415-*bis*) nonché, ove l'indagato abbia chiesto di essere interrogato, l'invito a presentarsi per rendere interrogatorio (art. 552, comma 2).

Il decreto di citazione a giudizio. Il decreto di citazione a giudizio ha un contenuto più complesso rispetto al decreto che dispone il giudizio nel rito collegiale e nel rito monocratico per i reati più gravi (art. 429). In particolare, deve contenere tre elementi ulteriori:

1) l'avviso all'imputato che ha facoltà di nominare un difensore di fiducia e che, in mancanza, sarà assistito dal difensore d'ufficio (art. 552, comma 1, lett. *e*);

2) l'avviso all'imputato che prima della dichiarazione di apertura del dibattimento può chiedere il giudizio abbreviato o il patteggiamento, o presentare domanda di oblazione (art. 552, comma 1, lett. *f*);

3) l'avviso che il fascicolo delle indagini è depositato nella segreteria del pubblico ministero e che le parti e i loro difensori possono prenderne visione ed estrarne copia (art. 552, comma 1, lett. *g*).

L'udienza di comparizione. Il legislatore del 1999 ha previsto una apposita udienza, denominata udienza di comparizione (art. 555). Si tratta di un istituto polifunzionale, che potrebbe essere definito come una sorta di *trait d'union* tra la fase delle indagini preliminari e quella del giudizio. L'udienza di comparizione ha almeno due funzioni: da un lato, essa costituisce la sede nella quale l'imputato ha la possibilità di scegliere un rito alternativo. Da un altro lato, ove comunque si vada al dibattimento, nell'udienza di comparizione le parti svolgono una serie di attività, che altrimenti troverebbero la loro sede nell'udienza dibattimentale.

---

(2) Qualora si proceda per i reati di lesioni personali colpose con violazione delle norme sulla disciplina della circolazione stradale e sulla prevenzione degli infortuni sul lavoro, il decreto di citazione a giudizio deve essere emesso entro trenta giorni dalla chiusura delle indagini preliminari (art. 552, comma 1-*bis*) e la data dell'udienza di comparizione deve essere fissata non oltre novanta giorni dall'emissione del decreto di citazione (art. 552, comma 1-*ter*).

(3) Comunque, l'imputato ed il suo difensore possono, in sede di questioni preliminari prima che venga dichiarato aperto il dibattimento, chiedere che vengano esclusi dal fascicolo del dibattimento tutti quegli atti che non potevano esservi inseriti (art. 491 in base al richiamo operato dall'art. 549).

In ogni caso è previsto che le parti, a pena di inammissibilità, debbano depositare sette giorni prima della data fissata per l'udienza, le liste « dei testimoni, periti o consulenti tecnici nonché delle persone indicate nell'art. 210 di cui intendono chiedere l'esame » (art. 555, comma 1). Ove infatti non si instauri alcun rito speciale, l'udienza di comparizione può sfociare nel dibattimento.

La disciplina dell'udienza di comparizione è alquanto scarna e la dinamica di svolgimento necessita di una ricostruzione in via ermeneutica. Una volta accertata la regolare costituzione delle parti (ultimo momento per la costituzione di parte civile), ha luogo la discussione delle questioni preliminari.

Terminata la discussione, le parti hanno la possibilità di richiedere un rito speciale. Prima della dichiarazione di apertura del dibattimento, l'imputato o il pubblico ministero possono chiedere l'applicazione della pena su richiesta delle parti. L'imputato può altresì chiedere il giudizio abbreviato, presentare domanda di oblazione (art. 555, comma 2) o chiedere la sospensione del procedimento con messa alla prova (art. 464-*bis*, comma 1). Inoltre, quando il reato è perseguibile a querela, il giudice deve procedere ad un *tentativo obbligatorio di conciliazione* verificando « se il querelante è disposto a rimettere la querela e il querelato ad accettare la remissione » (art. 555, comma 3).

Ove non si pervenga ad uno degli epiloghi suddetti, il giudice dichiara aperto il dibattimento. Le parti « indicano i fatti che intendono provare e chiedono l'ammissione delle prove » (art. 555, comma 4). È altresì possibile l'acquisizione concordata al fascicolo per il dibattimento di atti contenuti nel fascicolo del pubblico ministero o raccolti nel corso delle investigazioni difensive.

Successivamente, il dibattimento si svolge con le forme, che abbiamo esaminato *supra*, analizzando il procedimento monocratico per i reati più gravi.

Le funzioni del pubblico ministero. Una particolarità concerne le funzioni del pubblico ministero, che dinanzi al tribunale in composizione monocratica sono svolte dal procuratore della repubblica presso il tribunale. Questi può delegare lo svolgimento delle sue funzioni nell'udienza dibattimentale a magistrati ordinari tirocinanti, a vice procuratori onorari addetti all'ufficio, a personale in quiescenza da non più di due anni che nei cinque anni precedenti abbia svolto le funzioni di ufficiale di polizia giudiziaria, o a laureati in giurisprudenza che frequentano il secondo anno della scuola biennale di specializzazione per le professioni legali (art. 72 comma 1 ord. giud. mod. dal decreto-legge antiterrorismo n. 144 del 2005, conv. in legge n. 155). Il comma 3 della medesima disposizione stabilisce, tuttavia, che deve seguirsi il criterio di non delegare le funzioni di pubblico ministero in relazione a "reati diversi da quelli per cui si procede con citazione diretta a giudizio". Di conseguenza, la delega delle funzioni, di regola, è possibile soltanto nei procedimenti relativi ai reati meno gravi (4).

---

(4) L'art. 72 ord. giud. attribuisce al soggetto delegato gli stessi poteri spettanti al pubblico ministero togato, ivi compresa dunque la modifica della imputazione (art. 516), la contestazione di un reato concorrente o di una circostanza aggravante (art. 517) e, con il consenso dell'imputato, la contestazione di un fatto nuovo (art. 518) non enunciato nel decreto di citazione a giudizio.

Ulteriori particolarità incidono sull'udienza di convalida dell'arresto nel rito direttissimo, sulla richiesta di decreto di condanna (artt. 459 comma 1 e 565) ed sui procedimenti in camera di consiglio (art. 127), salvo alcune

4. I riti speciali nel procedimento monocratico.

Anche con riferimento ai riti semplificati la disciplina è quasi interamente modellata su quella prevista nell'ambito del procedimento dinanzi al tribunale collegiale in base al generale rinvio operato dall'art. 549. Sono tuttavia previste alcune norme speciali, che veniamo ad esaminare.

a) Il giudizio abbreviato e il patteggiamento. Nel rito monocratico *con udienza preliminare*, vi è un generale rinvio alla disciplina ordinaria, in quanto applicabile (art. 556, comma 1). Viceversa, nel rito monocratico *senza udienza preliminare* l'art. 556, comma 2 precisa che la richiesta di giudizio abbreviato e quella di patteggiamento (oltre ovviamente alla richiesta di oblazione) devono essere presentate nell'udienza di comparizione prima della dichiarazione di apertura del dibattimento; competente a decidere è il tribunale monocratico.

b) Il procedimento per decreto. Anche in relazione al procedimento in oggetto il codice effettua un rinvio alle disposizioni del libro sesto (art. 557, comma 3). Tuttavia, l'art. 557 precisa che con l'atto di opposizione l'imputato può presentare domanda di oblazione, ovvero chiedere il giudizio abbreviato, il patteggiamento, o l'emissione del decreto di citazione a giudizio (5).

c) Il giudizio direttissimo. Il rito direttissimo si svolge con modalità differenti rispetto a quelle previste per i reati di competenza della corte d'assise e del tribunale collegiale. Il pubblico ministero, avvisato dalla polizia, di regola dispone che l'indagato sia custodito in arresto domiciliare nel circondario del tribunale in cui l'arresto è stato eseguito; in via eccezionale, l'arrestato è custodito presso « strutture nella disponibilità » della polizia giudiziaria (c.d. camere di sicurezza), se non sono idonei l'abitazione dell'arrestato o un altro luogo di privata dimora o un luogo pubblico di cura o di assistenza o, comunque, se l'arresto è dovuto a rapina o ad estorsione semplici o a furto in abitazione o con strappo. Infine, quando le camere di sicurezza mancano, non sono disponibili o idonee o se ricorrono ragioni di necessità ed urgenza, il pubblico ministero ordina con decreto motivato che l'arrestato sia condotto nella casa circondariale (art. 558, commi 4-*bis* e *ter*). Il seguito della procedura dipende dalle scelte compiute dall'ufficio della pubblica accusa.

Il giudizio direttissimo per iniziativa della polizia giudiziaria. Se il pubblico ministero non ordina alla polizia di mettere l'arrestato a propria disposizione, questi entro quarantotto ore deve essere condotto davanti al giudice del dibattimento per la convalida dell'arresto ed il contestuale giudizio, direttamente dagli ufficiali o agenti che hanno eseguito l'arresto o che hanno avuto in consegna l'arrestato (artt. 558, comma 1 e 163 disp. att.). La formulazione dell'imputazione è comunque riservata al pubblico ministero. Se il giudice non tiene udienza, la polizia giudiziaria è obbligata a fornirgli immediata notizia dell'arresto in modo che egli possa fissare l'udienza entro

---

eccezioni. L'art. 72 cit. consente al procuratore della repubblica di conferire la delega a vice procuratori onorari addetti all'ufficio; e ciò in relazione ad una determinata udienza o a un singolo procedimento.

(5) Quest'ultima ipotesi differisce dall'opposizione a decreto penale effettuata nell'ambito del rito collegiale, perché in tal caso l'imputato può chiedere il giudizio immediato. In entrambe le ipotesi, tuttavia, la richiesta sortisce un effetto identico e cioè il passaggio immediato al dibattimento, senza che abbia luogo l'udienza preliminare.

quarantotto ore dalla avvenuta limitazione della libertà personale (art. 558, comma 2). I testimoni e la persona offesa sono citati anche oralmente; il difensore, di fiducia o di ufficio, deve essere avvisato. In udienza, l'ufficiale o agente che presenta l'arrestato è autorizzato dal giudice ad una relazione orale che non ha carattere di testimonianza; successivamente viene sentito l'arrestato con le forme previste per l'interrogatorio.

Il giudizio direttisimo per iniziativa del pubblico ministero. Spetta alla pubblica accusa il potere di ordinare che l'arrestato sia posto a propria disposizione (art. 386); in tal caso il pubblico ministero presenta direttamente in udienza l'imputato entro quarantotto ore dall'arresto per la convalida ed il contestuale giudizio direttissimo (art. 358, comma 4).

Svolgimento del rito direttissimo. Se l'arresto non è convalidato, il giudice deve restituire gli atti al pubblico ministero, salvo che questi e l'imputato consentano al giudizio direttissimo (art. 558, comma 5). In caso di mancata convalida il pubblico ministero potrà comunque esercitare l'azione penale nelle forme ordinarie.

Se l'arresto è convalidato, si deve svolgere il rito direttissimo. Subito dopo l'udienza di convalida, l'imputato può chiedere il rito abbreviato o il patteggiamento; in tal caso « il giudizio si svolge davanti allo stesso giudice del dibattimento » (art. 558, comma 8). Se l'imputato intende affrontare il dibattimento, può chiedere un termine non superiore a cinque giorni per preparare la difesa (art. 558, comma 7) ([6]).

Anche in assenza di un'espressa previsione legislativa, quando il pubblico ministero chiede la messa a disposizione del soggetto arrestato, è possibile che il giudizio di convalida e quello sulla responsabilità seguano strade separate. Il pubblico ministero, infatti, potrebbe optare per la sola convalida dell'arresto davanti al giudice per le indagini preliminari nel più ampio termine previsto dall'art. 390 (e cioè entro quarantotto ore dalla richiesta della pubblica accusa), per poi procedere con le forme ordinarie o con un procedimento speciale (es. giudizio immediato); ma ai sensi dell'art. 386, comma 4 mod., resta salva la normativa sull'arresto domiciliare o sull'eventuale uso delle c.d. camere di sicurezza, prevista dall'art. 558 ([7]).

d) Il giudizio immediato. Nel titolo terzo del libro ottavo, che disciplina i procedimenti speciali nell'ambito del rito monocratico (artt. 556-558), non è dato rinvenire alcuna menzione del giudizio immediato. La giurisprudenza ritiene applicabile il giudizio immediato *soltanto nel procedimento monocratico con udienza preliminare* in forza del rinvio, contenuto nell'art. 549, alle disposizioni relative al tribunale in composizione collegiale « in quanto applicabili ». Pertanto, nel giudizio immediato per procedimenti di competenza del tribunale monocratico per i quali è prevista *l'udienza preliminare*, se il pubblico ministero decide di accedere al giudizio

---

([6]) Ai sensi dell'art. 558, comma 9, è possibile procedere a giudizio direttissimo dinanzi al tribunale in composizione monocratica anche nelle altre due ipotesi previste nel libro sesto: e cioè quando l'arresto in flagranza è già stato convalidato dal giudice per le indagini preliminari, entro trenta giorni dall'arresto medesimo (art. 449, comma 4) e quando l'indagato ha reso confessione nel corso dell'interrogatorio (art. 449, comma 5).

([7]) Qualora, invece, intenda presentare l'arrestato davanti al giudice del dibattimento per la convalida ed il contestuale giudizio, il pubblico ministero è obbligato a farlo all'udienza che risulti già fissata entro le quarantotto ore dall'arresto.

immediato, non deve essere inviato l'avviso di conclusione delle indagini (art. 415-*bis*) ([8]).

e) ***La sospensione del procedimento con messa alla prova.*** In forza del richiamo contenuto nell'art. 464-*bis*, comma 1, nel rito monocratico con citazione diretta trova applicazione la sospensione del procedimento con messa alla prova dell'imputato, istituto introdotto dalla legge n. 67 del 2014. L'ambito applicativo di quest'ultimo procedimento, infatti, coincide con quello del rito monocratico senza udienza preliminare (v. *supra*, parte IV, cap. 1, § 7). L'imputato può presentare la richiesta prima della dichiarazione di apertura del dibattimento e, in tal caso, si applicano le disposizioni previste dal titolo V-*bis* del libro sesto.

([8]) Il problema della applicabilità del giudizio immediato si pone differentemente nel procedimento monocratico *senza* udienza preliminare, e cioè con citazione diretta. Il punto di partenza del ragionamento sta nella constatazione che la specialità del giudizio *immediato* consiste proprio nella possibilità di far transitare immediatamente il procedimento dalle indagini preliminari alla fase del giudizio, senza il necessario passaggio attraverso l'udienza preliminare. Poiché il procedimento monocratico per *citazione diretta* si atteggia già per sua natura come "immediato", pervenendo direttamente alla fase processuale, deve ritenersi con esso incompatibile la normativa sul giudizio immediato, che ottiene il medesimo effetto. Sul punto, la giurisprudenza di legittimità è ormai costante: il giudizio immediato non è applicabile nel procedimento monocratico a citazione diretta.

Capitolo III
IL PROCEDIMENTO DAVANTI AL GIUDICE DI PACE

1. Considerazioni introduttive.

I caratteri del sistema sanzionatorio e del sistema processuale. Il giudice di pace è una figura che trova il suo fondamento nell'articolo 106, comma 2 Cost., il quale prevede la possibilità « di nomina, anche elettiva, di magistrati onorari, per tutte le funzioni attribuite a giudici singoli ». Con l'attribuzione di una competenza penale al giudice di pace il legislatore ha perseguito lo scopo pratico di diminuire il carico di lavoro del giudice professionale: l'effetto è stato quello di sottrarre al tribunale monocratico un consistente numero di procedimenti (1).

Il procedimento e le sanzioni applicabili dal giudice di pace sono regolate dal decreto legislativo 28 agosto 2000 n. 274. Al magistrato onorario è stata affidata la cognizione di quei reati non gravi che sono prevalentemente espressione di una micro conflittualità tra privati. La peculiarità delle materie attribuite al giudice di pace ha reso necessaria la predisposizione di un apposito sistema sia sotto il profilo sanzionatorio, sia sotto il profilo processuale. Merita farne un rapido cenno.

Le sanzioni applicabili dal giudice di pace. Il sistema sanzionatorio si caratterizza per l'eliminazione della pena detentiva e per la valorizzazione della pena pecuniaria e di pene alternative a quella detentiva.

Il giudice di pace può irrogare quattro specie di pene: la multa e l'ammenda (pene pecuniarie), l'obbligo di permanenza domiciliare (art. 53) ed il lavoro di pubblica utilità (art. 54); queste ultime sono pene limitative della libertà personale.

Il procedimento presso il giudice di pace. La pena irrogata dal giudice di pace si ispira al principio di effettività: infatti, non è mai ammessa la sospensione condizionale della pena (art. 60).

Merita precisare che l'art. 2, comma 1 del decreto disciplina il procedimento davanti al giudice di pace attraverso il richiamo delle disposizioni contenute nel codice di procedura penale e nelle relative norme di attuazione « *in quanto applicabili* » e per tutto ciò che non è previsto dal decreto. Viene espressamente esclusa l'applicabilità di una serie di istituti ritenuti *ex lege* incompatibili con il processo davanti al giudice di pace. Si tratta dell'arresto in flagranza e del fermo; delle misure cautelari personali; della proroga del termine per le indagini; dell'udienza prelimi-

(1) Per la nomina a giudice di pace è necessario aver superato l'esame da avvocato o, in sostituzione, l'aver svolto funzioni giudiziarie, anche onorarie, per almeno due anni, o funzioni notarili o, infine, aver insegnato materie giuridiche nelle università o svolto funzioni inerenti alle qualifiche dirigenziali e all'ex carriera direttiva delle cancellerie e delle segreterie giudiziarie.

nare; del giudizio abbreviato; dell'applicazione della pena su richiesta; del giudizio direttissimo; del giudizio immediato; del decreto penale di condanna; ed infine, dell'incidente probatorio, sostituito da un procedimento più agile e snello (art. 18).

La semplificazione del procedimento. La semplificazione del procedimento davanti al giudice di pace è stata attuata (v. tav. 4.3.1):

a) mediante l'eliminazione dell'udienza preliminare e della figura del giudice per le indagini preliminari; al posto di tale organo vi è la figura del "giudice di pace circondariale", il quale è competente a decidere in merito alla assunzione di prove non rinviabili al dibattimento, sulla richiesta di archiviazione del pubblico ministero e sulla opposizione alla richiesta di archiviazione presentata dalla persona offesa (v. *infra*, nel paragrafo sulle indagini preliminari);

b) attraverso l'ampliamento dei poteri della polizia giudiziaria, con una corrispondente riduzione dell'intervento del pubblico ministero;

c) mediante l'estensione dei poteri spettanti alla persona offesa che acquisisce un ruolo di primo piano sia in sede di attivazione del giudizio, sia quando il giudice di pace cerca di definire il procedimento senza arrivare alla condanna.

È importante sottolineare che l'adeguamento ai princìpi del "giusto processo" (art. 111 Cost.) ha imposto la necessità di garantire l'imparzialità del giudice, la parità delle parti, la ragionevole durata dei processi e la formazione della prova in contraddittorio.

La competenza per materia. Il giudice di pace conosce una serie di fattispecie attribuite qualitativamente (art. 4 d.lgs. n. 274 del 2000) tutte caratterizzate dalla tenuità della sanzione e dalla semplicità dell'accertamento. Si veda quanto esposto in precedenza nella Parte II, cap. 1, § 2, lett. *c*.

La competenza per territorio. La competenza per territorio è determinata mediante il tradizionale criterio costituito dal luogo nel quale il reato è stato consumato (art. 5). Nel caso che più reati connessi siano stati compiuti in luoghi diversi, la competenza per territorio spetta al giudice del luogo nel quale è stato commesso il primo reato. Se non è possibile determinare in tal modo la competenza, essa appartiene al giudice di pace del luogo nel quale è iniziato il primo dei procedimenti connessi (art. 8).

La competenza per connessione. Nel rito dinanzi al giudice di pace viene accolto un principio di tendenziale *irrilevanza* della connessione tra procedimenti. A tale regola si deroga soltanto in presenza di eccezioni tassative (2).

---

(2) Quando i procedimenti sono tutti di competenza del giudice di pace, la connessione opera soltanto in due casi (art. 7): quando il reato per cui si procede è stato commesso da più persone in concorso o cooperazione tra loro; quando una persona è imputata di più reati commessi con una sola azione od omissione (concorso formale di reati; ad es. lesioni colpose in danno di più persone); se i reati sono stati commessi in luoghi diversi, la competenza appartiene al giudice di pace del luogo in cui è stato commesso il primo reato (art. 8).

Quando un procedimento è di competenza del giudice di pace ed un altro è di competenza del giudice professionale (corte d'assise o tribunale), la connessione opera soltanto se si tratta di reati commessi con una sola azione o omissione ed unicamente se è possibile in concreto la riunione dei procedimenti (art. 6). La competenza spetta al giudice superiore, che deve irrogare le sanzioni applicabili dal giudice di pace (art. 63).

2. Le indagini preliminari.

L'ufficio del pubblico ministero. Dinanzi al giudice di pace, le funzioni di pubblico ministero sono svolte dal procuratore della repubblica presso il tribunale nel cui circondario ha sede il giudice di pace. La scelta di non istituire un apposito ufficio del pubblico ministero ha reso necessario prevedere un potenziamento dell'attività della polizia giudiziaria per evitare che gli uffici del pubblico ministero presso il giudice "professionale", già oberati di lavoro, fossero costretti a dedicare tempo e risorse per trattare lievi offese tra privati (3).

Il giudice di pace circondariale. Allo stesso modo, non è stato creato un apposito ufficio del giudice per le indagini preliminari. Ai sensi dell'art. 5, comma 2, « competente per gli atti da compiere nella fase delle indagini preliminari è il giudice di pace del luogo ove ha sede il tribunale del circondario in cui è compreso il giudice territorialmente competente ».

Il ruolo della polizia giudiziaria. Vero perno delle indagini preliminari, nel procedimento in esame, è la polizia giudiziaria, alla quale viene attribuita una attività investigativa tendenzialmente completa.

La disciplina delle indagini preliminari è prevista in modo alquanto sintetico dal decreto legislativo e necessita di una ricostruzione interpretativa (v. tav. 4.3.3). Anzitutto, occorre distinguere tra le ipotesi nelle quali la notizia di reato è stata acquisita dalla polizia giudiziaria (art. 11) e le ipotesi nelle quali essa è stata acquisita dal pubblico ministero (art. 12).

La notizia di reato acquisita dalla polizia giudiziaria. La polizia giudiziaria, una volta acquisita la notizia di reato, svolge direttamente le indagini di propria iniziativa (art. 11, comma 1). La polizia di regola compie *autonomamente* i propri atti di indagine; una differente normativa è prevista quando è necessario procedere ad accertamenti tecnici irripetibili, ad interrogatori o confronti ai quali partecipi l'indagato o alle perquisizioni e sequestri fuori dei casi di flagranza o urgenza (artt. 352 e 354 c.p.p.). Per compiere tali atti la polizia giudiziaria deve chiedere l'*autorizzazione* al pubblico ministero (art. 13). Ricevuta la richiesta, il pubblico ministero può prendere le seguenti decisioni: *a*) può limitarsi a concedere o a negare l'autorizzazione; *b*) può compiere personalmente il singolo atto; *c*) può trattenere le indagini.

L'autorizzazione. Merita precisare che la norma fa riferimento ad un'*autorizzazione* e non ad una delega. Infatti, mentre quest'ultima presuppone che il delegante sia il titolare del potere delegato, la prima è complementare ad una facoltà propria dell'organo autorizzato.

Se la polizia non ritiene di compiere atti soggetti ad autorizzazione, il primo

---

(3) Il procuratore della repubblica presso il tribunale può delegare lo svolgimento delle proprie funzioni di udienza a: magistrati ordinari in tirocinio, vice procuratori onorari addetti all'ufficio, personale in quiescenza da non più di due anni (purché abbia svolto funzioni di ufficiale di p.g. nei cinque anni precedenti), e laureati in giurisprudenza che frequentano il secondo anno della scuola biennale di specializzazione per le professioni legali (art. 50, comma 1, lett. *a* e *b*).

contatto con l'ufficio dell'accusa pubblica ha luogo soltanto al momento in cui la polizia giudiziaria trasmette al pubblico ministero la *relazione* prevista dall'art. 11 (4).

Le indagini compiute dalla polizia giudiziaria devono concludersi con una relazione al pubblico ministero entro il termine di quattro mesi dalla acquisizione della notizia di reato (art. 11 comma 1); il termine è ordinatorio.

La notizia di reato acquisita direttamente dal pubblico ministero. Passiamo adesso all'esame delle ipotesi nelle quali è il pubblico ministero ad avere acquisito direttamente la notizia di reato (art. 12). Se il magistrato non ritiene necessari atti di indagine, può immediatamente esercitare l'azione penale o chiedere l'archiviazione (5).

In caso contrario, il pubblico ministero non può procedere personalmente alle indagini, ma deve trasmettere la notizia di reato alla polizia giudiziaria; in ogni caso egli ha la possibilità di impartire, se necessario, le sue *direttive* alla polizia. Una volta che la polizia giudiziaria ha ricevuto gli atti, la disciplina delle indagini è identica a quella che abbiamo esposto *supra* in relazione alle ipotesi nelle quali la notizia di reato sia stata acquisita direttamente dalla polizia. L'iscrizione nel registro delle notizie di reato avviene al momento in cui il pubblico ministero riceve la relazione, e quindi non immediatamente, come previsto nel procedimento ordinario in base all'art. 335.

L'assunzione di prove non rinviabili. Il principio della massima semplificazione del procedimento è stato bilanciato con il diritto all'assunzione della prova urgente. Le parti, in base all'art. 18, possono chiedere al giudice di pace l'assunzione di prove non rinviabili al dibattimento; se ciò non fosse possibile, vi sarebbe una perdita di conoscenza per la decisione. La predetta norma prevede la possibilità di assunzione di prove sulla base del meccanismo previsto dall'articolo 467, commi 2 e 3 del codice di procedura penale: si tratta di uno strumento più agile e snello dell'incidente probatorio. Infatti, davanti al giudice di pace non esistono casi tassativi di non rinviabilità, né è richiesto l'accertamento in contraddittorio della necessità dell'incidente probatorio (6).

3. La conclusione delle indagini preliminari.

La relazione al pubblico ministero. Il termine posto per le indagini effettuate dalla polizia giudiziaria è di ***quattro mesi dalla acquisizione della notizia di reato*** (art.

---

(4) Occorre tuttavia precisare che, ai sensi dell'art. 5 del regolamento di esecuzione (d.m. n. 204 del 2001), « prima della trasmissione della relazione di cui all'art. 11 del decreto legislativo, il pubblico ministero può chiedere alla polizia giudiziaria la trasmissione degli atti compiuti ».

(5) All'uopo è necessario che il pubblico ministero iscriva la notizia di reato nell'apposito registro (art. 7, comma 2, reg. esec.).

(6) Competente all'assunzione delle prove non rinviabili nel corso delle indagini è il giudice di pace circondariale, mentre dopo la chiusura delle indagini stesse e nel procedimento avviato su ricorso della persona offesa è competente il giudice di pace del dibattimento.

L'assunzione avviene nel pieno contraddittorio delle parti, secondo le forme previste per il dibattimento. Deve essere dato avviso del compimento dell'atto al pubblico ministero, alla persona offesa e ai difensori almeno ventiquattro ore prima (art. 467 comma 2 c.p.p.). I verbali degli atti compiuti devono essere inseriti nel fascicolo per il dibattimento e pertanto sono utilizzabili dal giudice (art. 467 comma 3 c.p.p.).

11 comma 1). Entro detto termine la polizia giudiziaria trasmette al pubblico ministero una relazione che può avere differenti contenuti. Quando la notizia di reato appare *infondata*, la polizia espone i motivi per i quali deve essere chiesta l'archiviazione. Quando la notizia di reato appare *fondata*, la relazione è una comunicazione funzionale all'esercizio dell'azione penale; la polizia deve enunciare il fatto storico in forma chiara e precisa, con l'indicazione degli articoli di legge che si assumono violati (art. 11 comma 2).

L'iscrizione nel registro delle notizie di reato. Una volta ricevuta la relazione, il pubblico ministero deve provvedere all'iscrizione nel registro delle notizie di reato (art. 14); alla iscrizione il pubblico ministero deve provvedere anche prima di aver ricevuto la relazione, fin dal primo atto di indagine svolto personalmente. Quindi, il pubblico ministero prende una delle seguenti decisioni:

a) dispone ulteriori indagini (art. 15, comma 2);

b) chiede l'archiviazione al giudice di pace circondariale (artt. 15 comma 1 e 17);

c) decide di esercitare l'azione penale formulando l'imputazione e disponendo la citazione a giudizio dell'imputato (artt. 15 comma 1 e 20).

a) Le ulteriori indagini. In quest'ultima ipotesi, il pubblico ministero può trasmettere il fascicolo alla polizia giudiziaria, se del caso, impartendo *direttive* o *delegando* il compimento di *specifici* atti; oppure può trattenere il fascicolo e svolgere le indagini personalmente (art. 15, comma 2).

Le ulteriori indagini compiute dalla polizia giudiziaria su delega del pubblico ministero (o svolte personalmente da questi) devono concludersi entro il termine di ***quattro mesi dalla iscrizione della notizia di reato nell'apposito registro*** (art. 16, comma 1). Si tratta di un termine differente da quello previsto nell'art. 11 comma 1 che, ricordiamo, decorre dalla *acquisizione* della notizia di reato.

La proroga del termine. Nei casi di particolare complessità il pubblico ministero dispone, con provvedimento motivato, la prosecuzione delle indagini per un periodo di tempo non superiore a due mesi (art. 16 comma 2). Il provvedimento è comunicato al giudice di pace circondariale che, se non ritiene sussistenti le ragioni addotte, dichiara entro cinque giorni la chiusura delle indagini o riduce il termine indicato.

Le indagini preliminari devono essere completate, a pena di *inutilizzabilità* (art. 16 comma 4), nei termini indicati (quattro mesi dall'iscrizione della notizia di reato prorogabili dal giudice).

Esaminiamo adesso le altre decisioni che possono essere prese dal pubblico ministero.

b) L'archiviazione. In base all'articolo 17, il pubblico ministero presenta richiesta di archiviazione al giudice quando la notizia di reato è infondata, quando mancano i presupposti di diritto e nel caso di particolare tenuità del fatto (art. 34 comma 2). Competente a disporre l'archiviazione è il giudice di pace circondariale (7).

---

(7) Nel caso in cui decida di chiedere l'archiviazione, il pubblico ministero deve notificare alla persona offesa, che abbia dichiarato di volerne essere informata, copia della richiesta. Nei successivi dieci giorni dalla notifica, l'offeso può presentare al giudice di pace circondariale una richiesta di prosecuzione delle indagini, indicando a pena di

c) ***La citazione a giudizio.*** Spetta al pubblico ministero redigere la citazione a giudizio (art. 20); assume la qualità di imputato la persona alla quale il reato è attribuito nella citazione (art. 3) ([8]).

La citazione a giudizio deve essere sottoscritta, a pena di nullità, dal pubblico ministero o dall'assistente giudiziario; essa è notificata, a cura dell'ufficiale giudiziario, all'imputato, al suo difensore e alla parte offesa almeno trenta giorni prima della data dell'udienza (art. 20 commi 3 e 4 mod. dall'art. 17 decreto-legge antiterrorismo n. 144 del 2005, conv. in legge n. 155).

d) ***La presentazione immediata dell'imputato a giudizio in casi particolari.*** La legge 15 luglio 2009, n. 94 (Disposizioni in materia di sicurezza pubblica) ha introdotto due ulteriori modalità di presentazione dell'imputato davanti al giudice di pace particolarmente snelle e veloci. Tale disciplina si applica *ai reati procedibili d'ufficio*, in caso di *flagranza di reato o di prova evidente*, nonché al reato di *ingresso e soggiorno illegale* nel territorio dello Stato (art. 10-*bis* d.lgs. 25 luglio 1998, n. 286 introdotto dalla legge n. 94 del 2009).

Sulla base dei suddetti presupposti esistono due possibili modalità di presentazione immediata dell'imputato al giudice di pace.

I. La polizia giudiziaria chiede al pubblico ministero ***l'autorizzazione a presentare immediatamente l'imputato a giudizio*** dinanzi al giudice di pace (art. 20-*bis* e ss. d.lgs. 274 introdotti dalla legge n. 94 del 2009) ([9]). Tale richiesta deve essere depositata presso la segreteria del pubblico ministero, il quale può prendere le seguenti decisioni: può chiedere l'archiviazione; può autorizzare la presentazione immediata nei quindici giorni successivi, fissando la data e l'ora del giudizio e nominando un difensore d'ufficio all'imputato che ne è privo; può esprimere parere contrario alla citazione, nel caso in cui non ritenga sussistenti i presupposti per la presentazione immediata oppure qualora ritenga la richiesta manifestamente infondata o presentata ad un giudice di pace incompetente per territorio (art. 20-*bis*, comma 3).

Se il pubblico ministero autorizza la presentazione immediata, copia della richiesta e della autorizzazione vengono notificate senza ritardo all'imputato ed al suo difensore (art. 20-*bis*, comma 4). La modalità di presentazione immediata appena descritta ha molte caratteristiche che la avvicinano al *giudizio immediato*.

---

inammissibilità gli elementi di prova che giustificano il rigetto della richiesta di archiviazione o le ulteriori indagini da compiere. L'articolo 17 del decreto si limita a prevedere un *contraddittorio cartolare*, probabilmente in omaggio al principio di semplificazione. Il giudice può accogliere la richiesta del pubblico ministero e, allora, dispone l'archiviazione con decreto; oppure può rigettarla. In tal caso restituisce con ordinanza gli atti al pubblico ministero, indicando le ulteriori indagini necessarie e fissando il termine indispensabile per il loro compimento, ovvero disponendo che entro dieci giorni il pubblico ministero formuli l'imputazione (art. 17, comma 4).

([8]) Il controllo giurisdizionale sulla fondatezza dell'esercizio dell'azione penale non è previsto. Considerata l'esiguità dei reati di competenza del giudice di pace, il legislatore ha ritenuto poco probabile che l'imputato, poi dimostratosi innocente, riceva un danno rilevante dal dibattimento, al quale sia stato sottoposto ingiustamente.

Merita segnalare che nel procedimento davanti al giudice di pace non vi è l'obbligo di inviare all'indagato l'avviso della conclusione delle indagini preliminari (art. 415-*bis*) poiché il decreto legislativo n. 274 non prevede tale adempimento.

([9]) L'istanza della polizia giudiziaria è caratterizzata da un ampio contenuto che comprende, tra l'altro, la descrizione in forma chiara e precisa del fatto e la richiesta di fissazione dell'udienza (art. 20-*bis*, comma 2).

II. Nel caso in cui sussistano gravi e comprovate ragioni di urgenza che non consentano di attendere la fissazione dell'udienza secondo la procedura sopra esposta, oppure quando l'imputato sia sottoposto a misure di limitazione o privazione della libertà personale, la polizia giudiziaria può presentare al pubblico ministero anche la ***richiesta di citazione contestuale per l'udienza*** (art. 20-*ter*).

In tal caso, il pubblico ministero, valutati i presupposti che caratterizzano il rito e quelli di urgenza, può esprimere parere contrario alla citazione, come si è visto sopra, oppure può emanare contestualmente l'autorizzazione alla presentazione immediata e la citazione (art. 20-*ter*, comma 2).

Nel caso in cui il pubblico ministero conceda l'autorizzazione e la contestuale citazione dinanzi al giudice di pace, spettano alla polizia giudiziaria ulteriori adempimenti. Se l'imputato è sottoposto a misura limitativa o privativa della libertà personale, la polizia giudiziaria lo conduce direttamente davanti al giudice per la trattazione del procedimento, eccetto che l'imputato medesimo espressamente rinunzi a partecipare all'udienza. Qualora, invece, l'imputato sia libero, la polizia giudiziaria notifica al medesimo copia della richiesta e del provvedimento del pubblico ministero, comunicandoli immediatamente anche al difensore (art. 20-*ter*, comma 3). La modalità di presentazione immediata appena descritta ha molte caratteristiche che la avvicinano al *giudizio direttissimo.*

Regolamentazione comune. In ciascuna delle due ipotesi di presentazione immediata (I e II), il giudizio si svolge ai sensi dell'art. 32, come si vedrà in seguito, con la particolarità che la persona offesa e i testimoni possono essere citati anche oralmente dall'ufficiale giudiziario (e dalla polizia giudiziaria, ma ciò solo per il giudizio a citazione contestuale, art. 32-*bis*, comma 2, e non per il giudizio a presentazione immediata). Pubblico ministero, imputato e parte civile possono presentare direttamente a dibattimento i propri testimoni e consulenti tecnici (art. 32-*bis*, comma 3). Il pubblico ministero dà lettura dell'imputazione (art. 32-*bis*, comma 4) e l'imputato è avvisato della facoltà di chiedere un termine a difesa non superiore a sette giorni, in caso di *presentazione immediata*, o a quarantotto ore, nel caso di *citazione contestuale* (art. 32-*bis*, comma 5).

4. La citazione a giudizio su ricorso della persona offesa.

Considerazioni preliminari. Per *tutti* i reati che sono di competenza del giudice di pace e che sono procedibili a *querela*, è ammesso l'istituto della citazione a giudizio su ricorso della persona offesa (art. 21). La presentazione del ricorso sortisce gli stessi effetti sostanziali e processuali della presentazione della querela (art. 21, comma 5).

Il decreto legislativo stabilisce che l'avvenuta presentazione della querela non preclude la possibilità di presentare ricorso (art. 22, comma 2). Il legislatore delegato ha probabilmente tenuto conto di una realtà empirica: spesso la persona offesa sporge querela nella immediatezza del fatto, senza avere piena cognizione delle facoltà riconosciutele dalla legge. La preclusione di una successiva presentazione del ricorso avrebbe limitato l'applicazione dell'istituto.

Il ricorso. L'offeso chiede con ricorso al giudice di pace la fissazione dell'udienza (art. 21). I termini per la presentazione del ricorso sono coincidenti con quelli previsti per la querela dall'articolo 124 c.p.: tre mesi da quando la persona offesa ha avuto notizia del fatto che costituisce reato (art. 22, comma 1). Il ricorso attiva un primo contatto con il magistrato e non con la persona citata; il ricorrente non ha il potere di far fissare immediatamente l'udienza di comparizione (v. tav. 4.3.5). In linea con questa soluzione, il ricorso *non* deve essere comunicato subito alla persona nei cui confronti il ricorrente chiede che si proceda. La legge impone all'offeso la previa comunicazione del ricorso al pubblico ministero ed il suo deposito nella cancelleria del giudice di pace. La notifica alla persona citata avviene *successivamente* soltanto se il giudice di pace ne dispone la convocazione (art. 27, comma 4). La scelta del legislatore delegato è stata, quindi, nel senso di prevedere il *filtro* operato dal giudice di pace.

Merita precisare che la persona alla quale il fatto è addebitato non assume la qualifica di imputato. L'art. 3 del decreto legislativo precisa che tale *status* si acquisisce soltanto allorché il giudice, ritenuta la fondatezza del ricorso, emette decreto di convocazione per l'udienza dibattimentale.

Il ricorso deve essere sottoscritto, a pena di inammissibilità, sia dalla persona offesa (o dal suo legale rappresentante) sia dal difensore, che inoltre autentica la sottoscrizione del ricorrente ([10]). Se il ricorrente intende chiedere il risarcimento del danno deve, a pena di decadenza, costituirsi parte civile con la presentazione del ricorso.

Il ruolo del pubblico ministero. Il ricorrente deve dare comunicazione del ricorso al pubblico ministero prima di depositarlo nella cancelleria del giudice di pace (art. 22). Il pubblico ministero, nel caso in cui ritenga il ricorso manifestamente infondato, inammissibile, ovvero presentato di fronte a giudice incompetente per territorio, trasmette al giudice di pace, entro dieci giorni dalla comunicazione del ricorso, parere contrario alla citazione; altrimenti formula l'imputazione confermando o modificando l'addebito contenuto nel ricorso.

Il pubblico ministero non è titolare di un potere di veto. Il suo parere negativo non vincola infatti la successiva valutazione del giudice di pace sull'inammissibilità e sulla manifesta infondatezza. In questa sede, la pubblica accusa non può chiedere l'archiviazione, ma al massimo esprimere un parere contrario alla citazione (art. 25).

Il filtro operato dal giudice di pace. Il giudice di pace ha diritto di sapere fin dall'inizio se e quando il pubblico ministero ha ricevuto copia del ricorso: la mancata presentazione della prova dell'avvenuta comunicazione è causa di inammissibilità (art. 24 lett. *e*).

([10]) In base all'articolo 21 il ricorso della persona offesa deve contenere, a pena di inammissibilità: *a*) l'indicazione del giudice; *b*) le generalità del ricorrente e se si tratta di persona giuridica o di associazione non riconosciuta la denominazione dell'ente, con l'indicazione del legale rappresentante; *c*) l'indicazione del suo difensore e la relativa nomina; *d*) l'indicazione delle *altre persone offese* dal medesimo reato, delle quali il ricorrente conosca l'identità; *e*) le generalità della persona citata a giudizio; *f*) la descrizione, in forma chiara e precisa, del fatto che si *addebita* alla persona citata a giudizio, con l'indicazione degli articoli di legge che si assumono violati; *g*) i documenti di cui si chiede l'acquisizione; *h*) l'indicazione delle fonti di prova *a sostegno* della richiesta nonché delle circostanze su cui deve vertere l'esame dei testimoni e dei consulenti tecnici; *i*) la richiesta di fissazione dell'udienza per procedere nei confronti della persona citata a giudizio. Il ricorrente manifesta in questo modo la volontà che si proceda contro il soggetto cui è addebitato il fatto previsto dalla legge come reato; non lo può citare direttamente a giudizio, come nel processo civile, ma è obbligato a chiedere al giudice la fissazione dell'udienza e l'emissione del decreto di convocazione. La richiesta esplica una funzione di impulso processuale.

Il giudice, trascorsi i dieci giorni entro i quali il pubblico ministero può depositare il proprio parere, decide *de plano* sul ricorso della persona offesa « a norma dei commi 2, 3 e 4 » dell'art. 26.

1) Nel caso in cui il giudice ritenga il ricorso *manifestamente infondato o inammissibile*, ne dispone la trasmissione al pubblico ministero « per l'ulteriore corso del procedimento » (comma 2) da intendersi con le forme ordinarie.

2) Se il ricorso risulta presentato per un reato che appartiene alla *competenza di altro giudice*, il giudice di pace ne dispone la trasmissione al pubblico ministero con ordinanza (comma 3).

3) Se riconosce la propria *incompetenza per territorio*, il giudice di pace la dichiara con ordinanza e restituisce gli atti al ricorrente che, nel termine di venti giorni, ha facoltà di reiterare il ricorso davanti al giudice competente; l'inosservanza del termine è causa di inammissibilità del ricorso (comma 4).

4) Ove non decida in alcuno dei modi menzionati, il giudice deve emettere il *decreto di convocazione* (art. 27, comma 1: « se non deve provvedere ai sensi dell'art. 26, il giudice di pace, entro venti giorni dal deposito del ricorso, convoca le parti in udienza con decreto »). Come si può dedurre dal testo del decreto legislativo, perché il giudice di pace emetta decreto di convocazione è sufficiente che il ricorso non appaia infondato ad un esame *superficiale* sulla base delle indicazioni contenute nel ricorso e nei documenti allegati ([11]).

Il decreto di convocazione. Il giudice di pace emette il decreto di convocazione quando non valuta inammissibile o manifestamente infondato il ricorso della persona offesa e, al tempo stesso, ritiene che il fatto addebitato rientri nella propria competenza. L'offeso deve notificare il decreto di convocazione unitamente al proprio ricorso almeno venti giorni prima dell'udienza al pubblico ministero, all'imputato e al suo difensore. Da questo momento la persona citata a giudizio assume la qualità di imputato (art. 3). Destinatari della notificazione del solo decreto sono le altre *persone offese* di cui il ricorrente conosca l'identità. Queste ultime hanno la possibilità di *intervenire* nel processo con l'assistenza di un difensore, aderendo al ricorso e godendo degli stessi diritti del ricorrente principale (art. 28) ([12]).

La costituzione di parte civile. La citazione a giudizio su ricorso dell'offeso è istituto a tendenziale *natura mista*: mira all'attivazione del procedimento penale e allo

---

([11]) Nel caso in cui la pubblica accusa non abbia fatto pervenire alcun parere, si pone il problema se il giudice possa recepire come imputazione l'addebito precisato dall'offeso nel ricorso. Sul punto dobbiamo registrare un contrasto insanabile tra la giurisprudenza e la dottrina.La dottrina, infatti, ritiene che la persona offesa sia titolare di una vera e propria azione penale, sia pure "privata" e "sussidiaria", in quanto dipendente dall'inazione del pubblico ministero. Tale asserzione sarebbe confermata dal fatto che, sulla base dell'art. 17, lett. *c*, della legge delega n. 468 del 1999, il potere decisorio del giudice non può tollerare un potere di veto della pubblica accusa. Pertanto, nel caso di omesso parere da parte del pubblico ministero, l'imputazione ammessa dal giudice di pace consiste nell'addebito che è stato precisato dall'offeso nel ricorso e che è stato ritenuto dal medesimo giudice non manifestamente infondato. Ovviamente, resta ferma la presenza obbligatoria del pubblico ministero in dibattimento.Differente è la posizione della giurisprudenza. Quando il pubblico ministero non ha fatto pervenire alcun parere, si ritiene che il giudice di pace debba restituire gli atti alla pubblica accusa perché questa proceda nelle forme ordinarie (*Cass., sez. V, 25 ottobre 2005-3 gennaio 2006*, P.m. in proc. Losa, in *CED* n. 233501; *Corte cost., ord. n. 361 e 381 del 2005*).

([12]) La mancata comparizione delle persone offese alle quali è stato notificato il decreto di convocazione ai sensi dell'art. 27 comma 4 viene considerata rinuncia tacita al diritto di querela ovvero remissione della stessa, se già presentata (art. 28, comma 3).

stesso tempo può svolgere una funzione di tutela civilistica. È sufficiente a tal fine che il ricorso contenga la semplice richiesta motivata di risarcimento del danno (artt. 21 e 23) ([13]).

5. Il giudizio: le definizioni alternative del procedimento.

L'udienza di comparizione. L'udienza di comparizione è il momento processuale di raccordo tra la chiusura delle indagini e la fase del giudizio. Lo scopo dell'udienza è quello di consentire alle parti di scegliere i riti di definizione alternativa del procedimento o, nel caso di reati procedibili a querela, di aderire all'attività di conciliazione svolta dal giudice di pace (v. tav. 4.3.4).

L'ufficio del pubblico ministero. Il procuratore della repubblica può delegare lo svolgimento delle sue funzioni nell'udienza dibattimentale ad uditori giudiziari, a vice procuratori onorari addetti all'ufficio, a personale in quiescenza da non più di due anni che nei cinque anni precedenti abbia svolto le funzioni di ufficiale di polizia giudiziaria, o a laureati in giurisprudenza che frequentano il secondo anno della scuola biennale di specializzazione per le professioni legali (art. 50 comma 1 lett. *a*, mod. dall'art. 17 decreto-legge n. 144 del 2005, conv. in legge n. 155).

La fase antecedente alla celebrazione dell'udienza di comparizione è regolata dai primi tre commi dell'articolo 29. Spetta alla parte, che ha attivato il procedimento (pubblico ministero o difensore della persona offesa), l'onere di depositare nella cancelleria del giudice di pace l'atto di citazione a giudizio con le relative notifiche almeno sette giorni prima della data fissata per l'udienza di comparizione (art. 29, comma 1). In tal modo il giudice è messo in condizione di verificare la regolarità delle notifiche dell'atto introduttivo del giudizio e di conoscere l'oggetto del contendere, anche al fine di attivare i propri poteri in ordine alla riunione dei processi.

Le liste testimoniali. Nello stesso termine di sette giorni (art. 29, comma 2) le parti diverse da quella che ha attivato il procedimento devono depositare le liste testimoniali con l'indicazione delle circostanze su cui deve vertere l'esame. L'operazione è funzionale all'attuazione della *discovery* probatoria e permette alle parti un compiuto esercizio del diritto alla prova principale ([14]).

Il tentativo di conciliazione. Aperta l'udienza di comparizione, il giudice deve promuovere la conciliazione tra le parti nel caso in cui il reato sia *perseguibile a*

([13]) Occorre sottolineare la singolarità secondo cui l'eventuale costituzione di parte civile deve avvenire, *a pena di decadenza*, con la presentazione del ricorso. Non è ammessa la possibilità di costituirsi in un momento successivo, contrariamente a quanto è consentito nel procedimento penale ordinario (art. 79 c.p.p.). Le persone offese intervenute possono costituirsi parte civile *prima della dichiarazione di apertura del dibattimento*, in linea con le ordinarie modalità previste dal codice di procedura penale. Si vuole così evitare che il termine perentorio, stabilito per il ricorrente dall'articolo 23, possa impedire, a coloro che non hanno esperito il ricorso, di costituirsi parte civile nel processo penale.

([14]) La norma non riguarda la parte che ha attivato il procedimento; infatti il ricorrente o il pubblico ministero dovevano aver già indicato i propri testi (e le relative circostanze) direttamente nell'atto di *vocatio in ius*, secondo quanto previsto dagli articoli 21, comma 2, lett. *h* e 20, comma 2, lett. *c*. Ne consegue che l'imputato al momento della notificazione della citazione viene a conoscenza delle prove indicate dal ricorrente o dal pubblico ministero, mentre egli scopre le sue carte soltanto sette giorni prima dell'udienza di comparizione.

querela (art. 29, comma 4). Non deve semplicemente accertarsi che il querelante sia disposto a rimettere la querela, come nel caso di cui all'articolo 555 c.p.p.; l'attività del giudice è più penetrante. Gli viene attribuita una vera e propria funzione promozionale della mediazione, per svolgere la quale può ricorrere anche a centri o strutture pubbliche o private presenti sul territorio. Si tratta di un vero e proprio dovere: egli non può sottrarsi a tale incombenza ([15]). Nel caso in cui sia raggiunta la conciliazione, viene redatto *verbale* in cui si attesta la remissione della querela e la relativa accettazione da parte dell'imputato (art. 29, comma 5). La rinuncia al ricorso produce gli stessi effetti della remissione della querela.

Le definizioni alternative del procedimento. Il decreto legislativo appronta, nel suo capo quinto, un autonomo sistema di "definizioni alternative" che poco o niente hanno a che vedere con le figure a noi già note del giudizio abbreviato, immediato, direttissimo, del patteggiamento e del procedimento per decreto.

a) Esclusione della procedibilità nei casi di particolare tenuità del fatto. L'articolo 34 del decreto legislativo disciplina l'esclusione della procedibilità nei casi di particolare tenuità del fatto. Ai sensi del comma 1 il fatto è di particolare tenuità quando, rispetto all'interesse tutelato, l'esiguità del danno o del pericolo che ne è derivato nonché la sua occasionalità e il grado della colpevolezza non giustificano l'esercizio dell'azione penale, tenuto conto altresì del pregiudizio che l'ulteriore corso del procedimento può recare alle esigenze di lavoro, di studio, di famiglia o di salute della persona sottoposta ad indagini o dell'imputato ([16]).

b) Estinzione del reato conseguente a condotte riparatorie. Il giudice, sentite le parti e la persona offesa, dichiara *l'estinzione* del reato quando l'imputato *dimostra* di aver proceduto, *prima dell'udienza di comparizione*, alla riparazione del danno o alla eliminazione delle conseguenze dannose o pericolose (art. 35, comma 1). Il legislatore non si limita a prevedere una semplice reintegrazione dell'interesse leso; al contrario, richiede che la riparazione sia realizzata attraverso modalità che il giudice di pace ritenga idonee a soddisfare le esigenze di riprovazione del reato e quelle di prevenzione (art. 35, comma 2). Il giudice non forma il suo convincimento soltanto sulla base della riparazione in se stessa, ma deve anche accertare che l'imputato abbia tratto, dall'esperienza di reintegrazione dell'interesse leso, forti motivazioni per non reiterare l'illecito.

([15]) La norma prevede che le dichiarazioni, rese dalle parti nel corso dell'attività di conciliazione, non possano essere utilizzate *in alcun modo* ai fini della decisione: il giudice non può basarsi su di esse per motivare la sentenza né altri provvedimenti.

([16]) Il rito semplificato può trovare applicazione sia nel corso delle indagini, sia nel dibattimento. Nel corso delle indagini il pubblico ministero, che rileva la tenuità del fatto, presenta una richiesta di archiviazione. Il giudice può disporre l'archiviazione con la formula di « non doversi procedere »: si tratta di una particolare forma di archiviazione. Tale provvedimento non può essere pronunciato quando risulti un interesse della persona offesa alla prosecuzione del procedimento (art. 34, comma 2). L'offeso, che abbia chiesto di essere informato dell'eventuale richiesta di archiviazione, potrà anche con atto successivo manifestare la propria contrarietà alla formula liberatoria. Nel corso delle indagini non è richiesto il consenso dell'indagato, perché si ritiene che egli non possa essere pregiudicato dal decreto di archiviazione. Dopo l'esercizio dell'azione penale, viceversa, il giudice di pace può dichiarare con sentenza la particolare tenuità del fatto soltanto se l'imputato e l'offeso non si oppongono. In particolare, l'imputato deve essere sentito perché ha il diritto di rinunciare alla causa di non procedibilità e di ottenere un esito processuale più favorevole nel merito.

Il fatto di non aver potuto procedere alla riparazione *prima* dell'udienza di comparizione non preclude all'imputato la possibilità di ottenere l'estinzione, ma rende più ardua la via per raggiungerla.

Il giudice, se verifica che le attività risarcitorie o riparatorie hanno avuto esito positivo, sentite le parti, dichiara con sentenza *l'estinzione* del reato enunciandone la causa nel dispositivo; altrimenti dispone la prosecuzione del procedimento (art. 35, commi 4 e 5). Merita precisare che *non occorre* il *consenso* delle parti; pertanto è possibile che il giudice dichiari l'estinzione anche se l'offeso si oppone.

6. Il dibattimento davanti al giudice di pace.

Il dibattimento. La normativa relativa al dibattimento presenta profili di ulteriore *semplificazione*, rispetto a quella dettata per il giudizio monocratico. Terminata *senza esito* la fase dedicata alle definizioni anticipate del procedimento, il giudice di pace dichiara aperto il dibattimento (art. 29, comma 7). Le parti presentano le richieste di prova; è questo il momento per chiedere l'ammissione della prova contraria. Nel caso in cui sia possibile procedervi *immediatamente*, il giudice di pace ammette le prove richieste dalle parti; egli rigetta soltanto quelle che sono vietate dalla legge, superflue o irrilevanti (v. tav. 4.3.7).

La prova della rilevanza e della non superfluità della prova richiesta. A differenza di quanto previsto dagli articoli 190 e 495 del codice di procedura penale per il giudice professionale, il giudice di pace nega l'ammissione quando le parti non sono in grado di dimostrare la rilevanza e la non superfluità della prova richiesta. È evidente che si è voluto ampliare il vaglio del magistrato onorario in ordine all'ammissione dei mezzi di prova, tenuto conto delle esigenze di snellezza del procedimento in questione.

Successivamente il giudice *invita* le parti ad indicare gli atti da inserire nel fascicolo per il dibattimento. In tale sede è possibile che le parti si accordino per l'acquisizione di atti delle indagini preliminari e delle investigazioni difensive (art. 29, comma 7).

Ove non sia possibile procedere immediatamente al dibattimento, il giudice di pace fissa un'altra udienza e *autorizza* le parti alla *citazione* dei testimoni e dei consulenti tecnici (art. 29 comma 8). Il magistrato onorario può negare l'autorizzazione soltanto per quelle testimonianze che sono *vietate dalla legge* o *manifestamente sovrabbondanti*, in linea con quanto stabilito dall'articolo 468, comma 2 del codice di procedura penale.

La decadenza dalla prova. Nel caso in cui omettano la citazione, le parti decadono dalla prova (art. 29, comma 8). Quest'ultima previsione concretizza un affermato orientamento giurisprudenziale, cui il legislatore delegato ha scelto di aderire: si presuppone *per facta concludentia* la carenza di interesse della parte che ha omesso la citazione. Ad ogni modo il giudice, nel caso in cui successivamente reputi l'assunzione delle prove *assolutamente necessaria*, vi può provvedere d'ufficio *ex* articolo 32, comma 2.

Se sussiste *l'accordo* delle parti (art. 32 comma 1) l'esame dei testimoni, periti e consulenti tecnici può essere condotto direttamente dal giudice sulla base delle domande e delle contestazioni proposte dal pubblico ministero e dai difensori. La disposizione non prevede la « concorde *richiesta* delle parti », come invece è stabilito dall'articolo 559 del codice di procedura penale per il dibattimento di fronte al giudice monocratico. È sufficiente il semplice accordo, raggiungibile anche attraverso un tacito consenso. Inoltre la "richiesta" presuppone un'attivazione delle parti, mentre "l'accordo" può anche essere accertato su iniziativa del giudice.

Il verbale di udienza è redatto *di regola* in forma riassuntiva (art. 32, comma 3). Il giudice, per particolari esigenze, può procedere alla verbalizzazione in forma integrale.

La sentenza. La motivazione della sentenza è redatta dal giudice in forma abbreviata e deve essere depositata entro quindici giorni (art. 32 comma 4). Può essere addirittura dettata direttamente a verbale.

La permanenza domiciliare. L'articolo 33 disciplina la sentenza di condanna alla pena della permanenza domiciliare. Tale sanzione di regola consiste nell'obbligo di restare nella propria abitazione durante il fine settimana; tuttavia è possibile richiedere l'esecuzione continuativa della detenzione domiciliare anche durante i giorni feriali. Il giudice può disporre l'esecuzione continuativa soltanto su *richiesta* del condannato. L'imputato è chiamato a esprimere la propria volontà subito *dopo* la condanna alla permanenza domiciliare (art. 33). Il giudice, sentite le motivazioni esposte dal condannato, *può sempre rigettare* quella domanda di esecuzione continuativa, che egli ritenga difettare di congruità.

Il lavoro di pubblica utilità. Se il giudice ritiene applicabile il lavoro di pubblica utilità *in alternativa* alla permanenza domiciliare, ne indica il tipo e la durata. In tal caso l'imputato può scegliere tra la permanenza domiciliare ed il lavoro di pubblica utilità. Il magistrato onorario è *obbligato* ad accettare la richiesta dell'imputato. Infatti, proponendo in precedenza l'alternativa, egli ne aveva già ritenuto ammissibile l'applicazione.

Se il giudice ritiene la permanenza domiciliare *non surrogabile* con il lavoro di pubblica utilità, l'imputato può soltanto esprimere la propria preferenza per l'esecuzione continuativa (art. 33, comma 1).

Una volta acquisite le richieste del condannato, il giudice *integra* il dispositivo e ne dà lettura (art. 33, comma 4). La sentenza si perfeziona quindi in un momento successivo alla sua pronuncia, quando può essere completata con la concreta individuazione della pena.

La rappresentanza volontaria del difensore. Le richieste di cui sopra sono veri e propri *atti personali* del condannato. Riguardano infatti la natura e la modalità applicativa delle sanzioni. Conseguentemente, soltanto il difensore munito di *procura speciale* può presentarle (art. 33). In proposito, alcuni problemi possono sorgere per l'imputato non presente, che non potrà usufruire dell'istituto dell'esecuzione continuativa né scegliere il lavoro di pubblica utilità, a meno che non abbia conferito la procura speciale al proprio avvocato.

7. Le impugnazioni.

La disciplina delle impugnazioni, predisposta per il procedimento dinanzi al giudice di pace, si ricava integrando le norme espressamente previste nel decreto legislativo (artt. 36-39) con le disposizioni contenute nel codice in materia di impugnazioni; ciò comporta, ad esempio, la vigenza del principio di tassatività delle impugnazioni (art. 568 c.p.p.). La materia è stata modificata dalla legge 20 febbraio 2006, n. 46 e dal d.lgs. n. 11 del 2018.

Sentenze sottoponibili ad appello. Il pubblico ministero e l'imputato possono proporre appello soltanto contro le sentenze di condanna che applicano una pena diversa da quella pecuniaria (es. permanenza domiciliare o lavoro gratuito) (artt. 36 e 37). La condanna alla sola pena pecuniaria può essere sottoposta ad appello da parte dell'imputato « se impugna il capo relativo alla condanna, anche generica, al risarcimento del danno » (art. 37, comma 1).

Il pubblico ministero e l'imputato non possono mai proporre appello contro le sentenze di proscioglimento (art. 36 mod. dalla legge n. 46 del 2006), neanche se sono sopravvenute o scoperte nuove prove (17).

Occorre anche tenere presente che, in base alla sentenza della Cassazione Sez. un., 29 marzo - 12 luglio 2007, n. 27614, in *www.dirittoegiustizia.it*, 20 luglio 2007, è stato riconosciuto esistente il potere della parte civile di appellare, ai soli fini della responsabilità civile, le sentenze rese nel giudizio di primo grado (art. 576; si veda, *infra*, Parte V, cap. 2, § 2, lett. *d*). Nella motivazione la SC ritiene che il principio si estenda al giudizio davanti al giudice di pace.

Giudizio di appello. Competente a giudicare sull'appello avverso le sentenze del giudice di pace, nei casi tassativi sopra menzionati, è il tribunale del circondario in cui ha sede il giudice che ha emesso la sentenza. Il tribunale giudica in composizione monocratica (art. 39, comma 1) (18).

Ricorso per cassazione. In estrema sintesi, tutte le sentenze di condanna e di proscioglimento possono essere sottoposte a ricorso per cassazione (art. 606 c.p.p.) dal pubblico ministero, dall'imputato (artt. 36 e 37 d.lgs. n. 274) e dalla parte civile (art. 568 comma 2 c.p.p.) (19).

In base al d.lgs. n. 11 del 2018, che ha introdotto il nuovo art. 39-*bis* nel d.lgs. n. 274, contro le sentenze pronunciate in grado d'appello il ricorso per cassazione può

---

(17) La Corte cost. con sentenza 25 luglio 2008, n. 298 ha preso in esame la regola in base alla quale le sentenze di proscioglimento pronunciate dal giudice di pace non sono appellabili dal pubblico ministero e ha dichiarato non fondata la relativa questione di legittimità. La scelta del legislatore — ha affermato la Corte — è compatibile con il principio di parità delle parti per vari motivi. In primo luogo, perché si tratta di reati « di fascia bassa ». In secondo luogo, perché il procedimento davanti al giudice di pace è improntato a marcata rapidità e semplificazione di forme. Infine, perché prima della legge n. 46 del 2006 colui che si trovava in una posizione di svantaggio, rispetto ai poteri di appello della pubblica accusa, era l'imputato, « ossia, proprio la parte il cui diritto d'appello ha una maggiore "forza di resistenza" rispetto a spinte di segno soppressivo ».

(18) Per il giudizio di appello si applicano le norme sulle impugnazioni ordinarie, con qualche eccezione. Se l'imputato « contumace » in primo grado prova di non essere potuto comparire dinanzi al giudice di pace senza sua colpa, il tribunale non procede a rinnovazione del dibattimento, come avviene nel rito ordinario, bensì annulla la sentenza impugnata con regressione del procedimento dinanzi al giudice di pace (art. 39, comma 2). A detta della *Relazione*, una disciplina siffatta è imposta dalla peculiarità del procedimento dinanzi al giudice di pace, che dà ampio spazio a meccanismi conciliativi e di definizione alternativa del giudizio.

È opportuno segnalare che l'istituto della contumacia è stato abrogato dalla legge n. 67 del 2014; il rinvio deve intendersi riferito al nuovo istituto dell'assenza.

(19) L'imputato può ricorrere per cassazione contro le sentenze di condanna alla sola pena pecuniaria e contro le sentenze di proscioglimento (art. 37, comma 2).

essere proposto soltanto per i motivi di violazione di legge o di inosservanza di norme stabilite a pena di nullità, inutilizzabilità, inammissibilità o decadenza (art. 606, comma 1, lett. *a, b, c*); non è possibile dedurre il vizio di motivazione o la mancata assunzione di prove decisive. Ciò vale anche per i reati attribuiti per ragioni di connessione alla cognizione del tribunale (art. 606, comma 2-*bis*).

Viceversa, per le sentenze inappellabili il ricorso per cassazione si estende a tutti i motivi previsti dall'art. 606 e, quindi, investe la logicità della motivazione che, ricordiamo, è operata da giudici non professionali.

Capitolo IV
IL PROCEDIMENTO DAVANTI AL TRIBUNALE PER I MINORENNI

SOMMARIO: 1. Premessa. — 2. Gli organi della giustizia penale minorile. — 3. I princìpi guida del sistema. — 4. Le indagini sull'età e sulla personalità. — 5. Le misure pre-cautelari e cautelari. — 6. La definizione del procedimento in udienza preliminare. — 7. I procedimenti speciali. — 8. La decisione senza la condanna. — 9. Le attenuazioni del sistema sanzionatorio in caso di condanna. — 10. L'applicazione delle misure di sicurezza.

1. Premessa.

La necessità di calibrare l'amministrazione della giustizia in relazione alle particolari esigenze dei minori, riconosciuta anche a livello internazionale (1), ha guidato la riforma del processo penale minorile. La legge delega 16 febbraio 1987, n. 81, si è proposta di attuare l'art. 31, comma 2 Cost., che impone alla Repubblica di proteggere la gioventù, favorendo gli istituti necessari a tale scopo. Tale norma è concordemente ritenuta indicativa della centralità di quella finalità rieducativa nei confronti del minorenne che deve ritenersi prevalente sulle esigenze di punizione e di difesa sociale.

La riforma è stata attuata con il d.p.r. 22 settembre 1988, n. 448, recante « disposizioni sul processo penale a carico di imputati minorenni » (2), integrato dal d.p.r. 22 settembre 1988, n. 449, relativo all'adeguamento dell'ordinamento giudiziario al nuovo processo penale e a quello minorile, e dal d.lgs. 28 luglio 1989, n. 272 per le norme di attuazione, di coordinamento e transitorie.

In estrema sintesi, le norme introdotte configurano un sistema originale nel quale il "processo sul fatto" si svolge contemporaneamente al "processo sull'autore".

2. Gli organi della giustizia penale minorile.

Presso ogni sede di corte d'appello, o sezione distaccata, è situato il tribunale per i minorenni. Si tratta di un organo collegiale composto da due magistrati togati, cioè un magistrato d'appello, in qualità di presidente, e uno di tribunale, e da due giudici onorari (membri laici), un uomo e una donna, benemeriti dell'assistenza sociale, scelti tra i cultori della biologia, psichiatria, antropologia criminale, pedagogia, psicologia, che abbiano compiuto il trentesimo anno di età (3). La nomina dei giudici onorari avviene con decreto del presidente della repubblica, su conforme deliberazione del consiglio superiore della magistratura; essa ha durata triennale e può essere rinnovata.

---

(1) Risoluzione delle Nazioni Unite n. 40/33, approvata dall'Assemblea generale del 29 novembre 1985, concernente le "Regole minime per l'amministrazione della giustizia dei minori" (c.d. "Regole di Pechino"); Raccomandazione del Consiglio d'Europa n. 87/20, approvata dal Comitato dei Ministri in data 17 settembre 1987, su "Le reazioni sociali alla delinquenza minorile".

(2) Nel prosieguo del capitolo sarà indicato con l'abbreviazione "c.p.p.m.".

(3) La composizione del tribunale per i minorenni è regolata dall'art. 2 r.d.l. 20 luglio 1934 n. 1404 come modificato dall'art. 4 l. 27 dicembre 1956 n. 1441.

Il tribunale per i minorenni è competente per i reati commessi nel distretto di corte d'appello o sezione distaccata da chi, al momento del fatto, non aveva ancora compiuto il diciottesimo anno di età (art. 3 c.p.p.m.) ([4]). È irrilevante l'eventuale connessione con procedimenti contro imputati maggiorenni; la connessione non opera nemmeno tra procedimenti per reati commessi quando l'imputato era minorenne e procedimenti per reati commessi quando era maggiorenne. In tal modo si configura una significativa eccezione agli effetti della connessione in punto di competenza, poiché i procedimenti saranno trattati da giudici diversi e si svolgeranno separatamente (art. 14 c.p.p.).

Un organo monocratico adempie alle funzioni di giudice per le indagini preliminari, mentre per l'udienza preliminare è competente un collegio composto da un magistrato togato e da due giudici laici (art. 50-*bis* ord. giud., introdotto dall'art. 14 d.p.r. 2 settembre 1988, n. 449).

In secondo grado il giudizio spetta alla sezione per i minorenni presso la corte d'appello, costituita da un magistrato di cassazione, in qualità di presidente, da due giudici d'appello e da due giudici onorari (art. 5 r.d.l. n. 1404 del 1934 e 58 ord. giud.).

Il difensore. Con riguardo al difensore l'art. 11 stabilisce, a carico del consiglio dell'ordine forense, la predisposizione di elenchi di difensori con specifica preparazione nel diritto penale minorile, ai fini della difesa d'ufficio (art. 15 att. min.).

Il pubblico ministero. Le funzioni di pubblico ministero sono svolte in primo grado dal procuratore della repubblica presso il tribunale per i minorenni. Tale ufficio si avvale di una sezione specializzata di polizia giudiziaria il cui personale è « dotato di specifiche attitudini e preparazione » (art. 5 c.p.p.m.). In secondo grado le stesse funzioni sono esercitate dal procuratore generale presso la corte d'appello.

La magistratura di sorveglianza. Le attribuzioni della magistratura di sorveglianza, nei confronti di chi, al momento della commissione del reato, non aveva ancora compiuto gli anni diciotto e fino al compimento del venticinquesimo anno di età, sono esercitate dal magistrato di sorveglianza presso il tribunale per i minorenni e dal tribunale stesso (art. 3, comma 2 c.p.p.m.) ([5]).

I servizi sociali minorili. Infine si tenga presente che, ai sensi dell'art. 6 c.p.p.m., l'autorità giudiziaria, in ogni stato e grado del procedimento, si avvale della collaborazione dei servizi minorili dell'amministrazione della giustizia e dei servizi di assistenza istituiti dagli enti locali. Essi, in primo luogo, forniscono all'autorità

([4]) Di conseguenza permane la competenza del tribunale per i minorenni qualora il soggetto divenga maggiorenne all'epoca del processo.

([5]) Dalla tipologia degli organi coinvolti nel procedimento a carico di minorenni emerge, quale principio informatore, una istanza di adeguamento alle particolari esigenze di un soggetto in giovane età: tutti gli organi dovranno essere idonei a tale finalità, quanto a preparazione e attitudini. In particolare il principio trova realizzazione anzitutto nella predisposizione di organi giudiziari specializzati, ai quali, ai sensi dell'art. 102 comma 2 Cost., partecipano anche cittadini idonei, estranei alla magistratura. Tuttavia, onde evitare squilibri all'interno dello stesso organo giudicante, la preparazione specifica non può esaurirsi in capo ai giudici onorari: sarà necessario che anche i magistrati togati siano dotati di un bagaglio culturale che permetta loro di svolgere le proprie funzioni con piena consapevolezza. La loro formazione deve essere tale da permettere un corretto esercizio della giurisdizione minorile (artt. 2, 3, 4, 5 att. min.).

giudiziaria le informazioni necessarie per la conoscenza della personalità del minorenne; in secondo luogo, prestano assistenza al minore, aiutandolo, in quanto soggetto tendenzialmente debole, ad affrontare il procedimento penale; infine, si occupano della mediazione tra imputato e persona offesa e dell'applicazione del progetto formativo.

Per un altro verso, i servizi istituiti dagli enti locali, godendo di una maggiore vicinanza all'ambiente in cui il minorenne si è formato, svolgono soprattutto un'opera di risocializzazione volta al reinserimento del soggetto nella comunità.

3. I princìpi guida del sistema.

a) ***La finalità rieducativa.*** Come anticipato, la finalità rieducativa è il fulcro del processo minorile, al punto da essere prevalente rispetto alla pretesa punitiva. Tale finalità emerge innanzitutto dall'art. 1 comma 1 c.p.p.m. nella parte in cui prevede che le disposizioni del processo minorile prevalgano su quelle del codice di procedura penale; inoltre, le norme del codice "per gli adulti" sono utilizzabili solo per quanto non previsto dalla normativa specifica per i minorenni e devono essere applicate in modo adeguato alla personalità e alle esigenze educative di costoro.

Fondamentale, in tale ottica, anche il disposto del secondo comma del menzionato articolo 1. La norma sancisce l'obbligo per il giudice di illustrare al minorenne « il significato delle attività processuali che si svolgono in sua presenza, nonché il contenuto e le ragioni anche etico-sociali delle decisioni ». A fronte di tale obbligo si configura, in capo al minore, un vero e proprio diritto ad essere informato ([6]).

La necessità della valenza educativa esclude, nel processo penale minorile, l'esercizio dell'azione civile per le restituzioni ed il risarcimento del danno: la presenza di un'accusa privata potrebbe pregiudicare le finalità rieducative e di protezione del minorenne (c. cost. n. 433 del 1997). Di conseguenza la sentenza non ha efficacia di giudicato nel giudizio civile per le restituzioni e il risarcimento del danno derivante dal reato (art. 10 commi 1 e 2 c.p.p.m.); l'azione civile risarcitoria può essere esercitata nella sede sua propria contemporaneamente allo svolgersi del procedimento penale. Per lo stesso motivo sono a carico dello Stato le spese per interventi sul minorenne, quelle processuali e quelle per il suo mantenimento in carcere (artt. 28 e 29 att. min.) ([7]).

([6]) Ciò significa che l'imputato, anche se in giovane età, deve essere coinvolto nel procedimento in modo tale da potervi partecipare consapevolmente, in quanto egli deve essere considerato titolare di diritti soggettivi perfetti. Ne consegue la necessaria presenza del minorenne alle udienze e, quindi, la possibilità dell'accompagnamento coattivo dell'imputato non comparso (art. 31 comma 1).

([7]) L'imprescindibile valutazione della personalità del minorenne rende inoltre non esperibili l'applicazione della pena su richiesta delle parti ed il decreto penale di condanna, poiché essi non permettono la completezza di tale analisi; inoltre, il pubblico ministero « non può procedere al giudizio direttissimo o richiedere il giudizio immediato nei casi in cui ciò pregiudichi gravemente le esigenze educative del minore » (comma 2-*ter* introdotto nell'art. 25 d.p.r. n. 448 del 1988 dal decreto-legge sulla sicurezza pubblica n. 92 del 2008, conv. in legge n. 125 del 2008).

L'esigenza di rieducazione si manifesta anche in punto di misure cautelari. Difatti l'art. 19 comma 2 stabilisce che il giudice, nel disporre le misure, tenga conto anche « dell'esigenza di non interrompere i processi educativi in

Infine la finalità rieducativa ha ispirato la Corte costituzionale nel momento in cui ha escluso l'applicazione della pena dell'ergastolo al minorenne (Corte cost. n. 168 del 1994).

b) La minima offensività del processo. Nei confronti di un soggetto in giovane età, la cui personalità è esposta alle influenze esterne ben più di quanto accada per un adulto, si rende necessario ridurre il più possibile le conseguenze negative derivanti dal processo. Il coinvolgimento nella vicenda processuale potrebbe altrimenti risultare irrimediabilmente dannoso per il minore.

Sono riconducibili a tale finalità tutti quegli strumenti che permettono al giudice di evitare la prosecuzione del processo, qualora essa non risulti necessaria. Si pensi alla sentenza di non luogo a procedere per irrilevanza del fatto (art. 27 c.p.p.m.), ma anche all'affidamento ai servizi sociali prima della sentenza, con sospensione del processo ed eventuale estinzione del reato in caso di esito positivo della prova (art. 28 c.p.p.m.).

È inoltre rilevante osservare come, nell'ottica della minima offensività del processo, per i minori siano stabilite specifiche regole anche in materia di misure precautelari e cautelari, come si vedrà a breve.

c) La tutela della personalità e della riservatezza del minorenne. La particolare invasività del processo penale è dovuta anche alla possibilità che questo comporti una svalutazione dell'immagine del minorenne agli occhi della comunità. La disciplina relativa al processo penale minorile cerca di ridurre al minimo tale effetto stigmatizzante, poiché questo potrebbe condizionare l'intera esistenza del soggetto coinvolto, che rimarrebbe segnato da una siffatta esperienza anche in età adulta ([8]).

L'assistenza affettiva e psicologica. Per assicurare una protezione piena della personalità del minorenne coinvolto nella vicenda processuale non è sufficiente una tutela "in negativo" che si limiti a ridurre al minimo gli aspetti pregiudizievoli; si rendono necessarie anche disposizioni idonee a configurare la stessa partecipazione al processo come strumento del positivo sviluppo della personalità del minorenne. Assolve questa funzione innanzitutto la previsione dell'assistenza affettiva e psicologica che deve essere assicurata al minorenne grazie alla presenza dei genitori ([9]) o di altra persona idonea, indicata dal minorenne ed ammessa dal giudice che procede (art. 12 c.p.p.m.).

---

atto ». Ne consegue, inoltre il rispetto delle necessità inerenti alle attività di studio o di lavoro nell'applicazione della singola misura cautelare (artt. 20, 21, 22 c.p.p.m.).

([8]) A tale fine si segnalano: il divieto di pubblicare o divulgare notizie o immagini idonee a consentire l'identificazione del minorenne comunque coinvolto nel procedimento (art. 13); le cautele previste per proteggere i minorenni dalla curiosità del pubblico nell'esecuzione dell'arresto e del fermo, nell'accompagnamento e nella traduzione (art. 20 d.lgs. 28 luglio 1989, n. 272); la eliminazione delle iscrizioni relative ai provvedimenti giudiziari diversi da quelli di condanna a pena detentiva, al compimento del diciottesimo anno di età (art. 5 comma 4 d.p.r. 14 novembre 2002, n. 313; le iscrizioni relative al perdono giudiziale, invece, sono eliminate al compimento del ventunesimo anno di età); lo svolgimento dell'udienza dibattimentale a porte chiuse (art. 33 c.p.p.m.) a meno che l'imputato sedicenne chieda che l'udienza sia pubblica. In tal caso il tribunale, valutate le ragioni addotte e l'opportunità di procedere in udienza pubblica alla luce dell'esclusivo interesse del minore, decide sulla richiesta. In ogni caso quest'ultima non può essere accolta qualora vi siano coimputati minori degli anni sedici ovvero se uno o più dei coimputati non vi consentano.

([9]) L'art. 7 c.p.p.m. stabilisce anche che a coloro che esercitano la responsabilità genitoriale debbano essere notificati l'informazione di garanzia ed il decreto di fissazione udienza, a pena di nullità. Essi non hanno invece diritto

È inoltre assicurato il sostegno morale dei servizi minorili dell'amministrazione della giustizia e dei servizi di assistenza degli enti locali. I primi, infatti, vengono tempestivamente informati dell'arresto, del fermo e dell'accompagnamento negli uffici di polizia giudiziaria eseguiti nei confronti del minorenne (artt. 18 e 18-*bis* c.p.p.m.), lo assistono e lo controllano quando è sottoposto a misura cautelare o messo alla prova (artt. 19 comma 3 e 28 comma 2 c.p.p.m.), concorrono all'esecuzione delle sanzioni sostitutive (art. 30, comma 2 c.p.p.m.) e sono sentiti nell'udienza preliminare e nel dibattimento per fornire notizie sulla personalità dell'imputato (artt. 31 comma 5 e 33 comma 4 c.p.p.m.).

Le disposizioni relative alla partecipazione dei suddetti soggetti debbono intendersi come poste nell'interesse del minorenne; pertanto, nel caso in cui inderogabili esigenze processuali o l'interesse del minorenne stesso lo richiedano, tali soggetti potranno essere esclusi (art. 12 comma 3 c.p.p.m.). Allo stesso scopo potrà essere allontanato il minorenne qualora si proceda all'assunzione di dichiarazioni e alla discussione su fatti e circostanze inerenti alla sua personalità (art. 31 comma 2 c.p.p.m.).

d) Le norme sull'imputabilità. Le norme sull'imputabilità sono quelle disposizioni che si occupano, in primo luogo, di delimitare dall'esterno la fascia dei destinatari della disciplina derogatoria rispetto a quella per gli adulti, ma anche di precisare, all'interno della categoria così individuata, quali soggetti siano penalmente capaci.

Il sistema prevede che al di sopra dei diciotto anni il soggetto abbia raggiunto la maggiore età e, quindi, che sia imputabile se non ricorrono cause di esclusione della capacità di intendere e di volere. Al di sotto dei quattordici anni il minore è considerato per legge non imputabile: si presume che non abbia la capacità di intendere e di volere necessaria per essere ritenuto responsabile di un reato (art. 97 c.p.). All'interno di questa fascia di età, cioè tra i quattordici e diciotto anni, non vige alcuna presunzione; di conseguenza il giudice dovrà accertare caso per caso la sussistenza, al momento del fatto, della capacità di intendere e di volere (art. 98 c.p.) ([10]).

e) Le norme di adattamento della disciplina. Le norme sull'imputabilità esauriscono qui la loro funzione. Ma a questo punto, una volta individuati i soggetti che, nonostante la giovane età (compresa tra i quattordici e i diciotto anni), sono ritenuti maturi e, quindi, penalmente capaci, si impongono esigenze di differenziazione della

---

alla notificazione del provvedimento conclusivo del procedimento, ma possono proporre impugnazione (art. 34 c.p.p.m.).

([10]) La previsione di tale accertamento rende opportuno definire il concetto di "maturità", al fine di comprendere meglio quale sia realmente l'oggetto della valutazione del giudice in questa sede preliminare. La maturità indica, infatti, quel complesso di condizioni fisiche e psichiche che, in quanto abbiano raggiunto un livello sufficiente di sviluppo, consentono al minore di comprendere il mondo circostante e autodeterminarsi. Dunque, da un lato, è necessario che il soggetto si renda conto del disvalore sociale del fatto compiuto, poiché il reato non è soltanto una fattispecie perseguita dall'ordinamento, ma è anche un'esternazione di giudizi qualitativi appartenenti alla comunità. Dall'altro lato, è opportuno verificare con particolare attenzione che il minore abbia la capacità di dirigere consapevolmente le proprie azioni verso determinati fini. Per porre in essere siffatti accertamenti è evidente l'importanza fondamentale della verifica dello sviluppo non solo biologico, ma anche intellettuale e morale del minore, connesso all'analisi del contesto socio-culturale in cui lo stesso è inserito. La valutazione non dovrà essere compiuta in modo astratto, bensì sarà necessario che tenga conto anche degli eventuali condizionamenti negativi subiti dal minore a causa della situazione concreta in cui si trova. In questo modo l'accertamento si carica di irrinunciabili aspetti soggettivi, la cui considerazione porterà il giudice a cogliere il rapporto instauratosi tra quel determinato fatto ed il suo autore.

disciplina ad essi applicabile. Queste esigenze sono espresse dalle norme di adattamento del sistema, cioè dalle disposizioni che danno vita ad un ordinamento penale minorile differenziato in nome delle specificità connesse alle caratteristiche ed alle necessità della personalità del minorenne.

Le norme di adattamento configurano le particolarità del processo penale minorile e consistono: *a)* nel ruolo fondamentale svolto dalle indagini sull'età e sulla personalità; *b)* nella più ampia possibilità di definizione del processo in udienza preliminare; *c)* nelle modifiche del sistema sanzionatorio, rilevanti sia al momento della pronuncia della sentenza, sia durante l'esecuzione della pena.

Il completamento dei percorsi rieducativi. Occorre segnalare che, in base alla modifica apportata all'art. 24 del c.p.p.m. (d.lgs. n. 272 del 1989) dall'art. 5 del d.l. n. 92 del 2014, conv. in legge n. 117 del 2014, le misure cautelari, le misure alternative, le sanzioni sostitutive, le pene detentive e le misure di sicurezza si eseguono *secondo le norme e con le modalità previste per i minorenni* nei confronti di coloro che, nel corso dell'esecuzione, abbiano compiuto il *diciottesimo* ma non il *venticinquesimo* anno di età (sempre che, per quanti abbiano già compiuto il *ventunesimo* anno, non ricorrano particolari ragioni di sicurezza valutate dal giudice competente, tenuto conto altresì delle finalità rieducative).

4. Le indagini sull'età e sulla personalità.

L'analisi delle norme sull'imputabilità rivela il ruolo fondamentale dell'accertamento dell'età dell'imputato al momento della commissione del fatto: qualora egli non abbia ancora compiuto il quattordicesimo anno di età, si impone il proscioglimento per non imputabilità (artt. 97 c.p. e 26 c.p.p.m.); nel caso, invece, che si trovi nella fascia compresa tra i quattordici e i diciotto anni, allora il giudice deve accertare la sussistenza della capacità di intendere e di volere (art. 98 c.p.).

Alla luce di ciò, l'art. 8 c.p.p.m. disciplina l'ipotesi dell'incertezza sull'età dell'imputato stabilendo che il giudice, anche d'ufficio, deve disporre perizia. Nel caso in cui l'accertamento sull'età si renda necessario in fase di indagini preliminari, si ritiene che si debba procedere a perizia mediante incidente probatorio. In ogni caso, qualora permanga il dubbio, la minore età deve essere presunta ad ogni effetto; di conseguenza l'imputato è ritenuto infradiciottenne o infraquattordicenne a seconda che il dubbio riguardi il compimento del diciottesimo o del quattordicesimo anno di età.

Inoltre l'art. 9 c.p.p.m. stabilisce che il pubblico ministero e il giudice acquisiscano elementi circa le condizioni e le risorse personali, familiari, sociali e ambientali del minorenne; essi possono assumere informazioni da persone che abbiano avuto rapporti con il minorenne; inoltre possono acquisire il parere di esperti « anche senza alcuna formalità » (art. 9 comma 2 c.p.p.m.). Tali strumenti devono essere utilizzati per il raggiungimento delle seguenti finalità: accertare l'imputabilità e il grado di responsabilità del minore; valutare la rilevanza sociale del fatto; disporre un trattamento penale adeguato e gli eventuali provvedimenti di natura civile. In via interpretativa si ritiene che gli accertamenti di cui al primo comma della norma in esame abbiano il carattere dell'obbligatorietà, ma il legislatore non ne specifica le modalità; al contrario, certamente facoltativa è l'assunzione di informazioni e il parere di esperti.

È evidente che la norma è particolarmente ampia e comporta significative deroghe a quanto previsto per gli adulti: nel codice di procedura penale l'art. 194 comma 1 vieta le deposizioni sulla moralità dell'imputato « salvo che si tratti di fatti specifici idonei a qualificarne la personalità in relazione al reato e alla pericolosità sociale »; l'art. 220 comma 2 esclude perizie volte a determinare il carattere, la personalità dell'imputato o le sue qualità psichiche indipendenti da cause patologiche. Le deroghe si impongono a causa della particolare importanza che l'accertamento delle caratteristiche della personalità del minorenne imputato riveste nel processo penale; la preminenza della finalità rieducativa richiede un'approfondita conoscenza dei problemi evolutivi e di adattamento del soggetto, onde poter intervenire immediatamente e nel modo più adeguato.

5. Le misure pre-cautelari e cautelari.

Le misure pre-cautelari. Per quanto riguarda le misure precautelari, all'arresto e al fermo si aggiunge l'accompagnamento a seguito di flagranza (art. 18-*bis* c.p.p.m.), che consiste nell'accompagnare il minorenne presso gli uffici di polizia giudiziaria e trattenerlo sino ad un massimo di dodici ore al fine di consegnarlo all'esercente la responsabilità genitoriale o all'affidatario.

Le misure in esame sono caratterizzate dalla facoltatività che spetta alla polizia giudiziaria o al pubblico ministero, i quali, nell'adottare tali provvedimenti, devono previamente valutare la gravità del fatto, l'età e la personalità del minorenne. A ciò si aggiunga che i delitti, in relazione ai quali sono consentite le misure precautelari, sono espressamente previsti dalla legge (artt. 16 e 17 che rinviano all'art. 23 c.p.p.m.; art. 18-*bis*) con il risultato di un innalzamento della soglia edittale di applicazione rispetto a quanto accade per gli adulti (art. 381 c.p.p.) ([11]).

A seguito dell'arresto o del fermo, la polizia giudiziaria provvede ad avvisare immediatamente il pubblico ministero, l'esercente la responsabilità genitoriale e l'eventuale affidatario; dà inoltre notizia tempestiva ai servizi minorili ([12]).

Una volta reso edotto, il pubblico ministero decide se disporre che il minorenne sia condotto presso un centro di prima accoglienza ([13]) o una comunità ([14]) oppure se possa essere condotto presso l'abitazione familiare, rimanendo a disposizione dell'autorità. Qualora invece ricorrano i casi di cui all'art. 389 c.p.p. oppure il

---

([11]) Arresto in flagranza e fermo sono consentiti solo in relazione ai delitti per i quali è prevista la possibilità della custodia cautelare (in relazione al fermo l'art. 17 aggiunge la condizione per cui il minimo della pena non sia inferiore a due anni), mentre l'accompagnamento a seguito di flagranza è possibile in relazione a delitti non colposi per i quali la legge stabilisce la pena dell'ergastolo o della reclusione non inferiore nel massimo a cinque anni.

([12]) In caso di accompagnamento a seguito di flagranza la polizia giudiziaria provvede anche ad invitare l'esercente la responsabilità genitoriale e l'eventuale affidatario a presentarsi presso i propri uffici per prendere in consegna il minorenne. Il soggetto al quale il minorenne viene consegnato è avvertito dell'obbligo di tenerlo a disposizione del pubblico ministero e vigilare sul suo comportamento. Nel caso in cui la consegna non possa avvenire, il pubblico ministero, immediatamente avvisato, provvede in merito alla collocazione presso un centro di prima accoglienza o una comunità.

([13]) Art. 9 d.lgs. n. 272 del 1989.

([14]) Art. 10 d.lgs. n. 272 del 1989.

pubblico ministero non ritenga di dover chiedere l'applicazione di una misura cautelare, è prevista l'immediata liberazione. In ogni caso, il pubblico ministero può disporre che il minorenne sia condotto davanti a sé.

Con riguardo alla richiesta di convalida della misura precautelare ed alla relativa udienza si applicano le norme previste anche per gli adulti (art. 18 c.p.p.m.).

Le misure cautelari. Il catalogo delle misure cautelari minorili si arricchisce, rispetto agli adulti, con l'introduzione delle misure coercitive delle "prescrizioni" (art. 20) e del "collocamento in comunità" (art. 22).

La prima è una misura non detentiva che rivela chiaramente uno stretto legame con la finalità rieducativa, dato che le prescrizioni che il giudice può legittimamente imporre devono riguardare lo studio, il lavoro o altre attività utili per l'educazione del minore. La misura ha una durata massima di due mesi, con possibilità di un unico rinnovo per esigenze probatorie.

Quanto alla misura del collocamento in comunità, che non ha corrispondenti tra le misure previste per gli adulti, essa è certamente volta a limitare il più possibile l'applicazione della custodia cautelare. Quest'ultima può essere disposta, ai sensi dell'art. 23, solo quando si procede per delitti non colposi per i quali la legge stabilisce la pena dell'ergastolo o della reclusione non inferiore nel massimo a nove anni. Fuori da tali casi, la custodia cautelare in carcere può essere applicata quando si procede per altri gravi delitti previsti dalla legge ([15]).

Tra le esigenze cautelari non è previsto il pericolo di fuga (art. 23; C. cost. n. 359 del 2000).

Il giudice, nel disporre le misure, deve tener conto anche « dell'esigenza di non interrompere i processi educativi in atto » (art. 19 comma 2 c.p.p.m.). Inoltre, nel calcolare l'ammontare della pena ai fini dell'applicazione delle misure cautelari al minorenne, occorre tener conto della circostanza attenuante della minore età, fatta eccezione per i delitti elencati all'art. 73, comma 5, T.U. sugli stupefacenti (art. 19 c.p.p.m., mod. dal d.l. n. 146 del 2013, conv. in legge n. 10 del 2014).

Infine, con riferimento alle misure cautelari della permanenza in casa (art. 21 c.p.p.m.) e del collocamento in comunità (art. 22 c.p.p.m.), è significativo il fatto che l'allontanamento ingiustificato del minorenne dall'abitazione o dalla comunità non costituisca evasione ([16]).

I termini di durata massima della custodia cautelare, previsti per gli adulti dall'art. 303 c.p.p., sono ridotti della metà per i reati commessi da minori degli anni

---

([15]) Si tratta dei delitti, consumati o tentati, previsti dall'art. 380, comma 2 lettere *e* (furto aggravato), *f* (rapina ed estorsione), *g* (reati concernenti armi ed esplosivi), *h* (reati concernenti sostanze stupefacenti) e per il delitto di violenza sessuale.

([16]) Nell'ambito delle misure cautelari applicabili a soggetti minorenni vige uno stretto principio di gradualità che si ricava agevolmente dalla disciplina degli aggravamenti determinati dalla violazione degli obblighi connessi. Difatti, in caso di gravi e ripetute violazioni delle prescrizioni, il giudice può disporre la misura della permanenza in casa (art. 20, comma 3 c.p.p.m.); nel caso di gravi e ripetute violazioni degli obblighi imposti con la misura della permanenza in casa o nel caso di allontanamento ingiustificato dall'abitazione in cui si attua la "permanenza", il giudice può disporre il collocamento in comunità, e non in custodia cautelare (art. 21, comma 5 c.p.p.m.); ove le medesime condotte siano tenute in relazione al collocamento in comunità, il giudice ai sensi dell'art. 22, comma 4 c.p.p.m., può disporre la misura della custodia cautelare « per un tempo non superiore ad un mese, qualora si proceda per un delitto per il quale è prevista la pena della reclusione non inferiore nel massimo a cinque anni ».

diciotto e di due terzi per quelli commessi da minori degli anni sedici (art. 23, comma 3). Qualora, decorsi i termini, permangano le esigenze cautelari, il giudice può imporre le prescrizioni di cui all'art. 20 c.p.p.m. (art. 24).

Merita sottolineare che competente a decidere sulle richieste di riesame o appello è il tribunale per i minorenni del luogo dove ha sede l'ufficio del giudice che ha emesso l'ordinanza impugnata (art. 25 d.lgs. n. 272 del 1989).

6. La definizione del procedimento in udienza preliminare.

Nel processo penale minorile l'udienza preliminare assolve un ruolo fondamentale, poiché, oltre alle ordinarie funzioni di garanzia, consistenti nel controllo giurisdizionale della fondatezza dell'accusa ([17]), essa permette di applicare tutti i provvedimenti che definiscono il procedimento nei confronti del minorenne. Per tale motivo, il legislatore ha accolto il principio di collegialità dell'organo giudicante, che è composto da un magistrato togato e da due giudici laici (art. 50-*bis* ord. giud.).

Ma le possibilità del giudice dell'udienza preliminare minorile si spingono ben oltre. Egli può, con sentenza:

a) pronunciare il non luogo a procedere per irrilevanza del fatto (art. 27 c.p.p.m.) o per concessione del perdono giudiziale (art. 169 c.p.) o per estinzione del reato conseguente a una valutazione positiva della messa alla prova (art. 28 c.p.p.m.);

b) su richiesta del pubblico ministero, condannare l'imputato ad una pena pecuniaria o ad una sanzione sostitutiva, diminuibile fino alla metà del minimo edittale (art. 32, comma 2 c.p.p.m.). Avverso quest'ultima sentenza è espressamente prevista la possibilità che l'imputato o il difensore, munito di procura speciale, propongano opposizione al fine di instaurare il giudizio ordinario (art. 32-*bis* c.p.p.m.).

Il consenso alla definizione anticipata. L'ingresso nel sistema della legge 1° marzo 2001 n. 63 sul giusto processo ha comportato l'introduzione di una fondamentale modifica: nell'udienza preliminare, prima dell'inizio della discussione, il giudice deve chiedere all'imputato se consente alla definizione del procedimento in quella fase. L'eventuale consenso è riferito in via generale alla possibilità di definire il processo nell'udienza preliminare e non ad uno specifico esito dell'udienza stessa. Pertanto, ai sensi dell'art. 32 comma 1 c.p.p.m., qualora il minore abbia prestato il consenso, il giudice può pronunciare anche « sentenza di non luogo a procedere (...) per concessione del perdono giudiziale o per irrilevanza del fatto ». Si è inoltre ritenuto necessario il consenso per la condanna a pena pecuniaria o a sanzione sostitutiva (Corte cost. n. 208 del 2003). Anche in mancanza del consenso dell'imputato, il giudice ha facoltà di definire il processo con una sentenza di non luogo a procedere nel merito con formula ampiamente liberatoria, oppure può emettere una pronuncia che, comunque, non presupponga un accertamento di responsabilità,

---

([17]) Il giudice può, come accade per gli adulti, emettere il decreto che dispone il giudizio (art. 429 c.p.p.) o pronunciare sentenza di non luogo a procedere, qualora ricorrano le ipotesi di cui all'art. 425 c.p.p., o disporre il giudizio abbreviato.

come accade, ad esempio, in caso di difetto di una condizione di procedibilità o di remissione di querela (Corte cost. n. 195 del 2002).

Necessità dell'udienza in contraddittorio quando la pronuncia presuppone un accertamento di responsabilità (es. non imputabilità). Ai sensi dell'art. 26 c.p.p.m. il giudice è tenuto a pronunciare anche di ufficio in ogni stato e grado del procedimento la sentenza di non luogo a procedere se accerta che l'imputato è minore degli anni quattordici e, quindi, non imputabile. Ma la relativa sentenza presuppone un accertamento della responsabilità penale e, di conseguenza, può comportare l'applicazione di una misura di sicurezza (art. 224 c.p.) e deve essere iscritta nel casellario giudiziale (art. 3, comma 1, d.p.r n. 313 del 2002). In base alla giurisprudenza costituzionale e di legittimità ([18]), una pronuncia del genere necessita di una qualche forma di contraddittorio, qual è l'instaurazione dell'udienza preliminare; pertanto il giudice non può dichiarare *de plano* che l'imputato è non imputabile in quanto minore di quattordici anni.

7. I procedimenti speciali.

La primaria importanza della finalità rieducativa impedisce l'integrale applicabilità ai minorenni dei procedimenti speciali previsti per gli adulti.

In particolare l'art. 25, comma 1 esclude l'applicazione del ***patteggiamento*** e del ***decreto penale di condanna***.

Il ***rito direttissimo*** ed il ***giudizio immediato*** si applicano solo se è possibile compiere gli accertamenti sulla personalità del minorenne (di cui all'art. 9) ed assicurare al minorenne l'assistenza affettiva e psicologica (di cui all'art. 12; art. 25, comma 2); ciò premesso, il pubblico ministero ha facoltà di accedere al rito direttissimo anche nei confronti del minorenne accompagnato a seguito di flagranza (art. 25, comma 2-*bis*). Tuttavia, il pubblico ministero « non può procedere al giudizio direttissimo o richiedere il giudizio immediato nei casi in cui ciò pregiudichi gravemente le esigenze educative del minore » (comma 2-*ter*) ([19]).

Il ***giudizio abbreviato*** è esperibile in base agli ordinari requisiti, con la particolarità che la decisione è presa dal giudice dell'udienza preliminare nella composizione collegiale (un magistrato ordinario e due giudici onorari, un uomo ed una donna; art. 50-*bis*, comma 2, r.d. n. 12 del 1941); tale competenza vige anche quando il rito abbreviato sia stato instaurato a seguito del decreto di giudizio immediato.

8. La decisione senza la condanna.

a) La sentenza di non luogo a procedere per irrilevanza del fatto. Qualora ricorrano la tenuità del fatto, l'occasionalità del comportamento e il pregiudizio per le

---

([18]) Cass., sez. IV, 30 gennaio - 7 aprile 2020, n. 11541, in *diritto24.ilsole24ore.com*.

([19]) Pertanto, non potranno essere applicate con automatismo quelle innovazioni che sono state apportate dal decreto-legge sulla sicurezza pubblica e che rendono obbligatorio il rito direttissimo e il giudizio immediato. Nei confronti del minorenne si potrà procedere con i predetti riti soltanto se in concreto si potranno compiere i necessari accertamenti sulla personalità.

esigenze educative del minore a causa dell'ulteriore corso del procedimento, le istanze di prevenzione generale e di tutela della comunità sono ritenute soccombenti; di conseguenza il giudice emette sentenza di non luogo a procedere su richiesta del pubblico ministero, durante le indagini preliminari, o d'ufficio, nell'udienza preliminare, nel giudizio direttissimo, nel giudizio immediato (art. 27 c.p.p.m.) e in dibattimento (C. cost. 9 maggio 2003, n. 149, in *Cass. pen.*, 2003, 3683).

La prima condizione richiesta ha natura oggettiva e consiste nel fatto che l'offesa o il pericolo cagionati dal reato siano di modesta entità. La valutazione deve attenersi a quanto in concreto è stato realizzato.

La seconda condizione, invece, ha natura soggettiva e richiede una prognosi favorevole in relazione alla non reiterazione del reato, nonché con riguardo al pregiudizio per le esigenze educative.

La decisione è pronunciata a seguito del procedimento in camera di consiglio disciplinato dall'art. 127 c.p.p.; pur non essendo richiesto il consenso delle parti, il giudice è tenuto a sentire il minorenne, l'esercente la responsabilità genitoriale e la persona offesa dal reato. Nel caso in cui non ritenga di accogliere la richiesta, dispone con ordinanza la restituzione degli atti al pubblico ministero (art. 27 comma 2 c.p.p.m.).

b) Il perdono giudiziale. Il perdono giudiziale è una causa di estinzione del reato e può essere applicato solo ai minorenni, che abbiano compiuto gli anni quattordici. Ai sensi dell'art. 169 c.p. e dell'art. 19 del r.d. 20 luglio 1934 n. 1404 (e successive modificazioni) il giudice può disporre il perdono qualora concorrano le seguenti condizioni:

1) innanzitutto è necessario che per il reato commesso si possa applicare in concreto una pena restrittiva della libertà personale non superiore a due anni, o una pena pecuniaria non superiore a 1549 euro, anche se congiunta a detta pena;

2) può beneficiarne solo il minore che non sia già stato condannato a pena detentiva per delitto, anche se è intervenuta la riabilitazione, e che non sia stato dichiarato delinquente o contravventore abituale o professionale;

3) inoltre il giudice, tenendo conto delle circostanze di cui all'art. 133 c.p., deve ritenere favorevole la prognosi di rieducazione; deve cioè presumere che il colpevole si asterrà dal commettere nuovi reati.

Il perdono giudiziale, tranne alcune eccezioni, non può essere concesso più di una volta ([20]). Si tratta di un istituto particolarmente rilevante nel perseguire la finalità rieducativa, perché estende il potere discrezionale del giudice alla valutazione della opportunità della pena. Ciò significa che il giudice dovrà attentamente valutare quanto siano ancora forti le spinte delinquenziali e se il soggetto, in virtù del grado di crescita psico-sociale raggiunto, sia o meno in grado di respingerle.

Rispetto all'istituto della sospensione condizionale della pena, applicabile al minorenne come all'adulto (art. 163 c.p.), vi sono le seguenti differenze: il perdono

---

([20]) La Corte costituzionale ha introdotto la possibilità di estendere l'applicabilità del perdono ad altri reati che si legano con il vincolo della continuazione a quelli per i quali è stato concesso il beneficio (C. cost. 5 luglio 1973, n. 108), ed anche nel caso di un reato commesso anteriormente alla prima sentenza di perdono qualora la pena, cumulata con quella precedente, non superi i limiti per l'applicazione del beneficio (C. cost. 7 luglio 1976, n. 154).

giudiziale estingue subito il reato fin dal momento in cui diventa irrevocabile la sentenza che lo applica e non può essere revocato.

c) La sospensione del processo con messa alla prova. Nel rito minorile il giudice, sentite le parti, ha la possibilità di sospendere il processo con ordinanza « quando ritiene di dover valutare la personalità del minorenne » all'esito di una prova (artt. 28 e 29 c.p.p.m.).

Il giudice nell'udienza preliminare o nel dibattimento in primo grado o in appello, sentite le parti, dispone la sospensione con ordinanza, anche d'ufficio, e il minore viene affidato ai servizi sociali minorili, in collaborazione con i servizi locali per l'osservazione, il trattamento e il sostegno. Il giudice può impartire prescrizioni volte a riparare le conseguenze del reato e a promuovere la conciliazione con la persona offesa.

La sospensione ha una durata non superiore a tre anni quando si procede per reati per i quali è prevista la pena dell'ergastolo o della reclusione non inferiore nel massimo a dodici anni; negli altri casi la durata non può superare un anno. Da ciò si ricava che, ai fini della applicabilità dell'istituto, non ha importanza quale tipo di reato sia stato commesso: la sospensione con messa alla prova è applicabile a tutti i reati e il giudice gode di un'ampia discrezionalità.

L'adozione dell'ordinanza di sospensione non è subordinata a rigidi presupposti normativi ma rimessa alla valutazione discrezionale del giudice, che è tuttavia tenuto a sentire le parti ([21]).

Mentre è in atto la sospensione del procedimento, che comporta anche la sospensione del corso della prescrizione, la minaccia della pena rimane sullo sfondo e funge da incentivo alla risocializzazione nei confronti di un soggetto rispetto al quale il giudice non ha potuto pronunciare il perdono giudiziale a causa del permanere di dubbi sulle prospettive di reiterazione del reato.

La prova potrà avere esito positivo o negativo: nel primo caso, che si verifica quando il comportamento e l'evoluzione della personalità del minorenne dimostrino l'avvenuta risocializzazione, il giudice dichiara estinto il reato con sentenza (art. 29 c.p.p.m.); nel secondo caso, invece, il processo deve andare avanti e può essere definito anticipatamente in udienza preliminare (art. 32 c.p.p.m.) o pervenire al dibattimento (art. 33 c.p.p.m.).

Tuttavia, anche prima che sia decorso il periodo di sospensione stabilito, il beneficio può essere revocato qualora il minore ponga in essere ripetute e gravi trasgressioni alle prescrizioni impostegli (art. 28 comma 5).

9. Le attenuazioni del sistema sanzionatorio in caso di condanna.

a) Gli interventi al momento della pronuncia della sentenza. Una volta che la condanna appaia inevitabile, il sistema non rinuncia alla tutela e alla rieducazione del

---

([21]) La formulazione originaria dell'art. 28, al comma 4, impediva al giudice di applicare la sospensione nel caso in cui il minore avesse presentato richiesta di accedere al giudizio abbreviato o immediato. L'intero comma ha perso efficacia a seguito dell'intervento della Corte costituzionale (sent. n. 125 del 14 aprile 1995). Riconosciuta la particolare importanza e significatività dell'istituto della sospensione per messa alla prova sotto l'aspetto rieducativo, la Corte ne ha sancito l'applicabilità anche quando l'imputato chieda il giudizio abbreviato o immediato.

minorenne. L'ordinamento cerca di fare in modo che la pena abbia la durata più breve possibile e sia conforme alle esigenze di prevenzione speciale (22).

Un'ulteriore particolarità del sistema è costituita dalla maggiore ampiezza della pena detentiva massima sospendibile. Infatti, il tetto massimo di pena detentiva che può essere oggetto di sospensione condizionale per i minorenni è di tre anni (23); le altre condizioni di accesso a tale beneficio sono le stesse degli adulti. Di conseguenza sarà necessario, prima di tutto, che il giudice, avuto riguardo alle circostanze di cui all'art. 133 c.p., ritenga che il condannato si asterrà dal delinquere (art. 164 comma 1 c.p.) (24).

Ai minorenni sono applicabili le sanzioni sostitutive della pena detentiva breve, con possibilità di evitare la pena detentiva fino a due anni; si tratta di un beneficio che il giudice può concedere anche agli adulti ai sensi dell'art. 53 della legge 24 novembre 1981, n. 689 (25).

b) Gli interventi durante l'esecuzione della pena. Nei confronti dei minorenni la pena detentiva deve essere utilizzata come *extrema ratio*, poiché essa tende a valorizzare le istanze di prevenzione generale e potrebbe mal conciliarsi con le esigenze di un soggetto in giovane età. Tuttavia, qualora gli altri strumenti risultino inidonei, la pena detentiva dovrà essere eseguita. A tale fine, l'ordinamento ha previsto la creazione di istituti carcerari specifici, facenti parte dei centri per la giustizia minorile, dove è privilegiata la formazione scolastica e professionale (artt. 7 e 8 d.lgs. 28 luglio 1989, n. 272).

I centri per la giustizia minorile sono, inoltre, sede degli istituti di semilibertà, che forniscono anche servizi diurni per l'esecuzione, tra l'altro, delle ulteriori misure alternative che prevedono il trattamento in libertà. L'organizzazione e gestione di tali istituti persegue l'effettiva reintegrazione nella comunità esterna per i soggetti sottoposti a semilibertà (art. 11) e attua, anche per coloro che scontano altre misure alternative, programmi educativi di studio e di formazione lavoro, di tempo libero e di animazione (art. 12).

Si aggiunga infine che la liberazione condizionale, che permette di trascorrere in libertà vigilata la residua pena, qualora il condannato abbia tenuto un comportamento che faccia ritenere sicuro il ravvedimento (art. 176 c.p.), può essere ordinata dal tribunale per i

---

(22) L'art. 98 del codice penale prevede una prima importante deroga a quanto stabilito per gli adulti: per i soggetti che, al momento della commissione del reato, avevano un'età compresa tra i quattordici e i diciotto anni, la pena è diminuita fino ad un terzo. La norma è espressione dei timori relativi al condizionamento negativo che l'ambiente carcerario potrebbe avere nei confronti di un soggetto ancora in formazione, ma si fonda anche sul convincimento che si debba muovere un rimprovero attenuato al minore a causa della sua giovane età.

(23) Per i soggetti di età compresa tra i diciotto e i ventuno anni (c.d. giovani adulti), il tetto massimo di pena detentiva sospendibile è di due anni e sei mesi (art. 163 comma 3 c.p.).

(24) Sono di regola esclusi dall'ambito di applicabilità del beneficio coloro che sono già stati precedentemente condannati per delitto a pena detentiva, anche se è intervenuta la riabilitazione, e i delinquenti o contravventori abituali o professionali. La sospensione può essere concessa una sola volta. Tuttavia, il giudice nell'irrogare una nuova condanna, può, ai fini della sospensione, cumularla con la precedente, qualora non vengano superati il suddetto limite di pena (art. 164 comma 4 c.p.). Se il soggetto non pone in essere altri reati per un periodo di cinque anni, in caso di condanna per delitto, o di due anni, in caso di contravvenzione, e adempie gli obblighi impostigli, il reato si estingue (art. 167 c.p.).

(25) Resta comunque il fatto che nei confronti del minorenne le scelte del giudice, anche in questo caso, dovranno essere guidate dalla considerazione della personalità, delle condizioni sociali, familiari e ambientali e delle esigenze di lavoro o di studio. Si ritiene, inoltre, che non operino, nei confronti dei minorenni, i limiti soggettivi di cui all'art. 59 l. 24 novembre 1981 n. 689 e che, in caso di revoca, siano applicabili le misure alternative alla detenzione (C. cost. 9 aprile 1997 n. 109).

minorenni in qualunque momento dell'esecuzione e qualunque sia la durata della pena detentiva inflitta (art. 21 r.d.l. 20 luglio 1934 n. 1404).

Da ultimo, la Corte cost. con la sentenza n. 90 del 2017 ha imposto di sospendere l'esecuzione di una pena detentiva "breve" (ai sensi dell'art. 656 c.p.p.) nei confronti dei minorenni in libertà che siano stati condannati per uno dei gravi delitti elencati nel comma 9, lett. *a* del medesimo articolo (si veda parte VI, cap. 2, § 4, lett. *b*). Il previgente divieto di sospensione dell'esecuzione è stato dichiarato illegittimo dalla Consulta ai sensi degli artt. 31, comma 2 e 27, comma 3 Cost. in quanto costringeva in modo automatico il minorenne libero ad entrare nel carcere quando comunque egli avrebbe potuto ottenere una misura alternativa senza interrompere il percorso rieducativo che avesse già intrapreso.

c) Nuove norme sull'esecuzione della pena nei confronti dei minorenni. Il d.lgs. n. 121 del 2018 ha disciplinato l'esecuzione della pena nei confronti dei condannati minorenni, normativa che si attendeva dal 1975. Infatti in tale anno con la legge n. 354 si era disposto che le norme dell'ordinamento penitenziario per adulti dovessero essere applicate anche nei confronti dei minori sottoposti a misure penali fino a quando non si fosse provveduto con apposita legge (art. 79). Ciò è avvenuto soltanto con il d.lgs. n. 121, che è stato promulgato in attuazione della delega contenuta nella legge n. 103 del 2017 (c.d. *riforma Orlando*).

Il d.lgs. si apprezza per le sue novità in varie materie.

1) È stato affermato il principio che la pena detentiva per i minorenni deve essere la *extrema ratio*; da ciò consegue che in alternativa alla pena detentiva sono state introdotte misure di comunità.

2) Sono stati introdotti princìpi speciali per l'esecuzione della pena nei confronti dei minorenni e dei giovani adulti (di età tra i 18 e i 25 anni). In particolare, sono state espressamente regolamentate le ipotesi nelle quali nei confronti della medesima persona devono essere eseguite contemporaneamente pene per fatti commessi da minorenne e da giovane adulto (artt. 10 e 11).

3) Sono stati riorganizzati gli istituti penali nei quali i minorenni devono scontare la pena detentiva.

c.1. Introduzione di princìpi speciali per l'esecuzione della pena nei confronti dei minorenni. È stato affermato il ***principio di specialità***, in base al quale nei procedimenti per l'esecuzione delle pene detentive e delle misure alternative nei confronti di minorenni si osservano le disposizioni del nuovo ordinamento minorile (art. 1, comma 1 d. lgs. n. 121). Soltanto per quanto da esse non previsto, in via sussidiaria si devono osservare le disposizioni del c.p.p. per adulti, quelle del c.p.p. per i minorenni, quelle delle relative norme di attuazione e quelle sull'ordinamento penitenziario (legge n. 354 del 1975). Riteniamo che il rinvio, previsto dall'art. 1, comma 1, debba intendersi "in quanto compatibile" con la specialità delle norme previste per il minorenne, come è enunciato dal comma 12 dell'art. 2 ([26]).

([26]) Il principio di specialità è ribadito dalla enunciazione delle *finalità* dell'esecuzione penale minorile, che, in base all'art. 1, comma 2:

a) deve favorire percorsi di giustizia riparativa e di mediazione con le vittime di reato;

b) deve favorire la responsabilizzazione, l'educazione e il pieno sviluppo psico-fisico del minorenne, la preparazione alla vita libera, l'inclusione sociale;

c.2. Le misure di comunità. Una posizione centrale hanno le misure di comunità, tra le quali rientrano anche misure già previste dalla normativa per gli adulti, ma che adempiono, in questo caso, a finalità peculiari per i minorenni ([27]); si tratta dell'affidamento in prova al servizio sociale, dell'affidamento in prova con detenzione domiciliare, della detenzione domiciliare, della semilibertà, dell'affidamento in prova in casi particolari (art. 2, comma 1).

Affidamento in prova al servizio sociale. Si tratta di una misura di contenuto pedagogico e di ridotto contenuto afflittivo. In base all'art. 4 viene disposto quando la pena detentiva da eseguire non supera i quattro anni.

Affidamento in prova con detenzione domiciliare. Si tratta di una misura nuova, sconosciuta rispetto a quelle per adulti, che comporta la detenzione domiciliare in giorni determinati della settimana presso l'abitazione dell'affidato, altro luogo pubblico o privato di cura, assistenza e accoglienza, o presso una comunità (art. 5). È adottata quando le sole prescrizioni dell'affidamento non sono ritenute sufficienti.

Detenzione domiciliare. La misura è disposta quando non vi sono le condizioni per l'affidamento in prova semplice o con detenzione domiciliare (art. 6), ma solo per espiare una pena detentiva in misura non superiore a tre anni ([28]).

Semilibertà. La misura comporta l'obbligo di trascorrere parte del giorno fuori dall'istituto penale per partecipare ad attività di istruzione, di formazione professio-

---

c) deve prevenire la commissione di ulteriori reati anche mediante il ricorso ai percorsi di istruzione, di formazione professionale, di educazione alla cittadinanza attiva e responsabile, e attività di utilità sociale, culturali, sportive e di tempo libero.

([27]) Le finalità sono enunciate mediante i seguenti princìpi generali.

1) Le misure penali di comunità sono disposte quando risultano idonee a favorire l'evoluzione positiva della personalità, un proficuo percorso educativo e di recupero, ma con il limite « che non vi sia il pericolo che il condannato si sottragga all'esecuzione o commetta altri reati » (art. 2, comma 2).

2) Tutte le misure devono prevedere un programma di intervento educativo, che si basa sui risultati dell'osservazione e della valutazione della personalità del minorenne effettuata dall'ufficio di servizio sociale per i minorenni; tale ufficio acquisisce i dati giudiziari e penitenziari, sanitari, psicologici e sociali, coordinandosi con i servizi socio-sanitari territoriali di residenza del minorenne.

3) Nella scelta della misura si tiene conto dell'esigenza di garantire un rapido inserimento sociale con il minor sacrificio della libertà personale; in ogni caso, la durata delle misure penali di comunità è corrispondente alla durata della pena da eseguire.

4) Si tende a privilegiare il principio di territorialità, in base al quale l'esecuzione delle misure penali di comunità avviene principalmente nel contesto di vita del minorenne e nel rispetto delle positive relazioni socio-familiari, « salvo motivi contrari e, in ogni caso, purché non vi siano elementi tali da far ritenere collegamenti con la criminalità organizzata ».

5) Con l'applicazione delle misure può essere disposto il collocamento del minorenne in comunità pubbliche o del privato sociale (art. 1, comma 8).

6) L'applicazione, la sostituzione e la revoca delle misure avviene nel modo più rapido, nel senso che la competenza è del tribunale di sorveglianza minorile, ma il magistrato di sorveglianza opera con provvedimenti provvisori che devono essere confermati dal tribunale entro trenta giorni (art. 8).

([28]) Al soggetto sottoposto alla detenzione domiciliare (che si esegue nella propria abitazione o in altro luogo pubblico o privato o presso comunità) è fatto divieto di allontanarsi dal luogo di esecuzione della misura senza l'autorizzazione del magistrato di sorveglianza; se egli si allontana senza la prescritta autorizzazione, è punito per evasione (art. 385 c.p.).

nale, di lavoro, di utilità sociale o comunque funzionali all'inclusione sociale (art. 7). Essa è applicabile quando il condannato ha espiato almeno un terzo della pena (29).

Nel programma di intervento educativo sono indicate le prescrizioni da osservare all'esterno con riferimento ai rapporti con la famiglia e con l'ufficio di servizio sociale per i minorenni, nonché gli orari di rientro in istituto (30).

Applicazione delle misure di comunità. L'applicazione della misura penale di comunità può essere proposta dal pubblico ministero o dall'ufficio di servizio sociale per i minorenni e può essere richiesta dall'esercente la responsabilità genitoriale, dal difensore e dallo stesso interessato, se nel frattempo è diventato maggiorenne; non può essere disposta d'ufficio dal tribunale di sorveglianza (31).

c.3. Pene da eseguire contemporaneamente per fatti commessi da minorenne e da giovane adulto. In questi casi, l'art. 10 del d.lgs. n. 121 del 2018 detta una disciplina inedita.

Quando nel corso dell'esecuzione di una condanna per reati commessi da minorenne sopravviene un titolo di esecuzione di altra pena detentiva per reati commessi da maggiorenne, il pubblico ministero emette l'ordine di esecuzione, lo sospende secondo quanto previsto dall'articolo 656 c.p.p. e trasmette gli atti al magistrato di sorveglianza per i minorenni. Se questi ritiene che vi siano le condizioni per la prosecuzione dell'esecuzione secondo le norme e con le modalità previste per i minorenni, tenuto conto del percorso educativo in atto e della gravità dei fatti oggetto di cumulo, ne dispone con ordinanza l'estensione al nuovo titolo, altrimenti dispone la cessazione della sospensione e restituisce gli atti al pubblico ministero per l'ulteriore corso dell'esecuzione (32).

c.4. Pena detentiva da scontare negli istituti penali per minorenni. Il d.lgs. n. 121 del 2018 ha disciplinato espressamente l'esecuzione della pena detentiva per minorenni.

---

(29) Se si tratta di condannato per taluno dei delitti indicati nel comma 1 dell'articolo 4-*bis* della legge n. 354 del 1975, si tiene conto, altresì, del significativo rapporto tra la pena espiata e la pena residua.

(30) Il condannato che, senza giustificato motivo, non rientra in istituto o rimane assente per un tempo superiore alle dodici ore è punibile per evasione (art. 385 c.p.). Se il condannato rimane assente dall'istituto, senza giustificato motivo, per non più di dodici ore, è punito in via disciplinare. In tali casi la semilibertà può essere revocata.

(31) In caso di revoca della misura, il periodo trascorso in detenzione domiciliare o in semilibertà è scomputato dalla pena o misura ancora da espiare. In caso di revoca dell'affidamento in prova al servizio sociale e dell'affidamento in prova con detenzione domiciliare, il tribunale di sorveglianza determina la pena da espiare, tenuto conto della durata della misura concessa, delle limitazioni imposte al condannato e del suo comportamento durante il periodo trascorso.

In base all'art. 9, le modalità esecutive previste per i minorenni si applicano anche a chi, nel corso dell'esecuzione, abbia compiuto diciotto anni ma non venticinque, salvo che non ricorrano particolari ragioni di sicurezza o che le finalità rieducative non siano in alcun modo perseguibili a causa della mancata adesione al trattamento in atto.

(32) Quando l'ordine di esecuzione per il reato commesso da maggiorenne non può essere sospeso, il magistrato di sorveglianza per i minorenni trasmette gli atti al pubblico ministero che ha emesso l'ordine per l'ulteriore corso dell'esecuzione secondo le norme e con le modalità previste per i maggiorenni.

Se il condannato per reati commessi da minorenne abbia fatto ingresso in un istituto per adulti in custodia cautelare o in espiazione di pena, per reati commessi dopo il compimento del diciottesimo anno di età, non si fa luogo all'esecuzione secondo le norme e con le modalità previste per i minorenni (art. 10).

Ulteriori norme sono disposte quando deve essere eseguita nei confronti di persona, che non abbia compiuto i venticinque anni di età, una condanna a pena detentiva per reati commessi quando la medesima persona era minorenne (art. 11).

Un'importanza centrale ha il *progetto educativo*, che deve essere predisposto entro tre mesi dall'inizio dell'esecuzione (art. 14) e che contiene indicazioni sulle modalità con cui coltivare le relazioni con il mondo esterno e attuare la vita di gruppo e la cittadinanza responsabile, le attività di istruzione e di formazione professionale nonché le attività di lavoro e sportive. La finalità generale delle nuove norme è quella di rafforzare le relazioni con il mondo esterno in funzione dell'inserimento sociale del minore (33).

10. L'applicazione delle misure di sicurezza.

Nei confronti dei minorenni sono applicabili con la sentenza definitiva due misure di sicurezza: la libertà vigilata ed il riformatorio giudiziario (art. 36 c.p.p.m.).

La libertà vigilata deve essere eseguita nella medesima forma con cui si svolge la misura cautelare delle "prescrizioni" e della "permanenza in casa" (artt. 20 e 21 c.p.p.m.).

Il riformatorio giudiziario è eseguito nelle forme del collocamento in comunità ed è applicabile soltanto se l'imputazione riguarda quei delitti per i quali la legge consente l'arresto in flagranza e la custodia cautelare (art. 23 c.p.p.m.).

Quanto alle condizioni di applicabilità (art. 37, comma 2 c.p.p.m.), in primo luogo l'imputazione deve riguardare un fatto previsto dalla legge come delitto; in secondo luogo, la pericolosità sociale dell'imputato deve essere diagnosticata sulla base di parametri più restrittivi rispetto a quelli previsti per gli adulti (art. 224 c.p.), e cioè occorre il concreto pericolo della commissione di delitti con uso di armi o di altri mezzi di violenza personale, o di delitti diretti contro la sicurezza collettiva o l'ordine costituzionale o di gravi delitti di criminalità organizzata; infine, anche l'applicazione della misura di sicurezza deve essere adeguata alla particolare personalità del soggetto destinatario di tali misure (art. 39 c.p.p.m.).

Oltre che in dibattimento, l'applicazione di una misura di sicurezza può avvenire anche al termine dell'udienza preliminare, ove questa si concluda con un provvedimento definitivo. Ciò accade nel caso in cui il pubblico ministero abbia chiesto l'applicazione della misura di sicurezza ed il giudice dell'udienza preliminare si trovi a dover pronunciare una sentenza di non luogo a procedere perché, al momento del fatto illecito, l'imputato era infraquattordicenne o, avendo più di quattordici anni, era privo della capacità di intendere e di volere (artt. 97 e 98 c.p.) (34).

---

(33) Nell'assegnazione dei detenuti è assicurata la separazione dei minorenni dai giovani al di sotto dei venticinque anni e degli imputati dai condannati (art. 15). Norme dettagliate regolamentano i colloqui e la tutela dell'affettività in relazione ai colloqui con i congiunti (art. 19). Possono essere organizzate sezioni a custodia attenuata per ospitare detenuti che non presentano rilevanti profili di pericolosità o che sono prossimi alle dimissioni e ammessi allo svolgimento di attività all'esterno (art. 21).

(34) L'applicazione di una misura di sicurezza nei confronti del minore può essere fatta anche a titolo di *misura cautelare* ai sensi dell'art. 312 (art. 37 c.p.p.m.).

Capitolo V

IL PROCEDIMENTO NEI CONFRONTI DEGLI ENTI PER ILLECITI AMMINISTRATIVI DIPENDENTI DA REATO

1. Qualificazione e struttura dell'illecito dell'ente.

Il d.lgs. 8 giugno 2001, n. 231 ha introdotto nel nostro ordinamento la responsabilità degli enti per illecito amministrativo dipendente da reato. Più specificamente sono destinatari delle norme in questione gli enti forniti di personalità giuridica, nonché le società e le associazioni anche prive di personalità giuridica (art. 1 comma 2); restano, invece, esclusi lo Stato, gli enti pubblici territoriali, gli enti pubblici non economici e quelli che svolgono funzioni di rilievo costituzionale (art. 1 comma 3).

Nonostante la qualificazione formale della responsabilità come amministrativa, il carattere sostanzialmente penale delle relative sanzioni è confermato dal forte effetto afflittivo delle stesse e dal loro carattere preventivo-repressivo, anziché meramente riparatorio.

Ciò è confermato dalla scelta legislativa di utilizzare lo strumento del processo penale: l'accertamento della responsabilità e l'applicazione delle sanzioni sono affidati al giudice penale competente a conoscere il reato presupposto (art. 36). Le regole del procedimento sono quelle del codice di procedura penale, in quanto compatibili (art. 34) e l'ente è equiparato all'imputato (art. 35).

La struttura dell'illecito dell'ente. La responsabilità del soggetto collettivo è configurabile in presenza di requisiti oggettivi e soggettivi.

Dal punto di vista oggettivo, si richiede la presenza di un reato che sia stato commesso *nell'interesse o a vantaggio* dell'ente da una persona fisica avente i requisiti per impegnarne la responsabilità. A tale fine, l'art. 5 stabilisce che deve trattarsi di persona che rivesta una posizione apicale:

— di diritto (esercitando funzioni di rappresentanza, di amministrazione o direzione dell'ente o di una sua unità organizzativa dotata di autonomia finanziaria e funzionale)

— o di fatto (esercitando funzioni di gestione e controllo dell'ente),

— oppure, che sia sottoposta alla direzione o vigilanza di uno dei soggetti precedenti.

L'ente è esente da responsabilità se la persona fisica ha agito nell'interesse esclusivo proprio o di terzi. I reati che sono in grado di far scaturire la responsabilità del soggetto collettivo sono tassativamente indicati dal decreto (art. 24 e ss.). A causa di numerosi interventi legislativi, attualmente il catalogo dei reati presupposto è molto più ampio di quanto fosse in origine (1).

Dal punto di vista soggettivo, i criteri si differenziano a seconda che il reato sia stato posto in essere da un soggetto in posizione apicale o da un subordinato, data la diversa significatività dell'agire di tali soggetti rispetto all'ente (C.E. Paliero).

1) Nel caso di reati commessi da ***soggetti apicali***, in base all'art. 6 l'ente non risponde se prova che sono stati adottati ed efficacemente attuati, prima della commissione del reato, *modelli di organizzazione e di gestione* che siano idonei a prevenire reati della stessa specie di quello commesso e che siano stati opportunamente controllati da un apposito organismo di vigilanza. Occorre quindi che *tali modelli siano stati fraudolentemente elusi* dagli autori materiali del reato (v. tavola 4.5.1) (2).

2) Nel caso di reati commessi da un ***soggetto in posizione subordinata*** (art. 7), si ha responsabilità dell'ente nel caso in cui la commissione del reato derivi dall'inosservanza degli obblighi di direzione o vigilanza, cioè da un *deficit* di controllo, da parte dei soggetti a ciò preposti. Anche in questo caso l'adozione ed efficace attuazione dei modelli organizzativi e gestionali permette all'ente di andare esente da responsabilità, ma non si prevede alcuna presunzione di colpevolezza.

---

(1) Infatti, nel d.lgs. n. 231 del 2001, accanto ad un primo nucleo di reati comprendente le ipotesi di indebita percezione di erogazioni, truffa in danno dello Stato o di un ente pubblico o per il conseguimento di erogazioni pubbliche, frode informatica in danno dello Stato o di un ente pubblico (art. 24), concussione e corruzione (art. 25), si sono aggiunti ulteriori articoli che ricordiamo in modo sintetico, rinviando ai commenti specialistici in materia: art. 25-*bis*, falsità in monete; art. 25-*ter*, reati societari; art. 25-*quater*, delitti con finalità di terrorismo o di eversione dell'ordine democratico; art. 25-*quater*.1, pratiche di mutilazione degli organi genitali femminili; art. 25-*quinquies*, delitti contro la personalità individuale; art. 25-*sexies*, abusi di mercato; art. 25-*septies*, omicidio colposo e lesioni colpose gravi e gravissime, commessi con violazione di norme antinfortunistiche; art. 10 della legge n. 146 del 2006, che fa scaturire la responsabilità dell'ente qualora i reati in essa previsti presentino il carattere della transnazionalità; art. 25-*octies*, reati di ricettazione, riciclaggio e impiego di beni di provenienza illecita; art. 24-*bis*, delitti informatici e trattamento illecito di dati; art. 24-*ter*, delitti di criminalità organizzata; art. 25-*bis*.1, delitti contro l'industria e il commercio; art. 25-*novies*, delitti in materia di violazione del diritto d'autore; art. 25-*decies*, induzione a non rendere dichiarazioni o a rendere dichiarazioni mendaci all'autorità giudiziaria; art. 25-*undecies*, reati ambientali; art. 25-*duodecies*, impiego di cittadini di paesi terzi il cui soggiorno è irregolare. Inoltre, nell'art. 25 è stato aggiunto il riferimento alla nuova fattispecie di induzione indebita a dare o promettere utilità (art. 319-*quater* c.p.); nell'articolo 25-*ter*, comma 1, è stato aggiunto il nuovo delitto di corruzione tra privati (art. 2635 c.c.) limitando la responsabilità all'ente del quale è vertice apicale o dipendente il corruttore (legge n. 190 del 2012).

E ancora, la legge n. 199 del 2016 ha aggiunto il delitto di intermediazione illecita (c.d. caporalato) previsto dall'art. 603-*bis*, co. 2 c.p. La legge n. 167 del 2017 ha inserito l'art. 25-*terdecies*, rubricato "razzismo e xenofobia". Il d.lgs. n. 231 del 2017 ha aggiunto il delitto di istigazione alla corruzione tra privati (art. 2635-*bis* c.c.). La legge n. 3 del 2019 ("spazza-corrotti") ha introdotto l'articolo 346-*bis* c.p., rubricato "traffico di influenze illecite". La legge n. 39 del 2019 ha esteso la responsabilità da reato degli enti (art. 25-*quaterdecies*) ai reati di frode in competizioni sportive (art. 1, legge n. 401 del 1989) e di esercizio abusivo di gioco o scommessa (art. 4, legge n. 401 cit.). Il d.l. n. 124 del 2019, conv. in legge n. 157 del 2019, ha introdotto l'art. 25-*quinquiesdecies* in forza del quale alcuni reati tributari comportano la responsabilità amministrativa delle persone giuridiche e determinano l'applicazione di sanzioni pecuniarie. L'elenco dei reati tributari è stato esteso dal d.lgs. n. 75 del 2020, che ha anche ampliato il catalogo dei reati in danno della pubblica amministrazione, nella cui nozione, inoltre, deve ora ricomprendersi anche l'Unione europea. Il medesimo d.lgs. ha introdotto nell'elenco il reato di contrabbando.

(2) Le Sezioni Unite della Cassazione, 24 aprile 2014, n. 38343, hanno sostenuto l'insussistenza di una reale "inversione" dell'onere della prova, per il fatto che spetta comunque all'accusa la prova di tutti gli elementi costitutivi dell'illecito. Alla luce dei princìpi del processo penale, riteniamo che anche il dubbio sul fatto impeditivo di cui all'art. 6 comporti l'assoluzione dell'ente. Difatti il *quantum* di prova a carico dell'imputato è più leggero rispetto a quello a carico della pubblica accusa (art. 533).

Autonomia della responsabilità dell'ente. La responsabilità dell'ente è autonoma (art. 8), in quanto prescinde dalla punibilità in concreto della persona fisica autrice del reato presupposto. Ciò significa che non ha rilevanza il fatto che tale soggetto non sia stato identificato o non sia imputabile oppure che il reato si sia estinto per causa diversa dall'amnistia.

2. Le sanzioni applicabili. La competenza.

La sanzione principale è quella ***pecuniaria***, che si applica sempre e viene commisurata con un sistema "per quote" a struttura bifasica (artt. 10 e 11) ([3]).

Inoltre, l'art. 9 comma 2 prevede un ricco catalogo di ***sanzioni interdittive***. L'analisi di questo tipo di sanzioni ne rivela subito il carattere particolarmente affittivo (v. tav. 4.5.2); per questo motivo l'applicazione è subordinata a rigide condizioni (art. 13) ([4]).

Il commissario giudiziale. In luogo dell'applicazione di una sanzione interdittiva, che comporti l'interruzione dell'attività dell'ente, il giudice dispone l'intervento di un *commissario giudiziale* (art. 15). Ciò consente il proseguimento dell'attività dell'ente, anche se con alcuni limiti e senza la possibilità, per l'ente stesso, di conseguirne il profitto ([5]).

Oltre alla sanzione pecuniaria e alle sanzioni interdittive, il sistema sanzionatorio del decreto prevede anche la pubblicazione della sentenza di condanna (art. 18) e la confisca (art. 19).

La competenza. Il giudice destinato a conoscere l'illecito dell'ente è quello competente, per materia, territorio e connessione, in ordine al reato da cui l'illecito amministrativo dipende. Si tratta dunque di una competenza che si ricava per derivazione.

([3]) Il numero delle quote è determinato dal giudice, nel rispetto del minimo e del massimo stabilito dalla legge (art. 10 comma 2), in base alla gravità del fatto, al grado di responsabilità dell'ente, all'attività svolta per eliminare o attenuare le conseguenze del fatto e prevenire la commissione di ulteriori illeciti. La seconda fase della determinazione della sanzione è data dalla quantificazione dell'importo della singola quota, che, sempre nel rispetto dei limiti posti dal legislatore (art. 10 comma 3), deve tener conto delle condizioni economiche e patrimoniali dell'ente. Il sistema di commisurazione della sanzione pecuniaria si completa con la previsione di alcuni casi di riduzione dell'importo della stessa (art. 12), che attribuiscono particolare rilievo all'entità delle conseguenze derivate dal fatto (comma 1) ovvero ad eventuali condotte riparatorie o riorganizzative dell'ente stesso, successive al fatto, ma anteriori all'apertura del dibattimento (comma 2).

([4]) In primo luogo, è necessario che esse siano state espressamente previste dal legislatore in relazione al reato che è stato posto in essere dalla persona fisica; inoltre, l'analisi della situazione concreta deve rivelare una particolare gravità derivante dall'aver tratto dal reato un profitto di rilevante entità ovvero dalla reiterazione degli illeciti. Le suddette condizioni, che si aggiungono alla necessaria previsione di legge, sono alternative.

Le sanzioni interdittive, che devono essere ben calibrate in relazione alla specifica attività a cui si riferisce l'illecito dell'ente (art. 14), hanno, di regola, durata temporanea, ma, in casi particolarmente gravi, possono essere applicate in via definitiva (art. 16).

In ogni caso non si applicano in alcuni dei casi in cui è prevista la riduzione della pena pecuniaria (art. 12 comma 1). Un'ulteriore situazione impeditiva dell'applicazione delle sanzioni interdittive è la riparazione delle "conseguenze del reato" di cui all'art. 17.

([5]) Il commissariamento ha una durata pari a quella della pena interdittiva che sarebbe stata applicata. La disciplina in questione ha un'evidente finalità di utilità sociale ed è dunque subordinata allo svolgimento, da parte dell'ente, di un servizio la cui interruzione potrebbe provocare un grave pregiudizio alla società ovvero rilevanti ripercussioni sull'occupazione.

Quanto ai rapporti tra il procedimento a carico della persona fisica e quello a carico dell'ente, l'art. 38 comma 1 stabilisce il principio generale del *simultaneus processus*, cioè la riunione dei procedimenti (6).

3. La rappresentanza legale dell'ente e la sua difesa tecnica.

L'art. 34 dispone che nel procedimento a carico dell'ente si osservino, oltre alle norme del d.lgs., quelle del codice di procedura penale « in quanto compatibili ». Nonostante questa premessa, « le garanzie in concreto riconosciute all'ente risultano decisamente carenti, sfigurate nei loro tratti tipici » (P. Ferrua, in *Dir. pen. proc.*, 2016, 706).

Oltre al rinvio generale disposto dalla norma sopra citata, il decreto contempla anche una serie di rinvii specifici; tra questi merita una considerazione particolare il già accennato art. 35, che estende all'ente le disposizioni processuali relative all'imputato « in quanto compatibili ». La norma è volta a mettere l'ente nella condizione di poter fruire di tutte le garanzie che spettano all'imputato ed è quindi orientata alla massima tutela del diritto di difesa.

La rappresentanza legale dell'ente. Non essendo una persona fisica, l'ente partecipa al procedimento attraverso il proprio rappresentante legale (art. 39, comma 1), da intendersi come colui che risulta tale dalla legge o dallo statuto societario. Tuttavia, qualora il rappresentante suddetto sia imputato del reato da cui dipende l'illecito amministrativo, si realizza un conflitto d'interessi tale da richiedere che l'ente, il quale voglia partecipare ugualmente al procedimento, nomini un rappresentante per il processo, con specifici poteri limitati alla sola partecipazione al procedimento.

La partecipazione attiva dell'ente al procedimento. L'ente che intende partecipare attivamente al procedimento si deve costituire depositando nella cancelleria dell'autorità giudiziaria procedente la dichiarazione prevista dall'art. 39, comma 2. Il deposito avviene nella segreteria del pubblico ministero, se la costituzione si realizza durante le indagini preliminari, o, successivamente, nella cancelleria del giudice che procede. La dichiarazione deve contenere a pena di inammissibilità: *a*) la denominazione dell'ente e le generalità del suo legale rappresentante; *b*) il nome ed il cognome del difensore e l'indicazione della procura; *c*) la sottoscrizione del difensore; *d*) la dichiarazione o l'elezione di domicilio.

---

(6) In deroga alla regola generale, il secondo comma enuncia i casi in cui si procede separatamente per l'illecito amministrativo dell'ente, configurando così un temperamento alla rigidità di quanto disposto in precedenza. La separazione è prevista nelle seguenti ipotesi:

a) quando è stata ordinata la sospensione del procedimento penale a causa del perdurante stato d'incapacità dell'imputato di partecipare coscientemente al processo (art. 71 c.p.p.);

b) quando il procedimento è stato definito con il giudizio abbreviato o con l'applicazione della pena ai sensi dell'art. 444 del codice di procedura penale, ovvero è stato emesso il decreto penale di condanna;

c) quando l'osservanza delle disposizioni processuali lo rende necessario. Questa ultima previsione svolge una funzione di chiusura del sistema, tuttavia non deve essere interpretata in base a criteri di semplice opportunità di gestione dei procedimenti. Ad esempio sono riconducibili ad essa le ipotesi di sospensione o anticipata definizione del procedimento riguardante l'illecito amministrativo (G. Garuti).

La rappresentanza tecnica dell'ente. Il difensore di fiducia dell'ente è nominato con procura speciale *ad litem*, come accade per le parti private diverse dall'imputato nel processo penale (art. 100, comma 1 c.p.p.). La procura è depositata nella segreteria del pubblico ministero o nella cancelleria del giudice o è presentata in udienza unitamente alla dichiarazione di cui al comma 2.

L'assenza del responsabile legale dell'ente già costituitosi. Ai sensi dell'art. 39, comma 4, quando non compare il legale rappresentante, l'ente costituito è rappresentato dal difensore. L'ente che non ha nominato un difensore di fiducia o ne è rimasto privo è assistito da un difensore di ufficio (art. 40).

L'assenza dell'ente non ancora costituitosi. Ai sensi dell'art. 41 « l'ente che non si costituisce nel processo è dichiarato contumace »; poiché l'istituto della contumacia è stato eliminato dalla legge n. 67 del 2014, la disciplina dell'art. 41 deve considerarsi abrogata tacitamente. Di conseguenza, l'assenza dell'ente non ancora costituitosi deve sottostare alle nuove regole previste per l'assenza « in quanto compatibili » ai sensi dell'art. 35, d.lgs. n. 231 ([7]).

Differente è il caso in cui l'autorità giudiziaria non sia riuscita a procedere alla notificazione all'ente e le ricerche non abbiano dato esito positivo: in tale ipotesi il giudice, su richiesta del pubblico ministero, *sospende il procedimento* (art. 43, comma 4, d.lgs. n. 231).

La rappresentanza tecnica per gli atti a sorpresa. Nel caso in cui durante le indagini si debbano compiere atti a sorpresa o misure cautelari, la procedura prevista dall'art. 39 non è compatibile con le esigenze difensive. Pertanto, la giurisprudenza di legittimità ha ritenuto applicabili le norme del codice sulla nomina del difensore (art. 96): il rappresentante legale dell'ente può nominare il difensore di fiducia sia al fine di partecipare all'atto a sorpresa, sia per impugnare l'eventuale provvedimento cautelare ([8]).

L'esercizio dell'azione civile nel processo per la responsabilità dell'ente. Si è posto il problema se, all'interno del processo penale che accerta la responsabilità amministrativa per la c.d. "colpa di organizzazione", sia ammissibile l'esercizio di una qualche azione civile tendente ad ottenere il risarcimento del danno cagionato dall'illecito commesso dall'ente. La tesi prevalente esclude che l'illecito amministrativo commesso dall'ente possa fondare una pretesa risarcitoria esercitabile nel processo penale, mentre una tesi minoritaria ritiene ammissibile la costituzione di parte civile nei confronti dell'ente ([9]).

([7]) Si veda G. Varraso, *L'abrogazione di "diritto" e di "fatto" della contumacia dell'ente*, in *www.penalecontemporaneo.it*. Di opinione contraria chi afferma la sopravvivenza della disciplina speciale sulla contumacia dell'ente contenuta nell'art. 41 d.lgs. n. 231/2001. In tal senso, M. Bontempelli, *I presupposti del giudizio in assenza*, in *Il giudizio in assenza dell'imputato*, a cura di D. Vigoni, Torino, 2014, 257.

([8]) Con la limitazione che non sia stata previamente inviata l'informazione di garanzia all'ente a norma dell'art. 57, d.lgs. n. 231. In caso di avvenuta notifica dell'informazione di garanzia troverà applicazione l'art. 39 d.lgs. n. 231/2001.

([9]) Sul punto si è espressa la Corte di cassazione, sez. VI, 22 gennaio 2011, n. 2251 (in *Cass. pen.*, 2011, 2540, con nota di G. Varraso) che ha escluso l'ammissibilità della costituzione di parte civile nel procedimento a carico dell'ente, sottolineando come la mancata disciplina dell'istituto nell'ambito del decreto n. 231 del 2001 non costituisca una lacuna, bensì una scelta consapevole. Secondo la Corte sono numerosi gli ostacoli che si oppongono all'appli-

4. Il regime delle prove.

Come abbiamo visto, il procedimento di accertamento della responsabilità dell'ente si presenta quasi integralmente debitore, quanto ai mezzi di prova, nei confronti della normativa codicistica. Una regola apposita, che si differenzia da quella prevista dall'art. 197 c.p.p., è stata dettata solo in punto di limiti alla testimonianza dall'art. 44 del decreto. L'articolo prevede espressamente due ipotesi di incompatibilità con l'ufficio di testimone (v. tav. 4.5.3).

La prima ipotesi è quella della «***persona imputata del reato da cui dipende l'illecito amministrativo***» (art. 44 comma 1 lett. *a*). Il dichiarante sarà sentito, di regola, nel procedimento riunito, secondo le disposizioni dettate per l'imputato dall'art. 208 c.p.p. Qualora, invece, i due procedimenti siano separati, la disciplina alla quale riferirsi per l'esame della persona fisica nel procedimento contro l'ente è l'art. 210 comma 1 c.p.p. Successivamente il dichiarante assume la qualifica di testimone, sia pur assistito ai sensi dell'art. 197-*bis* c.p.p. (10).

La seconda ipotesi espressa di incompatibilità con l'ufficio di testimone è prevista dalla lett. *b* dell'art. 44 comma 1 ed investe ***la persona che rappresenta l'ente*** indicata nella dichiarazione di cui all'art. 39 comma 2, ***e che rivestiva tale funzione anche al momento della commissione del reato.*** Per una piena tutela del diritto di difesa, appare ragionevole generalizzare l'incompatibilità nei confronti della figura del ***rappresentante dell'ente nel processo***, indipendentemente dal fatto che egli ricoprisse o meno la carica anche al momento della commissione del reato.

Il soggetto sarà, di regola, sentito ai sensi dell'art. 208 c.p.p. Se il procedimento contro tale persona fisica è separato, il rappresentante dell'ente renderà le proprie dichiarazioni ai sensi dell'art. 210 comma 1 c.p.p. (art. 44 comma 2).

Resta da esaminare la situazione del ***rappresentante dell'ente al momento della commissione del fatto, ma non durante il procedimento***. In questo caso, parte della giurisprudenza tende ad applicare la disciplina della testimonianza, il che contrasta con i princìpi costituzionali, poiché «equivale ad obbligare l'imputato a deporre contro se stesso» (P. FERRUA, *loc. ult. cit.*). La dottrina ritiene che si possa applicare l'art. 198, comma 2, consentendo al rappresentante di astenersi dal deporre sui fatti dai quali possa emergere una responsabilità dell'ente.

---

cazione in questa sede delle norme che disciplinano l'esercizio dell'azione civile nel processo penale (art. 185 c.p. e 74 c.p.p.); in particolare, il riferimento va alla natura «quasi eccezionale» di tali disposizioni che ne impedisce l'applicazione analogica ed al fatto che esse facciano riferimento alla commissione di un reato, che è cosa diversa dalla più complessa fattispecie di illecito amministrativo dipendente dal reato che è imputato all'ente. L'orientamento negativo ha trovato successivamente ulteriore conforto sia nella decisione della Corte di Giustizia dell'Unione Europea del 12 luglio 2012, sia nella sentenza della Corte cost. 9 luglio 2014, n. 218.

(10) La disciplina dettata dal decreto deve essere coordinata con le regole stabilite dalla l. 1° marzo 2001, n. 63 sul giusto processo, dunque l'incompatibilità a testimoniare si estende alle ipotesi dell'imputato di un reato connesso o collegato a quello presupposto e il contributo probatorio di tale soggetto si assume attraverso i mezzi dell'esame delle parti (art. 208 c.p.p.), dell'imputato connesso (art. 210 c.p.p.) e della testimonianza assistita (art. 197-*bis* c.p.p.).

5. Le misure cautelari.

Il sistema cautelare è incentrato sull'utilizzo di misure interdittive che corrispondono agli strumenti usati in sede sanzionatoria. In luogo dell'applicazione della misura interdittiva, il giudice può nominare un commissario giudiziale. Infine, il sistema prevede anche misure cautelari di tipo reale.

L'applicazione di una ***misura cautelare interdittiva*** ad un soggetto collettivo richiede anzitutto la presenza « di gravi indizi per ritenere la sussistenza della responsabilità dell'ente per un illecito amministrativo dipendente da reato » (art. 45), alla luce dei requisiti oggettivi e soggettivi di cui agli artt. 5, 6 e 7. Inoltre, poiché la misura che si applica ha carattere interdittivo, bisogna tener conto anche di quelle disposizioni che permettono l'applicazione di una sanzione di questo tipo.

Quanto alle esigenze cautelari, il decreto si limita alla previsione del solo pericolo che vengano commessi illeciti della stessa indole, purché tale ipotesi sia sorretta da fondati e specifici elementi.

I criteri di scelta delle misure cautelari sono chiaramente ispirati alla normativa codicistica (art. 275 c.p.p.) in quanto il decreto enuncia i seguenti parametri: idoneità, proporzionalità e adeguatezza. Quest'ultimo criterio allude all'utilizzabilità della misura dell'interdizione dall'attività solo come *extrema ratio*, parallelamente a quanto accade per la custodia cautelare in carcere.

Il procedimento applicativo. Passiamo adesso ad esaminare il procedimento di applicazione delle misure cautelari. Quanto al giudice competente, non sussistono novità rispetto all'art. 279 c.p.p.: si tratta, infatti, del giudice che procede, cioè l'autorità competente per il reato della persona fisica dal quale dipende l'illecito dell'ente. Nel corso delle indagini provvede il giudice per le indagini preliminari.

L'impulso che dà inizio al procedimento spetta naturalmente al pubblico ministero, il quale è tenuto a presentare al giudice la richiesta di applicazione di una delle sanzioni interdittive in sede cautelare. Tale richiesta deve essere accompagnata dagli elementi su cui la stessa si fonda, nonché quelli a favore dell'ente e le eventuali deduzioni e memorie difensive già depositate.

Si prevede, secondo uno schema innovativo, che, qualora la richiesta sia presentata fuori udienza, il giudice fissi la data e ne faccia dare avviso al pubblico ministero, all'ente e ai difensori; l'avviso contiene anche l'indicazione della facoltà di esaminare la richiesta del pubblico ministero e gli elementi sui quali la stessa si fonda. L'udienza si svolge con le forme del procedimento camerale, ma i termini sono ridotti e l'ordinanza è soggetta al regime di impugnazione dei provvedimenti applicativi delle misure cautelari.

Il giudice, al posto dell'applicazione della misura cautelare interdittiva, ha la possibilità di nominare un ***commissario giudiziale*** a norma dell'art. 15 per un periodo pari alla durata della misura che sarebbe stata applicata. La sostituzione è operabile qualora la misura in questione sia tra quelle che determinano l'interruzione dell'attività dell'ente e ricorra almeno una delle seguenti condizioni: che l'ente svolga un servizio pubblico o un servizio di pubblica necessità la cui interruzione possa provocare un grave pregiudizio alla collettività; che l'interruzione dell'attività dell'ente possa provocare, alla luce dei fattori contingenti, rilevanti ripercussioni sull'occupazione.

La sospensione delle misure cautelari. Del tutto eterogenea rispetto alla disciplina codicistica è, invece, la previsione, di cui all'art. 49, della possibilità di *sospensione* delle misure cautelari. Il caso ricorre qualora l'ente chieda di poter realizzare gli adempimenti riparatori e riorganizzativi cui la legge condiziona l'esclusione delle sanzioni interdittive (art. 17). Qualora il giudice, sentito il pubblico ministero, ritenga di accogliere la richiesta, è tenuto a determinare l'importo della somma che l'ente, a titolo di cauzione, dovrà depositare presso la Cassa delle ammende; il giudice, inoltre, stabilisce il termine entro il quale devono essere realizzate le condotte di cui all'art. 17, rispetto alle quali l'ente si è impegnato con la richiesta (11).

Le impugnazioni. Resta, infine, da esaminare la disciplina delle *impugnazioni*, che presenta alcuni profili di novità. L'unico mezzo utilizzabile in prima battuta è l'appello: l'art. 52 prevede che il pubblico ministero e l'ente, per mezzo del suo difensore, possano proporre appello contro tutti i provvedimenti in materia di misure cautelari, indicandone contestualmente i motivi. La norma poi rinvia all'art. 322-*bis*, commi 1-*bis* e 2 c.p.p. Ciò significa che tutte le ordinanze che applicano, sospendono, revocano, sostituiscono o dichiarano la cessazione, ed anche quelle di rigetto, sono appellabili. La disciplina richiamata è quella delle impugnazioni in tema di cautele reali, quindi la competenza a decidere spetta al tribunale, in composizione collegiale, del capoluogo della provincia in cui ha sede l'ufficio che ha emesso il provvedimento. L'appello non sospende l'esecuzione del provvedimento.

Le misure cautelari reali. Come si è già avuto modo di osservare, il sistema delle cautele è incentrato sulle misure di tipo interdittivo; tuttavia il legislatore ha previsto anche l'applicabilità del *sequestro preventivo e conservativo* (artt. 53 e 54).

In particolare, il sequestro preventivo è disposto in relazione alle cose di cui è consentita la confisca ai sensi dell'art. 19, cioè il prezzo o il profitto del reato, esclusa la parte che può essere restituita al danneggiato e salvi i diritti dei terzi di buona fede; è previsto anche un meccanismo di confisca per equivalente. Nel silenzio della legge, è ragionevole ritenere che anche l'applicazione delle misure cautelari reali sia subordinata all'esistenza di gravi indizi di responsabilità dell'ente (12).

---

(11) Due sono i possibili esiti del trattamento cautelare sospeso: se l'ente esegue le attività dovute puntualmente e completamente, la misura cautelare sarà revocata e la somma depositata gli verrà restituita; se, invece, non pone in essere la condotta a cui è tenuto o lo fa in modo incompleto o inefficace, allora si avrà la reviviscenza della misura precedentemente adottata, senza bisogno dell'iniziativa del pubblico ministero. In tal caso la somma depositata è devoluta alla Cassa delle ammende.

(12) La giurisprudenza di legittimità ha manifestato una evoluzione in tal senso. Dopo una prima pronuncia Cass., Sez. un., 17 dicembre 2003 (in *Cass. pen.*, 2004, 1182) con cui si affermava essere sufficiente l'astratta configurabilità dell'illecito per l'applicazione del sequestro, una decisione più recente ha sostenuto la necessità di una valutazione più approfondita del *fumus* per l'applicazione di tale cautela, dovendosi ravvisare la presenza di qualcosa di analogo ai gravi indizi di responsabilità dell'ente. In tal senso, Cass., Sez. un., 31 marzo - 20 aprile 2016, n. 18954, Capasso, in motivazione, p. 18: « quel percorso (motivazionale) non può che essere affine (a quello delle misure personali) per quanto concerne il dovere di verifica — non più concepibile in termini solo astratti — della compatibilità e congruità degli elementi addotti dalla accusa (e della parte privata ove esistenti) con la fattispecie penale oggetto di contestazione ».

6. Indagini preliminari e procedimenti speciali.

Le indagini preliminari prendono avvio dalla acquisizione della notizia dell'illecito dell'ente, non necessariamente corrispondente, ma certamente successiva, al momento in cui l'autorità giudiziaria viene a conoscenza del reato presupposto ([13]).

L'art. 58 d.lgs. presenta un evidente profilo di difformità rispetto al procedimento relativo alle persone fisiche. Esso prevede, infatti, che il pubblico ministero, qualora non ritenga di dover provvedere alla contestazione dell'illecito, emetta decreto motivato di archiviazione e lo comunichi al procuratore generale presso la corte d'appello. Quest'ultimo, svolti gli accertamenti indispensabili, può contestare l'illecito all'ente entro sei mesi dalla comunicazione. In questo modo il pubblico ministero dispone direttamente il provvedimento senza essere sottoposto al sindacato giurisdizionale.

La contestazione dell'illecito, come l'imputazione per le persone fisiche, è contenuta in uno degli atti di cui all'art. 405 comma 1 c.p.p., cioè gli atti di esercizio dell'azione penale. Il contenuto della contestazione è evidentemente modellato su quello della richiesta di rinvio a giudizio (art. 59). Proprio in base al confronto con la disciplina ordinaria, la giurisprudenza, nel silenzio del legislatore, ha ritenuto che la contestazione dell'illecito debba essere preceduta, a pena di nullità, dall'avviso di conclusione delle indagini preliminari di cui all'art. 415-*bis* c.p.p.

Alla luce delle brevi osservazioni che precedono è evidente che la disciplina necessita di essere integrata con le disposizioni del codice di procedura penale, in quanto compatibili. Si pensi, ad esempio, ai poteri del giudice dell'udienza preliminare che ritenga di non poter decidere allo stato degli atti (artt. 421-*bis* e 422 c.p.p.).

I procedimenti speciali. Anche il procedimento a carico degli enti può essere definito in via anticipata attraverso i riti speciali disciplinati dal codice di procedura penale, con gli opportuni adattamenti (artt. 62, 63, 64). In particolare, per quanto riguarda il patteggiamento il legislatore ne ha circoscritto l'applicabilità ai casi in cui anche il giudizio nei confronti della persona fisica possa essere definito con tale rito. A questa ipotesi si aggiunge il caso in cui l'illecito amministrativo dell'ente sia punito con la sola sanzione pecuniaria. Merita di essere ricordato il limite secondo il quale l'applicabilità di una sanzione interdittiva in via definitiva esclude l'esperibilità del giudizio abbreviato e del patteggiamento.

7. Il giudizio.

La sospensione del dibattimento. Si osservi preliminarmente che l'art. 65 del decreto presenta un profilo di novità nel prevedere una peculiare ipotesi di sospensione facoltativa del dibattimento. Il giudice può, infatti, disporre la sospensione del processo se l'ente, prima dell'apertura del dibattimento di primo grado, chiede di

([13]) Nel registro di cui all'art. 335 c.p.p., il pubblico ministero deve annotare il reato da cui l'illecito dipende, nonché gli elementi identificativi dell'ente e, se possibile, le generalità del suo legale rappresentante (art. 55 comma 1). Le modalità e i limiti delle comunicazioni effettuabili su richiesta dell'ente o del suo difensore sono le stesse di quelle previste nel procedimento ordinario (art. 55 comma 2).

provvedere alle già menzionate condotte riparatorie di cui all'art. 17, dimostrando di esser stato nell'impossibilità di effettuarle prima. La mancata realizzazione di tali condotte entro il termine ordinario deve essere riconducibile a ragioni oggettive.

Se il giudice ritiene di accogliere la richiesta, determina una somma a titolo di cauzione. La disciplina che si osserva è la stessa che si è esaminata in sede di sospensione delle misure cautelari; si rinvia al paragrafo ad essa dedicato.

La conclusione del procedimento. Qualora non si sospenda il processo, il giudizio andrà avanti e potrà poi concludersi con una sentenza di condanna o di proscioglimento (che comprende la sentenza di esclusione della responsabilità e quella di non doversi procedere).

Alla sentenza di esclusione della responsabilità è dedicato l'art. 66, che contempla, a differenza dell'art. 530 c.p.p., un'unica formula di assoluzione: l'insussistenza dell'illecito. Tale esito si raggiungerà nel caso in cui l'illecito amministrativo contestato all'ente non sussista, ma anche qualora manchi, sia insufficiente o contraddittoria la prova dello stesso illecito.

La sentenza di non doversi procedere è pronunciata, ai sensi dell'art. 67, quando il reato da cui dipende l'illecito amministrativo sia estinto per prescrizione o quando ciò si verifichi in relazione alla sanzione (amministrativa). Si ritiene che comportino una pronuncia di questo tipo anche: la mancanza di una condizione di procedibilità relativa al reato da cui l'illecito dipende; l'estinzione di tale reato per amnistia; l'eventualità del *bis in idem* riguardante la vicenda giudiziaria amministrativa.

Infine l'art. 69 prevede che la sentenza di condanna venga emessa qualora risulti provata la responsabilità dell'ente.

8. Le impugnazioni.

Nei confronti della sentenza che applica una sanzione diversa da quella interdittiva, l'ente può proporre impugnazione secondo la disciplina stabilita per l'imputato del reato presupposto, cioè con i mezzi che spettano in astratto all'imputato persona fisica (art. 71 comma 1).

Viceversa, nel caso in cui la sentenza applichi una o più sanzioni interdittive, l'ente può sempre proporre appello, anche a prescindere dai limiti che valgono per la persona fisica (art. 71 comma 2).

Il pubblico ministero può proporre le stesse impugnazioni consentite per il reato da cui l'illecito amministrativo dipende.

Poiché, come si è già osservato, la responsabilità dell'ente e quella dell'imputato scaturiscono da un unico fatto materiale, le impugnazioni proposte dall'uno giovano anche all'altro, purché non fondate su motivi esclusivamente personali (art. 72).

Parte Quinta
LE IMPUGNAZIONI

Capitolo I
PRINCÌPI GENERALI SULLE IMPUGNAZIONI PENALI

SOMMARIO: 1. Impugnazioni ordinarie e straordinarie. — 2. Le disposizioni generali sulle impugnazioni. — 3. I soggetti legittimati ad impugnare. — 4. Regole generali sulle impugnazioni. — 5. La trasmissione degli atti dal giudice *a quo* al giudice *ad quem*. — 6. Il deposito telematico delle impugnazioni nell'emergenza sanitaria.

1. Impugnazioni ordinarie e straordinarie.

È possibile dare in prima approssimazione una definizione di impugnazione, che sarà poi meglio precisata attraverso l'esame delle norme previste dal codice. Impugnazione è quel rimedio esperibile da una parte al fine di rimuovere un provvedimento giurisdizionale svantaggioso, che si assume errato, mediante il controllo operato da un giudice diverso da quello che ha emesso il provvedimento medesimo.

Impugnazioni ordinarie. La intervenuta irrevocabilità è il criterio che meglio permette di distinguere le impugnazioni in ordinarie e straordinarie. Le *impugnazioni ordinarie* sono quelle che possono essere esperite prima che la sentenza diventi irrevocabile. Sono impugnazioni *ordinarie* l'appello ed il ricorso per cassazione, che possono essere proposti entro un termine stabilito a pena di decadenza (art. 585, comma 5); decorso tale termine senza che sia stata presentata impugnazione, la sentenza diventa irrevocabile. La definizione legislativa di sentenza irrevocabile è contenuta nell'art. 648 (si veda parte VI, cap. 1, § 1).

Impugnazioni straordinarie. Le *impugnazioni straordinarie* sono quelle che hanno ad oggetto sentenze divenute irrevocabili.

Sono impugnazioni straordinarie la revisione (art. 629 ss.), il ricorso per cassazione per errore materiale o di fatto (art. 625-*bis*) e la rescissione del giudicato (art. 625-*ter*).

Impugnazioni ordinarie: l'appello. La cognizione del giudice di appello è la più completa, perché egli può riesaminare il caso sotto il profilo della legittimità e del merito nei limiti dei motivi addotti dalle parti appellanti; i motivi sono tendenzialmente illimitati.

Il ricorso per cassazione è istituto completamente diverso dall'appello. In cassazione "accusata" è *la sentenza impugnata*. Essa può essere fatta oggetto di ricorso per vizi di legittimità e soltanto nei casi tassativamente previsti dalla legge; i motivi del ricorso per cassazione sono tassativi, come appare dall'elenco dell'art. 606.

In sintesi, il giudice di appello è giudice del merito e della legittimità in funzione della modifica o della conferma della sentenza di primo grado. Viceversa, la corte di cassazione è giudice della sola legalità processuale e sostanziale, con esclusione di ogni sindacato sulla valutazione dei fatti (v. tav. 5.2.5). La corte di cassazione, di regola, non può riformare la sentenza ma solo pronunciarne l'annullamento. Il compito di riformare la sentenza impugnata è demandato al giudice di rinvio dopo l'annullamento da parte della cassazione.

Le riforme intervenute dal 1988. La strutturazione originaria della materia delle impugnazioni, come appariva al momento della promulgazione del codice del 1988, è stata oggetto di plurime modifiche legislative che hanno seguito due linee direttrici: da un lato, l'arricchimento delle garanzie; da un altro lato, l'efficienza del sistema.

Sotto il primo profilo, sono stati introdotti nuovi rimedi impugnatori e si è perfezionato il contraddittorio all'interno degli istituti tradizionali. Ad esempio, sono stati ampliati i motivi del ricorso per cassazione (legge n. 46 del 2006; c.d. *legge Pecorella*) e sono stati inseriti nuovi casi di rinnovazione dell'istruzione in appello (d.lgs. n. 11 del 2018; c.d. *riforma Orlando*).

Sotto il secondo profilo, l'efficienza del sistema è stata perseguita mediante l'inserimento di nuovi filtri di accesso al giudizio di appello e di cassazione, al fine di disincentivare impugnazioni meramente pretestuose. La *riforma Orlando*, e poi la ***riforma Cartabia*** (legge n. 134 del 2021), hanno attuato un programma tendente a perseguire l'efficienza del sistema e la ragionevole durata del processo.

Attraverso una manovra complessa, attuata con la *riforma Cartabia*, è stato introdotto il nuovo istituto della "improcedibilità dell'azione penale". L'improcedibilità ha l'effetto di estinguere il procedimento in grado di appello o di ricorso per cassazione quando siano stati superati determinati termini massimi senza che sia stata pronunciata una sentenza che abbia definito il relativo giudizio di impugnazione. Con la precisazione che sono interessati dalla riforma i reati commessi dal 1° gennaio 2020 (nuovo art. 344-*bis* c.p.p.). La normativa è stata ampiamente illustrata nella parte I, cap. 2, § 7.1, e su di essa torneremo quando esamineremo singoli punti dell'appello e del ricorso per cassazione.

2. Le disposizioni generali sulle impugnazioni.

Secondo quanto abbiamo premesso, e salve deroghe specifiche contenute nella disciplina dei singoli mezzi di impugnazione, le *disposizioni generali* si applicano a tutte le impugnazioni.

I princìpi generali che regolano le impugnazioni ordinarie sono: il principio di tassatività; l'effetto sospensivo dell'impugnazione; l'effetto estensivo; l'effetto devolutivo.

a) ***Il principio di tassatività.*** Il principio di tassatività emerge dall'art. 568, comma 1, secondo cui è soltanto la legge che stabilisce « i casi nei quali i provvedimenti del giudice sono soggetti ad impugnazione e determina il mezzo con cui possono essere impugnati ». Dal principio di tassatività deriva un duplice effetto: la necessità che la legge preveda espressamente un provvedimento come impugnabile e che la medesima precisi il mezzo di impugnazione. In mancanza di ciò, il provvedimento non è impugnabile. Il principio di tassatività investe anche le parti che sono ammesse a proporre impugnazione; vi sono regole particolari che saranno esposte nel paragrafo 3.

Sono sempre sottoponibili a ricorso per cassazione, quando non sono altrimenti impugnabili, le sentenze nonché i provvedimenti con i quali il giudice decide sulla libertà personale (art. 568, comma 2, che attua l'art. 111, comma 7 Cost.). Nei confronti di questi ultimi è ammessa una impugnazione immediata, indipendentemente dall'impugnazione contro la successiva sentenza (art. 586, comma 3) ([1]).

Viceversa, per i provvedimenti che non decidono sulla libertà personale vale la regola della tassatività (sono impugnabili soltanto quando ciò è previsto per legge) e, in linea di principio, sono impugnabili solo unitamente alla sentenza (art. 586, comma 1).

La conservazione dell'impugnazione. Il principio di tassatività delle impugnazioni viene inteso dal codice non in senso formalistico: esso è limitato dal generale principio di conservazione del valore degli atti giuridici. Ai sensi dell'art. 568 comma 5, « l'impugnazione è ammissibile indipendentemente dalla qualificazione a essa data dalla parte che l'ha proposta. Se l'impugnazione è proposta ad un giudice incompetente, questi trasmette gli atti al giudice competente » ([2]).

b) L'effetto sospensivo. L'*esecuzione* della sentenza, di regola, è *sospesa* durante il corso dei termini per impugnare e fino all'esito dell'ultimo giudizio di impugnazione concretamente esperito (art. 588 comma 1). L'esecuzione della sentenza è, quindi, sempre differita, sia durante il decorso del termine per impugnare, sia durante lo svolgimento dell'impugnazione sino al giudicato (v. tav. 5.1.3). Ciò è coerente con la disposizione dell'art. 650 comma 1, in base alla quale, di regola, le sentenze hanno forza esecutiva quando sono divenute « irrevocabili » ([3]).

c) L'effetto estensivo. In base all'art. 587, comma 1, nel caso di concorso di più persone nel reato, l'impugnazione proposta da uno degli imputati giova anche agli altri purché non fondata su motivi esclusivamente personali.

Allo stesso modo, nel caso di riunione di procedimenti per reati diversi (art. 587, comma 2), l'impugnazione proposta da un imputato giova a tutti gli altri imputati soltanto se i motivi riguardano violazioni della legge processuale e non sono esclusivamente personali.

Sono motivi *non esclusivamente personali* quelli che si riferiscono, anche parzialmente, a questioni sostanziali o processuali di tipo oggettivo, comuni al soggetto

---

([1]) Pertanto, i provvedimenti in materia di misure cautelari personali sono impugnabili presso il tribunale della libertà indipendentemente dalla fase in cui vengono adottati e dalla composizione collegiale o monocratica dell'organo che li emette.

([2]) Da ciò consegue che sono irrilevanti le qualificazioni *erronee* date dalla parte impugnante, quando il provvedimento è oggettivamente impugnabile. Il principio è stato esteso dalla giurisprudenza: se anche una parte ha *consapevolmente* proposto una impugnazione diversa da quella consentita dalla legge, l'impugnazione stessa si converte di diritto in quella che la legge prevede espressamente (Cass., sez. un., 26 giugno 2002, Del Re, in *Giur. it.*, 2003, 738). Ad esempio, se l'imputato ha proposto appello contro una sentenza di patteggiamento, l'impugnazione stessa deve essere qualificata come ricorso per cassazione e il giudice di appello deve trasmetterla alla suprema corte.

([3]) La regola soffre di eccezioni previste espressamente dalla legge. In particolare, le sentenze di proscioglimento (pronunciate in giudizio) e le sentenze di non luogo a procedere (pronunciate nell'udienza preliminare) sono immediatamente eseguite per la parte in cui dispongono la necessaria revoca delle misure cautelari personali (artt. 300 commi 1 e 3 c.p.p.; 131-*bis* disp. att.).

Un'altra *eccezione* concerne le impugnazioni contro i provvedimenti in materia di libertà personale (riesame, appello e ricorso per cassazione): tali impugnazioni « non hanno in alcun caso effetto sospensivo » (art. 588 comma 2). Pertanto la richiesta di riesame al tribunale della libertà non impedisce l'esecuzione della misura cautelare.

impugnante e agli altri coimputati (es. sussistenza del fatto; utilizzabilità di una prova). Sono motivi *esclusivamente personali* quelli che riguardano la qualità e le condizioni soggettive della persona che li ha proposti (es. erronea dichiarazione di recidiva).

Occorre distinguere tra effetto estensivo dell'impugnazione ed effetto estensivo della sentenza (v. tav. 5.1.4.).

L'effetto estensivo dell'impugnazione permette alla parte non impugnante di partecipare al giudizio di impugnazione promosso da altra parte con la quale abbia un interesse identico o collegato; ciò consente alla parte non impugnante di sostenere di fronte al giudice l'accoglimento e l'estensione a suo favore dei motivi non esclusivamente personali da altra parte proposti.

L'effetto estensivo della sentenza comporta che il giudice dell'impugnazione, nell'accogliere un motivo di carattere non personale, disponga la modifica o l'annullamento della sentenza impugnata anche nei confronti del coimputato nel medesimo procedimento, che non ha presentato impugnazione o che non ha partecipato al giudizio di impugnazione.

d) L'effetto devolutivo dell'impugnazione: capi e punti della sentenza.

Per devoluzione si intende il trasferimento della cognizione al giudice dell'impugnazione, e cioè ad un giudice diverso rispetto a quello che ha pronunciato il provvedimento impugnato.

Ciò premesso, l'impugnazione è ***interamente devolutiva*** quando la legge attribuisce al giudice dell'impugnazione il potere di conoscere tutta la materia decisa dal primo giudice; ciò avviene, ad es., nel riesame della misura cautelare ai sensi dell'art. 309, comma 9 (v. *supra*, Parte II, cap. 6, § 5, lett. *b*).

L'impugnazione è ***limitatamente devolutiva*** quando la legge consente al giudice dell'impugnazione di conoscere soltanto quella parte della materia che è stata oggetto dei motivi proposti dalla parte impugnante. È quello che avviene per l'appello ai sensi dell'art. 597, comma 1: « l'appello attribuisce al giudice di secondo grado la cognizione del procedimento limitatamente ai *punti* della decisione ai quali si riferiscono i *motivi* proposti ».

Per capire il concetto di effetto *limitatamente devolutivo*, occorre prendere le mosse da quelli di "capo" e di "punto" della sentenza. Come abbiamo visto a suo tempo nel capitolo sul giudizio di primo grado, il "capo" della sentenza è identificabile con la decisione emessa in relazione alla singola imputazione; il "punto" è costituito da una tematica di fatto o di diritto che deve essere trattata e risolta per giungere alla decisione in merito ad una o più imputazioni.

I "capi" della sentenza. Nel processo penale la contestazione della o delle imputazioni avviene per "capi di accusa", riferiti al fatto storico, a sua volta posto in relazione con la fattispecie incriminatrice. Normalmente, i capi di accusa contestati sono numerati o accompagnati da lettere ed il giudice di primo grado si pronuncia in ordine a ciascuno di essi, ai sensi dell'art. 527 comma 2.

Riepilogando: per "capo" deve intendersi la decisione emessa relativamente a uno dei reati attribuiti all'imputato tanto da poter costituire da solo, anche separatamente, il contenuto di una sentenza.

I "punti" della sentenza. I punti della sentenza sono, invece, le tematiche generali che devono necessariamente essere affrontate dal giudice per decidere su ciascuna imputazione: l'accertamento della condotta, dell'evento, del rapporto di causalità, l'attribuzione del fatto all'imputato, l'accertamento dell'elemento soggettivo, la qualificazione giuridica, l'insussistenza delle cause di non punibilità, le circostanze e la loro conseguente comparazione, la determinazione della pena e, infine, la concessione delle sanzioni sostitutive. Più precisamente, il punto è ogni statuizione della decisione che può essere considerata in modo autonomo; essa può comprendere una o più questioni (4).

I motivi dell'impugnazione. I motivi, che stanno alla base della richiesta di riforma o di annullamento della sentenza, si riferiscono ai capi ed ai punti della sentenza e precisano quale sia l'aspetto che viene criticato e sottoposto al giudice dell'impugnazione. Ovviamente, una parte può impugnare uno o più capi della sentenza e soltanto per le disposizioni penali o soltanto per quelle civili o per entrambe.

La legge n. 103 del 2017 (*riforma Orlando*) ha imposto alle parti, rispetto al passato, un onere più pesante di precisare in modo specifico i motivi di doglianza nei confronti della sentenza. La modifica si ricollega alla contemporanea introduzione del c.d. modello legale della motivazione "in fatto" della sentenza, che permette un più agevole controllo delle argomentazioni della decisione (art. 546, comma 1, lett. *e*; si veda, in precedenza, Parte III, cap. 5, § 14).

Effettuando una sintesi vertiginosa, che anticipa quanto esporremo successivamente, possiamo affermare che nell'appello le parti devolvono un "punto" della sentenza, mentre nel ricorso per cassazione le parti devolvono un "motivo" di doglianza tra quelli previsti espressamente dalla legge.

L'impugnazione per i soli interessi civili. Occorre adesso applicare congiuntamente l'effetto sospensivo e l'effetto devolutivo. Quando la legge attribuisce ad una parte (ad es., alla parte civile: art. 576) il potere di impugnazione per i soli interessi civili (e cioè, concernente il tema del risarcimento dei danni), ne consegue che l'impugnazione proposta in concreto non ha l'effetto di sospendere l'esecuzione delle disposizioni "penali" del provvedimento impugnato; così prevede l'art. 573, comma 2). In tal caso, i capi penali, non impugnati dal pubblico ministero, diventano irrevocabili (arg. *ex* art. 648, comma 1). Il giudice della impugnazione ha una cognizione limitata agli aspetti civilistici, e cioè al risarcimento del danno. L'impugnazione per i soli interessi civili è proposta, trattata e decisa con le forme ordinarie del processo penale (art. 573, comma 1).

---

(4) Occorre tenere presente che un unico punto della decisione può sorreggere più capi di imputazione nei confronti di un unico imputato (ad es., la prova dell'aggravante della rapina a mano armata può dimostrare il porto illegale di arma da fuoco). Allo stesso modo, i punti della decisione (o l'unico punto) possono essere comuni a più capi di imputazione nei confronti di più imputati nel processo soggettivamente cumulativo (es. la prova dell'omicidio addebitato all'imputato A può dimostrare l'occultamento di cadavere addebitato all'imputato B).

3. I soggetti legittimati ad impugnare.

Dal principio di tassatività deriva che non "chiunque" può proporre impugnazione, ma unicamente le "parti", le quali sono soltanto quelle espressamente indicate dalla legge; se la legge non distingue tra le diverse parti, il diritto di impugnazione spetta a ciascuna di esse (art. 568 comma 3). L'impugnabilità, sotto il profilo soggettivo, si compone di due aspetti: la legittimazione ad impugnare (e cioè la titolarità astratta del diritto di impugnazione, conferita dalla legge) e l'interesse ad impugnare. Il difetto di uno dei due aspetti è causa di inammissibilità dell'atto di impugnazione (art. 591 comma 1 lett. *a*).

Interesse ad impugnare. Perché l'impugnazione sia ammissibile, è necessario che la parte abbia un interesse ad impugnare (art. 568, comma 4: « per proporre impugnazione è necessario avervi interesse »). Ciò accade quando l'impugnazione è diretta ad eliminare un provvedimento pregiudizievole per la parte impugnante e a sostituirlo con un altro dal quale derivi un risultato vantaggioso per la medesima. Il requisito è soddisfatto quando il provvedimento richiesto comporta una situazione *pratica* più vantaggiosa per la predetta parte e non soltanto un risultato teoricamente più corretto.

Interesse ad impugnare della pubblica accusa. Il principio trova una deroga parziale nella potestà di impugnazione conferita al pubblico ministero. Infatti, la funzione del pubblico ministero è quella di far osservare la legge; sicché egli può avere interesse a proporre ricorso per cassazione ove la legge non sia stata osservata nel giudizio di merito, anche se ciò comporta un effetto favorevole per l'imputato.

Viceversa, nel giudizio di merito prevale la qualità di parte della pubblica accusa, e cioè di antagonista dell'imputato (così la *Relazione ministeriale* al d.lgs. n. 11 del 2018, p. 1). Poiché l'appello non ha garanzie costituzionali e la *riforma Orlando* ha teso a deflazionare detto gravame, ne è derivata l'applicazione rigorosa della regola dell'interesse ad impugnare. Pertanto, il nuovo comma 4-*bis* dell'art. 568, mod. dal d.lgs. n. 11 del 2018, ha posto alla pubblica accusa il divieto di proporre appello con effetti favorevoli all'imputato ([5]).

Impugnazioni del pubblico ministero. Quando la legge attribuisce la facoltà di impugnare al pubblico ministero, possono proporre impugnazione:

— il capo dell'ufficio, quali che siano state le conclusioni del rappresentante del pubblico ministero (art. 570, comma 1);

— il rappresentante del pubblico ministero che ha presentato le conclusioni in quel procedimento (art. 570, comma 2) ([6]).

Impugnazioni del procuratore generale presso la corte d'appello. Nei casi in cui l'impugnazione di un provvedimento è consentita dalla legge al pubblico ministero, il procuratore generale presso la corte d'appello può appellare soltanto nei casi in cui

---

([5]) « Il pubblico ministero propone impugnazione diretta a conseguire effetti favorevoli all'imputato solo con ricorso per cassazione ».

([6]) Occorre ricordare che « il rappresentante del pubblico ministero, che ha presentato le conclusioni e ne ha fatto richiesta nell'atto di appello, può partecipare al successivo grado di giudizio quale sostituto del procuratore generale presso la corte di appello; la partecipazione è disposta dal procuratore generale qualora lo ritenga opportuno » (art. 570, comma 3).

egli ha disposto l'avocazione di quel procedimento o qualora il procuratore della Repubblica abbia prestato acquiescenza al provvedimento in questione (art. 593-*bis*, comma 2). In sostanza, il d.lgs. n. 11 del 2018 ha eliminato l'appello cumulativo proposto da entrambi i rappresentanti della pubblica accusa di primo e di secondo grado ([7]).

Norme generali. Il pubblico ministero presso il giudice che ha pronunciato il provvedimento impugnato può rinunciare all'impugnazione da lui proposta *fino all'apertura del dibattimento*. Successivamente (*e quindi dall'apertura del dibattimento in poi*) la dichiarazione di rinuncia può essere effettuata prima dell'inizio della discussione dal pubblico ministero presso il giudice dell'impugnazione, anche se l'impugnazione stessa è stata proposta da altro pubblico ministero (art. 589, comma 1).

Impugnazioni dell'imputato. L'imputato può proporre impugnazione (diversa dal ricorso per cassazione) personalmente o per mezzo di un procuratore speciale nominato anche prima della emissione del provvedimento (art. 571, comma 1) ([8]).

Impugnazione del difensore dell'imputato. Ai sensi dell'art. 571 comma 3, sia quando l'imputato non ha proposto impugnazione, sia quando lo ha fatto, il potere di proporre impugnazione in favore del cliente spetta al difensore che abbia tale qualità al momento del deposito del provvedimento (o al difensore nominato a tal fine).

Si tratta di un potere che il difensore esercita autonomamente rispetto all'assistito: tuttavia, in base al principio di prevalenza dell'impugnazione dell'imputato, quest'ultimo può togliere effetto all'impugnazione proposta dal suo difensore (art. 571 comma 4).

Impugnazioni della parte civile. Il codice riconosce in astratto alla parte civile un autonomo potere di impugnazione limitatamente alla tutela dei propri interessi civili (art. 576); occorre naturalmente che costei abbia conservato tale posizione fino al termine del dibattimento ed abbia presentato le proprie conclusioni scritte (artt. 523 comma 2 e 82 comma 2).

Come abbiamo accennato, l'impugnazione per i soli interessi civili ha le seguenti caratteristiche (art. 573, comma 1): è proposta, trattata e decisa con le forme del processo penale, anche se è diretta contro i capi della sentenza che riguardano le restituzioni ed il risarcimento del danno. Essa non sospende l'esecuzione dei capi penali (art. 573, comma 2); ciò significa che i capi penali, se non sono stati impugnati dal pubblico ministero, passano in giudicato limitatamente all'aspetto penalistico ([9]).

([7]) Ove l'appello sia proposto dal pubblico ministero di primo grado, il procuratore generale presso la corte d'appello perde il potere di impugnazione e la sua funzione resta limitata alla sola rappresentanza dell'accusa in secondo grado.

In base all'art. 165-*bis* disp. att., « al fine di acquisire tempestiva notizia in ordine alle determinazioni relative all'impugnazione delle sentenze di primo grado, il procuratore generale presso la corte d'appello promuove intese o altre forme di coordinamento con i procuratori della Repubblica del distretto ».

([8]) Per la persona incapace di intendere e di volere provvede il tutore; se la persona è inabilitata, la sua dichiarazione di volontà deve essere integrata dal curatore.

([9]) La *parte civile e la persona offesa*, anche se non costituita parte civile, nonché *gli enti e le associazioni* intervenute ai sensi degli artt. 93 e 94 a presidio degli interessi collettivi o diffusi, possono chiedere al pubblico ministero di proporre impugnazione agli effetti penali. « Il pubblico ministero, quando non propone impugnazione, provvede con decreto motivato » (art. 572).

Ciò premesso, la *parte civile* può proporre impugnazione, per i soli interessi civili, contro i capi della sentenza di *condanna* che riguardano l'azione civile (art. 576 comma 1). Ad esempio, può proporre impugnazione nel caso in cui il risarcimento sia stato negato o riconosciuto in misura inferiore a quella dovuta.

La parte civile può impugnare, per i soli interessi civili, la sentenza di *proscioglimento* pronunciata in giudizio (art. 576 comma 1) anche quando il pubblico ministero non ha presentato un gravame contro la medesima sentenza; la parte civile tende ad ottenere con la sua impugnazione un accertamento del suo diritto al risarcimento del danno. Inoltre, la parte civile può impugnare la sentenza di assoluzione quando questa la condanna ai danni ed alle spese (art. 541, comma 2).

Impugnazioni del responsabile civile. Il responsabile civile può proporre impugnazione contro le disposizioni della sentenza riguardanti la responsabilità dell'imputato e contro la condanna propria e dell'imputato medesimo alle restituzioni, al risarcimento e alla rifusione delle spese processuali. Si tratta di un'impugnazione di tipo "penalistico", ed è proposta col mezzo che la legge attribuisce all'imputato (art. 575, comma 1).

Impugnazioni della persona civilmente obbligata per la pena pecuniaria. In base all'art. 575, comma 2, la persona civilmente obbligata per la pena pecuniaria può proporre impugnazione contro la sentenza che la condanni, in caso di insolvenza dell'imputato, al pagamento della pena inflitta a quest'ultimo.

Impugnazioni del querelante. Il querelante (art. 576 comma 2) può proporre impugnazione contro la sentenza di proscioglimento che lo ha condannato al pagamento delle spese del procedimento anticipate dallo Stato nonché alle spese e al risarcimento del danno in favore dell'imputato e del responsabile civile (artt. 427 e 542). Il mezzo di impugnazione è quello previsto per la parte civile e l'impugnazione è limitata agli interessi civili.

4. Regole generali sulle impugnazioni.

a. Forma della presentazione. L'impugnazione si propone con atto scritto, nel quale ai sensi dell'art. 581 devono essere indicati il *provvedimento impugnato*, la *data* del medesimo ed il *giudice* che lo ha emesso, oltre ad una serie di elementi a pena di inammissibilità.

In particolare, in base al nuovo testo dell'art. 581 (mod. dalla legge n. 103 del 2017) devono essere enunciati in modo specifico, a pena di inammissibilità:

a) i capi o i punti della decisione ai quali si riferisce l'impugnazione;

b) le « prove delle quali si deduce l'inesistenza, l'omessa assunzione o erronea valutazione »;

c) le richieste, « anche istruttorie »;

d) « i motivi, con l'indicazione delle ragioni di diritto e degli elementi di fatto che sorreggono ogni richiesta ».

Salvo che la legge disponga altrimenti, l'impugnazione scritta deve essere presentata, personalmente o a mezzo di « incaricato », nella cancelleria del giudice *a quo* (art. 582, comma 1). L'imputato detenuto o internato può proporre impugnazione personale con dichiarazione ricevuta dal direttore dell'istituto penitenziario, iscritta in apposito registro e immediatamente comunicata alla cancelleria del giudice *a quo* ([10]).

b. Termini per impugnare. I termini per impugnare sono stabiliti a pena di decadenza (art. 585 comma 5) e variano in base alle modalità con le quali si è provveduto a redigere la motivazione della sentenza (v. tav. 5.1.1). Questi sono:

a) quindici giorni per i provvedimenti emessi in seguito a procedimento in camera di consiglio; il termine decorre dalla notifica dell'avviso di deposito del provvedimento;

b) quindici giorni quando la motivazione è eccezionalmente redatta insieme al dispositivo; il termine decorre dalla lettura del provvedimento in udienza per tutte le parti che sono state o che debbono considerarsi presenti nel giudizio, anche se non sono presenti alla lettura;

c) trenta giorni quando la motivazione è depositata non oltre il quindicesimo giorno da quello della pronuncia. Il termine per impugnare decorre dalla scadenza del quindicesimo giorno, appena menzionato;

d) quarantacinque giorni quando la motivazione, come quasi sempre accade, è depositata successivamente al quindicesimo giorno da quello della pronuncia. Si ricorda che in tal caso il termine per il deposito deve essere indicato dal giudice nel dispositivo della sentenza e non può eccedere i novanta giorni dalla pronuncia. Se il giudice deposita anticipatamente la motivazione, il termine per impugnare decorre sempre e comunque dalla data indicata dal giudice per redigere la motivazione, a nulla rilevando la circostanza dell'anticipato deposito ([11]).

Quando la decorrenza è diversa per l'imputato e per il suo difensore, opera per entrambi il termine che scade per ultimo (art. 585, comma 3). Ad esempio, se il provvedimento è notificato per primo all'imputato e, successivamente, al difensore, dalla data della seconda notifica decorre il termine per il ricorso che ciascuno dei due può presentare.

c. I motivi nuovi. È possibile presentare ***nuovi motivi*** di impugnazione fino a quindici giorni prima dell'udienza davanti al giudice *ad quem*, nella cancelleria di questi, al quale, nel frattempo, la cancelleria del giudice *a quo* ha trasmesso gli atti (art. 585, comma 4). I motivi nuovi devono investire e specificare i capi e i punti della decisione che sono stati enunciati nell'originario atto di impugnazione (art. 167 disp. att.) ([12]).

([10]) L'atto di impugnazione può anche essere spedito dalle parti private o dal difensore, purché la spedizione avvenga con telegramma o con raccomandata, diretti alla cancelleria del giudice *a quo*; la sottoscrizione deve essere autenticata da persona autorizzata.

A cura della cancelleria del giudice *a quo* l'atto di impugnazione è comunicato al pubblico ministero presso il giudice che ha pronunciato la sentenza, nonché al procuratore generale. Alle parti private, invece, l'atto di impugnazione è notificato senza ritardo a cura della cancelleria (art. 584).

([11]) Può accadere che il giudice non rispetti il termine stabilito dalla legge o da lui stesso indicato per la redazione della motivazione della sentenza, o che il presidente del tribunale o della corte proroghi i termini per il deposito (art. 154, comma 4-*bis*, att.). In detti casi, a cura della cancelleria viene comunicato al pubblico ministero e notificato alle parti private ed ai difensori avviso del deposito della sentenza (art. 548, comma 2); dalla data di tale adempimento decorre il termine per proporre l'impugnazione.

([12]) Ciò in quanto, se si consentisse di presentare motivi riferiti a capi e punti non impugnati, verrebbero aggirati i termini per proporre impugnazione, previsti a pena di inammissibilità dall'art. 585.

e. La rinuncia all'impugnazione. La rinuncia è un atto con il quale la parte, che ha proposto impugnazione, dichiara di non volersene più avvalere (art. 589). La rinuncia presuppone che l'impugnazione sia stata proposta e sia ammissibile. La rinuncia, ai sensi dell'art. 591, è causa di inammissibilità dell'impugnazione ([13]).

f. L'inammissibilità dell'impugnazione. Il provvedimento impugnato, l'atto di impugnazione e gli atti del procedimento sono trasmessi senza ritardo al giudice competente a conoscere l'impugnazione (giudice *ad quem*); questi verifica preliminarmente l'ammissibilità dell'impugnazione e la regolarità delle notificazioni. Può essere utile ricordare che l'inammissibilità è una causa di invalidità che impedisce al giudice di esaminare nel merito la domanda presentata da una parte. L'art. 591, comma 1 prevede le cause di inammissibilità generali, comuni a tutti i mezzi di impugnazione, e cioè, in particolare, all'appello e al ricorso per cassazione.

L'impugnazione è inammissibile:

1) quando è proposta da un soggetto non legittimato o che non vi ha interesse;

2) quando il provvedimento non è impugnabile;

3) quando vi è stata rinuncia all'impugnazione;

4) quando non sono state osservate quelle disposizioni sulle impugnazioni che concernono la forma, la presentazione, la spedizione ed i termini e che sono contenute negli artt. 581, 582, 583, 585, 586.

La legge n. 103 del 2017 (*riforma Orlando*) ha imposto alle parti, rispetto al passato, un onere più pesante di precisare a pena di inammissibilità in modo specifico i motivi di doglianza nei confronti della sentenza. In particolare, in base all'art. 581 l'impugnazione deve essere proposta con atto scritto nel quale sono indicati il provvedimento impugnato, la data del medesimo e il giudice che lo ha emesso. La legge n. 103 ha precisato ulteriormente che devono essere enunciati in modo specifico, a pena di inammissibilità:

a) i capi o i punti della decisione ai quali si riferisce l'impugnazione;

b) le « prove delle quali si deduce l'inesistenza, l'omessa assunzione o erronea valutazione »;

c) le richieste, « anche istruttorie »;

d) « i motivi, con l'indicazione delle ragioni di diritto e degli elementi di fatto che sorreggono ogni richiesta ».

Come abbiamo accennato in precedenza, la modifica si ricollega alla contemporanea introduzione del c.d. modello legale della motivazione "in fatto" della sentenza, che permette un agevole controllo delle argomentazioni della decisione al fine di precisare in modo specifico i motivi di doglianza nei confronti della sentenza (art. 546, comma 1, lett. *e*; si veda, in precedenza, Parte III, cap. 5, § 14). È ovvio che ciò tende

---

([13]) L'art. 589 prevede, inoltre, che il pubblico ministero proponente possa rinunciare all'impugnazione « fino all'apertura del dibattimento ». Successivamente, la rinuncia all'impugnazione può essere proposta solo dal pubblico ministero presso il giudice *ad quem*, « prima dell'inizio della discussione », anche se l'impugnazione è stata proposta da altro pubblico ministero.

Le parti private, sempre a tenore dell'art. 589, possono rinunciare all'impugnazione anche a mezzo di procuratore speciale, purché la dichiarazione di rinuncia sia presentata nelle forme e nei modi previsti dagli artt. 581, 582 e 583, ovvero « in dibattimento, prima dell'inizio della discussione ».

a rendere più serio e meditato l'accesso al giudizio di controllo svolto dalle impugnazioni, con riduzione complessiva dei tempi processuali.

g. La mancanza di specificità dei motivi di impugnazione nell'appello e nel ricorso per cassazione. Una delle ragioni che causano più di frequente l'inammissibilità dell'impugnazione sta nel non aver indicato i motivi di doglianza in modo specifico, come impone l'art. 581, lett. *d.* (14). Si ha tale vizio quando non sono stati esplicitamente enunciati e argomentati *i rilievi critici rispetto alle ragioni di fatto o di diritto sulle quali si fonda la sentenza impugnata* (15).

5. La trasmissione degli atti dal giudice *a quo* al giudice *ad quem*.

A cura della cancelleria del giudice che ha emesso il provvedimento impugnato, l'atto di impugnazione è comunicato al pubblico ministero presso il medesimo giudice ed è notificato alle parti private senza ritardo (art. 584).

Il giudice *a quo* ha l'obbligo di trasmettere al giudice dell'impugnazione (unitamente al provvedimento impugnato, all'impugnazione e agli atti del procedimento), una serie di dati utili per una più agevole e sollecita organizzazione e definizione del giudizio (art. 165-*bis*, comma 1 disp. att., introdotto dal d.lgs. n. 11 del 2018). Si tratta dei seguenti dati:

a) nominativi dei difensori, con indicazione della data di nomina;

---

(14) Una sentenza delle Sezioni unite della Cassazione ha esteso all'appello il rigore, con il quale viene accertato il requisito della specificità in relazione al ricorso per cassazione. La specificità deve essere non solo interna ai motivi di impugnazione, ma anche esterna, e cioè riguardare la correlazione con i motivi sui quali si fonda la sentenza impugnata.

Sotto il primo profilo (c.d. specificità intrinseca o interna) sono inammissibili le impugnazioni fondate su considerazioni generiche e astratte o non pertinenti al caso concreto. Sotto il secondo profilo (c.d. specificità estrinseca o esterna) erano già considerati inammissibili quei ricorsi per cassazione che non precisavano le ragioni di diritto che inficiavano la sentenza impugnata; oggi sono inammissibili quei motivi di appello che non sono « basati su argomenti strettamente correlati agli accertamenti della sentenza di primo grado ».

La valutazione dell'eventuale inammissibilità deve comunque tenere conto della differenza tra appello e ricorso per cassazione. Come abbiamo accennato in precedenza, nell'appello le parti devolvono un *punto* della sentenza, mentre nel ricorso per cassazione le parti devolvono un *motivo di diritto* di doglianza tra quelli previsti espressamente dalla legge.

Inoltre, soltanto il ricorso per cassazione può essere valutato come inammissibile per manifesta infondatezza dei motivi (art. 606, comma 3).

In sintesi, possiamo affermare quali sono i più importanti requisiti che sono posti a pena di inammissibilità dell'appello:

a) è fatto obbligo di precisare i motivi specifici di doglianza;

b) l'atto di appello deve indicare i punti della sentenza impugnata;

c) è posto l'obbligo di individuare le singole argomentazioni della sentenza da sottoporre a critica;

d) occorre che vi sia un collegamento tra l'indicazione delle ragioni di doglianza e le richieste di modifica invocate sui singoli punti.

(15) Veniamo ora a trattare gli aspetti più propriamente "procedimentali". Il giudice dell'impugnazione (*ad quem*) dichiara con ordinanza l'inammissibilità dell'impugnazione e dispone l'esecuzione del provvedimento impugnato. L'ordinanza di inammissibilità è pronunciata *de plano* anche d'ufficio (art. 591, comma 2). Essa è notificata a chi ha proposto l'impugnazione affinché la parte possa presentare ricorso per cassazione (art. 591, comma 3).

Anche se non è stata rilevata e dichiarata al momento della verifica preliminare, l'inammissibilità dell'impugnazione può comunque essere rilevata, anche con sentenza, « in ogni stato e grado del procedimento » (art. 591 comma 4).

b) dichiarazioni o elezioni o determinazioni di domicilio, con indicazione delle relative date;

c) termini di prescrizione riferiti a ciascun reato, con indicazione degli atti interruttivi e delle specifiche cause di sospensione del relativo corso, o eventuali dichiarazioni di rinuncia alla prescrizione;

d) termini di scadenza delle misure cautelari in atto, con indicazione della data di inizio e di eventuali periodi di sospensione o proroga.

In caso di ricorso per cassazione, a cura della cancelleria del giudice che ha emesso il provvedimento impugnato deve essere trasmessa alla corte copia degli atti del processo indicati dal ricorrente nei motivi di gravame ai sensi dell'articolo 606, comma 1, lett. *e* (o attestazione della loro mancanza agli atti del procedimento) (art. 165-*bis*, comma 2 disp. att.) ([16]).

Le norme predette tendono a migliorare le procedure in materia di impugnazioni nel senso di una razionalizzazione e di un maggior ordine anche nelle attività meramente preparatorie. Esse hanno lo scopo di assicurare una migliore sinergia tra gli uffici giudicanti, con l'obiettivo di garantire maggiore efficienza e di pervenire ad una più tempestiva conclusione dei giudizi di controllo, in ossequio al principio della ragionevole durata del processo (*Relazione ministeriale* al d.lgs. n. 11 del 2018, p. 6).

6. Il deposito telematico delle impugnazioni nell'emergenza sanitaria.

La legislazione avente ad oggetto l'attività giudiziaria durante l'emergenza sanitaria da Covid-19 ha applicato le disposizioni del processo penale telematico alle impugnazioni. L'art. 24, comma 4 del decreto-legge n. 137 del 2020 ha esteso a tutte le impugnazioni la possibilità di deposito mediante PEC; inoltre, la legge di conversione n. 176 del 2020 ha aggiunto precise disposizioni relative alla sottoscrizione, alla trasmissione e ai vizi di inammissibilità (art. 24, commi da 6-*bis* a 6-*novies*). Queste norme sono state prorogate fino al 31 dicembre 2022 dal d.l. n. 228 del 2021, c.d. milleproroghe.

Restano ovviamente in vigore per le impugnazioni le tradizionali forme di deposito previste dagli artt. 581, 582, comma 1 e 583; ma, a fianco di queste, nella fase di emergenza sanitaria, l'atto di impugnazione nella forma del documento informatico può essere depositato in modo telematico. Esso deve essere « sottoscritto digitalmente secondo le modalità indicate con il provvedimento del Direttore generale dei sistemi informativi e automatizzati » e deve contenere « la specifica indicazione degli allegati, che sono trasmessi in copia informatica per immagine, sottoscritta digitalmente dal difensore per conformità all'originale ». Anche gli eventuali allegati prodotti devono essere sottoscritti digitalmente dal difensore ([17]).

L'art. 24, comma 6-*ter*, della legge di conversione stabilisce che l'impugnazione debba essere trasmessa tramite PEC dall'indirizzo del difensore a quello dell'ufficio

---

([16]) La norma serve ad assicurare il rispetto di quel principio di autosufficienza del ricorso per cassazione che è stato affermato dalla giurisprudenza di legittimità (v. parte V, cap. 3, § 2, lett. *e*, n. 3).

([17]) Provvedimento D.G.S.I.A. del 9 novembre 2020.

che ha emesso il provvedimento impugnato nel rispetto delle specifiche tecniche ivi indicate ([18]). Le nuove disposizioni sulla sottoscrizione, trasmissione e proposizione di nuovi motivi e memorie sono estese espressamente a tutte le forme di impugnazione nel processo penale e a tutti i reclami previsti dalla legge sull'ordinamento penitenziario ([19]).

Sotto un profilo meramente esecutivo, il comma 6-*novies* attribuisce al personale di cancelleria il compito di annotare nel registro la data di ricezione dell'atto e di inserire nel fascicolo cartaceo copia analogica dell'atto ricevuto, con l'attestazione della data di ricezione nella casella di PEC dell'ufficio e dell'intestazione della casella di PEC di provenienza.

Le cause di inammissibilità dell'impugnazione depositata mediante PEC. L'art. 24, comma 6-*sexies* è una disposizione estremamente importante perché inserisce nel tessuto codicistico cause di inammissibilità della nuova impugnazione telematica che si aggiungono a quanto previsto dall'art. 591 c.p.p. Tali norme, per espressa previsione del comma 6-*octies*, si applicano, in quanto compatibili, a tutti gli atti di impugnazione, comunque denominati. In base a tale disposizione, nel caso di proposizione tramite PEC l'impugnazione è inammissibile:

a) quando l'atto di impugnazione *non* è sottoscritto digitalmente dal difensore;

b) quando le copie informatiche per immagine di cui al comma 6-*bis non* sono sottoscritte digitalmente dal difensore per conformità all'originale;

c) quando l'atto è trasmesso da un indirizzo di posta elettronica certificata che *non* è presente nel registro generale degli indirizzi di posta elettronica certificata;

d) quando l'atto è trasmesso da un indirizzo di posta elettronica certificata che *non* è intestato al difensore;

e) quando l'atto è trasmesso a un indirizzo di posta elettronica certificata diverso da quello indicato (dal provvedimento del DGSIA) per l'ufficio che ha emesso il provvedimento impugnato.

Ai sensi dell'art. 24, comma 6-*septies*, « il giudice che ha emesso il provvedimento impugnato dichiara, anche di ufficio, con ordinanza l'inammissibilità dell'impugnazione e dispone l'esecuzione del provvedimento impugnato ». In tal modo, è stata inserita nel codice una novità in materia di dichiarazione dell'inammissibilità dell'impugnazione, che fino ad oggi era un atto che spettava al giudice *ad quem* in un procedimento in contraddittorio. Con la nuova previsione è stato rimesso al giudice

([18]) In tal caso non si applica la disposizione di cui all'art. 582, comma 2, c.p.p., che consente il deposito dell'atto di impugnazione anche nella cancelleria del tribunale o del giudice di pace in cui si trovano le parti private o i loro difensori, se tale luogo è diverso da quello in cui fu emesso il provvedimento, o davanti ad un agente consolare all'estero.

Ai sensi dell'art. 24, comma 6-*quater*, in base alle stesse modalità indicate nei commi 6-*bis* e 6-*ter* e nei termini previsti (dal c.p.p.), possono essere proposti in sede di impugnazione anche « i motivi nuovi e le memorie ».

([19]) Art. 24, comma 6-*quinquies*: « le disposizioni di cui ai commi 6-*bis*, 6-*ter* e 6-*quater* si applicano a tutti gli atti di impugnazione, comunque denominati, e, in quanto compatibili, alle opposizioni di cui agli articoli 410, 461 e 667, comma 4, del codice di procedura penale e ai reclami giurisdizionali previsti dalla legge 26 luglio 1975, n. 354 »; e cioè alle opposizioni all'archiviazione, alle opposizioni a decreto penale di condanna, all'opposizione in sede esecutiva quando vi sia il dubbio sull'identità fisica del condannato e a tutti i reclami previsti dalla legge sull'ordinamento penitenziario.

a quo il potere di dichiarare l'inammissibilità dell'impugnazione senza alcun contraddittorio. Ciò avrà pesanti conseguenze per l'imputato, nei cui confronti il provvedimento impugnato diventerà irrevocabile e sarà eseguito. Riteniamo che la disciplina prevista in relazione all'adozione di un provvedimento così gravido di conseguenze non rispetti il principio di proporzionalità in rapporto alle esigenze sanitarie proclamate dal Governo. Sembra costituire l'anteprima di una riforma che alcuni stanno preparando.

Capitolo II
L'APPELLO

1. Considerazioni preliminari.

L'appello è un mezzo di impugnazione ordinario, mediante il quale le parti chiedono al giudice di secondo grado di controllare una decisione di primo grado che ritengono viziata per motivi di fatto o di diritto. Da questa definizione si traggono le caratteristiche essenziali dell'appello.

a) L'appello è un gravame parzialmente devolutivo, nel senso che la cognizione del giudice di appello è limitata dai motivi della impugnazione; ma il giudice di appello ha la medesima ampiezza di poteri decisori che caratterizza il giudice di primo grado.

Gravame è quella impugnazione che mira al riesame della controversia in modo da giungere ad un nuovo giudizio in sostituzione di quello contenuto nel provvedimento impugnato.

b) L'appello è una impugnazione "a critica libera": non vi sono limiti alle censure che le parti rivolgono alla sentenza e che possono essere di fatto o di diritto e riferirsi ad errori sia *in iudicando*, sia *in procedendo* (v. atto 5.2.4).

c) L'appello è uno strumento di controllo e non un nuovo giudizio, perché non impone necessariamente una nuova istruzione dibattimentale. Le risultanze probatorie del giudizio di primo grado entrano nel patrimonio di conoscenza del giudice di appello; la rinnovazione del dibattimento per assumere prove ha caratteri di eccezionalità, anche se in tempi recenti ha avuto una significativa estensione (art. 603).

d) Di regola il giudice di appello conferma o riforma (e cioè modifica) la decisione impugnata; i casi di annullamento sono eccezionali. Al di fuori di tali casi, la decisione di appello dà luogo ad una nuova sentenza che si sostituisce a quella impugnata e che, a sua volta, può essere oggetto di ricorso per cassazione (v. tav. 5.2.5).

Procedimento cartolare. Occorre tenere presente che il processo d'appello è "cartolare". In altri termini, può essere data lettura, anche di ufficio, di atti del giudizio di primo grado e del fascicolo del dibattimento, nei limiti delle richieste e dei motivi degli appellanti, senza che, di regola, siano assunte prove (art. 602, comma 3).

Ciò comporta, salvo le ipotesi in cui — come si vedrà — si proceda eccezionalmente alla rinnovazione della prova dichiarativa, un sacrificio per il principio di immediatezza: il giudice di appello non ha un contatto diretto con le fonti di prova.

È essenziale, peraltro, rilevare la garanzia (sia pur limitata) che l'appello rappresenta per le parti: esso è deciso da un giudice diverso (art. 34, comma 1) e di regola collegiale, che inoltre dispone di poteri di ufficio (si veda *infra*). Infatti, alla pari del giudice di primo grado, il giudice di appello può rilevare, ad esempio, il difetto di giurisdizione, l'incompetenza per materia, l'inutilizzabilità delle prove, le nullità assolute e quelle a regime intermedio (purché quest'ultime non si siano sanate; art. 604, comma 4), l'applicabilità del principio del *ne bis in idem*. Inoltre, se i motivi d'appello hanno criticato una questione attinente alla responsabilità dell'imputato, il giudice d'appello può prosciogliere, anche al di fuori dei motivi di impugnazione, se riconosce che il fatto non sussiste, che l'imputato non lo ha commesso, che il fatto non costituisce reato o non è previsto dalla legge come reato ovvero che il reato è estinto o che manca una condizione di procedibilità (art. 129) (1).

Il giudice competente a conoscere l'appello. Il giudice competente per l'appello contro le sentenze del tribunale è la corte di appello. Le sentenze dell'assise sono impugnate davanti alla corte di assise d'appello, costituita all'interno della corte d'appello con l'apporto di due magistrati di carriera e sei giudici popolari. Competente per l'appello contro le sentenze del giudice di pace è il tribunale in composizione monocratica. Competente per l'appello contro le sentenze del tribunale per i minorenni è la sezione per i minorenni costituita presso la corte di appello (2).

La riforma Cartabia. La legge n. 134 del 2021 ha introdotto la dichiarazione di improcedibilità per superamento dei termini massimi per definire l'impugnazione che abbia a oggetto i reati commessi dal 1° gennaio 2020 (art. 2, commi 2-5). Quando accade che venga superato il termine massimo in appello senza che il relativo giudizio di impugnazione sia stato "definito", il processo penale deve essere troncato ed il giudice è obbligato, una volta ritenuta ammissibile l'impugnazione, a dichiarare l'improcedibilità dell'azione penale (nuovo art. 344-*bis* c.p.p.). Dalla dichiarazione di improcedibilità, tuttavia, sono esclusi i reati imprescrittibili, e cioè quelli puniti con l'ergastolo (art. 344-*bis*, comma 9).

I termini massimi decorrono dal novantesimo giorno successivo al termine per il deposito della motivazione della sentenza di primo grado o dal termine eventualmente prorogato (art. 344-*bis*, comma 3). La improcedibilità scatta in caso di mancata definizione del giudizio di appello entro il termine di due anni (art. 344-*bis*, comma 1), estesi a tre se l'impugnazione sarà proposta entro il 31 dicembre 2024. Occorre segnalare che l'improcedibilità non può essere dichiarata quando l'imputato chiede la prosecuzione del processo (art. 344-*bis*, comma 7).

Sono previste cause di sospensione dei termini e proroghe da pronunciarsi con ordinanza motivata se il processo è « particolarmente complesso ». La manovra legislativa è stata ampiamente illustrata nella parte I, cap. 2, § 7.1.

Per quanto concerne la ***delega*** contenuta nell'art. 1 della legge n. 134 del 2021, *la riforma Cartabia* introdurrà *ulteriori modifiche*, alle quali faremo un cenno. Da un

---

(1) Viceversa, se i motivi hanno criticato una questione che non ha connessione essenziale con la responsabilità dell'imputato (es., attenuanti o quantificazione della pena) il giudice d'appello può decidere soltanto su questioni che non attengono alla responsabilità in quanto si è verificata una preclusione dovuta all'effetto limitatamente devolutivo. Vi sono questioni rilevabili d'ufficio specificamente nel giudizio d'appello *ex* art. 597, comma 5: ad es., la non menzione nel certificato, le attenuanti e la relativa comparazione con le aggravanti.

(2) Si tratta di un giudice specializzato composto di tre magistrati di carriera e di due "esperti". Così dispone l'art. 58 dell'ordinamento giudiziario (r.d. n. 12 del 1941).

lato, prevederà limiti all'appellabilità di determinate decisioni; da un altro lato, renderà stabile la normativa emergenziale del rito camerale non partecipato con le relative eccezioni; inoltre, eliminerà le preclusioni per il concordato in appello; infine, regolerà espressamente le interpretazioni giurisprudenziali sull'inammissibilità dell'appello per mancanza di specificità dei motivi (si veda, nel precedente capitolo, il § 4).

2. La legittimazione a proporre appello.

La legittimazione a proporre appello è la seguente in relazione al *procedimento ordinario presso il tribunale e la corte d'assise* (3).

Le sentenze inappellabili. In primo luogo, non sono appellabili le sentenze di condanna per le quali è stata applicata la sola pena dell'ammenda (art. 593, comma 3), da intendersi come pena originaria e non sostitutiva della detenzione. Pertanto, può essere oggetto di appello la sentenza che applica una pena pecuniaria in sostituzione di una pena detentiva.

In secondo luogo, non sono appellabili le sentenze di proscioglimento relative a contravvenzioni punite in astratto con la sola pena dell'ammenda o con pena alternativa (art. 593, comma 3, mod. dal d.lgs. n. 11 del 2018).

Ciò premesso, esaminiamo in dettaglio la legittimazione a proporre appello (v. tav. 5.2.1).

a) L'appello dell'imputato.

1) L'imputato può appellare contro le sentenze di *condanna* (purché, come abbiamo appena precisato, la pena applicata in concreto non consista in un'ammenda; art. 593, comma 1).

2) L'imputato può appellare contro le sentenze di *proscioglimento* emesse al termine del dibattimento se si tratta di un proscioglimento non pieno; viceversa, l'imputato non può appellare contro le sentenze di assoluzione con formula piena, e cioè "perché il fatto non sussiste" o "perché l'imputato non lo ha commesso" (art. 593, comma 2).

b) L'appello del pubblico ministero.

1) Il pubblico ministero può proporre appello contro le sentenze di proscioglimento (art. 593, comma 2).

2) Il pubblico ministero può proporre appello contro le sentenze di condanna soltanto quando, rispetto all'imputazione formulata dalla pubblica accusa, queste hanno modificato il titolo del reato, o quando hanno escluso la sussistenza di una circostanza aggravante ad effetto speciale, o hanno stabilito una pena di specie diversa da quella ordinaria del reato (art. 593, comma 1) (4).

---

(3) Una normativa speciale è prevista per il rito abbreviato e per il patteggiamento.

(4) In sostanza, il d.lgs. n. 11 (*riforma Orlando*) ha tolto alla pubblica accusa il potere di appellare contestando la inadeguata entità della pena in sé o come conseguenza, ad es., dell'applicazione delle attenuanti. Il limite è stato riconosciuto legittimo dalla Corte cost. (n. 34 del 2020) perché compensato dai maggiori poteri conferiti al pubblico ministero in precedenti momenti del processo ed in particolare nella fase delle indagini.

Ricordiamo che le sentenze, quando non sono altrimenti impugnabili, sono comunque passibili di ricorso per cassazione ai sensi dell'art. 568, comma 2. Pertanto, può essere oggetto del ricorso del pubblico ministero, ad es., la mancanza, la contraddittorietà o la manifesta illogicità della motivazione della quantificazione della pena (art. 606, lett. *e*).

Infine, occorre segnalare che al pubblico ministero è fatto divieto di proporre appello con effetti favorevoli all'imputato (art. 568, comma 4-*bis*; si veda *supra*, parte V, cap. 1, § 3).

Le limitazioni all'appellabilità delle sentenze che applicano la misura di sicurezza. L'art. 579, richiamato dal comma 1 dell'art. 593, impedisce di impugnare separatamente l'applicazione di una misura di sicurezza quando la parte non propone una impugnazione contro un altro capo penale della sentenza di condanna o di proscioglimento. Pertanto, l'imputato ed il pubblico ministero sono legittimati a presentare appello contro una misura di sicurezza soltanto quando hanno impugnato con il medesimo mezzo anche un capo della sentenza agli effetti della responsabilità penale (art. 579, comma 3); ad es., quando hanno proposto appello contro la misura di sicurezza dell'ex ospedale psichiatrico giudiziario unitamente al proscioglimento per totale vizio di mente.

Viceversa, quando è impugnata la sola misura di sicurezza, sull'impugnazione decide il tribunale di sorveglianza (art. 680; ad eccezione della misura di sicurezza della confisca, che è impugnabile con i mezzi previsti per i capi penali: v. art. 579, comma 3).

c) L'appello del responsabile civile e della persona civilmente obbligata per la pena pecuniaria. La legittimazione all'appello del responsabile civile e della persona civilmente obbligata per la pena pecuniaria deriva dall'art. 575, che consente a tali soggetti l'impugnazione « con il mezzo che la legge attribuisce all'imputato ».

d) L'appello della parte civile. La Corte di cassazione è intervenuta sul punto enunciando il seguente principio ([5]): « la parte civile, anche dopo l'intervento sull'art. 576 c.p.p. ad opera dell'art. 6 della legge n. 46 del 2006, può proporre appello, agli effetti della responsabilità civile, contro la sentenza di proscioglimento pronunciata nel giudizio di primo grado ». Sulla base della decisione appena citata, possiamo trarre la conclusione che la parte civile può *appellare* la sentenza che conclude il *giudizio di primo grado*, sia essa di condanna o di proscioglimento. Si tratta di un'impugnazione ai soli effetti civili, come abbiamo sopra sottolineato (art. 573).

e) L'appello del querelante. Il querelante (art. 576, comma 2) può proporre impugnazione contro la sentenza di proscioglimento che lo ha condannato al pagamento delle spese del procedimento anticipate dallo Stato, nonché alle spese e al risarcimento del danno in favore dell'imputato e del responsabile civile (artt. 427 e 542). Il mezzo di impugnazione è quello previsto per la parte civile (e cioè, in base alla giurisprudenza, l'appello); l'impugnazione è limitata agli interessi civili.

f) La conversione del ricorso in appello. Come abbiamo accennato nel precedente capitolo (parte V, cap. 1, § 2, lett. *d*) una sentenza può contenere pronunce su più reati: ogni

---

([5]) Cass., sez. un., 29 marzo - 12 luglio 2007, Poggiali, in *Cass. pen.*, 2007, 4451.

capo contiene una decisione su di una imputazione. Sulla singola imputazione il giudice può pronunciare una condanna o un proscioglimento. Contro i singoli capi della sentenza il codice può prevedere differenti tipi di impugnazioni; ad esempio, la condanna pronunciata nel rito abbreviato può essere sottoposta ad appello da parte dell'imputato e a ricorso per cassazione da parte del pubblico ministero (art. 443).

Ove ciò avvenga, la legge vuole evitare che siano resi giudizi contrastanti in sede di impugnazione in relazione al medesimo fatto di reato e a reati connessi (art. 12). La finalità è perseguita mediante l'istituto della conversione del ricorso per cassazione nell'appello. Ai sensi dell'art. 580, mod. dalla legge n. 46 del 2006, « quando contro la stessa sentenza sono proposti mezzi di impugnazione diversi, nel caso in cui sussista la connessione di cui all'articolo 12, il ricorso per cassazione si converte nell'appello » (6). La disposizione configura un rimedio preventivo contro il sorgere di giudicati contrastanti sul medesimo reato o su reati connessi; si vuole garantire l'unità della regiudicanda nel corso dei gradi del processo.

3. L'appello incidentale e le memorie presentate dall'imputato che non ha proposto impugnazione.

Il d.lgs. n. 11 del 2018 ha previsto un'importante modifica dell'istituto dell'appello incidentale. Una volta che una parte entro i prescritti termini ha presentato un appello (che viene definito "principale"), l'imputato che è legittimato ad *appellare*, ma non lo ha fatto, ha la possibilità di proporre appello incidentale entro quindici giorni da quello in cui ha ricevuto la notificazione dell'altrui appello principale (art. 595, comma 1) (7).

La funzione dell'appello incidentale è quella *di integrare il contraddittorio nel giudizio di appello*. Non si vuole tanto rimettere in termini l'imputato che non ha impugnato, quanto consentire al medesimo di sottoporre al giudice una tesi alternativa sullo stesso tema oggetto di controllo a seguito dell'appello principale. Pertanto, l'appello incidentale si deve limitare ai capi della decisione oggetto dell'appello principale e ai punti che hanno connessione essenziale con quelli denunciati con l'appello principale.

Limiti dell'appello incidentale. La sorte dell'appello incidentale segue quella dell'appello principale, come dispone il quarto comma dell'art. 595, in base al quale « l'appello incidentale perde efficacia in caso di inammissibilità dell'appello principale o di rinuncia allo stesso ». Lo scopo è quello di permettere all'appellante principale (ad es. al pubblico ministero o alla parte civile) di valutare se è opportuno insistere nel gravame proposto, o piuttosto desistere.

---

(6) La conversione opera automaticamente *ope legis*, quando su almeno un capo è stato proposto appello. Così, può accadere che da parte di uno dei soggetti legittimati sia stato proposto l'appello e da almeno un altro soggetto il ricorso per cassazione: quest'ultima impugnazione si converte in appello. Ma può anche avvenire che una medesima parte abbia proposto un appello e un ricorso per cassazione contro capi aventi ad oggetto reati connessi: egualmente, il ricorso per cassazione si converte in appello.

(7) Il d.lgs. n. 11 del 2018 ha escluso il pubblico ministero dalla titolarità dell'appello incidentale. In base alla *Relazione ministeriale*, p. 5, « l'obiettivo consiste nell'individuazione di parametri oggettivi, orientati ad un canone di stretta legalità, in presenza dei quali il pubblico ministero è legittimato all'appello, evitando che impugni solo in conseguenza dell'appello principale dell'imputato ».

Merita ricordare che il presupposto dell'appello incidentale è che l'imputato sia legittimato all'appello e che non abbia proposto tale impugnazione. Ne consegue che l'imputato non legittimato all'appello principale non può proporre appello incidentale; se mai, può proporre ricorso per cassazione oppure comportarsi nel modo seguente.

Le memorie presentate dall'imputato che non ha proposto impugnazione. Il d.lgs. n. 11 ha preso in considerazione la differente situazione dell'imputato che non sia legittimato a proporre impugnazione (es. per mancanza di interesse) o che, pur essendo legittimato, non l'abbia in concreto presentata, ma che voglia comunque rendere nota al giudice di appello o alla cassazione l'esistenza in atti di dati probatori favorevoli (non presi in esame nella sentenza di merito) o avanzare richieste allo scopo di contrastare le impugnazioni proposte da altre parti. In base al nuovo comma 3 dell'art. 595, l'imputato « entro quindici giorni dalla notificazione dell'impugnazione » proposta dalle altre parti può presentare al giudice, mediante deposito in cancelleria, memorie o richieste scritte ([8]).

4. La cognizione del giudice di appello.

Come abbiamo anticipato descrivendo i capi e punti della decisione e l'effetto devolutivo delle impugnazioni in generale, « l'appello attribuisce al giudice di secondo grado la cognizione del procedimento limitatamente ai punti della decisione ai quali si riferiscono i motivi proposti » (art. 597, comma 1). L'appello può essere definito un gravame nel senso che in astratto è idoneo a devolvere al giudice superiore l'intera causa; in concreto la cognizione del giudice superiore è limitata ai punti indicati dai motivi di impugnazione formulati dalla parte: *tantum devolutum quantum appellatum.*

È bene precisare che oggetto del giudizio di appello non è il motivo, bensì il *punto* della decisione al quale il motivo si riferisce (e cioè una *tematica* che deve essere trattata per decidere su di un capo di imputazione). Pertanto il giudice di appello, nell'accertamento della correttezza dell'operato del giudice di primo grado in relazione al punto impugnato, non è obbligato a limitarsi alle prospettazioni effettuate dall'appellante nella proposizione dei motivi. Ad esempio, in relazione all'elemento psicologico, se il giudice di primo grado aveva ritenuto che sussistesse il dolo, mentre l'imputato con l'appello lo aveva escluso, il giudice di secondo grado potrà decidere escludendo la presenza del dolo, oppure affermando il dolo, o la colpa, o la preterintenzione.

a) Il pubblico ministero propone appello. In particolare, quando appellante è il pubblico ministero (art. 597 comma 2):

1) se l'appello riguarda una sentenza di condanna, il giudice può, entro i limiti della competenza del giudice di primo grado, dare al fatto una definizione giuridica più grave, mutare la specie o aumentare la quantità della pena, revocare benefici,

---

([8]) La norma ha l'obiettivo di razionalizzare le attività delle parti e del giudice, che ha il dovere di decidere sulle richieste dell'imputato, mentre altrettanto non avviene se è presentata una semplice memoria ai sensi dell'art. 121 (*Relazione ministeriale*, p. 6).

applicare, quando occorre, misure di sicurezza e adottare ogni altro provvedimento imposto o consentito dalla legge;

2) se l'appello riguarda una sentenza di proscioglimento, il giudice può pronunciare condanna ed emettere i provvedimenti indicati nella lettera *a*, ovvero prosciogliere per una causa diversa da quella enunciata nella sentenza appellata;

3) se conferma la sentenza di primo grado, il giudice può applicare, modificare o escludere, nei casi determinati dalla legge, le pene accessorie e le misure di sicurezza.

b) Soltanto l'imputato propone appello e non il pubblico ministero: divieto di **reformatio in peius.** Veniamo alla cognizione del giudice quando appellante è il solo imputato, e non il pubblico ministero (art. 597, comma 3). In tal caso, il giudice non può riformare *in peius* la sentenza appellata (v. tav. 5.2.3).

Se la sentenza impugnata è di ***condanna***, il giudice di appello « non può irrogare una pena più grave per specie o quantità, applicare una misura di sicurezza nuova o più grave »; tuttavia, entro i limiti dei motivi di impugnazione, il giudice di appello può dare al fatto una definizione giuridica più grave, purché non venga superata la competenza del giudice di primo grado.

Se la sentenza di primo grado è di ***proscioglimento***, il giudice di appello non può « prosciogliere l'imputato per una causa meno favorevole di quella enunciata nella sentenza appellata né revocare benefici ».

In caso di appello del solo imputato, il giudice di secondo grado ha eccezionalmente la potestà di ufficio (cioè, anche se non richiesto dall'appello dell'imputato) di applicare la sospensione condizionale della pena, la non menzione della condanna nel certificato del casellario giudiziale e una o più circostanze attenuanti con, in tal caso, il giudizio di comparazione tra le medesime (art. 597, comma 5). Il potere di decisione d'ufficio, in quanto eccezionale, non può essere interpretato estensivamente.

È chiaro che il divieto di *reformatio in peius* non concerne le disposizioni civili della condanna di primo grado (ovviamente in caso di conferma della sentenza appellata).

Se non sono impugnati tutti i punti della sentenza, la cognizione del giudice di secondo grado può estendersi ai punti legati da un vincolo di connessione essenziale di tipo logico con quelli impugnati (art. 597, comma 1).

Appello sia del pubblico ministero, sia dell'imputato. Quando sono appellanti tanto il pubblico ministero quanto l'imputato e sono impugnati i medesimi capi e punti della decisione, la cognizione del giudice di appello sarà ampia, ed il giudice avrà il potere di adottare sia i provvedimenti *in peius* (*contra reum*), sia quelli *in melius* (*pro reo*), ma sempre nei limiti dei punti impugnati.

c) La parte civile appella ed il pubblico ministero non appella la sentenza di proscioglimento. Nel caso in cui, all'esito del giudizio di primo grado, sia pronunciata una sentenza di proscioglimento può accadere che la parte civile faccia appello avverso la decisione medesima mentre, al contrario, il pubblico ministero resti inerte e non proponga appello. In questa eventualità, poiché quella della parte civile è un'impugnazione ai soli effetti della responsabilità civile, la sentenza di assoluzione non appellata dal pubblico ministero diventa irrevocabile sotto il profilo penale (art. 573, comma 2).

Sia ben chiaro: la parte civile impugna la decisione di assoluzione per ottenere la condanna alle restituzioni e al risarcimento dei danni, anche non patrimoniali. Ma tale condanna ha un presupposto logico: l'accertamento della responsabilità penale dell'imputato.

Da tale disciplina consegue che il giudice, chiamato a decidere sull'appello della parte civile, dovendo pronunciarsi su una domanda civile che dipende da un accertamento sul fatto di reato, può, in via incidentale, affermare la responsabilità penale dell'imputato. In tal caso, il giudicato si sdoppia e si avranno due differenti decisioni: un giudicato di assoluzione ai fini penali ed una sentenza di appello che afferma la responsabilità dell'imputato come presupposto di una condanna al risarcimento, che è idonea a diventare un giudicato ai fini civilistici, se confermata in cassazione.

d) Il pubblico ministero appella e la parte civile non appella. Occorre precisare cosa accade se ad impugnare la sentenza di proscioglimento sia solo il pubblico ministero, mentre la parte civile non propone appello. In questa ipotesi, si afferma in giurisprudenza, il giudice di appello, che condanni l'imputato prosciolto in primo grado, deve decidere sulla domanda per le restituzioni e il risarcimento del danno, anche se la parte civile non ha impugnato la prima decisione ad essa sfavorevole. La Corte di cassazione si è pronunciata sulla questione stabilendo che « il giudice di appello, che su gravame del solo pubblico ministero condanni l'imputato assolto nel giudizio di primo grado, deve provvedere anche sulla domanda della parte civile che non abbia impugnato la decisione assolutoria ». Questa soluzione è una conseguenza che deriva dal c.d. principio di immanenza della costituzione di parte civile (art. 76, comma 2); tale principio prevale su quello della separazione delle giurisdizioni.

e) Il pubblico ministero e la parte civile appellano. L'eventuale estinzione del reato. Quando il pubblico ministero e la parte civile appellano la sentenza, il giudice di secondo grado conosce sia la questione penalistica, sia quella civilistica. Occorre sottolineare una singolarità: il codice tutela la parte civile contro gli effetti di un'eventuale dichiarazione di non doversi procedere per sopravvenuta estinzione del reato. Infatti, ai sensi dell'art. 578, quando nei confronti dell'imputato è stata pronunciata condanna al risarcimento dei danni cagionati dal reato, il giudice di appello e la corte di cassazione, nel dichiarare il reato estinto (per prescrizione o per amnistia), decidono sull'impugnazione ai soli effetti delle disposizioni e dei capi della sentenza che concernono gli interessi civili. Pertanto, la parte civile, con la sua impugnazione, può ottenere la condanna dell'imputato al risarcimento del danno in sede di appello anche se, ai fini penali, la medesima corte dichiara di non doversi procedere per prescrizione del reato o per amnistia (9). Occorre segnalare che quanto sopra esposto può avvenire soltanto se nel grado precedente è stata comunque pronunciata una sentenza di condanna; non è possibile se l'estinzione interviene prima della sentenza di condanna (10).

---

(9) La legge n. 3 del 2019 (c.d. spazza-corrotti) ha previsto che, per i reati commessi a partire dalla sua entrata in vigore, il corso della prescrizione rimanga sospeso dopo la sentenza di primo grado fino alla data dell'esecutività della sentenza. In tal modo, il legislatore ha impedito che la prescrizione possa maturare nelle more del giudizio di appello; di conseguenza, le previsioni dell'art. 578 saranno destinate ad operare soltanto nelle ipotesi in cui sia stata concessa l'amnistia, nonché per tutti i reati commessi prima del 1° gennaio 2020.

(10) In base all'art. 578-*bis*, « quando è stata ordinata la confisca in casi particolari prevista dal primo comma dell'articolo 240-*bis* del codice penale e da altre disposizioni di legge o la confisca prevista dall'articolo 322-*ter* del codice penale, il giudice di appello o la corte di cassazione, nel dichiarare il reato estinto per prescrizione o per amnistia, decidono sull'impugnazione ai soli effetti della confisca, previo accertamento della responsabilità dell'imputato ».

La sentenza della Corte cost. n. 182 del 2021 ha affermato che il giudice, anche in presenza di una causa estintiva del reato, è tenuto comunque a verificare la responsabilità personale dell'imputato « sebbene sia sufficiente che tale giudizio risulti nella "sostanza dell'accertamento" contenuto nella motivazione della sentenza, non essendo necessario che assuma, in dispositivo, la "forma della pronuncia" di condanna ».

Approfondimento. Condanna in primo grado ed estinzione per prescrizione in appello: l'interpretazione della Corte costituzionale. Nel momento in cui ha riconosciuto la legittimità costituzionale dell'art. 578, la Consulta con la sentenza 30 luglio 2021, n. 182 si è pronunciata sullo statuto costituzionale, convenzionale ed europeo della presunzione di innocenza ([11]). In base a tale ricognizione, la Corte costituzionale ha affermato che l'applicazione della presunzione di innocenza non deve convertirsi in una lesione del diritto del danneggiato ad ottenere il risarcimento del pregiudizio cagionatogli dal reato.

Pertanto, una interpretazione convenzionalmente orientata dell'art. 578 impone di ritenere che (in caso di condanna in primo grado e di dichiarazione della prescrizione in appello) il giudice, nel conoscere della domanda civile, non deve in alcun modo formulare una valutazione sulla colpevolezza dell'imputato, né effettuare un accertamento, principale o incidentale, sulla responsabilità penale. Per contro, il giudice dovrà contenere l'apprezzamento richiestogli entro i confini della responsabilità civile.

Ciò significa che, quanto all'accertamento del nesso causale e dell'elemento soggettivo del reato, l'illecito dovrà essere valutato facendo riferimento alle regole civilistiche che, per il rapporto di causalità, fanno riferimento al criterio del "più probabile che non".

La riforma Cartabia. La decisione sugli effetti civili nel caso di pronuncia di improcedibilità per superamento dei termini di durata massima del giudizio di impugnazione. L'art. 2, comma 2, della legge n. 134 del 2021 ha tenuto conto della nuova ipotesi nella quale venga pronunciata una decisione di improcedibilità dell'azione penale per superamento dei termini di durata massima del giudizio di impugnazione che abbia a oggetto i reati commessi dal 1° gennaio 2020. È stato quindi inserito nell'art. 578 c.p.p. un nuovo comma 1-*bis* che prevede il caso in cui sia stata pronunciata una sentenza di condanna anche generica alla restituzione o al risarcimento del danno e poi, a causa del superamento dei termini di durata massima del giudizio di impugnazione, il giudice d'appello o la corte di cassazione abbiano dichiarato improcedibile l'azione penale. Il nuovo comma 1-*bis* impone che il processo sia rinviato al giudice civile competente per valore in grado d'appello « che decide valutando le prove acquisite nel processo penale ».

5. Lo svolgimento del giudizio di appello.

Il predibattimento in appello. Gli atti preliminari al dibattimento sono destinati a far conoscere al procuratore generale, al presidente ed al consigliere relatore nonché al difensore il fascicolo processuale, la sentenza e l'appello o gli appelli ed a preparare il contraddittorio dibattimentale. A tal fine, l'art. 601 prescrive che il presidente della sezione della corte ordini senza ritardo la citazione dell'imputato appellante, nonché dell'imputato non appellante se vi è appello del pubblico ministero, se è possibile l'effetto estensivo dell'impugnazione a favore dell'imputato non appellante « o se l'appello è proposto per i soli interessi civili ». Il presidente, inoltre, deve fissare

([11]) Alla luce dell'esegesi della Corte EDU, la Corte costituzionale ha ricondotto al profilo strettamente *endoprocessuale* della presunzione di innocenza ogni garanzia che opera "nel contesto del processo penale". Ciò avviene con la disciplina sull'onere della prova e sul privilegio contro l'autoincriminazione.

Per la Consulta costituisce, invece, proiezione *extraprocessuale* della presunzione di innocenza quella che opera fuori del processo penale allo scopo di proteggere le persone assolte da un'accusa (o nei cui confronti è stato interrotto un procedimento penale) dall'essere trattate come se fossero di fatto colpevoli del reato contestato. Questo secondo aspetto della presunzione di innocenza entra in gioco, dunque, quando il procedimento penale si conclude con un risultato diverso dalla condanna.

l'udienza dibattimentale, formare il turno giudicante ed assegnare il caso ad un relatore.

Il termine per comparire non può essere inferiore a venti giorni (art. 601, comma 3). È ordinata in ogni caso la citazione del responsabile civile e della parte civile (art. 601, comma 4). Se l'imputato è detenuto, anche per altra causa, il presidente deve disporne la traduzione per l'udienza, facendo scrivere alla direzione del carcere.

Riforma Cartabia. Come abbiamo anticipato, la riforma Cartabia (legge-delega n. 134 del 2021) renderà stabile la normativa sperimentata durante l'emergenza sanitaria. Pertanto, di regola il procedimento in appello si svolgerà con il rito camerale non partecipato; l'eccezione è la discussione orale.

Nel momento in cui il volume va in stampa, la disciplina vigente è quella dell'emergenza sanitaria. Essa sarà in vigore fino al 31 dicembre 2022 e prevede come eccezionale lo svolgimento con discussione orale, che avviene in tre ipotesi:

1) se vi è un'espressa richiesta della parte appellante;

2) in ogni caso, se vi è una richiesta in tal senso da parte dell'imputato o del suo difensore;

3) se si deve procedere alla rinnovazione dell'istruzione dibattimentale, che viene compiuta nei casi di cui all'art. 603 su richiesta di parte o d'ufficio.

Le modalità delle richieste sopra menzionate sono precisate nell'art. 23-*bis*, comma 4, della legge n. 176 del 2020, di conversione del precedente d.l. n. 149. A tal fine, entro il termine perentorio di quindici giorni liberi prima dell'udienza, devono essere trasmesse alla cancelleria via PEC le richieste formulate per iscritto dal pubblico ministero o dal difensore; oppure, deve essere trasmessa via PEC la richiesta formulata dal difensore con cui l'imputato chiede di partecipare all'udienza. Le richieste devono essere redatte per iscritto con firma digitale e possono essere trasmesse via PEC o, in futuro, mediante altri strumenti individuati dal direttore generale dei sistemi informativi e automatizzati (DGSIA).

Vi è la possibilità che l'udienza si svolga da remoto su consenso delle parti nei casi consentiti (art. 23, comma 5), salvo il caso in cui si debba rinnovare l'istruzione.

L'udienza pubblica. L'art. 598 prescrive che « in grado di appello si osservano, in quanto applicabili, le disposizioni relative al giudizio di primo grado », salvo quanto previsto dagli artt. 599-603.

Il primo atto del dibattimento in appello è la relazione della causa, che è svolta dal presidente o dal consigliere da lui delegato (art. 602). Nel dibattimento di appello può essere data lettura, anche d'ufficio, di atti del giudizio di primo grado e degli atti del fascicolo per il dibattimento (art. 602 comma 3).

L'istruzione probatoria in appello. Dalla natura di "controllo", che il legislatore attribuisce al grado di appello, deriva come conseguenza che l'assunzione di prove è configurata come eccezionale; pertanto, essa è prevista espressamente dal codice. In base al sistema, il luogo naturale dell'assunzione della prova è il giudizio di primo grado, caratterizzato dall'oralità; di regola, l'assunzione in appello è lasciata al potere ampiamente discrezionale del giudice, che in ogni caso si avvale della lettura degli atti del fascicolo per il dibattimento (art. 602, comma 3, cit.).

Le ipotesi eccezionali di rinnovazione dell'istruzione dibattimentale, contenute nell'art. 603, prevedono attenuazioni più o meno significative del potere discrezionale del giudice (v. tav. 5.2.2) e dimostrano che è sempre presente una situazione di tensione con il diritto alla prova, riconosciuto dalla Costituzione in favore di tutte le parti (art. 24) e precipuamente dell'imputato (art. 111, comma 3). La rinnovazione dell'istruzione può essere disposta sia su richiesta di parte, sia dal giudice d'ufficio.

La rinnovazione dell'istruzione su richiesta di parte. La rinnovazione dell'istruzione dibattimentale deve essere chiesta espressamente dalla parte nell'atto di appello o nei motivi nuovi (presentati a norma dell'art. 585, comma 4): tuttavia, può essere chiesta anche dopo detto termine, ove l'interessato venga a conoscenza dell'elemento di prova soltanto in un momento successivo.

Prove già acquisite. Quando la richiesta ha per oggetto l'assunzione di prove già acquisite nel dibattimento di primo grado o di nuove prove (qui intese come prove già note all'interessato nel giudizio precedente, ma non acquisite in quella sede), il giudice di appello ha il potere discrezionale di disporre la rinnovazione dell'istruzione qualora ritenga di « non essere in grado di decidere allo stato degli atti » (art. 603, comma 1).

Le prove sopravvenute o scoperte. Diversa è la situazione nella quale « le nuove prove sono sopravvenute o scoperte dopo il giudizio di primo grado »: in tale ipotesi, « il giudice dispone la rinnovazione dell'istruzione dibattimentale con ordinanza, sentite le parti » (art. 603, comma 2). Dunque, in caso di prove sopravvenute o scoperte dopo il giudizio di primo grado, la rinnovazione deve essere disposta dal giudice di appello e ciò avviene secondo i parametri validi per l'ammissione dei mezzi di prova nel giudizio di primo grado: pertinenza e non manifesta irrilevanza (art. 190).

La rinnovazione d'ufficio. Come si è accennato, la rinnovazione può essere disposta anche dal giudice d'ufficio. Egli può esercitare tale potere quando ritiene la rinnovazione assolutamente necessaria per l'accertamento del fatto (art. 603 comma 3). In tale norma riappare quel potere di iniziativa probatoria del giudice, che è espresso in primo grado dall'art. 507 e che caratterizza il sistema di disponibilità attenuata del processo penale italiano.

La rinnovazione dell'istruzione ove il pubblico ministero abbia appellato il proscioglimento. La giurisprudenza della Corte europea dei diritti dell'uomo ha accolto il principio secondo cui il giudice d'appello non può riformare la sentenza di assoluzione e pronunciare condanna senza avere assunto nuovamente in contraddittorio quelle prove dichiarative a carico dell'imputato che risultino decisive ([12]).

A detta giurisprudenza di sono adeguate le Sezioni Unite per quanto concerne sia il procedimento ordinario ([13]), sia il giudizio abbreviato ([14]).

Il medesimo principio è stato accolto dal legislatore con la *riforma Orlando*. In base al nuovo comma 3-*bis* dell'art. 603, introdotto dalla legge n. 103 del 2017, quando il pubblico ministero impugna una sentenza di proscioglimento per motivi

---

([12]) Corte eur. dir. uomo, sez. III, 5 luglio 2011, *Dan c. Moldavia*, in *Arch. pen.*, 2012, 349.

([13]) Cass., Sez. Un., 28 aprile 2016, n. 27620, Dasgupta, in *www.penalecontemporaneo.it*, 5 ottobre 2016.

([14]) Cass., Sez. un., 19 gennaio - 14 aprile 2017, n. 18620, Patalano, in *www.penalecontemporaneo.it*, 8 maggio 2017, in relazione ad un appello del pubblico ministero contro una sentenza di proscioglimento emessa all'esito del giudizio abbreviato.

attinenti alla valutazione della prova dichiarativa, il giudice di appello deve disporre la rinnovazione dell'istruzione dibattimentale.

Il principio ispiratore della riforma può cogliersi, come più volte chiarito dalle Sezioni unite, nella tutela della presunzione di innocenza. Il canone del ragionevole dubbio impone al giudice d'appello una motivazione rafforzata della condanna sotto due aspetti. Per un verso, tale motivazione deve essere approfondita, logica e precisa; per un altro verso, dal punto di vista del metodo, essa deve basarsi su prove dichiarative che si sono formate in contraddittorio di fronte al giudice d'appello, attivando lo strumento previsto dall'art. 111, comma 4 Cost.

I limiti della "decisività" e della prova "dichiarativa". La successiva giurisprudenza delle Sezioni unite ha tenuto un atteggiamento bifronte rispetto alla scelta del legislatore.

Sotto un primo profilo, la giurisprudenza ha ristretto la necessità di rinnovare l'istruttoria alla sola prova "decisiva" (15). Sotto un secondo profilo, peraltro in linea con quanto già affermato in precedenza dalle Sezioni unite Dasgupta, la giurisprudenza ha esteso la necessità della rinnovazione istruttoria all'esame del perito e del consulente tecnico di parte alla duplice condizione che costoro siano stati esaminati in primo grado e che le loro dichiarazioni siano ritenute decisive per riformare la sentenza da assoluzione a condanna (16).

Non esiste un obbligo di rinnovazione in caso di riforma in senso assolutorio di una sentenza di condanna. Occorre segnalare che la giurisprudenza ha esaminato la differente ipotesi nella quale, a seguito di una sentenza di *condanna*, il giudice di appello abbia pronunciato *l'assoluzione* senza aver disposto la rinnovazione di una prova dichiarativa ritenuta decisiva in primo grado. In tal caso, le Sezioni unite hanno affermato che « il giudice di appello non ha l'obbligo di rinnovare l'istruzione dibattimentale mediante l'esame dei soggetti che hanno reso dichiarazioni ritenute decisive ai fini della condanna di primo grado. Tuttavia, il giudice di appello [...] è tenuto ad offrire una motivazione puntuale e adeguata della sentenza assolutoria, dando una razionale giustificazione della difforme conclusione adottata rispetto a quella del giudice di primo grado » (17). Soltanto se lo riterrà necessario ai sensi dell'art. 603 commi 1 e 3, provvederà a rinnovare la prova dichiarativa ritenuta decisiva.

La discussione in appello. Nell'udienza di appello, che di regola è pubblica, la parola passa nell'ordine consueto al procuratore generale, al difensore della parte

(15) Per la Cassazione, la nuova disciplina non impone affatto di ritenere che il giudice di appello sia obbligato a disporre una rinnovazione generale ed incondizionata dell'attività istruttoria svolta in primo grado; la rinnovazione si concentrerà solo sulla fonte la cui dichiarazione sia oggetto di una specifica censura da parte del pubblico ministero attraverso la richiesta di una nuova valutazione da parte del giudice di appello.

(16) Cass., Sez. un., 28 gennaio - 2 aprile 2019, n. 14426, Pavan, in *Dir. pen. proc.*, 2019, 822, con nota di C. Bonzano.

(17) Cass., Sez. un., 21 dicembre 2017 - 3 aprile 2018, n. 14800, P.G. c. Troise, in *www.penalecontemporaneo.it*. Ad avviso della S.C. la riforma di una pronuncia di condanna può quindi essere operata attraverso un'opera essenzialmente demolitiva, dal momento che nell'ipotesi in parola non viene in gioco il criterio di cui all'art. 533 c.p.p.

Infatti, mentre la condanna presuppone la certezza della colpevolezza, al contrario l'assoluzione non presuppone la certezza dell'innocenza, ma la mera non certezza della colpevolezza e di conseguenza « l'assoluzione dopo una condanna non deve superare alcun dubbio, perché è la condanna che deve intervenire al di là di ogni ragionevole dubbio, non certo l'assoluzione ».

civile, al difensore del responsabile civile ed a quello della persona civilmente obbligata per la pena pecuniaria. L'ultima parola spetta al difensore dell'imputato (art. 602 comma 4). Esaurita la discussione, il presidente dichiara chiuso il dibattimento ed il collegio si ritira in camera di consiglio. La deliberazione avviene ai sensi dell'art. 527, sotto la direzione del presidente. Dopodiché il dispositivo viene redatto e sottoscritto dal presidente. Il collegio rientra in aula ed il presidente pubblica il dispositivo dandone lettura.

6. L'udienza in camera di consiglio.

La regola: la camera di consiglio partecipata con modalità cartolare. Come abbiamo anticipato, ove non siano presentate le richieste di discussione orale sopra menzionate, l'ordinario svolgimento dell'appello contro le sentenze di primo grado avviene di regola con un contraddittorio cartolare, e cioè in camera di consiglio senza l'intervento del pubblico ministero e dei difensori. A tal fine gli atti sono trasmessi via PEC con firma digitale (art. 23-*bis*, commi 1-3, della legge n. 176 del 2020, di conversione del precedente d.l. n. 137).

Entro il decimo giorno precedente l'udienza, il pubblico ministero formula le sue conclusioni con atto trasmesso alla cancelleria della corte di appello via PEC. La cancelleria invia l'atto immediatamente via PEC ai difensori delle altre parti i quali, entro il quinto giorno antecedente l'udienza, possono presentare conclusioni scritte via PEC; non sono previste repliche ([18]).

Vi sono ipotesi nelle quali il giudizio di appello si svolge in camera di consiglio nelle forme dell'art. 127; in detti casi di regola non è necessaria la presenza del pubblico ministero, dei difensori e dell'imputato. La presenza dell'imputato è necessaria quando questi abbia manifestato la volontà di comparire; la presenza del pubblico ministero e dei difensori è necessaria quando si proceda ad acquisizioni probatorie *ex* art. 603.

L'udienza in forma camerale ha luogo:

a) nel caso di appello contro le sentenze emesse nel giudizio abbreviato (art. 443 comma 4);

b) quando l'appello ha esclusivamente per oggetto la specie o la misura della pena o l'applicabilità delle attenuanti generiche, di sanzioni sostitutive, della sospensione condizionale della pena, della non menzione della condanna nel certificato del casellario giudiziale (art. 599 comma 1);

c) quando oggetto dell'appello sono i provvedimenti in ordine all'esecuzione delle condanne civili (art. 600), e cioè se la parte civile ripropone la richiesta di provvisoria esecuzione della condanna (art. 600 comma 1) o se l'imputato chiede la revoca o la sospensione della stessa (art. 600 comma 2); ed inoltre se viene chiesta la sospensione dell'esecuzione della provvisionale (art. 600 comma 3).

([18]) Se la corte delibera la rinnovazione dell'istruttoria, deve anche disporre il mutamento del rito nella forma in presenza (Cass., Ufficio Massimario, *Relazione*, cit., 3).

Il concordato in appello. In base all'art. 599-*bis*, la corte di appello provvede in camera di consiglio quando le parti, nelle forme previste dall'articolo 589 (e cioè, nelle forme della rinuncia all'impugnazione), ne fanno richiesta dichiarando di concordare sull'accoglimento, in tutto o in parte, dei motivi di appello, con rinuncia agli altri eventuali motivi. Se i motivi dei quali viene chiesto l'accoglimento comportano una nuova determinazione della pena, il pubblico ministero, l'imputato e la persona civilmente obbligata per la pena pecuniaria indicano al giudice anche la pena sulla quale sono d'accordo.

Il giudice può soltanto accogliere o rigettare il concordato nella sua integralità, senza poterlo modificare; se ritiene di non poterlo accettare allo stato degli atti, ordina la citazione a comparire al dibattimento di appello (art. 599-*bis*, comma 3). In questo caso, la richiesta e la rinuncia ai motivi perdono effetto, ma possono essere riproposte nel dibattimento di appello (art. 599-*bis*, comma 3). In ogni caso, la richiesta e la rinuncia ai motivi « non hanno effetto se il giudice decide in modo difforme dall'accordo » (art. 602, comma 1-*bis*).

La riforma Cartabia (legge-delega n. 134 del 2021) eliminerà tutte quelle preclusioni oggettive e soggettive, previste per il patteggiamento allargato, che la legge n. 103 del 2017 (riforma Orlando) ha esteso al concordato in appello.

I due istituti appaiono completamente differenti nei presupposti e negli effetti. Infatti, nel patteggiamento il giudice opera una valutazione degli atti del fascicolo del pubblico ministero e sulla base di un accordo tra accusa e difesa anticipa una "decisione contratta" sulla responsabilità dell'imputato.

Viceversa, nel concordato in appello il giudice valuta la congruità della pena in base alle prove già acquisite in primo grado, e cioè sugli stessi elementi sui quali dovrà fondare la propria decisione al termine del giudizio di impugnazione. L'istituto ha una finalità deflattiva e si configura come uno strumento basato sulla rinuncia ai motivi di appello e sottoposto all'insindacabile vaglio di congruità da parte del giudice. Infatti, il diniego del consenso da parte del pubblico ministero o il rigetto della proposta di concordato da parte del giudice dell'impugnazione non sono sottoposti ad alcuna forma di controllo processuale.

Effetti deflattivi. Se il concordato è recepito dal giudice, i tempi dell'appello si riducono; inoltre, si hanno effetti positivi anche sul giudizio di cassazione, che può avere ad oggetto soltanto i vizi che non concernono i poteri dispositivi delle parti ([19]). Un eventuale ricorso che abbia ad oggetto detti poteri dispositivi deve essere dichiarato inammissibile con la nuova procedura semplificata prevista dal nuovo comma 5-*bis* introdotto nell'art. 610.

L'inibitoria civile. L'art. 600, commi 2 e 3 prevede quell'istituto che, con parallelismo con il processo civile, è chiamato "inibitoria civile", prescrivendo che, sempre con le forme camerali del comma 1, il responsabile civile e l'imputato possano chiedere la revoca o la sospensione della provvisoria esecuzione « quando ricorrono gravi motivi » (Corte cost., 19-27 luglio 1994, n. 353).

([19]) Cass., Sez. un., 28 gennaio 2004, Gallo, in *Cass. pen.*, 2004, 1597.

Le pronunce del giudice di appello sull'azione civile sono immediatamente esecutive (art. 605 comma 2).

La regola del divieto di regresso al primo grado. L'art. 604, norma di cardinale importanza per comprendere l'essenza stessa del giudizio di appello, esprime il divieto di regresso del processo di appello al primo grado. Sicché, quando sono state ritenute prevalenti o equivalenti circostanze attenuanti o sono state applicate circostanze aggravanti diverse da quelle previste dal comma 1 (ad efficacia o ad effetto speciale), il giudice di appello esclude le circostanze aggravanti, effettua, se occorre, un nuovo giudizio e ridetermina la pena (art. 604, comma 2).

L'eccezione: il regresso al primo grado. Il regresso del dibattimento di appello al primo grado è istituto eccezionale, consentito in primo luogo quando il giudice di secondo grado dichiara la nullità della sentenza per difetto di contestazione nei casi previsti dall'art. 522, disponendo la trasmissione degli atti al giudice di primo grado. Deve essersi verificata, in primo grado, la condanna per fatto diverso o l'applicazione di una circostanza aggravante per la quale la legge stabilisce una pena di specie diversa od una circostanza aggravante ad effetto speciale, e sempre che non vengano ritenute prevalenti o equivalenti circostanze attenuanti, nel quale ultimo caso non si ha regresso del procedimento (art. 604, comma 1) ([20]).

Inoltre il regresso si verifica nel caso in cui il giudice di appello accerti una nullità assoluta, o intermedia che non sia stata sanata, da cui sia derivata la nullità del provvedimento che dispone il giudizio o della sentenza di primo grado. In tal caso, dichiarata la nullità con sentenza, rinvia gli atti al giudice che procedeva al momento in cui la stessa si è verificata (art. 604, comma 4).

L'annullamento con regressione in caso di errata dichiarazione di assenza. Nei casi in cui si sia proceduto in assenza dell'imputato (art. 420-*bis*, comma 2), se vi è la prova che si sarebbe dovuto provvedere ai sensi dell'articolo 420-*ter* o dell'articolo 420-*quater* (dichiarazione del legittimo impedimento dell'imputato o sospensione del processo contro l'irreperibile), il giudice di appello deve dichiarare la nullità della sentenza e disporre il rinvio degli atti al giudice di primo grado (art. 604, comma 5-*bis*, comma introdotto dalla legge n. 67 del 2014). Il giudice di appello deve altresì annullare la sentenza e disporre la restituzione degli atti al giudice di primo grado qualora l'imputato provi che l'assenza è stata causata da una incolpevole mancata conoscenza della celebrazione del processo. Nel nuovo processo di primo grado si applica l'articolo 489, comma 2, e cioè l'imputato può chiedere il rito abbreviato o il patteggiamento.

7. La sentenza del giudice di appello.

Di regola il giudice di appello pronuncia sentenza con la quale conferma o riforma (e cioè, modifica) la sentenza appellata (art. 605, comma 1). I casi nei quali

---

([20]) Qualora, invece, il difetto di contestazione riguardi un reato concorrente o un fatto nuovo, il giudice di appello, dopo aver dichiarato « la nullità del relativo capo della sentenza e eliminato la pena corrispondente, ne dà notizia al pubblico ministero per le sue determinazioni » relative all'esercizio dell'azione penale (art. 604 comma 3).

il giudice annulla la sentenza appellata sono eccezionali e sono previsti nell'art. 604, del quale abbiamo già trattato.

Copia della sentenza di appello, con gli atti del procedimento, è trasmessa senza ritardo, a cura della cancelleria, al giudice di primo grado, quando questi è competente per l'esecuzione e non è stato proposto ricorso per cassazione (art. 605, comma 3).

Il ragionamento giuridico del giudice di appello. Posto che non vi sia stata rinnovazione dell'istruzione dibattimentale, il giudice di appello ha a disposizione, sia pure in via "cartolare", le stesse prove di cui disponeva il giudice di primo grado. Se conferma la sentenza, ciò significa che il giudice di primo grado non ha commesso errori.

Se in secondo grado, invece, si riforma la sentenza, vuol dire che il giudice di appello ha ragionato diversamente, sul piano probatorio o su quello giuridico, dal giudice di primo grado. Il giudice di appello ha tutti gli strumenti del ragionamento probatorio per criticare la sentenza di primo grado sulla base, si noti, degli stessi elementi di prova (art. 602, comma 3). Altrettanto deve dirsi per il ragionamento giuridico, una volta che il giudice d'appello abbia convenuto sulla ricostruzione del fatto compiuta in primo grado, ma ne modifichi la qualificazione giuridica (ad es., da omicidio volontario ad omicidio preterintenzionale).

In definitiva, l'appello rientra nei "gravami", che costituiscono gli strumenti attraverso i quali si realizza il doppio grado di giurisdizione. La loro funzione è quella non soltanto di denunciare un vizio della sentenza, ma di provocare un nuovo giudizio sul rapporto sostanziale sulla base, eventualmente, di nuove prove. Se l'impugnazione è accolta, la sentenza di appello ha carattere sostitutivo rispetto a quella impugnata.

8. Il giudizio di appello nell'emergenza sanitaria.

La legislazione avente ad oggetto l'attività giudiziaria durante la pandemia da Covid-19 ha inciso profondamente sullo svolgimento del giudizio di appello nel senso che ha ridotto ulteriormente gli scarsi margini di oralità che da sempre lo hanno caratterizzato. Ormai, ai sensi dell'art. 23-*bis*, comma 1, della legge n. 176 del 2020, di conversione del precedente d.l. n. 137, la regola che concerne l'appello contro le sentenze di primo grado è la cartolarità; la discussione orale è stata retrocessa ad una eccezione. Questa normativa è stata prorogata fino al 31 dicembre 2022 dal d.l. n. 228 del 2021.

La legge di conversione cit. ha esteso il procedimento cartolare anche all'appello contro i provvedimenti cautelari personali e contro le misure di prevenzione. In materia vi sono norme specifiche che sono esaminate a proposito dell'appello cautelare (art. 310).

Svolgimento eccezionale con discussione orale. Il tradizionale svolgimento con discussione orale, in base alla nuova normativa Covid-19, può avvenire in tre ipotesi:

1) se vi è un'espressa richiesta in tal senso da parte del pubblico ministero o del difensore;

2) se l'imputato manifesta la volontà di partecipare all'udienza;

3) se si deve procedere alla rinnovazione dell'istruzione dibattimentale, che viene compiuta nei casi di cui all'art. 603 su richiesta di parte o d'ufficio.

Le modalità delle richieste sopra menzionate sono precisate nell'art. 23-*bis*, comma 4, della legge n. 176 del 2020, di conversione del precedente d.l. n. 137. A tal fine, entro il termine perentorio di quindici giorni liberi prima dell'udienza, devono essere trasmesse alla cancelleria via PEC le richieste formulate per iscritto dal pubblico ministero o dal difensore; oppure, deve essere trasmessa via PEC la richiesta formulata dal difensore con cui l'imputato chiede di partecipare all'udienza. Le richieste devono essere redatte per iscritto con firma digitale e possono essere trasmesse via PEC o, in futuro, mediante altri strumenti individuati dal direttore generale dei sistemi informativi e automatizzati (DGSIA) ([21]).

Vi è la possibilità che l'udienza si svolga da remoto su consenso delle parti nei casi consentiti (art. 23, comma 5), salvo il caso in cui si debba rinnovare l'istruzione.

Svolgimento ordinario in camera di consiglio con modalità cartolare. Ove non siano presentate le richieste sopra menzionate, in base alla nuova normativa Covid-19 l'ordinario svolgimento dell'appello contro le sentenze di primo grado avviene di regola con un contraddittorio cartolare, e cioè in camera di consiglio senza l'intervento del pubblico ministero e dei difensori. A tal fine gli atti sono trasmessi via PEC con firma digitale (art. 23-*bis*, commi 1-3, della legge n. 176 del 2020, di conversione del precedente d.l. n. 137).

Entro il decimo giorno precedente l'udienza, il pubblico ministero formula le sue conclusioni con atto trasmesso alla cancelleria della corte di appello via PEC. La cancelleria invia l'atto immediatamente via PEC ai difensori delle altre parti i quali, entro il quinto giorno antecedente l'udienza, possono presentare conclusioni scritte via PEC; non sono previste repliche ([22]).

La corte può deliberare da remoto e il dispositivo della decisione è comunicato alle parti ([23]).

([21]) Cassazione, Ufficio del massimario, *Le novità per il giudizio penale in Cassazione introdotte dal d.l. 28 ottobre 2020, n. 137 in tema di emergenza epidemiologica da COVID-19*, 2 novembre 2020, 2.

([22]) Se la corte delibera la rinnovazione dell'istruttoria, deve anche disporre il mutamento del rito nella forma in presenza (Cass., Ufficio Massimario, *Relazione*, cit., 3).

([23]) La disposizione è stata criticata dall'Unione delle camere penali perché comporta che il fascicolo sia conosciuto dal solo giudice relatore. Pertanto, vi è una perdita della collegialità in senso sostanziale.

Capitolo III
IL RICORSO PER CASSAZIONE

1. La corte di cassazione come supremo organo giurisdizionale.

L'art. 111 Cost., premesso che tutti i provvedimenti giurisdizionali devono essere motivati (comma 6), prescrive che contro le sentenze e contro i provvedimenti sulla libertà personale pronunciati dagli organi giurisdizionali ordinari o speciali è sempre ammesso ricorso per cassazione per violazione di legge (comma 7). Dalla norma appena evidenziata si comprende che il ricorso per cassazione è ammesso per motivi di legittimità e non di merito. La cassazione non accerta il fatto, ma si limita ad un controllo sulla sentenza del grado precedente. Nel fare ciò, la cassazione controlla anche la logicità del ragionamento del giudice di merito (1).

Inoltre, a differenza dell'appello, i motivi del ricorso per cassazione costituiscono un "numero chiuso", come vedremo quando esamineremo l'art. 606; viceversa, ricordiamo che i motivi di appello sono tendenzialmente illimitati.

In sintesi, seguendo il pensiero processuale di stampo liberale che ispira l'istituto, la corte di cassazione svolge una funzione di controllo sul giudice di merito, perché egli rispetti il principio di legalità penale e processuale, e costituisce un presidio non solo per l'imputato, ma anche per la collettività, garantita dal ricorso del pubblico ministero presso il giudice *a quo*.

Funzioni della corte di cassazione. Secondo l'art. 65 dell'ordinamento giudiziario, la corte di cassazione, quale « organo supremo della Giustizia », svolge le seguenti funzioni:

1) assicura l'esatta osservanza della legge eliminando gli errori di interpretazione della medesima; questa funzione è tradizionalmente denominata nomofilachia;

2) assicura l'uniforme interpretazione della legge sul territorio nazionale;

3) assicura il rispetto dei limiti delle diverse giurisdizioni e regola i conflitti di competenza e di attribuzione (art. 28);

4) adempie agli altri compiti ad essa conferiti dalla legge (ad es., in materia di raccolta delle sottoscrizioni referendarie).

La corte suprema di cassazione ha sede in Roma ed ha giurisdizione su tutto il territorio della Repubblica e su ogni altro territorio soggetto alla sovranità dello Stato. La corte è divisa in sezioni; queste decidono con la presenza del presidente e di

---

(1) In sintesi, seguendo il pensiero processuale di stampo liberale che ispira l'istituto, la corte di cassazione svolge in favore della collettività una funzione di controllo sul giudice di merito, perché egli rispetti il principio di legalità penale e processuale (tutela dello *ius constitutionis*) e, in via mediata, costituisce un presidio per i diritti delle parti (tutela dello *ius litigatoris*).

quattro consiglieri, con attribuzioni differenziate per materia. L'organico è formato dal primo presidente, da presidenti di sezione e da circa trecentocinquanta consiglieri.

Le sezioni unite sono composte da otto consiglieri provenienti dalle singole sezioni e sono presiedute dal presidente della cassazione. Le sezioni unite sono chiamate a decidere sui ricorsi in base ad una decisione che può essere presa dal presidente della cassazione o da una singola sezione.

In primo luogo, il presidente della corte (su richiesta del procuratore generale, dei difensori delle parti o anche d'ufficio) assegna il ricorso alle sezioni unite quando occorre dirimere contrasti insorti tra le decisioni delle singole sezioni o quando le questioni proposte sono di speciale importanza (ad es., perché si tratta di una questione che si è presentata per la prima volta; art. 610, comma 2).

In secondo luogo, la singola sezione può rimettere il ricorso alle sezioni unite se rileva che la questione di diritto, sottoposta al suo esame, ha dato luogo (o può dar luogo) ad un contrasto giurisprudenziale (art. 618, comma 1).

Infine, le sezioni unite sono chiamate a decidere in un'ulteriore ipotesi, introdotta dalla legge n. 103 del 2017 (c.d. *riforma Orlando*). Se una sezione ritiene di non condividere il principio di diritto enunciato dalle sezioni unite, deve rimettere a queste ultime, con ordinanza, la decisione del ricorso (art. 618, comma 1-*bis*) ([2]).

Il principio di diritto può essere enunciato dalle sezioni unite, anche d'ufficio, quando il ricorso è dichiarato inammissibile per una causa sopravvenuta (art. 618, comma 1-*ter*).

I provvedimenti impugnabili con ricorso per cassazione. Ai sensi dell'art. 568 comma 2, sono sempre soggetti a ricorso per cassazione, quando non sono altrimenti impugnabili, i *provvedimenti con i quali il giudice decide sulla libertà personale* e le *sentenze*.

Da tale disposizione si ricava che sono ricorribili per cassazione le sentenze non appellabili e le sentenze pronunciate in grado di appello. In particolare, non sono sottoponibili a ricorso per cassazione le ordinanze che possono dar luogo ad un conflitto di giurisdizione o di competenza a norma dell'art. 28 perché detti provvedimenti hanno una natura meramente processuale e non sono definitivi (si veda, *supra*, parte II, cap. 1, § 2, lett. *g*).

La riforma Cartabia. L'improcedibilità in cassazione. La legge n. 134 del 2021 ha introdotto la dichiarazione di improcedibilità dell'azione penale per superamento dei

---

([2]) La *riforma Orlando* ha avuto nel complesso la finalità di rendere prevedibile l'interpretazione giurisprudenziale (riducendo contrasti ermeneutici interni alla stessa corte) e di assicurare l'attuazione del principio di uguaglianza di tutti i cittadini dinanzi alla legge, poiché si è proposta di eliminare la disparità di trattamento dinanzi all'autorità giudiziaria. Il limite della riforma sta nel non aver previsto alcuna sanzione quando la singola sezione decida in modo difforme rispetto alle sezioni unite, invece di investire queste ultime del caso. Ma era difficile pensare ad una differente soluzione, poiché l'attività di interpretazione della legge non tollera sanzioni in quanto il giudice per vincolo costituzionale è soggetto soltanto alla legge (art. 101).

Il meccanismo introdotto dalla riforma consente di incanalare il dissenso di una sezione all'interno di un procedimento che la costringe a motivare in modo convincente la sua posizione quando questa diverge rispetto alle sezioni unite. In tal modo si è costruita una figura di vincolo del precedente che differisce dal modello di *common law* ma che, al pari di questo, richiede che nei giudici vi sia un convincimento condiviso sui valori di prevedibilità che esso esprime.

termini massimi per definire l'impugnazione che abbia a oggetto i reati commessi dal 1° gennaio 2020 (art. 2, commi 2-5). Quando accade che venga superato il termine massimo in cassazione senza che il relativo giudizio di impugnazione sia stato "definito", il processo penale deve essere troncato ed il giudice è obbligato, una volta ritenuta ammissibile l'impugnazione, a dichiarare l'improcedibilità dell'azione penale (nuovo art. 344-*bis* c.p.p.). Dalla dichiarazione di improcedibilità, tuttavia, sono esclusi i reati imprescrittibili, e cioè quelli puniti con l'ergastolo (art. 2, comma 9).

I termini massimi decorrono dal novantesimo giorno successivo al termine per il deposito della motivazione della sentenza di secondo grado o dal termine eventualmente prorogato (art. 2, comma 3). La improcedibilità scatta in caso di mancata definizione del giudizio di cassazione entro il termine di un anno (art. 2, comma 2), esteso ad un anno e sei mesi se l'impugnazione sarà proposta entro il 31 dicembre 2024. Occorre segnalare che l'improcedibilità non può essere dichiarata quando l'imputato chiede la prosecuzione del processo (art. 344-*bis*, comma 7) ([3]).

Sono previste cause di sospensione dei termini e proroghe da pronunciarsi con ordinanza motivata se il processo è « particolarmente complesso ». La manovra legislativa è stata ampiamente illustrata nella parte I, cap. 2, § 7.2.

La *riforma Cartabia* (legge-delega n. 134 del 2021 introdurrà ***ulteriori modifiche*** che esamineremo espressamente. Da un lato, stabilizzerà la normativa emergenziale sulla trattazione dei ricorsi con il contraddittorio scritto senza l'intervento dei difensori, salva la richiesta delle parti di discussione orale in pubblica udienza o in camera di consiglio partecipata; da un altro lato, ha previsto che la corte possa disporre, anche in assenza di una richiesta di parte, la trattazione con discussione orale in pubblica udienza o in camera di consiglio partecipata. Inoltre, la corte, quando intende dare al fatto una definizione giuridica diversa, dovrà instaurare preventivamente il contraddittorio nelle forme previste per la celebrazione dell'udienza. Infine, la riforma introdurrà un nuovo istituto, e cioè il regolamento preventivo di competenza territoriale, che consente alla cassazione di ordinare, già durante la fase delle indagini, la trasmissione degli atti al giudice competente. Con le novità menzionate la riforma intende perseguire una maggiore efficienza attraverso la razionalizzazione e semplificazione degli adempimenti processuali.

La legittimazione ad impugnare. Per il ricorso per cassazione valgono regole speciali che derogano alla normativa generale prevista dagli artt. 570-576 e che abbiamo esaminato in precedenza (Parte V, cap. 1, § 3).

L'imputato può ricorrere per cassazione contro la sentenza di condanna o di proscioglimento (art. 607, comma 1); può, inoltre, ricorrere contro le sole disposizioni della sentenza che riguardano le spese processuali (art. 607, comma 2). La *riforma Orlando* ha eliminato la possibilità che il ricorso sia presentato personalmente dall'imputato; il

---

([3]) In base all'art. 344-*bis*, comma 8, « fermo restando quanto previsto dall'articolo 624, le disposizioni di cui ai commi 1, 4, 5, 6 e 7 del presente articolo si applicano anche nel giudizio conseguente all'annullamento della sentenza con rinvio al giudice competente per l'appello. In questo caso, il termine di durata massima del processo decorre dal novantesimo giorno successivo alla scadenza del termine previsto dall'articolo 617 ». Ciò significa che, se la sentenza impugnata viene annullata e il procedimento torna al grado precedente, il corso del termine massimo riprende dalla pronuncia di annullamento.

suo ricorso deve, a pena di inammissibilità, essere sottoscritto da un difensore abilitato al patrocinio in cassazione ed iscritto al relativo albo (art. 613, comma 1).

Il procuratore generale presso la corte di appello può ricorrere per cassazione contro ogni sentenza di condanna o di proscioglimento, pronunciata in grado di appello nel distretto, o contro ogni sentenza che sia inappellabile (art. 608) ([4]). La legge n. 103 del 2017 ha previsto un forte limite: se il giudice di appello avrà pronunciato una sentenza di conferma di quella di proscioglimento in primo grado, il ricorso per cassazione potrà essere proposto dal procuratore generale solo per i motivi di *stretta violazione di legge* di cui alle lettere *a, b, c,* del comma 1 dell'articolo 606 (e cioè straripamento di potere, inosservanza di legge sostanziale o di legge processuale, ma solo se quest'ultima è sanzionata da nullità, inammissibilità, inutilizzabilità o decadenza) (art. 608, comma 1-*bis*). Il limite è giustificato dal fatto che la presunzione di innocenza è stata confermata da due sconfitte successive della pubblica accusa a seguito di un esame delle prove in contraddittorio.

***Ricorso in cassazione* per saltum.** Se tutte le parti sono consenzienti, è possibile "saltare" l'appello e ricorrere per cassazione contro la sentenza di primo grado. In base all'art. 569, la parte che ha diritto di appellare la sentenza di primo grado può proporre direttamente ricorso per cassazione. Si tratta del c.d. ricorso *per saltum*, in base al quale appunto una parte, col consenso delle altre, decide di chiedere subito e solo il sindacato di mera legittimità ad opera della corte di cassazione. Quando non vi è accordo delle parti, ove una di esse proponga ricorso *per saltum* e un'altra invece proponga appello, il ricorso si converte in appello (art. 569 comma 2, che rinvia all'art. 580) ([5]).

La difesa nel giudizio di legittimità. Davanti alla corte di cassazione vi è una normativa peculiare che concerne i difensori. La normativa tiene conto sia della particolare competenza richiesta, sia della norma costituzionale che attribuisce alle parti un generale potere di ricorso contro le sentenze e contro i provvedimenti sulla libertà personale (art. 111, comma 7). In materia vige il principio secondo cui tutte le parti (anche l'imputato) sono rappresentate dai difensori che sono iscritti all'albo speciale della corte di cassazione (art. 613, comma 1). Ciò comporta due corollari: *a*) le parti compaiono in udienza non personalmente bensì mediante i propri difensori, che svolgono funzioni di "rappresentanza tecnica"; *b*) i medesimi devono essere iscritti presso l'albo speciale, pena la inammissibilità del ricorso o delle memorie da loro sottoscritte ([6]).

([4]) Vi sono altre ipotesi "speciali" di impugnazione. Esse hanno ad oggetto le sentenze inappellabili e sono previste dall'art. 608. Il procuratore della repubblica presso il tribunale può proporre ricorso per cassazione contro ogni sentenza inappellabile di condanna o di proscioglimento pronunciata dalla corte di assise, o dal tribunale, o dal giudice per le indagini preliminari presso il tribunale.

([5]) Il ricorso *per saltum* non è ammesso per i motivi di cui alle lettere *d* ed *e* dell'art. 606, e cioè quando si lamenta la mancata assunzione di una prova decisiva o si addebita alla sentenza impugnata il vizio di omessa, contraddittoria o illogica motivazione. In detti casi il ricorso, eventualmente proposto, si converte in appello (569 comma 3). La ragione della limitazione dei motivi è dovuta al rilievo che, in tali ipotesi, se la cassazione accogliesse il ricorso, dovrebbe essere disposto l'annullamento con rinvio; viceversa, proponendo l'appello si permette al giudice di secondo grado di decidere direttamente nel merito e si risparima un grado di giudizio.

([6]) Fermo restando il requisito menzionato della iscrizione, il difensore nel procedimento di cassazione è quello che ha assistito la parte nell'ultimo giudizio o quello che è stato nominato per la proposizione del ricorso o successivamente (art. 613, comma 2). Se l'imputato è privo del difensore di fiducia, il presidente del collegio provvede alla designazione del difensore d'ufficio a norma dell'art. 97 (art. 613, comma 3).

2. I motivi del ricorso per cassazione.

Il ricorso per cassazione può proporsi soltanto per i seguenti motivi tassativamente indicati nell'art. 606 comma 1 (v. tav. 5.3.3). Per tale ragione il ricorso in cassazione viene definito come mezzo di impugnazione a critica vincolata.

***Lett. a*) Esercizio da parte del giudice di una potestà riservata dalla legge a organi legislativi o amministrativi o non consentita a pubblici poteri.** Si tratta del vizio di eccesso di potere (nel senso di straripamento del medesimo) che si verifica quando il giudice ha usurpato un potere amministrativo (es. ha revocato o annullato un atto amministrativo).

***Lett. b*) Inosservanza o erronea applicazione della legge penale o di altra norma giuridica della quale si deve tenere conto nell'applicazione della legge penale.** Si tratta di errori *in iudicando*, che si verificano, quando il giudice ha qualificato erroneamente il fatto (es. ha definito rapina, e non insolvenza fraudolenta, lo scrocco in danno del benzinaio).

***Lett. c*) Inosservanza delle norme processuali penali stabilite a pena di nullità, di inammissibilità, di inutilizzabilità o di decadenza.** Non ogni errore *in procedendo* costituisce un vizio rilevabile in cassazione. Si può dedurre non l'inosservanza di norme processuali che diano luogo ad una mera irregolarità dell'atto, ma soltanto l'inosservanza di quelle norme che costituiscano una causa di invalidità prevista espressamente dall'art. 606 comma 1 lett. *c*: nullità, inutilizzabilità, inammissibilità o decadenza.

***Lett. d*) Mancata assunzione di una prova decisiva, quando la parte ne ha fatto richiesta anche nel corso dell'istruzione dibattimentale limitatamente ai casi previsti dall'art. 495 comma 2.** Il motivo di ricorso per cassazione è ammissibile alle seguenti condizioni.

In primo luogo deve trattarsi di *prova contraria* a quella che sia stata ammessa, a prescindere dal modo con cui è stata ammessa: richiesta di parte o d'ufficio ad opera del giudice ai sensi dell'art. 507 (7).

In secondo luogo deve trattarsi di *prova decisiva*. È tale quella prova che è idonea ad incidere in modo significativo sul procedimento decisionale seguito dal giudice e da determinare, di conseguenza, una differente valutazione complessiva dei fatti e portare in concreto a una decisione diversa.

In terzo luogo occorre che l'assunzione della prova contraria sia stata chiesta al momento delle richieste di prova all'inizio del dibattimento (art. 493) o « *anche nel corso dell'istruzione dibattimentale* ». Quest'ultima possibilità è stata aggiunta dalla legge n. 46 del 2006 e può applicarsi al caso in cui la decisività sia emersa successivamente alle richieste di prova (art. 507 e, nel giudizio di appello, art. 603, comma 2) (8).

Altra normativa peculiare concerne le notifiche degli avvisi. Per tutti gli atti che si compiono nel procedimento davanti alla corte, il domicilio delle parti è presso i rispettivi difensori (art. 613, comma 2); soltanto nel caso di difensore d'ufficio, gli avvisi sono notificati, oltre al predetto, anche all'imputato (art. 613, comma 4).

(7) In base all'art. 495 comma 2, è contraria quella prova che ha per oggetto il medesimo fatto ed è finalizzata a dimostrare che lo stesso non è avvenuto o che si è verificato con una differente modalità.

(8) Ove vi sia stato appello e la mancata assunzione sia avvenuta in primo grado, l'art. 606 comma 3 impone che il vizio sia stato prospettato precedentemente nei motivi di appello con indicazione degli elementi fondanti.

***Lett. e)* Mancanza, contraddittorietà o manifesta illogicità della motivazione, quando il vizio risulta dal testo del provvedimento impugnato o da altri atti del processo specificamente indicati nei motivi di gravame.** Si tratta del motivo di ricorso più discusso: il legislatore ha inteso disciplinare il controllo sui vizi di motivazione al fine di evitare che la corte di cassazione eserciti un accertamento di merito.

Vi è un requisito comune del quale tratteremo successivamente: i vizi di mancanza, contraddittorietà o manifesta illogicità della motivazione devono risultare *dal testo del provvedimento impugnato o da altri atti del processo specificamente indicati nei motivi di gravame.*

1) *Mancanza della motivazione.* Si fa riferimento non tanto al *deficit* grafico della motivazione (mancanza in senso *formale*), che configurerebbe una nullità per omessa motivazione ai sensi dell'art. 125 comma 3; tale nullità sarebbe ricompresa nei motivi di cui all'art. 606, lett. *c.* Per « mancanza della motivazione » la lettera *e* ricomprende la carenza *sostanziale* del discorso logico. In base a tale criterio, la motivazione è carente ai sensi della lettera *e* quando manca l'argomentazione su uno degli imputati, o su una delle imputazioni, o su un punto necessario ai fini del giudizio.

2) *Manifesta illogicità della motivazione.* In questo caso, la argomentazione esiste, ma manca la logicità del contenuto: è un vizio della logica argomentativa. La cassazione deve controllare la correttezza della inferenza probatoria, e cioè il rapporto tra la premessa (fatto noto) e le conclusioni (fatto accertato). Si ha manifesta illogicità quando la sentenza ha fatto pessimo uso delle massime di esperienza o delle leggi scientifiche. Ciò avviene, ad esempio, quando il giudice ha utilizzato come massima di esperienza una regola sociologica la cui validità non risulti accertata nel caso singolo (9).

3) *Contraddittorietà processuale della motivazione.* Essa esiste quando vi è un contrasto tra gli atti processuali e la motivazione. Ciò avviene quando vi è una mancata corrispondenza tra l'atto processuale e l'elemento di prova che il giudice pone come premessa della argomentazione: ad esempio, gli atti sono differenti o si motiva su di una prova non risultante dagli atti (10). I vizi di mancanza, contraddittorietà o manifesta illogicità della motivazione devono risultare *dal testo del provvedimento impugnato o da altri atti del processo specificamente indicati nei motivi di gravame*, da interdensi nel senso atecnico di impugnazione.

Ricordiamo che, ai sensi dell'art. 569 comma 3, non è consentito il ricorso *per saltum* in caso di omessa assunzione della prova contraria decisiva.

(9) All'interno della manifesta illogicità si ritiene che si collochi il vizio di *contraddittorietà logica* della decisione. Si ha *contraddittorietà logica* quando vi è un contrasto tra le argomentazioni, a prescindere dal contenuto di queste, perché il giudice non ha fatto uso della logica comune, e cioè dei princìpi di non contraddizione, di identità, del terzo escluso. Una argomentazione contraddittoria è di per se stessa errata. Ad esempio: il teste è valutato attendibile e inattendibile rispetto alla affermazione sul medesimo fatto.

(10) Si tratta di tutti quei casi nei quali la motivazione non "fotografa" fedelmente le prove acquisite nel processo. Il vizio di contraddittorietà processuale si ha quando la motivazione non rispetta le risultanze processuali perché distorce i risultati probatori acquisiti (es. il teste ha detto "bianco" e la motivazione afferma che egli ha detto "nero") (c.d. travisamento delle risultanze probatorie). O anche quando si motiva su di una prova non risultante dagli atti (c.d. travisamento degli atti "per invenzione"). O ancora, quando la sentenza non motiva su di una prova che è stata acquisita (c.d. mancata valutazione di una prova o travisamento per omissione). In definitiva, la legge vuole impedire la infedeltà della motivazione rispetto al processo.

Il principio di autosufficienza del ricorso. La legge n. 46 del 2006 ha posto un limite che possiamo così riassumere: gli atti del processo devono essere indicati specificamente nei motivi di impugnazione (l'originario appello, se il vizio già allora risultava; altrimenti, il ricorso per cassazione); occorre indicare i brani nei quali è contenuta la informazione probatoria (elemento di prova) che è omessa o travisata nella motivazione ([11]). Una errata valutazione della credibilità e della attendibilità dà luogo ad un vizio che non è valutabile in cassazione perché richiede il coordinamento tra più fatti: occorre conoscere il contesto probatorio.

Il limite è giustificato dalla natura stessa del ricorso per cassazione, che è non un terzo grado di giudizio, bensì un controllo di legittimità a presidio dell'imputato e della collettività, in attuazione del principio di uguaglianza di tutti i cittadini di fronte alla legge. Fin da ora segnaliamo che, ove la corte di cassazione debba procedere all'annullamento della decisione impugnata per uno dei motivi menzionati (ad esempio, per manifesta illogicità della motivazione) e, in seguito a tale annullamento, si renda necessario compiere una nuova valutazione dei fatti, la corte medesima (di regola) deve rinviare al giudice di merito ([12]).

L'inammissibilità del ricorso. La tassatività dei motivi trova una sanzione nell'art. 606, comma 3: il ricorso è inammissibile se è proposto per motivi diversi da quelli consentiti dalla legge o manifestamente infondati ed inoltre se è proposto per violazioni di legge non dedotte nei motivi d'appello (fuori dei casi in cui la violazione di legge è rilevabile d'ufficio ai sensi degli artt. 569 e 609, comma 2) ([13]).

3. Cognizione e ragionamento giuridico della corte di cassazione.

Ai sensi dell'art. 609, comma 1 « il ricorso attribuisce alla corte di cassazione la cognizione del procedimento limitatamente ai motivi proposti » *ex* art. 606, comma 1, con l'implicita prescrizione che tali motivi debbano già essere stati presentati al giudice

---

([11]) Possiamo chiederci: cosa resta fuori dei motivi del ricorso per cassazione? Ciò che resta fuori è la valutazione di merito, e cioè il giudizio sulla credibilità della fonte e sulla attendibilità della dichiarazione. A ben vedere, si tratta del rapporto tra *elemento di prova e risultato probatorio*. Per valutare credibilità e attendibilità occorre sentire il dichiarante o, quanto meno, conoscere tutti gli atti del processo al fine di controllare i riscontri.

([12]) Occorre tenere presente che un orientamento tradizionale in giurisprudenza riconosce il vizio di illogicità soltanto quando l'accertata distorsione disarticoli l'intero ragionamento probatorio « per la essenziale forza dimostrativa del dato processuale trascurato o travisato ». Tale tesi può considerarsi superata da quando è stato introdotto nell'ordinamento il criterio secondo cui l'accusa deve eliminare ogni ragionevole dubbio sulla reità dell'imputato (art. 533). Da ciò deriva che la cassazione non può *limitarsi al controllo della coerenza intrinseca e della congruità ai fatti dell'ipotesi dell'accusa*, ma deve prendere in considerazione anche le ipotesi antagoniste di spiegazione dei fatti (P. Ferrua). « Pertanto diventa illegittima quella giurisprudenza che limitava il sindacato di Cassazione solo al primo profilo (...); una sentenza che organizza in modo logico poche informazioni probatorie non sarà illogica, ma fomenta dubbi ragionevoli » (F.M. Iacoviello).

([13]) In particolare, il ricorso è manifestamente infondato quando il ricorrente denuncia vizi *ictu oculi* insussistenti, cioè la cui infondatezza sia di palmare evidenza, come ad esempio nel caso in cui il ricorso sia basato su norme dell'ordinamento inesistenti. L'avverbio "manifestamente" ha quindi la funzione di limitare l'indagine che il giudice è chiamato a svolgere, ai fini della valutazione di ammissibilità, circa la fondatezza dei motivi di ricorso. Il ricorso per cassazione può essere dichiarato inammissibile sia per una di queste cause "speciali", proprie del ricorso per cassazione, sia in presenza di una delle cause "generali" di inammissibilità, previste per tutte le impugnazioni dall'art. 591 c.p.p. (sulle quali si veda, in precedenza, parte V, cap. I, § 4).

di merito, e cioè alla corte di appello. Le questioni non contestate in grado di appello, viceversa, passano nel giudicato interno. Sicché, ovviamente, l'intempestiva deduzione del motivo nel giudizio di appello lo rende indeducibile nel giudizio di cassazione.

Tale prescrizione conosce l'eccezione delle questioni che la corte può rilevare di ufficio e di quelle che non sarebbe stato possibile dedurre in grado di appello (art. 609, comma 2) ([14]).

In conclusione, il ricorso per cassazione è definibile come una azione di annullamento della sentenza impugnata: se sono ritenuti validi i motivi dedotti, la corte si limita ad annullare la sentenza impugnata con o senza rinvio al giudice che l'ha emessa. Le azioni di annullamento mirano innanzitutto ad accertare l'esistenza del vizio della sentenza e, in caso positivo, ad eliminare il provvedimento impugnato (v. tav. 5.2.5).

4. Il procedimento in cassazione.

La fase degli atti preliminari al giudizio in cassazione è finalizzata alla verifica della ammissibilità del ricorso ed alla assegnazione dello stesso alla sezione competente per materia, in base alle regole stabilite dall'ordinamento giudiziario.

Il vaglio di ammissibilità. Il magistrato addetto per delega dal presidente della corte deve verificare se sussiste una causa di inammissibilità del ricorso. In tale ipotesi assegna il ricorso ad "apposita sezione" (la settima) che è competente a dichiarare l'inammissibilità. In base alla *riforma Orlando* vengono distinte le cause di inammissibilità meramente formali dalle altre; la procedura da seguire è differente.

***Le inammissibilità meramente formali: la procedura* de plano**. In base al nuovo comma 5-*bis* dell'art. 610, la corte di cassazione dichiara *de plano* l'inammissibilità del ricorso nei casi meramente formali ([15]). L'inammissibilità è pronunciata « senza formalità di procedura », e cioè senza avvisi e senza facoltà di partecipare all'udienza. Contro tale provvedimento « è ammesso il ricorso straordinario a norma dell'art. 625-*bis* » (art. 610, comma 5-*bis*).

([14]) Dalle considerazioni svolte emerge che tra ricorso per cassazione e giudizio d'appello esiste una profonda differenza. Il giudice di appello non è vincolato strettamente al motivo proposto da una parte e può decidere liberamente su tutte le questioni ipotizzabili in relazione al *punto* che è stato impugnato (art. 597, comma 1). Viceversa, la cognizione della corte di cassazione è limitata ai *motivi* addotti dalle parti (art. 609, comma 1): il giudice di legittimità può soltanto accoglierli o rigettarli, salve le ricordate eccezioni in merito alle questioni rilevabili d'ufficio o non deducibili in appello (art. 609, comma 2) (v. atto 5.3.2).

([15]) I casi di inammissibilità meramente formali sono i seguenti:

1) se l'impugnazione è proposta da chi non è legittimato (art. 591, comma 1, lett. *a*);

2) se l'impugnazione è proposta contro un provvedimento non impugnabile (art. 591, comma 1, lett. *b*);

3) se l'impugnazione è proposta senza l'osservanza delle seguenti disposizioni di cui all'art. 591, comma 1, lett. *c*:

— art. 582 (presentazione dell'impugnazione);

— art. 583 (spedizione dell'atto d'impugnazione);

— art. 585 (termini dell'impugnazione);

— art. 586 (impugnazione di ordinanze emesse nel dibattimento);

4) se l'impugnazione è proposta senza l'osservanza delle disposizioni di cui all'art. 591, comma 1, lett. *d* (rinuncia all'impugnazione);

5) se l'impugnazione è proposta contro la sentenza di applicazione della pena su richiesta delle parti (ricorribile per i soli motivi previsti dal nuovo art. 448, comma 2-*bis*, c.p.p.);

6) se l'impugnazione è proposta contro la sentenza che accoglie il concordato in appello a norma del nuovo art. 599-*bis* c.p.p.

Le altre cause di inammissibilità. Per le rimanenti cause di inammissibilità, è prevista una procedura camerale non partecipata. Il presidente della sezione fissa la data per la decisione in camera di consiglio (art. 610, comma 1) e la cancelleria comunica tale data al procuratore generale e ai difensori. L'avviso deve contenere l'enunciazione della causa di inammissibilità rilevata « con riferimento al contenuto dei motivi di ricorso » (art. 610, comma 1 mod.). Le parti hanno unicamente la possibilità di presentare motivi nuovi (art. 585) e memorie fino a quindici giorni prima dell'udienza.

L'assegnazione alla sezione. Al di fuori delle ipotesi sopra menzionate, il presidente della corte, se ritiene che il ricorso sia ammissibile, o comunque se l'apposita sezione non ha dichiarato l'inammissibilità, assegna il ricorso medesimo ad una singola sezione (art. 610, comma 1-*bis* c.p.p.; art. 7-*ter* o.g.).

Il presidente di sezione dispone la riunione dei giudizi nei casi previsti dall'art. 17 e fissa la data per la trattazione in udienza pubblica o in camera di consiglio. Almeno trenta giorni prima della data dell'udienza, la cancelleria ne dà avviso al procuratore generale e ai difensori, « indicando se il ricorso sarà deciso a seguito di udienza pubblica ovvero in camera di consiglio » (art. 610, comma 5).

Distinguiamo ora i casi di udienza camerale da quelli di udienza pubblica.

L'udienza in camera di consiglio basata sul contraddittorio scritto. Il procedimento si svolge in camera di consiglio nei casi espressamente previsti dalla legge. Ad esempio, la corte procede in camera di consiglio, di regola, quando deve decidere sul ricorso contro provvedimenti non emessi nel dibattimento (art. 611, comma 1) ([16]).

L'udienza in camera di consiglio basata sul contraddittorio orale. In determinate ipotesi previste dalla legge è ammesso l'intervento orale dei difensori e del procuratore generale ai sensi dell'art. 127 ([17]).

L'udienza pubblica. Di regola la corte di cassazione procede in udienza pubblica (art. 614). L'imputato e le altre parti private non sono citate, perché esse non sono protagoniste del giudizio di cassazione; esse sono rappresentate dai difensori (art. 613 comma 1) e possono comparire in udienza per mezzo degli stessi (art. 614, comma 2) ([18]).

([16]) In camera di consiglio la suprema corte decide esaminando i motivi, le richieste del procuratore generale e le memorie delle altre parti, senza intervento dei difensori in deroga all'art. 127; in sintesi, il contraddittorio camerale è *cartolare*. Fino a quindici giorni prima dell'udienza, tutte le parti possono presentare motivi nuovi e memorie e, fino a cinque giorni prima, possono presentare memorie di replica.

([17]) Si applica l'art. 127 nei casi richiamati dagli artt. 32, comma 1 (conflitti di competenza); 41, comma 3 (ricusazione); 48, comma 1 (rimessione); 311, comma 5 (impugnazione di una misura cautelare personale); 428, comma 3 (impugnazione della sentenza di non luogo a procedere); 624, comma 3 (dichiarazione di quale parte del provvedimento annullato parzialmente non ha connessione essenziale con la parte annullata); 706, comma 2 (ricorso per cassazione in materia di estradizione).

([18]) Nell'udienza pubblica, il presidente prima di tutto verifica la costituzione delle parti e la regolarità degli avvisi, dandone atto a verbale; quindi, il presidente (ma di solito è il consigliere delegato) fa la relazione della causa (art. 614, comma 3). Dopo la requisitoria del procuratore generale, i difensori della parte civile, del responsabile civile e dell'imputato espongono, nell'ordine consueto, le loro difese. Non sono ammesse repliche salvo che la questione sia dedotta per la prima volta nel corso della discussione (art. 171 disp. att.).

Di solito, la corte esamina tutti i ricorsi insieme. Poi si ritira in camera di consiglio. La pubblicazione della sentenza avviene subito dopo la deliberazione mediante lettura del dispositivo in udienza, da parte del presidente o di un consigliere da lui delegato (art. 615). La motivazione, redatta dal presidente o dal consigliere da lui designato, deve essere depositata in cancelleria non oltre il trentesimo giorno dalla deliberazione.

5. La tipologia delle sentenze della suprema corte.

Il giudizio in cassazione si può concludere con le seguenti sentenze: 1) inammissibilità; 2) rigetto; 3) rettificazione; 4) annullamento (v. tav. 5.3.1).

1) ***Inammissibilità.*** Abbiamo anticipato che il ricorso è inammissibile se è proposto per *motivi diversi da quelli consentiti dalla legge*, o *manifestamente infondati*, o (di regola) se è proposto per *violazioni di legge non dedotte nei motivi d'appello* (art. 606, comma 3). La corte dichiara inammissibile il ricorso quando accerta una causa di inammissibilità che non è stata preliminarmente dichiarata in camera di consiglio (art. 615 comma 2); ricordiamo, infatti, che l'inammissibilità può essere rilevata in ogni stato e grado del procedimento (art. 591 comma 4). Con tale provvedimento la parte privata, che ha proposto il ricorso, è condannata alle spese del procedimento e al pagamento di una somma a favore della cassa delle ammende (art. 616) salvo che la causa di inammissibilità si sia verificata senza sua colpa (C. cost. n. 186 del 2000) ([19]).

2) ***Rigetto.*** La corte pronuncia sentenza di rigetto quando il ricorso è infondato, non essendo stato accolto alcuno dei motivi proposti (art. 615 comma 2). La parte è condannata al pagamento delle spese del procedimento e solo eccezionalmente al pagamento della somma sopra menzionata (art. 616).

3) ***Rettificazione.*** La corte pronuncia sentenza di rettificazione quando rileva errori di diritto nella motivazione o erronee indicazioni di testi di legge che non hanno avuto « influenza decisiva sul dispositivo » della decisione impugnata (art. 619); nella sentenza di rettificazione la corte specifica « le censure e le rettificazioni occorrenti » ([20]).

4) ***Annullamento.*** La corte pronuncia sentenza di annullamento quando accoglie uno o più motivi di ricorso o quando deve emettere tale pronuncia d'ufficio. L'annullamento è pronunciato con o senza rinvio al giudice di merito.

L'annullamento *senza rinvio* è disposto, in estrema sintesi, nei casi in cui l'accoglimento del ricorso non impone di procedere ad accertamenti di fatto « ulteriori » rispetto a quelli compiuti nella sentenza impugnata (principio di superfluità del rinvio).

L'annullamento *con rinvio* è disposto quando l'accoglimento del ricorso impone ulteriori accertamenti di fatto, che sono preclusi al giudice di legittimità.

4.1) ***Annullamento senza rinvio (art. 620).*** Il codice enumera le singole ipotesi di annullamento senza rinvio, ma poi, al termine dell'elenco, prevede nella nuova lettera *l* una clausola aperta che è stata estesa dalla legge n. 103 del 2017 (c.d. *riforma Orlando*) e dalla giurisprudenza successiva. Può essere utile esaminare in dettaglio il contenuto di questa clausola ([21]).

([19]) La somma va da euro 258 a euro 2.065. Essa, in base alla legge n. 103 del 2017 (c.d. *riforma Orlando*), potrà essere aumentata fino al triplo, tenuto conto della causa di inammissibilità del ricorso.

([20]) Il comma 2 dell'art. 619 prescrive che, « quando nella sentenza impugnata si deve soltanto rettificare la specie o la quantità della pena per errore di denominazione o di computo, la corte di cassazione vi provvede senza pronunciare annullamento ». Sempre mediante rettificazione, la corte provvede quando si deve applicare una legge più favorevole all'imputato (art. 2, comma 4 c.p.), anche se sopravvenuta dopo la proposizione del ricorso, con un limite (che dà luogo all'annullamento con rinvio): non debbono essere necessari nuovi accertamenti di fatto.

([21]) L'annullamento senza rinvio deve essere disposto nei seguenti casi (art. 620).

1) La corte può ritenere « superfluo il rinvio » e decidere la causa perché non sono necessari « ulteriori accertamenti di fatto », e cioè non si deve procedere ad un giudizio di merito.

2) La corte può ritenere « superfluo il rinvio » perché è in grado di « rideterminare la pena sulla base delle statuizioni del giudice di merito », quindi anche esercitando un potere discrezionale, ma sul fondamento di parametri e dati che sono stati acquisiti nella sentenza impugnata. Ciò avviene quando la corte di cassazione proscioglie il condannato da uno dei reati contestati (es. per intervenuta prescrizione) e opera direttamente la riduzione conseguente della pena basandosi sulle informazioni fornite dalla sentenza impugnata. In tal caso si ha un annullamento senza rinvio con contestuale rideterminazione della pena.

3) La corte decide con la presente formula « in ogni altro caso in cui ritiene superfluo il rinvio ». In base all'insegnamento giurisprudenziale, la corte annulla senza rinvio, ad esempio, quando la sentenza impugnata manifesta una situazione di vuoto probatorio che si prevede impossibile da colmare in sede di rinvio, alla luce dell'esame del materiale acquisito e utilizzato nei pregressi processi di merito (22).

4.2) ***Annullamento con rinvio (art. 623).*** Come abbiamo accennato in precedenza, l'annullamento con rinvio è disposto quando l'accoglimento del ricorso impone un nuovo giudizio di merito, che è precluso al giudice di legittimità. Nel momento in cui annulla la sentenza con rinvio, la corte di cassazione fissa un principio di diritto e demanda la decisione al giudice di merito il quale dovrà conformarsi al principio (art. 627, comma 3). Entro tale limite, il giudice di merito è libero di riesaminare i fatti, ovviamente restando all'interno della devoluzione originaria.

I casi di annullamento con rinvio sono i seguenti (art. 623):

a) se è annullata un'ordinanza, la corte dispone che gli atti siano trasmessi al

---

a) Se il fatto non è previsto dalla legge come reato, se il reato è estinto o se l'azione penale non doveva essere iniziata o proseguita.

b) Se il reato non appartiene alla giurisdizione del giudice ordinario (ad es., reato previsto dal codice penale militare).

c) Se il provvedimento impugnato contiene disposizioni che eccedono i poteri della giurisdizione, limitatamente alle medesime.

d) Se la decisione impugnata consiste in un provvedimento non consentito dalla legge.

e) Se la sentenza è nulla a norma e nei limiti dell'articolo 522 in relazione a un reato concorrente (per il quale non sono state osservate le norme sulla contestazione in dibattimento).

f) Se la sentenza è nulla a norma e nei limiti dell'articolo 522 in relazione a un fatto nuovo (per il quale, come sopra, non sono state osservate le norme sulla contestazione in dibattimento).

g) Se la condanna è stata pronunciata per errore di persona.

h) Se vi è contraddizione fra la sentenza o l'ordinanza impugnata e un'altra anteriore concernente la stessa persona e il medesimo oggetto, pronunciata dallo stesso o da un altro giudice penale.

i) Se la sentenza impugnata ha deciso in secondo grado su materia per la quale non è ammesso l'appello.

l) *Se la corte ritiene di poter decidere, non essendo necessari ulteriori accertamenti di fatto, o di rideterminare la pena sulla base delle statuizioni del giudice di merito o di adottare i provvedimenti necessari, e in ogni altro caso in cui ritiene superfluo il rinvio (in corsivo il nuovo testo della riforma Orlando).*

(22) Fermi gli effetti penali della sentenza, la corte di cassazione, se ne annulla solamente le disposizioni o i capi che riguardano l'azione civile ovvero se accoglie il ricorso della parte civile contro la sentenza di proscioglimento dell'imputato, rinvia, "quando occorre", al giudice civile competente per valore in grado di appello, anche se l'annullamento ha per oggetto una sentenza inappellabile (art. 622).

giudice che l'ha pronunciata, « il quale provvede uniformandosi alla sentenza di annullamento » ([23]);

b) se è annullata una sentenza di condanna nei casi previsti dall'art. 604, commi 1, 4 e 5-*bis*, e cioè quando la corte di appello avrebbe dovuto annullare (e non lo ha fatto) la sentenza di primo grado ed ordinare in via eccezionale la regressione del processo in tale sede, la corte di cassazione, che rileva l'errore, deve disporre che gli atti siano trasmessi al giudice di primo grado ([24]);

c) se è annullata la sentenza di una corte di assise di appello o di una corte di appello, ovvero di una corte di assise o di un tribunale in composizione collegiale, il giudizio è rinviato rispettivamente a un'altra sezione della stessa corte o dello stesso tribunale o, in mancanza, alla corte o al tribunale più vicini;

d) se è annullata la sentenza di un tribunale monocratico o di un giudice per le indagini preliminari, la corte di cassazione dispone che gli atti siano trasmessi al medesimo tribunale; tuttavia (ai sensi dell'art. 34 in materia di incompatibilità) il giudice deve essere diverso da quello che ha pronunciato la sentenza annullata (art. 623, comma 1, lett. *d*).

Annullamento parziale. In base all'art. 624, comma 1, se l'annullamento è pronunciato soltanto per alcune delle disposizioni della sentenza, questa ha autorità di cosa giudicata nelle parti che *non hanno connessione essenziale* con le disposizioni annullate. Ed è proprio la corte di cassazione che, nel dispositivo della sentenza, indica, se occorre, « quali parti della sentenza [impugnata] diventano irrevocabili » ([25]).

Approfondimento. Il giudicato progressivo è una nozione strettamente legata agli effetti dell'annullamento parziale. Come abbiamo precisato, sulle « parti » non toccate dall'annullamento la sentenza acquista autorità di giudicato: con il termine "parte" la legge intende riferirsi a qualsiasi statuizione avente autonomia giuridico-

---

([23]) Segnaliamo che la Corte cost. con la sentenza n. 7 del 2020 ha esteso l'incompatibilità di cui all'art. 34, comma 1, in un caso nel quale è intervenuta una declaratoria di illegittimità costituzionale di una norma che incideva sulla commisurazione del trattamento sanzionatorio. In tale ipotesi, quando la cassazione ha annullato con rinvio un'ordinanza che aveva deciso sulla rideterminazione della pena, il giudice dell'esecuzione, chiamato a provvedere, deve essere diverso da quello che aveva operato la rideterminazione annullata (art. 623, comma 1, lett. *a*). Infatti, l'attività che deve essere compiuta ha tutte quelle caratteristiche che la giurisprudenza della Consulta ha delineato nel concetto di "giudizio".

([24]) Il rinvio operato ai commi 4 e 5-*bis* dell'art. 604 è stato inserito dalla legge n. 67 del 2014. Ciò ha permesso alla corte di cassazione di controllare che la corte di appello abbia provveduto a procedere alla nuova ipotesi di annullamento con regressione in caso di errata dichiarazione di assenza in primo grado (v. *supra*, cap. 2, § 5). Infatti, nei casi in cui si sia proceduto in assenza dell'imputato (articolo 420-*bis*), se vi è la prova che si sarebbe dovuto provvedere ai sensi dell'articolo 420-*ter* o dell'articolo 420-*quater* (dichiarazione del legittimo impedimento dell'imputato o della sospensione del processo contro l'irreperibile), il giudice di appello avrebbe dovuto dichiarare la nullità della sentenza e disporre il rinvio degli atti al giudice di primo grado (art. 604, comma 5-*bis*). Il giudice di appello avrebbe dovuto annullare altresì la sentenza e disporre la restituzione degli atti al giudice di primo grado qualora l'imputato abbia dato prova che l'assenza è stata causata da una incolpevole mancata conoscenza della celebrazione del processo di primo grado.

([25]) La stessa corte provvede a riparare l'eventuale omissione di tale dichiarazione (anche su sollecitazione informale del giudice del rinvio, del pubblico ministero o della parte privata interessata) ai sensi dell'art. 130, con ordinanza camerale *de plano* (art. 624, comma 3). Nel caso in cui ometta tale dichiarazione, la corte, su domanda o d'ufficio, pronuncia un'ordinanza integrativa che deve essere trascritta in margine o in calce alla sentenza e ad ogni copia di essa successivamente rilasciata (art. 624, comma 2).

concettuale ([26]). Il fenomeno è stato denominato "giudicato progressivo" e comporta la consunzione del potere decisione del giudice dell'impugnazione ([27]).

6. Il giudizio di rinvio.

Quando annulla la sentenza con rinvio, la corte di cassazione fissa il principio di diritto e demanda al giudice di merito il compito di decidere alla luce di quel principio (art. 627, comma 3). Il giudice del rinvio ha gli stessi poteri del giudice la cui sentenza è stata annullata, salvo le limitazioni stabilite dalla legge (art. 627, comma 2); egli è libero di riesaminare i fatti, ovviamente restando all'interno della devoluzione originaria.

Se è annullata una sentenza di appello e le parti ne fanno richiesta, il giudice dispone la rinnovazione dell'istruzione dibattimentale per l'assunzione delle prove rilevanti per la decisione (art. 627, comma 2). A tal proposito, occorre precisare che, quando la cassazione dispone il rinvio, quello che il codice definisce "annullamento" non comporta una vera e propria "caducazione" della sentenza impugnata. In realtà, il processo di appello prosegue ([28]) con l'obbligo di osservare il principio di diritto indicato dal giudice di legittimità.

L'inosservanza del principio di diritto. Occorre chiedersi cosa avvenga se il giudice di rinvio si distacca dal principio di diritto impostogli dalla corte di cassazione. La risposta è data dal combinato disposto degli artt. 627, comma 3 e 628: la sentenza del giudice di rinvio è impugnabile, e cioè è possibile ricorrere in cassazione al fine di ottenere un nuovo annullamento e, quindi, un nuovo giudizio. In particolare, il ricorso per cassazione avverso la sentenza di rinvio può essere proposto anche per motivi diversi dall'inosservanza del principio di diritto, purché « non riguardanti i punti già decisi dalla corte di cassazione » (art. 628, comma 2). In ogni caso, è possibile che la Corte annulli la pronuncia e disponga un nuovo giudizio di rinvio. In teoria, quindi, è prospettabile una serie infinita di rinvii e successive impugnazioni.

I limiti ai poteri cognitivi e decisori del giudice di rinvio. Innanzitutto nel giudizio di rinvio non è ammessa la discussione sulla competenza attribuita dalla sentenza di annullamento, salvo quanto previsto dall'art. 25 se risultino « nuovi fatti » da cui derivi la competenza di un giudice superiore (ad es., se l'omicidio da colposo risulta preterintenzionale, con competenza della corte di assise, la quale è definita "giudice superiore"). La sentenza della corte di cassazione è, quindi, come si dice,

---

([26]) Cass., Sez. Un., 23 novembre 1990, in CED 186165.

([27]) Ad esempio, ammettiamo che la corte di cassazione abbia annullato con rinvio la sentenza di condanna limitatamente alle disposizioni concernenti l'entità della pena o il giudizio di comparazione tra le circostanze e non abbia accolto l'impugnazione relativa alla sussistenza del fatto o alla responsabilità dell'imputato. Ebbene, sulle parti non toccate dall'annullamento (accertamento del fatto e responsabilità) la sentenza ha autorità di giudicato.

Ne deriva una ulteriore conseguenza: il giudice di rinvio non può accertare la prescrizione del reato né quando questa sia sopravvenuta, né quando sia preesistente e non sia stata accertata dalla corte di cassazione. V. per tutte Cass., sez. un., 26 marzo - 23 maggio 1997, Attinà, in *Dir. pen. proc.*, 1997, 679 con nota di precedenti.

([28]) Descriviamo l'ipotesi comune, nella quale la sentenza è stata prima sottoposta ad appello e poi a ricorso per cassazione. Ma vi sono sentenze non appellabili che, se annullate in cassazione, danno luogo ad un rinvio presso il giudice di primo grado.

irrevocabilmente attributiva della competenza al giudice di merito salva, appunto, l'applicabilità dell'art. 25, al quale rinvia l'art. 627 comma 1.

Inoltre, il giudice del rinvio non può rilevare nullità, anche se assolute, o inammissibilità verificatesi nei predetti giudizi o nel corso delle indagini preliminari (art. 627 comma 4). Infatti, la sentenza di annullamento copre la deduzione delle nullità, anche se assolute, o delle inammissibilità non attestate dalla suprema corte.

Viceversa, argomentando dall'art. 627, comma 4 e dall'art. 191, comma 2, la inutilizzabilità può essere ancora dichiarata nel giudizio di rinvio.

7. Il provvedimento abnorme.

La sequenza degli atti processuali deve essere regolare, nel senso che ogni presupposto, ogni atto ed ogni effetto giuridico debbono essere conformi al modello legale. Poiché, peraltro, le invalidità sono previste in forma tassativa, le mere irregolarità non influiscono sugli effetti giuridici dell'atto processuale penale e, quindi, sulla seriazione causale, che costituisce il procedimento.

Pur in presenza del principio di tassatività, si è ritenuto ingiusto che fosse impedito al giudice di accertare quelle clamorose violazioni della legge processuale che non sono espressamente previste dal legislatore proprio a causa della loro eccezionalità.

Per introdurre un correttivo a tale situazione, la giurisprudenza ha escogitato la categoria del "provvedimento abnorme", cioè non rispondente, per la sua singolarità o stranezza, ai tipi previsti dall'ordinamento processuale.

Il ricorso per cassazione contro i provvedimenti abnormi. Il provvedimento giudiziario abnorme, proprio per la sua "stravaganza" è considerato ricorribile direttamente per cassazione in applicazione dei princìpi desumibili dall'art. 111, comma 7 Cost. La *abnormità* costituisce, dunque, un vizio non tipizzato, creato in via interpretativa allo scopo dichiarato di consentire il ricorso immediato per cassazione nei confronti dell'atto che ne è colpito. La costruzione giurisprudenziale del provvedimento abnorme è potuta avvenire cogliendo la portata diretta dell'art. 111, comma 7 Cost., secondo il quale ogni provvedimento, in quanto motivato, deve essere legale e cioè corrispondente al modello della fattispecie processuale penale; ciò comporta la necessità di espungere dal procedimento quei provvedimenti che violano manifestamente, per ragioni di struttura o di funzione, il principio di legalità processuale penale. Da questa norma la giurisprudenza costante della corte di cassazione ha tratto un principio rivoluzionario: l'impugnabilità per cassazione del provvedimento abnorme dipende non dalla sua conoscenza *legale* (la quale può mancare) ma dalla sua conoscenza *effettiva*. Ovviamente, il termine per ricorrere, pur partendo dalla conoscenza concreta, è quello ordinario.

Il provvedimento abnorme. La singolarità del provvedimento giudiziario abnorme può essere dovuta a ragioni di *struttura* oppure a ragioni *funzionali*.

In primo luogo, è abnorme quel provvedimento che, per la singolarità e stranezza del contenuto, risulti avulso dall'intero ordinamento processuale (***abnormità strutturale***): ad esempio, quando il pubblico ministero ha chiesto al giudice per le indagini preliminari l'archiviazione perché è ignoto l'autore del reato (art. 415) ed il giudice ha ordinato al pubblico ministero di formulare l'imputazione.

In secondo luogo, è abnorme quel provvedimento che, pur essendo in astratto manifestazione di legittimo potere, si esplichi al di fuori dei casi consentiti e delle ipotesi previste e determini la stasi del processo e l'impossibilità di proseguirlo (***abnormità funzionale***): ad esempio, quando il pubblico ministero ha chiesto al giudice dell'udienza preliminare il rinvio a giudizio (art. 416) e questi ha disposto l'archiviazione.

Per contro, non determina abnormità la regressione del procedimento quando essa sia dovuta ad un provvedimento del giudice compiuto nell'esercizio di un potere riconosciutogli dall'ordinamento, anche se i *presupposti* che ne legittimano l'emanazione siano stati *valutati* dal giudice stesso *in modo errato*. Non importa che il potere sia stato male esercitato, giacché in tal caso esso sfocia in atto illegittimo, ma non in un atto abnorme.

Rilevanza disciplinare del provvedimento abnorme. Segnaliamo che l'adozione di un provvedimento abnorme potrebbe avere rilevanza per i magistrati sotto un profilo disciplinare. Infatti ai sensi dell'art. 2 comma 1, lett. *m*, d.lgs. n. 109 del 2006, mod. dalla legge n. 269 del 2006, « costituiscono illeciti disciplinari nell'esercizio delle funzioni (...) l'adozione di provvedimenti adottati nei casi non consentiti dalla legge, per negligenza grave e inescusabile, che abbiano leso diritti personali o, in modo rilevante, diritti patrimoniali ».

La disciplina del ricorso in cassazione. Il ricorso per cassazione contro il provvedimento abnorme si distingue perché è trattato in camera di consiglio *de plano*, cioè senza l'applicazione dell'art. 127.

L'impugnazione in oggetto può essere proposta personalmente da un difensore iscritto nell'albo speciale. Qualora il provvedimento impugnato venga dichiarato abnorme, esso è considerato *tamquam non esset*. La corte di cassazione annulla senza rinvio e la stasi processuale è evitata con la restituzione degli atti al pubblico ministero od al giudice competente per la prosecuzione del procedimento (ovvero, per la valutazione dell'improcedibilità dell'azione penale).

8. Giudizio in cassazione nell'emergenza sanitaria.

L'aggravamento dell'emergenza sanitaria da Covid-19 ha provocato la limitazione della trattazione in presenza anche delle udienze presso la corte di cassazione. La modalità ordinaria di trattazione dei ricorsi in cassazione è quella cartolare, mentre la trattazione orale deve essere oggetto di un'espressa richiesta di parte (art. 23, comma 8, d.l. n. 137 del 2020, conv. in legge n. 176 del 2020). Questa normativa è stata prorogata fino al 31 dicembre 2022 dal d.l. n. 228 del 2021.

Svolgimento eccezionale con discussione orale. Entro venticinque giorni liberi prima della data di udienza (e cioè, senza calcolare il *dies a quo* e il *dies ad quem*) il procuratore generale o uno dei difensori delle parti private possono chiedere mediante PEC che l'udienza si svolga con discussione orale. Pur non prevendolo la legge, si ritiene che la cancelleria ne debba dare comunicazione alle altre parti. Vi è la possibilità che l'udienza si svolga da remoto su consenso delle parti nei casi consentiti (art. 23, comma 5).

Svolgimento ordinario con modalità cartolare. Ove non sia stata presentata la richiesta sopra menzionata, i ricorsi per trattazione in udienza (art. 614) o in camera di consiglio partecipata (art. 127) sono svolti con modalità cartolare (art. 23, comma 8). Il contraddittorio è affidato allo scambio delle richieste formulate per scritto dalle parti.

A tal fine, il procuratore generale mediante PEC deve presentare le sue richieste entro quindici giorni precedenti l'udienza. La cancelleria deve inoltrare la richiesta ai difensori delle altre parti private i quali possono presentare le proprie richieste entro cinque giorni precedenti l'udienza sempre mediante PEC. Si tratta di termini interi e liberi, come sopra precisato.

La corte delibera da remoto (comma 8), anche se il rinvio al comma 9 sembra permettere la trattazione in presenza ([29]); ove questa avvenga da remoto, il luogo da cui si collegano i magistrati è considerato camera di consiglio a tutti gli effetti di legge. Il dispositivo è comunicato alle parti e la sentenza è depositata in cancelleria.

([29]) Corte Suprema di Cassazione, Ufficio del massimario e del ruolo, *Le novità per il giudizio penale in Cassazione introdotte dal d.l. 28 ottobre 2020, n. 137 in tema di emergenza epidemiologica da COVID-19*, 2 novembre 2020.

Capitolo IV
LE IMPUGNAZIONI STRAORDINARIE

1. Le impugnazioni straordinarie.

Ove vi sia stata sentenza irrevocabile, il giudicato comporta la non modificabilità dell'accertamento del fatto: si impone un'esigenza di certezza dei rapporti giuridici (si veda, *infra*, parte VI, cap. 1). Il giudicato ha un effetto denominato preclusivo; e ciò sia in caso di condanna, sia in caso di assoluzione. Ciò significa che, di regola, non può esserci un nuovo processo penale nei confronti del medesimo imputato per il medesimo fatto storico (art. 649, comma 1). Il legislatore vuole evitare che il medesimo imputato sia sottoponibile indefinitamente a successivi procedimenti penali che abbiano ad oggetto il medesimo fatto storico per il quale è stato condannato o prosciolto.

Gli effetti del giudicato possono venir meno mediante vari tipi di *impugnazioni straordinarie* previste tutte in favore del condannato, e cioè la *revisione*, il *ricorso straordinario per cassazione* e la *rescissione del giudicato*. Ove siano presenti i presupposti che autorizzano le impugnazioni straordinarie, il legislatore ha ritenuto prevalente l'esigenza di giustizia sull'*esigenza di certezza*. Sotto questo profilo, le impugnazioni straordinarie applicano il principio contenuto nell'art. 24, comma 4 della Costituzione, secondo cui « la legge determina le condizioni e i modi per la riparazione degli errori giudiziari ». La Carta fondamentale garantisce non soltanto il diritto ad una riparazione pecuniaria, ma anche i rimedi per tutelare i diritti dell'imputato ingiustamente condannato; ed un'impugnazione « volta ad accertare ed eliminare l'errore contenuto in una sentenza definitiva rappresenta essa stessa una forma di riparazione dell'errore » (M. GIALUZ).

La *straordinarietà* dell'impugnazione sta nel fatto che essa è diretta contro una sentenza diventata irrevocabile.

Rinviando la trattazione dei singoli mezzi di impugnazione straordinaria ai paragrafi successivi, procediamo per sintesi.

a) La ***revisione tradizionale*** ha per oggetto una sentenza di condanna irrevocabile viziata da errori di fatto che siano tali da dimostrare, se accertati, che il condannato doveva essere prosciolto (art. 629).

b) La ***revisione c.d. europea*** può essere esperita quando la Corte europea dei diritti dell'uomo ha condannato il nostro Stato per la violazione di una norma della Convenzione in tema di giusto processo penale. Infatti, la Corte costituzionale ha dichiarato l'illegittimità dell'art. 630 nella parte in cui non contempla un caso di revisione ulteriore rispetto a quelli già previsti, volto specificamente a consentire la riapertura del processo, quando la stessa risulti necessaria per conformarsi a una sentenza definitiva della Corte di Strasburgo (C. cost. n. 113 del 2011). Si tratta di un'ipotesi peculiare che si discosta da quelle già previste dall'art. 630.

La legge-delega n. 134 del 2021 (***riforma Cartabia***) all'art. 1, comma 13, lett. *o*, ha previsto che la decretazione delegata introduca un mezzo di impugnazione straordinario davanti alla corte di cassazione al fine di dare esecuzione alle sentenze definitive della Corte europea dei diritti dell'uomo.

c) Il ***ricorso straordinario per cassazione*** (art. 625-*bis*) è un'impugnazione diretta soltanto a correggere in favore dell'imputato errori materiali o di fatto contenuti nella sentenza della cassazione.

d) La ***rescissione del giudicato*** (art. 629-*bis*) è una impugnazione straordinaria esperibile nei confronti delle sentenze irrevocabili di condanna (o con le quali è stata comunque applicata una misura di sicurezza) qualora l'interessato provi che la sua assenza in udienza si sia verificata a causa di una mancata conoscenza incolpevole della celebrazione del processo.

2. I casi tradizionali di revisione.

Ciò premesso, la revisione che denominiamo tradizionale è quella impugnazione straordinaria che ha per oggetto una sentenza di condanna divenuta irrevocabile « anche se la pena è già stata eseguita o è estinta »: l'art. 629 assimila alla condanna le sentenze di applicazione della pena su richiesta delle parti (art. 444, comma 2) e i decreti penali di condanna divenuti irrevocabili.

Competente, sia per la fase di delibazione preliminare della richiesta, sia per il giudizio di revisione, è esclusivamente la corte di appello determinata in base alla medesima tabella con cui si individua la competenza per i procedimenti riguardanti i magistrati (art. 633 comma 1, che rinvia all'art. 11). Pertanto, si tratta della corte d'appello di un distretto diverso da quello in cui si è svolto il giudizio divenuto irrevocabile. Il motivo di tale peculiare competenza per territorio, introdotta dalla legge n. 405 del 1998, è rappresentato dalla esigenza di evitare influenze ambientali e, di conseguenza, di tutelare la serenità del giudice chiamato ad un compito così delicato quale quello di "travolgere" un giudicato.

Errore di fatto ed errore di diritto. Nella revisione il solo errore che può essere corretto investe il "fatto" con riguardo alla condotta, al nesso causale, all'evento, nonché all'attribuzione soggettiva di colpevolezza e di imputabilità. Poiché l'art. 631 rinvia agli artt. 529, 530 e 531, se ne ricava che l'unico errore emendabile è quello che, se corretto, permette il proscioglimento dell'imputato perché il fatto non sussiste, l'imputato non lo ha commesso, il fatto non costituisce reato o si trattava di persona non imputabile o non punibile per un'altra ragione.

Errore sul fatto, dunque, si contrappone ad errore di diritto. L'errore rilevante, lo ripetiamo per la decisività del concetto, è solo quello intervenuto nella ricostruzione storica del fatto di reato: è errore di fatto qualsiasi errore che non può definirsi, per quanto sembri ovvio, errore di diritto, con la conseguenza che la sfera degli errori di fatto è amplissima.

A seguito del giudizio di revisione, possono essere pronunciate due opposte decisioni: il rigetto dell'istanza di revisione o il proscioglimento dell'imputato (art. 637). La sentenza impugnata, in caso di proscioglimento, è revocata: vi è una nuova verità legale (1).

L'errore che determina il proscioglimento. A questo punto, resta da esaminare l'ultimo presupposto oggettivo della revisione: gli elementi in base ai quali si chiede la revisione devono essere tali da dimostrare, se accertati, che il condannato deve essere prosciolto a norma degli articoli 529, 530 o 531. L'art. 631, rinviando all'art. 530, ne ricomprende anche i commi 2 e 3; pertanto il giudizio di revisione è ammesso « anche se può semplicemente ipotizzarsi che al suo esito si manifesti un ragionevole dubbio circa la colpevolezza dell'imputato » (Così Cass., sez. I, 13 maggio - 8 giugno 2004, n. 25678, Contena, in *Riv. it. dir. proc. pen.*, 2004, 679).

La revisione è prevista anche ad espiazione di pena esaurita e nei confronti dei condannati defunti. La sua funzione è, dunque, non soltanto di restituire la libertà, ma anche la dignità all'innocente erroneamente giudicato colpevole in via irrevocabile.

Tanto premesso, occorre convenire che l'oggetto dell'errore giudiziario è assai contenuto rispetto all'oggetto del processo. Inoltre, la sentenza della quale si chiede la revisione deve essere di condanna, perché non è previsto il caso di proscioglimento per perdono giudiziale o per infermità di mente (2).

La revisione può essere chiesta nei seguenti casi, previsti dall'art. 630.

a) ***Fatti incompatibili con quelli accertati da altra sentenza penale irrevocabile.*** La revisione può essere chiesta quando i fatti, posti a fondamento di una decisione definitiva di condanna, non possono conciliarsi con quelli accertati in un'altra sentenza penale irrevocabile. Ad esempio, l'imputato A è stato condannato in via definitiva per una rapina e successivamente è intervenuta una sentenza irrevocabile di condanna nei confronti di B come unico autore della medesima rapina. Dal punto di vista probatorio, dunque, non è sufficiente indicare un altro autore: occorre che l'altro autore sia stato irrevocabilmente condannato.

b) ***Condanna fondata su di una questione pregiudiziale accertata in una sentenza, che è stata successivamente revocata.*** La revisione può essere chiesta se la decisione irrevocabile di condanna era fondata su di una questione pregiudiziale accertata in una sentenza definitiva, che è stata successivamente revocata (artt. 3 e 479).

Per quanto concerne le questioni pregiudiziali previste dall'art. 3 (stato di famiglia o di cittadinanza), è comunemente citato come esempio la condanna per

---

(1) In questa sede, è sufficiente osservare che la revisione è anche strumento per la risoluzione dei conflitti tra giudicati. Diciamo "anche" perché, nel caso di sopravvenienza di nuove prove a favore del condannato (art. 630, comma 1, lett. *c*), prima del giudizio di revisione non vi è un conflitto tra accertamenti giurisdizionali contrastanti.

In realtà, l'ambito della revisione è più ampio di quello dell'errore giudiziario; la giurisprudenza, seguendo la dottrina più recente, ha ammesso lo strumento della revisione per dimostrare non soltanto che il giudice ha errato, ma anche che questi non ha acquisito o valutato prove che avrebbero determinato il proscioglimento.

(2) Dobbiamo tuttavia registrare l'esistenza di un indirizzo giurisprudenziale secondo cui è ammissibile l'istanza di revisione della sentenza di appello che dichiara l'estinzione del reato per prescrizione confermando le statuizioni civili della precedente decisione in materia di risarcimento del danno in favore della parte civile (e cioè, la condanna civile dell'imputato). In tal senso si esprime la sentenza Cass., Sez. un., 25 ottobre 2018 - 7 febbraio 2019, n. 6141, Milanesi, in *Guida dir.*, 2019, 11, 52.

bigamia alla quale segue una sentenza civile che accerta la nullità del precedente matrimonio.

Per quanto concerne le questioni pregiudiziali previste dall'art. 479 (controversie civili o amministrative di particolare complessità), è comunemente citato come esempio la condanna per bancarotta fraudolenta alla quale segue la sentenza che revoca la dichiarazione di fallimento.

Merita sottolineare che la sentenza di revoca deve essere passata in giudicato.

c) ***Nuove prove che determinano il proscioglimento.*** La revisione può essere chiesta se dopo la condanna sono sopravvenute o scoperte nuove prove che, *sole o congiunte* a quelle già valutate, dimostrino che il condannato deve essere prosciolto a norma dell'art. 631. Dal punto di vista probatorio, ed in funzione del giudizio preliminare di ammissibilità della revisione, è sufficiente che le nuove prove siano allegate come documenti (3).

d) ***Condanna pronunciata in conseguenza di una falsità in atti o in giudizio.*** La revisione può essere chiesta se la sentenza di condanna è stata pronunciata in conseguenza di una falsità che è stata accertata in una successiva sentenza irrevocabile (ad es. la condanna si era basata su di una testimonianza che poi è stata accertata essere falsa); oppure, è stata pronunciata in conseguenza di un altro fatto previsto dalla legge come reato (ad es., simulazione di reato). La sentenza che accerta la falsità, o la inesistenza del fatto, deve essere passata in giudicato.

3. La nuova ipotesi di revisione a seguito della condanna dello Stato italiano pronunciata dalla Corte europea dei diritti dell'uomo.

Ai casi di revisione appena ricordati deve aggiungersene un altro, introdotto dalla Corte costituzionale con la sentenza n. 113 del 2011. Fermo restando che la legge-delega n. 134 del 2021 (***riforma Cartabia***) all'art. 1, comma 13, lett. *o*, ha previsto che la decretazione delegata introduca un mezzo di impugnazione straordinario davanti alla corte di cassazione al fine di dare esecuzione alle sentenze definitive della Corte europea dei diritti dell'uomo.

In attesa della decretazione delegata, la revisione può essere esperita quando la Corte europea ha condannato (con sentenza definitiva) il nostro Stato per la violazione di una norma della Convenzione in tema di giusto processo penale. Infatti, la Corte costituzionale ha dichiarato l'illegittimità dell'art. 630 nella parte in cui non contempla un caso di revisione ulteriore rispetto a quelli già previsti, volto specificamente a consentire la riapertura del processo quando la stessa risulti necessaria per conformarsi a una sentenza definitiva della Corte europea dei diritti dell'uomo (C. cost. n. 113 del 2011). La revisione, infatti, comporta la riapertura del processo con una ripresa delle attività processuali. Pertanto, essa costituisce un istituto idoneo al fine di garantire la conformità dell'ordinamento nazionale alla Convenzione europea.

---

(3) Secondo la giurisprudenza, debbono considerarsi prove "nuove" ai sensi dell'art. 630, lett. *c*, anche quelle preesistenti, ma non acquisite nel precedente processo, e anche quelle acquisite, ma non valutate dal giudice nella sentenza.

Si tratta di un'ipotesi peculiare che si discosta da quelle già previste dall'art. 630. La differenza è dovuta sia alle *ragioni* che impongono la riapertura del processo, sia agli *effetti* che la riapertura determina. In tali ipotesi, infatti, l'*obiettivo* perseguito dalla nuova revisione consiste nel porre l'interessato nelle condizioni in cui si sarebbe trovato se nel processo a suo carico non fosse stata violata la Convenzione europea. Pertanto, il giudizio di revisione persegue lo svolgimento di un processo "giusto" conforme alle regole della Convenzione, a prescindere dal fatto che, in concreto, tale processo si chiuda con l'assoluzione o con la condanna.

La Corte costituzionale ha tenuto conto del fatto che la nuova ipotesi di revisione in esecuzione delle sentenze della Corte europea si discosta dai casi attualmente previsti dall'art. 630. Pertanto, ad avviso della Consulta, il giudice investito dell'istanza dovrà procedere a un « vaglio di compatibilità » tra la nuova ipotesi di revisione e le norme che regolano la revisione tradizionale. In particolare, non potranno essere applicate quelle disposizioni della revisione che « appaiano inconciliabili, sul piano logico-giuridico, con l'obiettivo perseguito ».

Al fine di sottolineare la particolarità del nuovo istituto, la Corte costituzionale con la sentenza n. 113 ha tracciato le seguenti linee-guida.

a) Sarà possibile per la corte d'appello, in sede di revisione, pronunciarsi anche esclusivamente « sulla base di una diversa valutazione delle prove assunte nel precedente giudizio » (a differenza di quanto previsto nell'art. 637, comma 3).

b) Sarà possibile applicare la revisione anche se non si potrà ottenere il proscioglimento del condannato (a differenza di quanto previsto nell'art. 631).

c) Al fine di valutare la natura della violazione ed il rimedio più idoneo, occorrerà tenere « conto delle indicazioni contenute nella sentenza » della Corte europea.

d) Vi è una « deroga » al principio per cui i vizi processuali restano coperti dal giudicato. « Il giudice della revisione valuterà anche come le cause della non equità del processo, rilevate dalla Corte europea, si debbano tradurre (...) in vizi degli atti processuali alla stregua del diritto interno, adottando nel nuovo giudizio tutti i conseguenti provvedimenti per eliminarli ».

4. Il procedimento di revisione.

Esponiamo adesso gli aspetti procedimentali dell'istituto, con l'avvertenza che, qualora la revisione sia stata chiesta a causa del sopravvenire di una sentenza della Corte europea, essi dovranno essere sottoposti ad una interpretazione adeguatrice. Infatti, come si è evidenziato *supra*, la Corte costituzionale (con la sentenza n. 113 del 2011) ha affermato che tale ipotesi presenta marcate differenze rispetto ai casi tradizionali, sia con riferimento alle situazioni che la determinano, sia con riferimento alle regole da applicare nel giudizio di revisione.

Iniziamo a considerare il potere di iniziativa. Esso spetta, innanzitutto, al condannato, o ad un suo prossimo congiunto, o alla persona che ha sul condannato l'autorità tutoria; se il condannato è morto, il potere di iniziativa spetta all'erede o ad un suo prossimo congiunto (art. 632, comma 1, lett. *a*).

Il potere di iniziativa è conferito anche al procuratore generale presso la corte di appello nella cui circoscrizione fu pronunciata la condanna. Gli interessati possono unire la loro richiesta a quella del procuratore generale (art. 632, comma 1, lett. *b*) (4).

Competente per entrambe le fasi, che si andranno subito ad esporre, è la corte di appello diversa da quella in cui si è svolto il giudizio divenuto irrevocabile, determinata in base alla medesima tabella con cui si individua la competenza per i procedimenti riguardanti i magistrati (art. 633, comma 1, che rinvia all'art. 11). Il motivo di tale peculiare competenza è l'esigenza di evitare influenze ambientali al giudice che è chiamato a svolgere un ruolo così delicato come quello di travolgere un giudicato.

La delibazione. La fase preliminare di delibazione è segreta (arg. *ex* art. 634); la delibazione deve essere preceduta dal parere del procuratore generale presso la corte di appello. L'inammissibilità è pronunciata se la richiesta è proposta fuori dei casi previsti dagli artt. 629 e 630, ovvero senza le forme previste dagli artt. 631, 632, 633 e 641.

Tra le cause di inammissibilità si colloca la manifesta infondatezza della richiesta (v. tav. 5.4.1). Anche questo è un controllo peculiare. Ad avviso della giurisprudenza, il giudizio di manifesta infondatezza è una delibazione sommaria del merito della richiesta. Si tratta di una prognosi in concreto sulla idoneità delle nuove prove a ribaltare la sentenza di primo grado (5).

Se riconosce *inammissibile* la richiesta, la corte di appello provvede con ordinanza e « può » condannare il richiedente privato al pagamento, a favore della cassa delle ammende, di una somma da euro 258 a euro 2065 (art. 634, comma 1).

Con *l'ammissione della richiesta di revisione* si apre il predibattimento. La parte privata "interessata", una volta ammessa al giudizio di revisione, riacquista lo *status* di imputato (art. 60, comma 3). La corte di appello può in qualunque momento disporre, con ordinanza, la sospensione dell'esecuzione della pena o della misura di sicurezza, applicando, se del caso, una delle misure cautelari coercitive previste dagli artt. 281, 282, 283 e 284 (come puntualmente precisa l'art. 635, comma 1).

Il giudizio di revisione. Il presidente della corte d'appello emette un decreto di citazione simile a quello che è previsto per il giudizio d'appello (art. 636). È obbligatoria la citazione del responsabile civile e della parte civile. Si osservano le norme disposte per il giudizio di primo grado in quanto applicabili e nei limiti delle ragioni indicate nella richiesta (art. 636 comma 2); ciò dimostra come il giudizio di revisione, pur svolgendosi dinanzi alla corte di appello, non sia un giudizio di appello, anche se esso è vincolato alla devoluzione contenuta nella richiesta.

L'assunzione e la valutazione delle prove. La corte d'appello esamina se le nuove prove, sole o unite a quelle già valutate, dimostrano che il condannato deve essere

---

(4) I privati interessati possono proporre la richiesta personalmente o a mezzo di procuratore speciale. La richiesta deve contenere l'indicazione specifica delle ragioni e delle prove che la giustificano. Essa deve essere presentata, unitamente ad eventuali atti e documenti, nella cancelleria della corte di appello individuata secondo i criteri di cui all'art. 11.

(5) Non si deve valutare la credibilità e l'attendibilità della prova, poiché siamo in una fase in cui manca il contraddittorio. La prova, di regola, è ancora da assumere e lo si farà con le regole previste per il dibattimento, e cioè con l'esame incrociato. Naturalmente, in base alle regole di giudizio richiamate dall'art. 631, sarà sufficiente che le prove inducano un ragionevole dubbio sulla innocenza dell'imputato.

prosciolto. Il giudice non può pronunciare il proscioglimento esclusivamente sulla base di una diversa valutazione delle prove assunte nel precedente giudizio (art. 637 comma 3). È sufficiente che le nuove prove facciano sorgere un ragionevole dubbio sulla reità (art. 530, comma 2 richiamato dall'art. 631). Se questa efficacia persuasiva non si palesa, la richiesta di revisione è rigettata. In caso di accoglimento della richiesta di revisione, il giudice revoca la sentenza di condanna e pronuncia il proscioglimento indicandone la causa nel dispositivo (art. 637, comma 2).

Gli effetti della sentenza di proscioglimento. In base all'art. 639 la corte di appello, quando pronuncia sentenza di proscioglimento a seguito di accoglimento della richiesta di revisione, ordina la restituzione delle somme pagate in esecuzione della condanna per le pene pecuniarie, per le misure di sicurezza patrimoniali, per le spese processuali e di mantenimento in carcere e per il risarcimento dei danni a favore della parte civile citata per il giudizio di revisione. Ordina altresì la restituzione delle cose che sono state confiscate, ad eccezione di quelle previste dall'art. 240 comma 2, n. 2, del codice penale (si tratta di alcune cose oggetto di confisca obbligatoria come, ad es., le armi) (6).

Il ricorso per cassazione. La decisione che chiude ciascuna delle due fasi (delibazione e revisione) è assoggettabile a ricorso per cassazione (artt. 634 comma 2 e 640). Questo conferisce alla suprema corte il potere di scendere nel merito della fondatezza delle prove nuove. Si realizza, così, un doppio grado di giurisdizione.

***La revisione* in peius.** Per completezza, segnaliamo che vi sono norme speciali che prevedono ipotesi eccezionali di revisione *in peius* nei confronti di coloro che hanno collaborato con la giustizia (7).

Nel caso di specie, la Corte costituzionale ha affermato che vi è stata violazione del *ne bis in idem* poiché si è proceduto per omicidio doloso nei confronti di un imputato già messo sotto processo, e prosciolto, per fatti di omissione dolosa di cautele contro gli infortuni sul lavoro (art. 437 c.p.) e disastro doloso (art. 434 c.p.) dai quali era derivata la morte della medesima persona.

5. La riparazione dell'errore giudiziario.

L'errore giudiziario consiste nella scoperta, mediante la revisione, dell'ingiustizia sostanziale di una sentenza irrevocabile di condanna. È importante ricordare che è la

---

(6) Inoltre, la sentenza di accoglimento, a richiesta dell'interessato, è affissa per estratto, a cura della cancelleria, nel comune in cui la sentenza era stata pronunciata e in quello dell'ultima residenza del condannato (art. 642, comma 1). Infine, sempre su richiesta dell'interessato, « il presidente della corte di appello dispone con ordinanza che l'estratto della sentenza sia pubblicato a cura della cancelleria in un giornale, indicato nella richiesta; le spese della pubblicazione sono a carico della cassa delle ammende » (art. 642, comma 2). Si tratta delle forme di riparazione *morale*. Il pubblico impiegato (ma, oggi, è da intendersi anche il dipendente privato) è reintegrato nel posto di lavoro.

(7) La materia concerne i delitti di mafia e assimilati previsti dall'art. 51 comma 3-*bis*. Ai sensi dell'art. 16-*septies*, inserito con legge n. 45 del 2001 nel d.l. 15 gennaio 1991 n. 8, convertito in legge 15 marzo 1991 n. 82, è ammessa la revisione *in peius* quando i benefici previsti per i collaboratori di giustizia sono stati applicati « per effetto di dichiarazioni false o reticenti », o quando chi ha ottenuto detti vantaggi « commette, entro dieci anni dal passaggio in giudicato della sentenza, un delitto per il quale l'arresto in flagranza è obbligatorio » e che è indicativo « della permanenza del soggetto nel circuito criminale ». Il procedimento si svolge con l'osservanza delle disposizioni del codice sulla revisione, in quanto applicabili; in caso di accoglimento della richiesta, il giudice riforma la sentenza di condanna e determina la nuova misura della pena (art. 16-*septies* commi 4 e 5).

stessa Costituzione a richiedere che il legislatore determini le condizioni e i modi per la riparazione degli errori giudiziari (art. 24, comma 4).

Nell'ambito dei presupposti della riparazione dell'errore giudiziario occorre distinguere tra quelli positivi e quelli negativi. In positivo, è presupposto della riparazione la revisione del giudicato di condanna, con conseguente riconoscimento dell'errore giudiziario. Non occorre che il giudicato di condanna sia stato eseguito, vuoi perché ineseguibile (ad es., per sospensione condizionale della pena), vuoi per sottrazione all'esecuzione mediante protrazione della latitanza od evasione. La *ratio* della riparazione consiste soltanto nell'accertamento dell'ingiustizia del giudicato di condanna.

In negativo, occorre che chi è stato prosciolto in sede di revisione non abbia dato causa « per dolo o colpa grave » all'errore giudiziario: l'ipotesi postula che l'errore sia riferibile "in via esclusiva" alla condotta del condannato poi prosciolto, non rilevando il semplice concorso causale della sua condotta fraudolenta o negligente.

Sempre in negativo, « il diritto alla riparazione è escluso per quella parte della pena detentiva che sia computata nella determinazione della pena da espiare per un reato diverso, a norma dell'articolo 657 comma 2 » (art. 643, comma 3).

L'azione riparatoria. L'azione d'indole civile, con la quale l'innocente fa valere il suo diritto alla riparazione dell'errore giudiziario, è proponibile esclusivamente davanti alla corte di appello che ha deciso sulla revisione. Legittimati a richiedere la riparazione dell'errore giudiziario sono, se il prosciolto è morto « anche prima del procedimento di revisione », il coniuge, i discendenti e gli ascendenti, i fratelli e le sorelle, gli affini entro il primo grado e le persone legate da vincolo di adozione con quella deceduta (art. 644, comma 1), salvo che siano « indegni » (art. 644, comma 3). Il termine per la proposizione della domanda scritta di riparazione è lo scadere del secondo anno dal passaggio in giudicato della sentenza di revisione (art. 645, comma 1).

Il procedimento riparatorio. La domanda scritta di riparazione è presentata, unitamente ai documenti ritenuti utili, nella cancelleria penale della corte di appello che ha pronunciato la sentenza di revisione, personalmente o per mezzo di procuratore speciale (art. 645, comma 1).

Sulla domanda di riparazione la corte di appello decide in camera di consiglio, osservando le forme previste dall'art. 127 ([8]).

Le prestazioni riparatorie. La prima (e statisticamente più frequente) forma di riparazione è quella pecuniaria, la quale è indeterminata nel massimo (a differenza dalla riparazione per l'ingiusta detenzione; art. 315, comma 2) e deve essere « commisurata alla durata dell'eventuale espiazione della pena o internamento e alle

---

([8]) La domanda, con in calce il provvedimento che fissa l'udienza, è notificata, a cura della cancelleria, al ministro dell'economia, domiciliato presso l'avvocatura distrettuale dello Stato, al procuratore generale ed a tutti gli interessati (art. 646, commi 1 e 2) almeno dieci giorni prima della data dell'udienza; fino a cinque giorni prima dell'udienza possono essere presentate memorie (art. 127, comma 2).

Nell'udienza camerale il presidente o il consigliere delegato svolge la relazione, dopo la quale ha luogo la discussione, verbalizzata in forma riassuntiva. I destinatari dell'avviso « sono sentiti se compaiono » in base alla ordinaria normativa sul procedimento in camera di consiglio (art. 127). La corte di appello pronuncia ordinanza, che è comunicata al procuratore generale e notificata, in vista del possibile ricorso per cassazione, all'avvocatura distrettuale ed a tutti gli interessati. Secondo la tipologia di tale provvedimento ordinatorio, la decisione può essere di inammissibilità, di rigetto o di accoglimento, anche parziale.

conseguenze personali e familiari derivanti dalla [ingiusta] condanna » (art. 643, comma 1).

Le altre forme di riparazione sono la rendita vitalizia ed il ricovero in un istituto, a spese dello Stato. La riparazione si attua, in alternativa al pagamento di una somma di denaro, mediante costituzione — s'intende, sempre a carico del ministero del tesoro — di una rendita vitalizia, « tenuto conto delle condizioni dell'avente diritto e della natura del danno ».

6. Il ricorso straordinario per errore materiale o di fatto.

Il ricorso straordinario è una *impugnazione* esperibile nei confronti di sentenze della corte di cassazione *che sono divenute irrevocabili* (art. 625-*bis*). Rientra, pertanto, come lo stesso *nomen iuris* testimonia, nel concetto di *impugnazione straordinaria*. Il ricorso tende a correggere, *in favore del condannato*, un "errore materiale o di fatto" contenuto nel provvedimento pronunciato dalla cassazione che ha determinato il passaggio in giudicato di una sentenza di condanna.

Gli errori materiali sono definiti nell'art. 130 come « errori od omissioni che non determinano nullità e la cui eliminazione non comporta una modifica essenziale dell'atto »; essi sono causati da una *mancata corrispondenza* tra la volontà dell'estensore della sentenza e la rappresentazione grafica della sua volontà. Quali esempi sono citati comunemente gli errori nell'indicazione dei testi di legge; gli errori nella specie della pena; gli errori nel computo della quantità della pena.

Regolamentazione dell'errore materiale. La legittimazione a presentare la richiesta spetta al procuratore generale ed al condannato, entro centottanta giorni dal deposito del provvedimento impugnato (art. 625-*bis*, comma 2) ([9]). Inoltre, la corte di cassazione, in ogni momento, può rilevare d'ufficio l'errore materiale in favore del condannato (art. 625-*bis*, comma 3) ([10]). In base alla legge n. 103 del 2017 (c.d. *riforma Orlando*), la corte può rilevare d'ufficio l'errore materiale « senza formalità ».

L'errore di fatto consiste in un "errore ostativo" e cioè in una *falsa percezione* di ciò che emerge in modo chiaro ed inequivoco dagli atti; l'errore deve aver indotto la cassazione ad affermare l'esistenza (o l'inesistenza) di un fatto decisivo, la cui insussistenza (o, rispettivamente, sussistenza) risulti invece in modo incontrovertibile dagli atti interni al giudizio di legittimità. Vi è errore di fatto, ad esempio, quando la cassazione ha omesso l'esame della questione attinente alla prescrizione del reato intervenuta nel corso del giudizio medesimo. La correzione dell'errore, ai sensi dell'art. 625-*bis*, può essere richiesta soltanto a favore del condannato. Pertanto l'istituto sembra rispondere ad esigenze di *favor rei* piuttosto che di giustizia sostanziale.

Regolamentazione dell'errore di fatto. La legittimazione a presentare la richiesta spetta al procuratore generale ed al condannato entro centottanta giorni dal deposito

---

([9]) La presentazione del ricorso non ha effetto sospensivo; tuttavia, il supremo collegio « in casi di eccezionale gravità » può disporre la sospensione con ordinanza (art. 625-*bis*, comma 2). Merita sottolineare che la legittimazione a ricorrere non è riconosciuta al soggetto prosciolto.

([10]) Si tratta di una applicazione del principio generale enunciato dall'art. 130 per l'errore materiale.

del provvedimento impugnato (art. 625-*bis*, comma 2) ([11]). In base alla legge n. 103 del 2017, la corte può rilevare d'ufficio l'errore di fatto entro novanta giorni dalla deliberazione (art. 625-*bis*, comma 3).

Se il ricorso è ammissibile, la corte decide in camera di consiglio ai sensi dell'art. 127, con la partecipazione facoltativa delle parti. Se accoglie la richiesta, il supremo collegio adotta i provvedimenti necessari per correggere l'errore (art. 625-*bis*, comma 4) ([12]).

7. La rescissione del giudicato.

La rescissione del giudicato è un'impugnazione straordinaria esperibile nei confronti delle sentenze irrevocabili di condanna (o anche di proscioglimento, con le quali sia stata applicata una misura di sicurezza) (art. 629-*bis*). Il presupposto della richiesta di rescissione è l'essersi proceduto in assenza dell'imputato « per tutta la durata del processo » ([13]). La legge n. 67 del 2014, che aveva introdotto l'istituto nell'ordinamento, aveva attribuito la competenza a decidere sull'impugnazione alla corte di cassazione; successivamente la legge n. 103 del 2017 (c.d. *riforma Orlando*) ha attribuito la competenza alla corte di appello.

Nei confronti della sentenza irrevocabile il condannato (o il sottoposto a misura di sicurezza) ha diritto di ottenere la rescissione del giudicato qualora provi che la sua assenza si è verificata a causa di « una incolpevole mancata conoscenza della celebrazione del processo ». La giurisprudenza ha precisato che a carico del richiedente vi è un mero onere di allegare la documentazione a sostegno delle ragioni che hanno determinato la mancata conoscenza incolpevole poiché il giudice può disporre d'ufficio le integrazioni istruttorie necessarie.

La richiesta di rescissione è presentata « alla corte di appello nel cui distretto ha sede il giudice che ha emesso il provvedimento », a pena di inammissibilità, personalmente dall'interessato (o da un difensore munito di procura speciale autenticata nelle forme dell'art. 583, comma 3). Il termine per la presentazione dell'impugnazione è di trenta giorni dal momento dell'avvenuta conoscenza del procedimento ([14]). La corte di appello provvede ai sensi dell'art. 127, e cioè in base al rito della camera di consiglio (fase rescindente) ([15]).

Se accoglie la richiesta, la corte di appello revoca la sentenza e dispone la trasmissione degli atti al giudice di primo grado (art. 629-*bis*, comma 3). In tal modo, si svolge un nuovo processo sul merito (fase rescissoria); il condannato riacquista la

---

([11]) La presentazione del ricorso non ha effetto sospensivo; tuttavia, il supremo collegio « in casi di eccezionale gravità » può disporre la sospensione con ordinanza (art. 625-*bis*, comma 2).

([12]) Il ricorso è inammissibile se è presentato per motivi diversi dall'errore materiale o di fattọ se è presentato fuori termine (quando ha per oggetto l'errore di fatto) o, infine, se è manifestamente infondato. L'inammissibilità è dichiarata dalla corte anche d'ufficio (art. 625-*bis*, comma 4).

([13]) In base alla legge n. 67 del 2014, si può procedere in assenza dell'imputato in presenza di fatti sintomatici dai quali si è presunta *ex lege* la conoscenza del procedimento.

([14]) *Rectius*, provvedinento, e cioè la sentenza irrevocabile. La corte di appello può disporre in qualunque momento la sospensione dell'esecuzione della pena (o della misura di sicurezza) e applicare, se del caso, una misura coercitiva (art. 635).

([15]) La sentenza della corte di appello è soggetta al ricorso per cassazione (art. 640).

qualifica di imputato e ha il diritto di chiedere il giudizio abbreviato o l'applicazione della pena su richiesta delle parti (art. 489, comma 2).

Approfondimento. L'estensione dell'ambito applicativo della rescissione. La giurisprudenza [16] ha esteso l'istituto poiché ha affermato che rientrano nell'ambito applicativo della rescissione, e non dell'incidente di esecuzione (art. 670), quei vizi degli atti del processo di cognizione che hanno determinato comunque la mancata conoscenza incolpevole del processo quando dal mancato rispetto delle forme legali del contraddittorio sia derivata una dichiarazione di assenza non assistita da una conoscenza effettiva del processo.

---

(16) Per tutte si veda Cass., Sez. un., 26 novembre 2020 - 23 aprile 2021, n. 15498, Lovric, in *Il penalista*, 8 giugno 2021, con il commento di R. MAGI.

Parte Sesta
IL GIUDICATO E L'ESECUZIONE PENALE

Capitolo I
GLI EFFETTI DEL GIUDICATO PENALE

1. L'irrevocabilità.

In generale, per *irrevocabilità* si intende la non impugnabilità del provvedimento emesso dal giudice. L'art. 648 attribuisce tale carattere alle sentenze contro le quali non possono essere esperite impugnazioni diverse dalla revisione; detto altrimenti, è irrevocabile la sentenza contro la quale non è ammessa una impugnazione *ordinaria*. Viceversa, le impugnazioni *straordinarie* hanno la caratteristica di aggredire proprio le sentenze irrevocabili (1).

Pertanto, dal codice si ricava che sono irrevocabili le sentenze nei confronti delle quali non è (o non è più) esperibile né l'appello, né il ricorso per cassazione. Tale caratteristica può derivare sia dal fatto che la legge non prevede la possibilità di impugnare il provvedimento con i predetti mezzi; sia dal fatto che nessuna parte ha presentato appello o ricorso per cassazione nei termini o, se li ha presentati, si sono ormai esaurite tutte le possibilità previste dal codice in relazione a tali strumenti.

La irrevocabilità comporta la tendenziale *non modificabilità* del provvedimento stesso; e cioè l'impossibilità di ripetere il giudizio che ha condotto all'accertamento in esso contenuto.

Ciò premesso, l'art. 648 pone le seguenti condizioni al realizzarsi della situazione di irrevocabilità.

a) ***La decisione deve consistere in una sentenza pronunciata in giudizio.*** Con tale termine si ricomprende sia la sentenza dibattimentale, sia quella che, seppure resa prima del dibattimento, consegua comunque ad un giudizio abbreviato o sia stata pronunciata su richiesta delle parti (c.d. patteggiamento).

---

(1) L'art. 648 non menziona il ricorso straordinario per errore materiale o di fatto (art. 625-*bis*), anch'esso esperibile contro sentenze irrevocabili, perché è il frutto di una riforma successiva al codice del 1988 (legge n. 128 del 2001). Neanche è menzionato il ricorso straordinario per rescissione del giudicato, previsto dall'art. 629-*bis*.

b) La sentenza deve essere non impugnabile in concreto con gli ordinari mezzi di impugnazione. Ciò può avvenire alternativamente o perché nessuna parte ha proposto impugnazione nei termini, o perché sono stati esperiti tutti i mezzi di impugnazione ordinari previsti dalla legge. In dettaglio: la sentenza è irrevocabile quando è inutilmente decorso il termine per proporre impugnazione o quello per impugnare l'ordinanza che la dichiara inammissibile; se vi è stato ricorso per cassazione, la sentenza è irrevocabile dal giorno in cui è pronunciata la sentenza che rigetta il ricorso o l'ordinanza che lo dichiara inammissibile (art. 648, comma 2).

c) Il decreto penale di condanna viene assimilato alla sentenza resa in giudizio sotto il profilo della irrevocabilità. Il decreto penale diventa irrevocabile quando è inutilmente decorso il termine per proporre opposizione o quello per impugnare l'ordinanza che la dichiara inammissibile (art. 648, comma 3).

2. L'esecutività.

L'esecutività è l'*idoneità* del provvedimento *ad essere attuato coattivamente*, e cioè anche contro la volontà della persona interessata. Di regola ogni provvedimento emanato dal giudice ha la caratteristica della esecutività (v. tav. 6.2.2). Ciò deriva dall'art. 131 del codice, secondo cui « il giudice, nell'esercizio delle sue funzioni, può chiedere l'intervento della polizia giudiziaria e, se necessario, della forza pubblica, prescrivendo tutto ciò che occorre per il sicuro e ordinato compimento degli atti ai quali procede ».

Da quanto appena esposto discende l'ulteriore regola secondo cui il provvedimento cautelare pronunciato dal giudice è esecutivo anche se è ancora impugnabile o se è in corso l'impugnazione del medesimo. Ciò si ricava, ad esempio, dal fatto che la richiesta di riesame al tribunale della libertà non sospende l'esecuzione della misura cautelare (art. 588, comma 2).

La deroga per le sentenze pronunciate in giudizio. Alla regola della *immediata esecutività* il codice pone un'importante *deroga*. Ai sensi dell'art. 650, comma 1, non sono immediatamente esecutive le sentenze rese in giudizio, quando sono ancora soggette a impugnazione. Ciò può essere giustificato dal fatto che tali provvedimenti possono irrogare *in modo definitivo* sanzioni che limitano direttamente o indirettamente la libertà personale; pertanto si vuole che prima della esecuzione delle sanzioni si siano potuti attivare i controlli mediante le impugnazioni.

I provvedimenti esecutivi. Ciò premesso, sono esecutive le sentenze *irrevocabili* e il decreto penale di condanna che sia diventato irrevocabile (art. 650, comma 1) (2).

(2) A questo punto il codice introduce una precisazione ed una eccezione. La precisazione è che le sentenze di *non luogo a procedere* (pronunciate, ricordiamo, nell'udienza preliminare) « hanno forza esecutiva quando non sono più soggette a impugnazione » (art. 650, comma 2). In realtà, tale precisazione si rende necessaria soltanto per un motivo nominale. Poiché l'art. 434 disciplina l'istituto della "revoca" delle sentenze di non luogo a procedere, per tali sentenze il codice non può utilizzare il concetto di "irrevocabilità". Tuttavia, dal punto di vista della esecutività, in relazione alle sentenze di non luogo a procedere vale la stessa disciplina prevista per le sentenze pronunciate in giudizio: esse divengono esecutive quando non sono più soggette a impugnazione.

3. Il giudicato.

Se la sentenza pronunciata in giudizio è irrevocabile, ne consegue che la decisione sul fatto storico addebitato all'imputato *non è più modificabile*: il potere di accertamento spettante al giudice si è ormai *estinto*. Altri affermano che il potere di azione penale si è "consumato". I controlli ordinari sono stati esperiti (o non sono stati attivati per inerzia delle parti): ormai il giudice ha "giudicato". Da ciò deriva il principio secondo cui la sentenza irrevocabile ha l'autorità della cosa giudicata: esso esprime un'esigenza di certezza dei rapporti giuridici.

Il codice pone una fondamentale distinzione tra i due effetti del giudicato: quello preclusivo e quello vincolante (v. tav. 6.1.4).

L'effetto* preclusivo *del giudicato (*ne bis in idem*) comporta che l'imputato prosciolto o condannato non può essere di nuovo sottoposto a procedimento penale per il medesimo fatto storico (art. 649, comma 1): torneremo subito sul punto.

L'effetto* vincolante *del giudicato impone di ritenere "vero" il fatto accertato. Quando vi è stata condanna irrevocabile, il giudicato comporta la non modificabilità dell'accertamento della sussistenza del fatto illecito e della responsabilità dell'imputato. Su questo punto, il giudicato ha un effetto *vincolante* sul giudice penale in relazione soltanto a quel fatto e a quell'imputato: l'accertamento della responsabilità deve essere considerato giuridicamente "vero" (si veda, *infra*, § 5).

Il significato dell'effetto preclusivo. Come abbiamo anticipato, l'effetto preclusivo del giudicato comporta che l'imputato prosciolto o condannato non può essere di nuovo sottoposto a procedimento penale per il medesimo fatto storico (art. 649, comma 1). Precludere, infatti, significa bloccare, impedire. Ciò non vuol dire che s'impone ad un altro giudice di ritenere vero un determinato fatto, ma piuttosto che non si può iniziare un processo penale nei confronti del medesimo imputato per lo stesso fatto storico.

La revisione della sentenza di condanna. Gli effetti del giudicato possono venir meno in un caso importante, che merita segnalare subito. È ammessa un'*impugnazione straordinaria* (la revisione; artt. 629 ss.) contro la sentenza di *condanna*, purché (in sintesi) dopo l'intervenuta irrevocabilità sopravvengano o si scoprano *nuove prove* che dimostrino che il condannato deve essere prosciolto (art. 630). In tal caso il legislatore ritiene prevalente l'*esigenza di giustizia* sull'esigenza di certezza. La *straordinarietà* della revisione sta nel fatto che la relativa richiesta non deve essere presentata entro limiti temporali determinati: essa, infatti, può "aggredire" il giudicato.

Viceversa, se la sentenza *irrevocabile* è di *proscioglimento* (e cioè, di assoluzione o di non doversi procedere) non vi sono deroghe; l'esigenza di certezza dei rapporti giuridici prevale *sempre* sulle esigenze di giustizia. Infatti anche se si scoprono nuove

---

L'eccezione alla regola dell'esecutività si rinviene nell'art. 300 e riguarda le sentenze di non luogo a procedere e di *proscioglimento (queste ultime sono pronunciate in giudizio)*. Esse comportano di diritto la immediata perdita di efficacia delle misure cautelari *personali* che eventualmente siano state disposte per il medesimo fatto dal quale l'imputato è scagionato. Pertanto tali sentenze, anche se impugnabili o se sottoposte a impugnazione, sono *esecutive immediatamente* quanto meno nel determinare la perdita di efficacia della misura cautelare personale: ad esempio, l'imputato è immediatamente liberato.

prove tali da dimostrare che l'imputato, prosciolto con sentenza irrevocabile, è colpevole, questi non può essere nuovamente sottoposto a procedimento penale per il *medesimo fatto* (v. tav. 6.1.1).

***Ulteriore approfondimento. Il* ne bis in idem *in caso di procedimento amministrativo sostanzialmente penale*.** Sia a livello convenzionale, sia a livello interno si è posto il problema relativo alla possibilità di svolgere un procedimento penale relativo ad un fatto in relazione al quale si sia già svolto un procedimento amministrativo quando quest'ultimo abbia natura "sostanzialmente penale" alla luce di una serie di criteri stabiliti dalla Corte europea (Corte e.d.u., Grande Camera, 8 giugno 1976, Engel e altri c. Paesi Bassi, par. 82). Secondo i c.d. criteri Engel sono sostanzialmente penali tutte quelle sanzioni che — pur se non qualificate come tali dagli ordinamenti nazionali — sono rivolte alla generalità dei consociati; perseguono uno scopo non meramente risarcitorio, ma repressivo e preventivo; hanno una connotazione afflittiva, potendo raggiungere un rilevante grado di severità (3). Ebbene, in presenza di condanna emessa all'esito di un procedimento sostanzialmente penale deve operare la garanzia del *ne bis in idem* stabilita dall'art. 4 Prot. n. 7 CEDU e dunque non può svolgersi un nuovo procedimento penale per il medesimo fatto.

La giurisprudenza della Corte e.d.u. La Corte di Strasburgo da tempo si è occupata dei parametri da valutare per stabilire se tra il procedimento amministrativo e il procedimento penale sussista effettivamente un *bis in idem* (4). In una prima e più risalente decisione sul punto la Corte aveva affermato con nettezza l'applicabilità del principio del *ne bis in idem* (5). Successivamente, seguendo una diversa impostazione, si era preferito effettuare una valutazione improntata su criteri più elastici costituiti dalla stretta connessione sostanziale e temporale tra i procedimenti e dalla proporzionalità della sanzione complessivamente irrogata (6). In presenza di simili requisiti, il principio del *ne bis in idem* non avrebbe operato perché entrambi i procedimenti avrebbero costituito una risposta coerente ed unitaria al medesimo fatto illecito.

La giurisprudenza della Consulta. La Corte costituzionale era stata chiamata più volte a confrontare la disciplina dell'art. 649 con l'assetto convenzionale senza mai giungere ad una declaratoria di illegittimità ed assumendo sempre un approccio estremamente cauto (7). Nel frattempo, il diritto vivente aveva valutato i parametri della sentenza AB c. Norvegia volta per volta, alla luce della specifica vicenda (8).

La sentenza n. 149 del 2022. È stato solo con una recente sentenza che la Corte costituzionale è pervenuta ad una declaratoria di illegittimità dell'art. 649 e ha sancito il divieto di *bis in idem*. La Consulta ha affermato che, quando un imputato sia stato

---

(3) Da valutare prendendo in considerazione il massimo previsto per legge e non la sanzione effettivamente comminata. Sulle questioni esegetiche imposte dalla natura sostanzialmente penale dei procedimenti amministrativi, C. Bonzano, *Matiére pénale e diritto al silenzio: la Consulta mette un punto fermo... o quasi*, in *Dir. pen. proc.*, 2022, 47 ss.

(4) Si veda *infra*, parte VII, cap. 2, § 10.

(5) Corte e.d.u. 4 marzo 2014, Grande Stevens c. Italia.

(6) Corte e.d.u., Grande Camera, 15 novembre 2016, A e B c. Norvegia, in *ech.coe.int.*

(7) Corte cost., sent. 2 marzo 2018, n. 43. V. anche Corte cost., 18 giugno 2019, n. 222.

(8) Cass., Sez. V, 5 febbraio 2019, n. 5679, in *CED*, n. 275314; Cass., Sez. III, 20 maggio 2019, n. 22033, in *CED*, n. 276023.

già sottoposto a procedimento per un illecito amministrativo sul diritto d'autore (art. 174-*bis* della legge n. 633 del 1941) e poi, per il medesimo fatto, previsto anche come delitto dall'art. 171-*ter* della legge citata, sia stato sottoposto a procedimento penale, il giudice deve pronunciare sentenza di non luogo a procedere o di proscioglimento.

In verità, il giudice rimettente aveva sollecitato la Consulta a dichiarare l'illegittimità dell'art. 649 in via generale con riferimento a tutti i casi in cui, con riguardo ad uno stesso fatto, « sia stata già irrogata in via definitiva, nell'ambito di un procedimento amministrativo non legato a quello penale da un legame materiale e temporale sufficientemente stretto, una sanzione avente carattere sostanzialmente penale ai sensi della CEDU e dei relativi protocolli ». Tuttavia, la Corte ha preferito circoscrivere la pronuncia alla specifica materia della protezione del diritto d'autore, lasciando chiaramente intendere che non può introdursi, se non in via normativa, la previsione di parametri in base ai quali il giudice può valutare la natura "sostanzialmente penale" di un procedimento amministrativo e l'eventuale duplicazione rispetto al procedimento penale (9).

4. I limiti dell'efficacia preclusiva della sentenza irrevocabile.

Come abbiamo accennato, il legislatore vuole evitare che un imputato possa essere sottoposto perennemente a successivi procedimenti penali che abbiano ad oggetto il medesimo fatto storico per il quale è stato condannato o prosciolto. Per evitare ciò, l'art. 649 stabilisce l'effetto *preclusivo* della sentenza irrevocabile: il principio assume la denominazione latina di *ne bis in idem*. Sappiamo che si tratta di un effetto meramente *negativo*: ove un pubblico ministero inizi un nuovo procedimento per il medesimo fatto attribuito al medesimo imputato, il giudice ha l'obbligo di pronunciare sentenza di non luogo a procedere (prima del dibattimento) o di proscioglimento per improcedibilità (in dibattimento).

Il principio assume la seguente configurazione in base all'art. 649, comma 1: « l'imputato prosciolto o condannato con sentenza o decreto penale divenuti irrevocabili non può essere di nuovo sottoposto a procedimento penale per il *medesimo fatto*, *neppure se questo viene diversamente considerato per il titolo*, *per il grado o per le circostanze* (...) ». Se comunque fosse iniziato un nuovo procedimento penale, il giudice deve, in ogni stato e grado del *processo*, pronunciare sentenza di proscioglimento-

(9) Ad avviso della Corte costituzionale, « per quanto il dispositivo dell'ordinanza di rimessione formuli questione di legittimità costituzionale dell'art. 649 cod. proc. pen. con riferimento a tutti i casi in cui, con riguardo ad uno stesso fatto, sia stata già irrogata in via definitiva, nell'ambito di un procedimento amministrativo non legato a quello penale da un legame materiale e temporale sufficientemente stretto, una sanzione avente carattere sostanzialmente penale ai sensi della CEDU e dei relativi protocolli, l'intero sviluppo argomentativo della parte motiva dell'ordinanza evidenzia, come giustamente rilevato dalla difesa dell'imputato, che il rimettente ha inteso censurare l'art. 649 c.p.p. con specifico riferimento al regime di "doppio binario" sanzionatorio previsto in materia di tutela del diritto d'autore. Tutti gli argomenti del giudice *a quo* miranti a dimostrare l'insussistenza di una connessione sostanziale e temporale sufficientemente stretta tra i due procedimenti sono, infatti, calibrati su questa peculiare disciplina, e non si estendono necessariamente a tutte le variegate altre ipotesi in cui, nel nostro ordinamento, sono disciplinati regimi di "doppio binario" sanzionatorio per i medesimi illeciti ».

mento o di non luogo a procedere, enunciandone la causa nel dispositivo (art. 649, comma 2) ([10]).

Il divieto di un secondo giudizio è ricollegato alla presenza dei seguenti requisiti che sono indicati dalla legge (v. tav. 6.1.8).

Il requisito soggettivo. Il requisito soggettivo del *ne bis in idem* è dato dalla identità tra la persona già giudicata e quella che si vorrebbe sottoporre a procedimento penale; pertanto possono essere sottoposte a processo penale persone diverse dall'imputato, interessato dalla sentenza irrevocabile, anche se costoro sono accusate di aver commesso quel medesimo fatto storico sul quale si è formato il giudicato ([11]).

Il requisito oggettivo. Il requisito oggettivo del *ne bis in idem* è rappresentato dal medesimo fatto storico. Il divieto di un nuovo procedimento penale scatta non soltanto quando il fatto storico appare "identico"; esso opera anche quando comunque il fatto storico è il « medesimo », nonostante che sia rappresentato differentemente. Come precisa l'art. 649, l'imputato prosciolto o condannato con sentenza irrevocabile non può essere di nuovo sottoposto a procedimento penale per il medesimo fatto « se questo viene diversamente considerato per il titolo, per il grado o per le circostanze » ([12]). In particolare, il « titolo » è la definizione giuridica del fatto; il « grado » è la maggiore o minore gravità concreta del reato ([13]); le « circostanze » si riferiscono alle aggravanti e alle attenuanti, nonché alle circostanze inerenti alla persona del colpevole (come l'intensità del dolo, il grado della colpa, l'imputabilità) ([14]).

Approfondimento. Concetto di "medesimo fatto". Occorre tenere presente che la genericità dell'espressione "medesimo fatto" ha determinato la formazione di due orientamenti giurisprudenziali che optano rispettivamente per una nozione giuridica e per una accezione naturalistica.

L'orientamento tradizionale e più rigoroso accoglieva una nozione giuridica di "medesimo fatto": il divieto di nuovo processo (*ne bis in idem*) operava soltanto quando il nuovo fatto addebitato all'imputato era identico in tutti i suoi elementi

---

([10]) Sui limiti in cui rileva il *ne bis in idem* in ambito internazionale, v. *infra*, parte VII, cap. 2, § 10.

([11]) La giurisprudenza afferma che il giudicato penale, formatosi nei confronti di un imputato per un determinato fatto, non vincola il giudice che è chiamato ad accertare il medesimo fatto nei confronti di altri imputati. Il divieto di *bis in idem* esplica una funzione di garanzia per la persona imputata nel nuovo processo e ne postula l'identità con il soggetto irrevocabilmente condannato o prosciolto. Pertanto, il giudice del procedimento a carico del concorrente può rivalutare il comportamento del soggetto già giudicato, al fine di accertare la sussistenza e il grado della responsabilità dell'imputato da giudicare.

([12]) La problematica richiama alla mente la disciplina dell'art. 521, relativo alla correlazione tra imputazione contestata e sentenza. Se il fatto accertato risulta diverso rispetto a quello descritto nel decreto, che dispone il giudizio, il giudice è obbligato a disporre la trasmissione degli atti al pubblico ministero.

Ebbene, vi è una differente *ratio* tra l'art. 521 e l'art. 649: una differente "descrizione" del tempo, del luogo o dei mezzi dell'azione rispetto al fatto contestato impone al giudice del dibattimento la trasmissione degli atti al pubblico ministero; viceversa, situazioni del genere, qualora emergano successivamente alla irrevocabilità della sentenza, fanno ritenere che il fatto è "medesimo" e quindi vietano un secondo procedimento ai sensi dell'art. 649. Quello che conta è la medesimezza del fatto, a prescindere dalla "descrizione" delle modalità di tempo, di luogo o dei mezzi.

([13]) Es. condanna per omicidio commesso con un colpo di coltello e nuovo procedimento per il medesimo omicidio commesso con tre colpi di coltello.

([14]) Ai sensi dell'art. 649, comma 1 l'effetto preclusivo non opera nel caso di sentenza che abbia dichiarato estinto il reato per morte dell'imputato, quando successivamente si accerti che la morte è stata erroneamente dichiarata; né quando una sentenza abbia prosciolto l'imputato per difetto di una condizione di procedibilità qualora successivamente sopravvenga tale condizione.

costitutivi (condotta e, se previsti dalla fattispecie incriminatrice, evento e nesso di causalità) e se comportava l'offesa al medesimo bene giuridico.

Le conseguenze erano estremamente rigorose. Il nuovo fatto addebitato all'imputato impediva un nuovo processo penale soltanto se risultavano identici sia gli aspetti naturalistici, sia la qualificazione giuridica. Viceversa, se la novità di un successivo addebito consisteva anche soltanto nell'aver offeso un differente bene giuridico, era consentito un nuovo processo per il medesimo fatto inteso in senso naturalistico, ma diversamente qualificato in senso giuridico. Dunque, il principio del *ne bis in idem* era pressoché sterilizzato nell'ipotesi indicata.

L'orientamento in questione è stato criticato dalla sentenza della Corte costituzionale n. 200 del 2016: la varietà delle figure di reato, alle quali si potrebbe ricondurre il medesimo fatto, avrebbe consentito « iniziative punitive, se non pretestuose, comunque tali da porre perennemente in soggezione l'individuo di fronte a una tra le più penetranti e invasive manifestazioni del potere sovrano dello Stato — apparato ». Netto il giudizio della Consulta: il « criterio di giudizio legato all'*idem* legale (...) non è compatibile né con la Costituzione, né con la CEDU, sicché è necessario che esso sia definitivamente abbandonato ».

In base all'insegnamento della Corte costituzionale, occorre optare per una concezione naturalistica del concetto di "medesimo fatto" secondo cui quella identità, che impedisce un nuovo processo, sussiste quando vi è corrispondenza storico-naturalistica nella configurazione del reato, considerato in tutti i suoi elementi costitutivi *con riguardo alle circostanze di tempo, di luogo e di persona offesa.* Tali elementi devono essere « ponderati con esclusivo riferimento alla dimensione empirica », mentre resta irrilevante il profilo dell'evento in senso giuridico considerato come offesa al bene protetto dalla norma incriminatrice.

Di conseguenza, se restano identici *la condotta e l'oggetto materiale sulla quale essa è diretta,* vi è quella identità del fatto che impedisce il nuovo processo anche se, in ipotesi, il fatto storico è passibile di ricadere all'interno di una ulteriore fattispecie incriminatrice, diversa da quella per la quale si è formato il giudicato.

Nel caso di specie, la Corte costituzionale ha affermato che vi è stata violazione del *ne bis in idem* poiché si è proceduto per omicidio doloso nei confronti di un imputato già messo sotto processo, e prosciolto, per fatti di omissione dolosa di cautele contro gli infortuni sul lavoro (art. 437 c.p.) e disastro doloso (art. 434 c.p.) dai quali era derivata la morte della medesima persona.

***Ulteriore approfondimento. Il* ne bis in idem *in caso di procedimento amministrativo sostanzialmente penale*.** Sia a livello convenzionale, sia a livello interno si è posto il problema relativo alla possibilità di svolgere un procedimento penale relativo ad un fatto in relazione al quale si sia già svolto un procedimento amministrativo quando quest'ultimo abbia natura "sostanzialmente penale" alla luce di una serie di criteri stabiliti dalla Corte europea (Corte e.d.u., Grande Camera, 8 giugno 1976, Engel e altri c. Paesi Bassi, par. 82). Secondo i c.d. criteri Engel sono sostanzialmente penali tutte quelle sanzioni che — pur se non qualificate come tali dagli ordinamenti nazionali — sono rivolte alla generalità dei consociati; perseguono uno scopo non meramente risarcitorio, ma repressivo e preventivo; hanno una connotazione afflittiva, potendo raggiungere un rilevante grado di severità. Ebbene, in presenza di condanna emessa all'esito di un procedimento sostanzialmente penale deve operare la garanzia del *ne bis in idem* stabilita dall'art. 4 Prot. n. 7 CEDU e dunque non può svolgersi un nuovo procedimento penale per il medesimo fatto.

La giurisprudenza della Corte EDU. La Corte di Strasburgo da tempo si è occupata dei parametri da valutare per stabilire se tra il procedimento amministrativo e il procedimento penale sussista effettivamente un *bis in idem* (si veda *infra*, parte VII, cap. 2, § 10). In una prima e più risalente decisione sul punto la Corte aveva affermato con nettezza l'applicabilità del principio del *ne bis in idem* (Corte e.d.u. 4 marzo 2014, Grande Stevens c. Italia). Successivamente, seguendo una diversa impostazione, si era preferito effettuare una valutazione improntata su criteri più elastici costituiti dalla stretta connessione sostanziale e temporale tra i procedimenti e dalla proporzionalità della sanzione complessivamente irrogata (Corte e.d.u., Grande Camera, 15 novembre 2016, A e B c. Norvegia). In presenza di simili requisiti, il principio del *ne bis in idem* non avrebbe operato perché entrambi i procedimenti avrebbero costituito una risposta coerente ed unitaria al medesimo fatto illecito.

La giurisprudenza della Consulta. La Corte costituzionale era stata chiamata più volte a confrontare la disciplina dell'art. 649 con l'assetto convenzionale senza mai giungere ad una declaratoria di illegittimità ed assumendo sempre un approccio estremamente cauto (Corte cost., sent. 2 marzo 2018, n. 43). Nel frattempo, il diritto vivente aveva valutato i parametri della sentenza AB c. Norvegia volta per volta, alla luce della specifica vicenda.

La sentenza n. 149 del 2022. È stato solo con una recente sentenza che la Corte costituzionale è pervenuta ad una declaratoria di illegittimità dell'art. 649 e ha sancito il divieto di *bis in idem*. La Consulta ha affermato che, quando un imputato sia stato già sottoposto a procedimento per un illecito amministrativo sul diritto d'autore (art. 174-*bis* della legge n. 633 del 1941) e poi, per il medesimo fatto, previsto anche come delitto dall'art. 171-*ter* della legge citata, sia stato sottoposto a procedimento penale, il giudice deve pronunciare sentenza di non luogo a procedere o di proscioglimento ([15]).

5. Il giudicato in relazione al singolo processo penale.

È necessario avere ben chiari i limiti del giudicato con riferimento al processo penale.

([15]) In verità, il giudice rimettente aveva sollecitato la Consulta a dichiarare l'illegittimità dell'art. 649 in via generale con riferimento a tutti i casi in cui, con riguardo ad uno stesso fatto, «sia stata già irrogata in via definitiva, nell'ambito di un procedimento amministrativo non legato a quello penale da un legame materiale e temporale sufficientemente stretto, una sanzione avente carattere sostanzialmente penale ai sensi della CEDU e dei relativi protocolli». Tuttavia, la Corte ha preferito circoscrivere la pronuncia alla specifica materia della protezione del diritto d'autore, lasciando chiaramente intendere che non può introdursi, se non in via normativa, la previsione di parametri in base ai quali il giudice può valutare la natura "sostanzialmente penale" di un procedimento amministrativo e l'eventuale duplicazione rispetto al procedimento penale.

Il giudicato penale nei confronti della persona condannata. Consideriamo in primo luogo quanto avviene in relazione ad un *determinato fatto storico accertato nei confronti di un imputato*. Ove vi sia stata condanna irrevocabile, il giudicato comporta la immodificabilità dell'accertamento della responsabilità dell'imputato. Su questo punto il giudicato penale ha un effetto *vincolante* in relazione *all'imputato medesimo*: l'accertamento della responsabilità deve essere considerato giuridicamente "vero".

Soltanto se sopravvengono nuove prove, tali da dimostrare che il condannato doveva essere prosciolto, potrà iniziare un processo di revisione; questo potrà portare al proscioglimento o al rigetto della richiesta di revisione (art. 637).

Occorre precisare che, di regola, il giudicato di condanna è immodificabile con riferimento alla pena formalmente irrogata. Tuttavia, durante la fase dell'esecuzione la pena applicata in concreto può essere differente da quella irrogata in sentenza per vari motivi. Ciò può avvenire:

a) sia quando la pena è modificata nelle sue modalità esecutive, perché il condannato è riconosciuto meritevole di misure alternative alla detenzione (es. affidamento in prova, semilibertà);

b) sia quando si accerta, dopo che la sentenza è divenuta irrevocabile, che la pena da eseguire (o parte di essa) è illegale; in tal caso, la pena può essere rideterminata, ma solo in senso favorevole al condannato ([16]).

La decisione irrevocabile in rapporto con altri processi penali. Consideriamo adesso *altri* eventuali processi *penali* che possano instaurarsi a carico sia del medesimo, sia di altri imputati. In entrambi i casi la sentenza penale non ha alcun effetto vincolante sugli altri processi. Il punto è importante e merita di essere approfondito.

In un processo contro *altri* imputati il giudice potrà accertare nuovamente il medesimo fatto storico e potrà ritenere che è stato commesso con diversa modalità o, perfino, che non è esistito. Non vi è effetto preclusivo poiché manca il requisito soggettivo del « medesimo imputato ».

Similmente, in un successivo processo penale contro il *medesimo* imputato, ma per un fatto storico *diverso* (B), il giudice può valutare diversamente le prove già considerate nella sentenza irrevocabile sul fatto accertato (A). Non vi è effetto preclusivo perché nel nuovo processo si sta accertando un fatto storico *diverso*, seppure commesso dal medesimo imputato ([17]). Pertanto, è carente il requisito oggettivo (v. tav. 6.1.4).

([16]) La pena può essere rideterminata durante la fase esecutiva qualora intervenga una modifica del trattamento sanzionatorio in senso favorevole al reo (come ad esempio l'eliminazione di una circostanza aggravante), purché essa consegua ad una declaratoria di illegittimità costituzionale (Cass., Sez. un., 24 ottobre 2013 - 7 maggio 2014, n. 18821, Ercolano e Cass., Sez. un., 29 maggio - 14 ottobre 2014, n. 42858, Gatto, in *Cass. pen.*, 2015, rispettivamente 28 e 41, con nota di M. GAMBARDELLA).

([17]) Occorre sottolineare nuovamente il concetto: la sentenza penale irrevocabile non ha, nei confronti di *altri* processi penali, alcun effetto vincolante. Essa non ha accertato definitivamente l'esistenza di un fatto storico in senso *oggettivo*, bensì *soggettivo*: ha valutato se esso era attribuibile, o meno, a quel determinato imputato. Pertanto, un altro giudice penale è libero di valutare se quel fatto storico è esistito o meno, e se si è svolto con diverse modalità, perché si tratta di decidere se è attribuibile ad un *altro* imputato. Certamente, può accadere che si verifichi il cd. conflitto teorico tra giudicati, e cioè che due sentenze irrevocabili nei confronti di due differenti soggetti accertino fatti tra di loro incompatibili (v. tav. 6.1.10). In ogni caso, resta la possibilità di esperire il rimedio eccezionale della revisione nella ipotesi di oggettiva inconciliabilità tra fatti su cui si fondano le sentenze (art. 630 comma 1 lett. *a*).

Eventuale uso di prove in altri procedimenti penali. Le prove, formate in un procedimento penale, potranno essere utilizzate sia nei confronti di altri imputati per il medesimo fatto (ad esempio, per dimostrare che hanno concorso in quel determinato omicidio), sia nei confronti del medesimo imputato per fatti storici diversi: ad esempio, perché ha commesso un ulteriore omicidio. Ma l'utilizzo può avvenire nei limiti previsti dall'art. 238, e cioè con il rispetto del principio del contraddittorio nella formazione della prova; si veda, *supra*, parte II, cap. 4, § 6, lett. *d*.

La sentenza irrevocabile utilizzata come prova. L'art. 238-*bis*, introdotto dalla legge 7 agosto 1992, n. 356, disciplina un ulteriore effetto derivante dalla sentenza irrevocabile. Tale effetto non consiste nell'efficacia vincolante del giudicato, bensì nella possibilità di utilizzare la sentenza irrevocabile sia di proscioglimento, sia di condanna, come *prova* in un diverso procedimento penale. Anzi, la predetta possibilità è estesa ad una sentenza irrevocabile pronunciata anche da un giudice civile o amministrativo, perché l'art. 238-*bis* non pone differenze. L'unico vincolo sta nel fatto che, se il giudice penale vuole utilizzare la sentenza come prova, occorre che vi siano *riscontri* derivanti da *altri* elementi di prova ai sensi dell'art. 192, comma 3. È salvo comunque il diritto delle parti ad ottenere l'ammissione di prove contrarie.

6. La sentenza penale irrevocabile ed il processo per il risarcimento del danno cagionato dal reato.

Occorre esaminare quali effetti possa avere il giudicato penale nei confronti dei processi civili ed amministrativi che hanno ad oggetto il danno derivante dal reato. Il problema si pone per i seguenti motivi.

La questione risolta dal processo, e cioè l'esistenza o meno della responsabilità penale dell'imputato in relazione ad un fatto di reato, è pregiudiziale rispetto alla questione dell'esistenza di un danno patrimoniale o non patrimoniale derivante dal reato stesso. Il giudice civile (o amministrativo), potrà condannare al risarcimento il colpevole se risulta accertata la responsabilità penale dell'imputato. Si tratta di vedere se tale accertamento spetta in esclusiva, o meno, al giudice penale.

Sui rapporti tra processo penale e processi civili o amministrativi, che abbiano ad oggetto la richiesta di risarcimento dei danni derivanti dal reato, sono possibili in astratto le tre seguenti soluzioni (v. tav. 6.1.2).

a) Completa separazione tra le giurisdizioni (tipica dei sistemi totalmente accusatori): il giudicato di assoluzione o di condanna non produce alcun effetto sui processi civili o amministrativi.

b) Totale efficacia del giudicato penale (accolta tendenzialmente nei sistemi processuali inquisitori): il giudicato penale, di assoluzione o di condanna, ha un effetto vincolante sul potere di accertamento spettante al giudice civile o amministra-

---

La sentenza irrevocabile ha soltanto un'efficacia *preclusiva* nei confronti del *medesimo* imputato per quel *medesimo* fatto: non potrà esservi un nuovo processo penale (art. 649) e se dovesse essere pronunciata erroneamente una ulteriore sentenza irrevocabile, in sede esecutiva si deve porre un rimedio, del quale tratteremo nel prossimo capitolo.

tivo, nel senso che questi ultimi devono considerare "vero" l'accertamento svolto dal giudice penale. Tale sistema è denominato *unità della giurisdizione* in quanto soltanto il giudice penale può accertare l'esistenza o meno della responsabilità per un fatto di reato.

c) ***Efficacia parziale del giudicato penale.*** Il codice del 1988 accoglie una *soluzione di compromesso*. Da un lato, pone come *regola* la *separazione delle giurisdizioni*; da un altro lato, prevede casi eccezionali nei quali il giudicato penale ha efficacia su determinati oggetti accertati o soltanto contro determinati soggetti. Il sistema che ne deriva è composito.

Poiché il danneggiato dal reato in alcuni casi può "subire" l'efficacia del giudicato penale in relazione alla sua azione risarcitoria, il codice gli permette di esercitare il diritto di difesa già nel processo penale mediante la costituzione di parte civile.

In definitiva, il codice del 1988 accetta come regola il principio della separazione, ma non in modo "assoluto" come avviene nel sistema accusatorio. Al tempo stesso, permette al danneggiato di costituirsi parte civile come avviene nel sistema inquisitorio.

7. L'esercizio tempestivo dell'azione di danno e la separazione delle giurisdizioni.

Il codice del 1988 non prevede un'unica norma sull'efficacia del giudicato penale nei processi civili e amministrativi: si incontrano tante singole disposizioni che elencano con meticolosità i casi nei quali il giudicato penale ha efficacia extrapenale (artt. 651-654).

Viceversa, il codice contiene una disposizione generale secondo cui l'azione civile per il risarcimento del danno derivante dal reato può essere proposta davanti al giudice civile (art. 75, comma 2) e sfugge all'efficacia del giudicato (art. 652). Ciò dimostra che il codice accoglie la soluzione della separazione delle giurisdizioni come regola, alla quale pone singole eccezioni. Ne consegue che il giurista deve interpretare queste ultime in modo restrittivo.

Ciò premesso, occorre esaminare la normativa nei dettagli (v. tav. 6.1.3).

a) ***L'azione risarcitoria è esercitata* tempestivamente *davanti al giudice civile.*** Il danneggiato può esercitare l'azione risarcitoria in sede civile *senza subire l'efficacia del giudicato penale di assoluzione*, se si rivolge al giudice civile in modo "tempestivo", e cioè prima della pronuncia della sentenza penale di primo grado (artt. 75, comma 2 e 652, comma 1). Il processo civile, che sia iniziato prima di tale momento, può proseguire in pendenza del processo penale *senza essere sospeso*.

Il processo civile può iniziare e proseguire liberamente anche quando la parte civile è stata estromessa dal processo penale ([18]) o vi sono situazioni analoghe alla estromissione, previste dal codice ([19]).

([18]) Si tratta del caso in cui la parte civile è stata esclusa dal processo penale in base ad una decisione del giudice che accerta la mancanza di legittimazione (artt. 80 e 83).

([19]) Sono analoghe le ipotesi nelle quali il giudice dichiara estinto il reato per intervenuta oblazione ai sensi dell'art. 141, comma 4 disp. att.; o quando la parte civile non ha accettato il rito abbreviato (art. 441, comma 4); o

In definitiva, se l'azione risarcitoria è stata esercitata *tempestivamente* nel processo civile (o comunque nei casi previsti dalla legge), quest'ultimo può proseguire e l'eventuale sentenza penale irrevocabile di assoluzione non ha alcuna efficacia di giudicato nei confronti del danneggiato dal reato [20].

b) L'azione risarcitoria è esercitata* tardivamente *davanti al giudice civile. Viceversa se l'azione risarcitoria inizia *tardivamente* (e cioè dopo la pronuncia della sentenza penale di primo grado) oppure se il danneggiato si è costituito in precedenza parte civile nel processo penale e, poi, ha trasferito l'azione in sede civile, il processo civile è sospeso fino alla pronuncia della sentenza penale irrevocabile (art. 75, comma 3) e subisce l'efficacia del giudicato penale nei limiti che preciseremo in seguito (artt. 651 e 652).

La norma ha un evidente scopo punitivo nei confronti del danneggiato che *non* abbia scelto di percorrere *subito* la strada "suggerita" dal legislatore, e cioè l'azione risarcitoria in sede civile. Richiamiamo tutte le considerazioni che abbiamo svolto trattando della parte civile e dello sfavore che il legislatore dimostra nei suoi confronti. In questa sede ci limitiamo ad osservare che le disposizioni punitive non appaiono ragionevoli perché comportano una ingiustificata lesione del diritto al contraddittorio e del diritto di azione.

c) Il danneggiato non esercita l'azione civile né in sede civile, né in sede penale. In questo caso il danneggiato, che sia stato in concreto messo in condizione di costituirsi parte civile perché è stato avvisato della data dell'udienza preliminare o dibattimentale, subisce gli effetti del giudicato penale nei limiti che preciseremo in seguito (artt. 651 e 652). Valgono anche in questo caso le considerazioni appena esposte.

8. Efficacia della sentenza penale di *condanna* nel giudizio civile o amministrativo di danno.

L'art. 651, comma 1 regola *una* delle ipotesi di efficacia della sentenza penale irrevocabile di condanna, e cioè della sentenza che sia stata « pronunciata in seguito a *dibattimento* » e che sia non più impugnabile con mezzi ordinari. La sentenza di condanna gode dell'efficacia di giudicato in limiti molto ristretti: l'art. 651 è preciso in proposito (v. tav. 6.1.5).

Limiti soggettivi. L'efficacia del giudicato opera nei confronti del processo civile o amministrativo che abbia per oggetto le *restituzioni* e il *risarcimento del danno* (non altri oggetti) e che sia stato promosso nei confronti « del condannato e del responsabile civile che sia stato citato ovvero sia intervenuto nel processo penale ». Pertanto, le parti vincolate dal giudicato sono il condannato ed il responsabile civile. Il

---

quando vi è stata sentenza di applicazione della pena su richiesta delle parti (c.d. patteggiamento; art. 444, comma 2); o quando il processo penale sia stato sospeso per incapacità mentale dell'imputato (art. 71, comma 6); o quando viene accertato un impedimento fisico permanente dell'imputato che non gli permetta di comparire in udienza e questi non consenta a che il dibattimento prosegua in sua assenza (C. cost., 14-22 ottobre 1996, n. 354).

(20) In tal senso C. cost. 11 luglio 2003 n. 233, che ammette la « possibilità di giudicati contrastanti in relazione al medesimo fatto ».

danneggiato dal reato è il soggetto avvantaggiato dal giudicato di condanna, nei limiti oggettivi che saranno precisati.

Limiti oggettivi.

1) ***L'accertamento della sussistenza del fatto.*** Il giudicato copre « l'accertamento della sussistenza del fatto » da intendersi in senso naturalistico, come fatto materiale nella sua riferibilità all'imputato.

2) ***La illiceità penale del fatto.*** Il giudicato ha per oggetto la "illiceità *penale*" del fatto; resta fuori, dunque, il tema della illiceità *civile*, che non può essere esaminato nel processo penale. Infatti nel processo penale non può essere formulata la c.d. domanda riconvenzionale, né si può valutare l'esistenza di esimenti civilistiche quale è quella prevista nell'art. 1227, comma 2 c.c. (danno evitabile con la ordinaria diligenza del creditore).

3) ***La responsabilità dell'imputato.*** In terzo luogo, il giudicato copre l'accertamento che « l'imputato (...) ha commesso » il fatto, da intendersi come condotta materiale, rapporto di causalità ed evento. Resta pertanto escluso dal giudicato il tema del concorso di colpa della persona offesa negli aspetti non esaminati dal giudice penale ([21]).

Giudizio abbreviato ed effetti vincolanti della condanna. Per quanto riguarda la sentenza di condanna che sia stata resa nel *giudizio abbreviato*, il codice pone un limite alla sua efficacia (art. 651, comma 2). Infatti la parte civile che non abbia accettato tale rito può opporsi all'efficacia di giudicato della sentenza di condanna nei suoi confronti. Ma di regola la parte civile avrà interesse ad utilizzare a suo favore il giudicato di condanna. In ogni caso, la non accettazione del rito permette al danneggiato di esercitare immediatamente l'azione civile davanti al giudice civile (art. 441, comma 4), evitando la sospensione del processo. Comunque, la non accettazione del rito abbreviato consente al danneggiato di opporsi all'efficacia del giudicato.

Da ciò si deduce che la condanna ha effetto di giudicato nei confronti della parte civile quando essa ha accettato tale rito espressamente o tacitamente (art. 441, comma 2); con l'inconveniente che il giudizio civile è sospeso finché è pendente il processo penale.

Altre sentenze non aventi efficacia di giudicato sul giudizio di danno. Nessuna efficacia di giudicato in tema di danno da reato ha la sentenza che applica la pena su richiesta delle parti (c.d. *patteggiamento*), poiché tale effetto è escluso espressamente dall'art. 445, comma 1-*bis*.

Anche il decreto penale di condanna non ha efficacia di giudicato nel giudizio di danno derivante da reato (art. 460, comma 5) poiché si tratta di un rito che non prevede il contraddittorio tra le parti.

Inoltre, non ha efficacia di giudicato nel giudizio di danno da reato la sentenza che è pronunciata all'esito del processo penale contro l'imputato minorenne, come dispone l'art. 10, comma 2 del d.p.r. n. 448 del 1988. Ciò è dovuto alla scelta del legislatore di

---

([21]) Gli altri "punti" che siano stati considerati nella sentenza penale, ma che non sono coperti dal giudicato, potranno avere una qualche influenza nel successivo giudizio di danno, perché le relative prove potranno essere valutate dal giudice civile o amministrativo; in tale sede sarà possibile introdurre una prova contraria.

non permettere che in tale procedimento il danneggiato possa esercitare l'azione civile per il risarcimento del danno derivante dal reato. Evidentemente si vuole che il giudice si concentri sulla problematica della possibile rieducazione del minorenne.

9. Efficacia della sentenza penale di *assoluzione* nel giudizio civile o amministrativo di danno.

La sentenza penale irrevocabile di assoluzione pronunciata in seguito a dibattimento ha, rispetto ai giudizi di danno, una efficacia vincolante con vari limiti. L'*efficacia vincolante* comporta che il giudice nel processo di danno, promosso dal danneggiato, debba ritenere "*vero*" il fatto accertato dal giudice penale. I limiti sono di tipo oggettivo e soggettivo (v. tav. 6.1.6).

Le formule terminative ampiamente liberatorie. Un primo limite di tipo *oggettivo* riguarda le *formule terminative*: hanno efficacia di giudicato soltanto quelle che assolvono l'imputato in modo ampio, e cioè perché il fatto non sussiste, l'imputato non lo ha commesso o il fatto è stato compiuto nell'adempimento di un dovere o nell'esercizio di una facoltà legittima.

L'accertamento del fatto. Un secondo limite di tipo *oggettivo* richiede che la sentenza contenga un accertamento. Occorre cioè che l'innocenza risulti provata; non è sufficiente che il giudice dichiari l'esistenza di un ragionevole dubbio sulla reità dell'imputato.

Il danneggiato che ha iniziato l'azione risarcitoria davanti al giudice civile. Un terzo limite è di tipo *soggettivo* ed esclude l'efficacia del giudicato nei confronti di quel danneggiato che abbia iniziato in modo tempestivo l'azione risarcitoria davanti al giudice civile o amministrativo (o comunque quando tale azione sia stata iniziata nel suo interesse) (22).

Il danneggiato messo in grado di difendersi. Un quarto limite di tipo *soggettivo* esclude l'efficacia del giudicato nei confronti di quel danneggiato che non sia stato posto, in concreto, in condizione di costituirsi parte civile nel processo penale. Viceversa, il giudicato si estende alla persona offesa che abbia avuto la possibilità sia *giuridica*, sia *di fatto* di costituirsi parte civile; ciò avviene quando l'offeso sia stato regolarmente avvisato per partecipare all'udienza preliminare (art. 419, comma 1) o al dibattimento (art. 429, comma 4).

Assoluzione perché il fatto non sussiste. Come è noto, questa formula è utilizzata quando è assente l'elemento oggettivo del reato, poiché manca la condotta, o il rapporto di causalità, o l'evento. La sentenza di assoluzione con la predetta formula ha un effetto vincolante sul giudice civile o amministrativo al quale sia chiesto il risarcimento del danno: il risarcimento non potrà essere concesso.

Assoluzione perché il fatto non è stato commesso dall'imputato. L'efficacia del giudicato opera *soltanto* nei confronti di *quel determinato imputato*; resta la possibilità

---

(22) La legge 27 marzo 2001 n. 97 ha modificato l'art. 652 c.p.p. prevedendo l'efficacia della sentenza penale irrevocabile di assoluzione, nei limiti sopra indicati, anche quando il giudizio civile o amministrativo di danno non è avviato direttamente dal danneggiato, ma è promosso nell'interesse di questi. Probabilmente il legislatore ha introdotto tale modifica con l'intenzione di estendere l'efficacia del giudicato penale di assoluzione ai giudizi pendenti di fronte alla Corte dei Conti in materia di responsabilità amministrativa-contabile per danno erariale.

di agire in sede civile contro altri soggetti che vengano ritenuti responsabili del fatto (art. 2043 c.c.).

Assoluzione per adempimento del dovere o per esercizio di una facoltà legittima. La formula terminativa si riferisce alle cause di giustificazione previste nel codice penale o in leggi speciali, purché di esse sia "accertata" l'esistenza. Le scriminanti eliminano la illiceità del fatto; esse hanno rilevanza in tutti i rami dell'ordinamento, perché in loro presenza l'atto è lecito, e non soltanto tollerato. Per tale motivo il loro accertamento esplica l'efficacia vincolante del giudicato penale ([23]).

Le altre formule terminative di assoluzione. Non hanno efficacia di giudicato le altre formule terminative non ricomprese nell'art. 652. Poiché tale disposizione non cita la formula terminativa « il fatto non costituisce reato », l'accertamento della mancanza dell'elemento soggettivo non vincola il giudice civile. Si tratta di una scelta non casuale, bensì dovuta ai differenti princìpi che regolano l'illecito penale e l'illecito civile. Nel diritto penale l'elemento soggettivo deve essere provato al di là di ogni ragionevole dubbio; cosa che non avviene nel diritto civile, nel quale vale il principio del più probabile che no ed esistono casi di presunzione di colpa. Pertanto, una sentenza penale che assolve perché il fatto non costituisce reato non vincola il giudice civile, il quale resta libero di valutare l'elemento soggettivo a fini civilistici.

Persona danneggiata dal reato e giudicato di assoluzione. Pur con i limiti precisati, l'art. 652 comporta che il danneggiato, messo in grado di costituirsi parte civile, risulta svantaggiato in modo non rimediabile dalla pronuncia di una sentenza irrevocabile di assoluzione con *formula ampia* (quali sono i dispositivi totalmente liberatori che abbiamo in precedenza menzionato). Appare evidente che il sistema costringe il danneggiato ad agire nel processo penale allo scopo di evitare comunque la pronuncia assolutoria ampia, perché da essa deriverebbe l'impossibilità di ottenere il risarcimento del danno. Il legislatore spinge il danneggiato a trasformarsi a tutti i costi in un accusatore irremovibile che, anche come testimone, può influire sull'accertamento dei fatti. La soluzione non appare coerente con la scelta di un sistema di separazione delle giurisdizioni ([24]).

Giudizio abbreviato ed effetti vincolanti dell'assoluzione. La sentenza di assoluzione pronunciata al termine del *rito abbreviato* ha la medesima efficacia della sentenza resa in dibattimento, a condizione che la parte civile abbia accettato tale rito (art. 652, comma 2). Se il danneggiato non ha accettato il rito abbreviato, può iniziare (o proseguire) il processo civile senza che questo sia sospeso (art. 441, comma 4) e, comunque, non è vincolato dal giudicato di assoluzione.

([23]) Alcuni studiosi sostengono che nell'art. 652 non sia incluso lo stato di necessità. Riteniamo invece che la formula utilizzata ("esercizio di una facoltà legittima") sia sufficientemente ampia da ricomprendere tale causa di giustificazione. Se viene accertato lo stato di necessità, l'esistenza dell'effetto vincolante del giudicato non impedisce al giudice civile di attribuire al danneggiato una indennità (determinata equitativamente) a carico del responsabile del fatto. Ciò è oggetto di un autonomo diritto avente il suo titolo nel compimento di un *atto lecito*, quale è quello commesso in stato di necessità (art. 2045 c.c.).

([24]) Sempre in relazione alla parte civile è prevista una ulteriore esclusione dell'efficacia del giudicato di assoluzione. Costei non è vincolata dalla sentenza irrevocabile pronunciata sulla base di una prova assunta con incidente probatorio al quale non sia stata posta in grado di partecipare, sempre che la stessa non abbia fatto accettazione anche soltanto tacita (art. 404).

L'imputato assolto ha diritto al rimborso delle spese legali sostenute. La legge di bilancio n. 178 del 2020 (commi 1015-1022) ha riconosciuto il diritto dell'imputato ad ottenere il rimborso delle spese legali sostenute quando sia stato assolto con una formula piena in base ad una sentenza irrevocabile pronunciata in giudizio. Ciò presuppone che in precedenza l'imputato sia stato ingiustamente rinviato a dibattimento dopo che non si è proceduto ad archiviare la notizia di reato né a proclamare il non luogo a procedere nell'udienza preliminare. L'indennità spetta anche all'imputato che sia stato eventualmente condannato in uno dei precedenti gradi del giudizio e poi successivamente assolto con sentenza irrevocabile. In dette ipotesi, il danno arrecato all'imputato presuppone un'attività processuale lecita; pertanto, egli ha diritto non ad un "risarcimento", bensì una "riparazione indennitaria". Ciò comporta che l'imputato non ha l'onere di provare l'esistenza di una colpa del giudice, né di un accanimento ingiusto da parte della pubblica accusa.

L'istituto è espressione di quel principio di solidarietà sociale che è garantito dall'art. 2 Cost. Poiché l'amministrazione della giustizia comporta la necessità di « affidare alla giurisdizione la sicurezza dei cittadini, l'esito del processo che pregiudica i diritti individuali di coloro che (...) sono vittime del sistema giudiziario, in quanto estranee al giudizio di responsabilità, richiede che il corpo sociale si faccia carico, in termini di solidarietà, di rimuovere le conseguenze negative che il sistema ha causato » ([25]).

Le spese che l'imputato ha dovuto pagare per ottenere l'assoluzione in giudizio sono state da lui obbligatoriamente sostenute perché, nel nostro sistema costituzionale, la difesa tecnica nel processo penale è non rinunciabile e non gratuita, eccettuati i casi di patrocinio per i non abbienti; così ha affermato la Corte cost. con la sentenza n. 125 del 1979 ([26]).

Il principio di soccombenza dello Stato nel processo penale. Il rimborso delle spese legali sostenute dall'imputato assolto è stato riconosciuto in ipotesi tassative con il limite massimo di euro 10.500,00 (comma 1015).

Le formule terminative che danno luogo al diritto all'indennità sono le seguenti: il fatto non sussiste, l'imputato non ha commesso il fatto, il fatto non costituisce reato o non è previsto dalla legge come reato (comma 1015). Il rimborso non è riconosciuto nei seguenti casi: *a*) assoluzione da uno o più capi di imputazione e condanna per altri reati; *b*) estinzione del reato per avvenuta amnistia o prescrizione; *c*) sopravvenuta depenalizzazione dei fatti oggetto di imputazione (comma 1018).

Da quanto sopra esposto, si può ricavare che nel processo penale è stato introdotto, seppur timidamente, quel principio di soccombenza che già esiste nel rito civile e amministrativo. L'importo è talmente basso da essere definito "una elemosina di Stato". Ma costituisce una rottura con un passato autoritario e, al tempo stesso, un'applicazione dei princìpi del giusto processo. Ormai il legislatore ha compreso la

---

([25]) G. Spangher, *Imputato assolto e rifusione (parziale) delle spese difensive: una previsione nello spirito solidaristico*, in *Quotidiano giur.*, 31 dicembre 2020.

([26]) A. Marandola, *Gli assolti con formula piena con sentenza penale irrevocabile avranno diritto al rimborso delle spese legali*, in *Il penalista*, 21 dicembre 2020.

necessità che lo Stato si faccia carico del sacrificio individuale imposto al cittadino innocente (G. SPANGHER) (27).

10. Efficacia della sentenza penale di *proscioglimento* per *particolare tenuità del fatto* nel giudizio civile o amministrativo di danno.

La singolarità della nuova causa di non punibilità. Come abbiamo accennato in precedenza, il d.lgs. n. 28 del 2015 ha introdotto nell'ordinamento una singolare forma di causa di non punibilità consistente nella particolare tenuità dell'offesa ai sensi dell'art. 131-*bis* c.p. (28). Il medesimo d.lgs. n. 28 ha creato uno specifico effetto di giudicato che è collegato all'accertamento in giudizio della predetta causa di non punibilità e che è descritto nel nuovo art. 651-*bis* c.p.p.

La regolamentazione del nuovo effetto di giudicato è stata determinata dalla singolarità dell'istituto di diritto sostanziale che è stato creato. All'evidenza, si è di fronte all'anomalia di una sentenza di proscioglimento che vincola quanto all'accertamento della sussistenza del fatto illecito. Tuttavia, ciò è coerente con la peculiarità dell'istituto che, a fronte dell'accertamento di un fatto e della sua illiceità penale, decide, valutando la particolare tenuità di questo, di assolvere comunque l'imputato (29).

Gli effetti di giudicato. Il presupposto della nuova causa di non punibilità è l'esistenza di un fatto storico conforme al fatto tipico incriminato dalla legge. Di conseguenza, l'art. 651-*bis* pone l'effetto del giudicato sulla « sussistenza del fatto », e cioè sull'accertamento degli elementi oggettivi della fattispecie incriminatrice in senso naturalistico, ma comprensivi delle qualifiche normative (es. altruità della cosa nel furto).

Inoltre, l'art. 651-*bis* pone l'effetto del giudicato sull'aver l'imputato « commesso » il fatto, da intendersi in senso oggettivo come condotta, evento e rapporto di causalità (quindi, senza estensione alla problematica dell'eventuale concorso causale del danneggiato).

E ancora, l'art. 651-*bis* pone l'effetto del giudicato sulla « illiceità penale » del fatto, e cioè sulla sua qualificazione penalistica a prescindere dall'esistenza delle cause di illiceità civile (es. art. 1227 c.c. sul concorso di colpa) e a prescindere dall'elemento soggettivo.

---

(27) L'imputato dovrà presentare una fattura redatta dal difensore, con espressa indicazione della causale e dell'avvenuto pagamento, corredata di parere di congruità del competente consiglio dell'ordine degli avvocati, nonché la copia della sentenza di assoluzione con attestazione di cancelleria della sua irrevocabilità (comma 1017). Da ciò si ricava che il ristoro deve ricomprendere anche altre spese oltre a quelle dovute all'attività del legale, quali quelle per consulenti tecnici e investigatori privati autorizzati (A. MARANDOLA).

Con decreto del ministro della giustizia, di concerto con il ministro dell'economia, sono stati definiti i criteri e le modalità di erogazione dei rimborsi, « attribuendo rilievo al numero di gradi di giudizio cui l'assolto è stato sottoposto e alla durata del giudizio » (comma 1019). Il rimborso sarà ripartito « in tre quote annuali di pari importo, a partire dall'anno successivo a quello in cui la sentenza è divenuta irrevocabile », e non concorrerà alla formazione del reddito ai fini tributari (comma 1016).

(28) Il nuovo istituto è esposto nella Parte III, cap. 2, § 3, lett. *c*.

(29) Anche la scelta logistica di collocare la norma dopo l'art. 651 sull'efficacia di giudicato della sentenza di condanna e *prima* dell'art. 652 sull'efficacia di giudicato della sentenza di assoluzione è palese indice dell'aspetto di favore che tale disciplina ha per il danneggiato.

Idonea a determinare gli effetti di giudicato sopra menzionati è, in primo luogo, « la sentenza penale irrevocabile di proscioglimento pronunciata per particolare tenuità del fatto in seguito a dibattimento ». L'effetto di giudicato va contro l'imputato prosciolto e contro il responsabile civile che sia stato citato o sia intervenuto nel processo penale; di conseguenza va a favore del danneggiato dal reato. Dalla normativa sopra esposta si ricava che il giudice civile è « libero quanto alla quantificazione del risarcimento » (così la *Relazione ministeriale*, p. 8).

Giudizio abbreviato ed effetti vincolanti del proscioglimento per particolare tenuità del fatto. Per quanto riguarda il *proscioglimento per particolare tenuità* che sia stato pronunciato nel *giudizio abbreviato*, il codice pone un limite alla sua efficacia di giudicato (art. 651-*bis*, comma 2). Infatti la parte civile, che non abbia accettato il rito abbreviato, può opporsi all'efficacia di giudicato nei suoi confronti. Ma di regola la parte civile avrà interesse ad utilizzare gli effetti in suo favore. In ogni caso, la non accettazione del rito abbreviato permette al danneggiato di esercitare immediatamente l'azione civile davanti al giudice civile, evitando la sospensione del processo (art. 441, comma 4).

11. Efficacia della sentenza penale di assoluzione o di condanna nel giudizio disciplinare davanti alle pubbliche autorità.

Nel codice vigente vale la regola della separazione delle giurisdizioni; pertanto i casi di efficacia del giudicato penale, in quanto eccezionali, devono essere previsti espressamente. A tal fine l'art. 653 dispone che, in determinati casi, la sentenza penale irrevocabile ha efficacia di giudicato nel giudizio sulla responsabilità disciplinare davanti alle pubbliche autorità (v. tav. 6.1.9).

Sentenza penale di assoluzione. L'efficacia della sentenza penale irrevocabile di assoluzione è limitata ad alcune formule terminative. Essa ha per oggetto soltanto l'accertamento che « il fatto non sussiste o non costituisce illecito penale o che l'imputato non lo ha commesso » (art. 653, comma 1, mod. dalla legge n. 97 del 2001).

L'espressione "il fatto non costituisce illevito penale" è piuttosto ambigua e non sembra sovrapponibile ad alcuna delle formule terminative richiamate dall'art. 652 in relazione agli effetti della sentenza di assoluzione nei giudizi civili e amministrativi di danno. In ogni caso, la pubblica autorità non può ricostruire l'episodio posto a fondamento dell'incolpazione in modo diverso da quello risultante dalla sentenza penale, ma può autonomamente valutarlo sotto il profilo della responsabilità disciplinare.

Occorre precisare che il giudicato è limitato all'*accertamento* di un fatto: l'assoluzione che sia dovuta alla esistenza di un *ragionevole dubbio* non gode di efficacia vincolante nel giudizio disciplinare davanti alla pubblica autorità.

Sentenza penale di condanna. La sentenza irrevocabile di *condanna* o di *applicazione della pena su richiesta delle parti* ha efficacia di giudicato nel giudizio disciplinare in casi tassativamente indicati. Il giudicato copre l'accertamento « della sussistenza del fatto, della sua illiceità penale » e l'affermazione « che l'imputato lo ha commesso » (art. 653, comma 1-*bis*, anche con riferimento all'art. 445, comma 1-*bis*). Occorre precisare che la responsabilità disciplinare da accertare deve essere fondata sul *medesimo fatto* che è stato oggetto del giudizio penale, conclusosi con condanna o assoluzione, e non su fatti diversi che possono essere accertati liberamente dalla pubblica autorità.

Efficacia della sentenza di applicazione della pena su richiesta. Occorre ricordare che l'art. 445 comma 1-*bis* fa salvo « quanto previsto dall'articolo 653 »; di conseguenza, la sentenza irrevocabile di patteggiamento ha efficacia nei giudizi disciplinari alla pari della sentenza di condanna, ma a condizione che nella sentenza di patteggiamento sia contenuto un « accertamento », come è richiesto espressamente nell'art. 653.

Il procedimento disciplinare davanti alla pubblica autorità. Come abbiamo accennato, il procedimento disciplinare toccato dal giudicato è soltanto quello che si svolge davanti ad una *pubblica autorità*, e non davanti a privati. La pubblica autorità (ad esempio, il consiglio dell'ordine degli avvocati) resta vincolata anche se non è stata messa in grado di partecipare al processo penale; probabilmente il legislatore ritiene che i suoi interessi siano rappresentati dal pubblico ministero ([30]).

La riparazione per il dipendente pubblico ingiustamente sottoposto a procedimento penale. La legge 11 maggio 2004 n. 126, che ha convertito il decreto-legge n. 66 del medesimo anno, ha introdotto una sorta di riparazione in favore del dipendente pubblico che ha subito una ingiusta sospensione cautelare o che sia stato indotto ad abbandonare il servizio a causa della instaurazione, nei suoi confronti, di un procedimento penale poi conclusosi con un proscioglimento. La riparazione consiste nel ripristino del rapporto di pubblico impiego (o beneficio analogo) per una durata pari alla sospensione cautelare o al servizio non espletato a causa dell'anticipata collocazione in pensione (cumulabili tra loro).

12. Efficacia della sentenza penale di condanna o di assoluzione in altri giudizi civili o amministrativi.

I limiti all'efficacia del giudicato. L'art. 654 prevede, con molte condizioni, l'efficacia di giudicato della sentenza penale irrevocabile in *altri* giudizi civili e amministrativi, da intendersi *diversi* da quelli previsti dai precedenti articoli del codice. Ne deriva che l'art. 654 non riguarda né i procedimenti civili e amministrativi concernenti il risarcimento del danno cagionato dal reato (artt. 651 e 652), né il

---

([30]) D'altra parte, il pubblico ministero è obbligato ad informare la pubblica autorità quando egli abbia esercitato l'azione penale contro un impiegato dello Stato o di altro ente pubblico o quando l'impiegato sia stato arrestato o si trovi in custodia cautelare (art. 129 disp. att.). Sulla base di tale informazione l'autorità può valutare se costituirsi parte civile, ove l'imputato abbia cagionato un danno alla pubblica amministrazione.

La medesima informazione permette alla pubblica autorità di valutare se occorra iniziare il procedimento disciplinare contro l'imputato o l'indagato. Il procedimento disciplinare può svolgersi nonostante la pendenza del processo penale; ma varie leggi speciali lasciano alla pubblica autorità la *facoltà* di sospenderlo. Ove la sospensione sia prevista come necessaria, l'art. 211 disp. att. detta una normativa apposita nel senso che, ad esempio, l'obbligo di sospendere scatta soltanto dopo l'esercizio dell'azione penale.

procedimento per responsabilità disciplinare davanti alle pubbliche autorità (art. 653) ([31]).

Fatte tali premesse sull'ambito di applicazione dell'art. 654, occorre sottolineare i limiti che in tale disposizione sono posti rispetto all'esplicazione dell'efficacia del giudicato penale. L'elencazione può apparire arida, ma dà un preciso senso alla constatazione che il nuovo codice non accetta più il principio dell'unità della giurisdizione, accolto dal codice del 1930 (v. tav. 6.1.7).

La sentenza pronunciata in dibattimento. In primo luogo, la sentenza, che viene considerata nell'art. 654, è soltanto quella irrevocabile di *condanna* o di *assoluzione* che sia stata pronunciata in dibattimento. Pertanto restano escluse le sentenze rese in dibattimento con altre formule terminative (ad esempio, di non doversi procedere) o rese prima del dibattimento (ad esempio, la sentenza di non luogo a procedere pronunciata nell'udienza preliminare e la sentenza pronunciata nel giudizio abbreviato o a seguito di patteggiamento). Resta fuori dall'efficacia del giudicato anche il decreto penale di condanna, poiché viene emesso senza il contraddittorio.

L'accertamento dei fatti materiali. In secondo luogo, l'efficacia del giudicato concerne soltanto l'*accertamento* dei *fatti materiali* che sono stati *oggetto* del giudizio penale e che siano stati ritenuti *rilevanti* ai fini di quella decisione. Con ciò si vuole precisare che il vincolo riguarda la *materialità* del fatto storico che è stato addebitato nell'imputazione e rispetto al quale il dispositivo si è pronunciato. Pertanto il giudicato si riferisce unicamente ai fatti ricompresi nell'elemento oggettivo del reato e non in quello soggettivo; non concerne la qualificazione giuridica né i fatti che sono stati utilizzati ai fini del convincimento o che sono stati accertati per risolvere questioni pregiudiziali o incidentali ([32]).

Il vincolo di pregiudizialità. In terzo luogo, è necessaria l'esistenza di un vincolo di pregiudizialità tra l'accertamento penale ed il giudizio civile o amministrativo: il riconoscimento di un diritto soggettivo o di un interesse legittimo *deve dipendere dall'accertamento degli stessi fatti materiali* che sono stati oggetto del giudizio penale. Ad esempio, la condanna di un pubblico impiegato ha efficacia vincolante sull'accertamento di un comportamento che oggettivamente è contrario ai doveri d'ufficio, ai fini di un giudizio di responsabilità per danno erariale davanti alla corte dei conti.

L'assenza di limitazioni alla prova della posizione giuridica controversa. In quarto luogo, non vi è efficacia di giudicato quando la legge civile pone limitazioni alla prova della posizione giuridica controversa. Si tratta di limiti di tipo sostanziale che sono previsti, ad esempio, quando il codice civile non permette che il fatto sia accertato mediante prove testimoniali o presunzioni (artt. 2721-2726 e 2729 c.c.). Ci sono fatti,

---

([31]) Pertanto l'art. 654 non si può applicare nelle materie regolamentate dagli artt. 651-653, nei casi nei quali tali articoli non prevedano l'efficacia del giudicato penale (*Relazione al prog. prel.*, p. 143). Occorre anche precisare che, al di fuori delle ipotesi tassative di giudicato penale ai sensi degli artt. 651-653, resta comunque la possibilità che il giudice civile o amministrativo rivaluti autonomamente e liberamente la sentenza penale come documento quando un fatto in essa accertato sia pregiudiziale ad una questione da risolvere.

([32]) Ad esempio, la giurisprudenza ritiene che l'accertamento della deficienza psichica nel reato di circonvenzione di incapace (art. 643 c.p.) vincoli il giudice civile che conosce dell'azione di annullamento di un contratto viziato da incapacità naturale (art. 428 c.c.). E ancora, l'accertamento degli artifizi e raggiri nella truffa (art. 640 c.p.) vincola il giudice che conosce l'azione di annullamento del contratto per dolo (art. 1439 c.c.).

aventi rilevanza civilistica, che non possono essere accertati mediante tali prove, bensì soltanto sulla base di documenti; e ciò a tutela della certezza dei rapporti giuridici. In dette situazioni, è esclusa anche l'efficacia vincolante della sentenza penale di condanna e di assoluzione. Viceversa, i limiti di prova meramente processuali lasciano sussistere l'effetto del giudicato; ad esempio, nel processo civile le parti non possono testimoniare (art. 246 c.p.c.), mentre nel processo penale sono testimoni la parte civile e, a determinate condizioni, l'imputato; eppure, vi è l'effetto di giudicato, naturalmente se sono presenti tutte le altre condizioni poste dall'art. 654 c.p.p.

Le parti effettive. Per quanto concerne l'ambito *soggettivo*, l'art. 654 estende l'efficacia del giudicato « nei confronti dell'imputato, della parte civile e del responsabile civile che si sia costituito o che sia intervenuto nel processo penale »; si tratta delle sole parti effettive (e non potenziali). Il giudicato può essere fatto valere "nei loro confronti" anche da persone che non siano state parti in quel processo penale. Ad esempio, la condanna di un utente per furto di corrente elettrica è stata fatta valere dall'ente che somministrava tale energia nel giudizio civile per la risoluzione del contratto, perché il comportamento accertato era tale da menomare la fiducia nella futura corretta esecuzione del contratto stesso.

Capitolo II
L'ESECUZIONE PENALE

SOMMARIO: 1. L'oggetto dell'esecuzione. — 2. I soggetti dell'esecuzione. — 3. L'attività esecutiva. — 4. L'esecuzione delle pene detentive. — 5. L'esecuzione delle pene pecuniarie. — 6. La giurisdizione esecutiva. — 7. La magistratura di sorveglianza. — 8. Il casellario giudiziale. — 9. Le spese.

1. L'oggetto dell'esecuzione.

Il momento finale del procedimento penale è rappresentato dall'esecuzione, alla quale il codice di procedura penale dedica un intero libro, il decimo.

Il rilievo che assume tale momento nell'ambito del procedimento penale è legato alla logica necessità che i provvedimenti emessi sia nell'ambito, sia a conclusione di un processo penale non rimangano lettera morta, ma abbiano una loro effettività.

Il punto di partenza obbligato è quindi l'individuazione dell'oggetto dell'esecuzione: si tratta cioè di verificare *quali provvedimenti* abbiano l'attitudine ad essere eseguiti ed *in quale momento* assumano tale caratteristica.

Il titolo esecutivo. Quando nel processo penale un provvedimento ha acquisito l'idoneità ad essere eseguito, si dice che costituisce *titolo esecutivo*. Si denomina *forza esecutiva* (art. 650) quella caratteristica di un provvedimento che impone come giuridicamente necessaria la sua attuazione.

Di regola, nel processo penale hanno immediata forza esecutiva tutti i provvedimenti emessi dal giudice. Fanno eccezione, tuttavia, le *sentenze* e i *decreti penali* che, ai sensi dell'art. 650, sono esecutivi *soltanto* quando sono divenuti irrevocabili, e cioè non più sottoponibili ad impugnazione ordinaria (o ad opposizione, nel caso del decreto penale). Infatti, soltanto l'irrevocabilità comporta che l'accertamento sulla responsabilità penale possa considerarsi definitivo.

Dal punto di vista dell'oggetto, costituiscono titolo esecutivo e devono conseguentemente essere eseguite tutte le sentenze irrevocabili che contengano un comando da attuare: tali sono sia le sentenze di condanna, sia quelle di proscioglimento.

Esecuzione delle sentenze di condanna. Con riguardo alle sentenze di condanna l'affermazione non richiede ulteriori spiegazioni: è infatti evidente come una sentenza irrevocabile che disponga, ad esempio, una pena detentiva, comporti la necessità di darvi attuazione attraverso il compimento di attività che portino a limitare la libertà personale del condannato.

Esecuzione delle sentenze di proscioglimento. Viceversa, per le sentenze di proscioglimento sono opportune alcune osservazioni. Normalmente, infatti, la sentenza di proscioglimento non ha necessità di essere eseguita in forme particolari. Quando essa afferma semplicemente l'innocenza dell'imputato non contiene specifici comandi da attuare; in taluni casi, tuttavia, anche la sentenza di proscioglimento comporta la attuazione di specifiche prescrizioni. Si pensi alle ipotesi relative alla cessazione di misure cautelari personali (art. 532, comma 1) o a quelle in cui la sentenza di assoluzione applichi misure di sicurezza (art. 530, comma 4).

La disciplina delle misure cautelari è peraltro contenuta in una diversa parte del codice (v. art. 300 per le misure personali), in quanto la sentenza di proscioglimento per tali effetti è immediatamente esecutiva. Viceversa, le attività esecutive, relative alle misure di sicurezza o alle sanzioni civili, presuppongono l'irrevocabilità della sentenza e sono disciplinate dal libro decimo.

2. I soggetti dell'esecuzione.

a) ***Il pubblico ministero.*** Nella fase dell'esecuzione la figura del pubblico ministero ha un ruolo primario; infatti, tra i suoi compiti istituzionali, indicati dall'art. 73 ord. giud., è compreso il dovere di « far eseguire i giudicati ed ogni altro provvedimento del giudice (...) ». Ciò trova conferma nell'art. 655 comma 1, che sancisce il dovere del pubblico ministero di curare d'ufficio l'esecuzione dei provvedimenti.

L'art. 655 stabilisce, inoltre, quale è l'ufficio del pubblico ministero competente per l'esecuzione dei provvedimenti giurisdizionali. In base al principio generale per cui la legittimazione della pubblica accusa si determina in relazione alla competenza del giudice (art. 51, comma 3), il legislatore ha individuato nel pubblico ministero presso il giudice dell'esecuzione l'organo competente ad esercitare i poteri di iniziativa in relazione all'esecuzione penale.

b) ***Il giudice dell'esecuzione.*** Anche la fase dell'esecuzione deve essere assistita dalle garanzie della giurisdizione (direttiva n. 96 legge delega). L'esigenza è stata soddisfatta attraverso la previsione di un eventuale controllo giurisdizionale affidato al giudice dell'esecuzione; detto organo si occupa di ogni aspetto che riguarda l'efficacia esecutiva del provvedimento giurisdizionale, al fine di assicurare adeguate garanzie ai diritti fondamentali dell'interessato, inevitabilmente coinvolti nell'esecuzione. La competenza del giudice dell'esecuzione ha evidentemente natura funzionale, poiché comprende ogni oggetto che afferisca alla funzione svolta dal giudice in questa fase. L'art. 665 dispone, come regola generale, che il giudice competente a conoscere dell'esecuzione di un provvedimento è lo stesso giudice che lo ha emesso, ma la norma individua anche regole specifiche nel caso in cui il provvedimento sia stato impugnato e diversi siano stati gli esiti dei gravami. Le disposizioni specifiche saranno esaminate successivamente (v. § 6).

c) ***La magistratura di sorveglianza.*** A differenza del giudice dell'esecuzione, la magistratura di sorveglianza si occupa di materie che attengono principalmente al settore del diritto penale sostanziale, poiché ad essa è affidato il controllo sulla funzionalità ed efficienza della pena in relazione al fine della rieducazione del condannato e l'accertamento della pericolosità del soggetto.

I compiti della magistratura di sorveglianza sono distribuiti tra un organo monocratico, il magistrato di sorveglianza, ed un organo collegiale, il tribunale di sorveglianza. È possibile fin d'ora affermare che all'organo monocratico competono anche compiti di tipo amministrativo; viceversa, al tribunale di sorveglianza è attribuita una attività giurisdizionale, concernente i provvedimenti che richiedono valutazioni più complesse come la concessione di misure alternative alla detenzione. Le disposizioni specifiche saranno esaminate successivamente (v. § 7).

d*) *L'amministrazione penitenziaria. Presso il ministero della giustizia è istituito il *dipartimento* dell'amministrazione penitenziaria, che si occupa, in generale, dell'esecuzione delle pene (anche alternative), delle misure di sicurezza detentive e della custodia cautelare in carcere.

A livello decentrato sono istituiti i *provveditorati regionali* dell'amministrazione penitenziaria. Ogni *provveditorato*, nell'ambito della propria circoscrizione e secondo le direttive del dipartimento, si occupa, tra l'altro, della gestione delle risorse e del personale; sicurezza degli istituti; servizi di traduzione e piantonamento; trattamento intramurale ed esecuzione penale esterna; programmazione e controllo amministrativo-contabile (v. d.lgs. 30 ottobre 1992, n. 444) (1).

e*) *Gli uffici locali di esecuzione penale esterna (U.E.P.E.). A livello decentrato operano anche gli *uffici locali di esecuzione penale esterna*, subentrati ai centri di servizio sociale per adulti (C.S.S.A.) e istituiti dall'art. 3 lett. *b* della legge 27 luglio 2005, n. 154, che ha sostituito l'art. 72 ord. pen. (2).

f*) *Il Garante nazionale dei diritti delle persone detenute o private della libertà personale. Si tratta di un'*authority* indipendente che è stata istituita dall'art. 7 del decreto-legge n. 146 del 2013, conv. nella legge n. 10 del 2014, presso il ministero della giustizia; essa è preposta alla tutela extragiudiziale dei diritti dei soggetti detenuti. Il Garante nazionale è costituito in collegio, composto dal presidente e da due membri, che restano in carica per cinque anni non prorogabili.

Al Garante spettano sia compiti generali di *vigilanza* sull'esecuzione della custodia delle persone sottoposte a qualsiasi forma di « limitazione della libertà personale », sia poteri *ispettivi* dei luoghi che li ospitano, ai quali può accedere senza autorizzazioni. In particolare, il Garante può:

1) prendere visione, previo consenso anche verbale dell'interessato, degli atti contenuti nel fascicolo della persona detenuta o privata della libertà personale e comunque degli atti riferibili alle condizioni di detenzione o di privazione della libertà;

2) richiedere alle amministrazioni responsabili delle strutture detentive le informazioni e i documenti necessari; nel caso in cui l'amministrazione non fornisca risposta nel termine di trenta giorni, il Garante informa il magistrato di sorveglianza competente e può richiedere l'emissione di un ordine di esibizione;

3) formulare specifiche raccomandazioni all'amministrazione interessata, se accerta violazioni alle norme dell'ordinamento ovvero la fondatezza delle istanze e dei reclami proposti ai sensi dell'art. 35 della legge n. 354 del 1975. L'amministrazione interessata, in caso di diniego, deve comunicare il dissenso motivato nel termine di trenta giorni.

---

(1) Ad ogni singolo istituto penitenziario è preposto un *direttore*, che ricopre il ruolo di funzionario di carriera dirigenziale (d.lgs. 15 febbraio 2006, n. 63). Il direttore si avvale della collaborazione di personale amministrativo-contabile e di educatori (artt. 80 e ss. l. 26 luglio 1975, n. 354), rispetto ai quali si trova in posizione di superiorità gerarchica.

(2) Gli uffici, che dipendono dal ministero della giustizia, si occupano delle inchieste funzionali all'applicazione, alla modifica ed alla revoca delle misure alternative alla detenzione; propongono all'autorità giudiziaria il programma di trattamento e ne controllano la corretta esecuzione; prestano consulenza relativamente al trattamento penitenziario, su richiesta delle direzioni degli istituti. Gli uffici di esecuzione penale esterna si coordinano con le istituzioni e i servizi sociali che operano sul territorio.

3. L'attività esecutiva.

Una volta accertato quali sono i provvedimenti suscettibili di esecuzione e quali soggetti sono i protagonisti di questa fase, è necessario considerare, più in particolare, in cosa si sostanzia la loro attività.

È possibile distinguere un *momento attuativo* del comando contenuto nel provvedimento giurisdizionale divenuto esecutivo (artt. 655-664), da un diverso momento, eventuale, di *controllo giurisdizionale* su tale attività (artt. 665-684).

Il momento attuativo del comando. Quanto al momento attuativo del comando, come si è già osservato precedentemente, il protagonista è il pubblico ministero. Gli artt. 655 s., oltre a stabilire a chi competa l'esecuzione dei provvedimenti giurisdizionali, ne individuano le concrete modalità di attuazione.

Preliminarmente si può osservare che l'attività del pubblico ministero in questa fase presenta determinate peculiarità che richiamano quelle proprie dell'esercizio dell'azione penale. Dalla lettura dell'art. 655 è possibile individuare le seguenti caratteristiche:

a) l'obbligatorietà dell'esecuzione.

b) L'officiosità dell'esecuzione.

c) L'irretrattabilità dell'esecuzione.

d) Il monopolio dell'iniziativa nell'esecuzione.

Il codice prevede norme volte a disciplinare le diverse modalità attraverso cui deve avvenire l'esecuzione delle pene detentive (artt. 656 ss., anche con il calcolo del presofferto in esecuzione di misure cautelari custodiali o del cumulo fra più pene detentive derivanti da diverse sentenze di condanna), delle pene pecuniarie (art. 660), delle misure di sicurezza (artt. 658 e 659), delle sanzioni sostitutive (art. 661), delle pene accessorie (art. 662); ma anche l'esecuzione disciplinare e civile nell'ambito penale (art. 664).

L'attivazione del controllo giurisdizionale: l'oggetto e il procedimento. Quanto all'altro momento della fase esecutiva, rappresentato dall'intervento eventuale del giudice, il legislatore ha previsto un apposito *procedimento* con le garanzie della giurisdizione al fine di verificare la validità dei presupposti e la legittimità del titolo esecutivo. Come è evidente, l'effettuazione di un controllo su materie coperte da riserva di giurisdizione come la pena e la libertà personale deve necessariamente estrinsecarsi in forme che assicurino la presenza di un giudice imparziale, il diritto di difesa, il contraddittorio delle parti e una decisione motivata ricorribile per cassazione (art. 111 Cost.).

4. L'esecuzione delle pene detentive.

a*) *L'ordine di esecuzione. L'atto propulsivo dell'esecuzione delle pene detentive è l'ordine di esecuzione (art. 656). Il pubblico ministero lo emette quando deve essere eseguita una sentenza di condanna a pena detentiva; l'ordine impone alla polizia giudiziaria di condurre immediatamente in carcere il condannato (v. tav. 6.2.4). Copia dell'ordine deve essere consegnata personalmente nelle mani dell'interessato (art. 656, comma 1), sempre che questi non sia già detenuto. In tale ultima ipotesi, l'ordine di esecuzione sarà comunicato al ministero della giustizia e notificato al condannato in carcere (art. 656, comma 2).

In ogni caso, l'ordine deve essere notificato, entro trenta giorni, al difensore nominato espressamente dall'interessato per la fase dell'esecuzione, oppure, qualora tale nomina non sia stata effettuata, a quello designato dal pubblico ministero secondo quanto disposto dall'art. 97 (art. 655, comma 5).

L'ordine di esecuzione deve indicare le generalità della persona nei cui confronti il provvedimento deve essere eseguito e tutto ciò che sia utile per identificarla; l'imputazione; il dispositivo; le ulteriori disposizioni necessarie per l'esecuzione (art. 656, comma 3) (3).

***b*) Il computo del presofferto.** L'art. 657 c.p.p. prevede il caso in cui il condannato abbia già scontato periodi di custodia cautelare o abbia espiato pene per sentenze revocate (revisione o *abolitio criminis*) o per le quali siano intervenuti provvedimenti di amnistia o indulto: in tutti questi casi si rende necessario un intervento di calcolo per detrarre il presofferto (o l'indebitamente sofferto) e determinare così la pena ancora effettivamente da espiare.

L'art. 657 prevede, infatti, che il pubblico ministero debba computare il periodo di custodia cautelare subita per lo stesso o per altro reato, anche se la custodia è ancora in corso (4), e debba computare altresì il periodo di pena detentiva espiata per un reato diverso, quando la relativa condanna sia stata revocata, o quando per il reato sia stata concessa amnistia o indulto, nei limiti dello stesso.

In ogni caso, onde evitare che un periodo di limitazione della libertà personale possa costituire incentivo alla futura commissione di reati, è previsto che siano computate soltanto la custodia cautelare subita e le pene espiate dopo la commissione del reato per il quale deve essere determinata la pena da eseguire (art. 657, comma 4).

Ai sensi del comma 5 dell'art. 657 il « pubblico ministero provvede con decreto, che deve essere notificato al condannato e al suo difensore ».

Presofferto in caso di revoca o di esito negativo della sospensione del procedimento con messa alla prova. Nel caso di riapertura del procedimento a fronte di revoca (o esito negativo) della messa alla prova, quando poi l'imputato viene condannato, il pubblico ministero deve defalcare dalla pena da eseguire un periodo corrispondente a quello della prova eseguita. L'art. 657-*bis* impone che tre giorni di prova sono equiparati a un giorno di reclusione o di arresto ovvero a 250 euro di multa o ammenda.

***c*) L'esecuzione di pene concorrenti: il provvedimento di cumulo.** L'art. 663 disciplina il caso in cui la stessa persona sia stata condannata con più sentenze o

(3) Qualora il destinatario del provvedimento da eseguire sia uno straniero, l'ordine di esecuzione deve essere tradotto, a pena di nullità, in una lingua che sia nota al soggetto. Tuttavia, ciò non è necessario nel caso in cui risulti dagli atti del procedimento che egli comprenda la lingua italiana. Tale circostanza si presume se si rileva che il soggetto si è sempre reso conto della portata dell'accusa, contrapponendovi un'adeguata difesa.

(4) Dal testo della norma emerge chiaramente come il legislatore si sia ispirato ad un ampio criterio di fungibilità della pena; tuttavia, è opportuno sottolineare che la fungibilità riguarda le sole misure coercitive custodiali, cioè la custodia in carcere (o in luogo di cura o custodia) e gli arresti domiciliari (cfr. art. 284 comma 5). Si è ritenuto, infatti, che le limitazioni derivanti dalle altre misure cautelari (e, quindi, il relativo quoziente di afflittività) non fossero tali da poter essere equiparate alla detenzione per pena definitiva.

decreti penali per reati diversi. È necessario effettuare un nuovo calcolo per determinare la pena in relazione all'intervenuto passaggio in giudicato di una nuova sentenza di condanna. A procedere in questo senso sarà sempre il pubblico ministero (presso il giudice che ha emesso il provvedimento divenuto irrevocabile per ultimo), il quale osserverà le norme relative al concorso di pene (v. art. 80 c.p. che richiama le norme precedenti).

Il provvedimento di cumulo ha la forma del decreto e deve essere notificato al condannato e al suo difensore.

d) Le pene detentive brevi: la sospensione dell'esecuzione. L'istituto della sospensione dell'esecuzione delle pene detentive brevi (art. 656) vuole evitare la carcerazione di persone che hanno i requisiti per ottenere le misure alternative e che, quindi, se entrassero in carcere, ne aggraverebbero inutilmente il sovraffollamento perché dovrebbero uscirne non appena ottenuta la singola misura.

La pena detentiva "breve". L'ordinamento considera breve la pena quando la detenzione, anche se costituente residuo di maggiore pena, è fino a 4 anni, e fino a 6 anni se il condannato è tossicodipendente ([5]).

Oltre alla detenzione domiciliare, possono essere concessi l'affidamento in prova al servizio sociale (art. 47 ord. pen.) e la semilibertà (art. 50, comma 1 ord.pen.) nei limiti previsti dalla legge.

La valutazione del pubblico ministero. Il pubblico ministero deve effettuare una serie di operazioni matematiche volte ad individuare la pena concretamente da scontare, al fine di valutare l'astratta applicabilità dell'istituto in esame. A tal fine valgono le considerazioni svolte *supra* alle lett. *b*, *c*.

I divieti di sospensione dell'esecuzione di pene detentive brevi. Inoltre, il pubblico ministero « prima di emettere l'ordine di esecuzione » deve valutare se in concreto vi sono divieti alla sospensione dell'esecuzione delle pene "brevi". Occorre fare riferimento al comma 9 dell'art. 656, che prevede i seguenti limiti alla sospensione dell'esecuzione.

a.1) In primo luogo, l'esecuzione della pena non può essere sospesa nei confronti di coloro che siano stati condannati per quei delitti più gravi, che non ammettono comunque misure alternative (art. 4-*bis*, legge 26 luglio 1975, n. 354).

a.2) In secondo luogo, l'esecuzione della pena non può essere sospesa nei confronti di coloro che siano stati condannati per i delitti previsti dall'art. 423-*bis* c.p. (incendio boschivo), dall'art. 572, comma 2 c.p. (maltrattamenti in famiglia se dal fatto deriva una lesione personale grave o gravissima o la morte), e dall'art. 612-*bis*, comma 3 c.p. (atti persecutori aggravati a danno di minore, donna in stato di gravidanza, persona con disabilità; fatti commessi da persona con armi o travisata) ([6]).

([5]) La sentenza della Corte cost. 2 marzo 2018, n. 41, ha dichiarato l'illegittimità costituzionale dell'art. 656, comma 5 « nella parte in cui si prevede che il pubblico ministero sospende l'esecuzione della pena detentiva, anche se costituente residuo di maggiore pena, non superiore a tre anni, anziché a quattro anni ».

([6]) La Corte Cost. con la sentenza n. 125 del 2016 ha eliminato l'originario divieto di disporre la sospensione dell'esecuzione nei confronti del condannato per furto con strappo (art. 624-*bis* c.p.) perché l'autore di tale reato non ha una pericolosità maggiore di quella espressa da un rapinatore. Pertanto, le pene detentive inflitte per il reato di furto con strappo non saranno eseguite con il passaggio in giudicato della sentenza di condanna: il pubblico ministero

I predetti delitti non permettono l'applicazione di misure alternative con il meccanismo della sospensione dell'esecuzione; per essi le misure possono essere applicate con gli strumenti ordinari, una volta iniziata l'esecuzione, ove ricorrano i relativi presupposti di ammissibilità.

b) In terzo luogo, l'esecuzione della pena non può essere sospesa nei confronti di coloro che si trovano in custodia cautelare in carcere per lo stesso reato in relazione al quale è stata irrogata la pena da eseguire, al momento in cui diviene definitiva la condanna.

c) In quarto luogo, il condannato può beneficiare della sospensione una sola volta in relazione alla medesima condanna (art. 656, comma 7).

L'applicazione della liberazione anticipata ordinaria. Se non vi sono i predetti divieti di sospensione, il pubblico ministero deve chiedere al magistrato di sorveglianza di applicare l'eventuale liberazione anticipata (e cioè, lo sconto di pena per buona condotta disciplinato dall'art. 54 o.p.) (7);

Ottenuto il provvedimento che abbia applicato lo sconto per liberazione anticipata (art. 54 ord. pen.), il pubblico ministero deve valutare se la pena residua da applicare può considerarsi "breve" ai sensi del comma 5, come abbiamo precisato all'inizio.

L'ordine di esecuzione ed il decreto di sospensione della pena detentiva "breve". Il pubblico ministero (senza valutare nel merito la concedibilità della singola misura alternativa, ma quando si rientra matematicamente nell'ammontare sopra indicato) deve emettere l'ordine di esecuzione ed il decreto di sospensione della pena "breve". Quindi, deve notificare ordine di esecuzione e decreto di sospensione al condannato e al difensore con avviso della possibilità di chiedere una misura alternativa entro trenta giorni con istanza al pubblico ministero (art. 656, comma 5).

Se la pena residua non è "breve", il pubblico ministero emette ordine di esecuzione, come sopra specificato (art. 656, comma 1).

Il condannato chiede la misura alternativa. Se il condannato chiede una misura alternativa entro trenta giorni al pubblico ministero (art. 677, comma 2-*bis*), questi trasmette l'istanza, con la relativa documentazione, al tribunale di sorveglianza competente in relazione al luogo in cui ha sede l'ufficio del pubblico ministero stesso. Il tribunale di sorveglianza (di cui daremo conto *infra*, § 7), decide non prima di 30 giorni e non oltre 45 giorni dalla ricezione della richiesta, previa osservazione scientifica della personalità (art. 656, comma 6, mod. dal d.lgs. n. 123 del 2018)(8).

---

deve sospendere gli effetti dell'ordine di carcerazione, affinché l'interessato possa sollecitare forme alternative di esecuzione della pena. Sempre la Corte cost. con la sentenza n. 90 del 2017 ha dichiarato illegittimo il divieto di sospensione dell'esecuzione nei confronti dei minorenni in libertà perché l'originario comma 9 costringeva in modo automatico il minorenne libero ad entrare nel carcere quando comunque egli avrebbe potuto ottenere una misura alternativa senza interrompere il percorso rieducativo che avesse già intrapreso.

(7) Il beneficio ammonta a quarantacinque giorni per ogni semestre di pena.

(8) La documentazione utile alla decisione può essere depositata, fino a cinque giorni prima dell'udienza, nella cancelleria del tribunale di sorveglianza. Tale integrazione, tuttavia, non è possibile nei casi in cui la mancanza della documentazione comporti l'inammissibilità della richiesta (art. 656, comma 6).Il tribunale di sorveglianza, se vi sono i relativi presupposti, concede l'affidamento in prova, o la detenzione domiciliare, o la semilibertà, o la sospensione per tossicodipendenti.

Il condannato non chiede la misura alternativa. Se il condannato non chiede una misura alternativa entro trenta giorni, il pubblico ministero revoca il decreto di sospensione (art. 656, comma 7). Lo stesso avviene se il tribunale di sorveglianza respinge l'istanza di misura alternativa o la dichiara inammissibile ([9]).

La sopravvenienza di un titolo esecutivo detentivo. Viceversa, la sopravvenienza di un titolo esecutivo durante il corso di una misura cautelare, relativa ad un reato diverso, non esclude l'operatività della sospensione dell'esecuzione della pena e della conseguente valutazione nel merito relativa alla concessione di una misura alternativa. La misura alternativa e quella cautelare possono anche essere applicate contestualmente, ma è necessario verificarne in concreto l'effettiva compatibilità, attribuendo prevalenza, nei casi di contrasto, alla misura cautelare. Tale valutazione non spetta al tribunale di sorveglianza, il quale si occupa solo della verifica dell'esistenza delle condizioni per la concessione della misura alternativa, bensì spetta al giudice della misura cautelare.

Il condannato agli arresti domiciliari per il medesimo fatto oggetto della condanna. La sospensione dell'esecuzione può assumere una ulteriore forma, che presenta una qualche singolarità (art. 656, comma 10). Nel caso in cui il condannato, in condizione di beneficiare della sospensione della pena "breve" ai sensi del comma 5, si trovi agli arresti domiciliari per il medesimo fatto oggetto della condanna da eseguire, la limitazione della libertà personale perdura nella stessa forma; tuttavia il pubblico ministero, accertato che la pena residua è "breve", sospende l'esecuzione della medesima e trasmette gli atti al tribunale di sorveglianza « perché provveda alla eventuale applicazione delle misure alternative di cui al comma 5 ». Il tempo corrispondente allo stato detentivo fino alla decisione del tribunale è considerato come pena espiata (art. 656, comma 10).

L'esecuzione della pena presso il domicilio in base alla c.d. legge svuota carceri. La detenzione domiciliare "svuota-carceri" è una singolare misura alternativa che consiste in una modalità di esecuzione della pena presso il domicilio. Tale misura (introdotta come provvisoria per contrastare il sovraffollamento carcerario dalla legge n. 199 del 2010 e stabilizzata dalla legge n. 10 del 2014) è applicabile nei confronti dei condannati ad una pena detentiva (anche se costituente residuo di maggior pena) fino a diciotto mesi. Il pubblico ministero valuta d'ufficio la concedibilità della misura, la cui applicazione è deliberata dal magistrato di sorveglianza con una procedura *de plano* (art. 69-*bis* ord. pen.). La singolarità della misura sta nel superare molti dei

---

([9]) Come abbiamo anticipato, la sospensione dell'esecuzione è finalizzata ad evitare l'ingresso in carcere a tutti quei condannati che verosimilmente potranno usufruire delle misure alternative. Il meccanismo permette al condannato a pena detentiva breve di non entrare in contatto con la realtà carceraria, beneficiando fin dall'inizio di una modalità di espiazione meno afflittiva e più adeguata in vista della rieducazione. Inoltre, l'evitare il transito in carcere dei soggetti condannati a pena detentiva breve risponde anche ad evidenti finalità di deflazione della popolazione carceraria. Di conseguenza, l'istituto della sospensione non può essere invocato dal soggetto che già si trovi in *esecuzione di pena* per altra causa.

divieti comuni posti alle ordinarie forme di detenzione domiciliare, previste dall'art. 47-*ter* ord. pen. ([10]).

5. L'esecuzione delle pene pecuniarie.

L'esecuzione delle pene pecuniarie e delle spese del procedimento rientra nella "attività materiale del pubblico ministero", cioè in quelle ipotesi in cui « il pubblico ministero attiva la procedura esecutiva mediante la trasmissione degli atti ad altre autorità ». In questo caso, la cancelleria del giudice dell'esecuzione (art. 208 T.U.S.G - d.p.r. n. 115 del 2002) trasmette i ruoli al concessionario della riscossione (Equitalia giustizia S.p.a.), che procede alla riscossione coattiva in base alle norme che valgono in generale per i tributi in favore dello Stato (art. 223 T.U.S.G.) ([11]).

Quando è accertata la impossibilità di esazione della pena pecuniaria, il pubblico ministero trasmette gli atti al magistrato di sorveglianza competente per la conversione, il quale provvede previo accertamento dell'effettiva insolvibilità del condannato (art. 660 c.p.p.; si veda C. cost. 4-18 giugno 2003 n. 212). La pena pecuniaria insoluta è convertita nella sanzione della libertà controllata o del lavoro sostitutivo (artt. 136 c.p. e 102 ss. legge n. 689 del 1981).

6. La giurisdizione esecutiva.

a) ***Il giudice dell'esecuzione.*** Come si è già visto precedentemente, l'art. 665 dispone che il giudice competente a conoscere dell'esecuzione di un provvedimento è lo stesso giudice che lo ha emesso. Vi sono regole specifiche nel caso in cui il provvedimento sia stato impugnato e diversi siano stati gli esiti dei gravami. È opportuno ora esaminare alcune di tali disposizioni.

Il giudice dell'esecuzione è il giudice di primo grado se il provvedimento non è stato impugnato o se, a seguito di impugnazione, è stato confermato in appello o ha subìto modifiche solamente in punto di pena, misure di sicurezza e disposizioni civili.

Viceversa, competente per l'esecuzione sarà il giudice di appello se questi ha riformato la sentenza di primo grado in punto di responsabilità (art. 665, comma 2).

Se vi è stato ricorso per cassazione, in caso di annullamento con rinvio è competente il giudice del rinvio; se il ricorso è stato dichiarato inammissibile, è stato

---

([10]) Restano in vita soltanto i divieti per i c.d. "reati ostativi" di cui all'art. 4-*bis* ord. pen., per i delinquenti abituali, professionali o per tendenza, per i soggetti detenuti sottoposti al regime di sorveglianza particolare di cui all'art. 14-*bis* della legge n. 354 del 1975. Al di fuori di tali divieti, opera la discrezionalità vincolata del giudice, che deve escludere quel condannato per il quale sussista un pericolo di fuga, o siano presenti « specifiche e motivate ragioni » per ritenere che possa commettere altri delitti, o quando non sussista « l'idoneità e l'effettività del domicilio anche in funzione delle esigenze di tutela delle persone offese dal reato ».

([11]) Cass. civ., sez. III, 10 giugno 2013, n. 14528, in *www.dirittoegiustizia.it*, 11 giugno 2013: « nel sistema attuale, gli uffici giudiziari recuperano le somme derivanti da provvedimenti divenuti esecutivi procedendo direttamente, dopo l'iscrizione delle stesse sul registro, alla formazione ed alla trasmissione dei ruoli, senza effettuare nessuna richiesta bonaria di pagamento al debitore, essendo tale adempimento demandato all'agente della riscossione, che vi provvede con un'intimazione a pagare comunicata unitamente alla cartella di pagamento. Si ha così conferma del fatto che l'invito al pagamento (oggi l'intimazione a pagare) è adempimento, in passato riservato all'ufficio creditore, oggi all'agente della riscossione ».

rigettato o è stato annullato senza rinvio, la competenza spetterà al giudice di primo grado o al giudice d'appello secondo i criteri appena descritti (art. 665, comma 3).

In sintesi, il giudice dell'esecuzione può essere definito come l'ultimo giudice di merito che ha deciso sulla responsabilità penale del condannato.

Esecuzione di più provvedimenti emessi da giudici diversi. Il codice prevede altresì l'ipotesi in cui debbano essere eseguiti più provvedimenti emessi da giudici diversi. Vale il principio della unicità del giudice dell'esecuzione. Di regola è competente il giudice che ha pronunciato il provvedimento divenuto irrevocabile per ultimo. Se si tratta di giudici ordinari e giudici speciali, è competente il giudice ordinario (art. 665, comma 4) ([12]).

b) L'oggetto del controllo giurisdizionale. L'attività di controllo assegnata al giudice dell'esecuzione si riferisce alla verifica delle condizioni formali che consentono al comando di divenire, continuare o cessare di essere operativo nei suoi limiti originari. Si tratta, in sostanza, di una giurisdizione *sul titolo* e sul relativo *procedimento di attuazione*, laddove si renda necessario compiere accertamenti sulla effettiva presenza dei requisiti di forma e di sostanza del titolo stesso; è anche una giurisdizione *sull'interpretazione del titolo esecutivo*, quando determinati fatti, preesistenti o successivi al giudicato, impongono di rivalutarne modalità e termini di attuazione.

Come regola, il giudice che ha deliberato un provvedimento è competente a conoscere le questioni che attengono alla esecuzione del provvedimento stesso (art. 665 comma 1); a tale competenza generale si aggiungono casi previsti espressamente dal codice.

c) Il procedimento di esecuzione (c.d. incidente di esecuzione). Circa le forme del controllo, l'art. 666 dispone una apposita disciplina per il procedimento di esecuzione, impostata sullo schema del procedimento in camera di consiglio di cui all'art. 127, ma con alcune significative modificazioni (v. tav. 6.2.9).

L'iniziativa del procedimento è rimessa alle parti, secondo il principio *ne procedat iudex ex officio*. Sono legittimati a presentare richiesta il pubblico ministero e quel soggetto passivo del provvedimento giurisdizionale (o il suo difensore) che nella fase esecutiva abbiano concreto interesse all'instaurazione del procedimento di esecuzione; ovviamente, titolare di un interesse del genere è il condannato (art. 666 comma 1). La richiesta è presentata in forma scritta al giudice dell'esecuzione (art. 121 c.p.p.).

Eventuale dichiarazione di inammissibilità della richiesta. La richiesta del procedimento di esecuzione subisce un primo vaglio da parte del giudice a differenza di quanto avviene nell'ordinario procedimento in camera di consiglio regolato dall'art. 127. Il giudice, ove consideri la richiesta manifestamente infondata per difetto delle condizioni di legge, o mera riproposizione di un'istanza già rigettata, sentito il pubblico ministero, ne dichiara l'inammissibilità con decreto motivato, ricorribile in cassazione (art. 666, comma 2).

([12]) Se si tratta di provvedimenti emessi dal tribunale in composizione collegiale e monocratica, l'esecuzione spetta al collegio (art. 665, comma 4-*bis*). Questo criterio deve essere interpretato come attributivo di una sorta di competenza interna, in sede esecutiva, nell'ambito dello stesso tribunale. Di conseguenza, si riferisce all'ipotesi di più provvedimenti emessi dal medesimo tribunale, inteso come ufficio giudiziario; la disposizione non è norma attributiva di competenza territoriale.

Adempimenti in presenza di una richiesta ammissibile. Qualora la richiesta sia ammissibile, il giudice designa il difensore d'ufficio all'interessato che ne sia privo, fissa la data dell'udienza in camera di consiglio e ne fa dare avviso alle parti e ai difensori. L'avviso è comunicato o notificato almeno dieci giorni prima della data predetta (art. 666, comma 3). Il giudice può chiedere alle autorità competenti tutti i documenti e le informazione di cui ha bisogno (art. 666, comma 5); quindi deposita gli atti in cancelleria. Fino a cinque giorni prima dell'udienza, le parti hanno facoltà di depositare memorie in cancelleria.

L'udienza del procedimento di esecuzione. L'udienza, a differenza dell'ordinario procedimento in camera di consiglio, si svolge con la necessaria partecipazione del difensore e del pubblico ministero. L'interessato ha facoltà di intervenire e di essere sentito personalmente, se ne fa richiesta, ma, nel caso in cui sia detenuto o internato in un luogo situato all'esterno della circoscrizione del giudice, sarà sentito dal magistrato di sorveglianza di tale luogo. Resta salva la possibilità del giudice di disporre la traduzione (art. 666, comma 4).

Svolgimento dell'udienza. Un magistrato componente del collegio giudicante svolge la relazione orale (art. 45 disp. att.). Differentemente da quanto accade nel giudizio di cognizione, il giudice può assumere prove anche d'ufficio, oltre che su richiesta di parte. Per l'assunzione delle prove, il giudice procede in udienza nel rispetto del contraddittorio ai sensi dell'art. 666 comma 5. Occorre tuttavia ricordare una disposizione di attuazione, l'art. 185, secondo la quale « il giudice, nell'assumere le prove (...) procede senza particolari formalità anche per quanto concerne la citazione e l'esame dei testimoni e l'espletamento della perizia ». Al termine dell'udienza il pubblico ministero e i difensori formulano le richieste e svolgono le conclusioni.

La Corte cost. (sentenza n. 109 del 2015) ha disposto che il procedimento di esecuzione si svolga, in sede di opposizione contro l'ordinanza in materia di applicazione della *confisca*, nelle forme *dell'udienza pubblica su istanza degli interessati* (artt. 666, comma 3 e 676). Ciò, in adempimento dei princìpi accolti dalla giurisprudenza della Corte EDU, come già la Consulta ha stabilito per il procedimento di sorveglianza con le sentenze n. 135 del 2014 e n. 97 del 2015 (si veda il successivo § 7 lett. *f*). È prevedibile che con successive sentenze la Corte cost. estenderà il principio all'intero incidente di esecuzione.

Il giudice pronuncia la decisione con ordinanza, che è comunicata o notificata alle parti e ai difensori. L'ordinanza è ricorribile per cassazione (art. 666, comma 6); l'impugnazione di regola non ha effetto sospensivo (art. 666, comma 7).

Il procedimento semplificato. Infine, è opportuno precisare che per alcuni casi espressamente previsti dalla legge (es., se vi è un dubbio sulla identità della persona arrestata; si vedano gli artt. artt. 667, 672 e 676) il procedimento garantito di cui all'art. 666 è sostituito da un procedimento semplificato, c.d. a contraddittorio differito, disciplinato dal comma 4 dell'art. 667. In questi casi il giudice, una volta ricevuta la richiesta, decide senza formalità con ordinanza comunicata al pubblico ministero e notificata all'interessato. Solo se le parti faranno opposizione davanti allo stesso giudice — entro quindici giorni dalla comunicazione o notificazione — si attiverà l'ordinaria procedura di cui all'art. 666.

d) Alcuni esempi di intervento giurisdizionale. Le questioni sul titolo esecutivo. Una forma di controllo sull'esistenza del titolo esecutivo è necessaria se si considera l'eventualità che il provvedimento oggetto di esecuzione possa per qualche ragione non essere in realtà mai divenuto esecutivo: è il caso disciplinato dall'art. 670, intitolato « questioni sul titolo esecutivo », che prevede le diverse ipotesi in cui il titolo manca o non è divenuto esecutivo (art. 670). Il titolo manca quando il provvedimento da eseguire è giuridicamente inesistente, come accade ad esempio se si tratta di una sentenza che è stata pronunciata da un organo non giurisdizionale (es. amministrativo).

Il titolo non è esecutivo quando non si è attuata quella conoscenza legale che permette all'imputato di impugnarlo; da cui deriva che il titolo non è irrevocabile e non può essere eseguito ([13]).

e)* (Segue) *Accertamento del concorso formale e del reato continuato. Fra gli interventi modificativi del titolo esecutivo assume un particolare rilievo nella prassi quello disciplinato nell'art. 671, che consente l'applicazione in fase di esecuzione della disciplina del concorso formale e del reato continuato fra più sentenze o decreti penali divenuti irrevocabili (v. tav. 6.2.14). Tale previsione risulta di grande importanza perché permette di evitare sperequazioni fra chi viene giudicato in un unico processo per diversi episodi riuniti in continuazione o in concorso formale e chi, al contrario, per analoghi episodi subisce più processi. Infatti, ove il processo sia stato riunito, la pena è stata determinata dal giudice di cognizione aumentando fino al triplo la pena che dovrebbe essere inflitta per la violazione più grave; ove i processi si siano svolti separatamente, in sede di esecuzione dovrebbe essere disposto il cumulo materiale fra le pene indicate nelle varie sentenze.

L'art. 671 prevede che il giudice dell'esecuzione, qualora ritenga presenti i presupposti del reato continuato o del concorso formale di reati, e questi non siano stati esclusi dal giudice della cognizione, applichi la disciplina del concorso formale e del reato continuato determinando la pena in misura non superiore alla somma di quelle inflitte con ciascun provvedimento (art. 81 c.p.); a tal fine deve essere instaurato a richiesta di parte il procedimento di esecuzione. Assume grande rilievo la circostanza che in questa sede il giudice possa, ove ricorrano i presupposti, disporre

---

([13]) Sulla materia ha inciso la legge n. 67 del 2014, che — nel disciplinare il processo nei confronti dell'assente — ha introdotto il rimedio della rescissione del giudicato, senza peraltro chiarire fino in fondo l'ambito applicativo di tale istituto rispetto alle questioni sul titolo esecutivo (si veda parte V, cap. 4, § 7). A tal proposito, un chiarimento è stato apportato di recente dalla giurisprudenza di legittimità. La sentenza della Cass., Sez. un., 26 novembre 2020 - 23 aprile 2021, n. 15498, in *Arch. pen.*, 2021, n. 2, da un lato, ha chiarito il rapporto tra i due istituti; da un altro lato, ha precisato le ipotesi che ricadono all'interno della rescissione e dell'incidente di esecuzione.

Nel caso di nullità assolute ed insanabili derivanti dall'omessa citazione in giudizio dell'imputato o del proprio difensore nel procedimento di cognizione, il rimedio esperibile non è l'incidente di esecuzione, bensì la *rescissione del giudicato* (art. 629-*bis*). A tal fine, il condannato deve allegare l'incolpevole mancata conoscenza della celebrazione del processo che possa essere derivata dalle indicate nullità.

Viceversa, l'incidente di esecuzione è teso ad accertare se il titolo è effettivamente divenuto esecutivo perché la decisione è divenuta irrevocabile; se non lo è, il giudice deve dichiararlo, affermare che si tratta di un giudicato apparente e rimuovere il vizio che l'ha determinato. Pertanto, l'incidente di esecuzione può tuttora essere esperito quando si deducano: *a)* vizi attinenti alla notificazione del decreto penale di condanna; *b)* vizi di omessa o illegittima notificazione dell'avviso di ritardato deposito della sentenza ai sensi dell'art. 548, comma 2.

la sospensione condizionale della pena e la non menzione nel certificato del casellario giudiziale.

7. La magistratura di sorveglianza.

a) Considerazioni preliminari. Per realizzare un costante controllo sull'aspetto concreto dell'esecuzione, il legislatore ha ritenuto opportuno individuare una giurisdizione specializzata, denominata magistratura di sorveglianza. Essa si articola nel magistrato di sorveglianza, organo monocratico, e nel tribunale di sorveglianza, organo collegiale (art. 677).

b) Il tribunale di sorveglianza. È opportuno precisare che il tribunale di sorveglianza ha sede presso ogni distretto di corte d'appello ed in ciascuna circoscrizione territoriale di sezione distaccata di corte d'appello. Il tribunale di sorveglianza è composto da due magistrati ordinari di sorveglianza e da due "esperti" nominati dal C.S.M.; nel momento in cui decide, l'organo collegiale deve avere come componente quel magistrato di sorveglianza, sotto la cui giurisdizione è posto il soggetto sulla cui posizione si deve provvedere (art. 70 ord. pen.).

Il tribunale di sorveglianza svolge le sue funzioni in primo grado oppure in sede di appello.

In primo grado il tribunale pronuncia le decisioni che concernono le misure alternative alla detenzione (v. tav. 6.2.16); la concessione e revoca della liberazione condizionale; il rinvio facoltativo o obbligatorio delle pene detentive e delle sanzioni sostitutive; la riabilitazione.

In grado di appello, il tribunale di sorveglianza decide in merito ai provvedimenti del magistrato di sorveglianza relativi alle misure di sicurezza ed alla dichiarazione di abitualità, professionalità e tendenza a delinquere. Inoltre, nel caso in cui una sentenza di condanna o di proscioglimento sia impugnata con riferimento alle sole disposizioni che riguardano misure di sicurezza diverse dalla confisca, la competenza a decidere spetta al tribunale di sorveglianza (art. 680, comma 2).

c) Il magistrato di sorveglianza. In qualità di organo monocratico, il magistrato di sorveglianza opera presso l'ufficio di sorveglianza che è istituito in ciascuna delle sedi di tribunale indicate nella tabella A, allegata alla l. 26 luglio 1975 n. 354.

Il magistrato di sorveglianza ha funzioni amministrative e giurisdizionali. In particolare, svolge compiti di ***vigilanza*** (es. in merito all'organizzazione degli istituti con particolare riguardo all'attuazione del trattamento rieducativo), ***consultivi*** (parere motivato in merito alla domanda di concessione della grazia), ***amministrativi*** (es. approvazione del programma di trattamento; permessi; prescrizioni comportamentali a chi è sottoposto a misura alternativa; autorizzazione alla corrispondenza; eliminazioni di violazioni dei diritti dei condannati e internati) e ***giurisdizionali*** (dichiarazione di abitualità, professionalità o tendenza a delinquere; accertamento e riesame della pericolosità sociale al fine dell'applicazione delle misure di sicurezza; esecuzione delle sanzioni sostitutive della semidetenzione e libertà controllata; rateizzazione e conversione delle pene pecuniarie; ricovero del condannato per sopravvenuta infermità psichica; remissione del debito; particolari reclami dei detenuti e internati) ([14]).

d) Le funzioni del pubblico ministero. Le funzioni della pubblica accusa sono esercitate, davanti al tribunale di sorveglianza, dal procuratore generale presso la corte d'appello e, davanti al magistrato di sorveglianza, dal procuratore della repubblica presso il tribunale della sede dell'ufficio di sorveglianza (art. 678, comma 3). Tuttavia, qualora un provvedimento del giudice di sorveglianza comporti la carcerazione o scarcerazione del condannato, è competente il pubblico ministero presso il giudice dell'esecuzione (art. 659, comma 1).

Alla persona offesa deve essere comunicata la scarcerazione del condannato per uno dei delitti previsti dalla legge n. 69 del 2019, c.d. codice rosso. Il provvedimento del giudice di sorveglianza che dispone la scarcerazione del condannato per uno dei delitti previsti dal nuovo comma 1-*bis* dell'art. 659 c.p.p. deve essere immediatamente comunicato dal pubblico ministero, per mezzo della polizia giudiziaria, alla persona offesa e, ove nominato, al suo difensore.

La riforma Cartabia. Estensione dell'obbligo di comunicazione del provvedimento del giudice di sorveglianza. L'art. 2, comma 11, lett. *d*, della legge n. 134 del 2021 ha esteso l'obbligo di comunicare alla persona offesa e, ove nominato, al difensore di quest'ultima, il provvedimento del giudice di sorveglianza che dispone la scarcerazione del condannato in relazione ai delitti di violenza domestica e di genere commessi *anche in forma tentata* e al delitto di *tentato omicidio* (art. 659, comma 1-*bis*).

***e)* La competenza.** La competenza della magistratura di sorveglianza si determina in base a regole attinenti alla materia e al territorio. Nell'ambito delle materie, assegnate dalla legge al magistrato o al tribunale di sorveglianza, si rinvengono sia interventi che attengono alla condizione penitenziaria dell'interessato, sia interventi che riguardano più propriamente il contenuto sanzionatorio del titolo esecutivo o l'applicazione delle misure di sicurezza.

Nell'ambito delle rispettive competenze, il magistrato e il tribunale hanno una *competenza territoriale* che si differenzia a seconda che l'interessato sia detenuto o libero. Quando il condannato è ***detenuto***, la competenza appartiene all'organo che ha giurisdizione sull'istituto in cui si trova il soggetto al momento della presentazione della richiesta, della proposta o dell'inizio d'ufficio del procedimento (art. 677, comma 1). Quando il condannato è ***libero***, la competenza si determina, di regola, in base al luogo di residenza o domicilio. In via suppletiva e nel caso di più sentenze di condanna o proscioglimento, è competente il tribunale o il magistrato del luogo in cui è stata pronunciata la sentenza divenuta irrevocabile per ultima (art. 677, comma 2) ([15]).

([14]) In materia di misure alternative, il magistrato di sorveglianza ha una limitata competenza che gli permette di applicare e revocare, ma soltanto in via provvisoria, le misure dell'affidamento in prova al servizio sociale e della detenzione domiciliare. La decisione definitiva è pronunciata dal tribunale di sorveglianza.

La legge 19 dicembre 2002 n. 277, perseguendo lo scopo di snellire il meccanismo di concessione della liberazione anticipata (lo sconto di pena, pari a quarantacinque giorni, concesso per ogni semestre di « partecipazione all'opera di rieducazione »), ne ha trasferito la competenza al magistrato di sorveglianza, che decide *de plano* emanando un provvedimento reclamabile di fronte al tribunale di sorveglianza.

([15]) Quando l'interessato intende chiedere un provvedimento che rientra nella competenza della magistratura di sorveglianza, ad esempio una misura alternativa, il condannato non detenuto è obbligato a fare la dichiarazione o

f) Le forme dei procedimenti di competenza del magistrato e del tribunale di sorveglianza. Al fine di attuare la giurisdizione sul contenuto sanzionatorio del titolo, il legislatore ha disciplinato differenti modelli di procedimento, che veniamo ad esporre.

1. Il procedimento di sorveglianza. Il procedimento si svolge rispettivamente presso il *tribunale di sorveglianza* o presso il *magistrato di sorveglianza* nelle materie per le quali è prevista espressamente la competenza del primo o del secondo organo (art. 678, comma 1). Il codice rinvia alle norme previste per il procedimento di esecuzione (art. 666) con alcune integrazioni dovute all'oggetto da accertare, che è la personalità dell'autore di un reato.

In primo luogo, le giurisdizioni di sorveglianza agiscono anche d'ufficio (art. 678 comma 1), oltre che su richiesta del pubblico ministero, dell'interessato e del difensore.

In secondo luogo, il giudice (tribunale o magistrato di sorveglianza) valuta l'ammissibilità della richiesta presentata dalle parti. Se la richiesta è dichiarata inammissibile, è possibile il ricorso per cassazione (art. 666, comma 2).

In terzo luogo, quando si procede nei confronti di una persona sottoposta a osservazione scientifica della personalità, il giudice deve acquisire la relativa documentazione e si avvale, se occorre, della consulenza dei tecnici del trattamento (art. 678 comma 2).

Per quanto concerne le formalità processuali, il d.lgs. n. 123 del 2018 ha ridotto l'ambito di applicazione del tradizionale rito di competenza del collegio giudicante (*alternativa collegiale*) e ha introdotto un nuovo rito attribuito al giudice relatore (*alternativa monocratica*). Al tempo stesso, ha esteso l'ambito di applicazione del *procedimento semplificato*, già esistente in passato.

1.1. L'alternativa collegiale. Questo tipo di procedimento ha una portata residuale, e cioè si applica nelle materie non previste dall'*alternativa monocratica* né dal *procedimento semplificato*. La sua regolamentazione è prevista dal testo dell'art. 678, eccettuati i commi 1-*bis* e 1.*ter* [16].

1.2. L'alternativa monocratica (art. 678, comma 1-*ter*). Quando il condannato libero, a cui è stata sospesa una pena da espiare (anche residua) fino a un anno e sei mesi, ha fatto richiesta di una misura alternativa ai sensi dell'art. 656, il presidente del tribunale di sorveglianza, acquisiti i documenti e le necessarie informazioni, designa

---

l'elezione di domicilio « con la domanda con la quale chiede una misura alternativa alla detenzione o altro provvedimento attribuito dalla legge alla magistratura di sorveglianza » a pena di inammissibilità della domanda stessa (art. 677, comma 2-*bis*, introdotto dalla legge n. 438 del 2001). Ai sensi del medesimo comma 2-*bis*, il condannato non detenuto ha altresì l'obbligo di comunicare ogni mutamento del domicilio dichiarato od eletto. La procedura di elezione di domicilio è disciplinata dall'art. 161, che concerne l'omologa attività in tema di notificazioni.

(16) In sintesi, il giudice può disporre la consulenza dei tecnici del trattamento (art. 678, comma 2) e può chiedere alle autorità competenti documenti e informazioni di cui ha bisogno (art. 666, comma 5; es. comitato sicurezza pubblica; assistenti sociali). Gli atti sono depositati in cancelleria; le parti possono presentare memorie (art. 666, comma 3). Il presidente fissa la data dell'udienza e designa, se necessario, un difensore d'ufficio; fa dare avviso almeno 10 giorni prima con l'avvertimento che l'interessato ha facoltà di presentarsi personalmente.

L'udienza si svolge in camera di consiglio con la presenza obbligatoria del pubblico ministero e del difensore. Il giudice delegato svolge una relazione. Il giudice, nell'assumere prove, procede senza particolari formalità anche per quanto concerne la citazione e l'esame dei testimoni e l'espletamento della perizia (art. 185 att.).

Quando ne fa richiesta l'interessato, l'udienza si svolge in forma pubblica. Si osservano, in quanto compatibili, le disposizioni degli articoli 471 e 472. La decisione è presa con ordinanza immediatamente esecutiva, che è comunicata senza ritardo alle parti e ai difensori.

il magistrato relatore e fissa un termine entro il quale questi, con ordinanza adottata senza formalità, può applicare in via provvisoria una delle misure menzionate nell'articolo 656, comma 5 (non necessariamente quella richiesta) ([17])

2. Il procedimento semplificato (art. 678, comma 1-*bis*). In determinate materie, il magistrato ed il tribunale di sorveglianza provvedono « senza formalità » con ordinanza comunicata al pubblico ministero e notificata all'interessato ai sensi dell'art. 667, comma 4 ([18]). Contro l'ordinanza possono proporre opposizione davanti al giudice, il pubblico ministero, l'interessato e il difensore; in tal caso si procede con le forme del procedimento di esecuzione (art. 666). L'opposizione è proposta, a pena di decadenza, entro quindici giorni dalla comunicazione o dalla notificazione dell'ordinanza.

3. I reclami. Di fronte al magistrato di sorveglianza può poi essere proposto reclamo contro numerosi provvedimenti che concernono l'esecuzione in concreto della pena. Esistono due forme di reclamo che hanno una operatività generale ed alcuni reclami speciali disciplinati da singole norme. Si tratta di una disciplina, originariamente assai scarna e priva di garanzie che si è arricchita nel tempo a seguito di numerosi interventi normativi che hanno colmato un vuoto segnalato più volte dalla Corte costituzionale (per tutte, sentenza n. 26 del 1999).

3.1. Il reclamo giurisdizionale dinanzi al magistrato di sorveglianza. Il primo reclamo con operatività generale è il cd. reclamo giurisdizionale. Si tratta di una disciplina introdotta dal decreto-legge n. 146 del 2013, conv. nella legge n. 10 del 2014. Questa forma di reclamo (art. 35-*bis* o.p.) ha per oggetto quei provvedimenti dell'amministrazione penitenziaria che concernono, in sintesi, i diritti fondamentali del detenuto. In particolare, il reclamo giurisdizionale può essere proposto con riferimento alle condizioni di esercizio del potere disciplinare ed in relazione all'inosservanza da parte dell'amministrazione di disposizioni delle norme di ordinamento penitenziario dalla quale derivi al detenuto o all'internato un attuale e grave pregiudizio all'esercizio dei diritti (art. 69, comma 6 ord. pen.). Le predette materie devono essere trattate nelle forme del procedimento di sorveglianza (art. 678) con le integrazioni che seguono.

Salvi i casi di manifesta inammissibilità della richiesta (perché manifestamente infondata o costituente mera riproposizione di altra già rigettata; art. 666, comma 2), il magistrato di sorveglianza fissa la data dell'udienza e ne fa dare avviso, oltre che al soggetto che ha proposto reclamo, anche all'amministrazione interessata, a cui è

([17]) L'ordinanza di applicazione provvisoria della misura è comunicata al pubblico ministero e notificata all'interessato e al difensore, i quali possono proporre opposizione al tribunale di sorveglianza entro il termine di dieci giorni. Durante il termine per l'opposizione e fino alla decisione sulla stessa, l'esecuzione dell'ordinanza è sospesa. Il tribunale di sorveglianza, decorso il termine per l'opposizione, conferma senza formalità la decisione del magistrato.

Quando l'ordinanza provvisoria non è stata emessa o non è stata confermata o è stata proposta opposizione, il tribunale di sorveglianza procede con il rito ordinario.

([18]) In base al comma 1-*bis* dell'art. 678, mod. dal d.lgs. n. 123 del 2018, il *magistrato di sorveglianza* provvede « senza formalità » nelle materie attinenti alla rateizzazione e alla conversione delle pene pecuniarie (art. 660), alla remissione del debito (art. 6 T.U.S.G) e alla esecuzione della semidetenzione e della libertà controllata (art. 661); il *tribunale di sorveglianza* provvede « senza formalità » nelle materie relative alle richieste di riabilitazione (art. 178 c.p.), alla dichiarazione di estinzione della pena conseguente alla liberazione condizionale e al differimento dell'esecuzione della pena nei casi previsti dal primo comma, numeri 1 e 2 dell'articolo 146 c.p. (donna incinta o madre di bambino di meno di un anno).

comunicato contestualmente il reclamo, e che può comparire con un proprio dipendente o trasmettere osservazioni e richieste.

In caso di reclamo avverso un provvedimento disciplinare e altre materie previste dall'art. 69, comma 6, lett. *a*, ord. pen., il magistrato di sorveglianza, se accoglie la richiesta dell'interessato, dispone l'annullamento del provvedimento di irrogazione della sanzione disciplinare.

In caso di reclamo avverso un provvedimento concernente l'attribuzione della qualifica lavorativa, la mercede, la remunerazione e altre materie previste dall'art. 69, comma 6, lett. *b*, ord. pen., il magistrato di sorveglianza, se accerta la sussistenza e l'attualità del pregiudizio, ordina all'amministrazione di porre rimedio entro il termine indicato dal giudice. In caso di mancata esecuzione del provvedimento non più soggetto ad impugnazione, l'interessato o il suo difensore munito di procura speciale possono chiedere al magistrato di sorveglianza nelle forme dell'art. 678 che la pubblica amministrazione ottemperi al provvedimento.

3.2. Altri reclami speciali. L'introduzione da parte del legislatore del reclamo giurisdizionale *ex* art. 35-*bis*, per quanto auspicabile, non ha condotto ad una unificazione del regime dei reclami che continua ad essere frastagliato tra una molteplicità di norme. Si ricorda, in particolare, il reclamo al tribunale di sorveglianza avverso i provvedimenti limitativi della corrispondenza in carcere (art. 18-*ter* comma 6 ord. pen.), modellato sull'art. 14-*ter* ord. pen. e sul procedimento di esecuzione.

3.3. Il reclamo generico. In via ormai residuale rispetto a tutte le ipotesi sinora esaminate opera poi l'art. 35 ord. pen. che prevede un generico « diritto di reclamo ». La doglianza in esame può essere proposta: 1) al direttore dell'istituto, al provveditore regionale, al capo del dipartimento dell'amministrazione penitenziaria e al ministro della giustizia; 2) alle autorità giudiziarie e sanitarie in visita all'istituto; 3) al garante nazionale e ai garanti regionali o locali dei diritti dei detenuti; 4) al presidente della giunta regionale; 5) al magistrato di sorveglianza; 6) al Capo dello Stato. Si tratta, tuttavia, di una tutela priva dei caratteri giurisdizionali che ormai è destinata ad operare in via residuale rispetto al reclamo giurisdizionale ed alle altre ipotesi disciplinate da singole norme dell'ordinamento penitenziario.

3.4. Con l'art. 1, comma 1, del d.l. n. 92 del 2014, conv. nella legge n. 117 del 2014, è stato introdotto un ulteriore rimedio esperibile innanzi al magistrato di sorveglianza (art. 35-*ter* o.p.). La nuova disciplina consente ai detenuti e agli internati di richiedere una qualche forma di riparazione del danno derivante dall'aver subito, in concreto, un trattamento penitenziario contrastante con i principi fissati dall'art. 3 della Convenzione europea per la salvaguardia diritti dell'uomo (« nessuno può essere sottoposto a tortura né a pene o trattamenti inumani o degradanti »).

8. Il casellario giudiziale.

Il *Testo unico delle disposizioni in materia di casellario giudiziale* (d.p.r. 14 novembre 2002, n. 313, d'ora in avanti indicato come T.U.C.G.) provvede a regolare una sorta di anagrafe giudiziaria ove vengono annotati vari provvedimenti in materia penale, civile ed amministrativa. È stato modificato, da ultimo, dal d.lgs. n. 122 del

2018 che ha perseguito le seguenti direttive: 1) ha tenuto conto di quei nuovi provvedimenti terminativi del procedimento che sono stati introdotti nell'ordinamento penale negli ultimi anni; 2) ha attuato le disposizioni europee in tema di dati personali e di casellario giudiziale europeo; 3) ha operato una generale semplificazione degli adempimenti amministrativi ([19]).

I provvedimenti iscrivibili. L'art. 3 T.U.C.G. stabilisce quali sono i provvedimenti oggetto di iscrizione ([20]).

Leggi recenti. In base a leggi approvate di recente, devono essere iscritti per estratto nel casellario i seguenti provvedimenti:

a) l'ordinanza che dispone la sospensione del procedimento con *messa alla prova* (legge n. 67 del 2014) e la sentenza che dichiara estinto il reato per esito positivo della prova (art. 464-*quater* e *septies* c.p.p.);

b) i provvedimenti con cui il giudice ordina la sospensione del procedimento *(per irreperibilità)* ai sensi dell'art. 420-*quater* c.p.p. (legge n. 67 del 2014);

c) i provvedimenti giudiziari definitivi che hanno dichiarato la *non punibilità per tenuità del fatto* ai sensi dell'art. 131-*bis* c.p. (d.lgs. n. 28 del 2015).

Il sistema informativo automatizzato. Il T.U.C.G. ha creato un *sistema informativo automatizzato* per raccogliere i dati relativi a provvedimenti giudiziari e amministrativi riferiti a soggetti determinati. La banca dati del casellario giudiziale confluisce in un sistema unico, assieme al casellario dei carichi pendenti, all'anagrafe delle sanzioni amministrative dipendenti da reato e all'anagrafe dei carichi pendenti degli illeciti amministrativi dipendenti da reato ed, inoltre, al casellario giudiziale europeo ([21]).

Eliminazione delle iscrizioni. Le iscrizioni devono essere eliminate, innanzitutto, al compimento del centesimo anno di età o dopo quindici anni dalla morte dell'interessato. La legge prevede ulteriori ipotesi che danno luogo all'eliminazione dell'iscrizione; in particolare, si segnalano la revoca a seguito di revisione o a norma dell'art. 673 c.p.p. (art. 5 T.U.C.G.).

([19]) Ai sensi dell'art. 7 d.lg. n. 122 cit., le disposizioni introdotte dal medesimo decreto legislativo acquistano efficacia decorso un anno dalla data della sua pubblicazione nella Gazzetta Ufficiale, avvenuta il 26 ottobre 2018.

([20]) L'iscrizione avviene per estratto; volendo fare qualche esempio, in materia penale vengono iscritti i seguenti provvedimenti:

a) le decisioni giudiziarie definitive di condanna (sentenze e decreti penali), eccetto quelli, per i quali non sia stata concessa la sospensione condizionale, relativi a contravvenzioni per cui è ammessa la definizione in via amministrativa o l'oblazione di cui all'art. 162 c.p.;

b) i provvedimenti di proscioglimento definitivi che hanno dichiarato il difetto di imputabilità o hanno applicato una misura di sicurezza;

c) i provvedimenti giudiziari definitivi concernenti le pene (es. sospensione condizionale), le misure di sicurezza, le pene accessorie, gli effetti penali della condanna e la dichiarazione di abitualità, professionalità o tendenza a delinquere;

d) i provvedimenti giudiziari concernenti le misure alternative, la liberazione condizionale e la conversione delle pene pecuniarie;

e) i provvedimenti, emanati dal pubblico ministero, di sospensione dell'ordine di esecuzione, detrazione del presofferto, cumulo di pene concorrenti;

f) i provvedimenti in materia civile relativi all'interdizione, inabilitazione e amministrazione di sostegno, nonché i principali provvedimenti relativi alle vicende fallimentari;

g) i provvedimenti in materia amministrativa in tema di cittadinanza ed espulsione dello straniero.

([21]) L'iscrizione spetta all'*ufficio iscrizione* situato presso l'autorità giudiziaria che ha emesso il provvedimento. L'*ufficio centrale*, istituito presso il ministero della giustizia, compie attività tra le quali meritano di essere menzionate la raccolta e conservazione dei dati immessi nel sistema; il controllo sull'attività dei singoli uffici.

I servizi certificativi. Ogni organo giurisdizionale, e il relativo ufficio del pubblico ministero, può acquisire per ragioni di giustizia un certificato con l'indicazione delle iscrizioni relative alla persona nei cui confronti procedono. Il d.lgs. n. 122 del 2018 prevede un unico certificato nel quale sono riportate anche le iscrizioni del casellario giudiziale europeo. Previa autorizzazione del giudice, il pubblico ministero e il difensore hanno inoltre il diritto di ottenere analoga certificazione relativa alle persone che acquisiscano la qualifica di persona offesa o testimone, per le finalità riconosciute dal codice di procedura penale (artt. 21 e 22 T.U.C.G.).

Il *singolo interessato* può ottenere il certificato relativo alla propria posizione. In questo caso, tuttavia, a tutela dell'interessato che debba presentare il certificato (ad es., per l'assunzione in un posto di lavoro), i certificati non faranno menzione di una serie di provvedimenti iscritti che l'art. 25 T.U.C.G. espressamente esclude (ad esempio, sia le sentenze per le quali è stato concesso il beneficio della non iscrizione nel certificato del casellario giudiziale ai sensi dell'art. 175 c.p.; sia le sentenze di patteggiamento, ma soltanto quello ordinario fino a due anni. Inoltre, non fanno menzione dell'ordinanza di sospensione del processo con messa alla prova (art. 464-*quater*), né della sentenza che dichiara l'estinzione del reato per il buon esito della prova (art. 464-*septies*)([22]), né del provvedimento di archiviazione con cui il giudice ha riconosciuto la particolare tenuità del fatto ([23]).

Le amministrazioni pubbliche e gli enti incaricati di servizi pubblici hanno il diritto di ottenere tali certificati (con i limiti appena menzionati) quando questi siano necessari per provvedere ad un atto delle loro funzioni (art. 28 T.U.C.G.)([24]).

Il casellario giudiziale europeo. I decreti legislativi n. 74 e 75 del 2016 (in adempimento di varie Decisioni quadro) hanno regolamentato l'organizzazione e il funzionamento del *Sistema informatizzato di scambio di informazioni* (ECRIS), che ha l'obbiettivo di far conoscere, con un'unica interrogazione telematica rivolta al casellario nazionale di cittadinanza e in tempo reale, tutti i precedenti penali di un cittadino europeo. Le singole banche-dati nazionali non sono state toccate, bensì sono state uniformate con un programma uguale per tutti i *partner* dell'Unione europea.

L'ulteriore d.lgs. n. 73 del 2016 consente all'autorità giudiziaria italiana di prendere in considerazione le sentenze di condanna pronunciate in altri Stati membri nei confronti dell'imputato cittadino europeo per un reato differente da quello per cui si procede; e ciò prescindendo dalla procedura formale di riconoscimento della sentenza straniera di cui all'art. 730. In tal modo, il giudice italiano potrà trarre da quel precedente ogni utile conseguenza circa le determinazioni sulla pena da irrogare, per valutare la recidiva o per la dichiarazione di abitualità o professionalità nel reato e per stabilire ogni altro effetto penale della condanna, nonché al fine delle decisioni da prendere nelle fasi delle indagini preliminari e dell'esecuzione della pena.

([22]) Corte cost. n. 231 del 2018.

([23]) Cass., Sez. un., 30 maggio - 24 settembre 2019, n. 38954, P.M. in proc. De Martino, in *www.giurisprudenzapenale.com*.

([24]) Nel caso in cui sorgano questioni concernenti le iscrizioni o i certificati, l'art. 40 T.U.C.G. prevede che a decidere sia il tribunale in composizione monocratica del luogo ove ha sede l'ufficio locale, nel cui ambito territoriale è nata la persona alla quale è riferita l'iscrizione o il certificato.

9. Le spese.

In base al principio per cui l'imputato non è considerato colpevole fino alla sentenza definitiva, le spese processuali vengono anticipate dallo Stato (art. 4 d.p.r. 30 maggio 2002 n. 115, d'ora in avanti indicato come T.U.S.G.).

Ad irrevocabilità intervenuta, si pone tuttavia il problema di recuperare dette somme: la disciplina, prevista dal codice, è stata parzialmente modificata dal Testo unico cit. e dalla legge n. 244 del 2007. La cancelleria del giudice dell'esecuzione (art. 665 c.p.p.) iscrive le spese sul registro e trasmette i ruoli al concessionario della riscossione (Equitalia giustizia S.p.a.), che procede alla riscossione coattiva in base alle norme che valgono in generale per i tributi in favore dello Stato (art. 223 T.U.S.G.).

Occorre segnalare che il debito per le spese del processo è rimesso nei confronti di chi si trova in disagiate condizioni economiche e ha tenuto una regolare condotta in libertà o, se detenuto, negli istituti di pena (art. 6 T.U.S.G.).

Parte Settima
I RAPPORTI GIURISDIZIONALI CON AUTORITÀ STRANIERE

Capitolo I
LA COLLABORAZIONE GIUDIZIARIA INTERNAZIONALE REGOLATA DAL CODICE DI PROCEDURA PENALE

1. I princìpi fondamentali della cooperazione giudiziaria internazionale.

Il libro undicesimo del codice disciplina i "rapporti giurisdizionali con autorità straniere" in materia penale. L'intera materia è stata recentemente riformata dal d.lgs. 3 ottobre 2017, n. 149, emanato dal Governo in adempimento della delega contenuta nella legge n. 149 del 21 luglio 2016.

Il quadro che si ricava da questo intervento legislativo è una "struttura multilivello" di cooperazione (E. SELVAGGI); infatti, i rapporti con le autorità giurisdizionali straniere sono diversamente regolati a seconda che la cooperazione si svolga: a) con gli Stati membri dell'Unione; b) con Paesi aderenti a Convenzioni internazionali di cui anche l'Italia sia parte; c) con Paesi terzi con i quali non esiste alcuna Convenzione.

I princìpi che regolano la cooperazione giudiziaria internazionale. Il d.lgs. n. 149 del 2017 ha operato una rivoluzione complessa della materia ad iniziare dai princìpi che la regolano. In base al nuovo testo dell'art. 696 è necessario operare una distinzione preliminare tra i rapporti con gli Stati membri dell'Unione europea e quelli con le autorità di Stati diversi.

1) Il principio di prevalenza della normativa europea. In base al nuovo comma 1 dell'art. 696, in relazione ai rapporti con gli *Stati membri dell'Unione* la cooperazione giudiziaria in materia penale deve essere realizzata nel rispetto dei Trattati europei e degli atti normativi adottati in attuazione dei medesimi; solo se tali norme mancano (o non dispongono diversamente) si potranno applicare le Convenzioni internazionali in vigore per lo Stato italiano e le norme di diritto internazionale generale.

2) Il principio di prevalenza del diritto internazionale pattizio e generale. In base al nuovo comma 2 dell'art. 696, nei rapporti con gli *Stati non membri dell'Unione europea* la cooperazione giudiziaria deve essere realizzata nel rispetto delle Convenzioni internazionali « in vigore per lo Stato » italiano e del diritto internazionale generale.

3) Il principio di sussidiarietà. Il principio di sussidiarietà fa sì che le disposizioni contenute nel codice operino soltanto se le norme europee o il diritto internazionale pattizio e generale « mancano o non dispongono diversamente » (art. 696, comma 3). Nonostante il loro carattere residuale, le norme del codice sui rapporti giurisdizionali con le autorità straniere mantengono, tuttavia, un autonomo valore perché danno luogo ad una disciplina completa ed ordinata della materia; pertanto esse rivestono un particolare rilievo sistematico e interpretativo.

4) Il principio di reciprocità. In base al nuovo comma 4 dell'art. 696 « il ministro della giustizia può, in ogni caso, non dare corso alle domande di cooperazione giudiziaria quando lo Stato richiedente non dia idonee garanzie di reciprocità ».

2. Il mutuo riconoscimento dei provvedimenti tra Stati membri dell'Unione europea.

Il d.lgs. n. 149 del 2017 ha inserito nel libro XI del codice un Titolo I-*bis* che contiene alcune disposizioni di carattere generale relative all'attuazione del principio del mutuo riconoscimento. Si tratta di norme che regolano la procedura da seguire nei rapporti con gli Stati membri dell'Unione europea a due condizioni:

a) che uno specifico atto normativo preveda un provvedimento giudiziario da eseguire nel territorio di uno Stato dell'Unione (si veda la *Relazione ministeriale*, pag. 3);

b) che tale atto normativo non preveda espressamente quel singolo aspetto procedimentale; in tal caso, la norma da applicare è quella del titolo I-*bis*, che veniamo ad esporre.

Nelle intenzioni del legislatore delegato la collocazione del nuovo Titolo I-*bis* in apertura del Libro XI del codice, immediatamente dopo la disposizione generale dell'art. 696, svolge la funzione « in senso lato pedagogica » di guidare l'interprete. Infatti, le autorità giudiziarie dovranno avvalersi di due regimi differenti: da un lato, l'assistenza giudiziaria tradizionale; da un altro lato, il mutuo riconoscimento quando questo è previsto da uno degli strumenti europei già in vigore.

Alla base della normativa introdotta stanno i seguenti princìpi generali, che valgono sia nel caso di richiesta di esecuzione di una decisione giudiziaria da parte dello Stato italiano (e cioè, *in partenza*), sia quando la stessa provenga dall'autorità straniera (e cioè, *in arrivo*):

1) Principio del mutuo riconoscimento. Il principio, codificato dal Trattato di Lisbona (artt. 70 e 82, § 1, T.F.U.E.), è enunciato dal nuovo art. 696-*bis* c.p.p. Esso prevede che i provvedimenti giudiziari emessi dalle competenti autorità degli altri Stati membri possano essere riconosciuti ed eseguiti nel territorio dello Stato italiano (riconoscimento *passivo*) e che, al contempo, l'autorità giudiziaria italiana possa richiedere alle autorità di un altro Stato membro l'esecuzione delle proprie decisioni (riconoscimento *attivo*).

Il riconoscimento e la conseguente esecuzione di una sentenza di condanna emessa in un altro Stato membro consentono non soltanto di rendere effettiva la cooperazione giudiziaria all'interno del territorio dell'Unione, ma anche di realizzare la finalità rieducativa della pena (art. 27, comma 3 Cost.). Il condannato ha infatti maggiori possibilità di reinserimento se espia la pena nel Paese d'origine.

Dal principio del mutuo riconoscimento deriva, quale logica conseguenza, che l'autorità giudiziaria italiana debba riconoscere e eseguire una decisione o un provvedimento giudiziario degli altri Stati membri « senza sindacarne le ragioni di merito » (art. 696-*quinquies*), ma con due limiti:

a) che sia « in ogni caso assicurato il rispetto dei princìpi fondamentali dell'ordinamento giuridico dello Stato » (art. 696-*quinquies*);

b) che non sussistano fondate ragioni per ritenere che l'imputato o il condannato verrà sottoposto ad atti che configurano una grave violazione dei princìpi fondamentali dell'ordinamento giuridico dello Stato, dei diritti fondamentali della persona riconosciuti dall'articolo 6 del Trattato sull'Unione europea o dei diritti, delle libertà e dei princìpi sanciti nella Carta dei diritti fondamentali dell'Unione europea (art. 696-*ter*).

2) Modalità di trasmissione delle decisioni giudiziarie. Ai sensi dell'art. 696-*quater*, l'autorità giudiziaria italiana competente riceve direttamente i provvedimenti da riconoscere ed eseguire nel territorio dello Stato senza sindacarne le ragioni di merito, salvo che sia altrimenti previsto. È in ogni caso assicurato il rispetto dei princìpi fondamentali dell'ordinamento giuridico dello Stato. L'autorità giudiziaria italiana trasmette direttamente alle competenti autorità giudiziarie degli altri Stati membri le decisioni e i provvedimenti da riconoscere ed eseguire, dandone comunicazione al ministro della giustizia nei casi e nei modi previsti dalla legge, anche ai fini dell'esercizio dei poteri di cui all'art. 696-*sexies*.

3) Poteri del ministro della giustizia. Il ministro della giustizia, nei casi e nei modi previsti dalla legge, verifica l'osservanza delle condizioni eventualmente poste in casi particolari dall'autorità giudiziaria dello Stato membro per dare esecuzione ai provvedimenti di cui è stato chiesto il riconoscimento, sempre che tali condizioni non contrastino con i princìpi fondamentali dell'ordinamento giuridico dello Stato (art. 696-*sexies*). Al tempo stesso, il ministro della giustizia verifica l'osservanza delle condizioni poste dall'autorità giudiziaria italiana per l'esecuzione delle decisioni nel territorio di altro Stato membro.

4) Principio della la massima urgenza nell'adozione delle decisioni sul riconoscimento. L'autorità giudiziaria riconosce ed esegue i provvedimenti di altri Stati membri senza ritardo e con modalità idonee ad assicurarne la tempestività e l'efficacia (art. 696-*octies*). All'esecuzione dei provvedimenti al cui riconoscimento l'interessato ha prestato il consenso si provvede senza formalità, nel rispetto dei diritti fondamentali della persona.

5) Impugnabilità delle decisioni di riconoscimento. Le decisioni sul riconoscimento e l'esecuzione di un provvedimento emesso dall'autorità giudiziaria di altro Stato membro sono impugnabili nei casi e con i mezzi previsti dalla legge (art. 696-*novies*). Avverso le sentenze e i provvedimenti sulla libertà personale è ammesso il ricorso per cassazione per violazione di legge. Di regola, non è ammessa l'impugnazione per motivi di merito, salvo quanto previsto dall'articolo 696-*quinquies*. L'impugnazione non ha effetto sospensivo, salvo che sia diversamente previsto.

6) Tutela dei terzi di buona fede. I terzi di buona fede interessati dall'esecuzione della decisione di riconoscimento sono tutelati nei casi e con i mezzi previsti dalla legge (art. 696-*decies*). Ai terzi è assicurata la partecipazione al procedimento di riconoscimento con le forme e le garanzie che la legge assicura nei procedimenti analoghi già regolati dall'ordinamento interno.

7) Responsabilità da reato degli enti. In base all'art. 696-*septies*, in materia di mutuo riconoscimento delle decisioni giudiziarie riguardanti la responsabilità da reato degli enti, nei rapporti con gli Stati membri dell'Unione europea si osservano le norme del Titolo I-*bis* nonché quelle contenute in altre disposizioni di legge attuative del diritto dell'Unione europea.

3. L'estradizione.

L'estradizione può essere definita come la consegna di una persona da parte di uno Stato, nel cui territorio questa si trova, ad un altro Stato (detto "richiedente") che ne abbia fatto domanda per sottoporre detta persona a giudizio o per dare esecuzione nei suoi confronti ad « una sentenza di condanna o altro provvedimento restrittivo della libertà personale » (artt. 697 e 720 c.p.p.).

Tipi di estradizione. Il nostro ordinamento prevede due distinte discipline dell'estradizione:

— quella *per l'estero* (o passiva), nella quale è uno Stato estero a chiedere l'estradizione allo Stato italiano,

— e quella *dall'estero* (o attiva) che si ha quando è l'Italia a presentare la domanda di estradizione di una persona da un altro Paese.

L'estradizione può essere *di cognizione* (o processuale) quando l'estradando è richiesto per essere sottoposto a processo; o *esecutiva*, se l'estradizione ha come fine quello di permettere l'esecuzione di una sentenza e, quindi, l'applicazione della relativa pena. Merita ricordare che, nei rapporti tra gli Stati dell'Unione europea, il principale strumento di consegna dell'imputato e del condannato è il mandato di arresto europeo, che è basato sul principio del mutuo riconoscimento (v. parte VII, cap. 2, § 5).

3.1. L'estradizione per l'estero (passiva).

I limiti all'estradizione per l'estero. Poiché l'ordinamento italiano riconosce all'estradando specifici diritti, la legge stabilisce una serie di limiti alla concessione dell'estradizione. I princìpi che informano l'estradizione sono i seguenti.

a) ***Il principio della doppia incriminabilità*** *(o punibilità)* (art. 13, comma 2 c.p.) in base al quale « l'estradizione non è ammessa se il fatto che forma oggetto della domanda di estradizione non è preveduto come reato dalla legge italiana e dalla legge straniera ».

b) ***Il principio di specialità***: lo Stato che ha ottenuto l'estradizione di un condannato o di un imputato non può procedere nei suoi confronti per fatti anteriori e diversi rispetto a quello per il quale l'estradizione è stata concessa (art. 699, comma 1 c.p.p.). Nondimeno, l'estradato può sempre rinunciare al principio di specialità (ma soltanto in presenza del proprio difensore) essendo l'istituto inteso come una sua garanzia (art. 703, comma 2; art. 717, comma 2-*bis*).

c) Il principio **del *ne bis in idem***: chi è già stato giudicato in Italia non può essere estradato per essere nuovamente processato in un altro Paese per lo stesso fatto (art. 705, comma 1 c.p.p.). Il principio, in tal caso, ha validità soltanto a fini estradizionali.

d) L'estradizione è vietata se è richiesta per ***reati politici*** (artt. 10, comma 4 e 26, comma 2 Cost.; art. 698, comma 1 c.p.p.);

e) ***La clausola di non discriminazione:*** l'estradizione è vietata se vi è ragione di ritenere che la persona richiesta verrà sottoposta ad atti persecutori o discriminatori o che verrà sottoposta a trattamenti crudeli, disumani o degradanti o comunque ad atti che configurano la violazione di uno dei diritti fondamentali della persona (art. 698, comma 1 c.p.p.);

f) L'estradizione è vietata se, per il fatto per il quale è domandata l'estradizione, è prevista la ***pena di morte*** dalla legge dello Stato richiedente, salvo che siano soddisfatte determinate condizioni (1).

g) Sono inoltre previsti ***vincoli formali*** consistenti nella necessità di una espressa "domanda" (art. 700, comma 1 c.p.p.) e nell'effettuazione dell'apposito procedimento di estradizione previsto dal codice (art. 701 e ss.).

Il procedimento per la concessione dell'estradizione ha carattere misto, essendo composto da tre fasi: la prima e la terza di natura amministrativa, la seconda giurisdizionale. La seconda fase è prevista come garanzia per l'estradando, anche se egli può rinunciarvi acconsentendo all'estradizione (art. 703, comma 2).

La fase amministrativa. Lo Stato estero invia domanda di estradizione al ministro della giustizia, che opera una prima valutazione; il suo potere è stato regolamentato dal d.lgs. n. 149 del 2017. Se il ministro ritiene che l'estradizione debba essere rifiutata (nei casi previsti dall'art. 697, comma 1-*bis* e *ter*) *rigetta la domanda* con atto motivato, comunicato allo Stato estero e all'autorità giudiziaria (art. 697, comma 1-*quinquies*) (2). Se ritiene di *accoglierla*, la *trasmette* entro trenta giorni al procuratore generale presso la corte di appello competente (art. 701, comma 4; 703, comma 1) (3).

La fase giurisdizionale. All'inizio di tale fase occorre procedere al compimento di alcuni atti.

a) Il procuratore generale dispone la comparizione dell'estradando e provvede all'identificazione e all'interrogatorio con la presenza obbligatoria del difensore di

(1) In base al comma 2 dell'art. 698 c.p.p (sostituito dalla legge n. 149 del 2016) « se il fatto per il quale è demandata l'estradizione è punito con la pena di morte secondo la legge dello Stato estero, l'estradizione può essere concessa solo quando l'autorità giudiziaria accerti che è stata adottata una decisione irrevocabile che irroga una pena diversa dalla pena di morte o, se questa è stata inflitta, è stata commutata in una pena diversa, comunque nel rispetto di quanto stabilito dal comma 1 ».

(2) Il ministro respinge la domanda di estradizione quando l'accoglimento della stessa provoca una compromissione della sovranità, della sicurezza o di altri interessi essenziali dello Stato (art. 697, comma 1-*bis*). Quando un accordo internazionale prevede il potere di rifiutare l'estradizione di un *cittadino* senza regolarne l'esercizio, il ministro della giustizia rifiuta l'estradizione tenendo conto della gravità del fatto, della rilevanza degli interessi lesi dal reato e delle condizioni personali dell'interessato (art. 697, comma 1-*ter*).

(3) La competenza a decidere appartiene, nell'ordine, alla corte d'appello nel cui distretto l'imputato o il condannato ha la residenza, la dimora o il domicilio nel momento in cui la domanda di estradizione perviene al ministro della giustizia o alla corte d'appello che ha ordinato l'arresto provvisorio previsto dall'art. 715 c.p.p. o alla corte d'appello il cui presidente ha provveduto alla convalida dell'arresto previsto dall'art. 716 c.p.p. Se la competenza non può essere determinata nei modi così indicati, è competente la corte d'appello di Roma.

quest'ultimo. Se in tale fase l'estradando presta il proprio consenso all'estradizione, si rende inutile l'ulteriore corso del procedimento giurisdizionale (art. 697, comma 1-*quater*): il ministro della giustizia, se non sussistono ragioni ostative, concederà l'estradizione facendo a meno della necessaria deliberazione dell'organo giudicante.

b) Il procuratore generale provvede ad altri ***accertamenti***, richiedendo la documentazione e le informazioni suppletive che ritiene necessarie allo Stato richiedente attraverso il ministro della giustizia.

c) Il procuratore generale presenta alla corte d'appello la ***requisitoria*** entro trenta giorni dalla ricezione della domanda di estradizione, allegando gli atti compiuti (art. 703, comma 4 c.p.p.) e le cose sequestrate. La persona da estradare, il suo difensore e lo Stato richiedente, previa notifica dell'avvenuto deposito, hanno la facoltà di prendere visione ed estrarre copia di tutti gli atti e oggetti.

d) Il presidente della corte d'appello fissa la data dell'udienza per la ***decisione*** e (almeno dieci giorni prima, a pena di nullità) ne dispone la comunicazione al pubblico ministero, all'estradando, al suo difensore ed al rappresentante dello Stato richiedente. Questi ultimi fino a cinque giorni prima dell'udienza possono presentare memorie. Il presidente della corte, inoltre, ove risulti necessario, nomina un interprete (art. 704, comma 1 c.p.p.).

La decisione. La corte decide in camera di consiglio entro sei mesi dalla presentazione della requisitoria, assunte d'ufficio le informazioni e disposti gli accertamenti necessari; la corte non può pronunciarsi prima di sentire il pubblico ministero ed il difensore dell'estradando, che hanno l'obbligo di essere presenti, nonché, « se comparsi », la persona della quale è richiesta l'estradizione e il rappresentante dello Stato estero (art. 704, comma 2 c.p.p.).

La decisione deve essere presa tenendo conto dei presupposti indicati dall'art. 705 c.p.p. Infatti la corte può emettere sentenza favorevole all'estradizione solamente:

a) se — quando non sussista una convenzione o questa non disponga diversamente — vi sono *gravi indizi di colpevolezza* (nel caso di estradizione di cognizione), ovvero se vi è una sentenza irrevocabile di condanna che non contiene disposizioni contrarie ai princìpi fondamentali dell'ordinamento italiano (nel caso di estradizione di esecuzione); o se per lo stesso fatto non è in corso un procedimento penale in Italia né è stata pronunciata una sentenza irrevocabile nello Stato italiano;

b) se l'estradando sarà sottoposto ad un procedimento che garantisce il *rispetto dei diritti fondamentali*;

c) se non vi è motivo di ritenere che l'estradando sarà sottoposto ad atti *persecutori o discriminatori* o a pene o trattamenti crudeli, disumani o degradanti o comunque ad atti che configurano violazione di uno dei diritti fondamentali della persona;

d) se ragioni *di salute o di età* non comportano il rischio di conseguenze di eccezionale gravità per la persona richiesta.

Quando la decisione è ***favorevole all'estradizione*** la corte, se vi è una richiesta del ministro della giustizia, dispone la custodia cautelare in carcere dell'estradando e l'eventuale sequestro del corpo del reato e delle cose pertinenti al reato (art. 704, comma 3 c.p.p.).

Se la decisione è ***contraria all'estradizione***, la corte revoca le eventuali misure cautelari e dispone in ordine alla restituzione delle cose sequestrate. La predetta sentenza ha inoltre un effetto preclusivo, in quanto il medesimo Stato estero non potrà presentare una nuova domanda di estradizione riguardante la medesima persona per lo stesso fatto. La preclusione non opera se vengono presentati dallo Stato richiedente elementi « che non siano già stati valutati dall'autorità giudiziaria » (art. 707 c.p.p.).

Ricorso per cassazione. È comunque possibile presentare ricorso per cassazione contro la decisione della corte d'appello. In questo caso la cassazione decide, entro sei mesi dal ricevimento del ricorso « anche per il merito », assumendo così anche le funzioni di giudice di secondo grado (art. 706 c.p.p.) (4).

Se la fase giurisdizionale si chiude con una sentenza favorevole all'estradizione (o se essa viene omessa in caso di estradizione consensuale), si apre una successiva fase del procedimento.

La fase amministrativa. Il ministro della giustizia decide entro quarantacinque giorni se concedere o meno l'estradizione; il termine decorre dalla ricezione del verbale che contiene il consenso dell'estradando (art. 202 disp. att. c.p.p.) o dalla comunicazione da parte della cancelleria del decorso del termine per l'impugnazione o del deposito della sentenza della cassazione (art. 203 disp. att. c.p.p.; art. 708, comma 1 c.p.p.).

a) Se il ministro *non si pronuncia* entro tale termine o rifiuta l'estradizione, l'eventuale misura cautelare decade e la persona richiesta è rimessa in libertà (art. 708, commi 2 e 3 c.p.p.).

b) Se la decisione del ministro è *favorevole* all'estradizione, questa deve essere comunicata senza indugio allo Stato richiedente, indicando il luogo e la data a partire dalla quale è possibile la consegna dell'estradando (art. 708, comma 4 c.p.p.). Entro quindici giorni dalla data indicata deve avvenire la consegna dell'estradando, anche se questo termine può essere prorogato a richiesta dello Stato estero di altri venti giorni.

c) La consegna è *sospesa* se, nei confronti dell'estradando, in Italia pende un procedimento penale o deve essere applicata una pena per reati diversi da quelli per i quali è stata richiesta l'estradizione (c.d. sospensione "a soddisfatta giustizia italiana"; art. 709 c.p.p.). Ove sia disposta la sospensione, il ministro della giustizia, sentita l'autorità giudiziaria competente per il procedimento in corso nello Stato o per l'esecuzione della pena, può disporre la consegna temporanea dell'interessato o l'esecuzione all'estero della pena dello stesso, secondo modalità concordate con lo Stato richiedente.

3.1.1. I provvedimenti cautelari.

I princìpi che reglano la disciplina delle misure cautelari applicabili all'estradando sono i seguenti (artt. 714-719 c.p.p.).

1) In primo luogo, si è abbandonata l'idea che la custodia in carcere sia un elemento indispensabile per il procedimento di estradizione. Per poter applicare la

(4) Legittimati ad impugnare la sentenza della corte d'appello sono l'estradando, il suo difensore, il procuratore generale e il rappresentante dello Stato richiedente. Anche il giudizio in cassazione si svolge con il procedimento della camera di consiglio secondo le modalità di cui all'art. 704 c.p.p.

misura cautelare sono necessarie tanto la richiesta del ministro della giustizia (che potrebbe infatti negare l'estradizione) quanto la decisione favorevole da parte di un organo giurisdizionale. Particolare importanza riveste inoltre la disposizione di cui all'art. 714, comma 3 c.p.p.: le misure coercitive e il sequestro non possono essere disposti se « vi sono ragioni per ritenere che non sussistono le condizioni per una sentenza favorevole all'estradizione ».

2) In secondo luogo, nel codice di procedura penale si dispone la completa equiparazione dell'estradando all'imputato, di modo che l'autorità giudiziaria applica le misure cautelari all'estradando in base a parametri simili a quelli previsti per l'imputato; ad esempio, devono essere presenti le esigenze cautelari.

Le misure applicabili anche nei confronti dell'estradando sono quelle di tipo coercitivo previste dagli artt. 281-286 c.p.p. nonché il sequestro del corpo del reato e delle cose pertinenti al reato di cui agli artt. 321 e ss. c.p.p.

Termini. Sono stabiliti, in base alla riserva di legge prevista dall'art. 13 Cost., termini di durata massima delle misure coercitive, trascorsi i quali la persona deve essere rimessa in libertà (art. 714, comma 4 c.p.p.) ([5]).

La competenza a provvedere all'applicazione della misura cautelare appartiene alla corte di appello o, nel corso del procedimento davanti alla corte di cassazione, alla corte medesima (art. 714 comma 5) ([6]).

Anche per la misura cautelare applicata all'estradando è possibile sia la revoca, sia la sostituzione con un'altra (art. 718 c.p.p.) ([7]).

C.d. arresto provvisorio. Oltre che durante il procedimento di estradizione, « l'applicazione provvisoria di misure cautelari » è possibile anche « prima che la domanda di estradizione sia pervenuta » (art. 715 c.p.p.). In casi di particolare urgenza anche la polizia giudiziaria può procedere all'arresto della persona nei cui confronti è stata presentata domanda.

A tale atto devono seguire alcuni adempimenti da attuarsi entro termini perentori (art. 716 c.p.p.). L'autorità che ha proceduto all'arresto ne informa il ministro della giustizia e pone, non oltre quarantotto ore, l'arrestato a disposizione del presidente della corte d'appello nel cui distretto è avvenuto l'arresto. Quest'ultimo, se ricorrono

---

([5]) Infatti la persona sottoposta alla misura cautelare deve essere liberata se:

a) è trascorso un anno « senza che la corte d'appello abbia pronunciato sentenza favorevole all'estradizione »;

b) sono trascorsi un anno e sei mesi, qualora sia stato presentato ricorso in cassazione, senza che si sia concluso l'intero « procedimento davanti all'autorità giudiziaria ».

A richiesta del procuratore generale detti termini sono prorogabili una o più volte per un « periodo complessivamente non superiore a tre mesi » qualora sia necessario « procedere ad accertamenti di particolare complessità ».

([6]) Il presidente della corte d'appello, entro cinque giorni dall'esecuzione della misura coercitiva, provvede all'identificazione e all'interrogatorio della persona che vi è sottoposta, e ne raccoglie, previa informazione sulle conseguenze giuridiche che ne derivano, l'eventuale consenso all'estradizione o la rinuncia al principio di specialità (art. 717, comma 1 c.p.p.). A tal fine invita l'interessato a nominare un difensore di fiducia e in difetto designa un difensore d'ufficio ai sensi dell'art. 97, comma 3 c.p.p. Infatti, il consenso all'estradizione e la rinuncia al principio di specialità non sono validi se non sono prestati alla necessaria presenza del difensore, al quale è dato avviso almeno ventiquattro ore prima.

([7]) In conformità con l'art. 111 Cost., contro la decisione della corte d'appello in merito all'applicazione della misura cautelare è ammesso ricorso in cassazione per violazione di legge. Possono presentare ricorso il procuratore generale presso la corte d'appello, l'estradando e il suo difensore (art. 719 c.p.p.).

i presupposti per l'applicazione di una misura coercitiva, convalida l'arresto entro le quarantotto ore successive.

3.2. L'estradizione dall'estero (attiva).

Si ha l'estradizione dall'estero (o attiva) quando l'Italia presenta richiesta di estradizione. Il nostro codice contiene solo le norme che attengono alla domanda da rivolgersi all'autorità straniera, in quanto la restante parte del procedimento sarà disciplinata dall'ordinamento dello Stato a cui l'estradizione è chiesta. Anche l'estradizione attiva può essere di esecuzione o di cognizione.

La fase amministrativa. Un ruolo centrale è svolto dal ministro della giustizia, che presenta la domanda di estradizione al Paese estero. Il ministro può agire sia di propria iniziativa, sia su domanda del procuratore generale presso la corte d'appello nel cui distretto si procede o è stata emessa sentenza di condanna.

Il ministro può decidere di non presentare la domanda di estradizione o di differirne la presentazione, quando la richiesta può pregiudicare la sovranità, la sicurezza o altri interessi essenziali dello Stato, dandone comunicazione all'autorità giudiziaria richiedente (art. 720, comma 3 c.p.p.).

Al ministro è riconosciuta una serie di poteri:

a) può chiedere alla autorità giudiziaria straniera l'arresto provvisorio dell'estradando;

b) può richiedere lo svolgimento di ricerche all'estero dell'imputato o del condannato (art. 720, comma 5);

c) può accettare le condizioni che lo Stato estero pone per l'estradizione, con l'unico limite del rispetto dei princìpi fondamentali dell'ordinamento. Le eventuali condizioni accettate dal ministro della giustizia vincolano l'autorità giudiziaria italiana per espressa previsione di legge (art. 720, comma 4).

Il principio di specialità. La novità apportata dal d.lgs. n. 149 del 2017 sta nel fatto che vige anche per l'estradizione attiva il principio di specialità (art. 721 c.p.p.) con le stesse caratteristiche illustrate per l'estradizione passiva ([8]).

La sospensione del processo a causa del principio di specialità. Quando le convenzioni internazionali o le condizioni poste prevedono che un fatto anteriore alla consegna non possa essere giudicato, il principio di specialità opera come causa di sospensione del processo ad una duplice condizione: che sia stata esercitata l'azione penale e che non debba essere pronunciata sentenza di proscioglimento o di non luogo a procedere (art. 721, commi 2 e 3 c.p.p.).

([8]) In particolare, il principio di specialità non opera quando lo Stato estero ha consentito all'estensione dell'estradizione, quando l'estradato ha espresso il proprio consenso con le modalità indicate nell'art. 717, commi 2 e 2 *bis* o a seguito di un comportamento volontario dell'estradato stesso (art. 720, comma 5 c.p.p.). In tale ultima evenienza si ha la c.d. "purgazione dell'estradizione", consistente nel mancato abbandono del territorio dello Stato da parte dell'interessato entro un termine che l'art. 721, comma 5, lett. *c*, individua in quarantacinque giorni decorrenti dalla sua definitiva liberazione, oppure nel caso in cui, avendo lasciato il territorio dello Stato, vi faccia volontariamente ritorno.

La custodia cautelare. L'eventuale custodia cautelare all'estero subita dall'estradando è computata ad ogni effetto processuale, ai sensi dell'art. 303 c.p.p., e cioè sia per i termini di fase, sia per quello complessivo. Il pubblico ministero può chiedere, nel corso delle indagini preliminari, la proroga dei termini di custodia cautelare prossimi a scadere, onde evitare la revoca della domanda di estradizione per essere venuto meno il provvedimento che ne costituisce l'ineludibile presupposto (art. 305, comma 2 c.p.p.). Infine, il nuovo art. 722-*bis* c.p.p. prevede la riparazione per l'ingiusta detenzione subita all'estero a fini estradizionali nei casi indicati all'art. 314 c.p.p. Ciò che suscita perplessità è la limitazione della riparazione alla sola estradizione attiva.

4. Le rogatorie internazionali.

Le rogatorie sono quelle richieste che uno Stato presenta ad un altro per il compimento di determinati atti (comunicazioni, notificazioni, attività di acquisizione probatoria). Così come avvenuto per l'estradizione, la materia è stata oggetto di modifica da parte del d.lgs n. 149 del 2017 in attuazione della legge delega 21 luglio 2016, n. 149. Come abbiamo già accennato, la riforma ha perseguito la finalità di attuare uno snellimento ed una razionalizzazione degli istituti in tema di cooperazione giudiziaria ([9]).

A tal proposito merita ricordare che il d.lgs. 21 giugno 2017, n. 108, attuativo della l. 9 luglio 2015, n. 114, ha recepito la Direttiva 2014/41/UE e ha introdotto l'ordine europeo d'indagine (OEI) applicabile a molti atti investigativi (es., sequestro probatorio, trasferimento temporaneo di persone detenute, controlli dei conti bancari e delle operazioni finanziarie, operazioni di infiltrazione, intercettazioni, misure di protezione delle prove). Attualmente, l'ordine europeo d'indagine sostituisce la maggior parte delle forme tradizionali di assistenza giudiziaria tra gli Stati membri dell'Unione che lo hanno recepito.

Il nostro ordinamento prevede due distinte discipline delle rogatorie: *a*) le rogatorie dall'estero (o passive) quando è uno Stato estero a chiedere al nostro Paese il compimento di un atto; *b*) le rogatorie all'estero (o attive) quando è l'Italia a domandare ad un altro Stato lo svolgimento di una determinata attività.

4.1. Le rogatorie internazionali dall'estero (passive).

Il procedimento di rogatoria passiva si compone di tre fasi, una amministrativa, una giurisdizionale ed una più strettamente esecutiva.

La fase amministrativa. Durante la fase amministrativa sono stati regolati due procedimenti: uno di tipo tradizionale ed uno con trasmissione diretta tra autorità giudiziarie.

([9]) Con la precisazione che in alternativa al termine "rogatoria" il codice usa l'espressione "assistenza giudiziaria" che ricomprende, oltre agli istituti sopra menzionati, anche i sequestri. E con l'ulteriore precisazione che le norme del codice rappresentano strumenti residuali in base al *principio di sussidiarietà* (art. 696, comma 3), e cioè operano quando la normativa dell'Unione europea o il diritto internazionale pattizio e generale mancano o non dispongono diversamente.

Il ***procedimento tradizionale*** ha luogo quando la normativa europea o la Convenzione internazionale non prevedono la trasmissione diretta tra autorità giudiziarie (art. 723, comma 1). In questi casi, è il ministro della giustizia che riceve la domanda di rogatoria da un'autorità straniera ed opera un primo controllo (entro trenta giorni dalla ricezione) prima di inoltrare la domanda medesima al procuratore della Repubblica presso il tribunale del capoluogo del distretto nel quale deve compiersi l'attività richiesta (art. 724, comma 1) (10).

Nel ***procedimento con trasmissione diretta***, previsto dalle più recenti Convenzioni internazionali e dalla normativa europea (art. 723, comma 4), la domanda di assistenza giudiziaria è inviata direttamente al procuratore distrettuale della Repubblica competente, che ne trasmette copia senza ritardo al ministro della giustizia. Il procuratore distrettuale deve trasmettere tempestivamente al procuratore nazionale antimafia e antiterrorismo copia delle richieste di assistenza dell'autorità straniera che si riferiscono ai delitti di cui all'articolo 51, commi 3-*bis* e 3-*quater* (art. 724, comma 9).

Il controllo del ministro della giustizia. Nel procedimento *tradizionale* è il ministro che immediatamente opera un controllo e, se del caso, non trasmette la domanda al procuratore distrettuale. Nel procedimento *con trasmissione diretta* tra autorità giudiziarie, il ministro ha un potere di blocco della domanda di rogatoria (art. 723, comma 2).

Il controllo operato dal ministro ha differenti ampiezze. Quando le Convenzioni in vigore tra gli Stati membri dell'Unione europea, o gli atti adottati dal consiglio e dal parlamento dell'Unione europea, prevedono un intervento del ministro, questi può disporre con decreto di non dare corso all'esecuzione della domanda di assistenza giudiziaria nei casi e nei limiti stabiliti dalle Convenzioni e dagli atti indicati (art. 723, comma 2). Nei rapporti con Stati diversi da quelli membri dell'Unione europea, tale potere può essere esercitato in caso di pericolo per la sovranità, la sicurezza o altri interessi essenziali dello Stato (art. 723, comma 3).

La fase giurisdizionale. Come abbiamo anticipato, il d.lgs. n. 149 del 2017 ha eliminato la competenza della corte di appello e l'ha attribuita al procuratore della Repubblica presso il tribunale del capoluogo del distretto nel quale deve compiersi l'attività richiesta. In base al comma 7 dell'art. 724 il procuratore distrettuale nega l'esecuzione della domanda di assistenza giudiziaria nei seguenti casi:

a) se gli atti richiesti *sono vietati dalla legge o sono contrari ai princìpi dell'ordinamento giuridico dello Stato*;

b) se il fatto per cui procede l'autorità straniera *non è previsto come reato dalla legge italiana* e non risulta che l'imputato abbia liberamente espresso il suo consenso alla domanda di assistenza giudiziaria;

---

(10) Ai sensi del nuovo comma 4 dell'art. 724 c.p.p., i criteri previsti per la determinazione della competenza, qualora la domanda di assistenza abbia ad oggetto atti che devono essere eseguiti in differenti distretti, sono individuati nel luogo nel quale deve compiersi il maggior numero di atti, ovvero, se di eguale numero, in quello nel cui distretto deve compiersi l'atto di maggiore importanza investigativa.

Si tratta della più significativa e rilevante innovazione del d.lgs. n. 149 del 2017, in quanto l'autorità giudiziaria competente a decidere sull'ammissibilità della richiesta di rogatoria ed a provvedere alla sua esecuzione non è più la corte d'appello, in passato competente per il c.d. *exequatur*, bensì il procuratore distrettuale della repubblica.

c) (*clausola di non discriminazione*) se vi sono fondate ragioni per ritenere che considerazioni relative alla razza, alla religione, al sesso, alla nazionalità, alla lingua, alle opinioni politiche o alle condizioni personali o sociali possano influire sullo svolgimento o sull'esito del processo e non risulta che l'imputato abbia liberamente espresso il suo consenso alla domanda di assistenza giudiziaria.

La fase esecutiva. Per il compimento degli atti richiesti si applicano le disposizioni del codice, salva l'osservanza delle forme espressamente richieste dall'autorità giudiziaria straniera che non siano contrarie ai princìpi dell'ordinamento giuridico dello Stato (art. 725, comma 1); ad es., lo Stato estero può legittimamente chiedere che il testimone presti giuramento. L'autorità giudiziaria può autorizzare, con decreto motivato, la presenza al compimento degli atti richiesti di rappresentanti o incaricati dell'autorità richiedente ([11]).

Forme particolari di assistenza giudiziaria. Infine la normativa è stata arricchita da una serie di disposizioni riguardanti le forme speciali di assistenza giudiziaria. In particolare, la richiesta di trasferimento temporaneo all'estero di persone detenute, prevista da accordi internazionali in vigore tra gli Stati ai fini del compimento di un'attività di indagine o di acquisizione probatoria (art. 726-*quater* c.p.p.); la richiesta di audizione mediante videoconferenza o teleconferenza (artt. 726-*quinquies* e 726-*sexies*).

4.2. Le rogatorie internazionali all'estero (attive).

Il presupposto è l'esistenza in Italia di un procedimento penale che necessita di assistenza giudiziaria all'estero per comunicazioni, per notificazioni, per attività di acquisizione probatoria o per sequestri. Occorre premettere che, nell'ambito di procedimenti relativi ai delitti di cui all'articolo 51, commi 3-*bis* e 3-*quater*, copia della richiesta di assistenza giudiziaria deve essere trasmessa senza ritardo al procuratore nazionale antimafia e antiterrorismo (art. 727, comma 8). Ciò premesso, si distinguono un procedimento tradizionale, un procedimento con trasmissione diretta e un procedimento d'urgenza.

Il procedimento tradizionale. Quando le Convenzioni internazionali o la normativa europea prevedono l'intervento del ministro della giustizia, e comunque in via residuale (art. 727, comma 1), le richieste di assistenza giudiziaria sono trasmesse al ministro che comunica all'autorità richiedente la data di ricevimento della domanda e provvede entro trenta giorni dalla ricezione comunicando all'autorità richiedente medesima l'avvenuto inoltro o il decreto di blocco (art. 727, commi 2 e 3).

Quando la richiesta di assistenza giudiziaria non è stata inoltrata dal ministro entro 30 giorni dalla ricezione e non sia stato emesso il decreto di blocco, l'autorità giudiziaria richiedente può provvedere all'inoltro diretto all'agente diplomatico o consolare italiano, informandone il ministro (art. 727, comma 4).

([11]) Se la rogatoria ha per oggetto acquisizioni probatorie da compiersi davanti al giudice o attività che secondo la legge italiana devono essere svolte dal giudice, il procuratore distrettuale presenta senza ritardo le proprie richieste al giudice per le indagini preliminari (art. 724, comma 2). Ad es., per le intercettazioni o i sequestri preventivi.

Il procedimento con trasmissione diretta. Quando un accordo internazionale o la normativa europea prevedono la trasmissione diretta della richiesta di rogatoria, l'autorità giudiziaria ne trasmette copia senza ritardo al ministro della giustizia (art. 727, comma 6). Nei rapporti con Stati della U.E. l'autorità giudiziaria inoltra direttamente; negli altri casi, se il ministro non emette il decreto di blocco entro dieci giorni dalla ricezione, l'autorità giudiziaria provvede all'inoltro (art. 727, comma 7).

Il procedimento in caso di urgenza. Nei casi urgenti (art. 727, comma 5) l'autorità giudiziaria provvede all'inoltro diretto a norma dell'art. 727, comma 4 dopo che copia della richiesta di assistenza è stata ricevuta dal ministro. Resta salvo il potere di blocco del ministro (art. 727, comma 2) sino al momento della trasmissione della domanda all'autorità straniera da parte dell'agente diplomatico o consolare.

Controllo del ministro. Il ministro può disporre che non si dia corso all'inoltro della richiesta di assistenza giudiziaria nei casi e nei limiti stabiliti dalle Convenzioni e dagli atti indicati. Nei rapporti con Stati diversi da quelli membri dell'Unione europea, tale potere può essere esercitato, oltre a quanto previsto dalle Convenzioni, in caso di pericolo per la sovranità, la sicurezza o altri interessi essenziali dello Stato (art. 727, comma 2).

Esecuzione della richiesta di assistenza giudiziaria. Quando, a norma di accordi internazionali, la richiesta di assistenza giudiziaria può essere eseguita secondo quanto previsto dall'ordinamento giuridico dello Stato italiano, l'autorità giudiziaria indica all'autorità dello Stato estero le modalità e le forme stabilite dalla legge ai fini dell'utilizzabilità degli atti richiesti (art. 727, comma 9) ([12]).

Nei casi in cui lo Stato estero abbia posto condizioni all'utilizzabilità degli atti richiesti, l'autorità giudiziaria italiana è vincolata al rispetto di tali condizioni (art. 729, comma 1).

La partecipazione e l'esame a distanza. L'art. 729-*quater* prevede due istituti: la partecipazione al processo dell'imputato detenuto all'estero tramite videoconferenza e l'audizione, sempre col mezzo della videoconferenza, di testimoni o periti che si trovano all'estero.

Squadre investigative comuni. Il pubblico ministero può dare impulso alla costituzione di squadre investigative comuni, ove consentito dal diritto dell'Unione europea e da norme internazionali, sia nel caso di rapporti con le autorità giudiziarie di Stati dell'Unione, sia nel caso di rapporti con Paesi non appartenenti all'Unione; in quest'ultima ipotesi deve darne comunicazione al ministro della giustizia (art. 729-*quinquies*).

5. Il riconoscimento degli effetti delle sentenze penali straniere.

Il nostro ordinamento prevede il riconoscimento delle sentenze penali straniere: 1) come *istituto tradizionale*; 2) come strumento regolato da singoli *Trattati interna-*

([12]) Se lo Stato estero dà esecuzione alla richiesta di assistenza con modalità diverse da quelle indicate dall'autorità giudiziaria ai sensi dell'articolo 727, comma 9, gli atti compiuti sono inutilizzabili solo nei casi in cui l'inutilizzabilità è prevista dalla legge (art. 729, comma 2). Non possono in ogni caso essere utilizzate le dichiarazioni, da chiunque rese, aventi ad oggetto il contenuto di atti inutilizzabili (art. 729, comma 3). L'inutilizzabilità è rilevabile anche di ufficio in ogni stato e grado del procedimento (art. 191, comma 2).

zionali; 3) come *strumento innovativo di cooperazione* limitato ai Paesi dell'Unione europea.

1) Il riconoscimento tradizionale ai sensi dell'art. 12 c.p. Il riconoscimento di tipo *tradizionale* della sentenza straniera ha la finalità non di parificare tale atto a quello italiano, bensì di assumerlo quale *fatto storico giuridico* per alcuni effetti tassativamente determinati, che sono i seguenti:

a) per stabilire la recidiva o un altro effetto penale della condanna, o per dichiarare l'abitualità, la professionalità o la tendenza a delinquere;

b) per infliggere una pena accessoria;

c) per applicare misure di sicurezza personali;

d) per le restituzioni, il risarcimento del danno o altri effetti civili.

Tali effetti possono trovare applicazione nei confronti sia di cittadini italiani, sia di cittadini stranieri o apolidi residenti in Italia, sia di persone nei cui confronti vi è un procedimento penale nello Stato italiano.

Il ministro della giustizia, quando riceve la richiesta (tradizionale) di riconoscimento degli effetti di una sentenza da parte dello Stato estero, la trasmette, insieme agli atti che vi sono allegati, al procuratore generale presso la corte d'appello nel distretto della quale ha sede l'ufficio del casellario locale del luogo di nascita della persona cui è riferito il provvedimento giudiziario straniero (art. 730, comma 1, c.p.p.); se quest'ultimo è sconosciuto, la trasmette alla corte di appello di Roma.

Procedimento. La corte d'appello decide in camera di consiglio ai sensi dell'art. 127 c.p.p. e, in virtù della *ratio* di semplificazione cui è ispirato il d.lgs. n. 149 del 2017, non oltre novanta giorni dal ricevimento della richiesta, pronunciando sentenza nella quale enuncia espressamente gli effetti che conseguono al riconoscimento (art. 734, comma 1, c.p.p.). Ai sensi del nuovo art. 734, comma 2, c.p.p, nei casi disciplinati dagli artt. 730, 732 e 741 la corte di appello decide sulla base della richiesta scritta del procuratore generale e delle memorie presentate dalle parti, e quindi con un procedimento di tipo cartolare. La predetta sentenza è ricorribile in cassazione per violazione di legge da parte del procuratore generale, dell'interessato e, in seguito alle modifiche introdotte dal d.lgs n. 149 del 2017, anche dal difensore.

Se si tratta degli effetti civili di cui al n. 4, comma 1, dell'art. 12 c.p. è necessaria la domanda dell'interessato (artt. 732 e 741 c.p.p.).

2) Il riconoscimento a norma dei Trattati internazionali. Il riconoscimento delle sentenze penali straniere può avvenire anche a norma delle disposizioni di singoli *Trattati internazionali* (art. 731 c.p.p.), quando si vuole che tali sentenze producano effetti diversi o ulteriori rispetto a quelli indicati nell'art. 12 c.p. ([13]).

I limiti al riconoscimento (tradizionale) delle sentenze penali straniere sono previsti dall'art. 733 c.p.p. L'esecuzione conseguente al riconoscimento è disciplinata dagli artt. 738 e 740 c.p.p.

([13]) In tali casi al ministro della giustizia spetta una preventiva valutazione sulla richiesta di riconoscimento, al fine di verificare se la sentenza straniera debba avere esecuzione in Italia o se comunque ad essa debbano essere attribuiti effetti a norma di un determinato accordo internazionale; se tale controllo ha esito favorevole, il ministro trasmette al procuratore generale la richiesta di riconoscimento unitamente alla relativa documentazione.

3) Il trasferimento di condanne a pena detentiva come strumento di cooperazione tra Paesi dell'Unione europea. Una nuova forma di riconoscimento delle sentenze straniere è prevista dal d.lgs. n. 161 del 2010 ed è fondata sul principio del *reciproco riconoscimento delle sentenze definitive di condanna*, quando queste dispongono almeno tre anni di pena detentiva (o misura di sicurezza detentiva). Di conseguenza, la sentenza di condanna pronunciata in uno Stato dell'Unione è parificata a quella italiana ai fini della esecuzione, e viceversa. Il nuovo istituto (denominato "trasferimento di condanne a pena detentiva") è stato regolato in modo simile al mandato di arresto europeo; come per quest'ultimo, è prevista una trasmissione all'estero ed una dall'estero. Di esso tratteremo nel successivo cap. 2, § 8.

6. L'esecuzione all'estero di sentenze penali italiane.

L'esecuzione all'estero delle sentenze penali italiane assume una duplice forma. Vi è un istituto *tradizionale* che è previsto dal codice e dai Trattati internazionali; ma vi è anche uno strumento *innovativo* di collaborazione tra gli Stati dell'Unione europea, che, come abbiamo accennato, è denominato "trasferimento di condanne a pena detentiva"; lo esamineremo nel successivo cap. 2, § 8.

Nella sua forma tradizionale, l'esecuzione all'estero delle sentenze penali italiane è condizionata dalla disciplina esistente nei singoli Paesi stranieri ed anche dagli accordi internazionali. Si tratta di un istituto che può essere alternativo sia rispetto all'esecuzione dell'estradizione quando « il condannato si trova nel territorio dello Stato richiesto e l'estradizione è stata negata o non è comunque possibile » (art. 742, comma 3 c.p.p.), sia alla sua sospensione (art. 709, comma 2 c.p.p.). Il nostro ordinamento stabilisce alcuni limiti all'esecuzione all'estero di una sentenza penale di condanna restrittiva della libertà personale: l'esecuzione all'estero può essere richiesta sempre che non contrasti con i princìpi fondamentali dell'ordinamento giuridico dello Stato (art. 742, comma 1, c.p.p. così come modificato dal d.lgs. n. 149 del 2017) e solo se « il condannato, reso edotto delle conseguenze », vi acconsente liberamente e l'esecuzione all'estero è comunque idonea a favorire il reinserimento sociale del reo (art. 742, comma 2 c.p.p.).

Procedimento. L'iniziativa per chiedere l'esecuzione all'estero della sentenza penale italiana spetta al ministro della giustizia anche su domanda del pubblico ministero competente (art. 742, comma 1). Gli atti sono trasmessi al procuratore generale presso la corte d'appello nel cui distretto è stata emessa la sentenza di condanna. Questi promuove il procedimento di fronte alla corte d'appello che delibera con sentenza in camera di consiglio nei termini di cui all'art. 734, osservate le forme previste dall'articolo 127 (art. 743, comma 2).

7. Il trasferimento dei procedimenti penali.

Il trasferimento dei procedimenti penali è un nuovo istituto introdotto dal d.lgs. n. 149 del 2017 (art. 746-*bis* e ss. c.p.p.) con la finalità di evitare *ex ante* che in due Stati si svolgano procedimenti penali per il medesimo fatto addebitato alla medesima persona. In tal modo si evita che il principio del *ne bis in idem* debba avere effetto soltanto *ex post*, e cioè quando si siano svolti contemporaneamente due procedimenti penali e in uno Stato sia stata pronunciata una sentenza irrevocabile.

L'istituto opera sia quando è previsto in Convenzioni internazionali, sia nei rapporti tra gli Stati dell'Unione europea, salve, in quest'ultimo caso, eventuali disposizioni che regolino espressamente i conflitti di giurisdizione tra gli Stati membri. Restando fermo che il trasferimento è ammesso fino a quando non sia stata esercitata l'azione penale (comma 2), segnaliamo che i criteri per il trasferimento sono indicati in modo decrescente dall'art. 746-*bis* comma 3 in base al Paese che presenti il più stretto legame territoriale con il fatto per il quale si procede o con le fonti di prova. In particolare, si tiene conto dei seguenti criteri:

a) luogo in cui è avvenuta la maggior parte dell'azione, dell'omissione o dell'evento;

b) luogo in cui si è verificata la maggior parte delle conseguenze dannose;

c) luogo in cui si trovano il maggior numero di persone offese, di testimoni o delle fonti di prova;

d) impossibilità di procedere ad estradizione dell'indagato che ha trovato rifugio nello Stato richiesto;

e) luogo in cui risiede, dimora, è domiciliato ovvero si trova l'indagato.

Come avviene per analoghi istituti, sono regolati in modo distinto l'assunzione di procedimenti dall'estero ed il trasferimento dei medesimi all'estero.

a) Assunzione di procedimenti penali dall'estero (trasferimento passivo). Il codice disciplina i poteri del ministro e l'utilizzabilità degli atti di acquisizione probatoria compiuti all'estero (art. 746-*ter*). In sintesi, il ministro della giustizia, ricevuta richiesta di assunzione nello Stato di un procedimento penale, la trasmette all'ufficio del pubblico ministero presso il giudice competente.

b) Trasferimento di procedimenti penali all'estero (trasferimento attivo). Come osserva la *Relazione ministeriale* (pag. 17), la presente ipotesi di trasferimento di procedimenti è disciplinata in modo più stringente rispetto alla procedura passiva perché, in sostanza, comporta la « rinuncia all'esercizio del potere punitivo » dello Stato italiano. Il codice contiene una differente normativa a seconda che gli accordi internazionali consentano, o meno, un rapporto diretto tra le autorità giudiziarie estera e italiana (art. 746-*quater*).

b.1) Quando gli accordi internazionali prevedono un rapporto diretto tra le autorità giudiziarie (art. 746-*quater*, comma 2), l'iniziativa spetta al pubblico ministero che abbia notizia della pendenza di un procedimento penale all'estero per gli stessi fatti per i quali si è proceduto all'iscrizione nel registro delle notizie di reato (art. 335). In tal caso, la pubblica accusa adotta le proprie scelte in relazione al trasferimento del procedimento dopo essersi consultata con la competente autorità straniera.

b.2) Quando gli accordi internazionali prevedono la decisione di autorità centrali (art. 746-*quater*, comma 3), il pubblico ministero inoltra al ministro della giustizia richiesta motivata di trasferimento del procedimento. Entro il termine di trenta giorni dalla ricezione degli atti, il ministro può disporre il trasferimento sempre che non ricorrano le condizioni ostative menzionate nel comma 4 o siano compromessi la sicurezza o gli altri interessi essenziali dello Stato (comma 2), dandone tempestiva comunicazione all'autorità straniera ed al pubblico ministero che procede (14).

Provvedimenti in caso di avvenuta trasmissione all'estero del procedimento penale. Come precisa la *Relazione ministeriale*, il codice tiene conto del principio di obbligatorietà dell'azione penale: se l'esercizio di questa è trasferito allo Stato estero, il procedimento "ceduto" deve trovare una definizione interna. Tale definizione è rappresentata dal provvedimento di archiviazione.

Ai sensi del comma 6 dell'art. 746-*quater*, il giudice emette su richiesta della pubblica accusa il decreto di archiviazione, per il quale tuttavia non si applicano le norme che prevedono l'opposizione della persona offesa o il mancato accoglimento del giudice (artt. 408, 409 e 410). Comunque, il decreto di archiviazione è comunicato alla persona offesa che, nella notizia di reato o successivamente alla sua presentazione, abbia dichiarato di volere essere informata circa l'eventuale archiviazione.

Provvedimenti in caso di mancato esercizio dell'azione penale nello Stato estero. Quando l'azione penale non è stata esercitata nello Stato estero nel termine convenuto all'atto del trasferimento (e sempre che la decisione assunta nello Stato estero non determini il divieto di un secondo giudizio), si applica l'art. 414, e cioè il giudice su richiesta del pubblico ministero autorizza la riapertura delle indagini. Dell'avvenuta riapertura delle indagini è data comunicazione allo Stato estero.

In sostanza, il trasferimento del procedimento penale all'estero è equiparato dal codice alla mancanza di una condizione di procedibilità consistente in quel difetto di giurisdizione che è regolato nell'art. 20 c.p.p. (15).

Ove la condizione di procedibilità torni ad esistere perché lo Stato estero non ha adempiuto agli obblighi derivanti dal trasferimento del procedimento (e, quindi, viene meno il difetto di giurisdizione), scatta nuovamente l'obbligo di esercitare l'azione penale ed pubblico ministero deve chiedere la riapertura delle indagini ai sensi dell'art. 414.

---

(14) Il procedimento penale è sospeso dal momento della richiesta motivata della pubblica accusa e sino alla comunicazione della decisione del ministro. Anche in questo caso possono essere compiuti gli atti urgenti o irripetibili.

(15) Il che non significa che « il provvedimento che ricorra a questa formula disponga per una radicale e irrevocabile rinuncia alla giurisdizione. Sulla scorta delle Convenzioni (internazionali), il trasferimento del procedimento ovvero la delega ad avviarlo risultano di fatto condizionati all'adempimento degli obblighi processuali da parte dell'autorità dello Stato impegnato dall'accordo » (*Relazione ministeriale* cit.).

Capitolo II

CENNI SULLA COLLABORAZIONE GIUDIZIARIA NELL'AMBITO DEL CONSIGLIO D'EUROPA E DELL'UNIONE EUROPEA

1. Considerazioni generali.

L'espressione "cooperazione internazionale in materia penale" individua l'attività di collaborazione internazionale nella lotta contro il crimine. Per secoli l'estradizione ha rappresentato la forma principale di collaborazione tra Stati. A partire dal secondo dopoguerra la maturata consapevolezza del carattere transnazionale della criminalità ha indotto, tuttavia, gli Stati ad elaborare nuovi e più sofisticati strumenti convenzionali aventi un carattere realmente *multilaterale*.

Un ruolo centrale nel processo di ammodernamento e di sensibilizzazione verso i problemi legati alla giustizia penale è stato svolto dal Consiglio d'Europa.

Parallelamente, a livello comunitario, i Trattati di Maastricht, di Amsterdam e di Lisbona hanno posto come obbiettivo essenziale la creazione di uno "spazio giudiziario europeo".

2. Le Convenzioni del Consiglio d'Europa.

Il Consiglio d'Europa è la più antica organizzazione intergovernativa europea, di cui fanno parte ben quarantasette Paesi. Si compone di due organi: il Comitato dei Ministri e l'Assemblea parlamentare. Il Consiglio d'Europa, secondo quanto dispone l'articolo 1 dello Statuto istitutivo (1949), ha come scopo quello di creare una maggiore unità tra i paesi membri, attraverso una progressiva armonizzazione dei rispettivi sistemi giuridici. All'interno del Consiglio d'Europa, la Commissione europea per i problemi criminali (CDPC) è deputata a svolgere compiti di approfondimento e di ricerca nei settori del diritto, della procedura penale ed in generale nell'ambito dei problemi legati alla criminalità.

Nel corso di circa settanta anni il Consiglio d'Europa ha elaborato numerose Convenzioni finalizzate al rafforzamento della cooperazione giudiziaria in materia penale, a cui si sono aggiunte altrettante Risoluzioni e Raccomandazioni, volte all'interpretazione ed alla corretta applicazione di questo ingente corpo normativo. Nonostante l'importanza di tale contributo teorico, sul piano dell'effettività l'attuale sistema convenzionale risulta ancora carente. Molte convenzioni non sono state ratificate a causa del loro contenuto fortemente innovativo e della diffidenza dei Paesi membri del Consiglio d'Europa ad apportare modifiche radicali alla propria legislazione interna.

3. La cooperazione giudiziaria nell'ambito dell'Unione europea.

Nel contesto dell'Unione Europea, i trattati di Maastricht, di Amsterdam e di Lisbona hanno aperto nuove prospettive. In particolare l'art. 29 TFUE stabilisce che « l'Unione realizza uno spazio di libertà, sicurezza e giustizia nel rispetto dei diritti fondamentali nonché dei diversi ordinamenti giuridici e delle diverse tradizioni giuridiche degli Stati membri ». Allo scopo di perseguire la creazione di uno "spazio giudiziario europeo" sono stati adottati importanti provvedimenti per rafforzare la cooperazione europea. Nell'impossibilità di esaminare i singoli atti normativi dell'Unione europea, per ragioni di economia espositiva verranno analizzati i più importanti provvedimenti attualmente in vigore e, in particolare, l'Accordo di Schengen, il mandato di arresto europeo e l'ordine europeo di indagine. In seguito, ci limiteremo ad un breve cenno su altri provvedimenti di cooperazione europea (1).

4. L'Accordo di Schengen e la sua integrazione nell'Unione.

L'Accordo di Schengen ha avuto origine da una serie di iniziative volte all'eliminazione delle frontiere interne tra alcuni paesi della Comunità europea. In proposito è opportuno ricordare, brevemente, come i primi anni '80 dello scorso secolo abbiano segnato l'inizio di un intenso dibattito sul concetto di "libera circolazione delle persone".

Vista l'impossibilità di giungere ad un accordo in sede di Comunità europea, nel 1985 i Governi degli Stati dell'Unione Economica del Benelux, della Repubblica Federale di Germania e della Repubblica francese decisero di creare al loro interno un territorio senza frontiere, il c.d. "spazio Schengen". Il 19 giugno 1990 venne stipulata una Convenzione che ha concretamente permesso di abolire le frontiere interne tra gli Stati firmatari e ha creato, nel contempo, un'unica frontiera esterna, lungo la quale i controlli sono effettuati secondo procedure identiche.

In seguito, altri Stati comunitari hanno aderito a questo Accordo. Il Trattato di Amsterdam ha inserito ufficialmente lo spazio Schengen, unitamente alle misure costituenti il c.d. *acquis comunitario*, nel quadro giuridico istituzionale dell'Unione europea.

Alla soppressione dei controlli alle frontiere interne si sono aggiunte una serie di misure c.d. "compensative", volte a bilanciare il "deficit di sicurezza" in conseguenza della maggiore libertà di circolazione. L'Accordo di Schengen ha previsto, a tale scopo, un quadro articolato di misure di cooperazione giudiziaria. Tali misure sono

---

(1) Per un quadro generale delle problematiche, si veda *La circolazione investigativa nello spazio giuridico europeo: strumenti, soggetti, risultati*, a cura di L. Filippi, P. Gualtieri, P. Moscarini, A. Scalfati, Padova, 2010; *Manuale di procedura penale europea*, a cura di R.E. Kostoris, 4ª ed., Milano, 2019; *Regole europee e processo penale*, a cura di A. Gaito e D. Chinnici, Padova, 2016.

divise in quattro diversi capitoli, relativi all'assistenza giudiziaria in materia penale (artt. 48-53), all'applicazione del principio del *ne bis in idem* (artt. 54-58), all'estradizione (artt. 59-66) ed alla trasmissione delle sentenze penali (artt. 67-69).

La più rilevante novità introdotta da Schengen riguarda, tuttavia, il Sistema di Informazione Schengen (S.I.S.). Si tratta di una banca dati che ha lo scopo di garantire, tramite un meccanismo di segnalazioni, che determinati soggetti non possano circolare liberamente all'interno del territorio europeo. Esso si compone di una direzione centrale situata a Strasburgo (C-SIS) e tante sezioni nazionali (N-SIS) aventi sede in ogni Stato. Queste operano secondo un sistema c.d. "a stella", nel quale i dati inseriti sono trasmessi in senso orizzontale. L'informazione, una volta immessa nel sistema da parte di un'autorità nazionale, transita attraverso un'unità centrale per essere successivamente messa a disposizione degli altri Stati, senza che avvenga alcuna rielaborazione del dato.

La funzione principale del sistema consiste nel facilitare i contatti tra le forze di polizia in occasione dell'arresto di una persona. In pratica tutte le volte che viene effettuato un controllo sul territorio, la questura (o altra forza di polizia) è tenuta a verificare, tramite il proprio terminale, se il soggetto interessato risulta segnalato nel SIS ed il motivo di detta segnalazione. Ogni sezione nazionale del SIS è emanazione di un ufficio che è denominato "Sirene" ed è collegato con una centrale a Strasburgo.

Il S.I.S. consente alle autorità competenti, attraverso una procedura d'interrogazione automatizzata, di disporre delle segnalazioni di persone ed oggetti, inseriti in occasione di controlli effettuati all'interno del paese come quelli eseguiti ai fini della procedura della concessione di visti, del rilascio dei documenti di soggiorno e dell'amministrazione degli stranieri (2).

Un'importante novità introdotta con la Decisione 533/2007/GAI consiste nel prevedere, tra i dati complementari, relativi alle segnalazioni di persone ricercate per l'arresto ai fini di consegna, sulla scorta di un mandato di arresto europeo, anche la « copia del mandato di arresto europeo originale ». In questo caso, l'art. 31 specifica che la segnalazione, unitamente ai dati complementari, costituisce ed ha lo stesso effetto di un « mandato di arresto europeo emesso a norma della Decisione quadro 2002/584/GAI ove si applichi tale Decisione ».

5. Il mandato d'arresto europeo.

a. *Considerazioni generali.* Il mandato d'arresto europeo è, nella sostanza, una forma di estradizione semplificata, che è affidata alle autorità giudiziarie dei Paesi membri dell'Unione europea e che si basa sulla "fiducia reciproca" tra gli Stati. La semplificazione si manifesta nei seguenti aspetti.

a) È eliminato il filtro del potere politico: il ministro della giustizia è un mero organo di assistenza amministrativa.

b) I motivi di rifiuto possono essere soltanto quelli previsti in modo uniforme per i Paesi membri dell'Unione.

---

(2) Art. 92 C.A.A.S.

c) Per un gruppo di trentadue tipi di reati di gravità medio-alta non è richiesto il requisito della doppia incriminazione.

d) La procedura di consegna deve concludersi nel più breve tempo possibile.

La definizione legislativa. In base all'art. 1 comma 2 della legge n. 69 del 2005 « il mandato d'arresto europeo è una decisione giudiziaria emessa da uno Stato membro dell'Unione europea (...) in vista dell'arresto e della consegna da parte di un altro Stato membro (...) di una persona, al fine dell'esercizio di azioni giudiziarie in materia penale o dell'esecuzione di una pena o di una misura di sicurezza privative della libertà personale ».

Fonti normative. Il mandato è previsto dalla Decisione quadro 13 giugno 2002 del Consiglio dell'Unione europea. La prima attuazione si è avuta con la legge 22 aprile 2005, n. 69, che ha introdotto requisiti ulteriori rispetto alla Decisione quadro; ciò era dovuto alla circostanza, difficilmente contestabile, che l'ordinamento italiano prevede garanzie più elevate rispetto allo *standard* degli altri Stati dell'Unione.

L'attuazione effettuata con la legge del 2005 è stata ritenuta « non ancora soddisfacente » dalla Commissione UE nella relazione al Parlamento europeo e al Consiglio. L'art. 6 della legge-delega n. 119 del 2019 ha previsto che la normativa del 2005 fosse armonizzata con la Decisione quadro. Il Governo dimissionario Conte II ha approvato il relativo d.lgs. 2 febbraio 2021, n. 10, che ha effettuato una profonda modifica della legge del 2005.

La nuova normativa, che consegue alle modifiche e integrazioni, si è posta la finalità di semplificare la procedura passiva di esecuzione del mandato europeo e di dare attuazione al principio del mutuo riconoscimento (art. 1, comma 3). Ciò comporta che il giudice italiano non potrà valutare i motivi di merito che sorreggono la richiesta di consegna.

Princìpi e garanzie. L'esecuzione del mandato di arresto europeo non può, in alcun caso, comportare una violazione dei seguenti princìpi (art. 2):

1) dei princìpi supremi dell'ordine costituzionale dello Stato;

2) dei diritti inalienabili della persona riconosciuti dalla Costituzione;

3) dei diritti e princìpi fondamentali sanciti dall'articolo 6 del trattato sull'Unione europea (c.d. Carta di Nizza);

4) dei diritti fondamentali garantiti dalla Convenzione per la salvaguardia dei diritti dell'uomo e delle libertà fondamentali e dai Protocolli addizionali alla stessa.

Ai sensi dell'art. 1, comma 3-*ter*, l'Italia non dà esecuzione ai mandati di arresto europei emessi da uno Stato membro nei cui confronti il Consiglio dell'Unione europea abbia sospeso l'attuazione del meccanismo del mandato di arresto europeo per grave e persistente violazione dei princìpi sanciti all'articolo 6, § 1, del Trattato sull'Unione europea.

b. *L'ambito di applicazione del mandato di arresto europeo.* Il mandato di arresto europeo è uno strumento giuridico complesso, che ha al suo interno due anime fondate su logiche differenti, a volte contrapposte. L'anima originaria è la "accelerazione" della procedura di estradizione; l'anima innovativa è la consegna di un ricercato fondata su di un preteso "diritto unificato", e cioè comune agli Stati dell'Unione europea.

I reati sottoposti alla condizione della doppia incriminazione. La « accelerazione » della procedura di estradizione (prevista dall'art. 31 lett. *b* del Trattato di Amsterdam del 1997) si manifesta nell'ampia categoria di reati per i quali la consegna può essere subordinata alla condizione della doppia incriminazione; in base a tale principio la consegna è ammessa per un'ampia categoria di fatti che costituiscono reato non soltanto nello Stato richiedente, ma anche in Italia (art. 7 legge n. 69). La categoria ricomprende tutte le condanne penali di almeno quattro mesi e tutte le misure cautelari per quei reati che nello Stato richiedente sono puniti con una pena privativa della libertà della durata massima di almeno dodici mesi.

I reati che prescindono dalla condizione della doppia incriminazione. L'anima innovativa del mandato d'arresto europeo si coglie nei trentadue tipi di reato che sono indicati nell'art. 2 § 2 della Decisione quadro, ai quali fa rinvio l'art. 8, comma 1 della legge. Per essi la consegna è obbligatoria « indipendentemente dalla doppia punibilità », a condizione che per il singolo reato nello Stato di emissione del mandato sia previsto il massimo della pena di almeno tre anni. In definitiva, si parte dal presupposto che le trentadue categorie di reato assumano una identica rilevanza penale all'interno di tutti gli Stati dell'Unione europea ([3]).

c. *La procedura di esecuzione passiva.* ***Giudice competente.*** Il giudice competente a dare esecuzione ad un mandato di arresto europeo è, di regola, la *corte di appello* nel cui distretto l'imputato o il condannato ha rispettivamente la residenza, la dimora o il domicilio nel momento in cui il provvedimento giunge alla autorità giudiziaria italiana. Nel caso in cui la persona sia stata arrestata dalla polizia giudiziaria, la competenza appartiene alla corte d'appello del distretto in cui è avvenuto l'arresto (art. 5).

Contenuto del mandato. I requisiti del mandato d'arresto europeo che perviene all'autorità italiana sono stati semplificati in base al principio del mutuo riconoscimento (art. 6). Non occorre più che sia allegata la sentenza di condanna esecutiva né il provvedimento cautelare sui quali si basa la richiesta di consegna; è sufficiente che sia indicata l'esistenza di una sentenza esecutiva, di un provvedimento cautelare o di qualsiasi altra decisione giudiziaria esecutiva che abbia la stessa forza e che rientri nel campo di applicazione della legge n. 69.

Viceversa, è stata aggiunta la garanzia che il ricercato abbia partecipato al procedimento presso lo Stato emittente o abbia avuto conoscenza dello stesso (art. 6, comma 1-*bis*). Qualora il ricercato non sia comparso personalmente al processo, lo Stato emittente deve indicare nella richiesta di consegna almeno uno dei fatti sintomatici di conoscenza del procedimento da parte dell'imputato (F. Urbinati): *a*) che egli è stato citato in modo efficace; *b*) che è stato rappresentato nel processo da un difensore, nominato dallo stesso interessato o d'ufficio; *c*) che, ricevuta la notifica della decisione, è stato informato del diritto di ottenere un nuovo processo o della

---

([3]) Si riportano, come esempi: partecipazione ad una organizzazione criminale, terrorismo, tratta di esseri umani, sfruttamento sessuale dei bambini e pornografia infantile, traffico illecito di stupefacenti e sostanze psicotrope, traffico illecito di armi, munizioni ed esplosivi, corruzione.

facoltà di dare inizio al giudizio di appello; *d*) che, non avendo ricevuto personalmente la notifica della decisione, è stato avvisato che la riceverà dopo la consegna nello Stato membro di emissione e sarà espressamente informato del diritto di ottenere un nuovo processo o di proporre impugnazione per un giudizio di appello, al quale abbia diritto di partecipare e che consenta il riesame nel merito.

Se il mandato di arresto europeo non contiene le informazioni predette, la corte d'appello richiede con urgenza allo Stato emittente le informazioni integrative occorrenti.

Attivazione del procedimento passivo di consegna. Il procedimento passivo di consegna può essere attivato con due differenti modalità. In primo luogo, con una richiesta ricevuta dal presidente della corte di appello competente (o dal ministro della giustizia, che la trasmette al predetto); in tal caso, la eventuale misura cautelare è applicata dalla corte d'appello (art. 9).

In secondo luogo, il procedimento passivo di consegna è attivato direttamente in sèguito ad un arresto operato dalla polizia giudiziaria sulla base di una segnalazione inserita nel sistema informativo Schengen (art. 11). La convalida dell'arresto e l'applicazione di un'eventuale misura cautelare coercitiva è rimessa al presidente della corte d'appello (art. 13). In questa ipotesi, che probabilmente sarà quella più utilizzata nella pratica, la polizia giudiziaria è obbligata ad arrestare il soggetto ricercato.

L'audizione della persona ricercata. Il presidente della corte d'appello procede all'audizione della persona ricercata (art. 10). L'audizione ha una funzione *meramente informativa*, in quanto il magistrato si limita ad avvisare la persona interessata del contenuto del mandato d'arresto europeo e della procedura di esecuzione, nonché della possibilità di acconsentire (in modo irrevocabile) alla consegna all'autorità richiedente ([4]). Durante l'audizione è comunque necessaria la presenza di un difensore di fiducia o di ufficio, il quale deve essere avvisato almeno ventiquattro ore prima della data fissata per lo svolgimento delle predette attività (comma 2).

Il ricercato non consente alla consegna. Qualora il ricercato non consenta alla consegna, il presidente della corte d'appello deve fissare con decreto l'udienza per la decisione sulla esecuzione del mandato di arresto europeo. Tale decisione, che assume la forma della *sentenza*, viene pronunciata dalla corte d'appello in camera di consiglio nel più breve tempo (e comunque entro quindici giorni dall'arresto o dall'esecuzione della misura cautelare) sentiti il procuratore generale, il difensore del ricercato e, se comparso, anche il rappresentante dello Stato richiedente (art. 17, comma 1).

Impugnazione nel caso in cui il ricercato non abbia consentito alla consegna. Contro la sentenza la persona interessata, il suo difensore e il procuratore generale presso la corte di appello possono proporre ricorso per cassazione, entro cinque giorni dalla conoscenza legale del provvedimento, solo per i motivi di diritto di cui

---

([4]) Il ricercato è anche avvisato che può rinunciare a quel principio di specialità in base al quale, per un fatto anteriore alla consegna e diverso da quello oggetto della medesima, egli non sarà sottoposto a procedimento penale né a misure privative della libertà personale (art. 26).

alle lettere *a, b, c* dell'art. 606, comma 1, c.p.p.: è stato eliminato il riferimento alla possibilità di ricorrere anche nel merito. La presentazione del ricorso sospende l'esecuzione della sentenza pronunciata dalla corte d'appello. La cassazione decide con sentenza entro dieci giorni dalla ricezione degli atti nelle forme di cui all'articolo 127 c.p.p. L'avviso alle parti deve essere notificato o comunicato almeno tre giorni prima dell'udienza.

Il ricercato consente alla consegna. Qualora il ricercato presti il proprio consenso alla consegna, il presidente della corte d'appello raccoglie tale dichiarazione alla presenza del difensore e, se necessario, dell'interprete. Del consenso è dato atto in apposito verbale, in cui sono riportate le circostanze e le modalità con le quali la persona ha dichiarato di avvalersi di tale facoltà. Quando la persona ha prestato consenso alla consegna, il presidente della corte di appello, o il magistrato da lui delegato, fissa nei quattro giorni successivi l'udienza in camera di consiglio per la decisione, con decreto del quale dà immediata lettura alla persona della quale è richiesta la consegna, in una lingua alla stessa conosciuta, e al suo difensore. Il decreto è comunicato al procuratore generale immediatamente e, comunque, entro le successive ventiquattro ore (art. 14, comma 1). La corte decide con ordinanza della quale è data immediata lettura che equivale a notificazione.

Impugnazione nel caso in cui il ricercato abbia consentito alla consegna. Contro l'ordinanza la persona interessata, il suo difensore e il procuratore generale presso la corte di appello possono proporre ricorso per cassazione, entro tre giorni dalla conoscenza legale dell'ordinanza, solo per i motivi di diritto citati in precedenza. La presentazione del ricorso sospende l'esecuzione della ordinanza pronunciata dalla corte d'appello. La cassazione, nel termine di sette giorni dalla ricezione degli atti, giudica in camera di consiglio sui motivi di ricorso e sulle richieste del procuratore generale senza intervento dei difensori e deposita la decisione con la contestuale motivazione a conclusione dell'udienza.

Le cause di rifiuto. L'accoglimento della richiesta di esecuzione presuppone l'*assenza di cause di rifiuto* di cui agli artt. 18, 18-*bis* e 18-*ter* della legge n. 69. In sintesi, il d.lgs. n. 10 ha eliminato i casi originari di rifiuto non previsti dalla Decisione quadro; ciò comporterà una maggiore facilitazione nell'accoglimento del mandato di arresto europeo; ad es., è stato soppresso il rifiuto di consegnare il minore tra 14 e 18 anni quando lo Stato emittente non soddisfaceva alle garanzie di trattamento e di accertamento dell'incapacità di intendere e volere ([5]).

([5]) ***Motivi di rifiuto obbligatorio della consegna (art. 18).*** La corte di appello rifiuta la consegna nei seguenti casi:

a) se il reato contestato nel mandato d'arresto europeo è estinto per amnistia ai sensi della legge italiana, quando vi è la giurisdizione dello Stato italiano sul fatto;

b) se risulta che nei confronti della persona ricercata, per gli stessi fatti, sono stati emessi, in Italia, sentenza o decreto penale irrevocabili o sentenza di non luogo a procedere non più soggetta a impugnazione o, in altro Stato membro dell'Unione europea, sentenza definitiva, purché, in caso di condanna, la pena sia stata già eseguita ovvero sia in corso di esecuzione, o non possa più essere eseguita in forza delle leggi dello Stato che ha emesso la condanna;

c) se la persona oggetto del mandato d'arresto europeo era minore di anni 14 al momento della commissione del reato.

La procedura di consegna. La persona richiesta in consegna deve essere consegnata allo Stato membro di emissione al più presto e, comunque, entro dieci giorni dalla sentenza irrevocabile con cui è data esecuzione al mandato d'arresto europeo (o dall'ordinanza definitiva, in caso di consenso) nei modi e secondo le intese nel frattempo intercorse tramite il ministro della giustizia (art. 23).

Divieto di consegna o di estradizione successiva. La consegna della persona è subordinata alla condizione che la stessa non venga consegnata ad altro Stato membro in esecuzione di un mandato d'arresto europeo emesso per un reato anteriore alla consegna medesima senza l'assenso della corte di appello che ha disposto l'esecuzione del mandato d'arresto, né estradata verso uno Stato terzo senza l'assenso all'estradizione successivamente accordato a norma delle convenzioni internazionali in vigore per lo Stato (art. 25, comma 1). Sono previste eccezioni nel comma 3 del medesimo articolo.

Rientrano tra i casi di rifiuto obbligatorio le *violazioni delle disposizioni generali* previste dagli articoli 1, commi 3 e 3-*ter*, 2 e 7. Ad es., la mancata provenienza del MAE da parte di una « autorità giudiziaria »; la mancata esecutività della sentenza; la provenienza della richiesta da uno Stato nei cui confronti il Consiglio dell'UE abbia sospeso lo strumentario del MAE per grave e persistente violazione dei principi sanciti dalla Carta di Nizza; il mancato rispetto dei diritti fondamentali e delle garanzie costituzionali; il non aver soddisfatto il requisito della doppia punibilità, quando richiesto.

Motivi di rifiuto facoltativo della consegna (art. 18-bis). Quando il mandato di arresto europeo è stato emesso al fine dell'esercizio di azioni giudiziarie in materia penale, la corte di appello può rifiutare la consegna nei seguenti casi:

a) se il mandato di arresto europeo riguarda fatti soggetti alla giurisdizione italiana;

b) se, per lo stesso fatto che è alla base del mandato d'arresto europeo, nei confronti della persona ricercata è in corso un procedimento penale.

c) Quando il mandato di arresto europeo è stato emesso ai fini della esecuzione di una pena o di una misura di sicurezza privative della libertà personale, la corte di appello può rifiutare la consegna della persona ricercata che sia cittadino italiano o cittadino di altro Stato membro dell'Unione europea legittimamente ed effettivamente residente o dimorante nel territorio italiano da almeno cinque anni, sempre che disponga che tale pena o misura di sicurezza sia eseguita in Italia conformemente al suo diritto interno

Rifiuto per decisioni pronunciate in assenza (art. 18-ter). Quando il mandato di arresto europeo è stato emesso ai fini della esecuzione di una pena o di una misura di sicurezza applicata all'esito di un processo in cui l'interessato non è comparso personalmente, la corte di appello può altresì rifiutare la consegna se il mandato di arresto europeo non contiene l'indicazione dell'avvenuta conoscenza del procedimento da parte del ricercato e lo Stato di emissione non ha fornito indicazioni su tali condizioni neppure a seguito della richiesta espressamente inoltrata. Nei predetti casi, la corte di appello può, comunque, dar luogo alla consegna se risulta provato con certezza che l'interessato era a conoscenza del processo o che si è volontariamente sottratto alla conoscenza del processo.

Garanzie richieste allo Stato membro di emissione in casi particolari (art. 19). L'esecuzione del mandato d'arresto europeo da parte dell'autorità giudiziaria italiana, nei casi sotto elencati, è subordinata alle seguenti condizioni:

a) se il reato in base al quale il mandato d'arresto europeo è stato emesso è punibile con una pena o una misura di sicurezza privative della libertà personale a vita, l'esecuzione del mandato è subordinata alla condizione che lo Stato membro di emissione preveda nel suo ordinamento giuridico una revisione della pena inflitta, su richiesta o trascorsi al massimo venti anni, oppure l'applicazione di misure di clemenza alle quali la persona ha diritto in virtù della legge o della prassi dello Stato membro di emissione, affinché la pena o la misura di sicurezza non siano eseguite;

b) se il mandato di arresto europeo è stato emesso ai fini di un'azione penale nei confronti di cittadino italiano o di cittadino UE legittimamente ed effettivamente residente nel territorio italiano da almeno cinque anni, l'esecuzione del mandato è subordinata alla condizione che la persona, dopo essere stata sottoposta al processo, sia rinviata nello Stato italiano per scontarvi la pena o la misura di sicurezza privative della libertà personale eventualmente applicate nei suoi confronti nello Stato membro di emissione.

d. Le misure cautelari e i termini per la decisione. L'applicazione di una misura cautelare compete alla corte d'appello « tenendo conto in particolare dell'esigenza di garantire che la persona della quale è richiesta la consegna non si sottragga alla stessa » (art. 9, comma 4). L'ordinanza cautelare può fondarsi esclusivamente sul c.d. pericolo di fuga, della cui sussistenza occorre dare conto nella motivazione del provvedimento.

Nessuna valutazione deve essere fatta circa la fondatezza dell'addebito, precisato nel mandato europeo, sia che si tratti di un provvedimento cautelare, sia che si tratti di una sentenza esecutiva.

Termini di verifica delle misure cautelari e durata massima. Se la decisione definitiva sulla richiesta di consegna, in assenza di consenso, non interviene nei sessanta giorni successivi all'esecuzione della misura cautelare o all'arresto della persona ricercata o alla deliberazione di non applicare alcuna misura, la corte davanti alla quale pende il procedimento informa immediatamente del ritardo e delle ragioni che vi hanno dato causa il ministro della giustizia, affinché ne sia data comunicazione all'autorità giudiziaria richiedente (art. 22-*bis*, comma 1).

Se, per circostanze eccezionali, la decisione definitiva sulla richiesta di consegna non interviene nei trenta giorni successivi alla scadenza dei predetti termini, la corte davanti alla quale pende il procedimento informa immediatamente del ritardo e delle ragioni che vi hanno dato causa il ministro della giustizia, il quale ne dà urgente comunicazione all'*Eurojust* (art. 22-*bis*, comma 2).

Alla scadenza dei termini sopra menzionati, la corte di appello valuta se la custodia cautelare applicata alla persona della quale è richiesta la consegna è ancora assolutamente necessaria per evitare il pericolo di fuga e se la sua durata è proporzionata rispetto all'entità della pena, disponendone, in caso contrario, la revoca o la sostituzione con altre misure cautelari, applicabili anche cumulativamente, ritenute comunque idonee a garantire che la persona non si sottragga alla consegna (art. 22-*bis*, comma 3).

Quando il ritardo nell'adozione della decisione definitiva sulla richiesta di consegna si protrae ingiustificatamente oltre la scadenza dei termini sopra menzionati e, comunque, quando sono decorsi novanta giorni dalla scadenza di detti termini senza che sia intervenuta la decisione definitiva, la corte di appello revoca la misura della custodia cautelare e, se persiste l'esigenza di garantire che la persona non si sottragga alla consegna, applica, anche cumulativamente, il divieto di espatrio, l'obbligo di presentazione alla polizia giudiziaria e il divieto e obbligo di dimora (artt. 281, 282 e 283 c.p.p.).

e. La procedura di esecuzione attiva. La procedura attiva viene utilizzata quando un magistrato italiano chiede ad uno Stato membro dell'Unione europea la consegna di una persona ricercata (v. tav. 7.3.4). È previsto che in Italia il mandato di arresto sia emesso (art. 28 legge n. 69):

a) dal giudice che procede, se si tratta di esecuzione di una misura cautelare custodiale (Cass., sez. un., 28 novembre 2013, n. 2850, in *Proc. pen. e giust.*, 2014, n. 4, 101);

b) dal pubblico ministero presso il giudice dell'esecuzione che ha emesso, *ex* artt. 656 ss. c.p.p., l'ordine di esecuzione della pena detentiva o della misura di sicurezza (nel caso di mandato di arresto emesso per finalità esecutive).

Nella fase attiva di esecuzione il ministro della giustizia svolge compiti di carattere amministrativo; in particolare questo organo ha il compito di tradurre il mandato di arresto europeo nella lingua dello Stato membro di esecuzione e di provvedere al relativo invio (art. 28) (6).

La custodia all'estero in esecuzione del mandato di arresto europeo è computata in Italia ai sensi e per gli effetti dell'art. 303, comma 4 (durata complessiva della custodia cautelare), dell'art. 304 (sospensione dei termini di durata massima della custodia cautelare) e dell'art. 657 (computo della custodia cautelare in fase di esecuzione della pena) (art. 33).

6. L'ordine europeo di indagine.

a) ***Il principio del mutuo riconoscimento.*** Il d.lgs. n. 108 del 21 giugno 2017, di recepimento della Direttiva comunitaria 2014/41/UE concernente l'ordine europeo di indagine, introduce in Italia uno strumento efficace di cooperazione in ambito di assistenza giudiziaria in materia penale che va nella direzione di una piena integrazione probatoria tra gli Stati membri, attraverso lo strumento del mutuo riconoscimento delle decisioni. L'ordine europeo di indagine (OEI) è il provvedimento emesso dall'autorità giudiziaria (o convalidato dall'autorità giudiziaria) di uno Stato membro dell'Unione europea, per compiere atti di indagine o di assunzione probatoria che hanno ad oggetto persone o cose che si trovano nel territorio di un altro Stato membro o per acquisire prove o informazioni che sono già disponibili (art. 2).

L'OEI si pone in contrapposizione con il diverso modello delle rogatorie, ancora valido nei confronti di Paesi terzi rispetto all'Unione, poiché prevede un regime procedimentale semplificato, sulla base della reciproca fiducia tra Stati (7). Il presente strumento costituisce un modello generale di cooperazione orizzontale tra autorità giudiziarie dei Paesi europei e potrà essere utilizzato per qualsiasi prova si voglia ottenere da un altro ordinamento. Esso è infatti adottabile per le prove reali e per quelle documentali in senso lato; per le prove dichiarative provenienti da un potenziale testimone o da un imputato, anche attraverso l'uso della video conferenza e della teleconferenza; per ottenere informazioni e documenti presso banche ed istituti finanziari e per le operazioni sotto copertura. Resta, invece, escluso dall'ambito

---

(6) Il mandato di arresto europeo, non essendo autonomo, bensì dipendente dal provvedimento nazionale, perde efficacia allorché la misura cautelare limitativa della libertà personale viene revocata o diventa inefficace, ovviamente in base alle nostre regole processuali (di cui agli artt. 272 ss. c.p.p.). In tal caso, l'art. 31 legge n. 69 stabilisce che il procuratore generale presso la corte d'appello deve avvisare il ministro della giustizia che, a sua volta, ha il compito di dare notizia allo Stato membro di esecuzione della perdita di efficacia del mandato.

(7) Infatti, per l'OEI è previsto un ruolo marginale dell'autorità governativa, mentre viene valorizzata la cooperazione giudiziaria. Al contrario, nelle rogatorie il potere ministeriale è forte ed è presente in tutto il procedimento. Si ricorda che alla Direttiva hanno aderito tutti i Paesi Ue ad eccezione di Danimarca e Irlanda.

applicativo dell'OEI tutto ciò che attiene alle squadre investigative comuni, disciplinate dalla decisione quadro 2002/465/GAI e dal D.lgs. n. 34 del 2016 ed ai beni oggetto di sequestro finalizzato alla confisca, disciplinati dal Regolamento (EU) 2018/1805. In buona sostanza, secondo il Considerando n. 34 della Direttiva 2014/41/UE, l'OEI ha ad oggetto i provvedimenti provvisori, unicamente finalizzati alla raccolta di prove.

Come si è accennato, l'ordine di indagine europeo è uno strumento di attuazione del principio del mutuo riconoscimento e rappresenta, nella materia della prova, il corrispettivo del mandato di arresto europeo.

Il d.lgs. n. 108 del 2017 distingue tra l'ipotesi dell'ordine di indagine emesso dall'autorità italiana (procedura attiva) da quella opposta in cui esso sia stato emesso dall'autorità straniera (procedura passiva). Nel primo caso, viene disciplinata la sola fase di emissione in quanto l'esecuzione avverrà secondo le regole e modalità dell'ordinamento dello Stato straniero richiesto. Nel secondo caso, atteso che l'ordine sarà già stato emesso dall'autorità straniera, viene disciplinata la sola fase di esecuzione. Tuttavia, in entrambi i casi, si prevede, previo accordo tra le due autorità, il possibile intervento nell'esecuzione anche dell'autorità di emissione: infatti, sebbene di regola venga applicata la legge dello Stato in cui l'attività viene realizzata, il dialogo tra autorità straniere permette una commistione tra *lex loci* e *lex fori*.

b*) *Procedura attiva. Il procedimento di emissione vede l'intervento necessario del pubblico ministero o del giudice che procede a seconda della fase in cui versa il procedimento (art. 27). In particolare, il pubblico ministero deve attivarsi per chiedere l'autorizzazione al giudice per le indagini preliminari al fine di ottenere il provvedimento di richiesta. In quest'ultima ipotesi, secondo le regole interne, si dà attuazione ad una garanzia difensiva importante, secondo la quale il giudice per le indagini preliminari ascolta le parti prima dell'emissione dell'OEI.

La novità principale, tuttavia, è rappresentata dalla facoltà di attivare il procedimento da parte del difensore dell'indagato o dell'imputato (art. 31). Viceversa, gli altri soggetti del procedimento (es. persona offesa dal reato) non hanno alcun potere di iniziativa, neppure per il tramite dei loro difensori. La richiesta del difensore dell'indagato o dell'imputato deve essere specifica dovendo contenere, a pena di inammissibilità, l'indicazione dell'atto di indagine o di prova e i motivi che ne giustificano il compimento o l'assunzione. Il legislatore ha, così, inteso dare applicazione al diritto costituzionale di difesa in quanto non rimette alla sola iniziativa della pubblica accusa o del giudice l'attivazione di un procedimento che concerne il compimento di un atto fondamentale; anche se, a ben vedere, tutto è rimesso alla discrezionalità dell'autorità giudiziaria ([8]).

([8]) Difatti, in caso di rigetto della richiesta (del pubblico ministero con decreto motivato e del giudice, sentite le parti, con ordinanza) non è in realtà prevista alcuna tutela. Tuttavia, resta all'interno del fascicolo l'espresso rifiuto da parte dell'autorità giudiziaria sull'opposizione della parte. Soltanto nel caso in cui la richiesta concerna un provvedimento di sequestro, la pubblica accusa, espresso il proprio parere, trasmette la richiesta medesima al giudice per le indagini preliminari ai sensi dell'art. 368 c.p.p. Al contrario, di fronte all'adozione d'ufficio dell'ordine di indagine relativo ad un sequestro a fini probatori, è ammessa la tutela del riesame, dell'appello e del ricorso per cassazione *ex* artt. 322-*bis*, 324 e 325 c.p.p. (art. 28).

Emesso l'ordine di indagine, questo sarà trasmesso, anche per il tramite della Rete giudiziaria europea (art. 32), all'autorità straniera che, provveduto all'esecuzione, trasmetterà i relativi risultati a quella italiana.

Il decreto legislativo n. 108 del 2017 dà rilievo al principio del coordinamento investigativo tra le autorità nazionali (art. 27 comma 2). Infatti, dell'emissione dell'OEI si deve dar contezza al Procuratore nazionale antimafia e antiterrorismo, nell'ambito delle sue attribuzioni.

Il regime delle prove raccolte all'estero. Il Legislatore, in sede di attuazione ha, inoltre, previsto le modalità con le quali le prove raccolte all'estero tramite l'OEI entrano nel giudizio. In particolare, nel fascicolo del dibattimento confluiscono i verbali degli atti non ripetibili e i verbali delle attività cui i difensori hanno partecipato, secondo le garanzie riconosciute dall'ordinamento italiano (art. 36, comma 1): in definitiva, i risultati di tali atti confluiranno nel fascicolo del dibattimento solo se inquadrabili nell'ambito degli atti garantiti o irripetibili al fine di consentire il bilanciamento tra il diritto di difesa e l'esigenza punitiva dello Stato. Allo stesso modo, sono suscettibili di lettura, *ex* art. 512-*bis* c.p.p. i verbali degli atti investigativi. Il richiamo a tale norma consente al giudice del dibattimento di dare lettura dei verbali di dichiarazioni rese all'estero a seguito di ordini di indagine emessi nelle fasi precedenti al giudizio. Tale rinvio ha quindi ad oggetto, seppur con i limiti previsti dalla disposizione codicistica, i soli verbali di dichiarazioni rese innanzi al pubblico ministero durante la fase delle indagini preliminari o innanzi al giudice dell'udienza preliminare ai sensi dell'art. 422 c.p.p.

c) ***Procedura passiva.*** L'autorità giudiziaria competente è individuata, di regola, nel procuratore della Repubblica presso il tribunale del capoluogo del distretto nel quale l'atto, o gli atti debbono essere compiuti. Ricevuto l'ordine di indagine emesso dall'autorità straniera, il procuratore della Repubblica provvede con decreto motivato al riconoscimento nel termine di trenta giorni (o entro il termine indicato dall'autorità di emissione, comunque, non superiore a sessanta giorni - art. 4).

Quando è imposto dall'ordinamento interno, il pubblico ministero è obbligato a richiedere l'intervento del giudice per le indagini preliminari (es. artt. 359-*bis*, 267 c.p.p.) il quale è tenuto ad operare un controllo giurisdizionale (art. 5 comma 1). Il procedimento, nell'ulteriore termine di novanta giorni, si svolge senza ulteriori formalità: ciò deriva dal principio del mutuo riconoscimento che costituisce il presupposto dell'OEI.

I motivi di rifiuto. L'art. 10 del d.lgs. n. 108 del 2017 stabilisce che non si provvede a dare riconoscimento ed esecuzione all'ordine di indagine laddove l'OEI risulti incompleto o le informazioni in esso contenute appaiano manifestamente erronee; laddove la persona nei cui confronti si procede goda di immunità riconosciute dallo Stato italiano; laddove l'esecuzione dell'ordine di indagine rechi pregiudizio alla sicurezza nazionale; se dalle informazioni trasmesse risulti la violazione del *ne bis in idem*; se sussistano fondati motivi per ritenere che l'esecuzione dell'atto richiesto non è compatibile con gli obblighi dello Stato sanciti dall'art. 6 del Trattato dell'Unione europea; se il fatto per il quale è stato emesso l'ordine di indagine non sia punito dalla legge italiana come reato, indipendentemente dagli elementi costitutivi o dalla qualificazione giuridica individuati dalla legge dello Stato di emissione (9).

Un ulteriore motivo di rifiuto è inoltre previsto dall'art. 9 comma 3 d.lgs. n. 108, secondo cui l'impossibilità di eseguire l'ordine di indagine è causa di rifiuto. L'impossibilità sussiste quando l'atto richiesto non è previsto dalla legge italiana o non ricorrono i presupposti per il suo compimento. In tal caso, prima di comunicare il rifiuto, il procuratore della Repubblica provvede, previo avviso all'autorità di emissione, al compimento di uno o più atti diversi e comunque idonei allo scopo (10).

I princìpi generali dell'ordinamento giuridico. Infine, merita segnalare che il d.lgs. n. 108 del 2017 riconosce una serie di princìpi che devono guidare l'attività dell'autorità italiana sia in caso di emissione, sia quando spetti ad essa l'esecuzione dell'ordine di indagine. Si tratta dei princìpi generali dell'ordinamento giuridico anche costituzionale e dei diritti di libertà della Carta dei diritti fondamentali dell'Unione Europea (art. 1) oltre al rispetto del principio di proporzionalità espressamente menzionato dall'art. 7. Quest'ultimo, anche per giurisprudenza costituzionale oramai pacifica, impone comunque che l'ordine di indagine possa essere emesso ed eseguito solo nella misura meno invasiva possibile dei diritti e delle libertà del soggetto coinvolto e sempre nel rispetto del raggiungimento dello scopo cui esso è preordinato, tenuto conto delle esigenze investigative, della gravità dei reati per cui si procede e della relativa pena. Da un punto di vista dinamico, il controllo sulla proporzionalità dell'atto di indagine attiene sia alle ragioni dell'emissione, sia alle modalità esecutive e, talvolta, può costituire autonomo motivo di rifiuto per il riconoscimento, qualora la proporzione sia una condizione di applicabilità dell'atto d'indagine o dell'attività probatoria (11).

Impugnazioni del riconoscimento. La disciplina di attuazione della Direttiva prevede la comunicazione del provvedimento da parte della segreteria del pubblico ministero al solo difensore dell'indagato (e non ad altri soggetti, neppure all'indagato), compatibilmente con la conoscibilità dell'atto da parte della difesa, entro il termine per esso stabilito (art. 4, comma 4).

La notifica dell'atto è funzionale all'esercizio del controllo da parte dell'interessato. Entro il termine di cinque giorni, l'indagato e il suo difensore possono proporre opposizione al giudice per le indagini preliminari avverso il decreto di riconoscimento (art. 13) (12).

---

(9) Così l'art. 10 lett. *f*, che riguarda la mancanza della c.d. doppia incriminazione. Va comunque evidenziato che il rifiuto per carenza della doppia incriminazione non si applica per le ipotesi considerate dall'art. 9 comma 5 del d.lgs. n. 108 del 2017 che riguarda atti non coercitivi come l'acquisizione di verbali di prove di altro procedimento; l'acquisizione di informazioni contenute nelle banche dati accessibili all'autorità giudiziaria; il compimento di atti di indagine che non incidono sulla libertà personale o sulla inviolabilità del domicilio.

(10) Si prevede, inoltre, un'ipotesi di restituzione degli atti, con riguardo al mancato intervento dell'autorità giudiziaria in sede di emissione della richiesta. Il pubblico ministero è tenuto a restituire gli atti all'autorità di emissione se la richiesta non è stata emessa da un'autorità giudiziaria straniera o da essa non è stata convalidata (art. 10, comma 3). L'ipotesi in esame sembra costituire una causa di inammissibilità dell'OEI nell'ambito della procedura passiva.

(11) Tale meccanismo non opera per gli atti indicati all'art. 9 comma 5 del d.lgs. 108 del 2017.

(12) Il giudice decide senza formalità particolari, dopo aver sentito il procuratore della Repubblica, se accogliere o meno l'opposizione. Nel primo caso, pronuncerà ordinanza di annullamento; se, viceversa, non accoglie

Sul punto, è opportuno precisare che la cognizione del giudice per le indagini preliminari in sede di impugnazione riguarda unicamente il provvedimento di riconoscimento dell'OEI e non è estesa alle ragioni sottostanti alla sua emissione. In altri termini, egli deciderà unicamente sui motivi di rifiuto (art. 10) e sul principio di proporzionalità (art. 7). Le ragioni di merito sul singolo atto possono essere fatte valere unicamente davanti all'autorità giudiziaria di emissione (v. la Direttiva 2014/41/UE, art. 14 § 2).

7. L'ordine di protezione europeo.

L'ordine di protezione europeo (*European Protection Order*) è previsto dal d.lgs. 11 febbraio 2015, n. 9, che ha attuato la Direttiva 2011/99/UE del 13 dicembre 2011; scopo dell'istituto è quello di estendere ad un altro Paese dell'Unione gli effetti di una misura di protezione della vittima di un reato quando quest'ultima si trasferisca al di fuori del territorio nazionale anche provvisoriamente. Lo strumento giuridico permette di ottenere nel nuovo Paese una tutela analoga a quella originaria senza che sia necessario avviare un nuovo procedimento o fornire nuove prove.

L'ordine di protezione europeo (EPO) è definito dal d.lgs. come la « decisione adottata dall'autorità giudiziaria di uno Stato membro con la quale, al fine di continuare a tutelare la persona protetta, viene disposto che gli effetti della misura di protezione si estendano al territorio di un altro Stato membro in cui la persona protetta risieda o soggiorni o dichiari di voler risiedere o soggiornare » (art. 2, lett. *c* d.lgs.).

La competenza per emettere l'ordine e per riconoscerlo (se proviene dall'estero) è attribuita alle autorità giurisdizionali italiane; al ministro della giustizia spetta soltanto la ricezione e la trasmissione dell'ordine, alla pari di quanto avviene per il mandato di arresto europeo. A differenza dal mandato, non è trasmesso un provvedimento esecutivo, né viene consegnata una persona; viceversa, la misura di protezione originaria è trasfusa in un provvedimento simile che è disposto dall'autorità giudiziaria dello Stato ricevente in base alla normativa interna di quest'ultimo.

La procedura attiva. La polizia giudiziaria, nel momento in cui rende nota alla persona offesa che sono stati disposti a carico dell'indagato l'obbligo di allontanamento dalla casa familiare o il divieto di avvicinamento (artt. 282-*bis* e 282-*ter* c.p.p.), deve comunicare alla medesima che ha la facoltà di chiedere al giudice l'emissione dell'ordine di protezione europeo (art. 282-*quater*, comma 1-*bis* c.p.p.). Singolare è il fatto che il giudice interviene soltanto su richiesta della persona offesa.

È competente a provvedere sulla richiesta il giudice che ha disposto a carico dell'indagato l'obbligo di allontanamento dalla casa familiare o il divieto di avvicinamento (art. 5, comma 1 d.lgs. n. 9); la disposizione va intesa nel senso che, in fasi successive alle indagini, la competenza spetta al giudice che procede al momento della

l'opposizione, emanerà un'ordinanza di rigetto. L'impugnazione non ha effetto sospensivo del procedimento di acquisizione degli elementi; tuttavia, in caso di annullamento dell'OEI da parte del giudice per le indagini preliminari, è riservata alla discrezionalità del procuratore procedente decidere sulla trasmissione degli atti.

richiesta di emissione (P. Bronzo). Il richiedente deve indicare a pena d'inammissibilità lo Stato in cui intende spostare la residenza o soggiornare, oltre alla durata e alle ragioni del trasferimento; e ciò perché il giudice possa valutare « il grado di necessità della protezione ».

Il giudice valuta la richiesta *de plano*, e cioè senza contraddittorio. Se la accoglie, emette un'ordinanza in conformità del modello allegato alla Direttiva e trasfuso nell'art. 5, comma 3 d.lgs. Il contenuto dell'ordinanza vincola l'autorità dello Stato di esecuzione, che deve applicare quella misura del proprio ordinamento che sia in grado di proteggere, in modo equivalente, la vittima durante il soggiorno (13).

La procedura passiva. Quando l'ordine di protezione è stato emesso dall'autorità di uno Stato membro dell'U.E., competente a operare il riconoscimento è la corte d'appello nel cui distretto la persona protetta ha dichiarato di voler risiedere o soggiornare (art. 7 d.lgs. n. 9). L'ordine è trasmesso dal ministro della giustizia al presidente della corte d'appello. La corte entro dieci giorni deve decidere senza formalità, e cioè senza il contraddittorio con gli interessati. I motivi per in quali la corte d'appello può non riconoscere l'ordine di protezione europeo sono previsti espressamente dall'art. 9, comma 2 d.lgs. n. 9 (14).

Se la corte riconosce l'ordine di protezione, dispone l'applicazione dell'obbligo di allontanamento dalla casa familiare o del divieto di avvicinamento (artt. 282-*bis* e 282-*ter* c.p.p.) « in modo da assicurare la corrispondenza con gli obblighi dettati nella misura di protezione » (art. 9, comma 3 d.lgs. n. 9). Avverso la decisione della corte d'appello può essere proposto ricorso per cassazione anche per il merito, ma con effetto sospensivo (art. 9, comma 3 d.lgs. n. 9).

Quando è emessa la decisione di riconoscimento dell'ordine di protezione europeo, la corte d'appello informa il ministro della giustizia che ne dà comunicazione alla persona protetta e a quella che determina il pericolo, anche tramite l'autorità competente dello Stato di emissione (art. 10, comma 1 d.lgs. n. 9). Del provvedimento è data comunicazione alla polizia giudiziaria e ai servizi socio-assistenziali del luogo presso il quale la persona protetta ha dichiarato di trasferirsi (15).

---

(13) L'ordine di protezione europeo è trasmesso al ministro della giustizia che lo inoltra all'autorità competente dello Stato di esecuzione; lo stesso avviene per il provvedimento che modifica, sostituisce, annulla o revoca le misure di protezione.

Avverso il provvedimento che rigetta o dichiara inammissibile la richiesta di emissione dell'ordine di protezione può essere proposto ricorso per cassazione anche per il merito in base ad un rinvio a quanto previsto per il mandato di arresto europeo, con esclusione dell'effetto sospensivo (art. 5, comma 4 d.lgs. n. 9). Il rinvio non chiarisce chi sia titolare del diritto di impugnazione; si ritiene che titolari del diritto a ricorrere siano il pubblico ministero e la persona offesa destinataria dell'ordine di protezione.

(14) Il riconoscimento dell'ordine di protezione è subordinato al requisito della "doppia incriminazione": il riconoscimento è escluso se « la misura di protezione è stata disposta in riferimento a un fatto che non costituisce reato secondo la legislazione nazionale » (lett. *c*).

(15) La disciplina dell'ordine di protezione emesso dalla corte d'appello è duplice. Le misure italiane disposte in base all'ordine rappresentano una proiezione degli effetti di misure analoghe adottate dallo Stato di emissione e sono, quindi, sostituite, annullate o revocate sulla base delle disposizioni dell'autorità estera, presso la quale deve essere risolta ogni questione sulla validità ed efficacia dell'ordine (art. 11 d.lgs. n. 9). Soltanto quando la persona che determina il pericolo viola le prescrizioni della misura cautelare italiana, la corte d'appello dispone in via provvisoria una misura più grave se ne sussistono le condizioni di applicabilità e ne determina la data di scadenza entro un termine

8. Il trasferimento delle condanne a pena detentiva.

La Decisione quadro 2008/909/GAI del 27 novembre 2008 ha applicato il principio del reciproco riconoscimento alle « sentenze penali che irrogano pene detentive o misure privative della libertà personale ai fini della loro esecuzione nell'Unione europea ». Alla Decisione quadro è stata data attuazione con il decreto legislativo 7 settembre 2010, n. 161, che è entrato in vigore il 5 dicembre 2011. Il nuovo strumento di cooperazione è fondato sul principio del *reciproco riconoscimento* delle sentenze definitive di condanna a pene detentive e sostituisce i precedenti accordi convenzionali tra Stati (art. 25). La trasmissione delle condanne avviene tra le autorità giudiziarie dei Paesi dell'Unione europea ed i casi di rifiuto sono ristretti ad ipotesi tassative. Il d.lgs. n. 161 del 2010 integra il sistema di consegna già previsto dal mandato di arresto europeo aggiungendo il trasferimento della esecuzione della sentenza di condanna, quando questa dispone almeno tre anni di pena o misura di sicurezza detentive applicate anche congiuntamente (art. 2, comma 1, lett. *b*). Come avviene di regola per questo tipo di procedure, è prevista una trasmissione "all'estero" ed una "dall'estero".

Nel caso di **trasmissione "all'estero"**, la sentenza italiana viene inviata ad un altro Stato membro dell'Unione per ottenere il riconoscimento e la esecuzione in quello Stato (art. 5). L'iniziativa è presa dal pubblico ministero presso il giudice dell'esecuzione, individuato nell'art. 655 se si tratta di pena detentiva e nell'art. 658 se si tratta di misura di sicurezza detentiva. La trasmissione è attivata d'ufficio o su richiesta dello Stato dell'esecuzione o della medesima persona condannata previa audizione di quest'ultima, se si trova in Italia.

Il pubblico ministero emette un ordine di trasmissione (insieme o successivamente all'ordine di esecuzione), la cui durata deve essere di almeno sei mesi di detenzione.

La trasmissione all'estero è disposta (art. 5, comma 3):

a) verso lo Stato dell'U.E. dove il condannato vive e di cui è cittadino;

b) verso lo Stato dell'U.E. di cui il condannato è cittadino e dove questi deve essere espulso o allontanato, benché non vi risieda;

c) verso lo Stato dell'U.E. che ha acconsentito alla trasmissione, sia quando il trasferimento è verso un Paese di cui il condannato non è un cittadino (es. cittadino austriaco di cui si dispone il trasferimento in Germania), sia quando il condannato non viva nello Stato di cittadinanza, né deve esservi espulso o allontanato (es. cittadino austriaco che risiede in Italia e di cui si dispone il trasferimento in Austria, benché non debba essere espulso verso quel Paese). In questi due casi il trasferimento richiede il consenso del condannato e presuppone l'accordo con lo Stato di esecu-

---

non superiore a trenta giorni; di ciò la corte d'appello informa l'autorità competente dello Stato di emissione (art. 10, commi 2 - 5 d.lgs. n. 9). Si osservano le disposizioni sulle misure cautelari personali previste dal c.p.p.

Merita segnalare da ultimo che il *Regolamento* n. 606/2013 dell'Unione europea tutela le vittime che abbiano ottenuto dal proprio Stato misure di protezione civili o amministrative quando esse si trasferiscono in uno Stato membro. Poiché il Regolamento ha diretta applicazione negli Stati dell'U.E., tali misure (non penali) sono applicabili senza alcuna procedura di riconoscimento (P. Bronzo).

zione (G. De Amicis). Sono previste dall'art. 5, comma 2, alcune condizioni, che devono sussistere congiuntamente:

a) l'esecuzione della pena o della misura di sicurezza all'estero ha lo scopo di favorire il reinserimento sociale della persona condannata;

b) il reato per il quale è stata emessa la sentenza di condanna è punito con una pena della durata massima non inferiore a tre anni;

c) la persona condannata si trova nel territorio dello Stato o in quello dello Stato di esecuzione;

d) la persona condannata non è sottoposta ad altro procedimento penale o non sta scontando un'altra sentenza di condanna o di applicazione di una misura di sicurezza, salvo diverso parere dell'autorità giudiziaria competente per il procedimento penale in corso o per l'esecuzione.

Una volta ottenuto il riconoscimento della sentenza da parte dello Stato di esecuzione, il trasferimento è disposto dal ministero della giustizia entro il termine ordinatorio di trenta giorni dalla comunicazione dell'avvenuto riconoscimento (artt. 6 e 7).

Nel caso di **trasmissione "dall'estero"**, il procedimento inizia quando il ministero della giustizia riceve da uno Stato dell'Unione la richiesta di esecuzione in Italia di una condanna definitiva ad una pena di almeno tre anni, come sopra precisato. Affinché la sentenza possa trovare riconoscimento in Italia, è necessario che ricorrano congiuntamente alcune condizioni, previste dall'art. 10, comma 1 (lett. *a* - *f*) del d.lgs. n. 161 del 2010.

Come avviene per il mandato di arresto europeo, occorre la decisione favorevole della corte di appello, che provvede in camera di consiglio e pronuncia una sentenza soggetta a ricorso per cassazione (art. 9). I motivi di rifiuto sono tassativi (art. 13); ad es., quando sul medesimo fatto storico vi è un *bis in idem* in uno degli Stati dell'Unione e la pena è già stata eseguita o in corso di esecuzione; o quando il condannato è un minorenne. È assicurato il comune principio di specialità, e cioè, di regola, non vi può essere limitazione della libertà personale per altro reato commesso prima del trasferimento (art. 18). Su richiesta dello Stato estero, possono essere emesse misure cautelari o pre-cautelari al fine di assicurare la permanenza del condannato ed in attesa del riconoscimento della sentenza di condanna (artt. 14 e 15), e questo avviene in deroga agli artt. 273, 274 lett. *a, c*, 280 c.p.p.

Avvenuto il trasferimento in Italia, l'esecuzione si svolge secondo la legge italiana anche per quanto concerne la liberazione anticipata e condizionale (art. 16), mentre l'eventuale revisione della sentenza di condanna è di competenza dello Stato estero (art. 17).

9. Il riconoscimento reciproco delle misure alternative alla detenzione cautelare.

Il d.lgs. n. 36 del 2016 ha permesso di trasferire in un altro Stato dell'Unione la sorveglianza sulle più importanti misure alternative alla detenzione cautelare a carico di un imputato che risiede in tale Stato (in adempimento della Decisione quadro 2009/829/Gai). Lo scopo è quello, in negativo, di evitare di trattenere un cittadino dell'Unione in uno Stato differente dal proprio in esecuzione di una misura che è comunque richiesta da esigenze cautelari; in positivo, di mantenere in libertà un imputato presunto innocente mediante quelle misure alternative alla detenzione cautelare che avranno esecuzione nel Paese nel quale questi risiede e che è differente da quello dell'autorità giudiziaria che promuove il processo penale.

In sostanza, e operando una sintesi vertiginosa, è stata introdotta la possibilità di evitare la detenzione cautelare quando al suo posto sono idonee quelle misure alternative alla detenzione che comunque permettono di tutelare la persona offesa e lo svolgimento del procedimento penale ([16]).

Il presupposto del riconoscimento delle decisioni sulle misure cautelari alternative è simile a quello del mandato di arresto europeo di cui alla legge n. 69 del 2005: ove non sia presente la doppia punibilità del fatto in concreto, il trasferimento è ammesso per il medesimo elenco di reati che si presumono punibili (art. 11). Sono predeterminati i motivi per i quali lo Stato di esecuzione può rifiutare il riconoscimento della misura alternativa (art. 13). Quello che viene trasferito all'estero è la sorveglianza sull'esecuzione della misura alternativa; la decisione sull'eventuale revoca o modifica appartiene allo Stato di emissione (C. De Robbio).

10. L'efficacia preclusiva della sentenza penale straniera. Il *ne bis in idem* internazionale.

L'argomento che ci accingiamo a trattare si pone a mezza strada tra il tema della cooperazione giudiziaria internazionale e quello, più generale, del giudicato penale e dei suoi effetti. Come è noto, quasi tutti gli ordinamenti riconoscono il principio del *ne bis in idem* nei rapporti processuali interni. In base al nostro codice un imputato, che sia stato giudicato con sentenza irrevocabile, non può essere sottoposto a successivi procedimenti penali per il medesimo fatto storico neppure quando questo venga diversamente considerato per il titolo, il grado e le circostanze (art. 649) (v. parte V, cap. 1, § 4).

In ambito internazionale il principio del *ne bis in idem* non gode, tuttavia, della stessa rilevanza che assume in ambito interno per il semplice motivo che ciascun ordinamento giuridico è autonomo ed indipendente rispetto agli altri; pertanto, in base all'attuale diritto consuetudinario internazionale, la sentenza penale definitiva pronunciata all'estero non costituisce una preclusione a procedere in un altro Stato.

Se questo è vero in teoria, occorre altresì tenere presente che l'esigenza di garantire il reo contro una pluralità di giudizi per il medesimo reato ha portato

---

([16]) Le misure la cui sorveglianza può essere trasferita in un altro Stato dell'Unione (dall'Italia all'estero o viceversa) sono le seguenti (art. 4): *a*) l'obbligo di comunicare ogni cambiamento di residenza (assimilabile con qualche difficoltà all'art. 161 c.p.p.); *b*) il divieto di frequentare determinati luoghi o zone del territorio dello Stato di emissione o dello Stato di esecuzione (equiparabile agli artt. 282, 282-*bis* e 282-*ter* c.p.p.); *c*) l'obbligo di rimanere in un luogo determinato, eventualmente in ore stabilite (equiparabile all'art. 284 c.p.p.); *d*) la restrizione del diritto di lasciare il territorio dello Stato (equiparabile all'art. 281 c.p.p.); *e*) l'obbligo di presentarsi nelle ore fissate all'autorità indicata nel provvedimento impositivo (equiparabile all'art. 282 c.p.p.); *f*) l'obbligo di evitare contatti con determinate persone che possono essere a qualunque titolo coinvolte nel reato per il quale si procede (equiparabile agli artt. 282-*bis* e 282-*ter* c.p.p.); *g*) il divieto temporaneo di esercitare determinate attività professionali (equiparabile all'art. 290 c.p.p.).

all'adozione di numerose Convenzioni che riconoscono il principio del *ne bis in idem* in ambito internazionale; si veda, ad es., la Convenzione firmata a Londra nel 1951 tra gli Stati partecipanti al Trattato Nord Atlantico sullo statuto delle loro forze armate.

L'Accordo di Schengen. Per quanto riguarda l'Europa, il principio del *ne bis in idem* è affermato dall'art. 54 della Convenzione di applicazione dell'Accordo di Schengen [CAAS] nei seguenti termini: « una persona che sia stata giudicata con sentenza definitiva in una Parte contraente non può essere sottoposta ad un procedimento penale per i medesimi fatti in un'altra Parte contraente a condizione che, in caso di condanna, la pena sia stata eseguita o sia effettivamente in corso di esecuzione attualmente o, secondo la legge dello Stato contraente di condanna, non possa più essere eseguita ».

In altre parole, nel contesto politico-geografico di Schengen una sentenza definitiva emessa dall'autorità giudiziaria di uno Stato membro gode di un'efficacia preclusiva analoga a quella della sentenza irrevocabile pronunciata da un giudice nazionale. Merita comunque notare che l'art. 54 della Convenzione non equipara propriamente il giudicato interno ed estero per quanto concerne il divieto di *bis in idem*; la disposizione in discorso, piuttosto, obbliga gli Stati aderenti alla Convenzione ad attribuire alla sentenza estera una determinata efficacia preclusiva, uguale per tutti gli Stati ed oggetto di interpretazione da parte della Corte di giustizia, ma non necessariamente corrispondente all'efficacia negativa del giudicato sancita dai sistemi processuali nazionali.

Per completezza occorre ricordare che il riconoscimento del principio del *ne bis in idem* in ambito europeo è significativo per la costruzione di uno spazio giudiziario unitario e rappresenta indubbiamente una garanzia per la libera circolazione delle persone. Ciononostante, vi sono stati problemi interpretativi legati al significato da attribuire all'art. 54 CAAS. Tra di essi, facciamo un cenno a quello che deve considerarsi più importante, poiché ha determinato la dichiarazione di incostituzionalità dell'art. 649 c.p.p. (v. parte V, cap. 1, § 4).

La Corte di giustizia dell'Unione europea ha affermato che il significato di *identità del fatto* deve essere « inteso come esistenza di un insieme di accadimenti inscindibilmente collegati tra loro, indipendentemente dalla qualificazione giuridica degli stessi o dell'interesse giuridico tutelato ». Pertanto, ai fini dell'applicazione del *ne bis in idem* europeo occorre fare riferimento al concetto di "identità dei fatti materiali", e non alla identità della fattispecie astratta di reato ([17]).

11. Eurojust.

Le fonti. L'istituzione di Eurojust (Unità Europea di Cooperazione Giudiziaria) è avvenuta per rafforzare la lotta contro le gravi forme di criminalità. A seguito del vertice tenutosi a Tampere il 15-16 ottobre 1999, il Consiglio europeo ha convenuto di istituire Eurojust quale organo, dotato di personalità giuridica, con il compito di agevolare il buon coordinamento tra le autorità nazionali responsabili dell'azione

([17]) Nello stesso senso si è espressa la giurisprudenza della Corte di Strasburgo (Corte EDU, Grande Camera, 10 febbraio 2009, Zolotoukhine c. Russia).

penale, basandosi sulle analisi di Europol e cooperando con la rete giudiziaria europea.

La fonte istitutiva di Eurojust è la Decisione 28 febbraio 2002 n. 2002/187/GAI del Consiglio dell'Unione, adottata in forza degli art. 31 e 34 del TUE.

La fonte istitutiva di Eurojust è la Decisione 28 febbraio 2002 n. 2002/187/GAI del Consiglio dell'Unione. A tale decisione l'Italia ha dato attuazione con la legge 14 marzo 2005 n. 41. Merita altresì considerare che, con la successiva Decisione del 16 dicembre 2008 n. 2009/426/GAI, il Consiglio dell'Unione europea ha previsto un significativo rafforzamento dei poteri di Eurojust.

Con l'entrata in vigore del Trattato di Lisbona, il nuovo articolo 85 del Trattato sul Funzionamento dell'Unione europea (TFUE) ha poi provveduto ad ampliare ulteriormente le competenze di Eurojust, al fine di garantire una maggiore efficienza nel coordinamento delle indagini relative ai reati gravi a dimensione transnazionale, nonché di consentire all'Unità di cooperazione di affiancare nel modo più operativo ed efficace la Procura europea, prevista nel successivo articolo 86 TFUE.

Proprio per dare attuazione alle previsioni contenute nell'art. 85 TFUE, in data 14 novembre 2018 l'Unione Europea ha adottato il Regolamento n. 2018/1727 che istituisce l'Agenzia dell'Unione europea per la cooperazione giudiziaria penale (Eurojust), in sostituzione della precedente decisione 2002/187/GAI. Il regolamento è entrato in vigore il 12 dicembre 2019 e istituisce un nuovo modello dell'Agenzia, al fine di migliorarne l'efficacia e semplificarne le procedure (Considerando 18).

Natura e poteri. In base alla disciplina prevista prima dalla Decisione del 2002 ed oggi dal Regolamento del 2018, Eurojust costituisce un'agenzia dell'UE, indipendente da altre istituzioni comunitarie di livello politico o amministrativo. Eurojust è composta da: *a*) i membri nazionali distaccati da ciascuno degli Stati dell'Unione Europea in conformità del proprio ordinamento giuridico, con qualità di magistrato del pubblico ministero, giudice o funzionario di polizia con pari prerogative; *b*) il Collegio, composto da tutti i membri nazionali; *c*) il Comitato esecutivo, competente per l'adozione di decisioni amministrative; *d*) il direttore amministrativo, che funziona come rappresentante legale di Eurojust ed attua le decisioni adottate dal Collegio e dal Comitato esecutivo.

L'istituzione di Eurojust rappresenta il primo passo verso un sistema di cooperazione internazionale basato su un organo verticistico di coordinamento centrale operante sia attraverso un collegio sia attraverso i singoli membri nazionali. L'organismo ha poteri di impulso nei confronti delle autorità statali e poteri di *intelligence* (fino a sollecitare l'istituzione di una squadra investigativa comune). Questa particolare forma di coordinamento si ispira alla esperienza italiana della procura nazionale antimafia, della quale non accoglie, tuttavia, il potere di avocazione.

Più in particolare, la competenza di Eurojust comprende:

a) le forme di criminalità per le quali è competente l'Europol (ossia, traffico di stupefacenti e di materiali nucleari e radioattivi, tratta di esseri umani, terrorismo ed immigrazioni clandestine, omicidio volontario, sequestro, razzismo e xenofobia ecc.);

b) forme gravi di criminalità anche individuale, quali i reati informatici, i reati che colpiscono gli interessi finanziari dell'Unione, il riciclaggio dei proventi di reato;

c) la partecipazione ad una organizzazione criminale;

d) i reati comunque connessi per procurarsi i mezzi, per compiere i reati riconducibili alle precedenti categorie, ovvero assicurare l'impunità agli autori dei medesimi;

e) Eurojust è comunque competente per un reato transnazionale, su richiesta di uno Stato membro.

Merita considerare che la competenza di Eurojust è residuale rispetto alla competenza della Procura Europea, nei reati per cui entrambi sarebbero in astratto competenti. Tuttavia, rimane competente per quei reati, attribuiti alla Procura europea, qualora risultino coinvolti Stati non facenti parte dell'area EPPO, o su richiesta di EPPO o degli Stati membri (art. 3).

Le funzioni dell'organo collegiale. Varie sono le funzioni di coordinamento che spettano a Eurojust come organo collegiale. Eurojust può chiedere alle autorità competenti degli Stati membri interessati di:

1) avviare un'indagine o azioni penali per fatti precisi;

2) accertare che una di esse sia più indicata per avviare un'indagine o azioni penali per fatti precisi;

3) porre in essere un coordinamento tra di esse;

4) istituire una squadra investigativa comune conformemente ai pertinenti strumenti di cooperazione;

5) fornire le informazioni necessarie per svolgere le proprie funzioni.

Eurojust inoltre svolge quegli altri compiti di informazione e di assistenza delle autorità nazionali competenti che sono richiamati nell'art. 6 della legge n. 41.

Il membro italiano di Eurojust. Particolarmente interessanti sono le disposizioni della legge n. 41 del 2005 che prevedono la nomina ed i poteri del membro italiano di Eurojust. Il membro nazionale italiano, distaccato presso Eurojust, è nominato attraverso una procedura definita di "concerto invertito": è il ministro della giustizia che decide, su parere non vincolante del CSM (con una significativa differenza rispetto alla nomina del Procuratore Nazionale Antimafia). Inoltre, il magistrato è collocato « fuori del ruolo organico della magistratura ».

Già nel meccanismo di nomina appare evidente la scelta del legislatore di considerare amministrativa la funzione del membro italiano di Eurojust, come del resto si ricava espressamente dalla relazione al disegno di legge. La scelta è confermata dalla disposizione che attribuisce al ministro della giustizia il potere di indirizzare al membro nazionale « direttive per l'esercizio delle sue funzioni » (art. 2, comma 3, legge n. 41).

I poteri del membro italiano di Eurojust. In base all'art. 5 della legge n. 41, il membro italiano di Eurojust ha poteri paralleli a quelli dell'organo collegiale ([18]).

Molto importanti sono i poteri che in base all'art. 7 comma 1 della legge spettano al membro italiano di Eurojust nei confronti delle nostre autorità. Fra questi menzioniamo:

([18]) Ai sensi dell'art. 7 Reg. (UE) 2018/1727, al fine di armonizzare le diverse discipline vigenti negli Stati Membri, questi dovranno conferire ai rispettivi membri nazionali *almeno* quei poteri previsti dal regolamento, ed in particolare dall'art. 8 del medesimo testo normativo, affinché possano svolgere i loro compiti.

a) il potere di richiedere e scambiare con l'autorità giudiziaria competente, anche in deroga al divieto stabilito dall'articolo 329 del codice di procedura penale, informazioni scritte in ordine a procedimenti penali e al contenuto di atti degli stessi;

b) il potere di accedere alle informazioni contenute nel casellario giudiziale, nel casellario dei carichi pendenti, nell'anagrafe dei carichi pendenti degli illeciti amministrativi e consimili.

È stato inoltre posto un obbligo di informativa in favore del membro nazionale di Eurojust quando un pubblico ministero italiano procede ad indagini per talune delle forme di criminalità o dei reati di competenza di Eurojust (art. 7 comma 3).

I corrispondenti nazionali di Eurojust. Infine, nell'art. 9 della legge sono designati, quali corrispondenti nazionali di Eurojust, quegli stessi organi giudiziari ed amministrativi che sono stati già individuati quali riferimenti territoriali della rete giudiziaria europea (G. De Amicis), ossia le procure generali presso le corti d'appello (stante la loro tipica competenza in materia di cooperazione giudiziaria), la direzione nazionale antimafia (in ragione delle sue competenze di coordinamento per le indagini in materia di criminalità organizzata) e l'ufficio secondo della direzione generale della giustizia penale del dipartimento per gli affari di giustizia del ministero della giustizia (quale autorità centrale in materia di cooperazione giudiziaria), oltreché un magistrato referente presso l'Ufficio Affari Internazionali della Corte di Cassazione.

12. Il pubblico ministero europeo.

1. La struttura dell'ufficio. In data 12 ottobre 2017 l'Unione Europea ha adottato il Regolamento n. 2017/1939 (d'ora in poi "Reg.") relativo all'attuazione di una cooperazione rafforzata mediante l'istituzione della Procura europea (*European Public Prosecutor's Office*; EPPO), organo dell'Unione dotato di personalità giuridica.

La Procura europea ha sede in Lussemburgo ed è competente ad individuare, perseguire e portare in giudizio gli autori dei reati che ledono gli interessi finanziari dell'Unione, svolgendo indagini, esercitando l'azione penale ed esplicando le funzioni di pubblico ministero dinanzi agli organi giurisdizionali competenti degli Stati membri secondo le regole processuali di questi ultimi. La base giuridica per l'istituzione della Procura europea è l'art. 86 TFUE che così dispone: « per combattere i reati che ledono gli interessi finanziari dell'Unione, il Consiglio, deliberando mediante regolamenti secondo una procedura legislativa speciale, può istituire una Procura europea a partire da Eurojust » (par. 1).

Il pubblico ministero europeo ha iniziato a svolgere le sue funzioni il 1° giugno 2021. Il d.lgs. n. 9 del 2021 (emesso sulla base della delega contenuta nell'art. 4 della legge n. 117 del 2019) ha armonizzato il diritto italiano con i dettami europei (si veda G. Barrocu, *La procura europea. Dalla legislazione sovranazionale al coordinamento interno*, Milano, 2021). L'EPPO si differenzia dai precedenti organi europei perché non svolge un'azione di coordinamento dell'attività investigativa, ma ha autonomi poteri di indagine e di esercizio dell'azione penale in ambito europeo.

2. Il modello collegiale. Il legislatore europeo ha optato per l'adozione di un modello collegiale. Ai sensi dell'art. 8 del regolamento, il pubblico ministero europeo è un organo dell'Unione che opera come un ufficio unico e indivisibile, articolato su di un livello centrale ed un livello decentrato. L'art. 8 Reg. prevede i soggetti che compongono l'organo. L'EPPO è formalmente indipendente sia dal punto di vista organico, sia da quello funzionale (art. 6 Reg.). Infatti, la sua attività si fonda sul principio di indipendenza dalle istituzioni europee, cui fa da contrappeso la necessità di rendere conto attraverso una relazione annuale che l'EPPO redige, rende pubblica e sottopone al Parlamento europeo, alla Commissione e ai singoli parlamenti nazionali (art. 7 Reg.).

1) Livello centrale:

a) al vertice del pubblico ministero europeo siede il **procuratore capo europeo**, assistito da due sostituti, scelti tra i procuratori europei (art. 11 Reg.);

b) il **collegio** (art. 9 Reg.) è una struttura composta dal procuratore capo europeo e da un rappresentante (c.d. procuratore europeo) per ciascuno Stato membro. Il collegio formula le linee guida e le direttive per l'intero ufficio e svolge funzioni latamente politiche, ma non ha poteri operativi sui singoli casi;

c) le **camere permanenti** monitorano e indirizzano le indagini e le azioni penali (art. 10 Reg.). Intervengono rispetto a determinazioni piuttosto delicate (es. decisione sull'archiviazione). Svolgono anche un compito di coordinamento investigativo in caso di indagini transfrontaliere, individuando il singolo procuratore europeo delegato competente. In ciascuna camera permanente di regola siede il Procuratore capo europeo insieme ad altri due procuratori europei, uno dei quali è stato nominato dallo Stato interessato al caso trattato;

d) i **procuratori europei** sono nominati nel numero di uno per ogni Stato membro. I procuratori europei fungono dunque da collegamento e canali di informazione tra le camere permanenti e i procuratori europei delegati nei rispettivi Stati membri di origine. Essi monitorano l'esecuzione dei compiti dell'EPPO nei rispettivi Stati membri in stretta consultazione con i procuratori europei delegati (art. 12 Reg.). Il procuratore europeo supervisiona le indagini e le azioni penali di cui sono responsabili i procuratori europei delegati incaricati del caso nel rispettivo Stato membro di origine e dà le direttive operative. Con riferimento allo *status*, al momento della sua nomina il procuratore europeo viene collocato fuori ruolo e, a livello amministrativo, resta alle dipendenze dell'Unione europea;

e) il **direttore amministrativo** è nominato dal collegio e svolge compiti di ausilio nei confronti dell'organo a livello centrale. Principalmente si occupa di gestione amministrativa e di bilancio (art. 19).

2) Livello decentrato:

— i **procuratori europei delegati** (PED) sono magistrati designati dai singoli Stati membri, ma nominati dal collegio, e costituiscono parte integrante del pubblico ministero europeo. In ciascuno Stato membro sono presenti uno o più procuratori europei delegati. In Italia i PED sono magistrati che hanno i poteri del pubblico ministero; attualmente svolgono le loro funzioni a tempo pieno (art. 13); nel momento in cui agiscono per conto del pubblico ministero europeo, essi possono ricevere istruzioni solo dall'EPPO e solo a quest'ultimo risponderanno del proprio operato. In Italia i PED, pur essendo collocati presso un determinato ufficio del pubblico ministero, possono operare sull'intero territorio nazionale. In particolare, i venti procuratori europei delegati sono stati dislocati in sedi lavorative individuate in alcune delle procure della Repubblica presso sedi di corte d'appello; successivamente, con decreto sono state indicate le aree di operatività distrettuale ([19]).

3. La competenza. La competenza del pubblico ministero europeo (EPPO) viene determinata attraverso il rinvio alla direttiva (UE) 2017/1371 (la c.d. "direttiva PIF") e comprende tutti i reati che ledono gli interessi finanziari dell'Unione « indipendentemente dall'eventualità che la stessa condotta criminosa possa essere qualificata come un altro tipo di reato ai sensi del diritto nazionale ».

Il pubblico ministero europeo è altresì competente per qualsiasi altro reato « indissolubilmente connesso » ad un reato previsto dalla direttiva PIF (art. 22 Reg.). Il Consiglio europeo in futuro potrà ampliare la competenza materiale dell'EPPO, purché in ambito inerente alla lotta contro la criminalità grave a carattere transnazionale (art. 86, § 4 TUE).

La competenza territoriale. La scelta politica del legislatore europeo è stata quella di non prevedere un giudice penale dell'Unione. Ne consegue un singolare fenomeno di "azione senza giurisdizione" o, meglio, di esercizio dell'azione penale da parte di un organo europeo di fronte alla giurisdizione nazionale, che, in caso di conflitto (positivo), è individuata dalla camera permanente (art. 36 Reg.). In linea generale, ciascun procuratore europeo delegato (PED) è incaricato dei casi che riguardano il proprio Stato di provenienza e gli atti processuali da lui compiuti sono disciplinati dalla propria legge nazionale (art. 31, § 3 Reg.).

4. La scelta delle norme di diritto penale sostanziale e processuale. Le norme del Regolamento consentono un'ampia discrezionalità in merito alla competenza e alle norme che saranno applicate nel singolo caso, in modo tale da consentire la possibilità di scelta discrezionale del foro competente da parte degli organi centrali (c.d. fenomeno del *forum shopping*). Come è stato autorevolmente affermato, « né il regolamento EPPO né le altre fonti europee destinate a completarlo consentono di prevedere con sufficiente sicurezza se sarà l'EPPO o uno Stato membro a occuparsi di un dato caso e a quale Stato membro sarà attribuito il potere di giudicare i singoli casi concreti. La normativa vigente consente infatti all'EPPO di attribuire a se stesso, ovvero di indirizzare all'uno o all'altro dei Paesi membri e financo di spostare dall'uno all'altro Paese la competenza a perseguire e giudicare i casi in questione sulla base di criteri caratterizzati da un significativo coefficiente di discrezionalità » (A. Bernardi, *Note telegrafiche su genesi, evoluzione e prospettive future della procura europea*, in *www.sistemapenale.it*, 25 novembre 2021). Inoltre, « col mutare dello Stato compe-

---

([19]) Nell'allegato 1 del decreto del 15 aprile 2021 del Ministero della Giustizia si è suddiviso il territorio nazionale in aree geografiche di operatività dei singoli PED. Le sedi, comprendenti due o più distretti di Corte d'appello, sono le seguenti: Roma (tre PED) *per i distretti di Roma, Perugia, Cagliari e L'Aquila*; Milano (tre PED) *per i distretti di Milano e Brescia*; Napoli (due PED) *per i distretti di Napoli e Salerno*; Bologna (due PED) *per i distretti di Bologna, Ancona e Firenze*; Palermo (due PED) *per i distretti di Palermo, Catania, Caltanissetta e Messina*; Venezia (due PED) *per i distretti di Venezia, Trieste e Trento*; Torino (due PED) *per i distretti di Torino e Genova*; Bari (due PED) *per i distretti di Bari, Lecce e Campobasso*; Catanzaro (due PED) *per i distretti di Catanzaro, Reggio Calabria e Potenza.*

tente, mutano anche le norme processuali cui ricorrere nei singoli casi concreti, a partire dalle norme in materia di prove, nomina degli esperti, misure coercitive; e mutano anche le norme relative ai reati e alle sanzioni applicabili a tali casi » (A. Bernardi).

5. La comunicazione delle notizie di reato. In base all'art. 24 § 1 Reg. « le istituzioni, gli organi, gli uffici e le agenzie dell'Unione e le autorità degli Stati membri competenti ai sensi del diritto nazionale applicabile comunicano senza indebito ritardo all'EPPO qualsiasi condotta criminosa in relazione alla quale essa potrebbe esercitare la sua competenza in conformità dell'art. 22 e dell'art. 25, §§ 2 e 3 ». La disposizione regolamentare è stata recepita dall'art. 14, comma 1 d.lgs. n. 9 del 2021, in base al quale le denunce, querele, informative e gli ulteriori atti « che hanno ad oggetto reati in relazione ai quali la procura europea potrebbe esercitare la sua competenza » sono trasmessi dalla polizia giudiziaria sia al procuratore nazionale, sia al procuratore europeo delegato.

L'iscrizione delle notizie di reato nei registri. A questo punto, l'art. 14 del d.lgs. n. 9 del 2021 prevede tre differenti procedure da percorrere in base ai comportamenti che possono essere tenuti dalla procura europea: 1) la procura europea si astiene dall'esercitare la propria competenza; 2) oppure, comunica di esercitare la propria competenza; 3) infine, non comunica le proprie determinazioni sulla competenza. La normativa è complessa e va esposta con separati passaggi.

1) La procura europea si astiene dall'esercitare la propria competenza. Se la procura europea comunica di astenersi dall'esercitare la propria competenza (artt. 22 e 23 Reg.), il procuratore nazionale iscrive la notizia di reato e procede alle indagini (art. 14, comma 4 d.lgs. n. 9 del 2021).

2) La procura europea comunica di esercitare la propria competenza. In tal caso, il procuratore europeo delegato (PED) avvia un'indagine o si avvale del diritto di avocare un'indagine iniziata dal pubblico ministero nazionale (artt. 25-27 Reg.). In questa evenienza, le autorità nazionali non possono più esercitare la propria competenza in relazione alla medesima condotta criminosa.

Se vi sono « ragionevoli motivi » per ritenere che sia stato commesso un reato di competenza dell'EPPO (art. 26), il PED inserisce la notizia di reato nel Portale EPPO del Lussemburgo (*Case Management System*) ed inserisce la medesima notizia di reato nell'apposito registro nazionale (Sistema informativo della Cognizione Penale; S.I.C.P.). Ferme restando le regole ordinarie sulla competenza del giudice, « i procuratori europei delegati esercitano le funzioni requirenti sull'intero territorio nazionale, indipendentemente dalla sede di assegnazione » (art. 9, comma 2 d.lgs. n. 9).

3) La procura europea non comunica le proprie determinazioni sulla competenza. Se la procura europea non ha ancora comunicato di esercitare la propria competenza, le norme del d.lgs. n. 9 del 2021 prevedono un'alternativa in via preliminare.

3.1) Se non occorre procedere ad atti urgenti e non vi è il rischio che il ritardo nell'avvio delle indagini possa comprometterne l'esito (art. 14, comma 3), il procuratore nazionale può iscrivere la notizia di reato in un apposito registro separato.

3.2) Se occorre procedere ad atti urgenti o vi è comunque motivo di ritenere che un ritardo nell'avvio delle indagini possa comprometterne l'esito (art. 14, comma 2), il procuratore nazionale iscrive la notizia nell'ordinario registro in base all'art. 335 e informa la procura europea dell'avvio del procedimento (comma 5).

In un secondo momento la procura europea può comunicare la sua decisione; in tal caso, si apre un'ulteriore alternativa.

3.3) Quando la procura europea comunica che non intende esercitare la propria competenza (o comunque sono decorsi trenta giorni dalla iscrizione nel registro separato; art. 14, comma 4 d.lgs. n. 9 del 2021), il procuratore nazionale, se non lo ha ancora fatto, procede agli adempimenti di cui all'art. 335, comma 1 (e cioè iscrive la notizia di reato) e procede alle indagini (come nel caso n. 1).

3.4) Quando la procura europea comunica che intende esercitare la propria competenza, si torna al caso n. 2, e cioè il procuratore europeo delegato (PED) avvia un'indagine o si avvale del diritto di avocare un'indagine iniziata dal pubblico ministero nazionale (artt. 25-27 Reg.). Le autorità nazionali non possono esercitare la propria competenza in relazione alla medesima condotta criminosa e cancellano l'eventuale iscrizione nel registro dell'art. 335.

Disaccordo tra la procura europea e il procuratore nazionale. In caso di disaccordo tra la procura europea e il procuratore nazionale sulla competenza, la questione è decisa dall'autorità nazionale competente a risolvere il problema (art. 25 § 6 Reg.). In Italia la questione è decisa dal procuratore generale presso la corte di cassazione (art. 16 d.lgs. n. 9 del 2021).

6. La conduzione delle indagini. Le indagini in carico alla procura europea saranno condotte dai vari corpi di polizia giudiziaria dello Stato in cui l'attività viene svolta, coordinati dal rispettivo procuratore europeo delegato. Questi avrà un duplice ruolo: quello di procuratore europeo e di pubblico ministero nazionale (c.d. doppio cappello).

La legge applicabile all'intero procedimento è la legge dello Stato nella quale il PED opera: infatti, la creazione dell'EPPO è finalizzata al superamento dei meccanismi delle rogatorie e degli strumenti di cooperazione giudiziaria (es. Ordine Europeo di Indagine) ([20]).

Misure investigative. L'assenza di un regolamento processuale unico per tutti gli Stati partecipanti alla cooperazione rafforzata ha sollecitato il legislatore a prevedere nel Regolamento i modelli generali di misure investigative. La finalità è quella di prevenire eventuali e possibili conflitti nell'esecuzione di atti di indagine che possono avere diversa disciplina nei singoli Stati.

Per tale motivo, sono state indicate alcune tipologie di "misure investigative" che i PED sono autorizzati a disporre in procedimenti su reati di una determinata gravità ([21]) (art. 30 Reg.). Tra essi vi sono: *a)* le perquisizioni (locali, personali,

---

([20]) È necessario precisare che per l'attività investigativa da compiere in Paesi non aderenti al Regolamento EPPO, i procuratori europei delegati possono operare attraverso gli ordinari strumenti di cooperazione giudiziaria esperibili nel caso concreto (es. OEI, rogatorie).

([21]) Nello specifico, puniti con pena non inferiore a 4 anni nel massimo.

informatiche ecc.), *b*) l'acquisizione di oggetti o *c*) dati informatici, *d*) congelamento (ovverosia il sequestro, lett. *freezing*) finalizzato alla confisca dei proventi di reato; *e*) intercettazioni delle comunicazioni sui mezzi nelle disponibilità dell'indagato, *f*) tracciamento tramite strumenti della tecnica (es. g.p.s.) ([22]).

Procedimento. Concluse le indagini, il procuratore europeo delegato formula le proprie richieste alla camera permanente. In particolare, il procuratore europeo delegato presenta al proprio supervisore (procuratore europeo della medesima nazionalità) una relazione contenente la sintesi del caso ed un progetto di decisione se esercitare l'azione penale dinanzi ad un giudice nazionale o disporre l'archiviazione. La relazione viene trasmessa alla camera permanente competente la quale, in caso di determinazione in conformità, autorizza il procuratore europeo delegato a procedere nell'esercizio dell'azione penale o decide l'archiviazione del procedimento (art. 35 Reg.). La camera permanente decide entro ventuno giorni sul progetto presentato, indicando anche il foro competente per l'esercizio dell'azione penale. Tale scelta, di regola, incardina la competenza. Se il procuratore europeo delegato propone il rinvio a giudizio, la camera permanente non può disporre l'archiviazione (art. 36 Reg.).

***Garanzie procedurali*.** Occorre tenere presente che l'art. 41 Reg. rubricato "portata dei diritti degli indagati e degli imputati" stabilisce che le attività dell'EPPO si svolgono nel pieno rispetto dei diritti degli indagati e degli imputati sanciti dalla Carta, in particolare il diritto a un giudice imparziale e i diritti della difesa. Inoltre, chiunque sia indagato o imputato in un procedimento penale dell'EPPO gode almeno dei diritti procedurali stabiliti dal diritto dell'Unione, comprese le direttive relative ai diritti degli indagati e degli imputati nel quadro di un processo penale, quali attuate dal diritto nazionale, tra cui:

a) il diritto all'interpretazione e alla traduzione, come previsto dalla direttiva 2010/64/UE;

b) il diritto all'informazione e il diritto di accesso alla documentazione relativa all'indagine, come previsto dalla direttiva 2012/13/UE;

c) il diritto di accesso a un difensore e il diritto di comunicare e informare terzi in caso di detenzione, come previsto dalla direttiva 2013/48/UE;

d) il diritto al silenzio e il diritto alla presunzione di innocenza, come previsto dalla direttiva (UE) 2016/343;

e) il diritto al patrocinio a spese dello Stato, come previsto dalla direttiva (UE) 2016/1919.

Infine, l'imputato e le altre persone coinvolte nel procedimento dell'EPPO godono di tutti i diritti procedurali previsti dal diritto nazionale applicabile, compresa la possibilità di presentare prove, di chiedere la nomina o l'audizione di periti e l'escussione di testimoni, nonché di chiedere che l'EPPO ottenga tali misure per conto della difesa.

Inoltre, l'art. 42 stabilisce una fondamentale garanzia di giurisdizionalità, in base alla quale gli atti procedurali dell'EPPO, destinati a produrre effetti giuridici nei

---

([22]) Il tutto può avvenire nei limiti e alle condizioni previste dalle norme vigenti in Italia.

confronti di terzi, sono soggetti al controllo degli organi giurisdizionali nazionali competenti conformemente alle procedure e ai requisiti stabiliti dal diritto nazionale. Lo stesso vale per la mancata adozione da parte dell'EPPO di atti procedurali destinati a produrre effetti giuridici nei confronti di terzi la cui adozione è obbligatoria ai sensi del Regolamento.

Controllo giurisdizionale. Merita segnalare due situazioni in riferimento al controllo giurisdizionale sull'attività dell'EPPO. In primo luogo, la decisione sull'archiviazione è un atto di competenza del pubblico ministero europeo (inteso nel suo complesso); ma nella misura in cui la decisione sia contestata sulla base del diritto dell'Unione, essa è soggetta al controllo giurisdizionale della Corte di giustizia dell'Unione Europea (art. 42 § 3 Reg.) e non alla giurisdizione dei singoli giudici nazionali. In secondo luogo, archiviazione, esercizio dell'azione penale e procedimenti semplificati comportano una stretta connessione operativa tra camere permanenti e procuratori europei delegati.

Appendice
CENNI SULLA PSICOLOGIA DELLA TESTIMONIANZA

1. Processo penale e psicologia: le origini di un rapporto conflittuale.

Se processo penale e psicologia facessero parte di un unico settore di conoscenza, non si porrebbe un problema di conflittualità di rapporti. Il problema si pone perché le due materie appartengono a mondi diversi e comportano differenti metodologie, anche se possono avere il medesimo oggetto di studio.

Ad esempio il testimone, ed il contributo che questi può dare nel processo, è oggetto di studio sia della psicologia, sia del diritto processuale penale. Tuttavia, differenti sono le finalità con cui il testimone è studiato nel processo penale e nella psicologia.

In estrema sintesi, la differenza fondamentale sta nel fatto che la procedura penale è "diritto", quindi è dover essere. La psicologia studia "l'essere", il testimone come persona umana, e cioè la mente di colui che è chiamato a deporre.

Come è noto, il diritto contiene la regolamentazione del "dover essere", e cioè quale comportamento è obbligatorio per il testimone, quali domande sono ammesse e quali vietate nell'esame incrociato e come devono essere poste le domande.

La psicologia studia "l'essere", e cioè le leggi della natura in base alle quali è regolata la mente umana, quando accade che una persona diventi un testimone nel processo penale. E poi, quali sono gli errori che il testimone può commettere, anche se è sincero e, quindi, anche se è in buona fede.

Lo studio della mente umana permette di comprendere quali sono i limiti delle capacità del testimone, cosa non si può pretendere da lui, ed anche quale è il canale migliore per ottenere risposte con meno errori possibili. Oggi noi sappiamo che la psicologia è importante per l'operatore del processo penale, sia esso giudice, pubblico ministero, avvocato o polizia giudiziaria, perché permette di valutare la credibilità e l'attendibilità del singolo testimone.

Ma in passato non è stato sempre così. Inoltre, c'è un altro problema, di cui occorre tenere conto. Prima che noi ci chiediamo se è possibile un linguaggio comune tra diritto e psicologia, dobbiamo affrontare le origini del rapporto conflittuale tra le due materie. Ciò spiegherà perché, di regola, il giurista tradizionale osteggia la psicologia e perché, di regola, lo psicologo non vuole conoscere i problemi del giurista. In definitiva, perché tra i due vi è una sorta di incomprensione.

Occorre affrontare il problema del rapporto tra psicologia e procedura penale non in modo teorico, astratto, bensì come si è sviluppato in concreto in quel periodo a cavallo tra la fine dell'ottocento e i primi del novecento, nel quale la questione è venuta alla luce in modo palese. E quindi è necessario affrontare il problema in chiave storica.

La contrapposizione tra le due concezioni fondamentali del diritto penale, tra Scuola Classica e Scuola positiva, si è manifestata anche nella tematica della testimonianza. In estrema sintesi, la Scuola Classica ha accolto il modo tradizionale di intendere la testimonianza; si tratta, per semplificare il discorso, del modo di ragionare dell'uomo comune.

Possiamo ricordare quello che diceva Francesco Carrara, che è stato l'esponente più importante della Scuola classica, colui che ha ispirato il codice penale del 1889, che è considerato il più garantista che abbia avuto l'Italia in passato. Ecco quello che Carrara affermava nel Programma del Corso di diritto criminale pubblicato in prima edizione nel 1874 a Lucca: « l'esperienza mostra che l'uomo per regola percepisce e narra il vero e solo eccezionalmente si inganna e mente. Codesta regola si avvalora perciò di due presunzioni: 1) presunzione che i sensi non abbiano ingannato il testimone; 2) presunzione di veridicità che assiste ogni uomo, la quale porta a ritenere che egli non voglia ingannare » (1).

Proviamo a esplicitare il pensiero che sta alla base delle frasi appena citate. La Scuola Classica ha costruito la teoria della testimonianza sulla base di tre postulati, e cioè di affermazioni che si accolgono dandole già per dimostrate, come se fossero evidenti.

Questi erano i postulati della Scuola Classica:

1°) la completezza della testimonianza;

2°) la volontarietà della narrazione del vero;

3°) la neutralità del testimone.

Veniamo ad esaminare i singoli postulati.

Per "completezza della testimonianza" si voleva intendere che il testimone poteva vedere tutto quello che gli stava davanti e poteva sentire tutto quello che veniva detto.

La "volontarietà della narrazione del vero" intendeva significare che, se il testimone voleva essere sincero, egli era in grado di riferire fedelmente tutto quello che aveva visto e sentito.

La "neutralità" era la caratteristica di terzietà che si attribuiva al testimone: egli era ritenuto essere imparziale rispetto al fatto a cui assisteva, e quindi avrebbe naturalmente detto il vero. Al contrario, si riteneva che il teste avrebbe detto il falso soltanto se non era neutrale, e cioè se aveva un qualche interesse a mentire.

Una volta che i tre postulati venivano accolti dai giuristi della Scuola Classica, cosa dovevano fare il giudice, il pubblico ministero e la polizia giudiziaria? Era sufficiente che costoro si limitassero a indagare se il testimone aveva legami di interesse o di parentela con l'imputato; se non aveva legami di tal genere, il testimone doveva presumersi veritiero.

Questa è stata la fonte di ispirazione di una delle norme del codice di procedura penale del 1930, e cioè dell'art. 357: il giudice interroga il testimone « intorno a qualsiasi vincolo di parentela o d'interessi che abbia con le parti private o (intorno) ad altre circostanze che servano per valutare la sua credibilità ». Ma, a ben vedere, si tratta di un atteggiamento tradizionale che ancora oggi viene accolto dalle persone comuni. Quante volte si sente dire, anche sui giornali e in televisione: il testimone non aveva alcun interesse a mentire; perché avrebbe dovuto dire il falso?

La cosa grave è che quanto sopra viene affermato anche nelle sentenze, e questo perché gli stessi giuristi si sono formati sulla base di quella opinione comune e non l'hanno messa in dubbio. La giurisprudenza tradizionale ancora oggi ritiene che non sia necessario cercare i riscontri di una deposizione testimoniale. Si è affermato che non sono necessari riscontri esterni, essendo sufficiente il controllo interno di attendibilità della dichiarazione. Si è arrivati a sostenere che lo stato di tossicodipendenza del testimone non rileva sotto il profilo della sua credibilità (2).

---

(1) *Parte generale*, II, 2ª ed., Firenze, 1902, 464.

(2) Sulla presunzione di attendibilità del testimone « fino a prova contraria », la giurisprudenza è monolitica; si veda, come esempi, Cass. 11 giugno 1998, Di Salvo, in *Cass. pen.*, 1999, 3206; Cass. 6 aprile 1999, Tagliapietra, in *Cass. pen.*, 2000, 2382.

Per l'affermazione che non sono necessari riscontri esterni, essendo sufficiente il controllo intrinseco di attendibilità della dichiarazione, v. Cass., 15 aprile 1991, Piredda, in *Riv. pen.*, 1992, 519.

Le affermazioni della Scuola Classica erano postulati e, come tali, non necessitavano di dimostrazioni. Ma non appena gli scienziati hanno iniziato a condurre esperimenti, i postulati hanno dimostrato tutta la loro fallacia.

Il merito di questa rivoluzione culturale spetta alla Scuola Positiva, e cioè a quei giuristi che, ai primi del '900, hanno applicato il metodo scientifico agli studi sull'uomo, quel metodo che si era venuto perfezionando dai tempi di Galileo Galilei. Lo scopo era quello di scoprire le leggi naturali della mente umana "provando e riprovando".

Così, è avvenuto che i tre postulati della Scuola Classica sono caduti non appena ad essi è stato applicato il metodo scientifico.

In base ad esperimenti si è potuto accertare che la testimonianza non è completa: non è vero che il testimone vede tutto quello che ha di fronte (3). Le sue capacità di percezione sono limitate; egli non è in grado di recepire e riferire tutto quello che potrebbe vedere e ascoltare. Infatti, la mente umana opera una selezione naturale, perché il prestare attenzione fa fatica e il cervello tende a risparmiare il suo impegno; e poi tutto dipende dalle conoscenze soggettive del testimone.

Inoltre, si è accertato che, anche se il testimone è sincero, non sempre è in grado di riferire fedelmente quello che ha visto. La deposizione non è un atto completamente volontario, poiché è influenzabile dall'inconscio: ci può essere una falsa testimonianza inconsapevole. Gli studiosi sono arrivati alla conclusione che il testimone può dire il falso per motivi completamente diversi dal suo interesse nel processo; infatti, possono intervenire vari difetti nei momenti fondamentali della testimonianza.

Infine, non esistono mai testimonianze neutrali su di un reato, perché il fatto, a cui si assiste, è un evento drammatico, che lede l'interesse di tutti i cittadini, o lo pone in pericolo. Il testimone, di fronte a un reato, di regola, si schiera dalla parte della persona offesa.

Occorre fare una precisazione. Quando comunemente si parla di psicologia della "testimonianza", con tale termine si usa ricomprendere anche quel racconto che è stato fatto dall'imputato. Perché anche costui, quando decide di deporre, può andare incontro a difetti di percezione e di narrazione. Ciò avviene anche per la persona offesa, quando è sentita come testimone. In definitiva, gli studi di psicologia della testimonianza hanno per oggetto tutte quelle narrazioni che sono effettuate per finalità processuali, da chiunque siano rese.

Quando finalmente è avvenuto che i giuristi si sono accorti di quale apporto poteva dare la scienza psicologica, se applicata al processo penale? Il primo volume di un giurista, dedicato al tema, è quello che Enrico Altavilla ha pubblicato a Torino nel 1925 con il titolo *Psicologia giudiziaria*. Da allora, salvo rare eccezioni, i giuristi hanno taciuto, almeno fino ai lavori preparatori del nuovo codice di procedura penale. Soltanto un docente di psicologia, Cesare Musatti, nel 1931 ha scritto un libro intitolato *Elementi di psicologia della testimonianza*, volume che è stato trascurato dai giuristi e, in particolar modo, dai processualisti. Perché questo periodo di silenzio, così lungo?

Vi è una spiegazione. Intorno agli anni venti dello scorso secolo in Italia si è diffusa la c.d. dottrina pura del diritto, secondo cui per interpretare e applicare il diritto era sufficiente studiare le sole norme di legge. I nomi degli studiosi sono noti: per filosofi, Hans Kelsen; per i penalisti, Arturo Rocco, fondatore del c.d. indirizzo 'tecnico-giuridico'. In base alla dottrina allora imperante, il giurista doveva disinteressarsi di tutto quello che non era diritto.

Si è arrivati a sostenere che lo stato di tossicodipendenza del testimone non rileva sotto il profilo della sua credibilità; in tal senso Cass. 17 febbraio 1997, in *Guida dir.*, 1997, 20, 67.

(3) A. Binet, *L'étude expérimentale de l'intelligence*, Paris, 1903.

Gli effetti di tali scelte sono stati devastanti. Il giurista che non conosce la psicologia è come una bomba innescata: prima o poi scoppia e fa danni.

Gli studiosi del processo penale hanno cominciato a considerare la psicologia della testimonianza quando si è posto il problema della riforma del codice di procedura penale. Nel 1966 la Commissione giustizia della Camera dei Deputati aveva iniziato ad esaminare il disegno di legge-delega di riforma del codice. Nel 1974 il Parlamento italiano aveva deciso di riformare il processo penale applicando il sistema accusatorio, secondo un modello simile, ma non identico, a quello inglese e americano. Il modello accusatorio implicava l'uso dell'esame incrociato, e cioè di quel metodo di conoscenza che aveva accolto i favori dell'opinione pubblica, sull'onda dei film che venivano dagli Stati Uniti. Vi era un problema: per condurre un esame incrociato occorreva aver fatto studi di psicologia della testimonianza.

Ecco perché, intorno al 1970, alcuni giuristi si sono interessati alla psicologia. Spetta alla Scuola fiorentina aver anticipato gli studi dei problemi psicologici dell'esame incrociato. Alessandro Malinverni, docente nell'Univ. di Firenze, in un Convegno nazionale del Centro Enrico De Nicola svoltosi nel 1972, aveva suggerito che fosse introdotta una dettagliata normativa sull'esame incrociato (4).

La sua relazione conteneva novità, che non sono state recepite dai giuristi che componevano la Commissione che doveva redigere il testo del codice su delega del Parlamento. Invece di regolamentare l'esame incrociato secondo il modello anglo-americano, la Commissione aveva scritto, nel progetto preliminare del codice (1978), una sola disposizione, che prevedeva una sorta di esame "diretto", e cioè la possibilità di porre domande al testimone. Ma la Commissione non aveva voluto precisare quelle regole che da secoli fondavano l'istituto. In base all'art. 472 del progetto preliminare « le domande sono rivolte direttamente dal pubblico ministero o dal difensore che ha chiesto l'esame del testimone; successivamente altre domande possono essere rivolte dalle parti che non hanno chiesto l'esame, secondo l'ordine indicato nell'articolo precedente. Infine, chi ha chiesto l'esame può proporre nuove domande ».

Ciò dà un'idea delle resistenze che i giuristi hanno posto all'ingresso delle conoscenze di psicologia della testimonianza; e questo a causa della consuetudine professionale, e cioè del modo con cui in passato giudici, pubblici ministeri e avvocati avevano organizzato il loro lavoro per seguire un processo. Ai giuristi legati a concezioni tradizionali faceva fatica dover modificare il loro approccio al processo penale.

Ma almeno il progetto del 1978, sia pure striminzito, ha avuto il merito di risvegliare l'attenzione dei giuristi sulla psicologia della testimonianza.

Finalmente, dopo quasi quindici anni da allora, le cose sono cambiate. Il Parlamento ha approvato la seconda legge delega (n. 81 del 1987) nella quale il criterio direttivo n. 73 è stato molto più preciso. L'esame diretto doveva essere regolamentato nel decreto delegato in modo da contenere «garanzie idonee ad assicurare la lealtà dell'esame, la genuinità delle risposte, la pertinenza al giudizio e il rispetto della persona, sotto la direzione e vigilanza del presidente del collegio, che decide immediatamente sulle eccezioni».

In contemporanea con l'emanazione del codice del 1988 sono fioriti studi di una importanza notevole. Il seme gettato da Alessandro Malinverni aveva dato i suoi frutti. Tra i primi autori, possiamo citare Guglielmo Gulotta, *Trattato di psicologia giudiziaria* (1987) e Luisella De Cataldo Neuburger, *Psicologia della testimonianza e della prova testimoniale*

(4) *Vero e falso nella testimonianza*, in AA.VV., *La testimonianza nel processo penale*, Atti dell'VIII Convegno "Enrico De Nicola", Milano, 1974, 186.

(1988). Da allora, gli studi dei giuristi in questa materia si sono moltiplicati e sono pervenuti ad un grado elevato di raffinatezza (5).

Al tempo stesso, la psicologia è molto avanzata nello studiare quei processi mentali che sono alla base del fenomeno della testimonianza, e cioè, in sintesi, la percezione e la memoria con i correlati neuronali.

2. I momenti della testimonianza.

È inutile affrontare alcune tematiche della psicologia della testimonianza. Anche se la testimonianza è da intendersi come un processo unitario che va dalla sensazione fino alla narrazione, gli studiosi preferiscono isolare almeno sei momenti fondamentali di tale procedimento. Lo scopo è quello di una migliore valutazione dei fenomeni che incidono sulla mente umana. Pertanto, si è soliti isolare i seguenti momenti fondamentali: *a*) la sensazione; *b*) la percezione; *c*) la rielaborazione; *d*) la memoria; *e*) la rievocazione; *f*) l'espressione.

***a*) La sensazione.** La sensazione è la risposta agli stimoli ambientali da parte dei recettori sensoriali situati nei nostri organi di senso. Affinché lo stimolo sia percepibile, deve avere una sufficiente durata ed intensità. Inoltre la persona deve essere fisiologicamente in grado di avere sensazioni. I recettori sensoriali producono segnali che sono trasmessi, sotto forma di un impulso nervoso, alla corteccia cerebrale. I segnali, una volta raggiunta la corteccia cerebrale, attivano neuroni sensibili alle caratteristiche fisiche dello stimolo. È a questo livello che si ha una percezione.

***b*) La percezione.** La percezione è un processo che implica il riconoscimento e l'interpretazione degli stimoli che colpiscono i nostri sensi. La percezione può essere definita come l'elaborazione cosciente dell'informazione sensoriale che perviene al cervello. L'oggetto individuato nella sua forma e nelle sue caratteristiche fisiche viene confrontato con le tracce depositate in memoria (tracce mnestiche) e viene identificato come oggetto ignoto o come appartenente ad una categoria già nota di oggetti con caratteri simili.

A questo punto possiamo già incontrare i primi difetti della conoscenza, derivanti dalla limitatezza delle capacità umane. In particolare: *a*) ciascuno di noi può raccogliere dall'ambiente esterno solo un numero determinato di stimoli contemporaneamente: soltanto un direttore di orchestra ha la capacità di capire quale violino è stonato tra cento orchestrali; *b*) abbiamo, inoltre, una percezione d'insieme e non di singoli particolari; *c*) abbiamo emozioni, pregiudizi o aspettative che derivano da precedenti esperienze e che influiscono sulla nostra conoscenza.

Infatti, il nostro cervello opera automaticamente una selezione tra le sensazioni che gli arrivano. Esistono varie teorie riguardo all'opera interpretativa che esso compie. Ad esempio, quando giungono sensazioni incomplete, il cervello tende a colmare le lacune. Quando arriva una pluralità di sensazioni in contrasto tra loro, il cervello tende prevalentemente ad escludere quella che in modo soggettivo ritiene contraddittoria. Infine, il cervello tende a percepire quello che desidera o quello che teme fortemente che avvenga. Questo dà luogo a fenomeni di illusione.

Comunemente, ad esempio, viene fatto un errore sulla stima della "durata" di un evento.

---

(5) Senza pretesa di esaustività, possiamo citare *Il processo invisibile. Le dinamiche psicologiche nel processo penale*, a cura di A. FORZA, Venezia, 1997; G. GULOTTA, *Elementi di psicologia giuridica e di diritto psicologico*, Milano, 2000; L. ALGERI, *Il testimone vulnerabile*, Milano, 2017; A. FORZA, *La psicologia nel processo penale*, II ed., Milano, 2018.

Gli eventi piacevoli appaiono, di regola, più brevi perché l'attenzione viene rivolta alla gradevolezza dei contenuti. Viceversa, gli eventi spiacevoli appaiono più lunghi di quanto lo siano in realtà perché l'attenzione viene concentrata sulla durata, e cioè sull'attesa che cessi la situazione dolorosa.

c) **La rielaborazione.** È ciò che avviene tra il momento in cui immagazziniamo in memoria delle informazioni ed il momento in cui le richiamiamo alla nostra consapevolezza. I ricordi vengono conservati in memoria non come un "peso morto", bensì vengono rielaborati a livello inconscio. Abbiamo almeno due meccanismi che possono introdurre difetti ed inquinare le originarie rappresentazioni:

1) Il processo di rimozione: si tendono a scordare i momenti dolorosi. Si tratta di un meccanismo automatico di difesa della salute psichica del soggetto.

2) Il processo di integrazione: l'immagine non completa crea una situazione di conflittualità interna; questa deve cessare, perché la mente umana vuole tornare in situazione di equilibrio. In questo caso il cervello tende a eliminare la contraddizione e a colmare la lacuna.

Il processo di rimozione può dar luogo ad un fenomeno molto insidioso: le amnesie. Queste possono essere proattive (riguardano momenti successivi all'evento) o retroattive (si riferiscono a momenti precedenti allo stesso). Le più insidiose sono le amnesie selettive; ad esempio, un teste ricorda solo gli elementi secondari del fatto e rimuove il nucleo che gli risulta più doloroso ricordare.

d) **La memoria.** Può essere definita come la facoltà di conservare e riprodurre contenuti di coscienza provati in passato. È una caratteristica dell'essere umano. Occorre precisare che la memoria non è semplicemente la capacità di riprodurre informazioni archiviate (concezione tradizionale), bensì è un processo di ricostruzione di una esperienza personale passata sulla quale influiscono interessi e conoscenze successive, che permettono di inquadrare a posteriori il significato degli eventi in modo da darne una spiegazione coerente con i modelli conosciuti.

I difetti principali riguardanti la memoria sono legati non solo a traumi e a malattie, ma anche al passaggio del tempo. La memoria è pienamente efficiente solo nelle ore immediatamente successive al fatto.

Non è molto corretto generalizzare questo principio perché i tempi ottimali di efficienza della memoria variano in relazione al contenuto di ciò che dobbiamo ricordare. Ad esempio, per quanto riguarda la memoria di riconoscimento (ad esempio, nelle ricognizioni di persona) non si riscontrano variazioni significative nell'arco della prima settimana; la memoria resta abbastanza stabile anche a distanza di mesi, ma solo per volti atipici ([6]).

e) **La rievocazione.** Consiste nell'attività di richiamo consapevole del materiale esistente

---

([6]) Occorre distinguere due diversi tipi di memoria: *a)* la memoria episodica, che fa riferimento ad informazioni relative a fatti specifici collocabili in un preciso contesto spazio-temporale; *b)* la memoria semantica, che consente di interpretare un episodio, che non si ricorda come fatto specifico, alla luce di uno schema generale di comprensione. Come suggerisce il nome, la memoria semantica conserva solo il significato delle informazioni e delle conoscenze, perdendo completamente il riferimento alle coordinate spaziali e temporali del fatto che si è percepito. In questo caso intervengono gli elementi personali che tendono a deformare la realtà (passate esperienze, bisogni, interessi, aspettative).

In particolare sono presenti nella memoria i c.d. copioni (*scripts*), e cioè quegli schemi mentali che ogni persona ha tratto da esperienze precedenti e che poi utilizza per interpretare e comprendere un nuovo evento. Creato lo schema, ogni esperienza rischia di essere inserita nel copione di un'esperienza simile. Questo meccanismo può comportare che una persona, quando non ricorda il dato originario, tende a proporre come testimonianza lo schema già acquisito.

Inoltre, di fronte ad un fatto di reato c'è un'emozione forte, che può bloccare la sensazione: a causa di forti emozioni la successione degli eventi può essere ricordata in modo alterato.

in memoria. È quel lavorìo mentale di "ripasso", che il testimone compie con particolare intensità quando sa di essere stato citato per deporre.

Possono presentarsi anche a tale proposito vari fattori che influenzano il contenuto della futura deposizione. Ad esempio, il testimone può aggiustare gli eventi che ricorda, temendo con la sua deposizione di subire un danno personalmente o di arrecarne ad altri. La situazione ottimale sarebbe intervenire a sorpresa, chiedendo "a caldo" al testimone cosa si ricorda. Un importante ruolo è giocato dagli stessi meccanismi inconsci che interferiscono nella conservazione (ad es., il processo di integrazione). Altra variabile che può contaminare il ricordo originario degli eventi in questa fase è l'eventuale interrogatorio a cui può essere sottoposto il teste prima del dibattimento. Infatti, la polizia e il pubblico ministero sentono il testimone in segreto e in tale sede possono cercare di fare pressione su di lui. In che modo l'inquirente può influenzare il ricordo del teste?

Gli studi a tale riguardo indagano sia sulla forma che sul contenuto della domanda. Ad esempio, nel caso in cui siano formulate domande chiuse con due sole possibilità alternative di risposta (ad es., « aveva o non aveva la cravatta? ») si è rilevato che viene generalmente scelta quella posta in forma positiva. Ma la cosa grave è che viene fatta passare di nascosto l'idea che doveva essere una persona vestita in modo accurato.

Infestanti sono, inoltre, le domande implicative per presupposizione con le quali, inserendo nella domanda alcuni dettagli, si contamina il ricordo del teste che tende a considerare questi ultimi come pacifici. Ad es.: « ha visto la valigia sul portapacchi? »; il testimone dà per scontato che c'era un portapacchi.

Nelle domande disgiuntive parziali (es. « l'uomo era vestito di bianco o di nero? ») si condiziona il teste, che ricorda un uomo vestito di grigio, a scegliere la risposta che più si avvicina al proprio ricordo. Anche l'uso di determinati termini può influenzare la testimonianza. Ad esempio, alla domanda « può dire a che velocità viaggiavano le due auto che si sono andate a fracassare? » è indicata una velocità superiore di circa 40 km/h rispetto a quella data in risposta a chi chiede « a che velocità procedevano le due auto che si sono urtate? ».

Le domande implicative per presupposizione sono infestanti in due sensi. Il testimone in situazione di disagio e incalzato dalle domande tende a formulare la risposta prima del termine della domanda. In questo modo sottovaluta gli elementi proposti nella domanda e tende a farli propri inserendoli nel proprio ricordo. Si instaura un meccanismo a catena, poiché in un momento successivo questi elementi passeranno nel verbale, che spesso non è preciso nel riportare la domanda.

Un'altra categoria di domande dotate di notevole forza suggestiva è quella delle domande condizionali. In particolare, una *domanda condizionale affermativa* è posta come segue: "non era forse bianca l'auto dell'imputato?"; mentre una *domanda condizionale negativa* è posta con una sfumatura diversa: "era forse bianca l'auto dell'imputato?". Da come sono formulate le domande, il teste avverte implicitamente che nel primo caso ci si attende una risposta positiva e nel secondo caso una risposta negativa (E. GORRA, I. RAMPOLDI).

Tra le domande indirette, quelle che hanno maggiore forza suggestiva sono le *domande indirette di tipo dubitativo*, nelle quali il suggerimento è mascherato dalla forma indiretta e condizionale. Per esempio, una domanda del tipo: "mi domando se lei ricorda se l'auto posseduta dall'imputato fosse una Fiat o un'Alfa Romeo" è una domanda che è presentata in modo da comunicare al teste una sensazione di libertà di scelta che invece è illusoria (L. DE CATALDO NEUBURGER).

Condizionano la testimonianza anche le affermazioni di dubbio spesso utilizzate per esercitare pressioni sul teste (ad esempio: « non si sta sbagliando? »). Tali affermazioni richiamano lo spauracchio della falsa testimonianza. La paura è molto più forte in colui che è in buona fede, piuttosto che nel bugiardo. Un avvocato (ma lo stesso vale per il pubblico ministero) deve stare ben attento ad adoperare tali strumenti perché potrebbero ritorcersi contro di lui; ma la cosa grave è che possono condurre lontano dalla verità.

f) **L'espressione.** È il racconto orale in dibattimento. Anche in questa fase si hanno difficoltà in quanto non tutte le persone sanno tradurre correttamente in linguaggio ciò che ricordano. Nel passaggio dal ricordo all'esposizione orale il linguaggio opera una semplificazione inevitabile.

Problemi sono posti anche dalla narrazione libera, che segue ad una domanda aperta (ad esempio: « dica cosa ricorda di quel fatto »). Di regola, la risposta è più accurata ma anche meno completa; essa contiene meno errori, ma anche meno particolari. Il testimone tende, infatti, a semplificare. Determinati dettagli, invece, sono importanti per il giurista.

La narrazione guidata è condotta con domande puntuali. Solitamente essa risulta più completa, ma contiene più errori. D'altra parte, al giurista interessano quei dettagli che possono far inquadrare il fatto in una differente fattispecie incriminatrice. Ad es., era una rapina o un furto con destrezza?

Occorre sottolineare che non ci sono mai due testimonianze identiche sul medesimo fatto; se due testimoni usano le medesime parole, possiamo essere certi che essi si sono preventivamente accordati.

Altro tema interessante è quello dell'utilità o meno delle domande suggerimento ai fini della ricerca della verità. Sappiamo che tali domande sono vietate in sede di esame diretto, perché la parte che cita un testimone deve dimostrare che questi è attendibile. Viceversa, nel controesame le domande suggerimento sono ammesse perché esse servono a valutare la credibilità del dichiarante.

Nel controesame, sede in cui si cerca di valutare se il testimone cade in contraddizione, è naturale l'incalzare delle domande. Si tende a dimostrare che il testimone non è credibile. Anche il tono della voce con cui si pongono le domande è importante e, riguardo a questo, il confine tra stimolo e suggestione è molto sottile. Tuttavia, è buona regola controesaminare il testimone soltanto quando si conosce ciò che potrà dire; altrimenti è troppo rischioso: la risposta potrebbe portare a risultati controproducenti. Per conoscere gli elementi, che il testimone può esporre, il difensore si può basare sui verbali della polizia; egli ha, inoltre, il dovere di svolgere un'indagine difensiva.

Il metodo migliore per controinterrogare è incalzare il testimone con domande brevi, ma secondo una scaletta in ordine di intensità e importanza crescente. In questo modo risulta più difficile mentire, poiché il testimone tenderà a confermare quanto detto in precedenza.

In sede di controesame si rivelano particolarmente efficaci le c.d. *leading questions*, ossia le domande guidanti. Occorre fare un'osservazione: nella lingua giuridica inglese alla locuzione "domande suggestive" corrisponde la locuzione "*leading questions*". Entrambe le definizioni esprimono sostanzialmente il medesimo concetto e tuttavia nessuna delle due è in grado di indicare tutti i contenuti dell'altra (D. CARPONI SCHITTAR). Sicuramente, le *leading questions* e le domande suggestive hanno in comune una struttura sintattica in cui sono presenti elementi che condizionano la risposta in un senso determinato (G. CAROFIGLIO). Ma sotto altri aspetti presentano delle differenze. Le *leading questions* consentono un grado di controllo sulle risposte del teste che le domande suggestive in senso stretto non possono assicurare.

La domanda guidante è formulata in modo da indurre il teste a rispondere "sì" o "no". La domanda suggestiva in senso stretto attiva l'immaginazione, opera sulla memoria dei fatti e incide sul contenuto della risposta ma non chiude il teste nella sola alternativa fra il "sì" e il "no" (D. CARPONI SCHITTAR, L. HARVEY CARPONI SCHITTAR).

Per esempio, la domanda: "può riferire che manovra stava facendo con la sua autovettura quando ha sentito gli spari?" è suggestiva, in quanto implica che al momento degli spari il teste fosse alla guida della macchina.

La domanda: "al momento degli spari lei era in macchina?" è una domanda guidante, in quanto induce il teste a limitarsi a un "sì" o a un "no".

Le domande guidanti devono essere articolate in una sequenza e ogni domanda deve contenere un solo fatto o un solo concetto. In questo modo si può ricostruire un determinato evento, anche se complesso, tenendo sotto controllo il teste (7).

Quanto esposto sommariamente nelle pagine precedenti vuole essere soltanto un primo approccio alla materia ed un invito ad approfondire quelle problematiche della psicologia della testimonianza che sono indispensabili per la formazione culturale e l'attività pratica del giurista.

3. Considerazioni sui rapporti tra processo penale e intelligenza artificiale.

1. Definizione. Il concetto di intelligenza artificiale affonda le sue radici negli studi sperimentali del secolo scorso. Il primo ad elaborare la teoria che le macchine potessero "pensare" fu Alan Turing nel 1950. Peraltro, l'espressione è stata utilizzata la prima volta da John McCarthy in un convegno organizzato nel 1956 da alcuni matematici del Dartmouth College nel New Hampshire.

In sintesi, l'intelligenza artificiale si può definire come un sistema dotato di una elevata capacità logico-computazionale in grado di elaborare grandi quantità di dati e informazioni e di prendere decisioni corrette in vari campi di applicazione mediante l'uso di algoritmi al fine di produrre un determinato risultato.

Il tessuto "costitutivo" dell'intelligenza artificiale è composto dai c.d. neuroni artificiali, che ne rappresentano le singole unità elementari. Tali neuroni formano le reti neurali artificiali, che sono modelli di calcolo matematico-informatici che traggono ispirazione dal funzionamento delle reti neurali biologiche (8).

2. La rete neurale. Una rete neurale è una rappresentazione artificiale del cervello umano. L'aggettivo "artificiale" indica che le suddette reti sono implementate in programmi informatici in grado di gestire l'elaborazione di un gran numero di dati.

Per comprendere come è stato sviluppato il neurone artificiale occorre effettuare una breve descrizione della struttura e del funzionamento dei neuroni biologici.

Il neurone si divide in tre componenti: il corpo cellulare, i dendriti e l'assone. I dendriti, che assomigliano a una folta ramificazione, trasmettono al corpo cellulare l'impulso proveniente da altri neuroni. L'assone, che ha la forma di un filamento allungato che può arrivare molto lontano dal corpo cellulare, conduce l'impulso dal corpo cellulare ad altri neuroni, cioè ai loro dendriti o ai corpi cellulari, attraverso numerose biforcazioni e ramificazioni terminali.

Tra le terminazioni di un assone di un neurone e i dendriti o il corpo cellulare di un neurone vi è uno spazio vuoto, chiamato sinapsi, attraverso cui avviene la trasmissione dell'impulso nervoso, che è denominato "potenziale d'azione".

La trasmissione dell'impulso nervoso avviene grazie a trasformazioni chimiche che

---

(7) Sull'esame del minorenne e sulle neuroscienze, rinviamo al nostro *Manuale di procedura penale*, XXI ed., Milano, 2020, 1014 ss.

(8) Per un approfondimento della materia si veda L. ALGERI, *La prova neuroscientifica nel processo penale*, Milano, 2020, 78 ss.; ID., *Intelligenza artificiale e polizia predittiva*, in *Dir. pen. proc.*, 6, 2021, 724 ss. Gli autori lo ringraziano per il presente contributo con cui ha voluto impreziosire il volume.

generano fenomeni elettrici complessi che oramai è possibile studiare con l'utilizzo di elettrodi finissimi. Con tali elettrodi si può registrare l'attività elettrica di un singolo neurone.

Nello spazio vuoto, cioè nella sinapsi, compreso tra le terminazioni dell'assone di un neurone (detto presinaptico) e i dendriti o il corpo cellulare di un altro neurone (detto postsinaptico), avviene la trasmissione del messaggio nervoso a causa della liberazione di sostanze chimiche, chiamate neurotrasmettitori, da parte del neurone presinaptico.

Il neurotrasmettitore agisce sulla membrana del dendrite o del corpo cellulare del neurone dando avvio a processi chimici che fanno generare un impulso in questo neurone. I neurotrasmettitori possono avere funzioni eccitatorie o inibitorie. Ogni neurone produce uno specifico trasmettitore ed è attivato in modo altrettanto selettivo da un trasmettitore specifico.

3. I neuroni artificiali. In modo similare, i neuroni artificiali trasportano le informazioni in entrata (*input*) sulle proprie connessioni in uscita (*output*) verso altri neuroni.

Le reti neurali artificiali sono strutture non-lineari di dati statistici organizzate come strumenti di modellazione: ricevono segnali esterni su uno strato di nodi, che rappresenta l'unità di elaborazione ossia il processore; ognuno di questi "nodi d'ingresso" è collegato a svariati nodi interni della rete che, tipicamente, sono organizzati a più livelli in modo che ogni singolo nodo possa elaborare i segnali ricevuti trasmettendo ai livelli successivi il risultato delle sue elaborazioni.

Le reti neurali artificiali sono organizzate internamente in determinati strati o *layers,* ognuno con differenti attribuzioni. L'*Input layer* (lo strato di ingresso), è composto dai neuroni della rete che ricevono *input* dall'esterno. Questi dati vengono processati e si trasformano in informazioni che vengono trasferite ad altri neuroni che compongono l'*Hidden layer* (lo strato nascosto). I nodi che compongono tale strato (unità nascoste o *hidden*) elaborano le informazioni ricevute dalle unità di input e le inviano ad altri strati di *hidden*, fino ad arrivare all'ultimo strato, quello di *Output* (lo strato di uscita).

Ad un maggior numero di strati corrisponde una maggior capacità di elaborazione del sistema. Da questo punto di vista, si distingue tra intelligenze artificiali "forti" (capaci di contestualizzare problemi specializzati di varia natura in maniera completamente autonoma) e intelligenze artificiali "deboli" o "moderate" (alte prestazioni nel loro ambito di addestramento).

4. Tipi di intelligenza artificiale. L'intelligenza artificiale "debole" consiste in sistemi tecnologici in grado di simulare alcune funzionalità cognitive senza però raggiungere le reali capacità intellettuali tipiche dell'uomo.

L'intelligenza artificiale "forte" rappresenta invece un sistema in grado di sviluppare ragionamenti e risolvere problemi in modo completamente autonomo.

La rete neurale, per poter funzionare, deve ricevere dei dati di partenza e delle istruzioni di base. È necessario, in altri termini, "istruire" la macchina in modo che possa produrre i risultati che si intendono conseguire. In proposito si parla tecnicamente di apprendimento automatico, il c.d. "*Machine learning*".

5. L'apprendimento automatico. Il *Machine learning* è costituito da un complesso di algoritmi che utilizzano metodi matematico-computazionali per apprendere informazioni dall'esperienza, cioè in modo automatico e adattivo.

Si è soliti distinguere tre approcci principali di *Machine learning*: l'apprendimento supervisionato (*Supervisioned learning*), l'apprendimento non supervisionato (*Unsupervisioned learning*) e, infine, l'apprendimento per rinforzo (*Reinforcement learning*).

a) Nella metodologia dell'apprendimento supervisionato, alla rete neurale vengono forniti sia il *set* di dati come *input* sia le informazioni relative ai risultati desiderati con l'obiettivo che la rete identifichi una regola generale che colleghi i dati in ingresso con quelli in uscita; in altre parole vengono forniti degli esempi di *input* e di *output* in modo che il sistema impari il nesso tra loro e ne estrapoli una regola riutilizzabile per altri compiti simili.

b) Nel caso dell'apprendimento non supervisionato, al sistema vengono forniti soltanto i dati senza alcuna indicazione del risultato desiderato. Lo scopo di questo secondo metodo di apprendimento è "risalire" a schemi e modelli nascosti, ossia identificare negli *input* una struttura logica senza che questi siano preventivamente etichettati. Il sistema apprende senza ricevere indicazioni o istruzioni dall'esterno. I neuroni artificiali si specializzano mediante una competizione interna al fine di discriminare gli stimoli presentati in ingresso. È lasciato all'algoritmo il compito di individuare *pattern* nascosti o strutture intrinseche nei dati.

La tecnica di apprendimento non supervisionato più comune è il particolare tipo di raggruppamento (*clustering*) attraverso cui si riuniscono i dati con caratteristiche simili. Il programma, non avendo dati categorizzati in precedenza, individua autonomamente una relazione tra i dati che gli vengono sottoposti, andando poi a raggruppare gli *input* secondo le caratteristiche che determina.

L'altra tecnica utilizzata è quella di *associazione*. In questo caso si individuano regole che descrivono grandi porzioni di dati attraverso le determinazioni di associazioni, correlazioni o schemi frequenti che vengono riscontrati dall'algoritmo in una base di dati inserita in precedenza.

c) Infine, nell'apprendimento per rinforzo il sistema deve interagire con un ambiente dinamico, che gli consente di avere i dati di *input*, e perseguire un obiettivo al raggiungimento del quale riceve una ricompensa, imparando anche dagli errori, identificati mediante "punizioni". Il sistema apprende dai risultati delle azioni proprie o altrui: è in grado di distinguere successi e fallimenti, a seconda di come le azioni incidano sul raggiungimento delle utilità o valori da esso perseguiti.

6. L'apprendimento profondo. Il *Deep learning*, o "apprendimento profondo", costituisce una sottocategoria del *Machine Learning* (apprendimento automatico) e indica quella branca dell'intelligenza artificiale che fa riferimento agli algoritmi ispirati alla struttura e alla funzione del cervello, le reti neurali artificiali. Si parla di "*Deep*" *learning*, perché le reti neurali artificiali in questa applicazione sono "multistrato", quindi sviluppano un'elaborazione "profonda" dei dati.

Sono denominate reti neurali profonde (*deep artificial neural networks*) perché, oltre ai tre livelli basici (*input layer*, *hidden layer*, *output layer*), hanno un altissimo numero di strati nascosti (*hidden layers*). Tali reti neurali profonde riescono, grazie al loro numero maggiore di strati intermedi, a costruire più livelli di astrazione che permettono alle reti di riuscire a risolvere problemi complessi come, ad esempio, il riconoscimento vocale o delle immagini.

7. Le applicazioni dell'intelligenza artificiale nel procedimento penale. Il modello dell'intelligenza artificiale è suscettibile di applicazione nell'ambito del procedimento penale sia in sede investigativa, sia in sede processuale.

a) La polizia predittiva. Innanzitutto gli algoritmi sono utilizzati nella c.d. attività di polizia predittiva (*predictive policing*).

Nell'ambito dei compiti istituzionali propri delle forze dell'ordine stiamo assistendo ad uno sviluppo su scala sempre più vasta delle tecniche di polizia predittiva che sono preordinate a prevedere il compimento di reati e la loro localizzazione (*crime hotspot*) o ad elaborare profili criminali individuali (*predictive composite*), attraverso l'incrocio, mediante algoritmi, di dati immagazzinati attraverso fonti diverse, quali banche dati, *databrokers*, *social networks*, impianti di video sorveglianza.

I *software* di polizia predittiva si dividono in due categorie.

Secondo un primo criterio, si tende ad individuare le c.d. "zone calde" (*hotspots*), cioè i luoghi che costituiscono il possibile futuro scenario di un'eventuale commissione di determinati reati.

In base ad un secondo criterio, il c.d. *crime linking*, si seguono le serialità criminali di determinati soggetti per prevedere dove e quando i medesimi commetteranno il prossimo reato.

b) La giustizia predittiva. Per quanto riguarda la *c.d. giustizia predittiva* (*predictive justice*) e le relative applicazioni dell'intelligenza artificiale in sede giudiziaria, si discute in merito ai c.d. *Automated decision systems*, che potrebbero in futuro conoscere un impiego anche all'interno dei processi penali, sostituendo, in tutto o in parte, la decisione del giudice persona fisica. Si tratta di sistemi automatizzati che, attraverso tecniche di autoapprendimento (*machine learning*), simulano le dinamiche dei processi cognitivi e decisori dell'intelligenza umana e sono potenzialmente in grado di formulare la decisione più adeguata.

In alcuni ordinamenti gli algoritmi predittivi sono attualmente impiegati, da un lato, per valutare la pericolosità sociale di un soggetto e il relativo rischio di recidiva e, da un altro lato, per applicare le pene commisurate secondo indici di gravità calcolati oggettivamente. Accedendo ad enormi quantità di dati, tali sistemi correlano fattori di rischio statistici a specifici individui, grazie a modelli matematici automatizzati. In tal modo, è possibile analizzare un numero molto elevato di dati relativi al passato e individuare delle ricorrenze (ossia dei *pattern*), caratterizzate da una base statistica molto più solida di quelle che stanno al fondo dei giudizi umani. In materia il *leading case* è costituito dalla sentenza della Corte Suprema del Wisconsin che è intervenuta sulla decisione di un tribunale nella quale, per determinare la pena, i giudici avevano tenuto conto dei risultati elaborati dal programma COMPAS (*Correctional Offender Management Profiling for Alternative Sanctions*).

Gli algoritmi di giustizia predittiva sono invocati, in linea teorica, per stilare decisioni che si assumono immuni dalle fallacie del ragionamento e dai *bias* cognitivi che caratterizzano, invece, i processi cognitivi della mente umana.

8. Valutazione sulla base dei princìpi fondamentali del diritto e del processo penale. A fronte della prospettazione di taluni vantaggi emergono, tuttavia, determinati punti di contrasto tra gli algoritmi predittivi e i principi fondamentali del diritto e del processo penale.

Innanzitutto, strumenti come COMPAS si basano su tutta una serie di caratteristiche di tipo "personologico" che si impattano con il divieto di perizia criminologica di cui all'art. 220 c.p.p. Inoltre, attraverso tale metodologia si apre il rischio di una forma inaccettabile di determinismo penale, per cui dal diritto penale del fatto si passa al diritto penale del tipo d'autore che classifica il soggetto secondo stereotipi.

a) L'attendibilità del risultato. Dal punto di vista dell'attendibilità tecnico scientifica del risultato, gli algoritmi predittivi non si presentano immuni da errori. La struttura dell'algoritmo non è neutra: il risultato fornito è necessariamente influenzato dalla qualità dei dati che vengono immessi come *input*. Peraltro, anche i risultati conseguiti dalla macchina sono oggetto di attività ermeneutica da parte di chi li utilizza. Di conseguenza, è fondamentale evitare il rischio che l'algoritmo possa avere un esito discriminatorio fondato su dati personali sensibili, tra cui la razza e l'estrazione sociale.

In particolare, l'algoritmo predittivo — muovendo da una elaborazione di una grande quantità di dati — tende a fornire il provvedimento "più probabile" e non una "decisione". Il *software* resta una sorta di *black-box*, un contenitore nel quale i dati interagiscono senza che sia dato comprendere il percorso attraverso il quale si giunge a un determinato risultato. Il rischio è che la pronuncia guidata dal *software* predittivo sottenda una sorta di "*black box decision*", che potrebbe essere paragonata — sotto certi aspetti — ad una decisione priva di motivazione o con motivazione meramente apparente. Questa impostazione risulta contraria al modello legale di motivazione codificato nell'art. 546, lett. *e,* c.p.p.

b) La capacità valutativa. Per quanto riguarda specificamente l'attività valutativa, l'intelligenza artificiale risulta inadeguata in relazione ai seguenti profili complessi. In primo luogo, l'algoritmo non sembra in grado di valutare se un teste abbia detto la verità, sia stato reticente o abbia mentito. L'intelligenza artificiale può essere addestrata a riconoscere e interpretare le micro-espressioni facciali ed essere, così, potenzialmente in grado di discernere le emozioni e l'attendibilità delle dichiarazioni. Ma questa operazione è vietata dalla legge, e cioè dall'art. 188 c.p.p. (così come per il *lie detector*).

In secondo luogo, il sistema predittivo non è strutturalmente predisposto per valutare se determinati indizi possano essere considerati "gravi, precisi e concordanti" ai sensi dell'art. art. 192, comma 2, c.p.p.

Infine, sembra pressoché impossibile aspettarsi da un algoritmo la capacità di comprendere e applicare la regola di giudizio, di cui all'art. 533, comma 1, c.p.p., basata sul principio dell'oltre ogni ragionevole dubbio.

9. Confronto tra l'intelligenza artificiale e le caratteristiche del ragionamento probatorio. A fronte di tali sviluppi tecnologici, occorre assicurare il rispetto dei diritti fondamentali, con particolare riferimento all'applicazione degli strumenti digitali in sede giudiziaria. In proposito, è particolarmente significativa quella Carta etica europea per l'uso dell'intelligenza artificiale nei sistemi di giustizia che è stata adottata il 3 dicembre 2018 dalla Commissione per l'efficienza della giustizia (CEPEJ) (9). In base alla Carta etica la coerenza logica del calcolo algoritmico va verificata in un processo d'integrazione fra le misurazioni quantitative, ricche e imponenti, da esso offerte con il percorso cognitivo e decisorio del giudice, nel rispetto dei metavalori dell'ordinamento.

Peraltro, resta fondamentale in materia il criterio della non esclusività del dato algoritmico per la decisione, che dev'essere viceversa riscontrato e corroborato da ulteriori elementi di prova.

In particolare, per quanto riguarda il processo penale, la prima parte dell'art. 11 della Direttiva (UE) 2016/680 stabilisce che gli «Stati membri dispongono che una decisione basata unicamente su un trattamento automatizzato, compresa la profilazione, che produca effetti giuridici negativi o incida significativamente sull'interessato, sia vietata». Analoga disciplina è inoltre contenuta all'art. 8, d.lgs. 18 maggio 2018, n. 51 di attuazione della medesima direttiva.

In mancanza del controllo umano significativo, il rischio è che i giudici si appoggino totalmente sul dato fornito dall'algoritmo, validandone le risultanze. In tal modo il rischio è quello di incorrere in una fallacia cognitiva conosciuta come *anchoring*, ossia quella tendenza comune per cui gli individui tendono ad affidarsi al mezzo di prova disponibile, senza avere riguardo alla debolezza esplicativa dello stesso, quando si trovino a dover prendere determinate decisioni.

Come abbiamo esposto nel capitolo sui princìpi generali della prova, la struttura del ragionamento probatorio si fonda non su parametri statistici e meramente quantitativi, bensì è basata sulla probabilità logica o induttiva e si sviluppa mediante l'applicazione di criteri qualitativi come la falsificazione delle ipotesi. Pertanto, l'unica prospettiva plausibile appare quella in cui l'intelligenza artificiale si inserisce nella dinamica decisoria in funzione di supporto e non di sostituzione del giudizio umano.

---

(9) Per un approfondimento sulla Carta etica, si veda M. GIALUZ, *Quando la giustizia penale incontra l'intelligenza artificiale: luci e ombre dei* risk assessment tools *tra Stati Uniti ed Europa*, in *Dir. pen. cont.*, 29 maggio 2019, p. 12; S. QUATTROCOLO, *Intelligenza artificiale e giustizia: nella cornice della Carta etica europea, gli spunti per un'urgente discussione tra scienze penali e informatiche*, in *Leg. pen.*, 18 dicembre 2018.

INDICE ANALITICO

(*I numeri e le lettere indicano, rispettivamente, parte, capitolo, paragrafo ed eventuale sottoparagrafo*)